Deckenbrock / Henssler
Rechtsdienstleistungsgesetz

Rechtsdienstleistungsgesetz

Rechtsdienstleistungsverordnung und Einführungsgesetz zum RDG

Kommentar

Herausgegeben von

Dr. Christian Deckenbrock
Akademischer Rat Universität zu Köln

Prof. Dr. Martin Henssler
o. Professor Universität zu Köln

Bearbeitet von

Dr. Christian Deckenbrock, Akademischer Rat
an der Universität zu Köln
Wolfgang Dötsch, Richter am Oberlandesgericht
Dr. Borbála Dux, LL.M., Rechtsreferentin am EuGH
Prof. Dr. Martin Henssler, o. Professor an der Universität zu Köln
Dr. Melanie Rillig, Richterin am Landgericht
Dirk Seichter, Vorsitzender Richter am Landgericht

4., völlig neubearbeitete Auflage 2015

C.H.BECK

Im Einzelnen haben bearbeitet:

Einleitung RDG .... Henssler
§ 1 RDG .... Deckenbrock
Anhang § 1 RDG .... Dötsch
§ 2 RDG .... Deckenbrock/
Henssler
§ 3 RDG .... Seichter
§ 4 RDG .... Deckenbrock
§ 5 RDG .... Deckenbrock/
Henssler
§§ 6–9 RDG .... Dux
Vor §§ 10 ff.; §§ 10–11 RDG .... Rillig
§§ 11a–15b RDG .... Dötsch
§§ 16–17 RDG .... Seichter
§§ 18–20 RDG .... Rillig

§§ 1–4 RDV .... Rillig
§§ 5–7 RDV .... Dötsch
§§ 8–9 RDV .... Seichter

§ 1 RDGEG .... Deckenbrock
§ 2 RDGEG .... Rillig
§ 3 RDGEG .... Dötsch
§ 4 RDGEG .... Seichter
§ 5 RDGEG .... Deckenbrock
§ 6 RDGEG .... Seichter
§ 7 RDGEG .... Dötsch

www.beck.de

ISBN 978 3 406 57060 5

© 2015 Verlag C. H. Beck oHG
Wilhelmstraße 9, 80801 München

Druck: fgb. freiburger graphische betriebe GmbH,
Bebelstraße 11, 79108 Freiburg

Satz: Jung Crossmedia Publishing GmbH
Gewerbestraße 17, 35633 Lahnau

Gedruckt auf säurefreiem, alterungsbeständigem Papier
(hergestellt aus chlorfrei gebleichtem Zellstoff)

Vorwort

Mit dem Gesetz zur Neuregelung des Rechtsberatungsrechts vom 12.12.2007 (BGBl. I S. 2840) wurde das aus dem Jahr 1935 stammende Rechtsberatungsgesetz (RBerG) vollständig aufgehoben und in Form des Rechtsdienstleistungsgesetzes (RDG) von einer zeitgemäßen gesetzlichen Regelung abgelöst. Seit dem 1.7.2008 regeln daher die Vorschriften des RDG, von welchen Personen und in welchem Umfang Rechtsdienstleistungen erbracht werden dürfen. Ziele der gesetzlichen Neuregelung sind der Schutz der Rechtsuchenden und die Stärkung des bürgerschaftlichen Engagements. Dies geht einher mit einer Deregulierung und Entbürokratisierung des Rechtsberatungsrechts.

Da das RDG im Vergleich zur Vorgängerregelung inhaltlich und strukturell grundlegend neu gestaltet worden ist, können die Auffassungen, die Rechtsprechung und Literatur zum RBerG entwickelt haben, nur sehr behutsam auf das RDG übertragen werden. Für viele Bereiche musste und muss die Rechtslage völlig neu bestimmt werden, wozu auch dieser Kommentar seinen Beitrag leisten soll. Nachdem inzwischen über sechs Jahre seit dem Inkrafttreten des RDG vergangen sind, hat sich allerdings bei manchen Streitfragen der Meinungsstand konsolidiert. Hierzu haben vor allem einige wichtige höchstrichterliche Entscheidungen beigetragen, die in den verschiedenen Kommentierungen umfassend eingearbeitet worden sind. Bearbeitet wurden auch die das RDG konkretisierende Rechtsdienstleistungsverordnung (RDV) und das insbesondere Überleitungsvorschriften enthaltende Einführungsgesetz zum Rechtsdienstleistungsgesetz (RDGEG).

Trotz seines noch jungen Alters wurde das RDG nach seinem Inkrafttreten bereits siebenmal geändert. Die ursprünglich 20 Paragraphen sind inzwischen auf 24 Vorschriften angewachsen. Der Kommentar berücksichtigt all diese Gesetzesänderungen, eingearbeitet wurden insbesondere die mit dem Gesetz gegen unseriöse Geschäftspraktiken vom 1.10.2013 (BGBl. I S. 3714) vorgenommenen Änderungen, und zwar auch, soweit sie erst zum 1.11.2014 in Kraft getreten sind. Rechtsprechung und Literatur konnten bis in den September 2014 hinein berücksichtigt werden.

Auf den ersten Blick mag es verwundern, dass dieser Kommentar bereits in 4. Auflage erscheint. Grund hierfür ist, dass Verlag, Herausgeber und Autoren an die Tradition des *Rennen/Caliebe* anknüpfen, dem in derselben Reihe erschienenen Standardkommentar zum RBerG. Wirft man einen Blick in die Autorenverzeichnisse anderer RDG-Kommentare, fällt auf, dass die Bearbeiter fast ausnahmslos als Rechtsanwälte zugelassen sind. Da jede weite Interpretation der Vorgaben des RDG zu einer Einschränkung des ansonsten im Wesentlichen der Anwaltschaft vorbehaltenen Rechtsdienstleistungsmonopols führt, kann diese berufliche Ausrichtung der Autoren im Einzelfall zu Interessenkonflikten führen. Vor diesem Hintergrund wollten Verlag und Herausgeber hierzu mit der Auswahl von Richtern und Wissenschaftlern ein gewisses Gegengewicht setzen.

Vorwort

Herzlich gedankt sei den Wissenschaftlichen Mitarbeitern am Institut für Anwaltsrecht, namentlich Frau *Katharina Kopyciok* LL.M. und Frau *Natalie Moll,* die zur Entstehung dieses Kommentars beigetragen haben. Vonseiten des Verlags haben Frau *Anna von Bonhorst* und Frau *Laura Jensen* das Werk umsichtig betreut, auch ihnen sei herzlich gedankt.

Ein besonderer Dank gebührt schließlich Herrn Ministerialrat Dr. *Kurt Franz* und Herrn Oberstaatsanwalt beim BGH *Oliver Sabel* vom Bundesministerium der Justiz und für Verbraucherschutz, die den Herausgebern als Diskussionspartner wertvolle Hinweise gegeben haben.

Köln, im November 2014   Christian Deckenbrock/Martin Henssler

Inhaltsverzeichnis

	Seite
Vorwort	V
Abkürzungs- und Literaturverzeichnis	IX

Gesetz über außergerichtliche Rechtsdienstleistungen (Rechtsdienstleistungsgesetz – RDG)

Einleitung	1

Teil 1 Allgemeine Vorschriften

§ 1	Anwendungsbereich	38
Anhang § 1	Befugnis zur gerichtlichen Vertretung	61
§ 2	Begriff der Rechtsdienstleistung	72
§ 3	Befugnis zur Erbringung außergerichtlicher Rechtsdienstleistungen	118
§ 4	Unvereinbarkeit mit einer anderen Leistungspflicht	135
§ 5	Rechtsdienstleistungen im Zusammenhang mit einer anderen Tätigkeit	148

Teil 2 Rechtsdienstleistungen durch nicht registrierte Personen

§ 6	Unentgeltliche Rechtsdienstleistungen	207
§ 7	Berufs- und Interessenvereinigungen, Genossenschaften	232
§ 8	Öffentliche und öffentlich anerkannte Stellen	255
§ 9	Untersagung von Rechtsdienstleistungen	272

Teil 3 Rechtsdienstleistungen durch registrierte Personen

Vor §§ 10 ff.		277
§ 10	Rechtsdienstleistungen aufgrund besonderer Sachkunde	281
§ 11	Besondere Sachkunde, Berufsbezeichnungen	330
§ 11a	Darlegungs- und Informationspflichten bei Inkassodienstleistungen	337
§ 12	Registrierungsvoraussetzungen	351
§ 13	Registrierungsverfahren	399
§ 13a	Aufsichtsmaßnahmen	417
§ 14	Widerruf der Registrierung	434
§ 15	Vorübergehende Rechtsdienstleistungen	464
§ 15a	Statistik	499
§ 15b	Betrieb ohne Registrierung	500

Teil 4 Rechtsdienstleistungsregister

§ 16	Inhalt des Rechtsdienstleistungsregisters	514
§ 17	Löschung von Veröffentlichungen	519

Inhalt

Seite

Teil 5 Datenübermittlung und Zuständigkeiten, Bußgeldvorschriften

§ 18 Umgang mit personenbezogenen Daten 521
§ 19 Zuständigkeit und Übertragung von Befugnissen 529
§ 20 Bußgeldvorschriften 535

Verordnung zum Rechtsdienstleistungsgesetz (Rechtsdienstleistungsverordnung – RDV)

§ 1 Bestimmungen von Teilbereichen 565
§ 2 Nachweis der theoretischen Sachkunde 568
§ 3 Nachweis der praktischen Sachkunde 580
§ 4 Sachkundelehrgang 586
§ 5 Berufshaftpflichtversicherung 594
§ 6 Registrierungsverfahren 631
§ 7 Aufbewahrungsfristen 635
§ 8 Öffentliche Bekanntmachungen im Rechtsdienstleistungsregister 638
§ 9 Löschung von Veröffentlichungen 639
§ 10 Inkrafttreten 640

Einführung zum Rechtsdienstleistungsgesetz (RDGEG)

§ 1 Erlaubnisinhaber nach dem Rechtsberatungsgesetz 641
§ 2 Versicherungsberater 652
§ 3 Gerichtliche Vertretung 660
§ 4 Vergütung der registrierten Personen 672
§ 5 Diplom-Juristen aus dem Beitrittsgebiet 684
§ 6 Schutz der Berufsbezeichnung 689
§ 7 Übergangsvorschrift für Anträge nach dem Rechtsberatungsgesetz 690

Sachregister 693

Abkürzungs- und Literaturverzeichnis

aA	andere(r) Ansicht (Auffassung)
abl.	ablehnend
ABl. EG/ABl. EU	Amtsblatt der Europäischen Gemeinschaften/der Europäischen Union
Abs.	Absatz
Abschn.	Abschnitt
aE	am Ende
AEG	Allgemeines Eisenbahngesetz
AEUV	Vertrag über die Arbeitsweise der Europäischen Union
aF	alte Fassung
AfP	Archiv für Presserecht (Jahr und Seite)
AG	Amtsgericht, Aktiengesellschaft, Aktiengesellschaft (Jahr und Seite)
AGB	Allgemeine Geschäftsbedingungen
AGG	Allgemeines Gleichbehandlungsgesetz
AGH	Anwaltsgerichtshof
AGInsO NRW	Nordrhein-Westfälisches Gesetz zur Ausführung der Insolvenzordnung
AGS	Anwaltsgebühren spezial (Jahr und Seite)
AHB	Allgemeine Versicherungsbedingungen für die Haftpflichtversicherung
AktG	Aktiengesetz
allg.	allgemein
allgM	allgemeine Meinung
Alt.	Alternative
Altenhoff/Busch	Altenhoff, Rudolf/Busch, Hans, Gesetz zur Verhütung von Mißbräuchen auf dem Gebiete der Rechtsberatung (Rechtsberatungsmißbrauchgesetz), 1957
Altenhoff/Busch/ Chemnitz 10. Aufl.	Altenhoff, Rudolf/Busch, Hans/Chemnitz, Jürgen, Rechtsberatungsgesetz, 10. Aufl. 1993
amtl.	amtlich
amtl. Begr.	Amtliche Begründung
Anh.	Anhang
Anl.	Anlage
Anm.	Anmerkung
AnwBl.	Anwaltsblatt, herausgegeben vom Deutschen Anwaltsverein (Jahr und Seite)
AnwG	Anwaltsgericht
AO	Abgabenordnung
ApoG	Gesetz über das Apothekenwesen (Apothekengesetz)
ArbGG	Arbeitsgerichtsgesetz
ArchG BW	Baden-Württembergisches Architektengesetz

Abkürzungen und Literatur

Arndt/Lerch/Sandkühler/*Bearbeiter*	Arndt, Herbert/Lerch, Klaus/Sandkühler, Gerd, Bundesnotarordnung, 7. Aufl. 2012
Art.	Artikel
AuA	Arbeit und Arbeitsrecht (Jahr und Seite)
Aufl.	Auflage
AV	Ausführungsverordnung
AVB	Allgemeine Versicherungsbedingungen
AVB-RSW	Allgemeine Bedingungen der Berufshaftpflichtversicherung der Rechtsanwälte
AVO RBerG	Ausführungsverordnung zum Rechtsberatungsgesetz
Az.	Aktenzeichen
BaFin	Bundesanstalt für Finanzdienstleistungsaufsicht
BAföG	Bundesausbildungsförderungsgesetz
BAG	Bundesarbeitsgericht
BAGE	Entscheidungen des Bundesarbeitsgerichts
Bamberger/Roth/*Bearbeiter*	Bamberger, Heinz-Georg/Roth, Herbert, Bürgerliches Gesetzbuch, 3. Aufl. 2012
BankPraktiker	BankPraktiker (Jahr und Seite)
BauKaG NRW	Nordrhein-Westfälisches Gesetz über den Schutz der Berufsbezeichnungen „Architekt", „Architektin", „Stadtplaner" und „Stadtplanerin" sowie über die Architektenkammer, über den Schutz der Berufsbezeichnung „Beratender Ingenieur" und „Beratende Ingenieurin" sowie über die Ingenieurkammer-Bau (Baukammerngesetz)
Baumbach/Hopt/*Bearbeiter*	Baumbach, Adolf/Hopt, Klaus J., Handelsgesetzbuch, 36. Aufl. 2014
Baumbach/Lauterbach/Albers/Hartmann	Baumbach, Adolf/Lauterbach, Wolfgang/Albers, Jan/Hartmann, Peter, Zivilprozessordnung, 72. Aufl. 2014
bAV	betriebliche Altersversorgung
BayArchG	Bayerisches Architektengesetz
BayObLG	Bayerisches Oberstes Landesgericht
BayVBl.	Bayerische Verwaltungsblätter (Jahr und Seite)
BB	Der Betriebsberater (Jahr und Seite)
BBR	Besondere Bedingungen und Risikobeschreibungen
BDG	Bundesdisziplinargesetz
BDSG	Bundesdatenschutzgesetz
Beckmann/Matusche-Beckmann/*Bearbeiter*	Beckmann, Roland Michael/Matusche-Beckmann, Annemarie, Versicherungsrechtshandbuch, 2. Aufl. 2009
BeckOK	Beck'scher Online-Kommentar

Abkürzungen und Literatur

BeckOK BORA/ *Bearbeiter*	Römermann, Volker, Beck'scher Online-Kommentar BORA, Edition 5 (Stand: 1.10.2014)
BeckOK GewO/ *Bearbeiter*	Pielow, Johann-Christian, Beck'scher Online-Kommentar, Gewerberecht, Edition 27 (Stand: 1.7.2014)
BeckOK StPO/ *Bearbeiter*	Graf, Jürgen Peter, Beck'scher Online-Kommentar Strafprozessordnung mit RiStBV und MiStra, Edition 18 (Stand: 24.3.2014)
BeckOK WEG/ *Bearbeiter*	Timme, Michael, Beck'scher Online-Kommentar WEG, Edition 20 (Stand: 1.5.2014)
BeckOK ZPO/ *Bearbeiter*	Vorwerk, Volkert/Wolf, Christian, Beck'scher Online-Kommentar ZPO, Edition 14 (Stand: 15.9.2014)
BeckRS	Beck-Rechtsprechung
Begr.	Begründung
begr.	begründet
ber.	berichtigt
Berchtold/Richter/ *Bearbeiter*	Berchtold, Josef/Richter, Ronald, Prozesse in Sozialsachen, 2009
BerHG	Gesetz über Rechtsberatung und Vertretung für Bürger mit geringem Einkommen
Beschl.	Beschluss
BetrAVG	Gesetz zur Verbesserung der betrieblichen Altersversorgung (Betriebsrentengesetz)
BetrVG	Betriebsverfassungsgesetz
BewachV	Verordnung über das Bewachungsgewerbe (Bewachungsverordnung)
BewG	Bewertungsgesetz
BFH	Bundesfinanzhof
BFHE	Sammlung von Entscheidungen und Gutachten des Bundesfinanzhofs
BFH/NV	Sammlung amtlich nicht veröffentlichter Entscheidungen des BFH
BGB	Bürgerliches Gesetzbuch
BGBl.	Bundesgesetzblatt
BGG	Gesetz zur Gleichstellung behinderter Menschen
BGH	Bundesgerichtshof
BGHR	BGH-Rechtsprechung (Entscheidungssammlung)
BGHSt	Entscheidungen des Bundesgerichtshofs in Strafsachen
BGHZ	Entscheidungen des Bundesgerichtshofs in Zivilsachen
BITKOM	Bundesverband Informationswirtschaft, Telekommunikation und neue Medien e.V.
BKGG	Bundeskindergeldgesetz
BKR	Zeitschrift für Bank- und Kapitalmarktrecht (Jahr und Seite)
BMAS	Bundesministerium für Arbeit und Soziales
BMJ	Bundesministerium der Justiz

Abkürzungen und Literatur

BMJV	Bundesministerium der Justiz und für Verbraucherschutz
BMWi	Bundesministerium für Wirtschaft und Energie
BNotO	Bundesnotarordnung
Bonner Handbuch der Steuerberatung/ *Bearbeiter*	Späth, Wolfgang, Bonner Handbuch der Steuerberatung, Loseblatt-Kommentar, 129. EL. 2014
BORA	Berufsordnung für Rechtsanwälte
BOStB	Satzung über die Rechte und Pflichten bei der Ausübung der Berufe der Steuerberater und der Steuerbevollmächtigten (Berufsordnung)
BPersVG	Bundespersonalvertretungsgesetz
BQFG	Gesetz über die Feststellung der Gleichwertigkeit von Berufsqualifikationen (Berufsqualifikationsfeststellungsgesetz)
BR-Drs.	Bundesrats-Drucksache
BRAK	Bundesrechtsanwaltskammer
BRAK-Mitt.	BRAK-Mitteilungen, herausgegeben von der BRAK (Jahr und Seite)
BRAO	Bundesrechtsanwaltsordnung
BRAO-E	im Regierungsentwurf zum Rechtsdienstleistungsgesetz (BT-Drs. 16/3655) vorgesehene Regelung der BRAO
BSG	Bundessozialgericht
BSGE	Entscheidungen des Bundessozialgerichts
BSHG	Bundessozialhilfegesetz (inzwischen außer Kraft)
Bsp.	Beispiel
bspw.	beispielsweise
BStBl.	Bundessteuerblatt
BS WP/vBP	Satzung der Wirtschaftsprüferkammer über die Rechte und Pflichten bei der Ausübung der Berufe des Wirtschaftsprüfers und des vereidigten Buchprüfers (Berufssatzung für Wirtschaftsprüfer/vereidigte Buchprüfer)
BT-Drs.	Bundestags-Drucksache
BVerfG	Bundesverfassungsgericht
BVerfGE	Entscheidungen des Bundesverfassungsgerichts
BVerfGG	Gesetz über das Bundesverfassungsgericht (Bundesverfassungsgerichtsgesetz)
BVerfGK	Kammerentscheidungen des Bundesverfassungsgerichts
BVerwG	Bundesverwaltungsgericht
BVerwGE	Entscheidungen des Bundesverwaltungsgerichts
BVFG	Gesetz über die Angelegenheiten der Vertriebenen und Flüchtlinge (Bundesvertriebenengesetz)
BVG	Gesetz über die Versorgung der Opfer des Krieges (Bundesversorgungsgesetz)
bzgl.	bezüglich
BZRG	Bundeszentralregistergesetz
bzw.	beziehungsweise

Abkürzungen und Literatur

Chemnitz/Johnigk	Chemnitz, Jürgen/Johnigk, Frank, Rechtsberatungsgesetz, 11. Aufl. 2003
CISG	Übereinkommen der Vereinten Nationen über Verträge über den internationalen Warenkauf
CR	Computer und Recht (Jahr und Seite)
Das Deutsche Bundesrecht/*Bearbeiter*	Systematische Sammlung der Gesetze und Verordnungen mit Erläuterungen, Loseblattwerk, 1177. EL 2014
dh	das heißt
Dauner-Lieb/Heidel/Ring/*Bearbeiter*	Dauner-Lieb, Barbara/Heidel, Thomas/Ring, Gerhard, Bürgerliches Gesetzbuch, 2. Aufl. 2010–2013
DAV	Deutscher Anwaltsverein
DB	Der Betrieb (Jahr und Seite)
DDR	Deutsche Demokratische Republik
derfreieberuf	der freie beruf (Verbandsorgan des Bundesverbandes der Freien Berufe) (Jahr und Seite)
ders.	derselbe
DFL	Deutsche Fußball Liga GmbH
dies.	dieselbe(n)
diff.	differenzierend
Diller	Diller, Martin, AVB-RSW – Berufshaftpflichtversicherung der Rechtsanwälte, 2009
DJ	Deutsche Justiz (Jahr und Seite)
DJT	Deutscher Juristentag
DL-InfoV	Verordnung über Informationspflichten für Dienstleistungserbringer (Dienstleistungs-Informationspflichten-Verordnung)
DNotZ	Deutsche Notar-Zeitschrift (Jahr und Seite)
DÖV	Die Öffentliche Verwaltung (Jahr und Seite)
Dreyer/Lamm/Müller/*Bearbeiter*	Dreyer, Heinrich/Lamm, Christian-Peter/Müller, Thomas, Rechtsdienstleistungsgesetz mit Einführungsgesetz und Rechtsdienstleistungsverordnung, 2008
DRiG	Deutsches Richtergesetz
DRiZ	Deutsche Richterzeitung (Jahr und Seite)
Drs.	Drucksache
DS	Der Sachverständige (Jahr und Seite)
DStR	Deutsches Steuerrecht (Jahr und Seite)
DStRE	DStR-Entscheidungsdienst (Jahr und Seite)
Dux	Dux, Borbála, Die pro bono-Tätigkeit des Anwalts und der Zugang zum Recht, 2011
DVBl.	Deutsches Verwaltungsblatt (Jahr und Seite)
DVO BauKaG NRW	Verordnung zur Durchführung des Baukammerngesetzes NRW
DVStB	Verordnung zur Durchführung der Vorschriften über Steuerberater, Steuerbevollmächtigte und Steuerberatungsgesellschaften

Abkürzungen und Literatur

E	Entscheidung
EFG	Entscheidungen der Finanzgerichte (Jahr und Seite)
EFTA	European Free Trade Association (Europäische Freihandelsassoziation)
EGE	Sammlung „Ehrengerichtliche Entscheidungen", herausgegeben von Präsidium der BRAK (Band I–XIV)
EGGVG	Einführungsgesetz zum Gerichtsverfassungsgesetz
EGH	Ehrengerichtshof für Rechtsanwälte
EGMR	Europäischer Gerichtshof für Menschenrechte
EGZPO	Einführungsgesetz zur Zivilprozessordnung
Einf.	Einführung
Einl.	Einleitung
EL	Ergänzungslieferung
EMRK	Europäische Menschenrechtskonvention (Konvention zum Schutze der Menschenrechte und Grundfreiheiten)
ErfK/*Bearbeiter*	Müller-Glöge, Rudi/Preis, Ulrich/Schmidt, Ingrid, Erfurter Kommentar zum Arbeitsrecht, 14. Aufl. 2014
Erman/*Bearbeiter* . .	Erman, Walter, Bürgerliches Gesetzbuch, 14. Aufl. 2014
EStG	Einkommensteuergesetz
etc.	et cetera (und so weiter)
EU	Europäische Union
EuGH	Europäischer Gerichtshof
EuRAG	Gesetz über die Tätigkeit europäischer Rechtsanwälte in Deutschland
EuZW	Europäische Zeitschrift für Wirtschaftsrecht (Jahr und Seite)
evtl.	eventuell
EWiR	Entscheidungen zum Wirtschaftsrecht (Jahr und Seite)
EWR	Europäischer Wirtschaftsraum
Eylmann/Vaasen/ *Bearbeiter*	Eylmann, Horst/Vaasen, Hans-Dieter, Bundesnotarordnung, Beurkundungsgesetz, 3. Aufl. 2011
f., ff.	folgende, fortfolgende
Fahrendorf/Mennemeyer/Terbille/ *Bearbeiter*	Fahrendorf, Klaus/Mennemeyer, Siegfried/Terbille, Michael, Die Haftung des Rechtsanwalts, 8. Aufl. 2010
FahrlG	Gesetz über das Fahrlehrerwesen (Fahrlehrergesetz)
FamFG	Gesetz über das Verfahren in Familiensachen und in den Angelegenheiten der freiwilligen Gerichtsbarkeit
FamRZ	Zeitschrift für das gesamte Familienrecht (Jahr und Seite)
FAO	Fachanwaltsordnung
Feuerich/Weyland/ *Bearbeiter*	Feuerich, Wilhelm/Weyland, Dag, Bundesrechtsanwaltsordnung, 8. Aufl. 2012
FG	Finanzgericht
FGG	Gesetz über Angelegenheiten der freiwilligen Gerichtsbarkeit

Abkürzungen und Literatur

FGO	Finanzgerichtsordnung
FIFA	Fédération Internationale de Football Association (Internationale Föderation des Verbandsfußballs)
Finzel	Finzel, Dieter, Rechtsdienstleistungsgesetz, 2008
Fischer	Fischer, Thomas, Strafgesetzbuch und Nebengesetze, 61. Aufl. 2014
FLF	Finanzierung Leasing Factoring (Jahr und Seite)
Fn.	Fußnote
Friauf/*Bearbeiter*	Friauf, Karl Heinrich, Gewerbeordnung, Loseblatt-Kommentar, 275. EL 2014
Fritz/Pielsticker/ Bearbeiter	Fritz, Roland/Pielsticker, Dietrich, Mediationsgesetz, 2013
FS	Festschrift
G	Gesetz
GA	Goldtammer's Archiv für Strafrecht
Gaier/Wolf/ Göcken/Bearbeiter	Gaier, Reinhard/Wolf, Christian/Göcken, Stephan, Anwaltliches Berufsrecht, 2. Aufl. 2014
GastG	Gaststättengesetz
GBl. DDR	Gesetzblatt der Deutschen Demokratischen Republik
GbR	Gesellschaft bürgerlichen Rechts
GdB	Grad der Behinderung
Gehre/Koslowski	Gehre, Horst/Koslowski, Günter, Steuerberatungsgesetz, 6. Aufl. 2009
gem.	gemäß
GenG	Genossenschaftsgesetz
GesR	GesundheitsRecht (Jahr und Seite)
GewArch	Gewerbearchiv (Jahr und Seite)
GewO	Gewerbeordnung
GG	Grundgesetz für die Bundesrepublik Deutschland
ggf.	gegebenenfalls
GI	Gerling-Informationen für wirtschaftsprüfende, rechts- und steuerberatende Berufe (Jahr und Seite)
GKG	Gerichtskostengesetz
GmbH	Gesellschaft mit beschränkter Haftung
GmbHG	Gesetz betreffend die Gesellschaften mit beschränkter Haftung
GmSOBG	Gemeinsamer Senat der obersten Gerichtshöfe des Bundes
Göhler	Göhler, Erich, Gesetz über Ordnungswidrigkeiten, 16. Aufl. 2012
Gola/Schomerus/ Bearbeiter	Gola, Peter/Schomerus, Rudolf, Bundesdatenschutzgesetz, 11. Aufl. 2012
Gräfe/Brügge/ Bearbeiter	Gräfe, Jürgen/Brügge, Michael, Vermögensschaden-Haftpflichtversicherung: Die Berufshaftpflichtversicherung für Rechtsanwälte, Steuerberater, Wirtschaftsprüfer und Notare, 2. Aufl. 2013
grds.	grundsätzlich

Abkürzungen und Literatur

Greger/Unberath/*Bearbeiter*	Greger, Reinhard/Unberath, Hannes, Mediationsgesetz, 2012
Grunewald/Römermann/*Bearbeiter*	Grunewald, Barbara/Römermann, Volker, Rechtsdienstleistungsgesetz, 2008
GRUR	Gewerblicher Rechtsschutz und Urheberrecht (Jahr und Seite)
GRUR-RR	GRUR-Rechtsprechungsreport (Jahr und Seite)
GStB	Gestaltende Steuerberatung (Jahr und Seite)
GVG	Gerichtsverfassungsgesetz
HandwO	Gesetz zur Ordnung des Handwerks (Handwerksordnung)
Hartung/*Bearbeiter*	Hartung, Wolfgang, Berufs- und Fachanwaltsordnung, 5. Aufl. 2012
HeimG	Heimgesetz
Heinhold	Heinhold, Hubert, Das neue Rechtsdienstleistungsgesetz, 2008
Henssler PartGG	Henssler, Martin, Partnerschaftsgesellschaftsgesetz, 2. Aufl. 2008
Henssler/Deckenbrock	Henssler, Martin/Deckenbrock, Christian, Das Berufsrecht der Rentenberater, 2013
Henssler/Prütting/*Bearbeiter* 2. Aufl.	Henssler, Martin/Prütting, Hanns, Bundesrechtsanwaltsordnung, 2. Aufl. 2004
Henssler/Prütting/*Bearbeiter* 3. Aufl.	Henssler, Martin/Prütting, Hanns, Bundesrechtsanwaltsordnung, 3. Aufl. 2010
Henssler/Prütting/*Bearbeiter*	Henssler, Martin/Prütting, Hanns, Bundesrechtsanwaltsordnung, 4. Aufl. 2014
Henssler/Streck/*Bearbeiter*	Henssler, Martin/Streck, Michael, Handbuch Sozietätsrecht, 2. Aufl. 2011
HG NRW	Gesetz über die Hochschulen des Landes Nordrhein-Westfalen (Hochschulgesetz)
HGB	Handelsgesetzbuch
HHG	Gesetz über Hilfsmaßnahmen für Personen, die aus politischen Gründen außerhalb der Bundesrepublik Deutschland in Gewahrsam genommen wurden (Häftlingshilfegesetz)
hM	herrschende Meinung
HOAI	Verordnung über die Honorare für Architekten- und Ingenieurleistungen (Honorarordnung für Architekten und Ingenieure)
HRG	Hochschulrahmengesetz
Hs.	Halbsatz
IBRRS	Zeitschrift Immobilien- und Baurecht Rechtsprechung
idF	in der Fassung
idR	in der Regel
iErg	im Ergebnis
iHv	in Höhe von

Abkürzungen und Literatur

IMI	Internal Market Information System (Binnenmarkt-Informationssystem der EU)
Information StW	Die Information über Steuer und Wirtschaft (Jahr und Seite)
InsO	Insolvenzordnung
InsVV	Insolvenzrechtliche Vergütungsverordnung für den Insolvenzverwalter
IPRax	Praxis des internationalen Privat- und Verfahrensrechts (Jahr und Seite)
iRd	im Rahmen des (der)
iS	im Sinne
iSd	im Sinne des (der)
iSv	im Sinne von
iVm	in Verbindung mit
JA	Juristische Arbeitsblätter (Jahr und Seite)
JAG	Juristenausbildungsgesetz
Jarass/Pieroth/*Bearbeiter*	Jarass, Hans D./Pieroth, Bodo, Grundgesetz, 12. Aufl. 2012
JGG	Jugendgerichtsgesetz
JM	Justizministerium
JMBl.	Justizministerialblatt
JR	Juristische Rundschau (Jahr und Seite)
jur.	juristisch, juristische, juristischer
JurBüro	Das Juristische Büro (Jahr und Seite)
jurisPK-UWG/*Bearbeiter*	Ullmann, Eike, juris PraxisKommentar UWG – Gesetz gegen den unlauteren Wettbewerb, 3. Aufl. 2013
jurisPR-ITR	juris PraxisReport IT-Recht
jurisPR-VersR	juris PraxisReport Versicherungsrecht
JuS	Juristische Schulung (Jahr und Seite)
JustG NRW	Gesetz über die Justiz im Land Nordrhein-Westfalen (Justizgesetz Nordrhein-Westfalen)
Justiz	Die Justiz, Amtsblatt des Justizministeriums Baden-Württemberg
JVA	Justizvollzugsanstalt
JVKostG	Gesetz über Kosten in Angelegenheiten der Justizverwaltung (Justizverwaltungskostengesetz)
JW	Juristische Wochenschrift (Jahr und Seite)
JZ	Juristenzeitung (Jahr und Seite)
Kap.	Kapitel
KapMuG	Gesetz über Musterverfahren in kapitalmarktrechtlichen Streitigkeiten (Kapitalanleger-Musterverfahrensgesetz)
Kfz	Kraftfahrzeug
KG	Kammergericht/Kommanditgesellschaft
KGR Berlin	KG-Report Berlin (Jahr und Seite)
Kilian/Sabel/vom Stein/*Bearbeiter*	Kilian, Matthias/Sabel, Oliver/vom Stein, Jürgen, Das neue Rechtsdienstleistungsrecht, 2008

Abkürzungen und Literatur

Kindhäuser/Neumann/Paeffgen/*Bearbeiter*	Kindhäuser, Urs/Neumann, Ulfrid/Paeffgen, Hans-Ullrich, Strafgesetzbuch, Band 2, 3. Aufl. 2010
KJHG	Gesetz zur Neuordnung des Kinder- und Jugendhilferechts (Kinder- und Jugendhilfegesetz)
KK-OWiG/*Bearbeiter*	Karlsruher Kommentar zum Gesetz über Ordnungswidrigkeiten, 4. Aufl. 2014
Kleine-Cosack	Kleine-Cosack, Michael, Rechtsdienstleistungsgesetz, 2. Aufl. 2008
Kleine-Cosack BRAO	Kleine-Cosack, Michael, Bundesrechtsanwaltsordnung, 6. Aufl. 2009
Kleine-Cosack RBerG	Kleine-Cosack, Michael, Rechtsberatungsgesetz, 2004
Kloepfer II	Kloepfer, Michael, Verfassungsrecht, Band II, 2010
Klowait/Gläßer/*Bearbeiter*	Klowait, Jürgen/Gläßer, Ulla, Mediationsgesetz, 2014
Koch/Kilian/*Bearbeiter*	Koch, Ludwig/Kilian, Matthias, Anwaltliches Berufsrecht, 2007
Köhler/Bornkamm/*Bearbeiter*	Köhler, Helmut/Bornkamm, Joachim, Gesetz gegen den unlauteren Wettbewerb, 31. Aufl. 2013
KommJur	Kommunaljurist (Jahr und Seite)
Kopp/Schenke	Kopp, Ferdinand/Schenke, Wolf-Rüdiger, Verwaltungsgerichtsordnung, 20. Aufl. 2014
KostRMoG	Gesetz zur Modernisierung des Kostenrechts
K&R	Kommunikation & Recht (Jahr und Seite)
Krenzler/*Bearbeiter*	Krenzler, Michael, Rechtsdienstleistungsgesetz, 2010
krit.	kritisch
KStG	Körperschaftssteuergesetz
Kuhls ua/*Bearbeiter*	Kuhls, Clemens/Busse, Alexander/Goez, Christoph/Kleemann, Roland/Maxl, Peter/Riddermann, Thomas/Ruppert, Stefan/Willerscheid, Katharina, Steuerberatungsgesetz, 3. Aufl. 2012
KV	Kostenverzeichnis
KWG	Gesetz über das Kreditwesen (Kreditwesengesetz)
LAG	Landesarbeitsgericht
Landmann/Rohmer/*Bearbeiter*	Landmann, Robert von/Rohmer, Gustav, Gewerbeordnung, Loseblatt-Kommentar, 66. EL 2014
LBG NRW	Beamtengesetz für das Land Nordrhein-Westfalen (Landesbeamtengesetz)
Lemke/Mosbacher/*Bearbeiter*	Lemke, Michael/Mosbacher, Andreas, Ordnungswidrigkeitengesetz, 2. Aufl. 2005
LG	Landgericht
lit.	litera
Lit.	Literatur

Abkürzungen und Literatur

LPartG	Lebenspartnerschaftsgesetz
LS	Leitsatz
LSG	Landessozialgericht
LwVG	Gesetz über das gerichtliche Verfahren in Landwirtschaftssachen
m.	mit
MarkenG	Gesetz über den Schutz von Marken und sonstigen Kennzeichen
Maunz/Dürig/Bearbeiter	Maunz, Theodor/Dürig, Günter, Grundgesetz, Loseblatt-Kommentar, 71. EL 2014
Maurer	Maurer, Hartmut, Allgemeines Verwaltungsrecht, 18. Aufl. 2011
MDR	Monatsschrift für Deutsches Recht (Jahr und Seite)
MediationsG	Mediationsgesetz
MedR	Medizinrecht (Jahr und Seite)
Meissner/*Bearbeiter*	Meissner, Henriette, Praxishandbuch Betriebliche Altersversorgung, Loseblattwerk, 26. EL 2014
Meyer-Ladewig/Keller/Leitherer/*Bearbeiter*	Meyer-Ladewig, Jens/Keller, Wolfgang/Leitherer, Stephan, Sozialgerichtsgesetz, 10. Aufl. 2012
Mio.	Million(en)
MiStra	Mitteilung in Strafsachen
MittdtschPatAnw	Mitteilungen deutscher Patentanwälte (Jahr und Seite)
MiZi	Anordnung zur Mitteilung in Zivilsachen
MMR	Multimedia und Recht: Zeitschrift für Informations-, Telekommunikations- und Medienrecht (Jahr und Seite)
MüKoBGB/*Bearbeiter*	Rixecker, Roland/Säcker, Franz Jürgen/Oetker, Hartmut, Münchener Kommentar zum BGB, 6. Aufl. 2012 ff.
MüKoStGB/*Bearbeiter*	Joecks, Wolfgang/Miebach, Klaus, Münchener Kommentar zum Strafgesetzbuch, 2. Aufl. 2011 ff.
MüKoVVG/*Bearbeiter*	Langheid, Theo/Wandt, Manfred, Münchener Kommentar Versicherungsvertragsgesetz, 2009 ff.
MüKoZPO/*Bearbeiter* 3. Aufl.	Rauscher, Thomas/Wax, Peter/Wenzel, Joachim, Münchener Kommentar zur Zivilprozessordnung, 3. Aufl. 2007 ff.
MüKoZPO/*Bearbeiter*	Krüger, Wolfgang/Rauscher, Thomas, Münchener Kommentar zur Zivilprozessordnung, 4. Aufl. 2012 f.
Musielak/*Bearbeiter*	Musielak, Hans-Joachim, Zivilprozessordnung, 11. Aufl. 2014
mwN	mit weiteren Nachweisen
mWv	mit Wirkung vom
NdsVBl.	Niedersächsische Verwaltungsblätter (Jahr und Seite)
nF	neue Fassung
NJOZ	Neue Juristische Online Zeitschrift (Jahr und Seite)

Abkürzungen und Literatur

NJW	Neue Juristische Wochenschrift (Jahr und Seite)
NJWE-WettbR	NJW-Entscheidungsdienst Wettbewerbsrecht (Jahr und Seite)
NJW-RR	NJW-Rechtsprechungsreport (Jahr und Seite)
NordÖR	Zeitschrift für öffentliches Recht in Norddeutschland (Jahr und Seite)
Nr.	Nummer
NRW	Nordrhein-Westfalen
NStZ	Neue Zeitschrift für Strafrecht (Jahr und Seite)
NStZ-RR	NStZ-Rechtsprechungsreport (Jahr und Seite)
NVersZ	Neue Zeitschrift für Versicherung und Recht (Jahr und Seite)
NVwZ	Neue Zeitschrift für Verwaltungsrecht (Jahr und Seite)
NVwZ-RR	NVwZ-Rechtsprechungsreport (Jahr und Seite)
NWB	Neue Wirtschafts-Briefe für Steuer- und Wirtschaftsrecht
NWVBl.	Nordrhein-Westfälische Verwaltungsblätter (Jahr und Seite)
NZA	Neue Zeitschrift für Arbeitsrecht (Jahr und Seite)
NZA-RR	NZA-Rechtsprechungsreport (Jahr und Seite)
NZBau	Neue Zeitschrift für Baurecht (Jahr und Seite)
NZG	Neue Zeitschrift für Gesellschaftsrecht (Jahr und Seite)
NZI	Neue Zeitschrift für Insolvenzrecht (Jahr und Seite)
NZM	Neue Zeitschrift für Miet- und Wohnungsrecht (Jahr und Seite)
NZS	Neue Zeitschrift für Sozialrecht (Jahr und Seite)
NZV	Neue Zeitschrift für Verkehrsrecht (Jahr und Seite)
oÄ	oder Ähnliche(s)
OEG	Gesetz über die Entschädigung für Opfer von Gewalttaten (Opferentschädigungsgesetz)
Oetker/*Bearbeiter*	Oetker, Hartmut, Handelsgesetzbuch, 2. Aufl. 2011
OFD	Oberfinanzdirektion
OGH	Oberster Gerichtshof (Österreich)
OHG	Offene Handelsgesellschaft
OLG	Oberlandesgericht
OLG-NL	OLG-Rechtsprechung Neue Länder (Jahr und Seite)
OLGR	OLG-Report (Jahr und Seite)
OVG	Oberverwaltungsgericht
OVGE	Entscheidungssammlung des OVG
OWiG	Gesetz über Ordnungswidrigkeiten
Palandt/*Bearbeiter*	Palandt, Otto, Bürgerliches Gesetzbuch, 73. Aufl. 2014
PAO	Patentanwaltsordnung
PartG	Partnerschaftsgesellschaft
PartGG	Partnerschaftsgesellschaftsgesetz
PatG	Patentgesetz
PersR	Der Personalrat (Jahr und Seite)
Prölss/Martin/*Bearbeiter*	Prölss, Erich R./Martin, Anton, Versicherungsvertragsgesetz, 28. Aufl. 2010
ProstG	Gesetz zur Regelung der Rechtsverhältnisse der Prostituierten (Prostitutionsgesetz)

Abkürzungen und Literatur

RAG	Rechtsanwaltsgesetz der DDR
RAK	Rechtsanwaltskammer
RAO	Reichsabgabenordnung
Rbeistand	Der Rechtsbeistand (Jahr und Seite)
RBerG	Rechtsberatungsgesetz
RBMG	Rechtsberatungsmißbrauchsgesetz
RDG	Rechtsdienstleistungsgesetz
RDG-E	im Regierungsentwurf zum Rechtsdienstleistungsgesetz (BT-Drs. 16/3655) vorgesehene Regelung des RDG
RDGEG	Einführungsgesetz zum Rechtsdienstleistungsgesetz
RDV	Rechtsdienstleistungsverordnung
RefE	Referentenentwurf
RegE	Regierungsentwurf
Rennen/Caliebe	Rennen, Günter/Caliebe, Gabriele, Rechtsberatungsgesetz, 3. Aufl. 2001
RG	Reichsgericht
RGBl.	Reichsgesetzblatt
RGZ	Entscheidungen des Reichsgerichts in Zivilsachen
RichtlRA	Grundsätze des anwaltlichen Standesrechts, Richtlinien der Bundesrechtsanwaltskammer
RIW	Recht der Internationalen Wirtschaft (Jahr und Seite)
RL	Richtlinie
RNotZ	Rheinische Notar-Zeitschrift (Jahr und Seite)
Rn.	Randnummer
Röhricht/Graf v. Westphalen/ *Bearbeiter*	Röhricht, Volker/Graf von Westphalen, Friedrich, Handelsgesetzbuch, 3. Aufl. 2008
Rpfleger	Der Deutsche Rechtspfleger (Jahr und Seite)
RPflG	Rechtspflegergesetz
r+s	recht und schaden (Jahr und Seite)
Rspr.	Rechtsprechung
RStBl.	Reichssteuerblatt
Rüth/Berr/Berz/ *Bearbeiter*	Rüth, Karl/Berr, Wolfgang/Berz, Ulrich, Straßenverkehrsrecht, 2. Aufl. 1988
RV	Die Rentenversicherung (Jahr und Seite)
RVG	Rechtsanwaltsvergütungsgesetz
S.	Satz/Seite(n)
SCE	Societas Cooperativa Europaea (Europäische Genossenschaft)
Schlewing/ Henssler/Schipp/ Schnitker/*Bearbeiter*	Schlewing, Anja/Henssler, Martin/Schipp, Johannes/Schnitker, Elmar, Arbeitsrecht der betrieblichen Altersversorgung, Loseblattwerk, 19. EL 2014

Abkürzungen und Literatur

Schmalzl/Krause-
Allenstein . . . . Berufshaftpflichtversicherung des Architekten und Bauunternehmers, 2. Aufl. 2006
Schneider/Wolf/
Bearbeiter . . . . Schneider, Norbert/Wolf, Hans-Joachim, Rechtsanwaltsvergütungsgesetz, 7. Aufl. 2014
Schoch/Schneider/
Bier/Bearbeiter . . . . Schoch, Friedrich/Schneider, Jens-Peter/Bier, Wolfgang, Verwaltungsgerichtsordnung, Loseblatt-Kommentar, 26. EL 2014
Schönke/Schröder/
Bearbeiter . . . . Schönke, Adolf/Schröder, Horst, Strafgesetzbuch, 29. Aufl. 2014
Schorn . . . . Schorn, Hubert, Die Rechtsberatung, 2. Aufl. 1967
SdL . . . . Soziale Sicherheit in der Landwirtschaft (Jahr und Seite)
SE . . . . Societas Europaea (Europäische Gesellschaft)
SG . . . . Sozialgericht
SGB . . . . Sozialgesetzbuch
SGb . . . . Die Sozialgerichtsbarkeit (Jahr und Seite)
SGG . . . . Sozialgerichtsgesetz
SigG . . . . Gesetz über Rahmenbedingungen für elektronische Signaturen (Signaturgesetz)
Simitis/*Bearbeiter* . . Simitis, Spiros, Bundesdatenschutzgesetz, 8. Aufl. 2014
SK-StGB/*Bearbeiter* Wolter, Jürgen, Systematischer Kommentar zum Strafgesetzbuch, Loseblatt-Kommentar, 140. EL 2013
Slg. . . . . Sammlung der Rechtsprechung des Gerichtshofes und des Gerichts Erster Instanz
Soergel/*Bearbeiter* . . Soergel, Hans Theodor, Bürgerliches Gesetzbuch, 13. Aufl. 1999ff.
sog. . . . . so genannt
SpuRt . . . . Sport und Recht (Jahr und Seite)
Staudinger/*Bearbeiter* Staudinger, Julius von, Bürgerliches Gesetzbuch mit Einführungsgesetz und Nebengesetzen
StBerG . . . . Steuerberatungsgesetz
Stbg. . . . . Die Steuerberatung (Jahr und Seite)
StBVV . . . . Steuerberatervergütungsverordnung
StBW . . . . Steuerberater Woche (Jahr und Seite)
StE . . . . Steuern der Energiewirtschaft (Jahr und Seite)
Stelkens/Bonk/
Sachs/Bearbeiter . . . Stelkens, Paul/Bonk, Heinz Joachim/Sachs, Michael, Verwaltungsverfahrensgesetz, 8. Aufl. 2014
StGB . . . . Strafgesetzbuch
StPO . . . . Strafprozessordnung
str. . . . . streitig, strittig
stRspr . . . . ständige Rechtsprechung
StVG . . . . Straßenverkehrsgesetz
StVollzG . . . . Gesetz über den Vollzug der Freiheitsstrafe und der freiheitsentziehenden Maßregeln der Besserung und Sicherung – Strafvollzugsgesetz
SVG . . . . Gesetz über die Versorgung für die ehemaligen Soldaten der Bundeswehr und ihre Hinterbliebenen (Soldatenversorgungsgesetz)
SVR . . . . Straßenverkehrsrecht (Jahr und Seite)

Abkürzungen und Literatur

TDG	Gesetz über die Nutzung von Telediensten (Teledienstegesetz) (inzwischen außer Kraft)
Tettinger/Wank/Ennuschat/*Bearbeiter*	Tettinger, Peter/Wank, Rolf/Ennuschat, Jörg, Gewerbeordnung, 8. Aufl. 2011
ThürVBl.	Thüringer Verwaltungsblätter (Jahr und Seite)
TMG	Telemediengesetz
ua	und andere, unter anderem
uÄ	und Ähnliches
Uckermann/Fuhrmanns/Ostermayer/Doetsch/*Bearbeiter*	Uckermann, Sebastian/Fuhrmanns, Achim/Ostermayer, Franz/Doetsch, Peter, Das Recht der betrieblichen Altersversorgung, 2014
UG	Unternehmergesellschaft
UKlaG	Gesetz über Unterlassungsklagen bei Verbraucherrechts- und anderen Verstößen
UmwG	Umwandlungsgesetz
Unseld/Degen	Unseld, Julia/Degen, Thomas A., Rechtsdienstleistungsgesetz, 2009
unveröff.	unveröffentlicht
Urt.	Urteil
usw.	und so weiter
uU	unter Umständen
UWG	Gesetz gegen den unlauteren Wettbewerb
v.	vom, von
VAG	Versicherungsaufsichtsgesetz
VBlBW	Verwaltungsblätter für Baden-Württemberg (Jahr und Seite)
Veith/Gräfe/*Bearbeiter*	Veith, Jürgen/Gräfe, Jürgen, Der Versicherungsprozess, 2. Aufl. 2010
VerKAP	Veröffentlichungen des Kaiserlichen Aufsichtsamts für Privatversicherung (Jahr und Seite)
VerkMitt.	Verkehrsrechtliche Mitteilungen (Band und Seite)
VersR	Versicherungsrecht (Jahr und Seite)
VersVermV	Verordnung über die Versicherungsvermittlung und -beratung (Versicherungsvermittlungsverordnung)
VG	Verwaltungsgericht
VGH	Verwaltungsgerichtshof
vgl.	vergleiche
VO	Verordnung
VRS	Verkehrsrechts-Sammlung (Jahr und Seite)
VuR	Verbraucher und Recht (Band und Seite)
VV	Vergütungsverzeichnis
VVG	Gesetz über den Versicherungsvertrag
VVG-InfoV	Verordnung über Informationspflichten bei Versicherungsverträgen (VVG-Informationspflichtenverordnung)

Abkürzungen und Literatur

VwGO	Verwaltungsgerichtsordnung
VwVfG	Verwaltungsverfahrensgesetz
WEG	Gesetz über das Wohnungseigentum und das Dauerwohnrecht
WiB	Wirtschaftsrechtliche Beratung (Jahr und Seite)
WM	Wertpapier-Mitteilungen (Jahr und Seite)
WPBHV	Wirtschaftsprüfer-Berufshaftpflichtversicherungsverordnung
WPK	Wirtschaftsprüferkammer
WPK-Magazin	Mitteilungen der Wirtschaftsprüferkammer – Magazin (Jahr und Seite)
WPO	Wirtschaftsprüferordnung
Wreesmann	Wreesmann, Ann-Kathrin, Clinical Legal Education – Unentgeltliche Rechtsberatung durch Studenten in den USA und Deutschland, 2010
WRP	Wettbewerb in Recht und Praxis (Jahr und Seite)
WuB	Kommentierende Entscheidungssammlung zum Wirtschafts- und Bankrecht
ZAP	Zeitschrift für die Anwaltspraxis (Fach und Seite)
zB	zum Beispiel
ZErb	Zeitschrift für die Steuer- und Erbrechtspraxis (Jahr und Seite)
ZEV	Zeitschrift für Erbrecht und Vermögensnachfolge (Jahr und Seite)
ZfF	Zeitschrift für das Fürsorgewesen (Jahr und Seite)
ZfPR	Zeitschrift für Personalvertretungsrecht (Jahr und Seite)
Ziff.	Ziffer
ZInsO	Zeitschrift für das gesamte Insolvenzrecht (Jahr und Seite)
ZIP	Zeitschrift für Wirtschaftsrecht (Jahr und Seite)
zit.	zitiert
ZKM	Zeitschrift für Konfliktmanagement (Jahr und Seite)
ZMR	Zeitschrift für Miet- und Raumrecht (Jahr und Seite)
ZPO	Zivilprozessordnung
ZRP	Zeitschrift für Rechtspolitik (Jahr und Seite)
ZSteu	Zeitschrift für Steuern und Recht (Jahr und Seite)
zT	zum Teil
Zugehör/ G. Fischer/Vill/ D. Fischer/Rinkler/ Chab/*Bearbeiter*	Zugehör, Horst/Fischer, Gero/Vill, Gerhard/Fischer, Detlev/Rinkler, Axel/Chab, Bertin, Handbuch der Anwaltshaftung unter Einbeziehung von Steuerberatern und Wirtschaftsprüfern, 3. Aufl. 2011
zust.	zustimmend
ZVG	Gesetz über die Zwangsversteigerung und die Zwangsverwaltung
ZVI	Zeitschrift für Verbraucher- und Privatinsolvenzrecht (Jahr und Seite)
ZwVwV	Zwangsverwalterverordnung
zzgl.	zuzüglich

Gesetz über außergerichtliche Rechtsdienstleistungen (Rechtsdienstleistungsgesetz – RDG)

Vom 12. Dezember 2007
(BGBl. I S. 2840)
zuletzt geändert durch Art. 1 Gesetz gegen unseriöse Geschäftspraktiken vom 1.10.2013
(BGBl. I S. 3714)

Einleitung

Inhaltsübersicht

	Rn.
A. Entstehungsgeschichte des RDG	2
I. Rechtsberatung als Unterfall der Gewerbefreiheit	2
II. Die beginnende Reglementierung des Rechtsberatungsmarkts	3
III. Rechtsberatungsmißbrauchsgesetz	4
IV. Der Weg zum RBerG	6
V. Die Erosion des RBerG durch das BVerfG	9
VI. Europarechtliche Vorgaben	17
VII. Rechtsvergleichender Überblick	18
VIII. Reformdiskussion in Deutschland und Gesetzgebungsverfahren	25
B. Leitgedanken des RDG	29
C. Regelungsanliegen des RDG	34
I. Überblick	34
II. Schutz des Rechtsuchenden und des Rechtsverkehrs	36
III. Stärkung des bürgerschaftlichen Engagements durch Erleichterung der unentgeltlichen Rechtsberatung	38
D. Gesetzesaufbau und Regelungsstruktur des RDG	39
E. Anwendungsbereich	40
I. Beschränkung auf außergerichtliche Rechtsberatung	40
II. Begriff der Rechtsdienstleistung	42
1. Voraussetzungen	42
2. Inkassotätigkeit	45
3. Sonderfälle	46
F. Rechtsdienstleistung als Nebenleistung	48
I. Bedeutung der Neuregelung	48
II. Voraussetzungen	50
III. Stets erlaubte Nebenleistungen	54
G. Rechtsdienstleistungen durch nicht registrierte Personen	55
I. Unentgeltliche Rechtsdienstleistungen	55
1. Begriff der Unentgeltlichkeit	56
2. Familien- und Bekanntenkreis	57
3. Unentgeltliche Beratung außerhalb familiärer und enger persönlicher Beziehungen	58
II. Berufs- und Interessenvereinigungen	61

		Rn.
	III. Öffentliche und öffentlich anerkannte Stellen	65
H.	Rechtsdienstleistungen durch registrierte Personen	66
	I. Kreis der möglichen Erlaubnisinhaber	66
	II. Registrierungsvoraussetzungen	70
	III. Rechtsdienstleistungsverordnung	73
	IV. Berufspflichten für registrierte Personen?	76
I.	Rechtsfolgen unzulässiger Rechtsdienstleistungen	79
	I. Bußgeldtatbestand	79
	II. Nichtigkeit des Vertrags	81
	III. Wettbewerbsrechtliche Ansprüche	83
	IV. Untersagungsmöglichkeiten	84
J.	Rechtsdienstleistungen im gerichtlichen Verfahren	85
	I. Änderungen in den Prozessordnungen	85
	II. Regelungsinhalt	88
K.	Die interprofessionelle Zusammenarbeit von Rechtsanwälten mit Angehörigen anderer Berufe	91
	I. Berufsausübungsgesellschaften zwischen Rechtsanwälten und sonstigen Beratungsberufen	91
	II. Die Einschaltung von Rechtsanwälten als Erfüllungsgehilfen	95
	III. Kooperation zwischen Rechtsanwälten und sonstigen Beratungsberufen	96
L.	Erfolgte Gesetzesänderungen	97
M.	Bestandsaufnahme und Ausblick	109

1 Das zum 1.7.2008 in Kraft getretene **Rechtsdienstleistungsgesetz (RDG) regelt den Rechtsberatungsmarkt.** Seine Vorschriften legen fest, von welchen Personen und in welchem Umfang Rechtsdienstleistungen erbracht werden dürfen. Das völlig neu konzipierte Gesetz löste das früher geltende **Rechtsberatungsgesetz (RBerG)** ab.

A. Entstehungsgeschichte des RDG

I. Rechtsberatung als Unterfall der Gewerbefreiheit

2 Im **Kaiserreich** bildete die aus dem Jahre 1869 stammende Gewerbeordnung (GewO) den rechtlichen Rahmen für die außergerichtliche Rechtsberatung. Im Vergleich zu heute war er deutlich liberaler, fiel doch die **gewerbsmäßige Besorgung fremder Rechtsangelegenheiten** unter die Gewerbefreiheit und war damit **grds. zulässig.** Nur bei nachgewiesener Unzuverlässigkeit konnte nach § 35 Abs. 3 GewO in der damals geltenden Fassung ausnahmsweise ein Tätigwerden untersagt werden. Folge dieser Freizügigkeit war, dass mehrere tausend „Rechtskonsulenten" auch ohne vertiefte juristische Ausbildung in unmittelbare Konkurrenz zur Anwaltschaft treten konnten und traten. Immerhin galt für den gerichtlichen Bereich seit 1878 in Zivilverfahren beim Landgericht und bei höheren Gerichten Anwaltszwang (vgl. *Rücker* Rechtsberatung: Das Rechtsberatungswesen von 1919–1945 und die Entstehung des Rechtsberatungsmissbrauchsgesetzes, 2007, S. 19ff. sowie BT-Drs. 16/2460, 390).

Einleitung RDG

II. Die beginnende Reglementierung des Rechtsberatungsmarkts

In der Endphase der **Weimarer Republik** kamen verstärkt Forderungen 3
auf, den Rechtsberatungsmarkt zugunsten der Anwaltschaft zu reglementieren. Ein im Jahre 1931 vorgelegter Entwurf zur Novellierung der Zivilprozessordnung wollte in Abänderung des bis dahin geltenden § 157 ZPO allen Rechtskonsulenten ein Auftrittsverbot vor den Amtsgerichten auferlegen; bis zum Ende der Weimarer Zeit konnte das Gesetzgebungsverfahren allerdings nicht zum Abschluss gebracht werden (*Rücker* Rechtsberatung: Das Rechtsberatungswesen von 1919–1945 und die Entstehung des Rechtsberatungsmissbrauchsgesetzes, 2007, S. 108 ff.).

III. Rechtsberatungsmißbrauchsgesetz

Nach der Machtergreifung griffen die **Nationalsozialisten** die Vorschläge 4
für die Zurückdrängung der Rechtskonsulenten auf und verknüpften sie mit dem Ziel, jüdische Bürger und politische Gegner aus der Rechtspflege zu verdrängen. Nachdem sich das gesetzgeberische „Programm" zunächst auf die Zurückdrängung der nichtanwaltlichen Rechtsberatung vor Gerichten und Behörden beschränkt hatte, kam es durch den Erlass des „Gesetzes zur Verhütung von Mißbräuchen auf dem Gebiete der Rechtsberatung" (Rechtsberatungsmißbrauchsgesetz) v. 13.12.1935 (RGBl. I S. 1478) zu einer umfassenden Neuregelung auch der außergerichtlichen Rechtsberatung. Mit dem Rechtsberatungsmißbrauchsgesetz (RBMG) wurde die nichtanwaltliche Rechtsberatung dem Bereich gewerberechtlicher Regelung entzogen und ein **grundsätzliches Verbot für Personen, die nicht zu juristischen Berufen gehörten, geschaffen, geschäftsmäßig fremde Rechtsdienstleistungen zu besorgen.** Nach Art. 1 § 1 RBMG durfte nunmehr die „Besorgung fremder Rechtsangelegenheiten, einschließlich der Rechtsberatung und der Einziehung fremder oder zu Einziehungszwecken abgetretener Forderungen, (…) geschäftsmäßig – ohne Unterschied zwischen haupt- und nebenberuflicher oder entgeltlicher und unentgeltlicher Tätigkeit – nur von Personen betrieben werden, denen dazu von der zuständigen Behörde die Erlaubnis erteilt ist." Die Sozialrechtsberatung wurde allein den Organisationen der NSDAP vorbehalten.

Mit dieser weitgehenden **Monopolisierung der Rechtsberatung bei der** 5
Anwaltschaft reagierte die Reichsregierung auf die schlechte ökonomische Situation der Anwaltschaft. So heißt es in der Begründung: „Wenn der Staat im Wege besonderer langjähriger Ausbildung auf einem bestimmten Gebiet einen besonderen Berufsstand schafft, wenn er diesen durch berufs- und standesrechtliche Regelungen, Gebührenordnungen usw. in der Berufsausübung weitgehenden Bindungen unterwirft, so muss er ihm auch ein ausreichendes Arbeitsfeld sichern und ihn gegen den Wettbewerb anderer schützen, die gleichartigen Beschränkungen nicht unterworfen sind." (RStBl. 1935 S. 1528). Rückblickend betrachtet erklärt sich die Neuregelung zudem als Kompensation für den mit der zwischenzeitlich erfolgten „Gleichschaltung" der Anwaltschaft verbundenen Verlust der anwaltlichen Unabhängigkeit (zur Genese und zum Inhalt des RBMG ausführlich *Rücker* Rechtsberatung: Das Rechtsberatungswesen von 1919–1945 und die Entstehung des Rechtsberatungsmissbrauchsgesetzes,

2007, S. 155ff.). Gleichzeitig wurde den **jüdischen Beratern die Existenzgrundlage entzogen**, indem Juden generell nach § 5 1. AVO RBMG die Erteilung einer Erlaubnis zur Rechtsbesorgung verwehrt wurde. Mit der am 14.10.1938 verkündeten Fünften Verordnung zum Reichsbürgergesetz v. 27.9.1938 (RGBl. I S.1403) wurden dann auch alle Juden von der Anwaltschaft ausgeschlossen und so endgültig jegliche jüdische Rechtsberatung verboten (dazu *Rücker* AnwBl. 2007, 801ff.).

IV. Der Weg zum RBerG

6 **Nach Ende des 2. Weltkriegs** wurden die offen antisemitischen Bestimmungen des RBMG außer Kraft gesetzt. Nachdem zunächst in den Bundesländern die Fortgeltung der übrigen Regelungen des RBMG unterschiedlich beurteilt worden war, wurde das RBMG 1958 unter der Bezeichnung **RBerG in die Sammlung des Bundesrechts aufgenommen** (BGBl. III S. 303) und regelte seitdem wieder bundeseinheitlich den Rechtsberatungsmarkt (siehe ausführlich zur „Entnazifizierung" des RBMG *Rücker* Rechtsberatung: Das Rechtsberatungswesen von 1919–1945 und die Entstehung des Rechtsberatungsmissbrauchsgesetzes, 2007, S. 478ff.; *Weber* Die Ordnung der Rechtsberatung in Deutschland nach 1945, 2010, S. 13ff.; *ders.* AnwBl. 2010, 809ff.). Das RBerG wurde zugleich die berufsrechtliche Rechtsgrundlage für den Beruf des Rechtsbeistands, der – neben dem Rechtsanwalt – nach behördlicher Zulassung auf allen Rechtsgebieten oder in einzelnen Sachbereichen außergerichtlich tätig werden durfte. Das zur Überprüfung der Verfassungsmäßigkeit mehrfach angerufene BVerfG erklärte das RBerG für verfassungsrechtlich grds. unbedenklich (vgl. aber Rn. 10ff.); es diene dem Schutz der Rechtsuchenden und der geordneten Rechtspflege; zur Erreichung dieser Zwecke sei es erforderlich und angemessen (BVerfGE 41, 378, 390 = NJW 1976, 1349; BVerfGE 75, 246, 267, 275f. = NJW 1988, 545, 546, 548).

7 Obwohl das RBerG seit der Aufnahme in das Bundesrecht noch ein halbes Jahrhundert Wirksamkeit entfaltete, ist es in all den Jahren nur ein einziges Mal grundlegend geändert worden: Mit dem Fünften Gesetz zur Änderung der Bundesgebührenordnung für Rechtsanwälte v. 18.8.1980 (BGBl. I S. 1503) erfuhr das RBerG eine einschneidende Verschärfung, indem der **Beruf des Vollrechtsbeistands geschlossen** und die umfassende Rechtsberatung ausschließlich den Rechtsanwälten vorbehalten wurde. Nur noch sehr eingeschränkte Teilerlaubnisse (vgl. Rn. 8) konnten vergeben werden. Rechtsberatung wurde aufgrund der gesetzlichen Ausgestaltung als Verbot mit (sehr eingeschränktem) Erlaubnisvorbehalt damit in vielen Bereichen für Nichtanwälte zu einer erlaubnispflichtigen, aber nicht erlaubnisfähigen Tätigkeit. Bemerkenswert ist, dass dieser Änderung keine umfassende Bestandsaufnahme des Rechts der Rechtsberatung vorausgegangen ist. Sie wurde vielmehr erst auf Veranlassung des Rechtsausschusses kurzfristig in einen Gesetzentwurf aufgenommen, der ursprünglich nur gebührenrechtliche Veränderungen vorsah. Begründet wurde die Neuregelung damit, dass kein zwingendes Bedürfnis mehr bestehe, Personen nach dem RBerG eine unbeschränkte Erlaubnis zur geschäftsmäßigen Besorgung fremder Rechtsangelegenheiten zu erteilen. Insoweit sei zu berücksichtigen, dass nach den inzwischen geschaffenen Rege-

Einleitung **RDG**

lungen zur Beratungshilfe und zur Prozesskostenhilfe es für jedermann leichter möglich sei, den Rat eines Rechtsanwalts in Anspruch zu nehmen. Im Interesse einer vollwertigen Beratung und Vertretung in Rechtsangelegenheiten aller Rechtsuchenden erscheine es sachgerecht, die geschäftsmäßige Beratung und Vertretung auf die unter Kammeraufsicht stehende Anwaltschaft zu konzentrieren (BT-Drs. 8/4277, 29).

Seither konnte eine Erlaubnis zur geschäftsmäßigen Besorgung von Rechtsangelegenheiten nur noch für bestimmte **Teilbereiche** erteilt werden, für die sich besondere Berufe herausgebildet hatten. Nach Ansicht des Gesetzgebers konnte die anwaltliche Versorgung die Nachfrage der Rechtsuchenden auf diesen Gebieten nicht decken, insbesondere weil dort die Tätigkeit nicht ausschließlich juristischer Natur ist. Zulässig blieb dementsprechend nach Art. 1 § 1 Abs. 1 S. 2 RBerG die Erteilung von Teilerlaubnissen als Rentenberater, als Frachtprüfer, als vereidigter Versteigerer, als Inkassounternehmer (Inkassobüros), als Rechtskundiger in einem ausländischen Recht für die Rechtsbesorgung auf dem Gebiet dieses Rechts und – nach einer Entscheidung des BVerfG (BVerfGE 75, 284 ff. = NJW 1988, 543 ff.; dazu § 2 RDGEG Rn. 2) – als Versicherungsberater. Allerdings behielten die bereits zugelassenen Vollrechtsbeistände ihre Erlaubnis in vollem Umfang und erhielten die Möglichkeit, sich gem. § 209 BRAO als sog. Kammerrechtsbeistand unter die Aufsicht der Rechtsanwaltschaft zu stellen (vgl. § 1 RDGEG Rn. 14). Da auch juristische Personen, etwa Wirtschaftsprüfungsgesellschaften, die Zulassung als Rechtsbeistand erhalten hatten, lebte diese Form der erlaubten Rechtsberatung aufgrund des gewährten Bestandsschutzes fort (hierzu § 1 RDGEG Rn. 25). 8

V. Die Erosion des RBerG durch das BVerfG

Seit den 1990er Jahren gerieten die strikten Regelungen des RBerG verstärkt in die Kritik: Kreditinstitute, Rechtsschutzversicherungen, konkurrierende Beratungsberufe, als Mediatoren tätige Diplompsychologen und Sozialpädagogen, gemeinnützige Organisationen sowie die alten und neuen Medien versuchten, Breschen in den anwaltlichen Schutzwall zu schlagen. Anlass zur Kritik bot die gestiegene „**Verrechtlichung**" nahezu aller Lebensbereiche. Diese zunehmende rechtliche Durchdringung etwa der wirtschaftlichen, medizinischen, psychologischen oder technischen Tätigkeiten führte nicht nur dazu, dass kaum eine berufliche Betätigung ohne rechtliches Handeln und entsprechende Rechtskenntnisse möglich war oder ohne rechtliche Wirkung blieb, sondern auch dazu, dass die Gerichte auf der Grundlage des RBerG den Kreis der ausschließlich Rechtsanwälten vorbehaltenen Tätigkeiten ausdehnten (BT-Drs. 16/3655, 30). So kam der BGH etwa 2000, auch für die Fachöffentlichkeit überraschend, zum Ergebnis, dass derjenige, der ausschließlich oder hauptsächlich die rechtliche Abwicklung eines Grundstückserwerbs im Rahmen eines Bauträgermodells für den Erwerber besorgt, der Genehmigung nach Art. 1 § 1 RBerG bedürfe (seit BGHZ 145, 265 = NJW 2001, 70 stRspr; zur Rechtslage nach dem RDG siehe § 2 RDG Rn. 47 ff.). 9

Obwohl das BVerfG das RBerG nach wie vor für grds. verfassungsgemäß hielt (BVerfGE 97, 12, 26 f. = NJW 1998, 3481), hatten immer mehr Verfassungsbeschwerden von gewerblichen oder freiberuflichen Unternehmen und 10

Medienunternehmen gegen Einschränkungen ihrer Berufsfreiheit durch die von den Gerichten vorgenommene Auslegung des RBerG Erfolg. So kam es, dass die Wirkungsgeschichte des RBerG in den letzten Jahren seiner Geltung durch **zahlreiche Entscheidungen** vor allem **des BVerfG** gekennzeichnet ist, in denen der Anwendungsbereich einzelner Bestimmungen dieses Gesetzes aus verfassungsrechtlichen Gründen eingeschränkt oder Vorschriften sogar vollständig außer Kraft gesetzt wurden. Angesichts der vielfältigen Eingriffe in den Gesetzestext bot das RBerG **keinen verlässlichen Rechtsrahmen mehr** für den Rechtsberatungsmarkt.

11 Den Auftakt machte im Oktober 1997 die berühmte „**MasterPat**"-Entscheidung zur erlaubnisfreien Zulässigkeit der Patentgebührenüberwachung (BVerfGE 97, 12 = NJW 1998, 3481). In ihr hielten die Karlsruher Richter fest, dass nicht jede Geschäftstätigkeit auf rechtlichem Gebiet als erlaubnispflichtige Rechtsbesorgung angesehen werden darf. Spezialdienstleistungen, die nicht die volle juristische Kompetenz eines Rechtsanwalts erfordern und die auch in einer Rechtsanwaltskanzlei regelmäßig nicht durch den Rechtsanwalt selbst, sondern durch Hilfskräfte erledigt werden, unterfielen danach nicht dem Anwendungsbereich des RBerG. Daher sei die Überwachung von Fristen anhand verlässlicher Unterlagen nicht notwendig Beratung iSd RBerG.

12 Im September 2002 hatte das BVerfG in der „**Erbenermittler**"-**Entscheidung** (BVerfG NJW 2002, 3531) die Gelegenheit, seine Rechtsprechung zu präzisieren. Seitdem gilt, dass zur Abgrenzung erlaubnisfreier Geschäftsbesorgung von erlaubnispflichtiger Rechtsbesorgung „auf den Kern und den Schwerpunkt der Tätigkeit abzustellen (ist), weil eine Besorgung wirtschaftlicher Belange vielfach auch mit rechtlichen Vorgaben verknüpft ist". Es sei stets eine Abgrenzung danach vorzunehmen, ob die Tätigkeit überwiegend auf wirtschaftlichem Gebiet liege oder ob die Klärung rechtlicher Verhältnisse im Vordergrund stehe. Richte sich die übernommene vertragliche Verpflichtung auf Ermittlungen zum Sachverhalt, die Einholung von Auskünften und auf die Stellvertretung in einem bestimmten wirtschaftlichen Bereich, so werde diese unterstützende Dienstleistung nicht dadurch zur erlaubnispflichtigen Rechtsbesorgung, dass sie die Kenntnis des maßgeblichen Rechts voraussetze.

13 In zwei weiteren Entscheidungen zum Tätigkeitsfeld von **Inkassounternehmen** konnte das BVerfG klarstellen, dass die Erlaubnis zum geschäftsmäßigen außergerichtlichen Forderungseinzug nach dem RBerG stets eine umfassende rechtliche Forderungsprüfung gestattet. Eine schlichte Mahn- und Beitreibungstätigkeit ohne eine solche „substanzielle Rechtsberatung" stufe das BVerfG als kaufmännische Hilfstätigkeit und damit bereits als von vornherein nicht erlaubnispflichtige Besorgung fremder Rechtsangelegenheiten ein (BVerfG NJW 2002, 1190). Soweit ein Inkassounternehmen, dessen Sachkunde und Erlaubnis auf die außergerichtliche Einziehung von Forderungen beschränkt ist, für die gerichtliche Durchsetzung der Forderungen einen Rechtsanwalt hinzuziehen müsse, bleibe ihm auch nach Einleitung des gerichtlichen Verfahrens die weitere – rechtliche – Korrespondenz mit dem Schuldner mit dem Ziel einer außergerichtlichen Streitbeilegung erlaubt (BVerfG NJW-RR 2004, 1570).

14 Außerdem stärkte das BVerfG die Rolle der **Medien** bei der Rechtsaufklärung und -durchsetzung (BVerfGK 2, 231 = NJW 2004, 672; BVerfGK 3, 77

= NJW 2004, 1855). Erfasst vom Schutz der Rundfunkfreiheit (Art. 5 Abs. 1 S. 2 GG) sei nicht nur die generell-abstrakte Behandlung von Rechtsfragen in Presse und Rundfunk, sondern auch die aus Gründen der Veranschaulichung und Vertiefung erfolgende Darstellung einzelner konkreter Streitfälle. Diese Berichterstattung stelle keine Rechtsberatung dar, selbst wenn durch die Berichterstattung in den Medien und die hiervon ausgehende Wirkung die Durchsetzung von Forderungen aufgrund des öffentlichen Drucks bewirkt werde. Etwas anderes könne nur gelten, wenn Medien spezifisch juristische Hilfestellung bei der Prüfung und Durchsetzung von Individualansprüchen anböten, die als zusätzliches Dienstleistungsangebot und damit als eigenständige, nicht dem Schutz der Rundfunkfreiheit unterliegende Tätigkeit anzusehen sei.

Schließlich führten die sog. **"Kramer"-Entscheidungen** zu einer weit- **15** gehenden Liberalisierung des Bereichs der **unentgeltlichen Rechtsberatung.** Sie gaben einem pensionierten Richter Recht, der sich dagegen gewandt hatte, dass ihm unter Berufung auf Art. 1 § 1 RBerG selbst die altruistische Rechtsberatung untersagt worden war, weil auch sie jedenfalls im Wiederholungsfall geschäftsmäßig sei. Nach Auffassung der Karlsruher Richter erfordere der Begriff der Geschäftsmäßigkeit unter Abwägung der Schutzzwecke des RBerG einerseits und des Grundrechts der allgemeinen Handlungsfreiheit (Art. 2 Abs. 1 GG) andererseits eine Auslegung, nach der die unentgeltliche Rechtsbesorgung durch einen berufserfahrenen Juristen nicht erfasst wird (BVerfGK 3, 348 = NJW 2004, 2662; BVerfGK 7, 312 = NJW 2006, 1502; siehe daran anschließend auch OVG Lüneburg NVwZ-RR 2006, 361).

Die wiederholte Betonung der Berufsfreiheit (Art. 12 GG) durch das **16** BVerfG beeinflusste auch die Rechtsprechung des BGH und der Instanzgerichte, die sich lange Zeit durch eine sehr strikte Handhabung des RBerG ausgezeichnet hatte (Rn. 9). Beispiele für eine Wende hin zu einer deutlich liberaleren Entscheidungspraxis waren die Urteile zur Testamentsvollstreckung (BGH NJW 2005, 968; NJW 2005, 969), zur Fördermittelberatung (BGH NJW 2005, 2458) sowie zur fachtechnischen Überprüfung von Architektenleistungen (BGH NJW 2007, 842 Rn. 18 ff.).

VI. Europarechtliche Vorgaben

Nur wenig Druck auf das RBerG wurde – entgegen der Hoffnung mancher **17** Kläger vor dem EuGH – durch das europäische Gemeinschaftsrecht ausgeübt (ausführlich BT-Drs. 16/3655, 27 f.). So war nach ständiger Rspr. des EuGH das RBerG mit dem europäischen Recht vereinbar. Das deutsche Rechtsberatungsmonopol entspreche den europäischen Vorgaben und namentlich der Dienstleistungsfreiheit des (heutigen) Art. 56 AEUV bzw. seiner Vorgängerregelungen (EuGH Slg. 1991 I-4221 Rn. 12 ff. = NJW 1991, 2693 – *Säger/Dennemeyer;* EuGH Slg. 1996 I-6511 Rn. 28 ff. = EuZW 1997, 53 – *Reisebüro Broede/Sandker;* siehe auch zur Vereinbarkeit des RBerG mit der EMRK EGMR NJW 2001, 1555 f.). Allerdings setzte der EuGH wie der BGH eine restriktive Auslegung des Gesetzes in dem Sinn voraus, dass von dem Dienstleistenden nicht eine berufliche Qualifikation gefordert werden dürfe, die zu der Art seiner Leistung und den Bedürfnissen der Empfänger der Dienstleistung außer Verhältnis stehe (EuGH Slg. 1991 I-4221 Rn. 17 = NJW 1991, 2693).

VII. Rechtsvergleichender Überblick

18 Der Ruf nach einer grundlegenden Reform des RBerG wurde in der rechtspolitischen Diskussion auch mit rechtsvergleichenden Überlegungen begründet (dazu ausführlich BT-Drs. 16/3655, 28 ff. sowie *Henssler* AnwBl. 2001, 525 ff.; *Dombek* BRAK-Mitt. 2001, 98, 100 f.). In seiner Ausgestaltung als Verbot mit Erlaubnisvorbehalt sicherte das Gesetz ein weitgehendes „Anwaltsmonopol" für den Rechtsberatungsmarkt. Immer wieder wurde darauf hingewiesen, dass nur das deutsche Recht eine derartige Monopolisierung der Rechtsdienstleistungen kenne und das RBerG daher mit seiner **Rigidität weltweit einmalig** sei. Zwar zeigt der nachfolgende Überblick, dass auch andere Rechtsordnungen mehr oder weniger stark ausgeprägte Monopolrechte zugunsten der Anwaltschaft kennen. Dies ändert aber nichts daran, dass insgesamt betrachtet die deutschen Vorgaben und manche ausufernde Beschränkung als vergleichsweise strikt bezeichnet werden konnten. So war insbesondere das Verbot der unentgeltlichen Rechtsberatung durch qualifizierte Juristen eine weltweite Besonderheit des deutschen Rechts, die sachlich kaum zu rechtfertigen war.

19 Eine dem deutschen Recht noch am ehesten vergleichbare Regelung enthielt und enthält auch weiterhin das **österreichische Recht.** Allein der Rechtsanwalt hat die Befugnis, die Parteien in allen gerichtlichen und außergerichtlichen sowie in allen öffentlichen und privaten Angelegenheiten berufsmäßig zu vertreten (§ 8 Abs. 2 RAO [österreichische Rechtsanwaltsordnung]). Notare, Patentanwälte, Wirtschaftstreuhänder und Berufsvereinigungen der Arbeitnehmer werden allerdings gem. § 8 Abs. 3 RAO durch Ausnahmen privilegiert.

20 Diametral entgegengesetzt sind die gesetzlichen Regelungen in **Schweden, Estland und der Schweiz** ausgestaltet, wo weder ein gerichtliches noch ein außergerichtliches Beratungsmonopol existiert. So ist etwa nach Kap. 12 § 2 Abs. 1 iVm Kap. 12 § 22 Rättegångsbalk (schwedische Prozessordnung) die einzige Voraussetzung für das Auftreten vor Gericht, dass die betreffende Person vom Gericht als geeignet, rechtschaffen und geschäftskundig angesehen wird. **Finnland** zeichnet sich weiterhin im außergerichtlichen Bereich durch liberale Regeln für den Rechtsberatungsmarkt aus. Die Vertretungsbefugnis vor Gericht wurde dagegen im Jahr 2002 auf Personen mit Anwaltszulassung oder juristischem Hochschulabschluss beschränkt, da die Prozessführung durch unqualifizierte Rechtsberater in Einzelfällen zu großen Schäden geführt hatte.

21 Der seit jeher im Vergleich zum deutschen Recht liberalere **englische** Rechtsberatungsmarkt hat mit dem „Legal Services Act" eine weitere Öffnung erfahren. Mit diesem wichtigen Reformgesetz wurden die sog. „Alternative Business Structures" (ABS) eingeführt. Sie ermöglichen auch Nichtanwälten die Kapitalbeteiligung an Anwaltskanzleien (vgl. dazu *Kilian/Lemke* AnwBl. 2011, 800 ff. sowie *Kilian* AnwBl. 2014, 111 ff.). In Section 12 und Schedule 2 iVm Section 13 des Legal Services Act ist vorgesehen, dass gewisse Tätigkeiten, wie etwa die Vertretung vor Gericht, nur von dazu autorisierten Anwälten oder von Anwälten, die von dieser Autorisierung befreit sind, ausgeführt werden dürfen. Der Kreis der autorisierten und befreiten Personen ist in den Sections 18 und 19 geregelt. Schon nach zweijähriger Geltung der Neuregelung lässt sich erkennen, dass die Reform in der Praxis gut angenommen wird und dass einige sich sehr dynamisch entwickelnde Rechtsanwaltsgesellschaften entstehen, deren Anteile ausschließlich von Nichtanwälten gehalten werden (so etwa die Rechtsanwaltsgesellschaften der Einzelhandelskette Coop).

Im **romanischen Rechtskreis** existieren hinsichtlich der Rechtsdienstleistungsbefugnisse unterschiedlich strenge Restriktionen. Die Rechtsberatung in **Italien** darf nur von solchen Personen berufsmäßig und ständig erbracht werden, die in das Berufsregister eingetragen sind. Andernfalls macht sich der Rechtsberater wegen Anmaßung von Titeln und unbefugter Ausübung des Berufs gem. Art. 498, 348 codice penale (italienisches Strafgesetzbuch) strafbar. Bei nur gelegentlicher Beratung in Rechtsfragen wird eine Eintragung hingegen nicht gefordert. Weiter gehende Ausnahmen bestehen für Angehörige anderer Berufsgruppen wie etwa Notare, Wirtschaftsprüfer und Steuerberater. Sie haben unter der Bedingung, dass die Beratung in einem Zusammenhang mit ihrer beruflichen Tätigkeit steht, per se das Recht, rechtsberatend tätig zu werden. 22

Frankreich unterscheidet sich von den oben aufgeführten Staaten des romanischen Rechtskreises vor allem dadurch, dass für die Befugnis zur Rechtsberatung nicht ein bestimmter Beruf, sondern vielmehr ein juristischer Abschluss entscheidend ist. Art. 54 des Gesetzes Nr. 71–1130, der zum 1.1.2002 in Kraft getreten ist, sieht nämlich vor, dass niemand direkt oder durch eine Zwischenperson gewohnheitsmäßig und gegen Honorierung dritten Personen Rechtsrat erteilen darf, wenn er nicht im Besitz einer „licence en droit" oder eines vergleichbaren Diploms ist. 23

In den Beneluxstaaten ist die Rechtslage hinsichtlich der Rechtsdienstleistungsbefugnisse unterschiedlich ausgestaltet. In **Luxemburg** besteht auf dem Gebiet der gerichtlichen wie auch der außergerichtlichen Rechtsberatung ein Anwaltsmonopol (Art. 2 des Anwaltsgesetzes v. 10.8.1991). Während dort im Rahmen der außergerichtlichen Rechtsdienstleistungen Ausnahmen nur für Notare, Wirtschaftsprüfer und öffentliche Stellen bestehen, existiert in den **Niederlanden** und in **Belgien** auf diesem Gebiet gerade kein Monopol zugunsten der Anwaltschaft, so dass dort auch Nichtanwälte und Nichtjuristen Rechtsrat erteilen können. Vor Gericht jedoch dürfen auch in diesen beiden Staaten nur Anwälte auftreten (vgl. etwa Art. 440 belgischer Code judiciaire). 24

VIII. Reformdiskussion in Deutschland und Gesetzgebungsverfahren

Auf die Agenda des Gesetzgebers kam die Reform des Rechtsberatungsrechts in der 15. Legislaturperiode, nachdem die rot-grüne Bundesregierung in ihrer **Koalitionsvereinbarung v. 16.10.2002** festgehalten hatte, dass „das Rechtsberatungsgesetz von 1935 ... den gesellschaftlichen Bedürfnissen angepasst werden" solle. Im BMJ begannen daraufhin die Vorarbeiten für eine umfassende Novelle (ausführlich zur Entstehung des RDG *Weber* Die Ordnung der Rechtsberatung in Deutschland nach 1945, 2010, S. 289 ff.). Zwar war das RBerG längst vom „nationalsozialistischen Ungeist" (*Finzel* Einleitung Rn. 1) befreit und seine Verfassungsmäßigkeit (Rn. 6, 10) wiederholt bestätigt worden. Weil aber der geschichtliche Hintergrund dennoch das Gesetz bis in die 25

Gegenwart belastete, entschied man sich dazu, sich nicht auf eine inhaltliche Gesetzesänderung zu beschränken, sondern das RBerG durch ein neues Gesetz vollständig abzulösen. So sollte auch nach außen die grundlegende Abkehr von einem Gesetz dokumentiert werden, das ursprünglich auch in dem Bestreben erlassen wurde, jüdische Juristen aus allen Bereichen des Rechts auszuschließen (vgl. BT-Drs. 16/3655, 26).

26 Rechtzeitig zum **65. Deutschen Juristentag,** der am 22. und 23.9.2004 in Bonn stattfand, wurde ein Diskussionsentwurf vorgelegt, um die öffentliche Diskussion über dieses Projekt in Gang zu setzen. Die Forderungen, welche die verschiedenen Interessengruppen im Laufe der Jahre formuliert hatten, hätten unterschiedlicher kaum sein können: Während die Anwaltsvertreter im Wesentlichen die Beibehaltung des Status quo und die Konservierung des Anwaltsmonopols in der Rechtsberatung forderten, erhofften sich die Lobbygruppen anderer Berufsverbände eine weitgehende Liberalisierung des Rechtsberatungsmarkts. Vonseiten der Wissenschaft wurde die Ablösung des Verbotsgesetzes durch ein reines Informationsmodell vorgeschlagen (so *Grunewald* AnwBl. 2004, 208 ff.; dazu Rn. 30 und § 3 RDG Rn. 2). Weitere Stationen auf dem Weg zum RDG waren der am 14.4.2005 vorgelegte **Referentenentwurf** (RefE), der vorsah, die Rechtsberatung fast vollständig zu öffnen, und der am 23.8.2006 verabschiedete **Regierungsentwurf** (RegE; BT-Drs. 16/3655). Dieser unterschied sich nur geringfügig vom RefE, was den Eindruck verstärkte, dass es zu einer völligen Liberalisierung der Rechtsberatung kommen würde (Grunewald/Römermann/*Römermann* Einl. Rn. 24).

27 Auf Grundlage einer am 9.5.2007 im Rechtsausschuss durchgeführten **Sachverständigenanhörung** (dazu *Henssler* AnwBl. 2007, 553), in der die bisherige Linie erstmals kritisiert und die Reform als zu weitgehend bezeichnet wurde, kam es zur **Beschlussempfehlung und zum Bericht des Rechtsausschusses** (BT-Drs. 16/6634), der in einigen wichtigen Punkten vom RegE abwich. Ein zentraler Änderungsvorschlag war die Streichung der ursprünglich vorgesehenen Regelungen über die berufliche Zusammenarbeit von Anwälten mit Angehörigen anderer Berufe (§ 5 Abs. 3 RDG-E; § 59a Abs. 4 BRAO-E). Der Plan, die Möglichkeiten der Zusammenarbeit von Anwälten mit anderen Berufsgruppen auszudehnen, wurde auf Druck insbesondere der BRAK zurückgestellt (Rn. 91 ff.). Weitere wichtige Korrekturen betrafen den Wortlaut der §§ 2, 5 RDG, also der Normen, die über das Vorliegen einer Rechtsdienstleistung (und damit über den Anwendungsbereich des Gesetzes) und über die Voraussetzungen einer (erlaubnisfrei) erbringbaren Rechtsdienstleistung als Nebenleistung entscheiden (siehe Rn. 42 ff. und Rn. 48 ff.).

28 Schließlich billigten der Deutsche Bundestag mit klarer Mehrheit (gegen die Stimmen der Fraktion „Die Linke") am 11.10.2007 und der Bundesrat am 9.11.2007 das Gesetzespaket in der Fassung, wie sie dem Ergebnis der Beratungen im Rechtsausschuss entsprach. Nachdem das „Gesetz zur Neuregelung des Rechtsberatungsrechts" v. 12.12.2007 am 17.12.2007 im **Bundesgesetzblatt** (BGBl. I S. 2840) verkündet worden war, konnte es zum 1.7.2008 in Kraft treten. Kernstück des Artikelgesetzes war das RDG, das an die Stelle des RBerG samt seiner Ausführungsverordnungen trat (Einführungsbeiträge bei *Henssler/ Deckenbrock* DB 2008, 41 ff.; *Kleine-Cosack* BB 2007, 2637 ff.; *Römermann* NJW 2008, 1249 ff.; *Sabel* AnwBl. 2007, 816 ff.; zu nach dem 1.7.2008 erfolgten Gesetzesänderungen und -vorhaben siehe Rn. 97ff.). Für bestehende Erlaubnisse nach dem RBerG waren und sind die durch das zeitgleich in Kraft getretene **Einführungsgesetz zum Rechtsdienstleistungsgesetz (RDGEG)** geschaffenen Übergangsregelungen zu beachten (Rn. 72). Dort findet sich in § 4 RDGEG auch eine Regelung zur Vergütung der Personen, die nach dem RDG registriert sind.

B. Leitgedanken des RDG

Für eine Analyse der grundlegenden Unterschiede zwischen RBerG und RDG greift eine schlichte Gegenüberstellung der Gesetzestexte von RBerG und RDG zu kurz. Viele der scheinbaren materiellen Änderungen zeichnen lediglich zwingende verfassungsrechtliche Vorgaben nach (Rn. 9ff.). Wichtigstes Verdienst der Neuregelung ist es dementsprechend, endlich wieder eine **klare und verfassungskonforme Rechtsgrundlage** zu bieten. 29

Einen Systemwechsel hat das RDG dagegen nicht mit sich gebracht: Der von seinem Vorläufer bekannte Charakter eines **präventiven Verbotsgesetzes mit Erlaubnisvorbehalt** ist vielmehr geblieben (vgl. § 3 RDG), den Befürwortern des Informationsmodells (*Grunewald* AnwBl. 2004, 208ff.) wurde eine Absage erteilt (vgl. § 1 RDG Rn. 3; § 3 RDG Rn. 2). Auch nach der Neuregelung ist die Erbringung von Rechtsdienstleistungen nur demjenigen erlaubt, der sich auf einen Erlaubnistatbestand berufen kann. Die Erlaubnis zur Rechtsdienstleistung kann sich aus den Vorschriften des RDG, aber auch aus anderen Gesetzen ergeben. Das RDG **regelt daher die Befugnis zur Erbringung von Rechtsdienstleistungen nicht abschließend,** sondern sieht in § 1 Abs. 2 RDG ausdrücklich vor, dass Regelungen in anderen Gesetzen über die Befugnis von Rechtsdienstleistungen unberührt bleiben und dem RDG als *leges speciales* vorgehen. Auf diese Weise wird vermieden, dass das RDG künftig aufgrund von Widersprüchen zu eventuell in anderen Gesetzen neu geregelten Rechtsberatungsbefugnissen geändert werden muss (BT-Drs. 16/3655, 32). 30

So lässt sich bspw. die umfassende Rechtsberatungs- und -vertretungsbefugnis der Rechtsanwälte allein aus den Vorschriften der Bundesrechtsanwaltsordnung ableiten. Nach § 3 Abs. 1 BRAO ist: „Der **Rechtsanwalt** ... der berufene unabhängige Berater und Vertreter **in allen Rechtsangelegenheiten**". Im Steuerberatungsgesetz (§ 2 StBerG) ist geregelt, dass neben Rechtsanwälten auch Steuerberatern, Steuerbevollmächtigten, Wirtschaftsprüfern und vereidigten Buchprüfern die geschäftsmäßige Hilfeleistung **in Steuersachen** gestattet ist. Entsprechendes gilt für die Rechtsdienstleistungsbefugnisse der Patentanwälte (§ 3 Abs. 1 PAO) und Notare (§§ 20, 24 BNotO) aufgrund der jeweiligen Berufsgesetze. Darüber hinaus finden sich entsprechende Befugnisse für Versicherungsvermittler und Versicherungsberater in § 34d, e GewO. In § 1908f Abs. 4 BGB ist nunmehr die Befugnis anerkannter Betreuungsvereine zur Beratung bei der Errichtung einer Vorsorgevollmacht verankert. § 23 Abs. 3 AGG erlaubt den Antidiskriminierungsverbänden im Rahmen ihres Satzungszwecks die Besorgung von Rechtsangelegenheiten. Eine weitere Sonderregelung sieht § 43b Abs. 1 SGB V vor, der die Einziehung von an die gesetzliche Krankenversicherung zu leistenden Zuzahlungen durch 31

Kassenärzte regelt (siehe zu den verschiedenen Befugnisnormen auch § 1 RDG Rn. 28 ff.; § 3 RDG Rn. 10 ff.).

32 Rechtsanwälte bleiben die einzige Berufsgruppe, die vom Gesetzgeber eine umfassende Erlaubnis zur Rechtsberatung und -vertretung erhalten haben. Der Gesetzgeber hat damit die – von der Monopolkommission unterstützte (BT-Drs. 16/2460 S. 394 ff.) – Forderung nicht aufgegriffen, auch **Diplom-Wirtschaftsjuristen** und Absolventen vergleichbarer juristischer Hochschul- oder Fachhochschulstudiengänge (zB Diplom-Sozialjuristen, Diplom-Informationsjuristen) die Befugnis zur selbstständigen außergerichtlichen Rechtsberatung zuzuerkennen. Dies hätte zumindest auf dem Gebiet der außergerichtlichen Rechtsberatung zur Folge gehabt, dass Anwälte und nichtanwaltliche Rechtsberater zwar gleichartig tätig gewesen wären, aber völlig unterschiedlichen Anforderungen hinsichtlich ihrer Ausbildung unterlegen hätten.

33 Nach Ansicht des Gesetzgebers fehlen akademisch ausgebildeten Nichtanwälten allerdings Kenntnisse, die auch im Bereich der außergerichtlichen Tätigkeit von Bedeutung sind, deren Vermittlung aber erst während des juristischen Vorbereitungsdienstes erfolgt (BT-Drs. 16/3655, 31). Die Zulassung von Berufen mit geringerer juristischer Qualifikation hätte nach Auffassung des Gesetzgebers zudem eine Gefährdung der Verbraucherinteressen nach sich gezogen. In den Augen des Gesetzgebers wird der Verbraucherschutz bei der Einschaltung von Rechtsanwälten in besonderem Maße gewährleistet (siehe hierzu auch Krenzler/*Teubel* § 1 Rn. 45). Die Gründe hierfür liegen in ihrer Bindung an Berufspflichten (einschließlich der Pflicht zu Abschluss und Aufrechterhaltung einer Berufshaftpflichtversicherung nach § 51 BRAO) und ihrer Pflichtmitgliedschaft in den Rechtsanwaltskammern. Sonstigen Volljuristen (Assessoren), die zwar auch zwei Staatsexamina abgelegt haben, aber nicht zur Rechtsanwaltschaft zugelassen sind, wird die entgeltliche Erbringung von Rechtsdienstleistungen daher nicht gestattet. Somit kann die zuständige Behörde bspw. Rentenberatern und Inkassounternehmen zwar die Erlaubnis erteilen, beschränkt auf das jeweilige Sachgebiet rechtsberatend tätig zu werden. Die Einführung eines allgemeinen Rechtsdienstleistungsberufs unterhalb des Rechtsanwalts mit gleichwohl identischen Befugnissen, entsprechend dem Modell eines Rechtsbeistands (dazu Rn. 6 f.), wurde jedoch abgelehnt.

C. Regelungsanliegen des RDG

I. Überblick

34 Als zentrale Regelungsanliegen der Neuregelung benennt der Gesetzgeber (1) den Schutz der Rechtsuchenden, (2) die Stärkung des bürgerschaftlichen Engagements sowie (3) eine Deregulierung und Entbürokratisierung (BT-Drs. 16/3655, 1). Die amtliche Begründung des RBerG hatte dagegen als Regelungsanliegen noch den Schutz des Anwaltsstandes vor einem Wettbewerb mit Personen, „die keinen standesrechtlichen, gebührenrechtlichen und ähnlichen im Interesse der Rechtspflege gesetzten Schranken unterliegen" (BGHZ 15, 315, 317 = NJW 1955, 422, 423; vgl. auch RStBl. 1935 S. 1528; BVerwG NJW 1989, 1175 sowie Rn. 5; § 1 RDG Rn. 13) hervorgehoben. Ein entsprechender **Konkurrenzschutzgedanke** kann unter der Geltung des GG allenfalls eingeschränkt Bestand haben. Wie das BVerfG mehrfach betont hat, rechtfertigt er für sich genommen keine Eingriffe in die durch Art. 12 GG geschützte Berufsfreiheit. Bedeutung erlangt er nur insoweit, als er dem primären Gesetzeszweck „Schutz einer funktionsfähigen Rechtspflege" dient. Schutz vor Wettbewerb kann nur dann geboten sein, wenn sonst die Gemeinwohlbelange gefährdet würden, denen die Zugangsschranken eines Berufs gerade zu dienen bestimmt sind (BVerfGE 97, 12, 30 f. = NJW 1998, 3481, 3482 f.).

Die weiteren mit dem RBerG verfolgten Schutzanliegen, nämlich der 35 Schutz der Rechtsuchenden vor unqualifiziertem Rechtsrat und die Sicherung der Funktionsfähigkeit der Rechtspflege bzw. des Rechtsverkehrs, sind dagegen verfassungsrechtlich unproblematisch und konnten daher auch der Nachfolgeregelung zu Grunde gelegt werden. Beide Schutzobjekte haben den Charakter von überragend wichtigen Gemeinschaftsgütern, so dass der Eingriff in die Berufsfreiheit der Nichtanwälte auch heute verfassungsrechtlich unbedenklich ist (ausführlich dazu § 1 RDG Rn. 2 ff.).

II. Schutz des Rechtsuchenden und des Rechtsverkehrs

Das RDG bezweckt, „die Rechtsuchenden, den Rechtsverkehr und die 36 Rechtsordnung vor unqualifizierten Rechtsdienstleistungen zu schützen" (§ 1 Abs. 1 S. 2 RDG). Nach wie vor richtet sich das in § 3 RDG statuierte Verbot, jenseits gesetzlicher oder gesetzlich fundierter Erlaubnisnormen außergerichtliche Rechtsdienstleistungen zu erbringen, nicht an denjenigen, demgegenüber die Leistung erbracht wird; denn dieser soll durch die Norm gerade geschützt werden. Eine Disziplinarmaßnahme gegen einen Strafgefangenen, der sich von einem Mithäftling eine Strafanzeige hat schreiben lassen, ist dementsprechend unzulässig (BVerfG Beschl. v. 22.3.2011 – 2 BvR 983/09, BeckRS 2011, 49813 Rn. 12 ff.).

Von der Gesetzesbegründung wird insbesondere angeführt, dass der Ver- 37 braucher in der Regel nur selten Rechtsberatung in Anspruch nehme und es ihm deshalb unmöglich sei, von seinen Erfahrungen zu profitieren und so den adäquaten Rechtsberater zu finden (BT-Drs. 16/3655, 31). Dieses Ziel will der Gesetzgeber durch die Beibehaltung des von seinem Vorläufer bekannten Charakter eines **Verbotsgesetzes mit Erlaubnisvorbehalt** erreichen (vgl. Rn. 30; § 3 RDG Rn. 1 f.). Die entgeltliche Erbringung von Rechtsdienstleistungen ist grds. verboten, wenn der Gesetzgeber nicht ausdrücklich bestimmten Berufsgruppen eine Erlaubnis erteilt. Somit wird die Einführung eines Rechtsdienstleistungsberufs unterhalb demjenigen des Rechtsanwalts durch den notwendigen Verbraucherschutz blockiert. Vgl. zum Schutzzweck des RDG im Einzelnen auch § 1 RDG Rn. 2 ff. und zur Bedeutung der Rechtsdienstleistung gegenüber anderen Dienstleistungen § 1 RDG Rn. 3.

III. Stärkung des bürgerschaftlichen Engagements durch Erleichterung der unentgeltlichen Rechtsberatung

Während die entgeltliche Erbringung von Rechtsdienstleistungen weitge- 38 hend der Anwaltschaft vorbehalten bleibt, bringt die Gesetzesnovelle **weitrei-**

chende Öffnungen im Bereich der unentgeltlichen Rechtsberatung. Das im RBerG verankerte generelle Verbot auch der unentgeltlichen Rechtsberatung ließ sich durch Verbraucherschutzinteressen nicht mehr rechtfertigen: Wird im **Familien-, Nachbarschafts- oder Bekanntenkreis** unentgeltlich rechtlich beraten, so weiß der Beratene durchaus, dass für seine rechtliche Angelegenheit an sich ein Rechtsanwalt zuständig wäre. Er weiß auch, dass er von der ihm nahestehenden Person nicht die gleiche Sorgfalt und den gleichen Einsatz erwarten kann wie von einem entgeltlich tätig werdenden Anwalt. Gleichwohl verzichtet er auf die Einschaltung eines Anwalts, um sich die entsprechenden Kosten zu ersparen. Eines Schutzes über eine den Verbraucher zugleich bevormundende Verbotsregelung bedarf es hier nicht, weil der Verbraucher die Risiken einer gefälligkeitshalber erbrachten Rechtsberatung durch Verwandte oder Freunde kennen muss. Bei karitativ bzw. gemeinnützig ausgerichteten Hilfsorganisationen sind die rechtlichen Hürden für die unentgeltliche Beratung höher. Das bürgerschaftliche Engagement soll allerdings auch hier nicht behindert werden; lediglich ein gewisser Mindestschutz erscheint hier unverzichtbar (siehe zur unentgeltlichen Rechtsberatung noch Rn. 55 ff.).

D. Gesetzesaufbau und Regelungsstruktur des RDG

39 Gegliedert ist das RDG in **fünf Teile:** Ein an die Spitze des Gesetzes gestellter allgemeiner Teil enthält die Kernbestimmungen (§§ 1–5 RDG; dazu Rn. 40 ff.). Dort ist neben dem Anwendungsbereich des Gesetzes der Zentralbegriff der Rechtsdienstleistung festgeschrieben. Teil 2, welcher den Untertitel „Rechtsdienstleistungen durch nicht registrierte Personen" trägt, erfasst im Wesentlichen die unentgeltliche Rechtsberatung (§§ 6–9 RDG; dazu Rn. 55 ff.). Die von der Vorgängerregelung bekannten Teilerlaubnisse sind – deutlich eingeschränkt – im 3. Teil unter dem Titel „Rechtsdienstleistungen durch registrierte Personen" normiert (§§ 10–15 RDG, dazu Rn. 66 ff.). Verblieben sind nur drei dieser Teilerlaubnisse: Inkassodienstleistungen, Rentenberatung und Rechtsdienstleistungen in einem ausländischen Recht. Diese Dienstleistungen dürfen – neben Rechtsanwälten – entgeltlich nur Personen erbringen, die ihre Sachkunde nachgewiesen haben und im neu geschaffenen Rechtsdienstleistungsregister registriert sind. Das neue Register wird in Teil 4 des Gesetzes näher konkretisiert. Im abschließenden Teil 5 findet sich ua ein neu gestalteter Bußgeldtatbestand (dazu Rn. 79 f.).

E. Anwendungsbereich

I. Beschränkung auf außergerichtliche Rechtsberatung

40 Bereits der Anwendungsbereich des RDG unterscheidet sich grundlegend von demjenigen des RBerG. Das RDG erfasst allein die selbstständige **außergerichtliche** Rechtsberatung (§§ 1 Abs. 1 S. 1; 3 RDG). Sobald Rechtsdienstleistungen im Zusammenhang mit gerichtlichen Tätigkeiten erbracht werden, etwa bei einer Klage oder einem Antrag auf Erlass eines Mahnbescheids, greifen die Vorschriften des RDG nicht (zur Abgrenzung im Einzelnen § 1 RDG

Einleitung RDG

Rn. 15 ff.). Wer zur gerichtlichen Vertretung befugt ist, bestimmt sich seit der Novellierung allein nach den jeweils einschlägigen Verfahrensvorschriften. Damit wird den Bedürfnissen und Besonderheiten der einzelnen Verfahren und Gerichtsbarkeiten besser Rechnung getragen (dazu Rn. 85 ff.).

Wie schon vom RBerG wird die Bearbeitung von Rechtsdienstleistungen **41** **in abhängiger Beschäftigung** vom RDG nicht erfasst (Einzelheiten bei § 1 RDG Rn. 26 ff.). Ein Arbeitnehmer kann damit selbstverständlich seinen Arbeitgeber in dessen Rechtsangelegenheiten beraten, auch wenn er über keine Befugnis zur Rechtsdienstleistung verfügt. Das gilt allerdings nur für interne Beratungsleistungen. Sobald der Angestellte für seinen Arbeitgeber nach außen auftritt, gelten Besonderheiten. Ist der Arbeitgeber zur Rechtsdienstleistung befugt, so darf der Mitarbeiter nur in dem Umfang für ihn nach außen tätig werden, in dem der Arbeitgeber selbst berechtigt ist, Rechtsdienstleistungen zu erbringen.

II. Begriff der Rechtsdienstleistung

1. Voraussetzungen. Das RDG löst sich auch terminologisch von seinem **42** Vorgänger, indem es anstelle der vom RBerG verwendeten Begriffe der Geschäftsmäßigkeit, der Rechtsbesorgung und der Rechtsberatung den zentralen Begriff der – entgeltlichen oder unentgeltlichen – Rechtsdienstleistung einführt. **Rechtsdienstleistung ist** nach dem Gesetz **jede Tätigkeit in konkreten fremden Angelegenheiten, sobald sie eine rechtliche Prüfung des Einzelfalls erfordert** (§ 2 Abs. 1 RDG). Nur wenn sich eine Tätigkeit unter diesen Zentralbegriff subsumieren lässt, bedarf sie der Erlaubnis.

Die Definition fasst verschiedene Voraussetzungen zusammen. Ausgeklam- **43** mert aus dem Anwendungsbereich des Gesetzes werden zunächst alle Dienstleistungen, die ohne jede rechtliche Prüfung des Einzelfalls auskommen. Das sind etwa das Auffinden, die Lektüre, die Wiedergabe und die rein schematische Anwendung von Rechtsnormen. Die **abstrakte Behandlung von Rechtsfragen** stellt daher keine Rechtsdienstleistung dar, selbst wenn aus Gründen der Veranschaulichung und Vertiefung einzelne konkrete Streitfälle als Beispiel herangezogen werden. Keiner Erlaubnis bedarf ferner, wer Rechtsdienstleistungen **in eigenen Angelegenheiten** erbringen will. Privatpersonen oder Unternehmen können daher ihre eigenen Interessen stets selbst wahrnehmen.

Welche Anforderungen im Einzelnen an eine rechtliche Prüfung iSd § 2 **44** Abs. 1 RDG zu stellen sind, ist allerdings umstritten. Der Streit resultiert aus der Entstehungsgeschichte des Gesetzes, da der Wortlaut des § 2 Abs. 1 RDG während des Gesetzgebungsverfahrens vom Rechtsausschuss deutlich gestrafft worden ist. Nachdem der Regierungsentwurf in § 2 Abs. 1 RDG-E (vgl. BT-Drs. 16/3655, 7, 46) noch vorgesehen hatte, dass „Rechtsdienstleistung ... jede Tätigkeit in konkreten fremden Angelegenheiten [ist], sobald sie *nach der Verkehrsanschauung oder der erkennbaren Erwartung des Rechtsuchenden* eine *besondere* rechtliche Prüfung des Einzelfalls erfordert", hat der Rechtsausschuss und ihm folgend das Plenum des Bundestags auf die kursiv gesetzten Wörter verzichtet (dazu ausführlich § 2 RDG Rn. 5 ff.). Teilweise wird unter Hinweis auf die ursprünglich im RegE vorgesehene Fassung des § 2 Abs. 1 RDG angenommen, von der gesetzlich geforderten rechtlichen Prüfung sei nur dann auszugehen, wenn der Rechtsuchende eine besondere rechtliche Betreuung oder Aufklärung erkennbar erwarte oder nach der Verkehrsanschauung eine besondere rechtliche Prüfung erforderlich sei (Dreyer/Lamm/Müller/*Dreyer/Müller* § 2 RDG Rn. 21). Die Gegenauffassung möchte an das Ausmaß der rechtlichen Prüfung keinen hohen Maßstab anlegen, nachdem das Erfordernis einer besonderen rechtlichen Prüfung nicht in § 2 Abs. 1 RDG übernommen worden ist (*Krenzler* § 2 RDG Rn. 15; Gaier/Wolf/Göcken/*Johnigk* § 2 RDG Rn. 33). Danach sollen vom Tatbestandsmerkmal der rechtlichen Prüfung alle rechtlichen Prüfungstätigkeiten auch ohne besondere vertiefte Prüfung erfasst werden, soweit sie über eine einfache rechtliche Prüfung und Rechtsanwendung hinausgehen und einer gewissen Sachkunde bedürfen (Henssler/Prütting/*Weth* § 2 RDG Rn. 19). Dieser Meinungsstreit, den der BGH noch nicht entscheiden musste (offengelassen von BGH GRUR 2011, 539 Rn. 28; siehe auch BSG NJW 2014, 493 Rn. 31 f.; BSG Urt. v. 5. 3. 2014 – B 12 R 7/12 R, BeckRS 2014, 71499 Rn. 15), führt in einigen für die Praxis bedeutsamen Konstellationen zu unterschiedlichen Ergebnissen (Einzelheiten bei § 2 RDG Rn. 33 ff.). Von ihm hängt insbesondere ab, ob die ausführlichen Hinweise in der Begründung des ursprünglichen RegE ihren Wert als Auslegungshilfe für den Begriff der Rechtsdienstleistung behalten haben.

45 **2. Inkassotätigkeit.** Registrierungs- und damit erlaubnispflichtig ist weiterhin die Einziehung **fremder** oder zum Zweck der Einziehung auf fremde Rechnung abgetretener Forderungen, sofern die Forderungseinziehung als eigenständiges Geschäft betrieben wird (**Inkassodienstleistung, § 2 Abs. 2 S. 1 RDG**). Mit dieser Regelung soll der Verbraucher insoweit weniger vor unqualifizierter rechtlicher Beratung denn vor unseriösen Schuldeneintreibern geschützt werden (§ 1 RDG Rn. 11). Ausschlaggebend für die Abgrenzung, ob eine abgetretene Forderung auf eigene oder fremde Rechnung eingezogen wird, ist der Umstand, dass die Forderung endgültig auf den Erwerber übertragen wird und er insbesondere das Bonitätsrisiko übernimmt, wie dies beim **echten Factoring** der Fall ist (BGH NJW 2013, 59 Rn. 14; ausführlich § 2 RDG Rn. 67 ff.). **Abgetretene Forderungen** gelten für den bisherigen Gläubiger nicht als fremd (§ 2 Abs. 2 S. 2 RDG). Ergänzt wird der Schutz der Verbraucher durch die ähnlich motivierten, zum 1. 11. 2014 in Kraft getretenen Änderungen des RDG, die im Zuge des Gesetzes gegen unseriöse Geschäftspraktiken v. 1. 10. 2013 (BGBl. I S. 3714) verabschiedet wurden (dazu Rn. 105 f. sowie *Köhler* NJW 2013, 3473, 3477). Inkassofirmen müssen nunmehr nach § 11a RDG exakt angeben, wie die von ihnen beigetriebene Forderung entstanden ist und wie sie sich zusammensetzt. Der Gesetzgeber reagierte damit auf die von Verbrauchern erhobenen Beschwerden, dass manche Inkassounternehmen versuchen, nicht existierende Forderungen beizutreiben, unangemessene Beitreibungsmethoden wählen oder es zu einem Anschwellen von Bagatellforderungen durch die Berechnung überhöhter Inkassokosten kommt. Ua in Abmahnfällen soll so eine größere Transparenz zugunsten der Verbraucher erreicht werden.

46 **3. Sonderfälle.** Im Interesse der Rechtssicherheit werden bestimmte Tätigkeiten ausdrücklich von jeder Erlaubnispflicht des § 2 Abs. 1 RDG ausgeklammert (§ 2 Abs. 3 RDG; dazu § 2 RDG Rn. 96 ff.). Der schon vom RBerG

Einleitung

bekannte Katalog ist insoweit aktualisiert worden. Zu den **erlaubnisfreien Tätigkeiten** zählen:
- die Erstattung wissenschaftlicher Gutachten,
- die Tätigkeit von Einigungs- und Schlichtungsstellen, Schiedsrichterinnen und Schiedsrichtern,
- die Erörterung der die Beschäftigten berührenden Rechtsfragen mit ihren gewählten Interessenvertretungen, soweit ein Zusammenhang zu den Aufgaben dieser Vertretungen besteht,
- die Mediation und jede vergleichbare Form der alternativen Streitbeilegung, sofern die Tätigkeit nicht durch rechtliche Regelungsvorschläge in die Gespräche der Beteiligten eingreift;
- die an die Allgemeinheit gerichtete Darstellung und Erörterung von Rechtsfragen und Rechtsfällen in den Medien und
- die Erledigung von Rechtsangelegenheiten innerhalb verbundener Unternehmen (§ 15 AktG).

Im Vergleich zum RBerG neu und von besonderem praktischem Interesse 47 ist die Regelung der **Mediation** (§ 2 Abs. 3 Nr. 4 RDG). Auch nichtanwaltliche Mediatoren dürfen danach „echte" bzw. „reine" Mediation durchführen (§ 2 RDG Rn. 122 ff.). Sobald der Mediator regelnd oder durch rechtliche Regelungsvorschläge in die Gespräche der Beteiligten eingreift (Bsp.: Entwurf einer Abschlussvereinbarung), handelt es sich dagegen um eine weiterhin erlaubnispflichtige Rechtsdienstleistung iSd § 2 Abs. 1 RDG. Das am 26.7.2012 in Kraft getretene Gesetz zur Förderung der Mediation und anderer Verfahren der außergerichtlichen Konfliktbeilegung v. 21.7.2012 (BGBl. I S. 1577) hat mit dem als Art. 1 verkündeten Mediationsgesetz (MediationsG) an diesem Rechtszustand nichts geändert. Ob und inwieweit nichtanwaltliche Mediatoren überhaupt Mediation anbieten dürfen, ist nach wie vor ausschließlich nach den Vorgaben des RDG zu beurteilen (vgl. BT-Drs. 17/5335, 15 f. und *Henssler/Deckenbrock* DB 2012, 159, 160).

F. Rechtsdienstleistung als Nebenleistung

I. Bedeutung der Neuregelung

Soweit nach den gerade vorgestellten Kriterien eine Rechtsdienstleistung 48 vorliegt, dürfen nichtanwaltliche Dienstleister grds. nicht tätig werden. Das RDG kennt allerdings für Rechtsdienstleistungen, die als sog. Nebenleistung erbracht werden, eine für die Praxis bedeutsame Öffnung. Sie dürfte im Bereich der entgeltlichen Rechtsberatung die wichtigste Rechtsänderung überhaupt sein, die das neue Recht für den Rechtsberatungsmarkt mit sich gebracht hat. § 5 RDG erlaubt Rechtsdienstleistungen im Zusammenhang mit einer anderen Tätigkeit, wenn sie als Nebenleistung zum Berufs- oder Tätigkeitsbild gehören. Die Regelung hat typischen **Kompromisscharakter:** Einerseits soll die Berufsausübung nicht spezifisch rechtsdienstleistender Berufe nicht behindert werden, andererseits soll der erforderliche Schutz der Rechtsuchenden vor unqualifiziertem Rechtsrat gewährleistet bleiben. Die Vorschrift findet auf alle Arten von Dienstleistungen Anwendung. Anders als in

Art. 1 § 5 RBerG findet weder eine Ausgrenzung der Freien Berufe statt noch wird der Anwendungsbereich der neuen Regelung durch die Aufzählung beispielhafter Berufsgruppen eingeschränkt (BT-Drs. 16/3655, 51).

49 Die langfristigen Folgen der Öffnung sind nur schwer absehbar. Bislang haben sich keine dramatischen Veränderungen ergeben. Die Vorschrift ist aber **entwicklungsoffen** (BGH NJW 2012, 1589 Rn. 26; BT-Drs. 16/3655, 52): Künftige Änderungen nicht nur des Berufsbilds, sondern schon des bloßen Tätigkeitsbilds gewerblicher und freiberuflicher Dienstleister können daher zum Erwerb von Rechtsberatungsbefugnissen führen. Verschiedene Dienstleistungsberufe könnten versuchen, gezielt die mit der Vorschrift eröffneten Möglichkeiten zu einer sukzessiven Ausweitung ihres Tätigkeitsfelds zu nutzen (Einzelheiten bei § 5 RDG Rn. 13ff.). Perspektiven ergeben sich insbesondere für Wirtschaftsprüfer und Steuerberater, bei denen schon bislang die Grenzen zur rein rechtsberatenden Tätigkeit fließend waren, so dass Vertragsentwürfe etwa im Gesellschaftsrecht auf der Grundlage von Standardverträgen häufig mit erarbeitet wurden. Diese Praxis wurde mit der Neuregelung quasi legalisiert.

II. Voraussetzungen

50 Auch für § 5 Abs. 1 RDG haben die Beratungen im **Rechtsausschuss** zu einer deutlichen Straffung der Norm geführt. So ist auf die folgenden kursiv gesetzten Satzteile, die noch im Vorentwurf enthalten waren, in der verabschiedeten Gesetzesfassung verzichtet worden: „Erlaubt sind Rechtsdienstleistungen im Zusammenhang mit einer anderen *beruflichen oder gesetzlich geregelten* Tätigkeit, wenn sie als Nebenleistung zum Berufs- oder Tätigkeitsbild *oder zur vollständigen Erfüllung der mit der Haupttätigkeit verbundenen gesetzlichen oder vertraglichen Pflichten* gehören (dazu § 5 RDG Rn. 6, 38). Der BGH misst der Änderung allerdings nur begrenzte Bedeutung bei. Seiner Ansicht nach sollte durch die Streichung der entbehrlichen Tatbestandselemente lediglich eine ausufernde Auslegung der Vorschrift, wonach rechtsdienstleistende Nebenpflichten von den Vertragsparteien willkürlich und ohne Zusammenhang mit der eigentlichen Haupttätigkeit vereinbart werden könnten, ausgeschlossen werden. Durch die Änderung des Gesetzeswortlauts seien demnach nicht die Anforderungen an erlaubnisfreie Rechtsdienstleistungen verschärft worden. Verhindert werden sollte lediglich, dass die gesetzliche Erlaubnispflicht im Ergebnis dadurch disponibel wird, dass die Parteien die Möglichkeit haben, eine an sich erlaubnispflichtige Rechtsdienstleistung als – dann erlaubnisfreie – Nebenleistung zu vereinbaren (BGHZ 192, 270 Rn. 14 = NJW 2012, 1005; BGH NJW 2013, 59 Rn. 23; BSG NJW 2014, 493 Rn. 44, jeweils unter Verweis auf BT-Drs. 16/6634, 51). Wie im Gesetzgebungsverfahren von Anfang an beabsichtigt, erfordert die Zulässigkeit rechtlicher Nebenleistungen – anders als nach früherem Recht (Art. 1 § 5 RBerG) – nach § 5 Abs. 1 RDG nicht mehr einen unmittelbaren, unlösbaren Zusammenhang mit der beruflichen Tätigkeit, sondern setzt lediglich voraus, dass die Rechtsdienstleistungen zu der jeweiligen Haupttätigkeit gehören. Entscheidend ist, ob ein **sachlicher Zusammenhang zwischen Haupt- und Nebenleistung** besteht (BGHZ 192, 270 Rn. 11 = NJW 2012, 1005; BGH NJW 2013, 59 Rn. 23; dazu § 5 RDG Rn. 27f., 35ff.). Zu den danach typischerweise zulässigen Nebenleistungen gehören rechtliche Beratungs-

und Aufklärungspflichten, ohne die die eigentliche Tätigkeit nicht ordnungsgemäß auszuführen ist (BGH NJW 2012, 1589 Rn. 22).

Weitere maßgebliche Parameter, die bei der Beurteilung der Frage, ob eine **51** zulässige Nebenleistung vorliegt, zu berücksichtigen sind, sind ihr Inhalt und der Umfang unter Berücksichtigung der Rechtskenntnisse, die für die Haupttätigkeit erforderlich sind (§ 5 Abs. 1 S. 2 RDG; dazu § 5 RDG Rn. 31 ff., 41 ff.). Dabei ist im Hinblick auf die grundrechtlich geschützte Berufsausübungsfreiheit (Art. 12 GG) keine enge Auslegung des § 5 Abs. 1 RDG geboten (BGH NJW 2012, 1589 Rn. 24; BSG NJW 2014, 493 Rn. 45).

Von einer Nebenleistung kann schon begrifflich nur dann gesprochen **52** werden, wenn die allgemein rechtsberatende Tätigkeit die Leistung nicht insgesamt prägt. Es darf sich nicht insgesamt um eine spezifisch (allgemein-)rechtliche Leistung handeln. Abzustellen ist darauf, ob eine Dienstleistung als überwiegend rechtlich oder als wirtschaftlich geprägt anzusehen ist. Der **Schwerpunkt der Tätigkeit** muss – soweit es sich nicht um Dienstleistungen von Angehörigen steuerberatender Berufe oder nach § 10 RDG registrierter Personen handelt – stets auf nicht-rechtlichem Gebiet liegen (BGH NJW 2012, 1589 Rn. 23). Bei der Gewichtung von Haupt- und Nebentätigkeit kommt es nicht allein auf den (zeitlichen) Anteil der rechtsdienstleistenden Tätigkeit an der Gesamttätigkeit an, sondern auch und vor allem auf die Schwierigkeit und Komplexität der Rechtsdienstleistung. Der Inhalt der rechtsdienstleistenden Tätigkeit wird außerdem maßgeblich durch die – objektiv zu beurteilende – Bedeutung der Rechtsfrage für den Rechtsuchenden bestimmt. Bei der rechtlichen Beurteilung im Einzelfall muss den **unterschiedlichen tatsächlichen Gegebenheiten** der Berufe Rechnung getragen werden. Je geringer – bei typisierender Betrachtung (vgl. BT-Drs. 16/3655, 54) – die für die nicht rechtsdienstleistende Haupttätigkeit erforderlichen Rechtskenntnisse sind, umso kleiner ist die Befugnis zur Erbringung von Rechtsdienstnebenleistungen auf diesem Gebiet und umgekehrt. Über die für die Haupttätigkeit erforderliche berufliche Qualifikation wird so ein gewisser Mindestqualitätsstandard auch für die rechtliche Beratung als Nebenleistung gewährleistet (BGH NJW 2013, 59 Rn. 30; OLG Düsseldorf GRUR-RR 2014, 399, 400). Steuerberater und Wirtschaftsprüfer, die über gewisse Rechtskenntnisse verfügen (müssen) und denen in Teilbereichen des Rechts (Steuerrechtsberatung) sogar eine unbeschränkte Befugnis zur Rechtsberatung eingeräumt ist, können dementsprechend aus der Norm weiter reichende Rechte herleiten als etwa Kfz-Händler, die für ihre eigentliche Tätigkeit keine besonderen Rechtskenntnisse benötigen (zu Einzelheiten siehe § 5 RDG Rn. 43).

Trotz dieser Einschränkungen sind die Betätigungsmöglichkeiten für nicht- **53** anwaltliche Rechtsdienstleister beachtlich. So hat der BGH etwa die Einziehung einer an ein Mietwagenunternehmen abgetretenen Schadensersatzforderung des Geschädigten auf Erstattung von Mietwagenkosten gem. § 5 Abs. 1 RDG grds. als erlaubt angesehen, wenn allein die Höhe der Mietwagenkosten streitig sei. Etwas anderes gelte aber, wenn die Haftung dem Grunde nach oder die Haftungsquote streitig ist oder Schäden geltend gemacht werden, die in keinem Zusammenhang mit der Haupttätigkeit stehen (BGHZ 192, 270 Rn. 6 ff. = NJW 2012, 1005; BGH NJW 2013, 62 Rn. 15 f.; BGH NZV 2013, 31 Rn. 11 f.; BGH Urt. v. 11. 9. 2012 – VI ZR 238/11, BeckRS 2012,

20767 Rn. 18f.; BGH NJW 2013, 1539 Rn. 7; BGH NJW 2013, 1870 Rn. 10; siehe auch BGH NJW 2013, 59 Rn. 28 zur Geltendmachung einer dem Grunde nach streitigen Schadensersatzforderung eines Dritten wegen angeblicher Pflichtverletzung aus einem Anlageberatungsvertrag). Ein Finanzdienstleistungsunternehmen, das Kunden bei der Umschuldung bestehender Verbindlichkeiten berät, darf die rechtliche Beratung zur vorzeitigen Beendigung von Darlehensverträgen gem. § 490 Abs. 2 BGB als Nebenleistung iSv § 5 Abs. 1 RDG nur durchführen, wenn der Sachverhalt einem anerkannten Kündigungstatbestand zuzuordnen ist (BGH NJW 2012, 1589 Rn. 25 ff.). Aber auch für Banken, Unternehmensberater, Hausverwaltungsgesellschaften, Steuerberater und Wirtschaftsprüfer ergeben sich neue Betätigungsfelder (zu den Einzelheiten § 5 RDG Rn. 45 ff.). Auch wenn es noch an einer höchstrichterlichen Bestätigung fehlt, dürften als nunmehr zulässig einzustufen sein:
– die Sanierungs- oder Insolvenzberatung durch Diplom-Betriebswirte, Diplom-Kaufleute oder Diplom-Wirtschaftsjuristen;
– die Beratung über Fragen des Baurechts oder der Sachmängelhaftung durch Architekten;
– die Beratung über Gestaltungsmöglichkeiten bei der Vermögens- oder Unternehmensnachfolge durch Banken sowie
– die Mitwirkung bei der Vorbereitung eines Erbscheinantrags durch Erbenermittler (vgl. BVerfGK 17, 504, 507 = NJW 2010, 3291 Rn. 13).

III. Stets erlaubte Nebenleistungen

54 Im Interesse der Rechtsklarheit wird bei bestimmten Tätigkeiten, denen typischerweise Rechtsdienstleistungen immanent sind, der Charakter als erlaubte Nebenleistung fingiert (§ 5 Abs. 2 RDG; dazu § 5 RDG Rn. 134 ff.). Genannt werden die Testamentsvollstreckung, die Haus- und Wohnungsverwaltung und die Fördermittelberatung. Bei diesen Tätigkeiten ist der Grad der anfallenden Rechtsdienstleistungen unbeachtlich. Nicht erfasst sind solche Rechtsdienstleistungen, die zwar eine gewisse Nähe zu diesen Tätigkeiten aufweisen, aber nicht zu dem eigentlichen Tätigkeitsbild hinzugehören. So ist es nicht Aufgabe des **Testamentsvollstreckers,** aus Anlass der Testamentsvollstreckung auftretende gesellschaftsrechtliche Fragen mitzubeantworten. Entsprechendes gilt für Beratungstätigkeiten im Vorfeld einer möglichen Testamentsvollstreckertätigkeit. Der Entwurf einer letztwilligen Verfügung ist damit nach wie vor Rechtsanwälten und Notaren vorbehalten (BT-Drs. 16/3655, 55).

G. Rechtsdienstleistungen durch nicht registrierte Personen

I. Unentgeltliche Rechtsdienstleistungen

55 Die Erbringung unentgeltlicher Rechtsdienstleistungen wurde durch § 6 RDG weitgehend dereguliert (dazu einführend *Müller* MDR 2008, 357 ff.). Das Gesetz unterscheidet im Wesentlichen zwischen der institutionellen unentgeltlichen Beratung durch gemeinnützige Organisationen und der Beratung im Verwandten- und Bekanntenkreis. Die letztgenannte ist sogar vollständig von Restriktionen freigestellt.

Einleitung **RDG**

1. Begriff der Unentgeltlichkeit. Unentgeltlich sind solche Rechts- 56
dienstleistungen, die nach dem Willen des Dienstleistenden und des Rechtsuchenden **von einer Gegenleistung unabhängig** sein sollen. Dies ist nicht der Fall, wenn zwar die Rechtsberatung als kostenlose Draufgabe offeriert wird, jedoch im Zusammenhang zu sonstigen kostenpflichtigen Dienstleistungen besteht. Dagegen führt weder die Darreichung **freiwilliger Geschenke** im Rahmen des Üblichen noch der Ersatz von Auslagen wie Schreib- und Portokosten sowie Fahrtkostenersatz zur Entgeltlichkeit (ausführlich dazu § 6 RDG Rn. 10 ff.).

2. Familien- und Bekanntenkreis. Die umschriebenen unentgeltlichen 57
Leistungen können innerhalb familiärer, nachbarschaftlicher oder enger persönlicher (etwa zwischen Arbeitskollegen und Vereinsmitgliedern) Beziehungen (dazu § 6 RDG Rn. 25 ff.) **ohne weitere Voraussetzungen** erbracht werden. Eine juristische Basisausbildung ist ebenso wenig erforderlich wie die Registrierung bei einer Behörde. Auch unterliegen sie nicht einer irgendwie gearteten berufsrechtlichen Reglementierung wie etwa einer Verschwiegenheitspflicht oder einer Pflicht zum Abschluss einer Berufshaftpflichtversicherung (§ 6 RDG Rn. 51 ff.). Selbst nachweislich fehlende Qualifikation steht der Rechtsberatung innerhalb persönlicher Beziehungen nicht entgegen. Der unentgeltlich Beratende ist auch nicht verpflichtet, im Zuge seiner Tätigkeit über sein Qualifikationsniveau aufzuklären (§ 6 RDG Rn. 54). Die Erteilung von Rechtsrat im Familien- oder Bekanntenkreis beruht regelmäßig nicht auf der Grundlage einer vertraglichen Verpflichtung, vielmehr wird der Rat als bloße **Gefälligkeit** erteilt. Schadensersatzansprüche wegen fehlerhafter Beratung kommen grds. nicht in Betracht (§ 6 RDG Rn. 55 f.).

3. Unentgeltliche Beratung außerhalb familiärer und enger persön- 58
licher Beziehungen. Außerhalb des Kreises der Familie, der Nachbarn oder der Freunde muss auch bei unentgeltlicher Rechtsberatung grds. sichergestellt sein, dass der Berater entweder generell zur entgeltlichen Beratung befugt ist, über die Befähigung zum Richteramt verfügt oder zumindest unter der **Anleitung** einer solchen Person tätig wird (§ 6 Abs. 2 S. 1 RDG; dazu § 6 RDG Rn. 32 ff.). Wer somit zwei juristische Staatsexamina erfolgreich abgelegt und damit die Befähigung zum Richteramt (Volljurist) erlangt hat, kann – unabhängig von einer Zulassung zum Rechtsanwalt – für jedermann unentgeltlich Rechtsdienstleistungen erbringen.

Selbsthilfegruppen und karitative Vereinigungen müssen somit **durch** 59
erfahrene Juristen angeleitet werden. Im Bereich der altruistischen, unentgeltlichen Rechtsberatung ist allerdings eine ständige Begleitung oder Beaufsichtigung der Beratungstätigkeit durch eine juristisch qualifizierte Person, geschweige denn die Durchführung der Rechtsdienstleistung durch einen Volljuristen, nicht erforderlich. Ausreichend sind eine an Umfang und Inhalt der zu erbringenden Rechtsdienstleistungen ausgerichtete Einweisung und Fortbildung sowie eine Mitwirkung bei der Erbringung der Rechtsdienstleistung, soweit dies im Einzelfall erforderlich ist (§ 6 Abs. 2 S. 2 RDG).

Die Anforderungen sind vom Gesetzgeber bewusst niedrig gehalten. Prin- 60
zipiell soll eine sog. Grundanleitung ausreichen, mit der die beratend tätigen Mitarbeiter einer Einrichtung in die für ihre Tätigkeit wesentlichen Rechtsfra-

gen eingewiesen werden, so dass sie die typischen Fallkonstellationen weitgehend selbstständig rechtlich erfassen und bearbeiten können. Diese Grundanleitung soll in Schulungen und über Rundschreiben durchgeführt werden können. Reicht das aufgrund dieser Grundanleitung erworbene Fachwissen des Mitarbeiters im Einzelfall nicht aus, ist er verpflichtet, sich ergänzenden juristischen Rat einzuholen. Dabei muss die anleitende Person nicht zwingend bei der beratenden Stelle beschäftigt sein. Es genügt, wenn sie in einer übergeordneten Dachorganisation tätig ist oder die Anleitung im Rahmen einer Kooperation mit einem Rechtsanwalt erfolgt (§ 6 RDG Rn. 42 ff.).

II. Berufs- und Interessenvereinigungen

61 Rechtsberatungsbefugnisse können nach dem RDG auch Vereinigungen und Genossenschaften im Rahmen ihres satzungsmäßigen Aufgabenbereichs zustehen. Der einschlägige § 7 RDG erfasst **Vereinigungen mit gesellschaftlicher, sportlicher oder kultureller Zielsetzung,** ua Haus- und Grundbesitzervereine, Mietervereine und Automobilclubs (§ 7 RDG Rn. 17 ff.). Die im RBerG noch enthaltene Differenzierung zwischen berufsständischen und sonstigen Vereinen, die maßgeblich auf die Mitgliederstruktur abstellte, hat der Gesetzgeber bewusst nicht übernommen.

62 Das RDG erlaubt diesen Organisationen keine uneingeschränkte Mitgliederrechtsberatung. Die Rechtsberatung darf lediglich **im Rahmen des satzungsmäßigen Aufgabenbereichs** erfolgen (§ 7 RDG Rn. 41 ff.). Dementsprechend muss sich etwa die Rechtsberatung eines Automobilclubs im Wesentlichen auf den Bereich des Straßenverkehrsrechts beschränken. Nach einer aktuellen Entscheidung des BGH ist es allerdings einem Einzelhandelsverband, zu dessen satzungsgemäßen Zwecken es gehört, seinen Mitgliedern in mit ihrer beruflichen Tätigkeit im Zusammenhang stehenden Rechtsangelegenheiten Rechtsschutz zu gewähren, nicht verwehrt, ein Mitgliedsunternehmen, das mit der Begründung abgemahnt worden ist, es habe durch seine Werbung die Marke eines Dritten verletzt, bei der Abgabe einer Unterwerfungserklärung zu beraten (BGH GRUR 2012, 79 Rn. 14 ff.).

63 Die **Rechtsdienstleistungen dürfen** außerdem gegenüber der Erfüllung der übrigen Vereinszwecke **nicht von übergeordneter Bedeutung** sein. Vereinigungen, deren Satzungszweck auf die allgemeine Rechtsberatung der Mitglieder ausgedehnt ist, werden von der Privilegierung des § 7 RDG daher von vornherein nicht erfasst.

64 Hinsichtlich der Anforderungen an die **Qualifikation** gelten grds. ähnliche Voraussetzungen wie bei der sonstigen unentgeltlichen Beratung außerhalb persönlicher Beziehungen. Die Vereinigung muss sicherstellen, dass die Rechtsdienstleistung durch eine Person, welcher die entgeltliche Erbringung dieser Rechtsdienstleistung erlaubt ist, durch eine Person mit Befähigung zum Richteramt oder unter Anleitung einer solchen Person erfolgt. Darüber hinaus müssen die Vereinigungen über die zur sachgerechten Erbringung dieser Rechtsdienstleistungen **erforderliche personelle, sachliche und finanzielle Ausstattung** verfügen (§ 7 Abs. 2 S. 1 RDG; dazu § 7 RDG Rn. 59 ff.).

III. Öffentliche und öffentlich anerkannte Stellen

Schließlich regelt das RDG die Rechtsdienstleistungsbefugnisse der öffent- 65
lichen und öffentlich anerkannten Personen oder Stellen wie der **Verbraucherzentralen** und anderer mit öffentlichen Mitteln geförderter Verbraucherverbände oder der Träger der freien Wohlfahrtspflege (§ 8 RDG; vgl. § 8 RDG Rn. 4ff.). Ihnen ist es im Rahmen ihres Aufgabenbereichs – im Unterschied zu dem zuvor erwähnten Personenkreis – gestattet, Rechtsdienstleistungen entgeltlich und nicht auf den Mitgliederkreis beschränkt zu erbringen. Zulässig sind Rechtsdienstleistungen durch Stellen iSd § 8 RDG allerdings nur bei Wahrnehmung der Aufgaben, die ihnen gesetzlich zugewiesen sind oder wegen derer sie staatlich gefördert werden (siehe etwa § 8 RDG Rn. 42). Ein Insolvenzberater darf daher nur im Zusammenhang mit insolvenzrechtlichen Fragen rechtlich beraten. Ist allerdings die Rechtsdienstleistung einer Verbraucherzentrale nach § 8 Abs. 1 Nr. 4, Abs. 2 RDG erlaubt, so kommt es nicht zusätzlich darauf an, ob die Tätigkeit der Verbraucherzentrale auch im Interesse des Verbraucherschutzes erforderlich ist (BGH NJW 2013, 3580 Rn. 43).

H. Rechtsdienstleistungen durch registrierte Personen

I. Kreis der möglichen Erlaubnisinhaber

Der dritte Teil des RDG greift das aus Art. 1 § 1 RBerG bekannte Modell 66
der Teilerlaubnisse auf und regelt die Erbringung von Rechtsdienstleistungen aufgrund besonderer Sachkunde. An die Stelle der Erlaubnis ist als Voraussetzung für eine Betätigungsmöglichkeit nunmehr eine Registrierung bei der zuständigen Landesjustizverwaltung (§ 13 RDG) getreten. Sie ist in dem neu geschaffenen Rechtsdienstleistungsregister (www.rechtsdienstleistungsregister. de) bekanntzumachen (§ 16 RDG). Registrierungsmöglichkeiten gibt es für Rechtsdienstleistungen in folgenden Bereichen: **Inkassodienstleistungen, Rentenberatung und Rechtsdienstleistungen in einem ausländischen Recht** (§ 10 Abs. 1 Nr. 1–3 RDG; § 11 Abs. 1–3 RDG). In diesen Spezialrechtsgebieten kann der bestehende Beratungsbedarf nach Ansicht des Gesetzgebers nicht vollständig von der Anwaltschaft befriedigt werden (BT-Drs. 16/3655, 40; siehe bereits Rn. 8). Außerhalb ihres Spezialgebiets stehen den registrierten Personen keine erweiterten Betätigungsmöglichkeiten offen, allerdings gibt es für Inkassobetriebe parallele Betätigungsmöglichkeiten im forensischen Bereich (dazu Rn. 90).

Registriert werden können natürliche und juristische Personen sowie Ge- 67
sellschaften ohne Rechtspersönlichkeit. Beschränkungen können sich aus rechtsformspezifischen gesellschaftsrechtlichen Vorschriften ergeben. So darf etwa die gewerbliche Inkassotätigkeit nicht durch eine PartG ausgeübt werden, da diese lediglich für freiberufliche Tätigkeiten zur Verfügung gestellt wird (BT-Drs. 16/3655, 63; siehe auch § 10 RDG Rn. 12)

Ausländische Unternehmen können sich ebenfalls registrieren lassen. 68
Neben der hierfür erforderlichen ständigen Niederlassung in Deutschland können sie sich aber auch für die nur vorübergehende Erbringung grenzüberschrei-

tender Dienstleistungen entscheiden. § 15 RDG gestattet es Personen oder Unternehmen aus anderen EU-Mitgliedstaaten, die eine den in § 10 Abs. 1–3 RDG genannten Berufen vergleichbare Tätigkeit ausüben, ohne weitere Voraussetzungen ihre Dienstleistungsfreiheit zu verwirklichen (§ 15 RDG Rn. 25 ff.).

69 Ein allgemeines Einfallstor für nichtanwaltliche Rechtsberater bietet diese Vorschrift schon deshalb nicht, weil das deutsche Recht auch für deutsche Dienstleister keine entsprechende Öffnung kennt. Die Zulässigkeit der vorübergehenden Erbringung von Rechtsdienstleistungen im Inland bezieht sich daher nicht auf solche Rechtsdienstleistungen, die nicht unter § 10 RDG fallen, sondern im Inland den Rechtsanwälten vorbehalten sind (§ 1 RDG Rn. 35). Angehörige anderer Mitgliedstaaten dürfen daher allgemeine Rechtsdienstleistungen – soweit es sich nicht um eine zulässige Nebenleistung nach § 5 RDG handelt – in Deutschland grds. nicht erbringen, und zwar unabhängig davon, ob die betreffende berufliche Tätigkeit in ihrem Heimatstaat reglementiert ist oder nicht. Ausgeklammert bleibt die Tätigkeit ausländischer Rechtsanwälte, die für den Bereich der EU bereits 2000 im Gesetz über die Tätigkeit europäischer Rechtsanwälte (EuRAG) und im Übrigen in § 206 BRAO geregelt worden ist.

II. Registrierungsvoraussetzungen

70 Registrierungsvoraussetzungen (§ 12 RDG) sind insbesondere:
– die persönliche Eignung und Zuverlässigkeit,
– der Abschluss einer Berufshaftpflichtversicherung mit einer Mindestversicherungssumme von 250 000 Euro und
– der Nachweis der theoretischen und praktischen Sachkunde.

71 Die erforderliche **Zuverlässigkeit** fehlt in der Regel, wenn die Person in den letzten drei Jahren vor Antragstellung wegen eines Verbrechens oder eines die Berufsausübung betreffenden Vergehens rechtskräftig verurteilt worden ist, wenn die Vermögensverhältnisse der Person ungeordnet sind oder wenn in den letzten drei Jahren vor Antragstellung eine Registrierung oder eine Zulassung zur Rechtsanwaltschaft widerrufen worden oder ein Ausschluss aus der Rechtsanwaltschaft erfolgt ist (ausführlich § 12 RDG Rn. 12 ff.). Die **theoretische Sachkunde** ist gegenüber der zuständigen Behörde durch Zeugnisse nachzuweisen (dazu § 12 RDG Rn. 101 ff.). Praktische Sachkunde setzt in der Regel eine mindestens zwei Jahre unter Anleitung erfolgte Berufsausübung oder praktische Berufsausbildung voraus (§ 12 RDG Rn. 104 ff.). § 13 RDG regelt das Registrierungsverfahren, § 14 RDG – angelehnt an § 14 BRAO – die Voraussetzungen für einen Widerruf der Registrierung.

72 Diejenigen, die in Besitz einer Erlaubnis nach dem RBerG waren, konnten sich nach § 1 RDGEG mit dem Umfang ihrer Erlaubnis in das Rechtsdienstleistungsregister eintragen lassen, ohne dass sie die Registrierungsvoraussetzungen nach § 12 RDG erfüllen mussten; von ihnen wurde nach § 1 Abs. 4 RDGEG lediglich der Nachweis einer Vermögensschadenhaftpflichtversicherung verlangt (§ 1 RDGEG Rn. 22). Ist eine Umschreibung bis zum 31.12.2008 nicht erfolgt, führte dies zwar zum Erlöschen der Erlaubnis. Allerdings können diese **Alterlaubnisinhaber** ihre Erlaubnis auch heute noch in

Einleitung

einem abgekürzten Registrierungsverfahren jederzeit wieder zum Leben erwecken (§ 1 RDGEG Rn. 23).

III. Rechtsdienstleistungsverordnung

Das RDG enthält **sechs Verordnungsermächtigungen,** von denen 73 das BMJ mit Zustimmung des Bundesrats mit der Verordnung zum Rechtsdienstleistungsgesetz v. 19.6.2008 (Rechtsdienstleistungsverordnung – RDV) (BGBl. I S. 1069; siehe auch die amtliche Begründung in BR-Drs. 316/08) teilweise Gebrauch gemacht hat; sie ist zeitgleich mit dem RDG am 1.7.2008 in Kraft getreten.

Dabei ist die Ermächtigung, Teilgebiete der drei Registrierungsbereiche des 74 § 10 RDG (Inkasso, Rentenberatung, Rechtsdienstleistungen in einem ausländischen Recht) zu bestimmen, auf die eine Registrierung sodann beschränkt werden kann (§ 10 Abs. 1 S. 2 RDG), nur für den Bereich der Rechtsdienstleistungen in einem ausländischen Recht genutzt worden. So wurden mit dem gewerblichen Rechtsschutz und dem Steuerrecht zwei gesonderte **Teilbereiche** festgelegt. In den Bereichen Inkasso und Rentenberatung ist eine Aufspaltung der einheitlichen Berufsbilder dagegen nicht erfolgt (§ 1 RDV Rn. 3).

Die RDV enthält in §§ 2 ff. ferner konkretisierende Vorgaben für die nachzu- 75 weisende **theoretische und praktische Sachkunde** sowie zu den Mindestanforderungen an die zu absolvierenden Sachkundelehrgänge. Verhindert werden soll, dass Sachkundenachweise durch unseriöse Anbieter erteilt werden. Auf ein förmliches Zertifizierungsverfahren ist verzichtet worden. Schließlich enthält die Verordnung ergänzende Bestimmungen zur Berufshaftpflichtversicherung (Umfang nach § 12 Abs. 3 Nr. 3 RDG: 250 000 Euro) sowie die aus datenschutzrechtlicher Sicht erforderlichen Bestimmungen zum Registrierungsverfahren und zur öffentlichen Bekanntmachung im Rechtsdienstleistungsregister.

IV. Berufspflichten für registrierte Personen?

Ein eigenständiges Berufsrecht für die registrierten Personen kennt das 76 RDG nicht (ausführlich dazu *Hensler/Deckenbrock,* Das Berufsrecht der Rentenberater, 2013; *dies.* DB 2013, 2909 ff.). Damit erweist sich das neue Recht als deutlich liberaler als die Vorgängerregelung, die solche Pflichten in den Ausführungsverordnungen zum RBerG kannte. Entfallen ist ua die Regelung in § 1 Abs. 2 S. 2 der 2. AVO zum RBerG, nach der – entsprechend § 43a Abs. 4 BRAO – dem Erlaubnisinhaber eine Tätigkeit nicht gestattet war, wenn er zuvor eine solche bereits für einen anderen in einem entgegengesetzten Sinn ausgeübt hatte. Eine entsprechende zivilrechtliche Pflicht kann jedoch nach wie vor dem zwischen Erlaubnisinhaber und Rechtsuchenden geschlossenen Vertrag entnommen werden (Vor §§ 10 ff. RDG Rn. 8; § 14 RDG Rn. 51 ff.).

Berücksichtigt man, dass die weitgehende Monopolstellung der Anwalt- 77 schaft im Bereich der Rechtsberatung – neben der qualifizierten Ausbildung, die vor der Zulassung durchlaufen werden muss – primär aufgrund des besonderen anwaltlichen Pflichtenprogramms („Kardinalpflichten") gerechtfertigt ist und dass gerade diese Pflichtenstellung die Grundlage der umfassenden Befugnis zur entgeltlichen Rechtsberatung ist (vgl. BT-Drs. 16/3655, 32), dann muss es überraschen, wenn in Teilbereichen des Rechts nunmehr sogar auf elementare Kardinalpflichten verzichtet wird (siehe zu dieser Problematik – bezogen auf § 5 RDG – bereits *Kilian* BB 2007, 1061, 1067f.; *Henssler* AnwBl. 2007, 553, 557f. sowie jetzt Vor §§ 10ff. RDG Rn. 3ff.; § 14 RDG Rn. 47ff.). Im Ergebnis wird die Ausübung derselben Tätigkeit an unterschiedliche Voraussetzungen geknüpft, ohne dass eine sachliche Rechtfertigung für diese Differenzierung erkennbar ist. Zwar erscheint es denkbar, dass der Gesetzgeber auf diese Weise der Anwaltschaft die Möglichkeit einer besonders effektiven und eindringlichen **Werbung mit ihren verbraucherschützenden Berufspflichten** eröffnen wollte. Die besondere Pflichtenstellung wäre dann eine Art Privilegierung aus der Sicht der Selbstdarstellung der Anwaltschaft. Die Berufspflichten wären als Garant für eine die Interessen der Mandanten umfassend wahrende Auftragserfüllung zu begreifen, die für den Marktauftritt positiv eingesetzt werden können (*Jaeger* NJW 2004, 1, 6; siehe auch *Ewer* NJW-Editorial 29/2013). Fraglich bleibt aber, ob diese Sichtweise wirklich den Eingriff in die verfassungsrechtlich geschützte Berufsausübungsfreiheit rechtfertigen kann, der mit der besonderen anwaltlichen Pflichtenstellung verbunden ist.

78 Die Praxis hat gezeigt, dass die Registrierungsbehörden de facto keine Aufsicht über die registrierten Rechtsdienstleister ausüben. Vielmehr können Berufskammern wie die Rechtsanwaltskammern eine deutlich effizientere Aufsicht gewährleisten, ein Aspekt, der in der internationalen Debatte um die Zukunftsfähigkeit des kontinentaleuropäischen Kammermodells bedeutsam erscheint. Widerrufe von Registrierungen durch die Behörden sind Ausnahmefälle geblieben. Die Schwächen dieses Systems hat inzwischen auch der Gesetzgeber erkannt. Insbesondere zur **Bekämpfung unseriöser Inkassounternehmer** sind mit dem Gesetz gegen unseriöse Geschäftspraktiken (Rn. 105f.) Regelungen geschaffen worden, die **eine effektivere und strengere Aufsicht** sicherstellen sollen. Damit unseriöse Unternehmen möglichst schnell vom Markt verschwinden, sind in § 14 RDG die Widerrufsmöglichkeiten für die Registrierung ausgedehnt worden. Mit den neu in § 13a RDG geregelten Aufsichtsmaßnahmen unterhalb des Widerrufs der Registrierung, etwa der Möglichkeit, den Betrieb vorübergehend ganz oder teilweise zu untersagen, sind die Sanktionen der Aufsichtsbehörden erweitert worden. Betriebe ohne Registrierung können gem. dem inzwischen geltenden § 15b RDG geschlossen werden. Zudem begründet der zum 1.11.2014 in Kraft getretene § 11a RDG speziell für **Inkassodienstleister neue Darlegungs- und Informationspflichten.** Nunmehr muss aus der Rechnung klar hervorgehen, für wen ein Inkassounternehmen arbeitet, warum es einen bestimmten Betrag einfordert und wie sich die Inkassokosten berechnen. Jeder Schuldner soll sofort erkennen können, für wen das Inkassounternehmen arbeitet, worauf die geltend gemachte Forderung beruht und wie sich die Inkassokosten berechnen. Zudem begrenzt § 4 Abs. 5 RDGEG die Erstattungsfähigkeit von Inkassokosten von Inkassounternehmen. Inkassokosten sind nur noch bis zu dem Betrag erstattungsfähig, den ein Rechtsanwalt für eine entsprechende Tätigkeit höchstens verlangen kann. Das BMJ (jetzt: BMJV) hat außerdem die Möglichkeit, durch Rechtsverordnung mit Zustimmung des Bundestags Höchstsätze für die Gebühren festzusetzen, deren Erstattung der Gläubiger von einer Privatperson verlangen kann.

I. Rechtsfolgen unzulässiger Rechtsdienstleistungen

I. Bußgeldtatbestand

Nach Art. 1 § 8 Nr. 1 RBerG handelte **ordnungswidrig,** wer fremde 79 Rechtsangelegenheiten geschäftsmäßig besorgt, ohne die nach dem RBerG erforderliche Erlaubnis zu besitzen. Das RDG sieht vergleichbare Sanktionen nur für einen sehr eingeschränkten Bereich unerlaubter Rechtsdienstleistung vor. Ordnungswidrig handeln nach § 20 Abs. 1 RDG Personen, die ohne die erforderliche Registrierung Inkasso- oder Rentenberatertätigkeiten bzw. Rechtsdienstleistungen in einem ausländischen Recht erbringen, trotz einer bestandskräftigen Untersagung weiter Rechtsdienstleistungen durchführen oder einer vollziehbaren Auflage nach § 10 Abs. 3 RDG zuwiderhandeln. Darüber hinaus können Personen, die ohne Registrierung Berufsbezeichnungen, die den Begriff „Inkasso" enthalten, oder die Berufsbezeichnung „Rentenberaterin" oder „Rentenberater" oder diesen zum Verwechseln ähnliche Bezeichnungen führen, mit einem Bußgeld belegt werden. Rechtsdienstleistungen, die ein nichtanwaltlicher Dienstleister außerhalb des Rahmens von § 5 RDG erbringt, werden dagegen nicht als Ordnungswidrigkeiten geahndet. Rechtlich folgenlos bleibt der Verstoß gegen das RDG gleichwohl nicht (siehe Rn. 81 ff.; § 5 RDG Rn. 159 ff.).

Mit dem Gesetz gegen unseriöse Geschäftspraktiken v. 1.10.2013 (BGBl. I 80 S. 3714) wurden in § 20 Abs. 2 und 3 RDG neue Bußgeldtatbestände aufgenommen. Gleichzeitig wurde der Bußgeldrahmen spürbar (von 5 000 Euro auf 50 000 Euro) erweitert, um die Sanktionsmöglichkeiten der Aufsichtsbehörden gegen unseriöse Inkassodienstleister im In- und Ausland (insbesondere bei Verletzung der in § 11a RDG neu geregelten Informationspflichten) im Vorfeld des Widerrufs der Registrierung zu erweitern. Obwohl die Neuregelung des § 11a RDG erst seit 1.11.2014 Geltung entfaltet (Rn. 105), ist der hierauf verweisende § 20 Abs. 2 Nr. 1 und 2 RDG bereits zum 9.10.2013 in Kraft getreten.

II. Nichtigkeit des Vertrags

Steht einem Nichtanwalt, der rechtsbesorgend tätig wird, kein Erlaubnistat- 81 bestand zur Seite (etwa Rechtsdienstleistung als erlaubte Nebenleistung), so ist der **mit dem Mandanten geschlossene, auf die Erbringung der unerlaubten Rechtsdienstleistung gerichtete Vertrag** gem. § 134 BGB iVm § 3 RDG **nichtig** (siehe nur BGH NJW 2000, 1560, 1562; BGHZ 192, 270 Rn. 6 = NJW 2012, 1005). Allerdings ist die Abtretung eines Schadensersatzanspruchs auf Erstattung der Mietwagenkosten an den Autovermieter nicht bereits deshalb unwirksam, weil die Abtretung zu einem Zeitpunkt erfolgte, zu dem noch nicht geklärt war, ob und wie sich der Unfallgegner bzw. dessen Haftpflichtversicherer einlässt. Die Abtretung als solche ist ein neutrales Geschäft, welches nicht per se gegen ein Verbotsgesetz (§ 134 BGB) verstößt. Sie wäre allenfalls unwirksam, wenn sie von vornherein auf eine nicht erlaubte Rechtsdienstleistung zielte (BGH NJW 2013, 62 Rn. 19; BGH NJW 2013, 1870 Rn. 11 sowie § 3 RDG Rn. 47). Letzteres ist etwa der Fall, wenn jemand entgegen § 2 Abs. 2 RDG ohne Erlaubnis Forderungseinziehung als eigenständiges Geschäft betreibt (BGH NJW 2013, 59 Rn. 35).

82 Die Nichtigkeit des Vertrags hat zur Folge, dass dem Dienstleister **keine vertraglichen Vergütungsansprüche** zustehen (§ 3 RDG Rn. 33 ff., 49). Ein bereits gezahltes Honorar kann zurückgefordert werden. Denkbar bleiben **Wertersatzansprüche aus ungerechtfertigter Bereicherung** (§ 3 RDG Rn. 51 ff.). Voraussetzung hierfür ist allerdings, dass der Gläubiger des Vergütungsanspruchs nicht bewusst gegen das gesetzliche Verbot verstoßen oder sich der Einsicht in das Verbotswidrige seines Handelns leichtfertig verschlossen hat (§ 817 S. 2 BGB; vgl. BGH NJW-RR 2006, 1071 Rn. 28).

III. Wettbewerbsrechtliche Ansprüche

83 Die ohne Erlaubnis betriebene Rechtsdienstleistung ist wettbewerbswidrig. Anwälte und sonstige Erlaubnisinhaber können im Wege einer auf §§ 3, 4 Nr. 11, 8 Abs. 1, Abs. 3 Nr. 1 UWG bzw. § 823 Abs. 2 BGB iVm § 3 RDG gestützten **Unterlassungsklage** gegen die vom Nichtanwalt angebotene Rechtsberatung vorgehen. Die Unzulässigkeit der Erbringung von Rechtsdienstleistungen können ferner die Anwaltsvereine und -kammern (§ 8 Abs. 3 Nr. 2 UWG) sowie Verbraucherverbände, Industrie- und Handelskammern, Handwerkskammern und weitere Verbände (§ 2 Abs. 2 Nr. 7 iVm § 3 UKlaG) geltend machen (siehe dazu im Einzelnen § 3 RDG Rn. 59 ff.).

IV. Untersagungsmöglichkeiten

84 Auch die Behörde kann gegen verbotswidrig erbrachte Rechtsdienstleistungen vorgehen. Bei unentgeltlicher Rechtsberatung kann die Behörde die weitere Erbringung von Rechtsdienstleistungen **für längstens fünf Jahre untersagen,** wenn begründete Tatsachen den Vorwurf dauerhaft unqualifizierter Rechtsdienstleistungen zum Nachteil der Rechtsuchenden oder des Rechtsverkehrs rechtfertigen (§ 9 RDG; dazu § 9 RDG Rn. 5 ff.). Ausgenommen bleiben Rechtsberatungen im Familien- und Bekanntenkreis. Der private Lebensbereich eignet sich – wie auch der Gesetzgeber erkennt – nicht für behördliche Verbotsverfügungen, soweit sich diese lediglich auf Beratungsleistungen beziehen. Bei registrierten Personen besteht die Möglichkeit die Registrierung zu widerrufen (§ 14 RDG; dazu § 14 RDG Rn. 8 ff.).

J. Rechtsdienstleistungen im gerichtlichen Verfahren

I. Änderungen in den Prozessordnungen

85 Der Anwendungsbereich des RDG ist **auf die außergerichtliche Rechtsberatung beschränkt** (dazu bereits Rn. 40 sowie ausführlich § 1 RDG Rn. 15 ff.). Für ein Tätigwerden vor Gericht lassen sich dem RDG weder Einschränkungen noch Erlaubnisse zur Rechtsberatung entnehmen. So folgt etwa aus der Befugnis, bestimmte Rechtsdienstleistungen als Nebenleistung (§ 5 RDG) zu erbringen, noch nicht die Möglichkeit einer Prozessvertretung (vgl. BVerfGK 17, 504, 507 = NJW 2010, 3291 Rn. 13). Auch Wirtschaftsprüfern und Steuerberatern ist damit ein forensisches Tätigwerden außerhalb des Steuerrechts verwehrt.

Die **Befugnis zur gerichtlichen Vertretung** richtet sich **nach der jeweiligen Verfahrensordnung** (ausführlich Anh. § 1 RDG Rn. 8 ff.). Deren Bedürfnisse und Besonderheiten können im Einzelfall Sonderregeln bedingen. Grds. war der Gesetzgeber aber darauf bedacht, die Regelungen in der ZPO, dem FamFG, der ArbGG, der VwGO, dem SGG und der FGO möglichst einheitlich zu gestalten. 86

Die Regelung der Vertretungsbefugnis in gerichtlichen Verfahren bleibt deutlich hinter den Liberalisierungen zurück, die das RDG im Bereich der außergerichtlichen Rechtsdienstleistungsbefugnis umgesetzt hat. Die für die sachgerechte Prozessführung notwendigen Kenntnisse und der Schutz der Gerichte erfordern und rechtfertigen nach Ansicht des deutschen Gesetzgebers **stärkere Einschränkungen als im außergerichtlichen Bereich** (BT-Drs. 16/3655, 2). Stützen lässt sich diese restriktive Linie auf Erkenntnisse aus der Rechtsvergleichung, ist doch auch im Ausland die gerichtliche Vertretung ganz überwiegend den Anwälten vorbehalten (vgl. Rn. 18 ff.). Diesen Ansatz hat auch das BVerfG ausdrücklich gebilligt. Auch wenn Erbenermittlern mit der Neuregelung des § 5 RDG im außergerichtlichen Bereich erhöhte Kompetenzen zugestanden worden seien (dazu § 5 RDG Rn. 57 ff.), sei es doch verfassungsrechtlich nicht zu beanstanden, dass gem. § 10 Abs. 2, Abs. 3 FamFG gewerbliche Erbenermittler von der Vertretung in Verfahren der freiwilligen Gerichtsbarkeit und damit auch im Erbscheinsverfahren ausgeschlossen sind, soweit sie nicht eine der dort genannten Voraussetzungen erfüllen (BVerfGK 17, 504, 506 ff. = NJW 2010, 3291 Rn. 11 ff.). 87

II. Regelungsinhalt

Die in den Verfahrensordnungen bislang angelegte Unterscheidung zwischen Verfahren, in denen eine Vertretung durch Rechtsanwälte erforderlich ist (vgl. etwa § 78 ZPO), und solchen Verfahren, in denen kein Anwaltszwang besteht (§ 79 ZPO), wurde beibehalten. Für den Zivilprozess bedeutet dies, dass sich die Parteien in den Verfahren vor den Landgerichten, den Oberlandesgerichten und dem BGH nach wie vor zwingend anwaltlich vertreten lassen müssen. 88

Änderungen haben sich für die **Verfahren ohne Anwaltszwang** ergeben, im Zivilprozess also die Verfahren vor den Amtsgerichten. Hier kann die Partei weiterhin ihre Interessen selbst wahrnehmen. Außerdem kann sie aber seit der Reform des Rechtsdienstleistungsrechts auch auf ihre Beschäftigten, Mitarbeiter eines mit ihr verbundenen Unternehmens sowie auf unentgeltlich tätige Familienangehörige, Volljuristen und Streitgenossen zurückgreifen (§ 79 Abs. 2 ZPO). Zur entgeltlichen Prozessvertretung bleiben dagegen auch insoweit ausschließlich Rechtsanwälte befugt. Einige Besonderheiten wie etwa die Vertretungsbefugnis von Steuerberatern im Finanzgerichtsprozess oder von Hochschullehrern im Verwaltungsgerichtsverfahren wurden aufrechterhalten, jedoch nicht ausgedehnt. 89

Eine weitere Neuerung betraf das **zivilgerichtliche Mahnverfahren**. Registrierte Inkassounternehmen sind dort jetzt vertretungsbefugt (§ 79 Abs. 2 90

S. 2 Nr. 4 ZPO). Die **Vergütung der Inkassounternehmen** für die Vertretung im gerichtlichen Mahnverfahren ist bis zu einem Betrag von 25 Euro erstattungsfähig (§ 91 Abs. 1 ZPO iVm § 4 Abs. 4 RDGEG; dazu § 4 RDGEG Rn. 38 ff.). Über die Durchführung eines Mahnverfahrens hinaus dürfen Inkassounternehmen nunmehr auch die Vertretung bei der Vollstreckung titulierter Zahlungsansprüche übernehmen.

K. Die interprofessionelle Zusammenarbeit von Rechtsanwälten mit Angehörigen anderer Berufe

I. Berufsausübungsgesellschaften zwischen Rechtsanwälten und sonstigen Beratungsberufen

91 Auch nach Inkrafttreten des RDG dürfen sich Rechtsanwälte weiterhin nur mit anderen Rechtsanwälten, Patentanwälten, Steuerberatern, Steuerbevollmächtigten, Wirtschaftsprüfern und vereidigten Buchprüfern zur gemeinschaftlichen Berufsausübung zusammenschließen (§ 59a Abs. 1 BRAO). Rechtsanwälte, die zugleich Notar sind (sog. Anwaltsnotare), dürfen eine solche Verbindung nur bezogen auf ihre anwaltliche Berufsausübung eingehen. § 59a Abs. 2 BRAO gestattet Rechtsanwälten eine gemeinschaftliche Berufsausübung auch mit Angehörigen von ausländischen Rechtsanwaltsberufen, die nach dem EuRAG oder nach § 206 BRAO berechtigt sind, sich im Geltungsbereich der BRAO niederzulassen, und ihre Kanzlei im Ausland unterhalten. Gleiches gilt für ausländische Patentanwälte, Steuerberater, Steuerbevollmächtigte, Wirtschaftsprüfer oder vereidigte Buchprüfer, die einen in der Ausbildung und den Befugnissen den Berufen nach der PAO, dem StBerG oder der WPO entsprechenden Beruf ausüben. Voraussetzung ist, dass diese Berufsträger mit Patentanwälten, Steuerberatern, Steuerbevollmächtigten, Wirtschaftsprüfern oder vereidigten Buchprüfern im Geltungsbereich der BRAO ihren Beruf gemeinschaftlich ausüben dürfen. Da die in § 59a Abs. 1 und 2 BRAO vorgenommene Aufzählung der sozietätsfähigen Berufe abschließend und die Norm einer erweiternden Auslegung nicht zugänglich ist (BGH NJW 2003, 3548 f.; BGH NJW 2013, 2674 Rn. 26 ff.), ist eine Sozietät zwischen Rechtsanwälten und etwa Architekten oder Ärzten, die es ermöglichen würde, dass diese Berufsgruppen einen Auftrag gemeinschaftlich annehmen, nach wie vor unzulässig.

92 Mit der Beibehaltung dieser strikten Linie ist eine wichtige Säule der Reform des Rechtsberatungsmarkts nicht umgesetzt worden. § 59a Abs. 4 BRAO-E idF des RegE (BT-Drs. 16/3655, 14 f. mit Begründung auf S. 83 f.) wollte es Rechtsanwälten gestatten, ihren Beruf **gemeinschaftlich mit Angehörigen aller vereinbarer Berufe** auszuüben (ausführlich dazu *Pelzer* Die Sozietät im Sinne der BRAO unter besonderer Berücksichtigung der Beteiligung von Berufsfremden, 2008). Sie sollten im Einzelfall einen Auftrag gemeinsam mit Angehörigen vereinbarer Berufe annehmen oder im Auftrag eines Angehörigen eines vereinbaren Berufs für dessen Vertragspartner Rechtsdienstleistungen erbringen können. Verbunden werden sollte diese Befugnis mit einer Berufspflicht zur Sicherstellung einer berufsrechtskonformen Zusammenarbeit. Obwohl sich 2004 der 65. Deutsche Juristentag für diese Änderung ausgesprochen hatte, ist die geplante Erweiterung der Assoziierungsmöglichkeiten, die europaweit einzigartig gewesen wäre, vom Rechtsausschuss gekippt worden (BT-Drs. 16/6634, 1, 50, 54). In der Diskussion wurde vor allem darauf hingewiesen, dass die in § 59a Abs. 4 BRAO-E geplante Regelung im Zusammenspiel mit der Zulassung der Sternsozietät nach § 59a Abs. 1 BRAO (dazu *Henssler/Deckenbrock* DB 2008, 41, 46f.) zu einer fundamentalen Veränderung des anwaltlichen Rechtsberatungsmarkts führe und die Folgen für die anwaltlichen Grundwerte der Unabhängigkeit, Verschwiegenheit und Geradlinigkeit (Vermeidung widerstreitender Interessen) kaum absehbar seien. Hieran hat nach Auffassung des Rechtsausschusses offenbar auch der Umstand nichts geändert, dass nach dem Entwurf die Angehörigen vereinbarer Berufe, mit denen Anwälte gem. § 59a Abs. 4 BRAO-E ihren Beruf gemeinschaftlich ausüben können sollten, in die Strafandrohung des § 203 StGB einbezogen werden sollten.

Durch den Verzicht auf die Umsetzung dieses Reformelements hat 93 **das sorgfältig austarierte Gesamtkonzept der Neuregelung seine Stimmigkeit eingebüßt.** Die weitgehende Konservierung des im europäischen Vergleich (Rn. 18ff.) recht strikten Anwaltsmonopols wäre leichter zu tragen gewesen, wenn als Ausgleich die Zusammenarbeit der weiterhin nicht zur Rechtsberatung befugten Personen mit Rechtsanwälten erleichtert worden wäre. Neben dem sehr weitgehenden Vorschlag des RegE gibt es sinnvolle **Alternativmodelle.** Die Zusammenarbeit mit anderen verkammerten Berufen, die einer berufs- und strafrechtlich sanktionierten Pflicht zur Verschwiegenheit unterliegen und die außerdem aktiv in der Gesellschaft mitarbeiten, erscheint berufspolitisch unproblematisch. Außerdem sollte Rechtsanwälten, die sich alters- oder gesundheitsbedingt von der aktiven Mitarbeit zurückgezogen haben, und für eine Übergangszeit auch den Erben eines Berufsträgers eine Gesellschafterstellung erlaubt werden. Ein praktischer Bedarf besteht schließlich auch für eine Minderheitsbeteiligung sonstiger Personen, die aktiv in der Gesellschaft mitarbeiten und deren Mitwirkung gegenüber der Anwaltstätigkeit eine quasi „dienende" Funktion (etwa eine Mitarbeit im Management-, Finanz- oder Organisationsbereich) hat (ausführlich zu diesen Alternativmodellen *Henssler* AnwBl. 2007, 553, 558; *ders.* BRAK-Mitt. 2007, 186, 190).

Es bleibt zu hoffen, dass die entsprechenden Reformüberlegungen nicht 94 völlig ins Stocken geraten und – wie vom Gesetzgeber angekündigt (vgl. BT-Drs. 16/6634, 1, 50, 54) – schon bald wieder aufgenommen werden. Inzwischen sind allerdings mehr als sechs Jahre vergangen, ohne dass der Gesetzgeber einen erneuten Anlauf zu einer Erweiterung des § 59a BRAO unternommen hätte. Wie so oft im anwaltlichen Berufsrecht könnte der Druck zur Liberalisierung aus Karlsruhe kommen, hat doch der **II. Zivilsenat des BGH** in einem viel beachteten und gut begründeten Beschluss vom 16.5.2013 dem BVerfG nach Art. 100 Abs. 1 GG die Frage vorgelegt, **ob die aus § 59a Abs. 1 BRAO folgenden Einschränkungen mit Art. 3 Abs. 1, 9 Abs. 1 und 12 Abs. 1 GG vereinbar sind** (BGH NJW 2013, 2674). Der Senat, der über die Zulässigkeit einer gemeinsamen Sozietät von Anwälten mit einer ausschließlich gutachterlich und beratend tätigen Ärztin und Apothekerin zu entscheiden hat, ist der Überzeugung, dass die Einschränkungen des § 59a BRAO nicht erforderlich sind, um das Geheimhaltungsinteresse des Mandanten des Anwalts zu schützen, die Unabhängigkeit des Rechtsanwalts zu sichern oder einer gesteigerten Gefahr der Vertretung widerstreitender Interessen zu begegnen (BGH NJW 2013, 2674 Rn. 52ff.). Soweit es um die Sicherung des Geheimhaltungsinteresses des rechtsuchenden Bürgers gegenüber Dritten und gegenüber der Staatsgewalt gehe, bestehe „bei der Berufsausübung von Ärzten und Apothekern gleichfalls ein gesetzlich abgesicherter Schutz, der durch die Verkammerung beider Berufe, einschließlich des Bestands und der Überwachung vergleichbarer beruflicher (Standes-)Regeln, wie bei Rechtsanwälten verstärkt wird." Der Umfang, in dem die Geheimhaltungsinteressen der von der Berufsausübung der Ärzte und Apotheker Betroffenen geschützt sind, entspreche daher demjenigen der in § 59a Abs. 1 BRAO als sozietätsfähig aufgezählten Berufsgruppen (BGH NJW 2013, 2674 Rn. 67f.).

II. Die Einschaltung von Rechtsanwälten als Erfüllungsgehilfen

95 Ebenfalls nicht durchzusetzen vermochte sich der Vorschlag, einem Nichtanwalt zu gestatten, **Rechtsdienstleistungen unter Hinzuziehung eines Rechtsanwalts** zu erbringen, wenn dieser den rechtsdienstleistenden Teil der Tätigkeit eigenverantwortlich erbringt. Eine solche Vorschrift hätte es einem Nichtanwalt ermöglicht, sich vertraglich zur Erbringung von Rechtsdienstleistungen zu verpflichten und dem Kunden ein Komplettpaket anzubieten. Der nichtanwaltliche Dienstleister hätte lediglich bei der Vertragserfüllung sicherstellen müssen, dass nicht er, sondern der von ihm unterbeauftragte Rechtsanwalt den rechtlichen Teil der Dienstleistung erbringt. Das RDG sieht dagegen schon die vertragliche Verpflichtung zur Erbringung von Rechtsdienstleistungen und nicht erst die tatsächliche Erfüllung als unzulässig an (*Römermann* NJW 2008, 1249, 1252; zu verfassungsrechtlichen Bedenken *Henssler/Deckenbrock* DB 2008, 41, 44). Eine Gesellschaft, die selbst nicht zur Erbringung von Rechtsberatungsleistungen befugt ist, kann sich daher nicht darauf berufen, dass in ihren Reihen ein Volljurist oder Syndikusanwalt beschäftigt ist (siehe aber *Kleine-Cosack* NJW 2010, 1553ff.). Es entspricht – auch nach Inkrafttreten des RDG – ständiger Rspr. des BGH, dass eine Besorgung fremder Rechtsangelegenheiten, die ohne entsprechende Erlaubnis erfolgt, nicht deswegen gerechtfertigt ist, weil sich der Handelnde dabei der Hilfe eines Rechtsanwalts bedient (siehe nur BGH NJW 2008, 3069 Rn. 18ff.; BGH NJW 2009, 3242 Rn. 22ff.; BGHZ 193, 193 Rn. 34 = NJW 2012, 2435 sowie § 3 RDG Rn. 30ff.; § 5 RDG Rn. 7, 19ff.).

III. Kooperation zwischen Rechtsanwälten und sonstigen Beratungsberufen

96 Nichtanwaltlichen Dienstleistern, die in § 59a Abs. 1 BRAO nicht genannt werden, bleibt die Möglichkeit, mit Rechtsanwälten Kooperationsvereinbarungen zu schließen. In einer verfestigten Kooperation verpflichten sich die Kooperationspartner, sich bei Aufträgen gegenseitig den Auftraggebern zu empfehlen und nach Möglichkeit gemeinsam tätig zu werden **bei gleichzeitiger Wahrung der beruflichen und unternehmerischen Selbstständigkeit.** Ziel ist die Steigerung der Leistungsfähigkeit durch Erfahrungsaustausch, Informationsvermittlung, insbesondere durch Know-how-Transfer in Berei-

chen unterschiedlicher Spezialisierung, gemeinsame Akquisition und die gegenseitige Vermittlung von Aufträgen. Entscheidender Unterschied zur Sozietät ist, dass dennoch jeder Kooperationspartner beruflich und unternehmerisch selbstständig bleibt, Mandate also nicht gemeinschaftlich entgegen genommen und Honorare getrennt vereinnahmt werden (siehe zur Kooperation ausführlich *Henssler/Deckenbrock* DB 2007, 447 ff.).

L. Erfolgte Gesetzesänderungen

Das RDG war, obwohl es ein noch sehr junges Gesetz ist, bereits mehrfach Gegenstand von Gesetzgebungsverfahren; seine erste Änderung erfuhr es sogar noch vor dem Inkrafttreten zum 1.7.2008. Mit Art. 6 des **Gesetzes zur Neuregelung des Verbots der Vereinbarung von Erfolgshonoraren** v. 12.6.2008 (BGBl. I S. 1000, 1002) kam es zur Neufassung der §§ 16, 18 und 19 RDG sowie der §§ 4, 5 RDGEG. Änderungen in § 16 Abs. 2 RDG dienten dazu, die im Rechtsdienstleistungsregister zu veröffentlichenden Daten um Angaben zu ergänzen, die zur sachgerechten Unterrichtung des Rechtsverkehrs erforderlich sind (BT-Drs. 16/8916, 15). Die Datenschutzregelung in § 18 Abs. 1 RDG wurde mit dem Ziel ergänzt, die zentrale elektronische Speicherung bestimmter Daten über Registrierungen nach den §§ 9 und 10 RDG und ihren Abruf im automatisierten Verfahren zu ermöglichen (BT-Drs. 16/8916, 15; dazu § 18 RDG Rn. 10 ff.). Zudem wurden die mit dem Gesetz neu getroffenen Regelungen zum anwaltlichen Erfolgshonorar auch für Rechtsbeistände und Rentenberater sowie alle übrigen registrierten Erlaubnisinhaber übernommen, für die das RVG gilt (BT-Drs. 16/8916, 15; dazu § 4 RDGEG Rn. 28 ff.). Im Übrigen sind redaktionelle Fehler beseitigt worden. 97

Keine inhaltlichen Änderungen des RDG hat Art. 4 Abs. 4 des **Gesetzes zur Reform der Sachaufklärung in der Zwangsvollstreckung** v. 29.7.2009 (BGBl. I S. 2258, 2269) mit sich gebracht; es wurden lediglich zum 1.1.2013 die in §§ 12, 13 RDG enthaltenen Verweise auf die ZPO redaktionell angepasst (vgl. BT-Drs. 16/13432, 49). 98

Bereits zum 28.12.2009 ist Art. 9 Abs. 2 des Gesetzes zur Modernisierung von Verfahren im anwaltlichen und notariellen Berufsrecht, zur Errichtung einer Schlichtungsstelle der Rechtsanwaltschaft sowie zur Änderung sonstiger Vorschriften v. 30.7.2009 (BGBl. I S. 2449, 2472) in Kraft getreten. Die dort vorgenommene Änderung des § 13 Abs. 1 RDG trägt Art. 6 der EU-Dienstleistungsrichtlinie Rechnung, nach dem gewährleistet sein muss, dass Verwaltungsverfahren über einheitliche Ansprechpartner abgewickelt werden können. Die Grundlage hierfür bieten im deutschen Verwaltungsverfahrensrecht § 71 a ff. VwVfG, in denen das Verfahren über eine einheitliche Stelle im Sinn der Dienstleistungsrichtlinie geregelt ist. Weil ihre Geltung in dem jeweiligen Fachgesetz gesondert angeordnet werden muss, trifft § 13 Abs. 1 S. 3 RDG nunmehr eine entsprechende Anordnung für alle Verwaltungsverfahren nach dem RDG (BT-Drs. 16/12717, 63). 99

Durch Art. 2 des **Gesetzes zur Umsetzung der Dienstleistungsrichtlinie in der Justiz** und zur Änderung weiterer Vorschriften v. 22.12.2010 (BGBl. I S. 2248) mWv 28.12.2010 wurde § 13 Abs. 2 RDG dergestalt ergänzt, 100 dass seitdem über den Antrag auf Registrierung innerhalb von drei Monaten entschieden werden muss (dazu § 13 RDG Rn. 3, 55 ff.). Allerdings führt die Überschreitung der Bearbeitungsfrist nicht zu einer Genehmigungsfiktion, weil dies dem vom RDG bezweckten Schutz der Rechtspflege, der Rechtsuchenden und der Rechtsordnung zuwiderliefe (BT-Drs. 17/3356, 14f.). Gleichzeitig entfiel dank einer Änderung des § 16 Abs. 2 RDG die Pflicht, auch das Geburtsjahr der registrierten natürlichen Personen öffentlich bekanntzumachen (§ 13 RDG Rn. 16). Es hatte sich herausgestellt, dass die Angabe des Geburtsdatums, die ursprünglich den Zweck verfolgte, Verwechslungen bei Namens- und Ortsgleichheit zweier registrierter Personen zu vermeiden (BT-Drs. 16/3655, 75), angesichts der relativ geringen Zahl der registrierten natürlichen Personen nicht notwendig war, weil eine Verwechslungsgefahr praktisch nicht bestand. Die Änderung beseitigt zudem einen inhaltlichen Kritikpunkt, wurde doch gegen die Pflichtangabe eingewandt, dass mit ihr ein nicht gerechtfertigter Eingriff in das Grundrecht auf informationelle Selbstbestimmung verbunden sei (BT-Drs. 17/3356, 15).

101 Zum 1.4.2012 ist als Art. 1 **des Gesetzes zur Verbesserung der Feststellung und Anerkennung im Ausland erworbener Berufsqualifikationen** v. 6.12.2011 (BGBl. I S. 2515) das Gesetz über die Feststellung der Gleichwertigkeit von Berufsqualifikationen (Berufsqualifikationsfeststellungsgesetz – BQFG) in Kraft gesetzt worden. Das Gesetz dient der besseren Verwertung im Ausland erworbener Berufsqualifikationen im deutschen Arbeitsmarkt und fördert qualifikationsnahe Beschäftigung, indem nunmehr nach Deutschland mitgebrachte Berufsabschlüsse und sonstige berufsrelevante Qualifikationen unter Berücksichtigung der Besonderheiten der einzelnen Berufsgruppen in möglichst einheitlichen Verfahren arbeitsmarktgängig und damit für den Einzelnen wie für Arbeitgeber besser verwertbar gemacht werden können. Allerdings hat der Gesetzgeber die Anwendbarkeit des BQFG auf Richter, Rechtspfleger und die rechtsberatenden Berufe ausgeschlossen; dies gilt – wie der durch Art. 16 des Gesetzes neu eingefügte § 12 Abs. 3 S. 4 RDG klarstellt (dazu § 12 RDG Rn. 118) – auch für die nach § 10 RDG registrierten Personen. Denn die nach BQFG vorgesehene Gleichwertigkeitsprüfung und prinzipielle Anerkennung ausländischer beruflicher Qualifikationen passe nicht für die juristischen Berufe, weil die Lehr- und Lerninhalte im Ausland erworbener juristischer Berufsqualifikationen nicht mit den deutschen Anforderungen vergleichbar seien. Eine Gleichwertigkeit der Ausbildungen scheide grds. aus, weil juristische Ausbildungen ganz überwiegend auf das Rechtssystem des Landes ausgerichtet seien, in welchem die Ausbildung stattfindet (BT-Drs. 17/6260, 39 ff., 60).

102 Inhaber einer ausländischen Berufsqualifikation kommen daher nur in den Genuss von Erleichterungen, soweit diese durch europäisches Recht vorgegeben sind. So werden in § 12 Abs. 3 S. 3 RDG für den Fall der Niederlassung und in § 15 RDG für den Fall der vorübergehenden Dienstleistung bestimmte Berufsqualifikationen aus den anderen Mitgliedstaaten der Europäischen Union und Vertragsstaaten des Abkommens über den Europäischen Wirtschaftsraum anerkannt (§ 12 RDG Rn. 113; § 15 RDG Rn. 3). Die Regelungen basieren auf der Richtlinie 2005/36/EG über die Anerkennung von Berufsqualifikationen, die auch Statistikpflichten enthält. Die Statistikpflichten gegenüber der

Einleitung **RDG**

Kommission werden bisher im Wege der Verwaltungszusammenarbeit erfüllt. Künftig sollen die Meldungen in die Bundesstatistik nach § 17 BQFG einbezogen werden. Die neue Regelung des § 15a RDG bestimmt daher, dass die Statistikregelungen des BQFG auch für die Verwaltungsverfahren nach § 12 Abs. 3 S. 3 RDG und nach § 15 RDG anzuwenden sind. Damit haben nunmehr die für die Verfahren zuständigen Stellen der Länder (§ 19 RDG) die Erhebungsmerkmale gem. § 17 BQFG elektronisch an die statistischen Ämter der Länder zu übermitteln (BT-Drs. 17/6260, 60).

MWv 1.8.2013 sind das **Zweite Gesetz zur Modernisierung des Kostenrechts** (2. Kostenrechtsmodernisierungsgesetz – 2. KostRMoG) v. 23.7.2013 (BGBl. I S. 2586) und damit (vgl. Art. 49, BGBl. I S. 2586, 2712) auch Änderungen der §§ 10, 12, 15 und 18 RDG in Kraft getreten. Durch die Einbeziehung der Schweiz in die genannten Vorschriften wird dem Abkommen v. 21.6.1999 über die Freizügigkeit zwischen der Schweizerischen Eidgenossenschaft einerseits und der Europäischen Gemeinschaft und ihren Mitgliedstaaten andererseits (BGBl. 2001 II S. 810; BGBl. 2002 II S. 16092) Rechnung getragen. Das Abkommen eröffnet den Bürgern der Schweiz und der Mitgliedstaaten der EU die Möglichkeit, auf dem jeweils anderen Rechtsmarkt tätig zu werden. Personen, denen eine Registrierung zur Erbringung von Rechtsdienstleistungen im schweizerischen Recht erteilt worden ist, sind nunmehr – wie andere entsprechende Rechtsdienstleister aus Mitgliedstaaten der EU – befugt, nicht nur auf dem Gebiet des Rechts der Schweiz, sondern auch auf dem der EU und des EWR zu beraten (§ 10 Abs. 1 S. 1 Nr. 3 Hs. 2 RDG; dazu § 10 RDG Rn. 120). Für eine Registrierung in den Bereichen des § 10 Abs. 1 RDG können inzwischen auch Berufsqualifikationen, die in der Schweiz erworben worden sind, berücksichtigt werden (§ 12 Abs. 3 S. 2 RDG; siehe dazu § 12 RDG Rn. 4, 113). Schließlich dürfen Personen aus der Schweiz jetzt vorübergehende Rechtsdienstleistungen in den Registrierungsbereichen des § 10 RDG erbringen (§ 15 Abs. 1 S. 1 RDG; vgl. § 15 RDG Rn. 4, 23).

Ebenfalls mWv 1.8.2013 sind Art. 14 und 15 des **Gesetzes zur Förderung der elektronischen Verwaltung sowie zur Änderung weiterer Vorschriften** v. 25.7.2013 (BGBl. I S. 2749, 2757) und damit Änderungen in § 13 RDG und in § 6 RDV in Kraft getreten. Nach dem neu gefassten § 6 RDV können Anträge auf Registrierung nach § 13 Abs. 1 RDG auch elektronisch (etwa per E-Mail) gestellt werden (dazu § 6 RDV Rn. 8). Eine entsprechende Verfahrenserleichterung (BT-Drs. 17/11473, 56) bringt auch die Novellierung des § 13 Abs. 3 S. 1 RDG mit sich: Nunmehr können registrierte Personen Änderungen, die sich auf die Registrierung oder den Inhalt des Rechtsdienstleistungsregisters auswirken, der zuständigen Behörde nicht nur schriftlich, sondern auch in Textform mitteilen (dazu § 13 RDG Rn. 84).

Während die bisher vorgestellten Änderungen nur Randbereiche betrafen, sind die in Art. 1 des **Gesetzes gegen unseriöse Geschäftspraktiken** v. 1.10.2013 (BGBl. I S. 3714) enthaltenen Neuerungen, die überwiegend zum 9.10.2013 in Kraft getreten sind, praktisch sehr bedeutsam. § 11a RDG, der allerdings erst zum 1.11.2014 Geltung erlangt hat, sieht Darlegungs- und Informationspflichten für alle registrierten Personen vor, die Inkassodienstleistungen gegenüber Privatpersonen erbringen (dazu Rn. 78; § 11a RDG Rn. 10ff.).

Insbesondere muss die von einem Inkassounternehmen mit einer Zahlungsaufforderung konfrontierte Privatperson alle Angaben erhalten, die sie benötigt, um die Berechtigung einer gegen sie geltend gemachten Forderung zu überprüfen und sich ggf. gegen sie zur Wehr zu setzen. So sollen (1) der Beitreibung nicht bestehender Forderungen, (2) der Anwendung unangemessener Methoden im Rahmen der Beitreibung und (3) der Inrechnungstellung exorbitanter Kosten entgegengewirkt werden (BT-Drs. 17/13057, 10). Zudem wurden in § 20 RDG neue Bußgeldtatbestände aufgenommen und der Bußgeldrahmen von 5 000 auf 50 000 Euro erhöht, um die Sanktionsmöglichkeiten der Aufsichtsbehörden gegenüber unseriösen Inkassodienstleistern aus dem In- und Ausland im Vorfeld eines Widerrufs der Registrierung zu erweitern (Rn. 79, § 20 RDG Rn. 8 ff.).

106 Mit der Neuregelung des § 13a RDG wurden die Befugnisse der Registrierungsbehörden bei Rechtsverstößen registrierter Personen erweitert und eine anlassbezogene Aufsicht ausdrücklich im Gesetz verankert. Derzeit sieht das RDG als Maßnahmen bei Rechtsverstößen registrierter Personen lediglich die in § 10 RDG verankerte Erteilung von Auflagen und in § 14 RDG den Widerruf der Registrierung vor, der an hohe Voraussetzungen geknüpft ist und nur die ultima ratio darstellen kann. Die neu in § 13a Abs. 1 RDG aufgenommene ausdrückliche Aufgabenzuweisung sowie die Regelung des § 13a Abs. 2 S. 1 RDG stellen klar, dass die zuständige Behörde bei festgestellten Gesetzesverstößen stets die im Einzelfall erforderlichen Maßnahmen zu treffen hat, um die Einhaltung des Gesetzes sicherzustellen. § 13a Abs. 3 RDG erweitert das Sanktionsinstrumentarium der Registrierungsbehörde um die Möglichkeit der vorübergehenden Untersagung des Betriebs, Abs. 4 regelt die für ein Einschreiten der Registrierungsbehördlichen erforderlichen Befugnisse in Form von Auskunfts-, Betretungs- und Besichtigungsrechten. Der ebenfalls neu aufgenommene § 15b RDG, der an § 15 Abs. 2 GewO angelehnt ist, ermöglicht es den zuständigen Behörden, den weiteren Betrieb des Unternehmens zu verhindern, wenn Rechtsdienstleistungen ohne die hierfür erforderliche Registrierung erbracht werden.

107 Das RDGEG ist nach seinem Inkrafttreten (zu den vor dem Inkrafttreten erfolgten Änderungen der §§ 4, 5 RDGEG siehe Rn. 97) bislang viermal geändert worden. Nachdem zum 1.9.2009 durch das **Gesetz zur Reform des Verfahrens in Familiensachen und in den Angelegenheiten der freiwilligen Gerichtsbarkeit** (FGG-Reformgesetz – FGG-RG) v. 17.12.2008 (BGBl. I S. 2586) das FGG durch das FamFG ersetzt worden war, waren zahlreiche Folgeänderungen aufgrund der geänderten Gesetzesbezeichnung und -systematik erforderlich, darunter auch diejenigen in §§ 3, 5 RDGEG (vgl. BT-Drs. 16/6308, 358). Sie wurden durch Art. 110 des FGG-Reformgesetzes vollzogen. Ebenfalls nur eine unbedeutende redaktionelle Anpassung hat Art. 9 **des Vierten Gesetzes zur Änderung des Vierten Buches Sozialgesetzbuch** und anderer Gesetze v. 22.12.2011 (BGBl. I S. 3057, 3064) mit sich gebracht. MWv zum 1.1.2012 ist der in § 3 Abs. 1 Nr. 4 RDGEG enthaltene Verweis auf § 73 Abs. 6 SGG angepasst worden (vgl. BT-Drs. 17/6764, 28). Weitere Verweisanpassungen bringt Art. 8 des **Gesetzes zur Förderung des elektronischen Rechtsverkehrs mit den Gerichten** v. 10.10.2013 (BGBl. I S. 3786, 3795) mit sich; sie treten allerdings erst zum 1.1.2018 in

Kraft. Im Hinblick auf die in den Prozessordnungen jeweils neu geregelte elektronische Kommunikation zwischen Rechtsanwälten und dem Gericht ist die Vorschrift nunmehr um die in den Nummern 1–6 neu eingefügten Verweisungen zu ergänzen (siehe dazu § 3 RDGEG Rn. 2). Damit soll sichergestellt werden, dass Kammerrechtsbeistände in gleicher Weise wie Rechtsanwälte auf elektronischem Wege mit dem jeweiligen Gericht kommunizieren können und müssen (BT-Drs. 17/12634, 39).

Eine inhaltliche Neuerung hat das bereits angesprochene **Gesetz gegen un-** **108** **seriöse Geschäftspraktiken** v. 1.10.2013 (BGBl. I S. 3714, 3715) in Art. 2 für § 4 RDGEG mit sich gebracht. Der Norm wurde mWv 9.10.2013 ein Abs. 5 angefügt, nach dem die Regelungen des RVG in jedem Falle die Obergrenze für die Erstattungsfähigkeit von Inkassokosten von Inkassounternehmern festlegen. Um den Besonderheiten der Inkassotätigkeit gegenüber anwaltlicher Tätigkeit Rechnung zu tragen und die Erstattungsfähigkeit von Inkassokosten gegenüber Privatpersonen angemessen begrenzen zu können, sieht § 4 Abs. 5 S. 2 RDGEG vor, dass das BMJ (jetzt: BMJV) mit Zustimmung des Bundestags durch Rechtsverordnung Höchstsätze bestimmen kann, die sich an dem Umfang der jeweiligen Inkassotätigkeit orientieren (§ 4 RDGEG Rn. 49ff.).

M. Bestandsaufnahme und Ausblick

Inzwischen liegt das Inkrafttreten des RDG über sechs Jahre zurück. Der **109** Rechtsrahmen, den das RDG für den deutschen Rechtsberatungsmarkt setzt, hat durch zahlreiche Entscheidungen der obersten Bundesgerichte inzwischen schärfere Konturen gewonnen (siehe insbesondere BGH GRUR 2011, 539; BGHZ 192, 270 = NJW 2012, 1005; BGH NJW 2012, 1589; BGH NJW 2013, 59; BGH NJW 2013, 62; BGH NJW 2013, 1870; BGH NJW 2013, 3580 sowie BSG NJW 2014, 493; BSG Urt. v. 5.3.2014 – B 12 R 7/12 R, BeckRS 2014, 71499). Viele Hoffnungen und Befürchtungen, die mit dem Gesetz verbunden waren, haben sich nicht bewahrheitet. Sicher ist vielmehr: Die Gesetzesnovelle hat die große Reform des Rechtsdienstleistungsrechts, die von Interessengruppen außerhalb der Anwaltschaft gefordert wurde, nicht gebracht. Rückblickend lässt sich weder von einer „(un)heimlichen Revolution in der Rechtsberatungsbranche" (so die Überschrift des Beitrags von *Römermann* NJW 2006, 3025) oder gar davon sprechen, dass von dem „früheren gesetzlichen Rechtsberatungsmonopol nichts Wesentliches mehr übrig geblieben ist" (*Kleine-Cosack* BB 2007, 2637, 2642).

Vielmehr ist der **Rechtsberatungsmarkt nur sehr vorsichtig für nicht-** **110** **anwaltliche Dienstleister geöffnet** worden. Auch lässt sich auf dem Markt bislang kein übermäßiges Austesten der Grenzen des RDG durch nichtanwaltliche Dienstleister feststellen. Es verwunderte daher nicht, dass nach einer Umfrage des Soldan Instituts von 2009 fast 80% der Anwaltschaft keinen verstärkten Wettbewerb im Bereich der entgeltlichen Rechtsberatung als Folge des Inkrafttretens des RDG ausmachen konnten (*Hommerich/Kilian* AnwBl. 2009, 636f.) Einer weiteren, im Jahr 2013 durchgeführten Umfrage des Soldans Instituts zufolge hat sich der Anteil der Rechtsanwälte, die eine Zunahme des Wettbewerbs durch nichtanwaltliche Rechtsdienstleister spüren, allerdings deutlich erhöht (siehe die Zahlen bei *Kilian* AnwBl. 2014, 618, 619 f.). Ob diese Empfindungen aber im Zusammenhang mit dem Inkrafttreten des RDG stehen, ist zweifelhaft. Immerhin werden neben den Unfallregulierern vor allem die Rechtsschutzversicherer als neue Konkurrenten wahrgenommen (*Kilian* AnwBl. 2014, 618, 619; vgl. auch *Lührig* AnwBl. 2010, 489), obwohl gerade diesen die eigene Erbringung von Rechtsdienstleistungen nach § 4 RDG verwehrt ist (§ 4 RDG Rn. 30 f.). Es spricht daher viel dafür, dass der – subjektiv – gestiegene Wettbewerbsdruck seine Ursache primär in den verschiedenartigen Versuchen der Rechtsschutzversicherer, die Leitungserbringung am Rechtsdienstleistungsmarkt zu steuern und die Mandate bestimmten – aufgrund von Abrechnungsvereinbarungen kostengünstiger arbeitenden – Anwälten zuzuleiten (siehe etwa das von BGHZ 199, 170 = NJW 2014, 630 gebilligte Schadensfreiheitsrabattsystem), zu suchen ist. So oder so muss die Anwaltschaft das Gesetz als Aufforderung verstehen, ihr Profil zu schärfen, die Professionalisierung voranzutreiben und sich auf der Grundlage überlegener Qualifikation und eines vertrauensbildenden Berufsethos dem Wettbewerb zu stellen.

111 Trotz der begrenzten inhaltlichen Veränderungen war die Reform zweifellos wertvoll und wichtig: Seither gibt es für den deutschen Rechtsberatungsmarkt wieder den lange vermissten **verlässlichen und weitgehend präzisen Rechtsrahmen,** der verfassungs- und europarechtlichen Anforderungen genügt.

Teil 1 Allgemeine Vorschriften

§ 1 Anwendungsbereich

(1) ¹**Dieses Gesetz regelt die Befugnis, außergerichtliche Rechtsdienstleistungen zu erbringen.** ²**Es dient dazu, die Rechtsuchenden, den Rechtsverkehr und die Rechtsordnung vor unqualifizierten Rechtsdienstleistungen zu schützen.**

(2) **Regelungen in anderen Gesetzen über die Befugnis, Rechtsdienstleistungen zu erbringen, bleiben unberührt.**

Inhaltsübersicht

	Rn.
A. Allgemeines	1
B. Schutzzwecke (Abs. 1 S. 2)	2
I. Allgemeines	2
II. Schutz des Rechtsuchenden	6
III. Schutz des Rechtsverkehrs	9
IV. Schutz der Rechtsordnung	12
V. Kein Konkurrenzschutz	13
C. Anwendungsbereich (Abs. 1 S. 1; Abs. 2)	14
I. Sachlicher Anwendungsbereich	14
1. Begriff der Rechtsdienstleistung	14
2. Beschränkung auf außergerichtliche Rechtsdienstleistungen (Abs. 1 S. 1)	15
3. Selbstständige Erbringung	26
4. Erlaubnistatbestände des RDG	27

Anwendungsbereich **§ 1 RDG**

Rn.
    5. Vorrang spezialgesetzlicher Regelungen außerhalb des
       RDG (Abs. 2) 28
  II. Internationaler Geltungsbereich 32
    1. Rechtslage nach dem RBerG 32
    2. Rechtslage nach dem RDG 34
       a) Erkenntnisse durch § 15 RDG 35
       b) Maßgebende Anknüpfungspunkte für die Anwendbarkeit des RDG 39
       c) Besonderheiten bei der Nutzung von Telemedien ... 44
    3. Besonderheiten für die grenzüberschreitende Tätigkeit von Anwälten 47
  III. Zeitlicher Anwendungsbereich 50

A. Allgemeines

Die Vorschrift, die im Laufe des Gesetzgebungsverfahrens keinen Änderungen unterworfen war, legt den sachlichen **Anwendungsbereich des RDG** fest (Abs. 1 S. 1, Abs. 2; dazu Rn. 14 ff.) und nennt außerdem die **zentralen Schutzzwecke,** die eine gesetzliche Regulierung außergerichtlicher Rechtsdienstleistungen rechtfertigen (Abs. 1 S. 2; dazu Rn. 2 ff.). **1**

B. Schutzzwecke (Abs. 1 S. 2)

I. Allgemeines

§ 1 Abs. 1 RDG ist eine für die deutsche Gesetzgebungstechnik eher ungewöhnliche Vorschrift. Sie gibt Auskunft über den **Normzweck,** den der Gesetzgeber mit dem RDG verfolgt, und erleichtert damit dem Rechtsanwender die Auslegung der gesetzlichen Bestimmungen. Nach § 1 Abs. 1 S. 2 RDG dient das Gesetz dazu, „die Rechtsuchenden, den Rechtsverkehr und die Rechtsordnung vor unqualifizierten Rechtsdienstleistungen zu schützen". Mit dieser Aufzählung der Schutzzwecke, die sich in vielen anderen Gesetzen nicht findet (siehe aber etwa § 1 UWG) und auch im RBerG gefehlt hat, sollen zum einen die **besondere Stellung des Rechtsberatungsrechts hervorgehoben** und die Einschränkungen der Dienstleistungsfreiheit durch das RDG – auch mit Blick auf das europäische Recht – gerechtfertigt werden (BT-Drs. 16/3655, 45). Zum anderen sind die Normzwecke nach den anerkannten Regeln der juristischen Methodenlehre bei der **Auslegung** der verschiedenen Regelungen des RDG, insbesondere der §§ 2 Abs. 1 und 5 Abs. 1 RDG, zu berücksichtigen, und zwar sogar vorrangig vor weiteren Auslegungskriterien wie dem Wortlaut, der Systematik und der Entstehungsgeschichte. Anhand des Regelungsanliegens ist zu entscheiden, ob eine Tätigkeit aufgrund ihrer rechtlichen Besonderheiten und der hierfür erforderlichen beruflichen Qualifikation den Angehörigen der rechtsberatenden Berufe vorzubehalten ist. Dabei kann auf die Bedeutung und Tragweite einer beratenden oder vertretenden Tätigkeit für den Rechtsuchenden nur dann abgestellt werden, wenn gerade die rechtlichen Aspekte der Angelegenheit die Schutzbedürftigkeit auslösen. Kein Schutzzweck des RDG ist dagegen der Schutz des Rechtsuchenden vor wirt- **2**

RDG § 1 Teil 1 Allgemeine Vorschriften

schaftlichen Fehlentscheidungen. Deshalb darf die Anwendbarkeit des RDG oder die Einschränkung rechtsdienstleistender Nebenleistungen nicht mit dem Hinweis auf die weitreichenden wirtschaftlichen Folgen der Tätigkeit begründet werden (vgl. hierzu auch § 2 RDG Rn. 38). Auch der Schutz der Anwaltschaft vor Konkurrenz ist – wie schon unter der Geltung des RBerG – anerkanntermaßen kein Regelungsanliegen des Gesetzes (Rn. 4, 13).

3 Der Gesetzgeber sieht das **Recht** bzw. die Funktionsfähigkeit von Rechtsordnung und Rechtspflege zutreffend als **besonders hochrangige Gemeinschaftsgüter** an, die nicht mit anderen Dienstleistungen und Waren auf eine Stufe gestellt werden können. Die Anwendung des Rechts darf grds. nicht in die Hände unqualifizierter Personen gelangen, weil „gelebtes Recht" maßgeblich durch die Personen beeinflusst und fortentwickelt wird, die mit dem Recht beruflich befasst sind. Eine Freigabe der beruflichen Anforderungen hätte negative Auswirkungen auf die Rechtskultur und könnte die Funktionsfähigkeit der Rechtspflege insgesamt gefährden (BT-Drs. 16/3655, 45; siehe auch Sechzehntes Hauptgutachten der Monopolkommission 2004/2005, BT-Drs. 16/2460, 393). Bei Rechtsdienstleistungen geht es, verglichen mit sonstigen Dienstleistungen, häufig um wichtige wirtschaftliche Belange. Teilweise können, wie im Familien- oder Arbeitsrecht, sogar existenzielle oder tief in die persönliche Lebensführung eingreifende Entscheidungen betroffen sein (Krenzler/*Teubel* Rn. 41). Ein weiteres Kennzeichen der Rechtsberatung ist die – auch für andere freiberufliche Dienstleistungen typische – Informationsasymmetrie. Die von Rechtsberatern angebotenen Dienstleistungen sind komplex und erfordern ein hohes Maß an Expertenwissen. Die Qualität der angebotenen oder erbrachten Rechtsdienstleistung ist – im Gegensatz zu gewerblichen Dienstleistungen – für den Rechtsuchenden nicht oder nur äußerst schwer überprüfbar, denn in aller Regel fehlen Kenntnisse zur Beurteilung der Qualität (Krenzler/*Teubel* Rn. 42). Sie werden zudem nicht ständig, sondern typischerweise nur selten durch den Nachfrager in Anspruch genommen. Dem Verbraucher bzw. Mandanten fehlt es daher an hinreichenden Informationen und Erfahrungswissen, um bei der Auswahl des Anbieters und nach Vertragserfüllung die Qualität der angebotenen Dienstleistung beurteilen zu können (BT-Drs. 16/3655, 31). Hinzu treten Informationsverarbeitungsdefizite, denn selbst wenn der Dienstleistungsempfänger über wichtige Informationen verfügt, kann er sie bei Rechtsdienstleistungen vielfach nicht verarbeiten. Ursachen dieses Informationsverarbeitungsdefizits sind vor allem fehlende Fachkenntnisse, Bildungsdefizite und Informationsüberflutung. Vor diesem Hintergrund lässt sich erklären, warum das RDG weiterhin als **Verbotsgesetz mit Erlaubnisvorbehalt** ausgestaltet und den Anhängern des Informationsmodells eine Absage erteilt worden ist (Einleitung Rn. 30; § 3 RDG Rn. 1 f.). Richtig ist zwar, dass auch Rechtsanwälten, die die Befugnis zur umfassenden Erbringung von Rechtsdienstleistungen gem. § 3 Abs. 1 BRAO haben (Rn. 30), trotz zweier juristischer Staatsexamina und der in § 43a Abs. 6 BRAO verankerten Fortbildungspflicht Fehler unterlaufen können. Die Gefahr von Beratungsfehlern ist aber im Vergleich zu anderen Dienstleistern deutlich herabgesetzt; zudem schützt den Mandanten die in § 51 Abs. 1 S. 1 BRAO verankerte Pflicht zum Abschluss einer Berufshaftpflichtversicherung (vgl. hierzu auch Krenzler/*Teubel* Rn. 41 ff.).

4 Die drei in § 1 Abs. 1 S. 2 RDG genannten Schutzzwecke sind nicht neu,

Anwendungsbereich **§ 1 RDG**

auch wenn das **RBerG** keine vergleichbare klarstellende Regelung kannte. Bereits die Begründung des Rechtsberatungsmißbrauchsgesetzes (RStBl. 1935 S. 1528; siehe dazu Einleitung Rn. 5) verwies auf die Notwendigkeit einer gesetzlichen Regelung „zum Schutze der Rechtsuchenden, auf die das Winkelkonsulententum von jeher vielfach eine bedenklich starke Anziehungskraft ausgeübt hat, wie auch im Interesse der Behörden und sonstigen Dienststellen, deren Arbeit häufig durch die Tätigkeit nicht hinreichend sachkundiger Vertreter wesentlich erschwert wird". Nur so sei „es möglich, fachlich ungeeignete und nicht hinreichend zuverlässige Elemente von dem Berufe fernzuhalten". Gleichwohl decken sich die Schutzzwecke des RDG nicht vollständig mit den Vorgaben der amtlichen Begründung des RBerG. Diese hatte nämlich zusätzlich noch den Schutz der Anwaltschaft vor Konkurrenz als Regelungsziel genannt. Seit der „MasterPat"-Entscheidung des BVerfG stand allerdings fest, dass der Konkurrenzschutz kein verfassungsrechtlich zulässiges Regelungsanliegen darstellt. Die Beschränkungen des RBerG konnten damit allein auf den Schutz des Rechtsuchenden und der geordneten Rechtspflege gestützt werden (BVerfGE 97, 12, 30f. = NJW 1998, 3481, 3482f.; dazu Rn. 13). Letztlich hat der Gesetzgeber die vom BVerfG gebilligten Schutzzwecke, wenn auch in etwas anderer Wortwahl, nun dem RDG zugrunde gelegt.

Zwar greift das RDG nach § 1 Abs. 1 S. 1 nur für **außergerichtliche** 5 **Rechtsdienstleistungen** (Rn. 15 ff.), die entsprechenden Verfahrensordnungen beschränken aber in ähnlicher, teils sogar noch restriktiverer Weise den Kreis der Personen, die vor Gericht auftreten dürfen (ausführlich Anh. § 1 RDG Rn. 8 ff.). Der jedenfalls vor den höheren Gerichten geltende Anwaltszwang wird dabei mit vergleichbaren Erwägungen, nämlich dem Schutz des Rechtsuchenden sowie dem Interesse an einer geordneten Rechtspflege gerechtfertigt (BVerfGE 10, 185, 197 ff. = NJW 1960, 139, 140 f.; BVerfGE 37, 67, 76 f. = NJW 1974, 1279; BVerfG NJW 1993, 3192; BVerfGK 17, 504, 507 = NJW 2010, 3291 Rn. 13; BVerfG Beschl. v. 20.4.2011 – 1 BvR 624/111, BeckRS 2011, 50167). Ein Grund für die tendenziell strengeren Vorgaben für das gerichtliche Verfahren (BT-Drs. 16/3655, 33) ist darin zu sehen, dass dort mit der Befähigung zum sach- und interessengerechten Prozessvortrag zusätzliche Qualifikationserfordernisse greifen (BT-Drs. 16/3655, 33; BVerfGK 17, 504, 507 = NJW 2010, 3291; siehe hierzu auch Rn. 15). Zudem bringt der Anwaltszwang eine Effektivitätssteigerung der Gerichte mit sich. Die Aufarbeitung des Prozessstoffs durch Rechtsanwälte stellt eine relativ zügige Bearbeitung durch das Gericht sicher und wirkt sich damit dämpfend auf die Justizkosten aus (Sechzehntes Hauptgutachten der Monopolkommission 2004/2005, BT-Drs. 16/2460, 393 f.). Weil auch die außergerichtliche Rechtsberatung letztlich immer mit Bezug auf mögliche gerichtliche Verfahren stattfindet, kann dieser Aspekt auch zur Rechtfertigung der Beschränkungen nach dem RDG herangezogen werden (Rn. 10, 12).

II. Schutz des Rechtsuchenden

Das RDG dient zunächst dem Schutz des Rechtsuchenden vor unqualifi- 6 zierten Rechtsdienstleistungen. Der rechtsuchende Bürger soll vor **Rechtsnachteilen und dem Verlust von Rechtspositionen** bewahrt werden, die

RDG § 1   Teil 1 Allgemeine Vorschriften

durch fehlerhafte Rechtsdienstleistungen entstehen können. Qualifizierte Rechtsdienstleister ermöglichen den Parteien eine effektivere Durchsetzung ihrer Rechte, sichern die Chancengleichheit, tragen dazu bei, das Prozessgeschehen für die Parteien durchschaubarer zu machen, und ermöglichen ihnen eine gewisse Prognose des Prozessausgangs. Der Schutz der Rechtsuchenden vor unqualifizierter Rechtsberatung ist auch bei reinen Beratungsmandaten, die keine Vertretung der Rechtsuchenden einschließen, erforderlich (BVerfG NJW 2014, 613 Rn. 89).

7 Das RDG soll den Rechtsuchenden jedoch nicht nur vor Personen schützen, welche nicht die für die Erbringung von Rechtsdienstleistungen erforderliche fachliche Qualität aufweisen, sondern auch vor solchen Dienstleistern, die aus sonstigen Gründen nicht für die ordnungsgemäße Erledigung der Rechtsdienstleistungen einstehen können (Grunewald/Römermann/*Römermann* Rn. 8; Henssler/Prütting/ *Weth* Rn. 6). Ein Beispiel bietet die fehlende persönliche Zuverlässigkeit (vgl. §§ 12, 14 RDG). Dieses Regelungsanliegen ist auch der Grund dafür, dass nicht zur Anwaltschaft zugelassenen Volljuristen die entgeltliche Rechtsdienstleistung nicht gestattet ist. Nur bei Anwälten, die der Berufsaufsicht durch die Kammern und den strengen anwaltlichen Berufspflichten (wie insbesondere der Unabhängigkeit, der Verschwiegenheit, dem Verbot der Vertretung widerstreitender Interessen und der Pflicht zum Abschluss einer Berufshaftpflichtversicherung) unterliegen, ist der Schutz vor unzuverlässiger Rechtsbesorgung hinreichend gewährleistet (BVerfG NJW 2002, 3531, 3533; BVerfG NZI 2007, 181 f.; BT-Drs. 16/3655, 32; siehe auch Einleitung Rn. 33).

8 Mit Rechtsuchender ist der **Vertragspartner des Rechtsdienstleisters,** also der Mandant, gemeint (Krenzler/*Teubel* Rn. 39). Insoweit ist es ohne Bedeutung, ob der Mandant Verbraucher iSv § 13 BGB ist. Das RDG dient dem **Schutz aller Rechtsuchenden** (BT-Drs. 16/3655, 45). Es ist zwar (auch) „Verbraucherschutzgesetz" etwa iSd UKlaG, bezieht aber in den gesetzlichen Schutzbereich neben Privatpersonen auch (Klein-)Gewerbetreibende und Unternehmer (BT-Drs. 16/3655, 45) – bis hin zum Industrieunternehmer – mit ein. Selbst Personen mit eigener juristischer Vorbildung einschließlich Richter und Rechtsanwälte werden durch das RDG geschützt. Dieser weite Schutzbereich wird teilweise als nicht sachgerecht oder sogar als verfassungsrechtlich nicht haltbar angesehen. Insoweit wird darauf verwiesen, dass Unternehmer und juristisch vorgebildete Personen regelmäßig nicht schutzbedürftig seien. Meist seien sie geschäftserfahren und verfügten selbst über juristische Kenntnisse bzw. über juristische Mitarbeiter oder gar eine eigene Rechtsabteilung (*Kleine-Cosack* Rn. 26 ff.; siehe auch Sechzehntes Hauptgutachten der Monopolkommission 2004/2005, BT-Drs. 16/2460, 393). Diese Kritik am gesetzlichen Regelungsanliegen überzeugt nicht. Würde man einem solchen Differenzierungsansatz folgen und die Schutzbedürftigkeit und -willigkeit als Voraussetzung für die Anwendbarkeit des RDG ansehen, wäre die Praktikabilität des Gesetzes massiv beeinträchtigt. Folge wäre die Notwendigkeit der Prüfung des konkreten Einzelfalls und eine daraus folgende Anwendungsunsicherheit (so auch Gaier/Wolf/Göcken/*Wolf* Rn. 6). Das RDG enthält insoweit zu Recht **typisierende Regelungen,** setzt nicht voraus, dass der Rechtsuchende im Einzelfall die Ungeeignetheit des Rechtsberaters erkennen konnte, und stellt nicht darauf ab, ob der Rechtsuchende auf den Schutz verzichtet hat (vgl.

Anwendungsbereich **§ 1 RDG**

BGH NJW 2007, 596 Rn. 25 zum RBerG). Hinzu kommt, dass ein Rechtsanwalt, der privat um Rechtsrat bittet, ohnehin nicht in Ausübung seiner beruflichen Tätigkeit und damit nicht als Unternehmer iSd § 14 BGB handelt. Dem weiten Schutzbereich unter Einbeziehung der rechtskundigen Mandanten entspricht es, dass sich auch das anwaltliche Pflichtenprogramm nicht danach richtet, über welche Rechtskenntnisse der Auftraggeber verfügt. So geht der BGH davon aus, dass eine Rechtsanwaltssozietät umfassende Beratungspflichten gegenüber einem Mandanten selbst dann treffen, wenn das Mandat von einer GmbH erteilt worden ist, deren Geschäftsführer und Gesellschafter selbst Rechtsanwälte und Mitglieder der beauftragten Sozietät sind (BGHZ 193, 193 Rn. 20 = NJW 2012, 2435 mwN). Die Schutzbedürftigkeit des Mandanten besteht also auch insoweit unabhängig von dessen Kenntnisstand.

III. Schutz des Rechtsverkehrs

Das RDG dient nicht nur dem Schutz des Rechtsuchenden, also dem Vertragspartner des Rechtsdienstleisters (Rn. 8), sondern auch dem Schutz des Rechtsverkehrs. Dieser Schutzzweck ist bei der Normanwendung und -auslegung immer dann zu berücksichtigen, wenn mit der Tätigkeit des Rechtsdienstleisters Dritte in Berührung kommen können. Dies ist bei einer nach außen gerichteten Tätigkeit, also bei allen **Vertretungstätigkeiten,** der Fall. Vor unqualifizierten Rechtsdienstleistungen werden damit auch der Anspruchsgegner (oft Vertragspartner) des Rechtsuchenden, Versicherungen, sonstige Beteiligte wie der Drittschuldner oder Behörden (siehe zur Anwendbarkeit des RDG Rn. 23) geschützt. Aber auch die Gerichte profitieren von den Beschränkungen des RDG, weil außergerichtliche Rechtsdienstleistungen auf ihre Tätigkeit ausstrahlen (BT-Drs. 16/3655, 45; siehe auch Rn. 5). 9

Letztlich dient das RDG auch der Effektivität der Rechtspflege, da die ordnungsgemäße Abwicklung von Rechtsstreitigkeiten nicht durch die **Beteiligung ungeeigneter Personen** behindert wird (Gaier/Wolf/Göcken/*Wolf* Rn. 9; Grunewald/Römermann/*Römermann* Rn. 10 ff.; siehe auch bereits BVerfGE 41, 378, 390 = NJW 1976, 1349). Vielmehr können durch die Einschaltung qualifizierter Rechtsdienstleister der Sachverhalt besser aufbereitet, die Auseinandersetzung versachlicht und aussichtslose Prozesse vermieden werden, während auf der anderen Seite die gütliche Einigung zwischen den Parteien begünstigt und auf diese Weise die Gerichte entlastet werden. 10

Besondere Bedeutung erlangt der Schutz des Rechtsverkehrs im Bereich des **Forderungsinkassos** (§ 2 Abs. 2 RDG; siehe auch § 2 RDG Rn. 67 ff.). Da der gewerbliche Forderungseinzug auf fremde Rechnung wirtschaftlich nicht nur für den Auftraggeber des Inkassounternehmers, sondern auch für die Schuldner von erheblicher Bedeutung ist, hat sich der Gesetzgeber für eine Regulierung des gesamten Inkassogeschäfts, unabhängig vom Vorliegen einer rechtlichen Prüfung im Einzelfall iSd § 2 Abs. 1 RDG, entschieden (BT-Drs. 16/3655, 48). Diese Regulierung soll nicht nur den Auftraggeber von Inkassodienstleistungen (BGH NJW 2009, 3242 Rn. 20; BGH GRUR 2011, 539 Rn. 25; BGH NJW 2013, 59 Rn. 32), sondern auch die Adressaten von Schreiben der Inkassounternehmen schützen (BGH NJW 2007, 596 Rn. 23; BGH NJW 2014, 847 Rn. 14; anders noch RG JW 1938, 1844, 1845; *Michalski* ZIP 1994, 1501, 1505 zum 11

RDG § 1   Teil 1 Allgemeine Vorschriften

RBerG). Diesem Schutzgut kommt insbesondere bei der Entscheidung über einen Widerruf der Registrierung wegen **unseriöser Inkassopraktiken** eine besondere Bedeutung zu (BT-Drs. 16/3655, 45). Bei den Änderungen, die das Gesetz gegen unseriöse Geschäftspraktiken v. 1.10.2013 mit sich gebracht hat, hatte der Gesetzgeber ebenfalls den Schutz des Rechtsverkehrs vor Augen. Die Verschärfung der Aufsicht über Inkassodienstleister (zu Einzelheiten Einleitung Rn. 105 f.) sei erforderlich, weil einige „schwarze Schafe" der Inkassobranche nicht existierende Forderungen beizutreiben versuchen, unangemessene Beitreibungsmethoden wählen und Bagatellforderungen durch überhöhte Inkassokosten aufblähen (BT-Drs. 17/13057, 9).

IV. Schutz der Rechtsordnung

12   Neben den Rechtsuchenden und dem Rechtsverkehr nennt § 1 Abs. 1 S. 2 RDG ausdrücklich die Rechtsordnung (kritisch hierzu Grunewald/Römermann/*Römermann* Rn. 14 ff., 19), deren Schutz verfassungs- wie europarechtlich den höchsten Rang einnimmt. Als integrativer Bestandteil des deutschen Rechtspflegesystems schützt das RDG die Rechtsordnung insbesondere vor einem Verfall durch unqualifizierte Rechtsanwendung (BT-Drs. 16/3655, 45). Begründet wird dies überzeugend damit, dass Rechtsdienstleistungen ein Gemeinschaftsgut von höchstem Rang (dazu bereits Rn. 3) betreffen und nicht in die Hände unqualifizierter Personen gelangen dürfen. Zudem wird das Recht von denjenigen beeinflusst und fortentwickelt, die es beruflich anwenden. Bei einer allzu großen Liberalisierung des Rechtsberatungsmarkts seien negative Auswirkungen auf die Rechtskultur sowie eine Gefährdung der gesamten Rechtspflege zu befürchten (BT-Drs. 16/3655, 45). Mit diesem Bekenntnis erkennt der Gesetzgeber zugleich die Bedeutung der Rechtsanwaltschaft für die Rechtsfortbildung ausdrücklich an (Gaier/Wolf/Göcken/*Wolf* Rn. 10). Teil der Rechtsordnung ist nicht nur das gerichtliche Verfahren, auf das das RDG keine Anwendung findet (Rn. 15), sondern auch der außergerichtliche Bereich. Hier werden häufig die Weichen für das gerichtliche Verfahren gestellt (Rn. 5, 10); zudem werden viele Verfahren sowie Streitigkeiten außergerichtlich erledigt. Bereits in diesem Stadium ist daher eine zuverlässige Rechtsberatung unerlässlich (Krenzler/*Teubel* Rn. 51 f.).

V. Kein Konkurrenzschutz

13   Die Aufzählung der drei Schutzzwecke in § 1 Abs. 1 S. 2 RDG ist **abschließend**. Die **amtliche Begründung des RBerG** hatte als Regelungsanliegen noch den Schutz der Anwaltschaft vor Konkurrenz genannt; im Einzelnen heißt es dort: „Wenn der Staat im Wege besonderer langjähriger Ausbildung auf einem bestimmten Gebiet einen besonderen Berufsstand schafft, wenn er diesen durch berufs- und standesrechtliche Regelungen, Gebührenordnungen usw. in der Berufsausübung weitgehenden Bindungen unterwirft, so muss er ihm auch ein ausreichendes Arbeitsfeld sichern und ihn gegen den Wettbewerb anderer schützen, die gleichartigen Beschränkungen nicht unterworfen sind" (RStBl. 1935 S. 1528; vgl. auch BGHZ 15, 315, 317 = NJW 1955, 422, 423; BGHZ 34, 64, 67 f. = NJW 1961, 313, 314; BGHZ 37, 258, 261 = NJW 1962, 2010; BGH NJW 1967, 1558, 1560 [insoweit nicht in BGHZ 48, 12 abgedruckt];

Anwendungsbereich **§ 1 RDG**

BVerwG NJW 1989, 1175). Dieser **Konkurrenzschutzgedanke** konnte unter der Geltung des GG allenfalls eingeschränkt Bestand haben. Wie das BVerfG mehrfach betont hat, rechtfertigt er für sich genommen keine Eingriffe in die durch Art. 12 GG geschützte Berufsfreiheit. Bedeutung erlangt er nur mittelbar insoweit, als er dem primären Gesetzeszweck „Schutz einer funktionsfähigen Rechtspflege" (Rn. 4) dient. Schutz vor Wettbewerb kann nur dann geboten sein, wenn sonst die Gemeinwohlbelange gefährdet würden, denen die Zugangsschranken eines Berufs gerade zu dienen bestimmt sind (BVerfGE 97, 12, 30 f. = NJW 1998, 3481, 3482 f.). Bei der Auslegung des RDG ist daher für Wettbewerbsaspekte zugunsten der Anwaltschaft kein Raum, wenn ein weites Verständnis des Verbotstatbestands damit begründet würde, dass bei einer Zulassung nichtanwaltlicher Konkurrenz in einem Teilbereich der Fortbestand einzelner spezialisierter Rechtsanwaltskanzleien gefährdet wäre.

C. Anwendungsbereich (Abs. 1 S. 1; Abs. 2)

I. Sachlicher Anwendungsbereich

1. Begriff der Rechtsdienstleistung. Der sachliche Anwendungsbereich 14 des RDG wird insbesondere durch den Begriff der Rechtsdienstleistung bestimmt. Nach der **Legaldefinition des § 2 Abs. 1 RDG** ist darunter jede Tätigkeit in konkreten fremden Angelegenheiten zu verstehen, sobald sie eine rechtliche Prüfung des Einzelfalls erfordert. Auf Tätigkeiten, die unterhalb der Schwelle dieser Voraussetzungen bleiben und daher keine Rechtsdienstleistungen umfassen, ist das RDG nicht anwendbar (vgl. hierzu im Einzelnen § 2 RDG Rn. 15 ff.). Sind die Grenzen des § 2 Abs. 1 RDG dagegen überschritten, muss aufgrund der Ausgestaltung des RDG als Verbotsgesetz (Rn. 3; § 3 RDG Rn. 1) zugunsten des Dienstleisters ein **Erlaubnistatbestand** eingreifen, um den Weg zu einer legalen Tätigkeit zu eröffnen.

2. Beschränkung auf außergerichtliche Rechtsdienstleistungen 15 **(Abs. 1 S. 1).** Im Interesse einer klaren Gesetzessystematik schränkt § 1 Abs. 1 S. 1 RDG den sachlichen Anwendungsbereich zusätzlich ein, indem er nur außergerichtliche Rechtsdienstleistungen in den Schutzbereich des Gesetzes einbezieht. Hierzu zählen auch reine **Beratungsmandate,** die keine Vertretung der Rechtsuchenden umfassen (BVerfG NJW 2014, 613 Rn. 89). Die Befugnis, eine Rechtsdienstleistung iSd RDG zu erbringen, erstreckt sich somit nicht auf die Befugnis zur gerichtlichen Vertretung (Dreyer/Lamm/Müller/*Dreyer/ Müller* Rn. 20); dies gilt selbst dann, wenn der Prozess, wie etwa vor den Amtsgerichten, nicht dem Anwaltszwang unterliegt (Gaier/Wolf/Göcken/*Wolf* Rn. 20). Als Konsequenz dieser Beschränkung des Anwendungsbereichs gegenüber dem RBerG, das auch die geschäftsmäßige Prozessvertretung im gerichtlichen Verfahren erfasste, mussten die Vertretungsregelungen in den einzelnen Verfahrensordnungen angepasst werden (BT-Drs. 16/3655, 33). Die **gerichtliche Vertretung bestimmt** sich, wie § 1 Abs. 2 RDG ausdrücklich klarstellt (dazu Rn. 28 ff.), allein nach den **verschiedenen verfahrensrechtlichen Vorschriften** (Anh. § 1 RDG Rn. 1 ff.). Diese systematische Neuausrichtung des Anwendungsbereichs hat der Gesetzgeber vorgenommen, weil er im gerichtlichen Bereich eine strengere Regulierung der Vertretungsbefugnisse für erforderlich hielt und die weitreichenden Öffnungen der Rechtsdienstleistungsbefugnisse – insbesondere im Bereich der unentgeltlichen und Vereinsrechtsdienstleistungen – auf den außergerichtlichen Bereich beschränkt wissen wollte (BT-Drs. 16/3655, 33). Insoweit ist zu beachten, dass die gerichtlichen Vertretungsbeschränkungen nicht nur eine sachgerechte Vertretung der Partei im gerichtlichen Verfahren, sondern auch die Ordnung des Prozesses sicherstellen sollen (BT-Drs. 16/3655, 34; BGH NJW 2011, 929 Rn. 23; siehe dazu auch Rn. 5). Die Befugnis zur Vertretung in einem gerichtlichen Verfahren kann nur unter Berücksichtigung der Befähigung zum sach- und interessengerechten Prozessvortrag zugesprochen werden (BT-Drs. 16/3655, 33; BVerfGK 17, 504, 507 = NJW 2010, 3291 Rn. 13).

16 Nach der Gesetzesbegründung ist für die Beurteilung einer Tätigkeit als außergerichtlich regelmäßig entscheidend, ob das **Gericht Adressat der Handlung** ist, dh ob die Tätigkeit gegenüber einem Gericht vorzunehmen ist (BT-Drs. 16/3655, 45; siehe auch BGH NJW 2013, 3580 Rn. 42). Ist dies der Fall, fällt die Dienstleistung nicht in den Anwendungsbereich des RDG. Nicht mehr außergerichtlich sind insbesondere Verfahrenshandlungen in einem gerichtlichen Verfahren wie zB das **Einreichen von Klageschriften,** Prozesskostenhilfeanträgen, Schutzschriften und anderen Gesuchen, die ein gerichtliches Verfahren betreffen, einschließlich des gerichtlichen Mahnverfahrens. Dies gilt ebenso für die **Anzeige der Verteidigungsbereitschaft, die Bestellung zum Verfahrens- oder Zustellungsbevollmächtigten,** die **Bitte um Akteneinsicht,** den gesamten Schriftverkehr mit dem Gericht in einem anhängigen Verfahren, Telefonate mit Richtern oder Rechtspflegern, soweit darin inhaltliche Fragen des (künftig) anhängigen Verfahrens erörtert werden, sowie das Auftreten und die Begleitung in der gerichtlichen Verhandlung. Nicht nach dem RDG beurteilt sich auch das Auftreten als gerichtlicher **Beistand eines Zeugen** (Krenzler/*Teubel* Rn. 29ff.; grundlegend zur Zulässigkeit gerichtlicher Beistandschaft eines Zeugen BVerfGE 38, 105, 111ff. = NJW 1975, 103ff.). Die Frage, wer einen Beteiligten iSd § 9 ZVG im gerichtlichen **Zwangsversteigerungsverfahren** vertreten darf, beantwortet sich ebenfalls nicht nach dem RDG, sondern nach § 79 ZPO (BGH NJW 2011, 929 Rn. 19ff.; verfassungsrechtlich nicht beanstandet von BVerfG Beschl. v. 20.4.2011 – 1 BvR 624/111, BeckRS 2011, 50167; siehe auch *Klawikowski* Rpfleger 2008, 404, 407f.). So darf etwa ein Immobilienmakler nicht einen Gläubiger in einem Zwangsversteigerungsverfahren vertreten; die Befugnis, Bieter zu vertreten, bleibt davon allerdings unberührt (BGH NJW 2011, 929 Rn. 14).

17 Bereits zum gerichtlichen Verfahren zählt auch die **Einleitung von Vollstreckungshandlungen** durch Beauftragung des Gerichtsvollziehers. Zwar scheinen die Gesetzesbegründung (BT-Drs. 16/3655, 45) und § 753 ZPO („Die Zwangsvollstreckung wird, soweit sie *nicht den Gerichten zugewiesen* ist, durch Gerichtsvollzieher durchgeführt, die sie im Auftrag des Gläubigers zu bewirken haben.") auf den ersten Blick für ein gegenteiliges Auslegungsergebnis zu sprechen. Ausschlaggebend ist indes das systematische Verhältnis zwischen dem RDG und den gerichtlichen Verfahrensvorschriften (siehe auch Rn. 15, 20). Aus der – zeitlich jüngeren – Regelung des § 79 Abs. 2 Nr. 4 ZPO ergibt sich, dass der Auftrag an den Gerichtsvollzieher als Verfahrenshandlung angese-

Anwendungsbereich **§ 1 RDG**

hen wird. Folge ist, dass eine einem Rechtsdienstleister erteilte Vollmacht den Anforderungen der §§ 80ff. ZPO genügen muss (ebenso wohl AG Nürtingen Beschl. v. 9.6.2009 – 1 M 1611/09, BeckRS 2009, 15617; Baumbach/Lauterbach/Albers/Hartmann/*Hartmann* § 754 Rn. 4; Kindl/Meller-Hannich/Wolf/*Sievers* Gesamtes Recht der Zwangsvollstreckung, 2. Aufl. 2013, § 753 Rn. 18). Die Norm regelt, unter welchen Voraussetzungen Inkassodienstleister im gerichtlichen Verfahren tätig werden dürfen, und zählt hierzu auch „Vollstreckungsanträge(n) im Verfahren der Zwangsvollstreckung in das bewegliche Vermögen wegen Geldforderungen". Eine Begrenzung auf Vollstreckungsmaßnahmen durch das Gericht lässt sich der Vorschrift nicht entnehmen (anders Krenzler/*Teubel* Rn. 34f.). Erst recht zählt daher zum gerichtlichen Verfahren – wie § 79 Abs. 2 Nr. 4 ZPO ebenfalls klarstellt – das Verfahren „zur Abnahme der eidesstattlichen Versicherung und des Antrags auf Erlass eines Haftbefehls" (anders zum RBerG *Rennen/Caliebe* Art. 1 § 1 Rn. 116ff. mwN; *Caliebe* NJW 2000, 1623ff.). Die **Vertretung beim Notar** ist dagegen eine außergerichtliche Rechtsdienstleistung, weil § 79 Abs. 2 ZPO bei Unterwerfungserklärungen nach § 794 Abs. 1 Nr. 5 ZPO nicht anwendbar ist (so auch LG Bielefeld Beschl. v. 15.10.2008 – 23 T 824/08, BeckRS 2009, 07107; LG Münster NJW-RR 2009, 665, 666; MüKoZPO/*Toussaint* § 79 Rn. 3; BeckOK ZPO/*Piekenbrock* § 79 Rn. 2; *Lindemeier* RNotZ 2009, 37ff.; *Meyer/Bormann* RNotZ 2009, 470, 475; aA LG Osnabrück Beschl. v. 16.10.2008 – 3 T 811/08, BeckRS 2009, 07582 unter Verweis auf BGH NJW 2008, 2266 Rn. 13f.).

Als **außergerichtlich** sind nach der Gesetzesbegründung auch Tätigkeiten 18 anzusehen, die nur im **Zusammenhang mit einem gerichtlichen Verfahren** stehen. Hierzu zählen die bloße Beratung über Erfolgsaussichten eines Verfahrens, der Entwurf einer Klageschrift oder -erwiderung oder sonstiger Schreiben, ohne diese bei Gericht einzureichen. Insbesondere im Bereich der unentgeltlichen Rechtsdienstleistung (§§ 6ff. RDG) wird eine solche Hilfeleistung oft zulässig sein. Als außergerichtliche Tätigkeit sind auch **Verhandlungen mit dem Prozessgegner**, die während eines bereits anhängigen gerichtlichen Mahn- oder Klageverfahrens geführt werden (BT-Drs. 16/3655, 45), bis hin zur Aushandlung eines Prozessvergleichs einzuordnen, solange der Rechtsdienstleister keine prozessualen Erklärungen gegenüber dem Gericht abgibt und auch sonst keine Interaktion zwischen ihm und dem Gericht stattfindet. Denn mit den besonderen verfahrensrechtlichen Vertretungsregeln sollen lediglich die Gerichte vor Anträgen und sonstigen Schriftsätzen von nicht ausreichend qualifizierten Personen bewahrt werden; ein solcher Schutz der (gerichtlichen) Rechtspflege ist aber nicht notwendig, wenn es gar nicht zu einem Kontakt des Dienstleisters mit dem Gericht kommt. Außergerichtliche Tätigkeit ist damit nicht mit vorgerichtlicher Tätigkeit gleichzusetzen (BVerfG NJW-RR 2004, 1570, 1571f.). Auch Hilfeleistungen mit Bezug auf ein gerichtliches Verfahren wie die **Vorbereitung von Schriftsätzen** sowie die **fortlaufende Beratung einer Prozesspartei** („Parteicoaching") stellen außergerichtliche Tätigkeiten dar (BT-Drs. 16/3655, 45; BGH NJW 2012 1152 Rn. 6; ebenso wohl OLG Düsseldorf GRUR-RR 2014, 399ff.; siehe auch *Horn* JA 2013, 644, 649; *Piekenbrock* AnwBl. 2011, 848f.).

Teilweise werden Zweifel an dieser durch die Gesetzesbegründung vorge- 19 gebenen Abgrenzung zwischen gerichtlicher und außergerichtlicher Tätigkeit geäußert. So wird kritisiert, dass § 79 ZPO in unzulässiger Weise umgangen werde, wenn die Vorbereitung von Schriftsätzen, die zu einem späteren Zeitpunkt bei Gericht eingereicht werden sollen, sowie die prozessbegleitende Beratung einer Prozesspartei als außergerichtliche Tätigkeit eingestuft würden. Es könne keinen Unterschied bedeuten, ob der Rechtsdienstleister den von ihm vorbereiteten Schriftsatz selbst einreiche oder die Einreichung – was die Gesetzesbegründung als zulässig ansieht – von der Prozesspartei vorgenommen werde. Eine derartige **„Stempeltätigkeit"** der Prozesspartei sei mit dem Schutzzweck des § 79 ZPO unvereinbar (Gaier/Wolf/Göcken/*Wolf* Rn. 20). Dieser Ansicht ist zuzugestehen, dass in der Tat die Vorbereitung von Schriftsätzen oder die Beratung einer Partei während eines anhängigen Verfahrens einen sehr engen Bezug zur gerichtlichen Tätigkeit aufweist und intensive Auswirkungen auf das gerichtliche Verfahren haben kann.

20 Andererseits gilt es im Auge zu behalten, dass nur eine **weite Auslegung des Begriffs „außergerichtlich"** Schutzlücken vermeidet. Eine Anwendungslücke, wonach die Zulässigkeit einer Tätigkeit weder nach dem RDG noch nach einer Verfahrensordnung zu beurteilen wäre, muss ausgeschlossen sein; dies wird dadurch erreicht, dass ausnahmslos alle Tätigkeiten, die nicht von den Vorschriften einer gerichtlichen Verfahrensordnung erfasst sind, in den Anwendungsbereich des RDG fallen (BT-Drs. 16/3655, 45; siehe auch BGH Beschl. v. 11.6.2013 – II ZR 245/11, BeckRS 2013, 12808 Rn. 6). Zwar bezieht sich § 79 Abs. 2 S. 2 ZPO im Gegensatz zu § 157 Abs. 1 ZPO aF nicht allein auf die Vertretung in der mündlichen Verhandlung (BT-Drs. 16/3655, 85). Jedoch kann der in § 79 Abs. 3 ZPO vorgesehene Sanktionsmechanismus (Zurückweisung des Bevollmächtigten) im Fall eines „Ghostwriters" nicht greifen (BeckOK ZPO/*Piekenbrock* § 79 Rn. 3). § 79 ZPO erfasst also die Vorbereitung von Schriftsätzen oder die Beratung einer Partei nicht. Zur Vermeidung von Regelungslücken müssen derartige Tätigkeiten daher als außergerichtliche Rechtsdienstleistungen angesehen und an den Vorgaben des RDG mit den dort vorgesehenen Sanktionen – etwa nach den §§ 9, 20 RDG – gemessen werden (BeckOK ZPO/*Piekenbrock* § 79 Rn. 3).

21 Lässt sich eine Person oder Vereinigung Forderungen von mehreren Gläubigern gegen einen Dritten abtreten, beurteilt sich die **Wirksamkeit dieser Abtretung** (siehe hierzu auch BGHZ 193, 193 Rn. 24 ff. = NJW 2012, 2434 sowie § 2 RDG Rn. 85; § 7 RDG Rn. 35; § 8 RDG Rn. 43 ff.) auch dann nach dem RDG, wenn die abgetretenen Forderungen gegen den Dritten gerichtlich geltend gemacht werden. Auch hier ist das Gericht nicht Adressat der fraglichen Handlung, weil sich die Abtretungen auf das Verhältnis zwischen der Person oder Vereinigung und den Gläubigern beziehen. Gerichtliche Tätigkeit ist lediglich die Geltendmachung der Forderung durch die Prozessbevollmächtigten der Person oder Vereinigung (BGH NJW 2013, 3580 Rn. 42; zweifelnd BeckOK ZPO/*Piekenbrock* § 79 Rn. 4).

22 Ist ein **Schiedsgericht** iSd §§ 1025 ff. ZPO eingesetzt worden, ist § 1042 ZPO zu beachten. Danach dürfen Rechtsanwälte als Bevollmächtigte nicht ausgeschlossen werden (Abs. 2); im Übrigen können die Parteien das Verfahren aber grds. selbst oder durch Bezugnahme auf eine schiedsrichterliche Verfahrensordnung regeln (Abs. 3). Soweit eine Vereinbarung der Parteien nicht vorliegt, werden die Verfahrensregeln vom Schiedsgericht nach freiem Ermes-

Anwendungsbereich **§ 1 RDG**

sen bestimmt (Abs. 4 S. 1). Im Ergebnis entscheiden daher die Parteien bzw. das Schiedsgericht, inwieweit nichtanwaltliche Rechtsdienstleister als Bevollmächtigte auftreten können; insoweit besteht für eine ergänzende Anwendbarkeit des RDG kein Raum, sofern das Schiedsgericht Adressat einer Handlung ist (Krenzler/*Teubel* Rn. 25 ff.). Da auch an die Person des Schiedsrichters keine strengen Voraussetzungen gestellt werden, vielmehr sogar Nichtjuristen als Schiedsrichter bestellt werden können, erscheint es konsequent, den Parteien eines Schiedsverfahrens auch in der Frage der schiedsgerichtlichen Vertretung weitgehende Autonomie zu gewähren.

Als außergerichtliche Rechtsdienstleistung gilt grds. auch die Tätigkeit im 23 Rahmen eines **Verfahrens vor einer Behörde;** der Anwendungsbereich des RDG endet erst, wenn das behördliche Verfahren in ein gerichtliches Verfahren übergeht (BT-Drs. 16/3655, 45). Diese Zuordnung des behördlichen Verfahrens zum außergerichtlichen Bereich wird auch durch den mWv 18.12.2008 (durch das Vierte Gesetz zur Änderung verwaltungsverfahrensrechtlicher Vorschriften v. 11.12.2008, BGBl. I S. 2418) geänderten § 14 Abs. 5 VwVfG (siehe dazu VGH München Urt. v. 16.5.2014 – 4 B 13.1161, BeckRS 2014, 52573 sowie für das Sozialverwaltungsverfahren § 13 Abs. 5 SGB X und dazu BSG NJW 2014, 493 Rn. 28 ff.; BSG Urt. v. 5.3.2014 – B 12 R 7/12 R, BeckRS 2014, 71499 Rn. 11) klargestellt. Danach sind Bevollmächtigte und Beistände zurückzuweisen, wenn sie entgegen § 3 RDG Rechtsdienstleistungen erbringen. Das allgemeine Verwaltungsverfahrensrecht verweist damit auf das RDG, ohne einschränkende oder erweiternde Sonderregelungen vorzusehen. Entsprechendes gilt auch für das verwaltungsrechtliche Vorverfahren (§§ 68 ff. VwGO); § 14 VwVfG findet insoweit über § 79 VwVfG Anwendung (*Kopp/Schenke* Vorb § 68 Rn. 18). Soweit die Vergabe öffentlicher Aufträge nach § 102 GWB der Nachprüfung der Vergabekammer unterliegt, handelt es sich ebenfalls um ein Verwaltungsverfahren (vgl. § 114 GWB); erst mit der sofortigen Beschwerde gegen Entscheidungen der Vergabekammer an das OLG gem. § 116 GWB beginnt ein gerichtliches Verfahren (Krenzler/*Teubel* Rn. 32 f.). Ausschließlich nach der gerichtlichen Verfahrensordnung zu beurteilen ist allerdings die Zulässigkeit von Handlungen, die gegenüber einer Behörde oder einem Organ erfolgen, für deren Tätigkeit die Vorschriften einer Verfahrensordnung anwendbar sind (vgl. hierzu auch die Auflistung bei Anh. § 1 RDG Rn. 51 ff.). Hierzu zählen insbesondere die Vertretung im Bußgeldverfahren (§ 36 iVm § 46 OWiG), die Forderungsanmeldung beim Insolvenzverwalter im Insolvenzverfahren (§ 174 iVm § 4 InsO; siehe hierzu auch § 10 RDG Rn. 43 sowie zur Vertretung in der Gläubigerversammlung AG Itzehoe Beschl. v. 22.7.2014 – 28 IE 1/14, BeckRS 2014, 16574) und die Erteilung des Vollstreckungsauftrags an den Gerichtsvollzieher (§§ 753 ff., 79 ZPO; dazu bereits Rn. 17).

Für das **Strafverfahren** ist zu beachten, dass das Gericht, das für die Haupt- 24 sache zuständig wäre, nach § 141 Abs. 3 StPO bereits **während des Ermittlungsverfahrens** einen Verteidiger bestellen kann. Wer im Ermittlungsverfahren Rechtsdienstleistungen erbringen kann, wird daher nicht durch das RDG, sondern allein nach der insoweit einschlägigen verfahrensrechtlichen Norm des § 138 StPO bestimmt (siehe dazu Anh. § 1 RDG Rn. 51). Anders als nach dem RBerG (vgl. etwa BayObLG AnwBl. 1972, 29; OLG Dresden NJW 1998, 90) können daher Personen nicht mehr mit der Begründung zurückgewiesen werden, die Übernahme der – geschäftsmäßigen – Strafverteidigung verstoße gegen das RDG (BT-Drs. 16/3655, 35). Trotz des weiten Anwendungsbereichs des § 138 StPO sind auch im Strafverfahren Rechtsdienstleistungen, die dann an den Vorgaben des RDG zu messen sind, möglich, wenn der Dienstleistende nicht als Verteidiger gegenüber der Ermittlungsbehörde oder dem Gericht auftritt. So kann etwa die Vorbereitung einer Einlassung als unentgeltliche Beistandsleistung iSd § 6 RDG zulässig sein (Krenzler/ *Teubel* Rn. 24).

25 Die im Rahmen des RDG geltende Unterscheidung zwischen außergerichtlicher und gerichtlicher Rechtsdienstleistung **stimmt nicht** vollständig **mit der Differenzierung nach dem RVG überein.** Nach dem RVG können etwa Gebühren für die in Teil 3 des Vergütungsverzeichnisses geregelten Zivilsachen bereits für vorbereitende Handlungen wie den Entwurf einer Klageschrift anfallen, sofern dem Anwalt ein unbedingter Klageauftrag erteilt worden ist. Maßgeblich ist hier im Gegensatz zum RDG nicht der Adressat der Rechtsdienstleistung, sondern deren Inhalt (Krenzler/ *Teubel* Rn. 17).

26 **3. Selbstständige Erbringung.** Vom RDG erfasst sind nur selbstständig erbrachte Rechtsdienstleistungen, nur diese sind folglich auch erlaubnispflichtig. Dagegen ist Erledigung von Rechtsangelegenheiten durch **Mitarbeiter** im Namen des Dienstherrn und die Erledigung eigener Rechtsangelegenheiten des Dienstherrn durch Mitarbeiter unproblematisch. Dies ergibt sich nicht aus § 1 RDG, sondern aus § 3 RDG, der insofern eine zusätzliche Einschränkung des Anwendungsbereichs vornimmt. Eine selbstständige Erbringung setzt voraus, dass der Rechtsdienstleister die Dienstleistung im konkreten Einzelfall eigenverantwortlich und weisungsfrei erbringt (ausführlich hierzu § 3 RDG Rn. 4 ff.).

27 **4. Erlaubnistatbestände des RDG.** Das RDG selbst enthält in §§ 5–8, 10 und 15 RDG Erlaubnistatbestände. Auch wenn eine Tätigkeit als Rechtsdienstleistung iSd § 2 Abs. 1 RDG zu qualifizieren ist, kann sie erlaubt sein. Regelungen gibt es zu folgenden Bereichen: Rechtsdienstleistungen im Zusammenhang mit einer anderen Tätigkeit (§ 5 RDG), unentgeltliche Rechtsdienstleistungen (§ 6 RDG), Rechtsdienstleistungen durch Berufs- und Interessenvereinigungen und Genossenschaften (§ 7 RDG), Rechtsdienstleistungen durch öffentliche und öffentlich anerkannte Stellen (§ 8 RDG), Rechtsdienstleistungen durch registrierte Personen (§§ 10 ff. RDG), vorübergehende Rechtsdienstleistungen durch im EU-Ausland, in einem anderen Vertragsstaat des Abkommens über den Europäischen Wirtschaftsraum oder in der Schweiz niedergelassene Personen (§ 15 RDG), Rechtsdienstleistungen durch Rechtsbeistände (§ 1 Abs. 2 RDGEG iVm § 209 BRAO).

28 **5. Vorrang spezialgesetzlicher Regelungen außerhalb des RDG (Abs. 2).** Nach § 1 Abs. 2 RDG bleiben Regelungen in anderen Gesetzen über die Befugnis, (außergerichtliche) Rechtsdienstleistungen zu erbringen, unberührt. Das RDG greift also nur als *lex generalis,* die Befugnis zur Erbringung von Rechtsdienstleistungen kann sich auch aus anderen (Spezial-)Gesetzen ergeben (BT-Drs. 16/3655, 45). Damit weicht das RDG von der Konzeption des RBerG ab, das in Art. 1 § 3 noch eine explizite Auflistung der Tätigkeiten enthielt, die durch das RBerG nicht berührt worden sind (Kilian/Sabel/vom

Anwendungsbereich **§ 1 RDG**

Stein/*Kilian* Rn. 95). Durch diese Klarstellung des Rangverhältnisses werden zugleich Änderungen des RDG als Folge von Widersprüchen zu anderen gesetzlichen Regelungen überflüssig (BT-Drs. 16/3655, 32). Bei § 1 Abs. 2 RDG handelt es sich **nicht** um **eine Verbotsnorm,** welche die Erbringung außergerichtlicher Rechtsdienstleistung untersagt, soweit sie nicht ausdrücklich erlaubt ist. Diese Funktion kommt jedoch § 3 RDG zu. § 1 Abs. 2 RDG hat lediglich den Zweck, das Verhältnis der Erlaubnisregelungen des RDG zu anderen gesetzlichen Regelungen über Rechtsdienstleistungen zu regeln (vgl. auch BT-Drs. 16/3655, 45).

Aus den Spezialgesetzen ergibt sich, mit welchem Inhalt und in welchem Umfang Rechtsdienstleistungen erbracht werden können (BT-Drs. 16/3655, 45). Das RDG ist somit **nicht abschließend,** sondern hat **Auffangcharakter** (Dreyer/Lamm/Müller/*Dreyer/Müller* Rn. 34). Es wird jedoch nur so weit verdrängt, wie der Anwendungsbereich des Spezialgesetzes geht (*Kleine-Cosack* Rn. 49; Henssler/Prütting/*Weth* Rn. 10). Neben der spezialgesetzlichen Regelung kann das **RDG ergänzend anwendbar** sein, so etwa bei Steuerberatern oder Wirtschaftsprüfern, soweit sie nicht im steuerrechtlichen Bereich tätig werden und sich auf die Nebenleistungsvorschrift des § 5 RDG berufen (§ 5 RDG Rn. 91 ff.), oder bei Rechtsanwälten, die außerhalb ihrer anwaltlichen Tätigkeit pro-bono-Tätigkeiten auf der Grundlage des § 6 RDG übernehmen wollen (zur anwaltlichen pro-bono-Tätigkeit § 6 RDG Rn. 65 ff.). Dabei ist allerdings zu berücksichtigen, dass der Umfang der sich aus dem RDG ergebenden Rechtsdienstleistungsbefugnisse nach § 5 RDG und § 8 RDG durch das in einem anderen Gesetz umschriebene Tätigkeitsbild oder den darin festgelegten Aufgaben- und Zuständigkeitsbereich beeinflusst wird. Je umfassender eine Tätigkeit in einem anderen Gesetz normiert ist, desto weniger Raum bleibt für eine darüber hinausgehende, ergänzende Anwendung der Regelung über zulässige Nebenleistungen in § 5 RDG (BT-Drs. 16/3655, 45; vgl. auch § 5 RDG Rn. 122 f.). Zu beachten ist auch, dass die Spezialgesetze **strengere Vorschriften** zu zulässigen Nebenleistungen oder unvereinbaren Rechtsdienstleistungen enthalten können, die dann auch insoweit das RDG verdrängen. Denkbar ist etwa, dass Berufsgesetze strengere oder konkretere Vorschriften zur Unvereinbarkeit bestimmter Tätigkeiten enthalten (vgl. etwa §§ 43a Abs. 4, 45, 46 BRAO für Rechtsanwälte), die dann der in § 4 RDG enthaltenen Unvereinbarkeitsregelung vorgehen (BT-Drs. 16/3655, 45; § 4 RDG Rn. 5). Soweit sie die Rechtsdienstleistungsbefugnis auf einem Gebiet – etwa im Bereich des Steuerrechts – abschließend regeln, kann – außerhalb des Anwendungsbereichs des § 5 RDG – eine Rechtsdienstleistungsbefugnis aus dem RDG nicht abgeleitet werden (BT-Drs. 16/3655, 45).

Als **Spezialgesetze** iSd § 1 Abs. 2 RDG gelten zunächst eine Reihe von Regelungen in den verschiedenen **Berufsgesetzen.** Nach § 3 Abs. 1 BRAO sind **Rechtsanwälte** die berufenen unabhängigen Berater in allen Rechtsangelegenheiten (§ 3 RDG Rn. 13); für **europäische Rechtsanwälte** gewähren die §§ 2, 25 EuRAG Rechtsdienstleistungsbefugnisse (§ 3 RDG Rn. 14). Auch der Patentanwalt hat gem. **§ 3 PAO** das Recht zur rechtlichen Beratung und Vertretung auf den Gebieten des Patent-, Gebrauchsmuster-, Geschmacksmuster-, Kennzeichen- und des Sortenschutzrechts (§ 3 RDG Rn. 16). Für Steuerberater ergeben sich Rechtsdienstleistungsbefugnisse aus **§ 3 StBerG** (§ 3 RDG

RDG § 1   Teil 1 Allgemeine Vorschriften

Rn. 17f.; § 5 RDG Rn. 91ff.), für Wirtschaftsprüfer aus **§ 2 WPO** (§ 3 RDG Rn. 19; § 5 RDG Rn. 91ff.) und für Notare aus **§ 1 BNotO** (§ 3 RDG Rn. 20). Außergerichtliche Rechtsdienstleistungsbefugnisse stehen auch **Versicherungsberatern** nach § 34e Abs. 1 S. 4 GewO (§ 3 RDG Rn. 22; § 5 RDG Rn. 128f.; § 2 RDGEG Rn. 12ff.) sowie **Versicherungsmaklern** nach § 34d Abs. 1 S. 3 GewO (§ 3 RDG Rn. 23ff.; § 5 RDG Rn. 119ff.; § 10 RDG Rn. 77) zu. Rechtliche Beratungskompetenzen von Versicherungsmaklern im Rahmen der betrieblichen Altersversorgung lassen sich aus § 34d GewO allerdings ebenso wenig wie aus § 61 VVG ableiten (dazu ausführlich Schlewing/Henssler/Schipp/Schnitker/*Henssler* Teil 3 Rn. 25ff.; *Schunder* FS Bepler, 2012, S. 539ff.; *Römermann* NJW 2011, 884ff. sowie § 10 RDG Rn. 72ff.).

31   Daneben gibt es Regelungen, die in bestimmten Fällen Rechtsdienstleistungsbefugnisse für Personen bzw. Vereinigungen vorsehen. So kann der **Verwalter einer Wohnungseigentümergemeinschaft** unter bestimmten Voraussetzungen die Wohnungseigentümer bzw. die WEG gem. § 27 WEG auch außergerichtlich vertreten (§ 3 RDG Rn. 26; § 5 RDG Rn. 148ff.). **Antidiskriminierungsverbände** können gem. § 23 Abs. 3 AGG im Rahmen ihres Satzungszwecks Rechtsangelegenheiten Benachteiligter übernehmen (§ 3 RDG Rn. 27). Nach § 1908f Abs. 4 BGB können anerkannte **Betreuungsvereine** im Einzelfall Personen bei der Errichtung einer Vorsorgevollmacht beraten (§ 3 RDG Rn. 29). § 192 Abs. 3 Nr. 3, 4 VVG erlaubt es **privaten Krankenversicherungsunternehmen**, Versicherte bzgl. der Abwehr (vermeintlich) unberechtigter Entgeltansprüche sowie im Hinblick auf die Unterstützung der versicherten Personen bei der Durchsetzung von Ansprüchen wegen fehlerhafter Behandlung und der sich hieraus ergebenden Folgen zu beraten (§ 3 RDG Rn. 28). Schließlich sind **Kassenärzte** ermächtigt, bestimmte Zuzahlungen der Versicherten für die Krankenkassen außergerichtlich einzuziehen (§ 43b SGB V).

II. Internationaler Geltungsbereich

32   **1. Rechtslage nach dem RBerG.** Bereits das RBerG enthielt keine generelle Regelung über den räumlichen Geltungsbereich; vielmehr sind in Rspr. und Lit. für die Frage der internationalen Anwendbarkeit des RBerG die **unterschiedlichsten Differenzierungskriterien** entwickelt worden. Während zT eine Niederlassung des Rechtsdienstleisters im Inland verlangt wurde (OLG Stuttgart NStZ-RR 1997, 117f.; LG Dortmund AnwBl. 1999, 617, 618; Henssler/Prütting/*Weth* 2. Aufl., Einl. RBerG Rn. 75, 77; *Chemnitz/Johnigk* Rn. 261; *Kleine-Cosack* RBerG, Allgemeiner Teil II Rn. 93), stellten andere auf den konkreten Tätigkeits- oder Handlungsort des Beraters ab (VG Schleswig NJW 1989, 1178 m. Anm. *Willandsen* NJW 1989, 1128; *Rennen/Caliebe* Art. 1 § 1 Rn. 5). Wieder andere erachteten, jedenfalls beim Forderungseinzug, den Wohnsitz des Gegners für primär maßgeblich (OLG Oldenburg MDR 2001, 1309f.). Schließlich wurde der Sitz des Mandanten als entscheidendes Kriterium ausgemacht (*Mankowski* AnwBl. 2001, 73, 75ff.; vgl. auch *Armbrüster* RIW 2000, 583, 587f.).

33   Ende 2006 hatte der **BGH** im Rahmen einer wettbewerbsrechtlichen Unterlassungsklage die Frage zu klären, inwieweit eine aus den Niederlanden he-

Anwendungsbereich **§ 1 RDG**

raus durchgeführte Schuldenbereinigung (= Rechtsdienstleistung, vgl. § 5 RDG Rn. 63f.) zur Vorbereitung eines deutschen Verbraucherinsolvenzverfahrens für einen deutschen Schuldner mit (ausschließlich) deutschen Gläubigern an den Vorgaben des RBerG zu messen war. In seiner Entscheidung hat der I. Zivilsenat folgende Grundsätze für Sachverhalte mit Auslandsberührung aufgestellt (BGH NJW 2007, 596 – „**Schulden Hulp**"):
- Findet eine Rechtsbesorgung ausschließlich im Ausland statt, so ist deutsches Rechtsberatungsrecht selbst dann nicht anwendbar, wenn die Beratung **mittelbar** auch zu Auswirkungen im Inland führt, etwa wenn ein Inländer sich im Ausland rechtlich über einen Inlandssachverhalt beraten lässt und dann im Inland entsprechend diesem Rat tätig wird (BGH NJW 2007, 596 Rn. 19).
- Unter Berücksichtigung der Schutzzwecke des deutschen Rechtsberatungsrechts kann eine inländische Rechtsbesorgung aber vorliegen, wenn der Dienstleistungserbringer sich im Auftrag seines im Inland wohnhaften Auftraggebers **schriftlich** an einen oder mehrere ebenfalls in Deutschland ansässige Dritte wendet, um ein – wiederum im Inland durchzuführendes – gerichtliches Verfahren vorzubereiten (BGH NJW 2007, 596 Rn. 23).
- Darauf, ob der Dienstleistungserbringer eine **Niederlassung** (auch) in Deutschland hat, kommt es in diesem Fall nicht an (BGH NJW 2007, 596 Rn. 24).
- Ebenfalls unbeachtlich ist die Frage, ob der inländische **Rechtsuchende,** der sich zu einer Rechtsberatung ins Ausland begibt, **erkennen kann,** dass der ausländische Rechtsbesorger, solange er nur im Ausland tätig wird, nicht den inländischen Zulassungsvoraussetzungen unterworfen ist und seine Rechtsberatung daher möglicherweise nicht den Anforderungen genügt, die von einem inländischen Rechtsberater erwartet werden können (BGH NJW 2007, 596 Rn. 25).

Im Ausgangsfall hat der BGH diese Vorgaben als erfüllt angesehen und das RBerG für anwendbar erklärt, weil – außer der Niederlassung des Dienstleistungserbringers – **alle maßgebenden Anknüpfungspunkte nach Deutschland wiesen** (siehe zuvor auch OLG Hamm NJW-RR 2000, 509; OLG Köln NJW 2004, 2684). Hierzu zählte der BGH den Wohnsitz des Auftraggebers und der weiteren Beteiligten, das anwendbare (deutsche) Recht und den künftigen Gerichtsstand (Verbraucherinsolvenzverfahren in Deutschland).

2. Rechtslage nach dem RDG. Trotz dieser Abgrenzungsschwierigkeiten hat der Gesetzgeber auch für das RDG die Bestimmung des internationalen Geltungsbereichs der Rspr. überlassen (kritisch zu diesem Regelungsunwillen *Knöfel* AnwBl. 2007, 264, 265; *Mankowski* ZErb 2007, 406, 409). Insoweit ist zu beachten, dass die Verordnung (EG) Nr. 593/2008 des Europäischen Parlaments und des Rates v. 17.6.2008 über das auf vertragliche Schuldverhältnisse anzuwendende Recht (Rom I-VO) (ABl. EU Nr. L 177 v. 4.7.2008 S. 6) keine Hilfestellung bietet, weil sie nur die schuldvertraglichen Beziehungen zwischen Privatpersonen regelt (vgl. zur Anwendbarkeit anwaltlichen Berufsrechts *Henssler* NJW 2009, 1556, 1558). Die Anwendbarkeit der RDG richtet sich jedoch nicht nach dem Statut für den zwischen Rechtsdienstleister und Auftrag- 34 geber geschlossenen Vertrag, vielmehr geht es um die Frage, in welchen Fällen der Erlaubnisvorbehalt des RDG gilt. Als Teil des nationalen öffentlichen Rechts greift das RDG nach richtigem Verständnis auch ohne ausdrückliche gesetzliche Regelung **im gesamten Hoheitsgebiet der Bundesrepublik Deutschland** (vgl. *Kleine-Cosack* Allgemeiner Teil II Rn. 119), nicht aber im Ausland (BGH NJW 2007, 596 Rn. 19 zum RBerG; sog. **Territorialitätsprinzip**). Diese Abgrenzung klingt plausibel und gut nachvollziehbar. Aufgrund der Vielzahl denkbarer Fallkonstellationen kann im Einzelfall allerdings die Beurteilung recht schwer fallen, wann eine Rechtsdienstleistung ganz oder teilweise „in Deutschland" erbracht wird und damit dem Erlaubnisvorbehalt des § 3 RDG unterfällt.

35 **a) Erkenntnisse durch § 15 RDG.** Für den Sonderfall der vorübergehenden Erbringung von Rechtsdienstleistungen durch europäische Dienstleistungserbringer in Deutschland findet sich in **§ 15 RDG** eine **Sonderregelung.** Danach dürfen natürliche und juristische Personen sowie Gesellschaften ohne Rechtspersönlichkeit, die in einem anderen Mitgliedstaat der EU, in einem anderen Vertragsstaat des Abkommens über den Europäischen Wirtschaftsraum oder in der Schweiz zur Ausübung eines in § 10 Abs. 1 RDG genannten oder eines vergleichbaren Berufs rechtmäßig niedergelassen sind, diesen Beruf auf dem Gebiet der Bundesrepublik Deutschland mit denselben Befugnissen wie eine nach § 10 Abs. 1 RDG registrierte Person vorübergehend und gelegentlich ausüben, sofern sie vor Erbringung der ersten Dienstleistung eine Meldung in Textform mit den in § 15 Abs. 2 RDG festgelegten Informationen an die Registrierungsbehörde erstatten. Die Regelung gilt also nicht generell für alle denkbaren Fälle grenzüberschreitender Tätigkeit, sondern erfasst nur solche Rechtsbeistände, die der in § 15 Abs. 1 RDG genannten Personengruppe entstammen und die auf den in § 10 Abs. 1 RDG genannten Gebieten (Inkassodienstleistungen, Rentenberatung, Rechtsdienstleistungen im ausländischen Recht) tätig werden wollen (Einleitung Rn. 69).

36 Aus der Regelung in § 15 RDG lassen sich gleichwohl einige wichtige Eckpfeiler des internationalen Rechtsberatungsrechts ableiten und verallgemeinern. So verdeutlicht sie, dass der internationale Anwendungsbereich des RDG nicht von der **Staatsangehörigkeit** des Dienstleistungserbringers abhängig ist. Die räumliche Beschränkung des § 15 RDG auf die dort genannten Staaten (anderer EU-Mitgliedstaat, anderer EWR-Vertragsstaat und die Schweiz; dazu § 15 RDG Rn. 25 ff.) darf nicht zu der Annahme verleiten, dass die (vorübergehende) Tätigkeit von Rechtsdienstleistern aus anderen Herkunftsstaaten unreglementiert bleibt. Im Gegenteil muss man im Umkehrschluss zu § 15 RDG mangels einer Erlaubnisnorm iSd § 3 RDG von einem grundsätzlichen Verbot solcher Tätigkeiten ausgehen (Rn. 38; § 15 RDG Rn. 29).

37 § 15 RDG lässt sich zudem entnehmen, dass der Geltungsbereich des RDG – was im Einklang mit der oben vorgestellten (Rn. 33) „Schulden Hulp"-Entscheidung des BGH (NJW 2007, 596) steht – auch vom **Vorliegen einer Niederlassung im Inland unabhängig** ist. Denn andernfalls wäre die Notwendigkeit einer Registrierung bei nur vorübergehend erbrachten Tätigkeiten iSd § 15 RDG ohne Niederlassung in Deutschland unbegreiflich (Gaier/Wolf/Göcken/*Wolf* Rn. 3; Henssler/Prütting/*Lörcher/Kilian* Vor §§ 25–34a EuRAG

Rn. 12; Kilian/Sabel/vom Stein/*Kilian* Rn. 334; *ders.* AnwBl. 2008, 394; *ders.* RIW 2008, 373, 374f.; siehe auch § 10 RDG Rn. 16). Inzwischen hat auch der BGH in einer weiteren Entscheidung klargestellt, dass die Erwägungen des I. Zivilsenats von 2006 trotz der inhaltlich und strukturell grundlegenden Neugestaltung des RDG gegenüber dem RBerG (vgl. BT-Drs. 16/3655, 1) weiterhin Geltung beanspruchen können. Nach einem Urteil des IV. Zivilsenats steht es der Anwendbarkeit des RDG nicht entgegen, dass die klagende Gesellschaft, die aus abgetretenem Recht Ansprüche aus einem Lebensversicherungsvertrag gegenüber dem beklagten Versicherer geltend macht, ihren Sitz in der Schweiz hat. Weil der Versicherungsnehmer als Auftraggeber und die Beklagte als Adressatin der von der Klägerin verfassten Schreiben im Inland ansässig sei, seien die Schutzzwecke des RDG wie bei einem reinen Inlandsfall betroffen (BGH NJW 2014, 847 Rn. 13f.; siehe auch LG Düsseldorf Urt. v. 17.12.2013 – 37 O 200/09 [Kart], BeckRS 2013, 22380). Der Sitz der Niederlassung des Rechtsdienstleisters ist in der Tat wegen der Umgehungsgefahr kein geeigneter Anknüpfungspunkt für die Beurteilung der Anwendbarkeit des RDG. Nicht qualifizierte Rechtsbesorger könnten sich andernfalls den Anforderungen des RDG durch die bloße Verlegung ihrer Niederlassung in das Ausland entziehen, um von dort aus rechtsdienstleistende Tätigkeiten in Deutschland vorzunehmen und zwar nicht nur in grenznahen Gebieten, sondern unter Nutzung der modernen Kommunikationsmittel auch im gesamten Geltungsbereich des Gesetzes (siehe erneut BGH NJW 2007, 596 Rn. 24; BGH NJW 2014, 847 Rn. 13). Es gilt also **nicht** das **Herkunftslandprinzip,** über das im Europarecht sonst Kollisionen gelöst werden und das Art. 16 der Richtlinie 2006/123/EG des Europäischen Parlaments und des Rates v. 12.12.2006 über Dienstleistungen im Binnenmarkt (ABl. EU Nr. L 376 v. 27.12.2006 S. 36; dazu *Henssler* AnwBl. 2009, 1 ff.) an sich als Grundsatz für alle grenzüberschreitend erbrachte Dienstleistungen vorsieht. Art. 17 der Richtlinie stellt dies für Rechtsberatungsleistungen klar.

Aus § 15 RDG folgt ferner, dass die **vorübergehende Erbringung** von **38** Rechtsdienstleistungen in Deutschland außerhalb der von § 10 RDG erfassten Tätigkeitsbereiche nicht unreglementiert bleibt, sondern dass hierfür der allgemeine Erlaubnisvorbehalt des § 3 RDG greift (Henssler/Prütting/*Lörcher*/*Kilian* Vor §§ 25–34a EuRAG Rn. 8; Unseld/Degen/*Degen* § 15 Rn. 6; *Knöfel* AnwBl. 2007, 264, 265; *Kilian* RIW 2008, 373, 374). Der Rechtsdienstleistungsmarkt ist also nicht generell geöffnet für europäische Rechtsdienstleister (Krenzler/*D. Schmidt* § 15 Rn. 2). Ausländische Rechtsdienstleister dürfen daher nicht – auch nicht vorübergehend – ohne Erlaubnis unter Berufung auf die Dienstleistungsfreiheit rechtsberatend in Deutschland tätig werden. Will ein ausländischer Rechtsdienstleister nicht vorübergehend in Deutschland tätig werden, sondern sich hier sogar niederlassen (zur Abgrenzung siehe § 15 RDG Rn. 38ff.), ist sein Tätigwerden erst recht an den Vorgaben des RDG zu messen (*Kleine-Cosack* Allgemeiner Teil II Rn. 134). Eine auf Dauer angelegte Organisationseinheit in Deutschland ist regelmäßig ein sicheres Indiz für eine dauerhafte Betätigung auf dem deutschen Rechtsdienstleistungsmarkt (*Mankowski* ZErb 2007, 406, 408; zu Besonderheiten bei ausschließlicher Auslandstätigkeit von Deutschland aus siehe Rn. 43). Im Ergebnis gelangt das deutsche Rechtsberatungsrecht damit bei Sachverhalten

RDG § 1   Teil 1 Allgemeine Vorschriften

mit Auslandsbezug grds. zur Anwendung, wenn der Dienstleistungserbringer seine Tätigkeit (vorübergehend oder mit einer Niederlassung) **von Deutschland aus** erbringt.

39   **b) Maßgebende Anknüpfungspunkte für die Anwendbarkeit des RDG.** Klärungsbedürftig bleibt bei Anwendung der vorstehenden Grundsätze, wann überhaupt eine Tätigkeit in Deutschland vorliegt. Als problematisch erweisen sich insoweit vor allem Sachverhalte, bei denen die Rechtsdienstleistung (physisch) im Ausland erbracht wird, aber im Inland Wirkungen zeigt. Die europarechtlichen Regelungen sind insoweit lückenhaft: Die § 15 RDG zugrunde liegende Berufsqualifikationsrichtlinie (dazu § 15 RDG Rn. 47 ff.) regelt etwa nur den Fall, dass sich der Dienstleister in den Aufnahmestaat „begibt" (Art. 5 Abs. 2 der Richtlinie). Sie meint also allein den körperlichen Grenzübertritt auch des Dienstleisters und nicht nur der Dienstleistung. Das nationale Recht muss dabei nicht stehen bleiben: Ausgangspunkt für die Bestimmung des internationalen Geltungsbereichs des RDG sollte weiterhin die Feststellung des BGH sein, dass mittelbare Auswirkungen einer Beratung im Inland nicht genügen. So ist es nicht ausreichend, wenn sich ein Inländer im Ausland durch einen ausländischen Rechtsdienstleister über einen Inlandssachverhalt beraten lässt und dann im Inland entsprechend dem erteilten Rat tätig wird (BGH NJW 2007, 596 Rn. 19 zum RBerG). Auf der anderen Seite erfordert der Schutzzweck des RDG dessen Anwendbarkeit, wenn – abgesehen von der Niederlassung des Dienstleistungserbringers – **alle maßgebenden Anknüpfungspunkte** wie der Wohnsitz des Auftraggebers und der weiteren Beteiligten, das anwendbare Recht und der künftige Gerichtsstand **nach Deutschland weisen** (siehe bereits Rn. 33). In diesem Fall rechtfertigen die Schutzzwecke des RDG eine Verdrängung des ausländischen Berufsrechts unter dem **Gesichtspunkt der Umgehung** (vgl. BGH NJW 2014, 847 Rn. 13 f.).

40   Höchstrichterlich nicht geklärt ist die Anwendbarkeit des RDG in den Fällen, in denen die maßgeblichen Anknüpfungspunkte nur teilweise nach Deutschland weisen. Insoweit ist, weil die Tätigkeit vom Ausland aus erbracht wird und dort ebenfalls entsprechenden (möglicherweise aber deutlich liberaleren) Regelungen unterliegt, Zurückhaltung geboten. Wenn der ausländische Dienstleistungserbringer sich im Auftrag seines **im Ausland wohnenden** Auftraggebers mit einem schriftlichen Vergleichsvorschlag an dessen **ausschließlich in Deutschland ansässige** Vertragspartner wendet, kann das deutsche Rechtsberatungsrecht bei einem normzweckkonformen Verständnis nicht allein deshalb Geltung beanspruchen, weil ein ausländischer Rechtsberater, der im Ausland Tätigkeiten für seinen ebenfalls ausländischen Auftraggeber erbringt, dabei Schreiben an inländische Vertragspartner versendet (so auch OLG Hamm NJW-RR 2000, 509, 510 zum RBerG). Obwohl das RDG auch in Deutschland ansässige Schuldner schützt (Rn. 11), ergibt die sachgerechte am Schwerpunkt orientierte Betrachtung (vgl. auch Rn. 41) doch keine Inlandstätigkeit (zum Vorrang des Schutzes des – hier im Ausland ansässigen – Rechtsuchenden gegenüber dem Schutz der Gegner des Rechtsuchenden Krenzler/*D. Schmidt* § 15 Rn. 42; *Budzikiewicz* IPRax 2001, 218, 222). Besonders deutlich wird dies für den Fall, dass der ausländische Mandant in derselben Angelegenheit zwei Schuldner hat, von denen einer ebenfalls im

Anwendungsbereich **§ 1 RDG**

Ausland, der andere aber in Deutschland wohnt. Hier wäre es – auch aus Sicht des ausländischen Auftraggebers – nicht einzusehen, warum sein Rechtsdienstleister nur eines der beiden Schreiben bedenkenlos versenden können soll. Die Rechtsdienstleistung war weder zielgerichtet für den deutschen Markt bestimmt noch hat sie sich im Inland bestimmungsgemäß ausgewirkt. In Ausnahmefällen kann sich freilich aufgrund des Schutzwecks „Schutz des Rechtsverkehrs" etwas anderes ergeben; denkbar ist dies bei einem persönlichen „Hausbesuch" durch ein ausländisches Inkassounternehmen. In diesem Fall liegt aber ohnehin ein körperlicher Grenzübertritt vor, der bereits nach dem Territorialitätsgrundsatz eine Anwendung des RDG nahelegt (Rn. 38 f.).

Umgekehrt reicht es nach dem BGH für die Anwendbarkeit des RDG nicht 41 aus, dass der ausländische Dienstleistungserbringer einen Inländer berät. Wendet sich der Dienstleister etwa im Auftrag seines **im Inland wohnenden** Auftraggebers mit einem schriftlichen Vergleichsvorschlag an dessen **ausschließlich im Ausland ansässige** Vertragspartner, wird zwar der Schutzzweck „Schutz des Rechtsuchenden" tangiert, jedoch weist der Sachverhalt ansonsten keine Inlandsbezüge auf, und die Tätigkeit des ausländischen Dienstleistungserbringers entfaltet keine Wirkungen (Erfolg) im Inland. Ein Schutz deutscher Rechtsuchender vor unqualifiziertem Rechtsrat „weltweit" kann und soll durch das RDG nicht bewirkt werden. Entsprechendes dürfte auch gelten, wenn die Rechtsdienstleistung eines ausländischen Dienstleistungserbringers für einen im Inland wohnenden Auftraggeber teilweise Inlandswirkungen zeigt, der **Schwerpunkt** der Wirkungen aber im Ausland eintritt. Wendet sich der ausländische Dienstleistungserbringer etwa im Auftrag seines **im Inland wohnenden** Auftraggebers mit einem schriftlichen Vergleichsvorschlag an dessen **acht ausländische** Vertragspartner und an **einen neunten, der in Deutschland wohnt**, erscheint eine Einschränkung seiner dort bestehenden Berufsausübungsfreiheit einerseits lebensfremd und andererseits unverhältnismäßig. Eine Anwendbarkeit des RDG ist erst anzunehmen, wenn die Rechtsdienstleistung hauptsächlich im Inland ihre Wirkung entfaltet **(Prinzip der Sachnähe)**.

Berät der ausländische Dienstleistungserbringer einen Inländer (mit oder 42 ohne Wohnsitz im Ausland) über die Möglichkeiten eines **im Ausland** durchzuführenden gerichtlichen Verfahrens und bereitet er dieses durch Schreiben an die **ausschließlich inländischen Gläubiger** seines Auftraggebers vor, sind die Schutzzwecke des RDG ebenfalls nicht ausreichend betroffen. Zwar weist dieser Fall bei einem inländischen Wohnsitz des Auftraggebers deutliche Inlandsbezüge auf. Gleichwohl kann es beachtliche und europarechtlich geschützte Interessen des Auftraggebers geben, im europäischen Ausland ein Sanierungs- oder (Verbraucher-)Insolvenzverfahren zu durchlaufen, wenn dies nach dem ausländischen Recht für den inländischen Auftraggeber möglich ist. In diesem Fall muss die Beratung und Vertretung durch einen ausländischen Dienstleistungserbringer ohne Einschränkungen durch das deutsche Rechtsberatungsrecht auch dann zulässig sein, wenn er schriftlich mit deutschen Beteiligten kommuniziert. Die Schutzzwecke des RDG rechtfertigen auch hier angesichts des sachlichen Grunds, der für die Einschaltung des ausländischen Dienstleistungserbringers spricht, kein Verbot.

Selbst bei einer Niederlassung des Rechtsdienstleisters in Deutschland 43 (Rn. 38) scheidet eine Anwendbarkeit des RDG ausnahmsweise dann aus, wenn der Rechtsdienstleister mit einem **reinen Auslandssachverhalt** befasst wird. Vertritt etwa ein Dienstleister einen ausländischen Mandanten gegen einen ausländischen Gegner in einem Streitfall, in dem ausländisches Recht anwendbar und für den ein ausländisches Gericht zuständig ist, besteht kein Grund, diese Tätigkeit an den Vorgaben des RDG zu messen. Es fehlt in diesem Fall trotz der Niederlassung in Deutschland an jeglicher Inlandswirkung (vgl. auch OLG Stuttgart AnwBl. 2002, 368 zum RBerG und die bei Anwälten geführte Diskussion; dazu Rn. 47 ff.).

44 **c) Besonderheiten bei der Nutzung von Telemedien.** Soweit der Dienstleistungserbringer seine Leistungen ausschließlich über elektronische Kommunikations- und Informationsdienste, also über **Internet und E-Mail,** abwickelt, ist darüber hinaus zu berücksichtigen, dass § 3 Abs. 1 und 2 TMG für diese Tätigkeiten in Umsetzung der E-Commerce-Richtlinie (Richtlinie 2000/31/EG des Europäischen Parlaments und des Rates v. 8.6.2000 über bestimmte rechtliche Aspekte der Dienste der Informationsgesellschaft, insbesondere des elektronischen Geschäftsverkehrs, im Binnenmarkt [„Richtlinie über den elektronischen Geschäftsverkehr"], ABl. EG Nr. L 178 v. 17.7.2000 S. 1) grds. das Herkunftslandprinzip festschreibt (siehe hierzu ausführlich *Mankowski* AnwBl. 2001, 73, 78 f.). Die Dienstleistungserbringer unterliegen danach nur den Anforderungen ihres Heimatrechts, selbst wenn die Telemedien in einem anderen Staat innerhalb des Geltungsbereichs der E-Commerce-Richtlinie geschäftsmäßig angeboten oder erbracht werden. Für in der Bundesrepublik Deutschland niedergelassene Dienstleistungserbringer ist daher deutsches Recht maßgebend (§ 3 Abs. 1 TMG), für Dienstleistungserbringer, die ihre Niederlassung in einem anderen EU-Mitgliedstaat haben, ist umgekehrt regelmäßig das jeweilige Recht des Niederlassungsstaats anwendbar (§ 3 Abs. 2 TMG). Ausnahmen ergeben sich nur aus den Sonderregelungen in § 3 Abs. 4 und 5 TMG (dazu Rn. 45). Die Regelungen des TMG sind gegenüber den Vorschriften des RDG grds. vorrangig; selbst eine Meldung nach § 15 RDG ist entbehrlich.

45 Der BGH (NJW 2007, 596, 597 Rn. 13 zum RBerG) hat jedoch ohne Problembewusstsein auf Art. 3 Abs. 4 lit. a, Art. 4 Abs. 2 der E-Commerce-Richtlinie sowie die **Ausnahmeregelungen** des § 4 Abs. 5 S. 1 Nr. 1, Abs. 4 TDG aF (= § 3 Abs. 5 S. 1 Nr. 1, Abs. 4 TMG) abgestellt und so doch die Erbringung von Teledienstleistungen eines ausländischen Inkassounternehmens innerstaatlichen Zulassungsbeschränkungen unterworfen. Richtigerweise ist die Ausnahmeregelung des § 3 Abs. 2 S. 2, Abs. 5 TMG jedoch sehr eng angelegt und rechtfertigt nicht die allgemeine Verdrängung des TMG durch das RDG (so auch Krenzler/*D. Schmidt* § 15 Rn. 35; Grunewald/Römermann/*Franz* § 15 Rn. 9; Dreyer/Lamm/Müller/*K. Lamm* § 15 Rn. 15; siehe auch *Grunewald* BB 2001, 1111 f. zum RBerG). Auch aus § 3 Abs. 4 Nr. 2 TMG, der die „Vertretung von Mandanten und die Wahrnehmung ihrer Interessen vor Gericht" vom Herkunftslandprinzip ausnimmt, ergibt sich nichts anderes, weil diese Regelung ausschließlich auf die gerichtliche Vertretung beschränkt ist (BT-Drs. 14/6098, 19; anders aber Gaier/Wolf/Göcken/*Wolf* § 15 Rn. 16). Vielmehr folgt aus dieser Norm im Umkehrschluss, dass im Anwendungsbereich des TMG für die außergerichtliche Rechtsberatung im Grundsatz das Recht des Herkunftsstaats gilt (Krenzler/*D. Schmidt* § 15 Rn. 35). Ein Verbot solcher Tä-

Anwendungsbereich **§ 1 RDG**

tigkeiten unter Berufung auf das deutsche Rechtsberatungsrecht lässt sich daher nach § 3 Abs. 5 S. 1 Nr. 3 TMG nur mit dem Schutz der Verbraucherinteressen vor Beeinträchtigungen oder ernsthaften und schwerwiegenden Gefahren begründen (BGH NJW 2007, 596, 597 Rn. 13; Krenzler/*D. Schmidt* § 15 Rn. 35 halten wenig überzeugend § 4 Abs. 4 S. 1 Nr. 1 TDG bzw. § 3 Abs. 5 S. 1 Nr. 1 TMG – Schutz der öffentlichen Sicherheit und Ordnung – für einschlägig) und setzt nach § 3 Abs. 5 S. 2 TMG ein Konsultations- und Informationsverfahren gegenüber dem anderen Mitgliedstaat und der Europäischen Kommission in Gang (vgl. hierzu eingehend *Müller-Broich* TMG, 2012, § 3 Rn. 24; Römermann/Grunewald/*Franz* § 15 Rn. 9 mwN). Aus dem Erwägungsgrund Nr. 57 der E-Commerce-Richtlinie ergibt sich, dass ein Mitgliedstaat weiterhin berechtigt sein soll, „Maßnahmen gegen einen in einem anderen Mitgliedstaat niedergelassenen Diensteanbieter zu ergreifen, dessen Tätigkeit ausschließlich oder überwiegend auf das Hoheitsgebiet des ersten Mitgliedstaates ausgerichtet ist, wenn die Niederlassung gewählt wurde, um die Rechtsvorschriften zu umgehen, die auf den Anbieter Anwendung fänden, wenn er im Hoheitsgebiet des ersten Mitgliedstaates niedergelassen wäre".

Wird die Dienstleistung **nicht nur über Telemedien**, sondern auch noch **46** auf anderem Wege grenzüberschreitend erbracht, folgt hieraus kein genereller Vorrang des TMG. Richtigerweise greift das Herkunftslandprinzip nicht für solche Rechtsdienstleistungen, die jedenfalls zT auf anderem (konventionellem) Wege (persönlicher Kontakt, Brief) erbracht werden. Um eine uneinheitliche Rechtsanwendung zu vermeiden, ist auch in diesem Fall nach den genannten Grundsätzen (Rn. 34 ff.) die Anwendbarkeit des RDG zu prüfen (im Ergebnis ebenso Dreyer/Lamm/Müller/*Dreyer/Müller* Rn. 12 f.; Krenzler/*D. Schmid,* § 15 Rn. 36).

3. Besonderheiten für die grenzüberschreitende Tätigkeit von An- 47 wälten. Vergleichbare kollisionsrechtliche Fragen stellen sich für die Anwendbarkeit des Berufsrechts bei der grenzüberschreitenden Tätigkeit von Anwälten. So unterliegen der deutschen Berufsaufsicht und dem deutschen Berufsrecht zunächst alle Mitglieder einer deutschen Rechtsanwaltskammer. Dies sind neben den deutschen Anwälten (§ 4 ff. BRAO) die in Deutschland niedergelassenen europäischen Anwälte, die die Eingliederungsvoraussetzungen nach §§ 11 ff. EuRAG erfüllt haben, sowie – wie der Verweis in § 6 EuRAG anordnet – all diejenigen Anwälte, die nach §§ 2 ff. EuRAG als niedergelassene europäische Anwälte in die für ihren Ort zuständige Rechtsanwaltskammer aufgenommen wurden und berechtigt sind, in Deutschland unter der Berufsbezeichnung des Herkunftsstaats die Tätigkeit eines Rechtsanwalts gem. §§ 1–3 BRAO auszuüben.

Der dienstleistend, also nur vorübergehend in Deutschland tätige europä- **48** ische Anwalt ist zwar kein Mitglied der Rechtsanwaltskammer. Er hat nach § 27 Abs. 1 EuRAG im Zusammenhang mit der Vertretung oder Verteidigung eines Mandanten im Bereich der Rechtspflege oder vor Behörden aber die Stellung eines Rechtsanwalts, insbesondere dessen Rechte und Pflichten, soweit diese nicht die Zugehörigkeit zu einer Rechtsanwaltskammer sowie die Kanzlei betreffen. Der Gesetzgeber hat insoweit eine Gleichstellung des dienstleistenden europäischen Rechtsanwalts mit dem deutschen Rechtsanwalt angeordnet.

Gem. § 27 Abs. 2 S. 1 EuRAG muss der dienstleistende europäische Anwalt, der nach §§ 32 ff. EuRAG der Aufsicht der Rechtsanwaltskammern unterliegt, bei der Ausübung sonstiger Tätigkeiten die für einen Rechtsanwalt geltenden Regeln einhalten; hierbei sind insbesondere die beruflichen Pflichten zu befolgen, die sich aus den §§ 43a, 43b, 45 BRAO ergeben.

49 Probleme ergeben sich dadurch, dass die ausländischen europäischen Rechtsanwälte zugleich dem Berufsrecht ihres Herkunftsstaats unterfallen. Diese Rechtsanwälte sind – unabhängig davon, ob sie in Deutschland dienstleistend oder im Rahmen einer Niederlassung tätig werden – regelmäßig Mitglieder der Rechtsanwaltskammer ihres Heimatstaats und damit in jedem Fall der dortigen Berufsaufsicht unterworfen. Bei Abweichungen zwischen den Berufsrechten stellt sich folglich auch hier das Konkurrenzproblem, welches Recht anwendbar ist (sog. Problem der doppelten Standesregeln *[double deontology]*). Überzeugend erscheint es aufgrund der **größeren Sachnähe** und der unmittelbaren Betroffenheit des Staats, in dem der Anwalt grenzüberschreitend tätig ist, nicht das restriktivere der beiden konkurrierenden Berufsrechte, sondern das Recht des (Aufnahme-)Staats anzuwenden, in dem der Anwalt tätig wird (ausführlich hierzu Henssler/Streck/*Kilian* N Rn. 150 ff.; *Henssler* NJW 2009, 1556 ff., jeweils mwN).

III. Zeitlicher Anwendungsbereich

50 Auch zum zeitlichen Anwendungsbereich enthalten das RDG und RDGEG keine ausdrückliche Regelung. Der Gesetzgeber hat lediglich für die früheren Erlaubnisinhaber (Art. 1 § 1 RBerG) eine Übergangsregelung geschaffen (Einzelheiten bei 1 RDGEG Rn. 2 ff.). Mangels abweichender Bestimmung sind die **Altfälle daher auf Grundlage des (strengeren) RBerG zu beurteilen** (vgl. etwa BGH NJW 2008, 3069 Rn. 14; BGH NJW 2011, 2301 Rn. 5 f.; BGH NJW 2011, 2581 Rn. 13). Unproblematisch dies, wenn sowohl der Vertrag mit dem Rechtsdienstleister als auch die auf dieser Basis erbrachten Dienstleistungen vor dem Stichtag 1.7.2008 geschlossen bzw. erbracht worden sind. Schwieriger zu beurteilen ist die Frage nach dem anwendbaren Recht, wenn der Vertrag vor dem 1.7.2008 geschlossen wurde, der Rechtsdienstleister jedoch erst danach für den Auftraggeber tätig wurde. Insoweit ist danach zu differenzieren, ob die Rechtsfolge an den Vertragsschluss oder an das **konkrete Tätigwerden des Dienstleisters** anknüpft. Letzteres ist etwa der Fall, wenn es um die Ahndung einer Tätigkeit als Ordnungswidrigkeit geht. Wie sich auch aus § 4 Abs. 3 OWiG ergibt, kann ein Verhalten, das zwar unter Geltung des RBerG eine Ordnungswidrigkeit begründet hat, aber keinen Verstoß gegen das aktuell geltende RDG darstellt, nicht mehr als Ordnungswidrigkeit geahndet werden. Auf den **Zeitpunkt des Vertragsschlusses** ist dagegen etwa abzustellen, wenn es um den aus dem Vertrag folgenden Vergütungsanspruch geht, denn die gem. § 134 BGB eingetretene Nichtigkeitsfolge wird durch eine spätere Gesetzesreform nicht automatisch beseitigt (BGH NJW 2008, 3069 Rn. 14; BGH NJW-RR 2011, 1426 Rn. 23; BGH NJW 2012, 3424 Rn. 9; vgl. auch BGH WM 1994, 1940, 1942; BGH NJW-RR 1997, 641, 642). Im Einzelfall ist allerdings zu prüfen, ob nicht eine **Bestätigung iSd § 141 BGB** erfolgt ist; hierfür genügt es, dass

Befugnis zur gerichtlichen Vertretung **Anhang § 1 RDG**

die Parteien in schlüssiger Form zum Ausdruck bringen, dass das bisher nichtige Geschäft nach Aufhebung der Verbotsgrenze weiterhin gelten soll (BGHZ 11, 59, 60 = NJW 1954, 549, 550; BGH NJW-RR 1997, 641, 642; LG Düsseldorf Urt. v. 17.12.2013 – 37 O 200/09 [Kart], BeckRS 2013, 22380; MüKoBGB/*Armbrüster* § 134 Rn. 22). Im Fall der Forderungsabtretung ist deren Wirksamkeit ebenfalls an dem im Zeitpunkt der Abtretung geltenden Recht zu messen (BGH NJW 2013, 62 Rn. 11; BGH NJW 2013, 1870 Rn. 9; BGH NJW 2013, 3580 Rn. 39).

Anhang § 1: Befugnis zur gerichtlichen Vertretung

Inhaltsübersicht

	Rn.
A. Regelung der gerichtlichen Vertretung in den Verfahrensordnungen	1
B. Harmonisierte Vorschriften über die gerichtliche Vertretung	8
I. Die Harmonisierung im Überblick	8
II. Die Vertretungsregelungen im Detail	14
1. Grundsatz des Selbstvertretungsrechts (Abs. 1 der Verfahrensregelungen)	14
a) Vertretung durch die Beteiligten	14
b) Ausnahme: Anwaltszwang für Inkassogestaltungen	16
c) Exkurs: Verfahren mit Vertretungszwang im Überblick	19
2. Vertretung durch Bevollmächtigte (Abs. 2 der Verfahrensregelungen)	23
a) Allgemeine Vertretungsregelungen	23
b) Besondere Vertretungsregelungen	26
3. Weitere Grundsätze des harmonisierten Prozessvertretungsrechts	34
a) Keine Trennung zwischen natürlichen und juristischen Personen	34
b) Keine gespaltene Vertretungsbefugnis innerhalb und außerhalb der Verhandlung	35
c) Zurückweisung nichtanwaltlicher Prozessvertreter	37
d) Unvereinbarkeit von richterlicher Tätigkeit und Prozessvertretung	43
e) Vorlage und Nachweis der Prozessvollmacht	45
f) Beistandschaft in der Verhandlung	46
C. Sonstige Verfahrensordnungen	51
I. Vertretung in Strafsachen	51
II. Vertretung in Insolvenzsachen	52
III. Vertretung in Landwirtschaftssachen	53
IV. Verfahren vor dem BVerfG	54

A. Regelung der gerichtlichen Vertretung in den Verfahrensordnungen

Die Beschränkung des Anwendungsbereichs des RDG auf die Erbringung **1** **außergerichtlicher** Rechtsdienstleistungen (§ 1 Abs. 1 S. 1 RDG) machte **begleitende Änderungen im Verfahrensrecht** erforderlich. Das RBerG hatte nämlich auf die gerichtliche Vertretung Anwendung gefunden und so im Grundsatz ein Verbot der geschäftsmäßigen Prozessvertretung durch Nichtanwälte bewirkt. Das RDG regelt jedoch die gerichtliche Tätigkeit weder positiv noch negativ. Die Befugnis zur **gerichtlichen** Vertretung ergibt sich heute vielmehr – auch aus Gründen der Rechtsklarheit und Rechtssicherheit im Gegensatz zur früheren oft uneinheitlichen Anwendung des RBerG – **nur noch aus der jeweiligen Verfahrensordnung.**

2 Die Abgrenzung zu außergerichtlichen Tätigkeiten iSd RDG richtet sich dabei allein danach, ob das **Gericht Adressat der fraglichen Handlung** ist (BGH NJW 2013, 3580 Rn. 42; ausführlich hierzu § 1 RDG Rn. 15 ff.). Nicht nach den Verfahrensordnungen, sondern nach dem RDG beurteilen sich deshalb insbesondere sog. „Parteicoachings" wie die Vorbereitung von Schriftsätzen sowie die fortlaufende Beratung einer Prozesspartei und die Vorbereitung von Schriftsatzentwürfen an das Gericht; sie stellen außergerichtliche Tätigkeiten dar (BT-Drs. 16/3655, 45). Entscheidend für die Annahme einer außergerichtlichen Tätigkeit ist, dass der Rechtsdienstleister nicht selbst mit dem Gericht in Kontakt tritt (§ 1 RDG Rn. 16, 18).

3 Im Zuge der Novelle wurde in den wichtigsten Verfahrensgesetzen die gerichtliche Vertretung, also das Erbringen gerichtlicher Rechtsdienstleistungen, **weitgehend harmonisiert** und **einheitlich strukturiert** neu geregelt. Ebenfalls angeglichen wurden die damit in Zusammenhang stehenden Regelungen über die Vorlage der Prozessvollmacht und deren Prüfung im Verfahren sowie die Beistandschaft.

4 Die Neuregelungen betreffen grds. **nur die gewillkürte Prozessvertretung.** Alle Regelungen über die **gesetzliche Vertretung** in gerichtlichen Verfahren bleiben daneben unberührt. Somit ist etwa ein WEG-Verwalter im Rahmen des § 27 WEG weiterhin vertretungsbefugt (iErg auch *Elzer* ZMR 2008, 772, der ohne Not auf den Spezialcharakter abstellt).

5 Die Harmonisierung betrifft zudem nur den sog. **Parteiprozess,** also solche Verfahren, in denen eine Vertretung durch besondere Personenkreise nicht gesetzlich zwingend vorgeschrieben ist. Insofern sehen die einzelnen Verfahrensordnungen unterschiedliche Regelungen mit einem **Vertretungszwang** – dessen wichtigster Unterfall der sog. Anwaltszwang ist – vor.

6 Der Gesetzgeber hat die gerichtliche Vertretung in Verfahren, in denen kein Anwaltszwang besteht, bewusst nicht akzessorisch zu den erweiterten Befugnissen zur außergerichtlichen Rechtsdienstleistung nach dem RDG geregelt. Dies hätte sonst erhebliche Erweiterungen vor allem im Bereich der in § 7 RDG genannten Vereinigungen sowie bei Inkassounternehmen mit sich gebracht; zudem wäre Streit darüber programmiert gewesen, ob eine Prozessvertretung nicht ggf. auch unter § 5 RDG hätte subsumiert werden können (BT-Drs. 16/3655, 33; siehe auch *Sabel* AnwBl. 2007, 816, 821).

7 Zur Frage der **prozessualen Kostenerstattung** siehe § 4 Abs. 3 RDGEG.

B. Harmonisierte Vorschriften über die gerichtliche Vertretung

I. Die Harmonisierung im Überblick

Nach § 157 Abs. 1 S. 1 ZPO aF waren – mit Ausnahme von Rechtsanwälten – diejenigen Personen, die die Besorgung fremder Rechtsangelegenheiten vor Gericht geschäftsmäßig betrieben, als Bevollmächtigte und Beistände in der mündlichen Verhandlung generell ausgeschlossen. Sie durften **nur außerhalb der mündlichen Verhandlung** tätig werden (insbesondere durch Abfassen vorbereitender Schriftsätze). Den zugelassenen Rechtsanwälten gleichgestellt waren in § 25 EGZPO aF allein noch die Kammerrechtsbeistände. Andere Personen konnten nach § 157 Abs. 3 ZPO aF nur als Prozessagenten zur Vertretung in der mündlichen Verhandlung zugelassen werden. 8

Diese althergebrachte **Trennung zwischen Vertretung in der mündlichen Verhandlung und sonstigem gerichtlichen Tätigwerden** ist durch die Neuregelung **aufgegeben.** Erlaubt die jeweilige Verfahrensordnung dem Rechtsdienstleister die gerichtliche Vertretung, darf er im **gesamten** Verfahren auftreten, dh die Vertretung sowohl außerhalb als auch in der mündlichen Verhandlung übernehmen. Findet sich keine Ermächtigung, darf der Rechtsdienstleister – anders als bis zur Reform des Rechtsberatungsrechts – aber auch außerhalb der mündlichen Verhandlung keine Aktivität mehr entfalten (siehe aber Rn. 2; § 1 RDG Rn. 18 für begleitende „außergerichtliche" Rechtsdienstleistungen). 9

Die **zentralen Vorschriften** über die gesetzliche Vertretung sind: 10
- § 79 ZPO
- § 11 ArbGG
- § 10 FamFG
- § 73 SGG
- § 67 VwGO
- § 62 FGO
- § 97 PatG
- § 81 MarkenG

Die vorgenannten Vorschriften sind grds. **abschließend** (BT-Drs. 16/3655, 87). 11

Alle genannten Normen sind **einheitlich strukturiert:** Sie enthalten in Abs. 1 den Grundsatz des Selbstvertretungsrechts (Rn. 14 ff.), in Abs. 2 den Kreis der vertretungsbefugten Personen (Rn. 23 ff.) und in Abs. 3 das Recht des Gerichts, ungeeignete Vertreter zurückzuweisen (Rn. 37 ff.). 12

Alle Verfahrensordnungen haben zudem vereinheitlichte Regelungen erhalten über den **Nachweis der Bevollmächtigung** (Rn. 45) und weitgehend auch über die Hinzuziehung eines **Beistands** in der mündlichen Verhandlung (Rn. 46). Beides ist zumeist in den genannten Vorschriften mitgeregelt, teilweise aber (inhaltlich identisch) in gesonderten Vorschriften (§§ 80, 88, 90 ZPO; §§ 11 f. FamFG). Die Vorschriften der ZPO gelten im PatG/MarkenG zumeist entsprechend (§ 106 PatG, § 88 MarkenG für Rechtsbeschwerde). § 113 PatG regelt mit dem technischen Beistand ein aliud. 13

RDG Anhang § 1

II. Die Vertretungsregelungen im Detail

14 **1. Grundsatz des Selbstvertretungsrechts (Abs. 1 der Verfahrensregelungen). a) Vertretung durch die Beteiligten.** Soweit kein Vertretungszwang herrscht, können die Beteiligten das Verfahren selbst führen, vgl. § 79 Abs. 1 S. 1 ZPO, § 10 Abs. 1 FamFG, § 11 Abs. 1 S. 1 ArbGG, § 73 Abs. 1 SGG, § 67 Abs. 1 VwGO, § 62 Abs. 1 FGO, § 97 Abs. 1 S. 1 PatG, § 81 Abs. 1 S. 1 MarkenG.

15 Nach § 157 Abs. 2 S. 1 ZPO aF konnte sogar **Parteien** der weitere Vortrag untersagt werden, sofern es ihnen an der Fähigkeit zu geeignetem Sachvortrag mangelte. Eine solche Möglichkeit sehen die harmonisierten Verfahrensregelungen nur noch für ungeeignete Bevollmächtigte vor. Störungen des Verfahrensablaufs durch die Parteien selbst kann das Gericht aber über §§ 176 ff. GVG bekämpfen. Sofern § 157 Abs. 2 S. 1 ZPO aF auch der Wahrung der Interessen der betroffenen Partei an ordnungsgemäßer Prozessführung diente, muss das Gericht durch prozessleitende Maßnahmen Abhilfe schaffen sowie durch eine gewissenhafte Prüfung nach § 56 ZPO.

16 **b) Ausnahme: Anwaltszwang für Inkassogestaltungen.** § 79 Abs. 1 S. 2 ZPO und § 11 Abs. 2 S. 2 ArbGG **durchbrechen** den Grundsatz des Selbstvertretungsrechts für Parteien, die eine fremde oder ihnen zum Zweck der Einziehung auf fremde Rechnung abgetretene Geldforderung geltend machen (zu den Begrifflichkeiten § 2 RDG Rn. 71 ff.); diese müssen sich durch einen **Rechtsanwalt** vertreten lassen, soweit sie nicht nach Maßgabe von § 79 Abs. 2 S. 2 ZPO bzw. § 11 Abs. 2 S. 2 ArbGG auch selbst zur Vertretung des eigentlichen Gläubigers befugt wären oder aber eine Forderung einziehen, deren ursprünglicher Gläubiger sie waren. Letzteres soll insbesondere die sog. asset-backed-securities regeln (BT-Drs. 16/3655, 86 f.).

17 Die beiden genannten Vorschriften sind an § 157 Abs. 1 S. 2 ZPO aF angelehnt und sollen dessen Anwendungsbereich präzisieren, zugleich aber auf **echte Einziehungsfälle** beschränken (BT-Drs. 16/3655, 86). Anders als früher (BGH NJW-RR 2001, 1420) ist etwa heute die Geltendmachung einer zur Sicherheit abgetretenen Forderung nach Eintritt des Sicherungsfalls nicht erfasst (BT-Drs. 16/3655, 86). Das hat seinen Grund darin, dass das wirtschaftliche Ergebnis der Partei selbst zugutekommt und diese also eigene Interessen verfolgt, weshalb eine Einschränkung der Befugnis, den Prozess selbst zu führen, nicht mehr gerechtfertigt scheint. Zulässig ist auch die gerichtliche Geltendmachung angekaufter, also nicht nur zu Einziehungszwecken erworbener Forderungen (BT-Drs. 16/3655, 86 f.).

18 Nach **§ 79 Abs. 2 S. 2 Nr. 4 ZPO** sind Personen, die Inkassodienstleistungen erbringen (registrierte Personen nach § 10 Abs. 1 S. 1 Nr. 1 RDG), im Mahnverfahren bis zur Abgabe an das Streitgericht, bei Vollstreckungsanträgen im Verfahren der Zwangsvollstreckung in das bewegliche Vermögen wegen Geldforderungen einschließlich des Verfahrens zur Abnahme der eidesstattlichen Versicherung und des Antrags auf Erlass eines Haftbefehls für Dritte vertretungsbefugt, jeweils mit Ausnahme von Verfahrenshandlungen, die ein streitiges Verfahren einleiten oder innerhalb eines streitigen Verfahrens vorzunehmen sind. Dies rechtfertigt sich damit, dass es um weitgehend automatisierte Handlungen geht, für die die besonderen Kenntnisse und Fähigkeiten eines Rechtsanwalts nicht erforderlich sind (BT-Drs. 16/3655, 88). Wegen der Rückausnahme in § 79 Abs. 1 S. 2 ZPO und § 11 Abs. 2 S. 2 ArbGG (Rn. 27) können Inkassounternehmen insofern dann auch für sich selbst handeln.

c) Exkurs: Verfahren mit Vertretungszwang im Überblick. Kein **19 Vertretungszwang** besteht vor Amtsgerichten, Arbeitsgerichten, Finanzgerichten, Sozial- und Landessozialgerichten (letzteres entgegen dem Wunsch des Bundesrats, vgl. BT-Drs. 16/3655, 109f.) sowie Verwaltungsgerichten.

Vertretungszwang besteht ansonsten wie folgt: **20**
– Im **Zivilprozess** besteht Anwaltszwang vor Land- und Oberlandesgerichten (§ 78 Abs. 1 ZPO), vor dem BGH müssen die Parteien sich nach § 78 Abs. 1 S. 4 ZPO durch einen bei dem BGH zugelassenen Rechtsanwalt (§ 172 BRAO) vertreten lassen (vgl. auch § 102 Abs. 5 PatG, § 85 Abs. 5 MarkenG).
– Nach § 10 Abs. 4 **FamFG** gilt nur vor dem BGH Vertretungszwang, zugelassen zur Vertretung sind auch dort nur Anwälte.
– Im **Arbeitsgerichtsverfahren** vor den Landesarbeitsgerichten und dem BAG sind neben Anwälten die in § 11 Abs. 2 S. 2 Nr. 4 und 5 ArbGG genannten Organisationen zur Vertretung zugelassen. Diese müssen nach § 11 Abs. 4 S. 3 ArbGG vor dem BAG wiederum durch Personen mit Befähigung zum Richteramt handeln.
– Vor dem **BSG** können neben Anwälten sowie Rechtslehrern nach § 73 Abs. 4 S. 2 SGG auch die in § 73 Abs. 2 S. 2 Nr. 5–9 SGG bezeichneten Organisationen auftreten. Diese müssen sich jeweils eines Handelnden mit Befähigung zum Richteramt bedienen.
– Im **Verwaltungsgerichtsverfahren** sind vor dem BVerwG und dem OVG grds. nur Rechtsanwälte und Rechtslehrer zugelassen, § 67 Abs. 4 S. 3 VwGO.
– Vor dem **BFH** dürfen neben Anwälten die in § 62 Abs. 2 S. 1 FGO genannten Personen und Gesellschaften auftreten.

Für Behörden und Personen des öffentlichen Rechts sowie öffentlich- **21** rechtliche Zusammenschlüsse gilt zudem in den meisten Verfahrensordnungen das sog. **Behördenprivileg:** Darüber ist eine Prozessvertretung durch eigene Beschäftigte oder Beschäftigte anderer Behörden mit Befähigung zum Richteramt zulässig, vgl. mit Abweichungen im Detail § 78 Abs. 2 ZPO, § 10 Abs. 4 S. 2 FamFG, § 73 Abs. 4 S. 4 SGG, § 67 Abs. 4 S. 4 VwGO, § 62 Abs. 4 S. 4 FGO.

Zur Vertretungsbefugnis des Syndikusanwalts im Anwaltsprozess vor dem **22** Hintergrund des § 46 Abs. 1 BRAO *Bartosch-Koch* AnwBl. 2010, 237.

2. Vertretung durch Bevollmächtigte (Abs. 2 der Verfahrensrege- 23 lungen). a) Allgemeine Vertretungsregelungen. In allen harmonisierten Verfahrensordnungen wird ein geschlossener Katalog der im **Parteiprozess** zur Prozessvertretung befugten Personen aufgestellt (jeweils Abs. 2 der genannten Vorschriften). Dabei sind außer den **Rechtsanwälten** (im Rahmen der BRAO) als den „geborenen" Prozessvertretern (jeweils Abs. 2 S. 1) – denen die überkommenen Vertretungsbefugnisse der **Rechtsbeistände** und **Erlaubnisinhaber nach dem RBerG** gleichzustellen sind (dazu Kommen-

tierung zu § 3 RDGEG) – in allen Verfahrensordnungen gleichermaßen vertretungsbefugt:
- **Beschäftigte** der Prozesspartei (jeweils Abs. 2 S. 2 Nr. 1 Alt. 1),
- Beschäftigte eines mit der Prozesspartei **verbundenen Unternehmens iSd § 15 AktG,** also nicht etwa das verbundene Unternehmen selbst (jeweils Abs. 2 S. 2 Nr. 1 Alt. 2); dies entspricht der Wertung des § 2 Abs. 3 Nr. 6 RDG (*Sabel* AnwBl. 2008, 390, 391),
- Beschäftigte einer (beliebigen) anderen **Behörde,** wenn eine Behörde oder juristische Person des öffentlichen Rechts Prozesspartei ist (jeweils Abs. 2 S. 2 Nr. 1 Alt. 3; sog. Behördenprivileg),
- unentgeltlich tätige **Familienangehörige** (jeweils Abs. 2 S. 2 Nr. 2 Alt. 1),
- unentgeltlich tätige **Volljuristen** (jeweils Abs. 2 S. 2 Nr. 2 Alt. 2; vgl. dazu OLG Celle Beschl. v. 28.8.2014 – 10 WF 144/14, BeckRS 2014, 17382),
- unentgeltlich tätige **Streitgenossen** (jeweils Abs. 2 S. 2 Nr. 2 Alt. 3; § 10 FamFG spricht zutreffend von Beteiligten, da es dort keine Streitgenossen gibt).

24 Der in den Prozessvertretungsvorschriften verwendete Begriff der **Unentgeltlichkeit** entspricht der Regelung in § 6 RDG (§ 6 RDG Rn. 10ff.). Er ist deshalb auch bei der Prozessvertretung eng auszulegen und umfasst nur Tätigkeiten, die keinen Zusammenhang mit einer wirtschaftlichen, insbesondere anderen beruflichen Tätigkeit aufweisen (BT-Drs. 16/3655, 33ff., 97f.). Damit können **Verbandsjuristen** – etwa von **Miethervereinen, Gleichstellungsverbänden** oder öffentlich-rechtlichen Körperschaften wie den **Kreishandwerkerschaften – nicht** unter den Begriff der unentgeltlichen Prozessvertreter subsumiert werden. Für sie sind – ebenso wie im RDG – allein die in allen Prozessordnungen abschließend aufgeführten Vertretungsbefugnisse von Vereinigungen und Verbänden maßgebend (Rn. 27). Daneben kommt für solche Vereinigungen die Zulassung als Beistand in der Verhandlung in Betracht (Rn. 46) oder, soweit der Verbandszweck bzw. bei öffentlich-rechtlichen Verbänden der öffentlich-rechtlich zu bestimmende Aufgabenkreis dies erlaubt, die Registrierung für den Bereich der Inkassodienstleistungen nach § 10 RDG, § 79 Abs. 2 S. 2 Nr. 4 ZPO.

25 **Nicht** mehr zulässig ist damit die **altruistische Vertretung durch Freunde und Bekannte,** die keine Volljuristen sind und die damit nicht unter Abs. 2 S. 2 Nr. 2 Alt. 2 fallen. Dies war im Gesetzgebungsverfahren stark kritisiert worden (eingehend Dreyer/Lamm/Müller/*Müller* Vor § 3 RDGEG Rn. 43ff.). Nicht verwandten Vertrauenspersonen bleibt es aber noch unbenommen, bei der Abfassung von Schriftsätzen etc. Hilfe zu leisten (Rn. 2), auf die Beauftragung eines Anwalts (ggf. mit Prozesskostenhilfe) hinzuwirken. Zudem bleibt die Möglichkeit einer Zulassung als Beistand (Rn. 46).

26 **b) Besondere Vertretungsregelungen.** Außerhalb eines bestehenden Vertretungszwangs (Rn. 20) sehen die einzelnen Verfahrensordnungen zudem besondere Vertretungsbefugnisse von Personen und Vereinigungen vor, die den Besonderheiten in den einzelnen Verfahrensordnungen Rechnung tragen und ganz überwiegend aus dem geltenden Recht übernommen wurden:

27 Im **Zivilprozess** (§ 79 ZPO; zu dessen Geltung auch im Zwangsversteigerungsverfahren § 1 RDG Rn. 16 sowie BVerfG Beschl. v. 20.4.2011 – 1 BvR

624/111, BeckRS 2011, 50167; BGH NJW 2011, 929 Rn. 19 ff. sowie *Klawikowski* Rpfleger 2008, 404 ff.):
- Verbraucherzentralen und -verbände (nur bei Zahlungsklagen von Verbrauchern), die Regelung ergänzt die Befugnisse aus § 8 Abs. 1 Nr. 4 RDG; insoweit ist Voraussetzung, dass die gerichtliche Tätigkeit der Verbraucherzentrale oder des Verbraucherverbands im Rahmen des Aufgabenbereichs erfolgt, ein zusätzliches Erfordernis der Erforderlichkeit der Tätigkeit im Interesse des Verbraucherschutzes besteht dagegen nicht (BGH NJW 2013, 3580 Rn. 43 f.);
- Inkassounternehmen im Mahn- und Zwangsvollstreckungsverfahren (Rn. 16),
- Patentanwälte (nur in Verfahren des gewerblichen Rechtsschutzes, § 4 Abs. 3 PAO),
- Stationsreferendare nach § 157 ZPO (dazu auch *Sabel* AnwBl. 2008, 390).

Im **Verwaltungsgerichtsprozess** (§ 67 VwGO): 28
- Hochschul-Rechtslehrer mit Befähigung zum Richteramt (auch vor dem OVG und dem BVerwG),
- Steuerberater und -bevollmächtigte, Wirtschafts- und Buchprüfer und deren Gesellschaften sowie Vereinigungen iSd § 3 a StBerG (nur in Abgabenangelegenheiten),
- Landwirtschaftliche Berufsvereinigungen (Bauernverbände),
- Gewerkschaften, Arbeitgebervereinigungen etc.,
- Behindertenverbände etc.,
- Juristische Personen, deren Anteile sämtlich im wirtschaftlichen Eigentum der beiden zuletzt genannten Organisationen stehen, wenn die juristische Person allein zum Zwecke der Rechtsberatung und Prozessführung gegründet ist und für etwaige Folgen haftet.

Im **Arbeitsgerichtsprozess** (§ 11 ArbGG): 29
- selbstständige Arbeitnehmervereinigungen, die keinen Gewerkschaftsstatus besitzen,
- Gewerkschaften, Arbeitgebervereinigungen und deren Rechtsschutz-Gesellschaften (§ 7 RDG Rn. 48), auch vor dem LAG und – durch Volljuristen – vor dem BAG.

Im **Sozialgerichtsprozess** (§ 73 SGG): 30
- Hochschul-Rechtslehrer mit Befähigung zum Richteramt (auch vor dem BSG),
- **Rentenberater** (§ 10 Abs. 1 S. 1 Nr. 2 RDG, dazu *Steinbach/Tabbara* NZS 2008, 575, 578 ff.; je nach Auslegung der außergerichtlichen Befugnisse der Rentenberater stellt sich für diese das Problem, dass sie jedenfalls auch in Fragen des Rechts der berufsständischen Versorgung oder der bAV **nicht** vor Verwaltungs- und Arbeitsgerichten auftreten können, da ein konkreter Rentenbezug Voraussetzung ist, dazu BT-Drs. 16/3655, 64 und allg *Köhler* SGb 2009, 441, 445, zum Sozialverwaltungsverfahren *Köhler* SdL 2009, 102, 123 ff.; siehe auch Kilian/Sabel/vom Stein/*Kilian* Rn. 167 und hier § 10 RDG Rn. 102 sowie für Alterlaubnisinhaber vertiefend § 3 RDGEG Rn. 33),

RDG Anhang § 1 Teil 1 Allgemeine Vorschriften

- Steuerberater und -bevollmächtigte, Wirtschafts- und Buchprüfer und deren Gesellschaften (nur in Beitragsangelegenheiten nach den §§ 28h und 28p SGB IV; siehe dazu § 5 RDG Rn. 101),
- selbstständige Arbeitnehmervereinigungen, die keinen Gewerkschaftsstatus besitzen (durch Volljuristen auch vor dem BSG),
- Landwirtschaftliche Berufsvereinigungen (Bauernverbände – durch Volljuristen auch vor dem BSG),
- Gewerkschaften, Arbeitgebervereinigungen und deren Rechtsschutz-Gesellschaften, durch Volljuristen auch vor dem BSG,
- Behindertenverbände (durch Volljuristen auch vor dem BSG),
- private Pflegeversicherungsunternehmen (durch Volljuristen auch vor dem BSG).

31 Im **Finanzgerichtsprozess** (§ 62 FGO):
- Steuerberater und -bevollmächtigte, Wirtschafts- und Buchprüfer und deren Gesellschaften (auch vor dem BFH),
- im europäischen Ausland niedergelassene Angehörige steuerberatender Berufe (nur im Rahmen ihrer Befugnisse nach § 3 Nr. 4 StBerG),
- Landwirtschaftliche Buchstellen (nur im Rahmen ihrer Befugnisse nach § 4 Nr. 8 StBerG),
- Lohnsteuerhilfevereine (nur im Rahmen ihrer Befugnisse nach § 4 Nr. 11 StBerG),
- Gewerkschaften, Arbeitgebervereinigungen und deren Rechtsschutz-Gesellschaften.

32 Im **patent- und markenrechtlichen Verfahren** (§§ 97 PatG, 81 MarkenG):
- Patentanwälte.

33 In den **Verfahren der freiwilligen Gerichtsbarkeit** (§ 10 FamFG):
- Notare (im Rahmen der BNotO), zur gewillkürten Vertretung in diesem Kontext klarstellend § 15 Abs. 1 GBO und § 378 Abs. 1 FamFG und dazu *Meyer* RNotZ 2009, 470,
- nicht: Rentenberater (zur Kritik *Vogts* RV 2009, 121).

34 **3. Weitere Grundsätze des harmonisierten Prozessvertretungsrechts. a) Keine Trennung zwischen natürlichen und juristischen Personen.** Anders als früher wird durchweg die **Vertretung durch juristische Personen** bzw. Vereinigungen zugelassen (jeweils Abs. 2 S. 3), die früher nur für die Anwalts-GmbH (vgl. § 59 l BRAO) anerkannt war. Besonderheiten gelten für die handelnden Personen, die bei der **Vertretung vor Bundesgerichten,** soweit sie den betreffenden Vereinigungen erlaubt ist, durchweg durch Personen mit Befähigung zum Richteramt **(Volljuristen)** handeln müssen.

35 **b) Keine gespaltene Vertretungsbefugnis innerhalb und außerhalb der Verhandlung.** Eine Trennung zwischen der Vertretung **innerhalb und außerhalb der Verhandlung** erfolgt **nicht** mehr (Rn. 9).

36 Personen und Vereinigungen, die nach früherem Recht außerhalb der mündlichen Verhandlung befugt waren, als Prozessbevollmächtigte Klagen

Befugnis zur gerichtlichen Vertretung **Anhang § 1 RDG**

einzureichen oder andere Verfahrenshandlungen vorzunehmen, können dies inzwischen nicht mehr, soweit sie nicht dem Katalog der vertretungsbefugten Personen zugehören. Zulässig bleibt in dem oben dargestellten Rahmen allerdings die prozessbegleitende Beratung einer Partei bis hin zur Vorbereitung von Schriftsätzen, da es sich hierbei nicht um eine gerichtliche Tätigkeit handelt. Einen weiteren Ausgleich bietet die neu gefasste Regelung zur Beistandschaft in der Verhandlung (Rn. 46).

c) Zurückweisung nichtanwaltlicher Prozessvertreter. Die harmonisierten Verfahrensregelungen kodifizieren in Abs. 3 zunächst das früher gesetzlich nicht näher geregelte Verfahren zur Zurückweisung von vorneherein nicht vertretungsbefugter Personen. In Abs. 3 wird ferner in Anlehnung an § 157 ZPO aF das Untersagen der weiteren Vertretung durch an und für sich (abstrakt) vertretungsbefugte Personen kodifiziert, sofern diese in concreto nicht in der Lage sind, das Sach- und Streitverhältnis sachgerecht darzustellen. 37

Die Zurückweisung in den Fällen **generell** nicht vertretungsbefugter Personen durch das Gericht ist **zwingend,** das Gericht hat die Frage **von Amts wegen** zu prüfen. Die Zurückweisung erfolgt durch **unanfechtbaren** richterlichen Beschluss (siehe aber bei Rechtspflegern § 11 Abs. 2 RPflG!) und wirkt ex nunc. Frühere Prozesshandlungen und Zustellungen bis zur Wirksamkeit des Zurückweisungsbeschlusses bleiben wirksam (*Sabel* AnwBl. 2008, 390, 393; siehe auch § 3 RDGEG Rn. 41, 47). 38

Die Zurückweisung **abstrakt** vertretungsbefugter Personen wegen Unfähigkeit zu geeignetem Vortrag im konkreten Fall ist auf die Fälle der Beschäftigten, volljährigen Familienangehörigen sowie unentgeltlich tätigen Volljuristen beschränkt; andere Personen können nicht zurückgewiesen werden. 39

Die Entscheidung steht im **pflichtgemäßen Ermessen** des Gerichts. Nur gravierende Mängel rechtfertigen den Ausschluss; dh die Verhandlung muss in schwerwiegendem Maße gestört sein. Bloße Unbeholfenheit genügt nicht (MüKoZPO/*Wagner* 3. Aufl., § 157 Rn. 19; siehe auch § 3 RDGEG Rn. 44). 40

Die Zurückweisung erfolgt auch hier durch **unanfechtbaren** richterlichen Beschluss (siehe aber bei Rechtspflegern § 11 Abs. 2 RPflG!), was der Gesetzgeber zur Vermeidung von Verzögerungen für angemessen erachtet hat, zumal grobe Fehlentscheidungen erforderlichenfalls mit Rechtsmitteln gegen die Hauptsache überprüft werden können (BT-Drs. 16/3655, 89). Dies ist nicht unbedenklich, zumal der Ausschluss nach § 157 ZPO aF sich auf die Vertretung in der mündlichen Verhandlung beschränkte, jetzt aber das gesamte Verfahren betroffen ist und somit der Vertretene sich einen ganz anderen Bevollmächtigten suchen muss. Daher sollte die Regelung jedenfalls zurückhaltend eingesetzt werden; der Richter sollte sich in Geduld üben und geeignete prozessleitende Verfügungen treffen (Dreyer/Lamm/Müller/*Müller* Vor § 3 RDGEG Rn. 82). 41

Die Zurückweisung wirkt ex nunc. Frühere Prozesshandlungen und Zustellungen bleiben wirksam (§ 3 RDGEG Rn. 41, 47). 42

d) Unvereinbarkeit von richterlicher Tätigkeit und Prozessvertretung. Vor dem Hintergrund der Erweiterung der Befugnisse von Arbeitgeber- und Arbeitnehmerverbänden bei der Prozessvertretung vor dem BAG wurde eine allgemeine Vorschrift zur **Unvereinbarkeit von Prozessvertretung** 43

und Richtertätigkeit bei demselben Gericht bzw. Spruchkörper eingeführt (§ 79 Abs. 4 ZPO, § 11 Abs. 5 ArbGG, § 73 Abs. 5 SGG, § 67 Abs. 5 VwGO, § 62 Abs. 5 FGO, § 97 Abs. 4 PatG, § 81 Abs. 4 MarkenG) – für ehrenamtliche Richter mit der zusätzlichen Ausnahme von Fällen des Auftretens als Beschäftigte des Arbeitgebers oÄ.

44   Die Regelung betrifft vor allem **ehrenamtliche Richter in der Arbeits- und Sozialgerichtsbarkeit,** die als Prozessvertreter nur noch vor solchen Spruchkörpern auftreten dürfen, denen sie nicht geschäftsplanmäßig zugewiesen sind. Sie gilt daneben aber **auch für Berufsrichter,** die im Familienkreis oder unentgeltlich eine Prozessvertretung übernehmen. Bei ihnen sollte aber bereits seit jeher selbstverständlich sein, dass sie nicht an „ihrem" Gericht als Parteivertreter auftreten.

45   e) **Vorlage und Nachweis der Prozessvollmacht.** Die Vorschriften über die Vorlage und den Nachweis der **Prozessvollmacht** (§§ 80, 88 ZPO – die im Arbeitsgerichtsprozess über § 46 ArbGG gelten –, § 11 FamFG, § 73 Abs. 6 SGG, § 67 Abs. 6 VwGO, § 62 Abs. 6 FGO, § 97 Abs. 5 und 6 PatG, § 81 Abs. 5 und 6 MarkenG) sind vereinheitlicht worden. Inzwischen gilt in allen Verfahrensordnungen der Grundsatz, dass das Gericht **Vollmachtsmängel,** zu denen auch der fehlende Nachweis der Bevollmächtigung zählt, **bei anwaltlicher Vertretung nicht von Amts wegen,** sondern nur zu berücksichtigen hat, wenn dies von einem anderen Verfahrensbeteiligten gerügt wird. Auch die Nachreichung der Vollmacht und die **Möglichkeiten der Fristsetzung** durch das Gericht wurden einheitlich geregelt. Die früher im Finanzgerichtsprozess noch vorgesehene gesetzliche Ausschlussfrist, deren Nichteinhaltung zur Unzulässigkeit der Klage führte, ist entfallen, so dass Prozessbevollmächtigte die Vollmacht grds. **bis zum Abschluss der Instanz nachreichen** können (zur dann eintretenden Präklusion GmSOBG BGHZ 91, 111 = NJW 1984, 2149).

46   f) **Beistandschaft in der Verhandlung.** Als **Ausgleich für die recht strikte Beschränkung der Vertretungsbefugnis** durch Nichtanwälte sind die Regelungen zur **Beistandschaft in der Verhandlung** (§ 90 ZPO, § 12 FamFG, § 11 Abs. 6 ArbGG, § 73 Abs. 7 SGG, § 67 Abs. 7 VwGO, § 62 Abs. 7 FGO) erweitert worden. Ein Gericht kann sowohl im Parteiprozess als auch in Verfahren mit Vertretungszwang als Beistand in der Verhandlung auch solche Personen zulassen, die **nicht** schon nach den oben genannten Vertretungsregelungen vertretungsbefugt sind. Voraussetzung ist grds. nur, dass die Beistandschaft sachdienlich ist und hierfür – etwa aus persönlichen Gründen oder aufgrund ausgewiesener Sachkenntnis des Beistands – ein Bedürfnis besteht.

47   Um eine Umgehung der Regelungen zur Vertretung zu vermeiden, sollen sich nach dem Willen des Gesetzgebers (BT-Drs. 16/3655, 91) die Gerichte an den vom BVerfG zur Zulassung von Beiständen im Rahmen des §§ 22 Abs. 1 S. 4 BVerfGG entwickelten Grundsätzen orientieren. Die Zulassung setzt damit voraus, dass die Hinzuziehung der Person sowohl objektiv sachdienlich als auch subjektiv – etwa wegen eines besonderen Näheverhältnisses ohne familiäre Bindung (sonst greift ggf. Rn. 23, 25) – notwendig ist (instruktiv etwa BVerfG NJW 1994, 1272).

Ein Beistand unterstützt die Partei durch seine Ausführungen, er vertritt 48
diese nicht und ist auch nicht selbst vertretungsbefugt. Wird in einem dem
Vertretungszwang unterfallenden Verfahren ein Beistand bestellt, ist also auch
noch ein Vertreter erforderlich.

Für **Antidiskriminierungsverbände** regelt § 23 AGG darüber hinaus, 49
dass sie stets als Beistände in der Verhandlung zugelassen sind.

Lässt das Gericht einen Beistand nicht zu oder erweist sich dieser als unge- 50
eignet zu sachgemäßem Vorbringen, gelten die Regelungen über die Zurückweisung entsprechend (Rn. 37 ff.).

C. Sonstige Verfahrensordnungen

I. Vertretung in Strafsachen

Unverändert blieben die Regelungen im Bereich des **Strafrechts** und des 51
Ordnungswidrigkeitenrechts. Dort sind seit jeher nur Rechtsanwälte und
Hochschullehrer „geborene" Vertreter des Beschuldigten, in Steuerstrafverfahren zudem die in § 392 AO Genannten. Alle übrigen Personen dürfen gem.
§ 138 Abs. 2 StPO (die Norm findet im Ordnungswidrigkeitenverfahren
nach § 46 OWiG entsprechende Anwendung, vgl. etwa OLG Köln NJW
1970, 720) nur im Einzelfall nach ausdrücklicher Zulassung durch das Gericht
(oder die zuständige Behörde) tätig werden, im Fall notwendiger Verteidigung
(§ 140 StPO) überdies nur gemeinschaftlich mit einem anderen Verteidiger. An
dieser restriktiven Regelung (Überblick bei *Hilla* NJW 1988, 2525; siehe ferner
Rennen/Caliebe Art. 1 § 1 Rn. 168 ff. mwN), die bereits früher ohne eine Bezugnahme auf das RBerG auskam, wurde auch nach der Reform des Rechtsberatungsrechts festgehalten. Gleichwohl ist das Auswahlermessen der Gerichte,
nach § 138 Abs. 2 StPO als Verteidiger andere Personen als Rechtsanwälte
oder Hochschullehrer zuzulassen, erweitert worden, weil dank der mit dem
RDG vorgenommenen Beschränkung des Anwendungsbereichs auf außergerichtliche Tätigkeiten Personen inzwischen nicht mehr mit der Begründung
zurückgewiesen werden können, die Übernahme der – geschäftsmäßigen –
Strafverteidigung verstoße gegen das RDG (so zum RBerG etwa BayObLG
AnwBl. 1972, 29; OLG Dresden NJW 1998, 90). Damit hängt die Entscheidung über die Zulassung anderer Personen maßgeblich von der Befähigung zur
ordnungsgemäßen Ausführung der Verteidigerrechte ab (BT-Drs. 16/3655,
35).

II. Vertretung in Insolvenzsachen

In Insolvenzverfahren gelten über § 4 InsO grds. die Vorschriften der ZPO 52
entsprechend. Im Insolvenzverfahren sind aber zudem nach § 10 Abs. 1 S. 1
Nr. 1 RDG registrierte Inkassounternehmen wegen **§ 174 Abs. 1 S. 3 InsO**
bei der Forderungsanmeldung (**nicht** im Feststellungsprozess nach **§§ 180 und
184 InsO**) und wegen **§ 305 Abs. 4 S. 2 InsO** im gerichtlichen Schuldenbereinigungsplanverfahren für den Gläubiger vertretungsbefugt. Der Schuldner kann
sich im Schuldenbereinigungsplanverfahren von einer geeigneten Person oder
einem Angehörigen einer als geeignet anerkannten Stelle iSd § 305 Abs. 1 Nr. 1

InsO vertreten lassen. Einen **Versagungsantrag** im Restschuldbefreiungsverfahren kann ein Inkassounternehmen (§ 10 RDG) aber nur stellen, wenn es selbst Insolvenzgläubiger ist (AG Köln NZI 2013, 149).

III. Vertretung in Landwirtschaftssachen

53 In Landwirtschaftssachen enthält § 13 Abs. 1 LwVG eine besondere Vertretungsbefugnis für berufsständische Vereinigungen der Landwirtschaft. Im Übrigen verweist § 9 LwVG auf die Regelungen des FamFG; der frühere Rechtszustand (dazu OLG Dresden Rbeistand 1995, 81; *Hahne* Rbeistand 1986, 3) ist daher teilweise überholt.

IV. Verfahren vor dem BVerfG

54 Nach § 22 BVerfGG können sich die Beteiligten in jeder Lage des Verfahrens durch einen Rechtsanwalt oder einen Rechtslehrer vertreten lassen. In der – seltenen – mündlichen Verhandlung vor dem BVerfG müssen sie sich in dieser Weise vertreten lassen. Gesetzgebende Körperschaften und Teile von ihnen, die in der Verfassung oder in der Geschäftsordnung mit eigenen Rechten ausgestattet sind, können sich zudem auch durch ihre Mitglieder vertreten lassen. Bund, Länder und ihre Verfassungsorgane können sich außerdem durch ihre Beamten vertreten lassen, soweit sie die Befähigung zum Richteramt besitzen oder aufgrund der vorgeschriebenen Staatsprüfungen die Befähigung zum höheren Verwaltungsdienst erworben haben. Das BVerfG kann aber auch eine andere Person als Beistand eines Beteiligten zulassen.

§ 2 Begriff der Rechtsdienstleistung

(1) **Rechtsdienstleistung ist jede Tätigkeit in konkreten fremden Angelegenheiten, sobald sie eine rechtliche Prüfung des Einzelfalls erfordert.**

(2) ¹**Rechtsdienstleistung ist, unabhängig vom Vorliegen der Voraussetzungen des Absatzes 1, die Einziehung fremder oder zum Zweck der Einziehung auf fremde Rechnung abgetretener Forderungen, wenn die Forderungseinziehung als eigenständiges Geschäft betrieben wird (Inkassodienstleistung).** ²**Abgetretene Forderungen gelten für den bisherigen Gläubiger nicht als fremd.**

(3) **Rechtsdienstleistung ist nicht:**
1. **die Erstattung wissenschaftlicher Gutachten,**
2. **die Tätigkeit von Einigungs- und Schlichtungsstellen, Schiedsrichterinnen und Schiedsrichtern,**
3. **die Erörterung der die Beschäftigten berührenden Rechtsfragen mit ihren gewählten Interessenvertretungen, soweit ein Zusammenhang zu den Aufgaben dieser Vertretungen besteht,**
4. **die Mediation und jede vergleichbare Form der alternativen Streitbeilegung, sofern die Tätigkeit nicht durch rechtliche Regelungsvorschläge in die Gespräche der Beteiligten eingreift,**

5. die an die Allgemeinheit gerichtete Darstellung und Erörterung von Rechtsfragen und Rechtsfällen in den Medien,
6. die Erledigung von Rechtsangelegenheiten innerhalb verbundener Unternehmen (§ 15 des Aktiengesetzes).

Inhaltsübersicht

	Rn.
A. Allgemeines	1
I. Bedeutung	1
II. Entstehungsgeschichte	5
III. Leitlinien der Neuregelung	8
1. Umsetzung der verfassungsrechtlichen Vorgaben	8
2. Neue systematische Ausrichtung	10
3. Neue Begrifflichkeiten	12
B. Begriff der Rechtsdienstleistung (Abs. 1)	15
I. Tätigkeit in konkreten fremden Angelegenheiten	15
1. Tätigkeit	16
2. Fremde Angelegenheit	19
3. Konkrete Angelegenheit	32
II. Erforderlichkeit der rechtlichen Prüfung des Einzelfalls	33
1. Rechtliche Prüfung	33
2. Prüfung des Einzelfalls	43
III. Einzelfälle	47
1. Treuhandtätigkeit	47
2. Einziehung fremder oder zu Einziehungszwecken abgetretener Forderungen	50
3. Sonstige Fälle	53
C. Inkassodienstleistungen (Abs. 2)	67
I. Allgemeines und Regelungszweck	67
II. Einziehung auf fremde Rechnung	71
III. Eigenständiges Geschäft	88
IV. Ausnahme: Forderungseinziehung durch den bisherigen Gläubiger (Abs. 2 S. 2)	92
D. Freigestellte Tätigkeiten (Abs. 3)	96
I. Überblick	96
II. Erstattung wissenschaftlicher Gutachten (Nr. 1)	97
III. Tätigkeit von Einigungs- und Schlichtungsstellen und Schiedsrichtern (Nr. 2)	111
IV. Die Erörterung der die Beschäftigten berührenden Rechtsfragen mit ihren gewählten Interessenvertretungen (Nr. 3)	117
V. Mediation und jede vergleichbare Form der alternativen Streitbeilegung (Nr. 4)	122
VI. Darstellung und Erörterung von Rechtsfragen und Rechtsfällen in den Medien (Nr. 5)	133
VII. Erledigung von Rechtsangelegenheiten innerhalb verbundener Unternehmen iSd § 15 AktG (Nr. 6)	140

RDG § 2 Teil 1 Allgemeine Vorschriften

A. Allgemeines

I. Bedeutung

1 **§ 2 Abs. 1 RDG definiert den Begriff der Rechtsdienstleistung** (zu den Tatbestandsvoraussetzungen im Einzelnen Rn. 15 ff.). Damit bestimmt die Norm zugleich den sachlichen Anwendungsbereich des RDG (siehe bereits § 1 RDG Rn. 14). Sobald eine Tätigkeit in einer konkreten fremden Angelegenheit eine rechtliche Prüfung des Einzelfalls erfordert, können Dienstleister diese nur erbringen, wenn zu ihren Gunsten ein Erlaubnistatbestand eingreift (siehe die Übersicht bei § 1 RDG Rn. 27 ff.; § 3 RDG Rn. 10 ff.). Auf Tätigkeiten, die unterhalb der Schwelle dieser Voraussetzungen bleiben und daher keine Rechtsdienstleistungen umfassen, ist das RDG dagegen nicht anwendbar; sie können von jedermann erlaubnisfrei erbracht werden. Zu beachten ist ferner, dass das RDG gem. § 1 Abs. 1 RDG nur die Befugnis regelt, außergerichtliche Rechtsdienstleistungen zu erbringen (§ 1 RDG Rn. 15 ff.), die Zulässigkeit der gerichtlichen Tätigkeit sich dagegen ausschließlich nach den Verfahrensordnungen bestimmt.

2 **§ 2 Abs. 2 RDG** regelt einen weiteren speziellen Fall der Rechtsdienstleistung und stellt insoweit eine Erweiterung des allgemeinen Tatbestands des § 2 Abs. 1 RDG dar. Danach gilt das RDG für die im Rahmen eines eigenständigen Geschäftsbetriebs erfolgende **Einziehung fremder oder zum Zweck der Einziehung auf fremde Rechnung abgetretener (und damit nunmehr eigener) Forderungen** unabhängig davon, ob die Forderungseinziehung die Voraussetzungen des § 2 Abs. 1 RDG erfüllt (Einzelheiten bei Rn. 67 ff.). **§ 2 Abs. 3 RDG** stellt im Interesse der Rechtssicherheit **bestimmte Tätigkeiten** (insgesamt sechs) **von jeder Erlaubnispflicht** frei, indem ihnen bescheinigt wird, keine Rechtsdienstleistung iSd § 2 Abs. 1 RDG zu sein (siehe dazu Rn. 96 ff.).

3 Nach dem früheren **Art. 1 § 1 Abs. 1 S. 1 RBerG** durfte „die Besorgung fremder Rechtsangelegenheiten, einschließlich der Rechtsberatung und der Einziehung fremder oder zu Einziehungszwecken abgetretener Forderungen, ... geschäftsmäßig – ohne Unterschied zwischen haupt- und nebenberuflicher oder entgeltlicher und unentgeltlicher Tätigkeit – nur von Personen betrieben werden, denen dazu von der zuständigen Behörde die Erlaubnis erteilt ist". Die Norm enthielt allerdings keine Legaldefinition der „Rechtsbesorgung" und „Rechtsberatung", so dass es allein der Rspr. oblag, diese Begriffe mit Leben zu füllen. Die präzise Begriffsklärung wurde zusätzlich erschwert, weil das RBerG auch noch von der „Rechtsbetreuung" (vgl. Art. 1 § 3 Nr. 1 RBerG) und dem „Rat und Hilfe in Rechtsangelegenheiten" (vgl. Art. 1 § 7 RBerG) sprach.

4 Der Gesetzgeber hat sich von diesen Begrifflichkeiten bewusst gelöst (Rn. 12), wie auch der Umstand belegt, dass er sich nicht auf eine inhaltliche Gesetzesänderung des RBerG beschränkt, sondern mit dem RDG ein neues Gesetz geschaffen hatte (Einleitung Rn. 25). Das RDG verwendet nunmehr nur noch den einheitlichen Begriff der Rechtsdienstleistung, unter den sowohl die reine Raterteilung im Innenverhältnis als auch die Vertretung des

Rechtsuchenden nach außen fällt (BT-Drs. 16/3655, 46; dazu Rn. 17). Gestrichen wurde zudem der Begriff der Geschäftsmäßigkeit (Rn. 13f.).

II. Entstehungsgeschichte

Neben § 5 RDG (dazu § 5 RDG Rn. 5ff.) war § 2 Abs. 1 RDG die **am** 5 **heftigsten umstrittene Norm im Gesetzgebungsverfahren.** Dies erklärt sich schon daraus, dass § 2 Abs. 1 RDG die entscheidende Weichenstellung für die Anwendbarkeit des Gesetzes darstellt (Rn. 1). Im Laufe der Beratungen wurde der Wortlaut der Norm immer weiter gestrafft. So definierte § 2 Abs. 1 RDG idF des **Diskussionsentwurfs** eines Gesetzes zur Neuregelung des Rechtberatungsrechts Rechtsdienstleistung noch als „jede Hilfeleistung in konkreten fremden Angelegenheiten, die nach der Verkehrsanschauung oder der erkennbaren Erwartung des Rechtsuchenden eine umfassende rechtliche Beurteilung oder eine nach rechtlicher Prüfung erfolgende Gestaltung rechtlicher Verhältnisse zum Inhalt hat" (NJW-Beilage zu Heft 38/2004, 2). Im **RefE** (abrufbar unter http://beck-aktuell.beck.de/sites/default/files/rsw/upload/Beck_Aktuell/referentenentwurf-bmj_1_1_1.pdf) hatte die Norm folgende Fassung: „Rechtsdienstleistung ist jede *Tätigkeit* in konkreten fremden Angelegenheiten, die nach der Verkehrsanschauung oder der erkennbaren Erwartung des Rechtsuchenden eine *vertiefte Prüfung der Rechtslage unter Berücksichtigung der Umstände des Einzelfalls erfordert.*" (RefE S. 2). Der **RegE** bezeichnete Rechtsdienstleistung dann als „jede Tätigkeit in konkreten fremden Angelegenheiten, *sobald sie* nach der Verkehrsanschauung oder der erkennbaren Erwartung des Rechtsuchenden eine *besondere* rechtliche Prüfung des Einzelfalls erfordert" (BT-Drs. 16/3655, 7). Der **Bundesrat** hatte daraufhin in seiner Stellungnahme zum Gesetzesentwurf die Streichung des Wortes „besondere" gefordert, weil mit diesem Begriff unnötige Abgrenzungsschwierigkeiten verbunden seien. Abweichend von der Auffassung der Bundesregierung könne auch eine „Tätigkeit, die sich im Auffinden, der Lektüre, der Wiedergabe und der bloßen Anwendung von Rechtsnormen erschöpft", als Rechtsdienstleistung einzustufen sein, weil etwa für das Auffinden der einschlägigen Normen in der Regel bereits fundierte Rechts- und Auslegungskenntnisse notwendig seien (BT-Drs. 16/3655, 103; zur Kritik siehe auch die Stellungnahme der BRAK zum Gesetzentwurf zur Neuregelung des Rechtsberatungsrechts [BT-Drs. 16/3655], 4ff.; abrufbar unter http://www.brak.de/zur-rechtspolitik/stellungnahmen-pdf/stellungnahmen-deutschland/2007/mai/stellungnahme-der-brak-2007-19.pdf). In ihrer **Gegenäußerung** hat die **Bundesregierung** darauf hingewiesen, dass das Wort „besondere" lediglich bezwecke, die bloß schematische Rechtsanwendung von der substanziellen Rechtsprüfung abzugrenzen. Unabhängig von dem Wortlaut, für den sich der Gesetzgeber schließlich entscheide, müsse schon aus verfassungsrechtlichen Gründen gewährleistet sein, dass einfache Rechtsanwendung nicht dem RDG unterfällt (BT-Drs. 16/3655, 117). Erst der **Rechtsausschuss** gab § 2 Abs. 1 RDG seine heutige vergleichsweise kurze Fassung, in der auf die Tatbestandsmerkmale „nach der Verkehrsanschauung oder der erkennbaren Erwartung des Rechtsuchenden" sowie „besondere" verzichtet wird (BT-Drs. 16/6634, 5). Sie lautet: „Rechtsdienstleistung ist jede Tätigkeit in konkreten fremden Angelegenheiten, sobald sie eine rechtliche Prüfung des Einzelfalls erfordert."

6 Der Rechtsausschuss hat allerdings betont, dass er mit der Straffung des Normwortlauts **keine inhaltliche Erweiterung der Norm** bezweckt hat. Andernfalls hätte der Anwendungsbereich des § 5 Abs. 1 RDG notwendig weiter gefasst werden müssen, um insgesamt den verfassungsrechtlichen Vorgaben zu genügen. Vielmehr seien die Generalklauseln „Verkehrsanschauung" bzw. „Erwartung der Rechtsuchenden" entbehrlich, weil die Gerichte zur Auslegung der Norm auch ohne eine ausdrückliche Kodifizierung dieser Tatbestandselemente weiterhin auf die Verkehrsanschauung und auf die Erwartung des Rechtsuchenden abstellen würden, wie dies schon in der gefestigten Rspr. des BGH zum RBerG der Fall gewesen sei (BT-Drs. 16/6634, 50f.). Mit der Streichung des Wortes „besondere" wollte der Rechtsausschuss vermeiden, dass an das Erfordernis der rechtlichen Prüfung zu hohe Maßstäbe angelegt werden. Durch die Straffung werde klargestellt, dass es im Rahmen von § 2 Abs. 1 RDG nur um die Abgrenzung von bloßer Rechtsanwendung zu juristischer Rechtsprüfung und nicht um die Unterscheidung von „einfachem" und „schwierigem" Rechtsrat gehe (BT-Drs. 16/6634, 51).

7 Folge dieser vom Rechtsausschuss offengelegten Motive (keine inhaltliche Erweiterung) ist, dass die ausführlichen Hinweise in der Begründung des RegE als Auslegungshilfe für den Begriff der Rechtsdienstleistung ihre Gültigkeit behalten (siehe bereits *Henssler/Deckenbrock* DB 2008, 41, 42; zum Meinungsstreit über die Auslegung des Tatbestandsmerkmals „rechtliche Prüfung" siehe auch noch Rn. 34f.).

III. Leitlinien der Neuregelung

8 **1. Umsetzung der verfassungsrechtlichen Vorgaben.** Die Wirkungsgeschichte des RBerG war in den letzten Jahren seiner Geltung durch zahlreiche Entscheidungen vor allem des BVerfG gekennzeichnet. Als Folge dieser Entscheidungen wurde der Anwendungsbereich einzelner Bestimmungen dieses Gesetzes aus verfassungsrechtlichen Gründen eingeschränkt. Teilweise wurden einzelne Vorschriften sogar vollständig außer Kraft gesetzt, es kam also zur **Erosion des RBerG** durch die Rspr. Aufgrund der vielfältigen Eingriffe in den Gesetzestext bot das RBerG keinen verlässlichen Rechtsrahmen mehr für den Rechtsberatungsmarkt (dazu bereits ausführlich Einleitung Rn. 9ff.).

9 Schon vor dem Hintergrund dieser verfassungsrechtlichen Vorgaben bedurfte es einer Neuregelung des Rechtsberatungsrechts. Insbesondere musste angesichts der immer weiter zunehmenden Verrechtlichung des alltäglichen Lebens und der ständigen Entwicklung neuer Dienstleistungsberufe der Verbotsbereich des Gesetzes auf Fälle echter Rechtsanwendung beschränkt werden (BT-Drs. 16/3655, 35; siehe dazu noch Rn. 33ff.).

10 **2. Neue systematische Ausrichtung.** Im Anwendungsbereich des RBerG hatte die Rspr. die verfassungsrechtlich notwendigen Korrekturen (Einleitung Rn. 9ff.) vor allem über eine einschränkende Auslegung des Begriffs der geschäftsmäßigen Rechtsbesorgung und damit über eine Eingrenzung des Anwendungsbereichs des RBerG vorgenommen (BT-Drs. 16/3655, 37). Eine berufliche Tätigkeit galt erst dann insgesamt als rechtsbesorgend, wenn sie eine umfassende rechtliche Beratung des Rechtsuchenden erforderte. Dagegen begründete allein der Umstand, dass innerhalb einer beruflichen Tätigkeit auch einzelne Rechtsfragen von durchaus erheblichem Gewicht zu prüfen und zu entscheiden sind, keine Erlaubnispflicht nach Art. 1 § 1 RBerG. Maßgeblich für die Eröffnung des Anwendungsbereichs des RBerG war damit nicht die einzelne, isolierte Rechtsdienstleistung, sondern die gesamte Breite einer beruflichen Tätigkeit (BT-Drs. 16/3655, 37; siehe auch § 5 RDG Rn. 8 ff.). So hat die Rspr. etwa die Tätigkeit eines Testamentsvollstreckers (BGH NJW 2005, 968; BGH NJW 2005, 969 ff.; dazu ausführlich § 5 RDG Rn. 140 ff.), eines Insolvenz- und Sanierungsberaters (BVerwGE 122, 130, 142 f. = NJW 2005, 1293, 1296 f.; dazu § 5 RDG Rn. 63 ff.) und eines Fördermittelberaters (BGH NJW 2005, 2458 ff.; dazu § 5 RDG Rn. 135 ff.) pauschal aus dem Anwendungsbereich des RBerG herausgenommen.

Anders als früher fällt nunmehr nach § 2 Abs. 1 RDG eine wirtschaftliche Tätigkeit bereits dann in den gesetzlichen Schutzbereich, wenn sie rechtsdienstleistende Bestandteile aufweist, und nicht erst dann, wenn eine berufliche Tätigkeit in ihrer gesamten Breite in ihrem Kern und Schwerpunkt rechtlich geprägt ist. Im Rahmen des Erlaubnistatbestands des § 5 Abs. 1 RDG ist dann unter Berücksichtigung der Schutzzwecke des RDG abzuwägen, ob eine Tätigkeit als Nebenleistung gestattet ist (BT-Drs. 16/3655, 51; siehe auch Krenzler/*Krenzler* Rn. 10 f.). Nach Ansicht des Gesetzgebers ist der Tatbestand des § 5 Abs. 1 RDG besser als das frühere Recht geeignet, die Grenzen zulässiger Nebenleistungen festzulegen (dazu § 5 RDG Rn. 26 ff.). **11**

3. Neue Begrifflichkeiten. Das RDG löst sich auch terminologisch von seinem Vorgängergesetz, indem es anstelle der vom RBerG verwendeten Begriffe der Rechtsbesorgung und der Rechtsberatung **den zentralen Begriff der** – entgeltlichen oder unentgeltlichen – **Rechtsdienstleistung** einführt. Unter den Begriff „Rechtsdienstleistung" fallen sowohl die reine Raterteilung im Innenverhältnis als auch die Vertretung des Rechtsuchenden nach außen. Mit der Aufgabe der Begriffsvielfalt sollen Auslegungsschwierigkeiten vermieden werden (BT-Drs. 16/3655, 46; siehe bereits Rn. 4). **12**

Aufgegeben wurde auch der nur schwer fassbare und in vielerlei Hinsicht zu weite Begriff der **Geschäftsmäßigkeit.** Diese erforderte nach der Rspr. eine selbstständige, mit Wiederholungsabsicht erfolgende Tätigkeit, die nicht nur aus besonderen Gründen als Gefälligkeit ausgeübt wird (siehe etwa BGH NJW 2000, 1560, 1561; BGHZ 148, 313, 317 = NJW 2001, 3541, 3542; BGH NJW 2002, 2104, 2105; BGH NJW-RR 2005, 286, 287; BGH NJW 2011, 2581 Rn. 17; siehe auch *Rennen/Caliebe* Art. 1 § 1 Rn. 56 ff.). Unerheblich sollte dagegen sein, ob die Tätigkeit haupt- oder nebenberuflich, entgeltlich oder unentgeltlich oder für einen größeren Personenkreis ausgeübt wird (BGH NJW 2011, 2581 Rn. 17). Danach war an sich sogar einem pensionierten Richter die (wiederholte) unentgeltliche Rechtsberatung verboten. Es bedurfte zweier Entscheidungen des BVerfG, um dieser viel zu weitgehenden Auslegung einen Riegel vorzuschieben (BVerfGK 3, 348 = NJW 2004, 2662; BVerfGK 7, 312 = NJW 2006, 1502; siehe auch Einleitung Rn. 15). Heute gelten für unentgeltliche Rechtsdienstleistungen mit den §§ 6 ff. RDG insgesamt deutlich liberalere Regelungen als früher (Einleitung Rn. 55 ff.). **13**

RDG § 2

14 Geschäftsmäßigkeit war darüber hinaus ihrem Wesen nach eine Frage der inneren Einstellung. Geschäftsmäßig handelte deshalb bereits, wer beabsichtigte, die Tätigkeit in gleicher Weise zu wiederholen und dadurch zu einem wiederkehrenden oder dauernden Bestandteil seiner Beschäftigung zu machen, unabhängig davon, ob diese Absicht auch tatsächlich durchführbar ist (BGH NJW 1986, 1050, 1051f.; BGH NJW-RR 1987, 875, 876; BGH NJW 2000, 1560, 1561; BGH NJW-RR 2005, 286, 287; BGH NJW 2011, 2581 Rn. 17). Folge dieser Auslegung waren zahlreiche Abgrenzungs- und Beweisschwierigkeiten, weil auf die innere Einstellung regelmäßig nur mühsam aufgrund objektiver Indizien geschlossen werden konnte (vgl. *Rennen/Caliebe* Art. 1 § 1 Rn. 59 ff.).

B. Begriff der Rechtsdienstleistung (Abs. 1)

I. Tätigkeit in konkreten fremden Angelegenheiten

15 Rechtsdienstleistung ist nur eine Tätigkeit in konkreten fremden Angelegenheiten. Dieses Tatbestandsmerkmal ist der höchstrichterlichen Rspr. zum Anwendungsbereich des RBerG entnommen (BT-Drs. 16/3655, 48; siehe aus der früheren Rspr. etwa BGHZ 38, 71, 75 ff. = NJW 1963, 441 ff.; BGH NJW 2000, 2108).

16 **1. Tätigkeit.** Mit „Tätigkeit" ist nicht die Gesamttätigkeit des Dienstleisters gemeint, angesprochen sind vielmehr die in diesem Rahmen erfolgten **Einzelaktivitäten** (zum insoweit erfolgten Systemwechsel siehe Rn. 10f.). Für jede einzelne Tätigkeit muss also gesondert geprüft werden, ob die Voraussetzungen des § 2 Abs. 1 RDG erfüllt sind und sie daher als Rechtsdienstleistung anzusehen ist (Krenzler/*Krenzler* Rn. 12 f.; Dreyer/Lamm/Müller/ *Dreyer/Müller* Rn. 14).

17 Erfasst werden zudem alle Formen außergerichtlicher Rechtsdienstleistung (zur Abgrenzung zu gerichtlichen Verfahrenshandlungen § 1 RDG Rn. 15 ff.). Das RDG findet daher auf die reine **Raterteilung im Innenverhältnis** ebenso Anwendung wie auf die **Vertretung des Rechtsuchenden nach außen**, sei es durch Verhandeln mit dem Gegner des Rechtsuchenden, durch das im Wege der Stellvertretung erfolgende Abschließen von Verträgen oder aber auch durch Verhandlungen mit Behörden (BT-Drs. 16/3655, 46).

18 Ohne Bedeutung ist auch, ob die Raterteilung **schriftlich** oder **mündlich** erfolgt (Henssler/Prütting/*Weth* Rn. 35; Rennen/Caliebe Art. 1 § 1 Rn. 34). Keine Voraussetzung für die Bejahung einer Rechtsdienstleistung ist zudem, ob die Angelegenheit durch die Tätigkeit zum Abschluss kommt; bereits ihre unmittelbare Förderung erfüllt die Voraussetzungen des § 2 Abs. 1 RDG (Henssler/Prütting/*Weth* Rn. 35).

19 **2. Fremde Angelegenheit.** Keiner Erlaubnis bedarf ferner, wer Rechtsdienstleistungen **in eigenen Angelegenheiten** erbringen will. Das RDG will gem. § 1 Abs. 1 S. 2 RDG ua die Rechtsuchenden vor unqualifizierten Rechtsdienstleistungen schützen. Es soll verhindert werden, dass der Rechtsuchende seine Rechtsangelegenheiten in ungeeignete Hände legt (§ 1 RDG

Rn. 6 ff.). Eines solchen Schutzes bedarf der Rechtsuchende aber nicht vor sich selbst. Tätigkeiten, die nicht in fremden, sondern in eigenen Angelegenheiten erfolgen, stellen daher keine Rechtsdienstleistung dar.

Privatpersonen oder Unternehmen können daher ihre eigenen Interessen stets selbst wahrnehmen. Hierzu zählt auch die Rechtsdienstleistung durch **gesetzliche Vertreter, Organe oder Angestellte eines Unternehmens** (siehe bereits BGH NJW-RR 1986, 1360 f. zum Geschäftsführer einer Gesellschaft sowie *Grunewald* FS Horn, 2006, S. 329, 330 ff.). Insoweit ist auch zu beachten, dass nach § 3 RDG nur **selbstständig erbrachte Rechtsdienstleistungen** reguliert sind. Die Erledigung von Rechtsangelegenheiten durch Mitarbeiter im Namen des Dienstherrn ist ebenso wenig wie die Erledigung eigener Rechtsangelegenheiten des Dienstherrn durch Mitarbeiter problematisch (§ 1 RDG Rn. 26; § 3 RDG Rn. 4 ff.). Für die Rechtsberatung **innerhalb eines Konzernverbunds** enthält § 2 Abs. 3 Nr. 6 RDG eine klarstellende Sonderregelung (Rn. 140 ff.). Eine weitere Klarstellung erfolgt in § 2 Abs. 3 Nr. 3 RDG, nach dem die **Erörterung der die Beschäftigten berührenden Rechtsfragen mit ihren gewählten Interessenvertretungen** keine Rechtsdienstleistung ist. Diese Freistellung wird damit gerechtfertigt, dass die Erörterung der die Beschäftigten berührenden Rechtsfragen Teil der eigenen Aufgabenwahrnehmung der Interessenvertretung ist und jedenfalls auch in ihrem eigenen Interesse erfolgt (BT-Drs. 16/6634, 51; dazu Rn. 118). Einer **Gemeinde** ist es bei reinen Organisationsprivatisierungen nicht verwehrt, die funktional überwiegend gemeindeeigenen Rechtsangelegenheiten einer von ihr voll beherrschten juristischen Person privaten Rechts als eigene Rechtsangelegenheiten zu besorgen (BGHZ 144, 68, 75 f. = NJW 2000, 2277, 2279).

Besonderheiten bestehen für das **gerichtliche Verfahren.** Hier schreiben die Verfahrensordnungen zT Anwaltszwang vor und verhindern so ein Tätigwerden der Partei in eigener Sache (vgl. etwa für den Zivilprozess § 78 ZPO). Diese rigide Regulierung rechtfertigt sich aus dem Umstand, dass im gerichtlichen Verfahren mit der Befähigung zum sach- und interessengerechten Prozessvortrag zusätzliche Qualifikationserfordernisse greifen (BT-Drs. 16/3655, 33; BVerfGK 17, 504, 507 = NJW 2010, 3291; siehe hierzu bereits § 1 RDG Rn. 5).

Wie im früheren Recht ist hierunter eine **wirtschaftlich fremde Angelegenheit** zu verstehen (BT-Drs. 16/3655, 48; vgl. zu Art. 1 § 1 RBerG BGHZ 61, 317, 320 = NJW 1974, 50, 51; BGH NJW 2007, 3570 Rn. 22; *Chemnitz/Johnigk* Rn. 77). Erfolgt das Auftreten nach außen erkennbar als Beauftragter oder Beistand eines anderen, liegt eine Tätigkeit in einer konkreten fremden Angelegenheit vor (BayObLG NStZ 1985, 224, 225; Kilian/Sabel/vom Stein/*vom Stein* Rn. 57; *Rennen/Caliebe* Art. 1 § 1 Rn. 28). Auch ein Handeln im eigenen Namen kann – wirtschaftlich betrachtet – eine fremde Rechtsangelegenheit betreffen; dies gilt etwa im Rahmen eines Treuhandverhältnisses (BGHZ 48, 12, 17 f. = NJW 1967, 1558, 1560; BAGE 73, 9, 16 = NJW 1993, 2701, 2703; *Römermann/Funke Gavilá* NZI 2012, 481, 483 f.; siehe zum Forderungseinzug Rn. 72, 74, 83 ff.).

Wird die Rechtsangelegenheit nicht nur im eigenen, sondern auch im fremden Interesse besorgt, führt dies nicht notwendig dazu, dass es sich um eine fremde Rechtsangelegenheit handelt. Ein lediglich **mittelbares Eigen-**

interesse beseitigt die Fremdheit aber (noch) nicht (BGHZ 48, 12, 17f. = NJW 1967, 1558, 1560; BGH NJW 1967, 1562, 1563; BGH NJW 2007, 3570 Rn. 22; BFH Beschl. v. 8.10.2010 – II B 111/10 [NV], BeckRS 2010, 25016612 Rn. 16). Entscheidend ist, wessen Interesse vorrangig wahrgenommen wird (BGHZ 38, 71, 80 = NJW 1963, 441, 442; BFH Beschl. v. 8.10.2010 – II B 111/10 [NV], BeckRS 2010, 25016612 Rn. 16; *Kleine-Cosack* Rn. 56; Dreyer/Lamm/Müller/*Dreyer/Müller* Rn. 34). Die eigene Interessenwahrnehmung steht im Vordergrund, wenn durch die Erledigung einer eigenen Rechtsangelegenheit **notwendig auch eine Rechtsangelegenheit eines Dritten mitbesorgt** wird (KG NJW 1991, 1304; Grunewald/Römermann/*Römermann* Rn. 15; *Rennen/Caliebe* Art. 1 § 1 Rn. 31; *Chemnitz/Johnigk* Rn. 81). So kann etwa ein Miterbe Herausgabe eines zum Nachlass gehörenden Gegenstands an die Erbengemeinschaft verlangen (§ 2039 BGB; vgl. auch Gaier/Wolf/Göcken/*Johnigk* Rn. 30; Grunewald/Römermann/*Römermann* Rn. 15; *Rennen/Caliebe* Art. 1 § 1 Rn. 31). Auch ein Gesellschafter nimmt uU zugleich zwangsläufig die Interessen der Mitgesellschafter wahr; Gleiches kann für den Bürgen mit Bezug auf den Hauptschuldner gelten (Gaier/Wolf/Göcken/*Johnigk* Rn. 30; Grunewald/Römermann/*Römermann* Rn. 15; *Rennen/Caliebe* Art. 1 § 1 Rn. 31).

24 **Eine Vertragspartei, die bei einem Vertrag zugunsten Dritter** die Leistung an den Dritten geltend macht, wird in eigener Angelegenheit tätig, auch wenn die Leistung ihr letztlich nicht zugutekommt (Gaier/Wolf/Göcken/*Johnigk* Rn. 31; Grunewald/Römermann/*Römermann* Rn. 31). Eine eigene Angelegenheit ist auch bei einer Forderungseinziehung im Fall der **Sicherungszession** zu bejahen. Nach Eintritt des Sicherungsfalls liegt die Verwertung der Sicherheit zur Deckung der Schuld vornehmlich im eigenen Interesse des Gläubigers (dazu Rn. 73).

25 Eine Partei, die für einen Schaden (möglicherweise) letztverantwortlich ist und deshalb fürchtet, in **Regress** genommen zu werden, kann zugunsten eines vorrangig in Anspruch genommenen Dritten Rechtsdienstleistungen erbringen. Dies gilt erst recht, wenn der Geschädigte oder der Dritte (auch) gegen ihn Ansprüche durchzusetzen versucht oder ihre Geltendmachung in Aussicht gestellt hat. So kann ein Hersteller im Namen seiner Vertragshändler Abmahnschreiben beantworten, die diese von Mitbewerbern wegen einer vom Hersteller für seine Vertragshändler geschalteten Werbung erhalten haben (aA OLG Köln NJW-RR 1986, 917 zum RBerG). Erteilt der auf Zahlung in Anspruch genommene **Kfz-Haftpflichtversicherer** des Schädigers dem Geschädigten rechtliche Hinweise, die die Honorarzahlung des Geschädigten an den von ihm mit der Feststellung der Schadenshöhe beauftragten Kraftfahrzeugsachverständigen betreffen, liegt darin keine Besorgung einer fremden Rechtsangelegenheit iSv § 2 Abs. 1 RDG. Mit seinem Rat an den Geschädigten, keine aus seiner Sicht nicht erstattungsfähige Zahlung an den Sachverständigen zu leisten, nimmt der Versicherer eine eigene Angelegenheit wahr, weil er damit rechnen muss, vom Geschädigten in Regress genommen zu werden (BGH NJW 2007, 3570 Rn. 20ff. zum RBerG; sowie § 4 RDG Rn. 12). Dies gilt entsprechend für sonstige Unterstützungsleistungen zugunsten des Geschädigten durch den Haftpflichtversicherer (BGHZ 38, 71, 76ff. = NJW 1973, 441ff. zum RBerG).

26 Zulässig – als Tätigkeit in eigener Angelegenheit – sind bloße Auskünfte der **Rechtsschutzversicherung** an den Versicherungsnehmer. Sie stehen im Zusammenhang mit der Erteilung von Deckungsschutz und stellen sich, auch wenn sie im Sinn einer „Erstberatung" eine vorläufige rechtliche Bewertung der vom Versicherungsnehmer oder gegen ihn erhobenen Ansprüche enthalten, stets als (auch) eigene Angelegenheit des Versicherungsunternehmens dar (BT-Drs. 16/3655, 51; siehe auch § 4 RDG Rn. 31). Fremdheit ist aber zu bejahen, wenn eine Rechtsschutzversicherung Verhandlungen mit dem Gegner des Versicherungsnehmers führt (BGH NJW 1961, 1113 ff.; siehe auch § 4 RDG Rn. 30).

27 Erlaubnispflichtig ist auch die Geltendmachung von Schadensersatzansprüchen eines Kunden gegen einen Dritten durch einen **Versicherungsmakler.** Es ist ohne Bedeutung für den Abschluss bzw. den Bestand eines Versicherungsvertrags, ob ein Kunde seine Ansprüche gegen einen Dritten – etwa aus einem Unfall – durchsetzen kann. Sein etwaiges mittelbares Interesse, durch eine derartige Beratung die Vermittlung von Versicherungsverträgen zu erleichtern oder den Bereich der Geschäftstätigkeit auszuweiten, kann nicht dazu führen, die übernommene Tätigkeit ganz oder überwiegend in eine eigene Angelegenheit zu verwandeln (BGH NJW 1967, 1562, 1563; OLG Karlsruhe NJW 1988, 838, jeweils zum RBerG; Henssler/Prütting/*Weth* Rn. 23; zu Einzelheiten und weiteren Nachweisen, auch zum Umfang zulässiger Rechtsdienstleistungen als Nebenleistung, siehe § 5 RDG Rn. 119 ff.).

28 **Banken** nehmen eine eigene Angelegenheit wahr, wenn sich die rechtliche Tätigkeit auf ein beantragtes oder bereits gewährtes Darlehen bzw. eine sonstige Vermögensanlage bezieht. Dies ist insbesondere der Fall, wenn eine Bank über die Sicherung eines aufzunehmenden Kredits berät, die hierfür erforderlichen Unterlagen (etwa einen Grundbuchauszug) besorgt sowie Betreuung bei der Vornahme der hierzu notwendigen grundbuchrechtlichen Schritte anbietet. In eigener Angelegenheit erbringt eine Bank auch Rechtsdienstleistungen, die im Zusammenhang mit einer Umschuldung erfolgen, sofern sie die für die Umschuldung nötigen Kredite gewährt (Nachweise und Einzelheiten bei § 5 RDG Rn. 51 ff.).

29 Ein **Prozessfinanzierungsunternehmen,** das vor Abschluss eines Finanzierungsvertrags die Erfolgsaussichten der Angelegenheit prüft, wird im unmittelbaren eigenen wirtschaftlichen Interesse tätig; die Prüfung dient jedenfalls vorrangig der Risikoabschätzung (*Böttger* Gewerbliche Prozessfinanzierung und Staatliche Prozesskostenhilfe, 2008, S. 171; *Jaskolla* Prozessfinanzierung gegen Erfolgsbeteiligung, 2004, S. 92 ff.; *Maubach* Gewerbliche Prozessfinanzierung gegen Erfolgsbeteiligung, 2002, S. 48 ff.). Ähnlich wie einem Rechtsschutzversicherer (Rn. 26) ist dem Prozessfinanzierer auch nicht untersagt, dem Kunden das Ergebnis der Prüfung mitzuteilen (*Jaskolla* Prozessfinanzierung gegen Erfolgsbeteiligung, 2004, S. 94 ff.). Die spätere Finanzierungsleistung wiederum ist ebenfalls keine Rechtsdienstleistung, sondern versetzt den Anspruchsinhaber lediglich wirtschaftlich in die Lage, einen Anwalt für die weitere Rechtsdurchsetzung zu beauftragen (*Homberg* Erfolgshonorierte Prozessfinanzierung, 2006, S. 179 ff.; *Maubach* Gewerbliche Prozessfinanzierung gegen Erfolgsbeteiligung, 2002, S. 46 ff.). Etwas anderes gilt aber, wenn der Prozessfinanzierer unmittelbar in Verhandlungen mit dem Gegner tritt oder den finanzierten Anwalt rechtlich unterstützt; insoweit geht es – wirtschaftlich betrachtet – um die Durchsetzung einer für ihn fremden Forderung (LG Köln NJW-RR 2003, 426, 427; Gaier/Wolf/Göcken/*Johnigk* Rn. 55; Henssler/Prütting/*Weth* Rn. 38; *Maubach* Gewerbliche Prozessfinanzierung gegen Erfolgsbeteiligung, 2002, S. 57 ff.; aA *Homberg* Erfolgshonorierte Prozessfinanzierung, 2006, S. 183 ff.; *Jaskolla* Prozessfinanzierung gegen Erfolgsbeteiligung, 2004, S. 97 ff.). Dass er hieran erfolgsabhängig partizipiert, ist unerheblich (siehe insoweit auch Rn. 84).

30 Allein der Umstand, dass mehrere Personen **gleichartige Interessenlagen** haben, führt aber nicht dazu, dass die Angelegenheiten anderer zur eigenen Angelegenheit werden (Grunewald/Römermann/*Römermann* Rn. 16; Henssler/Prütting/*Weth* Rn. 23). So hat die gleiche Rechtsposition und das gemeinsame Interesse von Straßenanliegern an einem bestimmten Verhalten der Gemeinde nicht zur Folge, dass alle Rechtsstreitigkeiten, die insoweit zwischen der Gemeinde und den einzelnen Anliegern entstehen, zu eigenen Rechtsangelegenheiten jedes einzelnen Anliegers werden (BayObLG NStZ 1985, 33).

31 Zu Zeiten des RBerG war umstritten, inwieweit die Besorgung von **Rechtsdienstleistungen zugunsten enger Familienangehöriger** als Tätigkeit in einer eigenen oder fremden Angelegenheit anzusehen war (siehe zum Streitstand *Rennen/Caliebe* Art. 1 § 1 Rn. 33; *Chemnitz/Johnigk* Rn. 84 f.). Wegen der weitgehenden Liberalisierung der unentgeltlichen Rechtsdienstleistung hat der Streit heute an praktischer Bedeutung verloren. Aus dem Umstand, dass nach § 6 RDG auch innerhalb familiärer, nachbarschaftlicher oder ähnlich enger persönlicher Beziehungen nur unentgeltliche Rechtsdienstleistungen gestattet sind, folgt nunmehr, dass allein das Bestehen einer verwandtschaftlichen oder persönlichen Beziehung der Rechtsdienstleistung nicht die Fremdheit nimmt (Henssler/Prütting/*Weth* Rn. 25; aA Gaier/Wolf/Göcken/*Johnigk* Rn. 29). Rechtsangelegenheiten eines Ehegatten sind für den anderen aber dann nicht fremd, wenn ihre Besorgung auf der Pflicht zur ehelichen Beistandsleistung nach § 1353 Abs. 1 S. 2 BGB beruht (BGHZ 148, 313, 318 ff. = NJW 2001, 3541, 3542 f.).

32 **3. Konkrete Angelegenheit.** Die Tätigkeit muss zudem auf einen konkreten Sachverhalt gerichtet sein. Entscheidend ist stets, ob es sich um eine nicht fingierte, sondern **wirkliche, sachverhaltsbezogene Rechtsfrage einer bestimmten, Rat suchenden Person** handelt (BT-Drs. 16/3655, 48; BGH GRUR 2011, 539 Rn. 29; siehe auch bereits BGH NJW 1956, 591, 592 zum RBerG). Eine Rechtsdienstleistung liegt daher nicht vor, wenn zwar eine vertiefte Auseinandersetzung mit rechtlichen Fragestellungen stattfindet, diese sich jedoch nicht auf einen konkreten Einzelfall bezieht (BT-Drs. 16/3655, 47). Die abstrakte Behandlung von Rechtsfragen stellt daher keine Rechtsdienstleistung dar, selbst wenn aus Gründen der Veranschaulichung und Vertiefung einzelne konkrete Streitfälle als Beispiel herangezogen werden; damit ist etwa die juristische Vortragstätigkeit oder das Verfassen eines wissenschaftlichen Aufsatzes keine Rechtsdienstleistung (*Chemnitz/Johnigk* Rn. 343). Siehe im Übrigen die Ausführungen zum Tatbestandsmerkmal „Prüfung des Einzelfalls" unter Rn. 43 ff.

II. Erforderlichkeit der rechtlichen Prüfung des Einzelfalls

1. Rechtliche Prüfung. Nach der neuen Systematik des RDG (dazu 33 Rn. 10f.) liegt eine Rechtsprüfung nicht erst dann vor, wenn eine Tätigkeit das gesamte Kenntnisspektrum des Rechtsanwalts als berufener unabhängiger Berater und Vertreter in allen Rechtsangelegenheiten (§ 3 Abs. 1 BRAO) erfordert. Abweichend vom RBerG bezieht sich der Prüfungsmaßstab nicht auf eine berufliche Tätigkeit in ihrer gesamten Breite, sondern auf die einzelne Dienstleistung, die im Rahmen einer beruflichen Tätigkeit zu erbringen ist. **Jede spezifische Einzelfrage,** deren Beantwortung eine juristische Subsumtion und besondere Rechtskenntnisse – wenn auch nur in einem kleinen Teilbereich – erfordert, enthält eine solche Rechtsprüfung, die den Anwendungsbereich des RDG eröffnet (BT-Drs. 16/3655, 47). Ob eine solche als Rechtsdienstleistung qualifizierte Tätigkeit dann zulässig ist, entscheidet sich sodann bei der Prüfung der Erlaubnistatbestände und hier vor allem bei § 5 RDG. In diesem Rahmen ist zu erörtern, ob die rechtliche Beratung oder Vertretung der Gesamttätigkeit insgesamt untergeordnet und damit als zulässige Nebenleistung zu qualifizieren ist (BT-Drs. 16/3655, 47; dazu § 5 RDG Rn. 29ff.).

Die **Anforderungen an eine rechtliche Prüfung** iSd § 2 Abs. 1 RDG 34 sind im Einzelnen **umstritten.** Der Meinungsstreit hat seine Ursachen in der Genese des Gesetzes, da – wie unter Rn. 5ff. dargelegt wurde – der Wortlaut des § 2 Abs. 1 RDG während des Gesetzgebungsverfahrens deutlich gestrafft wurde. Im Ergebnis wurde aus der Fassung des RegE zu § 2 Abs. 1 RDG-E (vgl. BT-Drs. 16/3655, 7, 46) „Rechtsdienstleistung ist jede Tätigkeit in konkreten fremden Angelegenheiten, sobald sie *nach der Verkehrsanschauung oder der erkennbaren Erwartung des Rechtsuchenden* eine *besondere* rechtliche Prüfung des Einzelfalls erfordert" die kursiv gesetzten Wörter gestrichen. Unklar ist nunmehr, ob von der gesetzlich geforderten rechtlichen Prüfung nur dann auszugehen ist, wenn der Rechtsuchende eine besondere rechtliche Betreuung oder Aufklärung erkennbar erwartet oder nach der Verkehrsanschauung eine besondere rechtliche Prüfung erforderlich ist (Dreyer/Lamm/Müller/*Dreyer/ Müller* Rn. 21) oder ob an das Ausmaß der rechtlichen Prüfung nur geringere Anforderungen gestellt werden dürfen, weil das Erfordernis einer besonderen rechtlichen Prüfung nicht in § 2 Abs. 1 RDG übernommen wurde (Krenzler/ *Krenzler* Rn. 15; Gaier/Wolf/Göcken/*Johnigk* Rn. 33; Grunewald/Römermann/*Römermann* Rn. 29; *ders.* NJW 2014, 1777, 1778f.). Der BGH musste in diesem Meinungsstreit bislang noch nicht Stellung beziehen (offengelassen von BGH GRUR 2011, 539 Rn. 28; ohne Entscheidung auch BSG NJW 2014, 493 Rn. 31f.; BSG Urt. v. 5.3.2014 – B 12 R 7/12 R, BeckRS 2014, 71499 Rn. 15). Ungeklärt ist damit, ob die ausführlichen Hinweise in der Begründung des ursprünglichen RegE ihren Wert als Auslegungshilfe für den Begriff der Rechtsdienstleistung behalten haben.

Nach der hier vertretenen Auffassung behalten nach dem **erkennbaren** 35 **Willen des Gesetzgebers** (BT-Drs. 16/6634, 50f.) die Ausführungen in der Regierungsbegründung ihre Gültigkeit. Wer allein aus dem Umstand, dass vom Rechtsausschuss der Wortlaut der Norm verändert worden ist, folgert, dass diese Änderung auch inhaltlicher Art sein muss (so offenbar Grunewald/ Römermann/*Römermann* Rn. 29; *ders.* NJW 2014, 1777, 1778f.), übersieht, dass es Aufgabe der Rspr. ist, den vom Gesetzgeber festgelegten Sinn und Zweck eines Gesetzes möglichst zuverlässig zur Geltung zu bringen (vgl. hierzu BVerfGE 128, 193, 209f. = NJW 2011, 836 Rn. 52; BVerfGK 19, 89, 102f. = NJW 2012, 669 Rn. 56; BVerfGE 132, 99 Rn. 75 = NJW 2012, 3081; *Höpfner* Die systemkonforme Auslegung, 2008, S. 143ff.). Im Ergebnis ist daher für die Frage der Erforderlichkeit einer rechtlichen Prüfung auf die Verkehrsanschauung oder die erkennbare Erwartung des Rechtsuchenden abzustellen; insoweit kennt das Gesetz also eine objektive und eine subjektive Komponente. Die Rspr. (siehe etwa BGH NJW 2000, 2108, 2109) hat diese Merkmale – auch ohne eine ausdrückliche Kodifikation – ohnehin bereits zu Zeiten des RBerG berücksichtigt (BT-Drs. 16/6634, 51).

36 Damit liegt eine Rechtsdienstleistung zunächst vor, wenn **objektiv** eine rechtliche Prüfung erforderlich ist und auch erfolgt. Ist dies der Fall, kann die Anwendbarkeit des RDG nicht durch eine **abweichende vertragliche Vereinbarung** vermieden werden; auch kommt es dann auf die Erwartung des Auftraggebers nicht mehr an (Gaier/Wolf/Göcken/*Johnigk* Rn. 37; aA *Kleine-Cosack* Rn. 44f.).

37 Nach der Verkehrsanschauung scheiden all jene Lebensvorgänge grds. aus dem Anwendungsbereich des RDG aus, die ohne jede rechtliche Prüfung auskommen, weil sie nach Inhalt, Formen und Rechtsfolgen jedermann derart vertraut sind, dass sie nicht als „rechtliche" Lebensvorgänge empfunden werden (BT-Drs. 16/3655, 46; vgl. auch bereits BGH NJW 2000, 2108, 2109 zum RBerG). Hierzu zählen die Tätigkeiten, die objektiv nicht über die bloß schematische Anwendung des Rechts hinausgehen (sog. **Routineangelegenheiten**). Dazu gehören etwa das Auffinden, die Lektüre, die Wiedergabe und die rein schematische Anwendung von Rechtsnormen (BT-Drs. 16/3655, 46). In diesen Fällen ist die Subsumtion unter juristische Begriffe und Tatbestände auch für juristische Laien so selbstverständlich, dass die Rechtsanwendung kein besonderes rechtliches Wissen voraussetzt (BT-Drs. 16/3655, 46). Auch die Fälle **bloßer Stellvertretung** im Rechtsverkehr fallen grds. nicht mehr in den Verbotsbereich des Gesetzes (BT-Drs. 16/3655, 46; siehe zu den Treuhandfällen noch Rn. 47ff.). Allein die mit einem solchen Vertreterhandeln unvermeidlich verbundenen, möglicherweise weitreichenden rechtlichen Folgen machen die Tätigkeit noch nicht zu einer erlaubnispflichten Rechtsberatung (BT-Drs. 16/3655, 46; vgl. auch BVerfGE 97, 12, 30 = NJW 1998, 3481, 3482).

38 Die notwendige rechtliche Prüfung ist von einer rein **wirtschaftlichen Tätigkeit abzugrenzen.** Erforderlich für die Anwendung des RDG ist – auch nach der Streichung des Wortes „besondere" im Wortlaut des § 2 Abs. 1 RDG – somit stets die Notwendigkeit eines **spezifisch juristischen Subsumtionsvorgangs** auf Seiten des Dienstleistenden (BT-Drs. 16/3655, 46; BT-Drs. 16/6634, 51; kritisch *Römermann* NJW 2014, 1777, 1779, nach dem jeder Rechtsanwendung zwangsläufig eine Prüfung im Sinne eines Subsumtionsvorgangs vorausgeht). Dies bedeutet allerdings nicht, dass die Norm nur besonders schwierige oder umfassende rechtliche Prüfungen erfasst. Geht eine rechtliche Tätigkeit über die bloße Anwendung von Rechtsnormen auf einen Sachverhalt hinaus, liegt eine Rechtsdienstleistung vor, auch wenn es keiner besonderen Prüfungstiefe bedarf. Es geht im Rahmen von § 2 Abs. 1

Begriff der Rechtsdienstleistung **§ 2 RDG**

RDG nur um die Abgrenzung von bloßer Rechtsanwendung zu juristischer Rechtsprüfung und nicht um die Unterscheidung von „einfachem" und „schwierigem" Rechtsrat (BT-Drs. 16/6634, 51).

Erfordert die Erteilung eines Rats oder die Besorgung eines Geschäfts objektiv, also nach der Verkehrsanschauung, keine besondere rechtliche Prüfung, so ist damit der Anwendungsbereich noch nicht zwingend verschlossen. Vielmehr sind die Vorgaben des RDG auch für Tätigkeiten, die objektiv nicht über die bloß schematische Anwendung des Rechts hinausgehen, zu beachten, wenn der Rechtsuchende **(subjektiv)** eine (besondere) rechtliche Betreuung oder Aufklärung wünscht oder erkennbar erwartet (BT-Drs. 16/3655, 48). Die Berücksichtigung der subjektiven Erwartung für den Anwendungsbereich des RDG ist konsequent, dient doch das RDG gem. § 1 Abs. 1 S. 2 RDG vor allem dem Schutz der Rechtsuchenden (§ 1 RDG Rn. 6 ff.). 39

Eine Tätigkeit ist daher erlaubnispflichtig, wenn der Auftraggeber zu erkennen gibt, dass er die rechtlichen Auswirkungen eines Geschäfts nicht überblickt und er den Dritten gerade mit dem Ziel einschaltet, den Vorgang von ihm unter Anwendung der einschlägigen gesetzlichen Vorschriften prüfen oder sich über die rechtlichen Folgen des Rechtsgeschäfts aufklären zu lassen (BT-Drs. 16/3655, 48). Was der Auftraggeber im Rahmen einer Geschäftsbesorgung durch Dritte **erkennbar erwartet,** richtet sich im Zweifel nach Person und Qualifikation des Geschäftsbesorgers (BGH NJW 2000, 2108, 2109 zum RBerG). Wenn ein Dienstleister nach außen mit dem Besitz besonderer rechtlicher Kenntnisse wirbt, liegt es nahe, dass der Rechtsuchende ihn gerade wegen dieser Kenntnisse beauftragt (*Chemnitz/Johnigk* Rn. 72 f.). Aus der Bitte eines Auftraggebers um Vereinbarung eines Besprechungstermins zur Klärung von Forderungen anlässlich der Ankündigung einschneidender gerichtlicher Schritte durch die Gegenseite folgt die Erwartung einer über eine einfache oder schematische Rechtsanwendung hinausgehenden rechtlichen Prüfung (OLG Köln Beschl. v. 18. 7. 2011 – 6 W 146/11, BeckRS 2011, 25207). 40

Durch das im RefE noch nicht enthaltene Tatbestandsmerkmal (Rn. 5) **„sobald"** wird herausgestellt, dass eine nicht rechtlich geprägte Tätigkeit im Verlauf der Vertragserfüllung zur Rechtsdienstleistung iSd § 2 Abs. 1 RDG werden kann. Ab dem Moment, in dem die Dienstleistung eine rechtliche Prüfung erfordert, kann der Berater seine Tätigkeit nur fortsetzen, wenn er sich auf einen Erlaubnistatbestand berufen kann (Gaier/Wolf/Göcken/*Johnigk* Rn. 36). Das Wort „sobald" bringt zugleich zum Ausdruck, dass die frühere einfache Dienstleistung nicht nachträglich unzulässig wird (Gaier/Wolf/Göcken/*Johnigk* Rn. 36; aA aber offenbar Grunewald/Römermann/*Römermann* Rn. 28). 41

Ohne Bedeutung ist, in welchem Teilbereich des Rechts eine rechtliche Prüfung erforderlich ist. Auch eine Prüfung **ausländischen Rechts** ist ausreichend (OLG Frankfurt a. M. GRUR 1984, 882; Henssler/Prütting/*Weth* Rn. 35; *Rennen/Caliebe* Art. 1 § 1 Rn. 40; siehe auch § 10 RDG Rn. 17 ff.); andernfalls ergäbe die Registrierungspflicht nach § 10 Abs. 1 S. 1 Nr. 3 RDG keinen Sinn. 42

2. Prüfung des Einzelfalls. Das Tatbestandsmerkmal „Prüfung des Einzelfalls" überschneidet sich mit dem der „konkreten Angelegenheit" (Dreyer/ 43

Lamm/Müller/*Dreyer/Müller* Rn. 39; für eine eigenständige Bedeutung der beiden Voraussetzungen aber Grunewald/Römermann/*Römermann* Rn. 24ff.; zum Merkmal der „konkreten Angelegenheit" siehe Rn. 32). Eine Rechtsdienstleistung liegt daher nicht vor, wenn zwar eine vertiefte Auseinandersetzung mit rechtlichen Fragestellungen stattfindet, diese sich jedoch nicht auf einen konkreten Einzelfall bezieht (BT-Drs. 16/3655, 47). **Allgemeine, an die Öffentlichkeit oder einen interessierten Kreis gerichtete rechtliche Informationen** stellen damit keine Rechtsdienstleistung dar, selbst wenn sie einen konkreten Fall als Beispiel heranziehen (BT-Drs. 16/3655, 47). Auch eine allgemein gehaltene, auf den nicht überprüften Angaben des Nachfragenden beruhende Rechtsauskunft an eine interessierte Einzelperson ist nicht Rechtsdienstleistung (BT-Drs. 16/3655, 47).

44   Die **Postwurfsendung eines Mietervereins** an Mieter einer Wohnanlage, unter denen auch Nichtmitglieder des Vereins sind, in der allgemein gehaltenen Informationen zu einer möglichen Mietminderung enthalten und Muster beigefügt sind, ist keine Rechtsdienstleistung iSd § 2 Abs. 1 RDG. Enthält das Schreiben aber bereits eine rechtliche Bewertung einer konkreten Situation (etwa einer gerade laufenden Modernisierungsmaßnahme), ist eine Prüfung des Einzelfalls auch dann zu bejahen, wenn sich das Schreiben nicht nur an einen einzelnen Mieter richtet (OLG Hamburg NJW 2005, 3431, 3432f. zu Art. 1 § 1 RBerG). Zulässig ist auch die Beantwortung rechtlicher Fragen im Rahmen einer **Ratgebersendung im Fernsehen,** für die allerdings ohnehin die Klarstellung des § 2 Abs. 3 Nr. 5 RDG gilt (BT-Drs. 16/3655, 47; siehe dazu noch Rn. 133ff.). Als rechtmäßig angesehen wurde vom BVerfG auch die Verteilung sog. **„Anti-Strafzettel" an Falschparker.** Auch wenn diesen detaillierte Hinweise zu entnehmen sind, wie sich die Betroffenen im konkreten Fall gegen Strafzettel zur Wehr setzen können, sei zu beachten, dass ein Verbot zugleich eine über den Zweck der Beratung hinausgehende Meinungsäußerung unterdrücke, die mit der Beratung untrennbar verbunden ist und der die Beratung als Protestmittel dient. Letztlich habe die vom Beschwerdeführer geführte Kampagne gegen die aus seiner Sicht unzureichend ausgeschilderte Parkscheibenzone im Zentrum des Geschehens gestanden (BVerfGK 10, 312, 315ff. = NJW 2007, 2391, 2392f.; anders noch BayObLG NJW 2004, 86f.). Zur Zulässigkeit allgemein gehaltener Hinweise durch Kfz-Werkstätten, Mietwagenunternehmen oder Sachverständige siehe § 5 RDG Rn. 106.

45   Für die Frage, ob Rechtsdienstleistungen erbracht werden, ist es unerheblich, mit welchen **technischen Mitteln** eine Information erfolgt. Eine Prüfung des Einzelfalls kann auch dann gegeben sein, wenn der Rechtsuchende keinen persönlichen Kontakt zum Dienstleistenden aufnimmt, sondern etwa über eine Telefon-Hotline oder ein Internetforum seine konkreten Rechtsfragen prüfen lässt. Insoweit kommt es auf den Inhalt des Beratungsangebots und die Erwartung des Rechtsuchenden für die Beurteilung an (BT-Drs. 16/3655, 47f.).

46   Bei **Computerprogrammen und Rechtsinformationssystemen** fehlt es jedoch an einer Individualisierung und Konkretisierung sowohl des zu beurteilenden Lebenssachverhalts als auch der betroffenen Person, deren Rechte wahrgenommen werden sollen. Der rechtsuchende Nutzer ist idR anonym,

das konkrete Rechtsproblem bleibt mangels Interaktion nur ihm bekannt, so dass schon aus diesem Grund keine Rechtsdienstleistung vorliegt (*Henssler/Kilian* CR 2001, 682, 687f.; anders Gaier/Wolf/Göcken/*Johnigk* Rn. 40; *Stern* CR 2004, 561, 562ff.).

III. Einzelfälle

1. Treuhandtätigkeit. Einen großen Raum in der Rspr. des BGH zum RBerG haben Treuhandtätigkeiten eingenommen. Der BGH hat nach altem Recht in den „Treuhandfällen" bei **Bauträger- oder sonstigen Anlagemodellen,** den über die Erteilung umfassender Vollmachten an einen Treuhänder erfolgenden Erwerb von Anlageobjekten wegen eines Verstoßes gegen das RBerG für nichtig gehalten (grundlegend BGHZ 145, 265, 269ff. = NJW 2001, 70ff.; seither stRspr, siehe nur BGHZ 153, 214, 217ff. = NJW 2003, 1252, 1253f.; BGHZ 154, 283, 285ff. = NJW 2003, 1594, 1595; BGH NJW-RR 2003, 1203, 1204; BGH NJW 2004, 841, 842f.; BGH NJW 2005, 668, 669; BGH NJW 2005, 820, 823; BGHZ 167, 223 Rn. 12 = NJW 2006, 1952; BGH NJW 2007, 1130 Rn. 7f.; BGHZ 178, 271 Rn. 33 = NJW-RR 2009, 254; BGH BKR 2009, 194 Rn. 18; BGH NJW 2012, 3424 Rn. 9; diese strenge Rspr. ist ungeachtet des Außerkrafttretens des RBerG am 1.7.2008 für zuvor abgeschlossene Verträge unverändert anzuwenden, vgl. BGH NJW 2008, 3069 Rn. 14; BGH NJW-RR 2011, 1426 Rn. 23; BGH NJW 2012, 3424 Rn. 9 sowie § 1 RDG Rn. 50; umfassend zur Rspr. des BGH *Rehberg* Rechtsberatung durch Treuhänder, 2010, S. 25ff.). 47

Nach der amtlichen Begründung soll das RDG nur dann zur Anwendung gelangen, wenn der Anleger beim Abschluss des Geschäftsbesorgungsvertrags erkennbar zum Ausdruck bringt, dass er nicht lediglich die Durchführung des Vertrags durch den Treuhänder, sondern eine besondere rechtliche Prüfung, Beratung und Betreuung wünscht. Das sei bei Beteiligungs- und Anlagemodellen, bei denen angesichts der **durch Musterverträge fest vorgegebenen Erklärungen und Vertragsklauseln** eine individuelle Erledigung von Rechtsangelegenheiten für den Anleger überhaupt nicht in Rede steht, nicht der Fall (BT-Drs. 16/3655, 46; zustimmend bereits *Henssler/Deckenbrock* DB 2008, 41, 42; *Kleine-Cosack* Anhang zu den §§ 1–5 Rn. 86ff.; *ders.* BB 2007, 2637, 2639; *Rehberg* Rechtsberatung durch Treuhänder, 2010, S. 73, 127ff.; *ders.* BB 2011, 453, 455ff.; aA Krenzler/*Krenzler* Rn. 34ff.; Gaier/Wolf/Göcken/*Johnigk* Rn. 43). Um eine primär wirtschaftliche Tätigkeit handelt es sich auch bei einer **Mittelverwendungskontrolle.** Die vom Beauftragten zu gewährleistende Sicherstellung, dass die Mittel der Anleger erst dann weitergeleitet werden, wenn die ordnungsgemäße Verwendung nachgewiesen oder gesichert ist, stellt keine Rechtsberatung dar, weil der Beauftragte nicht zu einer allgemeinen rechtlichen Beratung der Anleger verpflichtet ist (*Rehberg* Rechtsberatung durch Treuhänder, 2010, S. 74, 170). 48

Insoweit ist zudem zu beachten, dass die Treuhandtätigkeit keine freiberufliche, sondern eine **gewerbliche Tätigkeit** ist. Sie liegt damit außerhalb des anwaltlichen Tätigkeitsfelds, so dass es von vornherein gar nicht darum gehen kann, bestimmte Aktivitäten den Rechtsanwälten als den berufenen Beratern und Vertretern in Rechtsangelegenheiten vorzubehalten (vgl. *Nelte* Das Berufs- 49 bild des Rechtsanwalts als Auslegungshilfe für den Rechtsbesorgungsbegriff des Art. 1 § 1 Abs. 1 S. 1 RBerG und seine Positionierung im RDG-RefE, 2007, S. 194). Treuhandtätigkeiten liegen damit grds. auch außerhalb des Verbotsbereichs des RDG. Etwas anderes gilt nur dann, wenn die Treuhandtätigkeit nur ein untergeordnetes Element einer im Kern freiberuflichen Rechtsberatungstätigkeit ist. Solche Aktivitäten lassen sich dem RDG zuordnen. So ist die Tätigkeit eines sog. **Basistreuhänders,** der Einfluss auf die Gestaltung der Musterverträge nehmen kann oder der einen inhaltlichen Gestaltungsspielraum beim Abschluss der Funktionsträgerverträge hat, Rechtsdienstleistung (*Rehberg* Rechtsberatung durch Treuhänder, 2010, S. 66 ff., 82 ff.).

50   **2. Einziehung fremder oder zu Einziehungszwecken abgetretener Forderungen.** Die Einziehung fremder oder zu Einziehungszwecken abgetretener Forderungen setzt oft eine Rechtsprüfung iSv § 2 Abs. 1 RDG voraus. Inkassounternehmer haben regelmäßig nicht nur die Aufgabe schlichter Mahn- und Beitreibungstätigkeit, also einer kaufmännischen Hilfstätigkeit, sondern sie übernehmen auch die **Verantwortung für die wirkungsvolle Durchsetzung fremder Rechte oder Vermögensinteressen** (BVerfG NJW 2002, 1190, 1191; BVerfG NJW-RR 2004, 1570, 1571). Dementsprechend erfordern Inkassodienstleistungen gem. § 11 Abs. 1 RDG besondere Sachkunde in den für die beantragte Inkassotätigkeit bedeutsamen Gebieten des Rechts, insbesondere des Bürgerlichen Rechts, des Handels-, Wertpapier- und Gesellschaftsrechts, des Zivilprozessrechts einschließlich des Zwangsvollstreckungs- und Insolvenzrechts sowie des Kostenrechts.

51   Die Voraussetzungen des § 2 Abs. 1 RDG liegen aber nicht vor, wenn die Forderungseinziehung mit keiner Rechtsprüfung verbunden ist. So fällt etwa der **Einzug von Forderungen durch Telefonanbieter oder Internetprovider,** die gebührenpflichtige Dienste fremder Anbieter über ihre Telefon- oder Internetgebührenrechnung gegenüber dem Endkunden abrechnen und den hierauf entfallenden Teil des Gesamtrechnungsbetrags weiterleiten (sog. Micropayment), nicht in den Anwendungsbereich des RDG (BT-Drs. 16/3655, 49). Auch die **Geltendmachung unstreitiger Ansprüche** oder das **Verfassen eines einfachen Mahnschreibens** ist keine Rechtsdienstleistung (Gaier/Wolf/Göcken/*Johnigk* Rn. 38). Daher ist einer **Kfz-Werkstatt,** einem **Mietwagenunternehmen** oder einem **Kfz-Sachverständigen** gestattet, eine Forderung einzuziehen, wenn sie eine dem Grund und der Höhe nach unstreitige Schadensposition zum Inhalt hat (Krenzler/*Krenzler* Rn. 17). Sind aber Grund und Höhe streitig oder ist der Auftrag des Kunden auf eine umfassende Schadensregulierung gerichtet mit der Folge, dass die in Betracht kommenden Ansprüche zunächst ermittelt und einer rechtlichen Prüfung unterzogen werden müssen, liegt eine Rechtsdienstleistung vor (Krenzler/*Krenzler* Rn. 17, 43); ihre Zulässigkeit kann sich allerdings aus § 5 Abs. 1 RDG ergeben (§ 5 RDG Rn. 61, 111 ff.).

52   Um Schutzlücken zu vermeiden, erfasst § 2 Abs. 2 S. 1 RDG – unabhängig vom Vorliegen der Voraussetzungen des § 2 Abs. 1 RDG – die Einziehung fremder oder zum Zweck der Einziehung auf fremde Rechnung abgetretener Forderungen, sofern die Forderungseinziehung als eigenständiges Geschäft betrieben wird (dazu Rn. 67 ff.).

Begriff der Rechtsdienstleistung §2 RDG

3. Sonstige Fälle. Rechtsdienstleistung ist zunächst die **Gestaltung von** 53 **Rechtsverhältnissen;** hierzu zählt etwa die **Anfertigung von Vertragsentwürfen** (BGHZ 70, 12, 13 = NJW 1978, 322), das Aufsetzen Allgemeiner Geschäftsbedingungen (*Chemnitz/Johnigk* Rn. 42), der Entwurf eines Testaments (OLG Karlsruhe NJW-RR 2007, 206, 207; § 5 RDG Rn. 147), die Vorbereitung einer Vorsorgevollmacht (OLG Karlsruhe Urt. v. 23.12.2010 – 4 U 109/10, BeckRS 2011, 22997) und das Verfassen einer Vereins- oder Stiftungssatzung (OLG Karlsruhe NJW-RR 2007, 206, 207; LG Baden-Baden Urt. v. 22.9.2010 – 4 O 32/10, BeckRS 2011, 14060). Da der Begriff „Rechtsdienstleistung" sowohl die reine Raterteilung im Innenverhältnis als auch die Vertretung des Rechtsuchenden nach außen umfasst (siehe bereits Rn. 17), spielt es keine Rolle, ob der Dienstleister den Gegner oder einen sonstigen Dritten kontaktiert.

Die Grenze zur Rechtsdienstleistung ist allerdings grds. noch nicht über- 54 schritten, wenn ein Dienstleister seinem Kunden ein **standardisiertes Vertragsformular** überlässt (OLG Karlsruhe NJW-RR 2011, 119, 120), es sei denn, bereits die Auswahl des passenden Formulars erfordert eine rechtliche Prüfung. Auch die Hilfeleistung bei der Ausfüllung eines solchen standardisierten Vertragsformulars kann noch erlaubnisfrei sein, wenn diese sich auf das Erfragen der erforderlichen Angaben (zB Personalien, Höhe der Miete und der Mietkaution, Mietdauer, umzulegende Nebenkosten und ihre Verteilung, Dokumentation des Zustands der Mieträume) und das Einsetzen in das Dokument beschränkt (OLG Karlsruhe NJW-RR 2011, 119, 120). Geht diese Hilfe mit einer rechtlichen Beratung einher, etwa über die Zulässigkeit bestimmter Vertragsklauseln, sind aber die Voraussetzungen des § 2 Abs. 1 RDG zu bejahen; die Tätigkeit ist uU als Nebenleistung gem. § 5 Abs. 1 RDG zulässig (vgl. § 5 RDG Rn. 76 zum Makler).

Das RDG ist regelmäßig anwendbar, wenn jemand Hilfe bei der Durchset- 55 zung, Sicherung und Klarstellung von Rechten **(Rechtsverwirklichung)** leistet (siehe bereits zur Geltendmachung von Forderungen Rn. 50). Rechtsdienstleistung ist daher bspw. der Entwurf eines Aufforderungs- oder Mahnschreibens (Henssler/Prütting/*Weth* Rn. 38; *Chemnitz/Johnigk* Rn. 41; siehe aber Rn. 51 zu „einfachen" Mahnschreiben). Auch Hilfeleistungen mit Bezug auf ein gerichtliches Verfahren wie die Vorbereitung von Schriftsätzen sowie die fortlaufende Beratung einer Prozesspartei **("Parteicoaching")** sind erlaubnispflichtige Tätigkeiten (Einzelheiten – auch zur Abgrenzung von gerichtlichen Tätigkeiten, für die das RDG nicht gilt – und Nachweise bei § 1 RDG Rn. 18 ff.; § 6 RDG Rn. 5). Gleiches gilt für **die Ermittlung und Bezifferung von Schäden,** wenn diese mit einer Rechtsprüfung verbunden sind. Hierzu zählt etwa die konkrete Bezifferung eines Schmerzensgeldanspruchs oder die Prüfung der Ersatzfähigkeit einer durchgeführten Reparaturmaßnahme (BT-Drs. 16/3655, 47; siehe auch noch § 5 RDG Rn. 107). Unter § 2 Abs. 1 RDG fällt grds. auch das **Stellen von Strafanträgen** und das Erstatten von Strafanzeigen (OVG Münster AnwBl. 1990, 103 f.; AG Frankfurt a. M. AnwBl. 1985, 108; *Rennen/Caliebe* Art. 1 § 1 Rn. 34). Ein **Antrag an das Grundbuchamt oder Handelsregister** auf Eintragung einer Rechts- bzw. Firmenänderung kann ebenfalls Rechtsdienstleistung sein (Henssler/Prütting/*Weth* Rn. 38; *Rennen/Caliebe* Art. 1 § 1 Rn. 18), wenn hiermit eine Rechtsprüfung verbunden ist.

56 Ebenso wie für die Durchsetzung ist für die **Abwehr von Ansprüchen** regelmäßig eine Rechtsprüfung erforderlich. Dies gilt auch für die Beantwortung von Abmahnschreiben (OLG Köln NJW-RR 1986, 917).

57 Die **Kündigung eines Vertragsverhältnisses** ist Rechtsdienstleistung, wenn diese erst erklärt werden kann, nachdem die Voraussetzungen hierfür mit Blick auf den konkreten Fall geprüft und bejaht worden sind (BGH NJW 2012, 1589 Rn. 20 sowie OLG Hamm NJW-RR 1992, 177; OLG München Urt. v. 20.8.1998 – 29 U 2030/98, BeckRS 1998, 08079; siehe auch noch § 5 RDG Rn. 69f.). Keine Rechtsdienstleistung nach § 2 Abs. 1 RDG ist aber die bloße Mitwirkung bei einer Vertragskündigung durch formularmäßige Erklärungen (BT-Drs. 16/3655, 46); hierzu zählen vor allem die Fälle, in denen die Kündigung ohne Grund möglich ist (vgl. dazu OLG Düsseldorf NJW-RR 2004, 489, 490). Eine entsprechende Abgrenzung ist für Rücktritts- und Anfechtungserklärungen vorzunehmen.

58 Der Erlaubnisvorbehalt des RDG greift grds. auch bei **Verhandlungen mit dem Gegner** des Rechtsuchenden (BT-Drs. 16/3655, 46; Henssler/Prütting/*Weth* Rn. 38; siehe auch OLG Hamm NJW-RR 1989, 1061 zum RBerG). Dies können etwa Verhandlungen über den Abschluss eines Vertrags oder der Versuch einer vergleichsweisen Regelung sein. Allerdings ist auch hier eine Rechtsprüfung vonnöten, die etwa gegeben ist, wenn komplexe rechtliche Fragen im Rahmen der Verhandlungen diskutiert werden. Geht es allein um das Aus- und Verhandeln wirtschaftlicher Eckdaten (wie etwa die Höhe des Gehalts), liegt keine – auch keine schematische – Rechtsanwendung vor (OLG Frankfurt a. M. SpuRt 2007, 246, 248; *Nasse* Der Sportler-Manager-Vertrag, 2010, S. 178, 206; *Nelte* Das Berufsbild des Rechtsanwalts als Auslegungshilfe für den Rechtsbesorgungsbegriff des Art. 1 § 1 Abs. 1 S. 1 RBerG und seine Positionierung im RDG-Ref.E, 2007, S. 83f., 195f.; siehe auch § 5 RDG Rn. 87ff.); etwas anderes gilt aber für die dann zu treffende (schriftliche) Vereinbarung über die Vertragsinhalte. Vgl. auch Rn. 48 zur Treuhandtätigkeit.

59 Die Antragstellung und das Betreiben des Verwaltungsverfahrens nach SGB X zur **Erstfeststellung des Grads der Behinderung** sowie der Voraussetzungen zur Inanspruchnahme von Nachteilsausgleichen nach dem SGB IX bis zur Bescheidung des Antrags sind nach der Rspr. des BSG nicht als Rechtsdienstleistungen iSv § 2 Abs. 1 RDG anzusehen, sondern als bloße Rechtsanwendung (siehe zur Qualifikation des behördlichen Verfahrens als außergerichtliche Tätigkeit § 1 RDG Rn. 23). Insoweit hat der Senat entscheidend darauf abgestellt, dass ein Antragsteller bis zur Bescheiderteilung lediglich das von der Behörde vorgefertigte Formular ausfüllen und ihm vorliegende Belege über ärztliche Behandlungen beifügen bzw. die ladungsfähigen Anschriften der behandelnden Ärzte angeben müsse. Hierbei handele es sich ausschließlich um eine bloße tatsächliche Mitwirkung, die keine rechtliche Prüfung erfordere. Außerdem müsse berücksichtigt werden, dass die zuständige Behörde den insoweit entscheidungserheblichen Sachverhalt gem. § 20 SGB X von Amts wegen zu ermitteln habe (BSG NJW 2014, 493 Rn. 33ff.; aA noch die Vorinstanz LSG Celle Urt. v. 25.9.2012 – L 11 SB 74/10, BeckRS 2012, 75523; die Rspr. des BSG insoweit ablehnend *Römermann* NJW 2014, 1777, 1779). Etwas anderes muss jedoch gelten, wenn die Hilfeleistung bei der Antragstellung bereits mit einer vertieften Prüfung der Rechtslage verbunden wird und Teil des Antrags

Begriff der Rechtsdienstleistung §2 RDG

fundierte rechtliche Ausführungen sind. Jedenfalls die anschließende Tätigkeit im **Widerspruchsverfahren** nach Erteilung des Erstbescheids über den Grad der Behinderung erfordert eine eigenständige rechtliche Prüfung und ist daher Rechtsdienstleistung iSv § 2 Abs. 1 RDG. Denn in diesem Fall müssen die rechtlichen Zusammenhänge in den Blick genommen werden, um beurteilen zu können, ob alle relevanten Tatsachen vollständig und zutreffend gewürdigt worden sind (BSG NJW 2014, 493 Rn. 36 ff.; gegen das Urteil ist unter dem Az. 1 BvR 353/14 beim BVerfG eine Verfassungsbeschwerde anhängig; siehe hierzu auch § 5 RDG Rn. 102). Das RDG erfasst auch den Fall der Abwehr eines (beabsichtigten) Aufhebungsbescheids nach dem SGB IX mit der Erforderlichkeit einer vorherigen Anhörung gem. § 24 SGB X (vgl. BSG NJW 2014, 493 Rn. 35 ohne abschließende Stellungnahme). Anders als der Antrag auf Feststellung des Grads der Behinderung ist der **Antrag auf Statusfeststellung nach § 7a SGB IV** nach einer aktuellen Entscheidung des BSG Rechtsdienstleistung (BSG Urt. v. 5.3.2014 – B 12 R 4/12 R, BeckRS 2014, 71772 Rn. 15 ff.; ebenso bereits die Vorinstanzen LSG Essen Urt. v. 23.2.2011 – L 8 R 319/10, BeckRS 2011, 75039; SG Aachen Urt. v. 27.11.2009 – S 6 R 217/08, BeckRS 2009, 74397 sowie BSG Urt. v. 5.3.2014 – B 12 R 7/12 R, BeckRS 2014, 71499 Rn. 12 ff.; offengelassen noch von BSG NJW 2014, 493 Rn. 35; siehe hierzu auch § 5 RDG Rn. 101).

Die individuell abgestimmte Vorbereitung von Unterlagen für das **Asylverfahren** und die Vertretung im Asylverfahren sind Rechtsdienstleistungen (AG Mönchengladbach NJW-RR 2003, 1643). 60

Die Tätigkeit eines **Schuldnerberaters** ist erlaubnisfrei, soweit er sich auf eine wirtschaftliche Beratung beschränkt. Hierzu zählen etwa Umschuldungsangebote und Kreditvermittlung (BT-Drs. 16/3655, 42; siehe auch § 5 RDG Rn. 63). Erlaubnispflichtige Rechtsdienstleistungen sind dagegen gegeben, wenn ein Schuldnerberater die Überschuldungssituation auch rechtlich bewertet und bewältigt. Das ist etwa der Fall, wenn er gegen den Schuldner gerichtete Forderungen inhaltlich prüft oder sich um die Vorbereitung eines Verbraucherinsolvenzverfahrens kümmert (BT-Drs. 16/3655, 42; Einzelheiten und weitere Nachweise bei § 5 RDG Rn. 64). Auch die Prüfung, ob ein Unternehmen überschuldet iSd § 19 InsO ist, erfüllt die Voraussetzungen des § 2 Abs. 1 RDG (BGH NJW-RR 2013, 983 Rn. 17). 61

Die Einleitung und Betreibung eines Verfahrens zur Anmeldung gewerblicher Schutzrechte erfordert eine rechtliche Prüfung iSd § 2 Abs. 1 RDG, weil sie die Begründung staatlich gewährleisteter allgemeingültiger Schutzrechte zum Ziel hat (LG Siegen Urt. v. 28.3.2014 – 5 O 169/13, BeckRS 2014, 12890). Auch die Beurteilung der **Verkehrsfähigkeit eines** in einem Mitgliedstaat der EU zulässigerweise in den Verkehr gebrachten **Erzeugnisses** im Inland verlangt regelmäßig eine Rechtsprüfung (BGH GRUR 2011, 539 Rn. 27 f.; siehe auch zur Frage, ob einem Lebensmittelchemiker eine solche Prüfung als Nebenleistung gestattet ist § 5 RDG Rn. 132). Die **Überwachung von Patentfristen** (Ermittlung des Fälligkeitstermins für Patentgebühren) anhand verlässlicher Unterlagen ist dagegen keine Rechtsdienstleistung, weil die rechtlichen Grundlagen eindeutig sind und keine Ausnahmen kennen; insoweit bedarf es keiner substanziellen Rechtsprüfung. Dies gilt allerdings nur dann, wenn die Entscheidung darüber, ob das Patent verlängert werden soll, 62 der Inhaber selbst trifft; die Nachricht vom bevorstehenden Fristablauf dient nicht der Hilfestellung beim Entscheidungsprozess, sondern nur seinem zeitgerechten Abschluss (BVerfGE 97, 12, 28 ff. = NJW 1998, 3481, 3482). Wer für (anonym bleibende) Dritte **Titelschutzanzeigen** in den dafür üblichen Veröffentlichungsblättern schaltet (vgl. § 5 Abs. 3 MarkenG), erbringt keine Rechtsdienstleistung iSd § 2 Abs. 1 RDG (BGH NJW 1998, 3563, 3564).

63 Die Aufstellung eines **Jahresabschlusses** ist ebenfalls (Steuer-)Rechtsdienstleistung, weil hierbei eine Vielzahl handelsrechtlicher und steuerrechtlicher Vorschriften zu beachten und im Einzelfall anzuwenden sind (BVerfGE 54, 301, 316 f. = NJW 1981, 33, 34; siehe auch ausführlich Dreyer/Lamm/Müller/*Dreyer/Müller* Rn. 30 ff. zu den verschiedenen Formen eines Jahresabschlusses). Die Verbuchung der laufenden Geschäftsvorfälle erfordert dagegen keine besonderen handels- und steuerrechtlichen Kenntnisse (vgl. aber § 6 Nr. 4 StBerG). Hier geht es vor allem darum, die Vielzahl des täglich anfallenden Buchungsstoffs den eingerichteten Konten der betrieblichen Buchführung zutreffend und möglichst rationell zuzuordnen (BVerfGE 54, 301, 317 = NJW 1981, 33, 34).

64 Keine Rechtsdienstleistung ist die **Kfz-Anmeldung** durch einen Kfz-Verkäufer für dessen Kunden (Gaier/Wolf/Göcken/*Johnigk* Rn. 56; Dreyer/Lamm/Müller/*Dreyer/Müller* Rn. 24). Gleiches gilt für die gewerbsmäßige **Erteilung von Auskünften über Vermögensverhältnisse** oder sonstige persönliche Angelegenheiten durch Detektive oder Auskunfteien; die bloße Sammlung von tatsächlichem Material und ihre spätere Offenbarung ist keine Tätigkeit auf rechtlichem Gebiet, sondern Vorbereitungshandlung für eine spätere rechtliche Tätigkeit (BVerfG NJW 2002, 3531, 3532; Henssler/Prütting/*Weth* Rn. 35; *Rennen/Caliebe* Art. 1 § 1 Rn. 34). Daher ist es auch unproblematisch, wenn **Erbenermittler** detektivische oder genealogische Tätigkeiten erbringen (BVerfG NJW 2002, 3531, 3532). Allein daraus, dass der Dienstleister darüber entscheidet, welche Unterlagen zur Anspruchsdurchsetzung benötigt werden, folgt noch nicht die Notwendigkeit einer juristischen Subsumtion (so aber *Rennen/Caliebe* Art. 1 § 1 Rn. 43 zum RBerG).

65 Auf dem Gebiet der **privaten Altersvorsorge** berührt die Ermittlung und Schließung von Versorgungslücken regelmäßig keine rechtlichen Fragestellungen; insoweit können auch Rentenberater tätig werden, auch wenn der Bereich der privaten Altersvorsorge von § 10 Abs. 1 S. 1 Nr. 2 RDG nicht umfasst wird (§ 10 RDG Rn. 97; siehe auch § 5 RDG Rn. 85 f.). Zur Qualifikation von bAV-Beratung als Rechtsdienstleistung siehe § 10 RDG Rn. 74 f. Siehe zudem zu erlaubnisfreien und -pflichtigen Tätigkeiten von Architekten § 5 RDG Rn. 45 ff., von Banken § 5 RDG Rn. 51 ff., von Energieberatern § 5 RDG Rn. 56, von Erbenermittlern § 5 RDG Rn. 57 ff., von Insolvenzberatern § 5 RDG Rn. 63 ff., von Maklern § 5 RDG Rn. 71 ff., von Spielerberatern § 5 RDG Rn. 87 ff., von Steuerberatern und Wirtschaftsprüfern § 5 RDG Rn. 91 ff., von Unfallschadensregulierern § 5 RDG Rn. 105 ff., von Unternehmensberatern § 5 RDG Rn. 115 ff., und von Versicherungsvermittlern § 5 RDG Rn. 119 ff.

66 Keine Rechtsdienstleistung ist auch die bloße **Weiterempfehlung an einen Anwalt** oder der Rat, sich bei einer Behörde zu erkundigen (Henssler/Prütting/*Weth* Rn. 36; aA aber noch OLG Düsseldorf AnwBl. 1987, 199 zum RBerG sowie – vorrangig aber auf das UWG abstellend – OLG Hamm

AnwBl. 1980, 67, 68). Etwas anders gilt nur, wenn der Rat mit einer substanziierten rechtlichen Prüfung einhergeht (BGH NJW 1956, 591, 592; OLG Stuttgart AnwBl. 1975, 406, 407 f.; LG Berlin NJW-RR 2001, 1143, 1144 ließen noch eine oberflächliche Prüfung genügen); hierfür reicht es nicht aus, wenn sich der Ratgeber den Sachverhalt schildern lässt, um besser beurteilen zu können, welcher Anwalt für die Mandatsbearbeitung geeignet ist (so aber *Jaskolla* Prozessfinanzierung gegen Erfolgsbeteiligung, 2004, S. 100 ff.). Weil der durch den Anruf zustande kommende Beratungsvertrag im Zweifel mit dem den Anruf entgegennehmenden Rechtsanwalt geschlossen wird und nicht mit dem Unternehmen, das den Beratungsdienst organisiert und bewirbt, liegt deshalb bei einer **Anwalts-Hotline** kein Verstoß gegen das RDG vor (BGHZ 152, 153, 156 ff. = NJW 2003, 819 f.).

C. Inkassodienstleistungen (Abs. 2)

I. Allgemeines und Regelungszweck

67 Nicht jede Einziehung fremder oder zu Einziehungszwecken abgetretener Forderungen setzt eine Rechtsprüfung iSv § 2 Abs. 1 RDG voraus (Rn. 51). Gleichwohl hat der Gesetzgeber – wie in vielen anderen europäischen Ländern, aber auch im außereuropäischen Ausland – eine **Regulierung des gesamten Inkassogeschäfts,** unabhängig vom Vorliegen einer rechtlichen Prüfung im Einzelfall, für erforderlich gehalten. Der Bereich des gewerblichen Forderungseinzugs auf fremde Rechnung ist wirtschaftlich nicht nur für den Auftraggeber des Inkassounternehmers, sondern auch für die Schuldner von erheblicher Bedeutung (BT-Drs. 16/3655, 48). § 2 Abs. 2 S. 1 RDG bezieht aus diesem Grund die als eigenständiges Geschäft betriebene (dazu Rn. 88 ff.) Forderungseinziehung auf fremde Rechnung (Rn. 71 ff.) in den Tatbestand der Rechtsdienstleistung ein, ohne Rücksicht darauf, ob im Einzelfall die Voraussetzungen des § 2 Abs. 1 RDG vorliegen.

68 Neben der Verhinderung von Beweisschwierigkeiten und Umgehungsgeschäften (BT-Drs. 16/3655, 35 f.) bezweckt der Gesetzgeber mit dieser Regelung insbesondere den **Schutz des Rechtsverkehrs.** Diese Regulierung soll nicht nur den Auftraggeber von Inkassodienstleistungen (BGH NJW 2009, 3242 Rn. 20; BGH GRUR 2011, 539 Rn. 25; BGH NJW 2013, 59 Rn. 32), sondern auch die Adressaten von Schreiben der Inkassounternehmen schützen (BGH NJW 2007, 596 Rn. 23; BGH NJW 2014, 847 Rn. 14). Der Gesetzgeber hat diesen Schutzzweck nochmals betont, als er mit dem Gesetz gegen unseriöse Geschäftspraktiken v. 1.10.2013 (BGBl. I S. 3714) mit den hierin enthaltenen Neuregelungen der §§ 11a, 13a und 15b RDG die Aufsicht über Inkassodienstleister erheblich verschärft hat (Einleitung Rn. 105 f.). Diese Verschärfung sei notwendig, weil einige „schwarze Schafe" der Inkassobranche nicht existierende Forderungen beizutreiben versuchen, unangemessene Beitreibungsmethoden wählen und Bagatellforderungen durch überhöhte Inkassokosten aufblähen (BT-Drs. 17/13057, 9).

69 § 2 Abs. 2 S. 1 RDG enthält zugleich eine **Legaldefinition des Begriffs „Inkassodienstleistung".** Liegen die Voraussetzungen der Norm vor, muss

der Dienstleister entweder Rechtsanwalt (vgl. § 3 BRAO) oder Rechtsbeistand (§ 209 BRAO; § 1 RDGEG) sein oder aber gem. § 10 Abs. 1 S. 1 Nr. 1 RDG als Inkassounternehmer registriert worden sein (vgl. dazu § 10 RDG Rn. 28f. sowie zum Umfang der aus der Registrierung folgenden Befugnisse § 10 RDG Rn. 32ff.); zudem folgen Inkassobefugnisse aus § 8 Abs. 1 Nr. 3 RDG für Verbraucherzentralen und -verbände (§ 8 RDG Rn. 43). Zu den gerichtlichen Befugnissen von Inkassounternehmern siehe Anh. § 1 RDG Rn. 16ff.

70 Wird die Forderungseinziehung dagegen nicht als eigenständiges Geschäft betrieben, kommt es wieder darauf an, ob sie den Tatbestand des § 2 Abs. 1 RDG erfüllt. Ist dies der Fall (Rn. 50), kann die Einziehung aber auch ohne Registrierung als Inkassounternehmer zulässig sein, etwa als Nebenleistung iSd § 5 Abs. 1 RDG (§ 5 RDG Rn. 61).

II. Einziehung auf fremde Rechnung

71 § 2 Abs. 2 S. 1 RDG erfasst nur „die Einziehung fremder oder zum Zweck der Einziehung auf fremde Rechnung abgetretener Forderungen". Hierunter fallen zunächst alle Fälle der Einziehungstätigkeit aufgrund einer **Inkassovollmacht oder -ermächtigung** (Alt. 1), weil hier die einzuziehende Forderung nicht nur wirtschaftlich, sondern auch formal fremd bleibt (BT-Drs. 16/3655, 48). Bei der Inkassovollmacht wird das Inkassounternehmen im Außenverhältnis aufgrund einer Vollmacht iSd §§ 164ff. BGB tätig; die Forderung wird im fremden Namen und für fremde Rechnung eingezogen (*Rennen/Caliebe* Art. 1 § 1 Rn. 107). Bei der Inkassoermächtigung (zur Zulässigkeit BGHZ 4, 153, 164f. = NJW 1952, 337, 340; BGHZ 70, 389, 393ff. = NJW 1978, 1375, 1376f.; BGH NJW-RR 1989, 315, 317) wird dagegen das Unternehmen gem. § 185 BGB berechtigt, die Forderung im eigenen Namen, aber für fremde Rechnung einzuziehen, ohne dass hiermit ein Wechsel in der Gläubigerstellung verbunden ist (*Rennen/Caliebe* Art. 1 § 1 Rn. 107).

72 Daneben erfasst § 2 Abs. 2 S. 1 RDG auch den Forderungseinzug aufgrund einer **Inkassozession** (Alt. 2). In diesen Fällen erlangt der Zessionar im Außenverhältnis durch die Abtretung (§ 398 BGB) zwar die Gläubigerstellung. Letztlich wird aber hier die Forderungsinhaberschaft lediglich formal auf den Einziehenden übertragen, weil im Innenverhältnis die Einziehung weiterhin auf Risiko und Rechnung des Zedenten erfolgt und für den Einziehenden wirtschaftlich fremd bleibt (BT-Drs. 16/3655, 48). Im Ergebnis sind daher Inkassoermächtigung und Inkassozession funktionsäquivalent (*Stadler* JZ 2014, 613, 616).

73 Nicht auf fremde Rechnung erfolgt dagegen die Forderungseinziehung im Fall der **Sicherungszession.** Die Verwertung der Sicherheit zur Deckung der Schuld liegt vornehmlich im eigenen Interesse des Gläubigers. Dies gilt allerdings nur nach Eintritt des Sicherungsfalls. Will der Zessionar dagegen vornehmlich dem Zedenten die mit der Einziehung verbundene Arbeit abnehmen, wird er in einer fremden Angelegenheit tätig. Maßgeblich kommt es daher darauf an, wie und zu welchem Zweck Zedent und Zessionar an der Geltendmachung der in Betracht zu ziehenden Schadensersatzansprüche beteiligt sind (BT-Drs. 16/3655, 48; BGH NJW 2013, 62 Rn. 12; siehe auch zu Art. 1 § 1 RBerG BAGE 73, 9, 16 = NJW 1993, 2701, 2703; BGHZ 47, 364,

Begriff der Rechtsdienstleistung § 2 RDG

366f. = NJW 1967, 1759; BGHZ 58, 364, 367 = NJW 1972, 1715; BGHZ 61, 317, 323ff. = NJW 1974, 50, 52f.; BGH NJW 1974, 1244, 1246; BGH NJW 1985, 1223, 1224; BGH NJW-RR 1994, 1081, 1083; BGH NJW 2000, 2108, 2109; BGH NJW 2003, 1938f.; BGH NJW 2005, 135f.; BGH VersR 2006, 283 Rn. 8f.; BGH NJW 2006, 1726 Rn. 8f., wonach es zulässig war, der eintrittspflichtigen Versicherung zeitgleich mit der Übersendung der Rechnung an den Kunden eine Rechnungskopie, die Sicherungsabtretung und eine Zahlungsaufforderung zu schicken, sofern zweifelsfrei klargestellt war, dass die Kunden für die Verfolgung und Durchsetzung ihrer Schadensersatzansprüche selbst tätig werden müssen). Für die Annahme einer Tätigkeit in eigener Angelegenheit ist es daher notwendig, dass die gesicherte Forderung fällig geworden und der Sicherungsgeber in Verzug geraten ist (Krenzler/*Offermann-Burckart* Rn. 111; Kilian/Sabel/vom Stein/*Kilian* Rn. 141). Dabei muss sichergestellt sein, dass der Geschädigte für die Regulierung des Schadens und die Durchsetzung seines Schadensersatzanspruchs grds. selbst tätig werden muss.

Die Einziehung **erfüllungshalber** abgetretener Forderungen ist dagegen 74 stets als Tätigkeit in einer fremden Angelegenheit anzusehen. Obwohl der Zessionar formal eine eigene Forderung geltend macht, erfolgt die Einziehung überwiegend im Interesse des Zedenten. So ist das im Rahmen der Einziehung erlangte Geld auf den Anspruch des Zessionars gegen den Zedenten anzurechnen, mit der Folge, dass letzterer bei erfolgreicher Geltendmachung der Forderung von seiner Schuld befreit wird. Außerdem wird dem Zedenten die Last abgenommen, die Forderung selbst durchsetzen zu müssen, um seinerseits den Zessionar befriedigen zu können (Krenzler/*Offermann-Burckart* Rn. 91; Henssler/Prütting/*Weth* Rn. 50; siehe auch die in Rn. 73 zitierten Entscheidungen des BGH zum RBerG). Dementsprechend liegt etwa eine Einziehung auf fremde Rechnung vor, wenn nach der Geschäftspraxis einer **Kfz-Werkstatt,** eines **Mietwagenunternehmens** oder eines **Kfz-Sachverständigen** die Schadensersatzforderungen der unfallgeschädigten Kunden eingezogen werden, bevor diese selbst auf Zahlung in Anspruch genommen werden. Denn damit werden den Geschädigten Rechtsangelegenheiten abgenommen, um die sie sich eigentlich selbst hätten kümmern müssen (BGH NJW 2013, 62 Rn. 12). Allerdings müssen diese Dienstleister sich idR gleichwohl nicht als Inkassodienstleister iSd § 10 Abs. 1 Nr. 1 RDG registrieren lassen, weil sie die Forderungseinziehung nicht als „eigenständiges Geschäft" (dazu Rn. 91) betreiben (Krenzler/*Offermann-Burckart* Rn. 92). Vielmehr ist ihnen die Forderungseinziehung nunmehr regelmäßig als Nebenleistung gem. § 5 RDG gestattet (dazu § 5 RDG Rn. 111ff.).

Grundlegend von der Inkassozession zu trennen sind die Fälle des **Ankaufs** 75 **fremder Forderungen,** bei denen ein endgültiger Forderungserwerb stattfindet („Vollerwerb einer Forderung") und das Risiko des Forderungsausfalls auf den Erwerber übergeht. Diese Geschäfte hat der Gesetzgeber aus dem Anwendungsbereich des RDG insgesamt ausgenommen. Die Prüfung der Werthaltigkeit der Forderung und ihre spätere Geltendmachung gegen den Schuldner erfolgen in diesen Fällen nicht im Interesse des Verkäufers, sondern allein im Interesse, auf Gefahr und Rechnung des Erwerbers. Der Erwerber besorgt daher keine fremden, sondern ausschließlich eigene Angelegenheiten. Im Ergebnis handelt es sich daher nicht um Inkassodienstleistungen, sondern um primär wirtschaftlich geprägte Finanztransaktionen (BT-Drs. 16/3655, 36, 48; BGH NJW 2014, 847 Rn. 17).

76 Von vornherein nicht unter das RDG fallen damit Abtretungen an Erfüllungs statt (§ 364 Abs. 1 BGB) sowie alle Finanzgeschäfte im Rahmen des **echten Factorings** (BT-Drs. 16/3655, 48). Insoweit ist entscheidend, dass der Factor das Risiko der Zahlungsunfähigkeit des Schuldners (Debitors) übernimmt (Delkredere-Risiko). Außerdem erhält der Zedent den Gegenwert (Kaufpreis) für die Forderung – nach Abzug der Gebühren und Zinsen des Factors – sofort, obwohl die abgetretene Forderung meist wesentlich später fällig wird. Der Erfolg der (späteren) Forderungseinziehung liegt daher nicht mehr unmittelbar in seinem wirtschaftlichen Interesse (BGHZ 76, 119, 125 f. = NJW 1980, 1394, allerdings unter Berufung auf Art. 1 § 5 RBerG).

77 Ausgenommen ist auch der **Ankauf von Kreditportfolios,** insbesondere im Rahmen sog. „non-performing-loan"-Transaktionen (BT-Drs. 16/3655, 48; siehe dazu *Kaufhold* BB 2010, 2207 ff.). Hinsichtlich der Erlaubnisfreiheit beim Forderungskauf wird nicht mehr zwischen dem Erwerb noch nicht fälliger Forderungen und dem Erwerb fälliger oder notleidender Rechte differenziert (BT-Drs. 16/3655, 36).

78 Außerhalb des Anwendungsbereichs des § 2 Abs. 2 S. 1 RDG liegt auch die **Tätigkeit der ärztlichen oder der anwaltlichen Verrechnungsstellen,** soweit sie die Forderungen ankaufen (BT-Drs. 16/3655, 36, 48; siehe dazu bereits BGHZ 115, 123, 124 = NJW 1991, 2955, 2956 zu Art. 1 § 1 RBerG; anwaltliche Verrechnungsstellen sind seit der ebenfalls im Rahmen der Reform des Rechtsberatungsrechts [Art. 4 Nr. 1 des Gesetzes zur Neuregelung des Rechtsberatungsrechts v. 12.12.2007, BGBl. I S. 2840; dazu *Henssler/Deckenbrock* DB 2008, 41, 48] erfolgten Neuregelung des § 49b Abs. 4 BRAO zulässig; für Steuerberater siehe § 64 Abs. 2 StBerG sowie BVerwGE 144, 211 Rn. 20 ff. = NJW 2013, 327). Die Tätigkeit solcher Verrechnungsstellen wurde danach nicht per se aus dem Regelungsbereich des § 2 Abs. 2 S. 1 RDG ausgeklammert, sondern nur unter der Voraussetzung des echten Forderungskaufs (vgl. auch Krenzler/*Offermann-Burckart* Rn. 107 ff.). Fehlt es an einem Vollerwerb der Forderung, kann eine Verrechnungsstelle auch nicht unter Berufung auf § 5 Abs. 1 RDG tätig werden. Der Ankauf von Forderungen ist keine Nebenleistung, weil Erwerb und Einziehung einen ganz wesentlichen Teil der Tätigkeit dieser Stellen ausmachen und daher im Rahmen eines eigenständigen Geschäftsbetriebs (siehe dazu auch noch Rn. 90) erfolgen (BT-Drs. 16/3655, 36). Zum Verkauf von Forderungen gegen die gesetzlichen Krankenversicherer aus medizinischen Behandlungen siehe *Engelmann* GesR 2009, 449 ff.; *Jandt/Roßnagel* MedR 2013, 17 ff.; *Stumpf/Oertel* FLF 2013, 259 ff.

79 Beim sog. **unechten Factoring** handelt es sich nicht um einen echten Forderungskauf, weil das Ausfallrisiko beim ursprünglichen Forderungsinhaber verbleibt (BT-Drs. 16/3655, 49; unklar Krenzler/*Offermann-Burckart* Rn. 104, 106). Der Factor übernimmt zwar die Einziehung der Forderungen, der Zedent hat aber für den Rechtsbestand der übertragenen Forderung und im Ergebnis auch für die Zahlungsfähigkeit des Schuldners einzustehen. Ist die abgetretene Forderung nicht beitreibbar, so wird der Zedent aus seinem Grund-

Begriff der Rechtsdienstleistung **§ 2 RDG**

verhältnis zum Factor auf Erstattung des gewährten Kredits in Anspruch genommen (BGHZ 58, 364, 366 ff. = NJW 1972, 1715 f.; der BGH hat damals gleichwohl eine Erlaubnispflicht verneint, weil das unechte Factoring wie eine Sicherungsabtretung zu behandeln sei). Heute fällt das unechte Factoring gleichwohl von vornherein nicht unter § 2 Abs. 2 RDG, weil die Abtretung in diesen Fällen erfüllungshalber zur Kreditsicherung erfolgt und damit nicht im Rahmen eines eigenständigen Inkassobetriebs (BT-Drs. 16/3655, 49; Rn. 91).

Unter Geltung des RBerG war der Forderungsankauf zunächst ebenfalls **80** als erlaubnispflichtige Tätigkeit qualifiziert worden. So bedurfte nach § 1 Abs. 1 S. 1 5. AVO RBerG v. 29. 3. 1938 (RGBl. I S. 359) „der geschäftsmäßige Erwerb von Forderungen zum Zwecke der Einziehung auf eigene Rechnung" der Erlaubnis nach Art. 1 § 1 RBerG. Diese Vorschrift erweiterte damit die Erlaubnisbedürftigkeit nach Art. 1 § 1 RBerG auf Fälle der Vollabtretung von Forderungen, die auf eigene Rechnung des Zessionars eingezogen werden und in denen damit die Geltendmachung der Forderung eine eigene Rechtsangelegenheit darstellt. § 1 Abs. 1 S. 1 5. AVO RBerG knüpfte daher nicht an die Einziehung, sondern an den Erwerb der Forderung an. Das BVerwG sah diese Erweiterung der Erlaubnisbedürftigkeit als nicht mehr mit höherrangigem Recht vereinbar und daher ungültig an. Die für die Regelung in § 1 Abs. 1 S. 1 5. AVO RBerG notwendige Ermächtigung des Art. 5 RBerG, nach der Ausführungsvorschriften zu Art. 1 des Gesetzes durch den „Reichsminister der Justiz" erlassen und hierbei ergänzende Bestimmungen, „insbesondere Einschränkungen oder Erweiterungen der Erlaubnispflicht", getroffen werden konnten, war gem. Art. 129 Abs. 3 GG erloschen. Daher fehlte es nach Ansicht des Senats an einer hinreichenden Legitimationsgrundlage für die mit der Erlaubnispflicht des Forderungskaufs verbundenen Grundrechtseingriffe (BVerwGE 118, 319, 322 ff. = NJW 2003, 2767, 2768; anders noch BVerwG DVBl. 1960, 774, 775; BVerwGE 54, 264, 268 = NJW 1978, 234, 235; vgl. auch BVerfGE 9, 3, 12 [insoweit nicht in NJW 1959, 91 abgedruckt]; BVerfGE 22, 1, 12 = NJW 1967, 1555 f.; BVerfG Beschl. v. 7. 11. 1994 – 1 BvR 2031/93, BeckRS 1994, 12853).

Der Gesetzgeber hat ausführlich begründet, warum er den Forderungskauf **81** weiterhin als erlaubnisfrei angesehen hat. So hat er hervorgehoben, dass in den Fällen des Forderungskaufs zu der Einziehungskomponente immer eine besondere wirtschaftliche Motivation und ein finanzielles Engagement des Erwerbers hinzutrete, die beim Inkassogeschäft gerade fehlten. Der Vollerwerb einer Forderung sei damit stets mehr als bloße Umgehung, weil er zu einer vollständigen und irreversiblen Änderung der rechtlichen und wirtschaftlichen Verhältnisse führe (BT-Drs. 16/3655, 36). Zwar könnten Schuldnerschutzaspekte dafür sprechen, möglichst jede Art des Gläubigerwechsels – und damit auch einen solchen im Anschluss an einen Forderungskauf – zu untersagen. Immerhin sieht sich der Schuldner infolge der Forderungsübertragung einem neuen Gläubiger gegenüber, mit dem er in keiner Vertragsbeziehung steht und auf dessen Auswahl er regelmäßig keinen Einfluss gehabt hat. Auch kann er nicht verhindern, dass der neue Gläubiger die Forderung möglicherweise effizienter und nachdrücklicher durchsetzt, als dies der ursprüngliche Forderungsinhaber getan hätte. Allerdings müssten Forderungen gerade im heutigen Wirtschaftsleben schnell und leicht übertragbar sein und grds. auch als Finanzierungsinstrument zur Verfügung stehen (BT-Drs. 16/3655, 36 f.).

82 Einem besonderen Schutzbedürfnis des Schuldners kann dabei durch die gesetzliche Regelung von Zustimmungserfordernissen Rechnung getragen werden, wie sie etwa § 49b Abs. 4 BRAO für die Abtretbarkeit anwaltlicher Honorarforderungen vorsieht (BT-Drs. 16/3655, 37). Auch könne der **massenhafte Erwerb von Kreditforderungen** jedenfalls dann **bankerlaubnispflichtig** sein, wenn damit auch noch Ausreichungspflichten übernommen werden und demzufolge ein Kreditgeschäft iSv § 1 Abs. 1 S. 2 Nr. 2 KWG vorliegt (BT-Drs. 16/3655, 37). Darüber hinaus müsse jeder Neugläubiger bei der Durchsetzung der erworbenen Forderungen die allgemeinen gesetzlichen Bestimmungen beachten, die den Schuldnerschutz beim Forderungseinzug gewährleisten (BT-Drs. 16/3655, 37; vgl. zu den Grenzen zulässiger Forderungsbeitreibung etwa OLG München NJW-RR 2010, 251, 252; LG Köln Urt. v. 18. 3. 2008 – 33 O 390/06, BeckRS 2008, 09847; AG Celle Urt. v. 29. 6. 2005 – 16 C 1309/05, BeckRS 2006, 13028). Schließlich würde eine Regulierung des Forderungskaufs die Unternehmen, die den Ankauf von Forderungen betreiben, verpflichten, eine Registrierung nach § 10 Abs. 1 S. 1 Nr. 1 RDG zu beantragen, und damit zugleich eine Pflicht zum Abschluss einer Vermögensschadenhaftpflichtversicherung nach § 12 Abs. 1 Nr. 3 RDG begründen (dazu § 12 RDG Rn. 119 ff.). Hierdurch würde Bürokratie in einem bisher nicht regulierten Bereich aufgebaut, außerdem würden die Unternehmen mit Kosten für eine Versicherung belastet, deren Abschluss beim bloßen Ankauf von Forderungen sinnlos sei (BT-Drs. 16/3655, 37).

83 Entscheidend für die **Abgrenzung,** ob eine abgetretene Forderung auf eigene oder auf fremde Rechnung eingezogen wird, ist stets, ob der Erwerber einer Forderung das **volle wirtschaftliche Risiko der Beitreibung der Forderung** übernimmt. Dies ist der Fall, wenn die Forderungen endgültig auf den Erwerber übertragen werden und er insbesondere das **Bonitätsrisiko** übernimmt (BGH NJW 2013, 59 Rn. 13 f.; BGH Beschl. v. 11. 6. 2013 – II ZR 278/12, BeckRS 2013, 13519 Rn. 3; BGH NJW 2014, 847 Rn. 17 f.). Wenn der Zedent die Gewinne und Verluste der einzelnen Prozesse tragen soll, erfolgt eine Einziehung auf fremde Rechnung (BGH Beschl. v. 19. 7. 2011 – II ZR 88/10, BeckRS 2011, 26975 zu Art. 1 § 1 RBerG). Sehen Vertragsklauseln für den Fall des Ausfalls des Schuldners eine Rückabwicklung des Kaufvertrags vor oder enthalten sie eine Garantie für die Beitreibbarkeit der übertragenen Forderungen, handelt es sich nicht um einen Forderungskauf, sondern um eine (verdeckte) Abtretung zu Einziehungszwecken (BT-Drs. 16/3655, 49; BGH NJW 2013, 59 Rn. 16).

84 Aber auch wenn keine Rückabwicklung des Forderungserwerbs bei Misslingen der prozessualen Geltendmachung vorgesehen ist, liegt das Ausfallrisiko wirtschaftlich betrachtet beim Zedenten, wenn er nicht sofort einen festgelegten Kaufpreis erhält, sondern im Nachhinein nur im Falle des Obsiegens ein Anteil am Forderungserlös ausgekehrt wird, dessen Höhe zudem davon abhängt, in welchem Umfang der Zessionar die abgetretene Forderung realisieren kann und wie hoch die anzurechnenden Anwalts- und Gerichtskosten sind (BGH NJW 2013, 59 Rn. 18). Der Zedent ist in diesem Fall wirtschaftlich

weiter an dem Bestand und der Durchsetzbarkeit der zedierten Forderung interessiert, wohingegen der Zessionar – wie bei Inkassodienstleistungen üblich – mit Ausnahme des durch eine Forderungs- und Schuldnerprüfung begrenzbaren Kostenwagnisses kein Risiko eingeht (BGH NJW 2013, 59 Rn. 19). Generell spricht der Umstand, dass der Zedent entsprechend der Quote, die beim Forderungseinzug realisiert werden kann, auch die Kosten des Prozesses tragen soll, dafür, dass das wirtschaftliche Risiko der Beitreibbarkeit der Forderung weiterhin beim Zedenten liegt (BGH Beschl. v. 11.6.2013 – II ZR 278/12, BeckRS 2013, 13519 Rn. 4). Die Einziehung erfolgt auch dann nicht auf eigene Rechnung, wenn der Zessionar nach den vertraglichen Vereinbarungen am eingezogenen Betrag partizipieren soll. Diese **Vereinbarung einer erfolgsabhängigen Vergütung für die Inkassotätigkeit** ändert nichts an dem Fremdcharakter des Geschäfts (BGH NJW 2013, 59 Rn. 19; siehe auch BGH NJW-RR 2005, 286, 287; BGH NZG 2009, 474 Rn. 20). Auch die Tatsache, dass der Zessionar die eingegangenen Zahlungen verwaltet, beseitigt die wirtschaftliche Fremdheit der Forderungen nicht (vgl. BGH NJW 2011, 2581 Rn. 15).

Eine sog. **Rechtsverfolgungsgesellschaft,** die gegründet worden ist, um 85 bestimmte Forderungen (Bsp: Ansprüche geschädigter Anleger) gebündelt durchzusetzen, wird für fremde Rechnung tätig, wenn sie in Abhängigkeit vom Ausgang der Forderungsdurchsetzung die erstrittenen Erträge voll oder teilweise wieder an die abtretenden Gläubiger auskehrt, die Zedenten also in Wirklichkeit unmittelbar am wirtschaftlichen Ergebnis des Handelns der Rechtsverfolgungsgesellschaft partizipieren (vgl. BGH NZG 2009, 474 Rn. 12ff. [zum RBerG]; BGH NJW 2011, 2581 Rn. 15; BGH Beschl. v. 19.7.2011 – II ZR 86/10, BeckRS 2011, 26973 Rn. 5; BGH Beschl. v. 11.6.2013 – II ZR 278/12, BeckRS 2013, 13519 Rn. 3f.; ausführlich hierzu *Mann* DStR 2013, 765, 766; siehe zuvor bereits *ders.* NJW 2010, 2391, 2392f.; *ders.* ZIP 2011, 2393, 2395ff.; sowie *Heß* AG 2003, 113, 122f.; *Koch* NJW 2006, 1469, 1470ff.; *Loritz/Wagner* WM 2007, 477ff. zum RBerG).

Die Abgrenzung ist nach Ansicht des Gesetzgebers im Streitfall anhand der 86 zugrunde liegenden **Verträge** vorzunehmen (BT-Drs. 16/3655, 48f.). Insoweit ist jedoch nicht allein auf den Wortlaut der getroffenen Vereinbarung und die Art des geschlossenen Vertrags, sondern auf die gesamten diesen zu Grunde liegenden Umstände und ihren wirtschaftlichen Zusammenhang, also auf eine wirtschaftliche Betrachtung, abzustellen. Dadurch soll vermieden werden, dass § 2 Abs. 2 S. 1 RDG durch formale Anpassung der geschäftsmäßigen Einziehung an den Gesetzeswortlaut und die hierzu entwickelten Rechtsgrundsätze umgangen wird (BGH NZG 2009, 474 Rn. 17; BGH NJW 2013, 59 Rn. 13; BGH NJW 2013, 62 Rn. 12; BGH NJW 2014, 847 Rn. 18).

Verträge, die nicht den Kauf, sondern die Abtretung zu Einziehungszwecken zum Gegenstand haben, sind, da sie auf ein nach § 3 RDG erlaubnispflichtiges Geschäft gerichtet sind, nach § 134 BGB **nichtig,** wenn der Erwerber nicht über eine Registrierung nach § 10 Abs. 1 S. 1 Nr. 1 RDG verfügt oder Rechtsanwalt bzw. Rechtsbeistand ist (BGH NJW 2013, 59 Rn. 34ff.; BGH NJW 2013, 1870 Rn. 11; BGH NJW 2014, 847 Rn. 31; ausführlich dazu § 3 RDG Rn. 47). Daraus folgt, dass der Erwerber einer Forderung zum

Nachweis seiner Forderungsinhaberschaft darlegen und im Streitfall **beweisen** muss, dass er die Forderung vollwirksam und nicht lediglich zu Einziehungszwecken erworben hat. Hierzu muss er ggf. den zugrunde liegenden Kaufvertrag offenlegen (BT-Drs. 16/3655, 49; vgl. auch BGH Beschl. v. 19.7.2011 – II ZR 86/10, BeckRS 2011, 26973 Rn. 5).

III. Eigenständiges Geschäft

88 Nach Art. 1 § 1 RBerG war die Besorgung fremder Rechtsangelegenheiten und damit auch die Forderungseinziehung nur erlaubnispflichtig, wenn sie **geschäftsmäßig** erfolgte (siehe zum Begriff Rn. 13 f.). § 2 Abs. 2 S. 1 RDG verlangt nunmehr für die Erlaubnispflicht, dass die Forderungseinziehung als eigenständiges Geschäft betrieben wird.

89 Der BGH hat für die Definition des eigenständigen Geschäfts jüngst auf die in § 5 Abs. 1 S. 2 RDG verankerten **Kriterien zur Abgrenzung einer Nebenleistung von einer Hauptleistung** (dazu § 5 RDG Rn. 29 ff.) zurückgegriffen. Ein eigenständiges Geschäft liege vor, wenn die Forderungseinziehung innerhalb einer ständigen haupt- oder nebenberuflichen Inkassotätigkeit oder außerhalb einer solchen nicht lediglich als Nebenleistung im Zusammenhang mit einer anderen beruflichen Tätigkeit erfolge (BT-Drs. 16/3655, 49; BGH NJW 2013, 59 Rn. 21 m. zust. Anm. *Henssler/Michel* EWiR 2013, 87 f.; BGH NJW 2014, 847 Rn. 29). Handele es sich bei der Inkassodienstleistung um eine Nebenleistung iSd § 5 Abs. 1 RDG neben einer Hauptleistung, die selbst keine Rechtsdienstleistung ist, so sei sie erlaubnisfrei. Werde dagegen ein eigenständiges Geschäft iSd § 2 Abs. 2 RDG angenommen, scheide stets auch eine Erlaubnisfreiheit nach § 5 Abs. 1 RDG aus, weil die Forderungseinziehung dann keine Nebenleistung darstellen könne (BT-Drs. 16/3655, 49; BGH NJW 2013, 59 Rn. 21; BGH NJW 2014, 847 Rn. 30).

90 Wird eine Gesellschaft gegründet, deren **alleiniger Gesellschaftszweck die Einziehung von Forderungen** ist, bestehen keine Zweifel daran, dass die Forderungseinziehung als eigenständiges Geschäft iSv § 2 Abs. 2 S. 1 RDG betrieben wird (BGH Beschl. v. 11.6.2013 – II ZR 278/12, BeckRS 2013, 13519 Rn. 5). Ohne Registrierung nach § 10 Abs. 1 Nr. 1 RDG ist nach Ansicht des BGH auch die Tätigkeit einer Gesellschaft unzulässig, die „die Unterstützung geschädigter Kapitalanleger durch Bündelung von Interessen mit Ausnahme von Rechtsberatungsleistungen" anbietet. Das Bestehen des behaupteten Schadensersatzanspruchs gegenüber der in Anspruch genommenen Bank sei für den Zedenten von solcher Bedeutung, dass sie nicht nur von untergeordneter Bedeutung und damit Nebenleistung sei (BGH NJW 2013, 59 Rn. 28). Zudem müsse die Gesellschaft den Bestand der Forderung wegen des Kostenrisikos einer erfolglosen Inanspruchnahme des Schuldners jedenfalls vor ihrer Geltendmachung prüfen; hierzu seien vertiefte Rechtskenntnisse erforderlich (BGH NJW 2013, 59 Rn. 31).

91 Dagegen fällt die Einziehung abgetretener Erstattungsansprüche durch Kfz-Werkstätten (siehe dazu ausführlich § 5 RDG Rn. 111 ff.) ebenso wenig unter § 2 Abs. 2 S. 1 RDG wie die in einzelnen Fällen durchgeführte Einziehung **erfüllungshalber** abgetretener Ansprüche durch Ärzte, Psychotherapeuten oder andere freiberuflich tätige Personen (BT-Drs. 16/3655, 49). Ebenso we-

nig findet die Vorschrift auf den Forderungserwerb beim sog. unechten Factoring (Rn. 79) Anwendung; die Abtretung erfolgt in diesen Fällen erfüllungshalber zur Kreditsicherung und damit nicht im Rahmen eines eigenständigen Inkassobetriebs (BT-Drs. 16/3655, 49). Schließlich werden auch die Forderungen von Telefonanbietern oder Internetprovidern, die gebührenpflichtige Dienste fremder Anbieter über ihre Telefon- oder Internetgebührenrechnung gegenüber dem Endkunden abrechnen und den hierauf entfallenden Teil des Gesamtrechnungsbetrags weiterleiten (sog. Micropayment) nicht im Rahmen eines eigenständigen Geschäfts eingezogen (BT-Drs. 16/3655, 49).

IV. Ausnahme: Forderungseinziehung durch den bisherigen Gläubiger (Abs. 2 S. 2)

Nach § 2 Abs. 2 S. 2 RDG gelten abgetretene Forderungen für den bisherigen Gläubiger nicht als fremd. Die Norm nimmt damit abgetretene Forderungen zugunsten des bisherigen Gläubigers aus dem Anwendungsbereich des Gesetzes heraus, um die Einziehung dieser Forderungen durch den bisherigen Gläubiger uneingeschränkt zu ermöglichen (BT-Drs. 16/3655, 49). Bedeutung erlangt die Regelung insbesondere in den Fällen, in denen die Forderungseinziehung Rechtsdienstleistungen iSd § 2 Abs. 1 RDG mit sich bringt, weil sie der ursprüngliche Gläubiger nicht im Rahmen eines eigenständigen Inkassobetriebs betreibt (BT-Drs. 16/3655, 49). 92

§ 2 Abs. 2 S. 2 RDG knüpft an den früheren Art. 1 § 5 Nr. 4 RBerG an, nach der kaufmännische oder sonstige gewerbliche Unternehmer solche Forderungen einziehen konnten, die sie im Rahmen des Gewerbebetriebs abgetreten haben. Dabei erfasste Art. 1 § 5 Nr. 4 RBerG, der erst mWv 1.7.2002 durch Art. 21a des 4. Finanzmarktförderungsgesetzes v. 21.6.2002 (BGBl. I S. 2010) in Kraft getreten war, insbesondere die Verbriefung von Forderungen in Form von sog. **asset-backed-securities (ABS)** sowie den ABS-Transaktionen verwandten Finanzierungsformen (z.B. „In-House-Factoring"). Bei ABS geht es um Wertpapiere *(securities),* die mit Aktiva *(assets)* wie Forderungen großer Wirtschaftsunternehmen oder von Kreditinstituten und Leasinggesellschaften zB aus Kfz-Finanzierungen, Kreditkartenkonten, Leasing-Transaktionen, grundpfandrechtlich gesicherten *(backed)* Darlehen oder aus anderen Kreditforderungen besichert sind. Die Forderungen werden vom Forderungsinhaber (Originator) an eine eigens hierfür gegründete Zweckgesellschaft (Special-Purpose-Vehicle – SPV) veräußert, wodurch es zum Zufluss liquider Mittel kommt (BT-Drs. 14/8601, 30). Das SPV wiederum refinanziert sich durch Ausgabe von Schuldverschreibungen am Kapitalmarkt. Im Regelfall ist der Originator/Zedent mit der Verwaltung und dem Inkasso der Forderungen des SPV betraut (BT-Drs. 14/8601, 30; vgl. auch *Fleckner* DB 2005, 2733). Der Ausnahmeregelung in Art. 1 § 5 Nr. 4 RBerG bedurfte es, weil die Praxis erheblich durch eine in der Literatur vertretene Auffassung, nach der aufgrund des Umstands, dass der Originator die Forderungen einziehe, ein fremdes und daher erlaubnispflichtiges Geschäft iSd Art. 1 § 1 RBerG vorliegen sollte, verunsichert wurde (so etwa *Caliebe* BB 2000, 2369, 2371f.; aA *Küppers/Brause* AG 1998, 413, 416f.; *Rinze/Klüwer* BB 2000, 2483ff.). Mit der Klarstellung der Erlaubnisfreiheit in Art. 1 § 5 Nr. 4 RBerG sollten daher die befürchteten 93 negativen Auswirkungen auf die Refinanzierungsmöglichkeiten von Unternehmen aus vielen Wirtschaftsbereichen sowie auf den Finanzplatz Deutschland vermieden werden (BT-Drs. 14/8601, 30f.).

94 § 2 Abs. 2 S. 2 RDG stellt sicher, dass ABS sowie den ABS-Transaktionen verwandte Finanzierungsformen (zB **„In-House-Factoring"**) auch nach Inkrafttreten des RDG zulässig bleiben (BT-Drs. 16/3655, 49). Erfasst sind auch alle sonstigen Fälle des Forderungsverkaufs, in denen der Erwerber der Forderung ihre Einziehung dem bisherigen Gläubiger überlässt, und überhaupt alle Sachverhalte, in denen eine abgetretene Forderung noch durch den ursprünglichen Gläubiger eingezogen wird (BT-Drs. 16/3655, 49). Hierzu zählt auch die **Sicherungsabtretung.** Wer eine Forderung als Kreditsicherheit abgetreten hat, darf diese Forderung daher aufgrund einer Einziehungsermächtigung selbst geltend machen, zumal die Einziehung der Forderung ohnehin weiter in seinem wirtschaftlichen Interesse liegt (BT-Drs. 16/3655, 49, 87). Im Ergebnis ist daher die Einziehung der Forderung sowohl durch den Sicherungsnehmer (dazu Rn. 73) als auch durch den Sicherungsgeber erlaubnisfrei. § 2 Abs. 2 S. 2 RDG gilt auch für die Fälle, in denen eine Forderung nicht abgetreten wurde, sondern im Wege der Legalzession auf einen anderen Gläubiger übergegangen ist (BT-Drs. 16/3655, 87 zu § 79 Abs. 1 S. 2 ZPO). In Fällen, in denen der neue Gläubiger den bisherigen Forderungsinhaber – etwa im Wege einer treuhänderischen Inkassozession – ermächtigt, die Forderung im eigenen Namen geltend zu machen, besteht ebenfalls keine Erlaubnispflicht (BT-Drs. 16/3655, 87 zu § 79 Abs. 1 S. 2 ZPO).

95 Für die **prozessuale Geltendmachung** enthält § 79 Abs. 1 S. 2 ZPO eine § 2 Abs. 2 S. 2 RDG flankierende Regelung. Danach müssen Parteien, die eine Forderung einziehen, deren ursprünglicher Gläubiger sie sind, sich nicht durch einen Rechtsanwalt als Bevollmächtigten vertreten lassen, auch wenn ein solcher Zwang an sich für die Geltendmachung von fremden oder zum Zweck der Einziehung auf fremde Rechnung abgetretenen Geldforderungen vorgeschrieben ist (dazu Anh. § 1 RDG Rn. 16).

D. Freigestellte Tätigkeiten (Abs. 3)

I. Überblick

96 § 2 Abs. 3 RDG benennt verschiedene Tätigkeiten, die keine Rechtsdienstleistungen darstellen. Auf diese ist das RDG unabhängig davon, ob an sich die Voraussetzungen des § 2 Abs. 1 RDG vorliegen, nicht anwendbar. Der Gesetzgeber bezeichnet § 2 Abs. 3 RDG allerdings als eine Regelung mit „insgesamt **klarstellende(m) Charakter**" (BT-Drs. 16/3655, 49), weil er aus verschiedenen Gründen jedenfalls in den meisten Fällen die Voraussetzungen des § 2 Abs. 1 RDG als ohnehin nicht gegeben ansieht. Keine Rechtsdienstleistung ist die Erstattung wissenschaftlicher Gutachten (Nr. 1; dazu Rn. 97ff.), die schiedsrichterliche und schlichtende Tätigkeit (Nr. 2; Rn. 111ff.), die Betriebsratstätigkeit, soweit diese einen Bezug zu rechtlichen Belangen der Arbeitnehmer aufweist (Nr. 3; Rn. 117ff.), die Mediation (Nr. 4; Rn. 122ff.), die Rechtsberatung in den Medien (Nr. 5; Rn. 133ff.) sowie die Rechtsbera-

Begriff der Rechtsdienstleistung **§ 2 RDG**

tung für konzernverbundene Unternehmen (Nr. 6; Rn. 140 ff.). Der Katalog des § 2 Abs. 3 RDG knüpft überwiegend an die frühere Rechtslage zum RBerG an (BT-Drs. 16/3655, 49). So enthielt bereits Art. 1 § 2 RBerG eine Ausnahme für die Erstellung wissenschaftlicher Gutachten und für schiedsrichterliche und schlichtende Tätigkeiten. Die Ausklammerung der Tätigkeiten von Interessenvertretungen und die Freistellung der Darstellung und Erörterung von Rechtsfragen und Rechtsfällen in den Medien setzt im Wesentlichen die zum RBerG ergangene Rspr. um. Auch die Regelung zur Mediation soll der früheren Rechtslage entsprechen (BT-Drs. 16/3655, 49). Kein Vorbild im RBerG hat dagegen der in Nr. 6 neu aufgenommene Ausnahmetatbestand, nach dem die Rechtsberatung im gesellschaftsrechtlichen Konzern nicht als Erledigung fremder Rechtsangelegenheiten gilt.

II. Erstattung wissenschaftlicher Gutachten (Nr. 1)

§ 2 Abs. 3 Nr. 1 RDG überführt die bereits in Art. 1 § 2 Alt. 1 RBerG gere- 97
gelte Freistellung der Gutachtertätigkeit in das RDG (BT-Drs. 16/3655, 49). Aufgrund der bewussten **Anknüpfung an das alte Recht** kann der Meinungsstand zum früheren Recht unmittelbar fruchtbar gemacht werden. Dass § 2 Abs. 3 Nr. 1 RDG nunmehr von einem „wissenschaftlichen Gutachten" und nicht mehr wie die Vorgängerregelung des Art. 1 § 2 Alt. 1 RBerG von einem „wissenschaftlich begründeten Gutachten" spricht, führt zu keiner inhaltlichen Änderung.

Erfasst werden nur **Rechtsgutachten,** nicht dagegen medizinische, techni- 98
sche oder ähnliche Gutachten, bei denen jedoch der Anwendungsbereich des § 2 Abs. 1 RDG ohnehin idR nicht eröffnet ist (BT-Drs. 16/3655, 49; vgl. auch BGH NJW 2002, 2104, 2105 zu Art. 1 § 2 RBerG). Demgegenüber ist die Ausnahmeregelung für rechtswissenschaftliche Gutachten erforderlich, weil diese Gutachtertätigkeit typischerweise nicht nur allgemeine rechtstheoretische oder rechtstatsächliche Gutachten (dann keine Rechtsdienstleistung iSd § 2 Abs. 1 RDG, vgl. Rn. 32, 43), sondern gerade auch die Erstellung einzelfallbezogener Rechtsgutachten umfasst (BT-Drs. 16/3655, 49). Ohne eine ausdrückliche Regelung würde daher die Gutachtertätigkeit oft Rechtsdienstleistung iSd § 2 Abs. 1 RDG sein, so dass ausgerechnet den zur Erstattung von wissenschaftlichen Rechtsgutachten primär berufenen, an Hochschulen tätigen Rechtswissenschaftlern diese Tätigkeit untersagt würde. Ihnen ist zugleich die Zulassung zum Anwaltsberuf aufgrund ihres Status als Beamte (auf Zeit) verwehrt (dazu Henssler/Prütting/*Henssler* § 7 Rn. 126 ff.). Juristische Vortragstätigkeit und wissenschaftliche Veröffentlichungen erfüllen dagegen mangels Befassung mit einem konkreten Einzelfall regelmäßig nicht die Anforderungen an eine Rechtsdienstleistung (Rn. 32). Auf Gutachten (etwa zum ausländischen Recht, vgl. § 293 ZPO), die einem Gericht gegenüber zu erstatten sind (vgl. §§ 402 ff. ZPO), ist das RDG schon deshalb nicht anwendbar, weil es das gerichtliche Verfahren nicht erfasst (§ 1 Abs. 1 S. 1 RDG; dazu § 1 RDG Rn. 15 ff.; siehe hierzu auch *Rennen/Caliebe* Art. 1 § 2 Rn. 2).

Ein Rechtsgutachten enthält die **Darlegung des Ergebnisses** einer in Be- 99
zug auf eine rechtliche Streitfrage angestellten Prüfung sowie **dessen Herleitung** (*Rennen/Caliebe* Art. 1 § 2 Rn. 2; Kilian/Sabel/*vom Stein/vom Stein*

Rn. 65). Es soll dem Auftraggeber ermöglichen, die Richtigkeit des Ergebnisses nachzuvollziehen (*Chemnitz/Johnigk* Rn. 331). Nicht entscheidend ist, ob es sich – objektiv oder subjektiv aus Sicht des Gutachters – um eine einfache oder schwierige Frage handelt. Maßgeblich ist vielmehr, dass ein aus Sicht des Auftraggebers klärungsbedürftiges Rechtsproblem untersucht werden soll (*Unseld/Degen* Rn. 48; Kilian/Sabel/vom Stein/*vom Stein* Rn. 67; *Rennen/Caliebe* Art. 1 § 2 Rn. 7; siehe aber auch BFHE 223, 261, 268 = NJW 2009, 797, 799 zu § 18 Abs. 1 Nr. 1 S. 2 EStG: „schwierige Grundsatzfragen"). Unerheblich ist schließlich, ob das Gutachten im Ergebnis so überzeugend ist, dass die Rspr. den Ergebnissen folgt (vgl. *Schorn* S. 137). Ob der Auftraggeber das Gutachten ausschließlich zur Information, für ein Verwaltungs- oder Gerichtsverfahren benötigt, ist ebenfalls ohne Bedeutung (*Rennen/Caliebe* Art. 1 § 2 Rn. 4). Auch ein Obergutachten unterliegt nicht der Erlaubnispflicht, wenn es auch auf den wissenschaftlichen Ergebnissen der Vorgutachten aufbaut (vgl. BFHE 57, 83, 89, insoweit in NJW 1953, 958 nicht abgedruckt). Irrelevant ist es schließlich, ob ein Gutachter zu derselben Rechtsfrage gegenüber mehreren Auftraggebern Gutachten erstattet (vgl. BFHE 57, 83, 89 f., insoweit in NJW 1953, 958 nicht abgedruckt). In den Anwendungsbereich der Vorschrift fällt auch die Erstellung eines rechtswissenschaftlich begründeten **Schiedsgutachtens,** das über die rechtliche Prüfung und Wertung hinaus aufgrund einer Vereinbarung der Parteien auch eine bindende rechtliche Wirkung entfalten kann (BT-Drs. 16/3655, 50).

100 Der Begriff des Gutachtens ist von dem **(Rechts-)Rat** abzugrenzen. Ein Gutachten kann nicht allein deshalb verneint werden, weil die Ausführungen eine konkrete Verhaltensempfehlung enthalten. Der Auftraggeber wird sein weiteres Verhalten regelmäßig vom Inhalt des Gutachtens abhängig machen (OLG Stuttgart AnwBl. 1975, 173, 174 zu Art. 1 § 2 RBerG). Von einem Rat ist aber auszugehen, wenn es dem Auftraggeber vorrangig oder ausschließlich um die Empfehlung eines bestimmten Verhaltens geht und die rechtliche Untersuchung für ihn nicht von Interesse ist (LG Hamburg MDR 1979, 234; AG Wiesbaden AnwBl. 1962, 51, 52; *Chemnitz/Johnigk* Rn. 330; *Rennen/Caliebe* Art. 1 § 2 Rn. 5; Grunewald/Römermann/*Römermann* Rn. 111; Kilian/Sabel/vom Stein/*vom Stein* Rn. 66).

101 Das Gutachten muss inhaltlich den Anforderungen an **Wissenschaftlichkeit** entsprechen. Das ist dann der Fall, wenn es eine eingehende Auseinandersetzung mit allen in Frage kommenden Aspekten der Rechtslage unter Einbeziehung der unterschiedlichen in Rspr. und Rechtslehre vertretenen Meinungen enthält und die Rechtslage unter Außerachtlassung von Zweckmäßigkeitserwägungen objektiv darstellt (OLG Karlsruhe Rbeistand 1988, 9, 11; OLG Stuttgart AnwBl. 1975, 173, 174; LG Hamburg MDR 1979, 234, jeweils zu Art. 1 § 2 RBerG; *Chemnitz/Johnigk* Rn. 337; *Rennen/Caliebe* Art. 1 § 2 Rn. 6; Kilian/Sabel/vom Stein/*vom Stein* Rn. 67; siehe auch BFHE 223, 261, 267 f. = NJW 2009, 797, 799 zu § 18 Abs. 1 Nr. 1 S. 2 EStG). Es muss sich nach Inhalt und Form um einen ernsthaften und planmäßigen Versuch zur Ermittlung der Wahrheit handeln (BVerfGE 35, 79, 113 = NJW 1973, 1176). Vor diesem Hintergrund wird man regelmäßig verlangen müssen, dass das Gutachten **schriftlich** erteilt wird, weil andernfalls die notwendige Abwägung oft nicht gegeben sein wird. Völlig ausgeschlossen ist aber auch eine mündliche Erstattung des Gutachtens nicht (vgl. *Schorn* S. 136).

Einigkeit besteht aber darüber, dass die Erlaubnispflicht von Rechtsdienst- 102
leistungen nicht dadurch umgangen werden kann, dass ein einfacher Rat
schlicht deshalb zum Gutachten erklärt wird, weil er schriftlich erfolgt ist und
mit vereinzelten Nachweisen versehen wurde (Krenzler/*Offermann-Burckart*
Rn. 184). Generell ist die bloße Bezeichnung der Ausarbeitung als „Gutachten" bedeutungslos, entscheidend ist ihr **Inhalt** (Schlewing/Henssler/Schnitker/Schipp/*Henssler* Teil 3 Rn. 18; *Römermann* NJW 2011, 884, 885).

Ob es sich bei dem Gutachter um einen Hochschullehrer oder sonstige 103
Personen mit speziell geprüfter wissenschaftlicher Vorbildung handeln
muss, ist umstritten. Insoweit haben sich zwei Extrempositionen entwickelt.
Teilweise wird die Auffassung vertreten, dass nur eine solche Person die Gewähr für die Anwendung der wissenschaftlichen Arbeitsweise sowie die inhaltlichen Stimmigkeit biete (OLG Karlsruhe Rbeistand 1988, 9, 11; *Rennen/Caliebe* Art. 1 § 2 Rn. 6). Die Gegenansicht verweist auf den Wortlaut der Norm,
nach dem die Wissenschaftlichkeit nicht an der Person des Gutachters, sondern
ausschließlich an dem Inhalt des Gutachtens festgemacht werde (*Kleine-Cosack*
Rn. 108; Dreyer/Lamm/Müller/*Dreyer/Müller* Rn. 55; Kilian/Sabel/vom
Stein/*vom Stein* Rn. 70; *ders.* AnwBl. 2008, 385, 388). Nicht einmal eine geringfügige wissenschaftliche Vorbildung dürfe daher gefordert werden (*Kleine-Cosack* Rn. 108).

Richtig ist, dass der Wortlaut von § 2 Abs. 3 Nr. 1 RDG lediglich die Wis- 104
senschaftlichkeit des Gutachtens verlangt, Anforderungen an die Person des
Gutachters dagegen nicht aufstellt. Auch den Gesetzesmaterialien zum RDG
ist keine Aussage zur Person des Gutachters zu entnehmen. Kryptisch war insoweit bereits die Begründung zu dem mit dem RBMG eingeführten Art. 1
§ 2 RBerG, wo es knapp heißt: „§ 2 trifft Vorsorge, daß die wissenschaftliche
Gutachtertätigkeit – zB der Hochschullehrer – durch den Erlaubniszwang
nicht beengt wird." (RStBl. 1935 S. 1529). Gewisse Anforderungen an die
Qualifikation des Gutachters folgen allerdings aus der Zielsetzung des RDG,
den Rechtsuchenden, den Rechtsverkehr und die Rechtsordnung vor unqualifizierten Rechtsdienstleistungen zu schützen (§ 1 Abs. 1 S. 2 RDG; dazu § 1
RDG Rn. 2ff.). Dieser Schutz kann nicht sichergestellt werden, wenn völlig
unqualifizierte Personen erlaubnisfrei rechtswissenschaftliche Gutachten erstellen dürften (Henssler/Prütting/*Weth* Rn. 70). Insoweit kann nicht losgelöst
von der Person des Gutachters auf den Inhalt des Gutachtens abgestellt werden, weil richtigerweise nur solche Gutachter wissenschaftlich arbeiten können, die eine entsprechende Ausbildung genossen haben. Wissenschaftlich ist
ein Gutachten nur dann, wenn sowohl die Person des Gutachters Gewähr für
Wissenschaftlichkeit bieten kann als auch der Inhalt wissenschaftlich begründet ist.

Der BGH hat insoweit zutreffend ausgeführt, dass ein Diplom-Ingenieur 105
aufgrund seiner Vorbildung nicht dazu befähigt ist, einen bestimmten Vorgang
in rechtswissenschaftlicher Arbeitsweise systematisch zu untersuchen und sich
daher nicht auf den Privilegierungstatbestand des Art. 1 § 2 RBerG (= § 2
Abs. 3 Nr. 1 RDG) berufen könne (BGH NJW 2002, 2104, 2105). Auf der
anderen Seite muss der Gutachter nicht die Befähigung zum Richteramt und
damit nicht die zweite juristische Staatsprüfung bestanden haben, weil das Referendariat nicht die wissenschaftliche, sondern die praktische Ausbildung be-

trifft (*Piekenbrock* AnwBl. 2011, 848, 850). Das **Bestehen der ersten juristischen Prüfung,** mit der zugleich die universitäre Ausbildung abgeschlossen ist, ist daher stets ausreichend.

106 Da der Gesetzgeber offenbar bewusst darauf verzichtet hat, konkrete Anforderungen an die Qualifikation des Gutachters festzuschreiben, führt aber auch der erfolgreiche Abschluss anderer rechtlich geprägter Studiengänge (zB **Fachhochschulstudiengänge für Wirtschafts-, Sozial- oder Informationsjuristen**) zu einer ausreichenden Vorbildung, weil mittlerweile der Auftrag zur Forschung und die wissenschaftliche Grundlage auch für Fachhochschulen in den Landeshochschulgesetzen verankert ist (vgl. etwa § 58 Abs. 1 HG NRW). Allerdings wird man stets verlangen müssen, dass der Gutachter die entsprechende Abschlussprüfung erfolgreich bestanden hat, denn erst dann steht fest, dass er tatsächlich die notwendige Mindestqualifikation für die Erstellung eines wissenschaftlichen Gutachtens besitzt (so wohl auch Henssler/Prütting/*Weth* Rn. 70; aA Krenzler/*Offermann-Burckart* Rn. 189 zum „abgebrochenen" Jurastudenten sowie *Chemnitz/Johnigk* Rn. 336). Keinesfalls reichen im **Selbststudium** erworbene Kenntnisse aus (Krenzler/*Offermann-Burckart* Rn. 190; Henssler/Prütting/*Weth* Rn. 70; Grunewald/Römermann/*Römermann* Rn. 115). Überzeugend erscheint es damit, den Abschluss eines juristisch geprägten Studiums, ggf. auch an einer ausländischen Hochschule, zu verlangen.

107 Mangels gesetzlicher Anordnung wird man nicht fordern können, dass der Gutachter aktuell hauptberuflich oder überwiegend juristisch tätig ist (*Chemnitz/Johnigk* Rn. 336). Die Berufung auf § 2 Abs. 3 Nr. 1 RDG wird auch nicht dadurch ausgeschlossen, dass der Gutachter weniger qualifizierte Mitarbeiter mit Vorarbeiten beauftragt. Es genügt, dass eine ausreichend qualifizierte Person die **Verantwortung für das Werk** übernimmt. Dagegen reicht es nicht aus, wenn eine juristisch ausreichend vorgebildete Person einen Dritten, der selbst nicht die entsprechende Qualifikation aufweist, lediglich anleitet oder als Ansprechpartner zur Verfügung steht. Die für die Erbringung unentgeltlicher Rechtsdienstleistungen und für die Tätigkeit registrierter Rechtsdienstleister geltenden Regelungen der §§ 6 Abs. 2, 12 Abs. 4 RDG sind nicht übertragbar. Zu sog. „legal clinics", in denen Studierende an Universitäten unter Anleitung rechtsberatend tätig werden, siehe § 6 RDG Rn. 62 f.

108 Soweit es erforderlich ist, dass eine nicht juristisch ausgebildete Person in einem technischen Gutachten auch zu Rechtsfragen Stellung nehmen muss (etwa zu der Frage, ob die untersuchte Anlage den für ihre Sicherheit geltenden rechtlichen Vorschriften entspricht; vgl. insoweit BGH NJW 2002, 2104, 2105 zu Art. 1 § 2 RBerG), scheidet die Berufung auf § 2 Abs. 3 Nr. 1 RDG aus. Der Gutachter kann sich in diesen Fällen – wenn man die Grenze des § 2 Abs. 1 RDG als überschritten ansieht – aber uU auf § 5 Abs. 1 RDG berufen.

109 In der instanzgerichtlichen Rspr. und im Schrifttum wird gefordert, der Gutachter müsse eine **natürliche Person** sein (AG Frankfurt a. M. AnwBl. 1985, 108; Krenzler/*Offermann-Burckart* Rn. 186; Henssler/Prütting/*Weth* Rn. 70; Kilian/Sabel/vom Stein/*vom Stein* Rn. 66; *ders.* AnwBl. 2008, 385, 388; anders offenbar OLG Karlsruhe Rbeistand 1988, 9, 11). Diese Einschränkung lässt sich dem Wortlaut des § 2 Abs. 3 Nr. 1 RDG indes so nicht entnehmen. Zulässig ist es daher, den Gutachtervertrag mit einem Verein oder Institut zu schließen. Allerdings ist auf der Grundlage der hier zur Qualifikation des Gutachters entwickelten Auffassung (Rn. 104 ff.) zu verlangen, dass eine natürliche Person mit ausreichender Vorbildung für das Gutachten verantwortlich zeichnet.

Eine ggf. bestehende **Anzeigepflicht** (vgl. etwa § 51 Abs. 1 Nr. 3 LBG NRW) oder Pflicht zur Einholung einer **Nebentätigkeitsgenehmigung** wird durch das RDG nicht berührt (*Chemnitz/Johnigk* Rn. 339, 341). Richtern ist nach § 41 Abs. 1 DRiG ohnehin die außerdienstliche Erstattung von Rechtsgutachten sowie die entgeltliche Erteilung von Rechtsauskünften untersagt. Besonderheiten bestehen gem. § 41 Abs. 2 DRiG aber für beamtete Professoren der Rechte oder der politischen Wissenschaften, die gleichzeitig Richter im Nebenamt sind. 110

III. Tätigkeit von Einigungs- und Schlichtungsstellen und Schiedsrichtern (Nr. 2)

Bereits nach **Art. 1 § 2 Alt. 2 RBerG** bedurfte die Übernahme der Tätigkeit als Schiedsrichter nicht der Erlaubnis gem. Art. 1 § 1 RBerG. Diese Ausnahmeregelung wurde mit der Neuregelung des § 2 Abs. 3 Nr. 2 RDG um die Tätigkeit von Einigungs- und Schlichtungsstellen erweitert. Hiermit will der Gesetzgeber ihrer zunehmenden Bedeutung Rechnung tragen (BT-Drs. 16/3655, 50). Die Freistellung ihrer (rechtlichen) Tätigkeiten im Rahmen des RDG lässt sich nach Auffassung des Gesetzgebers damit rechtfertigen, dass sie grds. schon gar keine Rechtsdienstleistung iSd § 2 Abs. 1 RDG darstellen. Vielmehr ähnele die Tätigkeit von Einigungs- und Schlichtungsstellen eher der Tätigkeit eines Richters oder Schiedsrichters, weil sie auf eine Entscheidung des Rechtsstreits, allerdings in einer weniger verbindlichen Form ausgerichtet ist (BT-Drs. 16/3655, 50). 111

Von § 2 Abs. 3 Nr. 2 RDG werden zunächst die **Schlichtungsstellen von öffentlichen Stellen,** etwa den Industrie- und Handelskammern, erfasst (BT-Drs. 16/3655, 50). Weitere Beispiele sind die Schlichtungsstellen der regionalen Rechtsanwaltskammern (§ 73 Abs. 2 Nr. 3 BRAO) und Steuerberaterkammern (§ 76 Abs. 2 Nr. 3 StBerG) sowie die Schlichtungsstelle der Rechtsanwaltschaft gem. § 191 f BRAO. Im ärztlichen Bereich haben die Landesärztekammern Gutachterkommissionen und Schlichtungsstellen für den Fall von Behandlungsfehlern eingerichtet. Auch die Zahnärzte-, Tierärzte-, Psychotherapeuten-, Apotheken-, Architekten- und Ingenieurkammern haben Schlichtungsverfahren eingeführt (vgl. insoweit *Hastenrath* Möglichkeit der Etablierung eines Schlichtungsverfahrens durch die Rechtsanwaltskammer bei Streitigkeiten zwischen Rechtsanwalt und Mandant, 2008, S. 72 ff.). 112

Schlichtungsstellen iSd § 2 Abs. 3 Nr. 2 RDG sind auch solche Stellen, die von einzelnen **Berufsverbänden** eingerichtet wurden, um Streitigkeiten mit Verbrauchern außergerichtlich beizulegen. Hierunter fallen nach der Gesetzesbegründung etwa Schiedsstellen für Textilreinigungsschäden, das Ombudspersonverfahren der privaten Banken sowie die Ombudsperson für Versicherungen (BT-Drs. 16/3655, 50). Freigestellt ist auch die Tätigkeit der grenzüberschreitend tätigen Europäischen Verbraucherzentren zur außergerichtlichen Beilegung von Streitigkeiten zwischen Verbrauchern und Unter- 113

RDG § 2 Teil 1 Allgemeine Vorschriften

nehmern aus verschiedenen Staaten im Rahmen des Netzes der Europäischen Verbraucherzentren (ECC-Net) (BT-Drs. 16/3655, 50). Kfz-Schiedsstellen nehmen sich Meinungsverschiedenheiten zwischen Werkstattkunden und Kfz-Meisterbetrieben an.

114 Auch **betriebliche Einigungsstellen** nach § 76 BetrVG zur Beilegung betriebsverfassungsrechtlicher Streitigkeiten zwischen Betriebsrat und Arbeitgeber und die dort in Bezug genommenen tariflichen Schlichtungsstellen werden vom Privilegierungstatbestand des § 2 Abs. 3 Nr. 2 RDG erfasst (BT-Drs. 16/3655, 50). Gleiches gilt für die parallelen Einigungsstellen nach den Personalvertretungsgesetzen des Bundes (§ 71 BPersVG) und der Länder (Krenzler/ Offermann-Burckart Rn. 197; Kilian/Sabel/vom Stein/*vom Stein* Rn. 72).

115 Unter die **schiedsrichterliche Tätigkeit** fallen insbesondere die im 10. Buch der ZPO geregelten Schiedsgerichte (BT-Drs. 16/3655, 50). Dies gilt gleichermaßen für das Mitglied eines nur im Einzelfall berufenen Schiedsgerichts und für das ständig berufene Mitglied eines institutionellen Schiedsgerichts (Krenzler/*Offermann-Burckart* Rn. 201; siehe auch *Rennen/Caliebe* Art. 1 § 2 Rn. 9 zum RBerG) sowie für den Vorsitzenden und die Beisitzer (vgl. Kilian/Sabel/vom Stein/*vom Stein* Rn. 72). Auf den (Haupt-)Beruf des Schiedsrichters und seine juristische Vorbildung kommt es nicht an (Grunewald/Römermann/*Römermann* Rn. 122; Krenzler/*Offermann-Burckart* Rn. 201; Kilian/ Sabel/vom Stein/*vom Stein* Rn. 75; siehe auch *Rennen/Caliebe* Art. 1 § 2 Rn. 9 zum RBerG; zur Zulässigkeit einer Nebentätigkeit von Berufsrichtern als Schiedsrichter siehe § 40 DRiG). So kann etwa auch ein Wirtschaftsprüfer als Schiedsrichter – etwa bei Streitigkeiten um die Bewertung eines Unternehmens – tätig werden. Er muss sich dann aber die erforderlichen materiell- und verfahrensrechtlichen Kenntnisse aneignen. Die ggf. bestehende Pflicht zur Einholung einer Nebentätigkeitsgenehmigung wird durch das RDG nicht berührt. Die Tätigkeit an Verbands-, Partei-, Berufs- oder Vereinsgerichten wird von § 2 Abs. 3 Nr. 3 RDG ebenfalls umfasst sein, auch soweit hier über rechtliche Fragen wie etwa einen Vereinsausschluss zu entscheiden ist (Krenzler/*Offermann-Burckart* Rn. 201; Grunewald/Römermann/*Römermann* Rn. 121; Kilian/Sabel/vom Stein/*vom Stein* Rn. 76). Für die Richter an Berufsgerichten der verkammerten Freien Berufe existieren freilich meist spezialgesetzliche Regelungen (vgl. etwa §§ 94, 102 BRAO).

116 **Gütestellen** nach § 15a Abs. 1 EGZPO (etwa iVm §§ 44 ff. JustG NRW) wurden in § 2 Abs. 3 Nr. 2 RDG nicht explizit aufgenommen, obwohl die Schiedspersonen eine den Schiedsrichtern vergleichbare Tätigkeit ausüben. Da die Schiedspersonen iSd § 15a EGZPO behördlich bestellt werden, folgt ihre Rechtsdienstleistungskompetenz bereits aus § 8 Abs. 1 Nr. 1 Alt. 1 RDG (BT-Drs. 16/3655, 50; dazu § 8 RDG Rn. 6; kritisch zu diesem Regelungsansatz Krenzler/*Offermann-Burckart* Rn. 200).

IV. Die Erörterung der die Beschäftigten berührenden Rechtsfragen mit ihren gewählten Interessenvertretungen (Nr. 3)

117 Betriebsräte wurden zu Recht nicht als berufsständische oder berufsstandsähnliche Stellen iSd Art. 1 § 7 RBerG angesehen, weil sie nicht freiwillig gebildet werden und die zu beratenden Arbeitnehmer des Betriebs nicht Mit-

Begriff der Rechtsdienstleistung **§ 2 RDG**

glieder des Betriebsrats sind (BVerwG Beschl. v. 18.8.2003 – 6 P 6/03, BeckRS 2003, 24393; LAG Hamburg DB 1987, 1744; siehe auch *Hufer* Rechtsberatung durch den Betriebsrat, 2007, S. 57ff.; *Düwell* PersR 2008, 306f.). Auch § 7 RDG enthält heute keine Rechtsdienstleistungskompetenz zugunsten der Betriebsräte (dazu § 7 RDG Rn. 25). Allerdings wurde die (rechtliche) Wahrnehmung der dem Betriebsrat gesetzlich zugewiesenen Aufgaben schon nach altem Recht dann nicht als erlaubnispflichtige Tätigkeit iSd Art. 1 § 1 RBerG angesehen, wenn dies zur sachgerechten Ausübung seiner gesetzlich geregelten Handlungsbefugnisse, namentlich in konkreten mitbestimmungspflichtigen Angelegenheiten, erforderlich war (BVerwG Beschl. v. 18.8.2003 – 6 P 6/03, BeckRS 2003, 24393 zum Personalrat).

Nach § 2 Abs. 3 Nr. 3 RDG ist nunmehr die Erörterung der die Beschäftigten berührenden Rechtsfragen mit ihren gewählten Interessenvertretungen ausdrücklich vom Anwendungsbereich des RDG ausgeklammert, um etwaige Zweifel hinsichtlich ihrer Zulässigkeit zu vermeiden (BT-Drs. 16/3655, 50). Diese Freistellung lässt sich damit rechtfertigen, dass die Erörterung der die Beschäftigten berührenden Rechtsfragen **Teil der eigenen Aufgabenwahrnehmung der Interessenvertretung** ist und jedenfalls auch in ihrem eigenen Interesse erfolgt; insoweit fehlt es an einer Tätigkeit in einer fremden Angelegenheit (BT-Drs. 16/6634, 51; BVerwG Beschl. v. 18.8.2003 – 6 P 6/03, BeckRS 2003, 24393; zum Begriff der Fremdheit Rn. 19ff.). Da anders als nach der Vorläuferregelung in § 1 Abs. 2 RDG Bestimmungen in anderen Gesetzen über die Befugnis, Rechtsdienstleistungen zu erbringen, unberührt bleiben (dazu § 1 RDG Rn. 28ff.), hätte man Rechtsdienstleistungskompetenzen der Interessenvertretungen allerdings auch unmittelbar aus den verschiedenen Befugnisnormen in BetrVG, BPersVG und SGB IX herleiten können, zumal diese Regelungen ohnehin für die Frage, ob ein Zusammenhang zu den Aufgaben dieser Vertretungen besteht (dazu Rn. 120), beachtet werden müssen (vgl. Henssler/Prütting/*Weth* Rn. 80). **118**

Erlaubnisfrei ist nicht nur die Tätigkeit von Betriebsräten oder einer Schwerbehindertenvertretung, sondern auch die von Personalvertretungen der Angestellten des Öffentlichen Dienstes sowie von Beamten und von Vertretungen der Richter, Soldaten, Zivildienstleistenden oder kirchlichen Beschäftigten. Dieser weite Anwendungsbereich ergibt sich aus der offenen Formulierung („Interessenvertretungen") der Norm. § 2 Abs. 3 Nr. 3 RDG idF des RegE hatte lediglich „die Erörterung der die *Arbeitnehmerinnen und Arbeitnehmer* berührenden Rechtsfragen mit ihren *in den Betrieben* gewählten Interessenvertretungen" zugelassen. Der Rechtsausschuss wollte mit der Änderung des Normtextes verhindern, dass die Beschränkung der Textfassung auf Arbeitnehmer zum Anlass für einen nicht beabsichtigten Umkehrschluss genommen wird (BT-Drs. 16/6634, 51). **119**

In den Gesetzesmaterialien wird ausdrücklich hervorgehoben, dass mit der Regelung des § 2 Abs. 3 Nr. 3 RDG keine Ausweitung der Befugnisse von Interessenvertretungen gegenüber dem früheren Recht verbunden sein soll. Sinn und Zweck von § 2 Abs. 3 Nr. 3 RDG sei es nicht, echte Rechtsdienstleistungen durch Betriebsräte oder Personalvertretungen erlaubnisfrei zu stellen (BT-Drs. 16/6634, 51). Insoweit sind zwei Einschränkungen der Norm zu beachten. Erstens sind nur solche Tätigkeiten freigestellt, die einen **Bezug zu Ar-** **120** beitnehmer- und Personalvertretungsangelegenheiten** aufweisen. Denn andernfalls handelt es sich nicht mehr (auch) um eigene, sondern ausschließlich um fremde Rechtsdienstleistungen. Eine allgemeine (etwa miet- oder steuerrechtliche) Rechtsberatung der Belegschaftsmitglieder durch die Mitglieder der Interessenvertretungen ist also nicht zulässig. Allerdings wird man für den notwendigen Zusammenhang zu den Aufgaben der Interessenvertretungen – anders als dies in der Entscheidung des BVerwG zum RBerG anklingt (BVerwG Beschl. v. 18.8.2003 – 6 P 6/03, BeckRS 2003, 24393) – nicht verlangen können, dass der Beschäftigte konkret von einer Arbeitgebermaßnahme betroffen ist, die mitbestimmungspflichtig oder beteiligungsbedürftig ist. Vielmehr genügt es, wenn die Interessenvertretung zugunsten der Beschäftigten auf die richtige Anwendung der geltenden Rechtsvorschriften (Gesetze, Verordnungen, Unfallverhütungsvorschriften, Tarifverträge und Betriebsvereinbarungen) hinwirkt (*Düwell* PersR 2008, 306, 308; siehe auch *Hufer* Rechtsberatung durch den Betriebsrat, 2007, S. 67 ff. zum RBerG). Denn auch diese Tätigkeit ist Teil der Aufgabenbeschreibung der Betriebs- und Personalräte (§§ 70 Abs. 1 Nr. 3, 80 Abs. 1 Nr. 1 BetrVG; §§ 61 Abs. 1 Nr. 2, 68 Abs. 1 Nr. 2 BPersVG; § 95 Abs. 1 S. 2 Nr. 1 SGB IX). Insbesondere zulässig ist die Tätigkeit von Interessenvertretungen im Rahmen von **Sprechstunden** nach § 39 BetrVG, § 43 BPersVG, § 95 SGB IX (BT-Drs. 16/3655, 50), allerdings auch hier nur, wenn ein entsprechender Zusammenhang zu einer Arbeitnehmer- oder Personalvertretungsangelegenheit besteht. Wegen der Verbindung zwischen kollektivem Beteiligungsrecht und individuellem Rechtsschutz handelt es sich beim Kündigungsschutz um einen Bereich, in welchem „akzessorische" Rechtsberatung durch den Personalrat in Betracht kommt (BVerwGE 126, 122 Rn. 17 = NZA-RR 2007, 163; *Rixecker* ZfPR 2010, 124, 127). Zur Möglichkeit unentgeltlicher Rechtsberatung durch Betriebsrats- bzw. Personalvertretungsmitglieder gem. § 6 RDG siehe § 7 RDG Rn. 26.

121 Zweitens erfasst § 2 Abs. 3 Nr. 3 RDG bewusst nicht jede Art von Tätigkeit, sondern nur die **„Erörterung"** bestimmter Rechtsfragen (BT-Drs. 16/6634, 51; der Begriff wurde offenbar in Anlehnung an BVerwG Beschl. v. 18.8.2003 – 6 P 6/03, BeckRS 2003, 24393 gewählt). Aus dem Begriff „Erörterung" soll eine Beschränkung der Rechtsdienstleistungskompetenz in der Tiefe folgen; die Bearbeitung komplexer Fragestellungen, die weit mehr als eine Erstberatung erfordert, soll dagegen nicht zulässig sein (*Düwell* PersR 2008, 306, 308). Letztlich wird man aber auch hier prüfen müssen, ob sich die Tätigkeit im Rahmen der spezialgesetzlich verankerten Befugnisnormen bewegt. Da die Interessenvertretungen gegenüber dem Arbeitgeber die Einhaltung der geltenden Rechtsvorschriften zu überwachen haben (Rn. 120), ist es ihnen auch erlaubt, das Gespräch mit dem jeweiligen Arbeitgeber zu suchen und in Verhandlungen mit ihm einzutreten. Zulässig ist also nicht nur eine reine Rechtsberatung im Innenverhältnis zwischen Interessenvertretung und Beschäftigtem (Henssler/Prütting/*Weth* Rn. 80).

V. Mediation und jede vergleichbare Form der alternativen Streitbeilegung (Nr. 4)

Seit der Jahrtausendwende hat die – im US-amerikanischen Rechtskreis **122** schon seit längerem verbreitete – Mediation auch in Deutschland an Bedeutung gewonnen. Mit dem Interesse an der Mediation (zu ersten Schritten vgl. *Breidenbach/Henssler* Mediation für Juristen, 1997; dort auch zur Zulässigkeit nach dem RBerG Breidenbach/Henssler/*Henssler* S. 82ff.) begann auch die Diskussion um die Vereinbarkeit von Mediation und **RBerG**. Allgemein wurde angenommen, dass Mediation nicht mit Rechtsberatung gleichzusetzen sei, aber solche sein könne. So sei es auf der einen Seite fernliegend, dass sich eine „Arbeitsgemeinschaft Mediation" einer Schule bei der Schlichtung von Streitigkeiten unter Kindern der Besorgung fremder Rechtsangelegenheiten widme. Auf der anderen Seite wurde darauf hingewiesen, dass Mediation auf die Neubegründung und Neuformulierung der wechselseitigen Rechte und Pflichten für die Zukunft ziele. Sie sei lediglich eine im Einzelfall angewandte Methode auf dem Weg hin zu einer vertraglichen Vereinbarung dieser Rechte und Pflichten. Da dieses Ergebnis der Mediation juristisch unangreifbar und beständig fixiert werden müsse, benötige der Mediator oft Rechtsdienstleistungskompetenzen (siehe dazu die ausführliche Darstellung bei *Henssler* NJW 2003, 241 ff.; *ders.* ZKM 2006, 132 ff.; *ders.* Kammermitteilungen RAK Düsseldorf 2007, 98, 100 f.). In der instanzgerichtlichen Rspr. ist daher verschiedentlich Mediation als unzulässige Rechtsbesorgung qualifiziert worden (OLG Rostock NJW-RR 2002, 642 ff.; LG Rostock NJW-RR 2001, 1290 ff.; LG Hamburg NJW-RR 2000, 1514 f.; LG Leipzig NJW 2004, 3784, 3785).

Vor dem Hintergrund dieser Diskussion wollte der Gesetzgeber eine **klar- 123 stellende Regelung** zur (Un-)Vereinbarkeit der Mediationstätigkeit mit dem RDG treffen (BT-Drs. 16/3655, 49). Nach § 2 Abs. 3 Nr. 4 RDG ist nunmehr „die Mediation und jede vergleichbare Form der alternativen Streitbeilegung" keine Rechtsdienstleistung, „sofern die Tätigkeit nicht durch rechtliche Regelungsvorschläge in die Gespräche der Beteiligten eingreift". Der Wortlaut dieser Regelung ist im Gesetzgebungsverfahren mehrfach verändert worden. Nachdem im Diskussionsentwurf noch schlicht „die Mediation und jede vergleichbare Form der Streitbeilegung" genannt worden war (NJW-Beilage zu Heft 38/2004, 2), sprach der RefE (abrufbar unter http://beck-aktuell.beck. de/sites/default/files/rsw/upload/Beck_Aktuell/referentenentwurf-bmj_1 _1_1.pdf) von der „Mediation und jede(r) vergleichbare(n) Form der Streitbeilegung einschließlich der Fixierung einer Abschlussvereinbarung" (RefE S. 2). Im RegE erfasste die Freistellung „die Mediation und jede vergleichbare Form der gesprächsleitenden Streitbeilegung einschließlich der Protokollierung einer Abschlussvereinbarung" (BT-Drs. 16/3655, 7).

Der **Rechtsausschuss** wollte mit seinem Änderungsvorschlag die Termi- **124** nologie an den in Europa verbreiteten Sprachgebrauch anpassen. Mit der Regelung in § 2 Abs. 3 Nr. 4 RDG sollte ausdrücklich keine eigenständige und von der Richtlinie 2008/52/EG des Europäischen Parlaments und des Rates v. 21.5.2008 über „bestimmte Aspekte der Mediation in Zivil- und Handelssachen" (ABl. EU Nr. L 136 v. 24.5.2008 S. 3) abweichende Begriffsdefinition der Mediation eingeführt werden (BT-Drs. 16/6634, 51; zum Zeitpunkt der Beratungen im Rechtsausschuss lag nur der Entwurf der Richtlinie vor). Aus diesem Grund hat der Rechtsausschuss durchgesetzt, dass die auch in der Richtlinie verwendeten Begriffe der Mediation und der alternativen Streitbeilegung nebeneinander verwendet werden (BT-Drs. 16/6634, 51). Zugleich wies er darauf hin, dass das im RegE noch vorgesehene Merkmal einer „gesprächsleitenden" Tätigkeit demgegenüber weder in der EU-Richtlinie noch national zur Abgrenzung der Mediation verwendet werde. Über die Abgrenzung zur Rechtsdienstleistung hinaus soll gerade keine inhaltliche Vorgabe für den Verlauf einer Mediation gemacht werden, die auch aktive Kommunikationstechniken erfassen könne, ohne eine rechtliche Befassung darzustellen. Weil die Beschränkung auf eine „gesprächsleitende Streitbeilegung" aber als eine solche Vorgabe verstanden werden könnte, hat der Rechtsausschuss sie aus dem Normtext herausgenommen (BT-Drs. 16/6634, 51).

125 Inzwischen ist – mWv 26.7.2012 – das Gesetz zur Förderung der Mediation und anderer Verfahren der außergerichtlichen Konfliktbeilegung v. 21.7.2012 (BGBl I S. 1577) in Kraft getreten. Wichtigster Teil des Gesetzespakets ist das **Mediationsgesetz** (MediationsG) als ein Berufsgesetz für Mediatoren (siehe zu Einzelheiten *Henssler/Deckenbrock* DB 2012, 159 ff.). Es enthält eine Definition der Begriffe „Mediation" und „Mediator" (§ 1 MediationsG), regelt das Verfahren und die Aufgaben des Mediators (§ 2 MediationsG) und erstreckt anwaltliche Kernpflichten (Verschwiegenheitspflicht, Verbot der Vertretung widerstreitender Interessen) auf nichtanwaltliche Mediatoren (§§ 3, 4 MediationsG). Mit dem „einfachen" und dem „zertifizierten Mediator" sieht das Gesetz zwei Qualifikationsstufen vor (§ 5 MediationsG). Als zertifizierter Mediator darf sich bezeichnen, wer eine Ausbildung im Umfang von mindestens 120 Stunden bei einem zertifizierten Ausbildungsinstitut durchlaufen hat.

126 Der Gesetzgeber hat in der Begründung zum MediationsG ausdrücklich klargestellt, dass eine Antwort auf die Frage, ob und inwieweit nichtanwaltliche Mediatoren Mediation anbieten dürfen, sich auch nach dem Inkrafttreten des MediationsG allein aus dem RDG als der allgemeinen Regelung des Rechtsdienstleistungsmarkts ergebe (BT-Drs. 17/5335, 15; siehe auch *Henssler/Deckenbrock* DB 2012, 159, 160). Gleichwohl können für die Reichweite der Regelung des § 2 Abs. 3 Nr. 4 RDG die Vorgaben des MediationsG nicht ausgeblendet werden, wird doch der Begriff der Mediation dort nun erstmals legaldefiniert. Nach § 1 Abs. 1 MediationsG ist Mediation ein vertrauliches und strukturiertes Verfahren, bei dem Parteien mithilfe eines oder mehrerer Mediatoren freiwillig und eigenverantwortlich eine einvernehmliche Beilegung ihres Konflikts anstreben. Ein Mediator ist gem. § 1 Abs. 2 MediationsG eine unabhängige und neutrale Person ohne Entscheidungsbefugnis, die die Parteien durch die Mediation führt.

127 Damit wurde zugleich klargestellt, dass der Schwerpunkt außergerichtlicher Mediation in der **Gesprächsleitung** liegt (Fritz/Pielsticker/*Fritz* § 1 Rn. 45; siehe zu den die Führung eines Mediationsverfahrens kennzeichnenden Techniken „Umformulieren, Verbalisieren, Zusammenfassung, Trennung von Sach- und Beziehungsebene, Perspektivenwechsel usw. Greger/Unberath/ *Greger* § 1 Rn. 38). Mediation kann zwar Rechtsinformationen beinhalten und sich auf Rechtsverhältnisse beziehen sowie Regelungsmöglichkeiten zur

Diskussion stellen, sie überlässt jedoch den Konfliktparteien die eigenverantwortliche Gestaltung ihrer Rechtsverhältnisse. Unbedenklich ist die allgemeine **Darstellung rechtlicher und tatsächlicher Handlungsoptionen** (BT-Drs. 16/6634, 51; BT-Drs. 17/5335, 15). Zur Möglichkeit der Erbringung von Rechtsdienstleistungen als Nebenleistung siehe § 5 RDG Rn. 78 ff.

Ein Mediator darf allerdings nicht unter Berufung auf § 2 Abs. 3 Nr. 4 RDG **128** „durch **rechtliche Regelungsvorschläge** in die Gespräche der Beteiligten" eingreifen. Hier ist der Verfahrensgrundsatz der „Eigenverantwortlichkeit" verletzt. **Eigenverantwortlichkeit** bedeutet, dass alle Maßnahmen, Absprachen während der Mediation und insbesondere die abschließende konfliktbeendende Vereinbarung allein von den Parteien gefunden und getroffen werden dürfen (BT-Drs. 17/5335, 14; Fritz/Pielsticker/*Fritz* § 1 Rn. 22; Greger/Unberath/*Greger* § 1 Rn. 33). § 2 Abs. 3 Nr. 4 RDG stellt daher keine rechtlichen Gestaltungsvorschläge oder Bewertungen frei, wozu auch eine Prognose über den Ausgang eines Rechtsstreits zählt (Greger/Unberath/*Greger* § 1 Rn. 74). Geht es um Fragen der Geltendmachung oder des Verzichts auf Ansprüche oder Rechte (Fritz/Pielsticker/*Pielsticker* § 2 Rn. 148), ist ebenfalls eine Rechtsberatung bzw. Vertretung durch einen Rechtsanwalt angezeigt.

Keine Aussage trifft der Wortlaut der verabschiedeten Norm zur **Ab-** **129** **schlussvereinbarung.** Im RegE war noch die Zulässigkeit der Mediation „einschließlich der Protokollierung einer Abschlussvereinbarung" vorgesehen. Damit sollte allerdings nur die „reine Protokolltätigkeit" der erzielten Mediationsergebnisse der nicht-rechtsdienstleistenden und damit freigestellten Mediationstätigkeit zugeordnet werden. Vom Anwendungsbereich erfasst bleiben sollte dagegen die darüber hinausgehende Abfassung einer Abschlussvereinbarung, soweit sie rechtliche Inhalte betrifft (BT-Drs. 16/3655, 50). Gleichwohl strich der Rechtsausschuss den Satzteil „einschließlich der Protokollierung einer Abschlussvereinbarung" und verlangte für die Anwendbarkeit des § 2 Abs. 3 Nr. 4 RDG, dass „die Tätigkeit nicht durch rechtliche Regelungsvorschläge in die Gespräche der Beteiligten eingreift". Seiner Ansicht nach schloss der Formulierungsvorschlag des RegE „nicht hinreichend eindeutig eine rechtlich gestaltende Mitwirkung bei der Abfassung der Abschlussvereinbarung aus". Es sei klarer, jedes Eingreifen in die Gespräche der Beteiligten durch rechtliche Regelungsvorschläge ausdrücklich aus dem Anwendungsbereich des § 2 Abs. 3 Nr. 4 RDG auszunehmen (BT-Drs. 16/6634, 51).

Die redaktionelle Änderung bedeutet nicht, dass dem (nichtanwaltlichen) **130** Mediator nunmehr verwehrt wäre, den Parteien bei der schriftlichen Abfassung der von ihnen erarbeiteten Einigung als **Protokollführer** behilflich zu sein (BT-Drs. 17/5335, 15f.; Klowait/Gläßer/*von Lewinski* Teil 10 Rn. 43). Denn eine solche Protokolltätigkeit ist ohnehin keine Rechtsdienstleistung. Insoweit muss auch berücksichtigt werden, dass gem. § 2 Abs. 6 S. 3 MediationsG mit Zustimmung der Parteien die erzielte Einigung in einer Abschlussvereinbarung dokumentiert werden kann. Noch in Ordnung soll auch die Hilfe bei der Formulierung der von den Parteien erarbeiteten Einigung sein (Fritz/Pielsticker/*Fritz* § 2 Rn. 146). Freilich ist hier eine präzise Abgrenzung zur unzulässigen Ausarbeitung eines Vertrags kaum möglich. Sofern es nicht um ganz einfache Vereinbarungen wie den Teilerlass einer Forderung geht, erfordert die rechtsgestaltende Neuordnung einer konfliktbehafteten Beziehung regelmäßig eine Überprüfung der Rechtslage und die Ausarbeitung rechtssicherer Regelungen (Greger/Unberath/*Greger* § 1 Rn. 79; Klowait/Gläßer/ *von Lewinski* Teil 10 Rn. 44). In diesen Fällen ist es notwendig, die Ausarbeitung der Vereinbarung einem Anwalt oder Notar zu überlassen (Krenzler/*Offermann-Burckart* Rn. 226). Ohnehin hat der Mediator nach § 2 Abs. 6 MediationsG darauf hinzuwirken, dass die Parteien die Vereinbarung in Kenntnis der Sachlage treffen, und die Parteien, die ohne fachliche Beratung an der Mediation teilnehmen, auf die Möglichkeit hinzuweisen, die Vereinbarung bei Bedarf durch externe Berater überprüfen zu lassen.

131 Im Übrigen ist es nichtanwaltlichen Mediatoren allein nicht möglich, die **Vollstreckbarkeit** der protokollierten Vereinbarung zu erreichen. Zwar hatte die Bundesregierung im RegE eines Gesetzes zur Förderung der Mediation und anderer Verfahren der außergerichtlichen Konfliktbeilegung (BT-Drs. 17/5335) noch geplant, mit der Einfügung eines § 796d ZPO-E für die Parteien eine einfache und kostengünstige Möglichkeit zu schaffen, eine in einer Mediation abgeschlossene Vereinbarung für vollstreckbar erklären zu lassen. Der Rechtsausschuss hat diesen Vorschlag, der weitgehend an die Regelung des Anwaltsvergleichs (§§ 796a–796c ZPO) angeknüpft hatte, allerdings fallengelassen und insoweit dem Druck der BRAK nachgegeben. Bedenkt man, dass es nichtanwaltlichen Mediatoren ja ohnehin nach § 2 Abs. 3 Nr. 4 RDG untersagt ist, rechtliche Regelungsvorschläge zu unterbreiten, so wird Nichtanwälten die Möglichkeit der Vollstreckbarerklärung nun selbst dann genommen, wenn rechtliche Probleme nicht erkennbar sind (dazu *Henssler/Deckenbrock* DB 2012, 159, 167).

132 Neben der Mediation stellt § 2 Abs. 3 Nr. 4 RDG auch ihr **vergleichbare Formen der alternativen Streitbeilegung** frei (siehe dazu auch Krenzler/ *Offermann-Burckart* Rn. 212). Solange die Rolle eines Streitschlichters der des Mediators entspricht, spielt es keine Rolle, ob dieser nach aub hin das Wort Mediation verwendet (Dreyer/Lamm/Müller/*Dreyer*/*Müller* Rn. 66). Im Übrigen konkretisieren die Gesetzesmaterialien nicht, welche weiteren Streitlösungsmodelle gemeint sind. Die herkömmlichen „alternativen Streitlösungsmodelle" wie Schiedsverfahren, Schiedsgutachten und Schlichtungsstellen (vgl. etwa *Ulrich*/*Vogt* DS 2009, 217 ff.) werden bereits von § 2 Abs. 3 Nr. 2 RDG erfasst bzw. stellen jedenfalls keine Gesprächsberatung ohne Möglichkeit rechtlicher Regelungsvorschläge dar. Möglicherweise ist diese Variante durch die gesetzliche Regelung der Mediation obsolet geworden. Auch hier gilt jedenfalls, dass ein die Streitbeilegung Betreibender keine rechtlich regelnde Tätigkeit ausüben und keine rechtlichen Regelungsvorschläge erteilen darf.

VI. Darstellung und Erörterung von Rechtsfragen und Rechtsfällen in den Medien (Nr. 5)

133 Unter Geltung des **RBerG** wurde von der Instanzrechtsprechung die Rechtsberatung in Fernsehsendungen als unzulässig angesehen, wenn in der Sendung nicht nur abstrakt über Rechtsfragen informiert (zur Zulässigkeit solcher allgemeinen Rechtsbelehrungen siehe bereits OLG Hamm NJW 1954, 516, 518), sondern auch versucht wurde, (vermeintliche) Ansprüche eines Fernsehzuschauers durchzusetzen (OLG Düsseldorf AfP 1998, 232, 234 f.;

Begriff der Rechtsdienstleistung **§ 2 RDG**

OLG Düsseldorf ZIP 1998, 1653, 1655f.; OLG Köln NJW 1999, 502, 503f.: OLG Nürnberg NJW-RR 1998, 137ff.; zustimmend damals *Hirtz* EWiR 1998, 853, 854; *Henssler/Holthausen* EWiR 1999, 419, 420; siehe auch zur Rechtsberatung in Zeitschriften OLG Düsseldorf AfP 1992, 153, 154; der frühere Meinungsstand wird ausführlich aufgearbeitet von *Bremer* Rechtsberatung in den Medien im Spannungsfeld von Rechtsberatungsgesetz und grundrechtlicher Freiheit aus Art. 5 I GG, 2003; *Piepenstock* Rechtsberatung in den Medien, 2003; *Stolzenburg-Wiemer* Die Medien und das Rechtsberatungsgesetz, 2003).

Diese Sichtweise war allerdings sowohl dem BGH (NJW 2002, 2877; NJW 2002, 2879; NJW 2002, 2880; NJW 2002, 2882; NJW 2002, 2884) als auch dem BVerfG (BVerfGK 2, 231 = NJW 2004, 672 – „Mahnman"; BVerfGK 3, 77 = NJW 2004, 1855 – „Auto Bild/SAT.1 – Jetzt reicht's") zu restriktiv. Nach Ansicht der Karlsruher Richter ist die Rechtsaufklärung und -durchsetzung in den Medien grds. zulässig. Diese Berichterstattung stelle keine Rechtsberatung dar, selbst wenn durch die Berichterstattung in den Medien und die hiervon ausgehende Wirkung die Durchsetzung von Forderungen aufgrund des öffentlichen Drucks bewirkt werde. Denn nicht nur die generell-abstrakte Behandlung von Rechtsfragen in Presse und Rundfunk, sondern auch die aus Gründen der Veranschaulichung und Vertiefung erfolgende Darstellung einzelner konkreter Streitfälle sei stets von der **Presse- und Rundfunkfreiheit (Art. 5 Abs. 1 S. 2 GG)** gedeckt und damit ohne Weiteres zulässig. Etwas anderes könne nur gelten, wenn Medien spezifisch juristische Hilfestellung bei der Prüfung und Durchsetzung von Individualansprüchen anbieten, die als zusätzliches Dienstleistungsangebot und damit als eigenständige, nicht dem Schutz der Rundfunkfreiheit unterliegende Tätigkeit zu qualifizieren ist (BVerfGK 2, 231, 234ff. = NJW 2004, 672f.; BVerfGK 3, 77, 83ff. = NJW 2004, 1855, 1856ff.). **134**

Mit § 2 Abs. 3 Nr. 4 RDG hat der Gesetzgeber diese Rspr. des BVerfG nun umgesetzt. Dabei hat er ausdrücklich betont, dass die Regelung in § 2 Abs. 3 Nr. 5 RDG **rein klarstellenden Charakter** hat (BT-Drs. 16/3655, 50). Die Regelung dient explizit nicht dazu, die durch § 2 Abs. 1 RDG gezogenen Grenzen zulässiger Rechtsdienstleistungen zu erweitern (BT-Drs. 16/3655, 49). Mit diesen Hinweisen soll offenbar zum Ausdruck gebracht werden, dass in den von § 2 Abs. 3 Nr. 5 RDG erfassten Fällen an sich schon keine Rechtsdienstleistung iSd § 2 Abs. 1 RDG vorliegt. Dies erscheint zweifelhaft, weil die individuelle Lösung eines Rechtsproblems, wie sie in den Medien vielfach erfolgt (Rn. 137), oftmals die Voraussetzungen des § 2 Abs. 1 RDG erfüllen wird. Der weite Wortlaut des § 2 Abs. 3 Nr. 5 RDG bedarf allerdings mit Rücksicht auf die Presse- und Rundfunkfreiheit (Art. 5 Abs. 1 S. 2 GG) einer verfassungskonformen einschränkenden Auslegung. **135**

ZT wird trotz der eindeutigen Vorgaben des BVerfG und den Ausführungen in der Gesetzesbegründung eine erlaubnispflichtige Rechtsdienstleistung bejaht, wenn ein konkreter Fall – etwa von einem „Experten" – besprochen wird (Grunewald/Römermann/*Römermann* Rn. 140). Die Darstellung sei dann nicht mehr an die Allgemeinheit gerichtet. Allein die Tatsache, dass eine Erörterung erfolge, die über ein Medium an viele Empfänger gesendet wird, genüge nicht. Die Beantwortung einer Rechtsfrage richte sich dann an den **136** im Fall konkret betroffenen Fragesteller, auch wenn die Teilnehmer des Mediums der Erörterung beiwohnten (Grunewald/Römermann/*Römermann* Rn. 140; Krenzler/*Offermann-Burckart* Rn. 229 ff.).

137 Richtigerweise verlangt eine „**an die Allgemeinheit gerichtete** Darstellung und Erörterung" nicht, dass ein Rechtsthema unabhängig von konkreten Einzelfällen aufgearbeitet wird. Wird ein konkreter Einzelfall im Fernsehen behandelt, bringt es allein die Ausstrahlung der Sendung mit sich, dass die Darstellung und Erörterung sich (zugleich) an die Allgemeinheit richtet. Der Gesetzgeber hat insoweit zutreffend darauf hingewiesen, dass „nicht nur die generell-abstrakte Behandlung von Rechtsfragen …, sondern auch die aus Gründen der Veranschaulichung und Vertiefung erfolgende Darstellung einzelner konkreter Streitfälle stets von der Rundfunkfreiheit gedeckt" sei (BT-Drs. 16/3655, 50). Insoweit ist es auch ohne Bedeutung, ob der Berichterstattung eine sog. „**Leitthematik**" zugrunde liegt (so aber die Forderung von Krenzler/*Offermann-Burckart* Rn. 229). Zulässig ist auch die Darstellung und Erörterung verschiedener (vermeintlicher) Einzelfallungerechtigkeiten, auch wenn diese in keinem Zusammenhang stehen. Auch hier sollen regelmäßig „zugleich allgemeine Informations- und Unterhaltungsinteressen befriedigt werden" (vgl. insoweit BVerfGK 2, 231, 236 = NJW 2004, 672). Da die Rundfunkfreiheit nach Art. 5 Abs. 1 S. 2 GG sowohl informatorische als auch unterhaltende Sendeformate erfasst (BVerfGK 2, 231, 234 = NJW 2004, 672; BVerfGK 3, 77, 87 = NJW 2004, 1855, 1857), ist die konkrete Gestaltung der Sendung ohne Bedeutung.

138 Die Formulierung „**Darstellung und Erörterung**" legt nahe, dass den Medien nicht gestattet ist, den Kontakt zum Gegner des Ratsuchenden herzustellen. So wird vertreten, dass die Grenze zur Rechtsdienstleistung überschritten sei, „wenn im Einzelfall konkrete rechtliche Hilfestellung bei der Durchsetzung von Individualansprüchen gegeben wird" (Kilian/Sabel/vom Stein/*vom Stein* Rn. 83). Eine derartige Sichtweise übersieht aber, dass das BVerfG auch die Geltendmachung von Ansprüchen als von der Rundfunkfreiheit erfasst angesehen hat, solange „es sich schwerpunktmäßig um eine journalistische Bearbeitung eines Problemfalles mit dem Ziel der Ausstrahlung der Sendung im Rahmen des Rundfunkprogramms handelt". Weil „von der Rundfunkfreiheit auch die selbstbestimmte Entscheidung umfasst" sei, „wie ein publizistischer Beitrag gestaltet werden soll", ist ein Sender nicht gezwungen, ohne Geltendmachung der Ansprüche über den Streitfall zu berichten (BVerfGK 2, 231, 238 = NJW 2004, 672, 673).

139 Nicht mehr auf die Freistellung berufen können sich Medien, wenn sie spezifisch juristische Hilfestellung bei der Prüfung und Durchsetzung von Individualansprüchen anbieten und dies **als zusätzliches Dienstleistungsangebot** und damit als **eigenständige,** nicht dem Schutz der Rundfunkfreiheit unterliegende **Tätigkeit** zu qualifizieren ist (BT-Drs. 16/3655, 50). Dies ist etwa der Fall, wenn konkrete Ratschläge außerhalb einer laufenden Sendung erteilt werden (Henssler/Prütting/*Weth* Rn. 93). Sind Hörer, Leser oder Zuschauer aufgerufen, ihre persönlichen Rechtsfälle mit „Experten" zu bestimmten Zeiten zu besprechen, so liegt uU ein unzulässiges Angebot zur Erbringung einer Rechtsdienstleistung vor (BGH NJW 2002, 2882 f.; Krenzler/*Offermann-Burckart* Rn. 231). Im Einzelfall ist die Abgrenzung freilich schwierig, insbe-

Begriff der Rechtsdienstleistung **§ 2 RDG**

sondere wenn eine solche „Telefonaktion" oder ein solcher „Expertenchat" im Zusammenhang mit einer späteren Veröffentlichung über ein bestimmtes Rechtsthema stehen, in der exemplarisch auf einige der Fragen und Antworten eingegangen wird (gegen Zulässigkeit wohl BVerfGK 3, 77, 84f. = NJW 2004, 1855, 1856 zum RBerG; anders aber BVerfGK 3, 77, 86ff. = NJW 2004, 1855, 1856 zu einem in eine Fernsehsendung integrierten Aufruf, sich bei Ärger an die Redaktion zu wenden). Von vornherein unproblematisch ist es, wenn die Beratung durch selbst zur Rechtsdienstleistung befugte Personen, etwa Rechtsanwälte, vorgenommen wird (Krenzler/*Offermann-Burckart* Rn. 231 Fn. 231). Handelt es sich um unentgeltliche Rechtsdienstleistungen, so kommt unter den dort genannten Voraussetzungen außerdem eine Berufung auf § 6 Abs. 2 RDG in Betracht. Zu beachten ist indes, dass Unentgeltlichkeit bereits dann ausscheidet, wenn die rechtsdienstleistende Tätigkeit im Zusammenhang mit einer anderen – entgeltlichen – beruflichen Tätigkeit erbracht wird (BT-Drs. 16/3655, 57; § 6 RDG Rn. 23).

VII. Erledigung von Rechtsangelegenheiten innerhalb verbundener Unternehmen iSd § 15 AktG (Nr. 6)

Nach § 2 Abs. 3 Nr. 6 RDG stellen Rechtsangelegenheiten innerhalb verbundener Unternehmen keine Rechtsdienstleistungen dar. Auch diese Regelung begreift der Gesetzgeber als Klarstellung, weil **mangels Fremdheit** des Geschäfts an sich schon die Voraussetzungen des § 2 Abs. 1 RDG erfüllt sind (BT-Drs. 16/3655, 50; siehe insoweit zum RBerG bereits *Chemnitz/Johnigk* Rn. 78; *Bürkle* BB 2002, 1538ff.; *Michalski* ZIP 1994, 1501, 1505f.; aA ArbG Wiesbaden DB 2011, 2732; *Hannewald* DB 2001, 1830, 1831; diff. *Hübner-Weingarten* DB 1997, 2593, 2594ff.). 140

Der Begriff des **verbundenen Unternehmens** ist in § 15 AktG näher definiert. Danach sind verbundene Unternehmen rechtlich selbstständige Unternehmen, die im Verhältnis zueinander in Mehrheitsbesitz stehende Unternehmen und mit Mehrheit beteiligte Unternehmen (§ 16 AktG), abhängige und herrschende Unternehmen (§ 17 AktG), Konzernunternehmen (§ 18 AktG), wechselseitig beteiligte Unternehmen (§ 19 AktG) oder Vertragsteile eines Unternehmensvertrags (§§ 291, 292 AktG) sind. Der Begriff ist also weiter als derjenige des Konzerns, der eine tatsächlich ausgeübte einheitliche Leitung durch die Konzernobergesellschaft voraussetzt. Angesichts der ausdrücklichen Bezugnahme auf § 15 AktG sind auch im Rahmen des RDG die Vermutungen in §§ 17 Abs. 2, 18 Abs. 1 S. 3 AktG zu berücksichtigen (Krenzler/*Offermann-Burckart* Rn. 235; Kilian/Sabel/vom Stein/*vom Stein* Rn. 86). Die §§ 15ff. AktG sind trotz ihrer Verortung im AktG rechtsformneutral und umfassen neben rein aktienrechtlichen Konzernsachverhalten auch solche, an denen SE, GmbH und Personengesellschaften beteiligt sind (BGHZ 80, 69, 72 = NJW 1981, 1512, 1513; BGHZ 89, 162, 167 = NJW 1984, 1351, 1352; BGHZ 95, 330, 337f. = NJW 1986, 188, 189f.; BGHZ 107, 7, 15 = NJW 1989, 1800, 1802; BAG NZA 2012, 633 Rn. 49). Auf den **Umfang der Unternehmensbeteiligung** kommt es nicht an, soweit es sich nur um verbundene Unternehmen iSd § 15 AktG handelt (BT-Drs. 16/3655, 50f.). Eine bloße Beteiligung einer Kapitalgesellschaft an einer anderen reicht indes nicht 141 aus, um eine Rechtsdienstleistung der einen Kapitalgesellschaft für die andere erlaubnisfrei zu stellen. Erst recht gilt dies bei bloßen Unterbeteiligungen an Gesellschaftsanteilen (BFH Beschl. v. 8.10.2010 – II B 111/10, BeckRS 2010, 25016612 Rn. 20).

142 Namentlich *Kleine-Cosack* will über den Wortlaut des § 2 Abs. 3 Nr. 6 RDG hinausgehend das RDG auch ansonsten im Rechtsverkehr zwischen Unternehmern nicht anwenden. Die gesetzlich fixierte Voraussetzung des verbundenen Unternehmens iSd § 15 AktG sei kein ausreichender Differenzierungsgrund gem. Art. 3 Abs. 1 GG (*Kleine-Cosack* Rn. 147 ff.). Damit qualifiziert *Kleine-Cosack* das RDG im Ergebnis zu einem reinen Verbraucherschutzgesetz. Abgesehen davon, dass eine derartige Ausdehnung der Norm nach allgemeinen Auslegungsgrundsätzen nicht möglich ist, dient das RDG anerkanntermaßen dem Schutz aller Rechtsuchenden und damit auch demjenigen von Unternehmern (BT-Drs. 16/3655, 45; dazu § 1 RDG Rn. 8).

143 Erlaubt ist nach § 2 Abs. 3 Nr. 6 RDG die Erledigung aller Rechtsangelegenheiten innerhalb eines Unternehmensverbunds, einschließlich der Forderungseinziehung nach § 2 Abs. 2 RDG **(Konzerninkasso)** durch ein dem Unternehmensverband zugehöriges Unternehmen (BT-Drs. 16/3655, 50). Möglich ist insbesondere der Aufbau eines zentralen Mahnwesens und die Einrichtung einer zentralen Rechtsabteilung (Dreyer/Lamm/Müller/*Dreyer/ Müller* Rn. 72; *Chemnitz/Johnigk* Rn. 78). Allerdings ist es einem Schienenwegbetreiber nach der Spezialvorschrift des § 9a Abs. 1 S. 2 Nr. 5 AEG verwehrt, sich in netzzugangsrelevanten Angelegenheiten von Juristen rechtlich beraten oder vertreten lassen, die Angestellte eines konzernverbundenen Eisenbahnverkehrsunternehmens oder des gemeinsamen Mutterunternehmens sind (BVerwGE 137, 58 Rn. 37 ff. = NVwZ 2010, 1366 [LS]).

144 Für das **gerichtliche Verfahren** sehen die Verfahrensordnungen an § 2 Abs. 3 Nr. 6 RDG angelehnte Regelungen vor (Anh. § 1 RDG Rn. 23). Danach können Bevollmächtigte nicht nur Beschäftigte der Partei, sondern auch solche eines mit ihr verbundenen Unternehmens (§ 15 AktG) sein (vgl. etwa § 79 Abs. 2 S. 2 Nr. 1 ZPO).

§ 3 Befugnis zur Erbringung außergerichtlicher Rechtsdienstleistungen

Die selbständige Erbringung außergerichtlicher Rechtsdienstleistungen ist nur in dem Umfang zulässig, in dem sie durch dieses Gesetz oder durch oder aufgrund anderer Gesetze erlaubt wird.

Inhaltsübersicht

	Rn.
A. Allgemeines	1
B. Voraussetzungen	3
I. Außergerichtliche Rechtsdienstleistung	3
II. Selbstständige Erbringung	4
1. Allgemeines	4
2. Erledigung von Rechtsangelegenheiten durch Mitarbeiter im Namen des Dienstherrn	6

	Rn.
3. Erledigung eigener Rechtsangelegenheiten des Dienstherrn durch Mitarbeiter	9
III. Ohne Erlaubnis	10
1. Erlaubnistatbestände im RDG	11
2. Erlaubnistatbestände in anderen Gesetzen	13
a) Unbeschränkte Erlaubnis	13
b) Erlaubnis für bestimmte Sachgebiete	15
c) Einzelbefugnisse	21
IV. Keine Rechtfertigung durch Einschaltung eines Rechtsanwalts als Erfüllungsgehilfe	30
C. Rechtsfolgen	33
I. Schuldrecht	33
1. Verbotsgesetz iSv § 134 BGB	33
a) § 3 RDG	33
b) § 4 RDG	34
2. Gemischte Verträge	35
a) Einheitliches Rechtsgeschäft	36
b) Gesamtnichtigkeit als Regelfall	38
c) Auswirkungen auf eine Vollmacht	42
d) Auswirkungen auf eine Abtretung	47
e) Auswirkungen auf eine Einziehungsermächtigung	48
3. Folgen für den Vergütungsanspruch	49
a) Anspruch des Dienstleisters bei erbrachter Leistung	49
b) Anspruch auf Rückforderung bereits geleisteter Zahlungen	55
4. Haftung für fehlerhafte Erbringung der unerlaubten Rechtsdienstleistung	57
a) Haftung aus § 311 Abs. 2 BGB	57
b) Weitere Anspruchsgrundlagen	58
II. UWG	59
1. Unzulässige geschäftliche Handlung	59
a) Geschäftliche Handlung	60
b) Unlauterkeit	61
c) Spürbare Beeinträchtigung	63
2. Folgen	64
a) Unterlassung (§ 8 UWG)	64
b) Schadensersatz (§ 9 UWG)	66
III. Unterlassungsklagegesetz	67
IV. Öffentlich-rechtliche Folgen	68
1. Ordnungswidrigkeiten (§ 20 RDG)	68
2. Widerruf der Registrierung (§ 14 RDG)	69
3. Untersagung (§ 9 RDG)	70
4. Gewerberechtliche Sanktionen	71

A. Allgemeines

§ 3 RDG ist die zentrale **Verbotsnorm** und regelt, dass Rechtsdienstleis- 1
tungen nur aufgrund gesetzlicher Erlaubnis erbracht werden dürfen und im
Übrigen verboten sind (so ausdrücklich Begr. RegE BT-Drs. 16/3655, 51;
vgl. auch BGH NJW 2009, 3242 Rn. 20 – Finanz-Sanierung). Es handelt sich
somit um ein **Verbot** mit **Erlaubnisvorbehalt.** Das Verbot richtet sich nur an

RDG § 3   Teil 1 Allgemeine Vorschriften

den Dienstleister und nicht auch an denjenigen, dem die Leistung erbracht wird, dieser soll durch die Norm gerade geschützt werden (BVerfG Beschl. v. 22.3.2011 – 2 BvR 983/09, BeckRS 2011, 49813).

2   Der Gesetzgeber hat sich damit gegen das von Teilen der Literatur (so vor allem *Grunewald* AnwBl. 2004, 208) vorgeschlagene Informationsmodell entschieden. Dieses sah vor, die Erbringung von Rechtsdienstleistungen jedermann unter der Voraussetzung zu erlauben, dass der Rechtsuchende umfassend über die fehlenden Qualifikationen unterrichtet wird. Hiergegen sprach aus Sicht des Gesetzgebers, dass der Rechtsuchende vor den oft weitreichenden Folgen unqualifizierten Rechtsrats geschützt werden müsse. Dieser Schutz könne auch durch umfassende Informationspflichten nicht hinreichend gewährleistet werden (so ausdrücklich Begr. RegE BT-Drs. 16/3655, 31).

B. Voraussetzungen

I. Außergerichtliche Rechtsdienstleistung

3   Entsprechend der Regelung des Anwendungsbereiches des RDG in § 1 RDG erfasst auch die Verbotsnorm des § 3 RDG nur **außergerichtliche Rechtsdienstleistungen** iSv § 2 RDG. Die Zulässigkeit der gerichtlichen Vertretung ergibt sich aus den jeweils einschlägigen Verfahrensordnungen (vgl. hierzu Anh. § 1 RDG).

II. Selbstständige Erbringung

4   **1. Allgemeines.** Nach § 3 RDG ist nur die selbstständige Erbringung von Rechtsdienstleistungen erlaubnispflichtig. Insoweit enthält § 3 RDG eine über die Regelung der §§ 1 f. RDG hinausgehende Einschränkung des Verbots. Eine selbstständige Erbringung liegt vor, wenn sich der Handelnde **eigenverantwortlich** und **frei von Weisungsbefugnissen Dritter** betätigt (so zum RBerG OLG Stuttgart NJW 1992, 3051). Dies ist anhand der Umstände des Einzelfalls festzustellen.

5   Weitere Einschränkungen des Verbots enthält § 3 RDG nicht. Die noch in Art. 1 § 1 Abs. 1 RBerG enthaltene Voraussetzung des **geschäftsmäßigen Handelns** ist **entfallen.** Danach war eine Rechtsberatung nur dann verboten, wenn beabsichtigt war, die Tätigkeit zu wiederholen, um sie dadurch zu einem dauernden oder wiederkehrenden Bestandteil der Beschäftigung zu machen (BGH NJW 2002, 2104). Hierauf kommt es nach neuem Recht nicht an. Dagegen sind nunmehr nach § 6 RDG unentgeltliche Rechtsdienstleistungen grds. erlaubt.

6   **2. Erledigung von Rechtsangelegenheiten durch Mitarbeiter im Namen des Dienstherrn.** Der Dienstherr kann Rechtsangelegenheiten Dritter in dem Umfang, in dem er selbst tätig werden darf, durch Angestellte erledigen lassen (Begr. RegE BT-Drs. 16/3655, 51). Dies entspricht im Kern der Regelung des Art. 1 § 6 RBerG. Von praktischer Bedeutung ist die Regelung vor allem für **Assessoren** und **Referendare,** die für einen Rechtsanwalt tätig werden. Die Zulässigkeit setzt allerdings voraus, dass der Dienstherr selbst

Befugnis zur Erbringung außergerichtl. Rechtsdienstleistungen **§ 3 RDG**

über eine Erlaubnis verfügt. Allein der Umstand, dass ein Mitarbeiter zur Erbringung von Rechtsdienstleistungen berechtigt ist, führt nicht dazu, dass Rechtsdienstleistungen im Namen des Dienstherrn für Dritte erbracht werden dürfen (BGH NJW 2005, 1488). Demnach reicht die Anstellung eines Syndikusanwalts nicht aus (OLG Düsseldorf NJW-RR 2011, 120).

Die Erlaubnisfreiheit ist nicht auf Angestellte im arbeitsrechtlichen Sinn be- 7
schränkt. Voraussetzung ist jedoch, dass eine **abhängige, weisungsgebundene Tätigkeit** im Betrieb eines anderen vorliegt (vgl. jeweils zum RBerG BGH NJW 2004, 847 – Rechtsberatung durch Automobilclub; BGH NJW 1999, 497). Dabei kommt es nicht auf die vertragliche Gestaltung, sondern auf die **praktische Umsetzung** der Zusammenarbeit an (so jeweils zum RBerG BGH NJW 1999, 497, 498; OLG Stuttgart NJW 1992, 3051). Daher kann auch die Tätigkeit eines **freien Mitarbeiters** erlaubnisfrei sein, wenn es sich um eine abhängige, weisungsgebundene Tätigkeit von einer gewissen Dauer handelt (BGH NJW 1999, 497, 498). Ein geringer Umfang der Tätigkeit und eine niedrige Vergütung sind nur sehr schwache Indizien für die Annahme einer selbstständigen Erbringung (so aber wohl Henssler/Prütting/*Weth* Rn. 10). So handelt ein Student oder Referendar, der für wenige Stunden die Woche nebenbei in einer Anwaltskanzlei aushilft, in aller Regel nicht selbstständig.

Voraussetzung der Erlaubnisfreiheit ist aber, dass der Rechtsanwalt den Mit- 8
arbeiter bei der Bearbeitung des Mandats **ausreichend kontrolliert** (OLG Düsseldorf MDR 2008, 414; LG Bonn Urt. v. 30.3.2010 – 10 O 213/09, BeckRS 2010, 19973). Dies wird im Falle einer Strafverteidigung durch einen Assessor regelmäßig nicht gegeben sein (so zum RBerG OLG Stuttgart NJW 1992, 3051). Bedenklich ist auch, wenn ein Einzelanwalt mehrere Assessoren beschäftigt, da dann eine ausreichende Kontrolle kaum mehr möglich sein dürfte.

3. Erledigung eigener Rechtsangelegenheiten des Dienstherrn 9
durch Mitarbeiter. Auch wenn der Dienstherr selbst keine Rechtsdienstleistungen erbringen darf, kann er die Erledigung seiner eigenen Rechtsangelegenheiten durch Mitarbeiter vornehmen lassen. In diesem Fall liegt keine selbstständige Erbringung vor. Der praktisch bedeutendste Fall ist die Tätigkeit der Mitarbeiter der **Mahn-** oder **Rechtsabteilung** eines Unternehmens. Die Erlaubnisfreiheit erfasst auch die Rechtsangelegenheiten von Personen, zu denen der Dienstherr in einer engen verwandtschaftlichen oder sonstigen persönlichen Beziehung steht (so auch Henssler/Prütting/*Weth* Rn. 6; *Kleine-Cosack* Rn. 5). Dies folgt schon daraus, dass der Dienstherr nach § 6 Abs. 1 RDG befugt ist, für diesen Personenkreis unentgeltliche Rechtsdienstleistungen zu erbringen, so dass er diese auch durch Angestellte erledigen lassen darf. Die Tätigkeit für **verbundene Unternehmen** stellt schon keine Rechtsdienstleistung dar (§ 2 Abs. 3 Nr. 6 RDG).

III. Ohne Erlaubnis

Die für die Erbringung selbstständiger Rechtsdienstleistungen erforderliche 10
Erlaubnis kann sich aus dem **RDG** selbst oder aus **anderen Gesetzen** ergeben (§ 1 Abs. 2 RDG). Im Falle einer in einem Spezialgesetz geregelten Erlaubnis kann das RDG ergänzend anwendbar sein. So kann eine Rechtsdienst-

RDG § 3   Teil 1 Allgemeine Vorschriften

leistung, die über die geregelte Erlaubnis hinausgeht, nach § 5 RDG zulässig sein (vgl. im Einzelnen die Kommentierung zu § 5 RDG).

11   **1. Erlaubnistatbestände im RDG.** Das RDG selbst enthält in §§ 5–8, 10 und 15 RDG die folgenden Erlaubnistatbestände:
- Rechtsdienstleistungen im Zusammenhang mit einer anderen Tätigkeit (§ 5 RDG)
- Unentgeltliche Rechtsdienstleistungen (§ 6 RDG)
- Rechtsdienstleistungen durch Berufs- und Interessenvereinigungen und Genossenschaften (§ 7 RDG)
- Rechtsdienstleistungen durch öffentliche und öffentlich anerkannte Stellen (§ 8 RDG)
- Rechtsdienstleistungen durch registrierte Personen (§ 10 RDG)
- Vorübergehende Rechtsdienstleistungen durch im EU-Ausland niedergelassene Personen (§ 15 RDG)
- Rechtsdienstleistungen durch Rechtsbeistände (§ 1 Abs. 2 RDGEG iVm § 209 BRAO).

12   Die Erbringung von Rechtsdienstleistungen ist im Falle der §§ 6, 7 oder 8 Abs. 1 Nr. 4 und 5. RDG unzulässig, wenn eine vollziehbare Untersagung nach § 9 RDG vorliegt. Hiervon unberührt bleibt allerdings die Befugnis, unentgeltliche Rechtsdienstleistungen innerhalb familiärer, nachbarschaftlicher oder ähnlich enger persönlicher Beziehungen zu erbringen (§ 9 Abs. 3 RDG). Wegen der weiteren Einzelheiten wird auf die Kommentierung der jeweiligen Vorschriften verwiesen.

13   **2. Erlaubnistatbestände in anderen Gesetzen. a) Unbeschränkte Erlaubnis. aa) § 3 Abs. 1 BRAO für Rechtsanwälte.** Eine umfassende Erlaubnis enthält § 3 Abs. 1 BRAO für Rechtsanwälte. Die zugelassenen Rechtsanwälte können den Verkehr in allen Rechtsangelegenheiten beraten und vertreten. Deshalb spricht man im Grundsatz davon, dass die Anwaltschaft ein **Rechtsberatungsmonopol** hat. Die Befugnis gilt nicht nur für den einzelnen Anwalt, sondern auch für die Anwaltssozietät (vgl. BGH NJW 2011, 2301 Rn. 6 ff.; BVerfG NJW 2014, 613 Rn. 61; Henssler/Streck/*Deckenbrock* M Rn. 33 ff.; *ders.* AnwBl. 2014, 118, 124). In interprofessionellen Berufsausübungsgemeinschaften, also bei Beteiligung verschiedener sozietätsfähiger Berufe, ist aber sicherzustellen, dass sämtliche rechtsbesorgende Dienstleistungen stets nur von Berufsträgern erbracht werden, die in ihrer Person die gesetzlichen Voraussetzungen für diese Tätigkeit erfüllen (§ 7 Abs. 4 S. 2 PartGG; § 591 S. 3 BRAO; vgl. dazu BVerfG NJW 2014, 613 Rn. 88 ff.).

14   **bb) §§ 2, 25 EuRAG für europäische Rechtsanwälte.** Die in § 3 Abs. 1 BRAO geregelte unbeschränkte Erlaubnis gilt nach § 2 Abs. 1 EuRAG auch für die europäischen Rechtsanwälte, die in Deutschland niedergelassen sind. Voraussetzung ist, dass die Person die Staatsangehörigkeit eines Mitgliedstaates der EU bzw. des EWR oder der Schweiz hat und im Herkunftsstaat die in der Anlage zu § 1 EuRAG genannten Berufsbezeichnungen führen darf. Für den Fall, dass keine Niederlassung in Deutschland besteht, ist der europäische Rechtsanwalt nach §§ 25 ff. EuRAG zur vorübergehenden anwaltlichen Tätigkeit berechtigt.

Befugnis zur Erbringung außergerichtl. Rechtsdienstleistungen **§ 3 RDG**

b) Erlaubnis für bestimmte Sachgebiete. Daneben bestehen für weitere Berufsgruppen auf einzelne Sachgebiete beschränkte Erlaubnisse: 15

aa) § 3 PAO für Patentanwälte. Patentanwälte haben die Befugnis zur Erbringung von Rechtsdienstleistungen auf den Gebieten des Patent-, Gebrauchsmuster-, Geschmacksmuster-, Kennzeichen- und des Sortenschutzrechts. 16

bb) §§ 3, 3a StBerG für Steuerberater. Steuerberater sind gem. § 3 StBerG zur geschäftsmäßigen Hilfeleistung in Steuersachen befugt. Der Begriff der Steuersachen wird in § 1 StBerG abschließend umschrieben (*Gehre/Koslowski* § 1 Rn. 13). 17

Darüber hinaus enthält § 3a StBerG eine Befugnis zu vorübergehender und gelegentlicher Hilfeleistung in Steuersachen von Personen, die in einem anderen Mitgliedstaat der EU oder in einem anderen Vertragsstaat des EWR-Abkommens oder in der Schweiz beruflich niedergelassen sind und dort befugt geschäftsmäßig Hilfe in Steuersachen nach dem Recht des Niederlassungsstaates leisten. 18

cc) § 3 StBerG für Wirtschaftsprüfer und vereidigte Buchprüfer. Wirtschaftsprüfer und vereidigte Buchprüfer sind nach § 3 StBerG im gleichen Maße wie Steuerberater und Rechtsanwälte zur geschäftsmäßigen Hilfeleistung in Steuersachen berechtigt. Darüber hinaus regelt § 2 Abs. 2 WPO die Befugnisse der Wirtschaftsprüfer, ihre Auftraggeber in steuerlichen Angelegenheiten zu beraten und zu vertreten. Eine über die Bestimmung des § 3 StBerG hinausgehende Befugnis ist darin nicht zu sehen. 19

dd) § 1 BNotO für Notare. Der Notar ist im Rahmen seiner ihm durch die BNotO übertragenen Aufgaben zur Erbringung von Rechtsdienstleistungen berechtigt. Hierzu zählen die Beurkundung von Rechtsvorgängen (§§ 1, 20 Abs. 1 BNotO iVm § 17 BeurkG) sowie die sonstigen Tätigkeiten der vorsorgenden Rechtspflege (§ 24 BNotO). Dem Notar obliegt diejenige Rechtsbetreuung, die durch rechtskundige Mitwirkung bei der Gestaltung privater Rechtsbeziehungen der Rechtssicherheit und Streitverhinderung dient (Eylmann/Vaasen/*Frenz* § 1 Rn. 11). 20

c) Einzelbefugnisse. Einzelne Befugnisse enthalten folgende Vorschriften: 21

aa) § 34e Abs. 1 S. 3 GewO für Versicherungsberater. Die Vorschrift des § 34e Abs. 1 S. 3 GewO regelt eine recht weitreichende Befugnis zur Erbringung von Rechtsdienstleistungen durch Versicherungsberater. Dabei handelt es sich um Personen, die gewerbsmäßig Dritte über Versicherungen beraten, ohne von einem Versicherungsunternehmen einen wirtschaftlichen Vorteil zu erhalten oder von ihm in anderer Weise abhängig zu sein (§ 59 Abs. 4 VVG). Die einem Versicherungsberater nach § 34e Abs. 1 GewO erteilte Erlaubnis beinhaltet die Befugnis, Dritte bei der Vereinbarung, Änderung oder Prüfung von Versicherungsverträgen oder bei der Wahrnehmung von Ansprüchen aus dem Versicherungsvertrag im Versicherungsfall rechtlich zu beraten und gegenüber dem Versicherungsunternehmen außergerichtlich zu vertreten (§ 5 RDG Rn. 128 f.; § 2 RDGEG Rn. 1 ff.). 22

Seichter 123

RDG § 3 Teil 1 Allgemeine Vorschriften

23 **bb) § 34d Abs. 1 S. 4 GewO für Versicherungsmakler.** Die Vorschrift des § 34d Abs. 1 S. 4 GewO enthält für Versicherungsmakler eine gegenüber der Regelung für Versicherungsberater eingeschränkte Befugnis zur Erbringung von Rechtsdienstleistungen (vgl. auch *Römermann* NJW 2011, 884 sowie § 5 RDG Rn. 119ff.; § 10 RDG Rn. 77). Versicherungsmakler ist, wer gewerbsmäßig für den Auftraggeber die Vermittlung oder den Abschluss von Versicherungsverträgen übernimmt, ohne von einem Versicherer oder Versicherungsvertreter damit betraut zu sein (§ 59 Abs. 3 VVG). Der Makler erhält seine Leistungen im Gegensatz zum Versicherungsberater nicht vom Kunden, sondern vom Versicherer vergütet.

24 Die einem Versicherungsmakler erteilte Erlaubnis beinhaltet die Befugnis, Dritte, die nicht Verbraucher sind, bei der Vereinbarung, Änderung oder Prüfung von Versicherungsverträgen gegen besonderes Entgelt rechtlich zu beraten. Die Befugnis erstreckt sich auf Beschäftigte von Unternehmen, wenn der Vermittler auch das Unternehmen berät. Insoweit kann der Versicherungsmakler auch gegenüber Verbrauchern Rechtsdienstleistungen erbringen.

25 Ein Bezug zu einer Vermittlungstätigkeit ist nicht erforderlich. Bei der Beratungstätigkeit müssen aber Versicherungsverträge im Vordergrund stehen (OLG Karlsruhe NJW-RR 2010, 994). So gesehen ist der Versicherungsmakler berechtigt, Versicherungsverträge abzuschließen, über Rechte und Pflichten aus dem Versicherungsvertrag aufzuklären und den Schriftwechsel mit dem Versicherer zu übernehmen. Die Vertretung von Versicherungsnehmern und Geltendmachung von Ansprüchen im Schadensfall ist den Versicherungsmaklern nur nach § 5 RDG als Annextätigkeit erlaubt, wenn sie im Zusammenhang mit einer makelnden Tätigkeit erfolgt (vgl. die Begründung zum Regierungsentwurf eines Gesetzes zur Neuregelung des Versicherungsvermittlerrechts, BT-Drs. 16/1935, 18). Nicht von § 34d Abs. 1 S. 2 GewO erfasst ist die rechtliche Beratung im Rahmen einer betrieblichen Altersvorsorge.

26 **cc) § 27 WEG für den Verwalter einer Wohnungseigentümergemeinschaft.** Die Bestimmung des § 27 WEG berechtigt den Verwalter ua, Beschlüsse der Wohnungseigentümer durchzuführen. Daher ist der Verwalter bei entsprechender Ermächtigung durch die Wohnungseigentümer oder die WEG ua zur gerichtlichen und außergerichtlichen Geltendmachung bzw. Abwehr von Ansprüchen berechtigt (dazu auch § 5 RDG Rn. 148ff.).

27 **dd) § 23 Abs. 3 AGG für Antidiskriminierungsverbände.** Antidiskriminierungsverbände iSv § 23 Abs. 1 AGG können im Rahmen ihres Satzungszwecks Rechtsdienstleistungen für (vermeintlich) Benachteiligte iSd AGG erbringen.

28 **ee) § 192 Abs. 3 VVG für Krankenversicherer.** Private Krankenversicherer sind berechtigt, (vermeintlich) unberechtigte Entgeltansprüche gegen den Versicherten abzuwehren und den Versicherten bei der Durchsetzung von Ansprüchen wegen Behandlungsfehlern und der sich hieraus ergebenden Folgen zu unterstützen.

29 **ff) § 1908f Abs. 4 BGB für anerkannte Betreuungsvereine.** Nach § 1908f Abs. 4 BGB anerkannte Betreuungsvereine sind befugt, Personen bei der Errichtung einer Vorsorgevollmacht zu beraten.

IV. Keine Rechtfertigung durch Einschaltung eines Rechtsanwalts als Erfüllungsgehilfe

Eine unerlaubte Rechtsdienstleistung wird nicht dadurch gerechtfertigt, **30** dass sich der Handelnde bei der Erbringung der ihm nicht erlaubten Rechtsdienstleistung der Hilfe eines Rechtsanwalts bedient (BGH NJW 2009, 3242 Rn. 23 – Finanz-Sanierung; vgl. auch schon zu Art. 1 § 1 Abs. 1 RBerG BGH NJW 2008, 3069 Rn. 18 ff.; BGHZ 193, 193 Rn. 34 = NJW 2012, 2435; kritisch *Kleine-Cosack* NJW 2010, 1553; vgl. auch OLG Frankfurt a. M. Urt. v. 4.10.2007 – 4 U 56/07, BeckRS 2007, 17926).

Die Bundesregierung hatte allerdings im Entwurf eines Gesetzes zur Neu- **31** regelung des Rechtsberatungsgesetzes vorgeschlagen, dem Dienstleistenden zu gestatten, die Rechtsdienstleistung als Teil seines eigenen Leistungsangebots zu erbringen, solange er insofern einen Anwalt hinzuzieht, der die Rechtsdienstleistung eigenverantwortlich erbringt (vgl. § 5 Abs. 3 RDG-E, BT-Drs. 16/3655, 8; dazu § 5 RDG Rn. 19 ff.). Der Gesetzgeber hat jedoch diese Bestimmung im weiteren Gesetzgebungsverfahren wieder herausgenommen und somit eine Tätigkeit des zugelassenen Rechtsberaters als Erfüllungsgehilfe eines nichtanwaltlichen Diensteerbringers nicht zugelassen (vgl. die Beschlussempfehlung des Rechtsausschusses BT-Drs. 16/6634, 6, 51). Damit besteht das nach dem RBerG geltende **Erfordernis einer gesonderten Einschaltung eines zugelassenen Rechtsberaters** nach dem RDG fort (BGH NJW 2009, 3242 Rn. 24 – Finanz-Sanierung).

Grund hierfür ist, dass der hinzugezogene Rechtsberater nach seinen ver- **32** traglichen Verpflichtungen in erster Linie die Interessen seines Auftraggebers und nicht die des Rechtsuchenden wahrzunehmen hat. Daher bestünde die Gefahr von Interessenkollisionen, wenn man eine solche Konstellation zuließe. Außerdem wäre nicht gewährleistet, dass im Falle der fehlerhaften Beratung Schadensersatzansprüche erfolgreich durchgesetzt werden können, wenn dem Dienstleister die Bonität fehlt. Im Falle einer unmittelbaren Beauftragung des Anwalts durch den Rechtsuchenden besteht diese Gefahr nicht, da der Anwalt nach § 51 BRAO verpflichtet ist, eine Berufshaftpflichtversicherung abzuschließen. Unabhängig davon liegt auch dann eine unerlaubte Rechtsdienstleistung vor, wenn der Empfänger der Leistung nach dem Vertrag den Rechtsanwalt selbst beauftragen muss, solange dem Anwalt trotz des Vertragsschlusses lediglich die Stellung eines Erfüllungsgehilfen zukommt (BGH NJW 2009, 3242 Rn. 26 – Finanz-Sanierung).

C. Rechtsfolgen

I. Schuldrecht

1. Verbotsgesetz iSv § 134 BGB. a) § 3 RDG. § 3 RDG ist Verbotsge- **33** setz iSv § 134 BGB (BGH NJW 2014, 847 Rn. 31; NJW 2013, 59 Rn. 34; vgl. auch Begr. RegE BT-Drs. 16/3655, 51). Dies entspricht dem **Verständnis von Art. 1 § 1 Abs. 1 RBerG** (BGH NJW 2008, 3069 Rn. 13; BGH NJW 2000, 1560, 1561 f.). Somit sind Verträge, die eine unerlaubte Rechtsdienstleistung zum Gegenstand haben, **nichtig.** Eine andere Beurteilung soll aber dann geboten sein, wenn ein Rechtsanwalt eine unerlaubte Rechtsdienstleistung in Auftrag gibt (OLG Brandenburg Urt. v. 27.5.2009 – 4 U 92/08, BeckRS 2009, 19533, zweifelhaft). Die Nichtigkeitsfolge ist nicht auf Verträge beschränkt, die die Erbringung einer konkreten Rechtsdienstleistung zum Gegenstand haben. Vielmehr kann auch ein Gesellschaftsvertrag nichtig sein, wenn der Zweck der Gesellschaft darauf gerichtet ist, Dienstleistungen zu erbringen, die gegen § 3 RDG verstoßen (OLG Düsseldorf Urt. v. 14.4.2010 – 15 U 162/08, BeckRS 2010, 15498).

34 **b) § 4 RDG.** Noch nicht abschließend geklärt ist, ob auch **§ 4 RDG** ein **Verbotsgesetz** iSv § 134 BGB ist (siehe dazu auch § 4 RDG Rn. 32 f.). Die Frage dürfte zu bejahen sein (so auch Henssler/Prütting/*Weth* § 4 RDG Rn. 22; *Römermann/Funke Gavilá* NZI 2012, 481, 487). Es entspricht der ständigen höchstrichterlichen Rechtsprechung, dass Verstöße gegen die Tätigkeitsverbote der §§ 45, 46 BRAO nach § 134 BGB zur Nichtigkeit des Vertrags führen (BGH NJW 2011, 373 Rn. 16; BGHZ 147, 39, 44 = NJW 2001, 1569, 1570; BGHZ 141, 69, 79 = NJW 1999, 1715, 1717). Allerdings hat der BGH bislang die Frage, ob diese Folge auch im Falle eines Verstoßes gegen das in § 43a Abs. 4 BRAO geregelte Verbot der Vertretung widerstreitender Interessen eintritt, ausdrücklich offengelassen (BGH NJW 2013, 3725 Rn. 7; BGH Beschl. v. 9.6.2011 – IX ZR 38/10, BeckRS 2011, 17254 Rn. 26; BGH NJW 2009, 3297 Rn. 31; BGH NJW 2004, 1169, 1171). Eine unterschiedliche Bewertung der §§ 45, 46 BRAO einerseits und von § 43a Abs. 4 BRAO bzw. § 4 RDG andererseits ist aber nicht gerechtfertigt (so auch *Deckenbrock* AnwBl. 2010, 221, 224). Der Schutzzweck des Verbots der Vertretung widerstreitender Interessen liegt in der Eindämmung von Interessenkollisionen (Begr. RegE BT-Drs. 16/3655, 51). Das Verbot liefe weitgehend leer, wenn der Dienstleister aus seiner verbotswidrigen Tätigkeit eine Vergütung beanspruchen könnte (vgl. auch BGH NJW 2011, 373 Rn. 16). Allerdings wirkt der Verstoß gegen § 4 RDG nur ex nunc, so dass bereits entstandene Ansprüche nicht entfallen (so für § 43a Abs. 4 BRAO BGH NJW 2009, 3297 Rn. 32; vgl. auch *Deckenbrock* AnwBl. 2010, 221, 226).

35 **2. Gemischte Verträge.** Für den Fall, dass ein Vertrag neben unerlaubten Rechtsdienstleistungen auch erlaubte Tätigkeiten zum Gegenstand hat, ordnet § 139 BGB im Zweifel die Gesamtnichtigkeit an. Von praktischer Bedeutung ist dies vor allem für die Tätigkeit von **Unternehmensberatern,** wenn sie neben der zulässigen betriebswirtschaftlichen Beratung unerlaubte Rechtsdienstleistungen erbringen.

36 **a) Einheitliches Rechtsgeschäft.** Die Anwendung des § 139 BGB setzt voraus, dass es sich um ein einheitliches Rechtsgeschäft handelt. Voraussetzung hierfür ist ein **Einheitlichkeitswillen** der Vertragsparteien, der dann vorliegt, wenn das eine Geschäft nicht ohne das andere gewollt ist und somit die möglicherweise äußerlich getrennten Rechtsgeschäfte miteinander stehen und fallen sollen (BGH NJW-RR 2007, 395 Rn. 17).

37 Ob es sich um ein einheitliches Rechtsgeschäft handelt, ist Tatfrage und durch Auslegung des Parteiwillens festzustellen. Die formelle Einheitlichkeit

Befugnis zur Erbringung außergerichtl. Rechtsdienstleistungen **§ 3 RDG**

ist allein nicht ausschlaggebend, hat aber Indizwirkung für die Annahme eines Einheitlichkeitswillens. Demgegenüber besteht bei getrennt abgeschlossenen Rechtsgeschäften eine tatsächliche Vermutung für die rechtliche Selbstständigkeit der beiden Vereinbarungen (BGH NJW-RR 2007, 395 Rn. 19). In diesem Falle trägt somit derjenige, der die Gesamtnichtigkeit geltend macht, die **Beweislast** für die Einheitlichkeit des Geschäftes (BGH NJW 1997, 3304, 3307). Ob aber ein einheitliches Rechtsgeschäft zu verneinen ist, wenn in einem Unternehmensberatervertrag vereinbart wurde, dass die geschuldeten Leistungen erst aufgrund jeweils gesonderter Vereinbarungen erbracht werden, erscheint zweifelhaft (so aber LG Itzehoe Urt. v. 26.5.2003 – 2 O 264/01, BeckRS 2003, 06190). Ansonsten könnte die Bestimmung des § 139 BGB durch die Aufspaltung eines Vertrags in mehrere Rechtsgeschäfte leicht umgangen werden.

b) Gesamtnichtigkeit als Regelfall. Wenn ein einheitliches Rechtsgeschäft vorliegt, dann erstreckt sich die Nichtigkeit in der **Regel** auch auf die Teile des Vertrags, die Tätigkeiten betreffen, die nicht unter das Verbot des § 3 RDG fallen (OLG Bremen NJW 2012, 81; zu Art. 1 § 1 RBerG BGH NJW 2000, 1560, 1562). So erfasst die Nichtigkeit der Beauftragung eines Steuerberaters mit der Geltendmachung von Rückübertragungsansprüchen nach dem Vermögensgesetz auch den Auftrag zum Verkauf dieser Grundstücke (BGH NJW 2000, 1560, 1562). Insgesamt nichtig ist auch ein Geschäftsbesorgungsvertrag, der die Überprüfung der Richtigkeit von Zinsberechnungen und Kontenbelastungen sowie die Prüfung der Einhaltung der gesetzlichen und vertraglichen Pflichten des Kreditinstituts zum Gegenstand hat. 38

Es ist aber nicht ausgeschlossen, im **Ausnahmefall** die Nichtigkeit auf den gegen § 3 RDG verstoßenden Teil des Vertrags zu beschränken. Dies setzt aber voraus, dass die Parteien bei Kenntnis der Teilnichtigkeit nach Treu und Glauben und unter Berücksichtigung der Verkehrssitte den nicht gegen § 3 RDG verstoßenden Teil des Vertrags geschlossen hätten (BGH NJW 2006, 2696 Rn. 21). Dabei ist in der Regel davon auszugehen, dass die Parteien das objektiv Vernünftige gewollt und eine gesetzeskonforme Regelung angestrebt haben (BGH NJW 2006, 2696 Rn. 21; BGH NJW 2004, 3045). 39

Im Falle der unerlaubten Rechtsdienstleistung kommt die Annahme einer **Teilnichtigkeit** vor allem dann in Betracht, wenn die nicht rechtsdienstleistende Tätigkeit eindeutig im Vordergrund steht und unerlaubte Rechtsdienstleistungen daneben nur als untergeordnete Nebenleistungen vereinbart wurden (OLG Bremen NJW 2012, 81). Dies ist etwa bei einem Maklervertrag der Fall, wenn dieser auch den Entwurf eines Kaufvertrags zum Gegenstand hat (OLG Koblenz ZMR 2002, 678). Aber auch soweit eine Kfz-Werkstatt bei der Schadensabwicklung die Grenzen des § 5 RDG überschreitet, wird man keine Nichtigkeit des Reparaturauftrages annehmen können. Eine generalisierende Betrachtungsweise ist insoweit, weil es auf den Parteiwillen ankommt, nicht möglich. 40

Die **Beweislast** für die Tatsachen, aus denen sich ergeben soll, dass das Rechtsgeschäft auch ohne den nichtigen Teil vorgenommen worden wäre, liegt bei demjenigen, der sich auf die Teilnichtigkeit beruft (Palandt/*Ellenberger* § 139 Rn. 14). 41

42 **c) Auswirkungen auf eine Vollmacht. aa) Ausdehnung des Anwendungsbereichs des § 139 BGB.** Die Nichtigkeit des Geschäftsbesorgungsvertrags erfasst regelmäßig auch die dem Geschäftsbesorger erteilte Abschlussvollmacht, ohne dass es darauf ankommt, ob Vollmacht und Grundgeschäft zu einem einheitlichem Rechtsgeschäft verbunden sind (BGH NJW 2008, 3357 Rn. 12; BGH NJW-RR 2008, 66 Rn. 17; BGH NJW 2005, 2985, 2986 mwN). Gleiches gilt für die erteilte Prozessvollmacht (BGH NJW 2003, 1594, 1595; vgl. auch BGH NJW-RR 2010, 67 Rn. 10; anders aber im Falle der Nichtigkeit des Vertrags wegen Verstoßes gegen § 43a Abs. 4 BRAO BGH NJW-RR 2010, 67 Rn. 12). Grund für die erweiterte Auslegung des § 139 BGB ist, dass nur durch die Nichtigkeit der Vollmacht das Ziel des Gesetzgebers erreicht werden kann, den Rechtsuchenden vor unsachgemäßer Beratung sowie deren häufig nachteiligen rechtlichen und wirtschaftlichen Folgen zu schützen (OLG Frankfurt a. M. Urt. v. 17.3.2010 – 23 U 218/06, BeckRS 2010, 08591). Allerdings ist die Nichtigkeit der Vollmacht nur der **Regelfall**. Die Vollmacht ist wirksam, wenn festgestellt werden kann, dass die Vollmacht von den Vertragsparteien unabhängig vom Grundgeschäft gewollt ist (BGH Urt. v. 23.2.2010 – XI ZR 195/09, BeckRS 2010, 07175 Rn. 14; BGH NJW-RR 2007, 395 Rn. 17).

43 Soweit die Vollmacht nichtig ist, kann auch keine wirksame Untervollmacht erteilt werden, da es aufgrund der Nichtigkeit der Vollmacht an einer Vertretungsmacht für die Erteilung der Untervollmacht fehlt (BGH Urt. v. 21.3.2006 – XI ZR 204/03, BeckRS 2006, 04893 Rn. 18). Unabhängig von der Wirksamkeit der Vollmacht ist eine erteilte Untervollmacht, die nicht nur den reinen Vollzug, sondern weitere Befugnisse zur Gestaltung des Rechtsverhältnisses des Vollmachtgebers umfasst, nichtig, wenn der Unterbevollmächtigte nicht über eine Befugnis zur Erbringung von außergerichtlichen Rechtsdienstleistungen verfügt (BGH Beschl. v. 12.2.2008 – XI ZR 67/07, BeckRS 2008, 05559 Rn. 31).

44 **bb) §§ 171, 172 BGB.** Eine Vertretungsmacht kann sich trotz Nichtigkeit der Vollmacht aus §§ 171, 172 BGB oder nach den Grundsätzen der **Duldungs- und Anscheinsvollmacht** ergeben (BGH NJW 2008, 3357 Rn. 15; BGH NJW 2005, 2985, 2986 mwN). Allerdings liegt keine Duldungs- oder Anscheinsvollmacht vor, wenn der Vertretene die Nichtigkeit der Vollmacht weder kannte noch hätte kennen müssen und daher weder wusste noch hätte wissen müssen, dass der Handelnde als Vertreter ohne Vertretungsmacht auftritt (BGH NJW 2005, 2985). Somit ist der Anwendungsbereich der Duldungs- und Anscheinsvollmacht im Falle der Nichtigkeit einer Vollmacht wegen eines Verstoßes des Grundgeschäfts gegen § 3 RDG gering, da ein Rechtsunkundiger dies in aller Regel nicht wissen kann (vgl. etwa für Treuhandverträge BGH NJW 2001, 3774).

45 **cc) § 242 BGB.** Soweit keine Vertretungsmacht vorliegt, ist das mit dem Dritten geschlossene Rechtsgeschäft schwebend unwirksam (§ 177 BGB). Somit geht der durch die Nichtigkeit der Vollmacht erreichte Schutz des Rechtsuchenden zulasten des Vertragspartners, obwohl ihm in aller Regel nicht vorzuwerfen ist, dass er von der Wirksamkeit der Vollmacht ausgeht.

46 Dieser Interessenkollision wird über § 242 BGB aufgelöst. Danach kann die Berufung auf die Unwirksamkeit des Rechtsgeschäfts wegen Nichtigkeit der

Vollmacht nach § 242 BGB ausgeschlossen sein (BGH Urt. v. 28.4.2009 – XI ZR 228/08, BeckRS 2009, 14315 Rn. 31; BGH NJW 2008, 3357 Rn. 15). Voraussetzung ist aber, dass besondere Gründe vorliegen, die es bei Abwägung aller Umstände des konkreten Einzelfalls sachlich rechtfertigen, die Interessen des redlichen Vertragspartner für schutzwürdiger zu erachten als die des nur scheinbar wirksam vertretenen Auftraggebers.

d) Auswirkungen auf eine Abtretung. Die Nichtigkeit eines Vertrags 47 erfasst auch die Abtretung einer Forderung, wenn dadurch der Weg zu einer erlaubnispflichtigen Rechtsdienstleistung eröffnet werden sollte. Dies ist im Falle der Abtretung zu Einziehungszwecken anzunehmen (BGH NJW 2014, 847 Rn. 31; NJW 2004, 2516; OLG Düsseldorf Urt. v. 14.4.2010 – 15 U 162/08, BeckRS 2010, 15498; vgl. auch BGH NJW 1995, 516), nicht aber im Falle der Abtretung zu Sicherungszwecken (BGH NJW 2013, 62 Rn. 14). Auch ist die Abtretung nicht nichtig, wenn die abgetretene Forderung in keiner Weise unmittelbar mit der Beratung und Vertretung in rechtlichen Angelegenheiten steht (OLG Brandenburg Urt. v. 27.5.2010 – 5 U 97/09, BeckRS 2010, 13990). Die in der jüngeren Vergangenheit in der instanzgerichtlichen Rechtsprechung kontrovers diskutierte Frage der Wirksamkeit der Abtretung des Anspruches auf Erstattung der Mietwagenkosten nach einem Verkehrsunfall an das Mietwagenunternehmen ist mittlerweile höchstrichterlich geklärt. Nach der Rechtsprechung des BGH ist die Einziehung der Forderung durch das Mietwagenunternehmen nach § 5 Abs. 1 S. 1 RDG grds. erlaubt, so dass eine Annahme der Nichtigkeit der Abtretung von vornherein nicht in Betracht kommt (BGH NJW 2013, 62 Rn. 19).

e) Auswirkungen auf eine Einziehungsermächtigung. Soweit die 48 Einziehung einer Forderung gegen § 3 RDG verstößt, ist auch die zu diesem Zweck erteilte Einziehungsermächtigung nichtig. Ggf. ist eine in gewillkürter Prozessstandschaft erhobene Klage mangels Prozessführungsbefugnis unzulässig (BGH NJW 2011, 2581 Rn. 12).

3. Folgen für den Vergütungsanspruch. a) Anspruch des Dienstleis- 49 **ters bei erbrachter Leistung.** Im Falle der Nichtigkeit des Vertrags hat der Dienstleister keinen vertraglichen Vergütungsanspruch. Wenn die Leistung erbracht wurde, kommen aber Ansprüche aus Geschäftsführung ohne Auftrag und aus Bereicherungsrecht in Betracht.

aa) §§ 677, 683, 670 BGB. Der Leistende hat dem Grunde nach einen 50 Anspruch auf Erstattung der erforderlichen Aufwendungen aus §§ 677, 683, 670 BGB. Durch die Rechtsdienstleistung wurde ein fremdes Geschäft ohne Auftrag geführt. Der Umstand, dass sich der Leistende zur Leistung – wenn auch nicht wirksam – verpflichtet hatte, steht der Annahme eines Fremdgeschäftsführungswillen nicht entgegen. Der Anspruch aus §§ 683, 670 BGB erfasst aber nur Aufwendungen für Leistungen, die nicht nach § 3 RDG verboten sind. Soweit die Erbringung der Leistung gegen § 3 RDG verstößt, konnte der Leistende die Aufwendungen nicht für erforderlich halten (BGH NJW 2008, 3069 Rn. 27; BGH NJW 2000, 1560). Daher ist der Anspruch in der Praxis nur von geringer Bedeutung.

51 **bb) § 812 Abs. 1 S. 1 Alt. 1 BGB. (1) Voraussetzungen.** Der Leistende hat dem Grunde nach auch einen Anspruch auf Ersatz des Wertes der erbrachten Leistungen aus § 812 Abs. 1 S. 1. Alt. 1 BGB. Allein wegen der Nichtigkeit des Vertrags ist die Leistung nicht wertlos. Der Anspruch auf Wertersatz setzt aber voraus, dass der Empfänger der Leistung sonst eine andere – zur Leistung befugte – Person beauftragt hätte und dieser eine entsprechende Vergütung hätte bezahlen müssen. Die **Beweislast** hierfür trägt der Leistungserbringer (OLG Hamm NJW-RR 2006, 1494). Allerdings wird man in vielen Fällen schon aus dem Umstand, dass der Empfänger eine solche Leistung in Auftrag gegeben hat, darauf schließen können, dass für ihn diese Leistung von Bedeutung war und er sie somit in jedem Falle in Auftrag gegeben hätte.

52 **(2) § 817 S. 2 BGB.** Dem Anspruch kann allerdings § 817 S. 2 BGB entgegenstehen. Der Ausschluss der Rückforderung setzt voraus, dass der Leistende vorsätzlich verbotswidrig gehandelt hat (BGH NJW-RR 2006, 1071 Rn. 28; BGH NJW 2005, 1490, 1491); mithin Kenntnis vom Verstoß gegen § 3 RDG hatte. Diese Kenntnis schließt die **rechtliche Würdigung** ein (OLG Köln Urt. v. 6.11.2003 – 8 U 44/03, BeckRS 2004, 11645), wobei es ausreicht, dass sich der Leistende zumindest leichtfertig vor der Erkenntnis des Verstoßes verschlossen hat (BGH NJW-RR 2006, 1071 Rn. 28). Daher wird die Vorschrift in aller Regel nur bei **klaren und eindeutigen Verstößen** greifen. Zudem kann auch bei Vorliegen der Voraussetzungen des § 817 S. 2 BGB Wertersatz für diejenigen Tätigkeiten gefordert werden, die nicht gesetzeswidrig sind (BGH NJW 2008, 3069 Rn. 26).

53 **(3) Höhe.** Nach § 818 Abs. 2 BGB hat der Empfänger der Rechtsdienstleistung den **objektiven Wert** zu erstatten. Dieser Wert richtet sich nach der Höhe der üblichen oder hilfsweise nach der angemessenen vom Vertragspartner ersparten Vergütung (BGH NJW 2008, 3069 Rn. 25).

54 Soweit es sich bei der Leistung im Falle der Erbringung durch einen Rechtsanwalt um eine anwaltliche Tätigkeit iSv § 1 Abs. 1 RVG handeln würde, soll nach einer weit verbreiteten Meinung der Leistungserbringer die nach der **RVG** einem Rechtsanwalt geschuldete Vergütung verlangen können (so für die BRAGO BGH NJW 2000, 1560, 1562; OLG Köln Urt. v. 6.11.2003 – 8 U 44/03, BeckRS 2004, 11645). Es ist aber fraglich, ob die Leistung von einer Person, die nicht als Anwalt zugelassen ist, tatsächlich den gleichen Wert hat wie die eines zugelassenen Rechtsanwalts. Hiergegen spricht schon, dass bei einem Anwalt wegen der in § 51 BRAO geregelten Pflicht, eine Berufshaftpflichtversicherung abzuschließen, die Durchsetzbarkeit von Schadensersatzansprüchen wegen Pflichtverletzungen gewährleistet ist. Zudem wird man in vielen Fällen bei einem nicht zur Rechtsdienstleistung Berechtigten von einem geringeren Kenntnisstand ausgehen können. Daher erscheint es vorzugswürdig, den Wert der Leistungen nach den Umständen des Einzelfalls zu ermitteln, auch wenn dies in der Praxis Schwierigkeiten bereiten kann. Ein Wert der Leistung ist nach dem Rechtsgedanken des § 628 Abs. 1 S. 2 BGB (dazu *Henssler/Deckenbrock* NJW 2005, 1 ff.) dann nicht vorhanden, wenn nach der Aufdeckung der Nichtigkeit des Vertrags für dieselbe Leistung ein Rechtsanwalt eingeschaltet werden muss (vgl. auch LG Köln Urt. v. 21.11.2012 – 9 S 69/12, BeckRS 2013, 01672). Soweit die Nichtigkeit des Vertrags über § 139 BGB auch andere

Befugnis zur Erbringung außergerichtl. Rechtsdienstleistungen **§ 3 RDG**

Tätigkeiten erfasst, kann die hierauf entfallende Vergütung nicht auf der Grundlage der vertraglichen Vereinbarung ermittelt werden. Die Abwicklung über das Bereicherungsrecht soll nicht demjenigen auf einem Umweg entgegen § 134 BGB die vertragliche Vergütung verschaffen, sondern nur verhindern, dass der Empfänger der Leistung daraus einen ungerechtfertigten Vorteil erzielt (BGH NJW 2008, 3069 Rn. 26). Vielmehr ist auch insoweit die übliche Vergütung zu ermitteln, wobei die Darlegungs- und **Beweislast** beim Leistungserbringer liegt (vgl. auch BGH NJW 2006, 2472 Rn. 9ff.).

b) Anspruch auf Rückforderung bereits geleisteter Zahlungen. So- 55 weit ein Anspruch des Dienstleisters nicht besteht, kann der Leistungsempfänger eine bezahlte Vergütung nach § 812 Abs. 1 S. 1 Alt. 1 BGB zurückfordern. Die Vorschrift des § 814 BGB steht dem Anspruch nur entgegen, wenn der Leistungsempfänger wusste, dass er zur Leistung nicht verpflichtet war. Dies schließt die rechtliche Würdigung ein. Nachdem man bei einem Rechtsuchenden in aller Regel nicht von einer Kenntnis des RDG ausgehen kann, hat der Ausschlussgrund in der Praxis keine Bedeutung. Dem Rückforderungsanspruch kann aber im Einzelfall § 242 BGB entgegen gehalten werden, wenn die beiderseitigen Leistungen in vollem Umfang beanstandungsfrei erbracht wurden und der Geschäftsherr die Vorteile des Vertrags endgültig genossen hat (BGH NJW 2007, 1130 Rn. 16). In diesem Fall hat der Dienstleister aber in aller Regel auch einen Vergütungsanspruch aus § 812 Abs. 1 S. 1 Alt. 1 BGB.

Der Rückforderungsanspruch **verjährt** nach §§ 195, 199 Abs. 1 BGB in 56 drei Jahren, wobei die Verjährungsfrist am Schluss des Jahres beginnt, in dem der Anspruch entstanden ist und der Gläubiger von den den Anspruch begründenden Umständen und der Person des Schuldners Kenntnis erlangt hat oder ohne grobe Fahrlässigkeit Kenntnis erlangen müsste. Dabei lässt bereits die **Tatsachenkenntnis** die Verjährung beginnen. Der Leistungsempfänger muss nicht wissen, dass der Vertrag wegen Verstoßes gegen § 3 RDG nichtig ist (BGH NJW-RR 2008, 1237 Rn. 8). Nur bei besonders unübersichtlicher und verwickelter Rechtslage können ausnahmsweise auch rechtliche Zweifel den Verjährungsbeginn bis zur Klärung ausschließen (BGH NJW 2009, 984 Rn. 14). Dies wird man im Falle eines Verstoßes gegen das RDG regelmäßig nicht annehmen können. Daher beginnt die Verjährung in der Regel am Schluss des Jahres, in dem die Zahlung erbracht wurde.

4. Haftung für fehlerhafte Erbringung der unerlaubten Rechts- 57 **dienstleistung. a) Haftung aus § 311 Abs. 2 BGB.** Aufgrund der Nichtigkeit des Vertrages scheidet eine Haftung des Dienstleisters aus §§ 280 Abs. 1, 611, 675 BGB aus. Gleichwohl ist der Leistungsempfänger nicht schutzlos. Er kann vielmehr nach § 311 Abs. 2 BGB verlangen, so gestellt zu werden, wie er stünde, wenn er von einem berufsrechtlich zugelassenen Rechtsberater zutreffend unterrichtet worden wäre (BGH Urt. v. 10.12.2009 – IX ZR 238/07, BeckRS 2010, 00720 Rn. 10; OLG Brandenburg Urt. v. 21.3.2007 – 13 U 94/06, BeckRS 2009, 07217; zur Haftung aus c. i. c. auch BGH NZM 2005, 795). Dies entspricht im Ergebnis der **vertraglichen Haftung eines Rechtsanwalts** (näher hierzu Zugehör/G. Fischer/Vill/D. Fischer/Rinkler/Chab, Handbuch der Anwaltshaftung, 3. Aufl. 2011). Der Annahme eines Verschuldens steht nicht entgegen, wenn der Erbringer der Leistung die erforderlichen Fachkenntnisse nicht besitzt (Dreyer/Lamm/Müller/*Dreyer/T. Müller* Rn. 29).

58 **b) Weitere Anspruchsgrundlagen.** Darüber hinaus besteht auch ein inhaltsgleicher Anspruch aus §§ 280 Abs. 1, 677 BGB (BGH NZM 2005, 795; OLG Hamm Urt. v. 30.10.2008 – 21 U 56/08, BeckRS 2008, 23766; OLG Brandenburg Urt. v. 21.3.2007 – 13 U 94/06, BeckRS 2009, 07217). Schließlich ist auch ein Anspruch aus § 823 Abs. 2 BGB iVm § 3 RDG gegeben (OLG Düsseldorf DStR 2004, 1102; OLG Naumburg DStRE 2006, 383, wobei die Entscheidungen auf an sich vorrangig zu prüfende vertragsähnliche Ansprüche nicht eingehen).

II. UWG

59 **1. Unzulässige geschäftliche Handlung.** Im Falle eines Verstoßes gegen § 3 RDG liegt regelmäßig zugleich eine Verletzung von § 3 Abs. 1 UWG vor. Die Voraussetzungen des § 3 Abs. 1 UWG, nämlich eine unlautere geschäftliche Handlung, die geeignet ist, die Interessen von Mitbewerbern, Verbrauchern oder sonstigen Marktteilnehmern spürbar zu beeinträchtigen, sind in aller Regel erfüllt.

60 **a) Geschäftliche Handlung.** Die Anwendung des UWG setzt das Vorliegen einer geschäftlichen Handlung iSv § 2 Abs. 1 Nr. 1 UWG voraus. Das Verhalten muss zugunsten des eigenen oder eines fremden Unternehmens erfolgen, es muss also einen **Unternehmensbezug** haben (vgl. Köhler/Bornkamm/*Köhler* § 2 Rn. 17). Ein Unternehmen liegt im Falle einer auf Dauer angelegten, selbstständigen wirtschaftlichen Betätigung vor, die darauf gerichtet ist, Waren oder Dienstleistungen gegen Entgelt zu vertreiben. Auf eine Gewinnerzielungsabsicht kommt es nicht an. Der Unternehmensbezug fehlt aber bei gelegentlichen Geschäften Privater (BGH GRUR 2009, 871 – Ohrclips). Im Falle der selbstständigen Erbringung von Rechtsdienstleistungen wird in der Regel auch eine geschäftliche Handlung vorliegen. Der Unternehmensbezug kann aber im Einzelfall fehlen, wenn diese Leistungen nur ganz vereinzelt und ohne einen Bezug zu einer anderen unternehmerischen Tätigkeit erbracht werden. Ggf. wird aber mit Blick auf § 6 RDG häufig auch schon kein Verstoß gegen § 3 RDG vorliegen.

61 **b) Unlauterkeit. aa) § 4 Nr. 11 UWG.** Die selbstständige Erbringung unerlaubter Rechtsdienstleistungen ist unlauter iSv **§ 4 Nr. 11 UWG,** nachdem es sich bei der Vorschrift des § 3 RDG um eine **Marktverhaltensregelung** handelt (BGH GRUR 2011, 539 Rn. 25 – Rechtsberatung durch Lebensmittelchemiker; BGH NJW 2009, 3242 Rn. 20 – Finanz-Sanierung). Der Anwendung des § 4 Nr. 11 UWG steht auch die Richtlinie 2005/29/EG über unlautere Geschäftspraktiken v. 11.5.2005 (ABl. EU Nr. L 149 v. 11.6.2005 S. 22) nicht entgegen (BGH GRUR 2012, 79 Rn. 11 – Rechtsberatung durch Einzelhandelsverband). Zwar führt die Richtlinie zu einer Harmonisierung derjenigen Vorschriften über unlautere Geschäftspraktiken, die die wirtschaftlichen Interessen der Verbraucher beeinträchtigen. Nach Art. 3 Abs. 8 RL 2005/29/EG bleiben aber alle spezifischen Regelungen für reglementierte Berufe unberührt.

Befugnis zur Erbringung außergerichtl. Rechtsdienstleistungen **§ 3 RDG**

bb) § 5 UWG. Unlauter ist auch bereits die **Werbung** für die selbstständige 62
Erbringung unerlaubter Rechtsdienstleistungen. Es liegt eine **Irreführung** isv
§ 5 UWG vor, weil der Unternehmer mit einer Leistung wirbt, deren Erbringung ihm aus Rechtsgründen verwehrt ist (BGH NJW 2009, 3242 Rn. 29 – Finanz-Sanierung; vgl. auch LG Saarbrücken Urt. v. 14.6.2010 – 7 O 222/09, BeckRS 2010, 23243). Die Annahme der Irreführung setzt aber voraus, dass der angesprochene Verkehr die Werbung dahingehend versteht, dass auch Dienstleistungen erbracht werden, die gegen § 3 RDG verstoßen. Daher muss ein Unternehmer, dessen Befugnis zur Erbringung von Rechtsdienstleistungen beschränkt ist, in aller Regel nicht diese Beschränkungen nennen, wenn er in der Werbung nur auf sein Bestehen hinweist (BGH GRUR 2011, 535 Rn. 12 ff. – Lohnsteuerhilfeverein Preußen).

c) Spürbare Beeinträchtigung. Die Handlung ist in der Regel auch geeignet, die Interessen von Mitbewerbern, Verbrauchern oder sonstigen Marktteilnehmern spürbar zu beeinträchtigen. Das RDG stellt sicher, dass nur Rechtsberater tätig werden, die die erforderliche persönliche und sachliche Zuverlässigkeit besitzen und schützt damit ein gewichtiges Interesse der rechtsuchenden Bürger. Der Annahme der Spürbarkeit kann daher auch nicht entgegenstehen, wenn es sich um einen einmaligen Verstoß gehandelt hat (vgl. Köhler/Bornkamm/*Köhler* § 3 Rn. 125; zu § 3 Abs. 1 UWG aF auch BGH GRUR 2007, 607 Rn. 23 – Telefonwerbung für „Individualverträge"). 63

2. Folgen. a) Unterlassung (§ 8 UWG). Der Verstoß gegen § 3 Abs. 1 64
UWG hat nach § 8 UWG einen Unterlassungsanspruch zur Folge. Die **Anspruchsberechtigten** sind in § 8 Abs. 3 UWG abschließend aufgeführt. Klagebefugt ist somit jeder Mitbewerber (§ 2 Abs. 1 Nr. 3 UWG), rechtsfähige Verbände zur Förderung gewerblicher Interessen, soweit sie die Anforderungen an die Mitgliederzahl und die Ausstattung erfüllen, qualifizierte Einrichtungen zum Schutz von Verbraucherinteressen sowie die Industrie- und Handelskammern und Handwerkskammern (näher hierzu Köhler/Bornkamm/*Köhler* § 8 Rn. 3.26 ff.; Ullmann/*Seichter* jurisPK-UWG, § 8 Rn. 152 ff.), nicht aber der betroffene Rechtsuchende. Die Rechtsanwaltskammern sind als rechtsfähige Verbände zur Förderung gewerblicher Interessen klagebefugt (BGH GRUR 2004, 346).

Die für den Unterlassungsanspruch notwendige **Begehungsgefahr** wird 65
vermutet, wenn ein Verstoß begangen wurde. Sie kann in aller Regel nur durch Abgabe einer strafbewehrten Unterlassungserklärung beseitigt werden (näher hierzu Köhler/Bornkamm/*Köhler* § 8 Rn. 1.32 ff.; Ullmann/*Seichter* jurisPK-UWG, § 8 Rn. 32 ff.).

b) Schadensersatz (§ 9 UWG). Darüber hinaus kann der Mitbewerber 66
vom Verletzer auch Schadensersatz verlangen. Es wird einem Mitbewerber aber in der Regel nicht gelingen, einen Schaden nachzuweisen, der ihm durch den Verstoß entstanden ist. Zwar besteht grds. die Möglichkeit, einen entgangenen Gewinn geltend zu machen. Man wird aber regelmäßig nicht nach § 287 ZPO feststellen können, dass die Kunden des Verletzers ansonsten den Mitbewerber beauftragt hätten. Daher hat dieser Anspruch praktisch keine Bedeutung.

III. Unterlassungsklagengesetz

67 Im Falle eines Verstoßes gegen § 3 RDG besteht auch ein Anspruch auf Unterlassung nach § 2 Abs. 2 Nr. 8 UKlaG. Den Anspruch können die nach § 3 UKlaG anspruchsberechtigten Stellen geltend machen. Dabei zieht die Regelung des § 3 UKlaG den Kreis der Anspruchsberechtigten enger als § 8 Abs. 3 UWG, nachdem die Mitbewerber nicht anspruchsberechtigt sind. Im Übrigen sind die Regelungen der Anspruchsberechtigung deckungsgleich. Somit hat das UKlaG nur dann eine eigenständige praktische Bedeutung, wenn kein Verstoß gegen § 3 Abs. 1 UWG vorliegt. Dies ist aber im Falle einer selbstständigen Erbringung unerlaubter Rechtsdienstleistungen nur in wenigen Fällen anzunehmen.

IV. Öffentlich-rechtliche Folgen

68 **1. Ordnungswidrigkeiten (§ 20 RDG).** Das RDG enthält in § 20 RDG einen Bußgeldtatbestand. Danach ist allerdings die unerlaubte Erbringung von Rechtsdienstleistung nur in bestimmten Fällen eine Ordnungswidrigkeit (vgl. § 20 RDG Rn. 35 ff.). Darüber hinaus sind Verstöße gegen § 3 RDG nicht straf- oder bußgeldrechtlich sanktioniert.

69 **2. Widerruf der Registrierung (§ 14 RDG).** Bei Rechtsdienstleistungen von registrierten Personen, die über die eingetragene Befugnis hinaus gehen, ist, wenn dies in erheblichem Umfang geschieht, nach § 14 Nr. 3 RDG in der Regel die Registrierung von der zuständigen Behörde zu widerrufen (vgl. § 14 RDG Rn. 35 ff.). Daneben besteht nach dem mWv 9.10.2013 durch das Gesetz gegen unseriöse Geschäftspraktiken v. 1.10.2013 (BGBl. I S. 3714) neu eingefügten § 13a Abs. 3 RDG die Befugnis der Aufsichtsbehörde, den Betrieb vorübergehend ganz oder teilweise zu untersagen (vgl. im Einzelnen § 13a RDG Rn. 17 ff.) Im Anschluss an den Widerruf stellt die weitere Erbringung von Rechtsdienstleistungen iSv § 10 Abs. 1 RDG eine Ordnungswidrigkeit dar (§ 20 Abs. 1 Nr. 2 RDG).

70 **3. Untersagung (§ 9 RDG).** Bei Rechtsdienstleistungen durch Personen, die sich auf die Erlaubnistatbestände der §§ 6–8 RDG berufen, ohne die dort geregelten Voraussetzungen zu erfüllen, kommt eine Untersagung nach § 9 Abs. 1 RDG in Betracht (vgl. § 9 RDG Rn. 5 ff.). Eine Zuwiderhandlung gegen eine vollziehbare Anordnung nach § 9 Abs. 1 RDG erfüllt den Bußgeldtatbestand des § 20 Abs. 1 Nr. 1 RDG.

71 **4. Gewerberechtliche Sanktionen.** Bei Verstößen gegen § 3 RDG durch Gewerbetreibende kommt auch eine Gewerbeuntersagung nach den Vorschriften der GewO in Betracht. Eine gewerberechtliche Relevanz besteht aber nur im Fall einer beharrlichen Zuwiderhandlung.

§ 4 Unvereinbarkeit mit einer anderen Leistungspflicht

Rechtsdienstleistungen, die unmittelbaren Einfluss auf die Erfüllung einer anderen Leistungspflicht haben können, dürfen nicht erbracht werden, wenn hierdurch die ordnungsgemäße Erbringung der Rechtsdienstleistung gefährdet wird.

Inhaltsübersicht

	Rn.
A. Allgemeines	1
B. Tatbestandsvoraussetzungen	11
I. Rechtsdienstleistung	12
II. Unmittelbarer Einfluss der Rechtsdienstleistung auf eine andere Leistungspflicht	14
III. Gefährdung der ordnungsgemäßen Erbringung der Rechtsdienstleistung	22
C. Rechtsschutzversicherungen	30
D. Rechtsfolgen	32

A. Allgemeines

Zum Schutz der Rechtsuchenden stellt § 4 RDG den **allgemeinen, für** 1 **das gesamte RDG geltenden Grundsatz** auf, dass Rechtsdienstleistungen unabhängig davon, auf welcher Grundlage sie erbracht werden, unzulässig sind, wenn sie mit anderen Leistungspflichten des Erbringers unvereinbar sind (BT-Drs. 16/3655, 39 und 51). Eine solche Unvereinbarkeit liegt vor, wenn die rechtliche Prüfung und Bewertung eines Sachverhalts im Rahmen einer rechtsberatenden Tätigkeit unmittelbaren Einfluss auf eine andere, bereits bestehende Leistungspflicht des Dienstleistenden haben kann. Das ist insbesondere der Fall, wenn durch die Ausführung einer rechtsbesorgenden Tätigkeit eine eigene Leistungspflicht inhaltlich beeinflusst werden kann.

§ 4 RDG verbietet Zweittätigkeiten nicht generell. Ein Tätigkeitsverbot 2 greift nur ausnahmsweise bei einer **im Einzelfall drohenden Pflichtenkollision**. Selbst in diesem Fall bleibt die Zweittätigkeit grds. zulässig. Erst wenn bei Ausübung des Zweitberufs nicht nur vereinzelt Interessenkollisionen auftreten, sondern die Zweittätigkeit mit der Rechtsdienstleistung **generell unvereinbar** ist, kommt es zu einem umfassenden Verbot. Es muss die konkrete Gefahr bestehen, dass die Pflichten bei der Erbringung der Rechtsdienstleistungen regelmäßig verletzt werden. Registrierten Rechtsdienstleistern fehlt dann die persönliche Eignung iSd § 12 Abs. 1 Nr. 1 RDG. Eine derart grundlegende, eine Registrierung ausschließende Interessenkollision kommt etwa beim gleichzeitigen Betrieb eines Inkassounternehmens und einer Finanzierungsvermittlung oder bei einer Tätigkeit als Rentenberater und Versicherungsvertreter in Betracht (BT-Drs. 16/3655, 67; dazu § 12 RDG Rn. 31). Diese Systematik entspricht dem für Anwälte geltenden Konzept der BRAO. Auch dort steht eine Zweittätigkeit einer Zulassung als Anwalt nach §§ 7 Nr. 8, 14 Abs. 2 Nr. 8 BRAO nicht entgegen, wenn sich im Einzelfall auftretende Interessenkollisionen mithilfe von Berufsausübungsregeln (§§ 45, 46

RDG § 4   Teil 1 Allgemeine Vorschriften

BRAO) ausschließen lassen (dazu ausführlich Rn. 5 ff.). Die Regelung des § 4 RDG ist damit im Vergleich zur Untersagung der Zweittätigkeit das verfassungsrechtlich gebotene mildere Mittel (vgl. zur BRAO BVerfGE 87, 287, 329 f. = NJW 1993, 317, 321).

3   § 4 RDG hat **kein unmittelbares Vorbild im RBerG.** § 1 Abs. 2 S. 2 2. AVO RBerG (dazu *Rennen/Caliebe* § 1 2. AVO Rn. 14 ff.) erklärte allerdings eine Tätigkeit für unzulässig, wenn „eine solche bereits für einen anderen Beteiligten in einem entgegengesetzten Sinn ausgeübt war." Dieses an § 43 a Abs. 4 BRAO angelehnte Verbot der Vertretung widerstreitender Interessen wird nunmehr von der allgemeinen Unvereinbarkeitsregel des § 4 RDG miterfasst (Rn. 16, 28). Außerdem knüpft § 4 RDG an die bereits aus dem Jahr 1961 stammende Rechtsprechung des BGH an, nach der eine **Rechtsschutzversicherung** wegen Interessenkonflikts nicht über die zur Ermittlung der Einstandspflicht erforderliche Feststellung und Prüfung des Sachverhalts hinaus für ihren Versicherungsnehmer rechtliche Verhandlungen mit der gegnerischen Seite führen darf (BGH NJW 1961, 1113; dazu Rn. 30 f.).

4   § 4 RDG ist **rechtspolitisch umstritten.** Gleichwohl stand die Vorschrift – trotz vereinzelter Kritik (siehe etwa *Kleine-Cosack* DB 2006, 2797, 2803) – im Gesetzgebungsverfahren nicht zur Diskussion und hat seit dem Diskussionsentwurf, abgesehen von sprachlichen Anpassungen, keine Änderungen erfahren. Teilweise wird – vor allem unter Hinweis auf die Einschränkungen, die sich für die Beratungs- und Vertretungstätigkeit von Rechtsschutzversicherungen ergeben (dazu unten Rn. 30 f.) – die **Vereinbarkeit mit europäischem Recht und mit Art. 12 GG** in Zweifel gezogen (ausführlich dazu Grunewald/Römermann/*Grunewald* Rn. 3 ff.; *Kleine-Cosack* BB 2007, 2637, 2641). Dem lässt sich entgegnen, dass die Vorschrift lediglich den allgemeinen und jeder Rechtsordnung immanenten **Rechtsgrundsatz des Verbots unvereinbarer Tätigkeiten** bei der Erbringung von Rechtsdienstleistungen kodifiziert und sogar ausdrücklich auf diejenigen Fälle beschränkt, in denen die ordnungsgemäße Erbringung der Rechtsdienstleistung konkret gefährdet sein kann. Das Unvereinbarkeitspostulat, das für berufsrechtliche Regelungen typisch ist (Kilian/Sabel/vom Stein/*Kilian/vom Stein* Rn. 457; siehe auch Rn. 5 ff.), dient dem Schutz der Rechtsuchenden. Einschränkungen der Dienstleistungs- und Berufsfreiheit sind daher durch zwingende Gemeinwohlinteressen gerechtfertigt (Henssler/Prütting/*Weth* Rn. 3 ff.). Da die Vorschrift **kein absolutes Verbot** statuiert, besteht zudem Raum für eine europa- und verfassungsrechtskonforme Auslegung.

5   Verschiedene **Berufsgesetze** enthalten § 4 RDG vergleichbare oder darüber hinausgehende Tätigkeitsverbote. Am bekanntesten ist das für **Rechtsanwälte** geltende Verbot der Vertretung widerstreitender Interessen (§ 43 a Abs. 4 BRAO iVm § 3 BORA; siehe auch § 356 StGB; dazu *Deckenbrock* Strafrechtlicher Parteiverrat und berufsrechtliches Verbot der Vertretung widerstreitender Interessen, 2009). Danach darf ein Anwalt nicht tätig werden, wenn er in anderer Partei in derselben Rechtssache im widerstreitenden Interesse bereits beraten oder vertreten hat. Während § 4 RDG auf eine ausdrückliche Sozietätsklausel verzichtet (Rn. 20 f.), erfasst das anwaltliche Verbot der Vertretung widerstreitender Interessen nicht nur den einzelnen Anwalt, sondern in den Grenzen des § 3 Abs. 2 und 3 BORA auch die mit ihm in derselben Berufsaus-

Unvereinbarkeit mit einer anderen Leistungspflicht § 4 RDG

übungs- und Bürogemeinschaft verbundenen Anwälte (Einzelheiten bei Henssler/Prütting/*Henssler* § 3 BORA Rn. 9ff.; *Deckenbrock* AnwBl. 2009, 170ff.). Für Rechtsanwälte gelten nicht nur Tätigkeitsverbote bei kollidierenden Leistungspflichten, sondern weitere Unvereinbarkeitsregeln, die an einen nichtanwaltlichen Zweitberuf anknüpfen. So ist nach § 7 Nr. 8 BRAO die Zulassung zur Rechtsanwaltschaft zu versagen, wenn der Bewerber eine Tätigkeit ausübt, die mit dem Beruf des Rechtsanwalts, insbesondere seiner Stellung als unabhängiges Organ der Rechtspflege nicht vereinbar ist oder das Vertrauen in seine Unabhängigkeit gefährden kann. In § 14 Abs. 2 Nr. 8 BRAO findet sich ein entsprechender Widerrufstatbestand für einen bereits zugelassenen Rechtsanwalt.

Die Inkompatibilitätsregelungen der §§ 7 Nr. 8, 14 Abs. 2 Nr. 8 BRAO die- 6 nen der Sicherung der Anwaltstätigkeit als freiem und unabhängigem Beruf sowie dem Schutz der notwendigen Vertrauensgrundlage der Rechtsanwaltschaft (BT-Drs. 12/4993, 24). Zweitberufe, welche die Unabhängigkeit und Objektivität des Anwalts beeinträchtigen oder die seine Integrität in den Augen der Bevölkerung in Frage stellen, wären mit diesen wichtigen Gemeinschaftsinteressen nicht zu vereinbaren (BVerfGE 87, 287, 320f. = NJW 1993, 317, 319). Unabhängigkeit und Integrität eines Rechtsanwalts sowie dessen maßgebliche Orientierung am Recht und an den Interessen seiner Mandanten können insbesondere bei einer erwerbswirtschaftlichen Prägung des Zweitberufs gefährdet sein. Interessenkollisionen liegen vor allem dann nahe, wenn eine gewerbliche Tätigkeit die Möglichkeit bietet, Informationen zu nutzen, die aus der rechtsberatenden Tätigkeit stammen (BVerfGE 87, 287, 329f. = NJW 1993, 317, 321). Ein Schwerpunkt des Anwendungsbereichs von §§ 7 Nr. 8, 14 Abs. 2 Nr. 8 BRAO liegt heute im Bereich der Versicherungsvertreter und **Versicherungsmakler.** Die spezifische Gefahr von Interessenkollisionen ergibt sich nach Auffassung der Rechtsprechung in erster Linie daraus, dass der Maklerberuf in besonderer Weise die Möglichkeit bietet, Informationen zu nutzen, die aus der rechtsberatenden Tätigkeit stammen und aus denen sich der Anreiz zum Abschluss eines oder mehrerer Versicherungsverträge geradezu aufdrängt (BGH NJW-RR 1998, 571; BGH BRAK-Mitt. 2001, 90; BGH NJW 2008, 1318 Rn. 6ff.; BGH NJW-RR 2011, 856 Rn. 6ff.; BGH NJW-RR 2014, 498 Rn. 7ff.). Darüber hinaus wird das regelmäßig gegebene Provisionsinteresse die unabhängige Rechtsdienstleistung beeinflussen.

Im Anwendungsbereich der BRAO geht die Rechtsprechung davon aus, 7 dass ebenso wie der Beruf des Versicherungsmaklers selbst auch eine Tätigkeit als Geschäftsführer (BGH NJW-RR 2000, 437f.), angestellter Handlungsbevollmächtigter (BGH NJW 1995, 2357) oder Niederlassungsleiter eines Versicherungsmaklerunternehmens (BGH NJW-RR 1998, 571) als mit dem Anwaltsberuf unvereinbar anzusehen ist. Das gilt auch für die parallele Rechtsprechung zur Unvereinbarkeit des Anwaltsberufs mit einer Tätigkeit als Versicherungsvertreter, wobei der BGH bereits eine lediglich unterstützende Tätigkeit als Betreuer von Versicherungsvertretern oder Konsortialpartnern als schädlich betrachtet (BGH NJW 2006, 3717 Rn. 3ff.; ausführlich zu den mit dem Anwaltsberuf [un]vereinbaren Berufen Henssler/Prütting/*Henssler* § 7 Rn. 105ff.). Außerhalb der Maklerberufe lässt sich allerdings der erwerbswirtschaftlich ausgerichtete Zweitberuf von der Tätigkeit des Rechtsanwalts, zumindest mithilfe von **Berufsausübungsregelungen,** oft unschwer trennen oder sich die Gefahr einer Interessenkollision bannen (BVerfGE 87, 287, 330 = NJW 1993, 317, 321). Insoweit enthalten §§ 45, 46 BRAO über § 43a Abs. 4 iVm § 3 BORA hinausgehende Tätigkeitsverbote für Fälle, in denen die Pflichten aus dem anwaltlichen und dem nichtanwaltlichen Zweitberuf unvereinbar sind.

8   **Steuerberatern** und Steuerbevollmächtigten sind gewerbliche Zweittätigkeiten nach § 57 Abs. 4 Nr. 1 StBerG grds. verwehrt. Diese Berufsausübungseinschränkungen sind allerdings im Lichte von Art. 12 GG auszulegen. Daher ist bei der Prüfung, ob eine Ausnahme vom grundsätzlichen Verbot einer gewerblichen Tätigkeit genehmigungsfähig ist, darauf abzustellen, ob im konkreten Fall die Verletzung von Berufspflichten ausgeschlossen werden kann. Dies setzt die Feststellung nachvollziehbarer und ausreichender Tatsachen zur Gefahr einer Interessenkollision unter Berücksichtigung der jeweiligen Tätigkeiten voraus (BVerfG NJW 2013, 3357; dazu *Kleine-Cosack* AnwBl. 2013, 795 f.; *v. Eichborn* DStR 2014, 164 ff.). Die Ausnahmegenehmigung kann versagt werden, wenn aufgrund einer personellen Verflechtung der Steuerberatungsgesellschaft mit einer weiteren Gesellschaft, die nicht als Steuerberatergesellschaft zugelassen ist, eine Gefährdung der beruflichen Pflichten eines Steuerberaters zu besorgen ist (BVerfG Beschl. v. 13.1.2014 – 1 BvR 2884/13, BeckRS 2014, 47643 Rn. 25). Im Ergebnis gelten nach der Rechtsprechung des BVerfG für Steuerberater ähnliche Inkompatibilitätsregelungen wie für Rechtsanwälte. Zudem haben sich Steuerberater und Steuerbevollmächtigte nach § 57 Abs. 2 S. 1 StBerG jeder Tätigkeit zu enthalten, die mit ihrem Beruf oder mit dem Ansehen des Berufs nicht vereinbar ist. Schließlich findet sich in § 6 BOStB eine Regelung der Tätigkeitsverbote bei Interessenkollisionen (dazu *Deckenbrock* Strafrechtlicher Parteiverrat und berufsrechtliches Verbot der Vertretung widerstreitender Interessen, 2009, Rn. 302 ff., 685 ff.).

9   **Wirtschaftsprüfer** und vereidigte Buchprüfer haben sich nach § 43 Abs. 2 S. 1 WPO ebenfalls jeder Tätigkeit zu enthalten, die mit ihrem Beruf oder mit dem Ansehen ihres Berufs unvereinbar ist. Ferner haben sie gem. § 49 WPO ihre Tätigkeit zu unterlassen, wenn sie für eine pflichtwidrige Handlung in Anspruch genommen werden soll oder die Besorgnis der Befangenheit bei der Durchführung eines Auftrags besteht. Außerdem dürfen Berufsangehörige gem. § 53 WPO keine widerstreitenden Interessen vertreten; insbesondere dürfen sie in einer Sache, in der sie oder eine Person oder eine Personengesellschaft, mit der sie ihren Beruf gemeinsam ausüben, bereits tätig waren, für andere Auftraggeber nur tätig werden, wenn die bisherigen und die neuen Auftraggeber einverstanden sind. Die Anforderungen an das Verbot der Vertretung widerstreitender Interessen werden in § 3 BS WP/vBP konkretisiert (siehe zu § 53 WPO und § 3 BS WP/vBP *Deckenbrock* Strafrechtlicher Parteiverrat und berufsrechtliches Verbot der Vertretung widerstreitender Interessen, 2009, Rn. 328 ff., 695 ff.). Ergänzend regelt § 319 HGB die Fälle, in denen ein Wirtschaftsprüfer oder vereidigter Buchprüfer als **Abschlussprüfer** ausgeschlossen ist.

10   § 8 BNotO verhält sich zur Zulässigkeit von Nebentätigkeiten für **Notare;** ferner werden in § 3 BeurkG katalogartig die Sachverhalte aufgelistet, die ein Beurkundungsverbot begründen. Die mit der Tätigkeit als **Richter** unvereinbaren Aufgaben werden in § 4 DRiG festgehalten.

Unvereinbarkeit mit einer anderen Leistungspflicht **§ 4 RDG**

B. Tatbestandsvoraussetzungen

§ 4 RDG beansprucht Geltung für **alle auf der Grundlage des RDG er-** 11 **brachten Rechtsdienstleistungen** unabhängig davon, ob der Dienstleistungserbringer sich auf § 5 RDG, die §§ 6–8 RDG oder auf § 10 RDG berufen kann (Dreyer/Lamm/Müller/*Dreyer/Müller* Rn. 2; Henssler/Prütting/ *Weth* Rn. 23; *Henssler/Deckenbrock* S. 56; siehe auch BT-Drs. 16/3655, 51: „den allgemeinen, für das gesamte RDG geltenden Grundsatz"; anders zu § 6 RDG Gaier/Wolf/Göcken/*Johnigk* Rn. 12). Auf **Erlaubnistatbestände außerhalb des RDG** kann § 4 RDG ebenfalls anwendbar sein, soweit sich aus der spezialgesetzlichen Vorschrift nicht eine vorrangige strengere oder großzügigere Regelung von Interessenkonflikten ergibt.

I. Rechtsdienstleistung

§ 4 RDG verbietet unter den dort genannten Voraussetzungen die Erbringung 12 von Rechtsdienstleistungen. Insoweit knüpft die Vorschrift an die Regelung des § 2 RDG an. Voraussetzung für ein Tätigkeitsverbot ist danach eine Tätigkeit in einer **fremden Angelegenheit** (dazu § 2 RDG Rn. 19ff.). Hieran fehlt es etwa, wenn der Gläubiger seinen Schuldner rechtlich darüber aufklärt, warum der Anspruch besteht (Gaier/Wolf/Göcken/*Johnigk* Rn. 14). § 4 RDG ist deshalb nicht einschlägig, wenn der auf Zahlung in Anspruch genommene **Kfz-Haftpflichtversicherer** des Schädigers dem Geschädigten rechtliche Hinweise erteilt, welche die Honorarzahlung des Geschädigten an den von ihm mit der Feststellung der Schadenshöhe beauftragten Kraftfahrzeugsachverständigen betreffen. Denn der Rat des Versicherers an den Geschädigten, keine aus seiner Sicht nicht erstattungsfähige Zahlung an den Sachverständigen zu leisten, ist eine eigene Angelegenheit, weil der Versicherer damit rechnen muss, vom Geschädigten in Regress genommen zu werden (zum RBerG BGH NJW 2007, 3570 Rn. 20ff.; vgl. auch BGHZ 38, 71, 79ff. = NJW 1963, 441, 442f.; BGH NJW 1967, 1562, 1563). Dagegen sind Verhandlungen eines **Rechtsschutzversicherers** mit den Gegnern seiner Versicherungsnehmer über Ansprüche, für deren Durchsetzung die Versicherungsnehmer eine Rechtsschutzversicherung abgeschlossen haben, erlaubnispflichtige Rechtsdienstleistungen. Denn Gegenstand der Verhandlungen sind nicht die vom Rechtsschutzversicherer abgedeckten Kosten der Rechtsverfolgung, sondern die Hauptansprüche der Versicherungsnehmer (BGH NJW 1961, 1113, 1114). Kein Fall unzulässiger Rechtsdienstleistung nach § 4 RDG sind dagegen bloße Auskünfte der Rechtsschutzversicherung an den Versicherungsnehmer (ausführlich zur Rechtsschutzversicherung Rn. 30f.).

§ 4 RDG greift nicht, wenn zwar eine fremdnützige Tätigkeit gegeben ist, 13 diese aber die Schwelle des § 2 RDG nicht überschreitet (dazu § 2 RDG Rn. 33ff.). So betreffen **Rationalisierungsabkommen** zwischen Rechtsschutzversicherern und Anwälten nur Vergütungsfragen und keine Rechtsdienstleistung des Versicherers (Gaier/Wolf/Göcken/*Johnigk* Rn. 10; Grunewald/Römermann/*Grunewald* Rn. 23; siehe auch Einleitung Rn. 110). Ebenfalls keine Frage von § 4 RDG, sondern des Grundsatzes der freien Anwaltswahl (§ 3 Abs. 3 BRAO; §§ 127, 129 VVG) und des Wettbewerbsrechts ist die Zulässigkeit von finanziellen Anreizen eines Versicherers in Bezug auf eine Anwaltsempfehlung (siehe etwa das von BGHZ 199, 170 = NJW 2014, 630 grds. gebilligte Schadensfreiheitsrabattsystem).

II. Unmittelbarer Einfluss der Rechtsdienstleistung auf eine andere Leistungspflicht

14 Die Anwendbarkeit des § 4 RDG setzt voraus, dass der Dienstleister über die Pflicht zur Erbringung von Rechtsdienstleistungen hinaus eine **weitere Leistungspflicht** zu erfüllen hat. Außerdem muss zwischen der Rechtsdienstleistungspflicht und der anderen Leistungspflicht eine unmittelbare Verbindung in der Weise bestehen, dass die Erfüllung dieser anderen Pflicht durch den Inhalt der Rechtsdienstleistung beeinflusst werden kann. Nach der Gesetzesbegründung muss die Rechtsdienstleistung geeignet sein, unmittelbar gestaltenden Einfluss auf den Inhalt der bereits bestehenden anderen Leistungspflicht zu nehmen (BT-Drs. 16/3655, 51). Richtigerweise kommt es nicht darauf an, ob die Rechtsdienstleistung die andere Leistungspflicht beeinflusst oder umgekehrt. Dementsprechend verdeutlicht das weitere Tatbestandsmerkmal „Gefährdung der ordnungsgemäßen Erbringung der Rechtsdienstleistung", dass auch die andere Leistungspflicht einen nicht zu billigenden Einfluss auf die Rechtsdienstleistung entwickeln kann (Krenzler/*Teubel* Rn. 17; Dreyer/Lamm/Müller/ *Dreyer/Müller* Rn. 12; vgl. auch Gaier/Wolf/Göcken/*Johnigk* Rn. 16).

15 Bei der weiteren Leistungspflicht kann es sich um eine **vertragliche oder gesetzliche Haupt- oder Nebenpflicht** handeln. Die Pflicht muss unabhängig von der Erbringung der Rechtsdienstleistung bereits in dem Zeitpunkt begründet sein, in dem die Rechtsdienstleistung erbracht werden soll (BT-Drs. 16/3655, 51). § 4 RDG erfasst damit nicht die Fälle **vorvertraglicher Aufklärungs- und Beratungspflichten**, weil diese nicht geeignet sind, die eigentliche vertragliche Leistung unmittelbar zu beeinflussen. Entschließt sich der Rechtsuchende erst aufgrund einer rechtlichen Auskunft oder Beratung dazu, den Dienstleister mit einer anderen Aufgabe zu betrauen oder mit ihm bspw. einen Werk- oder Kaufvertrag abzuschließen, ist dies kein Fall des § 4 RDG (Grunewald/Römermann/*Grunewald* Rn. 13; Dreyer/Lamm/Müller/*Dreyer/ Müller* Rn. 18; Gaier/Wolf/Göcken/*Johnigk* Rn. 12; *Franz* AnwBl. 2006, 232, 234). Ist etwa die (auch) rechtliche Beratung über die Erstattungsfähigkeit einzelner Schadenspositionen durch Kfz-Werkstätten oder Mietwagenunternehmen gemessen an §§ 2, 5 RDG (§ 5 RDG Rn. 105 ff.) grds. zulässig, steht ihr § 4 RDG ebenfalls nicht entgegen. Zwar mag die Beratung über die verschiedenen Handlungsmöglichkeiten des Kunden (Reparatur oder Abrechnung auf Gutachtenbasis; Mietfahrzeug oder Nutzungsausfallentschädigung) von den Erwerbsinteressen des Unternehmers geleitet sein, die vertragliche Hauptpflicht wird allerdings erst durch die – evtl. durch eine fehlerhafte Beratung beeinflusste – Entscheidung des Kunden begründet. Dieser nur mittelbare Einfluss ist von § 4 RDG nicht erfasst (*Sabel* NZV 2006, 6, 8; aA Krenzler/*Teubel* Rn. 19 f.). Entsprechendes gilt für die Empfehlung einer Bank, im Vorfeld der Kreditvergabe eine Restschuldversicherung abzuschließen (Grunewald/Römermann/*Grunewald* Rn. 13). Für den Kunden sei insoweit klar, dass keine unabhängige Beratung erfolge (Grunewald/Römermann/*Grunewald* Rn. 13).

Unvereinbarkeit mit einer anderen Leistungspflicht **§ 4 RDG**

Eine andere unvereinbare Leistungspflicht kann auch eine **weitere Ver-** 16
pflichtung zur Erbringung einer Rechtsdienstleistung sein (Gaier/
Wolf/Göcken/*Johnigk* Rn. 12). Sofern sich diese Verpflichtung **auf dieselbe
Angelegenheit** bezieht, sind beide Leistungspflichten unmittelbar miteinander verbunden (zu den Anforderungen an die Intensität des Interessenkonflikts
siehe Rn. 28). Insoweit ist es grds. ohne Bedeutung, ob die Vertretung im widerstreitenden Interesse parallel oder sukzessiv erfolgt. Die Zweittätigkeit ist
dem Rechtsdienstleister auch dann nach § 4 RDG untersagt, wenn die entgegenstehende andere Leistungspflicht bereits erbracht worden und das Mandat
insoweit beendet ist (widersprüchlich Gaier/Wolf/Göcken/*Johnigk* Rn. 12).
Diese Leistungspflicht wirkt nämlich schon deshalb fort, weil dem Vertrag
eine nachvertragliche Pflicht immanent ist, die Interessen des Dienstleistungsempfängers auch nach Abschluss der Rechtsdienstleistung nicht zu „verraten"
(*Deckenbrock* AnwBl. 2010, 221, 228). Bedeutungslos ist, ob die kollidierende
Leistungspflicht gegenüber dem Dienstleistungsempfänger oder gegenüber
einem Dritten besteht (Gaier/Wolf/Göcken/*Johnigk* Rn. 15; Krenzler/*Teubel*
Rn. 13; Dreyer/Lamm/Müller/*Dreyer/Müller* Rn. 17). Im Ergebnis begründet
§ 4 RDG entsprechend § 43a Abs. 4 BRAO iVm § 3 Abs. 1 BORA ein **Verbot der Vertretung widerstreitender Interessen** für nichtanwaltliche
Rechtsdienstleister (Krenzler/*Teubel* Rn. 13 ff.; *Henssler/Deckenbrock* S. 55; zur
Frage, ob und inwieweit sich ein registrierter Rechtsdienstleisters eines Parteiverrats gem. § 356 StGB schuldig machen kann, siehe *Deckenbrock* Strafrechtlicher Parteiverrat und berufsrechtliches Verbot der Vertretung widerstreitender
Interessen, 2009, Rn. 57 ff. sowie § 14 RDG Rn. 48 ff.).

Darüber hinaus erfasst § 4 RDG ähnlich wie § 45 Abs. 1 BRAO auch Fälle 17
eines **Funktionswechsels,** wenn der Berater die Interessen eines Auftraggebers in seiner Rolle als Rechtsdienstleister vertreten hat, die gegenläufige Interessenvertretung in derselben Angelegenheit dagegen in sonstiger Funktion
erfolgt ist (*Henssler/Deckenbrock* S. 55 f.: aA wohl Kilian/Sabel/vom Stein/*Kilian/vom Stein* Rn. 459). Die kollidierende Leistungspflicht kann auch aus dem
Vertragsverhältnis, dem die zweitberufliche Tätigkeit zugrunde liegt, oder
einem sonstigen Anstellungsverhältnis bis hin zu einer Beamtenstellung entstammen (Krenzler/*Teubel* Rn. 16 hält auch ein eigenes berufliches Interesse
des Rechtsdienstleisters für ausreichend).

Keine weitere Leistungspflicht iSd § 4 RDG soll bestehen, wenn der 18
Rechtsdienstleister selbst (nicht berufliche) **Eigeninteressen** verfolgt, die mit
denen des Auftraggebers nicht zu vereinbaren sind. Persönliche Beziehungen
oder allgemeine wirtschaftliche Interessen erfüllen somit nicht den Tatbestand
des § 4 RDG (Kilian/Sabel/vom Stein/*Kilian/vom Stein* Rn. 460); weitergehend noch *Henssler/Deckenbrock* S. 56). Nach dieser Auffassung bleibt die Regelung des § 4 RDG insoweit hinter dem aus § 3 BeurkG folgenden Mitwirkungsverbot für Notare zurück, als dort auch Tätigkeitsverbote ausgesprochen
werden, die sich auf Angelegenheiten eines Ehegatten oder Verwandten beziehen (Kilian/Sabel/vom Stein/*Kilian/vom Stein* Rn. 459).

Der erforderliche **unmittelbare Einfluss** der Rechtsdienstleistung auf eine 19
eigene Leistungspflicht ist immer dann gegeben, wenn es vom Ausgang der
rechtsdienstleistenden Tätigkeit abhängt, in welchem Umfang eine eigene
Verpflichtung noch besteht, also bspw., wenn durch die Geltendmachung von

Schadensersatzansprüchen gegen einen Dritten (zB mit dem Abschluss eines Abfindungsvergleichs) die **eigene Schadensersatzpflicht gesteuert** werden kann. Dies ist etwa der Fall, wenn ein aus einer Berufsausausübungsgemeinschaft ausgeschiedener Rechtsdienstleister seinen Mandanten in einer Regressangelegenheit gegen diese Gesellschaft berät, obwohl er selbst ebenfalls haftet (Grunewald/Römermann/*Grunewald* Rn. 17). An der Unmittelbarkeit fehlt es dagegen regelmäßig, wenn sich die Rechtsdienstleistung nur über Zwischenschritte auf die andere Leistung auswirkt. Wer eine Person berät, damit diese anderen einen entsprechenden Rat erteilt, verstößt nicht gegen § 4 RDG; die Haftungsfrage bleibt aber unberührt (Grunewald/Römermann/ *Grunewald* Rn. 15; Gaier/Wolf/Göcken/*Johnigk* Rn. 16).

20 Völlig ungeklärt ist, inwieweit § 4 RDG einem Rechtsdienstleister auch dann einem Tätigwerden entgegensteht, wenn die kollidierende (rechtsdienstleistende) Leistungspflicht von einem **Sozius** vorgenommen wird. Denkbar ist etwa, dass ein ausländischer Rechtsdienstleister, der sich mit einem Kollegen zu einer Berufsausübungsgemeinschaft zusammengeschlossen hat (zu den Zusammenarbeitsmöglichkeiten § 12 RDG Rn. 36f.), ein Mandat übernehmen möchte, das zu einem anderen, von seinem Sozius betreuten Mandat im widerstreitenden Interesse steht. Jedenfalls dann, wenn diese Rechtssachen nicht als Einzelmandat betreut werden, sondern – wie dies der Regelfall ist – Vertragspartnerin die Gesellschaft wird (siehe zum Anwaltsvertrag BGH NJW-RR 2006, 1071 Rn. 9; BGH NJW-RR 2008, 1594 Rn. 10; BGH NJW 2009, 1597 Rn. 10; BGHZ 193, 193 Rn. 15 = NJW 2012, 2435; *Deckenbrock* AnwBl. 2014, 118), besteht eine relevante Pflichtenkollision, auch wenn außerhalb der Rechtsform der GbR ein Rechtsdienstleister nicht für das Fehlverhalten des anderen haftet.

21 Schließlich ist bei Gesamtbeauftragung einer Sozietät im Grundsatz jedem Berufsträger der Gesellschaft die Rolle des Interessenvertreters des Mandanten überantwortet (siehe die insoweit übertragbaren Überlegungen zu § 43a Abs. 4 BRAO bei *Deckenbrock* Strafrechtlicher Parteiverrat und berufsrechtliches Verbot der Vertretung widerstreitender Interessen, 2009, Rn. 466ff.). Im Grundsatz handelt es sich daher nicht um eine andere Leistungspflicht eines Dritten (hierzu Gaier/Wolf/Göcken/*Johnigk* Rn. 13), sondern um eine eigene Leistungspflicht des Rechtsdienstleisters. Dieser Ausdehnung des § 4 RDG steht auch nicht der Umstand entgegen, dass die Norm – anders als etwa §§ 45 Abs. 3, 46 Abs. 3 BRAO sowie § 3 Abs. 2 und 3 BORA – ausdrücklich keine Fälle gemeinschaftlicher Berufsausübung erfasst. Das BVerfG hatte in der sog. Sozietätswechslerentscheidung von 2003 festgehalten, dass § 43a Abs. 4 BRAO eine grundsätzliche sozietätsweite Erstreckung kennt, obwohl die Norm sogar explizit nur vom Einzelanwalt spricht (BVerfGE 108, 150, 159f. = NJW 2003, 2520f.). Für § 4 RDG kann aufgrund des vergleichbaren Regelungsanliegens nichts anderes gelten.

III. Gefährdung der ordnungsgemäßen Erbringung der Rechtsdienstleistung

22 Liegt eine Pflichtenkollision vor, so führt dies allein noch nicht zur Unzulässigkeit der Rechtsdienstleistung. Vielmehr muss zugleich die ordnungsgemäße,

Unvereinbarkeit mit einer anderen Leistungspflicht **§ 4 RDG**

also insbesondere die **objektive und frei von Eigeninteressen erfolgende Erfüllung der Rechtsdienstleistungspflicht** gefährdet sein (BT-Drs. 16/ 3655, 51; BGH NJW 2013, 1870 Rn. 12); die bloße Möglichkeit einer Gefährdung reicht dagegen nicht aus (Dreyer/Lamm/Müller/*Dreyer/Müller* Rn. 21). Eine Gefährdung der ordnungsgemäßen Erbringung der Rechtsdienstleistung ist zwar beim Vorliegen einer Pflichtenkollision im Zweifel anzunehmen (Kilian/Sabel/vom Stein/*Kilian/vom Stein* Rn. 461), diese Vermutung kann jedoch widerlegt werden. Allein der Umstand, dass dem Beratenden bei fehlerhafter Beratung jedenfalls Schadensersatzansprüche gegen den Dienstleister zustehen (siehe dazu auch Rn. 34), schließt die Gefährdung indes nicht aus (Grunewald/Römermann/*Grunewald* Rn. 19).

Die ordnungsgemäße Erbringung von Rechtsdienstleistungen ist dann nicht 23 gefährdet, wenn über **organisatorische Maßnahmen** sichergestellt ist, dass die Durchführung und Abwicklung der Rechtsdienstleistung völlig unabhängig von der anderen Leistungspflicht erfolgt. Bspw. kann im wirtschaftlichen Bereich eine völlige rechtliche und organisatorische Trennung der Bereiche „Rechtsdienstleistung" und „sonstige Leistung" erfolgen, wie dies § 8a VAG bereits bei Schadensabwicklungsunternehmen für die Rechtsschutzversicherung vorsieht. Unter diesen Voraussetzungen werden durch § 4 RDG auch **Rechtsdienstleistungen durch Rechtsschutzversicherungen** (dazu Rn. 30f.) nicht kategorisch ausgeschlossen. Diese müssten aber, um die Vermutung einer interessengeleiteten Rechtsberatung zu widerlegen, ihre internen Geschäftsabläufe – etwa durch ein vollständiges „Outsourcing" oder sog. „Chinese Walls" mit entsprechenden innerbetrieblichen Weisungen und dem Verbot einer Wirtschaftlichkeitsprüfung – in objektiv nachprüfbarer Weise so organisieren, dass bereits der Anschein vermieden wird, die rechtliche Beratung (und wichtiger: Vertretung) durch den Versicherungsmitarbeiter könne darauf abzielen, die für das Unternehmen kostenintensive Beauftragung eines Rechtsanwalts zu vermeiden (vgl. auch Dreyer/Lamm/Müller/*Dreyer/Müller* Rn. 14f.; *Kleine-Cosack* Rn. 10). In die Kategorie solcher Outsourcing-Maßnahmen fallen auch die von den Rechtsschutzversicherungen bereit gehaltenen „**Telefon-Hotlines**", bei denen Rechtsanwälte die Erstberatung übernehmen. Hier ist ein Verstoß gegen § 4 RDG ausgeschlossen (vgl. Grunewald/Römermann/*Grunewald* Rn. 22; anders offenbar *Cornelius-Winkler* SVR 2013, 201, 204; *ders.* NJW 2014, 588, 590). Ausschlaggebend ist, dass der Mandatsvertrag zwischen Versichertem und Rechtsanwalt, aber nicht mit der Rechtsschutzversicherung zustande kommt (Gaier/Wolf/Göcken/*Johnigk* Rn. 10).

Bei der Erbringung von Rechtsdienstleistungen durch **Verbände, Berufs-** 24 **und Interessenvereinigungen**, insbesondere **Gewerkschaften** und **Mietervereinen** (dazu § 7 RDG Rn. 17ff.), die ihren Mitgliedern in ähnlicher Weise wie Rechtsschutzversicherungen zur Gewährung von Rechtsschutz verpflichtet sind, sind weniger strenge Anforderungen an den Ausschluss potenzieller Interessenkollisionen zu stellen. Bei ihnen kann nämlich davon ausgegangen werden, dass sie nach ihrem Vereinszweck keine wirtschaftlichen Eigeninteressen verfolgen und dass insbesondere die mit der rechtlichen Betreuung ihrer Mitglieder befassten Mitarbeiter ihre Tätigkeit nicht darauf ausrichten, zur Kostensenkung einen für das Vereinsmitglied möglicherweise nachteilige Erledigung der Rechtsangelegenheit herbeizuführen (ähnlich Grunewald/Römermann/*Grunewald* Rn. 18; kritisch dagegen *Hamacher* AnwBl. 2006, 788, 791).

25 Nicht gefährdet ist die ordnungsgemäße Erbringung der Rechtsdienstleistung auch bei der **Einziehung einer Forderung auf Erstattung der Mietwagenkosten** (hierzu § 5 RDG Rn. 111 f.). Die maßgebliche Rechtsdienstleistung, nämlich die Durchsetzung der Forderung gegenüber der Versicherung, entspricht im Regelfall zugleich dem Interesse des Geschädigten (BGHZ 192, 270 Rn. 15, 17 = NJW 2012, 1005; BGH NJW 2013, 1870 Rn. 12; *Otting* SVR 2011, 8, 12). Gleiches soll gelten, wenn ein Versicherungsmakler im Auftrag einer Versicherung Ansprüche abzuwehren versucht, die der Kunde eines Versicherungsnehmers gegen diesen geltend macht. Die Anspruchsabwehr liege sowohl im Interesse des Versicherungsnehmers als auch des Versicherers (OLG Köln GRUR-RR 2014, 292, 294; siehe hierzu auch § 5 RDG Rn. 126). Richtigerweise bedarf es hier stets einer Einzelfallbeurteilung. So ist es denkbar, dass dem Versicherungsnehmer an einer reibungslosen Abwicklung des Schadens gelegen ist, während das Versicherungsunternehmen einen möglichst niedrigen Betrag leisten möchte (*Henssler/Deckenbrock* DB 2014, 2151, 2155 f.).

26 Interessenkonflikte, die aus Gründen des Verbraucherschutzes einer Zulässigkeit der **Testamentsvollstreckung** (hierzu § 5 RDG Rn. 140 ff.) insbesondere durch Kreditinstitute entgegenstehen könnten, bestehen regelmäßig ausschließlich im vermögensverwaltenden Tätigkeitsbereich und nicht in dem Bereich, in dem der Testamentsvollstrecker rechtsbesorgende Tätigkeiten bringt, also etwa Vermächtnisse erfüllt oder den Nachlass auseinandersetzt. Diese Interessenkonflikte sind eher gegeben, wenn der Erblasser etwa einen der Miterben zum Testamentsvollstrecker einsetzt. Probleme, die sich aus der vom Erblasser gewünschten Anlage des Nachlassvermögens bei der testamentsvollstreckenden Bank ergeben können, sind daher solche der Vermögensverwaltung, wie sie in gleicher Weise auch bei jeder Vermögensanlage und -verwaltung für Lebende auftreten (BT-Drs. 16/3655, 55 f.). In diesen Fällen liegt daher schon mangels einer Rechtsdienstleistung kein Fall des § 4 RDG vor (siehe bereits Rn. 13). Jedenfalls aber hat der Gesetzgeber eine solche Interessenkollision gegenüber der grundgesetzlich garantierten Testierfreiheit (Art. 14 Abs. 1 S. 1 GG) als vernachlässigenswert und eine potenzielle Gefährdung der Rechtsdienstleistungspflicht als unterhalb der Schwelle des § 4 RDG liegend angesehen. Die § 5 Abs. 2 Nr. 1 RDG zugrunde liegende Wertung des Gesetzgebers, dass im Zusammenhang mit einer Testamentsvollstreckung erbrachte Rechtsdienstleistungen als erlaubte Nebenleistungen gelten, darf nicht über die Hintertür des § 4 RDG wieder unterlaufen werden (Dreyer/Lamm/Müller/Dreyer/*Müller* Rn. 24; aA Krenzler/*Krenzler* § 5 Rn. 110 ff.).

27 An § 4 RDG ist allerdings zu denken, wenn einem Dienstleister ein rechtsdienstleistender Zweitberuf wegen **fehlender persönlicher Eignung gem. § 12 Abs. 1 Nr. 1 RDG** verwehrt ist (siehe bereits Rn. 2). In diesem Fall ist sorgfältig zu prüfen, ob der Dienstleister die entsprechende Rechtsdienstleistung unter Berufung auf § 5 RDG als Nebenleistung erbringen darf. Denn auch hier kann die vom Gesetz missbilligte Gefahr einer Interessenkollision auftreten. Insbesondere für Versicherungsvertreter und -makler sind rechtsberatende Nebenleistungen über § 5 RDG allenfalls sehr eingeschränkt erlaubt,

Unvereinbarkeit mit einer anderen Leistungspflicht **§ 4 RDG**

weil diese zwangsläufig mit seiner Vertretertätigkeit kollidieren (Schlewing/ Henssler/Schipp/Schnitker/*Henssler* Teil 3 Rn. 46 ff.; *Römermann* NJW 2011, 884, 886; siehe hierzu auch § 5 RDG Rn. 123 sowie mit zT abweichendem Ergebnis § 10 RDG Rn. 81). Unberührt bleibt allerdings die Rechtsdienstleistungsbefugnis, die § 34d Abs. 1 S. 4 GewO Versicherungsvermittlern gegenüber Dritten, die nicht Verbraucher sind, einräumt (dazu § 3 RDG Rn. 23 ff.; § 5 RDG Rn. 120; § 10 RDG Rn. 77).

Kollidieren zwei Leistungspflichten, die sich beide auf rechtliche Tätigkei- 28 ten beziehen (Rn. 16), bedarf es jeweils eines nicht nur abstrakt, sondern **konkret vorliegenden Interessenkonflikts.** Das Anknüpfen an einen möglichen, tatsächlich aber nicht bestehenden (latenten) Interessenkonflikt verstößt gegen das Übermaßverbot und verletzt Art 12 GG (§ 14 RDG Rn. 48; siehe zu § 43a Abs. 4 BRAO BAGE 111, 371, 375 = NJW 2005, 921, 922; BGH NJW 2012, 3039 Rn. 14; *Henssler/Deckenbrock* NJW 2012, 3265, 3268 f.; *Henssler* AnwBl. 2013, 668, 673 mwN). Diese Einschränkung lässt sich mit dem Wortlaut des § 4 RDG vereinbaren, auch wenn danach eine *Gefährdung* der ordnungsgemäßen Erbringung der Rechtsdienstleistung bereits ausreichen soll. Hiermit ist nicht gemeint, dass bereits jeder auch nur theoretisch denkbare Interessenkonflikt ein Tätigkeitsverbot auslösen kann, vielmehr soll lediglich zum Ausdruck gebracht werden, dass der Eintritt eines Schadens oder Nachteils keine tatbestandliche Voraussetzung des § 4 RDG ist (Gaier/Wolf/Göcken/*Johnigk* Rn. 3; zu § 43a Abs. 4 BRAO *Deckenbrock* Strafrechtlicher Parteiverrat und berufsrechtliches Verbot der Vertretung widerstreitender Interessen, 2009, Rn. 119, 169; *Henssler* FS Streck, 2011, S. 677, 684, 687).

Eine **Einwilligung** des Rechtsuchenden lässt – auch bei vorheriger Beleh- 29 rung über den Interessenkonflikt – eine Gefährdung der ordnungsgemäßen Erbringung der Rechtsdienstleistung nicht entfallen. Das Tätigkeitsverbot des § 4 RDG ist grds. **nicht dispositiv** (Dreyer/Lamm/Müller/*Dreyer/Müller* Rn. 7; Gaier/Wolf/Göcken/*Johnigk* Rn. 17). Dies entspricht der Rechtslage zum anwaltlichen Verbot der Vertretung widerstreitender Interessen gem. § 43a Abs. 4 BRAO iVm § 3 Abs. 1 BORA (Henssler/Prütting/*Henssler* § 43a Rn. 202 ff.; *Deckenbrock* Strafrechtlicher Parteiverrat und berufsrechtliches Verbot der Vertretung widerstreitender Interessen, 2009, Rn. 165 ff., 407 ff.). Es ist dem Dienstleister schlicht unmöglich, bei der Erbringung der Rechtsdienstleistung seine kollidierende Pflicht auszublenden. Auch die Offensichtlichkeit der Interessenkollision schließt eine Gefährdung nicht aus (aA Grunewald/ Römermann/*Grunewald* Rn. 20 mit dem Hinweis, dass dann dem Dienstleistungsempfänger klar sei, dass eine unbefangene Beratung nicht erfolge). Das RDG ist weiterhin als Verbotsgesetz mit Erlaubnisvorbehalt ausgestaltet, das Informationsmodell konnte sich im Gesetzgebungsverfahren nicht durchsetzen (Einleitung Rn. 30; § 1 RDG Rn. 3; § 3 RDG Rn. 1 f.). Das spricht deutlich gegen den dispositiven Charakter des Tätigkeitsverbot aus § 4 RDG. Etwas anderes gilt, wenn in Fällen der gemeinschaftlichen Berufsausübung die Beratung von einem anderen Berufsträger der Gesellschaft vorgenommen wird (Rn. 20 f.). Hier erscheint es – auch aus verfassungsrechtlichen Gründen – sachgerecht, die in § 3 Abs. 2 S. 2 BORA normierte Einschränkung (Einwilligung der betroffenen Mandanten nach umfassender Information; dazu

Deckenbrock AnwBl. 2009, 170, 172 ff.) zu übertragen. Zur Bedeutung organisatorischer Trennungen siehe Rn. 23.

C. Rechtsschutzversicherungen

30 Hauptanwendungsfall des § 4 RDG ist die Regulierungstätigkeit durch Rechtsschutzversicherungen. Der Gesetzgeber hat mit dieser Regelung, die auch als **„lex Rechtsschutzversicherung"** bezeichnet worden ist (*Römermann* NJW 2006, 3028), die Rechtslage kodifiziert, die seit einem Grundsatzurteil des BGH aus dem Jahr 1961 (BGH NJW 1961, 1113) in Deutschland gilt (ausführlich zur früheren Rechtslage unter Geltung des RBerG *Lüth* Rechtsschutz durch den Rechtsschutzversicherer, 1997; *Schilasky* Einschränkung der freien Rechtsanwaltswahl in der Rechtsschutzversicherung, 1998, S. 88 ff.). Die für die Auslegung des § 4 RDG bis heute maßgebende Entscheidung betraf allerdings nicht die **Erstberatung des eigenen Versicherungsnehmers,** sondern ausschließlich die **Verhandlungen mit dem Gegner des Versicherungsnehmers,** also die Geltendmachung oder Abwehr von Ansprüchen für diesen. Hier kann, wie der BGH ausgeführt hat, das wirtschaftliche Interesse des Rechtsschutzversicherers an einer Vermeidung von Rechtsverfolgungskosten, zu deren Übernahme der Versicherungsvertrag ihn verpflichtet, eine objektive, allein an den Interessen des Versicherungsnehmers ausgerichtete Vertretung gefährden, ohne dass dieser imstande wäre, ein für ihn ungünstiges Verhandlungsergebnis zu erkennen (BGH NJW 1961, 1113 ff.; siehe auch BGH NJW 2006, 3717 Rn. 8 f. zu § 7 Nr. 8 BRAO).

31 Nicht berührt von der Entscheidung des BGH und damit auch von § 4 RDG nicht verboten sind bloße **Auskünfte der Rechtsschutzversicherung** an den Versicherungsnehmer. Sie stehen im Zusammenhang mit der Erteilung von Deckungsschutz und stellen sich, auch wenn sie im Sinn einer „Erstberatung" eine vorläufige rechtliche Bewertung der vom Versicherungsnehmer oder gegen ihn erhobenen Ansprüche beinhalten, stets als (auch) eigene Angelegenheit des Versicherungsunternehmens dar (BT-Drs. 16/3655, 51). Sie sind deshalb zulässig, zumal hier die Interessen des Versicherungsnehmers nicht in gleicher Weise gefährdet sind wie bei Verhandlungen nach außen. Zu den Möglichkeiten der Rechtsschutzversicherung, bei einer vollständigen organisatorischen Trennung auch weiter gehende Regulierungstätigkeiten selbst durchzuführen, vgl. oben Rn. 23.

D. Rechtsfolgen

32 Liegen die Voraussetzungen des § 4 RDG vor, darf die Rechtsdienstleistung im konkreten Einzelfall nicht erbracht werden. Während § 3 RDG nach ganz hM ein **Verbotsgesetz** iSv § 134 BGB darstellt (§ 3 RDG Rn. 33), ist bislang nicht abschließend geklärt, ob auch ein Verstoß gegen § 4 RDG zur **Nichtigkeit des Vertrags** führt (bejahend § 3 RDG Rn. 34; Henssler/Prütting/*Weth* Rn. 22; Dreyer/Lamm/Müller/*Dreyer/Müller* Rn. 25; Römermann/Funke *Gavilá* NZI 2012, 481, 487; verneinend Grunewald/Römermann/*Grunewald* Rn. 21; Gaier/Wolf/Göcken/*Johnigk* Rn. 1; Unseld/Degen/*Unseld* Rn. 11).

Unvereinbarkeit mit einer anderen Leistungspflicht **§ 4 RDG**

Insoweit lohnt ein Blick auf die Rechtsprechung zu den anwaltlichen Tätigkeitsverboten der §§ 43a Abs. 4, 45, 46 BRAO, bei denen – weitgehend unbestritten – zum Schutz des rechtsuchenden Publikums mithilfe von § 134 BGB die Nichtigkeit des Vertrags bejaht wird (siehe zu § 43a BRAO BAGE 111, 371, 373 = NJW 2005, 921; KG NJW 2008, 1458, 1459; OLG Brandenburg MDR 2003, 1024; OLG Karlsruhe NJW 2001, 3197, 3199; OLG Koblenz NJW-RR 2007, 1003, 1004 sowie zu §§ 45, 46 BRAO BGHZ 141, 69, 79 = NJW 1999, 1715, 1717; BGHZ 147, 39, 44 = NJW 2001, 1569, 1570; BGH NJW-RR 2007, 422 Rn. 13; BGH NJW 2011, 373 Rn. 16; die Frage der Nichtigkeit wurde für § 43a Abs. 4 BRAO offengelassen von BGH NJW 2004, 1169, 1171; BGH NJW 2009, 3297 Rn. 31; BGH NJW-RR 2010, 67 Rn. 7; BGH Beschl. v. 9.6.2011 – IX ZR 38/10, BeckRS 2011, 17254 Rn. 26; BGH NJW 2013, 3725 Rn. 7; ausführlich hierzu *Deckenbrock* AnwBl. 2010, 221, 224 ff.).

Liest man die anwaltlichen Tätigkeitsverbote mit der hier vertretenen Ansicht **33** (teilweise) in § 4 RDG hinein (Rn. 16, 28), ist es nur konsequent, auch die Rechtsfolgen einheitlich zu behandeln und bei Nichtbeachtung des § 4 RDG grds. von der Nichtigkeit des Geschäftsbesorgungsvertrags auszugehen (aA zu § 1 Abs. 2 1. AVO RBerG OLG Dresden Urt. v. 15.5.2003 – 19 U 1972/02, BeckRS 2004, 09956). Das Verbot liefe weitgehend leer, wenn der Dienstleister aus seiner verbotswidrigen Tätigkeit eine Vergütung beanspruchen könnte (vgl. auch BGH NJW 2011, 373 Rn. 16; *Deckenbrock* AnwBl. 2010, 221, 225). Soweit die Gegenauffassung § 4 RDG die Qualität als Verbotsgesetz abspricht, weil sich das Verbot nur an den Rechtsdienstleister richte (Grunewald/Römermann/*Grunewald* Rn. 21), kann dies nicht überzeugen. § 134 BGB greift anerkanntermaßen nicht nur bei gesetzlichen Vorschriften, die sich gegen beide Vertragspartner richten. Maßgeblich ist vielmehr, ob der Zweck des Gesetzes eine Nichtigkeit des Vertrags erfordert. Der vom RDG bezweckte Schutz des Rechtsuchenden (§ 1 Abs. 1 S. 2 RDG; dazu § 1 RDG Rn. 6 ff.) würde aber verfehlt, wenn der Erfüllungsanspruch des Auftraggebers bestehen bliebe und der Rechtsdienstleister verpflichtet wäre, eine unerlaubte Tätigkeit fortzuführen (Henssler/Prütting/*Weth* Rn. 22; vgl. zu § 43a Abs. 4 BRAO *Deckenbrock* AnwBl. 2010, 221, 225 unter Verweis auf BGHZ 37, 258, 261 = NJW 1962, 2010, 2011; BGHZ 102, 128, 130 = NJW 1988, 561, 562; BGH NJW 2000, 1333, 1335; BGH NJW 2000, 1560, 1562). Von der Wirkung des § 134 BGB werden allerdings nur solche Honoraransprüche erfasst, die schon vor der Pflichtverletzung entstanden sind; § 4 RDG iVm § 134 BGB kommt also **keine Rückwirkung** zu (vgl. zu § 43a Abs. 4 BRAO BGH NJW 2009, 3297 Rn. 32).

Aufgrund der Nichtigkeit des Vertrags scheiden zwar vertragliche **Scha-** **34** **densersatzansprüche** gem. § 280 BGB aus, der Rechtsuchende ist gleichwohl nicht völlig schutzlos (so aber Grunewald/Römermann/*Grunewald* Rn. 21). Nach der Rechtsprechung des BGH kann der Leistungsempfänger gem. § 311 Abs. 2 BGB verlangen, so gestellt zu werden, wie er stünde, wenn er von einem berufsrechtlich zugelassenen Rechtsberater zutreffend unterrichtet worden wäre (BGH Urt. v. 10.12.2009 – IX ZR 238/07, BeckRS 2010, 00720 Rn. 9 f.; vgl. auch BGH NJW 2000, 69, 70; BGH NJW-RR 2005, 1290, 1291). Entsprechendes muss erst recht gelten, wenn der Dienstleister zwar grds., nicht aber im konkreten Einzelfall zur Rechtsdienstleistung berechtigt war (vgl. auch *Römermann* AnwBl. 2009, 22, 26 bezogen auf Rechtsdienstleistungen nach § 5 RDG). Im Ergebnis wirkt sich die Nichtigkeit des Vertrags daher auf die Schadensersatzpflicht des Dienstleisters nicht aus. Weil § 4 RDG ersichtlich dem Schutz der Rechtsuchenden dient (Rn. 1), kommen außerdem Schadensersatzansprüche aus § 823 Abs. 2 BGB iVm § 4 RDG in Betracht (Dreyer/Lamm/Müller/*Dreyer/Müller* Rn. 26; Gaier/Wolf/Göcken/*Johnigk* Rn. 1; vgl. auch zu § 356 StGB und § 43a Abs. 4 BRAO BGH NJW 1996, 2929, 2931; OLG Hamburg NJW-RR 2002, 61, 63; *Deckenbrock* AnwBl. 2010, 221, 228 f.).

35 Denkbar sind ferner wettbewerbs-, delikts- und verbraucherschutzrechtliche **Unterlassungsansprüche** (vgl. hierzu § 3 RDG Rn. 59ff.; anders zu §§ 3, 4 Nr. 11 UWG Dreyer/Lamm/Müller/*Dreyer/Müller* Rn. 27). Bei wiederholten Verstößen gegen § 4 RDG kommt bei Personen und Vereinigungen, die auf der Grundlage der §§ 6–8 RDG tätig werden, auch eine **Untersagung** nach § 9 RDG und bei registrierten Personen Aufsichtsmaßnahmen nach § 13a RDG oder gar ein Widerruf nach § 14 RDG in Betracht.

§ 5 Rechtsdienstleistungen im Zusammenhang mit einer anderen Tätigkeit

(1) ¹**Erlaubt sind Rechtsdienstleistungen im Zusammenhang mit einer anderen Tätigkeit, wenn sie als Nebenleistung zum Berufs- oder Tätigkeitsbild gehören.** ²**Ob eine Nebenleistung vorliegt, ist nach ihrem Inhalt, Umfang und sachlichen Zusammenhang mit der Haupttätigkeit unter Berücksichtigung der Rechtskenntnisse zu beurteilen, die für die Haupttätigkeit erforderlich sind.**

(2) **Als erlaubte Nebenleistungen gelten Rechtsdienstleistungen, die im Zusammenhang mit einer der folgenden Tätigkeiten erbracht werden:**
1. **Testamentsvollstreckung,**
2. **Haus- und Wohnungsverwaltung,**
3. **Fördermittelberatung.**

Inhaltsübersicht

	Rn.
A. Allgemeines	1
I. Bedeutung und Entstehungsgeschichte	1
II. Leitlinien der Neuregelung	8
1. Neue systematische Ausrichtung	8
2. Entwicklungsoffener Tatbestand	13
3. Erweiterung der im Zusammenhang mit einer anderen Tätigkeit zulässigen Rechtsdienstleistungen	17
III. Die nicht Gesetz gewordene Regelung des § 5 Abs. 3 RDG-E: Anwalt als Erfüllungshilfe?	19
B. Tatbestandsvoraussetzungen (Abs. 1)	26
I. Anwendungsbereich	26
II. Zusammenhang mit einer anderen Tätigkeit	27
III. Nebenleistung (Abs. 1 S. 2)	29
1. Umfang und Inhalt	31

	Rn.
2. Sachlicher Zusammenhang mit der Haupttätigkeit	35
3. Rechtskenntnisse, die für die Haupttätigkeit erforderlich sind	41
IV. Einzelfälle	45
1. Architekten und Baubetreuer	45
2. Banken	51
3. Energieberater	56
4. Erbenermittler	57
5. Forderungseinzug	61
6. Hochschullehrer	62
7. Insolvenz-, Schuldner- und Sanierungsberater	63
8. Makler	71
9. Mediatoren	78
10. Prozessvertretung	84
11. Rentenberater	85
12. Spielerberater	87
13. Steuerberater, Wirtschaftsprüfer und vereidigte Buchprüfer	91
14. Unfallschadensregulierer	105
15. Unternehmensberater	115
16. Versicherungsvermittler	119
17. Versicherungsberater	128
18. Sonstige Fälle	130
C. Stets erlaubte Nebenleistungen (Abs. 2)	134
I. Überblick	134
II. Testamentsvollstreckung (Nr. 1)	140
III. Haus- und Wohnungsverwaltung (Nr. 2)	148
IV. Fördermittelberatung (Nr. 3)	155
D. Rechtsfolgen eines Verstoßes	159

A. Allgemeines

I. Bedeutung und Entstehungsgeschichte

§ 5 RDG ist eine **Erlaubnisnorm** iSd § 3 RDG. Sie ist nur dann von Bedeutung, wenn eine Rechtsdienstleistung iSd vorrangig zu prüfenden § 2 RDG vorliegt (Einzelheiten bei § 2 RDG Rn. 15ff.). § 5 Abs. 1 RDG gestattet Rechtsdienstleistungen im Zusammenhang mit einer anderen Tätigkeit, wenn sie als Nebenleistung zum Berufs- oder Tätigkeitsbild gehören (dazu im Einzelnen Rn. 26ff.). Außerdem zählt die Norm in Abs. 2 mit der Testamentsvollstreckung, der Haus- und Wohnungsverwaltung und der Fördermittelberatung drei Tätigkeitsfelder auf, bei denen die im Verbund erbrachten Rechtsdienstleistungen stets als erlaubte Nebenleistungen qualifiziert werden (dazu Rn. 134ff.). Ziel des § 5 RDG ist es, einerseits diejenigen, die in einem nicht spezifisch rechtsdienstleistenden Beruf tätig sind, in ihrer Berufsausübung nicht unangemessen zu behindern, andererseits aber den erforderlichen Schutz der Rechtsuchenden vor unqualifiziertem Rechtsrat zu gewährleisten (BT-Drs. 16/3655, 51; vgl. auch BGH GRUR 2011, 539 Rn. 34). 1

Bereits das **RBerG** kannte mit Art. 1 § 5 eine Regelung zur Zulässigkeit von Rechtsdienstleistungen im Zusammenhang mit einer anderen Tätigkeit. Die 2

Norm sah allerdings eine solche **Annexkompetenz** nur für bestimmte enumerativ aufgeführte Berufsgruppen vor. Im Einzelnen stellte es danach keinen Verstoß gegen das RBerG dar, dass kaufmännische oder sonstige gewerbliche Unternehmer für ihre Kunden rechtliche Angelegenheiten erledigten, die mit einem Geschäft ihres Gewerbebetriebs in unmittelbarem Zusammenhang standen (Nr. 1); dass öffentlich bestellte Wirtschaftsprüfer und vereidigte Buchprüfer sowie Steuerberater und Steuerbevollmächtigte in Angelegenheiten, mit denen sie beruflich befasst waren, auch die rechtliche Bearbeitung übernahmen, soweit diese mit den Aufgaben des Wirtschaftsprüfers, Buchprüfers, Steuerberaters oder Steuerbevollmächtigten in unmittelbarem Zusammenhang stand und diese Aufgaben ohne die Rechtsberatung nicht sachgemäß erledigt werden konnten (Nr. 2); dass Vermögensverwalter, Hausverwalter und ähnliche Personen die mit der Verwaltung in unmittelbarem Zusammenhang stehenden Rechtsangelegenheiten erledigten (Nr. 3) und dass kaufmännische oder sonstige gewerbliche Unternehmer solche Forderungen einzogen, die sie im Rahmen des Gewerbebetriebs abgetreten hatten (Nr. 4).

3 Mit der Vorschrift des § 5 RDG hat der Gesetzgeber nur sehr bedingt an die Vorgängerregelung des Art. 1 § 5 RBerG angeknüpft. Stattdessen verfolgt er ein **neues Regelungskonzept,** das sich folgerichtig aus der Legaldefinition des Begriffs der Rechtsdienstleistung in § 2 Abs. 1 RDG ergibt. Anders als früher fällt nunmehr nach § 2 Abs. 1 RDG eine wirtschaftliche Tätigkeit bereits dann in den gesetzlichen Schutzbereich, wenn sie rechtsdienstleistende Bestandteile aufweist, und nicht erst dann, wenn eine berufliche Tätigkeit in ihrer gesamten Breite in ihrem Kern und Schwerpunkt rechtlich geprägt ist (§ 2 RDG Rn. 10f.). Diese Erweiterung des Anwendungsbereichs des RDG macht es nach Ansicht des Gesetzgebers zwingend erforderlich, dass gleichzeitig die Nebenleistungsregelung in § 5 Abs. 1 RDG weiter auszulegen ist als die frühere Vorschrift zur Annexrechtsberatung im RBerG (BT-Drs. 16/3655, 37f.; siehe zu den Leitlinien der Neuregelung auch im Einzelnen Rn. 8ff.). Zudem trägt die Neufassung dem Umstand Rechnung, dass neue Dienstleistungsberufe, bei deren Ausübung rechtliche Fragen berührt werden, entstanden sind und künftig weiter entstehen werden. Anders als in der Vorgängerregelung wurde auf eine (abschließende oder nur beispielhafte) Aufzählung von Rechtsdienstleistungsbefugnissen verzichtet und stattdessen ein entwicklungsoffener Tatbestand geschaffen (dazu Rn. 13ff.). Schließlich erfordert das RDG anders als das frühere Recht nicht mehr einen unmittelbaren, unlösbaren Zusammenhang mit der beruflichen Tätigkeit, sondern setzt lediglich voraus, dass die Rechtsdienstleistungen zu der jeweiligen Haupttätigkeit gehören; insoweit ist maßgebend, ob ein **sachlicher Zusammenhang zwischen Haupt- und Nebenleistung** besteht (dazu Rn. 19ff.).

4 Vor diesem Hintergrund bildet die Regelung der Nebenleistung in § 5 RDG gemeinsam mit der Neudefinition des Begriffs der Rechtsdienstleistung (§ 2 RDG) und der weitgehenden Freistellung der unentgeltlichen Rechtsberatung (§§ 6ff. RDG) den **Kern der Rechtsänderungen gegenüber dem früheren Recht.** Von der praktischen Bedeutung dürfte die Erlaubnisnorm des § 5 RDG wohl sogar der wichtigste Einschnitt in das bisher geltende Anwaltsmonopol sein (siehe bereits *Henssler* AnwBl. 2007, 553, 554; *ders./Deckenbrock* DB 2008, 41, 43 sowie Dreyer/Lamm/Müller/*Dreyer/Müller* Rn. 1:

Rechtsdienstleistungen und andere Tätigkeit　　　　　　**§ 5 RDG**

"weites Einfallstor"). Sie ist für alle hauptsächlich wirtschaftlich tätigen Unternehmen von besonderer Bedeutung (BT-Drs. 16/3655, 51). Auch wenn zugleich der Schutzbereich des § 2 Abs. 1 RDG ausgedehnt worden ist (Rn. 9), sind mithilfe von § 5 Abs. 1 RDG insgesamt deutlich weitergehend Rechtsdienstleistungen von nichtanwaltlichen Dienstleistern möglich. Dies hat der BGH insbesondere für den Bereich der Unfallschadensregulierung (dazu Rn. 105 ff.) bereits ausgesprochen (BGHZ 192, 270 Rn. 6 ff. = NJW 2012, 1005; BGH NJW 2013, 62 Rn. 15 f.; BGH NZV 2013, 31 Rn. 11 f.; BGH Urt. v. 11.9.2012 – VI ZR 238/11, BeckRS 2012, 20767 Rn. 18 f.; BGH NJW 2013, 1539 Rn. 7; BGH NJW 2013, 1870 Rn. 10; zu weiteren Einzelfällen siehe Rn. 45 ff. sowie Einleitung Rn. 53).

Gleichwohl oder gerade wegen dieser beabsichtigten Erweiterungen wurde 5 an der geplanten Neuregelung des § 5 RDG – ebenso wie am Tatbestand des § 2 RDG (dazu § 2 RDG Rn. 5) – **erhebliche Kritik** im Gesetzgebungsverfahren laut. Insbesondere aus den Reihen der Anwaltschaft wurde die geplante Neuregelung als viel zu weitgehend bezeichnet und die Befürchtung geäußert, dass „einer unkontrollierbar ausdehnenden Interpretation Tür und Tor geöffnet" sei (Stellungnahme der BRAK zum Gesetzentwurf zur Neuregelung des Rechtsberatungsrechts [BT-Drs. 16/3655], 9; abrufbar unter http://www.brak.de/zur-rechtspolitik/stellungnahmen-pdf/stellungnahmen-deutschland/2007/mai/stellungnahme-der-brak-2007–19.pdf). Auch der Bundesrat hatte in seiner Stellungnahme zum RegE zum Schutz der Rechtsuchenden eine restriktivere Fassung des Wortlauts des § 5 Abs. 1 RDG angemahnt. Annexberatung dürfe nur dann gestattet werden, wenn sie im Verhältnis zur Haupttätigkeit untergeordnet und unerheblich, aber zu deren Erfüllung notwendig ist (BT-Drs. 16/3655, 103).

Unter dem Eindruck dieser Kritik haben die Beratungen im **Rechtsaus-** 6 **schuss** tatsächlich zu einer deutlichen Kürzung des Normwortlauts geführt. So ist auf die folgenden kursiv gesetzten Satzteile, die noch im RegE enthalten waren, in der verabschiedeten Gesetzesfassung verzichtet worden: „Erlaubt sind Rechtsdienstleistungen im Zusammenhang mit einer anderen *beruflichen oder gesetzlich geregelten* Tätigkeit, wenn sie als Nebenleistung zum Berufs- oder Tätigkeitsbild *oder zur vollständigen Erfüllung der mit der Haupttätigkeit verbundenen gesetzlichen oder vertraglichen Pflichten* gehören." Nach der Begründung der Beschlussempfehlung des Rechtsausschusses hatten diese Änderungen in Abs. 1 allerdings lediglich zum Ziel, den Nebenleistungstatbestand zu straffen und möglicherweise unklare Tatbestandselemente zu vermeiden. So hielt der Rechtsausschuss die im RegE enthaltene Einbeziehung gesetzlicher oder mit der Haupttätigkeit verbundener vertraglicher Pflichten für obsolet. Sofern im Zusammenhang mit einer Haupttätigkeit gesetzliche Rechtsdienstleistungspflichten bestehen, seien diese stets auch Teil des jeweiligen Berufs- oder Tätigkeitsbilds (siehe dazu auch Rn. 36). Gleiches gelte für vertragliche Pflichten, soweit sie nicht gesondert neben der Haupttätigkeit vereinbart werden, sondern auch ohne besondere vertragliche Vereinbarung mit dieser einhergehen. Ziel der Streichung dieser nach Ansicht des Rechtsausschusses entbehrlichen Tatbestandselemente sei es daher nicht gewesen, die Anforderungen an erlaubnisfreie Rechtsdienstleistungen zu verschärfen, sondern lediglich eine ausufernde Auslegung der Vorschrift zu verhindern und auszuschließen, dass

RDG § 5   Teil 1 Allgemeine Vorschriften

rechtsdienstleistende Nebenpflichten von den Vertragsparteien willkürlich und ohne Zusammenhang mit der eigentlichen Haupttätigkeit vereinbart werden können (BT-Drs. 16/6634, 51; dem folgend BGHZ 192, 270 Rn. 14 = NJW 2012, 1005; BGH NJW 2013, 59 Rn. 23; BSG NJW 2014, 493 Rn. 44; siehe hierzu auch Rn. 38).

7   Zu einer tatsächlichen Einschränkung der Betätigungsmöglichkeiten nichtanwaltlicher Dienstleister hat jedoch die ebenfalls vom Rechtsausschuss veranlasste Streichung des § 5 Abs. 3 RDG-E geführt. Verworfen wurde damit die Möglichkeit der Zusammenarbeit von Rechtsanwälten mit nichtanwaltlichen Unternehmern in der Weise, dass der Anwalt als „Erfüllungsgehilfe" des Unternehmers tätig wird. Einem Nichtanwalt ist es daher weiterhin auch dann untersagt, Rechtsdienstleistungen zu versprechen, wenn er diese nicht persönlich, sondern durch Einschaltung eines anwaltlichen Kooperationspartners erbringen will (BT-Drs. 16/6634, 52; dazu ausführlich Rn. 19ff.).

II. Leitlinien der Neuregelung

8   **1. Neue systematische Ausrichtung.** Der Gesetzgeber hat § 5 Abs. 1 RDG aufgrund des **neuen Regelungskonzepts** des RDG (siehe bereits Rn. 4 sowie § 2 RDG Rn. 10f.) eine grundlegend andere Funktion zugewiesen als der früheren Annexkompetenz nach Art. 1 § 5 RBerG. Im Anwendungsbereich des RBerG hatte die Rspr. noch die verfassungsrechtlich notwendigen Korrekturen (Einleitung Rn. 9ff.) in erster Linie über eine einschränkende Auslegung des Begriffs der geschäftsmäßigen Rechtsbesorgung und damit über eine Eingrenzung des Anwendungsbereichs des RBerG erreicht (BT-Drs. 16/3655, 37). So hatte sie für eine nach Art. 1 § 1 Abs. 1 RBerG erlaubnispflichtige Besorgung fremder Rechtsangelegenheiten über das Erfordernis einer substanziellen Rechtsanwendung hinaus darauf abgestellt, ob eine „umfassende und vollwertige" Beratung des Rechtsuchenden auf mindestens einem Teilgebiet des Rechts vorliege (siehe etwa BVerfGE 97, 12, 28f. = NJW 1998, 3481, 3482; BVerfG NJW 2002, 1190, 1191; BVerwGE 122, 130, 136f. = NJW 2005, 1293, 1295). Danach galt eine berufliche Tätigkeit erst dann insgesamt als rechtsbesorgend, wenn sie eine umfassende rechtliche Beratung des Rechtsuchenden erforderte. Hierfür musste die rechtliche Seite der Angelegenheit insgesamt im Vordergrund stehen und es vorrangig um die Klärung rechtlicher Verhältnisse gehen. Dagegen führte allein der Umstand, dass innerhalb einer beruflichen Tätigkeit auch einzelne Rechtsfragen von durchaus erheblichem Gewicht zu prüfen und zu entscheiden sind, nicht zur Erlaubnispflichtigkeit der beruflichen Tätigkeit nach Art. 1 § 1 RBerG (vgl. BVerwGE 122, 130, 142f. = NJW 2005, 1293, 1296f.; BGH NJW 2005, 969, 970; BGH NJW 2005, 2458, 2459f.). Maßgeblich für die Eröffnung des Anwendungsbereichs des RBerG war damit nicht die einzelne, isolierte Rechtsdienstleistung, sondern die gesamte Breite einer beruflichen Tätigkeit. Die Abgrenzung zwischen Rechtsdienstleistung und allgemeiner Dienstleistung erfolgte deshalb nicht horizontal, sondern nur vertikal anhand der Tätigkeitstiefe (BT-Drs. 16/3655, 37).

9   Der Gesetzgeber hat mithilfe von § 2 RDG den Anwendungsbereich des Verbotsgesetzes mit Erlaubnisvorbehalt ausgedehnt und bezieht nunmehr auch

solche Tätigkeiten in den Schutzbereich des Gesetzes ein, die nach der früheren Rspr. nicht als erlaubnispflichtige Rechtsbesorgung zu qualifizieren waren (§ 2 RDG Rn. 11). Erst im Rahmen des Erlaubnistatbestands des § 5 Abs. 1 RDG ist dann unter Berücksichtigung der Schutzzwecke des RDG abzuwägen, ob eine Tätigkeit als Nebenleistung gestattet ist (BT-Drs. 16/3655, 51). Nach Ansicht des Gesetzgebers ist der Tatbestand des § 5 Abs. 1 RDG besser als das frühere Recht geeignet, die Grenzen zulässiger Nebenleistungen festzulegen. Während nach früherem Recht ganze Berufe pauschal aus dem Anwendungsbereich des RBerG ausgenommen worden seien, könne nunmehr **individuell die Reichweite zulässiger Nebenleistungen festgelegt** werden (BT-Drs. 16/3655, 51). Anders als früher kann nach § 5 Abs. 1 RDG auch eine Rechtsdienstleistung gestattet sein, die ein erhebliches Gewicht innerhalb der Gesamtleistung einnimmt (Rn. 31; Kilian/Sabel/vom Stein/*Sabel* Rn. 197).

Diese neue systematische Ausrichtung wendet der Gesetzgeber auch auf die 10 in § 5 Abs. 2 RDG hervorgehobenen Tätigkeitsfelder an. Soweit Rechtsdienstleistungen im Zusammenhang mit einer Testamentsvollstreckung, Haus- und Wohnungsverwaltung und Fördermittelberatung erbracht werden, fallen diese zwar grds. in den Anwendungsbereich des RDG. Dank der Klarstellung in § 5 Abs. 2 RDG können sich die Dienstleister aber auf den Nebenleistungstatbestand als Erlaubnisnorm berufen (zu der insoweit erfolgten Abkehr von der früheren Rspr. zum RBerG siehe Rn. 142).

Bei der Bewertung der insoweit zu klärenden Abgrenzungsfragen hat der 11 Gesetzgeber im Hinblick auf die grundrechtlich geschützte Berufsausübungsfreiheit nach Art. 12 GG **keine enge Auslegung** für geboten erachtet (BGH GRUR 2011, 539 Rn. 42; BGH NJW 2012, 1589 Rn. 24; BSG NJW 2014, 493 Rn. 45; Kleine-Cosack Rn. 21). Soweit zT vertreten wird, dass die Vorschrift als Ausnahmevorschrift eng auszulegen sei (Grunewald/Römermann/ *Hirtz* Rn. 12, 14; *Unseld/Degen* Rn. 3; siehe auch Krenzler/*Krenzler* Rn. 107), wird die Entstehungsgeschichte der Norm unbeachtet gelassen. § 5 RDG soll gerade eine weitergehende Zulassung von Nebenleistungen gegenüber der zuvor gültigen Vorschrift des Art. 1 § 5 RBerG ermöglichen (vgl. BT-Drs. 16/3655, 38, 52).

Die Entscheidung des Gesetzgebers für eine neue Generalklausel bringt – 12 auch bei großzügiger Herangehensweise – gewisse Auslegungsschwierigkeiten mit sich, weil die Reichweite der Erlaubnisnorm des § 5 RDG für viele Einzelfälle völlig neu bestimmt werden muss (Dreyer/Lamm/Müller/*Dreyer/Müller* Rn. 3). Da § 5 Abs. 1 RDG „aufgrund des neuen Regelungskonzepts des RDG eine grundlegend andere Bedeutung ... als ... Art. 1 § 5 RBerG" zukommt (BT-Ds. 16/3655, 51), verbietet sich ein unbedarfter Rückgriff auf zum RBerG ergangene Rspr. (Grunewald/Römermann/*Hirtz* Rn. 7; Henssler/Deckenbrock WuB VIII E. § 5 RDG 1.12). Insoweit ist auch die Feststellung des I. Zivilsenats bemerkenswert, dass „der Erlaubnistatbestand des § 5 RDG nicht so eindeutig und konkret gefasst oder durch eine gefestigte Auslegung geklärt (ist), dass seine (mittelbare) Übernahme in den Unterlassungsantrag dem **Bestimmtheitsgebot** des § 253 Abs. 2 Nr. 2 ZPO genügt" (BGH NJW 2012, 1589 Rn. 14; siehe auch bereits BGH GRUR 2011, 539 Rn. 16). Geht man mit dem Rechtsausschuss davon aus, dass mit der Straffung des Tatbestands im Vergleich zur Fassung des RegE keine inhaltliche Einschränkung

RDG § 5   Teil 1 Allgemeine Vorschriften

verbunden sein soll (Rn. 6), behalten immerhin die ausführlichen **Hinweise in der Begründung des RegE** (BT-Drs. 16/3655, 51 ff.) als **Auslegungshilfe** ihre Gültigkeit. Für die Praxis sind außerdem die jüngsten Entscheidungen des BGH, die sich mit dem neu gefassten Tatbestand des § 5 RDG befasst haben, von besonderer Bedeutung.

13   2. **Entwicklungsoffener Tatbestand.** Anders als noch Art. 1 § 5 RBerG findet § 5 RDG auf alle Arten von Dienstleistungen Anwendung. Die frühere Ausgrenzung der Freien Berufe, die das RBerG – sieht man einmal von Steuerberatern und Wirtschaftsprüfern ab – vorgenommen hatte (siehe aber BVerwGE 122, 130, 143 f. = NJW 2005, 1293, 1297 zum Unternehmensberater), wurde ebenso aufgegeben wie die Einschränkung des Anwendungsbereichs durch die beispielhafte Aufzählung von Berufsgruppen (BT-Drs. 16/ 3655, 51; siehe zum Anwendungsbereich der Norm noch Rn. 26 f.).

14   Die Neufassung des Gesetzes berücksichtigt, dass sich **neue Dienstleistungsberufe,** bei deren Ausübung rechtliche Fragen betroffen sind, **entwickelt haben.** Der Gesetzgeber hat in der Begründung des RegE Patentüberwachungsunternehmen, Erbenermittler, Energieberater, Fördermittelberater, Baubetreuer und nichtanwaltliche Mediatoren als Beispiele angeführt (BT-Drs. 16/3655, 30). § 5 Abs. 1 RDG trägt dem Umstand Rechnung, dass auch **künftig neue Dienstleistungsberufe entstehen** werden oder sich ältere, klassische Berufsbilder verändern. Die Vorschrift ist also entwicklungsoffen (BT-Drs. 16/3655, 52; siehe auch BGH NJW 2012, 1589 Rn. 26; aA *Albrecht* Rechtsberatung und Verfassungsrecht, 2011, S. 233 f.). Ein solcher Ansatz ist verfassungsrechtlich geboten, gewährt doch das Grundrecht der Berufsfreiheit dem Einzelnen das Recht, grds. jede Tätigkeit als „Beruf" zu ergreifen und zur Grundlage seiner Lebensführung zu machen. Das Freiheitsrecht zielt auf eine möglichst unreglementierte berufliche Tätigkeit ab (BVerfGE 34, 252, 256 = NJW 1973, 499; BVerfGE 59, 302, 315 = NJW 1982, 1687; BVerfGE 75, 284, 292 = NJW 1988, 543; BVerfGE 97, 12, 25 = NJW 1998, 3481; BVerwGE 122, 130, 136 = NJW 2005, 1293, 1294). Art. 12 Abs. 1 GG erfasst nicht nur Berufe, die sich in bestimmten, traditionellen oder sogar rechtlich fixierten Berufsbildern darstellen, sondern auch die vom Einzelnen frei gewählten untypischen (erlaubten) Betätigungen, aus denen sich dann wieder neue, feste Berufsbilder ergeben mögen (BVerfGE 7, 377, 397 = NJW 1958, 1035, 1036; BVerfGE 78, 179, 193 = NJW 1988, 2290; BVerfG NJW 2002, 3531; BVerwGE 122, 130, 136 = NJW 2005, 1293, 1294 f.). Dass es für die Anwendbarkeit des § 5 Abs. 1 RDG unerheblich ist, ob sich bereits ein entsprechendes Berufsbild etabliert hat, folgt zudem daraus, dass der Gesetzgeber auch Rechtsdienstleistungen erlaubt, die als Nebenleistung zum **Tätigkeitsbild** gehören (BGH NJW 2012, 1589 Rn. 26).

15   Vor diesem Hintergrund hat sich der Gesetzgeber bewusst gegen eine Erweiterung des Katalogs der nur aufgrund einer besonderen Erlaubnis zulässigen Tätigkeiten und auch gegen eine Ausweitung der ohne besondere Erlaubnis als Nebenleistung zulässigen Tätigkeiten ausgesprochen (BT-Drs. 16/3655, 51). Derartige Erlaubnistatbestände wären regelungstechnisch kaum zu bewältigen gewesen. Es hätten nämlich für eine nicht überschaubare Anzahl verschiedener Tätigkeitsbereiche – von der Erbenermittlung über die Insolvenz-

Rechtsdienstleistungen und andere Tätigkeit §5 RDG

und Sanierungsberatung bis hin zu verschiedenen Ausprägungen der allgemeinen Unternehmensberatung – nicht nur gesetzliche Tatbestände, sondern auch entsprechende Sachkunde- und Prüfungskataloge geschaffen werden müssen (BT-Drs. 16/3655, 51). Zudem hätte eine entsprechende Regelungstechnik die mit der Registrierung befasste Justizverwaltung erheblich belastet und den Vorwurf zusätzlichen Bürokratieaufbaus nach sich gezogen (BT-Drs. 16/3655, 51). Aus diesen Gründen hat der Gesetzgeber auch von einem inhaltlich offenen, vom Zuschnitt her in das Belieben der Antragsteller gestellten Erlaubnistatbestand, der einer Wiedereinführung des im Jahr 1980 geschlossenen Berufs des (Teil-)Rechtsbeistands gleichgekommen wäre, abgesehen. Ein derartiges Modell hätte eine für die Rechtsuchenden und den Rechtsverkehr nicht mehr überschaubare Vielfalt von Erlaubnisformen zur Folge gehabt (BT-Drs. 16/3655, 51).

Die **langfristigen Folgen der Öffnung** sind nur schwer absehbar. Bislang 16 haben sich zwar keine dramatischen Veränderungen ergeben. Künftige Änderungen nicht nur des Berufsbilds, sondern schon des bloßen Tätigkeitsbilds gewerblicher und freiberuflicher Dienstleister können daher zum Erwerb von Rechtsberatungsbefugnissen führen. Neben der steuerbaren fachlichen Kompetenz des Dienstleisters ist die Erwartungshaltung des Verbrauchers schnellen Veränderungen zugänglich. Zahlreiche Dienstleistungsberufe werden daher versuchen, gezielt die mit der Vorschrift eröffneten Möglichkeiten durch eine sukzessive Ausweitung ihres Tätigkeitsfelds zu nutzen (*Henssler/Deckenbrock* DB 2008, 41, 43; siehe auch Kilian/Sabel/vom Stein/*Sabel* Rn. 206).

3. Erweiterung der im Zusammenhang mit einer anderen Tätigkeit 17 **zulässigen Rechtsdienstleistungen.** Der Gesetzgeber hat den Bereich der Rechtsdienstleistungen, die im Zusammenhang mit einer anderen geschäftsbesorgenden Tätigkeit erlaubt sind, in § 5 RDG bewusst **weiter gefasst als im früheren Ausnahmetatbestand des Art. 1 § 5 RBerG.** Insbesondere erfordert die Zulässigkeit rechtlicher Nebenleistungen – anders als noch nach Art. 1 § 5 RBerG – gem. § 5 Abs. 1 RDG nicht mehr einen unmittelbaren, unlösbaren Zusammenhang mit der beruflichen Tätigkeit, sondern setzt lediglich voraus, dass die Rechtsdienstleistungen zur jeweiligen Haupttätigkeit gehören (BT-Drs. 16/3655, 52, 54; siehe auch BGHZ 192, 270 Rn. 11 = NJW 2012, 1005; BGH NJW 2013, 59 Rn. 23).

Diese Ausdehnung der Möglichkeiten, Rechtsdienstleistungen im Zusam- 18 menhang mit einer anderen Tätigkeit zu erbringen, steht in unmittelbarem und untrennbarem Zusammenhang mit der systematischen Neuausrichtung des RDG (BT-Drs. 16/3655, 38). Weil nicht mehr ganze berufliche Tätigkeiten aus dem Schutzbereich des Gesetzes ausgenommen werden, sondern innerhalb eines Berufs für jede Tätigkeit geprüft wird, ob eine Rechtsdienstleistung vorliegt und ob diese innerhalb der Gesamtleistung eine zulässige Nebenleistung darstellt (dazu Rn. 29 ff.), musste der Gesetzgeber zwangsläufig zugleich die Anforderungen an die Zulässigkeit einer Annextätigkeit (oder nun Nebenleistung) herabsetzen. Andernfalls wäre der Gesetzgeber in Einzelfällen sogar hinter der früheren Rechtslage zurückgeblieben.

III. Die nicht Gesetz gewordene Regelung des § 5 Abs. 3 RDG-E: Anwalt als Erfüllungshilfe?

19 § 5 RDG idF des RegE sah in Abs. 3 noch eine sehr innovative ergänzende Regelung vor. Nach dem Vorschlag der Bundesregierung sollte es den Dienstleistenden gestattet werden, **Rechtsdienstleistungen unter Hinzuziehung eines Rechtsanwalts** zu erbringen, wenn dieser den rechtsdienstleistenden Teil der Tätigkeit eigenverantwortlich erbringt. Diese Regelung hätte es einem Nichtanwalt ermöglicht, sich vertraglich zur Erbringung von Rechtsdienstleistungen zu verpflichten und seinen Auftraggebern/Kunden ein Komplettpaket anzubieten. Der nichtanwaltliche Dienstleister hätte lediglich bei der Vertragserfüllung sicherstellen müssen, dass nicht er, sondern der von ihm unterbeauftragte Rechtsanwalt den rechtlichen Teil der Dienstleistung erbringt.

20 Gegen diesen Vorschlag gab es insbesondere aus Reihen der **BRAK** massive Vorbehalte. Bei einer solchen durch Laien vermittelten Rechtsberatung bleibe der Anwalt gegenüber dem rechtsuchenden Bürger anonym. Der Rechtsuchende habe daher keinerlei Möglichkeiten, Qualität und Seriosität des Anwalts einzuschätzen und persönliches Vertrauen zum Anwalt aufzubauen. Damit bleibe die Grundbedingung einer gedeihlichen Mandatsbeziehung unerfüllt und der Vorgang der Rechtsberatung für den Rechtsuchenden gänzlich intransparent. Er könne weder beurteilen noch überprüfen, ob der juristische Laie sein Rechtsberatungsbedürfnis vollständig und unverfälscht an den Anwalt weiterleitet. Umgekehrt könne die Übermittlung einer korrekten anwaltlichen Rechtsberatung durch den Laien unvollständig oder verfälschend sein („stille Post mit ihren Fehlerquellen"). In diesen Fällen habe der Rechtsuchende nur einen Anspruch gegen den nicht haftpflichtversicherten juristischen Laien. Schließlich seien auch keine Kostenvorteile für den Bürger zu erwarten, wenn eine weitere Person an der Rechtsdienstleistung verdienen möchte (Stellungnahme der Bundesrechtsanwaltskammer zum Gesetzentwurf zur Neuregelung des Rechtsberatungsrechts [BT-Drs. 16/3655] vom Mai 2007, BRAK-Stellungnahme-Nr. 19/2007, 13, abrufbar unter http://www.brak.de/zur-rechtspolitik/stellungnahmen-pdf/stellungnahmen-deutschland/2007/mai/stellungnahme-der-brak-2007–19.pdf; siehe auch die Kritik von Krenzler/*Krenzler* Rn. 12). Ähnliche Bedenken hat der **Bundesrat** im Laufe des Gesetzgebungsverfahrens in seiner Stellungnahme formuliert. Weil nicht sichergestellt sei, dass der Rechtsuchende unmittelbaren Kontakt zu der Person hat, die die Rechtsdienstleistung erbringt, fehle es an der tatsächlichen Grundlage für das gebotene besondere Vertrauensverhältnis zwischen Rechtsuchenden und Rechtsdienstleistenden (BT-Drs. 16/3655, 103).

21 Die **Bundesregierung** hatte in ihrer Gegenäußerung diese Bedenken noch zurückgewiesen. Wenn ein nichtanwaltlicher Unternehmer einen Rechtsanwalt hinzuziehe, um Rechtsdienstleistungen zu erbringen, sei gewährleistet, dass die Rechtsdienstleistungen unter Beachtung des anwaltlichen Berufsrechts sorgfältig erbracht werden. Die in § 5 Abs. 3 RDG-E ausdrücklich vorgesehene Verpflichtung der eigenverantwortlichen Leistungserbringung durch den Rechtsanwalt sei eine Berufspflicht, die sich nicht nur auf das Innen-

Rechtsdienstleistungen und andere Tätigkeit § 5 RDG

verhältnis zwischen Anwalt und nichtanwaltlichem Unternehmer beziehe. Der Anwalt sei zudem gehalten, unmittelbaren Kontakt zum Rechtsuchenden herzustellen, wenn dies das Mandat erfordere (BT-Drs. 16/3655, 118).

Der **Rechtsausschuss** ist gleichwohl den gegen § 5 Abs. 3 RDG-E vorgebrachten Bedenken gefolgt und hat es „angesichts der noch erheblichen Meinungsunterschiede innerhalb der Anwaltschaft für sachgerecht" gehalten, „diese Neuregelung zunächst zurückzustellen und nicht in dem vorliegenden Gesetzgebungsverfahren, sondern in einer demnächst anstehenden BRAO-Novelle vorzunehmen" (BT-Drs. 16/6634, 1). 22

Das RDG sieht bereits die vertragliche Verpflichtung zur Erbringung von Rechtsdienstleistungen und nicht erst die tatsächliche Erfüllung als unzulässig an (*Römermann* NJW 2008, 1249, 1252). Nicht zur Rechtsberatung befugten Dienstleistern soll es damit selbst dann verwehrt sein, sich vertraglich zur Rechtsdienstleistung zu verpflichten, wenn dieser Teil von einem als „Erfüllungsgehilfen" eingeschalteten Rechtsanwalt erbracht wird. Bei Kooperationen zwischen Nichtanwälten und Rechtsanwälten (ausführlich hierzu *Henssler/Deckenbrock* DB 2007, 447ff.) soll stets die Eigenständigkeit der Aufträge bzw. Mandate gewahrt bleiben (BT-Drs. 16/6634, 52). Es entspricht – auch nach Inkrafttreten des RDG – ständiger Rspr. des BGH, dass eine Besorgung fremder Rechtsangelegenheiten, die ohne entsprechende Erlaubnis erfolgt, nicht deswegen gerechtfertigt ist, weil sich der Handelnde dabei der Hilfe eines Rechtsanwalts bedient (siehe nur BGH NJW 2008, 3069 Rn. 18ff.; BGH NJW 2009, 3242 Rn. 22ff.; BGHZ 193, 193 Rn. 34 = NJW 2012, 2435 sowie § 3 RDG Rn. 30ff.; ablehnend *Pestke* Stbg 2008, 565; *Kleine-Cosack* NJW 2010, 1553, 1554ff.). Nach Ansicht des BGH liegt es im Interesse der rechtsuchenden Bürger, dass die gesetzliche Regelung nicht umgangen wird und nur Rechtsberater tätig werden, die selbst die erforderliche persönliche und sachliche Zuverlässigkeit besitzen. Allein dadurch sei gewährleistet, dass im Falle einer fehlerhaften Beratung Schadensersatzansprüche erfolgreich geltend gemacht werden könnten. Außerdem habe der Rechtsberater, der vom ohne Erlaubnis handelnden Geschäftsbesorger zugezogen wird, nach seinen vertraglichen Verpflichtungen in erster Linie die Interessen seines Auftraggebers und nicht die des zu beratenden Rechtsuchenden wahrzunehmen, so dass die Gefahr von Interessenkollisionen bestehe, die die Unabhängigkeit und Eigenverantwortlichkeit des hinzugezogenen Rechtsberaters gefährden könnten (BGH NJW 2008 Rn. 20; BGH NJW 2009, 3242 Rn. 24). 23

Diese Restriktionen unterliegen **neben praktikabilitätsbezogenen Einwänden erheblichen verfassungsrechtlichen Bedenken,** hat doch das BVerfG die Tätigkeit eines Erbensuchers, der auf eigene Kosten und Rechnung einen Rechtsanwalt eingeschaltet hat, als erlaubt angesehen (BVerfG NJW 2002, 3531, 3533: „Wenn eine Person berufsmäßig auf der Grundlage eines zivilrechtlichen Vertrags die Ermittlung von Tatsachen anbietet, um Rechtsansprüche durchzusetzen, sind die Berührungspunkte mit der Rechtspflege jedenfalls als gering einzustufen, wenn die eigentliche Rechtsbesorgung nach dem Vertrag Rechtsanwälten vorbehalten bleibt."; siehe auch OLG Frankfurt a. M. Urt. v. 4.10.2007 – 4 U 56/07, BeckRS 2007, 17926). Auch rechtspolitisch betrachtet ist nicht einsichtig, warum es zwingend eines zusätzlichen Vertragsschlusses mit dem eingeschalteten Anwalt bedarf, wenn sicher- 24 gestellt ist, dass der Anwalt auch als Erfüllungsgehilfe an sein anwaltliches Pflichtenprogramm gebunden ist, die Haftungsgrundsätze greifen und Dritte nicht am Erfolg der anwaltlichen Tätigkeit beteiligt worden sind (*Henssler* AnwBl. 2007, 553, 554; *ders./Deckenbrock* DB 2008, 41, 44; *Kleine-Cosack* BB 2007, 2637, 2642; *ders.* AnwBl. 2007, 737, 741; *ders.* NJW 2010, 1553, 1554 ff.; *Pestke* Stbg 2008, 565; aA Krenzler/*Krenzler* Rn. 13). Hiervon ist der Fall zu unterscheiden, in dem eine nicht zur Rechtsdienstleistung befugte Gesellschaft sich zur Erbringung von Rechtsberatungsleistungen verpflichtet und dies damit rechtfertigt, dass sie in ihren Reihen einen Volljurist oder Syndikusanwalt beschäftigt (siehe dazu etwa BGH NJW 2005, 1488 m. Anm. *Deckenbrock/Fleckner* WuB VIII D. Art. 1 § 1 RBerG 4.05); denn hier würde es an der – auch von § 5 Abs. 3 RDG-E geforderten – eigenverantwortlichen Erbringung des rechtsdienstleistenden Teils der Tätigkeit fehlen.

25 Obwohl die Aussage des Rechtsausschusses, die Neuregelung der Zusammenarbeitsmöglichkeiten nur vorübergehend zurückzustellen, nun schon sieben Jahre und zwei Legislaturperioden zurückliegt, ist ein erneuter Anlauf in dieser Frage bislang nicht genommen worden (allg. krit. zu diesem Regelungsunwillen *Deckenbrock* AnwBl. 2014, 118, 129). Es bestehen allerdings gute Chancen, dass die Fragen der Zusammenarbeit von und mit Anwälten bald in einem erneuten Gesetzgebungsverfahren diskutiert werden. Sollte das BVerfG auf die Vorlage des II. Zivilsenat des BGH (NJW 2013, 2674) die aus § 59a Abs. 1 BRAO folgenden Einschränkungen für verfassungswidrig erachten, müsste nicht nur der Kreis der sozietätsfähigen Berufe neu festgelegt werden. Es bestünde dann auch Anlass, die Regelungen der beruflichen Zusammenarbeit insgesamt auf neue rechtliche Grundlagen zu stellen. Immerhin hatte der RegE eines Gesetzes zur Neuregelung des Rechtsberatungsrechts neben § 5 Abs. 3 RDG-E auch eine Reform des § 59a BRAO vorgesehen (hierzu Einleitung Rn. 91 ff.). Würde eine § 5 Abs. 3 RDG-E vergleichbare Regelung Gesetz, könnte dies einen Anreiz etwa für Steuerberatungs- und Wirtschaftsprüfungsgesellschaften bieten, Anwälte für die Besorgung rechtlicher Annextätigkeiten einzuschalten und so zu einem verbesserten Schutz der Rechtsuchenden führen. Nunmehr ist zu befürchten, dass diese Tätigkeiten von den nichtanwaltlichen Beratern in der von § 5 Abs. 1 RDG geschaffenen Grauzone „miterledigt" werden (*Henssler/Deckenbrock* DB 2008, 41, 44).

B. Tatbestandsvoraussetzungen (Abs. 1)

I. Anwendungsbereich

26 Anders als noch Art. 1 § 5 RBerG verzichtet die Erlaubnisnorm des § 5 RDG auf die Aufzählung bestimmter Berufsgruppen und die damit verbundene Ausgrenzung der übrigen Berufsgruppen. Vielmehr findet sie auf **alle Arten von Dienstleistungen** Anwendung (siehe dazu bereits Rn. 13). Wenngleich § 5 RDG für erwerbsgerichtete unternehmerische Tätigkeiten von besonderer Bedeutung ist, erfasst die Norm aufgrund ihrer systematischen Stellung im „Allgemeinen Teil" des RDG auch unentgeltliche Dienstleistungen (BT-Drs. 16/3655, 51). Die Norm greift etwa im Bereich der **Vereins-**

rechtsberatung. So kann eine Vereinigung, zu deren Aufgaben die Mitgliederrechtsberatung gehört, uU nach § 5 Abs. 1 RDG berechtigt sein, auch Nichtmitglieder zu beraten, wenn und soweit es sich dabei um eine Nebenleistung handelt (Kilian/Sabel/vom Stein/*Sabel* Rn. 195; *ders.* AnwBl. 2007, 818, 819, vgl. auch § 8 RDG Rn. 41). Demzufolge darf etwa ein Interessenverband von Heilpraktikern seine Mitglieder dadurch unterstützen, dass er deren Patienten bei der Durchsetzung ihrer Erstattungsansprüche gegen die Träger der privaten Krankenversicherung im Stadium vor einer rechtlich geprägten Auseinandersetzung behilflich ist; insoweit ist zu berücksichtigen, dass die Heilpraktiker ein eigenes wirtschaftliches Interesse an der Kostenerstattung durch die private Krankenversicherung haben, weil anderenfalls der Therapieabbruch durch die Patienten droht (BVerfG NJW 2007, 2389, 2390). Auf § 5 RDG können sich auch solche Dienstleister berufen, die bereits **in ihrer Haupttätigkeit in einem speziellen Bereich des Rechts** zulässigerweise Rechtsdienstleistungen erbringen. Daher können etwa die gem. § 10 RDG genannten registrierten Personen sowie die Angehörigen der steuerberatenden Berufe über diesen Teilbereich hinaus allgemeine Rechtsdienstleistungen unter Beachtung der Voraussetzungen des § 5 Abs. 1 RDG als Nebenleistung erbringen (BT-Drs. 16/3655, 51; aA Grunewald/Römermann/*Hirtz* Rn. 23, 27).

II. Zusammenhang mit einer anderen Tätigkeit

Anders als nach Art. 1 § 5 RBerG erfordert die Zulässigkeit rechtsdienstleistender Nebenleistungen nach § 5 Abs. 1 RDG **keinen unmittelbaren, unlösbaren Zusammenhang mit der beruflichen Tätigkeit,** sondern setzt lediglich voraus, dass die Rechtsdienstleistungen zu der jeweiligen Haupttätigkeit gehören. Soweit sich die Zulässigkeit rechtsdienstleistender Nebenleistungen bereits aus der Zugehörigkeit zu einem Berufs- oder Tätigkeitsbild ergibt, braucht dieses nicht notwendig gesetzlich geregelt zu sein. Es genügt, dass es sich um eine fest umrissene, typisierte berufliche Betätigung handelt, mit der nach der Verkehrsanschauung bestimmte untergeordnete Rechtsdienstleistungen verbunden sind (BT-Drs. 16/3655, 52). Aber auch die Entwicklung und Erweiterung bestehender und die Etablierung neuer Berufsbilder lässt § 5 RDG zu (siehe bereits Rn. 14). Voraussetzung ist jedoch stets, dass die im Zusammenhang mit einer beruflichen Tätigkeit angebotenen Rechtsdienstleistungen sich in die eigentliche Tätigkeit einpassen und nicht isoliert als gesonderte Dienstleistung angeboten werden (vgl. BGH NJW 2012, 1589 Rn. 30). Ausgeschlossen ist damit insbesondere die beliebige Vereinbarung von untergeordneten Rechtsdienstleistungen, die nicht im Zusammenhang mit der eigentlichen Tätigkeit stehen (BT-Drs. 16/3655, 52; siehe dazu noch Rn. 38). 27

Ob eine rechtsbesorgende Tätigkeit als Nebenleistung iSv § 5 RDG qualifiziert werden kann, hängt auch von der Art der Haupttätigkeit ab. Nach der klaren Konzeption des Gesetzgebers ist die rechtsdienstleistende Tätigkeit eine **freiberufliche.** Dies ergibt sich schon daraus, dass der Idealtypus des Rechtsdienstleisters der Rechtsanwalt ist, der seinerseits nach § 2 BRAO einen Freien Beruf ausübt. Wesensmerkmale der Freiberuflichkeit sind neben der fachlichen Qualifikation die persönliche Leistungserbringung und die beson- 28 dere Vertrauensstellung gegenüber dem Mandanten (vgl. § 1 Abs. 2 S. 1 PartGG), die sich regelmäßig in einem besonderen Berufsethos niederschlägt. Übt der nebenberufliche Rechtsberater in seinem Hauptberuf eine freiberufliche Tätigkeit aus, eignet er sich damit zugleich dem Grunde nach als Erbringer von Rechtsdienstleistungen. Je stärker dagegen die Haupttätigkeit durch gewerbliche Elemente geprägt ist, desto weniger kann auch in Bereich der Nebenleistung die notwendige Vertrauensstellung garantiert werden. Generell lässt sich daher festhalten, dass bei freiberuflichen Haupttätigkeiten eine Rechtsbesorgung eher Teil des Berufsbilds sein kann als bei gewerblichen Tätigkeiten, ohne dass indes § 5 RDG bei gewerblichen Haupttätigkeiten von vornherein unanwendbar wäre, wie der Fall der Unfallschadenregulierer (Rn. 105 ff.) zeigt.

III. Nebenleistung (Abs. 1 S. 2)

29 Nach § 5 Abs. 1 RDG können Rechtsdienstleistungen nur als Nebenleistungen anderer beruflicher Tätigkeiten zulässig sein. Eine Nebenleistung liegt nur vor, wenn die allgemein rechtsberatende oder rechtsbesorgende Tätigkeit die Leistung insgesamt nicht prägt, wenn es sich also insgesamt nicht um eine spezifisch (allgemein-)rechtliche Leistung handelt. Abzustellen ist dabei darauf, ob eine Dienstleistung als überwiegend rechtlich oder als wirtschaftlich – bzw. etwa in den Fällen, in denen Steuerberater tätig werden, als spezifisch steuerrechtlich – geprägt anzusehen ist (BT-Drs. 16/3655, 38, 52).

30 § 5 Abs. 1 S. 2 RDG, dessen Wortlaut im Gesetzgebungsverfahren nicht angetastet worden ist, nennt **drei konkrete Prüfungskriterien** für die Einordnung als Nebentätigkeit oder prägende Tätigkeit. Die Vorschrift bezieht sich einerseits auf Umfang und Inhalt der rechtsdienstleistenden Nebenleistung (Rn. 31 ff.), andererseits auf den erforderlichen sachlichen Zusammenhang zwischen Haupt- und Nebentätigkeit (Rn. 35 ff.) und schließlich auf die für die Erbringung der allgemeinen Dienstleistung erforderliche juristische Qualifikation (Rn. 41 ff.).

31 **1. Umfang und Inhalt.** Von einer Nebenleistung kann schon begrifflich nur dann gesprochen werden, wenn die allgemein rechtsberatende Tätigkeit die Leistung nicht insgesamt prägt. Maßgeblich ist, ob die Rechtsdienstleistung nach der Verkehrsanschauung innerhalb der Gesamtleistung ein solches **Gewicht** hat, dass nicht mehr von einer bloßen Nebenleistung ausgegangen werden kann. § 5 RDG soll damit grundsätzlich nur dann Anwendung finden, wenn die fragliche Rechtsdienstleistung nicht selbst wesentlicher Teil der Hauptleistung ist (BGH NJW 2012, 1589 Rn. 23; BSG NJW 2014, 493 Rn. 45). Etwas anderes gilt nur dann, wenn ein Nichtanwalt ausnahmsweise befugt ist, als Haupttätigkeit eine Rechtsdienstleistung zu erbringen, wie dies etwa bei Steuerberatern oder Rentenberatern der Fall ist (Rn. 43). Nebenleistungen sollen nicht mehr auf bloße Hilfstätigkeiten beschränkt sein; vielmehr können sie im Einzelfall innerhalb der Gesamtleistung einen „beachtlichen Umfang" erlangen (BT-Drs. 16/3655, 38; vgl. bereits BVerwGE 122, 130, 144 = NJW 2005, 1293, 1297 zum RBerG).

32 Wenn die Rechtsdienstleistung denselben zeitlichen Umfang wie die Haupttätigkeit einnimmt oder gar überschreitet, lässt sich schon begrifflich

Rechtsdienstleistungen und andere Tätigkeit **§ 5 RDG**

nicht mehr von einer Nebenleistung sprechen (Gaier/Wolf/Göcken/*Johnigk* Rn. 22; Henssler/Prütting/*Weth* Rn. 10; vgl. auch OLG Bremen NJW 2012, 81f.). Indem § 5 Abs. 1 S. 2 RDG neben dem Umfang aber auch auf den Inhalt der Rechtsdienstleistung abstellt, wird jedoch klargestellt, dass es bei der Gewichtung von Haupt- und Nebentätigkeit nicht allein auf den **(Zeit-)Anteil** der rechtsdienstleistenden Tätigkeit an der Gesamttätigkeit ankommt, sondern auch und vor allem auf die **Schwierigkeit und Komplexität der Rechtsdienstleistung** (BT-Drs. 16/3655, 54).

In diesem Zusammenhang ist von Bedeutung, ob eine Rechtsdienstleistung 33 im Einzelfall eine **besondere Vertraulichkeit** und – auch strafrechtlich geschützte – Verschwiegenheit des Rechtsdienstleistenden erfordert (BT-Drs. 16/3655, 54). Der Inhalt der rechtsdienstleistenden Tätigkeit wird außerdem maßgeblich durch die – objektiv zu beurteilende – **Bedeutung der Rechtsfrage für den Rechtsuchenden** bestimmt. Prüfungsmaßstab ist damit, ob für eine Tätigkeit die umfassende rechtliche Ausbildung des Rechtsanwalts oder seine besondere Pflichtenstellung im Rechtssystem erforderlich ist oder ob es im Kern gerade nicht um eine umfassende Rechtsberatung geht und deshalb die berufliche Stellung und Qualifikation des nichtanwaltlichen Dienstleisters, die etwa bei Wirtschaftsjuristen, Betriebswirten oder Diplomkaufleuten auch im juristischen Bereich vorhanden ist, für den rechtsdienstleistenden Teil der Gesamtleistung ausreicht (BT-Drs. 16/3655, 54).

Vorzunehmen ist stets eine **Einzelfallbeurteilung** und nicht etwa eine ty- 34 pisierende, berufsbildbezogene Betrachtung (Kilian/Sabel/vom Stein/*Sabel* Rn. 198).

2. Sachlicher Zusammenhang mit der Haupttätigkeit. Das Tatbe- 35 standsmerkmal des sachlichen Zusammenhangs zwischen Haupt- und Nebenleistung konkretisiert die erforderliche Zugehörigkeit von Haupt- und Nebenleistung. Erforderlich ist (nur) eine innere, **inhaltliche Verbindung zur Haupttätigkeit** (BT-Drs. 16/3655, 54). Hiermit hat der Gesetzgeber im Vergleich zu Art. 1 § 5 RBerG eine bewusste Herabsetzung der Anforderungen an die Nebenleistung verbunden (BT-Drs. 16/3655, 52; vgl. auch Kilian/Sabel/vom Stein/*Sabel* Rn. 206). Dort war noch ein „unmittelbarer Zusammenhang" (Nr. 1–3) verlangt worden (zu den Anforderungen an die Unmittelbarkeit ausführlich *Chemnitz*/*Johnigk* Rn. 522ff.); Steuerberater und Wirtschaftsprüfer durften zudem nur dann rechtlich tätig werden, wenn ihre Aufgaben ohne die Rechtsberatung nicht sachgemäß erledigt werden konnten (Nr. 2) (siehe auch Rn. 2f.). Gleichwohl sind auch nach der Neuregelung Rechtsdienstleistungen, die nicht im Mittelpunkt der Leistung stehen, nur dann zulässig, wenn sie zum Ablauf oder zur Abwicklung des Hauptgeschäfts dazugehören (BT-Drs. 16/3655, 52).

Bei gesetzlichen oder von der Rspr. anerkannten **Aufklärungs- und In-** 36 **formationspflichten** bestehen am sachlichen Zusammenhang mit der Haupttätigkeit keine Zweifel (BT-Drs. 16/3655, 53). Nach dem Wortlaut von § 5 Abs. 1 RDG ist es nunmehr jedoch unerheblich, ob die als Nebenleistung erbrachte Tätigkeit selbst auch eine Hauptleistung sein oder ob die Haupttätigkeit auch ohne die Nebenleistung überhaupt erbracht werden kann. Dass andernfalls die sachgerechte Erfüllung der Hauptleistung beeinträchtigt wird, ist daher keine Zulässigkeitsvoraussetzung mehr (BGH GRUR 2011, 539 Rn. 35). Dementsprechend ist der Anwendungsbereich des § 5 Abs. 1 RDG nicht auf solche rechtlichen Nebenleistungen beschränkt, ohne die die Haupttätigkeit nicht ordnungsgemäß durchgeführt werden kann (BT-Drs. 16/3655, 52; siehe auch BGH GRUR 2011, 539 Rn. 35; BGH NJW 2012, 1589 Rn. 22; BGHZ 192, 270 = NJW 2012, 1005 Rn. 11; BGH NJW 2013, 59 Rn. 23; BSG NJW 2014, 493 Rn. 43).

37 Auch eine **vorangehende** oder **nachfolgende** Nebenleistung kann noch in einem sachlichen Zusammenhang mit der Hauptleistung stehen, wenn sie zum Ablauf oder zur Abwicklung der Haupttätigkeit gehört und nicht selbst wesentlicher Teil der (oder einer) Hauptleistung ist (BT-Drs. 16/3655, 52; dem folgend BGH GRUR 2011, 539 Rn. 37; BGH NJW 2012, 1589 Rn. 23; BSG NJW 2014, 493 Rn. 45). Erst wenn die Rechtsbeziehung vollständig abgewickelt ist, scheidet die Anwendbarkeit des § 5 Abs. 1 RDG aus. Dies ist aber nicht der Fall, solange und soweit nachvertragliche Hinweispflichten bestehen (Krenzler/*Krenzler* Rn. 21; vgl. auch *Rennen/Caliebe* Art. 1 § 5 Rn. 6 mwN zum RBerG).

38 Ob eine Nebenleistung vorliegt, hängt dagegen nicht maßgeblich von der seit der Schuldrechtsreform ohnehin weitgehend obsoleten zivilrechtlichen Einordnung einer vertraglichen Leistungspflicht als Haupt- oder Nebenleistung ab (BT-Drs. 16/3655, 52). Auch kann die notwendige **innere inhaltliche Verbindung nicht** allein durch die betroffenen Parteien **beliebig vereinbart** und so „künstlich" herbeigeführt werden (BT-Drs. 16/3655, 54). Insoweit ist die Entstehungsgeschichte der Norm zu beachten (dazu bereits Rn. 6). § 5 Abs. 1 RDG idF des RegE erlaubte noch Rechtsdienstleistungen im Zusammenhang mit einer anderen Tätigkeit, „wenn sie als Nebenleistung zum Berufs- oder Tätigkeitsbild *oder zur vollständigen Erfüllung der mit der Haupttätigkeit verbundenen gesetzlichen oder vertraglichen Pflichten* gehören." Der Rechtsausschuss hielt diese Formulierung für zu weitgehend und wollte durch die Straffung des Normwortlauts insbesondere ausschließen, dass rechtsdienstleistende Nebenpflichten von den Vertragsparteien willkürlich und ohne Zusammenhang mit der eigentlichen Haupttätigkeit vereinbart werden können (BT-Drs. 16/6634, 51). Die gesetzliche Erlaubnispflicht des § 5 Abs. 1 RDG wird damit im Ergebnis nicht dadurch disponibel, dass die Parteien die Möglichkeit haben, eine an sich erlaubnispflichtige Rechtsdienstleistung als – dann erlaubnisfreie – Nebenleistung zu vereinbaren (BT-Drs. 16/6634, 54; siehe auch BGHZ 192, 270 Rn. 14 = NJW 2012, 1005; BGH NJW 2013, 59 Rn. 23; BSG NJW 2014, 493 Rn. 44). Allerdings kann umgekehrt der Umstand, dass der rechtsdienstleistende Teil der Leistung aufgrund einer gesonderten vertraglichen Vereinbarung zu erbringen ist und besonders vergütet wird, indiziell gegen das Vorliegen einer bloßen Nebenleistung sprechen (BT-Drs. 16/3655, 52).

39 Die Anforderungen des § 5 RDG können auch nicht dadurch umgangen werden, dass ein Dienstleister verspricht, die Rechtsdienstleistung unentgeltlich neben einer entgeltlichen Leistung zu erbringen, selbst wenn er insoweit die Anforderungen des § 6 Abs. 2 RDG an die juristische Anleitung beachtet. Ein Zusammenhang zwischen entgeltlicher Dienstleistung und unentgeltlicher Rechtsdienstleistung macht auch die Rechtsdienstleistung entgeltlich

Rechtsdienstleistungen und andere Tätigkeit §5 RDG

und führt so zur Unanwendbarkeit des § 6 RDG (BT-Drs. 16/3655, 57; dazu ausführlich § 6 RDG Rn. 21).

Der Umfang der sich aus § 5 Abs. 1 RDG ergebenden Rechtsdienstleis- 40
tungsbefugnisse wird durch das in einem anderen Gesetz umschriebene Tätigkeitsbild oder den darin festgelegten Aufgaben- und Zuständigkeitsbereich beeinflusst. Je umfassender eine Tätigkeit in einem anderen Gesetz normiert ist, desto weniger Raum bleibt für eine darüber hinausgehende, ergänzende Anwendung der Regelung über zulässige Nebenleistungen in § 5 RDG (BT-Drs. 16/3655, 45; siehe bereits § 1 RDG Rn. 29).

3. Rechtskenntnisse, die für die Haupttätigkeit erforderlich sind. 41
Das Tatbestandsmerkmal der für die Haupttätigkeit erforderlichen Rechtskenntnisse dient in Anlehnung an die Rspr. zu Art. 1 § 5 RBerG einerseits dazu, den nicht primär rechtsdienstleistenden Berufen die verfassungsrechtlich gebotenen Freiräume zu eröffnen, um ihnen eine ihrer beruflichen Qualifikation entsprechende Berufsausübung zu ermöglichen. Durch die Berücksichtigung der beruflichen Qualifikation kann diesem Verfassungsanspruch Rechnung getragen und ein Ausgleich für die Entscheidung des Gesetzgebers geschaffen werden, weder einzelne Teilerlaubnisse für zahlreiche Einzelberufe noch eine allgemeine Rechtsdienstleistungsbefugnis unterhalb der Rechtsanwaltschaft einzuführen (BT-Drs. 16/3655, 54, 118).

Je höher die Rechtskenntnisse sind, die für die Haupttätigkeit erforder- 42
lich sind, **desto weiter reichen** auch **die Rechtsdienstleistungskompetenzen** dieses Dienstleisters im Bereich der Nebenleistungen. Gleichzeitig wirkt das Tatbestandsmerkmal der beruflichen Qualifikation bei Berufen, die keine oder nur geringe rechtliche Kenntnisse erfordern, in erheblicher Weise einschränkend (BT-Drs. 16/3655, 54). Über die für die Haupttätigkeit erforderliche berufliche Qualifikation wird so ein gewisser Mindestqualitätsstandard auch für die als Nebenleistung erbrachte rechtliche Beratung gewährleistet (BGH NJW 2013, 59 Rn. 30; OLG Düsseldorf GRUR-RR 2014, 399, 400).

Dienstleister, deren (zulässige) Haupttätigkeit bereits rechtlich geprägt ist, 43
können sich diesen Umstand daher auch iRd § 5 RDG zunutze machen. Steuerberater und Wirtschaftsprüfer, die über gewisse Rechtskenntnisse verfügen (müssen) und denen in Teilbereichen des Rechts (Steuerrechtsberatung) sogar eine unbeschränkte Befugnis zur Rechtsberatung eingeräumt ist (siehe dazu Rn. 31 sowie § 1 RDG Rn. 30; § 3 RDG Rn. 17ff.), können dementsprechend aus der Norm weiter reichende Rechte herleiten als etwa Kfz-Händler, die für ihre eigentliche Tätigkeit keine besonderen Rechtskenntnisse benötigen (vgl. BT-Drs. 16/3655, 52; BGH NJW 2012, 1589 Rn. 23; BSG NJW 2014, 493 Rn. 47; OLG Köln GRUR-RR 2014, 292f.). Entsprechendes gilt für nach § 10 RDG registrierte Rechtsdienstleister, soweit sie neben ihren Spezialrechtsdienstleistungen auch allgemeine Rechtsdienstleistungen als Nebenleistung erbringen möchten (*Henssler/Deckenbrock* S. 39; vgl. auch Rn. 85).

Maßgeblich für die Reichweite der Rechtsdienstleistungskompetenz ist nach 44
der Gesetzesbegründung grds. eine **typisierende Betrachtung;** abzustellen sein soll auf die Berufsqualifikation, die allgemein für die – nicht rechtsdienstleistende – Haupttätigkeit erforderlich ist, nicht etwa auf die individuelle Qualifika-

tion (BSG NJW 2014, 493 Rn. 40; BSG Urt. v. 5.3.2014 – B 12 R 7/12 R, BeckRS 2014, 71499 Rn. 31). Entscheidend ist demnach etwa, welche Ausbildung die Tätigkeit eines Kfz-Meisters erfordert, nicht dagegen, ob der Kfz-Meister auch ein juristisches Studium begonnen oder gar erfolgreich absolviert hat (BT-Drs. 16/3655, 54). Grds. ebenfalls unerheblich sind in der Praxis erworbene Rechtskenntnisse des Dienstleisters (Gaier/Wolf/Göcken/*Johnigk* Rn. 23). Diese verallgemeinernde Betrachtungsweise verdient grds. Zustimmung, weil das Berufs- oder Tätigkeitsbild der Haupttätigkeit ebenfalls unabhängig von der juristischen Qualifikation des Einzelnen bestimmt wird (großzügiger allerdings Gaier/Wolf/Göcken/*Johnigk* Rn. 23). Bei sehr **heterogenen Berufen** kann jedoch berücksichtigt werden, dass es innerhalb des Berufs Gruppen mit unterschiedlicher juristischer Qualifikation gibt (Gaier/Wolf/Göcken/*Johnigk* Rn. 37; Kilian/Sabel/vom Stein/*Sabel* Rn. 201 nennen das Bsp. der Unternehmensberatung; siehe dazu noch Rn. 66 zum Insolvenzberater, Rn. 81 zum Mediator und Rn. 115 zum Unternehmensberater). In diesem Fall können Berufsträger, die eine gewisse juristische Qualifikation erworben haben, auch mehr Rechte aus § 5 RDG herleiten als solche Dienstleister, die diesen (nicht geschützten) Beruf ohne besondere juristische Ausbildung ergriffen haben.

IV. Einzelfälle

45 **1. Architekten und Baubetreuer.** Zu den Berufsaufgaben von Architekten und Stadtplanern gehören nach § 1 Abs. 5 BauKAG NRW (vergleichbare Regelungen finden sich etwa in § 1 Abs. 5 ArchG BW und § 1 Abs. 5 Bay ArchG) die Beratung, Betreuung und Vertretung des Auftraggebers in den mit der Planung und Ausführung eines Vorhabens zusammenhängenden Angelegenheiten sowie die Überwachung der Ausführung. Angesichts dieser weitreichenden Aufgabenbeschreibung hat die Rspr. Architekten bereits unter Geltung des RBerG umfangreiche Rechtsdienstleistungskompetenzen nicht nur eingeräumt, sondern die Erbringung von Rechtsdienstleistungen als Teil ihres **vertraglichen Pflichtenprogramms** angesehen (BGH NJW 1976, 1635, 1636; BGHZ 70, 12, 14 = NJW 1978, 322f.; siehe dazu ausführlich *Bönker* NZBau 2003, 80, 82; *Bruns* NZBau 2007, 737ff.). Auch aus den Anlagen zur HOAI ergibt sich, dass die Vorbereitung der zur Ausführung des Baus erforderlichen Verträge und damit Rechtsdienstleistungen zum Leistungsbild des mit der Errichtung eines Bauwerks beauftragten Architekten gehören (*Langen* AnwBl. 2009, 436, 438; vgl. auch BGHZ 70, 12, 14 = NJW 1978, 322 sowie *Bruns* NZBau 2007, 737, 739ff. zu § 15 HOAI aF).

46 Darüber hinaus ist es Aufgabe des Architekten, die Rechte des Bauherrn bei der **Mängelbeseitigung** wahrzunehmen (BGH NJW 1973, 1457f., insoweit nicht abgedruckt in BGHZ 61, 28; BGHZ 70, 12, 14 = NJW 1978, 322f.; BGH NJW 2007, 365 Rn. 10; OLG Düsseldorf NJW-RR 2006, 562f.; BT-Drs. 16/3655, 54) und auf die **Einhaltung der Vorschriften des öffentlichen Baurechts** (einschließlich der Beratung über bau-, umwelt- oder denkmalschutzrechtliche Vorgaben und die Einholung öffentlich-rechtlicher Genehmigungen) hinzuwirken (BGHZ 60, 1, 3 = NJW 1973, 237, BGHZ 68, 169, 177 = NJW 1977, 898, 899; BGHZ 70, 12, 14 = NJW 1978, 323; vgl. auch BGH NZBau 2014, 568 Rn. 10). Wenn der Bauherr **steuerliche Ver-**

Rechtsdienstleistungen und andere Tätigkeit **§ 5 RDG**

günstigungen in Anspruch nehmen will und der Architekt das weiß oder sich ihm diese Erkenntnis nach den gesamten Umständen aufdrängt, muss er seinen Auftraggeber auch hierüber beraten (BGHZ 60, 1, 3f. = NJW 1973, 237f.; BGHZ 70, 12, 14 = NJW 1978, 323). Die fachtechnische Überprüfung von Architektenleistungen und deren Berechnung soll dagegen schon gar keine unerlaubte Rechtsdienstleistung darstellen (BGH NJW 2007, 842 Rn. 20 zum RBerG).

Auch nach Inkrafttreten von § 5 Abs. 1 RDG hat sich an diesen weitreichenden Rechtsdienstleistungskompetenzen des Architekten grds. nichts geändert (nach Krenzler/*Krenzler* Rn. 48 hat das RDG keine Erweiterung der Rechtsdienstleistungskompetenzen von Architekten mit sich gebracht). Neben den in Rn. 46 genannten Aufgaben kann auch die Vorbereitung von Darlehens- und Grundstückskaufverträgen zulässige Nebenleistung sein (Kilian/ Sabel/vom Stein/*Sabel* Rn. 237). Warum das BMJ in seiner Pressemitteilung v. 11.10.2007 (NordÖR 2007, 191, 192) allerdings die Möglichkeit, dass Architekten über Fragen des Baurechts oder der Sachmängelhaftung beraten, als Neuerung beschreibt, erschließt sich nicht. 47

Keine zulässigen Nebenleistungen stellen dagegen der Entwurf und die Abfassung von Verträgen mit (potenziellen) Erwerbern oder Mietern der Eigentumswohnungen dar; eine solche Tätigkeit steht in keinem Zusammenhang mit der die Architektentätigkeit kennzeichnenden Herstellung des Bauwerks, sondern dient allein seiner **Veräußerung** (Krenzler/*Krenzler* Rn. 26, 47; Gaier/Wolf/Göcken/*Johnigk* Rn. 24; siehe auch bereits BGHZ 70, 12, 16f. = NJW 1978, 322, 323 zum RBerG). Gleiches gilt für die Erstellung einer Teilungserklärung und die Vorbereitung eines Vertrags mit einer Hausverwaltung (BGHZ 70, 12, 16 = NJW 1978, 323 zum RBerG; Krenzler/*Krenzler* Rn. 26; siehe aber OLG Dresden NZBau 2000, 250, 251 zu einem Baubetreuungsunternehmen). Rechtswidrig ist auch die Beratung eines Bauherrn über baurechtliche Verstöße des Nachbarn (Krenzler/*Krenzler* Rn. 47). Erst recht unzulässig ist die Abwehr von Schadensersatzforderungen durch einen Architekten für einen Restaurantbetreiber gegen einen Kunden nach einem Sturz auf frisch gewischten Fliesen, wenn es auf die technische Beurteilung der Rutschfähigkeit der Fliesen nicht ankommt (vgl. LG Düsseldorf NJW-RR 2011, 120, 122 zum Ingenieur). 48

Nicht nur der Architekt, sondern auch ein **Bausachverständiger** darf im Zuge der Betreuung und Beaufsichtigung von Fertigstellungs- und Mängelbeseitigungsarbeiten für den Bauherrn Ansprüche gegen den Werkunternehmer geltend machen (BT-Drs. 16/3655, 54; vgl auch OLG Düsseldorf NJW-RR 2006, 562f., das allerdings eines Erlaubnispflicht nach Art. 1 § 1 RBerG verneint hat). Auch die Abnahme (§ 640 BGB) von Arbeiten ist ihm gestattet (siehe zur Abnahme von Arbeiten am Gemeinschaftseigentum BeckOK WEG/*Dötsch* § 10 Rn. 827f. mwN [auch zu weiteren rechtlichen Bedenken]; *Vogel* NZM 2010, 377, 379; *Pauly* ZMR 2011, 532, 534; aA noch *Riesenberger* NZM 2004, 537, 539 zum RBerG; siehe aber zur unwiderruflichen formularmäßigen Übertragung des Abnahmerechts OLG Karlsruhe NJW 2012, 237, 238). 49

Soweit dem Architekten die Erbringung von Rechtsdienstleistungen gestattet ist, gilt dies erst recht für einen **Baubetreuer.** Unter Baubetreuung 50 wird die Geschäftsbesorgung für einen Bauherrn zum Zweck der Vorbereitung und Durchführung eines Bauvorhabens verstanden; sie umfasst die technische, wirtschaftliche und finanzielle Betreuung des Bauherrn. Anders als der Architekt schuldet der Baubetreuer nicht nur die Erstellung des Architektenwerks, sondern des Bauwerks als körperlichen Gegenstand (BGH NJW 1976, 1635, 1636f.). Die Tätigkeit des Baubetreuers ist daher umfassender als diejenige eines Architekten (Krenzler/*Krenzler* Rn. 49; vgl. auch OLG Saarbrücken Urt. v. 14.6.2007 – 4 U 493/06, BeckRS 2007, 11297).

51 **2. Banken.** Banken können in vielen Fällen unabhängig von den Voraussetzungen des § 5 RDG Rechtsdienstleistungen erbringen, weil sie keine fremde, sondern eine **eigene Angelegenheit** wahrnehmen (zum Merkmal der Fremdheit § 2 RDG Rn. 19ff., 28). Dies ist dann der Fall, wenn sich die Rechtsausführungen auf ein beantragtes oder bereits gewährtes Darlehen bzw. eine sonstige Vermögensanlage beziehen (Kilian/Sabel/vom Stein/*Sabel* Rn. 240). Eine Bank wird insbesondere dann in eigener Angelegenheit tätig, wenn sie über die **Sicherung eines aufzunehmenden Kredits** berät, die hierfür erforderlichen Unterlagen (insbesondere der Grundbuchauszüge) besorgt sowie Betreuung bei der Vornahme der hierzu notwendigen grundbuchrechtlichen Schritte anbietet (*Rennen/Caliebe* Art. 1 § 5 Rn. 25 zum RBerG; *Kleine-Cosack* Anhang zu den §§ 1–5 Rn. 180 verneint „mangels schwerpunktmäßiger Rechtsberatung" die Erlaubnispflichtigkeit iSd § 2 Abs. 1 RDG; Gaier/Wolf/Göcken/*Johnigk* Rn. 25; Dreyer/Lamm/Müller/*Dreyer/Müller* Rn. 39 und Krenzler/*Krenzler* Rn. 50 gehen von einer fremdnützigen Tätigkeit aus, sehen diese Tätigkeiten aber als gem. § 5 Abs. 1 RDG erlaubte Nebentätigkeiten an). Denn die Bank hat ein eigenes, nicht nur mittelbares Interesse (strenger jedoch OLG Karlsruhe NJW 2008, 3229, 3230) daran, dass die gewährten Kredite mit den erforderlichen Sicherheiten ausgestattet sind (OLG Frankfurt a. M. BB 1983, 398 zum RBerG).

52 Mangels Fremdheit sind auch Tätigkeiten im Zusammenhang mit einer **Umschuldung** keine Rechtsdienstleistung iSd § 2 Abs. 1 RDG, sofern die Bank die für die Umschuldung nötigen Kredite gewähren möchte (aA OLG Hamburg BB 1982, 822 zum RBerG; Krenzler/*Krenzler* Rn. 53, die aber Art. 1 § 5 RBerG bzw. nun § 5 Abs. 1 RDG für einschlägig halten). Insoweit kann die Bank mit einem anderen Kreditinstitut über die Ablösung eines Darlehens verhandeln (OLG Frankfurt a. M. BB 1983, 398; *Rennen/Caliebe* Art. 1 § 5 Rn. 25 jeweils zum RBerG; Kilian/Sabel/vom Stein/*Sabel* Rn. 240; siehe auch OLG Karlsruhe NJW 2008, 3229, 3231 und dem folgend Gaier/Wolf/Göcken/*Johnigk* § 2 RDG Rn. 42, wonach allein die Anfrage einer Gläubigerbank an andere Gläubiger, ob sie im Hinblick auf eine beabsichtigte Umschuldung bereit seien, auf ihre Forderungen teilweise zu verzichten, schwerpunktmäßig als wirtschaftliche und daher nicht erlaubnispflichtige Tätigkeit anzusehen sei). Fremdheit ist aber zu bejahen, wenn eine Bank oder ein Finanzdienstleister ohne Bezug zu einem eigenen Bankgeschäft eine Umschuldung anbietet (Rn. 69). Zum Factoring siehe § 2 RDG Rn. 75f.

53 § 5 Abs. 1 RDG ist aber von Bedeutung, soweit Banken über Gestaltungsmöglichkeiten bei der Vermögens- oder Unternehmensnachfolge beraten wollen (so ausdrücklich die Pressemitteilung des BMJ v. 11.10.2007, NordÖR

Rechtsdienstleistungen und andere Tätigkeit **§ 5 RDG**

2007, 191, 192). So darf ein Kreditinstitut auf erbrechtlich günstige oder ungünstige Gestaltungen hinweisen und darstellen, welche rechtlichen Handlungsoptionen es gibt (zB Testamentsvollstreckung, Errichtung einer Stiftung, Rechtsformwechsel des Unternehmens) (Krenzler/*Krenzler* Rn. 46; Kilian/Sabel/vom Stein/*Sabel* Rn. 241; *Grunewald* ZEV 2008, 257, 259). Bei der Anlage- und Vermögensberatung ist auch eine Beratung über steuerrechtliche Folgen der Anlageprodukte grds. zulässig (Krenzler/*Krenzler* Rn. 45). Voraussetzung für die Anwendbarkeit des § 5 RDG ist stets ein **Zusammenhang mit konkreten Bankgeschäften.** Das Kreditinstitut kann nicht unter Berufung auf eine allgemeine Pflicht zur Wahrung von Vermögensinteressen ihrer Kunden beliebig weit Rechtsdienstleistungen erbringen (Gaier/Wolf/Göcken/*Johnigk* Rn. 25).

Nicht mehr Neben-, sondern **Hauptleistung** wäre es allerdings, wenn eine 54 Bank die angedachte **Vermögens- oder Unternehmensnachfolge** tatsächlich durchführt. So ist es Banken verwehrt, Vorschläge für die **Testamentsgestaltung** zu unterbreiten, die anfallende **Erbschaftssteuer konkret zu berechnen**, eine **Vorsorgevollmacht** zu erstellen oder den **Entwurf einer Satzung für eine Stiftung von Todes wegen** vorzubereiten, da diese Themen eine komplexe Rechtsberatung erfordern (BT-Drs. 16/3655, 55; OLG Karlsruhe Urt. v. 23.12.2010 – 4 U 109/10, BeckRS 2011, 22997; Gaier/Wolf/Göcken/*Johnigk* Rn. 25; *Balzer/Warlich* ZIP 2012, 349, 354f.; *Grunewald* ZEV 2008, 257, 259; ebenso OLG Karlsruhe NJW-RR 2007, 206, 207; LG Freiburg NJW-RR 2006, 423 zum RBerG). Banken, die Rechtsdienstleistungen im Bereich der Testamentsgestaltung oder der Unternehmensnachfolge anbieten, können sich auch nicht auf die Unentgeltlichkeit ihres Beratungsangebots berufen, weil dieses für den Bankkunden zunächst kostenlos erscheinende Beratungsangebot im Hinblick auf eine entgeltliche Leistung, nämlich die Vermögensanlage, erfolgt (BT-Drs. 16/3655, 57; Rn. 39; § 6 RDG Rn. 21). Rechtsdienstleistungen, die im Zusammenhang mit einer Testamentsvollstreckung stehen, gelten gem. § 5 Abs. 2 RDG allerdings stets als erlaubte Nebenleistung (dazu Rn. 140ff.).

Am erforderlichen **Zusammenhang zur Haupttätigkeit fehlt** es, wenn 55 ein Kreditinstitut rechtliche Beratung hinsichtlich des zu finanzierenden Geschäfts anbietet (Krenzler/*Krenzler* Rn. 50f.). So ist etwa eine Unfallschadensregulierung unzulässig, die anlässlich der Gewährung eines Darlehens zur Zwischenfinanzierung der Behebung der Unfallfolgen erfolgt (vgl. BGHZ 61, 317, 320 = NJW 1974, 50, 51; BGH NJW 1977, 38, 39f.; BGH NJW 1977, 431, 432; OLG Stuttgart AnwBl. 1971, 214 jeweils zum RBerG; aA *Kleine-Cosack* Anhang zu den §§ 1–5 Rn. 181).

3. Energieberater. Erbringt ein Energieberater nicht nur eine technisch- 56 betriebswirtschaftliche Beratung zur Verbesserung des Energieverbrauchs (Feststellung des Energiebedarfs und der Energiequellen, Feststellung des Energielieferanten und der konkreten Kosten, Feststellung der günstigsten oder günstigeren Energiequellen und ihrer Lieferanten, Vergleichsrechnung, Kosten-Nutzen-Analyse für die Umstellung auf eine andere Energieart, vgl. insoweit OLG Düsseldorf NJW-RR 2004, 489, 490), sondern bietet er darüber hinaus auch die Analyse der Energiebezugsbedingungen und die **Prüfung**

einer vorzeitigen Kündigung des bestehenden Energielieferungsvertrags an, so ist diese Tätigkeit grds. zulässige Nebenleistung iSd § 5 Abs. 1 RDG (OLG Düsseldorf NJW-RR 2004, 489, 490f., jeweils zum RBerG; Grunewald/Römermann/*Hirtz* Rn. 107ff.; Krenzler/*Krenzler* Rn. 38, § 2 RDG Rn. 40; Gaier/Wolf/Göcken/*Johnigk* § 2 Rn. 43c; zur Frage, ob die Mitwirkung bei einem Vertragsschluss oder einer Vertragskündigung überhaupt eine erlaubnispflichtige Rechtsdienstleistung iSd § 2 Abs. 1 RDG ist, siehe BT-Drs. 16/3655, 46 sowie § 2 RDG Rn. 53f., 57). Die Erbringung solcher Rechtsdienstleistungen steht im Zusammenhang mit der Haupttätigkeit, weil die Möglichkeit der Reduzierung der Energiekosten auch davon abhängt, ob mit Lieferanten eine vertragliche Bindung besteht. Der Bereich der Nebenleistung wird aber verlassen, wenn sich im Hinblick auf den konkreten Kündigungsgrund besondere rechtliche Fragestellungen ergeben, wie dies etwa bei einer außerordentlichen Kündigung der Fall sein kann (Grunewald/Römermann/*Hirtz* Rn. 109; vgl. auch BGH NJW 1995, 3122, 3123f. sowie Rn. 70; BGH NJW 2012, 1589 Rn. 33).

57 **4. Erbenermittler.** Die Tätigkeit von Erbenermittlern wird, wie bereits die Berufsbezeichnung deutlich macht, in der Regel vor allem von Recherchetätigkeiten im Bereich der **Familienforschung** bestimmt (BVerfGK 17, 504, 507 = NJW 2010, 3291 Rn. 14). Allerdings darf der Erbenermittler neben detektivischen und genealogischen Tätigkeiten auch rechtsdienstleistende Tätigkeiten (zur Anwendbarkeit des RDG siehe § 2 RDG Rn. 64) erbringen, solange sie nicht den Kern und Schwerpunkt der Tätigkeit darstellen. Dies ist – wie der Gesetzgeber betont – in jedem Einzelfall gesondert zu prüfen und zu beurteilen (BT-Drs. 16/3655, 53).

58 Als zulässige Nebenleistung sind solche Rechtsdienstleistungen zu qualifizieren, die der Sicherung und dem Nachweis der Ansprüche der (zu ermittelnden oder ermittelten) Erben dienen (Krenzler/*Krenzler* Rn. 59; *Grunewald* ZEV 2008, 257, 258). Hierzu zählt die Mitwirkung bei der Vorbereitung eines **Erbscheinsantrags** (so ausdrücklich die Pressemitteilung des BMJ v. 11.10.2007, NordÖR 2007, 191, 192; ebenso Dreyer/Lamm/Müller/*Dreyer/Müller* Rn. 35; Grunewald/Römermann/*Hirtz* Rn. 111; *Grunewald* ZEV 2008, 257, 258; *dies.* ZEV 2003, 469; vgl. auch BVerfGK 17, 504, 507 = NJW 2010, 3291 Rn. 13; teilweise strenger noch BGH NJW 2003, 3046, 3049 zum RBerG). Das Erbscheinsverfahren selbst ist allerdings gerichtliche Tätigkeit (dazu allg. § 1 RDG Rn. 15ff.) und wird daher nicht vom RDG erfasst. Der Antrag auf Erteilung eines Erbscheins kann daher nur von den in § 10 Abs. 2 FamFG genannten Personen als Bevollmächtigte gestellt werden (BVerfGK 17, 504, 506ff. = NJW 2010, 3291 Rn. 11ff.; siehe auch Anh. § 1 RDG Rn. 23ff.). Die Durchführung von Behördengängen und die Beschaffung von Personenstandsurkunden bzw. der Hinweis auf ihre Erforderlichkeit sind, wenn man einmal die im Einzelfall fragliche Erlaubnispflichtigkeit dieser Dienstleistungen gem. § 2 Abs. 1 RDG unterstellt, jedenfalls erlaubte Nebenleistung (LG Darmstadt NJW-RR 2001, 1015; Grunewald/Römermann/*Hirtz* Rn. 111; *Grunewald* ZEV 2008, 257, 258; *Römermann/Kusiak* ZErb 2008, 266; vgl. auch BVerfG NJW 2002, 3531 zur Beschaffung von Informationen und Tatsachenmaterial für die Durchsetzung von Rückübertragungsansprüchen).

Rechtsdienstleistungen und andere Tätigkeit   **§ 5 RDG**

Die **spätere Nachlassabwicklung** steht dagegen nicht mehr im Zusam- 59
menhang mit der Erbenermittlung (BGH NJW 1989, 2125, 2126; Gaier/
Wolf/Göcken/*Johnigk* Rn. 26; Grunewald/Römermann/*Hirtz* Rn. 111;
Krenzler/*Krenzler* Rn. 60; siehe aber BGH NJW 2006, 3568 Rn. 13: „Zu
einer wirtschaftlich vernünftigen Betätigung als Erbenermittler rechnet auch,
dass dieser mit dem Erben in geschäftlichen Kontakt kommt, der sich sinnvollerweise auf die mit der Nachlassabwicklung zusammenhängenden Tätigkeiten erstreckt."). Vielmehr handelt es sich um eine eigene Hauptpflicht, die
nicht unter Berufung auf § 5 Abs. 1 RDG erbracht werden kann. Damit gehört etwa eine Beratung bei der Auseinandersetzung des Nachlasses nach
§§ 2042 ff. BGB nicht mehr zur Tätigkeit eines Erbenermittlers (*Grunewald*
ZEV 2008, 257, 258; *Römermann/Kusiak* ZErb 2008, 266, 271). Auch die
Vornahme von Eigentumshandlungen einschließlich Grundbucheintragungen
steht in keinem Zusammenhang zur Tätigkeit des Erbenermittlers (Gaier/
Wolf/Göcken/*Johnigk* Rn. 26; vgl. auch BGH NJW 2003, 3046, 3049 zum
RBerG). Schließlich hat die Mitwirkung bei der Abgabe der Erbschaftssteuererklärung nichts mehr mit der Tätigkeit als Erbenermittler zu tun.

Jedoch ist in diesen Fällen vorrangig zu prüfen, ob überhaupt eine **erlaub-** 60
nispflichtige Rechtsdienstleistung isd § 2 Abs. 1 RDG vorliegt. Die zum
Zweck der Erbauseinandersetzung erfolgende Veräußerung wertvoller, aber
gut handelbarer Wirtschaftsgüter, etwa von Kraftfahrzeugen, Antiquitäten
oder Schmuckstücken, verlangt grds. keine Prüfung, ob damit rechtliche
Nachteile verbunden sein könnten; sie ist daher ebenso erlaubnisfrei wie regelmäßig die Auflösung eines Haushalts (BGH NJW 2003, 3046, 3048 f. zum
RBerG). Erst wenn im Hinblick auf vom Erblasser getroffene Verfügungen
eine rechtliche Überprüfung geboten erscheint, ist die Grenze des § 2 Abs. 1
RDG überschritten (BGH NJW 2003, 3046, 3049 zum RBerG).

5. Forderungseinzug. Wird die Einziehung fremder oder zum Zweck 61
der Einziehung auf fremde Rechnung abgetretener Forderungen als eigenständiges Geschäft betrieben, handelt es sich gem. § 2 Abs. 2 S. 1 RDG um
eine Inkassodienstleistung, die ausschließlich von Rechtsanwälten, Rechtsbeiständen und nach § 10 Abs. 1 Nr. 1 RDG registrierten Rechtsdienstleistern
vorgenommen werden darf (§ 2 RDG Rn. 67 ff.). Immer dann, wenn es an
einem **eigenständigen Geschäftsbetrieb** für die Forderungseinziehung
fehlt, kann der Forderungseinzug als Nebenleistung in Betracht kommen
(§ 2 RDG Rn. 89). Zulässig kann daher die Einziehung von Kundenforderungen sein, die einem Unternehmer, Arzt oder einer Werkstatt erfüllungshalber
abgetreten werden. Bei dieser Forderungseinziehung ist die Rechtsdienstleistung – die Einziehung des eigenen Vergütungsanspruchs gegenüber dem
Dritten – besonders eng mit der eigentlichen, den Vergütungsanspruch auslösenden Haupttätigkeit verbunden. Gerade die in einem Streitfall erforderliche
Rechtfertigung der eigenen Leistung durch den Unternehmer belegt die in
§ 5 Abs. 1 RDG geforderte Zugehörigkeit zu dessen eigentlicher Hauptleistung (BT-Drs. 16/3655, 53; BGHZ 192, 270 Rn. 12 = NJW 2012, 1005).
Anders als dies die Rspr. unter Geltung des Art. 1 § 5 RBerG verlangt hat,
kann die Einziehung abgetretener Kundenforderungen durch den Unternehmer aber auch dann zulässig sein, wenn es ihm nicht wesentlich darum geht,

die ihm durch die Abtretung eingeräumte Sicherheit zu verwirklichen (BT-Drs. 16/3655, 53; BGHZ 192, 270 Rn. 12 = NJW 2012, 1005). Zur Forderungseinziehung im Rahmen einer Unfallschadenregulierung und zu den Kriterien für die Annahme einer Nebenleistung siehe ausführlich Rn. 111 ff.

62 **6. Hochschullehrer.** Soweit ein Hochschullehrer des Rechts nach den Vorschriften der § 22 Abs. 1 S. 1 BVerfGG, § 392 Abs. 1 AO, § 67 Abs. 2 S. 1 VwGO, § 3 BDG iVm § 67 Abs. 2 S. 1 VwGO, § 73 Abs. 2 S. 1 SGG oder des § 138 Abs. 1 StPO gesetzlich befugt ist, als Verfahrensbevollmächtigter oder Verteidiger aufzutreten (dazu Anh. § 1 RDG Rn. 28, 30, 51), kann er aufgrund dieser ihm gesetzlich eingeräumten Befugnis außergerichtlich alle Rechtsdienstleistungen erbringen, die im **Zusammenhang mit der gerichtlichen Vertretung** stehen oder ihrer **Vorbereitung** dienen (BT-Drs. 16/3655, 32, 53). Von praktischer Bedeutung ist dies, da es den Hochschullehrern nach deutschem Recht – im Gegensatz zur Rechtslage in vielen anderen Staaten, wie etwa Frankreich – verwehrt ist, eine Anwaltszulassung zu erwerben. Ihrer Zulassung steht § 7 Nr. 10 BRAO entgegen (zu Einzelheiten Henssler/Prütting/*Henssler* § 7 Rn. 126 ff.; Feuerich/Weyland/*Vossebürger* § 7 Rn. 159). Da der Gesetzgeber außerdem bewusst davon abgesehen hat, Rechtsprofessoren trotz ihrer fachlichen Qualifikation allgemein die Befugnis zur Erbringung von Rechtsdienstleistungen zu verleihen (BT-Drs. 16/3655, 32; zur Verfassungsmäßigkeit dieses Verbots vgl. BVerfG NJW 1988, 2535), ist eine rechtsberatende Tätigkeit von Rechtsprofessoren außerhalb des sehr engen Bereichs der speziellen verfahrensrechtlichen Erlaubnisnormen grds. unzulässig. Für eine Nebenleistung iSv § 5 RDG fehlt es an einem Zusammenhang mit der Lehr- und Forschungstätigkeit des Hochschullehrers (Gaier/Wolf/Göcken/*Johnigk* Rn. 29; aA offenbar *von Lewinski* FS Hartung, 2008, S. 93, 101 f.). Möglich bleibt aber die Erstattung wissenschaftlicher Gutachten (dazu § 2 RDG Rn. 97 ff.). Rechtlich unbedenklich ist es außerdem, wenn ein Hochschullehrer von einem Rechtsanwalt als wissenschaftlicher Berater zur Klärung und gemeinsamen vertiefenden Diskussion schwieriger Rechtsfragen herangezogen wird. Ob die Einbeziehung des Hochschullehrers die engen Anforderungen an ein „Gutachten" iSv § 2 Abs. 3 Nr. 1 RDG erfüllt, spielt dabei keine Rolle. Die Schutzzwecke des RDG greifen in diesen Fällen von vornherein nicht. Das Ziel des RDG ist es gerade nicht, den Rechtsanwälten als den berufenen Beratern und Vertretern in allen Rechtsangelegenheiten die Einholung dieser Expertise zu verwehren.

63 **7. Insolvenz-, Schuldner- und Sanierungsberater.** Infolge einer systematischen Neuausrichtung ist für die Anwendbarkeit des RDG nicht mehr die berufliche Tätigkeit in ihrer gesamten Breite maßgeblich, sondern die einzelne Dienstleistung, die im Rahmen einer Tätigkeit zu erbringen ist. Folge ist, dass nicht mehr ganze Berufsbilder vollständig aus dem gesetzlichen Vorbehaltsbereich ausgenommen werden, weil die rechtlichen Tätigkeiten, die bei der Ausübung dieses Berufs anfallen, die Tätigkeit insgesamt nicht prägen und nicht im Mittelpunkt stehen. Vielmehr ist grds. bei jeder Berufsgruppe der Anwendungsbereich des Gesetzes eröffnet, wenn und soweit Tätigkeiten ausgeübt werden, die unter die Definition der Rechtsdienstleistung nach § 2 Abs. 1 RDG fallen (BT-Drs. 16/3655, 37; siehe zur Neuausrichtung auch bereits Rn. 8 ff. und § 2

Rechtsdienstleistungen und andere Tätigkeit § 5 **RDG**

RDG Rn. 10f.). Erbringt der Dienstleister lediglich eine **wirtschaftliche Beratung,** handelt es sich gar nicht um eine erlaubnispflichtige Tätigkeit (§ 2 RDG Rn. 38; vgl. auch BGH NJW-RR 2011, 1426 Rn. 25). Hierzu zählen grds. auch **Umschuldungsangebote** und die Kreditvermittlung (BT-Drs. 16/3655, 42). Auch die Vermittlung eines kontrollierten Umgangs mit den verfügbaren finanziellen Mitteln und die **Erstellung eines Schuldentilgungsplans** ist keine Rechtsdienstleistung (Krenzler/*Krenzler* Rn. 89).

Erlaubnispflichtige Rechtsdienstleistungen sind dagegen gegeben, wenn **64** ein Schuldnerberater die **Überschuldungssituation auch rechtlich bewertet und bewältigt.** Das ist etwa der Fall, wenn er gegen den Schuldner gerichtete Forderungen inhaltlich prüft oder sich um die Vorbereitung eines Verbraucherinsolvenzverfahrens kümmert (BT-Drs. 16/3655, 42; großzügiger *Kleine-Cosack* Anhang zu den §§ 1–5 Rn. 175). Entsprechendes gilt für Verhandlungen über einen außergerichtlichen Vergleich, wenn inhaltlich auch die Forderungen bewertet werden (Gaier/Wolf/Göcken/*Johnigk* Rn. 33; siehe auch § 2 RDG Rn. 50ff., 61 sowie zum RBerG BGHZ 36, 321, 322 = NJW 1962, 807; BGHZ 37, 258, 260 = NJW 1962, 2010; BGHZ 48, 12 = NJW 1967, 1558, 1561; BGH WM 1970, 880, 881 [wonach – zu streng – Schuldenregulierungsaufträge auch dann als eine erlaubnispflichtige Besorgung fremder Rechtsangelegenheiten anzusehen waren, wenn lediglich ein stillschweigendes Einverständnis der Gläubiger mit veränderten Zahlungsbedingungen angestrebt wurde; siehe insoweit nun OLG Karlsruhe NJW 2008, 3229, 3231]; BGH NJW 1987, 3003, 3004; BGH NJW 2007, 596 Rn. 16; BAGE 73, 9, 14f. = NJW 1993, 2701, 2702; *Chemnitz/Johnigk* Rn. 565 mwN). Erlaubnispflichtige Tätigkeiten erbringt regelmäßig auch ein Insolvenzberater (vgl. BVerwGE 122, 130, 138ff., 141f. = NJW 2005, 1293, 1295, 1296 zum RBerG).

Für nach **Landesrecht als geeignet anerkannte Personen oder Stellen 65** iSd **§ 305 Abs. 1 Nr. 1 InsO** enthält § 8 Abs. 1 Nr. 3 RDG eine spezielle Erlaubnisnorm (dazu § 8 RDG Rn. 34ff.). Gewerbliche Schuldnerberater können dagegen nur in den Grenzen des § 5 RDG tätig werden (*Kleine-Cosack* Anhang zu den §§ 1–5 Rn. 204). Insoweit wird zT eine äußerst restriktive Sichtweise vertreten und jegliche Schuldnerberatung durch Nichtanwälte als rechtswidrig angesehen, weil die vorzunehmenden Rechtsdienstleistungen im Vordergrund stünden und daher Hauptleistung seien. An einem typischen Berufs- oder Tätigkeitsbild von Schuldnerberatern fehle es (Gaier/Wolf/Göcken/*Johnigk* Rn. 33; Grunewald/Römermann/*Hirtz* Rn. 154ff.).

Diese starre Auffassung kann nicht überzeugen (vgl. auch Krenzler/*Krenz-* **66** *ler* Rn. 90). Zunächst ist es irrelevant, ob sich bereits das Berufsbild eines Schuldner- oder Insolvenzberaters etabliert hat. Ausreichend ist, dass etwa die Vornahme von Umschuldungen zum Tätigkeitsbild des betreffenden Unternehmers gehört. Die Bestimmung des § 5 Abs. 1 RDG ist insoweit entwicklungsoffen (BGH NJW 2012, 1589 Rn. 26; siehe zudem bereits Rn. 13ff.). Allerdings muss aufgrund des fehlenden Berufsbilds berücksichtigt werden, welche juristische Qualifikation der Berufsträger hat. Personen, die etwa auch als Insolvenzverwalter tätig sind, haben umfangreichere Rechtsdienstleistungskompetenzen als „selbsternannte" Berater ohne jegliche Ausbildung (Kilian/Sabel/vom Stein/*Sabel* Rn. 245ff.; siehe auch Rn. 44).

RDG § 5   Teil 1 Allgemeine Vorschriften

67   Richtigerweise bedarf es im Rahmen von § 5 Abs. 1 RDG einer **Einzelfallbetrachtung**. Einem Schuldner- oder Insolvenzberater ist weder generell verboten noch allgemein erlaubt, seine Kunden rechtlich zu beraten (vgl. BGH NJW 2012, 1589 Rn. 25). Insoweit ist nach § 5 Abs. 1 S. 2 RDG zu prüfen, ob die Kriterien für eine Nebenleistung erfüllt sind (dazu allgemein Rn. 29 ff.). Dies folgt auch daraus, dass die Bestellung von Nichtanwälten zum Insolvenzverwalter nach § 56 InsO zulässig und üblich ist; wenn bereits im gerichtlichen Verfahren umfangreiche Rechtsdienstleistungskompetenzen bestehen (vgl. § 8 Abs. 1 Nr. 1 RDG), muss jedenfalls diesen Personengruppen auch eine außergerichtliche Beratung möglich sein.

68   Vor diesem Hintergrund ist zu begrüßen, dass das BMJ in seiner Pressemitteilung v. 11.10.2007 ausdrücklich die Möglichkeit der Sanierungs- oder Insolvenzberatung durch Diplom-Betriebswirte, Diplom-Kaufleute oder Diplom-Wirtschaftsjuristen als Folge der Neuregelung des Rechtsberatungsrechts hervorgehoben hat (NordÖR 2007, 191, 192). Voraussetzung ist freilich stets, dass die zu erbringenden Rechtsdienstleistungen nicht vom Inhalt und Umfang den Charakter einer Hauptleistung annehmen. Zulässig können danach Verhandlungen mit den Gläubigern über Zahlungsmodalitäten und die Höhe der Forderung sein (vgl. Krenzler/*Krenzler* Rn. 90). Bereits unter Geltung des RBerG wurden die **Beurteilungen, ob ein Insolvenzgrund gegeben ist**, ob das Unternehmen verpflichtet ist, Insolvenzantrag zu stellen oder ob eine außergerichtliche Sanierung in Betracht kommen kann, noch als zur Insolvenzberatung gehörende Nebentätigkeiten angesehen, obwohl diese Tätigkeiten die Beantwortung von Rechtsfragen umfassen (BVerwGE 122, 130, 144 = NJW 2005, 1293, 1297; vgl. auch BGH NJW-RR 2013, 983 Rn. 15 ff.; BGH NJW 2013, 2345 Rn. 12 f.; *Baumert* ZIP 2013, 1851 ff.; kritisch zur Rspr. des BVerwG Grunewald/Römermann/*Hirtz* Rn. 45). Auch die Prüfung von Anfechtungsmöglichkeiten und das Führen umfangreicher Sanierungs- und Vergleichsverhandlungen kann zulässig sein (Kilian/Sabel/vom Stein/*Sabel* Rn. 247). Die Begleitung komplexer Auseinandersetzungen mit schwierigen rechtlichen Fragen ist dem Schuldner- und Insolvenzberater dagegen verwehrt. Hierzu zählt auch die rechtliche Begleitung einer Unternehmensumstrukturierung (Krenzler/*Krenzler* Rn. 93). Siehe zu Einzelheiten auch *Schmitt* Sanierungsberatung als Rechtsberatung und Rechtsdienstleistung – Eine vergleichende Darstellung nach dem Rechtsberatungsgesetz und dem Rechtsdienstleistungsgesetz, 2010.

69   Ein **Finanzdienstleistungsunternehmen**, das Kunden bei der **Umschuldung bestehender Verbindlichkeiten** berät, darf die rechtliche Beratung zur vorzeitigen Beendigung von Darlehensverträgen gem. § 490 Abs. 2 BGB als Nebenleistung iSv § 5 Abs. 1 RDG nur durchführen, wenn der Sachverhalt einem anerkannten Kündigungstatbestand zuzuordnen ist. Nach der Rspr. des BGH ist die vertragstypische Haupttätigkeit des Finanzdienstleisters die Vermittlung einer anderweitigen Finanzierung. Der sachliche Zusammenhang mit der Haupttätigkeit ergibt sich daraus, dass ein Finanzdienstleister einen Auftrag zur Umfinanzierung zumindest häufig nicht wird annehmen oder jedenfalls nicht wird ausführen können, wenn eine vorzeitige Kündigung des bestehenden Darlehensvertrags ausscheidet (BGH NJW 2012, 1589 Rn. 28, 30 m. Anm. *Henssler/Deckenbrock* WuB VIII E. § 5 RDG 1.12). Es hängt dann von den konkreten Umständen des Einzelfalls ab, ob die Beratung und Unterstützung der Kunden bei der Kündigung bestehender Finanzierungsverträge im Hinblick auf die Komplexität der dafür erforderlichen rechtlichen Prüfung und dem damit verbundenen Zeitaufwand nach Inhalt und Umfang noch als Nebenleistung angesehen werden kann. Ob der Kunde des Finanzdienstleisters nach § 490 Abs. 2 S. 1 BGB einen Darlehensvertrag abgeschlossen hat, bei dem für einen bestimmten Zeitraum ein fester Zinssatz vereinbart und das Darlehen durch ein Grundpfandrecht gesichert ist, ist indes meist leicht feststellbar. Auch die Fristen des § 490 Abs. 2 S. 1 BGB lassen sich im Allgemeinen unproblematisch berechnen (BGH NJW 2012, 1589 Rn. 31).

Weitere Voraussetzung des außerordentlichen Kündigungsrechts ist aber, **70** dass berechtigte Interessen des Darlehensnehmers die Kündigung gebieten. Die Prüfung dieser Voraussetzung bereitet keine erheblichen Schwierigkeiten, wenn der Sachverhalt einer Fallgruppe zuzuordnen ist, für die ein berechtigtes Kündigungsinteresse des Darlehensnehmers vom Gesetzgeber oder durch eine gesicherte Rspr. anerkannt ist. Gem. § 490 Abs. 2 S. 2 BGB liegt ein solches Interesse vor, wenn der Darlehensnehmer ein Bedürfnis nach einer anderweitigen Verwertung der zur Sicherung des Darlehens beliehenen Sache hat. Davon ist zur Erhaltung der wirtschaftlichen Handlungsfreiheit des Darlehensnehmers auszugehen, wenn ohne die vorzeitige Kreditablösung der beabsichtigte Verkauf des belasteten Grundstücks nicht möglich wäre (vgl. BGHZ 136, 161, 166 f. = NJW 1997, 2875, 2877; BGH NJW 2003, 2230) oder wenn der Darlehensnehmer das mit dem Grundpfandrecht beliehene Objekt benötigt, um einen beim Darlehensgeber nicht erhältlichen, umfangreicheren Kredit abzusichern (vgl. BGH NJW 1997, 2878, 2879). In derartigen Fällen ist die erforderliche rechtliche Prüfung regelmäßig einfach und der dafür sowie für die Formulierung eines auf § 490 Abs. 2 BGB gestützten Kündigungsschreibens erforderliche Zeitaufwand gering. Die entsprechende Tätigkeit ist dann eine Nebentätigkeit zur Haupttätigkeit der Beratung im Rahmen der Umfinanzierung (BGH NJW 2012, 1589 Rn. 32). Handelt es sich dagegen um einen Fall, der sich nicht ohne Weiteres einer anerkannten Fallgruppe eines berechtigten Kündigungsinteresses zuordnen lässt, so sind komplexe rechtliche Überlegungen notwendig, die die umfassende fachliche Qualifikation eines Rechtsanwalts erfordern (BGH NJW 2012, 1589 Rn. 33).

8. Makler. Nach § 652 Abs. 1 S. 1 BGB kann sich die Tätigkeit des Maklers **71** als „Nachweis der Gelegenheit zum Abschluss eines Vertrags" (**Nachweismakler**) oder als „Vermittlung eines Vertrags" (**Vermittlungsmakler**) darstellen. Während der Nachweismakler eine dem Kunden bisher unbekannte Gelegenheit für den angestrebten Vertragsabschluss benennt, führt der Vermittlungsmakler die Bereitschaft des Interessenten zum Vertragsabschluss herbei und fördert dabei regelmäßig die Vertragsverhandlungen (MüKoBGB/ *Roth* § 652 Rn. 94).

Zu Art. 1 § 5 Nr. 1 RBerG hatte der BGH entschieden, dass ein Vermitt- **72** lungsmakler rechtmäßig handelt, wenn er im Rahmen dieser Vermittlungstätigkeit den an dem Vertragsabschluss interessierten Personen **von ihm selbst ausgearbeitete Vertragsentwürfe** zur Verfügung stellt. Denn die Aufgabe des Vermittlungsmaklers erschöpfe sich nicht darin, seinem Auftraggeber das

RDG § 5 Teil 1 Allgemeine Vorschriften

Objekt nachzuweisen und diesem dann, ohne sich weiter um den Vertragsabschluss zu kümmern, die Verhandlungen mit dem Interessenten zu überlassen. Er habe vielmehr sowohl mit seinem Auftraggeber als auch mit dem Interessenten mit dem Ziel zu verhandeln, einen Vertrag zustande zu bringen, und insbesondere auf den Interessenten einzuwirken, einen Vertrag mit dem Auftraggeber zu schließen. Dazu müsse ihm die Möglichkeit gegeben werden, darzustellen, wie der angestrebte vollständige Vertrag nach seinen Vorstellungen abgefasst werden könnte (BGH NJW 1974, 1328, 1329; siehe auch BGHZ 70, 12, 16 = NJW 1978, 322, 323). Aber auch zugunsten eines Nachweismaklers hat die Rspr. die Kompetenz bejaht, den Vertragstext schriftlich auszuarbeiten. Insoweit müsse berücksichtigt werden, dass der Lohnanspruch des Nachweismaklers gem. § 652 Abs. 1 S. 1 BGB vom Zustandekommen des Hauptvertrags abhänge. Deshalb müsse auch der Nachweismakler die Gelegenheit haben, durch weiteres Tätigwerden für den Vertragsschluss zu sorgen (OLG Hamm MDR 1970, 73; der Inhalt der Entscheidung des OLG Hamm wird offenbar missverstanden von Krenzler/*Krenzler* Rn. 76; Henssler/Prütting/*Weth* Rn. 25).

73 Richtigerweise ist zu differenzieren: Der Gesetzgeber unterstellt mit der Regelung des § 652 Abs. 1 BGB, dass der Vermittlungsmakler auf einen Dritten final einwirken darf, um den vom Auftraggeber gewünschten Vertrag abzuschließen. Ihm muss es daher auch möglich sein, Tätigkeiten, die auf den Abschluss eines Vertrags gerichtet sind, zu entfalten. Hierzu gehören aber von vornherein **nicht** der **Entwurf einer Vorkaufsvereinbarung** (Gaier/Wolf/Göcken/*Johnigk* Rn. 30; Grunewald/Römermann/*Hirtz* Rn. 137) und die **Beratung über die Rechtslage nach einer Kündigung** (Gaier/Wolf/Göcken/*Johnigk* Rn. 30; Grunewald/Römermann/*Hirtz* Rn. 139; *Chemnitz* AnwBl. 1994, 252f.; aA LG Hamburg AnwBl. 1994, 252 zum RBerG). Im Grundsatz besteht auch zwischen der Tätigkeit eines Nachweismaklers und weiteren (rechtsdienstleistenden) Tätigkeiten, die einen Vertragsschluss zum Ziel haben, ein Zusammenhang. Auch wenn der Nachweismakler mit dem Nachweis an sich seine Leistung erbringt, ist doch zu beachten, dass er nur bei Zustandekommen des Hauptvertrags gem. § 652 Abs. 1 BGB einen Anspruch auf den Maklerlohn hat (Grunewald/Römermann/*Hirtz* Rn. 133; Gaier/Wolf/Göcken/*Johnigk* Rn. 30; Staudinger/*Reuter* Vorbemerkung zu §§ 652ff. Rn. 66; aA Krenzler/*Krenzler* Rn. 76).

74 Aber auch dann, wenn ein Zusammenhang zwischen Maklertätigkeit und Rechtsdienstleistung besteht, heißt dies nicht, dass der Makler grenzenlos über § 5 Abs. 1 RDG Rechtsdienstleistungen erbringen darf. Vielmehr setzt der Begriff der *Neben*leistung schon nach seinem Wortlaut voraus, dass die allgemein rechtsberatende oder rechtsbesorgende Tätigkeit die Leistung insgesamt nicht prägen darf (siehe dazu bereits Rn. 29ff.). Insoweit kommt es vor allem auf die **Schwierigkeit und Komplexität der Rechtsdienstleistung** an (BT-Drs. 16/3655, 54).

75 Gestattet ist dem Makler daher auch eine **Beratung über rechtliche Auswirkungen des Vertrags und über Grundstücksangelegenheiten** (BGHSt 6, 134, 137 = NJW 1954, 1295, 1296; OLG Jena OLG-NL 2000, 162, 164; strenger offenbar Gaier/Wolf/Göcken/*Johnigk* Rn. 30). Im Zusammenhang mit der Tätigkeit eines Grundstücksmaklers steht es zudem, wenn

Rechtsdienstleistungen und andere Tätigkeit **§ 5 RDG**

dieser zur Vorbereitung und Durchführung des Maklervertrags seinen Auftraggeber intern über die Eigentumsverhältnisse an dem zu vermakelnden Grundstück aufklärt und berät (OLG Jena OLG-NL 2000, 162, 165). Ein Makler kann seinen Auftraggeber auf die Nutzung des Grundstücks einschränkende gesetzliche Regelungen wie etwa die Dreijahressperre für die Vermieterkündigung nach § 577a Abs. 1 BGB hinweisen (BGH NJW 1981, 2685, 2686). Ferner können Grundstücksmakler ihre Kunden in Grundbuchangelegenheiten beraten (OLG Karlsruhe NJW 1988, 838, 839; OLG Jena OLG-NL 2000, 162, 164; MüKoBGB/*Roth* § 652 Rn. 77). Zulässige Nebenleistung kann auch die Beschaffung behördlicher Genehmigungen sein, wenn sie für den Vertragsschluss notwendig ist (Kilian/Sabel/vom Stein/*Sabel* Rn. 251). So dürfen **Gaststättenmakler** für ihre Kunden den Antrag auf Erteilung einer Gaststättenkonzession stellen (BGHSt 6, 134, 137 = NJW 1954, 1295, 1296; BGH NJW 1967, 1562, 1563; KG DJ 1939, 56; OLG Karlsruhe NJW 1988, 838, 839; MüKoBGB/*Roth* § 652 Rn. 77; Palandt/*Sprau* § 652 Rn. 8).

Selbst die Vorbereitung einer **an einem Vertragsmuster orientierten** 76 **Vereinbarung** – wie dies insbesondere bei Wohnungsmietverträgen üblich ist (Grunewald/Römermann/*Hirtz* Rn. 137; Unseld/Degen/*Unseld* Rn. 24) – ist zulässig (die bloße Überlassung eines Mustervertrags wird sogar oft nicht einmal die Voraussetzungen des § 2 Abs. 1 RDG erfüllen, vgl. § 2 RDG Rn. 54). Die **individuelle Erarbeitung komplizierter Vertragswerke** ist einem Makler dagegen nicht erlaubt (OLG Karlsruhe NJW-RR 2011, 119, 120; MüKoBGB/*Roth* § 652 Rn. 77; Gaier/Wolf/Göcken/*Johnigk* Rn. 30; Grunewald/Römermann/*Hirtz* Rn. 135f.; aA offenbar Henssler/Prütting/*Weth* Rn. 25). Soweit der BGH in seiner älteren Rspr. die These vertreten hat, der Wortlaut des Art. 1 § 5 Nr. 1 RBerG lasse es nicht zu, die Norm lediglich auf die Erledigung einfach gelagerter Rechtsangelegenheiten anzuwenden, vielmehr sei auch die Anfertigung von Vertragsentwürfen umfasst (BGH NJW 1974, 1328, 1329), konnte diese großzügige Linie schon seinerzeit nicht überzeugen. Selbstverständlich war auch zum RBerG anerkannt, dass der rechtsbesorgende Teil nur eine der eigentlichen Berufstätigkeit zugeordnete, sie nur ergänzende Hilfs- oder Neben-, nicht aber Haupttätigkeit sein durfte. Dass eine solche Differenzierung notwendig und es nicht ausreichend war, allein auf den unmittelbaren Zusammenhang der Tätigkeiten abzustellen, hat der BGH in späteren Entscheidungen sogar ausdrücklich herausgestellt (siehe insbesondere BGHZ 79, 239, 244 = NJW 1981, 873, 874 sowie BGH NJW 1976, 1635, 1636; BGHZ 132, 229, 231 = NJW 1996, 1954, 1955; BGH NJW 1989, 2125; BGH Urt. v. 20.3.2008 – IX ZR 238/06, BeckRS 2008, 06882 Rn. 10; vgl. auch OLG Stuttgart WRP 1977, 124; OLG Koblenz Urt. v. 16.5.2002 – 5 U 1974/01, BeckRS 2002 30470565 = NJW-RR 2002, 1484 [LS]; *Rennen/Caliebe* Art. 1 § 5 Rn. 5; *Chemnitz/Johnigk* Rn. 501; nicht überzeugend dagegen BGH NJW 1981, 2685, 2686). Die Annahme, dass der früheren Rspr. des BGH durch die Neufassung des § 5 Abs. 1 S. 2 RDG der Boden entzogen worden sei (so Gaier/Wolf/Göcken/*Johnigk* Rn. 30; Grunewald/Römermann/*Hirtz* Rn. 136), trifft damit nicht den Kern der Problematik. Vielmehr ging die ältere Rspr. des BGH schon zu Zeiten des RBerG zu weit und überdehnte den Ausnahmetatbestand des Art. 1 § 5 Nr. 2 RBerG. In jedem Fall verbietet sich eine schlichte, nicht näher begründete Übernahme der in BGH NJW 1974, 1328f.

formulierten Grundsätze (wie sie etwa bei Krenzler/*Krenzler* Rn. 75; Kilian/ Sabel/vom Stein/*Sabel* Rn. 251 zu beobachten ist).

77   Ein Grundstücksmakler überschreitet ebenfalls die Grenzen von § 5 Abs. 1 RDG, wenn er nach außen tätig wird, um ein vermeintliches **Eigentumsrecht seines Auftraggebers an dem Objekt des Maklerauftrags durchzusetzen,** das er sodann an Dritte vermakeln möchte (OLG Jena OLG-NL 2000, 162, 165). Die **Erteilung steuerlicher Ratschläge** im Zusammenhang mit dem Hauptvertrag kann allerdings zulässig sein (BGH NJW 1981, 2685, 2686; OLG Köln Urt. v. 8.8.2000 – 24 U 38/00, BeckRS 2002, 05925 zu Art. 1 § 5 Nr. 1 RBerG); es werden aber wegen der Komplexität des Steuerrechts oft die Grenzen einer Nebenleistung überschritten sein (BGHZ 79, 239, 243f. = NJW 1981, 873, 874). Zur Reichweite von Rechtsdienstleistungsbefugnissen von **Versicherungsmaklern** siehe unten Rn. 119ff.

78   **9. Mediatoren.** Greift der Mediator **durch rechtliche Regelungsvorschläge** gestaltend in die Gespräche der Beteiligten ein, so sind diese Regelungsvorschläge Rechtsdienstleistungen iSd § 2 RDG. Es handelt sich in diesen Fällen nicht mehr um eine (reine) Mediation, sondern um eine Streitlösung mit (auch) rechtlichen Mitteln, bei der sich der nichtanwaltliche Mediator nicht mehr auf § 2 Abs. 3 Nr. 4 RDG berufen kann (BT-Drs. 16/3655, 50; dazu ausführlich § 2 RDG Rn. 122ff.).

79   Nach der Gesetzesbegründung sollen solche rechtsdienstleistenden Tätigkeiten in der Mediation aber im Einzelfall nach § 5 RDG als Nebenleistung zulässig sein (BT-Drs. 16/3655, 50; zur früheren Rechtslage nach Art. 1 § 5 RBerG siehe *Henssler* NJW 2003, 241, 244; *ders.* ZKM 2006, 132, 133f.). Dieses Regelungssystem hat erhebliche Kritik erfahren. Insoweit wurde darauf hingewiesen, dass Mediation kein Rechtsgebiet, sondern eine alternative Methode der Konfliktlösung darstelle (*Henssler* ZKM 2006, 132, 134; *ders.* Kammermitteilungen RAK Düsseldorf 2007, 98, 101; *ders.* AnwBl. 2007, 553, 555 unter Verweis auf BGH NJW 2002, 2948). Zudem fehle ein definiertes und eigenständig reguliertes Berufsbild des Mediators; vielmehr seien ganz unterschiedliche Berufsgruppen als Mediator tätig (zB Rechtsanwälte, Steuerberater, Notare, Psychologen, Sozialpädagogen). Diese Mediatoren würden sich aber jeweils auf der Basis ihres eigentlichen Berufs dieser speziellen Konfliktlösungsmethode, häufig in Konflikten juristischer Art, bedienen (*Henssler* AnwBl. 2007, 553, 555f.; vgl. auch Greger/Unberath/*Greger* § 1 Rn. 80).

80   Inzwischen ist im Juli 2012 das **MediationsG in Kraft getreten.** In § 1 Abs. 1 MediationsG wird Mediation als ein vertrauliches und strukturiertes Verfahren definiert, bei dem Parteien mithilfe eines oder mehrerer Mediatoren freiwillig und eigenverantwortlich eine einvernehmliche Beilegung ihres Konflikts anstreben. § 1 Abs. 2 MediationsG präzisiert ergänzend, dass ein Mediator eine unabhängige und neutrale Person ohne Entscheidungsbefugnis ist, die die Parteien durch die Mediation führt. Der Gesetzgeber hat aber auch in dieser Neuregelung bewusst auf die abschließende Konkretisierung eines klar umgrenzten Berufsbilds verzichtet. Der Regelungsverzicht erklärt sich daraus, dass es sich bei der Mediation um ein Verfahren handelt, das erst zum Ende des letzten Jahrhunderts „neu entdeckt" wurde und sich derzeit noch dynamisch entwickelt (BT-Drs. 17/5335, 14). Zudem sah sich der Gesetzgeber zur

Zurückhaltung verpflichtet, weil viele Mediatoren nicht hauptberuflich oder jedenfalls nicht ausschließlich als solche arbeiten, sondern in erster Linie einen Grund- bzw. Quellberuf ausüben, und dieser Beruf Auswirkungen auf das Verhältnis zwischen den Vorschriften des MediationsG und dem jeweiligen Berufsrecht hat (BT-Drs. 17/5335, 14).

Das Berufsbild des Mediators lässt sich daher nicht isoliert, sondern nur mit **81** Blick auf den jeweils ausgeübten Quellberuf bestimmen. Zwar soll im Rahmen des § 5 RDG grds. eine **typisierende Betrachtung** vorzunehmen sein (Rn. 44). Bei der Mediation muss allerdings die Heterogenität und Offenheit des Berufsbilds berücksichtigt werden. Sachgerecht ist es daher, innerhalb des Bereichs der Mediation Gruppen in Abhängigkeit von der aus dem Grundberuf vorhandenen juristischen Qualifikation zu bilden (Rn. 44; vgl. auch *Kleine-Cosack* § 2 Rn. 121; aA Krenzler/*Krenzler* Rn. 81). Anwälte und Notare können ohnehin unabhängig von den Vorgaben des § 5 RDG Rechtsdienstleistungen erbringen, auch wenn sich diese nach dem Selbstverständnis der Mediatoren zumeist von selbst verbieten (vgl. insoweit *Sabel* AnwBl. 2007, 816, 818 einerseits und *Kleine-Cosack* § 2 Rn. 121 andererseits). In diesem Zusammenhang ist zudem zu beachten, dass der Mediator stets allen Parteien gleichermaßen verpflichtet ist (§ 2 Abs. 3 MediationsG) und die Parteien, die ohne fachliche Beratung an der Mediation teilnehmen, auf die Möglichkeit hinweisen muss, die Vereinbarung bei Bedarf durch externe Berater überprüfen zu lassen (§ 2 Abs. 6 S. 2 MediationsG).

Allerdings gehören gewisse Rechtskenntnisse auch zur Tätigkeit eines nicht- **82** anwaltlichen Mediators. So verlangt § 5 Abs. 1 S. 2 MediationsG von jedem Mediator, dass er sich im Rahmen seiner Ausbildung „Kenntnisse über das Recht der Mediation sowie über die Rolle des Rechts in der Mediation" angeeignet hat. Für den „zertifizierten Mediator" sieht der Anfang 2014 vom BMJV vorgestellte Entwurf einer Verordnung über die Aus- und Fortbildung von zertifizierten Mediatoren (Zertifizierte-Mediatoren-Ausbildungs-Verordnung – ZMediatAusbV) vor, dass die Ausbildung in den genannten Bereichen mindestens 18 Stunden und damit 15% der Gesamtausbildung umfassen muss (Anlage Nr. I 6. und 7.; siehe auch BT-Drs. 17/8058, 19; *Henssler/Deckenbrock* DB 2012, 159, 160). Weil es hierbei aber vorrangig um eine Ausbildung in den rechtlichen Grundlagen der Mediationstätigkeit und nicht um die Erlangung allgemeiner rechtlicher Kenntnisse geht, können Mediatoren mit nicht-juristisch geprägten Grundberufen hieraus keine besonderen Kompetenzen herleiten.

Nichtanwaltliche Mediatoren können nach § 5 Abs. 1 RDG rechtsdienst- **83** leistend tätig werden, wenn der rechtliche Regelungsvorschlag **im Verhältnis zur Gesamtmediation** nur einen **Randbereich** betrifft (BT-Drs. 17/5335, 15). Erlaubnisfrei soll bspw. in einer Familienmediation die Darstellung sein, welche Einkünfte und welche Belastungen der Berechtigten und der Pflichtigen bei der Berechnung eines Unterhaltsanspruchs grds. zu berücksichtigen sind (**Darstellung der Düsseldorfer Tabelle** und der Unterhaltsgrundsätze der Oberlandesgerichte). Dagegen soll eine erlaubnispflichtige Rechtsdienstleistung gegeben sein, wenn der Mediator anhand der mitgeteilten Einkünfte und Belastungen eine Bewertung der einzelnen Positionen und eine Berechnung der Unterhaltsansprüche für den konkreten Fall vornimmt (BT-Drs. 17/5335, 15f.).

RDG § 5 Teil 1 Allgemeine Vorschriften

84 **10. Prozessvertretung.** Abweichend von der Vorgängerregelung befasst sich das RDG allein mit der Befugnis, außergerichtliche Rechtsdienstleistungen zu erbringen (§ 1 Abs. 1 S. 1 RDG; dazu § 1 RDG Rn. 15ff.). Da die gerichtliche Vertretungsbefugnis somit nicht mehr an eine Erlaubnis nach dem RDG anknüpft, kann aus der Befugnis, nach § 5 RDG rechtlich relevante Nebenleistungen zu erbringen, keine Kompetenz für eine Prozessvertretung hergeleitet werden (Gaier/Wolf/Göcken/*Johnigk* Rn. 32; *Henssler/Deckenbrock* DB 2008, 41, 46; siehe auch § 10 RDG Rn. 101).

85 **11. Rentenberater.** Das Berufsbild des Rentenberaters und seine originären Rechtsdienstleistungskompetenzen ergeben sich aus § 10 Abs. 1 Nr. 2 RDG (§ 10 RDG Rn. 46ff.). Auch wenn daher bereits die Erbringung von Rechtsdienstleistungen zur Hauptpflicht des Rentenberaters zählt, kann dieser punktuell unter Berufung auf § 5 Abs. 1 RDG über den sich aus § 10 Abs. 1 Nr. 2 RDG ergebenden Umfang hinaus rechtsdienstleistend tätig werden (dazu ausführlich § 10 RDG Rn. 67f., 94f., 97, 101; siehe allg. zur Anwendbarkeit des § 5 RDG auf registrierte Rechtsdienstleister Rn. 27, 43). So ist etwa eine Beratung auf dem dem Rentenberater an sich verwehrten **Gebiet des Arbeitsförderungsrechts** denkbar, wenn im Einzelfall ein konkreter Zusammenhang zwischen dem eigentlichen Aufgabengebiet der Rentenberatung und den Angelegenheiten der Bundesagentur für Arbeit besteht (BT-Drs. 16/3655, 64). Danach darf ein Rentenberater einen Arbeitslosen gegenüber der Bundesanstalt für Arbeit vertreten, wenn dieser eine Rente wegen Berufsunfähigkeit bezieht und die Bundesanstalt für Arbeit Arbeitslosengeld für die Vergangenheit mit der Begründung verweigert, der Anspruch gelte wegen des Erstattungsanspruchs des Rentenversicherungsträgers als erfüllt (§§ 104, 107 SGB X) (BSGE 83, 100, 103 = NZS 1999, 570, 571).

86 Will ein Rentenberater allerdings regelmäßig und damit hauptberuflich nicht nur den bestehenden Versorgungsbedarf ermitteln, sondern darüber hinaus auch über bestimmte Versicherungsprodukte beraten und den Abschluss konkreter Versicherungsverträge unmittelbar fördern, bedarf er für diesen Teil seiner Tätigkeit einer **(zusätzlichen) Erlaubnis als Versicherungsberater nach § 34e GewO** (BT-Drs. 16/3655, 65; § 10 RDG Rn. 97). Bei den Tätigkeiten des Versicherungsberaters und des Rentenberaters handelt es sich um vereinbare Tätigkeiten (§ 10 RDG Rn. 113; *Henssler/Deckenbrock* S. 19f.).

87 **12. Spielerberater.** Für Spielerberater von Lizenzspielern oder sonstigen Berufssportlern nimmt die hM an, dass ihnen die **Führung von Vertragsverhandlungen** verwehrt ist, weil das Ergebnis dieser Verhandlungen ein meist kompliziertes Vertragswerk ist. Die insoweit notwendigen Rechtsdienstleistungen seien wesentliche Hauptpflicht, so dass eine Berufung auf § 5 Abs. 1 RDG ausscheide (Grunewald/Römermann/*Hirtz* Rn. 159; Gaier/Wolf/Göcken/*Johnigk* Rn. 33; *Wertenbruch* SpuRt 2009, 183, 184; zur Rechtslage nach dem RBerG siehe *Chemnitz/Johnigk* Rn. 606.1; *Buchberger* AnwBl. 2000, 637, 638ff.; *Wertenbruch* NJW 1995, 223, 224ff.; *ders.* NJW 2005, 3372f.).

88 Diese Auffassung ist zu restriktiv. Nach Art. 1 Abs. 1 des FIFA-Spielervermittlerreglements (abrufbar unter http://de.fifa.com/mm/document/affederation/administration/51/55/18/playersagents_de_32512.pdf) ist ein Spielervermittler eine natürliche Person, die gegen Entgelt Spieler bei einem

Verein vorstellt, um Arbeitsverträge auszuhandeln oder neu zu verhandeln, oder die im Hinblick auf den Abschluss eines Transfervertrags zwei Vereine einander vorstellt. Art. 2 Abs. 1 S. 1 des FIFA-Spielervermittlerreglements ergänzt, dass sowohl die Spieler als auch die Vereine berechtigt sind, in Verbindung mit einem Transfer oder im Hinblick auf das Aushandeln oder Neuverhandeln eines Arbeitsvertrags die Dienste eines lizenzierten Spielervermittlers in Anspruch zu nehmen. Zwar stellt Art. 2 Abs. 1 S. 3 des FIFA-Spielervermittlerreglements klar, dass dieses Reglement den Spielervermittler nicht von seiner Verpflichtung zur Einhaltung der Gesetze befreit, die auf dem Verbandsgebiet gelten, und damit auch das RDG nicht verdrängt (*Wertenbruch* SpuRt 2009, 283). Gleichwohl prägt die im FIFA-Spielervermittlerreglement enthaltene Aufgabenbeschreibung das Berufsbild eines Spielervermittlers und zeigt, dass die Führung von Vertragsverhandlungen (siehe allg. zur Erlaubnispflichtigkeit § 2 RDG Rn. 58) jedenfalls im sachlichen Zusammenhang mit der Vermittlertätigkeit steht (Krenzler/*Krenzler* Rn. 30f.; *Kleine-Cosack* Anhang zu den §§ 1–5 Rn. 231; aA Grunewald/Römermann/*Hirtz* Rn. 158 sowie offenbar Gaier/Wolf/Göcken/ *Johnigk* Rn. 33 Fn. 1). Richtigerweise darf daher der Spielerberater nicht nur Verbindungen zu möglichen Vertragspartnern (Vereine, aber auch Sportveranstalter, Werbepartner etc.) herstellen, sondern grds. auch die Vertragskonditionen aushandeln (Krenzler/*Krenzler* Rn. 91; Henssler/Prütting/*Weth* Rn. 29; *Nasse* Der Sportler-Manager-Vertrag, 2010, S. 205 ff.; siehe bereits OLG Dresden SpuRt 2004, 257, 258; OLG Frankfurt a. M. SpuRt 2007, 246, 248; *Löhr* NJW 1995, 2148 f.; *Schloßer* NZA 2001, 16, 18 f., jeweils zum RBerG).

Ihm ist sogar grds. eine (Mit-)Gestaltung des Vertrags gestattet. Für den Spielervermittler gilt insoweit nichts anderes als beim **Vermittlungsmakler** (OLG Dresden SpuRt 2004, 257, 258; *Schloßer* NZA 2001, 16, 18 f., jeweils zum RBerG; aA *Wertenbruch* NJW 1995, 223, 225; siehe zum Vermittlungsmakler ausführlich Rn. 71 ff.). Insoweit hatte der BGH ausgeführt, dass aus seiner Aufgabe, einen Vertrag zu vermitteln, die Befugnis folge, darzustellen, wie der angestrebte vollständige Vertrag nach seinen Vorstellungen abgefasst werden könnte (BGH NJW 1974, 1328, 1329). 89

Etwas anderes gilt allerdings, wenn angesichts der **Komplexität des Vertragswerks** die Rechtsdienstleistung so an Bedeutung gewinnt (zum Umfang und Inhalt einer Nebenleistung Rn. 31 ff.), dass sie den Charakter einer Nebenleistung verliert. Zulässig soll danach eine Vertrags(mit)gestaltung sein, wenn sie sich jedenfalls im Grundsatz am DFL-Musterlizenzspielervertrag orientiert (*Schimke/Helmholz* SpuRt 2008, 189, 191 f.; siehe auch *Nasse* Der Sportler-Manager-Vertrag, 2010, S. 205 ff.). Auch sei danach zu differenzieren, ob es um ein einmaliges Auftreten eines Spielers bei einem Sportfest oder eine langjährige Bindung an einen Verein geht (Krenzler/*Krenzler* Rn. 91). 90

13. Steuerberater, Wirtschaftsprüfer und vereidigte Buchprüfer. 91
Wie Anwälte haben auch Steuerberater und Wirtschaftsprüfer ihre **eigenen Berufsgesetze und -satzungen.** Dort finden sich nicht nur Regelungen zum Berufs- und Tätigkeitsbild dieser Berufsgruppen, sondern auch zur Reichweite ihrer Befugnisse. Diese Befugnisnormen gehen gem. § 1 Abs. 2 RDG den Regelungen des RDG als leges speciales vor (*Kleine-Cosack* Anhang zu den §§ 1–5 Rn. 192; dazu § 1 RDG Rn. 28 ff.).

RDG § 5 Teil 1 Allgemeine Vorschriften

92 Die **Hilfeleistung in Steuersachen** darf gem. §§ 2, 5 StBerG geschäftsmäßig nur von Personen und Vereinigungen ausgeübt werden, die hierzu befugt sind. Dies gilt ohne Unterschied für hauptberufliche, nebenberufliche, entgeltliche oder unentgeltliche Tätigkeit. Damit ist die Hilfeleistung in Steuersachen (zum Umfang siehe die Auflistung in § 1 StBerG) strikter reguliert als die (sonstige) Erbringung von Rechtsdienstleistungen iSd § 3 RDG. Die nicht mehr zeitgemäße Anknüpfung an den Begriff der Geschäftsmäßigkeit (vgl. hierzu § 2 RDG Rn. 13f.) und die strikte Regulierung der unentgeltlichen Hilfeleistung werfen weiterhin die verfassungsrechtlichen Bedenken auf, die schon unter der Geltung des RBerG bestanden haben (vgl. dazu Einleitung Rn. 9ff.).

93 Gem. § 3 Nr. 1 StBerG sind neben Rechtsanwälten Steuerberater, Steuerbevollmächtigte, Wirtschaftsprüfer und vereidigte Buchprüfer zur geschäftsmäßigen Hilfeleistung in Steuersachen befugt. § 3 Nr. 2 und 3 StBerG sieht zudem Befugnisse für Partnerschaftsgesellschaften, deren Partner ausschließlich die in § 3 Nr. 1 StBerG genannten Personen sind, sowie für Steuerberatungsgesellschaften, Rechtsanwaltsgesellschaften, Wirtschaftsprüfungsgesellschaften und Buchprüfungsgesellschaften vor. § 32 Abs. 1 StBerG regelt ebenfalls, dass **Steuerberater,** Steuerbevollmächtigte und Steuerberatungsgesellschaften geschäftsmäßig Hilfe in Steuersachen leisten. Ergänzend heißt es in § 33 StBerG, dass Steuerberater, Steuerbevollmächtigte und Steuerberatungsgesellschaften die Aufgabe haben, im Rahmen ihres Auftrags ihre Auftraggeber in Steuersachen zu beraten, sie zu vertreten und ihnen bei der Bearbeitung ihrer Steuerangelegenheiten und bei der Erfüllung ihrer steuerlichen Pflichten Hilfe zu leisten. Dazu gehören auch die Hilfeleistungen in Steuerstrafsachen und in Bußgeldsachen wegen einer Steuerordnungswidrigkeit sowie die Hilfeleistung bei der Erfüllung von Buchführungspflichten, die aufgrund von Steuergesetzen bestehen, insbesondere die Aufstellung von Steuerbilanzen und deren steuerrechtliche Beurteilung. Soweit § 57 Abs. 3 StBerG katalogartig auflistet, welche **Tätigkeiten mit dem Beruf eines Steuerberaters** oder eines Steuerbevollmächtigten **vereinbar** sind, ist dies für die Bestimmung des Berufsbilds unergiebig. Denn die Norm beschreibt nicht Tätigkeiten eines Steuerberaters, sondern diejenigen eines – mit dem Beruf des Steuerberaters vereinbaren – Nebenberufs (aA BGH NJW-RR 1990, 479; BGH NJW-RR 2013, 983 Rn. 20; *Pestke* Stbg 2008, 502, 509; vgl. zur vergleichbaren Frage beim Wirtschaftsprüfer Rn. 94).

94 § 2 Abs. 1 WPO regelt den Inhalt der Tätigkeit von **Wirtschaftsprüfern.** Danach haben sie die berufliche Aufgabe, betriebswirtschaftliche Prüfungen, insbesondere solche von Jahresabschlüssen wirtschaftlicher Unternehmen, durchzuführen und Bestätigungsvermerke über die Vornahme und das Ergebnis solcher Prüfungen zu erteilen. Wie schon § 3 Nr. 1 StBerG regelt auch § 2 Abs. 2 WPO die Befugnis der Wirtschaftsprüfer, ihre Auftraggeber in steuerlichen Angelegenheiten nach Maßgabe der bestehenden Vorschriften zu beraten und zu vertreten. Zudem sind Wirtschaftsprüfer gem. § 2 Abs. 3 WPO weiter befugt, unter Berufung auf ihren Berufseid auf den Gebieten der wirtschaftlichen Betriebsführung als Sachverständige aufzutreten (Nr. 1), in wirtschaftlichen Angelegenheiten zu beraten und fremde Interessen zu wahren (Nr. 2) sowie zur treuhänderischen Verwaltung (Nr. 3). In § 43a Abs. 4 WPO hat der Gesetzgeber – wie bei Steuerberatern in § 57 Abs. 3 StBerG (dazu Rn. 93) – die

Rechtsdienstleistungen und andere Tätigkeit **§ 5 RDG**

mit dem Beruf des Wirtschaftsprüfers vereinbaren Tätigkeiten aufgelistet; dies bedeutet aber nicht, dass die dort genannten Tätigkeiten Teil des Berufsbilds des Wirtschaftsprüfers sind (*Rennen/Caliebe* Art. 1 § 5 Rn. 59; aA BGHZ 102, 128, 133 f. = NJW 1988, 561, 562 f.; offengelassen von BGHZ 48, 12, 21 ff. = NJW 1967, 1558, 1561 f.; BVerwG NJW 1985, 1972, 1973).

Den Inhalt der Tätigkeit von **vereidigten Buchprüfern** hält § 129 WPO 95 fest. Danach haben sie die berufliche Aufgabe, Prüfungen auf dem Gebiet des betrieblichen Rechnungswesens, insbesondere Buch- und Bilanzprüfungen, durchzuführen (Abs. 1 S. 1). Zudem sind sie befugt, ihre Auftraggeber in steuerlichen Angelegenheiten zu beraten und zu vertreten (Abs. 2 S. 1), sowie unter Berufung auf ihren Berufseid auf den Gebieten des betrieblichen Rechnungswesens als Sachverständige aufzutreten (Abs. 3 Nr. 1), in wirtschaftlichen Angelegenheiten zu beraten und fremde Interessen zu wahren (Abs. 3 Nr. 2) und zur treuhänderischen Verwaltung (Abs. 3 Nr. 3).

Steuerberatern, Steuerbevollmächtigten, Wirtschaftsprüfern und verei- 96 digten Buchprüfern wurden daher **in ihren Berufsgesetzen originäre (Steuer-)Rechtsdienstleistungskompetenzen** eingeräumt. Auf den Erlaubnistatbestand des § 5 RDG kommt es daher nur an, wenn diese Berufsträger außerhalb dieses originären Aufgabenbereichs rechtsdienstleistend tätig werden wollen. Weil die Erbringung von Rechtsdienstleistungen bereits Bestandteil ihres Berufsbilds ist, können sie sich im Vergleich zu anderen Berufsgruppen im stärkeren Umfang auf § 5 RDG berufen (Rn. 43). Die Rechtsdienstleistung kann bei ihnen zwangsläufig auch den Schwerpunkt der Tätigkeit bilden.

Bereits nach Art. 1 § 5 Nr. 2 RBerG durften öffentlich bestellte Wirtschafts- 97 prüfer und vereidigte Buchprüfer sowie Steuerberater und Steuerbevollmächtigte in Angelegenheiten, mit denen sie beruflich befasst waren, auch die rechtliche Bearbeitung übernehmen, soweit diese mit den Aufgaben des Wirtschaftsprüfers, Buchprüfers, Steuerberaters oder Steuerbevollmächtigten in unmittelbarem Zusammenhang stand und diese Aufgaben ohne die Rechtsberatung nicht sachgemäß erledigt werden konnten. Da die Regelung des § 5 RDG gegenüber Art. 1 § 5 Nr. 2 RBerG erweiterte Kompetenzen begründet (Rn. 11; BT-Drs. 16/3655, 38; BGH GRUR 2011, 539 Rn. 42), sind jedenfalls die Tätigkeiten, deren Zulässigkeit bereits unter Geltung des RBerG anerkannt war, auch heute noch gestattet. Soweit zum früheren Recht streitig war, ob der in der Art. 1 § 5 Nr. 2 RBerG verwandte Begriff „rechtliche Bearbeitung" weniger Befugnisse begründete als die in Art. 1 § 5 Nr. 1 und 3 RBerG benutzte Formulierung „Erledigung rechtlicher Angelegenheiten" (siehe dazu *Rennen/Caliebe* Art. 1 § 5 Rn. 62; *Chemnitz/Johnigk* Rn. 590 mwN), hat sich der Streit mit dem Inkrafttreten des RDG erledigt (*Krenzler/Krenzler* Rn. 92).

Zu beachten ist, dass Steuerberatung eine auf **ein Fachgebiet be-** 98 **schränkte Rechtsberatung mit Berührungspunkten zum außersteuerlichen Recht** ist. Letzteres ist teilweise auch Bestandteil des Steuertatbestands, wie zum Beispiel das Gesellschafts-, Erb- und Familienrecht. In diesen Fällen erstreckt sich die Beratungspflicht des Steuerberaters, falls dies mit Blick auf die steuerlichen Gegebenheiten unerlässlich ist, auf „fremde" Rechtsgebiete, wie umgekehrt auch andere Berufe die Verpflichtung haben können, auf steuerliche Gestaltungsmöglichkeiten hinzuweisen (BSG NJW-RR 1997,

RDG § 5

1013, 1014; BSG NJW 2014, 493 Rn. 39; BSG Urt. v. 5.3.2014 – B 12 R 7/12 R, BeckRS 2014, 71499 Rn. 29; vgl. auch BVerfGE 75, 246, 276 = NJW 1988, 545, 548). Zulässig kann es daher etwa sein, wenn ein Steuerberater im Zusammenhang mit einer erbschaftssteuerlichen Beratung – auch bezogen auf den konkreten Sachverhalt – über die gesetzliche Erbfolge und die Möglichkeit der Geltendmachung von Pflichtteilen aufklärt (Dreyer/Lamm/Müller/*Dreyer/Müller* Rn. 41; *Kleine-Cosack* Anhang zu den §§ 1–5 Rn. 199; *Grunewald* ZEV 2008, 257, 258f.). Die Vorschriften des RDG stehen der rechtlichen Beratung eines Steuerberaters nicht entgegen, soweit sie zur sachgemäßen Erledigung der Steuerberatung erforderlich ist, wie dies zB beim Entwurf eines Vertrags zur Vermeidung einer steuerschädlichen verdeckten Gewinnausschüttung der Fall ist (OLG Düsseldorf Urt. v. 22.3.2011 – 23 U 101/10, BeckRS 2011, 21987; der BGH hat mit Beschl. v. 4.7.2013 – IX ZR 61/11, BeckRS 2013, 12257 die Nichtzulassungsbeschwerde gegen das Urteil des OLG Düsseldorf zurückgewiesen). Allerdings ist eine Tätigkeit auf außersteuerlichen Rechtsgebieten nicht allein deshalb dem Berufs- und Tätigkeitsbild eines Steuerberaters zuzuordnen, nur weil bestimmte Tatbestände überhaupt für die steuerliche Beratung relevant sind (BSG Urt. v. 5.3.2014 – B 12 R 7/12 R, BeckRS 2014, 71499 Rn. 29). Ansonsten könnte der Steuerberater annähernd unbeschränkt Rechtsdienstleistungen erbringen.

99 Nebenleistung kann auch die Bereitstellung von und die Ausfüllhilfe bei standardisierten Verträgen sein (regelmäßig ist diese Tätigkeit sogar erlaubnisfrei, vgl. § 2 RDG Rn. 54). Nicht erlaubt ist Steuerberatern und Wirtschaftsprüfern dagegen die Gestaltung komplexer **Verträge oder Testamente;** sie kann wegen ihres Inhalts und Umfangs nicht mehr Nebenleistung sein (Krenzler/*Krenzler* Rn. 95; Grunewald/Römermann/*Hirtz* Rn. 203; Gaier/Wolf/Göcken/*Johnigk* Rn. 34; aA offenbar *Kleine-Cosack* Anhang zu den §§ 1–5 Rn. 199). Unzulässig ist daher der Entwurf eines Sicherungsübereignungsvertrags (BGH NJW 1963, 2027, 2028), eines Gesellschaftsvertrags (siehe bereits BGH NJW 1963, 2027, 2028; BGH NJW 1986, 1050, 1051f.; BGH NJW-RR 1992, 1110, 1115; BGH NJW 2000, 69; OLG Hamburg AnwBl. 1963, 87f.; OLG Koblenz AnwBl. 1976, 48f.; OLG Koblenz AnwBl. 1998, 223f. zum RBerG), eines Unternehmenskaufvertrags, eines Umwandlungsvertrags oder eines Erb- oder Ehevertrags, soweit sich die Tätigkeit nicht auf den steuerlichen Vertragsteil beschränkt (Kilian/Sabel/vom Stein/*Sabel* Rn. 244). Im Bereich der Testamentserrichtung sind insbesondere (aber nicht ausschließlich) bei einem Behindertentestament oder einem Testament mit Auslandsvermögen neben den steuerrechtlichen Aspekten auch schwierige andere Rechtsfragen betroffen, die eine Einordnung der Tätigkeit als Nebenleistung verbieten (*Grunewald* ZEV 2008, 257, 258f.). Gleiches gilt für die Errichtung einer Stiftung von Todes wegen (*Grunewald* ZEV 2008, 257, 258f.). Daher sind das Anbieten umfassender Rechtsberatungstätigkeiten durch eine Steuerberatungsgesellschaft und der Hinweis auf eine Spezialisierung auf Rechtsberatung im Erb- und Stiftungsrecht unzulässig (LG Baden-Baden Urt. v. 22.9.2010 – 4 O 32/10, BeckRS 2011, 14060).

100 Soweit sie überhaupt Rechtsdienstleistung ist (Rn. 63f.; § 2 RDG Rn. 61), gehört die **Insolvenz-, Sanierungs- und Umschuldungsberatung** als Nebenleistung zum Berufsbild sowohl eines Steuerberaters als auch eines Wirtschaftsprüfers (BGH NJW-RR 2013, 983 Rn. 20; Krenzler/*Krenzler* Rn. 93; Gräfe DStR 2010, 618, 619; siehe dazu bereits Rn. 63 ff.).

Steuerberater, Steuerbevollmächtigte, Wirtschaftsprüfer und vereidigte **101** Buchprüfer, Personen und Vereinigungen iSd § 3a StBerG sowie Gesellschaften iSd § 3 Nr. 2 und 3 StBerG, die durch Personen iSd § 3 Nr. 1 StBerG handeln, sind gem. § 73 Abs. 2 S. 2 Nr. 4 SGG in Angelegenheiten nach den §§ 28h und 28p SGB IV als Bevollmächtigte vor dem SG und dem LSG vertretungsbefugt. Da das gerichtliche Verfahren strikter als der außergerichtliche Bereich reguliert ist (§ 1 RDG Rn. 15), dürfen die genannten Berufsgruppen die Rechte ihrer Mandanten in **Verfahren gegen die Einzugsstellen** nach § 28h SGB IV und im **Betriebsprüfungsverfahren gegen die Rentenversicherungsträger** nach § 28p SGB IV auch außergerichtlich wahren (Gaier/Wolf/Göcken/*Johnigk* Rn. 34). Da in § 73 Abs. 2 S. 2 Nr. 4 SGG § 7a SGB IV nicht erwähnt ist, lässt sich hieraus aber keine Vertretungsbefugnis für das **Statusfeststellungsverfahren** ableiten, auch wenn die Verfahren nach §§ 28h, 28p SGB IV und § 7a SGB IV an sich gleichwertig sind (BSG Urt. v. 5.3.2014 – B 12 R 4/12 R, BeckRS 2014, 71772 Rn. 43ff.; siehe zur Gleichwertigkeit der Verfahren BSGE 103, 17 Rn. 16f. = NZS 2010, 47 [LS]; BSG Urt. v. 4.6.2009 – B 12 R 6/08 R, BeckRS 2009, 72915 Rn. 16f.). Nach der Rspr. des BSG können sich Steuerberater insoweit auch nicht auf § 5 Abs. 1 RDG stützen, da das Statusfeststellungsverfahren keine Nebenleistung zu der dem Steuerberater übertragenen Lohnbuchführung ist, sondern eine Haupttätigkeit, die nicht zum Berufsbild des Steuerberaters gehört (BSG Urt. v. 5.3.2014 – B 12 R 4/12 R, BeckRS 2014, 71772 Rn. 28ff.; ebenso bereits die Vorinstanzen LSG Essen Urt. v. 23.2.2011 – L 8 R 319/10, BeckRS 2011, 75039; SG Aachen Urt. v. 27.11.2009 – S 6 R 217/08, BeckRS 2009, 74397; dazu kritisch *Beyer-Petz* DStR 2010, 77; *Arens/Pelke* DStR 2012, 627f., die jeweils darauf hinweisen, dass die Frage der Abgrenzung einer selbstständigen von einer angestellten Tätigkeit aus lohnsteuerrechtlicher Sicht vor der Aufnahme der Tätigkeit geprüft werden müsse, weil hiervon abhänge, ob der Betroffene überhaupt lohnsteuerpflichtig ist).

Während die Antragstellung und das Betreiben des Verwaltungsverfahrens **102** nach § 8 SGB X **zur Erstfeststellung des Grads der Behinderung** sowie der Voraussetzungen zur Inanspruchnahme von Nachteilsausgleichen nach dem SGB IX bis zur Bescheidung des Antrags nicht als Rechtsdienstleistungen iSd § 2 Abs. 1 RDG anzusehen sein sollen, greift der Erlaubnisvorbehalt des RDG für die anschließende Tätigkeit im Widerspruchsverfahren (§ 2 RDG Rn. 59). Dabei ist nach der Rspr. des BSG die Tätigkeit im Widerspruchsverfahren nicht als Nebenleistung zum Berufsbild des Steuerberaters gem. § 5 Abs. 1 RDG erlaubt (BSG NJW 2014, 493 Rn. 48; siehe auch BSG NZS 1995, 576 zum RBerG). Der Senat hebt insoweit hervor, dass die streitigen Feststellungen nach dem Schwerbehindertenrecht weit über das Steuerrecht hinaus Bedeutung haben. Sie könnten sich nicht nur auf die Inanspruchnahme aller möglichen Nachteilsausgleiche, sondern zum Beispiel auch auf das Kündigungsschutz- und Rentenversicherungsrecht auswirken. Überdies sei zu beachten, dass das Widerspruchsverfahren Vorstufe eines Gerichtsverfahrens sei (vgl. § 62 SGB X iVm §§ 78ff. SGG) und daher typischerweise qualifizierte Rechtskenntnisse erfordere (BSG NJW 2014, 493 Rn. 48). Insofern sei zu beachten, dass das Schwerbehindertenrecht nicht zu den in § 37 Abs. 3 StBerG aufgelisteten Prüfungsgebieten der Steuerberaterprüfung gehört (BSG NJW 2014, 493 Rn. 40). Unzulässig ist auch eine Tätigkeit des Steuerberaters als Verfahrensbevollmächtigter in **sonstigen Statusverfahren** (zB Staatsbürgerschaft, Vertriebeneneigenschaft). Auch wenn davon die steuerliche Veranlagung abhängt, fehlt es am notwendigen Zusammenhang zur Tätigkeit des Steuerberaters (BSG NJW-RR 1997, 1013, 1014f.). Nicht ausreichend ist es auch, dass der Ausgang eines Verwaltungsverfahrens die Gewinn- und Verlustrechnung seines Mandanten beeinflusst und damit ebenfalls steuerlich relevant ist (BSG NJW-RR 1997, 1013, 1014f.). Als nicht durch § 5 Abs. 1 RDG gedeckte und damit verbotene Rechtsdienstleistung ist auch die Mitwirkung eines Steuerberaters in einem Widerspruchsverfahren, das die Erhebung eines Fremdenverkehrsbeitrags zum Gegenstand hat, angesehen worden (VGH München Urt. v. 16.5.2014 – 4 B 13.1161, BeckRS 2014, 52573).

103 Steuerberater sollen in **Kindergeldangelegenheiten** nach dem BKGG (anders als in Kindergeldangelegenheiten nach dem EStG; vgl. insoweit § 77 Abs. 2 EStG) nicht vertretungsbefugt sein (SG Aachen Urt. v. 17.4.2012 – S 13 KG 1/12, BeckRS 2012, 69883; aA *Beyer-Petz* DStR 2012, 2036). Ein Steuerberater hat auch dann keine Befugnis, als Verfahrensbevollmächtigter in einem Widerspruchsverfahren in einer Kindergeldsache aufzutreten, wenn er den Widerspruch allein zur Sicherung der steuerlichen Freistellung des Existenzminimums der Kinder des Mandanten eingelegt hat (BSG NJW-RR 1997, 1013, 1014f.).

104 Auch die **Geltendmachung eines Amtshaftungsanspruchs gegen das Finanzamt** ist nicht von § 5 Abs. 1 RDG gedeckt (Gaier/Wolf/Göcken/*Johnigk* Rn. 34; *Kleine-Cosack* Anhang zu den §§ 1–5 Rn. 203; aA *Nieland* Stbg 2009, 127ff.; *ders.* BB 2010, 1382, 1384ff.). Wirtschaftsprüfer und vereidigte Buchprüfer dürfen in ihren Berichten darauf hinweisen, dass möglicherweise Positionen zu Unrecht gebucht sind, weil das zugrunde liegende Geschäft rechtsunwirksam ist; keinesfalls können sie aber gestützt auf § 5 Abs. 1 RDG sich hieraus gegen Dritte ergebende Ansprüche verfolgen (Grunewald/Römermann/*Hirtz* Rn. 202). Unzulässig auch das Angebot eines Steuerberaters, das außergerichtliche Mahnwesen für die von ihm im Rahmen der laufenden Buchführung ermittelten offenen Posten zu übernehmen (Dreyer/Lamm/Müller/ *Dreyer/Müller* Rn. 41). Zu weiteren Einzelfragen siehe *Pestke* Stbg 2008, 502ff.; *Hund* DStR 2008, 1208ff.; *Lühn/Arens* GStB 2010, 254ff. sowie insbesondere (in der Tendenz aber zu großzügig) *Hässel/Hengsberger* BB 2009, 135ff.

105 **14. Unfallschadensregulierer.** Nach der Rspr. des BGH konnte sich ein gewerblicher Kraftfahrzeugvermieter, der für seine Kunden rechtliche Angelegenheiten erledigen wollte, nicht auf **Art. 1 § 5 RBerG** berufen, weil es seine Berufstätigkeit nicht erfordert habe, sich geschäftsmäßig mit der Regulierung von Schadensfällen seiner Kunden zu befassen, und deshalb kein unmittelbarer Zusammenhang mit dem Hauptberuf gegeben gewesen sei (BGHZ 47, 364, 368 = NJW 1967, 1759, 1760; BGH NJW-RR 1994, 1081, 1083; siehe auch BGHZ 192, 270 Rn. 10 = NJW 2012, 1005). Gleichwohl hat der BGH bereits 1994 auf die Branchenüblichkeit dieses Vorgehens hingewiesen. Von den Kfz-Vermietern sei sogar erwartet worden, dass sie unmittelbar mit dem Haft-

Rechtsdienstleistungen und andere Tätigkeit **§ 5 RDG**

pflichtversicherer des Schädigers abrechneten und ihm gegenüber die Ansprüche des Geschädigten verfolgten und durchsetzten. Die Bindung des Richters an das Gesetz hat es aber nach Ansicht des BGH nicht zugelassen, diesem Bedürfnis durch eine die gesetzgeberische Regelung „überholende" richterliche Gesetzesauslegung Rechnung zu tragen und dem Kfz-Vermieter die Verfolgung und Durchsetzung der Schadensersatzansprüche eines durch einen Verkehrsunfall Geschädigten gegenüber dem Haftpflichtversicherer zu erlauben (BGH NJW-RR 1994, 1081, 1083).

Der Gesetzgeber hat sich diese Erwägungen bei der Reform des Rechtsberatungsrechts zu Herzen genommen und in der Gesetzesbegründung ausdrücklich klargestellt, dass Kfz-Werkstätten, aber auch Mietwagenunternehmen und Kfz-Sachverständigen heutzutage nach § 5 RDG gewisse Rechtsdienstleistungskompetenzen zustehen. Eine ganze Reihe von aktuellen Entscheidungen belegt die praktische Relevanz dieser Gesetzesänderung. Nach Auffassung des Gesetzgebers ist vorrangig zu prüfen, ob überhaupt eine **erlaubnispflichtige Rechtsdienstleistung** gem. § 2 Abs. 1 RDG vorliegt. Dies ist nicht der Fall, soweit Kfz-Werkstätten, Mietwagenunternehmen oder Sachverständige allgemein gehaltene Hinweise ohne Bezug auf den konkreten Einzelfall (dazu § 2 RDG Rn. 32, 43ff.) geben (BT-Drs. 16/3655, 47). So erfordern allein der Hinweis, dass grds. nur die Kosten für ein gleichwertiges Ersatzfahrzeug ersatzfähig sind (MüKoBGB/*Oetker* § 249 Rn. 439ff.), und die Aufklärung darüber, dass die Kosten für eine durchgeführte Reparatur nach der Rspr. des BGH nur bis zur Höhe von 130% des Wiederbeschaffungswerts erstattungsfähig sind (vgl. etwa BGHZ 115, 364, 371 = NJW 1992, 302, 304; BGH NJW 1992, 1618, 1619; BGHZ 154, 395, 400 = NJW 2003, 2085, 2086; BGHZ 162, 161, 166ff. = NJW 2005, 1108, 1109), keine Rechtsprüfung (Kilian/Sabel/vom Stein/*Sabel* Rn. 220; *ders.* NZV 2006, 6, 8; *Franz* AnwBl. 2006, 232, 233). Entsprechendes gilt für den Hinweis, dass anstelle der Reparaturkosten auch auf Gutachtenbasis abgerechnet werden (vgl. § 249 Abs. 2 S. 1 BGB sowie BGHZ 168, 43 Rn. 8f. = NJW 2006, 2179; BGH NJW-RR 2009, 1030 Rn. 23) oder eine Nutzungsausfallentschädigung bei Verzicht auf die Anmietung eines Ersatzfahrzeugs (grundlegend BGHZ 40, 345, 349f. = NJW 1964, 542, 543; BGH NJW 1964, 717) beansprucht werden könne (Kilian/Sabel/vom Stein/*Sabel* Rn. 220; *ders.* NZV 2006, 6, 8; *Franz* AnwBl. 2006, 232, 233). Schließlich bedarf es auch für die Information, dass der Geschädigte für seine allgemeinen Aufwendungen eine Unkostenpauschale verlangen kann (vgl. BGH NJW 2007, 1752 Rn. 12), keiner Erlaubnis zur Rechtsdienstleistung (BT-Drs. 16/3655, 47; Kilian/Sabel/vom Stein/*Sabel* Rn. 220; *ders.* NZV 2006, 6, 8; *Franz* AnwBl. 2006, 232, 233). Nach der Rspr. lag auch bereits zu Zeiten des RBerG keine erlaubnispflichtige Rechtsberatung einer Kfz-Werkstatt vor, die im Zusammenhang mit der Erteilung eines Auftrags zur Reparatur eines Unfallfahrzeugs ein Angebot zur Beauftragung eines Sachverständigen erteilt, das erstellte Gutachten an die Versicherung weiterleitet und einen Ersatzwagen reserviert (BGH NJW 2000, 2108, 2109).

Die Schwelle des § 2 Abs. 1 RDG ist aber überschritten, wenn Kfz-Werkstatt, Mietwagenunternehmen oder Sachverständiger den Einzelfall rechtlich prüfen, also etwa erörtern, welches konkrete Ersatzfahrzeug der Geschädigte anmieten kann, ohne dass er einen Abzug für ersparte Eigenaufwendungen fürchten muss

106

107

RDG § 5 Teil 1 Allgemeine Vorschriften

(Kilian/Sabel/vom Stein/*Sabel* Rn. 221). Hier bedarf es damit einer besonderen Erlaubnisnorm, wie sie sich in § 5 RDG findet (vgl. Rn. 108). Auch die sonstige Prüfung der Haftungsanteile und -höhe bei einem Verkehrsunfall ist erlaubnispflichtig (BT-Drs. 16/3655, 47). In diesen Fällen sind die Grenzen des § 5 Abs. 1 RDG zu prüfen. Insoweit ist zunächst zu beachten, dass die rechtliche Beurteilung von Verkehrsunfällen nicht zum Berufsbild des Kfz-Meisters, des Mietwagenunternehmers und des technischen Sachverständigen gehört (BT-Drs. 16/3655, 47). Angehörige von Berufen, deren Hauptaufgabe nicht rechtlich geprägt ist, dürfen aber von vornherein nur im eingeschränkten Umfang Rechtsdienstleistungen als Nebenleistungen erbringen (Rn. 42f.).

108 Als zulässig angesehen wird die von einem Mietwagenunternehmen durchgeführte Beratung, welches konkrete Ersatzfahrzeug der Geschädigte anmieten kann, ohne einen Abzug für ersparte Eigenaufwendungen befürchten zu müssen (Kilian/Sabel/vom Stein/*Sabel* Rn. 221; *ders.* NZV 2006, 6, 8; *Henssler/Deckenbrock* DB 2008, 41, 43; nach *Franz* AnwBl. 2006, 232, 233 [freilich noch zum RegE] soll schon gar keine Rechtsdienstleistung iSd § 2 Abs. 1 RDG gegeben sein). Generell gilt, dass ein Kfz-Reparaturbetrieb, ein Mietwagenunternehmen oder ein Kraftfahrzeugsachverständiger dem Unfallgeschädigten Hinweise zur Erstattungsfähigkeit der **durch seine Beauftragung entstandenen Kosten** erteilen darf (BT-Drs. 16/3655, 47). Nach Ansicht des Gesetzgebers entspricht eine derartige Rechtsdienstleistung den Interessen der Beteiligten (BT-Drs. 16/3655, 53f.). Die an der Anmietung eines Unfallersatzfahrzeugs interessierten Unfallgeschädigten gingen erkennbar davon aus, dass die Mietwagenkosten von dem gegnerischen Haftpflichtversicherer, der ihnen gegenüber dem Grunde nach zu deren Übernahme verpflichtet ist, erstattet werden und sie mit der Schadensregulierung in keinem größeren Umfang behelligt werden als unbedingt notwendig (BGH NJW-RR 2009, 1101 Rn. 14; BGHZ 192, 270 Rn. 15 = NJW 2012, 1005; BGH NJW 2013, 62 Rn. 17). Damit liege es auch im Interesse des Vermieters, seine Tarife so zu gestalten, dass sie einerseits dem eigenen Gewinnmaximierungsinteresse entsprechen, andererseits in der Abrechnung mit dem Haftpflichtversicherer durchgesetzt werden können. Dieses Interesse werde dadurch verstärkt, dass bei Anmietung eines Ersatzfahrzeugs nach einem Unfall eine Aufklärungspflicht des Vermieters über mögliche Regulierungsschwierigkeiten mit dem gegnerischen Haftpflichtversicherer bestehen kann und dem Vermieter bei Verletzung der Aufklärungspflicht gegenüber dem Geschädigten uU nur der Betrag zusteht, der in einem Rechtsstreit mit dem Haftpflichtversicherer als nach § 249 Abs. 2 BGB erforderlich angesehen wird (siehe insoweit nur BGHZ 168, 168 Rn. 29ff. = NJW 2006, 2618; BGH NJW 2007, 1447 Rn. 15ff.; BGH NJW 2007, 2181 Rn. 11; BGH NJW-RR 2009, 1101 Rn. 12ff.; BGHZ 192, 270 Rn. 15 = NJW 2012, 1005). Zur nicht gegebenen Anwendbarkeit von § 4 RDG siehe § 4 RDG Rn. 15.

109 Kfz-Händlern, Mietwagenunternehmen und Sachverständigen sind dagegen stets konkrete rechtliche Hinweise zum Haftungsgrund oder zur Haftungsquote verwehrt, insbesondere zu **Verschuldens- und Beweislastfragen**. Die Abwicklung eines dem Grunde nach **streitigen Schadensfalls** kann für sie nicht als Nebenleistung qualifiziert werden. Die Klärung der Verschuldensfrage ist für den Unfallgeschädigten stets von so essenzieller Bedeutung, dass sie im Vordergrund steht und niemals nur bloße Nebenleistung ist (BT-

Drs. 16/3655, 47; BGHZ 192, 270 Rn. 13 = NJW 2012, 1005; BGH NJW 2013, 59 Rn. 28). Außerdem gehört die rechtliche Beurteilung von Verkehrsunfällen nicht zum Berufsbild des Kfz-Meisters oder Mietwagenunternehmers, und auch der technische Sachverständige ist nicht zur Beantwortung rechtlicher Haftungsfragen berufen, so dass es darüber hinaus an dem erforderlichen Zusammenhang mit der eigentlichen Hauptleistung fehlt (BT-Drs. 16/3655, 47). Kein Unfallgeschädigter erwartet von dem Kfz-Meister, Sachverständigen oder Mietwagenunternehmer eine rechtliche Beurteilung der Schuldfrage, eine Abwägung der Verursachungsanteile oder gar die Anwendung der Grundsätze des Anscheinsbeweises auf seinen Unfallsachverhalt (BT-Drs. 16/3655, 47).

Auch in den Fällen, in denen der Haftungsgrund zunächst unstreitig ist, **110** etwa weil die Alleinhaftung des Unfallgegners feststeht und von der gegnerischen Versicherung bereits anerkannt wurde, kann im Verlauf der Schadenregulierung eine rechtliche Prüfung erforderlich werden, wenn die Höhe der erstattungsfähigen Mietwagenkosten, der Nutzungsausfallentschädigung oder die Ersatzfähigkeit einer durchgeführten Reparaturmaßnahme streitig wird (BT-Drs. 16/3655, 47). Stets unzulässig ist auch die Ermittlung und Bezifferung eines konkreten Schmerzensgeldanspruchs oder eines Erwerbs- oder Haushaltsführungsschadens. Solche Schäden stehen erstens nicht im Zusammenhang mit der eigentlichen Tätigkeit der Genannten und sind zweitens aufgrund der besonderen Bedeutung für den Geschädigten generell nicht mehr als Nebenleistung anzusehen (BT-Drs. 16/3655, 47; BGHZ 192, 270 Rn. 8 ff. = NJW 2012, 1005; Grunewald/Römermann/*Hirtz* Rn. 175).

Soweit Kfz-Händler, Mietwagenunternehmen und Sachverständige ihre **111** Kunden über die Durchsetzbarkeit der genannten Schadenspositionen beraten dürfen, sind sie auch zur **Einziehung der Schadensersatzforderung gegenüber Dritten bzw. der eintrittspflichtigen Versicherung** berechtigt (BT-Drs. 16/3655, 53; siehe auch bereits Rn. 61). Ist also nicht der Haftungsgrund, sondern ausschließlich die Schadenshöhe streitig, hindert dies die Einziehung der Schadensersatzforderung durch Kfz-Werkstatt, Mietwagenunternehmen oder Sachverständigen grds. nicht (vgl. BGHZ 192, 270 Rn. 13 ff. = NJW 2012, 1005; BGH Urt. v. 11.9.2012 – VI ZR 238/11, BeckRS 2012, 20767 Rn. 19; BGH Urt. v. 11.9.2012 – VI ZR 296/11, BeckRS 2012, 21711 Rn. 12; BGH NJW 2013, 62 Rn. 16; BGH NJW 2013, 1539 Rn. 7; BGH NJW 2013, 1870 Rn. 10). Die Einziehung von Schadensersatzforderungen ist daher etwa zulässig, wenn Streit über die Angemessenheit einer Sachverständigenrechnung, die Höhe der Reparaturkosten oder die Höhe der abgerechneten Mietwagenkosten besteht (Kilian/Sabel/vom Stein/*Sabel* Rn. 233).

Nach Ansicht des Gesetzgebers ist es dabei nicht nur für die Kunden und **112** den Unternehmer, sondern auch für die Anspruchsgegner durchweg vorteilhaft, wenn der Streit über die Berechtigung einer Rechnungsposition unmittelbar zwischen dem Unternehmer und der letztlich zahlungspflichtigen Person ausgetragen wird. Der Kunde wird von der für ihn lästigen Schadensabwicklung entlastet, ohne dass damit für ihn Nachteile verbunden sind: Zieht der Unternehmer den Erstattungsanspruch erfolgreich ein, wird der Kunde durch die Leistung des Dritten von seiner Verbindlichkeit gegenüber dem Unternehmen befreit (BT-Drs. 16/3655, 53). Bestreitet der Dritte seine Eintrittspflicht erfolgreich, wird das Unternehmen oftmals seine Forderung auch gegenüber dem Kunden nicht durchsetzen können (Bsp: überhöhte Mietwagenkosten). Der Unternehmer kann seine Leistung unmittelbar gegenüber dem wirtschaftlich Einstandspflichtigen rechtfertigen und braucht seinen Kunden nicht in Anspruch zu nehmen (BT-Drs. 16/3655, 53). Auch wenn der Unternehmer tatsächlich einen Anspruch gegen seinen Kunden hat, ist die erfolglose Geltendmachung der Forderung durch den Unternehmer gegenüber dem Dritten für ihn mit keinem Rechtsnachteil verbunden (Gaier/Wolf/Göcken/*Johnigk* Rn. 27 Fn. 7). Der Dritte schließlich kann sich über die von ihm erhobenen Einwendungen gegen die Abrechnung des Unternehmers unmittelbar mit diesem auseinandersetzen. Ihm ist es auch möglich, sich von einem Geschädigten, der die Rechnung eines Mietwagenunternehmens zunächst selbst beglichen hatte, gegen Erstattung des gesamten Betrags dessen Anspruch auf Rückzahlung des überhöhten Mietpreisanteils abtreten zu lassen, um ihn sodann gegenüber dem Mietwagenunternehmen geltend zu machen (BT-Drs. 16/3655, 53 f.; anders zum RBerG noch BGH NJW 1996, 1965, 1966 f.).

113 Rechnen Kfz-Werkstätten, Mietwagenunternehmen und Sachverständige die durch ihre Inanspruchnahme entstandenen Schadensposten mit der gegnerischen Versicherung ab, ohne Grund und Umfang der gegnerischen Eintrittspflicht rechtlich zu prüfen, liegt sogar nicht einmal eine erlaubnispflichtige Rechtsdienstleistung vor, da mangels notwendiger Rechtsprüfung § 2 Abs. 1 RDG und mangels eigenständigen, von seinem Hauptgeschäft getrennten (Inkasso-)Geschäftsbetriebs § 2 Abs. 2 RDG nicht einschlägig ist (Kilian/Sabel/vom Stein/*Sabel* Rn. 227; *ders.* NZV 2006, 6, 10; siehe dazu auch § 2 RDG Rn. 74, 91 sowie zu einem Sonderfall OLG Frankfurt a. M. NJW-RR 2005, 786). Um eine derartige einfache Forderungseinziehung handelt es sich auch dann, wenn eine Kfz-Werkstatt für ihren Kunden, der auf die Anmietung eines Ersatzfahrzeugs verzichtet hat, die tabellarisch leicht zu berechnende (BGH NJW 2011, 1947 Rn. 15 ff.; BGHZ 192, 270 Rn. 16 = NJW 2012, 1005) Nutzungsentschädigung geltend macht (Kilian/Sabel/vom Stein/*Sabel* Rn. 228).

114 Werden aber im Fall eines streitigen Unfallhergangs Forderungen zu Einziehungszwecken oder erfüllungshalber an eine Kfz-Werkstatt, ein Mietwagenunternehmen oder einen Sachverständigen abgetreten, ist die **Abtretung** gem. § 134 BGB unwirksam. Nichtigkeit tritt aber nicht bereits deshalb ein, weil die Abtretung zu einem Zeitpunkt erfolgte, zu dem noch nicht geklärt war, ob und wie sich der Unfallgegner bzw. dessen Haftpflichtversicherer einlässt (BGH Urt. v. 11.9.2012 – VI ZR 238/11, BeckRS 2012, 20767 Rn. 22; BGH Urt. v. 11.9.2012 – VI ZR 296/11, BeckRS 2012, 21711 Rn. 15; BGH NJW 2013, 62 Rn. 19; BGH NJW 2013, 1870 Rn. 11). Die Abtretung als solche ist ein neutrales Geschäft, welches nicht per se gegen ein Verbotsgesetz (§ 134 BGB) verstößt. Ein Verstoß liegt vielmehr nur dann vor, wenn zum Zeitpunkt der Abtretung Umstände gegeben sind, aus denen (objektiv) ohne Weiteres ersichtlich ist, dass es sich um einen Unfall handelt, bei dem die Einziehung einer abgetretenen Schadensersatzforderung durch ein Mietwagenunternehmen nicht erlaubt ist (BGH NJW 2013, 1870 Rn. 11; siehe hierzu auch § 3 RDG Rn. 47). Zulässig bleibt aber die Sicherungsabtretung auch solcher Ansprüche und ihre Geltendmachung nach Eintritt des Sicherungsfalls sowie die Abtretung dieser Ansprüche an Erfüllungs statt (Kilian/Sabel/vom Stein/

Rechtsdienstleistungen und andere Tätigkeit §5 RDG

Sabel Rn. 232; *ders.* NZV 2006, 6, 11; siehe hierzu auch § 2 RDG Rn. 73, 75 ff.).

15. Unternehmensberater. Der Beruf des Unternehmensberaters ist **we- 115 der gesetzlich geregelt noch geschützt.** Es fehlen Bestimmungen, die die Anforderungen für die Berufsausübung und die Richtlinien für die Ausbildung von Unternehmensberatern definieren. Das Berufsbild wird anders als bei Rechtsanwälten, Steuerberatern und Wirtschaftsprüfern nicht durch berufsrechtliche Regelungen konkretisiert. Es umfasst sowohl freiberufliche (qualifizierte Vertrauensberatung) als auch gewerbliche (Vermittlungstätigkeiten) Betätigungsformen. Als Folge dieser Vielfalt und zugleich des Regelungsverzichts des Gesetzgebers haben Unternehmensberater in sehr unterschiedlichem Maße Rechtskenntnisse. So stehen Betriebs-/Volkswirten oder Wirtschaftsjuristen, die im Rahmen des Studiums auch Rechtsvorlesungen gehört haben, „selbsternannte" Unternehmensberater ohne jegliche Ausbildung gegenüber. Auch wenn das Berufs- oder Tätigkeitsbild der Haupttätigkeit grds. unabhängig von der juristischen Qualifikation des Einzelnen zu bestimmen ist, rechtfertigt es die **Heterogenität der Berufsgruppe** der Unternehmensberater, diese in Gruppen mit unterschiedlicher juristischer Qualifikation einzuteilen. Folge ist, dass Berufsträger, die eine gewisse juristische Qualifikation erworben haben, auch mehr Rechte aus § 5 RDG herleiten können als solche Dienstleister, die diesen (nicht geschützten) Beruf ohne besondere juristische Ausbildung ergriffen haben (vgl. bereits Rn. 44). Bei bestimmten Formen der Unternehmensberatung können sich ähnlich wie bei der Maklertätigkeit Gefahren für die Unabhängigkeit ergeben, so dass eine rechtsbesorgende Nebenleistung an § 4 RDG scheitert (vgl. § 4 RDG Rn. 27). Das ist insbesondere dann der Fall, wenn die Unternehmensberatung auch die Vermittlung von Unternehmenskäufen umfasst oder die Tätigkeit akquisitorischer Natur ist (BGH NJW 2008, 1318 Rn. 7 ff.; AGH Frankfurt a. M. Urt. v. 12.12.2011 – 1 AGH 7/11, BeckRS 2012, 08446). Der BGH hat daher für Rechtsanwälte eine Zweittätigkeit als „Berater und Akquisiteur" für eine Unternehmensberatungsgesellschaft generell für unvereinbar iSv § 7 Nr. 8 BRAO erklärt (BGH NJW 2008, 1318 Rn. 6 ff.). Die reine freiberufliche Beratungstätigkeit begründet dagegen keine Unvereinbarkeit (zum Ganzen auch Henssler/Prütting/*Henssler* § 7 Rn. 105).

Die rein betriebswirtschaftliche Beratung ist schon keine Rechtsdienstleis- **116** tung iSd § 2 Abs. 1 RDG (Gaier/Wolf/Göcken/*Johnigk* § 2 Rn. 54a). Bei auf ihrer Grundlage durchgeführten **Existenzgründungsberatungen** kann etwa auf behördliche Genehmigungsverfahren und -voraussetzungen gem. § 5 Abs. 1 RDG hingewiesen werden (Kilian/Sabel/vom Stein/*Sabel* Rn. 248); Fördermittelberatung ist nach § 5 Abs. 2 Nr. 3 RDG ohnehin stets erlaubte Nebenleistung (dazu Rn. 155 ff.). Ist der Dienstleister mit einer Standortanalyse beauftragt, soll er also ermitteln, ob an dem in Aussicht genommenen Standort unter den örtlichen Gegebenheiten eine Praxis wirtschaftlich betrieben werden kann, spielen auch für die Anmietung von Räumlichkeiten anfallende Beträge eine beachtliche Rolle. Im Zusammenhang hiermit stehen auch Verhandlungen über einen Mietvertrag; eine zulässige Nebenleistung ist allerdings nur gegeben, wenn finanzielle und wirtschaftliche Fragen im Mittelpunkt der Verhandlungen stehen (Krenzler/*Krenzler* Rn. 98; vgl. auch zum RBerG OLG

Hamm NJW-RR 1989, 1061 f.). Auch darf ein Unternehmensberater nicht anlässlich einer Existenzgründungsberatung eine gesellschaftsrechtliche Beratung von mehreren Gründern, die sich zusammenschließen wollen, vornehmen (BT-Drs. 16/3655, 56; Krenzler/*Krenzler* Rn. 98; siehe auch OLG Köln Urt. v. 27.2.2008 – 6 U 177/07, BeckRS 2008, 09086 zu Art. 1 § 1 Abs. 1 RBerG).

117 Generell gilt, dass umfassende Rechtsdienstleistungen in den Bereichen **Unternehmensgründung, -nachfolge oder -übertragung** und auf rechtlich ähnlich komplexen Gebieten keine erlaubte Nebenleistung sind (BT-Drs. 16/3655, 56; insoweit kritisch Henssler/Prütting/*Weth* Rn. 30). So ist einem Unternehmensberater die Ausarbeitung eines Unternehmenskaufvertrags verwehrt (Kilian/Sabel/vom Stein/*Sabel* Rn. 249 f.). Führt eine betriebswirtschaftliche Beratung zur Absicht des Unternehmers, die Unternehmensstruktur zu verändern, muss er für die konkrete Durchführung dieser Veränderung regelmäßig Anwälte einschalten. So erfordern etwa die Ausgliederung von Betriebsteilen oder Massenentlassungen komplexe rechtliche Gestaltungen (Krenzler/*Krenzler* Rn. 99).

118 Auch die **steuerrechtliche (Mit-)Begleitung** einer Angelegenheit wird regelmäßig die Grenze einer Nebenleistung überschreiten. In einem höchstrichterlich entschiedenen Rechtsstreit beriet eine Unternehmensberatungsgesellschaft auf dem Gebiet der bAV im Bereich des Arbeits- und Steuerrechts bei der Gründung eines Unterstützungskassenvereins. Die Unternehmensberatung fertigte auch die Gründungsunterlagen für den Kunden. Die Gesellschaft hatte sich im Prozess, in dem es ua um die Wirksamkeit des Beratungsvertrags ging, darauf berufen, dass eine erfolgreiche Beratung im Bereich der bAV ohne Berücksichtigung der steuerlichen Aspekte nicht stattfinden könne, weil ansonsten wesentliche finanzielle Auswirkungen nicht berücksichtigt würden. Bereits aus diesen Ausführungen ergab sich nach Auffassung des BGH, dass hier nicht eindeutig bestimmbar gewesen sei, ob wirtschaftliche oder steuerrechtliche Gesichtspunkte bei der Beratung im Vordergrund gestanden hätten. Dann handele es sich aber bei dem steuerlichen Teil der Aufgabenerfüllung nicht nur um eine untergeordnete Nebentätigkeit, sondern um einen gewichtigen Teil der gesamten Beratungstätigkeit (BGH Urt. v. 20.3.2008 – IX ZR 238/06, BeckRS 2008, 06882 Rn. 10; siehe auch BGHZ 79, 239, 243 ff. = NJW 1981, 873, 874 zum RBerG). Auch wenn die Entscheidung zu § 4 Nr. 5 StBerG ergangen ist, sind ihre Grundsätze auf die vom Regelungsgegenstand vergleichbare Parallelnorm des § 5 RDG übertragbar (Schlewing/Henssler/Schipp/Schnitker/*Henssler* Teil 3 Rn. 44; Uckermann/ *Pradl* BB 2009, 1892, 1896; *Römermann* NJW 2011, 884, 886; siehe auch *Schrehardt/Gladys* DStR 2010, 1051, 1052 sowie § 10 RDG Rn. 84). Siehe zum Sonderfall der Energieberatung Rn. 56, zur Insolvenz- und Sanierungsberatung Rn. 63 ff. und zur Fördermittelberatung Rn. 155 ff.

119 **16. Versicherungsvermittler.** Der Begriff „Versicherungsvermittler" wird als **Oberbegriff für die Berufsgruppen der Versicherungsvertreter und der Versicherungsmakler** verwandt (§ 59 Abs. 1 VVG; § 34 d Abs. 1 S. 1 GewO). Als Versicherungsvertreter wird derjenige bezeichnet, der von einem Versicherer oder einem Versicherungsvertreter damit betraut ist, gewerbsmäßig Versicherungsverträge zu vermitteln oder abzuschließen (§ 59

Rechtsdienstleistungen und andere Tätigkeit **§ 5 RDG**

Abs. 2 VVG). Der Versicherungsmakler übernimmt dagegen gewerbsmäßig für den Auftraggeber die Vermittlung oder den Abschluss von Versicherungsverträgen, ohne von einem Versicherer oder von einem Versicherungsvertreter damit betraut zu sein (§ 59 Abs. 3 VVG). Merkmal der Tätigkeit eines Versicherungsmaklers und zugleich **Abgrenzungskriterium** zum Versicherungsvertreter ist danach, dass die Vermittlungstätigkeit im Auftrag des Kunden (und nicht eines Versicherers oder Versicherungsvertreters) erfolgt. Ohne Bedeutung ist dagegen, ob der Gewerbetreibende seine Provision vom Kunden oder aber vom Versicherungsunternehmen erhält (BeckOK GewO/*Will* § 34d Rn. 18; *Ruttloff* GewArch 2009, 59).

Nach § 34d Abs. 1 S. 4 GewO umfasst die einem **Versicherungsmakler** 120 erteilte Erlaubnis die Befugnis, Dritte, die nicht Verbraucher sind, bei der Vereinbarung, Änderung oder Prüfung von Versicherungsverträgen gegen gesondertes Entgelt rechtlich zu beraten; diese Befugnis zur Beratung erstreckt sich auch auf Beschäftigte von Unternehmen in den Fällen, in denen der Versicherungsmakler das Unternehmen berät. Dem Versicherungsmakler ist es daher gestattet, gegen gesondertes Honorar Beratungen über Versicherungsverträge durchzuführen, auch wenn diese rechtlich geprägt sind und mit einer konkreten Vermittlungstätigkeit nicht im Zusammenhang stehen (BT-Drs. 16/1935, 18). Dabei kann es um die Vereinbarung neuer oder die Änderung oder Prüfung bestehender Versicherungsverträge gehen (BeckOK GewO/*Will* § 34d Rn. 70; siehe zum Umfang der Rechtsdienstleistungsbefugnis nach § 34d Abs. 1 S. 4 GewO auch § 10 RDG Rn. 77; Tettinger/Wank/Ennuschat/*Ennuschat* § 34d Rn. 44ff.; Landmann/Rohmer/*Schönleiter* § 34d Rn. 60f.; Prölss/Martin/*Dörner* § 34d GewO Rn. 34 sowie *Römermann* NJW 2011, 884, 887; Schlewing/Henssler/Schnitker/Schipp/*Henssler* Teil 3 Rn. 27ff. speziell bezogen auf die bAV). Die Honorarberatung schließt auch nicht eine spätere Vermittlung eines Versicherungsvertrags aus (Tettinger/Wank/Ennuschat/*Ennuschat* § 34d Rn. 46; Prölss/Martin/*Dörner* § 34d GewO Rn. 34; *Ruttloff* GewArch 2009, 59, 63; aA *Harstorff* VersR 2008, 47, 48f.). Notwendig ist aber, dass bei der Beratungstätigkeit des Maklers Versicherungsverträge im Sinne von privaten Versicherungsverträgen („bei der Vereinbarung, Änderung oder Prüfung von Versicherungsverträgen") im Vordergrund stehen (§ 10 RDG Rn. 77; OLG Karlsruhe NJW-RR 2010, 994, 996). § 34d Abs. 1 S. 4 GewO gewährt daher keine Rechtsdienstleistungskompetenz im Schadensfall (BT-Drs. 16/1935, 18; *Enke* Die Zulässigkeit der Honorarberatung durch den Versicherungsmakler, 2013, S. 113). Der Umfang der dem Versicherungsmakler verliehenen Rechtsberatungsbefugnis ist zudem geringer als derjenige des Versicherungsberaters gem. § 34e Abs. 1 S. 3 GewO (dazu Rn. 128f.). Für einen **Versicherungsvertreter** fehlt es zudem völlig an einer § 34d Abs. 1 S. 4 GewO entsprechenden Regelung (BeckOK GewO/*Will* § 34d Rn. 68).

Im Schrifttum wird teilweise die Anwendbarkeit des § 5 RDG für Versicherungsmakler und -vertreter grundsätzlich in Abrede gestellt. Die Rechtsdienstleistungsbefugnisse dieser Berufsgruppen seien in § 34d GewO abschließend geregelt, so dass für einen Rückgriff auf § 5 RDG überhaupt kein Raum mehr bleibe. Entscheidend sei, dass bereits die Hauptleistungspflicht in Anbetracht des Katalogs der § 34d GewO rechtlichen Charakter habe. Es trete daher nicht – wie von § 5 RDG gefordert – eine rechtliche Nebenleistung neben 121 eine nicht-rechtliche Hauptleistungspflicht (Grunewald/Römermann/*Hirtz* Rn. 190f.; *Uckermann* NZA 2011, 552, 554; in diese Richtung auch *Römermann* NJW 2011, 884, 885; siehe zudem *Werber* VersR 2006, 1010, 1022f.).

122 Richtig ist zwar, dass der Umfang der sich aus § 5 Abs. 1 RDG ergebenden Rechtsdienstleistungsbefugnisse durch das in einem anderen Gesetz umschriebene Tätigkeitsbild oder den darin festgelegten Aufgaben- und Zuständigkeitsbereich beeinflusst wird (siehe bereits Rn. 29, 36; § 1 RDG Rn. 29). Dies bedeutet allerdings nicht, dass den Versicherungsvermittlern wegen der in § 34d GewO verankerten Befugnisse per se die Berufung auf den Nebenleistungstatbestand des § 5 Abs. 1 RDG verwehrt wäre. Den Gesetzgebungsmaterialien lässt sich ein solch abschließendes Verständnis der Regelungen der GewO nicht entnehmen (BT-Drs. 16/1935, 18; siehe auch OLG Karlsruhe NJW-RR 2010, 994, 995f. [ohne Problembewusstsein]; OLG Köln GRUR-RR 2014, 292, 293; Prölss/Martin/*Dörner* § 34d GewO Rn. 34; Landmann/Rohmer/*Schönleiter* § 34d Rn. 60; Beckmann/Matusche-Beckmann/*Matusche-Beckmann* § 5 Rn. 248; *Enke* Die Zulässigkeit der Honorarberatung durch den Versicherungsmakler, 2013, S. 82ff.; *dies.* VuR 2011, 257, 259f.; *Harstorff* VersR 2008, 47, 49; *Schwintowski* VersR 2009, 1333, 1335f. sowie § 10 RDG Rn. 79). Schließlich gibt es auch ansonsten Berufsgruppen, deren Hauptleistungspflicht rechtlich (mit)geprägt ist, für die aber gleichzeitig die (kumulative) Anwendbarkeit des § 5 RDG unstreitig ist (Rn. 27, 43). So dürfen etwa Steuerberater, die nach § 3 StBerG zur Steuer(rechts)beratung befugt sind, auch außerhalb dieses Bereichs Rechtsdienstleistungen auf der Grundlage des § 5 RDG erbringen (Rn. 43, 96). Diese allgemeine Befugnis aus § 5 Abs. 1 RDG steht im Grundsatz sowohl Versicherungsmaklern als auch Versicherungsvertretern zu (BeckOK GewO/*Will* § 34d Rn. 72; *Schwintowski* VersR 2009, 1333, 1335).

123 Mit dem Votum für die grundsätzliche Anwendbarkeit des § 5 RDG ist aber noch keine Aussage zur Reichweite der hieraus resultierenden Befugnisse getroffen. Der Gesetzgeber hat zwar darauf hingewiesen, dass „insbesondere … Versicherungsmaklern die Vertretung von Versicherungsnehmern und die Geltendmachung von Ansprüchen im Schadensfall … als Annextätigkeit im Zusammenhang mit einer makelnden Tätigkeit erlaubt" sein kann (BT-Drs. 16/1935, 18). Diese pauschale Aussage ist aber zu weitgehend und wird der gebotenen differenzierten Betrachtungsweise nicht gerecht: Wie sich aus § 59 VVG und § 34d GewO ergibt, ist die Haupttätigkeit von Versicherungsvermittlern die Vermittlung und der Abschluss von Versicherungsverträgen. Im Zusammenhang hierzu steht auch noch die weitere versicherungstechnische Betreuung des Versicherungsvertrags (vgl. BGH NJW 1967, 1562, 1563f.; BGHZ 94, 356, 358f. = NJW 1985, 2595; BGH NJW-RR 2009, 1688 Rn. 8; OLG Düsseldorf NJW-RR 1991, 115, 116). Ein Versicherungsmakler darf, auch gegenüber Privatpersonen, über Rechte und Pflichten aus dem Versicherungsvertrag und den Umfang der abgedeckten Risiken aufklären, Hilfe bei der Regulierung eines Versicherungsschadens leisten und den Schriftwechsel mit dem Versicherer einschließlich der Erstellung einer sachgerechten Schadensanzeige übernehmen. Bei der Abwicklung von Schadensfällen könne ein Kunde sogar einen Hinweis durch den Versicherungsmakler erwarten, soweit ihm Schäden drohen, weil er z. B. wegen der mangelnden Beachtung ihm regelmäßig nicht geläufiger Formalitäten in Gefahr gerate, seinen gesam-

ten Versicherungsschutz zu verlieren (BGH NJW-RR 2009, 1688 Rn. 10f.). Zulässig ist auch die **Überprüfung und Kündigung bestehender Versicherungsverträge** (OLG Hamm VersR 1985, 59; OLG Karlsruhe NJW 1988, 838, 839 zum RBerG; Grunewald/Römermann/*Hirtz* Rn. 190; *Kleine-Cosack* Anhang zu den §§ 1–5 Rn. 160; Kilian/Sabel/vom Stein/*Sabel* Rn. 251; *Enke* Die Zulässigkeit der Honorarberatung durch den Versicherungsmakler, 2013, S. 91 ff.). Dies gilt jedenfalls dann, wenn die Kündigung auf einen sich aus dem Vertrag ergebenden oder sonst anerkannten Kündigungsgrund gestützt wird (vgl. hierzu auch Rn. 70; BGH NJW 2012, 1589 Rn. 31 ff. sowie § 2 RDG Rn. 57). Dabei darf sich der Versicherungsmakler auch insoweit mit einem eingetretenen Schadensfall befassen, als er in die künftige Risikoanalyse bis hin zur Empfehlung einer Versicherungserweiterung einbezogen wird (OLG Hamburg Urt. v. 22.11.2007 – 3 U 13/06, BeckRS 2008, 12931). Ein Versicherungsmakler, der den Auftrag hat, seinem Kunden Verträge für eine private Altersvorsorge vorzuschlagen bzw. zu vermitteln, soll im Zusammenhang mit diesem Auftrag gem. § 5 Abs. 1 RDG auch berechtigt sein, über diejenigen **Fragen der Sozialversicherung** zu beraten, die für den Kunden bei der Altersvorsorge eine Rolle spielen können (§ 10 RDG Rn. 83; OLG Karlsruhe NJW-RR 2010, 994, 995 f.; aA Schlewing/Henssler/Schipp/Schnitker/*Henssler* Teil 3 Rn. 49; kritisch auch Gaier/Wolf/Göcken/*Johnigk* Rn. 40). Ein Zusammenhang mit der Vermittlungstätigkeit wird schließlich auch noch hinsichtlich des **Geltendmachens von vertraglichen Ansprüchen gegen den Versicherer** bejaht (BGH NJW 1967, 1562, 1564; OLG Düsseldorf NJW-RR 1991, 115, 116; OLG Hamm VersR 1985, 59; Kilian/Sabel/vom Stein/*Sabel* Rn. 251; *Rennen/Caliebe* Art. 1 § 5 Rn. 34; *Enke* Die Zulässigkeit der Honorarberatung durch den Versicherungsmakler, 2013, S. 109 ff.; aA AG Düsseldorf AnwBl. 1968, 117, 118; *Chemnitz/Johnigk* Rn. 546), da es zum Berufsbild des Maklers gehören soll, Schriftverkehr mit den privaten Versicherern zu übernehmen (OLG Karlsruhe NJW-RR 2010, 994, 996). Allerdings sind im Einzelfall die sich aus § 4 RDG ergebenden allgemeinen Grenzen für rechtsdienstleistende Tätigkeiten von Maklern zu beachten (dazu § 4 RDG Rn. 27).

Kein Konnex zur Maklertätigkeit besteht hinsichtlich der **Geltendmachung von Schadensersatzansprüchen ihrer Kunden durch Makler gegen Dritte.** Denn ob ein Kunde seine Ansprüche gegen Dritte etwa aus einem Unfall durchsetzen kann und ob eine Schadensabwicklung im Ergebnis so verläuft, wie es sich der Kunde erhofft, ist ohne Bedeutung für den Abschluss bzw. den Bestand eines Versicherungsvertrags. Ob ein Kunde richtig oder günstig versichert ist, hat nichts mit der Geltendmachung derartiger Ansprüche zu tun (BGH NJW 1967, 1562, 1564 zum RBerG; vgl. auch OLG Düsseldorf AnwBl. 1968, 261, 262; OLG Düsseldorf AnwBl. 1994, 574, 575; OLG Schleswig AnwBl. 1972, 242; siehe auch *Enke* Die Zulässigkeit der Honorarberatung durch den Versicherungsmakler, 2013, S. 124 ff., die zwar eine Betreuung im Schadensfall dem Grunde nach zu den Aufgaben des Versicherungsmaklers zählt, aber die mit der Anspruchsgeltendmachung verbundenen Tätigkeiten nicht mehr als Nebenleistung qualifiziert; aA *Kleine-Cosack* Anhang zu den §§ 1–5 Rn. 164 ff.; *Werber* VersR 2006, 1010, 1016 f.). Zudem können in solchen Fällen Interessenkollisionen in der Person des 124

Maklers entstehen, wenn bspw. der Makler zugleich mit dem Versicherungsunternehmen des Dritten in Geschäftsverbindung steht oder wenn sein Kunde eine Haftpflicht- und Kaskoversicherung abgeschlossen hat und daher die Geltendmachung von Gegenansprüchen gegen Dritte letzten Endes weniger dem Kunden als der Entlastung des Versicherers dient, zu dem der Makler ebenfalls in Beziehung steht (BGH NJW 1967, 1562, 1564). Der Versicherungsmakler kann sich in diesem Fall auch nicht darauf berufen, im eigenen Interesse tätig zu werden und daher überhaupt keine erlaubnispflichtige Tätigkeit zu erbringen (zum Begriff der Fremdheit siehe § 2 RDG Rn. 19ff., 27 sowie § 4 RDG Rn. 12). Schließlich trifft ihn selbst kein Versicherungsrisiko; ob die Kunden bei der Verwirklichung ihrer bestehenden oder vermeintlichen Ansprüche gegenüber Dritten Erfolg haben oder nicht, ist im wirtschaftlichen Ergebnis für den Versicherungsmakler gleichgültig. Sein etwaiges mittelbares Interesse, durch eine derartige Beratung die Vermittlung von Versicherungsverträgen zu erleichtern oder den Bereich der Geschäftstätigkeit auszuweiten, kann nicht dazu führen, die übernommene Tätigkeit ganz oder überwiegend in eine eigene Angelegenheit zu verwandeln (BGH NJW 1967, 1562, 1563; OLG Karlsruhe NJW 1988, 838). Höchstrichterlich noch nicht geklärt ist dagegen die Frage, ob der Versicherungsmakler die von einem Kunden eines Versicherungsnehmers geltend gemachten Ansprüche **abwehren** darf (offengelassen von BGH NJW 1967, 1562, 1564 zu Art. 1 § 5 RBerG). Zum Teil wird diese für zulässig erachtet, weil es anders als bei der Geltendmachung von Ansprüchen gegen Dritte bei der Anspruchsabwehr auch um die Frage, ob Versicherungsschutz für den eingetretenen Schaden besteht, und um die Freihaltung des vom Makler betreuten Versicherungsvertrags von einer unberechtigten Inanspruchnahme gehe (*Matusche-Beckmann* NVersZ 1999, 16, 19f. zum RBerG). Richtigerweise lassen sich die für die aktive Geltendmachung von Schadensersatzansprüchen gegen Dritte entwickelten Grundsätze aber auf die hiermit korrespondierende Anspruchsabwehr übertragen (OLG Düsseldorf NJW-RR 1991, 115, 116; *Rennen/Caliebe* Art. 1 § 5 Rn. 39, jeweils zum RBerG).

125 Wer eine schadensbearbeitende Tätigkeit des Versicherungsmaklers grundsätzlich für zulässig hält, muss aber beachten, dass der rechtsdienstleistende Teil nicht den Charakter einer Nebenleistung verliert (vgl. hierzu *Enke* Die Zulässigkeit der Honorarberatung durch den Versicherungsmakler, 2013, S. 124ff.). Wie auch bei der Unfallschadensregulierung (Rn. 109f.) kann die Abwicklung eines dem Grunde nach **streitigen Schadensfalls** nicht mehr als Nebenleistung qualifiziert werden. Die Unzulässigkeit dieser Tätigkeit wird sogar besonders augenfällig, wenn der Versicherer dem Versicherungsmakler für diese Schadensabwicklung eine gesonderte bzw. erhöhte Vergütung zahlt (vgl. auch Rn. 38; aA *Ruttloff* GewArch 2009, 59, 62). Die Vereinbarung einer Sonderzahlung legt nahe, dass die rechtsdienstleistende Komponente für den Auftraggeber von besonderer Bedeutung ist. Außerdem muss ein **zeitlicher Zusammenhang** zur makelnden Tätigkeit gewahrt bleiben. Hat ein Versicherungsmakler (einmalig) einen Vertrag vermittelt, diesen dann aber nicht weiterbetreut, kann er nicht Jahre später Rechtsdienstleistungen unter Berufung auf § 5 Abs. 1 RDG erbringen (vgl. Gaier/Wolf/Göcken/*Johnigk* § 2 RDG Rn. 43a). Ein Versicherungsmakler ist außerdem nicht berechtigt, den

Kunden bei Anträgen gegenüber einem Sozialversicherungsträger zu vertreten (OLG Karlsruhe NJW-RR 2010, 994, 995 f.).

Für den **Versicherungsvertreter** ist zu beachten, dass er, sofern er zum Abschluss von Versicherungsverträgen bevollmächtigt ist, gem. § 71 VVG auch befugt ist, die Änderung oder Verlängerung solcher Verträge zu vereinbaren sowie Kündigungs- und Rücktrittserklärungen abzugeben. Für Versicherungsvertreter war bereits unter der Geltung des RBerG anerkannt, dass sie im Rahmen der Schadensregulierung für den Versicherer auch Rechtsberatung als Annextätigkeit iSd Art. 1 § 5 Nr. 1 RBerG erbringen konnten (BGH VersR 1979, 714, 715; OLG Stuttgart VersR 1985, 762; OLG München VersR 1994, 1467; siehe auch BGH VersR 1985, 753). Allerdings muss auch hier beachtet werden, dass die rechtsdienstleistende Komponente der Tätigkeit nicht selbstständig neben die Vermittlertätigkeit tritt. Einem Versicherungsmakler ist es dagegen von vornherein verwehrt, aufgrund eines gesonderten Auftrags für einen Versicherer schadensbearbeitend tätig zu werden. Er darf daher nicht im Auftrag des Versicherers gegen den Versicherungsnehmer gerichtete Ansprüche abzuwehren versuchen (aA OLG Köln GRUR-RR 2014, 292, 293 f. sowie die Vorinstanz LG Bonn Urt. v. 17.10.2013 – 14 O 44/13, BeckRS 2013, 19348). Insoweit ist die Legaldefinition des Berufsbilds des Versicherungsmaklers und -vertreters in § 59 VVG zu beachten. Aus ihr ergibt sich, dass der Versicherungsmakler – auch wenn die Provision vom Versicherer übernommen wird – im Auftrag des Versicherungsnehmers und nicht des Versicherungsunternehmens tätig wird (siehe bereits Rn. 119) und schon deshalb die Schadensabwicklung für den Versicherer nicht im sachlichen Zusammenhang zur Tätigkeit eines Versicherungsmaklers steht (*Henssler/Deckenbrock* DB 2014, 2151, 2153 f.). 126

Zu der Frage, inwieweit Versicherungsvertreter und -makler Rechtsdienstleistungen im Bereich der **bAV** erbringen dürfen, siehe einerseits (gegen die Anerkennung von Rechtsdienstleistungskompetenzen) Schlewing/Henssler/Schipp/Schnitker/*Henssler* Teil 3 Rn. 24 ff.; *ders.* Vermögen & Steuern 2010, 50; *Schunder* FS Bepler, 2012, S. 539 ff.; *Römermann* NJW 2011, 884 ff. und andererseits (für die Anerkennung von Rechtsdienstleistungsbefugnissen) Meissner/*von Holst* Gruppe 7, S. 183, 188 ff., S. 237 ff.; *Enke* Die Zulässigkeit der Honorarberatung durch den Versicherungsmakler, 2013, S. 103 ff.; *dies.* VuR 2011, 257, 258 ff. Siehe auch § 10 RDG Rn. 72 ff. 127

17. Versicherungsberater. Wie ein Blick in § 59 Abs. 4 VVG und § 34 e Abs. 1 S. 1 GewO zeigt, gehört es zum Berufsbild des Versicherungsberaters, gewerbsmäßig Dritte bei der Vereinbarung, Änderung oder Prüfung von Versicherungsverträgen oder bei der Wahrnehmung von Ansprüchen aus Versicherungsverträgen im Versicherungsfall zu beraten oder gegenüber dem Versicherer außergerichtlich zu vertreten. Anders als Versicherungsvermittler (Rn. 119) erhalten sie hierfür vom Versicherer keinen wirtschaftlichen Vorteil. Sie sind zudem nicht in anderer Weise von ihm abhängig. Ihnen ist es gem. § 34 e Abs. 3 S. 1 GewO sogar gesetzlich untersagt, Provision von Versicherungsunternehmen entgegenzunehmen (sog. **Provisionsannahmeverbot**). 128

Nach § 34 e Abs. 1 S. 3 GewO umfasst die Erlaubnis, als Versicherungsberater tätig zu werden, die Befugnis, Dritte bei der Vereinbarung, Änderung oder Prüfung von Versicherungsverträgen oder bei der Wahrnehmung von Ansprüchen 129 aus dem Versicherungsvertrag im Versicherungsfall rechtlich zu beraten und gegenüber dem Versicherungsunternehmen außergerichtlich zu vertreten (siehe dazu auch § 2 RDGEG Rn. 12 ff.). Versicherungsberater, die nach früherem Recht eine Teilerlaubnis nach Art. 1 § 1 S. 2 Nr. 2 RBerG erlangen konnten (§ 2 RDGEG Rn. 2 ff.), haben daher im Vergleich zu Versicherungsmaklern deutlich weitergehende originäre Rechtsdienstleistungskompetenzen, für die die Beschränkungen des § 5 Abs. 1 RDG ohne Bedeutung sind. Anders als Versicherungsmakler (Rn. 120) haben sie die Befugnis, Versicherungsnehmer bei der Wahrnehmung von Ansprüchen aus dem Versicherungsvertrag im Versicherungsfall zu beraten und sie gegenüber dem Versicherungsunternehmen außergerichtlich zu vertreten. Zulässig ist die Vertretung sogar, wenn es an einem Zusammenhang mit dem Abschluss eines konkreten Versicherungsvertrags fehlt (sog. **abschlussunabhängige Beratung,** vgl. Landmann/Rohmer/*Schönleiter* § 34e Rn. 14). Der Versicherungsberater darf allerdings den Versicherungsnehmer nur **gegenüber dem Versicherungsunternehmen** vertreten; ihm ist es daher verwehrt, seinen Kunden gegenüber einem anspruchstellenden Dritten zu vertreten und Schadensersatzansprüche gegen den Versicherer des Dritten geltend zu machen (§ 2 RDGEG Rn. 15; Kilian/Sabel/vom Stein/*Kilian* Rn. 187; *Ring* WM 2007, 281, 287; aA *Kleine-Cosack* Anhang zu den §§ 1–5 Rn. 156). Insoweit scheidet auch eine Berufung auf § 5 Abs. 1 RDG aus (§ 2 RDGEG Rn. 15; Kilian/Sabel/vom Stein/*Kilian* Rn. 187).

130 **18. Sonstige Fälle.** Im Zusammenhang mit der Tätigkeit von **privaten Anbietern sozialer Dienste** steht die Mithilfe bei Kostenerstattungsanträgen oder sonstigen Auseinandersetzungen mit der Kranken- oder Pflegeversicherung, nicht aber eine allgemeine rechtliche Beratung und Vertretung der betreuten Person, die keinen konkreten Bezug zur Pflege aufweist (Kilian/Sabel/vom Stein/*Sabel* Rn. 253 f.). Angesichts der fehlenden juristischen Ausbildung im Bereich der Krankenpflege darf die Auseinandersetzung mit den Leistungsträgern sich nicht „verselbstständigen" (Kilian/Sabel/vom Stein/*Sabel* Rn. 254).

131 Mit dem Berufsbild des **Bestatters** lassen sich Hinweise auf die Vorgaben der Friedhofssatzung, Ausführungen zur Kostentragungspflicht und die Erläuterung des Umfangs von Sterbeversicherungen vereinbaren. Entscheidend ist, dass die Rechtsdienstleistung im Vergleich zur Hauptleistung keine selbstständige Bedeutung erlangt. Unzulässig ist in jedem Fall eine vorherige (konkrete) Beratung bei der Testamentsgestaltung (*Grunewald* ZEV 2008, 257, 259).

132 Zu den Aufgaben eines **Lebensmittelchemikers** gehört auch die Betreuung und Beratung von Herstellern, Händlern und Importeuren in lebensmittelrechtlicher Hinsicht. Damit darf ein Lebensmittelchemiker nicht nur die Verkehrsfähigkeit eines Lebensmittels in Deutschland nach unionsrechtlichen und nationalen lebensmittelrechtlichen Bestimmungen (mit)beurteilen, sondern auch zur Verkehrsfähigkeit eines in einem EU-Mitgliedstaat in den Verkehr gebrachten Lebensmittels im Inland Stellung nehmen (so wohl BGH GRUR 2011, 539 Rn. 40, allerdings ohne abschließende Stellungnahme).

133 § 5 Abs. 1 RDG rechtfertigt auch die rechtliche Beratung von Landwirten über spezielle betriebsbezogene Fragen wie bspw. der EU-Agrarreform durch hierfür besonders qualifizierte und spezialisierte **Agrarökonomen,** wenn es

sich nicht ohnehin um eine nach § 5 Abs. 2 Nr. 3 RDG (dazu Rn. 155 ff.) stets zulässige Fördermittelberatung handelt (BT-Drs. 16/3655, 54).

C. Stets erlaubte Nebenleistungen (Abs. 2)

I. Überblick

Im Interesse der Rechtsklarheit (BT-Drs. 16/3655, 54) fingiert § 5 Abs. 2 **134** RDG bei bestimmten Tätigkeiten, denen typischerweise Rechtsdienstleistungen immanent sind, das Vorliegen einer erlaubten Nebenleistung. Genannt werden die Testamentsvollstreckung (Nr. 1; dazu Rn. 140 ff.), die Haus- und Wohnungsverwaltung (Nr. 2; dazu Rn. 148 ff.) sowie die Fördermittelberatung (Nr. 3; dazu Rn. 155 ff.). Der Gesetzgeber hat diese drei Fallgruppen als wirtschaftlich besonders bedeutsam angesehen und wollte mithilfe ihrer ausdrücklichen gesetzlichen Regelung diese Tätigkeitsfelder dem Streit darüber entziehen, ob die Rechtsdienstleistung im Einzelfall Nebenleistung ist oder nicht (BT-Drs. 16/3655, 38). Die Heraushebung einzelner Tätigkeiten soll dabei nicht den Anwendungsbereich des § 5 Abs. 1 RDG einschränken, sondern führt im Gegenteil zu dessen inhaltlicher Erweiterung (BT-Drs. 16/3655, 51).

Als Anlass für die Regelung des § 5 Abs. 2 RDG wird vor allem die Rspr. **135** des BGH, nach der Rechtsdienstleistungen im Zusammenhang mit der Testamentsvollstreckung (BGH NJW 2005, 968; BGH NJW 2005, 969 m. krit. Anm. *Henssler/Deckenbrock* EWiR 2005), mit der Haus- und Wohnungsverwaltung (BGHZ 122, 327, 330 = NJW 1993, 1924) sowie der Fördermittelberatung (BGH NJW 2005, 2458) bereits unter der Geltung des RBerG zulässig waren, ausgemacht. Offenbar habe der Gesetzgeber sicherstellen wollen, dass auch unter Geltung des RDG diese liberale – und deswegen zT heftig kritisierte Entscheidungspraxis (siehe etwa *Strunz* LMK 2005, 62) – weiter Bestand hat, und verhindern wollen, dass aus Anlass der Reform des Rechtsberatungsrechts versucht wird, die Rechtsentwicklung zurückzudrehen (Kilian/Sabel/vom Stein/*Sabel* Rn. 207; *ders.* AnwBl. 2007, 816, 819 f.). Insoweit wird allerdings verschwiegen, dass bereits der im September 2004 vom BMJ vorgestellte Diskussionsentwurf eines Gesetzes zur Neuregelung des Rechtsberatungsrechts die im Zusammenhang mit der Testamentsvollstreckung und Fördermittelberatung erbrachten Rechtsdienstleistungen als stets erlaubte Nebenleistung qualifizierte (NJW-Beilage zu Heft 38/2004, 2, 18 f.). Vor diesem Hintergrund erscheint es näherliegend, dass die Rspr. des BGH sich von den Plänen der Bundesregierung hat leiten lassen als umgekehrt (*Strunz* LMK 2005, 62 spricht in diesem Zusammenhang von „vorauseilendem Gehorsam").

Die Zulässigkeit von Rechtsdienstleistungen, die im Zusammenhang mit **136** diesen in Abs. 2 abschließend aufgezählten (Gaier/Wolf/Göcken/*Johnigk* Rn. 41) Tätigkeiten erfolgen, wird unwiderleglich vermutet. Die zT schwierige Abgrenzung, ob die Erbringung einer Rechtsdienstleistung insbesondere nach ihrer Art oder ihrem Umfang noch als Neben- oder bereits als Hauptleistung zu qualifizieren ist (dazu Rn. 29 ff.), ist im Rahmen von Abs. 2 entbehrlich (Kilian/Sabel/vom Stein/*Sabel* Rn. 196; *Grunewald* ZEV 2008, 257, 259; aA OLG Düsseldorf GRUR-RR 2014, 399 f.; kritisch hierzu auch Grunewald/Römermann/*Hirtz* Rn. 206 ff., nach dem die Regelung widersprüchlich formuliert ist und die Vermutungswirkung sich bereits deshalb nicht auf die Eigenschaft als Nebenleistung beziehen kann, weil dieses Tatbestandsmerkmal in einer Wechselwirkung zum Kriterium „im Zusammenhang" stehe). Um eine erlaubte Nebenleistung handelt es sich selbst dann noch, wenn der rechtsdienstleistende Teil aufgrund seines Gewichts nach Abs. 1 gerade keine bloße Nebenleistung mehr darstellen würde (BT-Drs. 16/3655, 54), der Grad der anfallenden Rechtsdienstleistungen ist damit unbeachtlich. Abs. 2 enthält folglich keine Einschränkung, sondern eine inhaltliche Erweiterung von Abs. 1 (BT-Drs. 16/3655, 51).

137 Erforderlich ist aber, dass ebenso wie bei § 5 Abs. 1 RDG zwischen der jeweiligen Tätigkeit und der Rechtsdienstleistung ein inhaltlicher und sachlicher Zusammenhang besteht und letztere tatsächlich auch zum Tätigkeitsbild gehört (BT-Drs. 16/3655, 54; Krenzler/*Krenzler* Rn. 107 will die Norm des § 5 Abs. 2 RDG aufgrund ihres Ausnahmecharakters eng auslegen, was vor dem Hintergrund der durch Art. 12 Abs. 1 GG geschützten Berufsausübungsfreiheit wenig überzeugend ist; siehe dazu bereits Rn. 11). Nicht ausreichend ist es daher, wenn die Rechtsdienstleistung nur eine gewisse Nähe zu den aufgezählten Tätigkeiten aufweist. Daher wird etwa die Beantwortung gesellschaftsrechtlicher Fragen anlässlich einer Testamentsvollstreckung oder Fördermittelberatung von § 5 Abs. 2 RDG nicht erfasst (BT-Drs. 16/3655, 54).

138 Der vom BMJ 2004 vorgestellte Diskussionsentwurf (NJW-Beilage zu Heft 38/2004) und der 2006 veröffentliche RefE (abrufbar unter http://beck-aktuell.beck.de/sites/default/files/rsw/upload/Beck_Aktuell/referentenentwurf-bmj_1_1_1.pdf) eines Gesetzes zur Neuregelung des Rechtsberatungsrechts hatten für den Katalog des § 5 Abs. 2 RDG auch noch den Frachtprüfer vorgesehen. Während nach dem früheren RBerG Frachtprüfer für die Prüfung von Frachtrechnungen und die Verfolgung der sich hierbei ergebenden Frachterstattungsansprüche eine Teilerlaubnis nach Art. 1 § 1 RBerG beantragen konnten (dazu *Rennen/Caliebe* Art. 1 § 1 Rn. 135 ff.), war nun vorgesehen, die Frachtprüfung nicht als registrierungspflichtige Tätigkeit iSd § 10 Abs. 1 RDG, sondern als stets erlaubte Nebenleistung nach § 5 Abs. 2 RDG einzuordnen. Die Begründung des RefE verwies insoweit darauf, dass der Beruf des Frachtprüfers als hauptsächlich kaufmännischer Beruf einzuordnen sei, der keine spezifisch rechtsanwaltlichen Kenntnisse erfordert. Da es zudem angesichts der rückläufigen Zahlen bei der Zulassung von Frachtprüfern nicht mehr erforderlich erscheine, diesen Beruf zu reglementieren und von einer Registrierung abhängig zu machen, sollte die hochspezialisierte Tätigkeit der Frachtprüfer insgesamt für zulässig erklärt werden. Dieser Ansatz begegne „angesichts des Adressatenkreises ihrer Dienstleistungen keinen Bedenken im Hinblick auf den Verbraucherschutz" (RefE S. 80).

139 Der RegE sah dann allerdings keine eigenständige Regelung für Frachtprüfer vor. Dazu heißt es in der Begründung: „Eine andere Entwicklung haben die Berufe der Frachtprüfer und der vereidigten Versteigerer genommen. Hier hat eine Länderumfrage gezeigt, dass es bei diesen Teilerlaubnissen in den letzten 10 Jahren tatsächlich kaum Neuzulassungen gab. Deshalb verzichtet der Entwurf auf ein aufwändiges Verwaltungsverfahren. Soweit Frachtprüfer im Rahmen ihrer Tätigkeit Rechtsdienstleistungen erbringen, kann dies

Rechtsdienstleistungen und andere Tätigkeit § 5 RDG

künftig auch ohne Registrierung unter dem allgemeinen Tatbestand der Rechtsdienstleistungen im Zusammenhang mit einer anderen Tätigkeit gem. § 5 Abs. 1 RDG erfolgen." (BT-Drs. 16/3655, 41). Angesichts dieser Begründung kann nicht angenommen werden, dass der Gesetzgeber durch die Herausnahme der Frachtprüfer aus dem Katalog des § 5 Abs. 2 RDG deutlich machen wollte, Frachtprüfer könnten nur eingeschränkt Rechtsdienstleistungen erbringen. Vielmehr hat der Gesetzgeber die tatsächliche Bedeutung des Berufs der Frachtprüfer als so gering angesehen, dass er nicht einmal eine Erwähnung des Berufs im RDG (und damit in § 5 Abs. 2 RDG) für gerechtfertigt -gehalten hat; schließlich wollte er nur wirtschaftlich besonders bedeutsame Tätigkeitsfelder explizit regeln (Rn. 134). Frachtprüfer dürfen daher auch nach dem RDG die Grundlagen der Rechnung überprüfen und Ansprüche aus unrichtigen Frachtrechnungen verfolgen (*Rennen/Caliebe* Art. 1 § 1 Rn. 135). Zulässig ist nicht nur die Prüfung von Frachtrechnungen, denen gesetzlich festgelegte Tarife zugrunde liegen, sondern auch solcher, die auf frei zu vereinbarenden Frachtentgelten beruhen (BGH NJW 1992, 838, 839 zum RBerG; Krenzler/*Krenzler* Rn. 61).

II. Testamentsvollstreckung (Nr. 1)

Unter der Geltung des RBerG bestand jahrzehntelang Streit über die Frage, **140** ob Banken, Sparkassen, Steuerberater, Wirtschaftsprüfer oder sonstige vom Erblasser eingesetzte Personen geschäftsmäßig Testamentsvollstreckungen übernehmen durften. Die hM sah dies lange Zeit kritisch im Hinblick auf die erheblichen rechtlichen Fragen, die sich bei der Ausführung der letztwilligen Verfügungen des Erblassers stellen können (OLG Karlsruhe NJW-RR 1994, 236, 237; OLG Düsseldorf NJW-RR 2002, 566ff.; OLG Hamm NJW-RR 2002, 1286, 1287; *Henssler* ZEV 1994, 261, 262ff.; anders aber LG Detmold WM 2001, 2441, 2442; siehe auch § 8 RDG Rn. 7). Auch eine Einordnung des Testamentsvollstreckers unter das Rechtsdienstleistungsprivileg des Art. 1 § 3 Nr. 6 RBerG („Durch dieses Gesetz werden nicht berührt: die Tätigkeit als Zwangsverwalter, Insolvenzverwalter oder Nachlaßpfleger sowie die Tätigkeit sonstiger für ähnliche Aufgaben behördlich eingesetzter Personen.") wurde überwiegend unter Hinweis auf die zumeist fehlende gerichtliche Aufsicht abgelehnt (OLG Karlsruhe NJW-RR 1994, 236, 237; OLG Düsseldorf NJW-RR 2002, 566, 568; OLG Hamm NJW-RR 2002, 1286, 1287; *Rennen/Caliebe* Art. 1 § 3 Rn. 49; aA OLG Karlsruhe AnwBl. 1992, 333 m. abl. Anm. *Henssler* AnwBl. 1992, 333f.; LG Krefeld DStRE 2000, 615, 616).

In zwei am 11.11.2004 veröffentlichten Entscheidungen hat der **141** I. Zivilsenat des BGH dann allerdings festgehalten, dass die Tätigkeit des Testamentsvollstreckers keine Besorgung fremder Rechtsangelegenheiten iSv Art. 1 § 1 RBerG darstellt (BGH NJW 2005, 968; BGH NJW 2005, 969ff.). Zwar könne der Schwerpunkt der Tätigkeit eines Testamentsvollstreckers auf rechtlichem Gebiet liegen; ein Testamentsvollstrecker könne aber auch in wesentlichem Umfang einer nur wirtschaftlichen Tätigkeit nachgehen, indem er etwa die zum Nachlass gehörenden Vermögensgegenstände in Besitz nehme, Verbindlichkeiten bewerte und erfülle sowie Nachlassgegenstände veräußere.

RDG § 5 Teil 1 Allgemeine Vorschriften

Auch bei der Verwaltung des Nachlasses im Falle der Dauer- oder Verwaltungsvollstreckung oder der Auseinandersetzung des Nachlasses unter den Miterben liege der Schwerpunkt seiner Tätigkeit nicht zwingend in Rechtsbesorgungen (BGH NJW 2005, 968; BGH NJW 2005, 969, 970). Den danach nahe liegenden Schluss einer Einzelfallbeurteilung zog der Senat dagegen nicht (siehe dazu die Kritik von *Henssler/Deckenbrock* EWiR 2005, 551, 552). Ob eine Testamentsvollstreckung unter Art. 1 § 1 RBerG falle, sei vielmehr nicht nach der jeweiligen Ausgestaltung der Tätigkeit im Einzelfall, sondern auf der Grundlage einer generellen Betrachtung zu beantworten. Da jeder Eingriff in die grundgesetzlich geschützte Berufsfreiheit verhältnismäßig sein müsse, komme es darauf an, ob es sich bei der Testamentsvollstreckung um eine Tätigkeit handele, die ohne Beeinträchtigung ihrer Qualität und der Funktionsfähigkeit der Rechtspflege auch von anderen Dienstleistern erfüllt werden könne. Dabei seien die genannten öffentlichen Interessen gegen die Berufsfreiheit abzuwägen. Nach Auffassung des BGH kommt den öffentlichen Belangen kein größeres Gewicht als der freien Berufsausübung der an der Testamentsvollstreckung interessierten Person zu. Hinzu komme, dass die erbrechtlichen Vorschriften des BGB eine besondere Qualifikation für das Amt des Testamentsvollstreckers nicht vorsähen. Ergebe sich im Rahmen der Testamentsvollstreckung die Notwendigkeit, rechtliche Fragen zu beurteilen, so könne und müsse der Testamentsvollstrecker externen Rechtsrat einholen (BGH NJW 2005, 968; BGH NJW 2005, 969, 970f.).

142 § 5 Abs. 2 Nr. 1 RDG sieht nunmehr ausdrücklich vor, dass Rechtsdienstleistungen im Zusammenhang mit der Testamentsvollstreckung als zulässige Nebenleistungen gelten. Damit hat der Gesetzgeber einen anderen systematischen Ansatz als der BGH gewählt. Die im Zusammenhang mit der Testamentsvollstreckung erbrachten Rechtsdienstleistungen werden nicht im Rahmen von 2 RDG freigestellt, sind also grds. erlaubnispflichtige Tätigkeiten. In § 5 Abs. 2 Nr. 1 RDG wurde für sie allerdings ein besonderer Erlaubnistatbestand geschaffen. Systematisch ist dies allerdings schon deshalb angreifbar (vgl. Kilian/Sabel/vom Stein/*Sabel* Rn. 207), weil die Norm den Grad der anfallenden Rechtsdienstleistungen als unbeachtlich ansieht und daher auch umfangreiche Rechtsdienstleistungen als „Nebenleistung" qualifiziert.

143 § 5 Abs. 2 RDG gibt grds. alle innerhalb der Testamentsvollstreckung anfallenden Rechtsdienstleistungen frei. Auch soweit der Testamentsvollstrecker komplexe Rechtsgeschäfte durchzuführen hat, sind diese von **§ 5 Abs. 2 Nr. 1 RDG** freigestellt. Denn das maßgebliche Unterscheidungskriterium ist nicht die Komplexität der Rechtsdienstleistung, sondern der Zusammenhang mit der Tätigkeit der Testamentsvollstreckung (anders Grunewald/Römermann/*Hirtz* Rn. 206 ff.). Genauso wie auch der Erblasser diese Geschäfte selbst hätte tätigen können, kann es nun der Testamentsvollstrecker (*Grunewald* ZEV 2010, 69, 70; kritisch dazu Krenzler/*Krenzler* Rn. 108). Zudem ist zu berücksichtigen, dass bei der Testamentsvollstreckung – wie aus § 2205 BGB folgt – die Verwaltung fremden Vermögens eine maßgebliche Rolle spielt und der Testamentsvollstrecker damit, ähnlich wie der Berufsbetreuer, eine vom Rechtsanwaltsberuf verschiedene berufliche Tätigkeit ausübt, die sich auch als Treuhandtätigkeit einordnen lässt (BT-Drs. 16/3655, 56). Mangels Zusammenhangs sind aber solche Rechtsdienstleistungen nicht zulässig, die zwar eine gewisse Nähe zu der Tätigkeit des Testamentsvollstreckers aufweisen, aber nicht zu dem eigentlichen Tätigkeitsbild hinzugehören. So ist es nicht Aufgabe des Testamentsvollstreckers, aus Anlass der Testamentsvollstreckung auftretende gesellschaftsrechtliche Fragen etwa durch die Beratung über die Gestaltung eines Gesellschaftsvertrags zu beantworten (BT-Drs. 16/3655, 54).

Für die Anwendbarkeit des § 5 Abs. 2 Nr. 1 RDG ist es ohne Bedeutung, ob 144 es sich um einen Fall der Verwaltungs- oder Abwicklungsvollstreckung handelt (BT-Drs. 16/3655, 55). Bei der reinen Verwaltungsvollstreckung gem. § 2209 S. 1 Hs. 1 BGB wird dem Testamentsvollstrecker die Verwaltung des Nachlasses bereits als selbstständige Aufgabe übertragen. Sie ist auf die Anlage des Vermögens und die Erzielung von Erträgen gerichtet, so dass stets eine hauptsächlich vermögensverwaltende Tätigkeit vorliegt. Wurde der Testamentsvollstrecker aber nur zur Abwicklung der letztwilligen Verfügungen des Erblassers (§ 2203 BGB) ernannt und obliegt ihm insbesondere die Auseinandersetzung des Nachlasses (§ 2204 BGB), so können diese Tätigkeiten einen solchen Umfang annehmen, dass sie nach der Definition in § 5 Abs. 1 RDG nicht mehr als bloße Nebenleistung anzusehen wären; sie sind aber wegen Abs. 2 gleichwohl zulässig (BT-Drs. 16/3655, 55). Insbesondere ist der Testamentsvollstrecker berechtigt, die Erbquote zu ermitteln, die Gültigkeit von Vermächtnissen zu prüfen und die Anordnungen im Testament zu deuten (*Grunewald* ZEV 2008, 257, 259).

Ebenso ist unerheblich, welche Person oder Institution als Testamentsvoll- 145 strecker eingesetzt wurde (Kilian/Sabel/vom Stein/*Sabel* Rn. 208; *Römermann/Kusiak* ZErb 2008, 266, 269; für Steuerberater ist in § 15 Nr. 8 BOStB sogar ausdrücklich geregelt, dass die Tätigkeit als Testamentsvollstrecker mit dem Beruf des Steuerberaters vereinbar ist) und ob diese Ernennung durch den Erblasser oder das Nachlassgericht erfolgt ist (BT-Drs. 16/3655, 55). Wird der Testamentsvollstrecker nach § 2200 BGB vom Nachlassgericht eingesetzt, kann sich der Testamentsvollstrecker ergänzend auf die Regelung des § 8 Abs. 1 RDG berufen (*Römermann/Kusiak* ZErb 2008, 266, 269; vgl. auch BVerfG NJW 2002, 3531, 3532f.).

Der BGH hatte in seinen Entscheidungen vom November 2004 offengelas- 146 sen, ob und ggf. ab wann ein Testamentsvollstrecker – etwa wenn bei einer bestimmten Abwicklungsvollstreckung die Erledigung umfangreicher rechtlicher Aufgaben im Mittelpunkt steht – durch seine konkrete Tätigkeit im Einzelfall doch gegen das RBerG verstoßen kann, wenn er keinen Rechtsanwalt einschaltet (BGH NJW 2005, 969, 971). Auch in der Gesetzesbegründung zum RDG heißt es, dass ab einem gewissen Umfang der Rechtsdienstleistung die Verpflichtung besteht, Rechtsrat hinzuzuziehen. Diese Verpflichtung ergibt sich allerdings nicht unmittelbar aus dem RDG, sondern folgt allein aus den mit der Übernahme der Testamentsvollstreckung gegenüber dem Erblasser und dem Erben eingegangenen Verpflichtungen (BT-Drs. 16/3655, 56). Zu einer ordnungsgemäßen Vollstreckung gehört es auch, qualifizierten rechtlichen Rat einzuholen, wenn die eigenen Kenntnisse nicht genügen. Dies entspricht regelmäßig auch der Erwartungshaltung des Erblassers; eine etwaige Belastung des Nachlasses mit zusätzlichen Kosten für die Einholung von Rechtsrat durch einen nicht rechtskundigen Testamentsvollstrecker ist die für ihn vorhersehbare Folge seiner Auswahl der Person des Testamentsvollstreckers (BGH NJW 2005, 969,

971). Testamentsvollstrecker, die sich schuldhaft überschätzen und auf die Hinzuziehung von Rat verzichten, haften den betroffenen Erben und Vermächtnisnehmern gem. § 2219 Abs. 1 BGB (BT-Drs. 16/3655, 56; *Grunewald* ZEV 2010, 69, 70). Zur Behandlung von Interessenkonflikten siehe § 4 RDG Rn. 26.

147 Die Rechtsdienstleistung muss allerdings innerhalb der Testamentsvollstreckung erfolgen und darf somit nicht zeitlich und logisch im Vorfeld dieser Maßnahme liegen. Nicht erfasst von § 5 Abs. 2 RDG ist daher etwa die inhaltliche Beratung in Fragen der Testamentserrichtung und damit auch die Erstellung und Überarbeitung von Entwürfen von letztwilligen Verfügungen (BT-Drs. 16/3655, 55; ebenso OLG Karlsruhe NJW-RR 2007, 206, 207; LG Freiburg NJW-RR 2006, 423 zum RBerG). Gleiches gilt für die Errichtung einer Stiftungssatzung (OLG Karlsruhe NJW-RR 2007, 206, 207 zum RBerG). Angesichts der Komplexität und Bedeutung der Testamentsgestaltung für den Erblasser handelt es sich bei der Beratung über die Vermögensnachfolge nach Ansicht des Gesetzgebers sogar um eine eigenständige, im Kern rechtliche Tätigkeit, die regelmäßig nicht über die allgemeine Regelung des § 5 Abs. 1 RDG eine zulässige Nebenleistung etwa im Zusammenhang mit der Vermögens- und Anlageberatung darstellen wird (BT-Drs. 16/3655, 55). Ebenfalls von § 5 Abs. 2 RDG nicht erfasst werden Tätigkeiten, die erst nach Beendigung der Vollstreckung anfallen (*Grunewald* ZEV 2010, 69 nennt als Beispiel hierfür eine Beratung nach Auseinandersetzung des Nachlasses in Bezug auf den zugewiesenen Vermögensbestandteil).

III. Haus- und Wohnungsverwaltung (Nr. 2)

148 Bereits nach Art. 1 § 5 Nr. 3 RBerG durften „Hausverwalter und ähnliche Personen" die mit der Verwaltung in unmittelbarem Zusammenhang stehenden Rechtsangelegenheiten erledigen. Als „ähnliche Person" wurden etwa die Verwalter von Eigentumswohnungen angesehen (KG NJW 1991, 1304, 1305; *Rennen/Caliebe* Art. 1 § 5 Rn. 90). Der BGH bemühte zudem die weitere Ausnahmeregelung nach Art. 1 § 3 Nr. 6 RBerG, nach dem das RBerG nicht die Tätigkeit als Zwangsverwalter, Insolvenzverwalter oder Nachlasspfleger sowie die Tätigkeit sonstiger für ähnliche Aufgaben behördlich eingesetzter Personen berührte. Nach Auffassung des BGH waren hierzu auch Personen zu zählen, die zwar im Regelfall nicht vom Gericht bestellt werden, deren Tätigkeit hinsichtlich der ihnen zugewiesenen Aufgaben und Befugnisse jedoch mit derjenigen der ausdrücklich genannten Personen vergleichbar ist. Der V. Senat subsumierte hierunter auch den Verwalter nach dem WEG, weil die ihm nach § 27 WEG gesetzlich zugewiesenen Aufgaben und Befugnisse den Tätigkeiten der in Art. 1 § 3 Nr. 6 RBerG genannten Personen ähnlich seien (BVerfG NJW 2002, 3531, 3532 f.; BGHZ 122, 327, 330 = NJW 1993, 1924). Machte der von den Wohnungseigentümern hierzu ermächtigte Verwalter Ansprüche der Wohnungseigentümer gerichtlich geltend, handelte es sich daher schon nach alter Rechtslage nicht um eine unerlaubte Besorgung fremder Rechtsangelegenheiten. Dem Verwalter konnte hierfür von den Wohnungseigentümern eine Sondervergütung bewilligt werden, die er nach der damals geltenden BRAGO abrechnen durfte (BGHZ 122, 327, 331 ff. = NJW 1993, 1924, 1925; siehe auch BGH NJW 2012, 1152 Rn. 6).

Rechtsdienstleistungen und andere Tätigkeit § 5 RDG

§ 5 Abs. 2 Nr. 2 RDG bezieht nun auch **ausdrücklich** neben Hausverwal- 149
tern die **Wohnungsverwalter** in den Privilegierungstatbestand ein. Die Regelung stellt zudem klar, dass – abweichend von der früheren Konzeption des BGH – die Tätigkeit des Wohnungseigentumsverwalters nicht mehr dem Personenkreis der gerichtlich oder behördlich bestellten Personen nach § 8 Abs. 1 Nr. 1 RDG zuzuordnen ist, sondern sich vielmehr als ein Fall der **im Zusammenhang mit der Verwaltertätigkeit zulässigen Nebenleistung** darstellt (BT-Drs. 16/3655, 56). In der Sache wollte der Gesetzgeber mit der Neuregelung allerdings nichts ändern (BT-Drs. 16/3655, 56). Soweit die nach § 10 Abs. 6 WEG rechtsfähige Wohnungseigentümergemeinschaft durch den Wohnungsverwalter nach §§ 26, 27 WEG **gesetzlich vertreten** wird, scheidet die Anwendbarkeit des RDG ohnehin aus, weil es an der Fremdheit (dazu § 2 RDG Rn. 19 ff.) der zu besorgenden Tätigkeiten fehlt (BT-Drs. 16/3655, 56; Henssler/Prütting/*Weth* § 8 RDG Rn. 6; Grunewald/Römermann/*Müller* § 8 RDG Rn. 3); im Übrigen ist § 27 WEG eine Erlaubnisnorm iSd § 3 RDG (§ 3 RDG Rn. 26). Die Bestimmung des § 27 WEG schreibt insoweit explizit fest, dass der Verwalter ua berechtigt ist, die Beschlüsse der Wohnungseigentümer durchzuführen und für die Durchführung der Hausordnung zu sorgen (zu letzterem siehe *Schmidt* ZMR 2009, 325 ff.). Daher ist der Verwalter nach § 27 Abs. 2 und 3 WEG etwa ermächtigt, **im Namen aller Wohnungseigentümer** sowie **im Namen der Gemeinschaft der Wohnungseigentümer** und mit Wirkung für und gegen sie Maßnahmen zu treffen, die zur Wahrung einer Frist oder zur Abwendung eines sonstigen Rechtsnachteils erforderlich sind. Im Namen aller Wohnungseigentümer steht ihm zudem nach § 27 Abs. 2 Nr. 3 WEG die Kompetenz zu, aktiv Ansprüche geltend zu machen, sofern er hierzu durch Vereinbarung oder Beschluss mit Stimmenmehrheit der Wohnungseigentümer ermächtigt ist. Soweit § 27 Abs. 2 und 3 WEG den Verwalter darüber hinaus auch zur gerichtlichen Abwehr oder Geltendmachung von Ansprüchen ermächtigt, ist dies keine Frage des RDG, dessen Anwendungsbereich nach § 1 Abs. 1 S. 1 RDG auf die außergerichtliche Erbringung von Rechtsdienstleistungen beschränkt ist (dazu Rn. 84; § 1 RDG Rn. 15 ff.; unzutreffend daher Bärmann/*Merle* WEG, 12. Aufl. 2013, § 27 Rn. 179). Wird der Bestellungsbeschluss des Wohnungsverwalters auf Anfechtung eines Wohnungseigentümers rechtskräftig für ungültig erklärt, so bedeutet dies nicht, dass die vom Verwalter abgewickelten Geschäfte nun an einem Verstoß gegen das RDG leiden; dies folgt auch aus dem Rechtsgedanken des § 47 FamFG (vgl. hierzu allg. Bärmann/*Merle* WEG, 12. Aufl. 2013, § 26 Rn. 255 ff. mwN).

Hausverwalter iSd § 5 Abs. 2 Nr. 2 RDG ist allerdings nicht jede Person, die 150
mit einer Hausverwaltung in Zusammenhang stehende Angelegenheiten erledigt. Insbesondere fällt hierunter nicht der **Hausmeister,** der im Interesse des Eigentümers für die Aufrechterhaltung der Ordnung im Haus sorgt und Reparaturen vornimmt (*Chemnitz/Johnigk* Rn. 610). Wer sich auf § 5 Abs. 2 Nr. 2 RDG berufen möchte, muss vielmehr **selbstständig** sämtliche oder zumindest einen wesentlichen Teil der das Haus betreffenden Angelegenheiten im Interesse des Eigentümers erledigen (Dreyer/Lamm/Müller/*Dreyer/Müller* Rn. 51; siehe auch KG NJW-RR 2003, 156 zum RBerG). Ein Indiz für die mithin erforderliche treuhänderische Stellung liegt in der Kompetenz, über

Aufgaben entscheiden zu können. Jedoch sind weder der alleinige Auftrag, die Mieten einzuziehen (LG Düsseldorf NJW 1963, 1500, 1501 zum RBerG), noch die bloße Kompetenz zum Abschluss von Mietverträgen ausreichend (Henssler/Prütting/*Weth* Rn. 38). Außerdem ist erforderlich, dass die Tätigkeit des Hausverwalters **auf eine gewisse Dauer** angelegt ist (Henssler/Prütting/*Weth* Rn. 38).

151 Haus- und Wohnungsverwalter dürfen nach § 5 Abs. 2 Nr. 2 RDG die im **Zusammenhang mit ihrer Verwaltertätigkeit** stehenden Rechtsdienstleistungen erbringen. Dies gilt unabhängig davon, ob die Leistung nach ihrem Gewicht auch von § 5 Abs. 1 RDG erfasst wäre. Hieraus folgen umfassende Befugnisse, die zu außergerichtlichen Auseinandersetzungen mit Handwerkern, Behörden und Mietern berechtigen. Zulässig sind etwa die Erstellung von Mieterhöhungsverlangen und Nebenkosten sowie ihre außergerichtliche Geltendmachung (Krenzler/*Krenzler* Rn. 94; Kilian/Sabel/vom Stein/*Sabel* Rn. 211; siehe auch BayObLG NJW 1969, 1452, 1453; BayObLG NJW-RR 1992, 81, 82; KG NJW-RR 2003, 156 zum RBerG; aA aber OLG Düsseldorf GRUR-RR 2014, 399f. für die Mitwirkung eines Hausverwaltungs an der Prozessführung seines Kunden). Gleiches gilt für eine Zahlungsaufforderung wegen einer rückständigen Hausgeldforderung (*Eichhorn* NZM 2010, 688). Gestattet sind auch Auskünfte, die das Verhältnis der Mieter oder Wohnungseigentümer untereinander betreffen (Krenzler/*Krenzler* Rn. 119). Auch darf der Verwalter eine vom Sondereigentümer gegenüber dem Mieter vorgenommene Betriebskostenabrechnung erläutern, wenn diese auf der vom Verwalter erstellten Jahresabrechnung beruht (OLG Nürnberg Urt. v. 20.1.2004 – 3 U 3436/03, BeckRS 2004, 30987627 zum RBerG). Von § 5 Abs. 2 Nr. 2 RDG erfasst ist auch die Abnahme (§ 640 BGB) von Arbeiten am Gemeinschaftseigentum (BeckOK WEG/*Dötsch* § 10 Rn. 827f. mwN [auch zu weiteren rechtlichen Bedenken]; *Vogel* NZM 2010, 377, 379; siehe auch Rn. 49).

152 Auch die **Fördermittelberatung** fällt grds. in die Kompetenz des Verwalters. Dass das RDG hierzu in § 5 Abs. 2 Nr. 3 RDG eine eigenständige Regelung enthält (dazu Rn. 155ff.), bedeutet nicht, dass sie dem Wohnungseigentumsverwalter per se verwehrt ist. Der Verwalter muss bei Instandsetzungsmaßnahmen einen Beschluss über die Art der Finanzierung und die Verteilung der Kosten herbeiführen; zur Beschlussvorbereitung muss er auch Überlegungen anstellen, welche günstigen Finanzierungsmöglichkeiten für die Eigentümer bestehen. Hierfür reicht es nicht aus, wenn der Verwalter lediglich darauf achtet, dass eine ausreichende Rücklage über die Jahre angesammelt wird (LG Mönchengladbach NZM 2007, 416, 417 ohne Problembewusstsein; aA AG Oberhausen Urt. v. 7.7.2013 – 34 C 79/12, BeckRS 2013, 16458).

153 Dagegen **fehlt es am notwendigen inneren Zusammenhang** zur Verwaltertätigkeit, wenn Haus- und Wohnungsverwalter Dritten die juristische Prüfung von Mietverträgen oder Nebenkostenabrechnungen anbieten (Kilian/Sabel/vom Stein/*Sabel* Rn. 212). Gleiches gilt bezogen auf einen Wohnungseigentümer der von ihnen betreuten Anlage, wenn die Streitigkeit selbst nicht das verwaltete Objekt betrifft (LG Bochum NJW 1990, 1920 zum RBerG); § 5 Abs. 2 Nr. 2 RDG erlaubt Haus- und Wohnungsverwaltern nicht die Erbringung einer allgemeinen Rechtsberatung zugunsten oder zulasten der verwalteten Personen (Gaier/Wolf/Göcken/*Johnigk* Rn. 45).

Rechtsdienstleistungen und andere Tätigkeit §5 RDG

Unerheblich ist, ob und ggf. welchen (anderen) **Hauptberuf** der Haus- 154
und Wohnungsverwalter ausübt. Auf § 5 Abs. 2 Nr. 2 RDG darf sich daher
etwa auch ein Steuerberater berufen, der zugleich als Haus- oder Wohnungsverwalter tätig ist (zur Vereinbarkeit der Tätigkeit des Steuerberaters mit der als
Haus- und Wohnungsverwalter siehe § 15 Nr. 10 BOStB).

IV. Fördermittelberatung (Nr. 3)

Der BGH hatte bereits unter der Geltung des **RBerG** die Tätigkeit der För- 155
dermittelberatung vom Erlaubniszwang ausgenommen (BGH NJW 2005,
2458 ff., vgl. BT-Drs. 16/3655, 56). Nach Ansicht des I. Senats stellte die angebotene Fördermittelberatung sich als sachlich notwendiger Teilaspekt der beworbenen Finanzberatung dar. Sie sei ersichtlich darauf gerichtet gewesen,
dem Existenzgründer das Know-how zu vermitteln, welche vorhandenen
Fördermittelprogramme aus betriebswirtschaftlicher Sicht auf das neu zu
gründende Unternehmen zugeschnitten sind. Die beworbene Beratung habe
sich dabei als notwendiger Bestandteil einer auf dem Gebiet des gesamten Finanz- und Rechnungswesens erfolgenden Beratung erwiesen (BGH NJW
2005, 2458, 2460). Wie auch in seinen „Testamentsvollstrecker"-Entscheidungen (Rn. 141) hat der BGH im Streitfall seine Entscheidung nicht auf den
Privilegierungstatbestand des Art. 1 § 5 RBerG gestützt (so aber etwa OLG
Bremen NJW-RR 2002, 1644, 1645; LG Bremen MDR 2000, 1402 f.; vgl.
auch OLG Bremen MDR 1999, 1291 f.; OLG Bremen MDR 2000, 1160;
OLG Köln MDR 2002, 1340; LG Stuttgart NJW-RR 2001, 918 f. mit einer
zT sehr engen Auslegung dieser Ausnahmeregelung), sondern schon eine erlaubnispflichtige Rechtsdienstleistung iSd Art. 1 § 1 RBerG verneint (BGH
NJW 2005, 2458, 2459; ebenso OLG Stuttgart NJW-RR 2001, 1287 ff.;
OLG Dresden Stbg 2004, 138, 139). Er hat allerdings ausdrücklich festgehalten, dass gleichwohl Konstellationen denkbar sind, in denen ein Fördermittelberater bei seiner Tätigkeit im Einzelfall unzulässigerweise Rechtsrat erteilt.
Denkbar sei dies etwa bei der Beurteilung rechtlicher Fragen im Rahmen
einer Auseinandersetzung mit der öffentlichen Hand (BGH NJW 2005,
2458, 2460).

Der Gesetzgeber hat mit der Regelung die Privilegierung der im Zusam- 156
menhang mit der Fördermittelberatung erbrachten Rechtsdienstleistungen
nun ausdrücklich in § 5 Abs. 2 Nr. 3 RDG festgeschrieben. Motiviert wurde
diese Entscheidung durch den Bedeutungsanstieg der Fördermittelberatung
im Wirtschaftsleben, dem der Gesetzgeber offenbar durch einen Abbau rechtlicher Hürden Rechnung tragen wollte. So sei es zu begrüßen, dass spezialisierte Fördermittelberater durch ihre Kenntnisse Existenzgründungen maßgeblich unterstützen und fördern. Diese **im Kern unternehmensberatende
Tätigkeit** lasse sich aber ohne rechtsdienstleistenden Teil, insbesondere die
Hilfestellung und Vertretung bei der Beantragung nationaler oder europäischer Fördergelder, nicht erbringen (BT-Drs. 16/3655, 56).

Werden mithin Rechtsdienstleistungen im **Zusammenhang mit der** 157
Fördermittelberatung erbracht, sind diese nun allgemein zulässig. Hierunter
fällt nicht nur die Beratung über die Möglichkeit zur Erlangung öffentlicher
Fördermittel, sondern auch die Unterstützung bzw. Vertretung im Antragsver-

fahren. Besteht ein Zusammenhang dagegen nicht, gelten die allgemeinen Regeln über zulässige Nebenleistungen nach § 5 Abs. 1 RDG. § 5 Abs. 2 RDG ist etwa nicht einschlägig bei Rechtsdienstleistungen, die zwar eine gewisse Nähe zu diesen Tätigkeiten aufweisen, aber nicht zu dem eigentlichen Tätigkeitsbild hinzugehören (BT-Drs. 16/3655, 54). So gehört es etwa nicht zur Aufgabe eines Fördermittelberaters, aus Anlass der Fördermittelberatung auftretende gesellschaftsrechtliche Fragen durch die Beratung über die Gestaltung eines Gesellschaftsvertrags zu beantworten (BT-Drs. 16/3655, 54). Auch eine sonstige Rechtsberatung im Rahmen einer Unternehmensgründung, Unternehmensnachfolge oder etwa einer Unternehmensübertragung muss sich an den Vorgaben des § 5 Abs. 1 RDG messen lassen und ist nicht allgemein privilegiert (BT-Drs. 16/3655, 56; Gaier/Wolf/Göcken/*Johnigk* Rn. 46).

158 Selbst wenn die Voraussetzungen des § 5 Abs. 2 Nr. 3 RDG gegeben sind, besteht für den nichtanwaltlichen Fördermittelberater die **Pflicht,** juristisch qualifizierten, **anwaltlichen Rat einzuholen,** sobald seine eigenen Kenntnisse für die sachgerechte Beratung und Vertretung des Rechtsuchenden nicht mehr genügen. Wie im Rahmen der Testamentsvollstreckung (Rn. 146) folgt diese Pflicht nicht unmittelbar aus dem RDG selbst, sondern aus dem zwischen dem Fördermittelberater und seinem Kunden geschlossenen Vertrag (BT-Drs. 16/3655, 56). Die Nichtbeachtung der Pflicht kann Schadensersatzansprüche aus § 280 Abs. 1 BGB nach sich ziehen (Rn. 161).

D. Rechtsfolgen eines Verstoßes

159 Hält ein Dienstleister die Grenzen des § 5 RDG nicht ein und erbringt daher im Ergebnis unzulässigerweise (weil unter Verstoß gegen § 3 RDG) Rechtsdienstleistungen, muss er vor allem wettbewerbs- und zivilrechtliche Konsequenzen fürchten. So ist die selbstständige Erbringung unerlaubter Rechtsdienstleistungen **unlauter iSv § 4 Nr. 11 UWG,** weil es sich bei der Vorschrift des § 3 RDG um eine **Marktverhaltensregelung** handelt (BGH GRUR 2011, 539 Rn. 20; BGH NJW 2012, 1589 Rn. 18 ff.; dazu ausführlich § 3 RDG Rn. 59 ff.).

160 Zudem ist der mit dem Dienstleister geschlossene **Vertrag** jedenfalls insoweit gem. § 3 RDG iVm § 134 BGB **nichtig,** als er die Erbringung unzulässiger Rechtsdienstleistungen zum Gegenstand hat. Inwieweit die Überschreitung der Grenzen des § 5 RDG nicht nur zur Nichtigkeit des rechtsdienstleistenden Teils des Vertrags führt, sondern die Unwirksamkeit des Gesamtvertrags mit sich bringt, ist eine Frage des § 139 BGB. Danach ist zwar grds. das ganze Rechtsgeschäft nichtig, wenn ein Teil eines Rechtsgeschäfts nichtig und nicht anzunehmen ist, dass es auch ohne den nichtigen Teil vorgenommen sein würde. Überschreitet aber eine Kfz-Werkstatt bei der Schadensabwicklung die Grenzen des § 5 RDG, liegt ein solcher abweichender Parteiwille hinsichtlich des Reparaturauftrags nahe (Einzelheiten bei § 3 RDG Rn. 38 ff.). Die Nichtigkeit des Vertrags kann zudem die Abtretung einer Forderung zu Einziehungszwecken umfassen, wenn andernfalls so die Möglichkeit einer erlaubnispflichtigen Rechtsdienstleistung eröffnet würde (§ 3 RDG Rn. 47 f.).

Unentgeltliche Rechtsdienstleistungen **§ 6 RDG**

Schließlich kann der Dienstleister haften, wenn die Erbringung der uner- 161
laubten Rechtsdienstleistung beim Vertragspartner zu einem **Schaden** führt.
Auch wenn der zugrunde liegende Vertrag nichtig ist, ist er über § 311 Abs. 2
BGB einer vertragsähnlichen Haftung ausgesetzt. Der Leistungsempfänger
kann verlangen, so gestellt zu werden, wie er stünde, wenn er von einem be-
rufsrechtlich zugelassenen Rechtsberater zutreffend unterrichtet worden wäre
(BGH Urt. v. 10.12.2009 – IX ZR 238/07, BeckRS 2010, 00720 Rn. 10; § 3
RDG Rn. 37f.). Aber auch dann, wenn der Dienstleister sich auf § 5 RDG als
Erlaubnistatbestand berufen kann, drohen ihm – insbesondere aus § 280 Abs. 1
BGB – Schadensersatzsprüche, wenn seine fehlerhafte Beratung zu Schäden
beim Rechtsuchenden führt (vgl. *Römermann* AnwBl 2009, 22, 26, der das
strikte anwaltliche Pflichtenprogramm auch auf nichtanwaltliche Rechtsdienstleister anwendet). Ansprüche bestehen vor allem dann, wenn der Dienstleister keinen qualifizierten Rechtsrat hinzuzieht, obwohl er nicht genügend
eigene Rechtskenntnisse für eine sachgerechte Beratung hat (siehe hierzu für
den Testamentsvollstrecker Rn. 146 und für den Fördermittelberater Rn. 158).

Ein Verstoß gegen § 5 RDG verwirklicht allerdings nicht den **Ordnungs-** 162
widrigkeitstatbestand des § 20 RDG. Der Gesetzgeber hat insoweit bewusst
davon abgesehen, eine Überschreitung der Grenzen zulässiger Nebenleistung
nach § 5 Abs. 1 RDG im § 20 Abs. 1 RDG zu sanktionieren. Da die Vorschrift
des § 5 Abs. 1 RDG als flexibler und offener Erlaubnistatbestand gefasst worden sei (Rn. 13ff.), würde ein hieran anknüpfender Bußgeldtatbestand dem
Bestimmtheitsgebot nicht gerecht (BT-Drs. 16/3655, 119; BT-Drs. 16/
6634, 53; ausführlich hierzu § 20 RDG Rn. 6f.).

Teil 2 Rechtsdienstleistungen durch nicht registrierte Personen

§ 6 Unentgeltliche Rechtsdienstleistungen

(1) **Erlaubt sind Rechtsdienstleistungen, die nicht im Zusammenhang mit einer entgeltlichen Tätigkeit stehen (unentgeltliche Rechtsdienstleistungen).**

(2) **¹Wer unentgeltliche Rechtsdienstleistungen außerhalb familiärer, nachbarschaftlicher oder ähnlich enger persönlicher Beziehungen erbringt, muss sicherstellen, dass die Rechtsdienstleistung durch eine Person, der die entgeltliche Erbringung dieser Rechtsdienstleistung erlaubt ist, durch eine Person mit Befähigung zum Richteramt oder unter Anleitung einer solchen Person erfolgt. ²Anleitung erfordert eine an Umfang und Inhalt der zu erbringenden Rechtsdienstleistungen ausgerichtete Einweisung und Fortbildung sowie eine Mitwirkung bei der Erbringung der Rechtsdienstleistung, soweit dies im Einzelfall erforderlich ist.**

RDG § 6 Teil 2 Rechtsdienstleistungen durch nicht registrierte Personen

Inhaltsübersicht

	Rn.
A. Allgemeines	1
I. Entstehungsgeschichte	1
II. Anwendungsbereich	3
B. Einzelerläuterung	10
I. Unentgeltlichkeit	10
1. Definition und Abgrenzungen	10
2. Finanzierung der Rechtsdienstleistung	16
3. Aufwendungsersatz	17
II. Nicht in Zusammenhang mit einer entgeltlichen Tätigkeit	20
III. Unentgeltliche Rechtsdienstleistungen in Näheverhältnissen (Abs. 1)	25
1. Allgemeines	25
2. Bestimmung des Näheverhältnisses	27
a) Familie	28
b) Nachbarschaftliche Beziehungen	29
c) Ähnlich enge persönliche Beziehungen	30
IV. Unentgeltliche Rechtsdienstleistungen an einen unbestimmten Personenkreis (Abs. 2)	32
1. Allgemeines	32
2. Zulässige Rechtsformen	34
3. Garanten der Rechtsdienstleistungsqualität	36
a) Erlaubnis zur Erbringung entgeltlicher Rechtsdienstleistungen	37
b) Juristische Qualifikation	40
4. Begriff der Anleitung (Abs. 2 S. 2)	42
V. Pflichten und Haftung des Rechtsdienstleisters	45
1. Abgrenzung vom Gefälligkeitsverhältnis	45
2. Auftragsverhältnis	49
3. Vertragspflichten des karitativen Rechtsdienstleisters	51
4. Beratungspflichten und Sorgfaltsmaßstab	55
5. Haftungsbeschränkung	57
VI. Rechtsfolgen eines Verstoßes gegen § 6 RDG	58
1. Untersagung der Rechtsdienstleistung	58
2. Nichtigkeit des Auftrags	59
3. Unterlassungsansprüche	60
VII. Besondere Formen organisierter karitativer Rechtsberatung	62
1. Clinical Legal Education im Jurastudium	62
2. Rechtsberatung durch Städte und Gemeinden	64
VIII. Anwaltliche pro bono-Tätigkeit	65
1. Gebührenunterschreitungsverbot des § 49b BRAO	66
2. Der Ausnahmetatbestand des § 49b Abs. 1 S. 2 BRAO	67
3. Teleologische Reduktion des § 49b BRAO	68

A. Allgemeines

I. Entstehungsgeschichte

1 § 6 RDG ist ein **Erlaubnistatbestand** iSd § 3 RDG, der die Erbringung unentgeltlicher außergerichtlicher Rechtsdienstleistungen legitimiert. Die ausdrückliche Freigabe karitativer Rechtsdienstleistungen Privater erfüllt die

Unentgeltliche Rechtsdienstleistungen **§ 6 RDG**

seit längerem geäußerte Forderung an den Gesetzgeber, bürgerschaftliches Engagement bei der Rechtsberatung nicht mehr zu behindern (exemplarisch *Rasehorn* DRiZ 2000, 442, 446; *Henssler* AnwBl. 2001, 525, 530). Das RBerG enthielt keine Regelungen über die unentgeltliche Rechtsberatung. Vielmehr stellte es für die Erlaubnispflicht auf den Tatbestand der Geschäftsmäßigkeit ab, worunter sowohl entgeltliche als auch unentgeltliche Rechtsberatung fiel, soweit der Berater – auch bei einer nur einmaligen Tätigkeit – mit Wiederholungsabsicht tätig war (§ 2 RDG Rn. 13f.; OLG Düsseldorf AnwBl. 1987, 149; OLG Hamm NStZ 1982, 438; OLG Karlsruhe AnwBl. 1979, 487; *Rennen/Caliebe* Art. 1 § 1 Rn. 56). Art. 1 § 3 RBerG enthielt eine Aufzählung der Stellen, die von der Erlaubnispflicht freigestellt waren. Von den aufgezählten Stellen erteilten Behörden und Körperschaften des öffentlichen Rechts unentgeltlichen Rechtsrat. Hinzu kamen die Träger der Freien Wohlfahrtspflege, deren erlaubnisfreie Rechtsberatung aus § 11 Abs. 5 S. 1 SGB XII (§ 8 BSHG aF) abgeleitet wurde (§ 8 RDG Rn. 48). Die regelmäßige rechtliche Beratung von Familie und Freunden oder eine organisierte karitative Rechtsberatung an einen unbestimmten Personenkreis waren hingegen nicht von der Erlaubnispflicht befreit.

Mit der Freigabe in § 6 RDG will der Gesetzgeber auf die zunehmende 2 Verrechtlichung in allen Lebensbereichen und das erstarkte Bedürfnis der Bevölkerung nach rechtlicher Betreuung durch private Gruppen und Vereinigungen antworten (BT-Drs. 16/3655, 30). Die unentgeltliche Rechtsberatung im Freundes- und Familienkreis war bereits vor Inkrafttreten des RDG Realität. Eine repräsentative Umfrage des Soldan Instituts aus dem Jahr 2006 hat aufgezeigt, dass 30 Prozent der Bevölkerung im Falle eines Rechtsproblems zunächst Lösung im Freundes- und Bekanntenkreis sucht (*Hommerich/Kilian* Mandanten und ihre Anwälte, 2007, S. 61). Die gesetzliche Neuerung liegt jedoch weniger in der Liberalisierung karitativer Rechtsdienstleistungen, da diese in den Jahren vor Inkrafttreten des RDG bereits weitestgehend durch eine **verfassungskonforme Auslegung** des Merkmals der „Geschäftsmäßigkeit" (BVerfG NJW 2004, 2662; LG Dresden NJW-RR 2001, 1506) und eine einschränkende Auslegung des Begriffs der „fremden" Rechtsangelegenheiten (BGH NJW 2001, 3541, 3543; OLG Oldenburg NJW 1992, 2438) durch die Gerichte erfolgt ist. Die sog. **Kramer-Urteile des BVerfG** (NJW 2006, 1502; NJW 2004, 2662) sind in der amtl. Begr. als Anlass für die Neuregelung gesondert erwähnt (BT-Drs. 16/3655, 26). Vielmehr hat die Neuregelung endlich eine **klare Rechtslage** geschaffen, die die ergebnisorientierten Auslegungslösungen der Rspr. entbehrlich macht.

II. Anwendungsbereich

Die Vorschrift unterscheidet zwischen unentgeltlicher Rechtsdienstleistung 3 im **Nähebereich** menschlicher Beziehungen (Abs. 1) und der Erbringung karitativer Rechtsdienstleistungen an einen **unbestimmten Personenkreis** (Abs. 2). Da der Staat einerseits das bürgerschaftliche Engagement nicht behindern will, andererseits aber den Schutz der Rechtsuchenden vor unqualifizierter Rechtsberatung nicht aus den Augen verlieren darf (BT-Drs. 16/3655, 39), werden nur in den Fällen des Abs. 2 Anforderungen an die juristische Qualität der Rechtsdienstleistung gestellt und diese Anforderungen gem. § 9 RDG gesichert.

4 § 6 RDG ist ein **Auffangtatbestand** für die unentgeltliche Rechtsdienstleistung. Er tritt zurück, wenn eine speziellere Regelung im RDG die Rechtsdienstleistung erlaubt. Erbringen Rechtsdienstleister, die unter die §§ 7 oder 8 RDG fallen, im konkreten Einzelfall die Rechtsberatung ohne Entgelt, ergibt sich die Erlaubnis hierzu nicht aus § 6 RDG, sondern aus diesen spezielleren Normen (BT-Drs. 16/3655, 57; Dreyer/Lamm/Müller/*Dreyer/Geißler* Rn. 12; Krenzler/*Schmidt* Rn. 4; Grunewald/Römermann/*Müller* Rn. 1; vgl. auch § 7 RDG Rn. 10; § 8 RDG Rn. 3). Zwischen § 5 RDG und § 6 RDG besteht ein **Exklusivitätsverhältnis.** Wird eine einzelne Rechtsdienstleistung als unentgeltliche Nebenleistung neben einer entgeltlichen Leistung erbracht, ist aufgrund des Zusammenhangs mit einer entgeltlichen Tätigkeit bereits der Tatbestand des § 6 RDG nicht erfüllt (Rn. 20 ff.).

5 Da der Anwendungsbereich des RDG auf **außergerichtliche Rechtsdienstleistungen** beschränkt ist (§ 1 RDG Rn. 15 ff.), regelt § 6 RDG nicht die Befugnis zur unentgeltlichen gerichtlichen Vertretung. Diese ist in den jeweiligen Verfahrensordnungen geregelt und idR volljährigen Familienangehörigen, Personen mit Befähigung zum Richteramt und Streitgenossen vorbehalten, wenn die Vertretung nicht im Zusammenhang mit einer entgeltlichen Tätigkeit steht (vgl. § 79 Abs. 2 Nr. 2 ZPO, § 10 Abs. 2 Nr. 2 FamFG, § 11 Abs. 2 Nr. 2 ArbGG, § 73 Abs. 2 Nr. 2 SGG, § 67 Abs. 2 Nr. 2 VwGO, § 62 Abs. 2 Nr. 2 FGO, § 97 Abs. 2 Nr. 2 PatG und § 81 Abs. 2 Nr. 2 MarkenG; hierzu im Einzelnen Anh. § 1 RDG Rn. 23). Rein **faktisch** kann jedoch auch der karitative Rechtsberater dem Rechtsuchenden in der Prozessführung behilflich sein, indem er Schriftsätze und Anträge für diesen vorformuliert, solange die Partei diese selbst unterschreibt (BT-Drs. 16/3655, 45; Dreyer/Lamm/Müller/*Dreyer/Müller* § 1 RDG Rn. 24; vgl. auch § 1 RDG Rn. 18 ff.). Diese Möglichkeit besteht allerdings nur iRd **Parteiprozesses** ohne Anwaltszwang, also immerhin in den Verfahren vor den Amtsgerichten, den Verwaltungsgerichten, den Arbeitsgerichten, den Sozialgerichten (einschließlich der Landessozialgerichte, vgl. § 73 Abs. 1 SGG), den Finanzgerichten und vor dem BVerfG außerhalb der mündlichen Verhandlung (vgl. § 22 BVerfGG). Schließlich kann das Gericht in Ausnahmefällen einen Beistand, der nicht zu den vertretungsberechtigten Personen gehört, zulassen, so dass eine Unterstützung der Partei durch einen karitativen Rechtsberater auch in dieser Form möglich ist (vgl. Anh. § 1 RDG Rn. 46).

6 Das **Verwaltungsverfahren,** das kein gerichtliches Verfahren ist (BT-Drs. 16/3655, 45; § 1 RDG Rn. 23), ist vom Anwendungsbereich des RDG erfasst. Ein Problem ergab sich ehemals daraus, dass die verwaltungsverfahrensrechtlichen Sonderregeln § 14 Abs. 5 VwVfG aF und § 13 Abs. 5 S. 1 SGB X aF vorsahen, dass Bevollmächtigte und Beistände, die unbefugt geschäftsmäßig fremde Rechtsangelegenheiten besorgen, zurückzuweisen sind. Der Gesetzgeber wollte nämlich die verwaltungsverfahrensrechtlichen Gesetze erst in einem gesonderten Gesetzgebungsverfahren an die Regelungen des RDG anpassen (BT-Drs. 16/3655, 35). Wegen dieser sprachlichen Abweichung war es unklar, ob aus § 6 RDG die Befugnis zur Rechtsberatung folgte oder ob nicht vielmehr durch diese Sonderregelungen § 6 RDG verdrängt und eine karitative

Unentgeltliche Rechtsdienstleistungen **§ 6 RDG**

Rechtsdienstleistung in diesem Bereich unzulässig sein sollte (vgl. hierzu Gaier/Wolf/Göcken/*Piekenbrock* Rn. 35 ff.). Diese Frage ist in Anbetracht der neuen Fassungen von § 14 Abs. 5 VwVfG und § 13 Abs. 5 SGB X mittlerweile geklärt, weil der Gesetzgeber durch das Vierte Gesetz zur Änderung verwaltungsverfahrensrechtlicher Vorschriften v. 11.12.2008 (BGBl. I S. 2418) diese Normen an die Regelungen des RDG angepasst hat.

Den Bereich der **Steuerberatung** hat der Gesetzgeber jedoch aus der Libe- 7 ralisierung karitativer Rechtsdienstleistungen ausgenommen. § 2 StBerG bestimmt weiterhin, dass Hilfeleistung in Steuersachen geschäftsmäßig nur von Personen und Vereinigungen ausgeübt werden darf, die dazu befugt sind. Dies gilt ohne Unterschied für hauptberufliche, nebenberufliche, entgeltliche oder unentgeltliche Tätigkeit. Ausgenommen von der Erlaubnispflicht ist nur die unentgeltliche Hilfeleistung in Steuersachen für **Angehörige iSd § 15 AO**, wovon Lebenspartner iSd LPartG nicht erfasst sind. Karitative Steuerberatung an jedermann bleibt nach dem Gesetzeswortlaut unzulässig (*Gehre/Koslowski* § 6 Rn. 5). Dementsprechend sieht auch die Verfahrensvorschrift des § 80 Abs. 5 AO eine Zurückweisungsmöglichkeit von unbefugt tätigen Bevollmächtigten und Beiständen vor. Ein Rückgriff auf den Erlaubnistatbestand des § 6 RDG ist nicht möglich, da das StBerG nach § 1 Abs. 2 RDG als **lex specialis** vorgeht (FG Leipzig Beschl. v. 29.9.2010 – 6 V 1310/10, BeckRS 2011, 95235; Gaier/Wolf/Göcken/*Piekenbrock* Rn. 31). Dass es sich bei dieser Sonderbehandlung der steuerrechtlichen Beratung um eine bewusste Entscheidung des Gesetzgebers handelt, ergibt sich daraus, dass im Gegensatz zum StBerG die Vorschrift des § 95 BVFG mit Erlass des RDG geändert wurde und nunmehr in Form einer Ausnahme den Vertriebenenorganisationen die unentgeltliche Beratung in Steuerfragen erlaubt (BT-Drs. 16/3655, 101). Eine **Rechtfertigung** für diese restriktive Regelung der Beratung im Steuerrecht im Vergleich zur Beratung in allen anderen Rechtsgebieten ist nicht ersichtlich. Die Komplexität des Steuerrechts allein ist kein hinreichender Rechtfertigungsgrund, da es sich hierbei nicht um ein Alleinstellungsmerkmal handelt und die Freigabe unentgeltlicher Rechtsdienstleistungen nicht an die fehlende Komplexität materiellen Rechts gebunden ist. Daher verstößt die restriktive Regelung im StBerG wohl gegen Art. 3 GG (vgl. Gaier/Wolf/Göcken/*Piekenbrock* Rn. 32; *ders.* AnwBl. 2011, 848, 850).

Ebenfalls nicht anwendbar ist § 6 RDG auf die Verteidigung eines Beschul- 8 digten im **Ermittlungsverfahren.** § 138 StPO sieht insoweit eine abschließende Regelung vor (Anh. § 1 RDG Rn. 51; Krenzler/*Teubel* § 1 RDG Rn. 23). Nach der amtl. Begr. soll jedoch die Freigabe unentgeltlicher Rechtsdienstleistungen zu einer Erweiterung des Auswahlermessens der Gerichte für die Zulassung von Verteidigern, die keine Rechtsanwälte oder Hochschullehrer sind, führen (BT-Drs. 16/3655, 35; vgl. auch Anh. § 1 RDG Rn. 51). Soll keine Verteidigertätigkeit, sondern nur eine **begleitende Beratung** des Beschuldigten erfolgen, ist dies nach § 6 RDG sowohl im Ermittlungsverfahren als auch im Hauptverfahren möglich (so bereits Krenzler/*Teubel* § 1 Rn. 24).

Schließlich sind von § 6 RDG unentgeltliche anwaltliche Rechtsdienstleis- 9 tungen **pro bono publico** nicht erfasst (eingehend hierzu unter Rn. 65 ff.). Für die Zulässigkeit anwaltlicher pro bono-Tätigkeit ist als lex specialis die berufsrechtliche Vorschrift des § 49b BRAO maßgeblich.

B. Einzelerläuterung

I. Unentgeltlichkeit

10 **1. Definition und Abgrenzungen.** Nach dem Willen des Gesetzgebers ist der Begriff der Unentgeltlichkeit dem Wortlaut und den Zielen der Vorschrift entsprechend **autonom auszulegen,** wobei jedoch die amtl. Begr. selbst auf das Verständnis dieses Rechtsbegriffs im bürgerlichen Recht Bezug nimmt (BT-Drs. 16/3655, 57). Dennoch ist aufgrund der insoweit eindeutigen Gesetzesbegründung ein Rückgriff auf das Verständnis der Unentgeltlichkeit im Zivilrecht, insbesondere in §§ 662, 516 BGB, nicht möglich (Gaier/Wolf/Göcken/*Piekenbrock* Rn. 9).

11 Bei der Auslegung des Begriffs der Unentgeltlichkeit ist zu berücksichtigen, dass das Rechtsdienstleistungsrecht auch nach dem RDG einem Verbot mit Erlaubnisvorbehalt unterliegt (Einleitung Rn. 30; § 1 RDG Rn. 3; § 3 RDG Rn. 1), so dass grds. eine **enge Auslegung** geboten ist. Insbesondere dürfen lukrative Tätigkeiten nicht unter dem Deckmantel des § 6 RDG erbracht werden. Gleichzeitig ist jedoch bei der Auslegung zu beachten, dass Ziele der Vorschrift zum einen eine Deregulierung der Gefälligkeitsberatung im Freundes- und Bekanntenkreis (BT-Drs. 16/3655, 63) und zum anderen, vor dem Hintergrund der erkannten rechtlichen Unterversorgung bedürftiger Schichten, die Erweiterung des Zugangs zum Recht sind. Das Erreichen dieser Ziele darf nicht durch ein zu enges Verständnis der Unentgeltlichkeit gefährdet werden.

12 Ist nach dem übereinstimmenden Parteiwillen eine **Gegenleistung** für die Rechtsdienstleistung geschuldet, liegt Entgeltlichkeit vor. Unerheblich ist, ob die Gegenleistung an den Rechtsdienstleister oder auf dessen Veranlassung an eine von ihm bestimmte Person (bspw. einen angestellten Rechtsdienstleister) fließen soll und ob die Gegenleistung von dem Empfänger der Rechtsdienstleistung oder einer dritten Person herrührt (vgl. Unseld/Degen/*Unseld* Rn. 4; Grunewald/Römermann/*Müller* Rn. 7). Als Gegenleistung kommt hierbei nicht nur Geld, sondern jeder vermögenswerte Vorteil in Betracht, wenn der Rechtsdienstleister diesen für seine Beratungstätigkeit erhalten soll (BT-Drs. 16/3655, 57). Dies gilt nicht für iRd Üblichen erbrachte freiwillige **Geschenke.** Um zwischen einer Gegenleistung und einem Geschenk unterscheiden zu können, muss die Vereinbarung zwischen dem Rechtsdienstleister und dem Rechtsuchenden nach §§ 133, 157 BGB ausgelegt werden. Entscheidend ist, ob der Leistungsempfänger einen Rechtsbindungswillen bzgl. der Erbringung einer konkreten Zuwendung hat. So können auch verabredete Sachzuwendungen wie die Einladung in ein Restaurant oder die unentgeltliche Überlassung eines Fahrzeugs zur Entgeltlichkeit führen, wenn ein eindeutiges Austauschverhältnis begründet wird (Bsp. bei Dreyer/Lamm/Müller/*Dreyer/Geißler* Rn. 7, 10).

13 UU führt aber auch eine nicht abgesprochene **nachträgliche Zuwendung** zur Entgeltlichkeit der Rechtsdienstleistung, weil die konkludente Vereinbarung einer Gegenleistung – wie jede Vertragsänderung – auch nachträglich möglich ist (Staudinger/*Löwisch/Feldmann* § 311 Rn. 65). Der Erlaubnisvorbehalt des § 3 RDG wäre leicht zu umgehen, wenn nach der zunächst unentgeltlichen Rechtsdienstleistung ein (Erfolgs-)Honorar konkludent vereinbart wer-

Unentgeltliche Rechtsdienstleistungen **§ 6 RDG**

den könnte. Hier bietet die **Sozialüblichkeit** der jeweiligen Zuwendung als reine Anerkennung und Dankbarkeitsbekundung eine Abgrenzungshilfe. Eine Flasche Wein zu einem üblichen Preis wird idR ein Geschenk aus Dankbarkeit sein, während eine Reise oder ein Notebook ein verdecktes Erfolgshonorar in Form von Sachwerten darstellen wird. Bei der Abgrenzung müssen jedoch die Umstände des konkreten Einzelfalls berücksichtigt werden. Für Rechtsdienstleistungen im Freundes- und Bekanntenkreis entspricht eine Wertgrenze für Geschenke nicht dem Sinn und Zweck des Gesetzes, da die Sozialüblichkeit je nach Gesellschaftskreisen variieren kann und eine Wertgrenze entgegen dem gesetzgeberischen Willen eine überflüssige Regulierung des zwischenmenschlichen Bereichs darstellen würde (ähnlich Gaier/Wolf/Göcken/*Piekenbrock* Rn. 10; anders Dreyer/Lamm/Müller/*Dreyer*/*Geißler* Rn. 10, die allg. eine Wertgrenze von 40 Euro vorschlagen). Dahingegen ist im Fall der Rechtsberatung an einen unbestimmten Personenkreis eine Wertgrenze von 10 Euro für Sachzuwendungen angezeigt, weil durch die unbestimmte Zahl der Dienstleistungsempfänger die Gefahr verdeckter Entlohnungen erhöht ist.

Drückt der Leistungsempfänger seine Anerkennung durch die Zahlung eines 14 – auch nur geringfügigen – **Trinkgeldes** aus, handelt es sich im Sinne der einschränkenden Auslegung in jedem Fall um eine entgeltliche Tätigkeit. Zwar führen Trinkgelder bei den Gefälligkeitsverträgen des BGB nicht zu einer Entgeltlichkeit der vertraglichen Abrede (MüKoBGB/*Seiler* § 662 Rn. 27). Doch die autonome Auslegung der Unentgeltlichkeit erfordert an dieser Stelle eine strengere Wertung.

Ist eine **Organisation** Trägerin der Rechtsberatung, kommt es bei der 15 Frage der Entgeltlichkeit grds. auf die Vereinbarung zwischen dem Rechtsuchenden und der Trägerorganisation an. Verlangt Letztere für die Rechtsauskunft kein Entgelt, handelt es sich idR um eine unentgeltliche Dienstleistung iSd § 6 RDG, auch wenn die ausführenden Rechtsberater von der Trägerorganisation entlohnt werden. Vom Rechtsuchenden jedoch darf der einzelne Berater für seine Leistung kein Entgelt erhalten. Denn andernfalls wäre die Beratung iErg nicht der Trägerorganisation, sondern dem einzelnen Rechtsberater zuzurechnen, und auf diese Weise würde unter dem Deckmantel der Organisation unerlaubt Rechtsberatung zu Gewinnzwecken betrieben. Aus diesem Grund gilt auch für Geschenke an die einzelnen Rechtsberater das oben unter Rn. 13 f. gesagte. Erreichen diese Zuwendungen an den Berater selbst ein Maß, das die Sozialüblichkeit überschreitet, handelt es sich um ein nachträglich vereinbartes Entgelt. Daher ist für solche Sachzuwendungen ebenfalls eine Wertgrenze von 10 Euro anzusetzen.

2. Finanzierung der Rechtsdienstleistung. Die nicht einzelfallbezo- 16 gene Finanzierung der rechtsdienstleistenden Tätigkeit durch öffentliche oder private Mittel steht der Unentgeltlichkeit nicht entgegen (BT-Drs. 16/3655, 57). Erfahrungsgemäß erhalten nur Organisationen und keine Einzelpersonen eine solche Finanzierung. Die Zulässigkeit solcher **Spenden oder Zuschüsse** ist im Sinne der Förderung bürgerschaftlichen Engagements geboten, weil organisierte karitative Rechtsberatung nur mithilfe materieller Unterstützung zu leisten ist. Denn auch wenn die Berater selbst ehrenamtlich tätig sein sollten, müssen die Raum- und allg. Geschäftsunkosten, die nicht auf den Rechtsuchenden umgelegt werden dürfen (vgl. Rn. 17), finanziert werden. Tragen jedoch die Rechtsuchenden selbst die Kosten der Beratungsorganisation durch **regelmäßige Beiträge,** ohne dass ihnen einzelne Rechtsdienstleistungen in Rechnung gestellt werden, ist nicht § 6 RDG, sondern als lex specialis § 7 RDG einschlägig (BT-Drs. 16/3655, 57; Gaier/Wolf/Göcken/*Piekenbrock* Rn. 9 mwN). In diesen Fällen ist aufgrund der Mitgliedsbeiträge auch stets ein Zusammenhang mit einer entgeltlichen Tätigkeit gegeben (OLG Frankfurt a. M. Urt. v. 21.9.2010 – 6 U 74/10, BeckRS 2011, 02821).

17 **3. Aufwendungsersatz.** Aufwendungsersatz ist kein Entgelt, wenn es sich nur um den **Ersatz von Auslagen** im üblichen Rahmen handelt. Etwas anderes gilt jedoch, wenn mit dem Aufwendungsersatz die Arbeitszeit des Dienstleistungserbringers honoriert werden soll (BT-Drs. 16/3655, 57). Zur Orientierung kann auf das Auftragsrecht zurückgegriffen werden. Ersatzfähig sind die tatsächlich entstandenen Kosten, bspw. Porto-, Telefon- und Fahrtkosten (Kilian/Sabel/vom Stein/*Sabel* Rn. 262; Grunewald/Römermann/*Müller* Rn. 9; Dreyer/Lamm/Müller/*Dreyer/Geißler* Rn. 8). Nicht zu den ersatzfähigen Aufwendungen gehören jedoch die Kosten des Rechtsdienstleisters, die nicht durch die konkrete Beratung oder Vertretung ausgelöst worden sind (sog. **Sowieso-Aufwand**). Daher sind Umlagen auf die Raum- und Personalkosten kein Aufwendungsersatz, sondern ein Entgelt (Kilian/Sabel/vom Stein/*Sabel* Rn. 262; vgl. auch Bamberger/Roth/*Fischer* § 670 Rn. 8.).

18 Teilweise wird vertreten, dass bereits jede **Pauschalierung** des Auslagenersatzes als Entgelt anzusehen ist (Kilian/Sabel/vom Stein/*Sabel* Rn. 262). Hiergegen spricht jedoch der Sinn und Zweck des § 6 RDG, die organisierte karitative Rechtsberatung durch Private nicht mehr zu behindern. Eine faktische Behinderung läge jedoch vor, wenn anstelle einer – zB bei Rechtsanwälten üblichen – Auslagenpauschale jedes Telefonat, Fax oder jeder gefahrene Kilometer nach den genauen tatsächlichen Kosten einzeln abzurechnen wären. Bei Auslagen wie Fahrt- oder Telekommunikationskosten, deren genaue Abrechnung einen zu hohen Aufwand bedeuten würde, ist daher die Verwendung von Pauschalen sachgerecht (vgl. auch Dreyer/Lamm/Müller/*Dreyer/Geißler* Rn. 8). Als Anhaltspunkt für die Höhe der pauschalen Kostenerstattung können steuerliche Pauschalen (zB für Fahrtkosten die Lohnsteuer-Richtlinien, Amtl. Hinweise 2008 Nr. 9.5.) herangezogen werden. Problematisch ist die Pauschalierung von Telekommunikationskosten. Eine Orientierung an VV 7002 RVG, die eine Pauschale von 20 Euro für Post- und Telekommunikationsdienstleistungen vorsieht, ist nicht möglich, da die Auslagenvorschriften im Vergütungsverzeichnis des RVG einen Teil der anwaltlichen Vergütung ausmachen (Schneider/Wolf/*Schneider* VV 7002 Rn. 54) und mithin über einen reinen Aufwendungsersatz hinausgehen (ebenso zu Art. 1 § 7 RBerG BGHZ 15, 315, 322f. = NJW 1955, 422). Zudem geht die Pauschale idR über die tatsächlich angefallenen Kosten hinaus und führt de facto zu einer Vergütung. Wenn keine Einzelverbindungen abgerechnet werden, müsste eine wesentlich niedrigere Pauschale von fünf Euro ausreichen, vorausgesetzt, es wurden überhaupt Telekommunikationsleistungen erbracht.

19 Zur Eingrenzung des **üblichen Rahmens** von Auslagen wird teilweise vorgeschlagen, ein Bahnticket erster statt zweiter Klasse oder eine nicht absolut

Unentgeltliche Rechtsdienstleistungen **§ 6 RDG**

notwendige Übernachtung im Hotel als Entgelt in Form einer unüblichen Auslage anzusehen (Dreyer/Lamm/Müller/*Dreyer/Geißler* Rn. 8). Anstelle solch starrer Maßstäbe ist jedoch wiederum ein Rückgriff auf die Parteivereinbarung vorzugswürdig. Ergibt die Auslegung, dass ein besonders großzügiger Aufwendungsersatz im Grunde die Arbeitsleistung des Rechtsdienstleisters entlohnen soll, fehlt es an der Unentgeltlichkeit (vgl. auch MüKoBGB/*Seiler* § 662 Rn. 30). Besonders im Bereich zwischenmenschlicher Beziehungen sind die üblichen Gewohnheiten von Rechtsdienstleister und Dienstleistungsempfänger und ihr sozialer Hintergrund zu berücksichtigen. Da in verschiedenen Kreisen unterschiedliche soziale Gepflogenheiten gelten, ist eine starre Festlegung auf eine bestimmte Art der Fortbewegung oder eine mittlere Hotelkategorie abzulehnen.

II. Nicht in Zusammenhang mit einer entgeltlichen Tätigkeit

Entgeltlich im Sinn des RDG erfolgt eine Rechtsdienstleistung darüber hinaus aber auch dann, wenn eine Vergütung nicht explizit im Hinblick auf die rechtsdienstleistende Tätigkeit, sondern im Zusammenhang mit anderen beruflichen Tätigkeiten des Dienstleistenden anfällt oder auch nur anfallen kann. Bereits die auf **mittelbare Gewinnerzielung** gerichtete Absicht steht der Unentgeltlichkeit entgegen. Die amtl. Begr. nennt das Bsp. der Bank, die im Hinblick auf eine bestehende oder erhoffte Vermögensanlage kostenlose Rechtsdienstleistungen im Bereich der Testamentsgestaltung oder der Unternehmensnachfolge anbietet (BT-Drs. 16/3655, 57). IErg erlaubt § 6 RDG damit nur Rechtsdienstleistungen, die auch nach einer Gesamtbetrachtung uneigennützig motiviert sind. 20

Zunächst einmal bedeutet dies, dass eine Rechtsdienstleistung iSd § 6 RDG nicht in Zusammenhang mit einer **für den Rechtsuchenden entgeltlichen** Tätigkeit stehen darf. Ein solcher Zusammenhang ist auch dann gegeben, wenn die Rechtsdienstleistung in der Hoffnung auf einen noch zu erfolgenden Vertragsschluss erbracht wird (Gaier/Wolf/Göcken/*Piekenbrock* Rn. 6). Denn ein unentgeltliches Beratungsangebot würde in diesen Fällen der Kundenwerbung oder der Kundenbindung dienen und damit eigennützig sein. § 5 RDG regelt abschließend die Fälle, in denen eine Rechtsdienstleistung neben einer entgeltlichen Hauptleistung zulässig ist, und erfasst dabei sowohl entgeltliche als auch unentgeltliche rechtliche Nebenleistungen (vgl. Krenzler/*Schmidt* Rn. 13). Dies führt dazu, dass eine Rechtsdienstleistung, die unentgeltlich neben einer entgeltlichen Leistung erbracht wird, jedoch die Voraussetzungen des § 5 RDG nicht erfüllt, auch dann nicht zulässig ist, wenn die Anforderungen des § 6 Abs. 2 RDG an die juristische Anleitung beachtet werden (§ 45 RDG Rn. 39). Indem das Gesetz einen Zusammenhang mit einer entgeltlichen Tätigkeit verbietet, will es eine **Umgehung des § 5 RDG** verhindern. Über den Umweg des § 6 RDG könnte ansonsten jeder Rechtsdienstleister das rechtliche Beratungsangebot über den nach § 5 RDG zulässigen Rahmen hinaus ausdehnen und das Entgelt für die Rechtsdienstleistung in die Vergütung der entgeltlichen Hauptleistung einkalkulieren. 21

Dies hat zur Konsequenz, dass bspw. der Träger einer **Seniorenresidenz** den Bewohnern zwar einzelne Hilfestellungen bei sozialrechtlichen Fragen in 22

Zusammenhang mit der Pflegeversicherung geben (vgl. Krenzler/*Schmidt* Rn. 13; Kilian/Sabel/vom Stein/*Sabel* Rn. 253 f.; *Grühn* Soziale Sicherheit 2008, 102, 103; *Heinz* ZfF 2010, 241, 243), jedoch keine allg. Rechtsberatung anbieten darf. Dies gilt sogar dann, wenn er für die allg. Rechtsberatung angestellte Volljuristen oder sogar Rechtsanwälte beschäftigt (vgl. BGH NJW 2012, 81; BGH GRUR 2009, 1077, 1079; im Einzelnen § 5 RDG Rn. 19 ff.). Möchte der Träger die Bewohner in den Genuss einer unentgeltlichen karitativen Rechtsberatung kommen lassen, muss er diese Dienstleistung vollständig auslagern (vgl. *Kleine-Cosack* Rn. 18) und eine vom Träger unabhängige Person, zB einen Rechtsberatungsverein, mit der Erbringung karitativer Beratung beauftragen. Um eine Umgehung des § 5 RDG zu verhindern, sind an die Personenverschiedenheit von gewerblichem und karitativem Anbieter hohe Anforderungen zu stellen. So darf zB der Geschäftsführer der Träger-GmbH nicht gleichzeitig Vorstand des Rechtsberatungsvereins sein. Praxisrelevant ist diese Problematik im Bereich von **Vorsorgevollmachten.** Wird die Vorsorgevollmacht unentgeltlich ausgeübt, ist der Bevollmächtigte nach § 6 RDG zu umfassenden Rechtsdienstleistungen ermächtigt. Handelt es sich um eine gewerbliche Vorsorgevollmacht, lässt § 5 RDG nur eingeschränkte rechtliche Nebenleistungen zu (*Heinz* ZfF 2010, 241, 244).

23   Ein Zusammenhang mit einer entgeltlichen Tätigkeit des Rechtsdienstleisters ist zudem auch in den Fällen möglich, in denen **nicht der Rechtsuchende** ein Entgelt für die Haupttätigkeit zu errichten hat. Denkbar ist bspw., dass ein Arbeitgeberunternehmen seinen Angestellten einen betrieblichen Service organisierter Rechtsberatung zur Verfügung stellen will (Grunewald/Römermann/*Müller* Rn. 13) oder eine Gratiszeitung in der Hoffnung auf höhere Werbeeinnahmen Rechtsfragen der Leser beantwortet (vgl. Gaier/Wolf/Göcken/*Piekenbrock* Rn. 8; zum RBerG BVerfG NJW 2004, 1855). In beiden Fällen besteht ein Zusammenhang zwischen der Rechtsdienstleistung und der entgeltlichen Tätigkeit des Rechtsdienstleisters. In den Beispielfällen liefert auch § 5 RDG keinen Erlaubnistatbestand für allg. Rechtsberatung, so dass solche Tätigkeiten auch unter Geltung des RDG unzulässig sind.

24   § 6 RDG scheidet als Erlaubnistatbestand in diesem Zusammenhang jedoch nur dann aus, wenn die entgeltliche Tätigkeit, mit der die Rechtsdienstleistung im Zusammenhang steht, mit der Absicht der Gewinnerzielung ausgeübt wird. Etwas anderes muss gelten, wenn die Werbeeinnahmen oder andere gewerbliche Betätigungen ausschließlich die Erbringung von Rechtsdienstleistungen **quersubventionieren** sollen. Solche Fälle wären nämlich der nicht einzelfallbezogenen Finanzierung der Rechtsdienstleistungen durch die öffentliche Hand oder private Dritte gleichzusetzen (hierzu vgl. Rn. 16).

III. Unentgeltliche Rechtsdienstleistungen in Näheverhältnissen (Abs. 1)

25   **1. Allgemeines.** Das RBerG enthielt keine besondere Vorschrift zur Regelung der unentgeltlichen Rechtsberatung im Familien- und Bekanntenkreis, so dass die geschäftsmäßige Besorgung fremder Rechtsangelegenheiten in Näheverhältnissen **erlaubnispflichtig** war. Die Strenge dieser gesetzlichen Regelung wurde teilweise durch eine sehr großzügige Auslegung abgemildert.

Unentgeltliche Rechtsdienstleistungen **§ 6 RDG**

So fand im Familienkreis nach hM unter bestimmten Voraussetzungen keine Besorgung **fremder** Rechtsangelegenheiten statt (BGH NJW 2001, 3541 m. Anm. *Kilian* BGH Report 2001, 889; *Rennen/Caliebe* Art. 1 § 1 Rn. 33; *Chemnitz/Johnigk* Rn. 85). Bei altruistischen Rechtsdienstleistungen im nachbarschaftlichen Bereich wurde in verfassungskonformer Auslegung des RBerG unter anderem die **Geschäftsmäßigkeit** verneint (LG Dresden NJW-RR 2001, 1506).

Nunmehr sind Rechtsdienstleistungen im persönlichen Nahbereich **voll-** 26 **ständig freigegeben.** Für die Erbringung von Rechtsdienstleistungen in familiären, nachbarschaftlichen und ähnlich engen persönlichen Beziehungen wird keine besondere Qualifikation oder Qualitätssicherung vorausgesetzt. Nach Ansicht des Gesetzgebers ist der Rechtsuchende in diesem Fall nicht schutzwürdig, weil er die Risiken eines unentgeltlichen, aus persönlicher Verbundenheit erteilten Rechtsrats kennt (BT-Drs. 16/3655, 58). Auch wenn diese gesetzgeberische Entscheidung einiger Kritik aus der Literatur ausgesetzt ist (*Römermann* NJW 2006, 3025, 3029), ist sie zu befürworten. Sie bewirkt die Gleichstellung des unentgeltlichen Rechtsrats im zwischenmenschlichen Bereich mit ähnlich risikoträchtigen Ratschlägen im Bereich finanzieller oder gesundheitlicher Entscheidungen.

2. Bestimmung des Näheverhältnisses. Die Auflistung der familiären, 27 nachbarschaftlichen oder ähnlich engen persönlichen Beziehungen bildet keinen abschließenden Katalog, sondern zieht den Kreis unregulierter Rechtsdienstleistung im zwischenmenschlichen Bereich weit (Krenzler/*Schmidt* Rn. 18). Dennoch ist es wesentlich, das Näheverhältnis zu definieren, um die **systematisch geforderte Unterscheidung** von regulierten und nicht-regulierten unentgeltlichen Rechtsdienstleistungen nicht zu unterlaufen.

a) Familie. Nach der amtl. Begr. umfasst der Begriff der Familie jedenfalls 28 alle **Angehörigen** iSd § 15 AO und **Lebenspartner** gem. § 11 Abs. 1 LPartG. Insoweit ist der Familienkreis, in dem unentgeltliche Rechtsdienstleistungen nach dem RDG erbracht werden können, weiter als der für die unentgeltliche Hilfeleistung in Steuersachen nach § 6 StBerG maßgebliche, da letztere Vorschrift Lebenspartner nicht erfasst (vgl. Rn. 7). Angehörige iSd § 15 AO sind Verlobte, Ehegatten, Verwandte und Verschwägerte gerader Linie, Geschwister, Kinder der Geschwister, Ehegatten der Geschwister und Geschwister der Ehegatten, Geschwister der Eltern, Pflegeeltern und Pflegekinder. Hierbei spielt es keine Rolle, ob die die Beziehung begründete Ehe noch besteht, ob die Verwandtschaft oder Schwägerschaft durch die Annahme als Kind erloschen ist und ob bei Pflegeeltern oder Pflegekindern die häusliche Gemeinschaft noch besteht, sofern im letzteren Fall die Personen weiterhin wie Eltern und Kind miteinander verbunden sind. Nach § 11 LPartG gelten gleichgeschlechtliche Lebenspartner als Familienangehörige, und die Verwandten eines Lebenspartners sind mit dem anderen Lebenspartner verschwägert, und zwar auch dann, wenn die Lebenspartnerschaft, die die Schwägerschaft begründet hat, aufgelöst wurde.

b) Nachbarschaftliche Beziehungen. Nachbarn sind nach dem her- 29 kömmlichen Begriffsverständnis alle Personen, die in **räumlicher Nähe** zueinander wohnen. Nachbarschaftliche Beziehungen nennt der Gesetzgeber beispielhaft, um die erforderliche Intensität persönlicher Beziehungen im deregulierten Bereich des § 6 RDG zu illustrieren (BT-Drs. 16/4655, 58). Daher setzt Nachbarschaftlichkeit neben der räumlichen Nähe auch eine **persönliche Beziehung** voraus. Unter der Voraussetzung einer tatsächlichen Beziehung können Nachbarn auch Mietparteien in einem großen Mietshaus, Bewohner eines Straßenzuges oder einer Ferienhausanlage oder Nutzer von Schrebergärten sein (Kilian/Sabel/vom Stein/*Sabel* Rn. 267; Dreyer/Lamm/Müller/*Dreyer/Geißler* Rn. 24; Krenzler/*Schmidt* Rn. 20). Ist die räumliche Nähe zwischen Rechtsdienstleister und Rechtsuchendem zweifelhaft, kann auf den **Auffangtatbestand** der ähnlich engen persönlichen Beziehungen zurückgegriffen werden (Krenzler/*Schmidt* Rn. 21).

30 c) **Ähnlich enge persönliche Beziehungen.** Persönliche Beziehungen, die mit der Nachbarschaft vergleichbar sind, gehen weit über den Freundeskreis des Rechtsdienstleisters hinaus. Als Bsp. nennt der Gesetzgeber Arbeitskollegen und Vereinsmitglieder (BT-Drs. 16/3655, 58). Wie beim Kriterium der Nachbarschaft muss auch im Verein und am Arbeitsplatz hinzukommen, dass eine **tatsächliche zwischenmenschliche Beziehung** besteht. Das Erfordernis der Bekanntschaft kann nicht durch formale Kriterien ersetzt werden, so dass zB die Aufnahme von Begriffen, die auf eine verwandtschaftliche Beziehung deuten, in die Satzung eines Vereins für die tatsächliche Begr. einer persönlichen Beziehung nicht ausreicht (VG München Urt. v. 15.7.2010 – M 16 K0 10.2391, BeckRS 2010, 36058). Auch mit **Arbeitskollegen** sind nicht pauschal alle Arbeitnehmer eines großen überregional tätigen Unternehmens gemeint, wenn zwischen diesen vor der Rechtsdienstleistungshandlung kein zwischenmenschlicher Kontakt bestand. Ausreichend ist jedoch ein vorangehender Kontakt per E-Mail oder Telefon, so dass sich der Kreis der persönlichen Beziehungen am Arbeitsplatz nicht auf den Betrieb vor Ort oder das gemeinsame Büro beschränkt. Bei der Rechtsdienstleistung im **Verein** ist zwischen § 6 RDG und § 7 RDG zu differenzieren. Letztere Norm legitimiert die Beratung der Vereinsmitglieder durch den Verein selbst und erfordert nur das formelle Kriterium der Vereinsmitgliedschaft.

31 Das zu den engen persönlichen Beziehungen am Arbeitsplatz entwickelte Abgrenzungskriterium lässt sich auf den gesamten Bereich deregulierter Rechtsdienstleistungen übertragen. Wenn die Betroffenen **bereits vor der Rechtsdienstleistung** zwischenmenschlichen Kontakt hatten, dann liegt vor dem Hintergrund der weiten Auslegung (vgl. Rn. 27) auch dann eine persönliche Beziehung vor, wenn dieser – nur einmalige – Kontakt beruflicher oder geschäftlicher Art war (ähnlich *Heinhold* S. 120; aA Krenzler/*Schmidt* Rn. 22, der einen einmaligen Kontakt nicht ausreichen lässt). Wenn teilweise gefordert wird, die Bekanntschaft müsse so weit gehen, dass der Rechtsuchende die Rechtskenntnisse der ihm bekannten Person abschätzen können müsse (Dreyer/Lamm/Müller/*Dreyer/Geißler* Rn. 27), geht dies zu weit, da das Ausmaß der Rechtskenntnisse idR erst nach erfolgter Rechtsdienstleistung zu bewerten sein wird. Ebenfalls unerheblich ist, ob die Grundlage für die Entstehung des zwischenmenschlichen Kontakts freiwillig gelegt wurde, oder ob der Kontakt erst aufgrund einer Zwangsgemeinschaft, wie in einer **JVA,** entstanden ist

Unentgeltliche Rechtsdienstleistungen **§ 6 RDG**

(Gaier/Wolf/Göcken/*Piekenbrock* Rn. 15; aA OLG Celle NStZ 2009, 218). Entsteht die persönliche Kontaktaufnahme jedoch erst **anlässlich der Rechtsdienstleistung,** weil der Dienstleistende seine Bereitschaft zu unentgeltlicher Rechtsdienstleistung an einen unbestimmten Adressatenkreis kundgetan hat, ist der Kreis persönlicher Beziehungen überschritten und es liegt eine karitative Rechtsberatung an jedermann vor.

IV. Unentgeltliche Rechtsdienstleistungen an einen unbestimmten Personenkreis (Abs. 2)

1. Allgemeines. Bei der Freigabe unentgeltlicher Rechtsdienstleistungen 32 an einen unbestimmten Personenkreis handelte der Gesetzgeber aus der Erkenntnis heraus, dass die ausreichende Versorgung bedürftiger Bevölkerungsschichten durch die Anwaltschaft nicht immer gewährleistet sei und demnach eine **Lücke bei der Rechtsversorgung** dieser Personen existiere (BT-Drs. 16/3655, 39). Nach einer empirischen Untersuchung hat die Gruppe besonders benachteiligter Menschen nur sehr beschränkten Zugang zu Rechtsberatung und Vertretung. Aufgrund von sprachlichen oder psychologischen Schranken benachteiligte Personen nehmen idR keine Beratungshilfeleistungen nach dem BerHG in Anspruch und können so nicht von unabhängiger anwaltlicher Beratung profitieren (*Rottleuthner/Klose* DJT-Gutachten 2004, H 53).

Doch auch diese mittellosen Rechtsuchenden haben nach dem verfassungs- 33 rechtlichen Grundsatz der **Rechtswahrnehmungsgleichheit** (BVerfG NJW 2009, 209ff.; 3417ff.) wie jeder andere Rechtsuchende ein Recht auf qualitative Beratung, so dass der Gesetzgeber qualitätssichernde Vorgaben für die altruistische Rechtsdienstleistung aufstellen musste (Grunewald/Römermann/*Müller* Rn. 19; Krenzler/*Schmidt* Rn. 24). Bereits unter der Geltung des RBerG hat das BVerfG entschieden, dass die unentgeltliche Rechtsberatung durch einen berufserfahrenen Volljuristen, im konkreten Fall einen pensionierten Richter, den durch das RBerG verfolgten Schutz des Rechtsuchenden sowie der geordneten Rechtspflege nicht berührt (BVerfG NJW 2006, 1502; NJW 2004, 2662, 2663; im Anschluss OVG Lüneburg NVwZ-RR 2006, 361). Diesen Ansatz des BVerfG hat der Gesetzgeber übernommen, um den Ausgleich zwischen einer hinreichenden Beratungsqualität und einem möglichst reglementationsfreien Bewegungsraum für die Rechtsdienstleister zu schaffen. Daher ist die Erlaubnis zur Erbringung von Rechtsdienstleistungen an jedermann an eine **juristische Qualitätsaufsicht** geknüpft. Die Einhaltung der Beratungsqualität wird von der zuständigen Behörde nach Maßgabe des § 9 RDG gesichert.

2. Zulässige Rechtsformen. Obwohl auch **Einzelpersonen** Rechts- 34 dienstleistungen an einen unbestimmten Personenkreis anbieten dürfen, werden solche Rechtsdienstleistungen idR in einem **organisierten Rahmen** erbracht. Die amtl. Begr. spricht von karitativen Organisationen und Vereinigungen (BT-Drs. 16/3655, 58), trifft jedoch keine Aussage zur erforderlichen Rechtsform der Rechtsdienstleistungsorganisation. Diese kann jede Rechtsform annehmen, solange die Anforderungen an die Unentgeltlichkeit und an die Qualitätsaufsicht gewahrt werden. Sinn und Zweck der Norm gebieten insoweit keine Einschränkung, da der Schutz der Rechtsuchenden nicht über die persönliche Haftung der Rechtsdienstleister, sondern über das Erfordernis einer juristischen Anleitung vermittelt wird.

35 Es ist daher unschädlich, wenn eine **Rechtsform mit beschränkter Haftung,** wie eine GmbH oder ein UG gewählt wird, und zwar sogar dann, wenn die Organisation über keine Haftpflichtversicherung verfügt. Das anwaltliche Berufsrecht kennt zwar einen zwingenden Zusammenhang zwischen Haftungsbeschränkung und erhöhter Haftpflichtversicherung (§ 59j BRAO). Dieser Zusammenhang lässt sich jedoch mangels Regelungslücke auf Rechtsdienstleister iSd § 6 RDG nicht analog übertragen, da die Frage der Haftpflichtversicherung im Gesetzgebungsverfahren diskutiert (vgl. *Prütting* DJT-Gutachten 2004, G 48; *Römermann* NJW 2006, 3025, 3030) und abgelehnt wurde (BT-Drs. 16/3655, 58f.; vgl. auch Grunewald/Römermann/*Müller* Rn. 29; Krenzler/*Schmidt* Rn. 39). Wählt ein Rechtsdienstleister die Rechtsform einer Handelsgesellschaft mit beschränkter Haftung, spricht auch nicht der erste Anschein für eine entgeltliche Tätigkeit (aA OLG Köln BRAK-Mitt. 2011, 252, 253 m. Anm. *Johnigk*). Die Haftungsbeschränkung kraft Rechtsform wird gerade im Fall unentgeltlicher Tätigkeit zweckmäßig sein.

36 **3. Garanten der Rechtsdienstleistungsqualität.** Unentgeltliche Rechtsdienstleistungen dürfen nur dann gegenüber einem unbestimmten Personenkreis angeboten und erbracht werden, wenn sichergestellt ist, dass die Rechtsdienstleistung durch eine Person, der die entgeltliche Erbringung dieser Rechtsdienstleistung erlaubt ist, durch eine Person mit Befähigung zum Richteramt oder unter Anleitung einer solchen Person erfolgt. Dies gilt sowohl für die **organisierte karitative Rechtsberatung** als auch für **natürliche Personen.** Die Anforderungen, die an die Gewährleistung der Qualität der Rechtsdienstleistungen gestellt werden, sind nicht sonderlich hoch. Es wird nicht verlangt, dass eine juristisch umfassend qualifizierte Person die Rechtsdienstleistungen selbst erbringt. Vielmehr reicht es aus, wenn eine solche Person den Rechtsdienstleistern hinreichende Rechtskenntnisse vermittelt und Aufsicht über deren Tätigkeit ausübt.

37 **a) Erlaubnis zur Erbringung entgeltlicher Rechtsdienstleistungen.** An erster Stelle sind vom Gesetzgeber alle Personen, denen auch die entgeltliche Erbringung der Rechtsdienstleistung erlaubt wäre, zur juristischen Qualitätsgewähr berufen. Dies sind nach § 3 BRAO zunächst alle zugelassenen **Rechtsanwälte.** Gleiches gilt für Anwälte aus den Mitgliedstaaten der EU und des EWR, die nach §§ 2, 25 EuRAG unter der Berufsbezeichnung ihres Herkunftslandes in Deutschland uneingeschränkt zur Rechtsberatung befugt sind. Anders als bei § 5 RDG (vgl. § 3 RDG Rn. 30 ff.; § 5 RDG Rn. 19 ff.) ist es ausreichend, wenn Rechtsanwälte im Namen des Anbieters als dessen Angestellte oder ehrenamtliche Mitarbeiter tätig werden. In seiner sog. „Zweitberufsentscheidung" hat das BVerfG klargestellt, dass es mit der Anwaltstätigkeit vereinbar ist, wenn der Rechtsanwalt in seinem Zweitberuf als **Angestellter** verpflichtet ist, Dritte im Auftrag eines standesrechtlich ungebundenen Arbeitgebers rechtlich zu beraten (BVerfGE 87, 287, 327f. = NJW 1993, 317; vgl. auch Henssler/Prütting/*Henssler* § 7 Rn. 90f.). Erst

recht gilt dies in den Fällen, in denen Rechtsanwälte ohne Anstellungsverhältnis zur beratenden Organisation als **ehrenamtliche Mitarbeiter** auf *pro bono*-Basis tätig werden.

Ebenfalls zur Qualitätsaufsicht berufen sind die Personen, die in rechtlichen 38 Teilbereichen gesetzlich zur entgeltlichen Beratung befugt sind (zu diesem § 3 RDG Rn. 15 ff.). Dies sind Patentanwälte (§ 3 PAO), Inkassounternehmer (§ 10 Abs. 1 S. 1 Nr. 1 RDG), Renten- (§ 10 Abs. 1 S. 1 Nr. 2 RDG), Auslandsrechts- (§ 10 Abs. 1 S. 1 Nr. 3 RDG) und Versicherungsberater (§ 34e GewO), Kammerrechtsbeistände (§ 1 Abs. 2 RDGEG) und sonstige registrierte Erlaubnisinhaber (§ 1 Abs. 3 RDGEG). Sie gewährleisten allerdings die Beratungsqualität nur in ihrem **jeweiligen Fachbereich.** Hier ist zu beachten, dass § 6 RDG im Bereich der Steuerberatung wegen § 1 Abs. 2 RDG hinter § 6 StBerG zurücktritt (Rn. 7) und eine karitative Steuerberatung an jedermann daher unzulässig ist. Auch wenn **Steuerberater und Wirtschaftsprüfer** auf dem Gebiet des Steuerrechts die Befugnis zur entgeltlichen Rechtsdienstleistung haben (§ 3 Nr. 1 StBerG, § 2 Abs. 2 WPO), kann aufgrund der Ausnahme der Steuerberatung aus dem RDG auch unter ihrer Aufsicht keine Steuerberatung an jedermann erfolgen (aA wohl Krenzler/*Schmidt* Rn. 26; Gaier/Wolf/Göcken/*Piekenbrock* Rn. 23, die Steuerberater und Wirtschaftsprüfer als geeignete Personen für die juristische Anleitung aufzählen).

Schließlich ergibt sich aus der Erlaubnis zur Rechtsdienstleistung in Form 39 einer entgeltlichen **Nebenleistung** nach § 5 RDG die Befähigung zur juristischen Anleitung (vgl. auch Gaier/Wolf/Göcken/*Piekenbrock* Rn. 22). Es ist unschädlich, dass § 5 RDG keine Befugnis zur isolierten Rechtsdienstleistung gewährt, solange sich die juristische Anleitung auf den Bereich der jeweiligen rechtlichen Nebenleistung beschränkt. So kann ein Mitarbeiter eines gewerblichen Pflegedienstes, der im Rahmen seiner beruflichen Tätigkeit nach § 5 RDG bei der Ausfüllung von Anträgen auf Erstattung von Sozialleistungen Rechtsrat erteilen kann, in diesem umgrenzten Bereich die juristische Qualitätsaufsicht nach § 6 Abs. 2 RDG gewährleisten, indem er zB ehrenamtlich im Rahmen einer Organisation ausschließlich zu diesen Fragen berät oder für Nachfragen zur Verfügung steht. Betrifft die Rechtsdienstleistung nur eine Rechtsfrage oder rechtliche Angelegenheit am Rande einer ansonsten nicht juristischen unentgeltlichen sozialen Tätigkeit für den Dienstleistungsempfänger, kann eine solche Rechtsdienstleistung, die nicht über eine Nebenleistung iSd § 5 RDG hinausgeht, ohne die Einschaltung weiterer, juristisch umfassend qualifizierter Personen erbracht werden (ähnlich Kilian/Sabel/vom Stein/*Sabel* Rn. 271).

b) Juristische Qualifikation. Für die Gewährleistung der juristischen 40 Qualitätsaufsicht kommen nach dem ausdrücklichen Gesetzeswortlaut neben den Personen, denen eine entgeltliche Rechtsdienstleistung erlaubt ist, nur Personen mit **Befähigung zum Richteramt** in Betracht. Das sind Volljuristen (§ 5 DRiG) und Universitätsprofessoren (§ 7 DRiG). Hinzu kommen DDR-Diplomjuristen mit Berufserfahrung als Richter, Staatsanwalt, Notar, Rechtsanwalt oder Beamter des höheren Verwaltungsdienstes nach dem 3.10.1990 (§ 5 RDGEG). Diese enge Umgrenzung des juristisch qualifizierten Personenkreises ist in Zusammenhang mit der Entscheidung des Gesetzgebers gegen die

Rechtsberatungsbefugnis von **Absolventen juristischer Diplomstudiengänge** zu sehen, womit der Gesetzgeber von den Vorschlägen der Monopolkommission (BT-Drs. 16/2460, 394 ff.) abgewichen ist. Sowohl Diplomjuristen als auch Absolventen der ersten juristischen Staatsprüfung fehlt daher die für § 6 Abs. 2 RDG erforderliche Qualifikation (aA *Kleine-Cosack* Rn. 31).

41 Die Koppelung der juristischen Qualifikation an die Befähigung zum Richteramt wird teilweise als zu eng angesehen. Die gesetzliche Regelung erscheint in der Tat in den Fällen, in denen eine Person **ehemals** die Befugnis zur entgeltlichen Rechtsdienstleistung besaß, nunmehr jedoch auf die hierfür erforderliche Zulassung verzichtet, zu streng, da die juristische Qualifikation auf dem jeweiligen rechtlichen Teilgebiet dennoch fortbesteht (vgl. Gaier/Wolf/Göcken/*Piekenbrock* Rn. 19, 23).

42 **4. Begriff der Anleitung (Abs. 2 S. 2).** Bei der Auslegung des Begriffs der Anleitung ist der Schutz des Rechtsuchenden vor unqualifizierter Beratung mit dem gesetzgeberischen Ziel der Förderung karitativer Rechtsberatung in Einklang zu bringen (BT-Drs. 16/3655, 58). Da die Freigabe der Laienrechtsberatung vor dem Hintergrund der rechtlichen Unterversorgung Bedürftiger erfolgt ist, kann „Anleitung" mangels ausreichender ehrenamtlicher Berater **keine engmaschige ständige Kontrolle** durch eine qualifizierte Person bedeuten. Hiermit hat sich der Gesetzgeber, anders als in der Stellungnahme des Bundesrates vorgeschlagen (BT-Drs. 16/3655, 104), gegen eine Aufsicht und Kontrolle durch die juristisch qualifizierte Person entschieden (BT-Drs. 16/3655, 118). § 6 Abs. 2 S. 2 RDG bestimmt, dass Anleitung eine an Umfang und Inhalt der zu erbringenden Rechtsdienstleistungen ausgerichtete Einweisung und Fortbildung sowie bei Erforderlichkeit eine Mitwirkung bei der Erbringung der Rechtsdienstleistung bedeutet. § 6 Abs. 2 S. 2 RDG gilt aufgrund der Verweisung in §§ 7 Abs. 2, 8 Abs. 2 RDG auch für die Rechtsdienstleistungen durch Berufs- und Interessenvereinigungen, Genossenschaften, Verbraucher- und Wohlfahrtsverbände, so dass insoweit ein einheitlicher Qualitätsmaßstab gesetzt wird.

43 Durch die Umschreibung in Abs. 2 S. 2 hat der Gesetzgeber die **Anforderungen an die Anleitung bewusst niedrig gehalten** (*Henssler/Deckenbrock* DB 2008, 41, 45). Beschränkt sich die Beratungsorganisation auf eine bestimmte Thematik (zB Beratung im Asylrecht, Beratung von Studenten in Fragen des BAföG und der Studiengebühren), reicht idR eine **einmalige Einweisung** der Berater in die typischerweise wiederkehrenden Rechtsfragen aus, so dass diese im Anschluss die Beratung eigenständig durchführen können. Die Einweisung kann in Form einer **Schulungs- oder Fortbildungsmaßnahme** erfolgen (Krenzler/*Schmidt* Rn. 33; *Heinz* ZfF 2010, 241, 243). Bei der Anleitung ist es wesentlich, dass sie die Berater dazu befähigt, die Grenzen ihrer Kompetenzen zu erkennen, damit sie erkennen, wann sie die juristisch qualifizierte Person einschalten müssen (skeptisch *Römermann* NJW 2006, 3025, 3030). Informationsmedien wie Skripte und Leitfäden werden idR für die Anleitung nicht ausreichen, können jedoch für die Aktualisierung des Kenntnisstandes über Gesetze und Rspr. verwendet werden (BT-Drs. 16/3655, 58; Gaier/Wolf/Göcken/*Piekenbrock* Rn. 26). Da sich der Gesetzgeber eindeutig gegen eine Kontrollaufsicht durch die juristisch qualifizierten Personen entschieden

Unentgeltliche Rechtsdienstleistungen **§ 6 RDG**

hat (Rn. 42), müssen diese iRd juristischen Anleitung auch **keine stichprobenartigen Kontrollen** durchführen (aA Grunewald/Römermann/*Müller* Rn. 26; Krenzler/*Schmidt* Rn. 34).

Für **Rückfragen** hinsichtlich solcher Rechtsprobleme, die sich außerhalb 44 der Spezialisierung der Beratungsorganisation bewegen oder besonders anspruchsvoll sind, muss eine juristisch umfassend qualifizierte Person zur Verfügung stehen. Eine Anwesenheit vor Ort ist nicht erforderlich, so dass diese Person bei der **Dachorganisation** einer karitativen Beratungsstelle tätig sein kann (BT-Drs. 16/3655, 40). Sie muss nicht in die Beratungsorganisation eingegliedert sein, so dass eine Kooperation mit einem **externen Rechtsanwalt,** der die unentgeltliche Unterstützung einer Beratungsorganisation als pro bono-Tätigkeit (Rn. 65 ff.) erbringen kann, ausreicht (vgl. Krenzler/*Schmidt* Rn. 36; *Dux* S. 251). Auch wenn die Beratungsorganisation eine allg. Rechtsberatung ohne inhaltliche Spezialisierung anbietet, ist die Anwesenheit oder zumindest die ständige Erreichbarkeit einer qualifizierten Person erforderlich, da es bei der allg. Rechtsberatung keinen Regelfall geben und eine rechtliche Grundanleitung nicht möglich sein wird.

V. Pflichten und Haftung des Rechtsdienstleisters

1. Abgrenzung vom Gefälligkeitsverhältnis. Bei der Entscheidung, 45 den Bereich der Rechtsdienstleistungen im Freundes- und Bekanntenkreis zu deregulieren, ging der Gesetzgeber davon aus, dass derjenige, der bei einem Familienangehörigen, einem Freund oder einem Nachbarn unentgeltlichen Rechtsrat einholt, die Risiken dieser aus Gefälligkeit erteilten Auskunft kennen wird (BT-Drs. 16/3655, 39, 58). Die gesetzgeberische Einschätzung, wonach die Rechtsberatung in diesen Fällen stets aus Gefälligkeit erfolgt, mag im Regelfall zutreffen, weil sämtliche Gefälligkeitsverhältnisse aus sozialem Kontakt resultieren (Staudinger/*Olzen* § 241 Rn. 72). Dennoch ist für jeden Einzelfall nach den Maßgaben des bürgerlichen Rechts zu prüfen, ob der Rechtsdienstleister auf **vertraglicher, vertragsähnlicher oder deliktischer Grundlage** für die Richtigkeit seines Rates **haftet.** Dies gilt sowohl im Bereich persönlicher Nähebeziehungen als auch für Rechtsdienstleistungen an einen unbestimmten Personenkreis.

Die Abgrenzung zwischen Gefälligkeit und rechtlicher Bindung hat we- 46 sentliche Auswirkungen auf die Haftung für Beratungsfehler. Erfolgt die Rechtsdienstleistung aus **Gefälligkeit,** kommt mangels vertraglicher Grundlage allein eine **deliktische Haftung** des Beraters in Betracht, die bei reinen Vermögensschäden nur unter den engen Voraussetzungen der §§ 823 Abs. 2, 826 BGB im Fall der Arglist oder des Verstoßes gegen ein Schutzgesetz besteht. Entsteht ein Schaden durch einen Beratungsfehler und werden die Anforderungen des § 6 RDG selbst verletzt, kommt grds. eine Haftung aus § 823 Abs. 2 BGB iVm § 3 RDG in Betracht (§ 3 RDG Rn. 58). Ein Schadensersatzanspruch aus § 823 Abs. 2 BGB scheidet jedoch aus, wenn die unentgeltliche Rechtsdienstleistung ohne die nach § 6 Abs. 2 RDG erforderliche juristische Anleitung erbracht wird. Denn für diese Fälle sieht § 9 RDG eine Untersagungsmöglichkeit der Verwaltung vor. Solange keine bestandskräftige Untersagung vorliegt, handelt es sich um eine erlaubte Rechtsdienstleistung

(§ 9 RDG Rn. 1; Dreyer/Lamm/Müller/*Dreyer/Geißler* § 9 RDG Rn. 2; *Sabel* AnwBl. 2007, 816, 820).

47 Anerkennt man die Existenz eines **Gefälligkeitsschuldverhältnisses mit Schutzpflichten** aus § 241 Abs. 2 BGB als Unterfall des § 311 Abs. 2 Nr. 3 BGB (so *Henssler/Deckenbrock* DB 2008, 41, 44; MüKoBGB/*Emmerich* § 311 Rn. 74 ff.; Dauner-Lieb/Heidel/Ring/*Krebs* § 311 Rn. 92 ff.) und bejaht man einen quasivertraglichen oder gar vertraglichen Rechtsbindungswillen der Beteiligten, so haftet der Rechtsdienstleister für seine Beratungsfehler aus **§ 280 BGB**. Ob ein für die (quasi)vertragliche Haftung erforderlicher Rechtsbindungswille besteht, ist anhand der allg. Auslegungskriterien wie Beziehung der Beteiligten untereinander, Art der Gefälligkeit, ihr Grund und Zweck, ihre wirtschaftliche und rechtliche Bedeutung für den Empfänger und die Interessenlage der Parteien zu bestimmen (MüKoBGB/*Seiler* § 662 Rn. 60; Palandt/*Grüneberg* § 311 Rn. 24). Erteilt ein **Rechtsanwalt** unentgeltlichen Rechtsrat, wird **idR ein Rechtsbindungswille** angenommen, da der Auskunftsempfänger der anwaltlichen Fachkompetenz vertraut und die Auskunft zur Grundlage rechtlicher oder wirtschaftlicher Entscheidungen machen wird (Koch/Kilian/*Kilian* B Rn. 352; Zugehör/G. Fischer/Vill/D. Fischer/Rinkler/Chab/*Zugehör* Rn. 1743; *Dux* S. 205 f.). Dies kann bei der **Laienrechtsberatung** nach § 6 RDG nicht in gleicher Weise gelten, da der Rechtsdienstleister nicht immer über einen wesentlichen Kompetenzvorsprung verfügt. Dies gilt insbesondere im Fall der Beratung im Familien- und Bekanntenkreis. Zudem wird im Bereich menschlicher Nähebeziehungen bereits aufgrund der persönlichen Bindung und des Obhutsverhältnisses ein **Rechtsbindungswille** der Beteiligten der **Ausnahmefall** sein (ähnlich Dreyer/Lamm/Müller/*Dreyer/Geißler* Rn. 48). Im Fall bloßer Bekanntschaften jedoch ist eine rechtliche Bindung nicht realitätsfern, vor allem wenn die Rechtsauskunft für den Empfänger erkennbar von erheblicher Bedeutung ist und dieser sie zur Grundlage wesentlicher Entschlüsse machen will.

48 Anders als im Familien- und Bekanntenkreis wird bei Rechtsdienstleistungen an einen **unbestimmten Personenkreis** wesentlich häufiger ein **Rechtsbindungswille** gegeben sein und ein Gefälligkeitsschuldverhältnis oder ein Vertrag zwischen Rechtsuchendem und Rechtsdienstleister zustande kommen (*Henssler/Deckenbrock* DB 2008, 41, 44; Gaier/Wolf/Göcken/ Piekenbrock Rn. 28). Da das öffentliche Angebot von Rechtsberatung an einen unbestimmten Personenkreis bereits gegen eine Gefälligkeit im sozialen Bereich spricht, fehlt der Rechtsbindungswille der Beteiligten grds. nur dann, wenn er ausdrücklich vom Rechtsdienstleister ausgeschlossen wurde (zu dieser Möglichkeit Soergel/*Wolf* vor § 145 Rn. 93; Erman/*Armbrüster* vor § 145 Rn. 7).

49 **2. Auftragsverhältnis.** Kommt die Auslegung zum Ergebnis, dass eine **vertragliche Bindung** gewollt ist und der Rechtsdienstleister verpflichtet sein soll, die vertragliche Hauptleistung in Form von Rechtsberatung und Vertretung zu erbringen, liegt ein Auftragsverhältnis iSd §§ 662 ff. BGB vor (*Henssler/Deckenbrock* DB 2008, 41, 44; *Dux* S. 259 ff.; aA [Schenkung] *Wolf* NJW-Sonderheft 4. Hannoveraner ZPO-Symposion 22. September 2007, 21, 25).

Unentgeltliche Rechtsdienstleistungen **§ 6 RDG**

Wird die Rechtsdienstleistung in einem organisierten Rahmen erbracht, er- 50
gibt die Auslegung nach den Grundsätzen des **unternehmensbezogenen
Geschäfts** idR, dass die Beratungsorganisation selbst und nicht der ausführende Berater Vertragspartei des Rechtsuchenden wird. Die unter Geltung des RBerG ergangene Rspr. des BGH zu sog. „Anwaltshotlines" (BGHZ 152, 153, 158f. = NJW 2003, 819), wonach der Vertrag im Zweifel mit den beratenden Rechtsanwälten und nicht – unter Verletzung des RBerG – mit dem Organisator des telefonischen Beratungsdienstes zustande kommt, kann unter Geltung des § 6 RDG für karitative Beratungsorganisationen nicht mehr gelten (hierzu *Dux* S. 263). Auch wenn **Rechtsanwälte** die unentgeltliche Beratung erbringen sollten, sind sie nur als **Erfüllungsgehilfen** der Organisation (§ 278 BGB) tätig (Rn. 56). Etwas anderes gilt nur dann, wenn kraft ausdrücklicher Vereinbarung der einzelne Berater Vertragspartei des Rechtsuchenden sein soll.

3. Vertragspflichten des karitativen Rechtsdienstleisters. Aus dem 51
Auftragsverhältnis ergeben sich die gegenseitigen Rechte und Pflichten der Vertragsparteien (vgl. im Einzelnen MüKoBGB/*Seiler* § 662 Rn. 33ff.). So hat der Auftragnehmer die vertragliche Hauptpflicht, nach besten Kräften die Interessen des Auftraggebers zu wahren und den Auftrag sorgfältig und sachgemäß auszuführen. Den Vorschriften des BGB lassen sich auch die vertraglichen Nebenpflichten des Rechtsdienstleisters entnehmen. So muss dieser nach § 665 BGB Weisungen des Auftraggebers beachten und diesen von beabsichtigten Abweichungen informieren. Aus § 666 BGB resultiert die Pflicht, den Auftraggeber über den Stand der bearbeiteten Sache auf dem Laufenden zu halten. Nach § 667 BGB muss der Rechtsdienstleister alles, was er zu Ausführung des Auftrags und aus der Geschäftsbesorgung erlangt hat (wie zB Urkunden, Dokumente oder ausgehändigtes Geld) an den Auftraggeber herausgeben (MüKoBGB/*Seiler* § 667 Rn. 7). Ebenso gilt nach § 671 Abs. 2 BGB eine Einschränkung der freien Kündbarkeit des Auftrags.

Entgegen entsprechenden Bestrebungen im Vorfeld des Gesetzgebungsver- 52
fahrens (so gefordert von *Prütting* DJT-Gutachten 2004, G 48) unterliegen karitative Rechtsberater nicht den **anwaltlichen Berufspflichten** der BRAO und der BORA. Die Pflicht zur Verschwiegenheit oder zur Vermeidung von Interessenkollisionen kann daher nicht aus § 43a BRAO analog abgeleitet werden. Es stellt sich allerdings die Frage, ob die anwaltlichen Berufspflichten nicht zumindest in den Fällen gelten, in denen Rechtsanwälte für die juristische Anleitung verantwortlich sind oder im Einzelfall Beratungsleistungen auf Rechnung der Beratungsorganisation erbringen. Hierbei kommt es darauf an, ob diese Tätigkeiten anwaltliche Tätigkeiten iSd BRAO sind (vgl. *Kleine-Cosack* BRAO, Einl. Rn. 14, 19ff.; Feuerich/Weyland/*Vossebürger* Einl. Rn. 10ff.).

Bei einigen Berufsgruppen, die als karitative Rechtsdienstleister in Betracht 53
kommen, gilt eine besondere gesetzliche **Verschwiegenheitsverpflichtung** (so bspw. aus § 203 Abs. 1 Nr. 5 StGB für staatlich anerkannte Sozialarbeiter). In den übrigen Fällen resultiert aus dem Auftragsverhältnis selbst eine **Loyalitätspflicht** des Auftragnehmers, die je nach Gegenstand des Auftrags und dem damit verbundenen Vertrauen in den Auftragnehmer variiert (Staudinger/*Martinek* § 662 Rn. 33). Bei fremdnützigen Rechtsdienstleistungen ist die Loyali-

Dux

RDG § 6 Teil 2 Rechtsdienstleistungen durch nicht registrierte Personen

tätspflicht besonders stark ausgeprägt und beinhaltet auch die Pflicht zur Verschwiegenheit (BGHZ 27, 241, 246 = NJW 1958, 1232; Grunewald/Römermann/*Müller* Rn. 29; Krenzler/*Schmidt* Rn. 39; MüKoBGB/*Seiler* § 662 Rn. 37; Jauernig/*Mansel* § 662 Rn. 12; Staudinger/*Martinek* § 662 Rn. 32). Ebenso resultiert aus der Loyalitätspflicht uU ein **Verbot der Vertretung widerstreitender Interessen,** wenn ansonsten die Interessen des ersten Auftraggebers gefährdet würden. Insoweit ist der Rechtsuchende aber bereits durch § 4 RDG geschützt (§ 4 RDG Rn. 16). Die besonderen **anwaltlichen Privilegien** wie das Zeugnisverweigerungsrecht oder die Beschlagnahmefreiheit können jedoch im Interesse der funktionsfähigen Rechtspflege weder aus dem Auftragsrecht noch aus einer analogen Anwendung strafprozessualer Vorschriften abgeleitet werden (vgl. hierzu BVerfG NJW 1979, 1286; NJW 1975, 588; NJW 1972, 2214; BeckOK StPO/*Huber* § 53 Rn. 2f.).

54 Ob der Rechtsdienstleister den Rechtsuchenden auf seinen **Laienstatus** und die damit einhergehenden fehlenden Anwaltsprivilegien und den geringeren juristischen Sachverstand **hinweisen** muss, ist umstritten. Teilweise wird eine Hinweispflicht hinsichtlich der fehlenden Anwaltsprivilegien angenommen und vertreten, die anwaltlichen Beratungspflichten und den anwaltlichen Sorgfaltsmaßstab auch auf den Laienberater anzuwenden, wenn dieser nicht über seinen Laienstatus aufklärt (*Wreesmann* S. 256, 264). Eine solche Hinweispflicht hat der Gesetzgeber jedoch ausdrücklich **abgelehnt,** indem er die Einführung eines Informationsmodells für entgeltliche Rechtsdienstleistungen abgelehnt hat (Einleitung Rn. 30; Krenzler/*Teubel* § 1 Rn. 42). Deshalb soll auch im Bereich der unentgeltlichen Rechtsdienstleistungen nicht die Information der Rechtsuchenden durch den Rechtsdienstleister, sondern die Anforderung an die juristische Qualifikation den erforderlichen Schutz der Rechtsuchenden gewährleisten (BT-Drs. 16/3655, 59). Eine Hinweispflicht der Laienrechtsberater besteht daher nicht (so auch Dreyer/Lamm/Müller/*Dreyer/Geißler* Rn. 43).

55 **4. Beratungspflichten und Sorgfaltsmaßstab.** Die Anforderungen an die Beratungsqualität des karitativen Rechtsdienstleisters sind anhand der Umstände des Einzelfalls dem Auftragsverhältnis zu entnehmen. Anders als in den Fällen unerlaubter entgeltlicher Rechtsdienstleistungen (§ 3 RDG Rn. 57; Dreyer/Lamm/Müller/*Dreyer/Müller* § 3 Rn. 29) sind an das Pflichtenprogramm des Rechtsdienstleisters nicht die gleichen Anforderungen zu stellen, wie sie im Bereich der **Anwaltshaftung** von der Rspr. entwickelt worden sind (aA *Römermann* AnwBl. 2009, 22, 26). Die hohen Qualitätsanforderungen an die anwaltliche Beratung erklären sich nämlich nur vor dem Hintergrund der Verpflichtung, eine Berufshaftpflichtversicherung abzuschließen. IRd § 6 RDG hat sich der Gesetzgeber hingegen ausdrücklich gegen eine Versicherungspflicht des karitativen Rechtsdienstleisters entschieden, um kleine Beratungsorganisationen finanziell nicht zu überfordern und bürgerschaftliches Engagement nicht zu behindern (BT-Drs. 16/3655, 40). **Überhöhte Anforderungen** an die Beratungsqualität des Rechtsberaters ohne Versicherungsschutz würden jedoch vor bürgerschaftlichem Engagement bei der Rechtsberatung erheblich abschrecken. Die Anforderungen an die Beratungsleistung sind daher für jeden Einzelfall separat zu prüfen. Maßgeblich ist hierbei, welches Vertrauen der Rechtsdienstleister selbst in die Qualität seiner Leistung geweckt hat

Unentgeltliche Rechtsdienstleistungen § 6 RDG

(vgl. zum Auftragsrecht Staudinger/*Martinek* § 662 Rn. 33) und ob er das von ihm selbst geweckte Vertrauen nicht enttäuscht und die Interessen des Rechtsuchenden nach besten Kräften vertreten hat. Bietet eine Organisation Beratung zu einem bestimmten Themengebiet an (Asylrecht, BAföG, Hartz IV), muss sie auf diesem umgrenzten Bereich einem Rechtsanwalt vergleichbar über hinreichende Rechtskenntnisse verfügen, wenn keine Haftungsbeschränkung vereinbart wurde (hierzu Rn. 57). Weist der konkrete Sachverhalt Berührungspunkte zu anderen Rechtsgebieten auf (allg. Verwaltungsrecht, Verfassungsrecht, Zivilrecht), ist die genaue Kenntnis dieser Rechtsgebiete nicht mehr vom Pflichtenprogramm des Rechtsdienstleisters erfasst.

Eine abweichende Beurteilung kann sich ergeben, wenn ein **Rechtsanwalt** 56 als (ehrenamtlicher) Mitarbeiter der Beratungsorganisation unmittelbar beratend und nicht nur iRd juristischen Anleitung tätig wird. In beiden Fällen ist der Rechtsanwalt **Erfüllungsgehilfe** der Beratungsorganisation. Berät er jedoch in seiner Eigenschaft als Rechtsanwalt unmittelbar den Rechtsuchenden, schafft er ein **erhöhtes Vertrauen** in seine anwaltliche Expertise. Der Pflichten- und Sorgfaltsmaßstab des Erfüllungsgehilfen bestimmt sich nach grds. nach dem des Schuldners (Staudinger/*Löwisch/Caspers* § 278 Rn. 60, 62; MüKoBGB/*Grundmann* § 278 Rn. 49), also hier dem der Beratungsorganisation. Ausnahmsweise gilt jedoch für den Erfüllungsgehilfen ein höherer Haftungsmaßstab, wenn der Schuldner zur Erfüllung seiner Verbindlichkeit einen **Fachmann** eingeschaltet hat. Denn durch die Einschaltung eines Spezialisten hat der Gläubiger ein berechtigtes Vertrauen darauf, dass ihm mit der entsprechenden Sorgfalt begegnet wird (BGHZ 114, 263, 272 = NJW 1991, 2556; Staudinger/*Löwisch/Caspers* § 278 Rn. 64 f.). Da für diese Ausnahme das Vertrauen in die Sonderqualifikation des Erfüllungsgehilfen maßgeblich ist, kommt es darauf an, ob dem Rechtsuchenden die Anwaltseigenschaft des Beratenden bekannt ist. Ist dies der Fall, muss sich die Organisation dem anwaltlichen Sorgfaltsmaßstab iRd § 278 BGB unterwerfen (zum Ganzen *Dux* S. 263).

5. Haftungsbeschränkung. Anders als dies bei Rechtsanwälten der Fall 57 ist, die ihre Haftung nur in den engen Grenzen des § 52 BRAO beschränken können, gelten für karitative Rechtsdienstleister außer den Einschränkungen des BGB **keine besonderen Vorschriften** über die Haftungsbeschränkung. IdR wird eine Beratungsorganisation die Haftung für Beratungsfehler durch Allg. Geschäftsbedingungen einschränken (Formulierungsbsp. bei *Heinhold* S. 47 f.). Nach § 309 Nr. 7 lit. b BGB kann die Haftung im Voraus nicht für Vorsatz oder grobe Fahrlässigkeit ausgeschlossen werden. Möchte die Beratungsorganisation ihre Haftung begrenzen, muss dies ausdrücklich erfolgen. Eine **konkludente** Haftungsbeschränkung wird aufgrund des offensichtlichen Interesses des Rechtsuchenden an einer ordnungsgemäßen Beratung idR ausscheiden (Dreyer/Lamm/Müller/*Dreyer/Geißler* Rn. 51). Hat der unentgeltlich tätige Rechtsdienstleister seine Haftung nicht begrenzt, kann uU die **ergänzende Vertragsauslegung** eine Haftungsbeschränkung ergeben. Voraussetzung ist ein hohes Haftungsrisiko bei fehlendem Versicherungsschutz und objektiver Erkennbarkeit der Gefahr, die sich in Form des Schadens realisiert. Zudem müsste davon auszugehen sein, dass, hätten die Beteiligten die Risiken und Haftungsprobleme bedacht und erörtert, ein Ausschluss der Haftung für leichte Fahrlässigkeit verlangt worden wäre und redlicher Weise nicht hätte abgelehnt werden dürfen (vgl. zu Gefälligkeitsfahrten OLG Hamm NZV 2008, 204). Eine solche Haftungsbeschränkung kraft ergänzender Vertragsauslegung dürfte idR nur im Fall von Rechtsdienstleistungen im Freundes- und Familienkreis anzunehmen sein (vgl. auch Dreyer/Lamm/Müller/ Dreyer/Geißler Rn. 52).

VI. Rechtsfolgen eines Verstoßes gegen § 6 RDG

58 **1. Untersagung der Rechtsdienstleistung.** § 9 RDG sieht eine **Ermächtigungsgrundlage** für die Untersagung von karitativen Rechtsdienstleistungen durch die für den Wohnsitz einer Person oder den Sitz einer Vereinigung zuständige Behörde vor, wenn begründete Tatsachen die Annahme dauerhaft unqualifizierter Rechtsdienstleistungen zum Nachteil des Rechtsuchenden oder des Rechtsverkehrs rechtfertigen. Dies ist insbesondere der Fall, wenn erhebliche Verstöße gegen die Pflicht zur juristischen Qualitätsgewähr nach § 6 Abs. 2 RDG vorliegen. Gem. § 9 Abs. 3 RDG bleibt die Befugnis, unentgeltliche Rechtsdienstleistungen innerhalb familiärer, nachbarschaftlicher oder ähnlich enger Beziehungen zu erbringen, von der Untersagung unberührt (§ 9 RDG Rn. 15).

59 **2. Nichtigkeit des Auftrags.** Fehlt eine Tatbestandsvoraussetzung des § 6 RDG, liegt iErg ein Verstoß gegen § 3 RDG vor, so dass das Auftragsverhältnis zwischen dem Rechtsdienstleister und dem Rechtsuchenden nach § 134 BGB nichtig ist (§ 3 RDG Rn. 33). Dies gilt jedenfalls dann, wenn die Rechtsdienstleistung entgegen § 6 RDG entgeltlich erbracht wird. Anders ist es, wenn nur die Anforderungen an die juristische Anleitung in § 6 Abs. 2 RDG missachtet wurden. Denn aus § 9 RDG ergibt sich, dass die Beratungstätigkeit, auch wenn sie unqualifiziert erfolgt, so lange erlaubt bleibt, bis sie auf Grundlage des § 9 RDG bestandskräftig untersagt wurde (Dreyer/Lamm/Müller/ Dreyer/Geißler § 9 RDG Rn. 2; Sabel AnwBl. 2007, 816, 820). Da die Nichtigkeit nach § 134 BGB hauptsächlich über das Schicksal des Vergütungsanspruches entscheidet, gereicht die Wirksamkeit des Auftragsverhältnisses im Fall unentgeltlicher Rechtsdienstleistungen nicht zum Nachteil der Rechtsuchenden.

60 **3. Unterlassungsansprüche.** Im Gegensatz zum RBerG ist der **Schutz der Anwaltschaft vor Konkurrenten,** die keinen berufsrechtlichen, gebührenrechtlichen oder ähnlichen Schranken unterliegen, nicht das Anliegen des RDG (§ 1 RDG Rn. 34; Grunewald/Römermann/*Römermann* § 1 RDG Rn. 21 ff.; *Kleine-Cosack* § 1 RDG Rn. 37 f.; aA Gaier/Wolf/Göcken/*Wolf* § 1 RDG Rn. 12 ff.), so dass Rechtsanwälte bereits deshalb aus § 1004 Abs. 1 S. 2 BGB analog iVm § 823 Abs. 2 BGB **keine Unterlassungsansprüche** herleiten können (offengelassen von OLG Karlsruhe Urt. v. 26.11.2009 – 4 U 60/ 09, BeckRS 2010, 00248).

61 Unentgeltliche Rechtsdienstleistungen, die in keinem Zusammenhang mit einer entgeltlichen Tätigkeit stehen, sind **keine geschäftlichen Handlungen** iSd § 2 Abs. 1 Nr. 1 UWG, da bei ihnen der Unternehmensbezug fehlt (vgl. OLG Karlsruhe Urt. v. 26.11.2009 – 4 U 60/09, BeckRS 2010, 00248; Köh-

Unentgeltliche Rechtsdienstleistungen §6 RDG

ler/Bornkamm/*Köhler* § 2 UWG Rn. 24). So können konkurrierende Rechtsdienstleister, insbesondere Rechtsanwälte, aus § 8 Abs. 1 UWG auch dann keine Unterlassungsansprüche herleiten, wenn die Beratungsorganisation die Anforderungen des § 6 Abs. 2 RDG nicht erfüllt. Wird ein Rechtsdienstleister von einem Rechtsanwalt abgemahnt und legt er nicht vor Klageerhebung offen, dass er iRd § 6 RDG tätig ist, ist er im Fall der Klagerücknahme durch den Rechtsanwalt nicht gem. § 269 Abs. 3 S. 3 ZPO analog zur Kostentragung verpflichtet (OLG München BRAK-Mitt. 2011, 253 m. Anm. *Johnigk*). Erfolgt die Rechtsdienstleistung entgegen § 6 RDG entgeltlich, dann ist als Anspruchsgrundlage für die Unterlassungsansprüche von Konkurrenten §§ 3, 4 Nr. 11, 8 Abs. 1, Abs. 3 Nr. 2 UWG iVm § 3 RDG einschlägig (OLG Köln BRAK-Mitt 2011, 252 m. Anm. *Johnigk;* § 3 RDG Rn. 59 ff.).

VII. Besondere Formen organisierter karitativer Rechtsberatung

1. *Clinical Legal Education* im Jurastudium. In jüngster Zeit haben juris- 62
tische Fakultäten begonnen, den Praxisbezug im Jurastudium durch die Einrichtung von **studentischen Rechtsberatungsstellen** zu verstärken (Bsp. finden sich an den Universitäten in Düsseldorf, Bielefeld, Hannover und Gießen). Der teilweise verwendete Begriff *„clinical legal education"* stammt aus den USA, wo diese Form der praktischen Ausbildung bereits seit Längerem an Law Schools praktiziert wird (vgl. Barton/Hähnchen/Jost/*Zekoll* Praktische Jurisprudenz, 2011, S. 50 ff.; *Bücker/Woodruff* JZ 2008, 1068; *Horn* JA 2013, 644 ff.; *Wreesmann* S. 23 ff.; *Dux* S. 98 ff.). Erst die Freigabe der karitativen Rechtsberatung hat solche Projekte an deutschen Universitäten möglich gemacht. Denn studentische Rechtsberatung ist nicht mit der Erstellung wissenschaftlicher Gutachten iSd § 2 Abs. 3 Nr. 1 RDG gleichzusetzen (*Piekenbrock* AnwBl. 2011, 848, 850), so dass sie dem Verbot mit Erlaubnisvorbehalt des § 3 RDG unterliegt.

Da sich studentische Rechtsberatung an einen **unbestimmten Personen-** 63
kreis richtet, bestimmen sich die Anforderungen der Rechtsberatungsstelle nach § 6 Abs. 2 RDG (vgl. auch Gaier/Wolf/Göcken/*Piekenbrock* Rn. 37). Der Adressatenkreis geht auch dann über den zwischenmenschlichen Bereich hinaus, wenn nur Studenten der Universität beraten werden (so bspw. in der *legal clinic* der Leibnitz Universität Hannover). Da die Rechtsberatung eines unbestimmten Personenkreises nicht mehr zum Zuständigkeitsbereich der Behörde Universität gehört, liefert § 8 Abs. 1 Nr. 2 RDG keinen Erlaubnistatbestand (*Wreesmann* S. 225 f.; aA *Piekenbrock* AnwBl. 2011, 848, 852). Die studentischen Rechtsdienstleistungen müssen daher nach § 6 Abs. 2 RDG stets unter Anleitung einer juristisch qualifizierten Person erfolgen. Ordentliche **Universitätsprofessoren** sind für eine solche **Anleitung** geeignet, da sie über die Befähigung zum Richteramt verfügen (Rn. 40). Das gleiche gilt für Assistenten, die bereits **Assessoren** sind und die Voraussetzungen des § 5 Abs. 1 DRiG erfüllen. Doch die Rechtsberatungsstelle kann auch mit externen Rechtsanwälten kooperieren und unter deren juristischer Anleitung tätig sein (zur Haftung der Aufsichtspersonen vgl. *Horn* JA 2013, 644, 647 f.). Eine theoretische Schulung der studentischen Rechtsberater erfolgt bereits durch das Jurastudium. Dennoch müssen die Studenten einleitend zu ihrer prakti-

schen Tätigkeit eine – evtl. auf die Beratungsschwerpunkte bezogene – besondere Einführung erhalten.

64 **2. Rechtsberatung durch Städte und Gemeinden.** Soweit die Stadtstaaten Berlin, Bremen und Hamburg nach § 12 BerHG Beratungshilfeleistungen in öffentlichen Rechtsauskunftsstellen erbringen, richtet sich ihre Rechtsdienstleistungsbefugnis nach dieser Spezialvorschrift. Unter Geltung des RBerG waren jedoch die Rechtsberatungsstellen anderer Gemeinden, für die die Ausnahmeregelung des § 12 BerHG nicht galt, problematisch, da weder Art. 1 § 3 Nr. 6 RBerG noch eine andere Regelung einen Erlaubnistatbestand bot (vgl. nur *Chemnitz/Johnigk* Rn. 363 mwN). Nunmehr können jedoch alle Gemeinden Beratungsstellen für bedürftige Bürger errichten und betreiben, wenn die Rechtsdienstleistungen iRd § 6 RDG unentgeltlich erfolgen (§ 8 RDG Rn. 24).

VIII. Anwaltliche pro bono-Tätigkeit

65 Nicht von § 6 RDG gedeckt ist die unentgeltliche anwaltliche Tätigkeit pro bono publico, da insoweit das anwaltliche Berufsrecht und insbesondere die Verbotsnorm des **§ 49 b Abs. 1 BRAO lex specialis** ist. Pro bono-Tätigkeit bedeutet in diesem Fall eine gänzlich unentgeltliche Tätigkeit des Rechtsanwalts und ist vor allem in den USA ein beliebtes Marketinginstrument für Rechtsanwälte (vgl. *Dux* AnwBl. 2011, 90; *dies.* S. 64 ff.). Doch auch deutsche Rechtsanwälte erbringen pro bono-Tätigkeiten, wobei jedoch der Anteil engagierter Anwälte von der Weite der Definition des Begriffs pro bono abhängt (vgl. hierzu die empirische Untersuchung des Soldan Instituts: *Kilian* AnwBl. 2012, 45). Besondere Relevanz erlangt anwaltliche pro bono-Tätigkeit im Kontext des § 6 RDG, da Rechtsanwälte durch die eigene unentgeltliche **Mitarbeit oder Anleitung in der Beratungsorganisation** die Voraussetzungen des § 6 Abs. 2 RDG gewährleisten können.

66 **1. Gebührenunterschreitungsverbot des § 49b BRAO.** Nach § 49b Abs. 1 S. 1 BRAO ist es unzulässig, geringere Gebühren und Auslagen zu vereinbaren oder zu fordern als es das anwaltliche Vergütungsgesetz (RVG) vorsieht, soweit dieses nichts anderes bestimmt. Eine Unterschreitung der gesetzlichen Gebühren bei **gerichtlicher Tätigkeit** ist nach dem RVG nur im Fall einer **Erfolgshonorarvereinbarung** zulässig, wobei jedoch nach in § 4a Abs. 1 S. 2 RVG im Erfolgsfall ein Aufschlag auf die gesetzliche Vergütung vereinbart werden muss. In **außergerichtlichen Angelegenheiten** kann nach § 4 Abs. 1 RVG dann eine niedrigere als die gesetzliche Vergütung vereinbart werden, wenn diese in einem **angemessenen Verhältnis** zu Leistung, Verantwortung und Haftungsrisiko des Rechtsanwalts steht (vgl. zur weiteren Ausnahme der Beratungshilfeberechtigung Rn. 70). Nach § 34 RVG gelten für die außergerichtliche Beratung, Begutachtung und Mediation keine gesetzlichen Gebühren mehr, so dass unentgeltliche Tätigkeit jedenfalls auf diesen Tätigkeitsgebieten mangels gesetzlichen Gebührenmaßstabs nach hM zulässig ist (OLG Stuttgart NJW 2007, 924; OLG Düsseldorf BRAK-Mitt 2007, 274; AGH Berlin AnwBl. 2007, 375; AGH Hamm Urt. v. 9.5.2014 – 1 AGH 3/14, BeckRS 2014, 13284; LG Essen NJW-RR 2014, 379; *Kleine-Cosack* BRAO, § 49b Rn. 9; Feuerich/Weyland/*Weyland* § 49b Rn. 26; *Dux* S. 213f. aA LG

Freiburg NJW 2007, 160; Koch/Kilian/*Kilian* B Rn. 490; Henssler/Prütting/ *Kilian* § 49b Rn. 37; *ders.* BB 2006, 1509, 1512). Für alle über § 34 RVG hinausgehenden außergerichtlichen Tätigkeiten sieht das RVG hingegen gesetzliche Gebühren vor, die nur in den Grenzen der Angemessenheit iSd § 4 Abs. 1 S. 2 RVG unterschritten werden können. Kein Entgelt für eine außergerichtliche Vertretung zu verlangen, die – wie im Fall der Vertretung einer größeren gemeinnützigen Organisation – ausgiebige Korrespondenz, die Erstellung von Vertragsentwürfen und Ähnliches beinhaltet, wird bereits der anwaltlichen Leistung nicht gerecht, ohne dass auf die Fragen der Haftung iRd pro bono-Mandats eingegangen werden müsste.

2. Der Ausnahmetatbestand des § 49b Abs. 1 S. 2 BRAO. Lediglich **nach Erledigung des Auftrags** darf der Rechtsanwalt besonderen Umständen in der Person des Auftraggebers Rechnung tragen, indem er die Gebühren erlässt oder ermäßigt. Der Gebührenerlass ist nach dem ausdrücklichen Wortlaut der Vorschrift jedoch erst nach Erledigung des Auftrags zulässig. Der Rechtsanwalt darf zwar nach der hM bereits vor Vertragsschluss oder bei der Bearbeitung des Mandats einen späteren Vergütungsverzicht in Aussicht stellen, muss dabei jedoch im Bereich des Unverbindlichen bleiben (Henssler/ Prütting/*Kilian* § 49b Rn. 28, 46; Feuerich/Weyland/*Weyland* § 49b Rn. 53). Jeder rechtswirksame Verzicht vor Erledigung des Auftrags stellt einen Verstoß gegen den klaren Wortlaut des § 49b Abs. 1 S. 1 BRAO dar. 67

3. Teleologische Reduktion des § 49b BRAO. Sinn und Zweck des § 49b Abs. 1 BRAO können heute das Verbot von pro bono-Vereinbarungen nicht mehr tragen, so dass die Verbotsvorschrift teleologisch zu reduzieren ist (für eine „großzügige Interpretation" des § 49b BRAO Grunewald/ Römermann/*Müller* Rn. 31; Krenzler/*Schmidt* Rn. 44; aA und streng nach dem Wortlaut Gaier/Wolf/Göcken/*Piekenbrock* Rn. 5). Die Vorschrift soll einen ruinösen Preiswettbewerb um Mandate verhindern, um die anwaltliche Beratungsqualität und die Funktionsfähigkeit der Rechtspflege zu erhalten (BT-Drs. 12/4993, 31). Pro bono-Tätigkeit ist jedoch **keine Beratung zu Dumpingpreisen,** sondern unentgeltliche Beratung. In diesem Bereich findet gar kein Preiskampf statt, da aus dem pro bono-Mandat kein unmittelbarer wirtschaftlicher Vorteil geschöpft wird. Stellt man darauf ab, dass das gute Image des pro bono-Anwalts zahlende Kunden anlocken könnte und daher einen wirtschaftlichen Wert hat, gefährdet dies wiederum nicht die anwaltliche Beratungsqualität, so dass der Zusammenhang zum Regelungszweck des Verbots fehlt (iErg ebenso Henssler/Prütting/*Kilian* § 49b Rn. 31). 68

Zudem hatte die Vorschrift früher den Zweck, die **mittelbare Vereinbarung von Erfolgshonoraren** im gerichtlichen Verfahren zu verhindern (BT-Drs. 12/4993, 31), da der Gesetzgeber davon ausging, dass trotz vereinbarter Gebührenunterschreitung der obsiegende Rechtsanwalt die vollen Anwaltsgebühren festsetzen lassen würde (krit. zu dieser Annahme *Bälz/Moelle/Zeidler* NJW 2008, 3383, 3386). Seit der begrenzten **Freigabe von Erfolgshonorarvereinbarungen** in § 49b Abs. 2 BRAO iVm § 4a RVG muss eine pro bono-Vereinbarung jedoch immer dann zulässig sein, wenn in der konkreten Fallkonstellation auch die Vereinbarung eines Erfolgshonorars möglich gewesen 69 wäre. Voraussetzung hierfür ist, dass der Auftraggeber aufgrund seiner wirtschaftlichen Verhältnisse bei verständiger Würdigung ohne die Vereinbarung eines Erfolgshonorars von der Rechtsverfolgung abgehalten würde. Nun sind es aber gerade die Fälle des ansonsten versperrten Rechtszugangs, die für eine pro bono-Vereinbarung in Frage kommen. Kann der Mandant in diesen Fällen ein Erfolgshonorar vereinbaren, darf ihm die kostenlose Beauftragung eines Rechtsanwalts auf pro bono-Basis nicht verwehrt werden (siehe zum Ganzen im Detail *Dux* AnwBl. 2011, 90, 93f.; *dies.* S. 222ff.).

70 Auch der Gesetzgeber hat mittlerweile die Regelungslücke im Bereich der anwaltlichen pro bono-Beratung erkannt und durch eine **Änderung des § 4 Abs. 1 RVG** mWv 1.1.2014 (Gesetz zur Änderung des Prozesskostenhilfe- und Beratungshilferechts v. 31.8.2013, BGBl. I S. 3533) einen Verzicht auf die anwaltliche Vergütung in den Fällen zugelassen, in denen die Voraussetzungen der Beratungshilfe vorliegen. Als amtliche Begründung für die Änderung wird der bereits praktizierte Vergütungsverzicht in diesen Fällen angeführt (BT-Drs. 17/11472, 49). Allerdings bleiben damit weiterhin die Fälle ungelöst, in denen – vergleichbar mit den Konstellationen, die sich für eine Erfolgshonorarvereinbarung eignen, – trotz fehlender Beratungshilfeberechtigung der Rechtsuchende von der Rechtsverfolgung abgehalten wird. Damit lässt der Gesetzgeber die pro bono-Tätigkeit zugunsten gemeinnütziger Organisationen, die aufgrund ihrer Rechtsform nicht beratungshilfeberechtigt sind (*Dux* S. 173f.), nicht zu.

§ 7 Berufs- und Interessenvereinigungen, Genossenschaften

(1) ¹Erlaubt sind Rechtsdienstleistungen, die
1. berufliche oder andere zur Wahrung gemeinschaftlicher Interessen gegründete Vereinigungen und deren Zusammenschlüsse,
2. Genossenschaften, genossenschaftliche Prüfungsverbände und deren Spitzenverbände sowie genossenschaftliche Treuhandstellen und ähnliche genossenschaftliche Einrichtungen

im Rahmen ihres satzungsmäßigen Aufgabenbereichs für ihre Mitglieder oder für die Mitglieder der ihnen angehörenden Vereinigungen oder Einrichtungen erbringen, soweit sie gegenüber der Erfüllung ihrer übrigen satzungsmäßigen Aufgaben nicht von übergeordneter Bedeutung sind. ²Die Rechtsdienstleistungen können durch eine im alleinigen wirtschaftlichen Eigentum der in Satz 1 genannten Vereinigungen oder Zusammenschlüsse stehende juristische Person erbracht werden.

(2) ¹Wer Rechtsdienstleistungen nach Absatz 1 erbringt, muss über die zur sachgerechten Erbringung dieser Rechtsdienstleistung erforderliche personelle, sachliche und finanzielle Ausstattung verfügen und sicherstellen, dass die Rechtsdienstleistung durch eine Person, der die entgeltliche Erbringung dieser Rechtsdienstleistung erlaubt ist, durch eine Person mit Befähigung zum Richteramt oder unter Anleitung einer solchen Person erfolgt. ²§ 6 Abs. 2 Satz 2 gilt entsprechend.

Inhaltsübersicht

	Rn.
A. Allgemeines	1
I. Entstehungsgeschichte	1
II. Anwendungsbereich	6
III. Verfassungsrechtliche Bewertung	16
B. Einzelerläuterung	17
I. Vereinigungen und deren Zusammenschlüsse	17
1. Begriff der Vereinigung	17
a) Zulässige Rechtsformen	20
b) Repräsentationsorgane	25
2. Berufliche Interessenvereinigungen	27
3. Sonstige Interessenvereinigungen	29
a) Verfolgung von Partikular- und Allgemeininteressen	31
b) Ausschluss gebündelter Einzelinteressen	32
4. Zusammenschluss von Vereinigungen	36
II. Genossenschaften und genossenschaftliche Einrichtungen	37
III. Rechtsdienstleistungsgesellschaften	40
IV. Rechtsdienstleistungen im Rahmen des satzungsgemäßen Aufgabenbereichs	41
V. Entgeltliche Rechtsdienstleistungen	48
1. Bemessung des Entgelts	48
2. Kostenerstattung	52
VI. Beschränkung auf Mitgliederberatung	55
VII. Anforderungen an die Rechtsdienstleistungsqualität (Abs. 2)	59
1. Beteiligung einer juristisch qualifizierten Person	60
2. Anforderungen an die Ausstattung	62
a) Personelle Ausstattung	65
b) Sachliche Ausstattung	68
c) Finanzielle Ausstattung	69
3. Folgen eines Verstoßes gegen Abs. 2	70
VIII. Pflichten und Haftung des Rechtsdienstleisters	71
1. Vertragpflichten	71
2. Beratungspflichten und Sorgfaltsmaßstab	74
3. Haftungsbeschränkung	77

A. Allgemeines

I. Entstehungsgeschichte

Anders als bei der Freigabe karitativer Rechtsdienstleistungen durch § 6   **1** RDG hat der Gesetzgeber in § 7 RDG **keinen neuen Erlaubnistatbestand** geschaffen, sondern eine bereits nach dem RBerG bestehende Erlaubnis übernommen, erweitert und an die Systematik des RDG angepasst. Art. 1 § 7 RBerG stellte die Mitgliederrechtsberatung durch berufsständische und ähnliche Vereinigungen erlaubnisfrei. Der Begriff **„berufsständisch"** bezeichnete den Zusammenschluss von Angehörigen eines Berufsstands oder Berufs, Berufs- oder Wirtschaftszweigs zur Förderung beruflicher Interessen (vgl. nur *Chemnitz/Johnigk* Rn. 672). Als solche Zusammenschlüsse galten bspw. die Gewerkschaften, die Arbeitgeberverbände und die Berufsverbände der Freien Berufe (*Rennen/Caliebe* Art. 1 § 7 Rn. 7). Als **berufsstandsähnlich** wurden nur die Vereinigungen angesehen, die auf der Grundlage der gleichen oder ganz ähnlichen wirtschaftlichen oder sozialen Stellung ihrer Mitglieder zur Wahrnehmung der für die Stellung bezeichnenden wirtschaftlichen oder sozialen Interessen gebildet worden sind (BGH NJW 2004, 847; WM 1985, 1405; BayObLG NJW 1994, 2303, 2305; BVerwG DVBl. 1983, 1249, 1250). Vereinigungen, die **allgemeine Interessen** politischer, kultureller, sportlicher und gesellschaftlicher Art verfolgten, schieden aus dem Anwendungsbereich aus (Henssler/Prütting/*Weth* 2. Aufl., Art. 1 § 7 RBerG Rn. 12).

2   Es war jedoch zuweilen schwierig, diese **privilegierten Vereinigungen** eindeutig von den nicht-privilegierten abzugrenzen. So wurden bspw. **Mietervereine** von Art. 1 § 7 RBerG erfasst, wobei ihr berufsstandsähnlicher Charakter zweifelhaft war und sie nur aufgrund der ausdrücklichen Erwähnung in der Gesetzesbegründung und der Gleichbehandlung mit den Haus- und Grundbesitzervereinen unstreitig in den Anwendungsbereich des Art. 1 § 7 RBerG fielen (RStBl. 1935 S. 1528, 1529; BGH GRUR 1986, 79, 80; BGHZ 15, 317 = NJW 1955, 422, 423; Gaier/Wolf/Göcken/*Piekenbrock* Rn. 3). **Automobilclubs** hingegen konnten nicht von der Privilegierung profitieren (BGH NJW 2004, 847; Henssler/Prütting/*Weth* 2. Aufl., Art. 1 § 7 RBerG Rn. 46; aA *Rennen/Caliebe* Art. 1 § 7 Rn. 8). Die **Interessenvertretung Bergbaugeschädigter** konnte sich auf Art. 1 § 7 RBerG berufen (OLG Köln NJW-RR 1990, 683, 684; aA *Chemnitz/Johnigk* Rn. 724), nicht jedoch der **Verein Silikoseerkrankter** (BVerwG DÖV 1974, 675; für weitere Nachweise zur schwierigen Abgrenzung im Rahmen von Art. 1 § 7 RBerG vgl. Gaier/Wolf/Göcken/*Piekenbrock* Rn. 3; *Chemnitz/Johnigk* Rn. 717 ff.). Nicht für einen Berufsstand oder ein berufsstandsähnliches Interesse repräsentative Vereinigungen mit verhältnismäßig geringer Mitgliederzahl wurden nicht vom Erlaubnistatbestand erfasst (OLG Stuttgart NStZ 1989, 274; BVerwG DVBl. 1983, 1250; *Rennen/Caliebe* Art. 1 § 7 Rn. 3 mwN), wobei die Anforderungen an die Mindestgröße der Vereinigung und an den Anteil der vertretenen Interessengruppe an der Vereinigung umstritten waren (vgl. nur Henssler/Prütting/*Weth* 2. Aufl., Art. 1 § 7 RBerG Rn. 17 ff.).

3   Ein Grund für das an die Vereinigung gestellte Erfordernis, berufsständisch oder berufsstandsähnlich zu sein, war die mit solchen Organisationszielen einhergehende **Größe,** die sich meist in der **personellen und finanziellen Ausstattung** der Vereinigung niederschlug. Eine hinreichende Ausstattung sollte gewährleisten, dass die Mitglieder vor Schäden durch unrichtige Rechtsberatung bewahrt wurden (BGH NJW 1995, 516; OLG Stuttgart NStZ 1989, 274; Krenzler/*Schmidt* Rn. 28; Gaier/Wolf/Göcken/*Piekenbrock* Rn. 5). Dieses Anliegen der **sachgerechten Mitgliederberatung** wird in der Gesetzesbegründung zum RDG ausdrücklich erwähnt (BT-Drs. 16/3655, 60). Die Rechtsdienstleistungsqualität soll jedoch nicht mehr durch die Größe der Vereinigung, sondern durch das in Abs. 2 aufgestellte Erfordernis einer gewissen personellen und sachlichen Ausstattung gesichert werden. Dies stellt eine Verbesserung des Verbraucherschutzes dar, da das RBerG abgesehen von den – umstrittenen – Anforderungen an Größe und Organisationsgrad der Interessengruppe keine Anforderungen an die Beratungsqualität stellte.

4   § 7 RDG verzichtet nunmehr auf das Erfordernis der Vertretung berufsständischer oder ähnlicher Interessen und erstreckt die Rechtsdienstleistungsbefug-

Berufs- und Interessenvereinigungen, Genossenschaften § 7 RDG

nis auf **alle Vereinigungen,** die der Wahrung gemeinschaftlicher Interessen dienen. Durch diese Erweiterung des Anwendungsbereichs wurde dem praktischen Bedürfnis einer **Mitgliederrechtsberatung** entsprochen (Krenzler/ *Schmidt* Rn. 6) und damit der Zugang zum Recht verbessert. So können nunmehr große Automobilclubs wie der ADAC gegenüber ihren Mitgliedern Rechtsdienstleistungen erbringen (daher auch die Bezeichnung „ADAC-Paragraph" bei *Römermann* NJW 2006, 3025, 3030). Mittlerweile sind auch die schwierigen Abgrenzungsfragen zur Mindestgröße der Vereinigung und zur Berufsstandsähnlichkeit obsolet. Ebenso sind die Bedenken hinsichtlich der Vereinbarkeit der Sonderbehandlung von berufsständischen oder ähnlichen Vereinigungen mit Art. 3 GG (vgl. hierzu *Kleine-Cosack* RBerG, Art. 1 § 7 Rn. 2) zumindest reduziert (*Kleine-Cosack* Rn. 3 geht weiterhin von der Verfassungswidrigkeit aus, dazu Rn. 16).

§ 7 Abs. 1 Nr. 2 RDG übernimmt für **Genossenschaften** unverändert die 5 Regelung des Art. 1 § 3 RBerG als Unterfall der Mitgliederrechtsberatung durch Vereinigungen. Die Erweiterung der Rechtsdienstleistungsbefugnisse von Vereinigungen erforderte eine systematische Einordnung der Genossenschaftsberatung unter § 7 RDG (BT-Drs. 16/3655, 60).

II. Anwendungsbereich

§ 7 RDG gewährt **Vereinigungen** die gesetzliche Erlaubnis, gegenüber 6 ihren Mitgliedern entgeltliche Rechtsdienstleistungen zu erbringen. Dies kann nach Abs. 1 S. 2 auch durch eine im Alleineigentum der Vereinigung stehende juristische Person erfolgen. Wie bereits unter Geltung des Art. 1 § 7 RBerG sollen Interessenvereinigungen nicht dadurch an der Verfolgung ihres Satzungszwecks gehindert werden, dass ihnen die rechtliche Beratung von Mitgliedern untersagt wird (*Brangsch* NJW 1953, 732). Denn Interessenvertretung erfolgt nicht nur durch politische und gesellschaftliche Einflussnahme, sondern auch durch die Durchsetzung bestehender Rechte und Ansprüche der einzelnen Interessenträger.

Der Kreis der Rechtsdienstleistungsempfänger ist auf **Mitglieder** einge- 7 grenzt. Auch wenn Personen außerhalb der Vereinigung Anliegen haben können, die mit den Zielen der Vereinigung korrespondieren, gebietet der ausdrückliche Wortlaut der Norm eine Beschränkung auf die Beratung von Mitgliedern.

Neben der Beschränkung auf Mitgliederberatung enthält § 7 RDG eine in- 8 haltliche Eingrenzung der Rechtsdienstleistungsbefugnis auf den Rahmen des satzungsmäßigen Aufgabenbereichs der Vereinigung. Die Rechtsdienstleistungen müssen sich gegenüber dem Hauptzweck der Vereinigung auf eine dienende Funktion beschränken und dürfen nicht von übergeordneter Bedeutung sein. Dementsprechend wäre auch eine Ausweitung des Satzungszwecks auf die allgemeine Rechtsberatung der Mitglieder und die Gründung von **„Rechtsberatungsvereinen"** unzulässig (BT-Drs. 16/3655, 59). Ohne diese Einschränkungen bzgl. Adressatenkreis und Beratungsgegenstand könnte der Erlaubnisvorbehalt in § 3 RDG durch Bildung einer Vereinigung leicht umgangen werden. Dies muss bei der Auslegung der Voraussetzungen des § 7 RDG berücksichtigt werden.

Dux

RDG § 7 Teil 2 Rechtsdienstleistungen durch nicht registrierte Personen

9 Abweichend von § 6 RDG erlaubt § 7 RDG die Erbringung **entgeltlicher** Rechtsdienstleistungen. Zwar kann im Einzelfall die Beratung oder Vertretung eines Mitglieds auch unentgeltlich erfolgen. Doch in der Regel werden Vereinigungen nicht in karitativer Weise rechtsberatend tätig. Die Leistungen können durch Beiträge der Mitglieder finanziert sein oder auch einzeln in Rechnung gestellt werden, solange keine Gewinnerzielungsabsicht vorliegt (Rn. 18, 50). Aufgrund der Entgeltlichkeit wird in Abs. 2 zusätzlich zum Erfordernis der juristischen Anleitung auch eine hinreichende personelle, sachliche und finanzielle Ausstattung verlangt (BT-Drs. 16/3655, 60).

10 Gegenüber § 6 RDG ist § 7 RDG insoweit **lex specialis,** als die Beratung **beitragspflichtiger** Vereinsmitglieder betroffen ist. § 7 RDG fungiert daher auch dann als Erlaubnistatbestand, wenn die Vereinigung von ihren Mitgliedern für die jeweilige Beratungsleistung kein gesondertes Entgelt verlangt (vgl. § 6 RDG Rn. 4). Dies bedeutet, dass Vereinigungen ihre beitragspflichtigen Mitglieder in Rechtsfragen, die außerhalb ihres satzungsmäßigen Tätigkeitsbereichs liegen, auch nicht unentgeltlich beraten dürfen. So darf bspw. ein Mieterverein seinen Mitgliedern keine unentgeltliche Beratung in arbeits- oder familienrechtlichen Fragen anbieten. § 6 RDG deckt eine solche Beratung bereits tatbestandsmäßig nicht ab, da die mitgliederfinanzierte Beratung einen Zusammenhang zu einer für das rechtsuchende Mitglied entgeltlichen Tätigkeit aufweist (OLG Frankfurt a. M. Urt. v. 21.9.2010 – 6 U 74/10, BeckRS 2011, 02821). Anders ist es jedoch, wenn ein unentgeltlich beratenes Vereinsmitglied auch **keine Mitgliedsbeiträge** zahlt. Denn als Nichtmitglied dürfte dieser Rechtsuchende nach § 6 RDG unentgeltliche Rechtsdienstleistungen von der Vereinigung erhalten. Auch wenn die Mitgliedsbeiträge der übrigen Vereinsmitglieder diese Rechtsdienstleistung finanzieren, ist eine solche Finanzierung im Rahmen des § 6 RDG zulässig (§ 6 RDG Rn. 16). Müsste sich die Vereinigung einem nichtzahlenden Mitglied gegenüber restriktiver verhalten als gegenüber einem Nichtmitglied, würde das zu paradoxen Ergebnissen führen (ebenso *Heinhold* S. 27; aA Krenzler/*Schmidt* Rn. 11).

11 Gegenüber § 8 RDG wiederum **tritt § 7 RDG zurück,** so dass berufliche Interessenvertretungen, die als Körperschaften des öffentlichen Rechts organisiert sind, ihre Rechtsdienstleistungsbefugnis aus § 8 Abs. 1 Nr. 2 RDG herleiten. Dies betrifft die Berufskammern der verkammerten Freien Berufe, die Handwerkskammern, die kassenärztlichen Vereinigungen (nicht jedoch privatärztliche Verrechnungsstellen vgl. Rn. 28) und die Industrie- und Handelskammern (Krenzler/*Schmidt* Rn. 38; aA Unseld/Degen/*Unseld* § 7 RDG Rn. 6, die die Industrie- und Handelskammern unter § 7 RDG fasst).

12 Auch Vorschriften außerhalb des RDG können § 7 RDG verdrängen. So tritt § 7 RDG hinter die Befugnisnorm des **§ 1908f Abs. 4 BGB** zurück, wonach die anerkannten **Betreuungsvereine** im Einzelfall Personen bei der Errichtung einer Vorsorgevollmacht entgeltlich beraten dürfen (BT-Drs. 15/2494, 31). Diese Betreuungsvereine sind nicht auf die Mitgliederberatung beschränkt. Gleiches gilt nach **§ 23 Abs. 3 AGG** für Antidiskriminierungsverbände (ErfK/*Schlachter* § 23 AGG Rn. 4).

13 Da die Befugnis zur **Steuerberatung** nicht im RDG geregelt wurde, sondern sich ausschließlich nach dem StBerG richtet (vgl. § 6 RDG Rn. 7), gilt

Berufs- und Interessenvereinigungen, Genossenschaften **§ 7 RDG**

§ 7 RDG nicht für die Steuerberatung durch Vereinigungen, insbesondere nicht für **Lohnsteuerhilfevereine**. Für diese und ähnliche Vereinigungen, die ihren Mitgliedern Steuerberatungsleistungen erbringen, gilt die Befugnisnorm des § 4 StBerG.

Eine Vereinigung oder Genossenschaft kann Rechtsdienstleistungen an ihre Mitglieder auch im **Verwaltungsverfahren** erbringen. Diese vormals problematische Frage (vgl. dazu Gaier/Wolf/Göcken/*Piekenbrock* Rn. 25) ist in Anbetracht der neuen Fassungen von § 14 Abs. 5 VwVfG und § 13 Abs. 5 SGB X mittlerweile geklärt, weil der Gesetzgeber durch das Vierte Gesetz zur Änderung verwaltungsverfahrensrechtlicher Vorschriften v. 11.12.2008 (BGBl. I S. 2418) diese Normen an die Regelungen des RDG angepasst hat (§ 6 RDG Rn. 6). 14

Da das RDG nur für außergerichtliche Rechtsdienstleistungen gilt, ist die **gerichtliche Vertretungsbefugnis** von Vereinigungen in den jeweiligen Verfahrensvorschriften geregelt. So finden sich in den Verfahrensordnungen Vertretungsvorschriften für Gewerkschaften, Arbeitgebervereinigungen und ihre jeweiligen Rechtsschutzgesellschaften (§ 11 Abs. 2 S. 2 Nr. 4, 5, Abs. 4 S. 2, 3 ArbGG; § 73 Abs. 2 S. 2 Nr. 7, 9, Abs. 4 S. 2, 3 SGG; § 67 Abs. 2 S. 2 Nr. 5, 7, Abs. 4 S. 5 VwGO; § 62 Abs. 2 S. 2 Nr. 6, 7 FGO). Ebenso haben Arbeitnehmervereinigungen mit sozial- oder berufspolitischer Zielsetzung entsprechende Vertretungsrechte (§ 11 Abs. 2 S. 2 Nr. 3 ArbGG; § 73 Abs. 2 S. 2 Nr. 5 SGG). Der Gesetzgeber hat unter anderem deswegen einen Gleichlauf der außergerichtlichen Rechtsdienstleistungsbefugnisse mit den gerichtlichen Vertretungsbefugnissen abgelehnt, weil ansonsten Vereinigungen in einem wesentlich weiteren Umfang als nach dem RBerG zur gerichtlichen Vertretung befugt wären (BT-Drs. 16/3655, 33). Doch ebenso wie karitative Rechtsdienstleister (§ 6 RDG Rn. 5) können Vereinigungen für ihre Mitglieder Schriftsätze an die Gerichte formulieren und als Beistand auftreten (Anh. § 1 RDG Rn. 24). 15

III. Verfassungsrechtliche Bewertung

In der Literatur wird vertreten, dass die Privilegierung der – entgeltlichen – Vereinsberatung in § 7 RDG gegen **Art. 3 Abs. 1 GG** verstoße, da natürlichen Personen eine entgeltliche Beratung unter den gleichen Voraussetzungen nicht erlaubt sei. Die Rechtsform des Rechtsdienstleisters beeinflusse nicht die Qualität der Rechtsdienstleistung, so dass das gesetzliche Unterscheidungskriterium zum Schutz der Rechtsuchenden vor unqualifizierten Rechtsdienstleistungen (§ 1 Abs. 1 S. 2 RDG) ungeeignet und daher rechtswidrig sei. Zudem gehe bereits Art. 19 Abs. 3 GG von der Gleichheit aller juristischen Personen mit natürlichen Personen aus (*Kleine-Cosack* Rn. 3). Dieser Ansicht kann nicht zugestimmt werden. Die Heranziehung von Art. 19 Abs. 3 GG reicht nicht aus, um die Vergleichbarkeit von Personenvereinigungen und natürlichen Personen zu begründen, da ansonsten jede für Personenvereinigungen bestimmte Regelung im Vergleich zur Behandlung von natürlichen Personen an Art. 3 GG zu messen wäre. Vielmehr liegt ein rechtmäßiges Differenzierungskriterium vor, da Vereinigungen iSd § 7 RDG Rechtsdienstleistungen nur zur Förderung eines übergeordneten Gruppeninteresses und nie- 16

Dux 237

mals zu Gewinnerzielungszwecken (Rn. 18, 50) erbringen können (iErg ebenso Krenzler/*Schmidt* Rn. 8 ff.; Gaier/Wolf/Göcken/*Piekenbrock* Rn. 2).

B. Einzelerläuterung

I. Vereinigungen und deren Zusammenschlüsse

17 **1. Begriff der Vereinigung.** Der Begriff der Vereinigung wurde bereits in Art. 1 § 7 RBerG verwendet, so dass die hierzu ergangene Rechtsprechung und Literatur teilweise weiterhin herangezogen werden können. Der weder im Vereinsrecht (§§ 21 ff. BGB) noch im Gesellschaftsrecht verwendete oder gar definierte Begriff der Vereinigung wird allgemein dahin verstanden, dass es sich um einen freiwilligen privatrechtlichen Zusammenschluss einer Vielzahl von – natürlichen oder juristischen – Personen für längere Zeit zu einem gemeinsamen Zweck handeln muss (LG Dresden NJW-RR 2001, 1506, 1507; Krenzler/*Schmidt* Rn. 13; Grunewald/Römermann/*Müller* Rn. 4; *Rennen/Caliebe* Art. 1 § 7 Rn. 3).

18 Die Vereinigung muss hauptsächlich einen **ideellen Zweck** verfolgen und darf nicht ausschließlich oder wesentlich einem Gewerbe oder einer anderen Erwerbstätigkeit nachgehen (zu Art. 1 § 7 RBerG BGHZ 15, 317, 319 f. = NJW 1955, 422; *Chemnitz/Johnigk* Rn. 680, 682; *Brangsch* NJW 1953, 732). Diese vom Gesetzgeber im RBerG gewollte Trennung zwischen Rechtsberatung zu Erwerbszwecken einerseits und zur Durchsetzung ideeller Interessen andererseits (vgl. BGHZ 15, 315, 320 f. = NJW 1955, 422; *Brangsch* NJW 1953, 732) besteht unter Geltung des RDG fort (Grunewald/Römermann/*Müller* Rn. 5, 23; Krenzler/*Schmidt* Rn. 13; Dreyer/Lamm/Müller/*Dreyer/Geißler* Rn. 7; Hensseler/Prütting/*Weth* Rn. 23). Rechtsdienstleistungen durch Vereinigungen sind nur deswegen in § 7 RDG freigegeben, weil sie nicht mit den Gefahren verbunden sind, denen der Rechtsuchende ausgesetzt ist, wenn er Rechtsdienstleistungen von einem gewerblichen Anbieter erhält. Sobald mit der Dienstleistung ein Geschäft gemacht werden soll, ist zum Schutz des Rechtsuchenden eine strengere gesetzliche Regulierung geboten. Bietet eine gewerbliche oder eine sonstige Erwerbstätigkeit betreibende Vereinigung Rechtsdienstleistungen an, müssen sich diese daher an § 5 RDG messen lassen.

19 Jeder, der die satzungsmäßigen Voraussetzungen für die Mitgliedschaft erfüllt, muss der Vereinigung problemlos beitreten können (Krenzler/*Schmidt* Rn. 13; Grunewald/Römermann/*Müller* Rn. 5; zu Art. 1 § 7 RBerG OLG München NJW-RR 1996, 378, 379; OVG Münster NJW 1962, 2028, 2029; *Rennen/Caliebe* Art. 1 § 7 Rn. 4). Anders als unter Geltung des RBerG (vgl. hierzu BGH NJW 2004, 847, 848) ist die Erweiterung der satzungsmäßigen Voraussetzungen derart, dass eine **Beitrittsmöglichkeit für jedermann** besteht, kein Grund, der Vereinigung die Privilegierung des § 7 RDG zu versagen (Rn. 31; aA Henssler/Prütting/*Weth* Rn. 18). Da der Gesetzgeber die Rechtsdienstleistungsbefugnis nicht mehr an die Größe der Vereinigung koppelt (Rn. 3 f.; BT-Drs. 16/3655, 60), ist weder eine **Mindestmitgliederzahl** noch ein bestimmter **Organisationsgrad** der jeweiligen Interessenträger in der Vereinigung erforderlich. Auch kleinere Vereinigungen dürfen nunmehr

Rechtsdienstleistungen erbringen, wenn sie die organisatorischen Voraussetzungen des Abs. 2 erfüllen.

a) Zulässige Rechtsformen. Mit der Wahl des Begriffs „Vereinigung" 20 legt sich der Gesetzgeber auf keine bestimmten Rechtsformen fest. Die **Genossenschaft** wird als eine Option in Abs. 1 Nr. 2 genannt, weil hier Art. 1 § 3 RBerG übernommen wurde. Welche Rechtsformen als Vereinigungen iSd Vorschrift angesehen werden können, ergibt sich jedoch aus dem Sinn und Zweck der Norm unter Berücksichtigung von Art. 9 GG (LG Dresden NJW-RR 2001, 1506, 1507; *Kleine-Cosack* Rn. 8). Es ist nicht einmal erforderlich, dass die Vereinigung irgendeine Rechtsform annimmt, so dass auch **lose Vereinigungen** unter § 7 RDG fallen, wenn sie sich für eine längere Zeit zu einem gemeinsamen Zweck zusammenschließen (bejahend für eine Mietergemeinschaft LG Dresden NJW-RR 2001, 1506, 1507). Nur der Kreis der Mitglieder solcher Zusammenschlüsse muss bestimmbar bleiben, weil ansonsten der Kreis der Rechtsdienstleistungsempfänger nicht mehr iSd § 7 RDG beschränkbar wäre. Dass das Gesetz auf den „satzungsmäßigen" Aufgabenbereich abstellt, bedeutet nicht, dass eine Rechtsform mit einer Satzung gewählt werden muss. Eine **förmliche Satzung** muss daher nicht vorliegen, es reicht aus, dass die Vereinigung nach außen sichtbar einen eindeutigen Zweck verfolgt, um die Rechtsdienstleistungsbefugnis inhaltlich eingrenzen zu können (Rn. 31).

Die Rechtsform der Vereinigung wird im Allgemeinen die des eingetrage- 21 nen und damit rechtsfähigen, nicht auf einen wirtschaftlichen Geschäftsbetrieb gerichteten **Vereins** (§§ 21 ff. BGB) oder auch die des nicht rechtsfähigen (nicht eingetragenen) Vereins (§ 54 BGB) sein, da diese Rechtsform den Vereinigungen unstreitig zur Verfügung steht (Krenzler/*Schmidt* Rn. 14; *Rennen/Caliebe* Art. 1 § 7 Rn. 4).

Weitgehende Einigkeit besteht darüber hinaus insoweit, als dass die Vereini- 22 gung **nicht** die Rechtsform einer **OHG** oder **KG** annehmen kann (Grunewald/Römermann/*Müller* Rn. 6; Henssler/Prütting/*Weth* Rn. 6; aA nur *Kleine-Cosack* Rn. 10). Da die Vereinigung keinen gewerblichen Zweck verfolgen darf (Rn. 18), scheiden die Rechtsformen der **handelsrechtlichen Personengesellschaften** aus, da diese nach hM den Betrieb eines Handelsgewerbes voraussetzen (Baumbach/Hopt/*Hopt* § 105 Rn. 13; Röhricht/Graf von Westphalen/*von Gerkan/Haas* § 105 Rn. 9; Oetker/*Weitmeyer* § 105 Rn. 24; aA *K. Schmidt* DB 2009, 271, 273; *ders.* DB 2011, 2477).

Die Vereinigung kann als **GbR** ausgestaltet werden, wenn der Gesellschafts- 23 vertrag den Zugang zur Gesellschafterstellung ähnlich leicht wie bei einem Verein gestaltet (Henssler/Prütting/*Weth* Rn. 6; Grunewald/Römermann/*Müller* Rn. 6; Krenzler/*Schmidt* Rn. 15; Dreyer/Lamm/Müller/*Dreyer/Geißler* Rn. 7; vgl. auch BGHZ 15, 320; aA zum RBerG *Chemnitz/Johnigk* Rn. 683). Teilweise wird jedoch die Möglichkeit, die Satzung auf diese Weise offen zu gestalten, skeptisch gesehen (*Rennen/Caliebe* Art. 1 § 7 Rn. 4).

Umstritten ist, ob die Rechtsformen handelsrechtlicher Kapitalgesellschaf- 24 ten **GmbH** und **AG** für eine Vereinigung iSd § 7 RDG in Frage kommen. Unter Geltung des RBerG entsprach es allgemeiner Meinung, dass diese Rechtsformen aufgrund der **erschwerten Beitrittsmöglichkeit** (OLG München NJW-RR 1996, 378, 379; OLG Frankfurt a. M. MDR 1982, 1024;

RDG § 7 Teil 2 Rechtsdienstleistungen durch nicht registrierte Personen

Rennen/Caliebe Art. 1 § 7 Rn. 4) bzw. aufgrund des **gewerblichen Charakters** einer handelsrechtlichen Kapitalgesellschaft (LG Köln VersR 1990, 313) ausschieden. Teilweise werden diese Rechtsformen mit den gleichen Erwägungen auch unter Geltung des RDG für unzulässig befunden (Henssler/Prütting/ *Weth* Rn. 6; Kilian/Sabel/vom Stein/*Sabel* Rn. 280). Für die Zulässigkeit der Mitgliederrechtsberatung durch eine GmbH und AG spricht jedoch die formale Möglichkeit, den Beitritt zu einer AG oder GmbH ähnlich dem zu einem Verein zu gestalten, so dass keine im Vergleich zum Verein erschwerte Beitrittsvoraussetzungen bestehen (Grunewald/Römermann/*Müller* Rn. 6). Denn die Gesellschaftsanteile einer GmbH oder AG sind grds. frei übertragbar und der Gesellschafterbeitrag kann – ähnlich dem Vereinsbeitrag – in der Zahlung einer verhältnismäßig geringen Summe bestehen. Da AG und GmbH zu jedem Zweck gegründet werden können und weder ein Gewerbe noch eine erwerbswirtschaftliche Betätigung voraussetzen, steht auch der Ausschluss einer Gewinnerzielungsabsicht der Wahl dieser Rechtsformen nicht entgegen (vgl. Grunewald/Römermann/*Müller* Rn. 6; iErg ebenso *Kleine-Cosack* Rn. 10). Unstreitig kann ein im alleinigen Eigentum der Vereinigung stehende juristische Person (Abs. 1 S. 2) in der Rechtsform der GmbH oder AG betrieben werden (BGHZ 125, 1 = NJW 1994, 1658; Grunewald/Römermann/*Müller* Rn. 26; vgl. auch Gaier/Wolf/Göcken/*Piekenbrock* Rn. 16).

25 **b) Repräsentationsorgane.** Repräsentationsorgane wie **Betriebsräte** und **Personalvertretungen** können nicht unter Berufung auf § 7 RDG Rechtsdienstleistungen erbringen, da die vertretenen Mitarbeiter keine Mitglieder dieser Organe sind (LAG Hamburg DB 1987, 1744; BVerwG Beschl. v. 18.8.2003 – 6 P 6/03, BeckRS 2003, 24393; vgl. hierzu Dreyer/Lamm/ Müller/*Dreyer/Geißler* Rn. 8). Zudem handelt es sich sowohl beim Betriebsals beim Personalrat um auf gesetzlicher Grundlage gebildete Vertretungen und um keine freiwilligen Vereinigungen iSd § 7 RDG (Grunewald/Römermann/*Müller* Rn. 4). Diese Repräsentationsorgane können eine Rechtsdienstleistungsbefugnis auch nicht aus Spezialnormen außerhalb des RDG herleiten. Für den Betriebsrat folgt aus §§ 84, 85 BetrVG keine gesetzliche Befugnis zu umfassenden Rechtsdienstleistungen an die Belegschaft, da diese Vorschriften nur das Beschwerderecht der Arbeitnehmer regeln (LAG Hamburg DB 1987, 1744; vgl. auch *Hufer* Rechtsberatung durch den Betriebsrat, 2007, S. 163 ff.). Für Rechtsdienstleistungen können sich die Arbeitnehmer an die Gewerkschaften bzw. deren Sekretariate wenden, denen § 7 RDG eine Rechtsdienstleistungsbefugnis für Mitglieder zugesteht (Rn. 28).

26 Der Negativkatalog des § 2 Abs. 3 RDG nimmt in Nr. 3 jedoch die **Erörterung der die Beschäftigten berührenden Rechtsfragen** mit ihren gewählten Interessenvertretungen vom Begriff der Rechtsdienstleistung aus, soweit ein Zusammenhang mit den Aufgaben dieser Vertretungen besteht. Demnach ist die Erörterung von Rechtsfragen sowohl durch den Betriebsrat als auch durch eine Personalvertretung vom Anwendungsbereich des Verbots mit Erlaubnisvorbehalt ausgenommen und mithin erlaubt (Grunewald/Römermann/*Müller* Rn. 4; *Düwell* PersR 2008, 306, 308). Die Erörterung von Rechtsfragen ist weniger als eine umfassende Rechtsdienstleistung und beschränkt sich auf eine „Erste Hilfe" in Rechtsfragen mit anschließender Verweisung auf weitergehende anwaltliche oder gewerkschaftliche Rechtsberatung (§ 2 RDG Rn. 121; *Düwell* PersR 2008, 306, 308). Wenn jedoch zum Betriebsrats- bzw. Personalvertretungsmitglied – wie in der Regel – ein kollegiales Band besteht, kann eine umfassende Rechtsberatung und Vertretung unentgeltlich und ohne Qualitätsvorgaben im Rahmen des **§ 6 Abs. 1 RDG** erfolgen (vgl. auch *Hufer* Rechtsberatung durch den Betriebsrat, 2007, S. 205; *Gabke/Nielebock* Soziale Sicherheit 2008, 106, 107). Um eine Umgehung des § 7 RDG zu vermeiden, gilt dies jedoch nur, wenn das kollegiale Verhältnis zum Mitglied des Repräsentationsorgans bereits vor dem Beratungsanlass bestand und der Kontakt nicht erst durch die rechtliche Anfrage begründet wurde (§ 6 RDG Rn. 31).

2. Berufliche Interessenvereinigungen. Die Rechtsdienstleistungsbefugnis berufsständischer Vereinigungen aus dem RBerG bleibt unverändert bestehen. Allein die **überkommene Begrifflichkeit** wurde geändert, indem der Begriff der „berufsständischen" Interessen durch den der „beruflichen" Interessen ersetzt wurde (BT-Drs. 16/3655, 59). Eine Vereinigung zur Vertretung beruflicher Interessen ist ein Zusammenschluss von Angehörigen eines Berufs oder Berufszweigs zur Förderung und Vertretung ihrer gemeinsamen allgemeinen und besonderen Interessen auf fachlichem, beruflichem, wirtschaftspolitischem und geistigem Gebiet (OLG Düsseldorf NJW 1969, 2289; Grunewald/Römermann/*Müller* Rn. 7; Krenzler/*Schmidt* Rn. 22; Henssler/Prütting/*Weth* Rn. 7). Sie darf nicht hauptsächlich der Förderung von Individualinteressen der Berufsträger dienen, ihre Hilfestellungen können aber mittelbar in Einzelfällen den Mitgliedern zugutekommen (vgl. für privatärztliche Verrechnungsstellen OLG Düsseldorf NJW 1969, 2289). 27

Zu den beruflichen Interessenvereinigungen gehören die **Gewerkschaften** und ihre Dachorganisationen (BGH NJW 1982, 1882), die **Arbeitgeberverbände** (BAG DB 2004, 712), alle **Berufsverbände** im engeren Sinne, zB die der Ärzte, Apotheker, Rechtsanwälte, Steuerberater, Architekten, Bauern, Beamten, Gastwirte und Professoren, alle **Fachverbände** der Industrie und des Handels (*Rennen/Caliebe* Art. 1 § 7 Rn. 7) und **privatärztliche Verrechnungsstellen** (BGH NJW 1980, 991; OLG Düsseldorf NJW 1969, 2289; nicht jedoch kassenärztliche Vereinigungen, die als Körperschaften des öffentlichen Rechts unter § 8 Abs. 1 Nr. 2 RDG fallen). 28

3. Sonstige Interessenvereinigungen. Neben berufliche Interessenvertretungen treten nunmehr gleichberechtigt alle sonstigen Vereinigungen, die zur **Wahrung gemeinschaftlicher Interessen** gegründet worden sind. Die Voraussetzung, dass die sonstigen Interessen zumindest berufsstandsähnlich sein müssen, ist entfallen. So können nunmehr auch Vereinigungen, die wirtschaftlichen oder sozialen Interessen zu dienen bestimmt sind, im Rahmen ihres Satzungszwecks Rechtsdienstleistungen an ihre Mitglieder erbringen. Erforderlich ist nur noch ein über die Interessen des Einzelnen hinausgehendes Gruppeninteresse, das sich nicht vorrangig auf die Erbringung von Rechtsdienstleistungen beschränkt und sich nicht in der Bündelung gleichlaufender Einzelinteressen in einer Vereinigung erschöpft (BT-Drs. 16/3655, 59). 29

Während nach Art. 1 § 7 RBerG verlangt wurde, dass die vertretenen Interessen auf eine **gewisse Dauer** angelegt, also einigermaßen zeitlos, sein mussten (OLG Frankfurt a. M. NJW 1982, 1003; Henssler/Prütting/*Weth* 2. Aufl., 30

RDG § 7 Teil 2 Rechtsdienstleistungen durch nicht registrierte Personen

Art. 1 § 7 RBerG Rn. 16; *Brangsch* NJW 1953, 732, 734), kann dies unter § 7 RDG nicht mehr gelten (aA Grunewald/Römermann/*Müller* Rn. 11). Die Dauerhaftigkeit des Gruppeninteresses war ein schwer fassbares Kriterium, das dazu diente, die Berufsstandsähnlichkeit des gemeinsamen Interesses feststellen zu können. Seitdem der Anwendungsbereich des § 7 RDG auf jegliche Gruppeninteressen erweitert wurde, kommt es auf die Zeitlosigkeit des verfolgten Interesses nicht mehr an.

31 **a) Verfolgung von Partikular- und Allgemeininteressen.** Teilweise wird vertreten, dass die Vereinigung keine Allgemeininteressen vertreten dürfe, sondern stets Partikularinteressen verfolgen müsse (Krenzler/*Schmidt* Rn. 25; Henssler/Prütting/*Weth* Rn. 8, 18; *Kleine-Cosack* Rn. 17). So könnten bspw. Vereinigungen, die sich der Völkerverständigung oder dem Umweltschutz verschrieben hätten, nicht vom Privileg des § 7 Abs. 1 Nr. 1 RDG profitieren. Als Begründung wird angeführt, dass bei einem Zusammenschluss zur Vertretung von Allgemeininteressen nicht mehr der notwendige inhaltliche Bezug zwischen den satzungsgemäßen Aufgaben und den Grenzen der erlaubten Rechtsdienstleistung hergestellt werden könne (Krenzler/*Schmidt* Rn. 25). Diese Ansicht ist jedoch abzulehnen, da sie dem Verständnis des Art. 1 § 7 RBerG entspricht, wonach berufsstandsähnliche Interessen ausschieden, wenn die Mitgliedschaft im Grunde jedermann offenstand oder wenn Interessen gefördert wurden, die jedermann haben konnte (Rn. 1 ff.; BGH NJW 2004, 847, 848; OLG Saarbrücken NJW-RR 2002, 570, 572). Durch die Erweiterung des Geltungsbereichs des § 7 RDG auf **alle Gruppeninteressen** ist eine Abgrenzung zu den Allgemeininteressen kaum möglich und vom Gesetzgeber nicht gewollt (iErg ebenso Grunewald/Römermann/*Müller* Rn. 9). Erforderlich ist allerdings, dass das Gruppeninteresse umschrieben werden kann, um den inhaltlichen Bezug zwischen dem Vereinigungszweck und der Rechtsdienstleistungsbefugnis herstellen zu können. Zudem wird einer Ausuferung der Befugnis aus § 7 RDG dadurch begegnet, dass nicht der Satzungstext, sondern der Umfang der tatsächlichen Aufgabenwahrnehmung durch die Vereinigung die Grenzen der Rechtsdienstleistungsbefugnis bestimmt. So wird vermieden, dass durch einen allgemein gehaltenen Vereinigungszweck eine umfassende Rechtsdienstleistungsbefugnis begründet wird.

32 **b) Ausschluss gebündelter Einzelinteressen.** Einzige Vorgabe an den Vereinszweck ist, dass das Gruppeninteresse über die Interessen des einzelnen Mitglieds hinausgehen muss. Verbände, die nur der kollektiven Verfolgung von Einzelinteressen dienen, sind daher von der Erlaubnis des § 7 RDG ausgenommen. Als Bsp. für gebündelte Einzelinteressen nennt die Gesetzesbegründung **Vereine der Kreditgeschädigten** einer bestimmten Anlagegesellschaft (BT-Drs. 16/3655, 59). Unter Geltung des RBerG scheiterten Klagen solcher Vereine, die Ansprüche ihrer Mitglieder aus abgetretenem Recht gerichtlich durchsetzen wollten, an der fehlenden Aktivlegitimation, da die Abtretungen nach § 134 BGB iVm Art. 1 § 1 RBerG nichtig waren (BGH NJW 1995, 516; OLG Düsseldorf ZIP 1993, 347; hierzu *Prütting/Weth* ZIP 1994, 424; *Gehrlein* NJW 1995, 487). Denn ein solcher Verein konnte sich mangels berufsständischer bzw. berufsstandsähnlicher Grundlage nicht auf Art. 1 § 7 RBerG berufen (OLG Düsseldorf ZIP 1993, 347, 348 f.; bestätigt von BGH NJW 1995,

516 und BVerfG NJW 2000, 1251). Auch eine der Vereinigung erteilte Einziehungsermächtigung war wegen Verstoßes gegen das RBerG nichtig (BGH NJW 2011, 2581 Rn. 13ff.).

Trotz Erweiterung des zulässigen Vereinigungszwecks will der Gesetzgeber 33 solchen Zusammenschlüssen auch weiterhin die Rechtsdienstleistungserlaubnis versagen. Dies ist nur konsequent, wenn man bedenkt, dass sich Sinn und Zweck des § 7 RDG darauf beschränkt, Rechtsdienstleistungen als ein **dienendes Hilfsmittel** zu Erreichung eines **übergeordneten Gruppeninteresses** zu ermöglichen (Rn. 42). Ist kein über die gebündelten Einzelinteressen hinausgehender gemeinsamer Zweck vorhanden, erschöpft sich die Tätigkeit der Vereinigung iErg im rechtlichen Beistand bei der Durchsetzung von Individualinteressen. Daher werden in diesen Fällen die Rechtsdienstleistungen eine übergeordnete Bedeutung haben und bereits aus diesem Grund die Voraussetzungen des § 7 RDG nicht erfüllen (exemplarisch LG Darmstadt Urt. v. 24.6.2010 – 3 O 165/10, BeckRS 2011, 02235). Die gebündelte und somit kosteneffektive Durchsetzung abgetretener Forderungen reicht als übergeordnetes Gruppeninteresse nicht aus (aA Gaier/Wolf/Göcken/*Piekenbrock* Rn. 12).

Beurteilungsmaßstab für die Abgrenzung zwischen einem übergeordne- 34 ten Gruppeninteresse und der Bündelung von Individualinteressen sind nicht die Verlautbarungen in der Satzung, sondern die **tatsächlichen Aktivitäten** der Vereinigung. Denn sonst könnten durch eine entsprechende Satzungsgestaltung unter dem Deckmantel eines vorgeschobenen Gruppeninteresses gebündelte Individualinteressen bedient werden. Nur wenn sich die Vereinigung aktiv für das satzungsgemäße Gruppeninteresse einsetzt, indem sie bspw. Öffentlichkeitsarbeit in Gesellschaft und Politik betreibt, mit den Medien kommuniziert und ihre Mitglieder aktiv über ihre Arbeit informiert, liegt eine Vereinigung iSd § 7 RDG vor (BGH GRUR 1986, 79, 81; OLG Karlsruhe NJW-RR 1990, 685, 687; Krenzler/*Schmidt* Rn. 26; Grunewald/Römermann/*Müller* Rn. 10).

Bei **Gläubigerschutzvereinigungen** stellt sich jedoch die Frage, ob diese 35 überhaupt Rechtsdienstleistungen iSd § 2 RDG an ihre Mitglieder erbringen. Werden die einzelnen Anspruchinhaber von der Vereinigung über die richtige Vorgehensweise zur Anspruchsdurchsetzung beraten, ist dies sicherlich der Fall. Ebenso handelt es sich um eine Rechtsdienstleistung, wenn keine Abtretung in das Gesamthandsvermögen der GbR erfolgt, sondern die GbR zur Einziehung der Gesellschafterforderungen ermächtigt wird (§ 2 RDG Rn. 85; BGH NJW 2011, 2581 Rn. 11 ff.). Anders ist jedoch die Situation zu beurteilen, in der die Anleger eine GbR gründen und als Gesellschafterbeitrag ihre Forderungen auf die GbR übertragen, damit diese die Ansprüche in eigenem Namen durchsetzt. Denn in dieser Konstellation handelt es sich nicht um eine fremde Rechtsangelegenheit, sondern um die Wahrnehmung eigener Rechte der GbR. Es liegt auch keine Inkassodienstleistung iSd § 2 Abs. 2 RDG vor, da die Forderungen nicht lediglich zur Einziehung abgetreten wurden, sondern als Sacheinlage in das gesellschaftliche Gesamthandsvermögen übergegangen sind (zum RBerG *Koch* NJW 2006, 1469, 1471; *Heß* AG 2003, 113, 122f.; vgl. auch BGH NJW 2011, 2581 Rn. 15; BGH Beschl. v. 19.7.2011 – II ZR 88/10, BeckRS 2011, 26975; iErg ebenso Gaier/Wolf/Göcken/*Piekenbrock* Rn. 13).

36 **4. Zusammenschluss von Vereinigungen.** Vereinigungen können auch durch ihre Zusammenschlüsse Rechtsdienstleistungen erbringen. Hierbei wird es sich in der Regel um die **Spitzenorganisationen** und **Dachverbände** der Vereinigungen handeln. Diese dürfen nicht nur ihre Mitgliedsvereinigungen beraten, sondern als Ausnahme zur Mitgliederberatung auch die Mitglieder der ihnen angehörigen Vereinigungen (BT-Drs. 16/3655, 59).

II. Genossenschaften und genossenschaftliche Einrichtungen

37 In Abs. 1 Nr. 2 wurde die Regelung des Art. 1 § 3 Nr. 7 RBerG vollständig übernommen und in einen systematischen Zusammenhang mit der Mitgliederberatung durch Vereinigungen gebracht. Neu gelten für Genossenschaft nunmehr das Erfordernis der juristischen Qualitätsaufsicht und die Anforderungen an die Ausstattung (BT-Drs. 16/3655, 60). Über die Verweisungsnorm des Art. 8 der Verordnung (EG) Nr. 1435/2003 des Rates vom 22.7.2003 über das Statut der Europäischen Genossenschaft (SCE) (sog. SCE-Verordnung) profitieren auch Europäische Genossenschaften von der Rechtsdienstleistungserlaubnis in § 7 RDG.

38 Genossenschaften sind Gesellschaften von nicht geschlossener Mitgliederzahl, welche die Förderung des Erwerbs oder der Wirtschaft ihrer Mitglieder oder deren soziale oder kulturelle Belange mittels gemeinschaftlichen Geschäftsbetriebs bezwecken (§ 1 GenG). Da Genossenschaften nicht zum Zweck der Gewinnerzielung, sondern nur zum Zweck der Förderung der Mitglieder gegründet und betrieben werden dürfen (Pöhlmann/Fandrich/Bloehs/*Fandrich* GenG, 3. Aufl. 2007, § 1 Rn. 6), passt sich die bereits nach dem RBerG bestehende Rechtsberatung durch Genossenschaften in die Regelungsstruktur des § 7 RDG ein. Verfolgt eine Genossenschaft eine Gewinnerzielungsabsicht, kann sie nach § 81 GenG aufgelöst werden.

39 Genossenschaftliche Prüfungsverbände sind in §§ 54 ff. GenG geregelt. Ihnen ist nach § 54 GenG das Prüfungsrecht für die Pflichtprüfung der Genossenschaften (§ 53 GenG) verliehen. Jede Genossenschaft muss einem Prüfungsverband angehören. Nach § 63b Abs. 1 GenG sollen die Prüfungsverbände die Rechtsform des eingetragenen Vereins haben. Die Spitzenverbände der genossenschaftlichen Prüfungsverbände (§ 56 Abs. 2 GenG) bilden deren Dachorganisationen. Beispiele für solche Spitzenverbände sind der Deutsche Genossenschafts- und Raiffeisenverband e.V. (DGRV) oder der Bundesverband deutscher Wohnungs- und Immobilienunternehmen (GdW). Genossenschaftliche Treuhandstellen und ähnliche genossenschaftliche Einrichtungen werden von den Genossenschaften getragen. Auf ihre Rechtsform kommt es nicht an, so dass es sich auch um eine GmbH handeln kann, wenn diese von der Genossenschaft oder dem Verband als alleiniger Gesellschafter beherrscht wird (BGHZ 125, 1 = NJW 1994, 1658).

III. Rechtsdienstleistungsgesellschaften

40 Abs. 1 S. 2 gewährt die Erlaubnis, die Rechtsdienstleistungen durch eine **im Alleineigentum der Vereinigung stehende juristische Person** zu erbringen. Die Gründung solcher Rechtsdienstleistungsgesellschaften kann auch gemeinsam durch mehrere Vereinigungen oder Dachverbände erfolgen (Kilian/

Sabel/vom Stein/*Sabel* Rn. 291). Naturgemäß können diese Tochtergesellschaften anders als die Vereinigung oder Genossenschaft Rechtsdienstleistungen als alleinigen Unternehmensgegenstand haben. Sie dürfen jedoch nur solche Rechtsdienstleistungen erbringen, die im Verhältnis zum Zweck der Muttervereinigung oder -genossenschaft eine dienende Funktion haben (Krenzler/*Schmidt* Rn. 4). Eine ähnliche Regelung war bereits in Art. 1 § 7 S. 3 RBerG enthalten, so dass schon damals verschiedene Vereinigungen, wie zB der Deutsche Gewerkschaftsbund in Form der **DGB Rechtsschutz GmbH,** von dieser Befugnis Gebrauch gemacht und ihre Rechtsdienstleistungen ausgelagert hatten. Die in Abs. 2 aufgestellten Anforderungen an die juristische Qualitätsaufsicht und die Ausstattung beziehen sich ausdrücklich auf den gesamten Abs. 1 und damit unmittelbar auch auf die rechtsdienstleistende juristische Person (BT-Drs. 16/3655, 59).

IV. Rechtsdienstleistungen im Rahmen des satzungsgemäßen Aufgabenbereichs

Die Rechtsdienstleistung muss stets im Zusammenhang mit den eigentlichen satzungsmäßigen Aufgaben der Vereinigung oder Genossenschaft stehen und darf diese nicht überlagern. Bei der Bestimmung des Zusammenhangs zwischen dem satzungsmäßigen Aufgabenbereich und der Rechtsberatung kann auf die Wertung des § 5 RDG zurückgegriffen werden (Kilian/Sabel/vom Stein/*Sabel* Rn. 286). Der Zusammenhang mit den satzungsmäßigen Aufgaben ist daher weit zu verstehen und geht über die Rechtsdienstleistungen hinaus, die unmittelbar mit dem Satzungszweck zusammenhängen. Nur Rechtsdienstleistungen, die nicht mehr in einem **inneren Verhältnis mit dem Aufgabenbereich** der Vereinigung stehen, sind nicht erlaubt. Die Gesetzesbegründung erwähnt beispielhaft, dass Mietervereine nicht auf dem Bereich des Straßenverkehrsrechts und Automobilclubs nicht im Wohnungsmietrecht beraten dürfen (BT-Drs. 16/3655, 59). Auch wenn in diesen Beispielfällen die Eingrenzung der Rechtsdienstleistungsbefugnis durch den satzungsgemäßen Aufgabenbereich eindeutig scheint, ist dies in der Praxis nicht immer der Fall (vgl. Gaier/Wolf/Göcken/*Piekenbrock* Rn. 9). 41

Ähnlich dem § 7 RDG erforderte auch Art. 1 § 7 RBerG einen Zusammenhang zwischen dem Aufgabenbereich der Vereinigung und der Rechtsberatung, so dass für die Eingrenzung der Rechtsdienstleistungsbefugnis auch auf Rechtsprechung zum RBerG zurückgegriffen werden kann. Die Rechtsdienstleistungen müssen eine **dienende Funktion** haben und dürfen daher nur im Mittel sein, um die verschiedenen, von der Rechtsdienstleistung verschiedenen Zwecke der Vereinigung zu erreichen (zum RDG BGH GRUR 2012, 79 Rn. 17; OLG Frankfurt a. M. Urt. v. 21.9.2010 – 6 U 74/10, BeckRS 2011, 02821; zum RBerG BGH NJW 1982, 1882; OLG Frankfurt a. M. NJW 2005, 1375; OLG Köln NJW-RR 1990, 683, 684; OLG Celle NJW 1962, 811; NJW 1973, 2028; OVG Münster NJW-RR 1986, 861). Freilich erweitert § 7 RDG im Vergleich zur Vorgängernorm in erheblicher Weise die Rechtsdienstleistungsbefugnis, indem es der Vereinigung überlassen wird, ihren Aufgabenkreis selbst zu bestimmen. 42

43 Um eine missbräuchliche Berufung auf § 7 RDG zu verhindern, ist bei der Bestimmung des satzungsgemäßen Aufgabenbereichs nicht der Wortlaut der Satzung, sondern die **tatsächliche Aufgabenwahrnehmung** durch die Vereinigung maßgeblich (OLG Köln NJW-RR 1990, 684; OLG Zweibrücken NJWE-WettbR 1998, 55; Krenzler/*Schmidt* Rn. 40). Ansonsten könnte eine Vereinigung durch eine weite Formulierung in der Satzung selbst eine umfangreiche Rechtsdienstleistungsbefugnis begründen (*Rennen/Caliebe* Art. 1 § 7 Rn. 13). Keinesfalls darf der Satzungszweck auf die **allgemeine Rechtsberatung** der Mitglieder ausgeweitet werden (Rn. 8; BT-Drs. 16/3655, 59). Es ist aber nicht schädlich, wenn neben den hauptsächlichen Aufgaben der Vereinigung auch die Rechtsberatung von Mitgliedern in diesem Bereich als Satzungszweck aufgenommen wird (vgl. BGH GRUR 2012, 79 Rn. 17).

44 Je nach Aufgabenwahrnehmung erstreckt sich die Rechtsdienstleistungsbefugnis der Vereinigung auf **verschiedene Rechtsbereiche** (BGH GRUR 2012, 79 Rn. 18; Krenzler/*Schmidt* Rn. 42; Grunewald/Römermann/*Müller* Rn. 22; *Kleine-Cosack* Rn. 32 f.; zu Art. 1 § 7 RBerG BGH NJW 1982, 1882). So hat der BGH zu Art. 1 § 7 RBerG entschieden, dass eine **Gewerkschaft** ihre Mitglieder nicht nur bei arbeits- und sozialrechtlichen Fragen beraten, sondern auch Rechtsdienstleistungen im Bereich zivilrechtlicher Ansprüche gegen Dritte erbringen kann, wenn diese im Zusammenhang mit der Berufsausübung stehen (BGH NJW 1982, 1882). Ebenso dürfen **Mietervereine** ihren Mitgliedern auch bei der Abwehr von Ansprüchen eines Wohnungsmaklers beistehen (OLG Hamburg MDR 1985, 332) oder bei kaufrechtlichen Fragen im Zusammenhang mit der Übernahme von Einrichtungsgegenständen zwischen Vor- und Nachmieter beraten (LG Hamburg ZMR 2008, 535). Gleiches muss auch für andere Rechtsfragen gelten, die, auch wenn sie nicht unmittelbar das Mietverhältnis betreffen, sich auf die Mietsache beziehen. Ein Mieterverein kann seinen Mitgliedern daher bei Rechtsfragen in Zusammenhang mit Handwerkerleistungen oder der Hausratversicherung dienstleistend beistehen (vgl. Gaier/Wolf/Göcken/*Piekenbrock* Rn. 9). Ein **Hundezüchterverein** ist nicht nur bei Rechtsfragen im Zusammenhang mit der Zucht und dem Verkauf von Hunden zu Rechtsdienstleistungen befugt, sondern kann ein Mitglied auch bei einer mietrechtlichen Frage beraten, wenn es um die Hundehaltung in der Mietwohnung geht (Kilian/Sabel/vom Stein/*Sabel* Rn. 286).

45 Andererseits wurde unter Geltung des RBerG entschieden, dass die **Honorareinzugsstelle** eines Architektenverbands keine Schadensersatzforderungen von Verbandsmitgliedern geltend machen darf (KG KGR Berlin 1994, 156). Das gleiche gilt für Rat und Hilfe einer **Gewerkschaft** auf den Gebieten ohne unmittelbaren Bezug zu ihren Aufgaben, also etwa auf Gebieten wie dem Ausländerrecht oder dem Recht auf Rückzahlung von Ausbildungsförderdarlehen (VG Köln Rbeistand 1989, 112). **Mietervereine** dürfen ihren Mitgliedern, die Wohnungseigentümer sind, in Verfahren nach dem WEG keinen Rechtsrat erteilen (LG Hagen AnwBl. 1987, 152).

46 Die Erweiterung des Kreises privilegierter Vereinigungen durch das RDG bringt naturgemäß eine **Erweiterung der Rechtsdienstleistungsbefugnisse** mit sich. In einer aktuellen Entscheidung zu § 7 RDG stellt der **BGH** klar, dass ein **Einzelhandelsverband,** der satzungsgemäß die wirtschaftlichen,

Berufs- und Interessenvereinigungen, Genossenschaften **§ 7 RDG**

beruflichen und sozialen Interessen des Einzelhandels fördert, auch Rechtsdienstleistungen auf dem Gebiet des Markenrechts (bei der Abgabe einer Unterwerfungserklärung) erbringen darf (BGH GRUR 2012, 79 Rn. 16ff.). Er begründet seine Entscheidung damit, dass der satzungsgemäße Verbandszweck weit formuliert ist, die Satzung insoweit der tatsächlichen Aufgabenwahrnehmung entspricht und die Beratung im Markenrecht im Zusammenhang mit den beruflichen Tätigkeiten der Mitglieder steht. IErg. obliegt es daher dem Verband selbst, durch eine **weite Fassung des Aufgabenbereichs** eine weite Rechtsdienstleistungsbefugnis zu begründen, solange die satzungsgemäßen Aufgaben den tatsächlich wahrgenommenen Aufgaben entsprechen. Soweit unter Geltung des RBerG entschieden wurde, dass ein **Wettbewerbsverband** iSd § 8 Abs. 3 UWG nicht mehr berechtigt sei, ein Mitglied im Bereich des Namens- und Markenrechts zu beraten (OLG Frankfurt a. M. NJW 2005, 1375), kann dies daher nicht mehr uneingeschränkt gelten (aA Gaier/Wolf/Göcken/ *Piekenbrock* Rn. 9; offengelassen von BGH GRUR 2012, 79 Rn. 24). Denn in dieser Entscheidung hatte das OLG Frankfurt a. M. die Rechtsberatungsbefugnis auf die Grenzen der Klagebefugnis des Wettbewerbsverbands aus § 8 Abs. 3 Nr. 2 UWG begrenzt, ohne auf den Inhalt der Verbandssatzung oder die tatsächliche Aufgabenwahrnehmung abzustellen.

Wie Vereinigungen iSd Abs. 1 Nr. 1 sind auch **Genossenschaften** und genossenschaftliche Einrichtungen nur im Rahmen ihrer satzungsmäßigen Aufgaben zur Rechtsdienstleistung befugt. Eine Genossenschaftsbank ist befugt, geschäftliche Forderungen ihrer Mitglieder einzuziehen, soweit diese satzungsgemäße Nebenleistung dem allgemeinen Genossenschaftszweck dient und den Charakter der Genossenschaft nicht beeinflusst (BGHZ 53, 1 = NJW 1969, 2202; OLG Frankfurt a. M. MDR 1991, 359; *Rennen/Caliebe* Art. 1 § 3 Rn. 55; aA *Chemnitz/Johnigk* Rn. 455). 47

V. Entgeltliche Rechtsdienstleistungen

1. Bemessung des Entgelts. Die Frage, ob eine Vereinigung entgeltliche Rechtsdienstleistungen erbringen darf, wurde bereits im Kontext des Art. 1 § 7 RBerG viel diskutiert (*Chemnitz/Johnigk* Rn. 699ff.; Henssler/Prütting/*Weth* 2. Aufl., Art. 1 § 7 RBerG Rn. 28ff.; *Rennen/Caliebe* Anh. 1 Rn. 17ff.; *Chemnitz* NJW 1959, 868; *Brangsch* NJW 1953, 732). Obwohl nach Art. 1 § 7 RBerG die Vereinigungen Rechtsberatung „gewähren" durften, entschied der BGH, dass sie **nicht auf eine unentgeltliche Rechtsberatung beschränkt** waren (BGHZ 15, 315, 318f. = NJW 1955, 422; aA *Brangsch* NJW 1953, 732, 733). Für § 7 RDG ergibt sich dies nunmehr eindeutig aus der systematischen Stellung im Verhältnis zu § 6 RDG. 48

Die Zahlung von **Mitgliedsbeiträgen** ist bei Vereinigungen üblich und liegt als der Regelfall mittelbarer Finanzierung von Rechtsdienstleistungen den Erwägungen des Gesetzgebers zu § 7 RDG zugrunde (BT-Drs. 16/3655, 57). Die Vereinigungen können alle ihre **Auslagen,** die bei der rechtlichen Betreuung von Mitgliedern entstanden sind, auf die Mitgliedsbeiträge umlegen, oder aber – wenn die Satzung dies zulässt – diese anlässlich der Beratung von dem betroffenen Mitglied als **Sonderbeitrag** einfordern (BGHZ 15, 315, 322 = NJW 1955, 422; OLG Köln NJW-RR 1990, 683; LAG Hamm MDR 1994, 49

416; BSG NJW 1992, 197; Henssler/Prütting/*Weth* Rn. 24; Krenzler/*Schmidt* Rn. 44; Grunewald/Römermann/*Müller* Rn. 24). Sie sind daher berechtigt, die an ihre Angestellten gezahlten **Gehälter** oder die einem Beauftragten gewährte Entschädigung sowie sonstige allgemeine **Bürokosten** ersetzt zu verlangen (BGHZ 15, 315, 322 = NJW 1955, 422; OLG Düsseldorf NJW 1969, 2289; Gaier/Wolf/Göcken/*Piekenbrock* Rn. 24; offengelassen von BSG NJW 1992, 197, soweit es um die Kosten der Dienstleistung selbst in Abgrenzung zu den baren Auslagen geht). Dies geht wesentlich weiter als der Auslagenersatzanspruch, der auch karitativen Rechtsdienstleistern isd § 6 RDG zusteht, da dort allgemeine Bürokosten und Gehälter nicht umgelegt werden dürfen (§ 6 RDG Rn. 17). Sieht die Satzung keinen Sonderbeitrag für die Rechtsdienstleistung vor, kommt ein Anspruch der Vereinigung auf **Kostenerstattung** gegen das beratene Mitglied (etwa aus Auftrag oder Geschäftsbesorgung ohne Auftrag) nicht in Betracht, da der Anspruch auf Rat und Hilfe in Rechtsangelegenheiten bereits aus der Mitgliedschaft folgt (BSG NJW 1992, 197; Henssler/Prütting/*Weth* Rn. 24).

50 Anders als dies § 4 RDGEG für registrierte Rechtsdienstleister anordnet, dürfen Vereinigungen isd § 7 RDG den **Sonderbeitrag,** den sie von dem beratenen Mitglied verlangen, **nicht** anhand des **anwaltlichen Vergütungssystems** bemessen (BGHZ 15, 315, 322f. = NJW 1955, 422; OLG Köln NJW-RR 1990, 683; OLG Düsseldorf NJW 1969, 2289; LAG Hamm MDR 1994, 416; Henssler/Prütting/*Weth* Rn. 23; Grunewald/Römermann/*Müller* Rn. 23; Krenzler/*Schmidt* Rn. 45). Nach der Rspr. des BGH (BGHZ 15, 315, 322f. = NJW 1955, 422) wird durch die Verwendung des anwaltlichen Vergütungssystems die Neigung begünstigt, aus der Rechtsdienstleistung ein Geschäft zu machen. Da bereits die Gefahr einer solchen Neigung zu Gewinnerzielung vermieden werden soll, kommt es auch nicht darauf an, ob im Einzelfall tatsächlich Gewinne erwirtschaftet werden (BGHZ 15, 315, 322f. = NJW 1955, 422). Die Vereinigung kann sich auch nicht darauf berufen, dass sie durch Gewinne aus der Mitgliederberatung andere Aktivitäten quersubventioniert, die ausschließlich ihren ideellen Zielen zugutekommen. Vereinigungen dürfen zudem kein selbst entwickeltes Vergütungssystem verwenden, das ähnlich dem RVG auf Gewinnerzielung ausgerichtet ist. Sie sind iErg darauf beschränkt, Aufwendungen und ihre allgemeinen Kosten gegenüber dem Mitglied abzurechnen.

51 Konsequentermaßen darf die Vereinigung auch ihren **Auslagenersatz** nicht nach den Pauschalen des RVG ausrichten, da diese ebenfalls eine Vergütungsfunktion haben (§ 6 RDG Rn. 18; Schneider/Wolf/*Schneider* VV 7002 Rn. 54). Beauftragt eine Vereinigung jedoch einen **Rechtsanwalt** im Rahmen der Mitgliederberatung und zahlt sie diesem eine nach dem RVG bemessene Vergütung, darf sie diese Kosten – unter der Voraussetzung einer legitimierenden Satzungsvorschrift – an den Rechtsuchenden weitergeben, da es sich insoweit um Auslagen handelt.

52 **2. Kostenerstattung.** Hat ein Vereinigungsmitglied einen Anspruch auf Erstattung von **Rechtsverfolgungskosten** nach materiellem Recht (§§ 280, 286 BGB; vgl. Palandt/*Grüneberg* § 249 Rn. 56) und hat es anstelle eines Rechtsanwalts die Vereinigung um Hilfe bei der Durchsetzung seines Anspruchs gebeten, sind ihm an die Vereinigung gezahlte Beiträge vom Gegner

Berufs- und Interessenvereinigungen, Genossenschaften **§ 7 RDG**

grds. zu erstatten. Die Erstattungspflicht gilt jedoch nur für die Kosten, die durch die konkrete Rechtsverfolgung entstanden sind, wie bspw. Auslagenerstattungen an den Verein, und zwar auch in Form einer angemessenen Pauschale. Nicht erstattungsfähig sind die **Mitgliedsbeiträge,** die mittelbar zur Finanzierung der Mitgliederberatung dienen, da diese Kosten nicht durch die Rechtsverfolgung bedingt sind, sondern der Erhaltung der Mitgliedschaft dienen (*Rennen/Caliebe* Anh. 1 Rn. 19; *Vogl* Rpfleger 1998, 138, 143 mwN). Eine Erstattungsfähigkeit des satzungsgemäßen **Sonderbeitrags** wird ebenfalls abgelehnt, da es sich hierbei um eine besondere Form des Mitgliedsbeitrags handele (LG Krefeld AnwBl. 1955, 124; AG Uelzen AnwBl. 1955, 249; VG Braunschweig AnwBl. 1958, 158; *Wagner* NJW 1955, 422).

Werden Rechtsdienstleistungen einer Vereinigung im Rahmen eines **behördlichen Widerspruchsverfahrens** in Anspruch genommen, sind die an die Vereinigung gezahlten Kosten auch insoweit erstattungsfähig, als dass sie den Zeit- und Arbeitsaufwand sowie den allgemeinen Geschäftsbetrieb der Vereinigung entgelten (BSGE 98, 183; *Gaier/Wolf/Göcken/Piekenbrock* Rn. 24; aA noch BSGE 78, 159). 53

Nimmt ein Vereinsmitglied die Hilfe der Vereinigung auch im **Gerichtsverfahren** in Anspruch, indem es sich, soweit dies nach den Verfahrensordnungen zulässig ist (Rn. 15), vor Gericht vertreten lässt, gilt mangels ausdrücklicher Sonderregelungen in den jeweiligen Verfahrensordnungen (zB § 12a Abs. 2 ArbGG) das zur Kostenerstattung nach materiellem Recht Gesagte für die Prozesskostenerstattung entsprechend (vgl. *Rennen/Caliebe* Anh. 1 Rn. 19; *Vogl* Rpfleger 1998, 138, 143). 54

VI. Beschränkung auf Mitgliederberatung

Der Erlaubnisumfang des § 7 RDG ist auf die Mitgliederberatung beschränkt. Mitglieder iSd § 7 RDG können Vereinsmitglieder, Gesellschafter einer im Rahmen des § 7 RDG zulässigen Gesellschaftsform (Rn. 20 ff.) oder Genossen einer Genossenschaft sein. Mitglieder der genossenschaftlichen Prüfungsverbände sind die Genossenschaften (§ 54 GenG), Mitglieder der Spitzenverbände sind die Prüfungsverbände (§ 56 Abs. 2 GenG). 55

Eine **bestehende Mitgliedschaft** ist Voraussetzung für die Zulässigkeit der Rechtsdienstleistung, so dass sich der Erlaubnistatbestand grds. nicht auf die Beratung ehemaliger Mitglieder, an einer Mitgliedschaft Interessierter oder mit Mitgliedern verbundener Personen erweitern lässt (BGH GRUR 2002, 238; *Krenzler/Schmidt* Rn. 1). Bei der Ermittlung der Mitgliedschaft in der Vereinigung oder Genossenschaft erfolgt aber keine streng formalisierende Betrachtung. So hat das OLG Düsseldorf zum RBerG entschieden, dass die rechtliche Betreuung eines Genossenschaftsmitglieds bereits dann zulässig ist, wenn zum Zeitpunkt der Rechtsbetreuung mangels Eintragung ins Genossenschaftsregister noch keine förmliche Mitgliedschaft bestand, aber der Leistungsempfänger bereits eine **Beitrittserklärung** abgegeben hat (OLG Düsseldorf NJW-RR 1995, 352; zustimmend auch Henssler/Prütting/*Weth* Rn. 27). Besondere Voraussetzungen an die Dauerhaftigkeit des Mitgliedschaftsverhältnisses sind nicht zu stellen. Da „Rechtsberatungsvereine" nach § 7 RDG unzulässig sind (Rn. 8), besteht nicht die Gefahr, dass – vergleichbar mit dem 56

Phänomen sog. Raucherclubs – Mitglieder der Vereinigung nur für die Dauer und zum Zweck der Rechtsdienstleistung beitreten.

57 Ausreichend ist ein **mittelbares Mitgliedschaftsverhältnis,** so dass ein Verband, dessen Mitglieder nur Vereinigungen, aber keine natürlichen Personen sind, gegenüber den Mitgliedern der Mitgliedsvereinigungen Rechtsdienstleistungen erbringen darf (Krenzler/*Schmidt* Rn. 47). Ebenso ist bei Rechtsdienstleistungen durch eine Genossenschaft keine unmittelbare Mitgliedschaft erforderlich. So darf ein Prüfungsverband Mitglieder der ihm angeschlossenen Genossenschaften betreuen.

58 Erbringt die Vereinigung Rechtsdienstleistungen an **Nichtmitglieder,** ist dies zwar nach § 7 RDG nicht zulässig, kann aber unter den Voraussetzungen des § 5 RDG als Nebenleistung erlaubt sein. Voraussetzung ist, dass die Beratung von Nichtmitgliedern in unmittelbarem **Zusammenhang mit der Interessenvertretung der Mitglieder** steht (Grunewald/Römermann/*Müller* Rn. 25; Krenzler/*Schmidt* Rn. 48; Dreyer/Lamm/Müller/*Dreyer/Geißler* Rn. 21; *Sabel* AnwBl. 2007, 816, 818). So hat das BVerfG noch zum RBerG entschieden, dass Art. 2 Abs. 1 GG das Recht eines **Interessenverbands von Heilpraktikern** umfasst, die Interessen seiner Mitglieder dadurch zu fördern, dass er deren **Patienten** bei der Durchsetzung von Erstattungsansprüchen gegen die private Krankenversicherung behilflich ist (BVerfG NJW 2007, 2389). Die Vereinigung nimmt hierbei eine Interessenvertretung für ihre Mitglieder wahr, da Letztere ein wirtschaftliches Interesse an der Kostenerstattung haben. Zudem handelte es sich in dem vom BVerfG entschiedenen Fall hauptsächlich um medizinische und nur untergeordnet um rechtliche Fragen. Nunmehr wäre ein solcher Fall über § 5 RDG zu lösen. Vereinigungen mit ideeller Zielsetzung dürfen insoweit nicht schlechter als kaufmännische oder gewerbliche Unternehmen stehen (vgl. BVerfG NJW 2007, 2389, 2391; *Sabel* AnwBl. 2007, 816, 818).

VII. Anforderungen an die Rechtsdienstleistungsqualität (Abs. 2)

59 Im Gegensatz zu § 6 RDG erfolgt die Vereinsberatung in der Regel nicht unentgeltlich, sondern **mitgliederfinanziert.** Nach der Gesetzesbegründung rechtfertigt dieser Umstand, dass im Unterschied zu § 6 Abs. 2 RDG zusätzlich zum Erfordernis der Beteiligung einer juristisch qualifizierten Person auch Anforderungen an die **personelle, sachliche und finanzielle Ausstattung** der Vereinigung gestellt werden (BT-Drs. 16/3655, 60).

60 **1. Beteiligung einer juristisch qualifizierten Person.** Die Anbieter von Mitgliederberatung müssen, den karitativen Rechtsdienstleistern gleich, sicherstellen, dass die Rechtsdienstleistung durch eine Person, der die entgeltliche Erbringung dieser Rechtsdienstleistung erlaubt ist, durch eine Person mit Befähigung zum Richteramt oder unter Anleitung einer solchen Person erfolgt. Es handelt sich um eine Wiederholung des Wortlauts der Vorschrift in **§ 6 Abs. 2 RDG,** so dass auf die dortige Kommentierung verwiesen werden kann (§ 6 RDG Rn. 36ff.). Was die Anforderungen an die Anleitung durch die juristisch qualifizierte Person angeht, ordnet Abs. 2 die entsprechende An-

Berufs- und Interessenvereinigungen, Genossenschaften **§ 7 RDG**

wendung von § 6 Abs. 2 S. 2 RDG an. Auch bei Vereinigungen iSd § 7 RDG gilt, dass abhängig von der Organisationsstruktur der Vereinigung, der Qualifikation und der Berufserfahrung der unmittelbar rechtsberatend tätigen Personen und der Art zu erbringenden Rechtsdienstleistung **unterschiedliche Formen der Anleitung** denkbar sind (§ 6 RDG Rn. 42 ff.; BT-Drs. 16/3655, 60). Eine engmaschige Kontrolle einzelner rechtsdienstleistender Tätigkeiten durch eine juristisch qualifizierte Person ist auch bei der Mitgliederberatung nicht erforderlich.

Die Gesetzesbegründung geht davon aus, dass insbesondere in den **großen** 61 **Mitgliederorganisationen** – als solche kommen vor allem die Gewerkschaften in Betracht – die bestehenden und bewährten Strukturen der Rechtsberatung durch gut ausgebildete, überwiegend hauptberuflich tätige Mitarbeiter in zuverlässiger Weise eine ausreichende juristische Anleitung garantieren. In der Regel werde bei solchen etablierten Strukturen ein ständiger Informationsfluss über rechtliche Entwicklungen und die Möglichkeit, bei schwierigen Einzelfällen den Rechtsrat eines Volljuristen in Anspruch nehmen zu können, ausreichen (BT-Drs. 16/3655, 60). Dies bedeutet im Umkehrschluss, dass die **neuen,** erst durch die Erweiterung der Vereins- und Genossenschaftsberatung rechtsdienstleistungsbefugten **Vereinigungen,** ihren Mitarbeitern eine umfassende rechtliche Schulung erteilen und – zumindest in der Anfangsphase – eine Kontrolle durch eine juristisch qualifizierte Person gewährleisten müssen. Da seit der erheblichen Erweiterung der Vereinsberatung Interessenvereine jeglicher Größe Rechtsdienstleistungen erbringen dürfen, wird **kritisiert,** dass der Gesetzgeber auf **Kontrollmechanismen** bzgl. der Einhaltung dieser Erfordernisse **verzichtet** hat (Krenzler/*Schmidt* Rn. 66; *Kleine-Cosack* Rn. 44). Der Bundesrat hat in seiner Stellungnahme – wie bei § 6 RDG (§ 6 RDG Rn. 42) – zumindest das Erfordernis einer über die reine Anleitung hinausgehenden Aufsicht durch die juristisch qualifizierte Person verlangt (BT-Drs. 16/3655, 104; so auch Unseld/Degen/*Unseld* Rn. 26). Die Kritik ist nicht von der Hand zu weisen. Denn es ist absehbar, dass etliche Vereinigungen von ihrer neuen Rechtsdienstleistungsbefugnis Gebrauch machen werden, ohne in jedem Fall gewissenhaft die Anforderungen des Abs. 2 zu erfüllen. Es verbleibt nur die Möglichkeit eines **behördlichen Einschreitens nach § 9 RDG.**

2. Anforderungen an die Ausstattung. Die Anforderungen an die per- 62 sonelle, sachliche und finanzielle Ausstattung lehnen sich an § 3 Abs. 1 Nr. 2 UKlaG und § 8 Abs. 3 Nr. 2 UWG (BT-Drs. 16/3655, 60; Gaier/Wolf/Göcken/*Piekenbrock* Rn. 20) an und ersetzen das im RBerG durch das Tatbestandsmerkmal der Berufsstandsvertretung angelegte Erfordernis einer gewissen Mindestgröße der Vereinigung (Rn. 3). Nunmehr sollen auch kleinere Vereinigungen Rechtsdienstleistungen an ihre Mitglieder erbringen dürfen, wenn ihre Ausstattung für Art und Umfang der angebotenen Rechtsdienstleistungen ausreicht (BT-Drs. 16/3655, 60).

Die Gesetzesbegründung selbst **relativiert** jedoch die vom Wortlaut gebo- 63 tenen Anforderungen an die Ausstattung (vgl. auch Gaier/Wolf/Göcken/*Piekenbrock* Rn. 21). Sie sollen von der Größe der Vereinigung und vom Umfang des Rechtsdienstleistungsangebots abhängen. Wer – wie etwa die Gewerkschaften oder die Mietervereine – seinen zahlreichen Mitgliedern umfassende

RDG § 7 Teil 2 Rechtsdienstleistungen durch nicht registrierte Personen

Rechtsdienstleistungen auf den Gebieten des Arbeits- bzw. Mietrechts anbietet, benötige in jedem Fall eine professionelle Organisationsstruktur. Die Anforderungen an die Ausstattung sollen jedoch gänzlich wegfallen, wenn eine Vereinigung mit wenigen Mitgliedern nur gelegentlich Rechtsrat erteilt. Als Bsp. hierfür wird ein Kleingartenverein genannt, der seine Mitglieder bei Fragen in Zusammenhang mit der Vereinsmitgliedschaft berät (BT-Drs. 16/3655, 60). In diesen Fällen soll nur die Pflicht zur Beteiligung einer juristisch qualifizierten Person gelten. Diese Ausführungen in der Gesetzesbegründung, soweit sie denn bei der Auslegung des § 7 RDG bindend sein sollten (zur Frage der Verbindlichkeit der Gesetzesbegründung für die Gesetzesauslegung vgl. BVerfG NJW 2011, 836; NJW 2009, 1469), führen dazu, dass kleinere Vereinigungen entgeltliche Rechtsdienstleistungen erbringen dürfen, dabei jedoch nur die Anforderungen zu erfüllen haben, die für die unentgeltliche Rechtsdienstleistung nach § 6 Abs. 2 RDG gelten. Ab welchem Umfang des Rechtsdienstleistungsangebots besondere Anforderungen an die Ausstattung erfüllt werden müssen, ist unklar, da weder der Gesetzeswortlaut noch die Gesetzesbegründung insoweit einen konkreten Anhaltspunkt liefern. Es obliegt daher der Rechtsprechung, an dieser Stelle Kriterien zu entwickeln. Der objektive Gesetzeszweck, den Rechtsuchenden vor den Gefahren entgeltlicher Rechtsdienstleistungen zu schützen, gebietet eine strenge Auslegung und von Extremfällen, wie dem aufgeführten Bsp. des Kleingartenvereins, abgesehen ein konsequentes Einfordern der nach dem Gesetzeswortlaut gebotenen Ausstattung.

64 Die besonderen Anforderungen an die Ausstattung sollen die Anbieter entgeltlicher Mitgliederberatung vom Markt fernhalten, die sich auf eine **tatsächlich nicht vorhandene juristische Anleitung** berufen. Im Visier des Gesetzgebers steht hierbei die „unseriöse Schuldnerberatung durch Schuldnerhilfevereine". Diese würden sich regelmäßig damit verteidigen, dass alle Rechtsdienstleistungen unter Anleitung eines für sie tätigen oder im Vereinsvorstand befindlichen Volljuristen erbracht würden. In diesen Fällen könne die fehlende sachliche und finanzielle Ausstattung entscheidende Bedeutung bei der Untersagung der Rechtsdienstleistungsbefugnis erlangen (BT-Drs. 16/3655, 60).

65 a) Personelle Ausstattung. Insbesondere bei der gesetzlichen Anforderung an die personelle Ausstattung ist es nicht eindeutig, inwieweit sich diese Voraussetzung von der juristischen Qualitätsaufsicht iSd § 6 Abs. 2 RDG unterscheidet.

66 Zur personellen Ausstattung gehört in der Regel die **fachliche Qualifikation** der Mitarbeiter, die die Rechtsdienstleistungen erbringen. Die Qualifikation kann sich auf Rechtskenntnisse mit Bezug zum Aufgabenkreis der Vereinigung beschränken. Die Mitarbeiter müssen nur in der Lage sein, die angebotenen Rechtsdienstleistungen qualitativ zu erbringen (Krenzler/ *Schmidt* Rn. 55, zur ähnlichen Vorschrift des § 8 Abs. 3 Nr. 2 UWG BGH NJW-RR 2001, 36, 37; Köhler/Bornkamm/*Köhler* § 8 UWG Rn. 3.46).

67 Da das Erfordernis an die personelle Ausstattung vom Umfang angebotener Rechtsdienstleistungen abhängt und bei kleineren Vereinigungen, die nur vereinzelt Rechtsdienstleistungen erbringen, insoweit geringere Anforderungen zu stellen sind (Rn. 63), kann nicht von allen gefordert werden, dass in der Or-

Berufs- und Interessenvereinigungen, Genossenschaften **§ 7 RDG**

ganisation selbst **Volljuristen** beschäftigt sind (Krenzler/*Schmidt* Rn. 56; zu § 8 Abs. 3 Nr. 2 UWG BGH NJW-RR 2001, 36, 37; aA Grunewald/Römermann/*Müller* Rn. 32). Vielmehr reicht uU ein Rückgriff auf einen **Justiziar des Dachverbands** oder eine feste Kooperation mit einem selbstständig tätigen externen Rechtsanwalt aus. Bei kleineren Vereinigungen ist insoweit zu bedenken, dass Rechtsdienstleistungen eine dienende Funktion haben müssen und bereits aus diesem Grund die Ausgaben für rechtliche Fachkompetenz sich im Rahmen halten müssen (Krenzler/*Schmidt* Rn. 57).

b) Sachliche Ausstattung. Es gehört zur sachlichen Ausstattung, dass der 68 Verband über die entsprechenden **Arbeitsmittel** (Büroräume und Maschinen) und **Kommunikationsmittel** (Telefon, Fax, E-Mail, Briefkasten) verfügt, um die von ihm angebotenen Rechtsdienstleistungen ordnungsgemäß zu erbringen und Zustellungen entgegenzunehmen (vgl. zu § 8 Abs. 3 Nr. 2 UWG KG WRP 1999, 1302, 1306). Da die sachliche Ausstattung die Qualität der Rechtsdienstleistung sichern soll, gehört auch eine die betroffenen Rechtsgebiete abdeckende juristische Fachbibliothek oder das Vorhalten von Recherche-Datenbanken hierzu. Doch wie bei der personellen Ausstattung variieren die Anforderungen an die sachliche Ausstattung je nach Größe der Vereinigung und Umfang der Rechtsdienstleistungen (BT-Drs. 16/6355, 60; Krenzler/*Schmidt* Rn. 59).

c) Finanzielle Ausstattung. Die Anforderungen an die finanzielle Aus- 69 stattung sind vor dem Hintergrund zu sehen, dass Vereinigungen und Genossenschaften, die nach § 7 RDG mitgliederfinanzierte Rechtsdienstleistungen erbringen, nach dem eindeutigen gesetzgeberischen Willen nicht verpflichtet sind, eine **Haftpflichtversicherung** abzuschließen. Durch die hinreichende finanzielle Ausstattung der Vereinigung sollen eventuell auftretende **Haftungsfälle** abgedeckt werden (BT-Drs. 16/3655, 60; Gaier/Wolf/Göcken/ *Piekenbrock* Rn. 23). Demnach variieren die Anforderungen an die finanzielle Ausstattung je nach Umfang, in dem die Vereinigung Rechtsdienstleistungen erbringt (Krenzler/*Schmidt* Rn. 61). Verfügt die Vereinigung über eine Haftpflichtversicherung, deren Deckung ihrem Rechtsdienstleistungsumfang entspricht, hat sie die Anforderungen an die finanzielle Ausstattung erfüllt.

3. Folgen eines Verstoßes gegen Abs. 2. Verstoßen Vereinigungen oder 70 Genossenschaften gegen ihre Verpflichtungen aus Abs. 2, kann die zuständige Behörde das **Untersagungsverfahren nach § 9 RDG** einleiten (§ 9 RDG Rn. 1 ff.). Wie bei § 6 RDG gilt, dass auch im Fall eines Verstoßes gegen die Qualitätsanforderungen die Rechtsdienstleistung so lange erlaubt bleibt, bis sie nicht von der zuständigen Behörde bestandskräftig verboten wurde (zu den Rechtsmitteln gegen eine behördliche Untersagung § 9 RDG Rn. 13). Deswegen führt ein Verstoß gegen Abs. 2 nicht zur Nichtigkeit vertraglicher Vereinbarungen nach § 134 BGB iVm § 3 RDG (§ 6 RDG Rn. 59) und auch zu keinem Schadensersatzanspruch aus § 823 Abs. 2 BGB iVm § 3 RDG (§ 6 RDG Rn. 46).

VIII. Pflichten und Haftung des Rechtsdienstleisters

71 **1. Vertragspflichten.** Der Anspruch des Mitglieds auf Erbringung der Rechtsdienstleistung folgt aus der Mitgliedschaft in der Vereinigung oder Genossenschaft und ergibt sich idR aus der Satzung bzw. der mitgliedschaftlichen Stellung (BSG NJW 1992, 197; Henssler/Prütting/*Weth* Rn. 24). Die konkrete Rechtsdienstleistung an das Mitglied wird idR aufgrund eines **Dienstvertrags mit vereinsrechtlichem Gepräge** erbracht (vgl. OLG München NJW 1988, 1030). Anders als bei § 6 RDG ist für die Annahme eines Gefälligkeitsverhältnisses bereits aufgrund des Mitgliedsbeitrags kein Platz.

72 Aus diesem Vertragsverhältnis zwischen der Vereinigung und dem einzelnen Mitglied resultiert die Pflicht, auf die Rechtsgüter und Interessen des Mitglieds Rücksicht zu nehmen (§ 241 Abs. 2 BGB). Hieraus ergeben sich die gleichen **Rücksichtnahme- und Schutzpflichten** wie bei der karitativen Rechtsdienstleistung auf Grundlage des § 6 RDG (§ 6 RDG Rn. 53). Als solche Schutzpflicht gilt bspw. auch im Fall der Mitgliederberatung die **Verschwiegenheitspflicht** hinsichtlich der im Rahmen der Beratung erlangten vertraulichen Informationen. Die besonderen anwaltlichen Berufspflichten der BRAO und der BORA gelten für die Beratung durch Vereinigungen und Genossenschaften nicht. Für die Frage, ob im Fall der unmittelbaren Beratung durch Rechtsanwälte im Namen der Vereinigung oder Genossenschaft das anwaltliche Berufsrecht gilt, vgl. § 6 RDG Rn. 52.

73 Insbesondere im Bereich entgeltlicher Rechtsdienstleistungen durch Vereinigungen oder Genossenschaften gibt es große **Unterschiede bezüglich der fachlichen Qualifikation** der Berater. Bei großen Vereinigungen, insbesondere bei Gewerkschaften und Mietervereinen, erbringen teilweise Volljuristen die Rechtsdienstleistungen, während in kleineren Vereinigungen ausschließlich Laien diese Aufgaben wahrnehmen. Dennoch trifft die Vereinigung – wie im Rahmen des § 6 RDG – keine besondere Pflicht, über den rechtlichen Kenntnisstand des Rechtsdienstleisters **hinzuweisen.** Da sich der Gesetzgeber ausdrücklich gegen das Informationsmodell und gegen eine Hinweispflicht entschieden hat, lässt sich eine solche Vertragspflicht auch nicht aus § 241 Abs. 2 BGB herleiten (vgl. § 6 RDG Rn. 54; BT-Drs. 16/3655, 59; Krenzler/*Teubel* § 1 RDG Rn. 42; Dreyer/Lamm/Müller/*Dreyer/Geißler* Rn. 43).

74 **2. Beratungspflichten und Sorgfaltsmaßstab.** Erteilt die Vereinigung eine **fehlerhafte Beratung,** haftet sie den Mitgliedern aus § 280 Abs. 1 BGB. Denn es liegt in diesen Fällen eine Schlechterfüllung der satzungsgemäßen Aufgaben vor. Ein Verschulden von Organen ist der Vereinigung nach § 31 BGB (analog) zuzurechnen (OLG München NJW 1988, 1030; OLG Celle OLGR 1996, 229). Eine Haftung aus § 823 Abs. 2 BGB iVm § 3 RDG wegen Verletzung der Qualitätsanforderungen in Abs. 2 kommt solange nicht in Betracht, wie die Rechtsdienstleistung aus diesem Grund nicht nach § 9 RDG bestandskräftig untersagt wurde (Rn. 70).

75 Wie bei der karitativen Rechtsdienstleistung stellt sich auch an dieser Stelle die Frage, welche konkreten **Beratungspflichten** im Fall der Rechtsdienstleistung durch eine Vereinigung gelten und welcher **Haftungsmaßstab** anzu-

Öffentliche und öffentlich anerkannte Stellen **§ 8 RDG**

wenden ist (§ 6 RDG Rn. 55 f.). Anders als in den Fällen unerlaubter entgeltlicher Rechtsdienstleistungen (hierzu § 3 RDG Rn. 57; Dreyer/Lamm/Müller/ *Dreyer/Müller* § 3 RDG Rn. 29) sind an das Pflichtenprogramm der Vereinigung oder Genossenschaft nicht immer die gleichen Anforderungen zu stellen, wie sie im Bereich der Anwaltshaftung von der Rechtsprechung entwickelt worden sind (aA *Römermann* AnwBl. 2009, 22, 26). Obwohl anders als im Fall des § 6 RDG die Mitgliederberatung entgeltlich erfolgen kann, rechtfertigt dies noch keine pauschale Gleichstellung mit der Rechtsberatung durch einen Rechtsanwalt. Denn zum einen darf die Vereinigung aus den Entgelten für die Rechtsdienstleistung anders als Rechtsanwälte keinen Gewinn erzielen (Rn. 50), zum anderen verfügen Vereinigungen des § 7 RDG nicht immer über eine **Haftpflichtversicherung** (Rn. 69).

Deswegen kommt es – wie im Rahmen des § 6 RDG (§ 6 RDG Rn. 55 f.) – **76** bei den Sorgfaltspflichten und beim Sorgfaltsmaßstab darauf an, was das Mitglied anhand der Umstände des Einzelfalls **erwarten durfte.** Erteilt die Vereinigung Beratung durch Volljuristen und verfügt sie über eine Haftpflichtversicherung, kann von ihr eine Rechtsdienstleistungsqualität erwartet werden, die der anwaltlichen entspricht. Dies wird idR auf Rechtsdienstleistungen durch die Gewerkschaften und Mietervereine zutreffen. Etwas anderes gilt jedoch im Fall der Beratung durch einen Kleinverein, in dem nur Laien die Beratung erbringen. In diesen Fällen ist es nicht sachgerecht, den anwaltlichen Haftungsmaßstab anzulegen.

3. Haftungsbeschränkung. Sowohl Kleinvereine als auch die Vereini- **77** gungen und Genossenschaften, die professionell organisiert sind und die Beratung durch Volljuristen erbringen, können ihre Haftung für Beratungsfehler im Rahmen der gesetzlichen Vorschriften beschränken oder ausschließen. Die Beschränkung des § 52 BRAO gilt für Rechtsdienstleistungen durch Laien auf Grundlage des § 7 RDG nicht. Außer den Vorgaben des BGB gelten daher **keine besonderen Vorschriften** über die Haftungsbeschränkung. Nach § 309 Nr. 7 lit. b BGB kann die Haftung im Voraus nicht für Vorsatz oder grobe Fahrlässigkeit ausgeschlossen werden. Wie im Bereich organisierter karitativer Rechtsberatung (§ 6 RDG Rn. 57) wird eine **konkludente Haftungsbeschränkung** in den seltensten Fällen anzunehmen sein, weil das zahlende Mitglied immer ein offensichtliches Interesse an einer ordnungsgemäßen Beratung haben wird. Aus den gleichen Erwägungen, die zu § 6 RDG gelten, wird auch eine Haftungsbeschränkung kraft ergänzender Vertragsauslegung idR ausscheiden.

§ 8 Öffentliche und öffentlich anerkannte Stellen

(1) **Erlaubt sind Rechtsdienstleistungen, die**
1. **gerichtlich oder behördlich bestellte Personen,**
2. **Behörden und juristische Personen des öffentlichen Rechts einschließlich der von ihnen zur Erfüllung ihrer öffentlichen Aufgaben gebildeten Unternehmen und Zusammenschlüsse,**
3. **nach Landesrecht als geeignet anerkannte Personen oder Stellen im Sinn des § 305 Abs. 1 Nr. 1 der Insolvenzordnung,**

4. Verbraucherzentralen und andere mit öffentlichen Mitteln geförderte Verbraucherverbände,
5. Verbände der freien Wohlfahrtspflege im Sinn des § 5 des Zwölften Buches Sozialgesetzbuch, anerkannte Träger der freien Jugendhilfe im Sinn des § 75 des Achten Buches Sozialgesetzbuch und anerkannte Verbände zur Förderung der Belange behinderter Menschen im Sinn des § 13 Abs. 3 des Behindertengleichstellungsgesetzes

im Rahmen ihres Aufgaben- und Zuständigkeitsbereichs erbringen.

(2) Für die in Absatz 1 Nr. 4 und 5 genannten Stellen gilt § 7 Abs. 2 entsprechend.

Inhaltsübersicht

	Rn.
A. Allgemeines	1
B. Einzelerläuterung	4
I. Rechtsdienstleistungsbefugnis gerichtlich oder behördlich bestellter Personen (Abs. 1 Nr. 1)	4
1. Erfasste Personen	5
2. Begrenzung der Rechtsdienstleistungsbefugnis auf den übertragenen Aufgaben- und Zuständigkeitsbereich	10
II. Rechtsdienstleistungen durch Behörden und juristische Personen des öffentlichen Rechts (Abs. 1 Nr. 2)	11
1. Behörden	12
2. Privatrechtliche Unternehmen	15
3. Juristische Personen des öffentlichen Rechts	17
4. Erbringer der konkreten Rechtsdienstleistung	22
5. Begrenzung der Rechtsdienstleistungsbefugnis auf den behördlichen Aufgaben- und Zuständigkeitsbereich	23
a) Allgemeine Rechtsberatung durch Gemeinden und Kreise	24
b) Fachberatung im Rahmen behördlicher Zuständigkeiten	28
III. Geeignete Personen oder Stellen iSd § 305 Abs. 1 Nr. 1 InsO (Abs. 1 Nr. 3)	34
1. Geeignete Rechtsdienstleister	34
2. Umfang der Rechtsdienstleistungsbefugnis	36
IV. Verbraucherzentralen und andere mit öffentlichen Mitteln geförderte Verbraucherverbände (Abs. 1 Nr. 4)	38
1. Erfasste Rechtsdienstleister	39
2. Rahmen des Aufgaben- und Zuständigkeitsbereichs	42
3. Inkassotätigkeit der Verbraucherzentralen und Verbraucherverbände	43
V. Wohlfahrtsverbände (Abs. 1 Nr. 5)	46
1. Freie Wohlfahrtsverbände	47
2. Anerkannte Träger der Freien Jugendhilfe	50
3. Anerkannte Behindertenverbände	51
VI. Anforderungen an die Rechtsdienstleistungsqualität (Abs. 2)	53
VII. Vergütung der Rechtsdienstleistungen	55

A. Allgemeines

§ 8 RDG übernimmt in Abs. 1 Nr. 1–4 für die Rechtsdienstleistung durch 1
Behörden, durch behördlich bestellte Personen, Verbraucherzentralen bzw.
-verbände und Schuldnerberatungsstellen nach § 305 Abs. 1 Nr. 1 InsO im
Wesentlichen die **Erlaubnistatbestände aus Art. 1 § 3 RBerG.** Zusätzlich
und als Neuerung im Vergleich zum RBerG regelt Abs. 1 Nr. 5 die Rechtsdienstleistungsbefugnis von Einrichtungen, die nach dem RBerG teilweise
unklar oder nur umständlich über das BSHG aF zu begründen war (Rn. 48).

Die Rechtsdienstleistungsbefugnis der Personen und Stellen in § 8 Abs. 1 2
Nr. 1–3 RDG lässt sich bereits aus **anderen Gesetzen und Vorschriften** ableiten, so dass es sich im Grunde nur um eine systematisch im RDG verortete
Klarstellung der Rechtsdienstleistungsbefugnis und um keine Erlaubnistatbestände im eigentlichen Sinne handelt. Für die in Abs. 1 Nr. 4 und 5 genannten
Rechtsdienstleister folgt die Rechtsdienstleistungsbefugnis hingegen unmittelbar aus § 8 RDG.

Im Verhältnis zu §§ 6 und 7 RDG stellt § 8 RDG eine **Privilegierung** dar, 3
da sich die Befugnis weder auf die unentgeltliche Rechtsdienstleistung noch auf
eine reine Mitgliederberatung beschränkt. Aus diesem Grund ist die Regelung
des § 8 RDG **lex specialis** zu §§ 6 und 7 RDG. Die Rechtsdienstleistungsbefugnis aller von § 8 RDG erfasster Personen und Stellen wird jedoch vom jeweiligen Aufgaben- und Zuständigkeitsbereich beschränkt. Abweichend von
§ 6 RDG erlaubt § 8 RDG die **entgeltliche** Erbringung von Rechtsdienstleistungen (Rn 55 ff.).

B. Einzelerläuterung

I. Rechtsdienstleistungsbefugnis gerichtlich oder behördlich bestellter Personen (Abs. 1 Nr. 1)

Während Art. 1 § 3 Nr. 6 RBerG im Rahmen einer regelbeispielhaften 4
Aufzählung die Rechtsberatungsbefugnis von Zwangsverwaltern, Insolvenzverwaltern, Nachlasspflegern und sonstigen Personen mit ähnlichem Behördenauftrag regelte, **verzichtet** der Gesetzgeber in § 8 Abs. 1 Nr. 1 RDG auf
eine **enumerative Aufzählung.** Jede durch ein Gericht oder eine Behörde
bestellte Person kann im Rahmen des ihr mit der Bestellung zugewiesenen
Aufgaben- und Zuständigkeitsbereichs rechtsdienstleistend tätig werden. Dadurch werden über den bisher ausdrücklich genannten Personenkreis hinaus
insbesondere die gerichtlich bestellten Betreuer, Pfleger, Vormünder und Bewährungshelfer erfasst (BT-Drs. 16/3655, 61). Freilich stellt dies keine sachliche Erweiterung der Rechtsdienstleistungsbefugnis dar, da diese Personen
bereits nach dem RBerG als Personen mit ähnlichem Behördenauftrag angesehen wurden (vgl. Krenzler/*Schmidt* Rn. 11 ff.; *Chemnitz/Johnigk* Rn. 431 ff.).

1. Erfasste Personen. Erfasst sind die bereits in der Vorgängervorschrift 5
ausdrücklich aufgezählten Zwangsverwalter, Insolvenzverwalter und Nachlasspfleger. Der **Zwangsverwalter** wird gem. § 150 ZVG damit beauftragt, ein

zum Zwecke der Befriedigung von Gläubigern des Eigentümers beschlagnahmtes Grundstück zu verwalten. Er hat nach § 152 ZVG das Recht und die Pflicht, alle Handlungen vorzunehmen, die erforderlich sind, um das Grundstück in seinem wirtschaftlichen Bestand zu halten und ordnungsgemäß zu nutzen. Der **Insolvenzverwalter** wird nach § 56 InsO vom Gericht bestellt. Er hat das gesamte zur Insolvenzmasse gehörige Vermögen in Besitz und Verwaltung zu nehmen und vorbehaltlich abweichender Beschlüsse der Gläubigerversammlung zu verwalten und zu verwerten (§§ 80, 148 Abs. 1, 159 InsO). Der **Nachlasspfleger** kann vor Annahme der Erbschaft für denjenigen bestellt werden, der Erbe wird (§ 1960 Abs. 1 S. 2 BGB). Die Nachlasspflegschaft dient der Ermittlung des Erben und der Sicherung und Erhaltung des Nachlasses bis zur Annahme der Erbschaft.

6 **Weitere Personen,** die ihre Rechtsdienstleistungsbefugnis aus § 8 Abs. 1 Nr. 1 RDG ableiten, sind Vormünder für Minderjährige (§§ 1773 ff. BGB), Pfleger für Minderjährige und für bestimmte Volljährige (§ 1909 ff. BGB), Betreuer für Volljährige (§§ 1896 ff. BGB), vorläufige Insolvenzverwalter (§ 22 InsO), Nachlassverwalter (§§ 1985 ff. BGB) und Bewährungshelfer (§ 56 d StGB, § 24 JGG). Als Beispiel für eine behördlich bestellte Person nennt der Gesetzgeber den Sonderbeauftragten der Bundesanstalt für Finanzdienstleistungsaufsicht nach § 83a VAG (BT-Drs. 16/3655, 61) und Schiedspersonen der Gütestellen iSd § 15a EGZPO (BT-Drs. 16/3655, 50).

7 Ob **Testamentsvollstrecker** unter die Privilegierung der Personen mit Behördenauftrag fielen, war unter Geltung des RBerG umstritten (vgl. zum Meinungsstand BGH NJW 2005, 968 und 969; OLG Karlsruhe NJW-RR 1994, 236 und AnwBl. 1992, 333; *Rennen/Caliebe* Art. 1 § 3 Rn. 49; *Chemnitz/Johnigk* Rn. 435 f.; *Henssler* ZEV 1994, 261 ff.). Unbedenklich zu bejahen war dies in den seltenen Fällen, in denen der Testamentsvollstrecker auf testamentarisches Ersuchen des Erblassers gem. § 2200 BGB **gerichtlich ernannt** wurde. Da nunmehr § 5 Abs. 2 Nr. 1 RDG dem vom Erblasser eingesetzten Testamentsvollstrecker die Erbringung rechtlicher Nebenleistungen ausdrücklich gestattet (§ 5 RDG Rn. 140 ff.), hat dieser Meinungsstreit seine Bedeutung verloren (vgl. auch Krenzler/*Schmidt* Rn. 25).

8 **Liquidatoren** einer OHG, KG oder GmbH (§§ 145 ff., 161 Abs. 2 HGB, §§ 66 ff. GmbHG) sowie Abwickler einer AG (§§ 264 ff. AktG) leiten in den Fällen, in denen sie gerichtlich bestellt sind, ihre Rechtsdienstleistungsbefugnis aus § 8 Abs. 1 Nr. 1 RDG ab (Grunewald/Römermann/*Müller* Rn. 3; Henssler/Prütting/*Weth* Rn. 7). Üben sie die Funktion des Liquidators als Organ der Gesellschaft aus, liegt mangels Fremdheit bereits keine Rechtsdienstleistung iSd § 2 Abs. 1 RDG vor (BT-Drs. 16/3655, 48; Grunewald/Römermann/ *Müller* Rn. 3; Henssler/Prütting/*Weth* Rn. 7).

9 Die Rechtsberatungsbefugnis des **Wohnungseigentumsverwalters** war nach der Rspr. zum RBerG von Art. 1 § 3 Nr. 6 RBerG erfasst (BVerfG NJW 2002, 3531, 3532; BGHZ 122, 327, 330 = NJW 1993, 1924). Diese Rechtsprechung stieß in der Literatur zum RBerG auf Kritik, weil der Wohnungseigentumsverwalter nicht mit den ebenfalls in Art. 1 § 3 Nr. 6 RBerG genannten Zwangsverwaltern, Insolvenzverwaltern und Nachlasspflegern vergleichbar war (*Rennen/Caliebe* Art. 1 § 3 Rn. 50; *Riecke* ZMR 2000, 498). Seit Anerkennung der **Rechtsfähigkeit der Wohnungseigentümergemeinschaft** in

Öffentliche und öffentlich anerkannte Stellen **§ 8 RDG**

§ 10 Abs. 6 WEG handelt es sich jedoch bei den Rechtsangelegenheiten der Wohnungseigentümergemeinschaft nicht mehr um für den Verwalter fremde Rechtsangelegenheiten, da der **Verwalter** die Wohnungseigentümergemeinschaft als dessen **Organ** (§ 20 Abs. 1 WEG) gesetzlich vertritt (BT-Drs. 16/3655, 48; Krenzler/*Schmidt* Rn. 26; Henssler/Prütting/*Weth* Rn. 6; Grunewald/Römermann/*Müller* Rn. 3). Wird der Verwalter im Innenverhältnis zu den einzelnen Wohnungseigentümern tätig, liegt eine zulässige rechtliche Nebenleistung nach § 5 Abs. 2 Nr. 2 RDG vor (§ 5 RDG Rn. 149; Krenzler/*Schmidt* Rn. 26; Henssler/Prütting/*Weth* Rn. 6; Grunewald/Römermann/ *Müller* Rn. 3).

2. Begrenzung der Rechtsdienstleistungsbefugnis auf den übertra- 10 **genen Aufgaben- und Zuständigkeitsbereich.** Gerichtlich oder behördlich bestellte Personen dürfen Rechtsdienstleistungen nur im Rahmen ihres Aufgaben- und Zuständigkeitsbereichs erbringen und nur in dem Umfang, der für die Wahrnehmung der öffentlichen Aufgaben **erforderlich** ist (Krenzler/*Schmidt* Rn. 24). Maßgeblich ist immer die **konkrete Bestellung.** Privilegiert ist bspw. nicht jede Tätigkeit von Zwangsverwaltern oder Nachlasspflegern, sondern nur die Tätigkeit als Zwangsverwalter oder als Nachlasspfleger. So sind Rechtsdienstleistungen eines Zwangsverwalters, der Erbauseinandersetzungen betreibt, nicht durch § 8 RDG gedeckt (so zu Art. 1 § 3 Nr. 6 RBerG OLG Hamburg AnwBl. 1973, 311). Ebenso wird die Veräußerung von beweglichem Vermögen des Schuldners durch den Zwangsverwalter nicht von § 8 Abs. 1 Nr. 1 RDG erfasst (Krenzler/*Schmidt* Rn. 24). Ein Insolvenzverwalter kann keine allgemeine Rechtsberatung in Insolvenzsachen erbringen, wenn dies nicht mehr zur Abwicklung des Insolvenzverfahrens gehört, mit dessen Durchführung er gerichtlich betraut worden ist (Grunewald/ Römermann/*Müller* Rn. 5).

II. Rechtsdienstleistungen durch Behörden und juristische Personen des öffentlichen Rechts (Abs. 1 Nr. 2)

§ 8 Abs. 1 Nr. 2 RDG entspricht der Regelung in Art. 1 § 3 Nr. 1 RBerG, 11 die die Klarstellung der Rechtsberatungsbefugnis von Behörden und Körperschaften des öffentlichen Rechts enthielt. Wie bereits die Vorgängervorschrift (dazu BGHZ 144, 68 = NJW 2000, 2277) ist § 8 Abs. 1 Nr. 2 RDG eine **Kollisionsnorm,** die keine eigene Rechtsdienstleistungszuständigkeit begründet, sondern auf die Zuständigkeitsordnung nach dem öffentlichen Recht verweist (Gaier/Wolf/Göcken/*Piekenbrock* Rn. 4).

1. Behörden. Der **Behördenbegriff** wird in der Rechtsordnung nicht 12 einheitlich verwendet. Maßgeblich für die Begriffsbestimmung ist der jeweilige Regelungskontext. Zu unterscheiden ist insbesondere zwischen dem funktionalen Behördenbegriff des VwVfG und dem organisatorischen Behördenbegriff der VwGO (vgl. OVG Bremen NVwZ 2011, 1146). Da die Gesetzesbegründung bei der Definition von Behörde iSd § 8 RDG auf § 1 Abs. 4 VwVfG bzw. § 1 Abs. 2 SGB X verweist (BT-Drs. 16/3655, 61), ist im Rahmen des § 8 RDG der **funktionale Behördenbegriff** heranzuziehen. Nach § 1 Abs. 4 VwVfG ist Behörde jede Stelle, die Aufgaben der öffentlichen Verwaltung wahrnimmt. Hinzu kommt das Erfordernis einer gewissen organisatorischen Selbstständigkeit bei der Aufgabenwahrnehmung. **Reine Dienststellen** einer Behörde erfüllen diese Voraussetzung nicht, so dass die Rechtsdienstleistungsbefugnis eines **Personalrats** nicht aus § 8 RDG hergeleitet werden kann (Henssler/Prütting/*Weth* Rn. 11); sie ergibt sich jedoch aus § 2 Abs. 3 Nr. 3 RDG (§ 7 RDG Rn. 26).

13   **Gerichte** sind nicht nur als Justizverwaltungsbehörden, sondern auch mit ihrer rechtsprechenden Tätigkeit erfasst (Henssler/Prütting/*Weth* Rn. 11; Rennen/Caliebe Art. 1 § 3 Rn. 2, *Chemnitz/Johnigk* Rn. 350).

14   Von dem Behördenbegriff nicht erfasst sind **Parlamentsabgeordnete.** Da das RDG anders als das RBerG nicht mehr auf das Innehaben eines öffentlichen Amtes abstellt (vgl. Art. 1 § 3 Nr. 2 RBerG, hierzu BayObLG NJW 1980, 1108) und ein Abgeordneter keine Behörde ist, gilt für Abgeordnete keine besondere Privilegierung mehr (Grunewald/Römermann/*Müller* Rn. 18; Henssler/Prütting/*Weth* Rn. 14). Sie können Rechtsdienstleistungen jedoch nach § 6 RDG unentgeltlich und nach § 5 RDG als Nebenleistung zu ihrer Abgeordnetentätigkeit erbringen (Grunewald/Römermann/*Müller* Rn. 18).

15   **2. Privatrechtliche Unternehmen.** Ausweislich der Gesetzesbegründung sind auch **privatrechtlich organisierte,** zur Erfüllung öffentlicher Aufgaben gebildete Unternehmen von der Privilegierung des § 8 RDG erfasst (BT-Drs. 16/3655, 61). Insoweit geht der Behördenbegriff des § 8 RDG über den des § 1 Abs. 4 VwVfG hinaus, da natürliche und juristische Personen des Privatrechts nur im Fall einer **Beleihung** als Behörden iSd VwVfG angesehen werden können (Stelkens/Bonk/Sachs/*Schmitz* § 1 Rn. 254, 257). Behörden iSd § 8 RDG sind daher sowohl Beliehene (Technische Überwachungsvereine, Bezirksschornsteinfeger, Öffentlich bestellte Vermessungsingenieure) als auch Unternehmen, die im Rahmen des Verwaltungsprivatrechts öffentliche Aufgaben wahrnehmen (Stadtwerke AG, Verkehrsbetriebe AG). Unter diese Kategorie fallen auch die **privatrechtlich organisierten Wohlfahrtsverbände** der als öffentlich-rechtliche Körperschaften anerkannten Kirchen und Religionsgemeinschaften, wie zB die Caritas oder das Diakonische Werk, so dass für ihre Rechtsdienstleistungsbefugnis nicht auf § 8 Abs. 1 Nr. 5 RDG zurückgegriffen werden muss (so auch *Heinhold* S. 41).

16   Zu beachten ist jedoch, dass auch privatrechtlich organisierte Unternehmen nur im Rahmen ihres **Aufgaben- und Zuständigkeitsbereichs** rechtsdienstleitend tätig werden dürfen. Ihren Aufgaben- und Zuständigkeitsbereich leiten privatrechtlich organisierte Unternehmen von der juristischen Person des öffentlichen Rechts ab, in deren Eigentum sie stehen. Sollen die Rechtsdienstleistungen über diesen Rahmen hinausgehen, entfällt die Privilegierung dieser Unternehmen nach § 8 RDG (vgl. Krenzler/*Schmidt* Rn. 37).

17   **3. Juristische Personen des öffentlichen Rechts.** Juristische Personen des öffentlichen Rechts unterfallen ebenfalls dem funktionalen Behördenbegriff in § 1 Abs. 4 VwVfG, da sie Aufgaben der öffentlichen Verwaltung eigenverantwortlich wahrnehmen. Daher dient ihre Erwähnung in Nr. 2 **lediglich der Klarstellung** (Krenzler/*Schmidt* Rn. 31; Grunewald/Römermann/*Müller* Rn. 7). Die juristischen Personen des öffentlichen Rechts sind die Körperschaften, Anstalten und Stiftungen des öffentlichen Rechts.

Öffentliche und öffentlich anerkannte Stellen **§ 8 RDG**

Körperschaften des öffentlichen Rechts sind öffentlich-rechtlich organi- 18
sierte juristische Personen. Sie sind mitgliedschaftlich verfasste, vom Wechsel
ihrer Mitglieder unabhängige, regelmäßig mit Hoheitsgewalt ausgestattete Einrichtungen, die öffentliche Aufgaben unter staatlicher Aufsicht wahrnehmen
(*Maurer* § 23 Rn. 30 ff.; Krenzler/*Schmidt* Rn. 33). Darunter fallen insbesondere
die Gemeinden und Gemeindeverbände, die Kirchen und die anerkannten
Religionsgemeinschaften, die Hochschulen und ihre Studentenschaften, die
Selbstverwaltungsorgane der Wirtschaft (Industrie- und Handelskammern,
Handwerkskammern, Kreishandwerkerschaften, Innungen, Landwirtschaftskammern), die Selbstverwaltungsorgane der Freien Berufe (Ärztekammern,
kassenärztliche Vereinigungen, Anwaltskammern, Steuerberaterkammern)
und die Sozialversicherungsträger (Orts- und Betriebskrankenkassen, Ersatzkrankenkassen, Versicherungsanstalten).

Eine **Anstalt des öffentlichen Rechts** ist ein zur Rechtsperson erhobener 19
Bestand von sachlichen und persönlichen Verwaltungsmitteln, der einem besonderen öffentlichen Zweck zu dienen bestimmt ist (*Maurer* § 23 Rn. 46 ff.;
Krenzler/*Schmidt* Rn. 34). Entsprechend ihrer Widmung erbringt sie mit den
ihr zur Verfügung stehenden Mitteln aufgrund eines Benutzungsverhältnisses
Leistungen für ihre außerhalb der Verwaltung stehenden Benutzer. Zu den
Anstalten gehören die kommunalen Sparkassen, die Bundesagentur für Arbeit,
die Rundfunk- und Fernsehanstalten und die Versicherungsanstalten wie die
Bundesversicherungsanstalt für Angestellte oder die deutsche Rentenversicherung.

Stiftungen des öffentlichen Rechts sind mit eigener öffentlich-rechtlicher 20
Rechtspersönlichkeit ausgestattete Vermögensbestände, die vom Stifter einem
bestimmten Zweck gewidmet wurden (*Maurer* § 23 Rn. 55 ff.; Krenzler/
Schmidt Rn. 35; MüKoBGB/*Reuter* § 89 Rn. 9). Beispiele sind die Stiftung
Mutter und Kind – Schutz des ungeborenen Lebens, die Contergansstiftung
für behinderte Menschen und die Stiftung für ehemalige politische Häftlinge.

§ 8 RDG erfasst auch **Zusammenschlüsse**, die von juristischen Personen 21
des öffentlichen Rechts zum Zweck der Erfüllung ihrer Aufgaben gebildet
werden, etwa Verbände, Spitzenverbände und Arbeitsgemeinschaften. Als solche kommen bspw. Wasser- und Abwasserzweckverbände der Gemeinden
oder kommunale Landes- und Spitzenverbände (Deutscher Städtetag, Deutscher Städte- und Gemeindebund) in Betracht.

4. Erbringer der konkreten Rechtsdienstleistung. Erforderlich – aber 22
auch ausreichend – ist eine **Zurechnung** der Rechtsdienstleistung zur Behörde. Dies ist immer dann der Fall, wenn Bedienstete der Behörde für diese
tätig werden. Eine Zurechnung scheidet hingegen bei außerdienstlicher Tätigkeit aus. So kann ein Mitarbeiter einer Ortskrankenkasse außerberuflich keine
Rechtsdienstleistungen im Sozialrecht auf Grundlage von § 8 RDG erbringen.
Allerdings kommen insoweit qualifizierte unentgeltliche Rechtsdienstleistungen nach § 6 RDG in Betracht. Es ist unerheblich, ob es sich bei den handelnden Personen um Beamte oder Angestellte handelt. Sogar das Handeln **freier
Mitarbeiter** im Rahmen eines weisungsgebundenen Auftragsverhältnisses soll
ausnahmsweise genügen (so Grunewald/Römermann/*Müller* Rn. 10). Dies
kann jedoch nur dann gelten, wenn der private Dritte als **Verwaltungshelfer**

RDG § 8 Teil 2 Rechtsdienstleistungen durch nicht registrierte Personen

bzw. „Werkzeug" der Verwaltung anzusehen ist (vgl. hierzu BGH NJW 1980, 1679; BGHZ 121, 161 = NJW 1993, 1258).

23 **5. Begrenzung der Rechtsdienstleistungsbefugnis auf den behördlichen Aufgaben- und Zuständigkeitsbereich.** Erlaubt sind nur Rechtsdienstleistungen im Rahmen des behördlichen Aufgaben- und Zuständigkeitsbereichs. Die Zuständigkeit ist nicht nur dann gegeben, wenn die Behörden eine gesetzliche Pflicht zur Rechtsdienstleistung haben. Vielmehr genügt es auch, wenn die Tätigkeit in das Aufgabengebiet der Behörde fällt. Ein solcher Zusammenhang kann sich außer aus einem Gesetz auch aus Verwaltungsvorschriften, Vereinbarungen oder allgemeinen Grundsätzen ergeben (BGHZ 144, 68 = NJW 2000, 2277, 2278). Nur ausnahmsweise haben Behörden und juristische Personen des öffentlichen Rechts eine allgemeine Rechtsberatungsbefugnis (Rn. 24ff.). Meist wird jedoch eine Fachberatung von der jeweiligen behördlichen Zuständigkeit gedeckt (Rn. 28ff.).

24 **a) Allgemeine Rechtsberatung durch Gemeinden und Kreise.** Die allgemeine Rechtsberatung bedürftiger Bürger gehört **nicht zu den Aufgaben** der Gemeinden. Sie ist vielmehr nach § 3 BerHG Rechtsanwälten und – mit Einschränkungen – den Amtsgerichten (nach § 24a Abs. 1 Nr. 2 RPflG den Rechtspflegern) zugewiesen. Nur in den **Stadtstaaten** Berlin, Bremen und Hamburg ist aufgrund der Ausnahmeregelung des § 12 BerHG die öffentliche städtische Rechtsberatung erhalten geblieben. Unter Geltung des RBerG war daher die – de facto praktizierte – öffentliche Rechtsberatung durch andere Gemeinden, für die die Ausnahmeregelung in § 12 BerHG nicht galt, problematisch, da weder Art. 1 § 1 Nr. 1 RBerG noch eine andere Regelung einen Erlaubnistatbestand boten (vgl. nur *Chemnitz/Johnigk* Rn. 363 mwN). Nunmehr können jedoch **alle Gemeinden** Beratungsstellen für bedürftige Bürger errichten, wenn die Rechtsdienstleistungen im Rahmen des **§ 6 RDG unentgeltlich** erbracht werden (vgl. § 6 RDG Rn. 64).

25 Ist eine Gemeinde Trägerin der **Sozialhilfe** gem. § 3 SGB XII, dann hat sie nach § 11 Abs. 1 und Abs. 2 SGB XII (§ 8 BSHG aF) die Pflicht – und damit die Befugnis – den Leistungsberechtigten zu beraten (Henssler/Prütting/*Weth* Rn. 20; *Rennen/Caliebe* Art. 1 § 3 Rn. 11). Diese **Beratungspflicht** betrifft nicht nur Fragen im Zusammenhang mit dem Erhalt von Sozialleistungen, sondern auch solche im Zusammenhang mit der persönlichen Situation des Leistungsberechtigten. Die Beratung des Leistungsbedürftigen hinsichtlich seiner persönlichen Situation ist **weit auszulegen** und umfasst aus Sicht des Ratgebers fremde – also nicht rein sozialrechtliche – Rechtsangelegenheiten. Denn bei der Beratung kann es erforderlich sein, auch auf Fragen aus anderen Gebieten (zB des Familien-, Erb- oder Arbeitsrechts) einzugehen, entweder weil sie den Charakter von Vorfragen haben oder weil die konkrete Sozialhilfeangelegenheit auf sie einwirkt.

26 Ein allgemeiner **Vorrang der Beratungshilfe durch Rechtsanwälte** (oder Rechtspfleger) besteht trotz des missverständlichen Wortlauts von § 11 Abs. 5 S. 1 Hs. 2 SGB XII **nicht**. Dies folgt bereits aus § 1 Abs. 1 Nr. 2 BerHG, wonach die Gewährung von Beratungshilfe ausgeschlossen ist, wenn dem Rechtsuchenden andere zumutbare Möglichkeiten zur Verfügung stehen. Allerdings sollte der Hilfesuchende in schwierigen Rechtsfragen an einen Rechtsanwalt und auf

Öffentliche und öffentlich anerkannte Stellen **§ 8 RDG**

die Inanspruchnahme von Beratungshilfe verwiesen werden. Außerdem beschränken § 11 Abs. 1 und Abs. 2 SGB XII die Hilfeleistung auf Beratung. Sonstige Unterstützung darf nur soweit erforderlich gewährt werden. Daraus folgt, dass Formulierungshilfen und das Aufsetzen ganzer Schreiben nur in Ausnahmefällen von der Vorschrift gedeckt sind (*Rennen/Caliebe* Art. 1 § 3 Rn. 13 mwN).

Problematisch ist oft, ob zu den Aufgaben der Kreise die **rechtliche Be-** 27
treuung der kreisangehörigen Gemeinden gehört (ausführlich hierzu *Wolf-Hegerbekermeier/Wessel* KommJur 2013, 205; bejahend in öffentlich-rechtlichen Angelegenheiten *zur Rocklage* DVBl. 1973, 24ff.; OVG Lüneburg Beschl. v. 6.8.1969 – III OVG B 46/69, unveröff.; verneinend OVG Kassel AnwBl. 1969, 408; *Dittner* DVBl. 1975, 24). Der BGH (NJW 2000, 2277) hat diese Befugnis des Kreises unter Berufung auf das Selbstverwaltungsrecht der Gemeinden im Fall leistungsschwächerer Gemeinden bejaht. Führt die kreisangehörige Gemeinde ein Geschäft des Kreises und gewährt der Kreis der Gemeinde in diesen Fällen Rechtsdienstleistungen, liegen keine fremden Rechtsangelegenheiten iSd § 2 RDG vor, so dass diese Tätigkeit nicht vom Verbot des § 3 RDG erfasst ist. Solche Fälle sind bspw. die Durchführung der Kreisaufgaben im Bereich der Sozialhilfe durch die Gemeinden nach dem SGB XII (vgl. Henssler/Prütting/*Weth* Rn. 20). Darüber hinaus können die Gemeinden im Rahmen ihres Selbstverwaltungsrechts aus Art. 28 Abs. 2 GG durch eigene Rechtsvorschriften die Mitwirkung des Kreises bei Rechtsdienstleistungen organisieren, so dass sie insoweit auch ohne formelle gesetzliche Grundlage eine Zuständigkeit iSd § 8 RDG begründen können (BGH NJW 2000, 2277).

b) Fachberatung im Rahmen behördlicher Zuständigkeiten. Es ist 28
eine Frage des Einzelfalls, wie weit sich die Rechtsdienstleistungsbefugnis einzelner Fachbehörden erstreckt. Aus **§ 25 VwVfG** folgt die Pflicht und die Befugnis einer Behörde, die Beteiligten im Verwaltungsverfahren über die ihnen zustehenden Rechte und die ihnen obliegenden Pflichten zu beraten. Über diese verfahrensbezogene Beratung der Beteiligten hinaus finden sich vereinzelt Vorschriften, die Behörden eine weiter gehende Rechtsdienstleistungsbefugnis zugestehen.

So können die **Jugendämter,** die nach § 18 Abs. 1 Nr. 2 SGB VIII bei der 29
Geltendmachung von Unterhaltsansprüchen Unterstützung leisten, auch bei der außergerichtlichen Geltendmachung von Unterhaltsansprüchen rechtsdienstleistend zur Seite stehen (vgl. zum § 18 KJHG aF KG FamRZ 2002, 546). Darüber hinaus können kommunale Jugend- und Familienberatungsstellen Rechtsdienstleistungen gem. §§ 17, 18 SGB VIII bei Fragen zu den Themen Partnerschaft, Trennung und Scheidung und bei Fragen zur Personensorge und zum Umgangsrecht erbringen (Grunewald/Römermann/*Müller* Rn. 13; Krenzler/*Schmidt* Rn. 45; ausführlich *Schulte-Kellinghaus* FamRZ 1994, 1230ff.; *Kerkhoff* Das Rechtsberatungsgesetz und die Scheidungsberatung der Jugendhilfe, 2004; einschränkend *Zettner* FamRZ 1993, 621ff.).

Studentenschaften an Hochschulen haben als deren Teil- oder Gliedkör- 30
perschaften gem. § 41 HRG unter anderem die Aufgabe, soziale Belange ihrer Studierenden wahrzunehmen. Dies beinhaltet eine Rechtsdienstleistungsbefugnis hinsichtlich aller Fragen, die mit dem Studium zusammenhängen, also

insbesondere zur Ausbildungsförderung, zur Prüfungsordnung und zum Vorgehen gegen Prüfungsentscheidungen (Krenzler/*Schmidt* Rn. 47; Grunewald/Römermann/*Müller* Rn. 17; Henssler/Prütting/*Weth* Rn. 23; *Hustädt* NJW 1988, 473; aA *Reich* NJW 1987, 1315). Ob auch die **mietrechtliche Beratung** von Studenten dazugehört (so Krenzler/*Schmidt* Rn. 47; Grunewald/Römermann/*Müller* Rn. 17; Henssler/Prütting/*Weth* Rn. 23), ist zweifelhaft, da mietrechtliche Fragen keine spezifisch studentischen Angelegenheiten sind. Ebenso scheidet eine Beratung in familien- und erbrechtlichen Angelegenheiten grds. aus, soweit nicht unterhaltsrechtliche Fragestellungen betroffen sind, die einen Zusammenhang zur Ausbildungsförderung aufweisen. Ebenfalls nicht durch § 8 RDG gerechtfertigt ist die Beratung Dritter durch Studenten zu Ausbildungszwecken im Rahmen sog. *„Legal Clinics"* (hierzu § 6 RDG Rn. 62). Da die Rechtsberatung eines unbestimmten Personenkreises nicht mehr in den Zuständigkeitsbereich der Studentenschaft gehört, liefert § 8 Abs. 1 Nr. 2 RDG keinen Erlaubnistatbestand für die studentische Rechtsberatung. Auch aus den Zuständigkeiten der Universitäten selbst kann eine solche Befugnis gem. § 8 RDG nicht hergeleitet werden (*Wreesmann* S. 225 f.; aA *Piekenbrock* AnwBl. 2011, 848, 852).

31 **Kreishandwerkerschaften** haben gem. § 87 Nr. 3 HandwO die Aufgabe, Einrichtungen zur Förderung und Vertretung der gewerblichen, wirtschaftlichen und sozialen Interessen der Mitglieder der Handwerksinnungen zu schaffen oder zu unterstützen. Dies beinhaltet auch das **Einziehen von Forderungen** der Mitglieder der angeschlossenen Innungen durch eine Inkassostelle (BGH NVwZ 1991, 298), die Hilfeleistung in Steuersachen jedoch nur insoweit, als ein sachlicher Zusammenhang mit dem Handwerksbetrieb besteht (BGH NVwZ 1991, 300).

32 Gem. § 73 StVollzG haben die **Justizvollzugsanstalten** die Gefangenen im Rahmen ihrer Aufgabe, soziale Hilfe zu leisten (§ 71 S. 1 StVollzG), insbesondere bei der Wahrnehmung ihrer Rechte und Pflichten zu unterstützen (hinsichtlich des Bedarfs der Gefangenen an Rechtsberatung und der Probleme bei der Bedarfsdeckung vgl. *Rotthaus* NStZ 1991, 164 ff.). Die Unterstützung der Gefangenen wird häufig darin bestehen, einen Plan zur Schuldentilgung aufzustellen und diesen mit den Gläubigern abzusprechen (*Rennen/Caliebe* Art. 1 § 3 Rn. 14). Zur Rechtsberatung durch Strafgefangene vgl. § 6 RDG Rn. 31.

33 **Kirchen,** ihre Untergliederungen und besonders gebildete Beratungsstellen einzelner Kirchengemeinden dürfen in Sozial- und Asylrechtsangelegenheiten beraten, da ihre Tätigkeit nach dem maßgeblichen Selbstverständnis nicht nur die Religionsausübung, sondern das karitative Wirken umfasst (Grunewald/Römermann/*Müller* Rn. 17; *Heinhold* S. 42).

III. Geeignete Personen oder Stellen iSd § 305 Abs. 1 Nr. 1 InsO (Abs. 1 Nr. 3)

34 **1. Geeignete Rechtsdienstleister.** Die InsO enthält in ihrem neunten Teil Regelungen zum **Verbraucherinsolvenzverfahren.** Diese zielen auf die Erstellung eines für alle Beteiligten verbindlichen **Schuldenbereinigungsplans.** Mit seinem Eröffnungsantrag hat der Schuldner eine Bescheini-

Öffentliche und öffentlich anerkannte Stellen **§ 8 RDG**

gung darüber vorzulegen, dass eine außergerichtliche Einigung mit den Gläubigern über die Schuldenbereinigung auf der Grundlage eines Plans vergeblich versucht worden ist (§ 305 Abs. 1 Nr. 1 InsO). Diese Bescheinigung muss von einer „geeigneten Person oder Stelle auf der Grundlage persönlicher Beratung und eingehender Prüfung der Einkommens- und Vermögensverhältnisse des Schuldners ausgestellt" sein. Im letzten Halbsatz des § 305 Abs. 1 Nr. 1 InsO werden die Bundesländer ermächtigt, Personen oder Stellen als geeignet im Sinne dieser Vorschrift zu bezeichnen. Alle Länder haben in der Zwischenzeit von dieser Ermächtigung Gebrauch gemacht (eine Auflistung der landesrechtlichen Ermächtigungen findet sich bei Grunewald/Römermann/*Müller* Rn. 21).

Da die Rechtsdienstleistungsbefugnis der „geeigneten Personen oder Stellen" bereits aus der **gesetzlichen Aufgabenzuweisung** in § 305 Abs. 1 Nr. 1 InsO folgt, hat § 8 Abs. 1 Nr. 3 RDG nur klarstellende Funktion. Während die Vorgängerregel des Art. 1 § 3 Nr. 9 RBerG nur „Stellen", nicht jedoch die in § 305 Abs. 1 Nr. 1 InsO genannten „Personen" ausdrücklich nannte und bezüglich der Rechtsberatungsbefugnis geeigneter Personen Unklarheit herrschte (vgl. *Rennen/Caliebe* Art. 1 § 3 Rn. 60), hat die neue Regelung diese Unsicherheit beseitigt. Dies ist insbesondere deswegen relevant, weil die öffentlich geförderten Stellen ihre Rechtsdienstleistungsbefugnis in der Regel bereits aus § 8 Abs. 1 Nr. 4 oder Nr. 5 RDG herleiten können (BT-Drs. 16/3655, 61). Nun ist klargestellt, dass nach Landesrecht zur Insolvenzberatung berechtigte Einzelpersonen, die ohne öffentliche Förderung entgeltliche Insolvenzberatung betreiben, in dem ihnen durch die landesrechtlichen Ausführungsgesetze erlaubten Umfang außergerichtlich rechtsdienstleistend tätig werden können. **Ehrenamtliche Insolvenzberater** sind bereits nach **§ 6 RDG** zur Rechtsdienstleistung befugt. 35

2. Umfang der Rechtsdienstleistungsbefugnis. Der Umfang der Befugnis geeigneter Personen und Stellen zu **außergerichtlichen Rechtsdienstleistungen** im Insolvenzverfahren richtet sich nach der InsO und nach den landesrechtlichen Ausführungsgesetzen (Henssler/Prütting/*Weth* Rn. 27). Nach § 305 Abs. 1 Nr. 1 InsO haben sie die Aufgabe, auf Grundlage eines Schuldenbereinigungsplans auf eine außergerichtliche Einigung mit den Gläubigern hinzuwirken und den Schuldner hierbei zu beraten und zu unterstützen. Hierzu gehört die Erfassung der Forderungen des Schuldners, die Prüfung der Berechtigung einzelner Forderungen und eventueller Einwendungen und die Vorbereitung des Insolvenzantrags (Krenzler/*Schmidt* Rn. 52f.; Kilian/Sabel/vom Stein/*Sabel* Rn. 311). 36

Die Befugnis geeigneter Personen und Stellen zur **gerichtlichen Vertretung** im Insolvenzverfahren ergibt sich allein aus der Insolvenzordnung, insbesondere aus § 305 InsO (BT-Drs. 16/3655, 61). Nach § 305 Abs. 4 InsO kann sich der Schuldner vor dem Insolvenzgericht von einer geeigneten Person oder einem Angehörigen einer als geeignet anerkannten Stelle iSd § 305 Abs. 1 Nr. 1 InsO vertreten lassen. Nach der aF der Norm war die Vertretungsbefugnis der geeigneten Person oder Stelle auf andere Sachverhalte als die Erstellung des Schuldenbereinigungsplans, insbesondere auf das vereinfachte Insolvenzverfahren, nicht anwendbar (BGH NZI 2004, 510; LG Kleve ZVI 2003, 605; Krenz- 37 ler/*Schmidt* Rn. 53; Grunewald/Römermann/*Müller* Rn. 22). Dies wurde durch das Gesetz zur Verkürzung des Restschuldbefreiungsverfahrens und zur Stärkung der Gläubigerrechte v. 13.7.2013 (BGBl. I S. 2379) mWv 1.7.2014 geändert.

IV. Verbraucherzentralen und andere mit öffentlichen Mitteln geförderte Verbraucherverbände (Abs. 1 Nr. 4)

38 Während Art. 1 § 3 Nr. 8 RBerG eine Befugnisnorm sowohl für die außergerichtliche als auch für die gerichtliche Tätigkeit von Verbraucherzentralen und Verbraucherverbänden war, regelt § 8 Abs. 1 Nr. 4 RDG nunmehr nur noch die **außergerichtliche Rechtsdienstleistungsbefugnis.** Insoweit übernimmt sie die Inhalte der Vorgängerregelung.

39 **1. Erfasste Rechtsdienstleister. Verbraucherzentralen** sind als Idealvereine iSd § 21 BGB organisiert und auf Länderebene angesiedelt. Auf Bundesebene existiert der Verbraucherzentrale Bundesverband e.V. Mitglieder der Verbraucherzentralen sind meist nur wenige – politisch aktive – natürliche Personen und im Übrigen politische Parteien, Gewerkschaften, Kirchen und Verbraucherverbände. Der Finanzbedarf der Verbraucherzentralen wird nicht durch Mitgliedsbeiträge, sondern durch öffentliche Mittel gedeckt. Die Mittelverwendung steht unter der Aufsicht des jeweiligen Landeswirtschaftsministers und unterliegt der Prüfung des Landesrechnungshofs (*Chemnitz/Johnigk* Rn. 467). Während nach Art. 1 § 3 RBerG eine Verbraucherzentrale mindestens für ein Bundesland errichtet sein musste (vgl. zum alten Rechtszustand *Rennen/Caliebe* Art. 1 § 3 Rn. 56), ist dieses Erfordernis bereits mit dem Gesetz zur Modernisierung des Schuldrechts v. 26.11.2001 (BGBl. I S. 3138) entfallen und die Norm um andere öffentlich geförderte **Verbraucherverbände** erweitert worden. Diese Erweiterung wurde nun auch in § 8 Abs. 1 Nr. 4 RDG übernommen (BT-Drs. 16/3655, 62).

40 **Mit öffentlichen Mitteln geförderte Verbraucherverbände** sind alle öffentlich geförderten Vereinigungen, die nach ihrem Satzungszweck – auch – Verbraucherschutzaufgaben wahrnehmen. Erfasst werden damit zahlreiche auf private Initiative hin gegründete Vereine, soweit sie mit öffentlichen Mitteln gefördert werden. Die Gesetzesbegründung nennt bspw. die nach § 65b SGB V errichteten und durch die Spitzenverbände der gesetzlichen Krankenkassen finanziell geförderten Einrichtungen zur Verbraucher- oder Patientenberatung, die sich die gesundheitliche Information, Beratung und Aufklärung von Versicherten zum Ziel gesetzt haben (BT-Drs. 16/3655, 62). Als öffentliche Mittel kommen Finanzierungen durch den Bund, die Länder, die Kommunen, die EU und durch sonstige öffentliche Stellen – wie zB die gesetzlichen Krankenkassen – in Betracht.

41 Der Begriff der öffentlichen Mittel schließt eine teilweise Eigenfinanzierung nicht aus (BT-Drs. 16/3655, 62). Wenn jedoch ein Verband keine öffentlichen Mittel erhält, fällt er nach dem eindeutigen Gesetzeswortlaut nicht unter die Privilegierung des § 8 Abs. 1 Nr. 4 RDG. Er ist auf eine Mitgliederberatung nach § 7 RDG oder auf die unentgeltliche Beratung nach § 6 RDG beschränkt, während Verbraucherzentralen und andere öffentlich geförderte

Verbraucherverbände jedermann entgeltlich beraten dürfen. Eine entgeltliche Beratung kommt nur nach § 5 RDG als Nebenleistung in Betracht (Krenzler/ *Schmidt* Rn. 57).

2. Rahmen des Aufgaben- und Zuständigkeitsbereichs. Verbrau- 42 cherzentralen und Verbraucherverbände dürfen ähnlich den echten Mitgliedervereinen des § 7 RDG Rechtsdienstleistungen nur im Rahmen ihres satzungsmäßigen Aufgabenbereichs, also des **Verbraucherrechts und des Verbraucherschutzes,** erbringen. Hierzu gehören das Produkthaftungsrecht, das AGB-Recht, das Verbraucherkreditrecht, das Recht der Haustür- und Fernabsatzgeschäfte und das Verbrauchsgüterkaufrecht. Verbraucherschutzorganisationen dürfen keine Rechtsdienstleistungen für **Unternehmer iSd § 14 BGB** erbringen, auch wenn es sich materiell-rechtlich ebenfalls um Verbraucherschutzrecht handelt (Krenzler/*Schmidt* Rn. 58). Zum Aufgabenbereich von Verbraucherzentralen und -verbänden gehört auch nicht die Wahrnehmung von Rechten außerhalb des materiellen Verbraucherschutzrechts. So sind Verbraucherverbände bspw. nicht berechtigt, einen Kunden bei deliktischer Inanspruchnahme durch einen Einzelhändler wegen Beschädigung ausgelegter Ware zu beraten und zu vertreten (OLG Köln NJW-RR 1996, 634; aA Grunewald/Römermann/*Müller* Rn. 25). Es kommt für die Beratungs- und Vertretungsbefugnis **nicht** darauf an, dass die Tätigkeit der Verbraucherzentrale **im Interesse des Verbraucherschutzes erforderlich** ist. Anders als dies Art. 1 § 3 Nr. 8 RBerG für die gerichtliche Einziehung fremder Forderungen vorsah, enthält § 8 Abs. 1 Nr. 4 RDG kein solches Erfordernis mehr. Dass es sich hierbei um eine bewusste Entscheidung und kein gesetzgeberisches Versehen handelt, hat der BGH mittlerweile bestätigt (BGH NJW 2013, 3580 Rn. 43 f.).

3. Inkassotätigkeit der Verbraucherzentralen und Verbraucherver- 43 **bände.** Durch das Gesetz zur Modernisierung des Schuldrechts wurde den Verbraucherzentralen und Verbraucherverbänden in Art. 1 § 3 Nr. 8 RBerG die Befugnis erteilt, als Prozessstandschafter oder Zessionar Zahlungsansprüche von Verbrauchern gerichtlich geltend zu machen (BT-Drs. 14/6040, 277; *Chemnitz/Johnigk* Rn. 471.1). Diese Befugnis gilt, nunmehr beschränkt auf die außergerichtliche Inkassotätigkeit, nach § 2 Abs. 2 RDG iVm § 8 Abs. 1 Nr. 4 RDG fort (*Derleder* VuR 2011, 41, 42). § 2 Abs. 2 RDG bestimmt lediglich, dass **Inkassotätigkeiten immer Rechtsdienstleistungen** sind. Daher gilt für die außergerichtliche Inkassotätigkeit von Verbraucherorganisationen (also Mahn- und Beitreibungstätigkeit, rechtliche Prüfung der Forderungsberechtigung, Verhandlungen mit dem Schuldner, vgl. Krenzler/*Offermann-Burckart* § 2 Rn. 124 f.) das Gleiche wie für sonstige Rechtsdienstleistungen durch diese Organisationen. Insbesondere kann eine solche Inkassotätigkeit auch im Interesse eines einzigen betroffenen Verbrauchers erfolgen.

Die Vertretungsbefugnis der Verbraucherzentralen und Verbraucherver- 44 bände vor den **Amtsgerichten** ist in § 79 Abs. 2 S. 2 Nr. 3 ZPO geregelt (Anh. § 1 RDG Rn. 27). Verbraucherzentralen und andere mit öffentlichen Mitteln geförderte Verbraucherverbände sind bei der Einziehung von Forderungen von Verbrauchern im Rahmen ihres Aufgabenbereichs vertretungsbefugt. Da die Vorschrift eine gerichtliche Vertretung ausdrücklich erlaubt, ist eine Abtretung der Forderung an die Verbraucherorganisation oder eine Einziehungsermächtigung nicht mehr erforderlich (BT-Drs. 16/3655, 88; Krenzler/*Schmidt* Rn. 59; *Sabel* AnwBl. 2008, 390, 392). Allerdings bezieht sich die Erlaubnis nur auf Leistungsklagen und gilt nicht für Unterlassungs- und Feststellungsklagen (Musielak/*Weth* § 79 Rn. 13).

45 Anders als die Vorgängernorm des Art. 1 § 3 Nr. 8 RBerG beschränkt § 79 Abs. 2 S. 2 Nr. 3 ZPO die gerichtliche Vertretungsbefugnis der Verbraucherzentralen und Verbände nicht auf die Fälle, in denen dies im Interesse des Verbraucherschutzes **erforderlich** ist (BT-Drs. 16/3655, 88). Was insoweit erforderlich sein sollte, war unter Geltung des RBerG umstritten; die Rechtsprechung war in diesem Punkt uneinheitlich (vgl. zum damaligen Meinungsstand BGH NJW 2007, 593 mwN). Nach der Rechtsprechung des BGH war die gerichtliche Einziehung durch Verbraucherorganisationen nur dann im Interesse des Verbraucherschutzes erforderlich, wenn sie nicht nur zur Durchsetzung wirtschaftlicher Individualinteressen eines oder mehrerer Verbraucher, sondern auch dem kollektiven Verbraucherinteresse diente und die Einschaltung des Verbands eine effektivere Durchsetzung dieses kollektiven Verbraucherinteresses ermöglichte (BGH NJW 2007, 593, 595). Es mussten Umstände (wie geringe Anspruchshöhe oder unverhältnismäßig hohe Prozesskosten) vorliegen, die geeignet waren, einen einzelnen Verbraucher von der Rechtsverfolgung abzuhalten. Da nunmehr § 79 Abs. 2 S. 2 Nr. 3 ZPO keine weiter gehenden Erfordernisse als § 8 Abs. 1 Nr. 4 RDG enthält, um – so die ausdrückliche Gesetzesbegründung (BT-Drs. 16/3655, 88) – die zu starke Beschränkung der gerichtlichen Tätigkeit der Verbraucherzentralen unter dem RBerG aufzuheben, gelten für die **gerichtliche Vertretung** durch Verbraucherorganisationen die **gleichen Grenzen** wie für ihre außergerichtlichen Rechtsdienstleistungen (so nun ausdrücklich BGH NJW 2013, 3580 Rn. 43 f.). So darf insbesondere auch dann eine Vertretung erfolgen, wenn nur die Interessen eines einzelnen Verbrauchers betroffen sind (aA Grunewald/Römermann/*Müller* Rn. 26; *Sabel* AnwBl. 2008, 390, 392).

V. Wohlfahrtsverbände (Abs. 1 Nr. 5)

46 Verbände der freien Wohlfahrtspflege iSd § 5 SGB XII, anerkannte Träger der freien Jugendhilfe iSd § 75 SGB VIII und anerkannte Verbände zur Förderung der Belange behinderter Menschen iSd § 13 Abs. 3 BGG sind zu Rechtsdienstleistungen innerhalb ihres Aufgaben- und Zuständigkeitsbereiches befugt.

47 **1. Freie Wohlfahrtsverbände.** § 5 SGB XII bestimmt, dass den Verbänden der freien Wohlfahrtspflege eine **wesentliche Rolle bei der Sozialhilfe** zukommt. Die Träger der Freien Wohlfahrtsverbände sind in der Bundesarbeitsgemeinschaft der freien Wohlfahrtspflege in Deutschland (BAGFW) zusammengeschlossen. Sie haben jeweils eine Vielzahl von Mitgliedsverbänden bzw. -organisationen. Diese Trägerverbände sind die Arbeiterwohlfahrt, der Deutsche Caritasverband, der Deutsche Paritätische Wohlfahrtsverband, das Deutsche Rote Kreuz, das Diakonische Werk der Evangelischen Kirche in Deutschland und die Zentralwohlfahrtsstelle der Juden in Deutschland. Die zu den Trägerverbänden gehörenden Verbände und Einrichtungen fallen

Öffentliche und öffentlich anerkannte Stellen **§ 8 RDG**

ebenfalls unter Nr. 5 (Krenzler/*Schmidt* Rn. 67). Der Begriff der freien Wohlfahrtsverbände ist jedoch auf die in der BAGFW zusammengeschlossenen Spitzenverbände und ihre Einrichtungen beschränkt. Selbsthilfeverbände, Geschädigtenverbände und andere freie Einrichtungen, die nicht den großen Trägern angehören, aber Wohlfahrtsleistungen an Bedürftige erbringen, fallen nicht unter die Vorschrift (*Heinhold* S. 40).

Nunmehr hat der Gesetzgeber die **Rechtsdienstleistungsbefugnis** der 48 Freien Wohlfahrtsverbände **eindeutig geregelt.** Bereits unter Geltung des RBerG wurde die Rechtsberatungsbefugnis der freien Wohlfahrtsverbände bejaht, allerdings mithilfe einer Ableitung aus § 11 Abs. 5 S. 1 SGB XII (§ 8 Abs. 2 S. 2 BSHG aF), wonach der Ratsuchende im Rahmen der Beratung durch den Träger der Sozialhilfe auf die Beratung durch die Wohlfahrtsverbände hingewiesen werden musste. Nach der lex posterior-Regel wurde die Rechtsberatungsbefugnis der Wohlfahrtsverbände aus dem im Verhältnis zum RBerG jüngeren BSHG entnommen (vgl. *Rennen/Caliebe* Art. 1 § 3 Rn. 12). Die Rechtsberatungsbefugnis kirchlicher Wohlfahrtsverbände, wie zB der Caritas, wurde teilweise aus dem öffentlich-rechtlichen Status der sie tragenden Kirchen abgeleitet (*Schulz-Rackoll/Groth* ZRP 1986, 105, 106) und folgt nunmehr bereits aus § 8 Abs. 1 Nr. 2 RDG (Rn. 15).

Der **Aufgaben- und Zuständigkeitsbereich** der Träger der Freien Wohl- 49 fahrtspflege ist nicht auf die Tätigkeit im Rahmen des SGB XII beschränkt, sondern erfasst alle Tätigkeitsbereiche der Wohlfahrtsverbände (BT-Drs. 16/3655, 62). Wie für die Sozialberatung durch den Träger der Sozialhilfe (Rn. 25) gilt, dass die **Beratungszuständigkeit weit auszulegen** ist und sich nicht nur auf rein sozialrechtliche Rechtsangelegenheiten beschränkt. Bei der Beratung kann es erforderlich sein, außer auf Fragen des Sozialrechts auch auf Fragen aus anderen Gebieten (zB des Familien-, Erb- oder Arbeitsrechts) einzugehen, sei es, weil sie den Charakter von Vorfragen haben oder weil die konkrete Sozialhilfeangelegenheit auf sie einwirkt (so auch Krenzler/*Schmidt* Rn. 64 in Anlehnung an *Rennen/Caliebe* Art. 1 § 3 Rn. 11).

2. Anerkannte Träger der Freien Jugendhilfe. Gem. § 75 SGB VIII 50 werden Träger der freien Jugendhilfe anerkannt, wenn sie auf dem Gebiet der Jugendhilfe iSd § 1 SGB VIII tätig sind, gemeinnützige Ziele verfolgen, aufgrund der fachlichen und personellen Voraussetzungen erwarten lassen, dass sie einen nicht unwesentlichen Beitrag zur Erfüllung der Aufgaben der Jugendhilfe zu leisten imstande sind und die Gewähr für eine den Zielen des Grundgesetzes förderliche Arbeit bieten. Wer auf dem Gebiet der Jugendhilfe mindestens drei Jahre tätig gewesen ist, hat einen Anspruch auf Anerkennung als Träger der freien Jugendhilfe. Da die Kirchen und Religionsgemeinschaften des öffentlichen Rechts sowie die auf Bundesebene zusammengeschlossenen Verbände der freien Wohlfahrtspflege bereits anerkannte Träger der freien Jugendhilfe sind, handelt es sich insoweit um eine Auffangvorschrift. Der **Aufgaben- und Zuständigkeitsbereich** der anerkannten Träger der Freien Jugendhilfe ergibt sich aus §§ 17, 18 SGB VIII, so dass für den Umfang ihrer Rechtsdienstleistungsbefugnis das unter Rn. 29 Ausgeführte entsprechend gilt.

RDG § 8 Teil 2 Rechtsdienstleistungen durch nicht registrierte Personen

51 **3. Anerkannte Behindertenverbände.** Während § 13 BGG das Verbandsklagerecht anerkannter Behindertenverbände regelt, folgt die Befugnis solcher Verbände zur Erbringung außergerichtlicher Rechtsdienstleistungen aus § 8 Abs. 1 Nr. 5 RDG. Die **Anerkennung** von Behindertenverbänden durch das BMAS ist in § 13 Abs. 3 S. 1 BGG geregelt. Das Ministerium soll die Anerkennung erteilen, wenn der Verband nach seiner Satzung ideell und nicht nur vorübergehend die Belange behinderter Menschen fördert und nach der Zusammensetzung seiner Mitglieder oder Mitgliedsverbände dazu berufen ist, Interessen behinderter Menschen auf Bundesebene zu vertreten. Zum Zeitpunkt der Anerkennung muss der Verband bereits in einem Zeitraum von drei Jahren für die Belange behinderter Menschen tätig geworden sein und die Gewähr für eine sachgerechte Aufgabenerfüllung bieten. Dabei sind Art und Umfang seiner bisherigen Tätigkeit, der Mitgliederkreis sowie die Leistungsfähigkeit des Vereins zu berücksichtigen. Schließlich muss der Verein wegen der Verfolgung gemeinnütziger Zwecke nach § 5 Abs. 1 Nr. 9 KStG von der Körperschaftssteuer befreit sein.

52 Der **Aufgaben- und Tätigkeitsbereich** anerkannter Behindertenverbände folgt aus dem jeweiligen satzungsgemäßen Aufgabenbereich der Verbände (vgl. § 13 Abs. 2 BGG für die Klagebefugnis). Aus den Anerkennungsvoraussetzungen ergibt sich, dass der satzungsgemäße Aufgabenbereich die Förderung der Belange behinderter Menschen erfasst. Diese Belange sind **weit auszulegen,** da der Gesetzgeber bereits durch die Einführung des Verbandsklagerechts in § 13 BGG zu erkennen gegeben hat, behindertenpolitische Anliegen auch durch Verbände befördern lassen zu wollen (Kossens/von der Heide/Maaß/*Ritz* SGB IX, 3. Aufl. 2009, § 13 BGG Rn. 1). Daher können Behindertenverbände bspw. auch in miet- und familienrechtlichen Anliegen beraten, wenn diese einen auch nur mittelbaren Bezug zur Behinderung des Rechtsuchenden aufweisen. Mangels einer eindeutigen Einschränkung in § 8 Abs. 1 Nr. 5 RDG können Behindertenverbände nicht nur dann Rechtsdienstleistungen erbringen, wenn es sich um Fragen von allgemeiner Bedeutung handelt. Die Behindertenverbände sind jedoch naturgemäß darauf beschränkt, behinderte Menschen zu beraten und zu vertreten.

VI. Anforderungen an die Rechtsdienstleistungsqualität (Abs. 2)

53 § 8 RDG hat nicht den Zweck, die Anforderungen an die Rechtsdienstleistungsbefugnis gegenüber den §§ 6 und 7 RDG herabzusetzen (BT-Drs. 16/3655, 61). Wie diese beiden anderen Erlaubnistatbestände für nicht registrierte Rechtsdienstleister stellt § 8 RDG ebenfalls in seinem Abs. 2 besondere Anforderungen an die Rechtsdienstleistungsqualität. Hier gilt jedoch die Besonderheit, dass die Qualitätsanforderungen **nur für die Rechtsdienstleister nach Abs. 1 Nr. 4 und 5** gelten. Der Grund hierfür liegt darin, dass hinsichtlich der Rechtsdienstleister des Abs. 1 Nr. 1–3 bereits eine ausreichende öffentliche Aufsicht und Kontrolle stattfindet. Die Gerichte und Behörden können die Qualitätsstandards der nach Abs. 1 Nr. 1 bestellten Personen unmittelbar kontrollieren. Gleiches gilt für die Behörden und Körperschaften des öffentlichen Rechts (Abs. 1 Nr. 2). Da die Personen und Stellen nach § 305 InsO (Abs. 1 Nr. 3) einem behördlichen Anerkennungsverfahren unterliegen, in dem die

Befähigung der Person oder Stelle zur Durchführung der Insolvenzberatung konkret geprüft wird, wurden diese ebenfalls von der Verweisung auf § 7 Abs. 2 RDG ausgenommen (BT-Drs. 16/3655, 61).

Bei Verbraucherzentralen und Verbraucherverbänden (Abs. 1 Nr. 4) und **54** den Sozialverbänden (Abs. 1 Nr. 5) findet keine vergleichbare Aufsicht oder Qualitätskontrolle statt. Das Anerkennungsverfahren für Behindertenverbände oder Träger der Freien Jugendhilfe ist nicht mit dem der Personen und Stellen iSd § 305 InsO vergleichbar, da die Anerkennungsvoraussetzungen in den Ausführungsgesetzen der Länder zu § 305 InsO detaillierte Anforderungen zur Ausbildung, Berufserfahrung und zur Zuverlässigkeit enthalten (vgl. nur § 2 AGInsO NRW). Um die Rechtsuchenden vor unqualifizierten Rechtsdienstleistungen im Bereich des § 8 RDG zu bewahren, müssen Rechtsdienstleister der Nr. 4 und 5 die gleichen Anforderungen an die juristische Qualität und Ausstattung erfüllen wie Vereinigungen des § 7 RDG. Insoweit gelten die dort genannten Ausführungen entsprechend (§ 7 RDG Rn. 59 ff.).

VII. Vergütung der Rechtsdienstleistungen

Die Privilegierung durch § 8 RDG bewirkt, dass die genannten Stellen die **55** Rechtsdienstleistungen **entgeltlich** erbringen dürfen. Insbesondere für die in Abs. 1 Nr. 4 und 5 genannten Rechtsdienstleister ist es existenznotwendig, dass sie ihre Dienstleistungen entgeltlich erbringen dürfen, da sie nur teilweise öffentlich gefördert werden und auf die Entgelte angewiesen sind, um ihre Arbeit finanzieren zu können (Krenzler/*Schmidt* Rn. 4).

Da § 8 RDG die Rechtsdienstleistungsbefugnis einer Vielzahl unterschied- **56** lichster Rechtsdienstleister regelt, gelten hinsichtlich Art und Höhe des Entgelts, das für die Dienstleistung verlangt werden kann, keine einheitlichen Vorgaben. Für die Vergütung der in § 8 Abs. 1 S. 1 RDG genannten Rechtsdienstleister gelten meist Sondervorschriften (so zB § 63 InsO iVm der InsVV und § 17 ff. ZwVwV).

Bei der Beurteilung von Art und Höhe des von **Behörden und juristi-** **57** **schen Personen des öffentlichen Rechts** verlangten Entgelts wendet die Rechtsprechung einen anderen Maßstab an als bei entgeltlichen Rechtsdienstleistungen durch Vereinigungen (§ 7 RDG Rn. 50). Zwar dürfen auch die öffentlich-rechtlichen Rechtsdienstleister mit der Erbringung von Rechtsdienstleistungen **keine Gewinnerzielungsabsicht** verfolgen. Doch anders als dies der BGH für privatrechtliche Vereinigungen entschieden hat (BGHZ 15, 315 = NJW 1955, 422), kann nicht bereits aus einer Gebührenordnung, die sich an das **anwaltliche Vergütungsrecht** anlehnt, auf eine solche Gewinnerzielungsabsicht geschlossen werden (OLG Köln GRUR 1987, 377). Denn Körperschaften des öffentlichen Rechts sind infolge ihrer Zugehörigkeit zur öffentlichen Verwaltung anders als private Vereinigungen dem Gemeinwohl verpflichtet. Dies rechtfertigt es nach Ansicht des OLG Köln, hier nicht die strengen Maßstäbe anzulegen, die der BGH auf private Vereinigungen angewandt hat. Die an die Körperschaft gezahlten Gebühren müssen als Rechtsverfolgungskosten erstattet werden (OLG Köln GRUR 1987, 377). Diese Erwägungen sind auf privatrechtliche Organisationsformen, die von der öffentlichen Hand kontrolliert werden, übertragbar.

RDG § 9 Teil 2 Rechtsdienstleistungen durch nicht registrierte Personen

58 Die in **Abs. 1 Nr. 3–5** aufgeführten Rechtsdienstleister müssen sich jedoch hinsichtlich der Entgeltlichkeit ihrer Rechtsdienstleistungen wie die Vereinigungen des § 7 RDG behandeln lassen, so dass ihnen eine auf Gewinnerzielung ausgerichtete Vergütung verwehrt ist (§ 7 RDG Rn. 50). Dies folgt bereits daraus, dass diese Rechtsdienstleister das Kriterium der Gemeinnützigkeit erfüllen müssen oder ihnen eine gewerbliche Tätigkeit verboten ist (so gilt zB für Schuldnerberatungsstellen § 2 Abs. 2 AGInsO NRW).

§ 9 Untersagung von Rechtsdienstleistungen

(1) ¹**Die für den Wohnsitz einer Person oder den Sitz einer Vereinigung zuständige Behörde kann den in den §§ 6, 7 Abs. 1 und § 8 Abs. 1 Nr. 4 und 5 genannten Personen und Vereinigungen die weitere Erbringung von Rechtsdienstleistungen für längstens fünf Jahre untersagen, wenn begründete Tatsachen die Annahme dauerhaft unqualifizierter Rechtsdienstleistungen zum Nachteil der Rechtsuchenden oder des Rechtsverkehrs rechtfertigen.** ²**Das ist insbesondere der Fall, wenn erhebliche Verstöße gegen die Pflichten nach § 6 Abs. 2, § 7 Abs. 2 oder § 8 Abs. 2 vorliegen.**

(2) **Die bestandskräftige Untersagung ist bei der zuständigen Behörde zu registrieren und im Rechtsdienstleistungsregister nach § 16 öffentlich bekanntzumachen.**

(3) **Von der Untersagung bleibt die Befugnis, unentgeltliche Rechtsdienstleistungen innerhalb familiärer, nachbarschaftlicher oder ähnlich enger persönlicher Beziehungen zu erbringen, unberührt.**

A. Allgemeines

1 § 9 RDG bietet die Grundlage für die **hoheitliche Durchsetzung** der Anforderungen an die juristische **Qualität** der Rechtsdienstleistungen, die auf Grundlage der §§ 6–8 RDG erbracht werden. Die in § 9 RDG geregelte Untersagungsmöglichkeit unqualifizierter Rechtsdienstleistungen ist im Zusammenhang mit § 1 Abs. 1 S. 2 RDG zu lesen, wonach Sinn und Zweck des gesamten Gesetzes der Schutz des Rechtsverkehrs und der Rechtsordnung vor unqualifizierten Rechtsdienstleistungen ist (dazu § 1 RDG Rn. 6). Die Erbringung unqualifizierter Rechtsdienstleistungen ist nicht per se verboten, sondern ist so lange erlaubt, wie sie nicht nach § 9 RDG per **Untersagungsverfügung bestandskräftig verboten** wurde (*Sabel* AnwBl. 2007, 816, 820). Die Vorschrift gibt den Landesjustizverwaltungen eine Untersagungsmöglichkeit für die Dauer von längstens fünf Jahren, wenn bekannt wird, dass die in Abs. 1 genannten Rechtsdienstleister unqualifizierte Rechtsdienstleistungen erbringen. Ein Verstoß gegen die Untersagungsverfügung ist eine **Ordnungswidrigkeit** nach § 20 Abs. 1 Nr. 1 RDG und kann mit einer **Geldbuße** von bis zu 50 000 Euro geahndet werden (§ 20 RDG Rn. 36 ff.). Zivil- und wettbewerbsrechtliche Folgen bleiben von der Untersagung unberührt (*Sabel* AnwBl. 2007, 816, 820).

Untersagung von Rechtsdienstleistungen **§ 9 RDG**

Die Behörde ist zum Erlass einer Untersagungsverfügung **nicht ermäch-** 2
tigt, wenn das RDG, wie bei der Beratung im Familien- und Bekanntenkreis
nach § 6 Abs. 1 RDG und bei den Rechtsdienstleistern des § 8 Abs. 1 Nr. 1–3
RDG, **keine besonderen Qualitätsanforderungen** stellt. Gerichtlich oder
behördlich bestellte Personen (§ 8 Abs. 1 Nr. 1 RDG) und Behörden (§ 8
Abs. 1 Nr. 2 RDG) unterliegen bereits der behördlichen Aufsicht durch die be-
stellende oder die übergeordnete Behörde. Die juristische Qualität der anerkannten Stellen nach § 305 Abs. 1 Nr. 1 InsO wird durch das Anerkennungsverfahren gewährleistet (BT-Drs. 16/3655, 62). Im Fall der unentgeltlichen
Rechtsdienstleistung im Familien- und Bekanntenkreis wird eine besondere
Rechtsdienstleistungsqualität vom Gesetzgeber nicht für erforderlich gehalten
(§ 6 RDG Rn. 3). Daher besteht eine grundsätzliche **Untersagungsbefugnis**
der Behörde nur bei unentgeltlichen Rechtsberatungen an einen **unbestimmten Personenkreis (§ 6 Abs. 2 RDG)**, bei der **Vereinsrechtsberatung (§ 7 RDG)** und bei der Rechtsberatung durch **Verbraucherverbände,
Verbraucherzentralen und Wohlfahrtsverbände** (§ 8 Abs. 1 Nr. 4 und 5
RDG).

Art. 1 § 7 S. 2 RBerG iVm §§ 16, 17 1. AVO RBerG enthielt ebenfalls eine 3
Ermächtigungsgrundlage für den Erlass von Untersagungsverfügungen. Allerdings galt sie nur für Vereinigungen, die nach Art. 1 § 7 RBerG zur Rechtsberatung befugt waren, weil für die anderen Rechtsberater wegen der ohnehin bestehenden hoheitlichen Aufsichts- und Einwirkungsmöglichkeiten eine
Untersagungsbefugnis nicht erforderlich erschien (*Rennen/Caliebe* Art. 1 § 7
Rn. 1). Diese Untersagungsmöglichkeit nach dem RBerG war insoweit weiter
gefasst, als sie sich neben der Unzuverlässigkeit der handelnden Personen auch
auf die Fälle, in denen die Rechtsform der Vereinigung zur Umgehung des
Erlaubniszwangs missbraucht wurde, erstreckte (§ 16 Abs. 1 lit. b 1. AVO
RBerG).

Die Untersagungsmöglichkeit nach § 9 RDG erfasst nur den ausdrücklich 4
benannten Fall der grds. **erlaubten, aber unqualifizierten Rechtsdienstleistung.** Sie erstreckt sich nicht auf unerlaubte Rechtsdienstleistungen allgemein. Erfüllt eine Nebenleistung nicht die Voraussetzungen des § 5 RDG oder
wird eine Vereinigung unter Verstoß gegen § 7 RDG außerhalb ihres satzungsmäßigen Aufgabenbereichs tätig, bietet § 9 RDG keine Grundlage für ein behördliches Einschreiten (Gaier/Wolf/Göcken/*Piekenbrock* Rn. 6 f.). **Unerlaubte Rechtsdienstleistungen** können jedoch über das Wettbewerbsrecht
(§§ 4 Nr. 11, 8 Abs. 1 S. 1 UWG) privatrechtlich sanktioniert werden (§ 3
RDG Rn. 59). Der Gesetzgeber selbst geht ausdrücklich davon aus, dass diesen
Formen unerlaubter Rechtsberatung durch wettbewerbsrechtliche Klagen
konkurrierender Rechtsanwälte und Inkassounternehmen ausreichend entgegengewirkt werden kann (BT-Drs. 16/3655, 44).

B. Einzelerläuterung

I. Untersagungsvoraussetzungen

5 **1. Dauerhaft unqualifizierte Rechtsdienstleistungen.** Voraussetzung der Untersagung ist, dass begründete Tatsachen die Annahme dauerhaft unqualifizierter Rechtsdienstleistungen rechtfertigen. Bei der Tatbestandsvoraussetzung der Dauerhaftigkeit handelt es sich um einen **unbestimmten Rechtsbegriff** ohne Entscheidungsspielraum der Behörde, der gerichtlich voll überprüfbar ist. Weder der Wortlaut noch die Gesetzesbegründung liefern eine genaue Umschreibung dessen, wann die Schwelle dauerhaft unqualifizierter Rechtsdienstleistungen erreicht ist. Nach der Gesetzesbegründung reichen hierfür eine einmalige oder auch mehrere auf verschiedene Ursachen beruhende Falschberatungen nicht aus (BT-Drs. 16/3655, 63). Solche vereinzelten Beratungsfehler kämen schließlich auch bei Rechtsanwälten vor. Die Dauerhaftigkeit ist jedoch stets gegeben, wenn mehrere Falschberatungen auf der gleichen Fehlergrundlage erfolgen, wenn also bspw. ein Mieterverein unter Verkennung einer neuen höchstrichterlichen Rechtsprechung oder einer neuen Gesetzeslage in mehreren Fällen dieselbe fehlerhafte Beratung erteilt (vgl. auch Dreyer/Lamm/Müller/*Dreyer/Geißler* Rn. 9 f.).

6 Es ist auch zu berücksichtigen, dass § 9 RDG die Rechtsuchenden vor der Gefahr weiterer zukünftiger Falschberatungen schützen will und daher **präventiven und nicht repressiven Charakter** hat. Daher ist in Anlehnung an den öffentlich-rechtlichen Gefahrenbegriff darauf abzustellen, ob begründete Tatsachen die Prognose zulassen, dass auch in Zukunft die Erbringung unqualifizierter Rechtsdienstleistungen hinreichend wahrscheinlich ist. Dies wird in der Regel dann der Fall sein, wenn die Ursache der Falschberatung systematischer oder organisatorischer Natur ist und **nicht sogleich abgestellt werden kann** (Dreyer/Lamm/Müller/*Dreyer/Geißler* Rn. 10). Erkennt und korrigiert der im vorangegangenen Beispiel bereits genannte Mieterverein seinen Beratungsfehler und lässt dadurch erkennen, dass **in Zukunft eine korrekte Rechtsberatung** erfolgen wird, besteht für eine Untersagung keine Grundlage mehr (ähnlich Krenzler/*Schmidt* Rn. 17). Teilweise wird kritisiert, dass die Behörde die dauerhafte Erbringung unqualifizierter Rechtsdienstleistungen **in der Praxis nie nachweisen können** wird (*Römermann* NJW 2008, 1249, 1253). Doch es ist durchaus wahrscheinlich, dass einerseits konkurrierende Rechtsanwälte und andererseits Verbraucherschutzverbände Fälle dauerhaft unqualifizierter Rechtsdienstleistungen an die zuständige Behörde weitergeben, so dass diese den Nachweis erbringen und einschreiten kann (Dreyer/Lamm/Müller/*Dreyer/Geißler* Rn. 14).

7 **2. Erhebliche Verstöße gegen die vorgeschriebene Ausstattung und Qualifikation.** Nach § 9 Abs. 1 S. 2 RDG ist die Annahme dauerhaft unqualifizierter Rechtsdienstleistungen insbesondere gerechtfertigt, wenn dem Rechtsdienstleister erhebliche Verstöße gegen seine Pflichten zur juristischen Qualität und Ausstattung aus §§ 6 Abs. 2, 7 Abs. 2, 8 Abs. 2 RDG zur Last fallen. Was jedoch die **Kriterien für einen erheblichen Verstoß** sind, ergibt sich weder aus dem Gesetzeswortlaut noch aus der Gesetzesbegründung. Wie bei der Dauerhaftigkeit (Rn. 5) handelt es sich auch bei der Erheblichkeit um einen **unbestimmten Rechtsbegriff,** der der vollen richterlichen Überprüfung unterliegt. Ebenso wie es an der Dauerhaftigkeit unqualifizierter Rechtsdienstleistungen fehlt, wenn nur einzelne Rechtsdienstleistungen fehlerhaft erbracht wurden, ist der Verstoß nicht erheblich, wenn der Rechtsdienstleister nur in einem vereinzelten Fall den Anforderungen nicht nachkommt, bspw. die juristisch qualifizierte Person in einem vereinzelten Fall nicht zur Klärung einer Rechtsfrage zur Verfügung steht. Der Begriff der „Erheblichkeit" erfordert vielmehr einen **systembedingten und dauerhaften Verstoß** (vgl. Dreyer/Lamm/Müller/*Dreyer/Geißler* Rn. 17). So ist nach der Gesetzesbegründung die Dienstleistungserbringung regelmäßig zu untersagen, wenn sich herausstellt, dass keine juristisch qualifizierte Person für die Einweisung der Mitarbeiter oder für Rückfragen zur Verfügung steht (BT-Drs. 16/3655, 63).

Durch die Formulierung „insbesondere" wird klargestellt, dass es sich hierbei um ein **Regelbeispiel** handelt, dessen Vorliegen die Erbringung dauerhaft unqualifizierter Rechtsdienstleistungen indiziert (Krenzler/*Schmidt* Rn. 9 f.). Zwar mag die Entscheidung des Gesetzgebers verwundern, doch da er sich für die Technik des Regelbeispiels und nicht für eine unwiderlegliche Vermutung entschieden hat, kann dieses Indiz in besonderen Ausnahmefällen **widerlegt** werden (aA Kilian/Sabel/vom Stein/*vom Stein* Rn. 528; ihm folgend Dreyer/Lamm/Müller/*Dreyer/Geißler* Rn. 16). Diese Widerlegungsmöglichkeit entspricht auch der gesetzgeberischen Konzeption. Die Anforderungen an die juristische Anleitung und Ausstattung wurden durch den Gesetzgeber selbst dadurch relativiert, dass er je nach Größe des Rechtsdienstleisters und Umfang der Dienstleistungen uU ganz auf diese Anforderungen verzichtet (§ 7 RDG Rn. 63). So kann ein Verstoß gegen diese wenig konkreten Anforderungen naturgemäß keine automatische Untersagungsbefugnis begründen. 8

3. Zum Nachteil des Rechtsuchenden oder des Rechtsverkehrs. 9
Zum Nachteil des Rechtsuchenden erfolgt die unqualifizierte Beratung, wenn dessen Belange gefährdet werden. Dies ist in der Regel bei **jeder fehlerhaften Rechtsberatung** der Fall, weil bei einer fälschlicherweise zu optimistischen Rechtsauskunft der Rechtsuchende uU ein unnötiges Prozessrisiko eingeht und bei einer fälschlicherweise zu negativen Rechtsauskunft oder fehlerhaften Vertretung Rechtspositionen verliert. Aus dem Wortlaut ergibt sich, dass auch in dem Fall, in dem zwar nicht der Rechtsuchende, wohl aber der **Rechtsverkehr** durch die unqualifizierte Beratung gefährdet wird, ebenfalls eine Untersagungsbefugnis besteht. Eine unqualifizierte Beratung gefährdet den Rechtsverkehr, wenn zwar nicht Belange des Rechtsuchenden gefährdet, aber der Gegner, ein Dritter oder die Allgemeinheit negativ von der Tätigkeit des Rechtsdienstleisters betroffen werden. Dies kann durch die Verbreitung unqualifizierter Rechtsinformationen in der Öffentlichkeit geschehen (vgl. Krenzler/ *Schmidt* Rn. 12).

II. Ermessen

Sowohl hinsichtlich der Frage, ob eine Untersagung erfolgen sollte, als auch 10
bezüglich der Dauer der Untersagung gewährt die Vorschrift der Behörde ein

Ermessen. Die Dauer der Untersagung richtet sich nach Schwere und Intensität des Fehlverhaltens, das für die Untersagung ursächlich ist. Die **Ermessensgrenze** für die Dauer der Untersagung beträgt fünf Jahre und ist an § 114 Abs. 1 Nr. 4 BRAO angelehnt. Die Höchstfrist dient dazu, die Person oder Vereinigung nicht dauerhaft zu inkriminieren, und trägt dem Grundsatz der Verhältnismäßigkeit Rechnung (BT-Drs. 16/3655, 63). Daher kommt die Untersagung nur als **ultima ratio** in Betracht. Selbst wenn eine Prognose ergibt, dass auch in Zukunft dauerhaft unqualifizierte Rechtsdienstleistungen erbracht werden, muss dennoch grds. zunächst dieser Umstand gerügt und unter Androhung der Untersagung dem Rechtsdienstleister eine Frist zur Behebung der Mängel gesetzt werden (Grunewald/Römermann/*Müller* Rn. 6; Krenzler/*Schmidt* Rn. 17).

III. Untersagungsverfahren

11 **1. Zuständigkeit.** Gem. § 19 RDG sind die **Landesjustizverwaltungen** für die Untersagung sachlich zuständig. Sie können nach § 19 Abs. 2 RDG jedoch diese Zuständigkeit auf nachgeordnete Behörden übertragen (§ 19 RDG Rn. 1 ff.).

12 **2. Prüfung von Amts wegen.** Erfährt die zuständige Behörde von begründeten Tatsachen, die auf dauerhaft unqualifizierte Rechtsdienstleistungen schließen lassen, muss sie diese von Amts wegen ermitteln. Insoweit gilt das allgemeine Verwaltungsverfahrensrecht und insbesondere der **Untersuchungsgrundsatz** des § 24 VwVfG. Die Behörde muss jedoch nicht sämtliche nicht registrierte Rechtsdienstleister ohne Anhaltspunkte auf die Einhaltung der Anforderungen aus §§ 6 Abs. 2, 7 Abs. 2, 8 Abs. 2 RDG hin überprüfen (BT-Drs. 16/3655, 63). Dies entspricht der Logik des Gesetzes, da eine anhaltslose Qualitätsüberprüfung einer Registrierungspflicht gleichkäme. Teilweise wird angenommen, dass aufgrund der Voraussetzung der Dauerhaftigkeit der unqualifizierten Rechtsdienstleistung die Behörde auf vereinzelte Beschwerden hin nicht tätig werden könne (*Römermann* NJW 2006, 3025, 3030). Die behördliche Aufsicht über die Qualifikation der Rechtsdienstleister wird auch deswegen als unzureichend empfunden, weil die Behörde nur bei erheblichen Verstößen dem Sachverhalt nachgehen müsse (Krenzler/*Schmidt* Rn. 16). Jedoch zwingt die Gesetzesbegründung zu keiner solchen Folgerung. **Auch vereinzelte Anhaltspunkte** können den Verdacht einer dauerhaft unqualifizierten Erbringung von Rechtsdienstleistungen begründen und verpflichten die Behörde, diesen nachzugehen.

13 **3. Rechtsschutz gegen die Untersagung.** Die auf Grundlage von § 9 RDG ergehende Untersagungsverfügung ist ein **Verwaltungsakt,** so dass gegen diese gem. § 42 Abs. 1 Alt. 1 VwGO die **Anfechtungsklage** statthaft ist. Sieht das Landesrecht noch ein Widerspruchsverfahren vor und wurde die Verfügung von einer nachgeordneten Behörde erlassen, muss der Adressat zunächst das Widerspruchsverfahren gem. § 68 ff. VwGO durchführen.

IV. Registrierung und Bekanntmachung der Untersagung (Abs. 2)

Wird die Untersagung nach Ablauf der Widerspruchs- (§ 70 VwGO) bzw. **14** Klagefrist (§§ 74f. VwGO) bestandskräftig, ist sie bei der nach § 19 RDG zuständigen Behörde bzw. der nach Landesrecht zu bestimmenden Behörde zu registrieren. Bis zur **Bestandskraft** der Untersagungsverfügung darf diese jedoch auch dann nicht veröffentlicht werden, wenn sie für **sofort vollziehbar** erklärt wurde (BT-Drs. 16/6634, 52). Die Registrierung hat keine konstitutive, sondern nur eine **deklaratorische Wirkung** und ist daher keine Wirksamkeitsvoraussetzung für die Untersagung (Krenzler/*Schmidt* Rn. 22). Zudem ist die Untersagungsverfügung im Rechtsdienstleistungsregister nach § 16 RDG öffentlich bekanntzumachen. Die Eintragung der Untersagung in das Rechtsdienstleistungsregister hat ausschließlich verbraucherschützende Gründe. In Anbetracht der weitgehenden Freigabe unentgeltlicher Rechtsdienstleistungen kann nur eine **ausreichende Publizität** die Rechtsuchenden vor einer Inanspruchnahme von Einrichtungen schützen, die sich als ungeeignet zur Erteilung von Rechtsrat erwiesen haben. Die Untersagungen sind im Internet unter der Adresse www.rechtsdienstleistungsregister.de abrufbar.

V. Rechtsdienstleistungen im Familien- und Bekanntenkreis (Abs. 3)

Von der Untersagung bleibt nach § 9 Abs. 3 RDG die Befugnis, unentgelt- **15** liche Rechtsdienstleistungen innerhalb familiärer, nachbarschaftlicher oder ähnlich enger persönlicher Beziehungen zu erbringen, unberührt. Da im Bereich familiärer und freundschaftlicher Rechtsdienstleistungen keine Anforderungen an die juristische Anleitung oder Ausstattung gestellt werden und § 9 RDG nur die Qualität der Rechtsdienstleistungen sicherstellen will, ist dieser Ansatz konsequent. Zudem entspricht es dem Willen des Gesetzgebers, den Bereich der Familie und des Bekanntenkreises weitgehend **unreguliert** zu lassen (§ 6 RDG Rn. 26). Der Gesetzgeber geht davon aus, dass der Rechtsuchende, der Rat im Freundes- und Bekanntenkreis sucht, die Risiken mangelnder juristischer Qualifikation bewusst eingeht und daher nicht vor Falschberatung geschützt werden muss. Zudem wäre eine behördliche Untersagung im Bereich zwischenmenschlicher Kontakte kaum praktikabel.

Teil 3 Rechtsdienstleistungen durch registrierte Personen

Vor §§ 10ff.

Im dritten Teil des Gesetzes, der die §§ 10–15b RDG umfasst, ist die Erbrin- **1** gung von **Rechtsdienstleistungen durch registrierte Personen** geregelt. Die **Registrierung** erfolgt im Wege eines **Verwaltungsakts iSv § 35 VwVfG**

RDG   Vor §§ 10 ff.   Teil 3 Rechtsdienstleistungen durch registr. Pers.

und ist **konstitutive Voraussetzung** für die Zulässigkeit der Berufsausübung (vgl. BT-Drs. 16/6634, 52 f.; BT-Drs. 16/3655, 63). Nach dem **ursprünglichen Gesetzesentwurf** sollte demgegenüber die **Eintragung in das Rechtsdienstleistungsregister** konstitutive Wirkung haben, womit der Akt der Publizierung – im Vergleich zur Rechtslage nach dem RBerG – aufgewertet worden wäre (BT-Drs. 16/3655, 63). Von der Einführung der zu diesem Zwecke vorgesehenen elektronischen Registerführung (§ 16 Abs. 3 RDG-E) hat der Gesetzgeber infolge der – aus Kostengründen angestrengten – Intervention des Bundesrats (BT-Drs. 16/3655, 104 f.) Abstand genommen (BT-Drs. 16/3655, 119; BT-Drs. 16/6634, 52 f.). Anstelle der elektronischen Registerführung ist nunmehr in § 16 Abs. 2 RDG die öffentliche Bekanntmachung der durch herkömmlichen Verwaltungsakt erfolgten Registrierung vorgesehen (BT-Drs. 16/6634, 52 f.; siehe auch § 13 RDG Rn. 72; Gaier/Wolf/Göcken/ *Siegmund* Rn. 43). Dabei ist die **Bekanntmachung im Rechtsdienstleistungsregister** nicht als Zulässigkeitsvoraussetzung für die Erbringung der Rechtsdienstleistung konzipiert (**str.**, wie hier § 16 RDG Rn. 7; Gaier/Wolf/ Göcken/*Siegmund* Rn. 43; Grunewald/Römermann/*Franz* § 16 Rn. 5, § 20 Rn. 3; Dreyer/Lamm/Müller/*K. Lamm* § 16 Rn. 11; aA § 13 RDG Rn. 72; Grunewald/Römermann/*Suppé* Rn. 26; Unseld/Degen/*Unseld* § 20 Rn. 3; Henssler/Prütting/*Weth* § 20 Rn. 15; Krenzler/*D. Schmidt* Rn. 62). Als Verwaltungsakt erlangt die Registrierung – nach verwaltungsrechtlichem Maßstab – vielmehr gem. §§ 41 Abs. 1, 43 Abs. 1 VwVfG (allein) mit der Bekanntgabe gegenüber dem Betroffenen Wirksamkeit (Grunewald/Römermann/*Franz* § 16 Rn. 5; Krenzler/*Klees* § 16 Rn. 4; *Köhler* SGb 2009, 441, 449); einer öffentlichen Bekanntmachung bedarf es hierfür nicht. Eine andere Betrachtungsweise erfordert auch Sinn und Zweck des RDG nicht. Dem Schutz des Rechtsuchenden, des Rechtsverkehrs und der Rechtsordnung vor unqualifizierten Rechtsdienstleistungen (§ 1 Abs. 1 S. 2 RDG) ist bereits mit der Registrierung gem. § 10 Abs. 1 RDG Genüge getan (aA § 13 RDG Rn. 72).

2   Eine Registrierung kommt in den in § 10 Abs. 1 RDG abschließend genannten Fällen **aufgrund besonderer Sachkunde** – wozu § 11 Abs. 1–3 RDG iVm §§ 2 ff. RDV nähere Regelungen enthalten – in Betracht. Die hierfür notwendigen Registrierungsvoraussetzungen ergeben sich aus § 12 RDG, während § 13 RDG das Registrierungsverfahren normiert. Aufsichtsmaßnahmen über die registrierten Rechtsdienstleister sind nunmehr in § 13 a RDG vorgesehen, § 14 RDG hat den Widerruf der Registrierung zum Gegenstand und § 15 b RDG enthält eine Bestimmung zur Betriebsschließung bei fehlender Registrierung. Die Voraussetzungen für die Erbringung **vorübergehender Rechtsdienstleistungen** sind in § 15 RDG festgelegt. § 15 a RDG ordnet das Führen einer Bundesstatistik über Verfahren nach §§ 12 Abs. 3 S. 3, 15 RDG an.

3   Der Regelungskomplex betreffend Rechtsdienstleistungen durch registrierte Personen enthält **kein umfassendes berufsrechtliches Pflichtenprogramm,** wie es sich etwa für Rechtsanwälte aus §§ 43 ff. BRAO ergibt. Auf eine Ausweitung der anwaltlichen Berufspflichten auf andere Berufe hat der Gesetzgeber vielmehr bewusst verzichtet, weil er (auch) eine Erosion dieser Berufspflichten verhindern wollte (BT-Drs. 16/3655, 31 f.). Dieser in der Gesetzesbegründung nicht näher ausgeführte Gesichtspunkt ist nicht nachvollziehbar und die mit der in der Gesetzesbegründung gewählten Formulie-

Vor §§ 10 ff. RDG

rung („auch") angedeuteten weiteren Gründe bleiben im Dunkeln (zu der [berechtigten] Kritik bezüglich des Verzichts auf ein mit dem anwaltlichen Berufsrecht vergleichbares Pflichtenprogramm siehe § 14 RDG Rn. 47 ff. und *Henssler/Deckenbrock* DB 2008, 41, 45 f. mwN; *dies.* S. 54; *dies.* DB 2013, 2909, 2916).

Allerdings hat der Gesetzgeber nicht vollständig darauf verzichtet, berufsrechtliche Regelungen zu statuieren. Zunächst, mit dem Gesetz zur Neuregelung des Rechtsberatungsrechts, wurden **drei berufsrechtliche Regelungen** normiert: Als erstes ist die in § 12 Abs. 1 Nr. 3 RDG als Registrierungsvoraussetzung vorgesehene Pflicht zum Abschluss einer **Berufshaftpflichtversicherung** zu nennen (früher konnte die Verpflichtung zum Abschluss einer Berufshaftpflichtversicherung nur zur Auflage gemacht werden, Krenzler/*K.-M. Schmidt* § 12 Rn. 51). Zweitens ergibt sich aus § 4 RDG ein (weit gefasstes) **Tätigkeitsverbot im Falle der Unvereinbarkeit** der Rechtsdienstleistung mit einer anderen Leistungspflicht (zur Reichweite des Tatbestands des § 4 RDG siehe dort Rn. 11 ff.; § 14 RDG Rn. 48) und drittens wurden – für bestimmte Rechtsdienstleistungsbereiche – in § 4 RDGEG **Regelungen zur Vergütung** getroffen. 4

Mit dem Gesetz gegen unseriöse Geschäftspraktiken v. 1. 10. 2013 (BGBl. I S. 3714) wurden weitere, ausschließlich **Inkassounternehmer** treffende berufsrechtliche Regelungen statuiert. So wurde für diese Berufsgruppe in § 4 Abs. 5 RDGEG nF die **Begrenzung der Erstattungsfähigkeit von Inkassokosten** verbunden mit der Verordnungsermächtigung zugunsten des BMJ (jetzt: BMJV), Höchstsätze zu bestimmen, kodifiziert (hierzu siehe § 4 RDGEG Rn. 52 ff.). Darüber hinaus beinhaltet das Gesetz gegen unseriöse Geschäftspraktiken die Regelung des § 11 a RDG, die – wie § 43 d BRAO nF für Rechtsanwälte (hierzu *Härting* AnwBl. 2013, 879, der von der Verfassungswidrigkeit der Regelung ausgeht; kritisch auch Henssler/Prütting/*Kilian* § 43 d Rn. 3 f.; gegen die Einführung der Regelung als systemwidrig und überflüssig sprach sich auch die BRAK aus, vgl. Stellungnahme Nr. 27/2012 und Nr. 5/2013, abrufbar unter www.brak.de) – **Darlegungs- und Informationspflichten bei Inkassodienstleistungen** regelt, allerdings erst am 1. 11. 2014 in Kraft getreten ist. 5

Weitere Rechte und Pflichten sind derzeit im RDG nicht vorgesehen. Ein im Zuge des Gesetzgebungsverfahrens zu dem Gesetz gegen unseriöse Geschäftspraktiken unternommener Vorstoß des Bundesrats, eine (weitere) Regelung zu berufsrechtlichen Pflichten für Inkassodienstleister als § 11b im RDG aufzunehmen, wurde von der Bundesregierung abgelehnt. Der **Vorschlag des Bundesrats** zielte darauf ab, die Redlichkeit, Gewissenhaftigkeit, Ordnungsgemäßheit und Sachlichkeit der Inkassodienstleistung zu statuieren und sah ein Tätigkeitsverbot bei erkennbarem Nichtbestehen der einzuziehenden Forderung sowie ein an § 4 Abs. 5 RDGEG anknüpfendes Gebührenüberschreitungsverbot vor (siehe zu dem Vorschlag und zur Begründung des Bundesrats BT-Drs. 17/13429, 2 f.; im RBerG fand sich in § 1 2. AVO RBerG eine vergleichbare Regelung). Die **Bundesregierung** begründete ihre ablehnende Haltung damit, dass die allgemein gehaltenen Vorschriften zur Gewissenhaftigkeit und zu einem Tätigkeitsverbot bereits aufgrund zivilrechtlicher Anforderungen zu den Pflichten der Inkassodienstleister zählen. Eine – wie vom Bun- 6

RDG Vor §§ 10 ff. Teil 3 Rechtsdienstleistungen durch registr. Pers.

desrat ausgeführt – Konkretisierung und Verschärfung von Verhaltensstandards, die zu einer verbesserten Aufsicht über Inkassodienstleister führen könnte, könne damit nicht erreicht werden (BT-Drs. 17/13429, 16). Ferner sei das Verbot, gegenüber dem Schuldner höhere Inkassokosten geltend zu machen, als es § 4 Abs. 5 RDGEG erlaube, nicht erforderlich, weil sich dieser Regelungsgehalt bereits aus der zitierten Vorschrift ergebe (BT-Drs. 17/13429, 16).

7 Gegenüber der zuletzt genannten Überlegung ist nichts einzuwenden. Soweit es das Tätigkeitsverbot bei erkennbar nicht bestehenden Forderungen betrifft (siehe aber zur Frage der Prüfung des Forderungsbestands im Fall des Mengeninkassos § 10 RDG Rn. 33), ist demgegenüber zu sehen, dass in der bestehenden Systematik eine Sanktion „nur" in Form des Widerrufs der Registrierung nach § 14 Nr. 3 RDG in Betracht kommt, was die Annahme voraussetzt, der Inkassodienstleister werde dauerhaft unqualifizierte Rechtsdienstleistung erbringen. Die Einziehung offensichtlich nicht bestehender bzw. erkennbar zweifelhafter Forderungen ist als unseriöse bzw. rechtswidrige Geschäftspraktik gewiss als unqualifiziert zu bezeichnen (vgl. VG Berlin Urt. v. 25. 8. 2011 – 1 K 5.10, BeckRS 2011, 54856 bei Bestehen von substanziierten Einwendungen; zum Begriff „unqualifiziert" siehe BT-Drs. 163655, 72; § 14 RDG Rn. 37 ff.); allerdings wird regelmäßig erst ein wiederholt festgestellter Verstoß auch den Schluss zulassen, dass dieses unqualifizierte Vorgehen „dauerhaft" zu erwarten ist. Dass eine effektivere Aufsicht unterhalb dieser Schwelle mit der Aufnahme eines solchen Verbots als Berufspflicht und einer entsprechenden Erweiterung des Bußgeldtatbestands als nicht notwendig erachtet wurde, erstaunt insofern, als diese Form des Pflichtverstoßes gravierender erscheint als eine fehlerhafte Erfüllung der in § 11 a RDG geregelten Darlegungs- und Informationspflichten. Hinsichtlich der übrigen Regelungen vermag die Ansicht der Bundesregierung zumindest hinsichtlich der Gewissenhaftigkeit und Sachlichkeit nicht zu überzeugen, da anderenfalls auch die Normierung der entsprechenden anwaltlichen Berufspflichten in §§ 43, 43 a Abs. 3 S. 1 BRAO als überflüssig bezeichnet werden müsste.

8 Wenngleich im RDG keine weiteren, öffentlich-rechtlich sanktionierbaren Berufspflichten bestimmt sind, ist dennoch davon auszugehen, dass die Kardinalpflichten („core values") aus dem anwaltlichen Berufsrecht (vgl. § 43 a BRAO) als **schuldrechtliche Nebenpflichten** (§ 241 Abs. 2 BGB) in das Vertragsverhältnis zwischen Rechtsdienstleister und Mandant hineinzulesen sind (ausführlich hierzu § 14 RDG Rn. 53 ff.)

9 Der Verzicht auf eine umfassende Regulierung der Berufspflichten für Rechtsdienstleister bedeutet nicht zuletzt, dass sie bei der **Werbung** keinen mit § 43 b BRAO vergleichbaren Einschränkungen unterliegen. Allerdings muss sich die Werbung des Rechtsdienstleisters an den Vorschriften des UWG, hier insbesondere dem Irreführungsverbot des § 5 UWG, messen lassen (*Henssler/Deckenbrock* S. 45; *dies.* DB 2013, 2909, 2916). Danach ist der Hinweis auf einen besonderen Bereich der beruflichen Tätigkeit mit „Interessenschwerpunkt" nie zu beanstanden. Die Selbstbezeichnung als „Spezialist" ist zulässig, wenn der Rechtsdienstleister über die entsprechenden Kenntnisse verfügt und tatsächlich als Spezialist auf seinem (Teil-) Gebiet anerkannt ist (näher hierzu *Henssler/Deckenbrock* S. 45 f. und *dies.* DB 2013, 2909, 2916 auch zu der Frage einer größeren Transparenz durch Zertifizierungsmodelle von

Rechtsdienstleistungen aufgrund besonderer Sachkunde § 10 RDG

privaten Berufsverbänden bzw. dem Vorteil einer eigenständigen Registrierungsmöglichkeit zumindest für den Bereich der bAV).

§ 10 Rechtsdienstleistungen aufgrund besonderer Sachkunde

(1) [1]Natürliche und juristische Personen sowie Gesellschaften ohne Rechtspersönlichkeit, die bei der zuständigen Behörde registriert sind (registrierte Personen), dürfen aufgrund besonderer Sachkunde Rechtsdienstleistungen in folgenden Bereichen erbringen:
1. Inkassodienstleistungen (§ 2 Abs. 2 Satz 1),
2. Rentenberatung auf dem Gebiet der gesetzlichen Renten- und Unfallversicherung, des sozialen Entschädigungsrechts, des übrigen Sozialversicherungs- und Schwerbehindertenrechts mit Bezug zu einer gesetzlichen Rente sowie der betrieblichen und berufsständischen Versorgung,
3. Rechtsdienstleistungen in einem ausländischen Recht; ist das ausländische Recht das Recht eines Mitgliedstaates der Europäischen Union, eines anderen Vertragsstaates des Abkommens über den Europäischen Wirtschaftsraum oder der Schweiz, darf auch auf dem Gebiet des Rechts der Europäischen Union und des Rechts des Europäischen Wirtschaftsraums beraten werden.

[2]Das Bundesministerium der Justiz wird ermächtigt, durch Rechtsverordnung mit Zustimmung des Bundesrates Teilbereiche der in Satz 1 genannten Bereiche zu bestimmen.

(2) [1]Die Registrierung erfolgt auf Antrag. [2]Soweit nach Absatz 1 Satz 2 Teilbereiche bestimmt sind, kann der Antrag auf einen oder mehrere dieser Teilbereiche beschränkt werden.

(3) [1]Die Registrierung kann, wenn dies zum Schutz der Rechtsuchenden oder des Rechtsverkehrs erforderlich ist, von Bedingungen abhängig gemacht oder mit Auflagen verbunden werden. [2]Im Bereich der Inkassodienstleistungen soll die Auflage angeordnet werden, fremde Gelder unverzüglich an eine empfangsberechtigte Person weiterzuleiten oder auf ein gesondertes Konto einzuzahlen. [3]Auflagen können jederzeit angeordnet oder geändert werden.

Inhaltsübersicht
	Rn.
A. Registrierungsfähige Rechtsdienstleistungsbereiche (Abs. 1 S. 1 Nr. 1–3)	1
B. Registrierungsfähiger Personenkreis (Abs. 1 S. 1)	7
I. Natürliche Personen	8
II. Juristische Personen und Gesellschaften ohne Rechtspersönlichkeit	9
III. Rechtsdienstleistungen durch Personen aus dem Ausland	15
IV. Registrierungsfähigkeit von (ausländischen und inländischen) Rechtsanwälten und berufliche Zusammenarbeit	17
C. Die einzelnen Rechtsdienstleistungsbereiche (Abs. 1 S. 1 Nr. 1–3)	27
I. Inkassodienstleistungen (Abs. 1 S. 1 Nr. 1)	30

RDG § 10 Teil 3 Rechtsdienstleistungen durch registrierte Personen

	Rn.
1. Außergerichtliche Geltendmachung	33
2. Gerichtliche Geltendmachung	37
3. Vertretung im Insolvenzverfahren	43
II. Rentenberatung (§ 10 Abs. 1 S. 1 Nr. 2 RDG)	46
1. Begriff der Rentenberatung – Reichweite der Beratungsbefugnis und der Befugnis zur außergerichtlichen Vertretung	48
a) Die von § 10 Abs. 1 S. 1 Nr. 2 RDG erfassten Tätigkeitsbereiche	50
b) Nicht von § 10 Abs. 1 S. 1 Nr. 2 RDG erfasste Rechtsgebiete	91
2. Gerichtliche Tätigkeit	99
3. Beratungshilfe	106
4. Vergütung (§ 4 RDGEG)	109
5. Doppelzulassungen und berufliche Zusammenarbeit	110
III. Rechtsdienstleistung in einem ausländischen Recht (Abs. 1 S. 1 Nr. 3)	118
D. Rechtsdienstleistung in Teilbereichen (Abs. 1 S. 2)	123
E. Antragsverfahren, Kosten der Eintragung	124
F. Bedingungen und Auflagen (Abs. 3)	126
I. Anordnung einer Bedingung oder Auflage (Abs. 3 S. 1)	128
II. Änderung einer Bedingung oder Auflage (Abs. 3 S. 3)	133
III. Soll-Auflage für Inkassounternehmer (Abs. 3 S. 2)	135
G. Haftung des Rechtsdienstleisters	141

A. Registrierungsfähige Rechtsdienstleistungsbereiche (Abs. 1 S. 1 Nr. 1–3)

1 In § 10 Abs. 1 S. 1 Nr. 1–3 RDG werden **die registrierungsfähigen Rechtsdienstleistungsbereiche,** nämlich die Inkassodienstleistung, die Rentenberatung und die Rechtsdienstleistungen in einem ausländischen Recht, **abschließend** aufgeführt (BT-Drs. 16/3655, 63).

2 Der Gesetzgeber hat sich für diese drei Rechtsgebiete, die auch unter Geltung des RBerG als Erlaubnistatbestände normiert waren, entschieden, weil sich diese Berufsbilder verfestigt haben und gerade Inkassounternehmen aus dem Wirtschaftsleben nicht wegzudenken sind (BT-Drs. 16/3655, 40f.). Zudem kann auf den Gebieten der Rentenberatung und der Rechtsdienstleistungen in einem ausländischen Recht die anwaltliche Versorgung die Nachfrage der Rechtsuchenden nicht decken, zumal die Tätigkeiten nicht ausschließlich juristischer Natur sind (BT-Drs. 16/3655, 40f.).

3 Die weiteren unter Geltung des RBerG noch als Erlaubnistatbestände vorgesehenen Berufe sollten demgegenüber der Registrierung nicht mehr zugänglich sein. Hinsichtlich der Berufe des **Frachtprüfers** und des **vereidigten Versteigerers** war für den Gesetzgeber der Verlust der Bedeutung dieser Berufsbilder maßgeblich (BT-Drs. 16/3655, 40f. verbunden mit dem Hinweis, dass etwaige Rechtsdienstleistungen als nach § 5 Abs. 1 RDG zulässige Nebenleistung erfolgen können; näher zum Beruf des Frachtprüfers § 5 RDG Rn. 138f.; zur Übergangsregelung siehe § 1 RDGEG Rn. 5). Bezüglich des Berufs des **Versicherungsberaters** kann nicht von einer mangelnden Rele-

Rechtsdienstleistungen aufgrund besonderer Sachkunde § 10 RDG

vanz die Rede sein. Vielmehr räumte der Gesetzgeber hier mit § 34e GewO einer spezialgesetzlichen Regelung den Vorzug gegenüber einer Vorschrift im RDG ein, um spezielle Bereiche einheitlich und im Zusammenhang regeln zu können (BT-Drs. 16/3655, 41; siehe hierzu ausführlich § 2 RDGEG Rn. 2ff.).

Des Weiteren hat der Gesetzgeber die Forderung, **Diplom-Wirtschaftsjuristen** und **Absolventen anderer vergleichbarer juristischer Hochschul- oder Fachhochschulstudiengänge** als außergerichtliche Rechtsdienstleister zuzulassen, zu Recht mit Blick auf den Verbraucherschutz abgelehnt. Andernfalls hätten nichtanwaltliche Rechtsberater trotz geringerer Qualifikationen mit Ausnahme des forensischen Bereichs dieselbe Tätigkeit anbieten können wie Rechtsanwälte und wären dabei nicht einmal dem für Rechtsanwälte geltenden umfassenden berufsrechtlichen Pflichtenprogramm unterworfen gewesen (BT-Drs. 16/3655, 31f. und Einleitung Rn. 32f.; kritisch *Kleine-Cosack* BB 2007, 2637, 2638; zu den Berufspflichten für nach dem RDG registrierte Rechtsdienstleister siehe Vor §§ 10ff. RDG Rn. 4f.). 4

Schließlich hat der Gesetzgeber – unter Hinweis auf das Bestreben nach Entbürokratisierung und Liberalisierung sowie Deregulierungsbestrebungen auf europäischer Ebene im Bereich der Rechtsberufe und der freien Berufe – der Regulierung **beruflicher Tätigkeiten mit gemischtem Charakter,** bei denen die Rechtsdienstleistungen bei der Besorgung anderer Belange nicht wegzudenken sind (bspw. Geschäftsbesorgung aufgrund einer Vorsorgevollmacht und gewerbliche Schuldenregulierung), eine Absage erteilt (BT-Drs. 16/3655, 42). Entscheidend war für den Gesetzgeber insoweit die Überlegung, dass auch in der Vergangenheit kein Bedarf hierfür gesehen wurde. Zudem kommt eine Zulässigkeit der Tätigkeit nach § 5 Abs. 1 RDG, wenn die Rechtsdienstleistung lediglich als Nebenleistung zu qualifizieren ist, in Betracht (BT-Drs. 16/3655, 42: Die dort genannte weitere Form der zulässigen Erbringung der Rechtsdienstleistung nach Maßgabe von § 5 Abs. 3 RDG-E besteht nicht, da diese Vorschrift im Gesetzgebungsverfahren ersatzlos gestrichen wurde.). 5

Trotz der aus § 10 Abs. 1 RDG folgenden Beschränkung der zulässigen Rechtsdienstleistungsbereiche ermöglicht es § 1 Abs. 1 S. 2 RDGEG **Erlaubnisinhabern nach dem RBerG,** die Registrierung nach § 10 RDG zu beantragen. Damit wird der berufsrechtliche Status quo der Alterlaubnisinhaber gewährleistet, womit sie berechtigt sind, unter ihrer bisherigen Berufsbezeichnung Rechtsdienstleistungen in allen Bereichen zu erbringen, auf die sich ihre Alterlaubnis erstreckte (näher hierzu § 1 RDGEG Rn. 6ff. und zur Ausnahme für Versicherungsberater vgl. § 2 RDGEG Rn. 6ff.). 6

B. Registrierungsfähiger Personenkreis (Abs. 1 S. 1)

Nach § 10 Abs. 1 S. 1 RDG können sich natürliche und juristische Personen sowie Gesellschaften ohne Rechtspersönlichkeit registrieren lassen. 7

I. Natürliche Personen

Die Registrierungsfähigkeit von natürlichen Personen unterliegt nach § 10 Abs. 1 S. 1 RDG keinerlei Restriktionen. Allerdings ergeben sich Einschränkungen aus dem Merkmal der persönlichen Eignung iSv § 12 Abs. 1 Nr. 1 8

Rillig

RDG § 10 Teil 3 Rechtsdienstleistungen durch registrierte Personen

RDG (hierzu § 12 RDG Rn. 14 ff.). Dieses setzt etwa voraus, dass der Antragsteller **unbeschränkt geschäftsfähig**, also **volljährig**, sein muss (BT-Drs. 16/3655, 69; Grunewald/Römermann/*Suppé* Rn. 6). Bei **ausländischen Staatsangehörigen** ist bei der Prüfung der persönlichen Eignung das sich ggf. aus dem Ausländerrecht ergebende Erfordernis der Vorlage einer Arbeitsgenehmigung zu beachten (vgl. Grunewald/Römermann/*Suppé* Rn. 1 ff.).

II. Juristische Personen und Gesellschaften ohne Rechtspersönlichkeit

9   Obwohl § 10 Abs. 1 S. 1 RDG auch hinsichtlich der juristischen Personen keine Einschränkung zu entnehmen ist, ist unstreitig, dass nur **juristische Personen des Privatrechts** (die auch nicht von der öffentlichen Hand beherrscht werden) registrierungsfähig sind. Denn nach § 8 Abs. 1 Nr. 2 RDG sind Behörden und juristische Personen des öffentlichen Rechts einschließlich der von ihnen zur Erfüllung ihrer öffentlichen Aufgaben gebildeten Unternehmen und Zusammenschlüsse bereits ohne Registrierung zur Rechtsdienstleistung berechtigt, wenn und solange sich ihre Beratungstätigkeit im Rahmen ihres Aufgaben- und Zuständigkeitsbereichs hält; für eine Registrierung nach § 10 RDG ist damit kein Raum (Dreyer/Lamm/Müller/*K. Lamm* Rn. 19; vgl. auch Grunewald/Römermann/*Suppé* Rn. 7 ff.; Krenzler/ *D. Schmidt* Rn. 8).

10   Zu den **Gesellschaften ohne Rechtspersönlichkeit** zählen – wie sich § 11 Abs. 2 Nr. 1 InsO entnehmen lässt – die OHG, die KG, die PartG und die GbR. Darüber hinaus gehören die Partenreederei sowie die Europäische Wirtschaftliche Interessenvereinigung zu den Gesellschaften ohne Rechtspersönlichkeit; diese spielen allerdings im Rechtsdienstleistungssektor keine Rolle. Die Registrierungsfähigkeit einer Rechtsdienstleistungsgesellschaft in einer dieser Gesellschaftsformen ist – richtet man den Blick auf das anwaltliche Berufsrecht – nicht selbstverständlich. Im **anwaltlichen Berufsrecht** können die BGB-Gesellschaft und die Partnerschaftsgesellschaft als dort einzig in Betracht kommende Personengesellschaften – anders als die Rechtsanwalts-GmbH und die Rechtsanwalts-AG (zur Zulässigkeit der Anwalts-AG siehe Henssler/Prütting/*Henssler* Vor §§ 59 c ff. Rn. 16 ff.) – bis zum heutigen Zeitpunkt nicht Trägerin der Berufszulassung sein (BGH NJW 2012, 461 Rn. 23; NJW 2011, 2301 Rn. 9; Henssler/Streck/*Deckenbrock* M Rn. 23; *ders.* AnwBl. 2012, 723, 726; *ders.* AnwBl. 2014, 118, 119; *Henssler/Deckenbrock* S. 28; *dies.* DB 2013, 2909, 2912; *Posegga* DStR 2013, 547, 548; *Glindemann* AnwBl. 2014, 214). Während den berufsrechtlichen Regelungen der Anwaltschaft weiterhin der Gedanke zugrunde liegt, dass ein Zusammenschluss von Rechtsanwälten nach § 59 a Abs. 1 S. 1 BRAO nicht in Form einer (teil-) rechtsfähigen Gesellschaft möglich ist und damit die Einführung der PartG mWv 1.7.1995 und die Anerkennung der (Teil-) Rechtsfähigkeit der BGB-Gesellschaft mit der Entscheidung des BGH aus dem Jahre 2001 (BGHZ 146, 341 = NJW 2001, 1056) ignoriert wird, ist die im Anwendungsbereich des RDG erfolgte Anerkennung der Registrierungsfähigkeit der genannten Gesellschaftsformen als konsequent zu bezeichnen. Denn auf diese Weise ist gewährleistet, dass die am Markt nach außen auftretende, rechtlich verpflichtete Gesellschaft mit dem Registrierungssubjekt

Rechtsdienstleistungen aufgrund besonderer Sachkunde **§ 10 RDG**

identisch ist. Damit wird der Verbraucher zugleich in die Lage versetzt, sich bei Bedarf jederzeit über die Webseite www.rechtsdienstleistungsregister.de über die Person seines Vertragspartners und dessen Rechtsdienstleistungsbefugnisse zu informieren.

Ausländische juristische Personen des Privatrechts und ausländische Ge- 11
sellschaften ohne Rechtspersönlichkeit sind ebenfalls zulässige Registrierungssubjekte. Wie bei ausländischen natürlichen Personen (siehe oben Rn. 8) sind ggf. aufenthaltsrechtliche Bestimmungen zu beachten (Krenzler/*D. Schmidt* Rn. 10).

Hinsichtlich der **Zulässigkeit und Wirksamkeit der gesellschaftsrecht-** 12
lichen Konstituierung findet seitens der für die Eintragung in das RDG zuständigen Behörde keine Überprüfung statt (Grunewald/Römermann/*Suppé* Rn. 14). So ist insbesondere die Frage, ob die Rechtsdienstleistung in der konkreten Rechtsform ausgeübt werden darf, aus gesellschaftsrechtlicher Sicht zu beantworten (BT-Drs. 16/3655, 63; Krenzler/*D. Schmidt* Rn. 9; Dreyer/Lamm/Müller/*K. Lamm* Rn. 17; *Henssler/Deckenbrock* DB 2008, 41, 45) und dementsprechend bei der ggf. erforderlichen Eintragung in das Handels- oder Partnerschaftsregister zu beachten. Maßgeblich ist insoweit primär, ob die hier in Rede stehenden Berufe als freier Beruf (dann PartG) oder als Gewerbe (dann kommt eine handelsrechtliche Rechtsform in Betracht) zu qualifizieren sind. Daran gemessen kann die Inkassotätigkeit, welche sich als gewerbliche Tätigkeit darstellt, nicht in der Rechtsform der PartG ausgeübt werden (BT-Drs. 16/3655, 63; Krenzler/*D. Schmidt* Rn. 9; Dreyer/Lamm/Müller/*K. Lamm* Rn. 17; *Henssler/Deckenbrock* DB 2008, 41, 45). Anders verhält es sich für Rentenberater und Rechtsdienstleister in einem ausländischen Recht, bei welchen der freiberufliche Charakter des Berufs zu bejahen ist (vgl. zum RBerG *Henssler* PartGG § 1 Rn. 135 [regelmäßig Freiberuflichkeit]; *Rennen/Caliebe* Art. 1 § 1 Rn. 9; zu § 18 Abs. 1 Nr. 1 EStG bejahend FG Schleswig-Holstein Rbeistand 1984, 223f. und FG Nürnberg Rbeistand 1984, 222f.; zu Rentenberatern ausführlich *Henssler/Deckenbrock* S. 26ff.; aA Meissner/*von Holst* Gruppe 7, S. 157, 163; zum RBerG *Chemnitz/Johnigk* Rn. 325f. [bzgl. der nicht verkammerten Rechtsbeistände sei von Gewerblichkeit auszugehen]; offengelassen BFH DStR 1998, 416, 418 zu § 18 Abs. 1 Nr. 1 EStG).

Aus gesellschaftsrechtlicher Sicht ist schließlich auf die mWv 19.7.2013 in 13
Kraft getretene Neuregelung des § 8 Abs. 4 PartGG (BGBl. I S. 2386; BT-Drs. 17/10487 und BT-Drs. 17/13944), mit welcher eine neue Gesellschaftsform, nämlich die **Partnerschaftsgesellschaft mit beschränkter Berufshaftung** eingeführt wurde, hinzuweisen. Dieser Gesellschaftsform können sich die Rechtsdienstleister nach dem RDG jedoch nicht bedienen. Die Partnerschaftsgesellschaft mit beschränkter Berufshaftung ist als Alternative zur englischen LLP gedacht und konzipiert (BT-Drs. 17/10487, 11). Wie die PartG soll auch diese Gesellschaftsform nur Freiberuflern offenstehen (dies kritisierend *Grunewald* ZIP 2012, 1115, 1117; *dies.* NJW 2011, 3767, 3770), weshalb Inkassounternehmer nach dem unter Rn. 12 Gesagten von vornherein als Adressat der Regelung ausscheiden. Aber auch für die freiberuflich tätigen Rentenberater und Rechtsdienstleister in einem ausländischen Recht (siehe hierzu Rn. 12) kommt die Gründung der Partnerschaftsgesellschaft mit beschränkter Berufshaftung nicht in Betracht. Wesensmerkmal der Partnerschaftsgesellschaft

mit beschränkter Berufshaftung ist nach § 8 Abs. 4 PartGG die Beschränkung der Haftung wegen fehlerhafter Berufsausübung auf das Gesellschaftsvermögen, sofern die Partnerschaft eine zu diesem Zweck durch Gesetz vorgegebene Berufshaftpflichtversicherung unterhält (siehe zu der neuen Gesellschaftsform etwa Henssler/Prütting/*Henssler* § 8 PartGG Rn. 54 ff.; *ders.* AnwBl. 2014, 96 ff.; *Hirtz* ZAP Fach 15, 607 ff.; *Ring* WM 2014, 237 ff.; *Römermann* NJW 2013, 2305 ff.; zum RefE *Römermann* AnwBl. 2012, 288 ff.; *ders./Praß* NZG 2012, 601 ff.; *Hellwig* AnwBl. 2012, 345 ff.; *Grunewald* ZIP 2012, 1115 ff.; der Zusatz „mit beschränkter Berufshaftung" bzw. eine Abkürzung dieser Bezeichnung ist nun, anders als im Gesetzesentwurf vorgesehen, nicht als zweite Bedingung der Haftungsbeschränkung ausgestaltet, sondern wird in § 8 Abs. 4 S. 3 PartGG entsprechend der Empfehlung des Rechtsausschusses „nur" angeordnet [BT-Drs. 17/13944, 15]). Nach § 8 Abs. 4 S. 1 PartGG ist nicht entscheidend, dass überhaupt eine Berufshaftpflichtversicherung – wie sie etwa für die registrierten Rechtsdienstleister in § 12 Abs. 1 Nr. 3 RDG vorgesehen ist – besteht. Vielmehr muss durch Gesetz eine speziell auf § 8 Abs. 4 PartGG zugeschnittene Berufshaftpflichtversicherung vorgesehen sein (BT-Drs. 17/10487, 14). Diese Berufshaftpflichtversicherung wird nicht durch das PartGG selbst begründet, sondern ist den jeweiligen Berufsgesetzen vorbehalten (BT-Drs. 17/10487, 14). Für das anwaltliche Berufsrecht wurde eine solche Regelung bereits mit § 51a BRAO geschaffen, während es für das RDG nicht einmal einen entsprechenden Vorschlag gibt. Eine Erklärung für diese Differenzierung bleibt die Gesetzesbegründung schuldig.

14 Letztlich ist darauf hinzuweisen, dass für juristische Personen und Gesellschaften ohne Rechtspersönlichkeit – wenn in ihrem Namen Rechtsdienstleistungen erbracht werden sollen – auch dann die **Pflicht zur Registrierung** besteht, wenn der Gesellschaft bereits eine natürliche Person angehört, die registriert ist (Krenzler/*D. Schmidt* Rn. 7; Grunewald/Römermann/*Suppé* Rn. 21). Die Registrierung einer der Gesellschaft angehörenden Person ist aber nicht erforderlich; ausreichend ist nach § 12 Abs. 4 RDG vielmehr, dass der juristischen Person oder der Gesellschaft ohne Rechtspersönlichkeit eine sog. qualifizierte Person angehört (Krenzler/*D. Schmidt* Rn. 7; zur qualifizierten Person siehe § 12 RDG Rn. 125 ff.).

III. Rechtsdienstleistungen durch Personen aus dem Ausland

15 Personen – gleich welcher Staatsangehörigkeit – die ihre Kenntnisse im Ausland erworben haben, können sich, wenn sie ihre berufliche Qualifikation nach Maßgabe des § 12 RDG iVm §§ 2, 3 RDV nachgewiesen haben, ebenfalls für einen der in § 10 Abs. 1 S. 1 Nr. 1–3 RDG genannten Bereiche registrieren lassen. Für die Registrierung ist eine Niederlassung in Deutschland nicht erforderlich (BT-Drs. 16/3655, 63), so dass sie – selbst wenn sie nicht lediglich vorübergehende Rechtsdienstleistung nach § 15 RDG erbringen – auch aus dem Ausland heraus tätig werden können.

16 In den Fällen **grenzüberschreitender Tätigkeit** stellt sich allerdings die Frage, ob bzw. unter welchen Voraussetzungen der **Anwendungsbereich des RDG** eröffnet ist. Mit dem RDG wurde diese bereits unter Geltung des RBerG bestehende Problematik durch den Gesetzgeber nicht beseitigt (§ 1

Rechtsdienstleistungen aufgrund besonderer Sachkunde **§ 10 RDG**

RDG Rn. 34). Klarheit bringen die Regelungen der §§ 10–15 RDG lediglich insoweit, als die Eröffnung des Anwendungsbereichs – anders als dies unter Geltung des RBerG teilweise vertreten wurde (so OLG Stuttgart NStZ-RR 1997, 117; Henssler/Prütting/*Weth* 2. Aufl., Einl. RBerG Rn. 77; *Chemnitz/Johnigk* Rn. 261) – nicht von dem Vorhandensein einer inländischen Niederlassung abhängig gemacht wird. Abgesehen von der anderenfalls bestehenden Umgehungsgefahr (hieran im Anschluss an die frühere Rspr. anknüpfend BGH NJW 2014, 847 Rn. 13f.) hat der Gesetzgeber der Einrichtung einer Niederlassung offenkundig keine entscheidende Bedeutung beigemessen, wenn er eine Registrierung nach § 10 RDG ohne Niederlassung im Inland ebenso für möglich erachtet (siehe hierzu Rn. 15) wie die Erbringung vorübergehender Rechtsdienstleistungen durch ausländische Rechtsdienstleister nach Maßgabe von § 15 RDG (Krenzler/*Klees* § 20 Rn. 11; vgl. auch § 1 RDG Rn. 37; § 15 RDG Rn. 48 mwN). In welchen Fallkonstellationen aber ein für die Eröffnung des Anwendungsbereichs notwendiger „ausreichender" Inlandsbezug gegeben ist, ist unter Berücksichtigung der Schutzzwecke des RDG zu ermitteln. Diesbezüglich wird auf die ausführliche Darstellung bei § 1 RDG Rn. 32 ff. verwiesen.

IV. Registrierungsfähigkeit von (ausländischen und inländischen) Rechtsanwälten und berufliche Zusammenarbeit

Ausländische Rechtsanwälte haben verschiedene Möglichkeiten, in Deutschland tätig zu werden: Sie können unter den Voraussetzungen der §§ 206, 207 BRAO oder des Gesetzes über die Tätigkeit europäischer Rechtsanwälte in Deutschland (EuRAG) Mitglied der Rechtsanwaltskammer bzw. nach Maßgabe der Vorschriften des EuRAG tätig werden oder sich – insbesondere wenn es um die Beratung im ausländischen Recht geht – nach dem RDG registrieren zu lassen. Dabei steht die Alternative der Registrierung nach dem RDG vollwertig neben den beiden anderen Zugangsmöglichkeiten zum deutschen Rechtsberatungsmarkt (BT-Drs. 16/3655, 65; Kilian/Sabel/vom Stein/ *Kilian* Rn. 170). Das heißt, dass die Registrierung nach dem RDG nicht etwa erst zum Tragen kommt, wenn eine der beiden anderen aufgezeigten Möglichkeiten nicht in Betracht kommt (ausführlich zu der Situation für ausländische Rechtsanwälte Dreyer/Lamm/Müller/*K. Lamm* Rn. 53 ff.). 17

Inländische Rechtsanwälte sind nach § 3 Abs. 1 BRAO die berufenen Vertreter in allen Rechtsangelegenheiten, dürfen also auch in den in § 10 Abs. 1 S. 1 RDG genannten drei Bereichen tätig werden. Damit stellt sich zunächst die Frage, inwieweit eine **zusätzliche Registrierung** nach dem RDG überhaupt **sinnvoll** ist. In Bezug auf den Bereich der Inkassodienstleistung wurden in der Vergangenheit finanzielle Erwägungen angeführt, die die Wahl des Zweitberufs als Inkassounternehmer interessant machen könnten, da sich die Forderungsbeitreibung mit Blick auf die Vergütung – je nach Fallgestaltung – mal aus Sicht des Inkassodienstleisters, mal aus anwaltlicher Sicht attraktiv gestalten ließe (zum RBerG und unter Geltung der BRAGO *Hoechstetter* Rbeistand 2000, 3, 7). Dieser Gesichtspunkt vermochte unter Berücksichtigung der hM zur materiellen Kostenerstattungspflicht nicht (mehr) überzeugen, da auch Inkassokosten nur bis zur Höhe der einem Rechtsanwalt zustehenden Vergütung als erstattungsfähig erachtet wurden (hierzu § 4 RDGEG Rn. 43, 51). 18

Dies wird nun mit der durch das Gesetz gegen unseriöse Geschäftspraktiken eingefügten Regelung des § 4 Abs. 5 S. 1 RDGEG (BGBl. I S. 3714) ausdrücklich festgeschrieben. Erst recht wird das Argument einer möglicherweise finanziell attraktiveren Gestaltung als Inkassounternehmer obsolet, wenn und soweit das BMJ (jetzt: BMJV) von der in der Neuregelung des § 4 Abs. 5 S. 2 RDGEG vorgesehenen Verordnungsermächtigung zur Bestimmung von Inkasso-Höchstsätzen für Inkassodienstleister, die – anders als noch im Gesetzgebungsverfahren vorgesehen (siehe § 4 Abs. 7 RDGEG-RegE, BT-Drs. 17/13057, 6) – nicht auch für Rechtsanwälte gilt, Gebrauch macht. Während der Gebührenaspekt bereits wegen § 4 Abs. 1 und 2 RDGEG für die Rentenberatung keine Rolle spielte und spielt, unterliegen aber Rechtsdienstleister im Bereich des ausländischen Rechts nicht den Schranken der BRAO und des RVG, weshalb ihnen etwa die Vereinbarung eines Erfolgshonorars nie verboten ist (zum grundsätzlichen Verbot eines Erfolgshonorars für die in § 4 Abs. 1 RDGEG genannten Personen siehe § 4 RDGEG Rn. 26ff. und zu der anwaltlichen Regelung siehe Henssler/Prütting/*Kilian* § 49b Rn. 58ff.). Neben diesem lediglich (noch) für die Rechtsdienstleister im Bereich eines ausländischen Rechts geltenden finanziellen Aspekt könnte indes in allen drei Bereichen die Doppelrolle unter Marketing-Gesichtspunkten von Interesse sein. Denn bei zulässiger Doppelrolle müssen auch Bezeichnungen wie bspw. als „Rechtsanwalt und Rentenberater" zulässig sein, womit der Rechtsanwalt die nach § 11 Abs. 4 RDG geschützten Bezeichnungen verwenden könnte. Darüber hinaus könnte ein Rechtsanwalt auf diesem Wege die strengen Anforderungen des § 7 Abs. 1 S. 1 BORA umgehen. Nach § 7 Abs. 1 S. 1 BORA darf ein Rechtsanwalt auf Teilbereiche seiner Tätigkeit nur hinweisen, wenn er entsprechende Kenntnisse nachweisen kann. Den Nachweis im Sinne dieser Vorschrift hat ein Rechtsanwalt allein mit der Registrierung nach dem RDG zweifelsohne noch nicht geführt, während im Bereich des RDG für eine Registrierung gem. §§ 2, 3 RDV wiederum der Nachweis der Befähigung zum Richteramt nach dem DRiG genügt (siehe hierzu eingehend § 2 RDV Rn. 6, 22ff. und § 3 RDV Rn. 6, unter § 2 RDV Rn. 24 insbesondere auch zu der Entscheidung OVG Berlin-Brandenburg Urt. v. 24.10.2013 – OVG 12 B 42.11, BeckRS 2013, 58471, wonach im Bereich des ausländischen Rechts der theoretische Sachkundenachweis nicht mit der Befähigung zum Richteramt nach dem DRiG erbracht sei). Der Vergleich dieser Regelungen miteinander zeigt, dass sie nicht aufeinander abgestimmt sind: Im Anwendungsbereich des RDG kann ein Volljurist die Bezeichnung „Rentenberater" ohne Weiteres erreichen, während er in seiner Funktion als Rechtsanwalt für die Angabe des Teilbereichs „Rentenberatung" weitere Kenntnisse nachweisen muss (zu den vorgenannten Marketingmaßnahmen siehe *Henssler/Deckenbrock* S. 20, 23f.; *dies.* DB 2013, 2909, 2911f., die dieses Ergebnis allerdings de lege lata billigen, de lege ferenda aber Reformbedarf in Bezug auf den Nachweis der Sachkunde für Rentenberater sehen).

19 Sind damit mögliche Beweggründe für eine (zusätzliche) Registrierung von inländischen Rechtsanwälten geklärt, stellt sich die Frage, ob bzw. unter welchen Voraussetzungen diese **zulässig** ist. Diese Fragestellung hat die Gerichte bereits in der Vergangenheit unter Geltung des RBerG beschäftigt und hat – da das RDG keine ausdrückliche Regelung dieses Sachverhalts vorsieht – unverändert Gültigkeit. Aus der Perspektive des anwaltlichen Berufsrechts ent-

Rechtsdienstleistungen aufgrund besonderer Sachkunde **§ 10 RDG**

scheidet sich die Problematik der Ausübung eines Zweitberufs an den Vorschriften der §§ 7 Nr. 8, 14 Nr. 8 BRAO, wonach eine Zulassung nicht in Betracht kommt bzw. diese zu widerrufen ist, wenn der Rechtsanwalt eine mit dem Beruf des Rechtsanwalts unvereinbare Tätigkeit ausübt. Eine vergleichbare **Inkompatibilitätsregelung** enthält das RDG zwar nicht; gleichwohl ist vor der Registrierung zu überprüfen, ob etwaige Zweitberufe strukturelle Interessenkollisionen mit sich bringen, da anderenfalls die persönliche Eignung nach § 12 RDG zu verneinen ist (hierzu § 12 RDG Rn. 26 ff.).

Hinsichtlich der Vereinbarkeit einer Tätigkeit als **Rentenberater** mit der 20 anwaltlichen Tätigkeit bestehen ebenso wenig Bedenken wie bezüglich der Vereinbarkeit der Stellung als Rechtsanwalt und der Tätigkeit eines Rechtsdienstleisters im Bereich eines **ausländischen Rechts.** In Bezug auf **Inkassounternehmen** wurde die Frage der Vereinbarkeit demgegenüber von der früheren Rechtsprechung generell verneint (zum RBerG BGHZ 68, 62 ff. = NJW 1977, 808 f.; VG Darmstadt AnwBl. 1999, 286 f.), wovon die neuere Rechtsprechung Abstand genommen und auf die Umstände des Einzelfalls abgestellt hat (zum RBerG VGH Kassel NJW 2000, 2370 ff.; dagegen *Hoechstetter* RBeistand 2000, 3 ff.).

Ist demnach in allen drei hier in Betracht kommenden Bereichen der 21 Rechtsdienstleistung im Verhältnis zum Anwaltsberuf keine Inkompatibilität anzunehmen, besteht kein Grund, eine Doppelzulassung von vornherein zu untersagen (so aber noch BGH BRAK-Mitt. 1990, 248 f.; BGH NJW 1997, 2824, 2825 ließ offen, ob nach Zulassung zur Rechtsanwaltschaft ein Widerruf der Zulassung nach dem RBerG [hier: Versicherungsberater] zu erfolgen hat bzw. sich die Zulassung als gegenstandslos erweist; in dieser Konstellation einen Widerruf der Rechtsberatungserlaubnis ablehnend VG Regensburg NJW 2000, 1665 f.). Auf der anderen Seite ist aber zu bedenken, dass die Registrierung nach dem RDG nicht dazu dient, lediglich andere bzw. weitere Abrechnungsmöglichkeiten oder eine Umgehung von berufsrechtlichen Vorschriften der Rechtsanwälte zu erreichen oder einen Werbeeffekt zu erzielen. Vor diesem Hintergrund erscheint eine Doppelzulassung ohne jedwede Einschränkung nicht sachgerecht (anders aber BGH NJW-RR 1999, 499 f. für den Fall eines Ausübungsberechtigten einer Rechtsberatungserlaubnis einer Gesellschaft [§§ 45, 46 BRAO treffen ausreichende Regelungen für die Berufsausübung]; VGH Kassel NJW 2000, 2370, 2371 [ebenfalls auf § 45 BRAO abstellend]; OVG Berlin-Brandenburg Urt. v. 24.10.2013 – OVG 12 B 42.11, BeckRS 2013, 58471; *Henssler/Deckenbrock* S. 22 f. und *dies.* DB 2013, 2909, 2911; ebenso bezogen auf Rentenberater Meissner/*von Holst* Gruppe 7, S. 157, 164, der allerdings für eine Klarstellung, welche Tätigkeit als Haupttätigkeit ausgeübt wird, plädiert).

Um eben dieses, nicht mit Sinn und Zweck der Regelungen in Einklang 22 stehende Ergebnis zu verhindern, ist eine Registrierung nach dem RDG nur vorzunehmen, wenn die Registrierung tatsächlich zu einer Erweiterung der Aufgaben und Befugnisse im Sinne eines Zweitberufs führt (vgl. VGH Kassel NJW 2000, 2370, 2371; *Rennen/Caliebe* Art. 1 § 3 Rn. 32 jeweils zum RBerG; demgegenüber sehen *Henssler/Deckenbrock* S. 22 f., ausdrücklich keine Stütze im Gesetz für eine Beschränkung, namentlich für eine organisatorische und räumliche Trennung [hierzu sogleich]; vielmehr würden die ihrer Ansicht nach einzig gegebenen Vorgaben aus den Tätigkeitsverboten der §§ 45, 46 BRAO konterkariert werden). Aufgrund der bestehenden inhaltlichen Überschneidungen zwischen dem Anwaltsberuf einerseits und der Tätigkeit als registrierter Rechtsdienstleister andererseits wird von einem in diesem Sinne verstandenen Zweitberuf nur die Rede sein können, wenn die beiden Tätigkeiten **organisatorisch und räumlich voneinander getrennt** ausgeübt werden (so iErg Krenzler/*D. Schmidt* Rn. 14; Gaier/Wolf/Göcken/*Siegmund* Rn. 41 [hier allerdings nur auf die Einhaltung des Tätigkeitsverbots abstellend], Rn. 81, 81 a, § 12 Rn. 6; Dreyer/Lamm/Müller/*K. Lamm* Rn. 14, wobei hier unklar ist, ob dies auch bei einer Registrierung im ausländischen Recht gilt, während sich Dreyer/Lamm/Müller/*K. Lamm*/*C.-P. Lamm* § 1 RDV Rn. 16, [generell] gegen eine Registrierung der in § 3 StBerG genannten Personen nach § 10 Abs. 1 S. 1 Nr. 3 RDG für den Teilbereich des Steuerrechts aussprechen; zum RBerG *Rennen/Caliebe* Art. 1 § 3 Rn. 32; *Kleine-Cosack* RBerG, Art. 1 § 3 Rn. 10).

23 An diesem Erfordernis ist auch festzuhalten, zieht man in die Überlegung mit ein, dass es einem Rechtsanwalt möglich ist, eine Zulassung als Steuerberater zu erhalten und als „Rechtsanwalt und Steuerberater" aufzutreten (aA *Henssler* auf dem 1. BRBZ-Rechtsberatungskongress in Bezug auf die Doppelzulassung Rechtsanwalt/Rentenberater, zit. nach *Deckenbrock* NZA 2010, 991, 992). Nicht verkannt wird, dass zwischen dem Beruf des Rechtsanwalts und des Steuerberaters inhaltliche Überschneidungen bestehen, ein Rechtsanwalt nach § 3 Nr. 1 StBerG sogar im selben Umfang wie ein Steuerberater tätig werden kann. Auch wenn damit aus der Doppelzulassung als Rechtsanwalt und Steuerberater keine Aufgabenerweiterung folgt, ist diese Situation mit dem Fall der **Doppelzulassung als Rechtsanwalt und registrierter Rechtsdienstleister** bereits aufgrund der Zugangsvoraussetzungen zu den Berufen **nicht vergleichbar.** So genügt nach § 2 Abs. 1 S. 2 RDV zur Registrierung nach § 10 Abs. 1 S. 1 Nr. 1–3 RDG zum Nachweis der theoretischen Sachkunde die Vorlage des Zeugnisses über die erste Prüfung nach § 5d Abs. 2 DRiG und der Nachweis der praktischen Sachkunde ist bereits aufgrund der bestehenden Befähigung zum Richteramt nach dem DRiG geführt (vgl. § 3 Abs. 1 S. 2 RDV; zur Anwendbarkeit der Regelungen auf Rechtsdienstleister nach § 10 Abs. 1 S. 1 Nr. 3 RDG siehe § 2 RDV Rn. 22 ff.). Folglich muss ein Rechtsanwalt vor der Registrierung nach § 10 Abs. 1 S. 1 Nr. 1–3 RDG keinen weitergehenden Befähigungsnachweis führen, als er für die Zulassung als Rechtsanwalt notwendig wäre. Demgegenüber muss ein bereits zugelassener Rechtsanwalt vor einer Zulassung als Steuerberater gem. § 37 StBerG eine gesonderte Prüfung ablegen, wobei die Steuerberaterprüfung nach § 37 Abs. 3 StBerG Themengebiete erfasst, die nicht Gegenstand der staatlichen Pflichtfachprüfung bzw. der zweiten juristischen Staatsprüfung sind (vgl. etwa zum Umfang der Pflichtausbildung in Hessen § 7 JAG Hessen und § 48 Abs. 1 iVm § 29 Abs. 2 Nr. 1–4 JAG Hessen und für Nordrhein-Westfalen § 11 JAG NRW und § 52 JAG NRW). Damit ist die Doppelzulassung als Rechtsanwalt und Steuerberater – anders als eben für den Fall der Doppelzulassung als Rechtsanwalt und registrierter Rechtsdienstleister – nicht auf einen lediglich formalen Vorgang zurückzuführen. Vielmehr muss er in diesem Fall zusätzliche Kompetenzen nachweisen, bevor er unter der weiteren Berufsbezeichnung am Markt

Rechtsdienstleistungen aufgrund besonderer Sachkunde **§ 10 RDG**

auftreten darf. Bei dieser Sachlage kann man bei einer Doppelzulassung als Rechtsanwalt und Steuerberater von vornherein – was zum Ausgangspunkt der Überlegung zur Beschränkung der Doppelzulassung Rechtsanwalt/registrierter Rechtsdienstleister zählte – nicht etwa von einem reinen Werbeeffekt der Doppelzulassung sprechen. Auch die weiteren Gefahren, welchen eine restriktive Doppelzulassung im Bereich des § 10 RDG vorbeugen möchte – namentlich die eingangs erwähnte Umgehung berufsrechtlicher Vorschriften – oder der Abrechnungsmöglichkeiten – sind bei einer Doppelzulassung Rechtsanwalt/Steuerberater nicht zu befürchten. Steuerberater unterliegen vergleichbaren Berufspflichten wie Rechtsanwälte; zudem sind ihre Abrechnungsmöglichkeiten gem. § 64 StBerG iVm § 1 ff. StBVV reglementiert.

Um die Einhaltung der organisatorischen und räumlichen Trennung zu erreichen, ist die Registrierung mit einer entsprechenden **Auflage nach § 10 Abs. 3 RDG** zu versehen bzw. – im Falle einer späteren Zulassung als Rechtsanwalt – nachträglich zu verhängen (vgl. Krenzler/*D. Schmidt* Rn. 14, die eine Auflage aber nicht als zwingend erachtet [„kann"]). Bei einem Verstoß gegen diese „Trennungsauflage" droht dem Rechtsanwalt als Rechtsdienstleister gem. § 20 Abs. 1 Nr. 3 RDG nF ein Bußgeld (hierzu § 20 RDG Rn. 46 ff.) oder der Widerruf der Registrierung gem. § 14 RDG (zum Widerruf im Falle eines Auflagenverstoßes siehe § 14 RDG Rn. 43 f.), während er Sanktionen aus anwaltsrechtlicher Sicht – da kein Verstoß gegen Vorschriften der Berufsordnung vorliegt – wohl nicht zu fürchten braucht. Anzumerken ist schließlich, dass ein Doppelberufler, der – ggf. auch unter Verstoß gegen die „Trennungsauflage" – seinen Status als Rechtsanwalt in Anspruch nimmt, stets dem anwaltlichen Pflichtenprogramm unterliegt. **24**

Anknüpfend an das zuvor Gesagte zur Ausübung eines Zweitberufs liegt die Frage nahe, ob sich ein Rechtsdienstleister mit einem Rechtsanwalt zur gemeinsamen Berufsausübung im Sinne einer **Sozietät** zusammenschließen kann. Das RDG stellt insoweit abermals keine berufsrechtlichen Regelungen auf. Jedoch wird durch die Regelung des § 59a Abs. 1 BRAO, die eine abschließende Aufzählung der sozietätsfähigen Berufe enthält (BGH NJW 2013, 2674 Rn. 26 ff. [mit diesem Beschluss hat der BGH nach Art. 100 GG die Frage der Vereinbarkeit dieser Regelung mit Art. 3 Abs. 1, 9 Abs. 1 und 12 Abs. 1 GG dem BVerfG vorgelegt]; Henssler/Prütting/*Hartung* § 59a Rn. 28), ein solcher interprofessioneller Zusammenschluss von vornherein untersagt (zu der im Gesetzesentwurf zur Neuregelung des Rechtsberatungsrechts noch vorgesehenen Erweiterung des sozietätsfähigen Personenkreises siehe *Pelzer* Die Sozietät im Sinne der BRAO unter besonderer Berücksichtigung der Beteiligung von Berufsfremden, 2008, S. 88 ff.); dasselbe gilt gem. § 59a Abs. 3 BRAO für die Bürogemeinschaft. **25**

Zu weiteren Fragen eines Zusammenschlusses von Rechtsdienstleistern nach dem RDG untereinander oder mit Berufsangehörigen anderer Professionen in einer Sozietät, in einer Bürogemeinschaft oder in sonstigen Kooperationen siehe § 12 RDG Rn. 36 f. und ausführlich hierzu in Bezug auf Rentenberater *Henssler/Deckenbrock* S. 26 ff. und DB 2013, 2909, 2913 ff. **26**

C. Die einzelnen Rechtsdienstleistungsbereiche (Abs. 1 S. 1 Nr. 1–3)

27 Mit der Vorschrift des § 10 Abs. 1 S. 1 RDG wird nicht nur die Möglichkeit zur Registrierung in den in den Nr. 1–3 genannten Rechtsdienstleistungsbereichen eröffnet. Hieraus folgt vielmehr zugleich die grundsätzliche Pflicht zur Registrierung, sofern ein Tätigwerden in eben diesen Rechtsdienstleistungsbereichen geplant ist.

28 Die **Pflicht zur Registrierung** setzt voraus, dass das Angebot des Dienstleisters Rechtsdienstleistungen iSd RDG umfasst. Inkassodienstleistungen iSv § 2 Abs. 2 S. 1 RDG sind stets als Rechtsdienstleistung zu werten (siehe hierzu § 2 RDG Rn. 67 ff. und zur Zulässigkeit der Forderungseinziehung als Nebendienstleistung § 5 RDG Rn. 61; zur Abgrenzung von Haupt- und Nebenleistung vgl. auch BGH NJW 2013, 59 Rn. 22 f.; *Henssler/Michel* EWiR 2013, 87 f.). Im Übrigen ist die Frage, ob die erbrachte Dienstleistung als Rechtsdienstleistung zu qualifizieren ist, nach Maßgabe von § 2 Abs. 1 RDG zu beurteilen (dazu im Einzelnen § 2 RDG Rn. 15 ff.). Liegt gemessen an § 2 Abs. 1 RDG eine Rechtsdienstleistung vor, ist diese jedoch **erlaubnisfrei,** wenn eine **Befugnisnorm nach §§ 5–8 RDG** eingreift (Henssler/Prütting/*Weth* § 20 RDG Rn. 13; vgl. auch Dreyer/Lamm/Müller/*K. Lamm/E.Dreyer* § 20 Rn. 11; Kilian/Sabel/vom Stein/*Kilian* Rn. 130). So ist nach § 5 RDG eine als Nebenleistung erbrachte Rechtsdienstleistung und gem. § 6 RDG die unentgeltliche Rechtsdienstleistung erlaubnisfrei zulässig; zudem dürfen nach § 7 RDG Berufs- und Interessenvereinigungen sowie Genossenschaften bzw. nach § 8 RDG öffentliche und öffentlich anerkannte Stellen Rechtsdienstleistungen, die sich in ihrem Aufgaben- bzw. Zuständigkeitsbereich halten, ohne Registrierung erbringen.

29 Die **Möglichkeit zur Registrierung** in einem der genannten Rechtsdienstleistungsbereiche besteht demgegenüber unabhängig davon, ob die geplante Dienstleistung als Rechtsdienstleistung zu qualifizieren oder gem. §§ 5–8 RDG erlaubnisfrei zulässig ist (aA wohl Grunewald/Römermann/ *Suppé* Rn. 39 hinsichtlich des Erreichens des Erheblichkeitsvorbehalts in § 2 RDG). Denn im Registrierungsverfahren spielt der geplante Umfang der Tätigkeit keine Rolle. In § 12 RDG, der die Registrierungsvoraussetzungen regelt, ist nämlich gerade nicht die Darlegung des geplanten Tätigkeitsfelds als Voraussetzung statuiert. Es wäre auch weder erforderlich noch angemessen, den Antragsteller hinsichtlich der Frage, ob es sich (noch) um eine Nebenleistung handelt, im Einzelfall auf die Prüfung der Voraussetzungen der §§ 2 Abs. 1, 5 Abs. 1 RDG zu verweisen, wenn er die Registrierungsvoraussetzungen erfüllt. Da eine Darlegung der avisierten Tätigkeit nicht gefordert wird, könnte eine Registrierung sogar zu einem Zeitpunkt erfolgen, in dem die konkrete Aufnahme der Tätigkeit noch nicht geplant ist (in diese Richtung auch Gaier/Wolf/Göcken/*Siegmund* § 12 Rn. 3, allerdings von dem Angebot einer geschäftsmäßigen, aber nicht nebenberuflichen Tätigkeit ausgehend). Auch könnte – im Unterschied zum Rechtszustand unter Geltung des RBerG (vgl. § 14 1. AVO) – die vollständige Untätigkeit über einen längeren Zeitraum als

Rechtsdienstleistungen aufgrund besonderer Sachkunde **§ 10 RDG**

solche einen Widerruf der Registrierung nicht rechtfertigen (siehe hierzu § 14 RDG Rn. 63).

I. Inkassodienstleistungen (Abs. 1 S. 1 Nr. 1)

§ 10 Abs. 1 S. 1 Nr. 1 RDG knüpft an die Legaldefinition des Inkassobegriffs in § 2 Abs. 2 S. 1 RDG an, womit die Einziehung fremder oder zum Zwecke der Einziehung auf fremde Rechnung abgetretener Forderungen unabhängig vom Vorliegen der Voraussetzungen des § 2 Abs. 1 RDG der Registrierungspflicht untersteht, wenn die Forderungseinziehung als eigenständiges Geschäft betrieben wird. 30

Hinsichtlich der **Einzelheiten des Inkassobegriffs** sei auf § 2 RDG Rn. 71 ff. und bezüglich **berufsrechtlicher Regelungen** für Inkassounternehmer auf die Kommentierung Vor §§ 10 ff. RDG Rn. 4 ff. verwiesen. Im Folgenden stehen daher nur der Tätigkeitsumfang bzw. die Befugnisse von registrierten Inkassounternehmern im Fokus. 31

Entsprechend dem in § 1 Abs. 1 RDG definierten Anwendungsbereich beschränken sich die Befugnisse des Inkassodienstleisters unter Anwendung des RDG (zunächst) lediglich auf die **außergerichtliche Geltendmachung** der Forderungen (Rn. 33 ff.). Die Befugnisse zur **gerichtlichen Geltendmachung** der Forderungen (Rn. 37 ff.) einschließlich dem Tätigwerden im **Mahn- und Vollstreckungsverfahren** (Rn. 40 f.) bzw. im **Insolvenzverfahren** (Rn. 43 f.) ergeben sich aus den jeweiligen Verfahrensordnungen (siehe auch Anh. § 1 RDG Rn. 8 ff.). 32

1. Außergerichtliche Geltendmachung. Bei der außergerichtlichen Geltendmachung von Forderungen erstrecken sich die **Befugnisse** des Inkassodienstleisters über die reine Mahn- und Beitreibungstätigkeit hinaus auch auf die **Prüfung des Bestands der Forderung** einschließlich der Prüfung etwaiger Einwendungen des Schuldners. Die Kompetenz zur Prüfung des Bestands der Forderung lässt sich bereits der Tatsache entnehmen, dass die Inkassodienstleistung nach der gesetzgeberischen Konzeption des § 2 Abs. 2 S. 1 RDG stets als Rechtsdienstleistung zu qualifizieren ist (Krenzler/*Offermann-Burckart* § 2 Rn. 124; Kilian/Sabel/vom Stein/*Kilian* Rn. 133; zur früheren Rechtslage ebenso BVerfG NJW 2002, 1190, 1191 f.; anders noch BGH NJW-RR 2001, 1420, 1421). Fraglich ist indes, ob aus der Qualifikation als Rechtsdienstleistung eine **Prüfungspflicht** für den Inkassodienstleister bezüglich jeder einzelnen von ihm beizutreibenden Forderung folgt (so wohl Kilian/Sabel/vom Stein/*Kilian* Rn. 133, der darauf abstellt, dass Rechtsdienstleistungen „stets eine besondere rechtliche Prüfung des Einzelfalls" beinhalten). Wäre diese Frage zu bejahen, würde sich das in vielen Branchen betriebene sog. **Massen- bzw. Mengeninkasso** als unzulässig darstellen, da hier eine Einzelfallprüfung praktisch nicht durchführbar ist (vgl. VG Berlin Urt. v. 25.8.2011 – 1 K 5.10, BeckRS 2011, 54856). Der Gesetzgeber hat bei der Neuregelung des Rechtsberatungsrechts in Bezug auf § 2 Abs. 2 RDG jedoch klargestellt, dass „nicht jede Einziehung fremder oder zu Einziehungszwecken abgetretener Forderungen [...] eine besondere Rechtsprüfung im Sinn von Absatz 1 voraus[setzt]. Gleichwohl wird [...] eine Regulierung des gesamten Inkassogeschäfts, unabhängig vom Vorliegen einer rechtlichen Prüfung im Einzelfall, für erforderlich gehalten." (BT-Drs. 16/ 33

3655, 48; die Formulierung „besondere" in der Gesetzesbegründung knüpft an den noch im RegE vorgesehenen Wortlaut der Regelung an, VG Berlin Urt. v. 25.8.2011 – 1 K 5.10, BeckRS 2011, 54856; Krenzler/*Offermann-Burckart* § 2 Rn. 74 Fn. 72, 37). Dies ist ein eindeutiges Votum des Gesetzgebers gegen eine Prüfungspflicht in jedem Einzelfall (vgl. VG Berlin Urt. v. 25.8.2011 – 1 K 5.10, BeckRS 2011, 54856; Krenzler/*Offermann-Burckart* § 2 Rn. 74; *Vierkötter* ZAP Fach 23 S. 933, 934, 935). Damit ist es einem Inkassodienstleister zwar nicht gestattet, erkennbar nicht bestehende bzw. erkennbar zweifelhafte Forderungen geltend zu machen (vgl. VG Berlin Urt. v. 25.8.2011 – 1 K 5.10, BeckRS 2011, 54856; siehe auch Rn. 7 und § 14 RDG Rn. 39); allerdings ist es – wenn man eine generelle Prüfungspflicht verneint – nicht zu beanstanden, wenn der Inkassodienstleister Forderungen geltend macht, obwohl er damit rechnen muss, dass diese nicht bestehen (für das anwaltliche Masseninkasso AGH Hamm Urt. v. 7.1.2011 – 2 AGH 48/10, BeckRS 2011, 72255, wobei das Gericht trotz dieser Aussage von einer nicht gewissenhaften Berufsausübung iSv § 43 BRAO ausging, weil der Rechtsanwalt den doppelten Verzugsschaden [für einen zuvor eingeschalteten Inkassounternehmer und für sich selbst] geltend machte, und zwar ohne vorangegangene Prüfung des Anspruchsgrunds im Einzelfall und ohne Prüfung der Erforderlichkeit sowie Zweckmäßigkeit der doppelten Beauftragung von Inkassounternehmen und Rechtsanwalt; der Entscheidung zustimmend *Zuck* BRAK-Mitt. 2013, 58ff.; dagegen *Wedel* AnwBl. 2011, 753f. und *Kleine-Cosack* NJW 2011, 2251ff.).

34 Dieser Grundsatz hat mit dem Inkrafttreten der Neuregelung des § 11a RDG zum 1.11.2014 eine **Einschränkung** erfahren. Denn mit den aus § 11a Abs. 1 Nr. 3 RDG nF resultierenden Vorgaben zur Darlegung der geltend gemachten **Zinsforderung** bezweckte der Gesetzgeber gerade eine **Schlüssigkeitsprüfung** seitens der Inkassodienstleister (BT-Drs. 17/13057, 18; § 11a RDG Rn. 31). Dass der Gesetzgeber nunmehr insgesamt, also auch bezogen auf die **Hauptforderung,** eine Prüfungspflicht einführen wollte, kann demgegenüber nicht angenommen werden. Abgesehen davon, dass angesichts des klaren Standpunkts zur Prüfungspflicht im Einzelfall im Rahmen der Neuregelung des Rechtsberatungsrechts (siehe oben Rn. 33) eine deutliche Stellungnahme bzw. eine explizite Regelung zu erwarten gewesen wäre, wäre die Durchführung des Masseninkassos – wie zuvor ausgeführt – bei Annahme einer generellen Prüfungspflicht faktisch ausgeschlossen. Von der Abschaffung des Masseninkassos geht der Gesetzgeber aber offenbar selbst nicht aus, wenn etwa die Erhöhung des Bußgeldrahmens mit Blick auf das Masseninkasso betreibende Unternehmen erfolgte (BT-Drs. 17/13057, 21).

35 In diesem Licht ist schließlich die Äußerung des Gesetzgebers in der Begründung zu dem Gesetz gegen unseriöse Geschäftspraktiken zu sehen, wonach eine Auflage für Inkassodienstleister zwecks Nachweises der Durchführung von Schlüssigkeitsprüfungen in Betracht kommt (vgl. BT-Drs. 17/13057, 20). Da eine Pflicht zur Schlüssigkeitsprüfung nur in Bezug auf die Zinsforderung besteht, kann allenfalls insoweit eine **Auflage iSv § 10 Abs. 3 RDG** angeordnet werden. Wengleich dies dem eindeutigen gesetzgeberischen Willen entspricht und daher als zulässig erachtet werden muss, ist die Anordnung einer solchen Auflage nicht unbedenklich. Denn eine entsprechend formulierte Auflage kann nur den **gesetzlichen Status quo,** nämlich

Rechtsdienstleistungen aufgrund besonderer Sachkunde **§ 10 RDG**

die Verpflichtung aus § 11 a Abs. 1 Nr. 3 RDG nF, wiederholen. Wie generell bei einer Auflage, die anordnet, Darlegungs- und Informationspflichten gem. § 11 a RDG einzuhalten oder das Gebot, eine konkret bezeichnete unseriöse Geschäftspraxis zu unterlassen, zum Gegenstand hat, läuft dies der Rechtsklarheit sowie der Rechtssicherheit zuwider und kommt – wenn dies eine Reaktion auf ein erstes Fehlverhalten des Rechtsdienstleisters ist – einer gesetzlich nicht (mehr) vorgesehenen Rüge nahe (näher hierzu siehe § 20 RDG Rn. 15).

Im Rahmen seiner außergerichtlichen Tätigkeit ist es dem Inkassodienst- 36 leister nicht verwehrt, sich – auch nach Einleitung des gerichtlichen Streitverfahrens (unter Einschaltung eines Rechtsanwalts) – **unmittelbar mit dem Schuldner** bezüglich etwaiger Einwendungen **auseinander zu setzen** (Gaier/Wolf/Göcken/*Siegmund* Rn. 57; Kilian/Sabel/vom Stein/*Kilian* Rn. 134; *Nöker* KammerForum RAK Köln 2012, 12, 14; zum RBerG BVerfG NJW-RR 2004, 1570, 1571 f.; aA zum RBerG *Chemnitz/Johnigk* Rn. 258 mwN). Die hiermit einhergehenden rechtlichen Ausführungen gegenüber dem Schuldner sind nicht als Rechtsrat – und damit verbotene Rechtsdienstleistung – diesem gegenüber, sondern allein als Rechtsdienstleistung gegenüber dem Auftraggeber zu qualifizieren (Krenzler/*Offermann-Burckart* § 2 Rn. 125; Kilian/Sabel/vom Stein/*Kilian* Rn. 134). Dieser Befugnisrahmen im außergerichtlichen Bereich wird schließlich durch die – ebenfalls neu geregelten – prozessrechtlichen Vertretungsvorschriften bestätigt. So lässt insbesondere die nunmehr vorgesehene Möglichkeit für Inkassounternehmer, stets als Partei eines Rechtsstreits aufzutreten (siehe Rn. 38), erkennen, dass eine rechtliche Auseinandersetzung im Verhältnis zwischen Inkassounternehmer und Schuldner im Gesamtkonzept des neuen Rechtsdienstleistungsrechts als unbedenklich einzustufen ist.

2. Gerichtliche Geltendmachung. Die Befugnis zur **gerichtlichen** 37 **Geltendmachung** und ihre Reichweite werden nunmehr von **§ 79 Abs. 1 S. 2 ZPO** (gleichlautend § 11 Abs. 1 S. 2 ArbGG für das arbeitsgerichtliche Verfahren) und **§ 79 Abs. 2 S. 2 Nr. 4 ZPO** geregelt. Mit diesen Regelungen wird Inkassounternehmern in weitergehendem Umfang als unter Geltung des RBerG die gerichtliche Geltendmachung ermöglicht (siehe hierzu auch Anh. § 1 RDG Rn. 8 ff. und 14 ff. sowie zum Hintergrund der Neuordnung der prozessrechtlichen Vorschriften Anh. § 1 RDG Rn. 1). Außerdem wird mit **§ 79 Abs. 2 S. 3 ZPO** (gleichlautend in sämtlichen weiteren Verfahrensordnungen) die Vertretungsbefugnis nicht mehr auf natürliche Personen begrenzt (*Sabel* AnwBl. 2007, 816, 821). Vielmehr ist das Inkassounternehmen, gleich in welcher Rechtsform es betrieben wird (zur Registrierungsfähigkeit von juristischen Personen und Gesellschaften ohne Rechtspersönlichkeit siehe oben Rn. 9 ff.), selbst die vertretungsberechtigte Person, die wiederum durch ihre Organe und durch mit der Prozessvertretung beauftragte Vertreter handelt.

Ausgangspunkt bei der Bestimmung des Umfangs der Vertretungsbefugnis 38 ist die Vorschrift des § 79 Abs. 1 S. 1 ZPO, die regelt, dass Parteien eines Rechtsstreits – sofern kein Anwaltszwang nach § 78 ZPO besteht – sich selbst vertreten können. Dieser **Grundsatz des Selbstvertretungsrechts** wird für Inkassounternehmer nach § 79 Abs. 1 S. 2 ZPO insoweit eingeschränkt, als sie

RDG § 10 Teil 3 Rechtsdienstleistungen durch registrierte Personen

in Fällen der Geltendmachung der Forderung im Wege der **Inkassozession oder Einziehungsermächtigung** zur Rechtsverfolgung grds. (zu den Rückausnahmen siehe Rn. 39) einen Rechtsanwalt einschalten müssen. Damit ist zum einen klargestellt, dass Inkassounternehmer – was im Anwendungsbereich des RBerG nicht unstreitig war (zum Streitstand siehe *Chemnitz/Johnigk* Rn. 259) – stets als Partei im gerichtlichen Verfahren auftreten dürfen (so schon zum RBerG die Rechtsprechung, siehe BGH NJW 1996, 393; BT-Drs. 16/3655, 86). Zum anderen ist der Regelung zu entnehmen, dass die Einschränkung des Grundsatzes, den Rechtsstreit selbst zu führen, nur für die echten Einziehungsfälle gilt, folglich also der Grundsatz des Selbstvertretungsrechts in Fällen, in denen die Geltendmachung von Forderungen aufgrund einer **Vollabtretung oder einer Sicherungsabtretung** (nach Eintritt des Sicherungsfalls) erfolgt, nicht berührt wird (BT-Drs. 16/3655, 86f.; siehe auch Anh. § 1 RDG Rn. 17). Da der Inkassounternehmer in diesen Fallkonstellationen lediglich eigene wirtschaftliche Interessen verfolgt, hielt der Gesetzgeber – in Abkehr zu der früher herrschenden Meinung (vgl. BGH NJW-RR 2001, 1420, 1421; NJW 1994, 997, 998f.) – eine Einschränkung des Rechts, den Prozess selbst zu führen, nicht mehr für gerechtfertigt (BT-Drs. 16/3655, 86f.; siehe auch Anh. § 1 RDG Rn. 17; zur Nichtanwendbarkeit des RDG bei einem Forderungskauf siehe § 2 RDG Rn. 75ff. und im Fall der Sicherungszession § 2 RDG Rn. 73).

39 **Rückausnahmen** vom Anwaltszwang für den Fall der Geltendmachung von fremden Forderungen ergeben sich aus § 79 Abs. 1 S. 2, Abs. 2 S. 2 Nr. 4 ZPO. Danach sind registrierte Inkassodienstleister nach § 10 Abs. 1 S. 1 Nr. 1 RDG stets berechtigt
– im Mahnverfahren bis zur Abgabe an das Streitgericht und
– bei Vollstreckungsanträgen im Verfahren der Zwangsvollstreckung in das bewegliche Vermögen wegen Geldforderungen einschließlich des Verfahrens zur Abnahme der eidesstattlichen Versicherung und des Antrags auf Erlass eines Haftbefehls tätig zu werden, jeweils mit Ausnahme von Verfahrenshandlungen, die ein streitiges Verfahren einleiten oder innerhalb eines streitigen Verfahrens vorzunehmen sind.

Soweit die Regelung des § 79 Abs. 2 S. 2 Nr. 4 ZPO noch auf das „Verfahren zur Abnahme der eidesstattlichen Versicherung" abstellt, blieben die im Gesetz zur Reform der Sachaufklärung in der Zwangsvollstreckung v. 29.7.2009 (BGBl. I S. 2258) vorgesehenen und mWv 1.1.2013 in Kraft getretenen Änderungen unberücksichtigt. Nach Änderung der zwangsvollstreckungsrechtlichen Regelungen findet das Verfahren zur Abnahme der eidesstattlichen Versicherung nunmehr seine Entsprechung in der Vorschrift des § 802f ZPO, welche das Verfahren zur Abnahme der Vermögensauskunft regelt. Bis zu einer Änderung von § 79 Abs. 2 S. 2 Nr. 4 ZPO werden sich registrierte Inkassodienstleister im Zusammenhang mit der Abnahme der Vermögensauskunft auf eine entsprechende Anwendung der Regelung berufen müssen.

40 Die Vertretung im **gerichtlichen Mahnverfahren** durch den Inkassodienstleister ist ein Novum. Der Grund für die Erstreckung des Tätigkeitsfelds des Inkassounternehmers auf das gerichtliche Mahnverfahren sieht der Gesetzgeber darin, dass es sich insbesondere bei der Beantragung von Mahn- und Vollstreckungsbescheiden um weitgehend automatisierte Tätigkeiten handelt, für

Rechtsdienstleistungen aufgrund besonderer Sachkunde **§ 10 RDG**

welche die besonderen Kenntnisse und Fähigkeiten eines Rechtsanwalts nicht erforderlich sind (BT-Drs. 16/3665, 88). Ursprünglich war im Regierungsentwurf der Passus **„bis zur Abgabe an das Streitgericht"** nicht enthalten. Damit wäre es Inkassounternehmern verwehrt gewesen, den Antrag auf Durchführung des streitigen Verfahrens zu stellen (so ausdrücklich betont in BT-Drs. 16/3655, 89). Den seitens des Bundesrats insoweit mit Blick auf den Verfahrensablauf geäußerten Bedenken und dem zur Verfahrensvereinfachung und zum Abbau von Bürokratie unterbreiteten Gegenvorschlag (BT-Drs. 16/3655, 108) schloss sich die Bundesregierung in ihrer Gegenäußerung an (BT-Drs. 16/3655, 121). Entsprechend dem Formulierungsvorschlag des Rechtsausschusses des Bundestags wurde zur klaren zeitlichen Begrenzung für ein Tätigwerden der Zeitpunkt „bis zur Abgabe an das Streitgericht" gewählt (BT-Drs. 16/6634, 55), womit Inkassounternehmer – wie mit der Regelung bezweckt – noch den Antrag auf Durchführung des streitigen Verfahrens stellen können (anders, wohl die Änderung übersehend, Kilian/Sabel/vom Stein/*Kilian* Rn. 153). Zur Begründung des Klageanspruchs nach § 697 Abs. 1 ZPO sind sie demgegenüber nicht befugt und auch die Möglichkeit zur Rücknahme des Mahnantrags endet zu diesem Zeitpunkt (Krenzler/*D. Schmidt* Rn. 21; *Sabel* AnwBl. 2008, 390, 392).

Die Befugnisse des Inkassounternehmers beschränken sich ausweislich der 41 eindeutigen Formulierung in § 79 Abs. 2 S. 2 Nr. 4 ZPO im **Zwangsvollstreckungsverfahren** auf die Zwangsvollstreckung wegen Geldforderungen. Der Inkassounternehmer darf den Gläubiger – entsprechend der bisherigen Rechtslage – bei Vollstreckungsaufträgen an den Gerichtsvollzieher nach § 745 ZPO sowie im Verfahren zur Abnahme der Vermögensauskunft gem. § 802f ZPO vertreten (vgl. *Sabel* AnwBl. 2008, 390, 392; zur Änderung der zwangsvollstreckungsrechtlichen Bestimmungen siehe oben Rn. 39). Neu ist hingegen die hieraus resultierende Befugnis der Inkassounternehmer, die **Forderungspfändung** als wichtigste gerichtliche Maßnahme zur Vollstreckung von Geldforderungen (§§ 829, 835 ZPO) zu beantragen (BT-Drs. 16/3655, 89; *Sabel* AnwBl. 2008, 390, 392). Zu beachten ist, dass der Tatbestand des § 79 Abs. 2 S. 2 Nr. 4 ZPO die Vertretungsbefugnisse auch im Rahmen des Zwangsvollstreckungsverfahrens auf solche begrenzt, die weder im Rahmen eines streitigen Verfahrens vorzunehmen sind noch ein streitiges Verfahren einleiten, weshalb etwa die Vertretung im Erinnerungsverfahren ausgeschlossen ist (*Sabel* AnwBl. 2008, 390, 392).

Eine Regelung zur **Kostenerstattung im Mahn- und Vollstreckungs-** 42 **verfahren** enthält § 4 Abs. 4 RDGEG. Die **Erstattungsfähigkeit** der **außergerichtlichen Inkassokosten** wird durch die mit dem Gesetz gegen unseriöse Geschäftspraktiken eingefügte Neuregelung des § 4 Abs. 5 RDGEG bestimmt (hierzu § 4 RDGEG Rn. 49 ff.).

3. Vertretung im Insolvenzverfahren. Im Insolvenzverfahren wird 43 die Befugnis zur Forderungsanmeldung durch Inkassounternehmen nun – wie es bereits der früheren Rechtslage entsprach (BT-Drs. 16/3655, 92; zur Rechtslage unter Geltung des RBerG OLG Dresden Urt. v. 3.2.2004 – 14 U 1830/02, BeckRS 2004, 02272) – durch **§ 174 Abs. 1 S. 3 InsO** festgeschrieben und zugleich auf das Verfahren nach „diesem Abschnitt", also auf **Verfah-**

renshandlungen zur Feststellung von Forderungen, ausgedehnt. **Ausgeschlossen** ist allerdings eine gerichtliche Vertretung durch den Inkassounternehmer im Feststellungsprozess nach § 180 InsO oder § 184 InsO, da es sich hierbei um streitige Verfahren handelt, die nach den Regeln der jeweils geltenden Verfahrensordnung durchgeführt werden (BT-Drs. 16/3655, 92; Kilian/Sabel/vom Stein/*Kilian* Rn. 156; vgl. auch § 1 RDG Rn. 23).

44 Die Vertretungsbefugnis der Inkassounternehmer wurde durch § 305 Abs. 4 S. 2 InsO zudem auf das **gerichtliche Schuldenbereinigungsplanverfahren** ausgedehnt. Hintergrund dieser Neuregelung ist, dass sich das gerichtliche Schuldenbereinigungsplanverfahren als Fortsetzung einer außergerichtlichen Schuldenbereinigung darstellt, weshalb die Fortführung von bereits außergerichtlich tätigen Inkassounternehmern sinnvoll ist, zumal es sich um ein formalisiertes Vergleichsverfahren handelt (BT-Drs. 16/3655, 92).

45 Weitergehende Befugnisse zur Vertretung eines Gläubigers im Insolvenzverfahren, etwa im Restschuldbefreiungsverfahren und bei Stellung eines Antrags auf Versagung der Restschuldbefreiung, haben Inkassounternehmer nicht (AG Köln NZI 2013, 149f.).

II. Rentenberatung (§ 10 Abs. 1 S. 1 Nr. 2 RDG)

46 Der Beruf des Rentenberaters, dessen Erlaubnispflicht unter Geltung des RBerG in Art. 1 § 1 Abs. 1 S. 2 Nr. 1 RBerG geregelt war, wurde mit der in § 10 Abs. 1 S. 1 Nr. 2 RDG verankerten Regelung erhalten. Die Neuregelung enthält zwar eine **Neudefinition des Begriffs** „Rentenberatung" (BT-Drs. 16/3655, 64), mit welcher der Gesetzgeber aber nicht den Anregungen des Bundesverbands der Rentenberater, das Berufsbild des Rentenberaters zu einem fachlich umfassenden **Sozialrechtsberater** zu entwickeln und damit dem früheren Rechtsbeistand für Sozialrecht anzunähern (siehe *Rottleuthner,* DJT-Gutachten 2004, H 25; *Köhler* SGb 2009, 441, 443), nachgekommen ist (BT-Drs. 16/3655, 64; Dreyer/Lamm/Müller/*K. Lamm* Rn. 28; Kilian/Sabel/vom Stein/*Kilian* Rn. 157; *Köhler* SGb 2009, 441, 443). Die Möglichkeit, eine Erlaubnis als Rechtsbeistand für Sozialrecht und Sozialversicherungsrecht zu erhalten, die die Beratungsbefugnis in allen die soziale Sicherung betreffenden Fragen eröffnete, besteht seit der Schließung des Berufs des Rechtsbeistands im Jahre 1980 nicht mehr (BT-Drs. 16/3655, 64; vgl. zur Schließung des Rechtsbeistandsberufs Einleitung Rn. 7 sowie *Köhler* SGb 2009, 441, 442). Eine Rückkehr zu diesem Berufsbild, die eine Umgestaltung des eigenständigen Berufsbilds des Rentenberaters zum Sozialrechtsberater bedeutet hätte, lehnte der Gesetzgeber unter Hinweis auf die berufliche Qualifikation der Rentenberater und ihre Verwurzelung im Rentenrecht ausdrücklich ab (BT-Drs. 16/3655, 64).

47 Mit der Absage an die Ausgestaltung des Berufsbilds als Sozialrechtsberater hat der Gesetzgeber zugleich klargestellt, dass **Ausgangs- und Endpunkt** der Rentenberatung **die Rente** bleibt (BT-Drs. 16/3655, 64; vgl. auch BVerfG NJW 1988, 543, 545; siehe hierzu zudem Rn. 52).

48 **1. Begriff der Rentenberatung – Reichweite der Beratungsbefugnis und der Befugnis zur außergerichtlichen Vertretung.** Das Tätigkeitsfeld von Rentenberatern ist – anders als der Wortsinn des aus dem bisherigen Recht entnommenen Begriffs „Rentenberatung" vermuten lässt – nicht auf rein beratende Tätigkeiten beschränkt; vielmehr wird Rentenberatern im Anwendungsbereich des § 10 Abs. 1 S. 1 Nr. 2 RDG auch die **außergerichtliche Vertretung** in den genannten Gebieten gestattet (BT-Drs. 16/3655, 63; *Henssler/Deckenbrock* S. 41; Kilian/Sabel/vom Stein/*Kilian* Rn. 157). Darüber hinaus wird die sich aus dem RDG ergebende Befugnis zur außergerichtlichen Vertretung durch Regelungen im SGG ergänzt, welche Rentenberater partiell zur gerichtlichen Vertretung berechtigen (näher hierzu unten Rn. 99 ff.).

Im Unterschied zur bisherigen Regelung enthält die Vorschrift des § 10 49 Abs. 1 S. 1 Nr. 2 RDG eine Aufzählung der verschiedenen **Tätigkeitsbereiche.** Danach umfasst die Rentenberatung das Gebiet der gesetzlichen Renten- und Unfallversicherung, das soziale Entschädigungsrecht, das übrige Sozialversicherungs- und Schwerbehindertenrecht mit Bezug zu einer gesetzlichen Rente sowie die betriebliche und berufsständische Versorgung. Der Gesetzeswortlaut bringt insbesondere durch die Formulierung „das übrige Sozialversicherungs- und Schwerbehindertenrecht" zum Ausdruck, dass diese Aufzählung **keinen abschließenden Charakter** hat (BT-Drs. 16/3655, 64; Krenzler/*D. Schmidt* Rn. 24; Dreyer/Lamm/Müller/*K. Lamm* Rn. 26; Kilian/Sabel/vom Stein/*Kilian* Rn. 158; unklar Unseld/Degen/*Unseld* Rn. 10, die einerseits von einer abschließenden Aufzählung ausgeht, gleichzeitig aber davon spricht, dass lediglich die zentralen Bereiche der Rentenberatung aufgeführt werden).

a) Die von § 10 Abs. 1 S. 1 Nr. 2 RDG erfassten Tätigkeitsbereiche. 50 Hinsichtlich der Tätigkeitsbereiche kann zwischen drei Gruppen differenziert werden: dem Bereich der „gesetzlichen Rentenleistungen" (näher hierzu unter Rn. 51 ff.) sowie den Bereichen der betrieblichen (siehe Rn. 69 ff.) und der berufsständischen Versorgung (siehe Rn. 88 ff.).

aa) „Gesetzliche Rentenleistungen". Zu dem Bereich der „gesetz- 51 lichen Rentenleistungen" zählen neben den **spezifischen rentenrechtlichen Gebieten** der gesetzlichen Renten- und Unfallversicherung sowie des sozialen Entschädigungsrechts (vgl. BT-Drs. 16/3655, 64) auch **das übrige Sozialversicherungs- und Schwerbehindertenrecht** mit Bezug zu einer gesetzlichen Rente.

Dieser **(konkrete) Bezug** zu einer gesetzlichen Rente fordert der Geset- 52 zeswortlaut des § 10 Abs. 1 S. 1 Nr. 2 RDG ausdrücklich nur hinsichtlich des übrigen Sozialversicherungs- und Schwerbehindertenrechts (näher zu dem Erfordernis des konkreten Bezugs siehe Rn. 60 ff.). Gleichwohl hat auch in den anderen hier in Rede stehenden Fällen Ausgangs- und Endpunkt der Rentenberatung die Rente zu sein (vgl. hierzu oben Rn. 46). Da der Gesetzgeber bezüglich der Gebiete der **Renten- und Unfallversicherung** sowie **des sozialen Entschädigungsrechts** jedoch auf das weitere Erfordernis eines konkreten Bezugs zu einer gesetzlichen Rente verzichtet hat, ist der Betätigungskreis der Rentenberater auf diesen spezifisch rentenrechtlichen Gebieten weiter gezogen; ein **abstrakter Zusammenhang** mit einer gesetzlichen Rente ist ausreichend (sowohl in BT-Drs. 16/3655, 64 als auch bei Krenzler/ *D. Schmidt* Rn. 24 ff. wird die Frage des „konkreten Bezugs" allein im Zusammenhang mit dem übrigen Sozialversicherungs- und Schwerbehindertenrecht erörtert; ebenfalls lediglich hinsichtlich des übrigen Sozial- und Versicherungsrechts auf einen „konkreten Bezug" abstellend LSG Stuttgart Beschl. v. 12.4.2012 – L 4 P 3405/11, BeckRS 2012, 71476; anders Dreyer/Lamm/ Müller/*K. Lamm* Rn. 30ff., die den „konkreten Bezug" auch im Zusammenhang mit den spezifischen rentenrechtlichen Gebieten erwähnt). Ein in diesem Sinn beschriebener, lediglich abstrakter Zusammenhang zu einer gesetzlichen Rente besteht etwa im Fall einer stationären Heilbehandlung des Kindes eines Versicherten als sonstige Leistung nach § 31 Abs. 1 Nr. 4 SGB VI. Denn hier ergibt sich lediglich infolge des Status eines Elternteils als Versicherter ein Zusammenhang zu der zu erwartenden Rentenleistung (anders Dreyer/Lamm/ Müller/*K. Lamm* Rn. 31, die auch bezüglich sonstiger Leistungen nach dem SGB VI, Zweites Kapitel, Erster Abschnitt, einen konkreten Bezug bejaht).

53 **(1) Gesetzliche Rentenversicherung.** Die Tätigkeit auf dem Gebiet der **gesetzlichen Rentenversicherung** erfasst die gesetzlichen Renten nach dem SGB VI und dem Gesetz über die Alters-, Erwerbsminderungs-, Hinterbliebenen- und Erziehungsrenten. Auch Fragen des Versorgungsausgleichs zählen zu dem Gebiet der gesetzlichen Rentenversicherung (BT-Drs. 16/3655, 64).

54 Des Weiteren sind zum Gebiet der gesetzlichen Rentenversicherung die Leistungen zur medizinischen Rehabilitation iSv § 15 SGB VI sowie Leistungen zur Teilhabe am Arbeitsleben nach § 16 SGB VI (einschließlich des Übergangsgelds nach § 20 SGB VI) und ergänzende Leistungen nach § 28 SGB VI sowie sonstige Leistungen gem. § 31 SGB VI zu zählen (vgl. oben Rn. 52 und Dreyer/Lamm/Müller/*K. Lamm* Rn. 31; Krenzler/*D. Schmidt* Rn. 27).

55 **(2) Gesetzliche Unfallversicherung.** Bezüglich der **gesetzlichen Unfallversicherung** bezieht sich die Tätigkeit der Rentenberater auf die nach dem SGB VII zu gewährenden Leistungen an Versicherte und Hinterbliebene, insbesondere die im Dritten Kapitel geregelten Unfallrenten, aber auch sonstige Leistungen nach dem Versicherungsfall (BT-Drs. 16/3655, 64). Hingegen sind Rentenberater hinsichtlich der ebenfalls im SGB VII vorgesehenen Regelungskomplexe der Unfallverhütung und der Unternehmerhaftung nicht zur Beratung und Vertretung befugt; diese Bereiche sind dem Gebiet der Rentenberatung bereits begrifflich nicht zuzuordnen (BT-Drs. 16/3655, 64; Dreyer/ Lamm/Müller/*K. Lamm* Rn. 33; Kilian/Sabel/vom Stein/*Kilian* Rn. 159).

56 **(3) Soziales Entschädigungsrecht.** Das **soziale Entschädigungsrecht** erfasst alle Renten nach dem Bundesversorgungsgesetz (BVG) und nach anderen Gesetzen, die eine entsprechende Anwendung dieses Gesetzes vorsehen (BT-Drs. 16/3655, 64), so etwa das Opferentschädigungsgesetz (§ 1 Abs. 1 OEG), das Soldatenversorgungsgesetz (§ 80 SVG) oder das Häftlingshilfegesetz (§ 4 Abs. 1 HHG) (Dreyer/Lamm/Müller/*K. Lamm* Rn. 34). Der Umfang der Versorgung ist in § 9 BVG im Einzelnen aufgeführt und umfasst nicht nur die Beschädigtenrente (§§ 29–34 BVG) und die Pflegezulage (§ 35 BVG) sowie die Hinterbliebenenrente (§§ 38–52 BVG), sondern erstreckt sich bspw. auch auf die Heilbehandlung, Versehrtenleibesübung und Krankenbehandlung (§§ 10–24a BVG) (Dreyer/Lamm/Müller/*K. Lamm* Rn. 34).

57 **(4) Übriges Sozialversicherungs- und Schwerbehindertenrecht mit Bezug zu einer gesetzlichen Rente.** Auf dem Gebiet des übrigen Sozialversicherungs- und Schwerbehindertenrechts sind nach § 10 Abs. 1 S. 1 Nr. 2 RDG registrierte Rentenberater zur Beratung und außergerichtlichen Vertretung nur befugt, wenn ein Bezug zu einer gesetzlichen Rente besteht (siehe hierzu bereits Rn. 52). Dieser vom Gesetzgeber geforderte Bezug zu einer Rente muss **konkret** bestehen (BT-Drs. 16/3655, 64); ein abstrakter Bezug zu einem rentenrechtlichen Problem genügt damit nicht (Dreyer/Lamm/ Müller/K. *Lamm* Rn. 28; Krenzler/*D. Schmidt* Rn. 31; Kilian/Sabel/vom Stein/*Kilian* Rn. 158; für die Streichung dieses Erfordernisses de lege ferenda spricht sich *Vogts* RV 2012, 205, 211 aus).

Die in der Gesetzesbegründung gewählte Formulierung „... setzt damit 58 auch künftig stets einen Bezug zu einer der genannten Rentenformen voraus ..." (BT-Drs. 16/3655, 64) deutet darauf hin, dass der Gesetzgeber davon ausging, auch im Anwendungsbereich des RBerG sei ein konkreter Bezug zu einer gesetzlichen Rente gefordert worden (so deutend SG Koblenz Beschl. v. 25. 2. 2010 – S 3 SB 61/10, BeckRS 2013, 68442; Beschl. v. 28. 12. 2009 – S 3 SB 911/08, BeckRS 2010, 65761). Die Frage, ob auch **unter Geltung des RBerG** hinsichtlich des übrigen Sozialversicherungs- und Schwerbehindertenrechts ein konkreter Bezug zu einer gesetzlichen Rente Voraussetzung für das Tätigwerden des Rentenberaters war, war jüngst Gegenstand mehrerer Verfahren, in welchen es vorwiegend um die zusätzliche Registrierung von Rentenberatern im Bereich „registrierter Erlaubnisinhaber" unter Erhalt der sich aus der Alt-Erlaubnis ergebenden Befugnisse nach § 1 Abs. 3 RDGEG ging. Nach § 1 Abs. 3 S. 2 RDGEG setzt eine Registrierung als registrierter Erlaubnisinhaber voraus, dass sich die bisherige Erlaubnis auf andere Bereiche erstreckt oder die Befugnisse über die in § 10 Abs. 1 RDG geregelten Befugnisse hinausgehen. Die hM bejaht daran gemessen die (zusätzliche) Registrierungsmöglichkeit als registrierte Erlaubnisinhaber von Personen, die eine Erlaubnis als Rentenberater nach Art. 1 § 1 Abs. 1 S. 2 Nr. 1 RBerG inne hatten. Denn nach hM hing die Befugnis des Rentenberaters nach der früheren Rechtslage im Bereich des Schwerbehindertenrechts sowie dem Pflege- und Krankenversicherungsrecht nicht von einem konkreten Bezug zu einer gesetzlichen Rente ab (vgl. mit [überwiegend] ausführlicher Begründung OLG Naumburg RV 2012, 120 ff.; VG Würzburg RV 2012, 219 ff.; VG Frankfurt a. M. RV 2012, 95 ff.; VG Mainz RV 2011, 67 ff.; *Vogts* RV 2012, 205 ff.; *ders.* RV 2011, 65; *Lorenzen* RV 2012, 89 ff.; *ders.* RV 2012, 105 ff.; aA im Zusammenhang mit der Frage der Vertretungsbefugnis im sozialgerichtlichen Verfahren SG Koblenz Beschl. v. 25. 2. 2010 – S 3 SB 61/10, BeckRS 2013, 68442, sowie Beschl. v. 28. 12. 2009 – S 3 SB 911/08, BeckRS 2010, 65761 jeweils unter Bezugnahme auf BSG Urt. v. 21. 3. 2002 – B 7 AL 64/01 R, BeckRS 9999, 01113, wo ein „unmittelbarer Zusammenhang" indes lediglich im Rahmen der Prüfung einer Annexkompetenz erörtert wurde; LSG Stuttgart Beschl. v. 26. 6. 2012 – L 8 SB 537/11, BeckRS 2012, 70946 sowie Beschl. v. 29. 11. 2012 – L 8 SB 2721/12, BeckRS 2012, 76399 beide entgegen LSG Stuttgart RV 2007, 234 ff.; nunmehr jedoch im Sinne der hM hiervon abweichend LSG Stuttgart Beschl. v. 20. 6. 2013 – L 6 SB 1692/12, BeckRS 2013, 71651 und Beschl. v. 7. 8. 2013 – L 3 SB 3340/12, BeckRS 2014, 67374; siehe hierzu auch § 1 RDGEG Rn. 8 und ausführlich SG Dresden NZS 2013, 437 ff., das in diesem Zusammenhang die Eintragungspraxis der Registrierungsbehörden kritisiert).

59 Der hM folgend kann also nur gesagt werden, dass **früher** in Bezug auf das „übrige Sozialversicherungs- und Schwerbehindertenrecht" lediglich die weiter in der Gesetzesbegründung getroffene Feststellung „Ausgangs- und Endpunkt der Rentenberatung bleibt die Rente" (BT-Drs. 16/3655, 64; vgl. zu dieser Formulierung auch BVerfG NJW 1988, 543, 545; siehe hierzu oben Rn. 47) Geltung beanspruchte. Dabei konnte eine abstrakte (aber eben nicht notwendigerweise in jedem konkreten Einzelfall bestehende) Verzahnung der genannten Rechtsbereiche mit der gesetzlichen Rente als von der Rentenberatererlaubnis mit umfasst angesehen werden (so ausdrücklich LSG Stuttgart [in dem nicht rechtskräftigen] Beschl. v. 20.6.2013 – L 6 SB 1692/12, BeckRS 2013, 71651; VG Würzburg RV 2012, 219, 222; VG Mainz RV 2011, 67, 74).

60 (a) **Bestimmung des Begriffs „konkreter Bezug".** Wenn auch in den Fällen, in denen registrierte Rentenberater nach § 10 Abs. 1 S. 1 Nr. 2 RDG auf dem Gebiet des übrigen Sozialversicherungs- und Schwerbehindertenrechts tätig werden, nach der heutigen Rechtslage unproblematisch ein „konkreter Bezug" zu einer gesetzlichen Rente zu fordern ist, so wird jedoch die Frage, wann diese Voraussetzung erfüllt ist, in **Rechtsprechung und Literatur unterschiedlich beurteilt.**

61 Das **LSG Stuttgart** (Beschl. v. 26.6.2012 – L 8 SB 537/11, BeckRS 2012, 70946; Beschl. v. 12.4.2012 – L 4 P 3405/11, BeckRS 2012, 71476 und Beschl. v. 29.11.2012 – L 8 SB 2721/12, BeckRS 2012, 76399) stellt darauf ab, dass eine Tätigkeit eines Rentenberaters im Schwerbehindertenrecht nur ausnahmsweise als Annexkompetenz möglich sei, wenn ein konkreter Zusammenhang mit der eigentlichen Tätigkeit als Rentenberater bestehe. Hierfür komme es darauf an, ob zwischen der konkreten Tätigkeit und dem eigentlichen Aufgabengebiet ein unmittelbarer Zusammenhang bestehe, der so eng ist, dass die Wahrnehmung der eigentlichen Aufgabe ohne die Annextätigkeit unmöglich gemacht oder doch unangemessen erschwert würde; darüber hinaus müsse es sich bei der zusätzlichen Tätigkeit um eine den Zwecken des Hauptgeschäfts dienende Nebentätigkeit handeln.

62 Mit dieser Definition stellt das LSG Stuttgart auf die Annexkompetenz iSv Art. 1 § 5 RBerG ab. Diese Vorgehensweise ist unter Geltung des RDG ohnehin insofern überholt, als die Regelung zur Annexkompetenz durch die Regelung des § 5 Abs. 1 RDG abgelöst wurde, welche die Nebenleistung in einem weiteren Umfang als bisher ermöglicht (vgl. BT-Drs. 16/3655, 52). Allerdings kann auch die Regelung des § 5 Abs. 1 RDG nicht Maßstab für die Bestimmung des „konkreten Bezugs" sein. Hätte der Gesetzgeber den Umfang der Befugnisse von Rentenberatern auf dem Gebiet des übrigen Sozialversicherungs- und Schwerbehindertenrechts auf den Bereich der Nebenleistung beschränken wollen, hätte es keiner ausdrücklichen Erwähnung dieser Rechtsgebiete in § 10 Abs. 1 S. 1 Nr. 2 RDG bedurft. In der Gesetzesbegründung wird ausdrücklich klargestellt, dass die Tätigkeit der Rentenberater in ihrem Kern – und nicht lediglich als Nebenleistung nach § 5 Abs. 1 RDG – auch weitere Bereiche des Sozialversicherungsrechts und des Schwerbehindertenrechts umfasst, die im Zusammenhang mit Rentenfragen stehen (BT-Drs. 16/3655, 64; siehe aber zur Tätigkeit im Bereich des übrigen Sozialversicherungs- und Schwerbehindertenrechts aufgrund der Nebenleistungsbefugnis Rn. 67 f.).

Wie diese zuvor genannte enge Auslegung des Begriffs ist die **besonders** 63
weitgehende Auffassung, nach der nur die Bereiche der Rechtsdienstleistung ausgenommen werden sollen, die unter gar keinem Gesichtspunkt einen Bezug zur gesetzlichen Rente aufweisen (Schriftsatz der Präsidentin des LG Mainz vom 19.10.2009 an das Ministerium der Justiz Rheinland-Pfalz, zit. nach VG Mainz RV 2011, 67, 72), abzulehnen. Denn mit dieser Betrachtungsweise wird letztlich „irgendein" Bezug als ausreichend erachtet, was jedoch bereits begrifflich nicht mit dem Erfordernis eines „konkreten" Bezugs in Einklang zu bringen ist.

Zuzustimmen ist der in der **Literatur** vertretenen Ansicht, nach der maß- 64
geblich ist, ob die Einbeziehung der Vorschriften des übrigen Sozialversicherungs- und Schwerbehindertenrechts notwendig ist, um die Anspruchsvoraussetzungen der Rentenleistung sowie die Berechnung der Höhe der Rente nach den geleisteten Beiträgen und anderen die Rentenhöhe beeinflussenden Faktoren zu prüfen (Krenzler/*D. Schmidt* Rn. 32; Dreyer/Lamm/Müller/*K. Lamm* Rn. 38). Diese Definition – aber nur, wenn man auf die Höhe der Netto-Rente abstellt – steht im Einklang mit der Vorstellung des Gesetzgebers, der beispielhaft einen „Zusammenhang zu Rentenfragen" bei der Beratung über Fragen der Mitgliedschaft zur gesetzlichen Krankenversicherung der Rentner, zur Gewährung der Beitragsfreiheit bei Rentenbezug oder zur Gewährung von Krankengeld in Abgrenzung zum Rentenbezug wegen verminderter Erwerbsfähigkeit bejaht (BT-Drs. 16/3655, 64). Demgegenüber ist bei diesem Verständnis ein konkreter Bezug zu einer gesetzlichen Rente nicht gegeben bei der Beratung und Vertretung von Versicherten in Streitigkeiten über die Erstattung von Kosten für Medikamente, wovon auch der Gesetzgeber ausgeht (BT-Drs. 16/3655, 64).

Als weiteres Beispiel für ein Betätigungsfeld des Rentenberaters stellt sich 65
nach dem Vorgesagten die Beratung betreffend die Möglichkeit und zur Höhe eines **Hinzuverdienstes** zur Rente gem. § 313 SGB VI dar (Bsp. entnommen bei Dreyer/Lamm/Müller/*K. Lamm* Rn. 38), während er etwa nicht zur Beratung bei einem Streit im Zusammenhang mit der **Gewährung von Pflegegeld** für einen Rentner nach dem SGB XI berechtigt ist (ebenso LSG Stuttgart Beschl. v. 12.4.2012 – L 4 P 3405/11, BeckRS 2012, 71476, allerdings unter Zugrundelegung einer Annexkompetenz, siehe Rn. 61 f.; aA hierzu LSG Mainz Beschl. v. 23.5.2000 – L 5 B 34/00, BeckRS 2000, 30784964, das den Zusammenhang zur Rente allein aufgrund der Einbeziehung des krankenversicherungspflichtigen Rentners in der sozialen Pflegeversicherung gem. § 20 Abs. 1 SGB XI als gegeben ansah). Einer differenzierten Betrachtungsweise bedarf es hinsichtlich der Befugnisse im Zusammenhang mit **Verfahren zur Feststellung des Grads der Schwerbehinderung.** Einem Urteil des BSG v. 14.11.2013 (NJW 2014, 493 Rn. 33 [bezogen auf die Tätigkeit eines Steuerberaters]; anders die Vorinstanz LSG Celle Urt. v. 25.9.2012 – L 11 SB 74/10, BeckRS 2012, 75523; siehe auch § 2 RDG Rn. 59; § 5 RDG Rn. 102) folgend, ist die Antragstellung und das Betreiben des Verwaltungsverfahrens iSv § 8 SGB X zur Erstfeststellung des GdB sowie der Voraussetzungen zur Inanspruchnahme von Nachteilsausgleichen nach dem SGB IX bis zur Bescheidung des Antrags nicht als Rechtsdienstleistung gem. § 2 Abs. 1 RDG zu werten (ablehnend *Römermann* NJW 2014, 1777, 1779). Vielmehr handelt es sich danach um

eine bloße Rechtsanwendung, da der Antragsteller bis zur Bescheiderteilung lediglich vorgefertigte Formulare ausfüllen, Belege über ärztliche Behandlungen bzw. Anschriften der Ärzte angeben und die Ärzte von der Schweigepflicht entbinden muss. Das heißt, die Tätigkeit des Rentenberaters stellt sich bis zu diesem Punkt des Verfahrens noch nicht als erlaubnispflichtige Tätigkeit dar; anders verhält es sich ab dem Zeitpunkt der Ersterteilung, da hier unter Berücksichtigung der rechtlichen Voraussetzungen die Frage eines Widerspruchs gegen den Bescheid zu prüfen ist (BSG NJW 2014, 493 Rn. 37), so dass sich die Tätigkeit ab diesem Zeitpunkt am Maßstab des § 10 Abs. 1 S. 1 Nr. 2 RDG messen lassen muss. Der hier sodann erforderliche konkrete Bezug zu einer gesetzlichen Rente kommt nur in Betracht, wenn ein Zusammenhang mit der Altersrente für Schwerbehinderte besteht, nicht jedoch, sofern es einen Antrag auf Erwerbsminderungsrente betrifft (SG Bremen Beschl. v. 5.2.2009 – S 20 SB 252/08, BeckRS 2009, 62032; vgl. auch LSG Stuttgart Beschl. v. 26.6.2012 – L 8 SB 537/11, BeckRS 2012, 70946 sowie Beschl. v. 29.11.2012 – L 8 SB 2721/12, BeckRS 2012, 76399 allerdings unter Zugrundelegung einer Annexkompetenz, siehe Rn. 61f.; siehe ferner SG Dresden NZS 2013, 437, 438; SG Koblenz Beschl. v. 25.2.2010 – S 3 SB 61/10, BeckRS 2013, 68442 sowie Beschl. v. 28.12.2009 – S 3 SB 911/08, BeckRS 2010, 65761; iErg ebenso unter Geltung des RBerG LSG Halle Beschl. v. 14.5.2008 – L 5 SB 25/03, BeckRS 2011, 66028; aA LSG Stuttgart Beschl. v. 4.10.2007 – L 6 SB 6134/06 B, BeckRS 2007, 48227; *Vogts* RV 2012, 205, 211, der für eine weitest mögliche Auslegung des Tatbestands [bis zu einer Neuregelung] plädiert). Denn lediglich in Bezug auf die Altersrente für Schwerbehinderte (oder gleichgelagerten Versorgungsansprüchen) ist der Grad der Schwerbehinderung eine Anspruchsvoraussetzung (vgl. LSG Stuttgart Beschl. v. 26.6.2012 – L 8 SB 537/11, BeckRS 2012, 70946 sowie Beschl. v. 29.11.2012 – L 8 SB 2721/12, BeckRS 2012, 76399). Demgegenüber spielt dieser Aspekt bei der Prüfung des Anspruchs auf Erwerbsminderungsrente nach § 43 Abs. 1 SGB VI keine Rolle (vgl. SG Bremen Beschl. v. 5.2.2009 – S 20 SB 252/08, BeckRS 2009, 62032). Hiervon ausgehend ist es auch nicht zu beanstanden, wenn in der Rechtsprechung darauf abgestellt wird, dass die Befugnis eines Rentenberaters in Bezug auf das Feststellungsverfahren erst drei Jahre ab dem möglichen Beginn der Altersrente besteht, da ein längerer Zeitraum nicht hinreichend sicher in Ansehung künftiger Entwicklungen zu überblicken ist (so LSG Stuttgart Beschl. v. 26.6.2012 – L 8 SB 537/11, BeckRS 2012, 70946 sowie Beschl. v. 29.11.2012 – L 8 SB 2721/12, BeckRS 2012, 76399, wobei der weiteren Begründung, mit welcher auf den Charakter als Neben- oder Hilfstätigkeit abgestellt wird, aus den unter Rn. 62 genannten Gründen nicht gefolgt werden kann) und in diesem Zeitraum das Verwaltungsverfahren und ein sozialgerichtliches Verfahren in der Regel beendet werden kann (so SG Koblenz Beschl. v. 25.2.2010 – S 3 SB 61/10, BeckRS 2013, 68442). Sofern ein „konkreter Bezug" nach dem Vorgesagten nicht angenommen werden kann, kommt jedoch – allerdings nur im außergerichtlichen Bereich – eine Vertretung des Rentenberaters aufgrund der Nebendienstleistungsbefugnis nach § 5 Abs. 1 RDG in Betracht (siehe hierzu Rn. 67f.).

66 Abschließend lässt sich anknüpfend an das zuvor Gesagte verallgemeinernd als **Voraussetzung für das Vorliegen eines „konkreten Bezugs"** formulieren, dass die jeweilige Fragestellung **im Einzelfall** aus dem Status als (künftiger) Rentenberechtigter resultieren muss.

(b) Beratung als Nebenleistung nach § 5 Abs. 1 RDG. In den Fällen, 67 in denen ein konkreter Bezug zu einer Rente nicht festgestellt werden kann, kommt allerdings eine Beratung und außergerichtliche Vertretung (nicht aber die gerichtliche Vertretung, siehe unten Rn. 101) unter Berufung auf die Vorschrift des § 5 Abs. 1 RDG in Betracht.

Voraussetzung ist gem. § 5 Abs. 1 S. 1 RDG, dass die Rechtsdienstleistung als 68 Nebenleistung zum Berufs- oder Tätigkeitsbild gehört, was etwa in Bezug auf die zuvor erwähnte (Rn. 65 f.) Beratung zur Feststellung des Grads der Schwerbehinderung nach § 69 Abs. 1 S. 1 SGB IX zutrifft, wenn nicht bereits ein konkreter Bezug zu einer Rente gegeben ist (vgl. Dreyer/Lamm/Müller/*K. Lamm* Rn. 37, allerdings stets von der Anwendbarkeit des § 5 Abs. 1 RDG in diesem Fall ausgehend), also etwa im Zusammenhang mit der Geltendmachung der Erwerbsminderungsrente (anders für die Tätigkeit eines Steuerberaters im Zusammenhang mit der Feststellung des GdB BSG NJW 2014, 493 Rn. 42 ff., da die Feststellungen nach dem Schwerbehindertenrecht weit über das Steuerrecht hinaus Bedeutung haben; ebenso die Vorinstanz LSG Celle Urt. v. 25.9.2012 – L 11 SB 74/10, BeckRS 2012, 75523; der Entscheidung des BSG insoweit zustimmend *Römermann* NJW 2014, 1777, 1779 f.).

bb) Betriebliche Altersversorgung. Die in § 10 Abs. 1 S. 1 Nr. 2 RDG 69 explizit genannte bAV, die in § 1 Abs. 1 S. 1 BetrAVG als an einen Arbeitnehmer gerichtete Zusage von Leistungen der Alters-, Invaliditäts- oder Hinterbliebenenversorgung definiert wird, umfasst auch die Zusatzversorgung für den öffentlichen Dienst (vgl. BT-Drs. 16/3655, 64). Diese Bereiche zählen zur Kerntätigkeit der Rentenberater, die seit jeher aufgrund der bestehenden Parallelen zu den Regelungen der gesetzlichen Rentenversicherung mit diesen gesetzlichen Versorgungsformen besonders vertraut sind (BT-Drs. 16/3655, 64). So schloss das Berufsbild der Rentenberater die bAV bereits in den 1970er-Jahren ein und wurde zur Einführung des Begriffs des Rentenberaters im Jahre 1980 explizit in der Gesetzesbegründung als Betätigungsfeld erwähnt (Meissner/*von Holst* Gruppe 7, S. 157, 159). Dabei war es unter Geltung des RBerG möglich, eine Rechtsberatungserlaubnis bezogen auf den Teilbereich der bAV zu erlangen (Meissner/*von Holst* Gruppe 7, S. 157, 160). Dies kommt heute allerdings nicht mehr in Betracht, nachdem der Verordnungsgeber von der Möglichkeit des § 10 Abs. 1 S. 2 RDG, Teilerlaubnisbereiche der Rentenberatung zu bestimmen, keinen Gebrauch gemacht hat (siehe hierzu § 1 RDV Rn. 3).

(1) Umfang der außergerichtlichen Beratung und Vertretung. Wenn- 70 gleich mit der Regelung des § 10 Abs. 1 S. 1 Nr. 2 RDG die außergerichtliche Rechtsdienstleistungsbefugnis im Bereich der bAV dem Grunde nach geklärt ist, stellt sich für Rentenberater die Frage, in welchem **Umfang** sie diesbezüglich tätig werden dürfen.

Vereinzelt wird in der Literatur mit Blick auf die bei der bAV-Beratung tan- 71 gierten weiteren Rechtsgebiete, wie etwa das allgemeine Vertragsrecht, Gesellschafts-, Arbeits-, Steuer- und Insolvenzrecht, unter Hinweis auf den Umfang der Ausbildung der Rentenberater die Rechtsdienstleistungsbefugnis insoweit negiert bzw. nur mit Abstufungen für zulässig erachtet (so Meissner/ *von Holst* Gruppe 7, S. 169, 179 ff. im Vergleich mit den Befugnissen von Versicherungsmaklern und Versicherungsvertretern). Anknüpfungspunkte für eine solche differenzierte Betrachtungsweise anhand der Ausbildungsinhalte – die in den Einzelheiten zudem je nach Anbieter der Sachkundelehrgänge differieren können (vgl. zum Sachkundelehrgang § 4 RDV) – finden sich weder im Gesetzeswortlaut noch in der Gesetzesbegründung. Vielmehr spricht das Fehlen jeglicher Einschränkungen sowohl im Wortlaut der Vorschrift als auch in der Gesetzesbegründung zu diesem Punkt gerade dafür, dass der Gesetzgeber stillschweigend von einer umfassenden Kompetenz der Rentenberater im Bereich der bAV-Beratung ausgegangen (diese ausdrücklich bejahend *Henssler* Vermögen & Steuern 2010, 50; ebenso *ders./Deckenbrock* S. 39; *dies.* DB 2013, 2909, 2914) und dementsprechend die **Beratungsbefugnis** im Bereich der bAV **in einem umfassenden Sinne zu verstehen** ist.

72 **(2) bAV-Beratung durch andere Berufsangehörige.** Nicht nur Rentenberater bedienen den Beratungsbedarf im Bereich der bAV, der als unverzichtbarer Baustein unseres Alterssicherungssystems große wirtschafts- und gesellschaftspolitische Bedeutung erlangt hat (*Henssler* Vermögen & Steuern 2010, 50; *Deckenbrock* NZA 2010, 991). Dieser Sektor (einschließlich der artverwandten Zeitwertkontenlösung) wird vielmehr durch andere Anbieter, nämlich Finanzdienstleister sowie Beratungs- und Vorsorgemanagementgesellschaften und insbesondere die Versicherungswirtschaft, weitgehend abgedeckt (*Henssler* Vermögen & Steuern 2010, 50; *Deckenbrock* NZA 2010, 991; *Römermann* NJW 2011, 884). Ob bzw. inwieweit aber gerade die **Vertreter der Versicherungswirtschaft** zur bAV-Beratung berechtigt sind, ist indes heftig umstritten und damit auch aus Sicht der Rentenberater von großem Interesse, geht es doch darum, ob die Konkurrenz in rechtsbrüchiger Art und Weise am Markt tätig wird.

73 Rechtsprechung zu der Frage der Zulässigkeit der bAV-Beratung seitens Versicherungsvermittlern (Versicherungsvertreter und Versicherungsmakler, § 34 d Abs. 1 GewO) und Versicherungsberatern (§ 34 e Abs. 1 GewO) gibt es bislang nur vereinzelt. In der Literatur ist das Meinungsbild im Wesentlichen zweigeteilt, wobei die Begründungen für bzw. gegen die Zulässigkeit der bAV-Beratung durch die genannten Berufsangehörigen im Einzelnen divergieren. Dieser **Streitstand** soll nachfolgend näher beleuchtet werden:

74 Nach überwiegender Auffassung ist die **bAV-Beratung** als **Rechtsdienstleistung iSv § 2 Abs. 1 RDG** zu qualifizieren (OLG Karlsruhe NJW-RR 2010, 994, 995; *Schunder* FS Bepler, 2012, S. 539, 546; *Römermann* NJW 2011, 884, 885; *Enke* VuR 2011, 257, 258 f.; *Schrehardt/Gladys* DStR 2010, 1051, 1052; ebenso zu Zeitwertkontenlösungen AG Schwäbisch Gmünd Urt. v. 26.8.2010 – 2 C 995/09, BeckRS 2011, 06624). Dem ist mit Blick auf die Komplexität der Materie (Schlewing/Henssler/Schipp/Schnitker/*Henssler* Teil 3 Rn. 9; Uckermann/Fuhrmanns/Ostermayer/Doetsch/*Eversloh* Kap. 34 Rn. 7, beide unter Rn. 14 f. bzw. Rn. 12 auch zum Merkmal der Einzelfallprüfung; vgl. ferner *Enke* VuR 2011, 257, 258 f.; *Römermann* NJW 2011, 884, 885; zum Merkmal „im Einzelfall" und „rechtliche Prüfung" siehe auch Meissner/ *von Holst* Gruppe 7, S. 183, 186, 188) beizupflichten. Damit ist gem. § 3 RDG

Rechtsdienstleistungen aufgrund besonderer Sachkunde **§ 10 RDG**

die Erbringung außergerichtlicher Rechtsdienstleistung nur nach Maßgabe des RDG oder durch oder aufgrund anderer Gesetze erlaubt.

Die Ansicht, die Dienstleistung durch **Versicherungsvertreter** erfülle 75 wegen deren regelmäßig gegebenen überwiegendem wirtschaftlichen Interesse typischerweise nicht das qua Definition des § 2 Abs. 1 RDG erforderliche Merkmal der Fremdheit (so *von Holst/Eisenlohr* VW 2010, 1696, 1697), vermag nicht zu überzeugen. Wenngleich bei Versicherungsvermittlern bei der Vermittlung des Versicherungsprodukts (auch) ein Provisionsinteresse bzw. das Interesse an der Ausweitung der Geschäftstätigkeit oder ein Interesse an der Steigerung des Ansehens gegenüber Kunden oder dem Versicherer gegeben ist, so handelt es sich hierbei – gleich, ob der Versicherungsvermittler als Vertreter im Lager des Versicherungsunternehmens oder als Makler im Lager des Arbeitgebers steht (danach diff. *von Holst/Eisenlohr* VW 2010, 1696, 1697; ebenso *von Holst* Betriebliche Altersversorgung 8/2010, 744, 745f. und Meissner/*von Holst* Gruppe 7, S. 183, 188f., hier allerdings primär auf § 61 Abs. 1 S. 1 VVG abstellend [hierzu unten Rn. 76]) – stets nur um ein mittelbares Eigeninteresse, welches nicht geeignet ist, die Fremdheit des Geschäfts entfallen zu lassen (vgl. – allerdings ohne das Provisionsinteresse zu erwähnen – Schlewing/Henssler/Schipp/Schnitker/*Henssler* Teil 3 Rn. 13; ebenso zu Versicherungsmaklern § 5 RDG Rn. 124; Beckmann/Matusche-Beckmann/*Matusche-Beckmann* § 5 Rn. 242 Fn. 4; Henssler/Prütting/*Weth* § 2 RDG Rn. 23; *Römermann* NJW 2011, 884, 885; vgl. auch zum RBerG BGH NJW 1967, 1562, 1563; OLG Karlsruhe NJW 1988, 838 [Ausweitung der Geschäftstätigkeit]; OLG Düsseldorf NJW-RR 1991, 115, 116 [Steigerung des Ansehens gegenüber Kunden bei Abwendung eines Vermögensnachteils]).

Ebenso wenig stehen die sich aus **§ 61 Abs. 1 S. 1 VVG** ergebenden Bera- 76 tungspflichten, die **Versicherungsvermittler** (und Versicherungsberater nach § 68 VVG iVm § 61 Abs. 1 VVG) bei einer produktbezogenen Beratung erfüllen müssen (siehe hierzu die Diskussion auf dem 1. BRBZ-Rechtsberatungskongress zur bAV 2010, zit. nach *Deckenbrock* NZA 2010, 991, 992), der Einordnung der Rechtsdienstleistung als fremde Rechtsangelegenheit entgegen (so aber *Werber* VersR 2006, 1010, 1011, 1015 zur [inhaltsgleichen] Regelung des § 42c VVG des RefE eines Gesetzes zur Neuregelung des Versicherungsvermittlerrechts v. 24.3.2006; *von Holst* Betriebliche Altersversorgung 8/2010, 744, 745f. für den Versicherungsvertreter; Meissner/*von Holst* Gruppe 7, S. 183, 188f.; vgl. auch *Rennen/Caliebe* Art. 1 § 5 Rn. 41 und *Chemnitz/Johnigk* Rn. 549 bezogen auf Versicherungsunternehmen). Hinsichtlich des Versicherungsmaklers ist festzustellen, dass der Gesetzgeber offenbar davon ausgeht, dass dieser fremde Rechtsangelegenheiten besorgt, da anderenfalls die Einführung des § 34d Abs. 1 S. 4 GewO, der Rechtsberatung nach zutreffender Auffassung nur eingeschränkt zulässt (hierzu Rn. 77), überflüssig gewesen wäre (Beckmann/Matusche-Beckmann/*Matusche-Beckmann* § 5 Rn. 244; vgl. auch Schlewing/Henssler/Schipp/Schnitker/*Henssler* Teil 3 Rn. 32). Zwar kann die Verletzung der Beratungspflichten die Schadensersatzpflicht des Versicherungsvermittlers begründen (vgl. § 63 VVG). Dies kann jedoch nicht dazu führen, dass die Tätigkeit als eigene Rechtsangelegenheit zu qualifizieren ist. Denn das Motiv, sich nicht einer Schadensersatzpflicht auszusetzen, kann – wie auch ein Provisionsinteresse (hierzu Rn. 75) – allenfalls ein mittelbares

Eigeninteresse darstellen (vgl. Beckmann/Matusche-Beckmann/*Matusche-Beckmann* § 5 Rn. 244; Uckermann/Fuhrmanns/Ostermayer/Doetsch/*Eversloh* Kap. 34 Rn. 31, der jedoch zudem von dem Fehlen einer Einzelfallberatung ausgeht). Schließlich definiert § 61 Abs. 1 VVG lediglich ein (eingeschränktes) Pflichtenprogramm, das gerade durch die gesetzlichen Befugnisse, namentlich das RDG, begrenzt wird und nicht selbst Befugnisnorm für eine – umfassende – Beratung ist (Beckmann/Matusche-Beckmann/*Matusche-Beckmann* § 5 Rn. 244; Uckermann/Fuhrmanns/Ostermayer/Doetsch/ *Eversloh* Kap. 34 Rn. 31; Schlewing/Henssler/Schipp/Schnitker/*Henssler* Teil 3 Rn. 32 f.; *Henssler* bAV Spezial 2010, 20; vgl. auch *Römermann* NJW 2011, 884, 887; *Schwintowski* VersR 2009, 1333, 1335 geht davon aus, dass die Beratungstätigkeit nach § 61 VVG bereits keine Rechtsdienstleistung nach § 2 Abs. 1 RDG sei).

77 In Bezug auf die Kompetenzen von **Versicherungsmaklern** wird in der Diskussion um die (umfassende) Beratungskompetenz im Bereich der bAV die Vorschrift des **§ 34 d Abs. 1 S. 4 GewO,** die mit Gesetz zur Neuregelung des Versicherungsvermittlerrechts v. 19.12.2006 mWv 22.5.2007 eingefügt wurde, als Befugnisnorm genannt. Nach § 34 d Abs. 1 S. 4 GewO beinhaltet die einem Versicherungsmakler erteilte Erlaubnis die Befugnis, Dritte, die nicht Verbraucher sind, bei der Vereinbarung, Änderung oder Prüfung von Versicherungsverträgen gegen gesondertes Entgelt rechtlich zu beraten. Diese Regelung wurde durch Art. 3 Nr. 5 des 3. Mittelstandsentlastungsgesetzes v. 17.3.2009 mWv 25.3.2009 (BGBl. I S. 550) um einen zweiten Halbsatz ergänzt, nach dem sich die Befugnis zur Beratung in den Fällen, in denen der Makler das Unternehmen berät, auch auf Beschäftigte von Unternehmen erstreckt. Hintergrund der Einfügung dieses zweiten Halbsatzes ist gerade die bAV-Beratung durch Makler (BT-Drs. 16/10490, 19 f.). Die **überwiegender Meinung in der Literatur** beschränkt sich die aus § 34 d Abs. 1 S. 4 GewO resultierende Befugnis auf die rechtliche Beratung zu dem in Rede stehenden Versicherungsvertrag, also auf eine (produkt-)akzessorische Beratung (BeckOK GewO/*Pielow* § 34 d Rn. 46 a; Schlewing/Henssler/Schipp/Schnitker/*Henssler* Teil 3 Rn. 29; *Römermann* NJW 2011, 884, 887; *Uckermann* NZA 2011, 552, 553; iErg ebenso *Schunder* FS Bepler, 2012, S. 539, 546, 547 f.; wohl auch *Enke* VuR 2011, 257, 258, nach der sich die Befugnis zur Honorarberatung iSv § 34 d Abs. 1 S. 4 GewO auf das Versicherungsrecht bezieht; aA Meissner/*von Holst* Gruppe 7, S. 237, 239 ff. [ua unter Berufung auf eine Äußerung des BMJ im Rahmen einer Besprechung und einer schriftlichen Stellungnahme des BMWi]; *ders.* BankPraktiker 12–01/2011, 453, 454; *ders.* Betriebliche Altersversorgung 8/2010, 744, 746). In diesem Sinne hat auch das **OLG Karlsruhe** mit Urteil v. 8.10.2009 (NJW-RR 2010, 994 ff.) entschieden. Das OLG Karlsruhe hat – zutreffend – klargestellt, dass sich aus dem Wortlaut des Gesetzes („bei der Vereinbarung, Änderung oder Prüfung von Versicherungsverträgen") ergibt, dass bei der Beratungstätigkeit des Maklers in jedem Fall Versicherungsverträge iSv privaten Versicherungsverträgen im Vordergrund stehen müssen (OLG Karlsruhe NJW-RR 2010, 994, 996; ebenso Schlewing/Henssler/Schipp/Schnitker/*Henssler* Teil 3 Rn. 28; Uckermann/ Fuhrmanns/Ostermayer/Doetsch/*Eversloh* Kap. 34 Rn. 22).

Rechtsdienstleistungen aufgrund besonderer Sachkunde **§ 10 RDG**

Auch **Versicherungsberater,** die ihre Befugnisse aus § 34e Abs. 1 GewO 78 herleiten (siehe hierzu auch § 2 RDGEG Rn. 9ff), können für sich keine umfassende Beratungsbefugnis zu Fragen der bAV in Anspruch nehmen. Wie der Versicherungsmakler nach der Regelung des § 34d Abs. 1 S. 4 GewO ist der Versicherungsberater nach § 34e Abs. 1 S. 3 GewO befugt, „Dritte bei der Vereinbarung, Änderung oder Prüfung von Versicherungsverträgen" rechtlich zu beraten. Entsprechend dem zuvor Gesagten (siehe Rn. 77) hat also auch hier ein privater Versicherungsvertrag im Mittelpunkt der Tätigkeit des Versicherungsberaters zu stehen. Des Weiteren liegt es auf der Hand, dass aus den weiteren Befugnissen des Versicherungsberaters, wie sie sich aus § 34e Abs. 1 S. 3 GewO ergeben, namentlich die Befugnis zur rechtlichen Beratung im Versicherungsfall sowie zur Vertretung gegenüber dem Versicherungsunternehmen, keine Kompetenz für die Beratung im Bereich der bAV hergeleitet werden kann.

Schließlich stellt sich die Frage, ob sich Versicherungsvermittler/Versiche- 79 rungsberater hinsichtlich der umfassenden bAV-Beratung auf die Regelung des **§ 5 Abs. 1 RDG** berufen können. **Teilweise** wird die Auffassung vertreten, dass die Anwendbarkeit des § 5 Abs. 1 RDG von vornherein ausscheide, da in den **§§ 34d, 34e GewO** der Rahmen der Rechtsdienstleistungsbefugnisse – und zwar bereits als Hauptpflicht – **abschließend** geregelt sei (Grunewald/Römermann/*Hirtz* § 5 Rn. 190f.; *Uckermann* NZA 2011, 552, 554; in diese Richtung tendierend, aber offenlassend *Römermann* NJW 2011, 884, 885). Weder dem Gesetzeswortlaut noch der Gesetzesbegründung ist ein solch abschließender Charakter dieser Regelungen zu entnehmen (Schlewing/Henssler/Schipp/Schnitker/*Henssler* Teil 3 Rn. 42). Im Gegenteil wird in den Gesetzesmaterialien zu § 34d GewO (BT-Drs. 16/1935, 18) explizit von der Rückgriffsmöglichkeit auf § 5 Abs. 1 RDG ausgegangen, wenn dort von einer weiteren Erlaubnis zur Erbringung von Rechtsdienstleistungen (Vertretung von Versicherungsnehmern und Geltendmachung von Ansprüchen im Schadensfall) im Wege der „Annextätigkeit" die Rede ist (vgl. Beckmann/Matusche-Beckmann/*Matusche-Beckmann* § 5 Rn. 248; siehe auch OLG Karlsruhe NJW-RR 2010, 994, 995f., das diese Frage nicht einmal angesprochen hat; ebenso OLG Köln GRUR-RR 2014, 292 sowie die Vorinstanz LG Bonn Urt. v. 17.10.2013 – 14 O 44/13, BeckRS 2013, 19348 im Zusammenhang mit der Schadensregulierung durch einen Versicherungsmakler; ebenfalls ohne Weiteres die Anwendbarkeit bejahend *Lensing* ZfV 2009, 16, 20; *Schwintowski* VersR 2009, 1333, 1335f.; die dargestellte Auffassung explizit ablehnend § 5 RDG Rn. 122; *Enke* VuR 2011, 257, 258 Fn. 5).

Auch nach anderer in der Literatur vertretener Ansicht kommt die Anwend- 80 barkeit des § 5 Abs. 1 RDG für Versicherungsvermittler und -berater nicht in Betracht. Dabei sollen nach zT vertretener Auffassung **Versicherungsvermittler** sich nicht auf diese Regelung berufen können, weil die Erbringung einer Nebenleistung nur möglich sei, wenn sie auch als Haupttätigkeit zulässig wäre. Dies treffe auf Versicherungsvermittler, denen eine zweitberufliche Tätigkeit als Rentenberater aufgrund einer **Interessenkollision** nicht gestattet sei, nicht zu (Uckermann/Fuhrmanns/Ostermayer/Doetsch/*Eversloh* Kap. 34 Rn. 42; Schlewing/Henssler/Schipp/Schnitker/*Henssler* Teil 3 Rn. 46; *ders.* bAV Spezial 2010, 20; *ders.* auf dem 1. und 2. BRBZ-Rechtsberatungskongress zur bAV 2010, zit. nach *Deckenbrock* NZA 2010, 991, 992 und NZA 2011, 731,

733; offen *Römermann* NJW 2011, 884, 886; aA *Enke* VuR 2011, 257, 260 [Versicherungsmakler]).

81 Wenngleich davon auszugehen ist, dass sich **Versicherungsvermittler** wegen einer generell bestehenden Interessenkollision zutreffenderweise nicht zugleich als Rentenberater registrieren lassen können (siehe hierzu unten Rn. 111 ff.), begegnet es durchgreifenden Bedenken, aus der Unzulässigkeit der Haupttätigkeit auf die Unzulässigkeit der Nebenleistung zu schließen. Diese Schlussfolgerung wäre nur gerechtfertigt, wenn die Leistungen, wie sie einerseits als Hauptleistung und andererseits als Nebenleistung erbracht werden, miteinander vergleichbar wären. Dies wiederum wäre nur anzunehmen, wenn Versicherungsvermittler im Anwendungsbereich des § 5 Abs. 1 RDG dieselben Leistungen wie Rentenberater erbringen, also aus dieser Regelung eine Befugnis zur umfassenden bAV-Beratung herleiten könnten. Dies ist bei konsequenter Anwendung des § 5 Abs. 1 RDG gerade nicht der Fall. Hier ist nämlich hinsichtlich der jeweiligen Beratungsleistung zu prüfen, ob der Umfang der angebotenen Leistung dem Charakter als Nebenleistung nicht zuwider läuft, also der wirtschaftliche Teil und nicht der rechtliche Teil im Vordergrund der beruflichen Gesamttätigkeit steht (zu diesem Merkmal des Begriffs siehe § 5 RDG Rn. 31 f.).

82 Angesichts der sich aus § 5 Abs. 1 RDG nur partiell ergebenden Beratungsbefugnis im Zusammenhang mit der bAV kann auch die Ansicht, die die Zulässigkeit der bAV-Beratung durch Versicherungsvermittler und Versicherungsberater pauschal unter Hinweis auf die Komplexität des Themas der bAV ablehnt (Uckermann/Fuhrmanns/Ostermayer/Doetsch/*Eversloh* Kap. 34 Rn. 38f.; *Römermann* NJW 2011, 884, 886f.; *Henssler* auf dem 2. BRBZ-Rechtsberatungskongress zur bAV 2011, zit. nach *Deckenbrock* NZA 2011, 731, 733 [ausdrücklich nur bzgl. Versicherungsvermittler]; in diese Richtung auch Schlewing/Henssler/Schipp/Schnitker/*Henssler* Teil 3 Rn. 44 [„regelmäßig"]; *Lülsdorf* AuA 2012, 300 [explizit nur zum Versicherungsmakler]; ebenso hinsichtlich des Angebots einer Beratungsgesellschaft für Zeitwertkontenlösungen AG Schwäbisch Gmünd Urt. v. 26.8.2010 – 2 C 995/09, BeckRS 2011, 06624; diff. zwischen Versicherungsvermittler und Versicherungsberater *Schunder* FS Bepler, 2012, S. 539, 547, 548), nicht überzeugen.

83 Nach alledem ist grds. von der Anwendbarkeit der Regelung des § 5 Abs. 1 RDG auszugehen, womit sich aber die Frage nach dem zulässigen Umfang der Rechtsdienstleistung im Anwendungsbereich dieser Norm stellt. Das **OLG Karlsruhe** hat im Urteil v. 8.10.2009 (NJW-RR 2010, 994 ff.) in Bezug auf das **Sozialversicherungsrecht** entschieden, dass diesbezügliche Grundkenntnisse zum Berufsbild des Versicherungsmaklers gehören. Die hierauf gerichtete Tätigkeit des Versicherungsmaklers sei als Nebenleistung zu qualifizieren, solange die Beratung über die sozialversicherungsrechtlichen Fragen einen konkreten Bezug zu einer maklertypischen Hauptleistung, namentlich einem Auftrag, Vorschläge für eine private Altersvorsorge oder ein Deckungskonzept für eine bAV zu machen bzw. entsprechende private Verträge zu vermitteln, habe. Hierzu zähle die Prüfung, ob und inwieweit ein Kunde bereits in der Sozialversicherung abgesichert ist, da anderenfalls eine vernünftige Beratung über den Abschluss privater Vorsorgeverträge bzw. die Erarbeitung von Deckungskonzepten in der bAV nicht möglich sei. Dabei könne der Versiche-

rungsmakler sich nicht nur im Zusammenhang mit der Vermittlung neuer Versicherungsverträge auf § 5 Abs. 1 RDG berufen, sondern auch dann, wenn er vom Kunden beauftragt wird, bereits bestehende (nicht von ihm selbst vermittelte) Verträge zu überprüfen (OLG Karlsruhe NJW-RR 2010, 994, 995 f.). Hingegen nimmt das OLG Karlsruhe eine **Vertretung eines Kunden in Sozialversicherungsangelegenheiten gegenüber einem Sozialversicherungsträger** ausdrücklich aus dem Bereich der zulässigen Rechtsdienstleistung gem. § 5 Abs. 1 RDG aus, da diese in Deutschland nicht zum üblichen Berufs- oder Tätigkeitsbild eines Versicherungsmaklers zähle (OLG Karlsruhe NJW-RR 2010, 994, 996). Eine über den Bereich des Sozialversicherungsrechts hinausgehende Entscheidung hat das OLG Karlsruhe nicht getroffen, sondern **ausdrücklich offengelassen,** in welchem Umfang eine steuer-, arbeits- und gesellschaftsrechtliche Beratung sowie eine Beratung zu sonstigen zivilrechtlichen Fragen zulässig ist (OLG Karlsruhe NJW-RR 2010, 994, 997; die Erwägungen des OLG Karlsruhe auf die Beratung im steuer-, arbeits-, insolvenz- und vertragsrechtlichen Bereich unter Hinweis auf den Inhalt der Ausbildung der Versicherungsmakler übertragend *Enke* VuR 2011, 257, 260; der Entscheidung des OLG Karlsruhe zustimmend und im Grundsatz – unter Berücksichtigung der Umstände des Einzelfalls bei bestehendem Schwerpunkt auf wirtschaftlichen Gebiet – von einer bAV-Beratungsbefugnis der Versicherungsvermittler auch hinsichtlich insolvenz-, steuer- und arbeitsrechtlicher Fragestellungen ausgehend *von Holst/Eisenlohr* VW 2010, 1696, 1697 [Versicherungsvertreter]; siehe auch *von Holst* Betriebliche Altersversorgung 8/2010, 744, 746 [Versicherungsvermittler]; anders aber Meissner/*von Holst* Gruppe 7, S. 237, 243, 245 f. [zum Versicherungsmakler]; die Entscheidung des OLG Karlsruhe generalisierend im Sinne einer ausschließlichen Beratungsbefugnis von zugelassenen Rechtsberatern *Uckermann* derfreieberuf 2013, 16; die Entscheidung ausdrücklich ablehnend Schlewing/Henssler/Schipp/Schnitker/*Henssler* Teil 3 Rn. 49; vgl. aber § 5 RDG Rn. 123).

In Bezug auf **steuerrechtliche Fragen** der bAV wird man hingegen – in **84** diese Richtung deutet jedenfalls die Entscheidung des BGH vom 20.3.2008 (VersR 2008, 1227 ff.) – eine Beratungsbefugnis der Versicherungsvermittler grds. nicht aus § 5 Abs. 1 RDG herleiten können. Der BGH ging in dem vorgenannten Urteil bezogen auf Art. 1 § 5 Nr. 1 RBerG, § 4 Nr. 5 StBerG und die durch eine Unternehmensberatungsgesellschaft erbrachte bAV-Beratung davon aus, dass es sich bei dem steuerlichen Teil der Aufgabenerfüllung nicht nur um eine untergeordnete Nebentätigkeit, sondern um einen gewichtigen Teil der gesamten Beratungstätigkeit handelte (BGH VersR 2008, 1227 Rn. 10). Entscheidend war für den BGH die mangelnde eindeutige Bestimmbarkeit, ob wirtschaftliche oder steuerrechtliche Gesichtspunkte im Vordergrund standen. Denn die beratende Gesellschaft hatte in ihrem Vortrag darauf abgestellt, eine erfolgreiche Beratung im Bereich der bAV ohne Berücksichtigung der steuerlichen Aspekte nicht erbringen zu können, weil ansonsten wesentliche finanzielle Auswirkungen nicht berücksichtigt würden (BGH VersR 2008, 1227 Rn. 10). Dieser auf § 5 Abs. 1 RDG übertragbare Grundsatz (Schlewing/Henssler/Schipp/Schnitker/*Henssler* Teil 3 Rn. 44) führt dazu, dass die regelmäßig einen gewichtigen Punkt darstellenden steuerlichen Gesichtspunkte im Rahmen der bAV-Beratung durch Versicherungsvermittler typischerweise nicht von untergeordneter Bedeutung sind und dementsprechend nicht als Nebenleistung iSv § 5 Abs. 1 RDG qualifiziert werden können.

85 Bezüglich der **weiteren bei der bAV-Beratung tangierten Rechtsgebiete** wird es eine Frage des Einzelfalls sein, ob die durch Versicherungsvermittler konkret angebotene Beratungsleistung sich noch als Nebenleistung qualifizieren lässt. Wenn und soweit die sich im Zusammenhang mit der bAV ergebenden Fragen nicht zulässigerweise durch den Versicherungsvermittler beantwortet werden können, wird er seinen Mandanten hierauf hinweisen müssen, um diesem die Gelegenheit zu geben, sich umfassend beraten zu lassen (vgl. Uckermann/Fuhrmanns/Ostermayer/Doetsch/*Eversloh* Kap. 31).

86 Dieselben Grundsätze gelten für **Versicherungsberater,** sofern diese die Beratung im Rahmen der Nebendienstleistungsbefugnis nach § 5 Abs. 1 RDG erbringen und nicht zusätzlich als Rentenberater registriert sind (siehe zur Möglichkeit der Doppelzulassung in dieser Konstellation Rn. 113).

87 Weniger Beachtung fand in der Literatur bislang die Frage des zulässigen Beratungsumfangs in Bezug auf die bAV durch **Steuerberater.** Auch hier stellt sich die Problematik, ob bzw. inwieweit sich Steuerberater darauf berufen können, dass ihre in diesem Zusammenhang erbrachte Rechtsdienstleistung, die den steuerrechtlichen Bereich verlässt, als Nebenleistung iSv § 5 Abs. 1 RDG zu qualifizieren ist (siehe hierzu Uckermann/Fuhrmanns/Ostermayer/ Doetsch/*Eversloh* Kap. 34 Rn. 48ff.; *Uckermann/Pradl* BB 2009, 1892ff.; *Schrehardt/Gladys* DStR 2010, 1051ff.).

88 **cc) Berufsständische Versorgung.** Die Aufnahme des Tätigkeitsbereichs der berufsständischen Versorgung in § 10 Abs. 1 S. 1 Nr. 2 RDG, also der Versorgung durch die Versorgungswerke der freien Berufe, wird – wie bei der Erfassung der bAV – mit Parallelen zu den Regelungen der gesetzlichen Rentenversicherung begründet. Die Rentenberater seien seit jeher auch mit diesen gesetzlich geregelten Vorsorgeformen besonders vertraut und hätten ihre Tätigkeit hierauf erstreckt (BT-Drs. 16/3655, 64; Dreyer/Lamm/Müller/ *K. Lamm* Rn. 41).

89 Allerdings ist zu sehen, dass mit der Aufnahme in die Tätigkeitsumschreibung des § 10 Abs. 1 S. 1 Nr. 2 RDG – abermals wie bei der bAV – keine gerichtlichen Vertretungsbefugnisse korrelieren, die Rentenberater also bezüglich der berufsständischen Versorgung auf die Beratung und Vertretung im außergerichtlichen Bereich beschränkt bleiben. Eine gerichtliche Vertretung vor den Verwaltungsgerichten, vor welchen Ansprüche im Zusammenhang mit der berufsständischen Versorgung zu verhandeln wären, ist den Rentenberatern verwehrt (BT-Drs. 16/3655, 63f.; *Köhler* SGb 2009, 441, 445; Kilian/ Sabel/vom Stein/*Kilian* Rn. 167; siehe auch unten Rn. 101ff.).

90 Die Beratung und außergerichtliche Vertretung betreffend der berufsständischen Versorgung bezieht sich begrifflich zwar lediglich auf die Versorgungswerke der freien Berufe (Krenzler/*D. Schmidt* Rn. 37; auch bei Dreyer/Lamm/ Müller/*K. Lamm* Rn. 41 werden nur kammerfähige freie Berufe aufgezählt). Jedoch kommt eine Beratung durch Rentenberater auch im Zusammenhang mit anderen Versorgungswerken in Betracht. Im Fall der Vergleichbarkeit des fraglichen Versorgungswerks mit den berufsständischen Versorgungswerken ist kein Grund ersichtlich, eine Beratung in diesem Bereich als nicht vom Tä-

tigkeitsfeld der Rentenberater erfasst anzusehen, zumal die Aufzählung der genannten Tätigkeitsbereiche in § 10 Abs. 1 S. 1 Nr. 2 RDG – wie unter Rn. 49 gesehen – keinen abschließenden Charakter hat (Krenzler/*D. Schmidt* Rn. 37, die beispielhaft das Versorgungswerk der Mitglieder des Landtags NRW nennt).

b) Nicht von § 10 Abs. 1 S. 1 Nr. 2 RDG erfasste Rechtsgebiete. Hinsichtlich der Bereiche der Beamtenversorgung, des Arbeitsförderungsrechts und der Beratung über private Formen der Altersvorsorge hat der Gesetzgeber eine Aufnahme in den Tatbestand des § 10 Abs. 1 S. 1 Nr. 2 RDG ausdrücklich abgelehnt. 91

aa) Beamtenversorgung. Eine Ausweitung der Beratungsbefugnis der Rentenberater auf die Beamtenversorgung hielt der Gesetzgeber – auch wenn in der Vergangenheit einzelnen Rentenberatern insoweit eine Erlaubnis erteilt worden war und diesen ihre Befugnisse infolge der Übergangsregelung des § 1 Abs. 3 RDGEG weiterhin zustehen – nicht für angezeigt, da das Berufsbild des Rentenberaters bereits bisher nicht durch die Beratung im Beamtenrecht geprägt war (BT-Drs. 16/3655, 64; siehe auch Unseld/Degen/*Unseld* Rn. 13). Außerdem wären aufgrund der inhaltlich und strukturell abweichenden Ausgestaltung der gesetzlichen Rentenversicherung einerseits und der Beamtenversorgung andererseits für die Beratung in diesem Bereich Kenntnisse im Besonderen Verwaltungsrecht und im Verwaltungsverfahrensrecht notwendig, was eine erhebliche Ausweitung des Sachkundenachweises erforderlich machen würde (BT-Drs. 16/3655, 64; Grunewald/Römermann/*Suppé* Rn. 53; Kilian/Sabel/vom Stein/*Kilian* Rn. 162; für nicht überzeugend hält diese Begründung Henssler/Prütting/*Weth* Rn. 16). 92

bb) Arbeitsförderungsrecht. In Bezug auf das Arbeitsförderungsrecht (SGB III) und andere Angelegenheiten der Bundesagentur für Arbeit hat der Gesetzgeber eine Ausweitung des Tätigkeitsfelds der Rentenberater unter Hinweis auf die ständige Rechtsprechung des BSG, nach der diese Bereiche bereits unter Geltung des RBerG nicht als Gegenstand der Rentenberatung gesehen wurden (BSG Urt. v. 21.3.2002 – B 7 AL 64/01 R, BeckRS 9999, 01113; BSGE 83, 100, 102 = NZS 1999, 570f.; BSG NZS 1997, 541ff.; ablehnend *Rennen/Caliebe* Art. 1 § 1 Rn. 129; vgl. BVerfG NZA 2001, 631f. zur Verfassungsmäßigkeit des Verbots der Rechtsberatung durch Rentenberater auf dem Gebiet der Arbeitslosenversicherung; siehe auch *Chemnitz/Johnigk* Rn. 250), abgelehnt (BT-Drs. 16/3655, 64; hiergegen *Köhler* SGb 2009, 131, 134; *ders.* SGb 2009, 441, 445, der die Arbeitsförderung sachlich und organisatorisch der Sozialversicherung zuordnet). 93

Zugleich hat der Gesetzgeber betont, dass sich – ebenfalls in Anlehnung an die bisherige Rechtsprechung des BSG – auf dem Gebiet des Arbeitsförderungsrechts eine Rechtsdienstleistungsbefugnis gem. **§ 5 RDG** ergeben kann (BT-Drs. 16/3655, 64). Der nach § 5 Abs. 1 RDG erforderliche Zusammenhang zur Haupttätigkeit als Rentenberater und dem Bereich des Arbeitsförderungsrechts wird etwa anzunehmen sein, wenn der Mandant des Rentenberaters Berufsunfähigkeitsrente bezieht und die Auszahlung des Arbeitslosengelds für die Vergangenheit mit der Begründung, der Anspruch gelte wegen des Erstattungsanspruchs des Rentenversicherungsträgers als erfüllt, verweigert wird 94

(Henssler/Prütting/*Weth* Rn. 14; Krenzler/*D. Schmidt* Rn. 43; zum RBerG BSGE 83, 100, 103 = NZS 1999, 570, 571; aA zum RBerG *Chemnitz/Johnigk* Rn. 250; weitergehend *Köhler* SGb 2009, 441, 445, der generell von einer Beratungskompetenz nach § 5 RDG in Bezug auf das Arbeitslosengeld ausgeht). Demgegenüber wurde unter Geltung des RBerG eine Annexkompetenz nach Art. 1 § 5 RBerG bspw. verneint in einem Fall, in dem – bei Bezug von Erwerbsminderungsrente – allein die Gewährung von Arbeitslosenhilfe Streitgenstand war (vgl. LSG Essen Urt. v. 10.4.2003 – L 1 AL 90/02, BeckRS 9999, 01181; siehe auch LSG Stuttgart Urt. v. 26.6.2003 – L 12 AL 3537/02, BeckRS 2003, 41505 [Versagung von Arbeitslosenhilfe aufgrund zu berücksichtigenden Vermögens]). Auch gemessen am Maßstab des § 5 RDG wird ein Zusammenhang zwischen der Rentenberatung und diesem Teil des Arbeitsförderungsrechts nicht zu bejahen sein.

95 Zu beachten ist, dass die Befugnisse der Rentenberater, die Rechtsdienstleistungen als Nebenleistung gem. § 5 RDG erbringen, insoweit hinter den Befugnissen eines Rentenberaters, der seine Kompetenz aus § 10 Abs. 1 S. 1 Nr. 2 RDG ableitet, zurückbleibt, als eine gerichtliche Vertretung (vor den SG und den LSG) in diesen Fällen nicht in Betracht kommt (BT-Drs. 16/3655, 95; näher hierzu unter Rn. 101).

96 **cc) Private Altersvorsorge.** Hinsichtlich des Bereichs der privaten Altersvorsorge hat der Gesetzgeber die **gestiegene Bedeutung dieser Vorsorgeform** erkannt und einen direkten Zusammenhang dieses Beratungsfelds mit der „klassischen" Tätigkeit eines Rentenberaters, insbesondere wenn es um die Berechnung und Deckung von Versorgungslücken aufgrund der Abschmelzung des Renten- und Pensionsniveaus geht, konstatiert. Gleichwohl hat er bewusst von einer Aufnahme der Beratung im Bereich der privaten Altersvorsorge in das in § 10 Abs. 1 S. 1 Nr. 2 RDG umschriebene Tätigkeitsfeld der Rentenberater abgesehen (BT-Drs. 16/3655, 64f.).

97 Die Einbeziehung der privaten Altersvorsorge in den Anwendungsbereich des § 10 Abs. 1 S. 1 Nr. 2 RDG war nicht notwendig, da eine Beratung und außergerichtliche Vertretung in diesem Bereich bereits aus anderen Gründen weitgehend zulässig ist (BT-Drs. 16/3655, 65; Krenzler/*D. Schmidt* Rn. 39). Zulässig ist eine Tätigkeit auf diesem Gebiet jedenfalls, wenn die Beratung keine rechtlichen Fragestellungen – wie dies bei der Ermittlung und Schließung von Versorgungslücken oft der Fall ist – berührt, da dann bereits keine Rechtsdienstleistung nach § 2 Abs. 1 RDG vorliegt, die Tätigkeit mithin nicht registrierungspflichtig ist (Kilian/Sabel/vom Stein/*Kilian* Rn. 163). Ist die Beratung als Rechtsdienstleistung zu qualifizieren, so ist diese zulässig, sofern sie sich als **Nebenleistung iSv § 5 RDG** darstellt (Krenzler/*D. Schmidt* Rn. 39). Stets als erlaubte Nebenleistung zulässig ist gem. § 5 Abs. 2 Nr. 3 RDG die Fördermittelberatung, also hier die Beratung bezüglich gesetzlicher und geförderter Formen der ergänzenden Altersvorsorge (zB „Riester-Rente" und „Rürup-Rente", BT-Drs. 16/3655, 65; Krenzler/*D. Schmidt* Rn. 39). Wenn sich die Beratung aber auf private Lebens- und Rentenversicherungen erstreckt, ist der **Bereich der Versicherungsberatung** tangiert. Wenn ein Rentenberater den Versorgungsbedarf nicht nur ermittelt, sondern darüber hinaus regelmäßig über Versicherungsprodukte berät und den Abschluss konkreter Versicherungsprodukte fördert, bedarf er zusätzlich einer Erlaubnis als Versicherungsberater nach § 34e GewO (BT-Drs. 16/3655, 65; Krenzler/ *D. Schmidt* Rn. 40; Kilian/Sabel/vom Stein/*Kilian* Rn. 163; siehe zu Versicherungsberatern nach § 34e GewO die Kommentierung zu § 2 RDGEG Rn. 9ff.).

Die Beratungs- und Vertretungsbefugnisse im Zusammenhang mit der privaten Altersvorsorge beziehen sich lediglich auf den **außergerichtlichen Bereich.** Bezüglich der hier in Rede stehenden Ansprüche ist bereits die Zuständigkeit der Sozialgerichtsbarkeit nicht eröffnet, auf welche sich aber die prozessualen Vertretungsbefugnisse beschränken (näher zur Postulationsfähigkeit der Rentenberater unter Rn. 99ff.). **98**

2. Gerichtliche Tätigkeit. Die sich aus dem RDG ergebenden Befugnisse der Rentenberater beschränken sich – entsprechend dem in § 1 Abs. 1 S. 1 RDG definierten Anwendungsbereich – auf die außergerichtliche Beratung und Vertretung (vgl. auch Anh. § 1 RDG Rn. 1), während sich die gerichtlichen Vertretungsbefugnisse aus der ebenfalls mit dem Gesetz zur Neuregelung des Rechtsberatungsrechts neu gefassten Vorschrift des **§ 73 Abs. 2 Nr. 3 SGG** ergeben. Danach sind Rentenberater in Verfahren vor den SG und LSG – ausweislich des § 73 Abs. 4 S. 2 SGG aber nicht vor dem BSG – „im Umfang ihrer Befugnisse nach § 10 Abs. 1 S. 1 Nr. 2 RDG" postulationsfähig. **99**

Zunächst ist festzustellen, dass sich aus § 73 Abs. 2 Nr. 3 SGG die Vertretungsbefugnis **kraft der Registrierung** als Rentenberater ergibt (BT-Drs. 16/3655, 95; Krenzler/*D. Schmidt* Rn. 48). Dies verdient insofern Erwähnung, als Rentenberater nach der bisherigen Rechtslage zwar trotz fehlender Nennung in § 73 SGG aF vertretungsbefugt waren, in der mündlichen Verhandlung indes nur nach zusätzlicher Zulassung als Prozessagent von dem jeweiligen Gericht auftreten konnten (*Köhler* SdL 2009, 102, 122; *ders.* SGb 2009, 131, 134; *ders.* SGb 2009, 441, 445). **100**

Die **Reichweite der Vertretungsbefugnis** vor dem SG und dem LSG wird durch die in § 73 Abs. 2 Nr. 3 SGG enthaltene Formulierung „im Umfang ihrer Befugnisse nach § 10 Abs. 1 S. 1 Nr. 2 RDG" begrenzt. Dieser – eindeutige – Wortlaut schließt die Annahme einer gerichtlichen Vertretungsbefugnis in Fällen aus, in denen sich die Rechtsdienstleistung als **Nebenleistung** darstellt. Denn hier folgen die (außergerichtlichen) Beratungs- und Vertretungsbefugnisse aus § 5 Abs. 1 RDG und lassen sich gerade nicht aus der Befugnisnorm des § 10 Abs. 1 S. 1 Nr. 2 RDG herleiten (aA Berchtold/Richter/*Berchtold* § 5 Rn. 349; Meyer-Ladewig/Keller/Leitherer/*Leitherer* § 73 Rn. 20; Krenzler/*D. Schmidt* Rn. 49, 41; *Köhler* SGb 2009, 131, 134; *ders.* SGb 2009, 441, 445; anders aber *ders.* SdL 2009, 102, 122). Von diesem Verständnis geht auch der Gesetzgeber aus. Zwar deutet die Gesetzesbegründung auf ein vom Gesetzgeber zugrunde gelegtes korrelierendes Verhältnis zwischen außergerichtlicher und gerichtlicher Vertretungsbefugnis im sozialgerichtlichen Verfahren hin, wenn § 10 Abs. 1 S. 1 Nr. 2 RDG insofern klarstellende Bedeutung beigemessen wird, als die gerichtliche Vertretungsbefugnis der Rentenberater nur für Angelegenheiten bestehe, auf die sich auch ihre außergerichtlichen Befugnisse erstrecken (BT-Drs. 16/3655, 95). Allerdings belegen die Ausführun- **101** gen in der Gesetzesbegründung zur Vertretungsbefugnis in Bezug auf das Arbeitsförderungsrecht das Gegenteil. Denn obwohl für den Bereich des Arbeitsförderungsrechts nach § 5 Abs. 1 RDG punktuell eine Rechtsdienstleistungsbefugnis besteht (hierzu Rn. 94) und dies in der Gesetzesbegründung betont wird (BT-Drs. 16/3655, 64), schließt der Gesetzgeber insoweit eine gerichtliche Vertretungsbefugnis uneingeschränkt aus, weil das Arbeitsförderungsrecht nicht Teil des Sozialversicherungsrechts sei (BT-Drs. 16/3655, 95; so auch *Steinbach/Tabbara* NZS 2008, 575, 580, obwohl sie zugleich auf die Annexkompetenz in bestimmten Fallgruppen hinweisen). Diese Begründung des Gesetzgebers vermag (jedenfalls) im Kontext prozessualer Regelungen nicht zu überzeugen. Denn für die Frage der gerichtlichen Vertretungsbefugnis kann nur entscheidend sein, ob Rentenberater bei bestehender außergerichtlicher Vertretungsbefugnis über die prozessuale Sachkunde verfügen. Diese prozessuale Sachkunde wird Rentenberatern gerade – und nur (siehe unten Rn. 102) – für das sozialgerichtliche Verfahren bescheinigt. Da aber für Streitigkeiten im Arbeitsförderungsrecht – also auch für die hier in Rede stehenden, zulässigen Rechtsdienstleistungen nach § 5 Abs. 1 RDG – der Rechtsweg zur Sozialgerichtsbarkeit eröffnet ist (vgl. § 51 Abs. 1 Nr. 4 SGG), spräche nichts dagegen, Rentenberatern auch insoweit die gerichtliche Vertretungsbefugnis einzuräumen, was auch der Rechtslage unter Geltung des RBerG entsprach (vgl. LSG Halle Beschl. v. 14.5.2008 – L 5 SB 25/03, BeckRS 2011, 66028: In diesem Beschluss wurde zwar die gerichtliche Vertretungsbefugnis aufgrund einer Annexkompetenz geprüft, diese aber „lediglich" mangels unmittelbaren Zusammenhangs zwischen einem Renten- und Schwerbehindertenverfahren verneint). Einer Auslegung der Regelung des § 73 Abs. 2 Nr. 3 SGG in diesem Sinn steht jedoch die eindeutige Verweisung auf § 10 Abs. 1 S. 1 Nr. 2 RDG und der ebenfalls klar zum Ausdruck kommende gesetzgeberische Wille entgegen.

102 Eine weitergehende Vertretungsbefugnis als vor den **Sozial- und Landessozialgerichten** wurde den Rentenberatern mit der umfassenden Neuregelung der verschiedenen Prozessordnungen, die der Anpassung der Verfahrensordnungen im Bereich der Prozessvertretung und -vollmacht dienen sollte (BT-Drs. 16/3655, 95), nicht eingeräumt. Eine Vertretungsbefugnis **in anderen Verfahrensordnungen,** insbesondere im Verwaltungsprozess, hat der Gesetzgeber ausdrücklich abgelehnt. Dies wurde damit begründet, dass die berufsmäßige Prozessvertretung nur in den Bereichen erfolgen soll, in denen eine besondere auch prozessuale Sachkunde besteht (BT-Drs. 16/3655, 63). Da das verwaltungsgerichtliche Verfahren vom Sozialgerichtsverfahren teilweise erheblich abweicht, konnte den Rentenberatern die besondere Sachkunde in diesem Bereich – was aber auch für die anderen Verfahrensordnungen gilt – nicht bescheinigt werden (BT-Drs. 16/3655, 63f.). Konsequenz dessen ist, dass hinsichtlich der in § 10 Abs. 1 S. 1 Nr. 2 RDG genannten Tätigkeitsfelder der **betrieblichen und berufsständischen Versorgung,** für welche im Streitfall eben die Arbeits- bzw. Verwaltungsgerichte zuständig wären, eine gerichtliche Vertretung ausgeschlossen ist (Kilian/Sabel/vom Stein/*Kilian* Rn. 167; *Köhler* SGb 2009, 441, 445; siehe hierzu auch oben Rn. 89). Aus demselben Grund besteht zudem keine gerichtliche Vertretungsbefugnis für die vor den Zivilgerichten zu verhandelnden Streitigkeiten im Zusammenhang mit der **privaten**

Rechtsdienstleistungen aufgrund besonderer Sachkunde **§ 10 RDG**

Altersvorsorge (siehe auch oben Rn. 98; außerdem kann die außergerichtliche Beratungsbefugnis in diesem Bereich nur aus § 5 RDG abgeleitet werden, womit eine gerichtliche Vertretung ebenfalls ausgeschlossen ist, vgl. hierzu Rn. 101). Des Weiteren kommt entgegen der früheren Rechtslage ein Auftreten vor dem Familiengericht im **Versorgungsausgleichsrecht** nicht mehr in Betracht (ausführlich und die Ausweitung der Vertretungsbefugnis für diesen Bereich fordernd *Vogts* RV 2009, 121 ff.).

Für **Alterlaubnisinhaber** beinhaltet § 3 RDGEG eine Übergangsregelung, aufgrund welcher sie als registrierte Erlaubnisinhaber iSv § 1 Abs. 3 RDGEG einem Rechtsanwalt in den in § 3 Abs. 2 S. 1 Nr. 1–5 RDGEG genannten Fällen gleichstehen. Hervorzuheben ist hier § 3 Abs. 2 S. 1 Nr. 1 RDGEG, wenn sich die gerichtliche Vertretungsbefugnis nach bisherigem Recht bereits aus der Erlaubnis ergeben hat, § 3 Abs. 2 S. 1 Nr. 3 RDGEG für die Fälle, in denen sie als Rentenberater als Sozialprozessagenten zugelassen waren, sowie schließlich § 3 Abs. 2 Nr. 5 RDGEG, welcher die registrierten Erlaubnisinhaber zum Auftreten vor den Familiengerichten berechtigt (siehe hierzu § 3 RDGEG Rn. 29 f.). 103

Weder unter Geltung des RBerG noch zunächst unter Geltung des RDG war es Rentenberatern möglich, im gerichtlichen Verfahren eine **Beiordnung** zu erreichen. Die Regelung des § 73a Abs. 1 SGG aF sah im Falle der Bewilligung von Prozesskostenhilfe vielmehr lediglich die Beiordnung eines Rechtsanwalts vor (siehe hierzu LSG Celle Beschl. v. 22.6.2010 – L 2 R 267/10 B, BeckRS 2010, 72176; LSG Schleswig NZS 2004, 390). Mit Art. 11 Nr. 1 des Gesetzes zur Änderung des Prozesskostenhilfe- und Beratungshilferechts v. 31.8.2013 (BGBl. I S. 3533) wurde der Kreis der beiordnungsfähigen Berufsträger nunmehr – mWv 1.1.2014 – in § 73a Abs. 1 S. 3 SGG nF um Steuerberater, Steuerbevollmächtigte, Wirtschaftsprüfer, vereidigte Buchprüfer und auch **Rentenberater** erweitert. Zur Begründung führt der Gesetzgeber eine anderenfalls gegebene strukturelle Schieflage an. Insoweit heißt es in der Gesetzesbegründung, dass aufgrund der mit demselben Gesetz erfolgten Erweiterung des Kreises der zur Gewährung von Beratungshilfe Berechtigten (siehe hierzu sogleich Rn. 107), diese Berufsträger zwar berechtigt und verpflichtet wären, im Rahmen ihrer jeweiligen Rechtsberatungsbefugnis einen bedürftigen Rechtsuchenden außergerichtlich zu beraten und zu vertreten. Außerdem wären sie zwar prozessvertretungsbefugt, könnten aber – ohne die vorgenommene Änderung – im gerichtlichen Verfahren nicht als Prozessbevollmächtigte im Rahmen von PKH beigeordnet werden (BT-Drs. 17/11472, 48). Das würde bedeuten, dass eine bedürftige Person spätestens im gerichtlichen Verfahren zu einem Rechtsanwalt wechseln müsste, um in den Genuss von PKH zu kommen (BT-Drs. 17/11472, 48). Diese personelle Diskontinuität hat der Gesetzgeber im Hinblick auf die Einarbeitung in den jeweiligen Fall als ineffizient und für den Beratungshilfeleistenden als wirtschaftlich unbefriedigend eingestuft (BT-Drs. 17/11472, 48). 104

Der Begründung des Gesetzgebers kann im Ergebnis zugestimmt werden. Anzumerken ist allerdings, dass Rentenberater anders als Rechtsanwälte, Steuerberater, Steuerbevollmächtigte und Wirtschaftsprüfer sowie vereidigte Buchprüfer berufsrechtlich nicht zur Übernahme der Beratungshilfe verpflichtet sind (hierzu Rn. 107 f.). Dennoch trifft auch auf den „freiwillig" Beratungs- 105 hilfeübernehmenden der Befund des Gesetzgebers von einer anderenfalls gegebenen Schieflage zu, die im Übrigen auch früher in Situationen gegeben war und heute gegeben wäre, in denen ein Rechtsuchender noch in der Lage ist, die Kosten für die außergerichtliche Beratung aufzubringen, im Rahmen eines gerichtlichen Verfahrens aber an die Grenzen seiner finanziellen Möglichkeiten stößt.

106 3. **Beratungshilfe.** Rentenberater sind seit dem 1.1.2014 aufgrund der mit Art. 2 Nr. 3 des Gesetzes zur Änderung des Prozesskostenhilfe- und Beratungshilferechts v. 31.8.2013 (BGBl. I S. 3533) neu gefassten Regelung des § 3 Abs. 1 S. 1 Nr. 3 BerHG im Umfang ihrer jeweiligen Befugnisse zur Beratungshilfe berechtigt (einen Überblick über die Neuregelungen im Beratungshilferecht gibt *Nickel* MDR 2013, 950 ff.).

107 Als Grund für die Erweiterung des zur Beratungshilfe berechtigten Personenkreises um die Berufsgruppe der Rentenberater nennt die Gesetzesbegründung die auch für sie bestehende Beratungsbefugnis und die hohe Fachkompetenz in dem von § 10 Abs. 1 S. 1 Nr. 2 RDG bestimmten Bereich. Da aber weder in der Gesetzesbegründung noch im Gesetzeswortlaut – anders als dies für die gerichtliche Vertretungsbefugnis gilt (hierzu Rn. 101) – eine Begrenzung auf den in § 10 Abs. 1 S. 1 Nr. 2 RDG definierten Bereich erfolgt, erstreckt sich die Befugnis der Rentenberater im Rahmen der Beratungshilfe auch auf die Bereiche, die sie gem. § 5 Abs. 1 RDG als Nebenleistung erbringen dürfen.

108 Anders als bei Rechtsanwälten, Steuerberatern, Steuerbevollmächtigten und Wirtschaftsprüfern sowie vereidigten Buchprüfern korreliert das Recht zur Übernahme der Beratungshilfe nicht mit der **berufsrechtlichen Pflicht** hierzu. Eine entsprechende Regelung wie sie in § 49a Abs. 1 BRAO, in § 65a StBerG und in § 51a WPO vorgesehen ist, wurde in das RDG nicht aufgenommen. Eine Erklärung dafür, warum diese berufsrechtliche Pflicht nur für Steuerberater, Steuerbevollmächtigte, Wirtschaftsprüfer und vereidigte Buchprüfer aus Gründen der Gleichbehandlung mit Rechtsanwälten erfolgte (BT-Drs. 17/11742, 52), bleibt die Gesetzesbegründung schuldig.

109 4. **Vergütung (§ 4 RDGEG).** Die Vergütung der Rentenberater ergibt sich aufgrund des in § 4 Abs. 1 RDGEG enthaltenen Verweises aus dem RVG, vgl. hierzu näher § 4 RDGEG Rn. 2 f. Sofern die **Beiordnung** im sozialgerichtlichen Verfahren erfolgte, ergibt sich die Anwendbarkeit der Vorschriften des RVG bezüglich des beigeordneten Anwalts aus § 73a Abs. 1 S. 4 SGG. Im Rahmen der **Beratungshilfe** ergibt sich die Gleichstellung mit Rechtsanwälten aus § 8 Abs. 1 S. 2 BerHG.

110 5. **Doppelzulassungen und berufliche Zusammenarbeit.** Zweitberufliche Tätigkeiten können für Berufsangehörige von Interesse sein, um ihr Beratungsangebot zu erweitern. So kann sich die Frage der Doppelzulassung nicht nur für die Berufskombination Rechtsanwalt/Rentenberater stellen (hierzu oben Rn. 18 ff.), sondern auch die Kombinationen Versicherungsberater/Rentenberater oder Versicherungsvermittler/Rentenberater können von Interesse sein.

Ein solches Interesse an der Doppelzulassung Rentenberater/Versicherungs- 111
vermittler besteht etwa im Zusammenhang mit der Beratung im Bereich der
bAV, und zwar regelmäßig aus Sicht der **Versicherungsvermittler**. Wäre für
sie nämlich eine Registrierung zu erreichen, wären sie nach Durchführung des
Registrierungsverfahrens zumindest in ihrer Funktion als Rentenberater zur
Beratung im Bereich der bAV – unabhängig von der umstrittenen Frage, ob sie
diese in ihrer Funktion als Versicherungsvermittler erbringen dürfen (hierzu
oben Rn. 72ff.) – berechtigt. Wenngleich Vermittlungsunternehmen teilweise
eine Registrierung als Rentenberater erreicht haben (siehe etwa den Nachweis
bei *Römermann* NJW 2011, 884, 888), so steht der Zulässigkeit einer solchen
eine die Registrierung als Rentenberater ausschließende **Interessenkollision**
entgegen (siehe hierzu auch § 12 RDG Rn. 31). In der Gesetzesbegründung
wird auf das Bestehen einer solchen Interessenkollision ausdrücklich hinsichtlich des Berufs des **Versicherungsvertreters** hingewiesen (BT-Drs. 16/3655,
67; anders Meissner/*von Holst* Gruppe 7, S. 157, 166, der die Formulierung in
der Gesetzesbegründung, wonach ein Interessenkonflikt „... in Betracht"
kommt, dahin deutet, dass der Gesetzgeber nicht von einem generellen Interessenkonflikt ausgeht, ein solcher aber im Einzelfall vorliegen kann; *ders.* Versicherungsmagazin 1/2011, 54, 55), was aber gleichermaßen für die Berufsgruppe der **Versicherungsmakler** gilt (Uckermann/Fuhrmanns/Ostermayer/
Doetsch/*Eversloh* Kap. 34 Rn. 65; Schlewing/Hensster/Schipp/Schnitker/
Hensster Teil 3 Rn. 56; *ders.*/*Deckenbrock* S. 14; *ders.* Vermögen & Steuern 2010,
50; *ders.*/*Deckenbrock* DB 2013, 2909, 2910; *Deckenbrock* auf dem 4. BRBZ-Kongress, zit. nach *Drees* NZA Heft 9/2013, VIII, IX; *Uckermann* NZA 2011, 552,
554; *Römermann* NJW 2011, 884, 887; von der Interessenkollision bzgl. Versicherungsvermittler, Finanzdienstleister und Versicherungsunternehmen geht
auch das BMJ in ihrem an die Landesjustizverwaltungen gerichteten Schreiben
vom 2.9.2010, Az.: RB1 – 7525/21 II – R3 742/2010, aus; aA Meissner/*von
Holst* Gruppe 7, S. 157, 165; *ders.* Versicherungsmagazin 1/2011, 54, 55). Denn
für die Beurteilung der Frage der Interessenkollision gelten die gleichen Grundsätze, wie sie bereits für den Fall einer zweitberuflichen Tätigkeit eines Rechtsanwalts als Versicherungsmakler zu §§ 7 Nr. 8, 14 Abs. 2 Nr. 8 BRAO aufgestellt
wurden (Schlewing/Hensster/Schipp/Schnitker/*Hensster* Teil 3 Rn. 55; ausführlich *ders.*/*Deckenbrock* S. 15 f.; Uckermann/Fuhrmanns/Ostermayer/
Doetsch/*Eversloh* Kap. 34 Rn. 67; *Hensster* Vermögen & Steuern 2010, 50; *Römermann* NJW 2011, 884, 887 f.; aA Meissner/*von Holst* Gruppe 7, S. 157, 165).

Nach der ständigen Rechtsprechung des BGH ergibt sich in dieser Konstella- 112
tion eine generelle Interessenkollision, welcher nicht durch Auflagen begegnet
werden kann. Der Maklerberuf bietet – wie auch der Beruf des Versicherungsvertreters (BGH Beschl. v. 12.2.2001 – AnwZ [B] 8/00, BeckRS 2001, 02419)
– in besonderer Weise die Möglichkeit, Informationen zu nutzen, die aus der
rechtsberatenden Tätigkeit stammen und aus denen sich der Anreiz zum Abschluss eines oder mehrerer Versicherungsverträge geradezu aufdrängt (BGH
BRAK-Mitt. 1994, 43, 44; NJW 1995, 2357; BRAK-Mitt. 2001, 90; NJW
2006, 3717 Rn. 6; vgl. näher Schlewing/Hensster/Schipp/Schnitker/*Hensster*
Teil 3 Rn. 52 f., 63; *ders.*/*Deckenbrock* S. 12 f., 17 ff.; *dies.* DB 2013, 2909 ff.; siehe
auch § 12 RDG Rn. 31). Außerdem kann das regelmäßig gegebene **Provisionsinteresse** die unabhängige anwaltliche Beratung beeinflussen (Hensster/

Prütting/*Henssler* § 7 Rn. 105, Stichwort „Versicherungsmakler"). Nach der Ansicht von *von Holst* tritt der Aspekt des Provisionsinteresses im Falle einer Doppelzulassung als Versicherungsmakler und Rentenberater bei der bAV-Beratung zurück, weil die Offenlegung der Courtage gegenüber dem Unternehmen üblich sei (*von Holst* Versicherungsmagazin 1/2011, 54, 55). Diese Auffassung lässt außer Betracht, dass eine etwaige Offenlegung der Provision nichts darüber aussagt, ob das Interesse an derselben handlungsleitend war. Ebenfalls nicht zu überzeugen vermag die weitere These von *von Holst* (Versicherungsmagazin 1/2011, 54, 55), wonach sich die gegenläufigen Honorarinteressen des Rentenberaters einerseits und des Versicherungsmaklers andererseits im Rahmen der bAV-Beratung neutralisieren, weil er – ungeachtet, ob er einen versicherungsförmigen oder einen nicht versicherungsförmigen Durchführungsweg anbietet – nicht befürchten muss, den Kunden bzw. die weitere Betreuung des Kunden an die Konkurrenz zu verlieren. Wenngleich sich die Beratung in dieser Doppelfunktion auch für den Kunden als vorteilhaft erweisen kann (vgl. *von Holst* Versicherungsmagazin 1/2011, 54, 55), bergen gerade die unterschiedlichen Honorarinteressen die Gefahr in sich, dass der Berufsträger das Produkt anbieten wird, von welchem er sich das höhere Honorar verspricht (vgl. Schlewing/Henssler/Schipp/Schnitker/*Henssler* Teil 3 Rn. 57; Uckermann/Fuhrmanns/Ostermayer/Doetsch/*Eversloh* Kap. 34 Rn. 66).

113 Die zuvor beschriebene, zu einer generellen Interessenkollision führende Gefahrenlage besteht nicht bei einer zweiberuflichen Tätigkeit eines Rechtsanwalts bzw. eines Rentenberaters als **Versicherungsberater** nach § 34e GewO, so dass eine Doppelzulassung keinen Bedenken begegnet (BT-Drs. 16/1935, 21; BT-Drs. 16/3655, 65, 67; Schlewing/Henssler/Schipp/Schnitker/*Henssler* Teil 3 Rn. 59; *ders.* Vermögen & Steuern 2010, 50; *ders./Deckenbrock* S. 19f.; Krenzler/*D. Schmidt* Rn. 40; Uckermann/Fuhrmanns/Ostermayer/Doetsch/*Eversloh* Kap. 34 Rn. 46, 67; *Römermann* NJW 2011, 884, 887; zum RBerG BGH NJW 1997, 2824f.; zur Doppelzulassung eines Rechtsanwalts als Inkassounternehmer, Rentenberater und Rechtsdienstleister in einem ausländischen Recht siehe Rn. 18ff.).

114 Ein anderer Weg, eine Erweiterung des Beratungsportfolios zu erreichen, ist die **Zusammenarbeit der verschiedenen Professionen.** Eine Zusammenarbeit ist jedoch nur in eingeschränktem Umfang möglich.

115 **Ausgeschlossen** ist eine Zusammenarbeit von Versicherungsvermittlern (und auch von Versicherungsberatern, sofern sie nicht selbst über die Registrierung nach dem RDG verfügen) und Rechtsanwälten bzw. Rentenberatern in einer Form, in welcher der Rechtsanwalt bzw. Rentenberater als **Erfüllungsgehilfe** herangezogen werden soll. Denn auch in diesem Fall würde eine Verpflichtung zur Rechtsbesorgung des nicht zur Rechtsdienstleistung befugten Dienstleisters vorliegen (BGH NJW 2009, 3242 Rn. 33; Schlewing/Henssler/Schipp/Schnitker/*Henssler* Teil 3 Rn. 65ff. mwN aus der Rspr. zum RBerG; siehe auch *Deckenbrock* auf dem 4. BRBZ-Kongress, zit. nach *Drees* NZA Heft 9/2013, VIII, IX; aA *Kleine-Cosack* NJW 2010, 1553ff.). Dass die Einschaltung eines Rechtsberaters in dieser Konstellation nicht zulässig sein kann, zeigt nicht zuletzt die noch im Gesetzgebungsverfahren des Gesetzes zur Neuregelung des Rechtsberatungsrechts vorgesehene Regelung des § 5 Abs. 3 RDG-E, die die Heranziehung eines Rechtsanwalts oder eines registrierten

Rechtsdienstleisters ermöglichen sollte, die im Gesetzgebungsverfahren aber gerade ersatzlos gestrichen wurde (vgl. BGH NJW 2009, 3242 Rn. 24; NJW 2008, 3069 Rn. 20 [zum RBerG]).

Eine berufliche Zusammenarbeit in Form einer **Sozietät** zwischen Versiche- 116 rungsvermittlern/Versicherungsberatern einerseits und **Rechtsanwälten** andererseits scheidet nach geltendem Recht aufgrund der Regelung des § 59a Abs. 1 BRAO, in welcher die sozietätsfähigen Berufe (nach § 59a Abs. 3 BRAO gilt dies gleichermaßen für eine **Bürogemeinschaft**) abschließend aufgezählt sind (siehe hierzu oben Rn. 25 und dort auch zu der seitens des BGH erfolgten Vorlage der Regelung an das BVerfG im Rahmen einer Normenkontrolle; siehe hierzu auch Schlewing/Henssler/Schipp/Schnitker/*Henssler* Teil 3 Rn. 68), aus.

Einschränkungen in der beruflichen Zusammenarbeit ergeben sich schließlich 117 hinsichtlich der Zusammenarbeit zwischen **Rentenberatern** und **Versicherungsvermittlern** – nicht aber im Verhältnis zu Versicherungsberatern – soweit es sich um eine **Sozietät** handelt, da auch in dieser Konstellation die aufgezeigten Bedenken zur Interessenkollision zum Tragen kommen; die Eingehung einer Bürogemeinschaft und einer sonstigen Kooperation kommt hingegen in Betracht (siehe hierzu § 12 RDG Rn. 36f. und Schlewing/Henssler/Schipp/ Schnitker/*Henssler* Teil 3 Rn. 69ff.; *ders.*/*Deckenbrock* DB 2013, 2909, 2912f.).

III. Rechtsdienstleistung in einem ausländischen Recht (Abs. 1 S. 1 Nr. 3)

Mit § 10 Abs. 1 S. 1 Nr. 3 RDG wird die Möglichkeit zur Erbringung von 118 Rechtsdienstleistungen in einem ausländischen Recht eröffnet. Der Wirkungskreis beschränkt sich – entsprechend dem Anwendungsbereich des RDG – auf den außergerichtlichen Bereich (vgl. hierzu § 1 RDG Rn. 15ff.). Im Unterschied zu den Rechtsdienstleistern nach § 10 Abs. 1 S. 1 Nr. 1 und Nr. 2 RDG korreliert mit der außergerichtlichen Befugnis zur Erbringung von Rechtsdienstleistungen in einem ausländischen Recht nicht – auch nicht eingeschränkt – die Befugnis, **gerichtlich** tätig zu werden; der registrierte Rechtsdienstleister nach § 10 Abs. 1 S. 1 Nr. 3 wird in den einschlägigen Verfahrensordnungen, wie bspw. § 79 ZPO, nicht genannt (Kilian/Sabel/vom Stein/*Kilian* Rn. 174; vgl. auch Dreyer/Lamm/Müller/*K. Lamm* Rn. 51; zur Möglichkeit zur Zulassung als Beistand vgl. Anh. § 1 RDG Rn. 46ff.).

Hinsichtlich des **registrierungsfähigen Personenkreises** ist an die Aus- 119 führungen unter Rn. 7ff. anzuknüpfen. Im Hinblick auf die hier in Rede stehende Materie ist zu betonen, dass die Registrierungsmöglichkeit unabhängig von der Staatsangehörigkeit besteht (siehe hierzu oben Rn. 8, 11), so dass sich auch ausländische Staatsangehörige als Rechtsdienstleister in einem ausländischen Recht registrieren lassen können, sofern sie nur die Sachkunde gem. §§ 2, 3 RDV nachweisen können (Dreyer/Lamm/Müller/*K. Lamm* Rn. 46; Kilian/ Sabel/vom Stein/*Kilian* Rn. 168; zur Erbringung des Sachkundenachweises siehe § 2 RDV Rn. 16ff.; § 3 RDV Rn. 7). Die Registrierung steht auch ausländischen Rechtsanwälten offen, und zwar unabhängig davon, ob ihnen unter den Voraussetzungen der §§ 206, 207 BRAO oder des Gesetzes über die Tätigkeit europäischer Rechtsanwälte in Deutschland (EuRAG) die Aufnahme als Mitglied der Rechtsanwaltskammer möglich wäre bzw. sie nach Maßgabe der Vorschriften des EuRAG tätig werden könnten (vgl. oben Rn. 17).

120 **Inhaltlich** erstreckt sich die Registrierung grds. auf eine einzelne, mit dem Antrag genau zu bezeichnende Rechtsordnung; sie kann allerdings bei entsprechender Sachkunde auch für mehrere Rechtsordnungen beantragt werden (BT-Drs. 16/3655, 65; siehe hierzu auch § 2 RDV Rn. 29f.). Die Beratungsbefugnis in dem „ausländischen Recht" bezieht sich dabei – bei einem umfassenden Verständnis des Begriffs „ausländisch" – neben den jeweiligen nationalen Regelungen auch auf das in der jeweiligen Rechtsordnung anwendbare **supranationale Recht** (BT-Drs. 16/3655, 65). Ausdrücklich, aber lediglich im Sinn einer Klarstellung zu verstehen, ergibt sich dies für das **Recht der Europäischen Union** und das **Recht des Europäischen Wirtschaftsraums** aus § 10 Abs. 1 S. 1 Nr. 3 Hs. 2 RDG. Danach dürfen Rechtsdienstleister auf diesen Gebieten tätig werden, wenn das ausländische Recht, auf welches sich die Registrierung bezieht, das Recht eines Mitgliedstaats der Europäischen Union oder eines anderen Vertragsstaats des Abkommens über den Europäischen Wirtschaftsraum (BT-Drs. 16/3655, 65) oder der Schweiz ist. Der Anwendungsbereich der Regelung auf Rechtsdienstleister, denen eine Registrierung zur Erbringung von Rechtsdienstleistungen im **schweizerischen Recht** erteilt worden ist, wurde erst mWv 1.8.2013, und zwar mit dem Zweiten Gesetz zur Modernisierung des Kostenrechts (BGBl. I S. 2586), erweitert. Diese Änderung – sowie die entsprechende Änderung in §§ 12, 15 und 18 RDG – trägt dem Bestehen des Freizügigkeitsabkommens vom 21.6.1999 zwischen der Schweizerischen Eidgenossenschaft und der Europäischen Gemeinschaft und ihren Mitgliedstaaten, aufgrund welchem die Schweiz am gemeinsamen System der EU zur Anerkennung von Diplomen teilnimmt, Rechnung (BT-Drs. 17/13537, 19 iVm BT-Drs. 17/10487, 18).

121 Die Erstreckung des Beratungsbefugnis auf das Recht der EU und des EWR verdeutlicht, dass ein gesonderter Sachkundenachweis auf diesen Gebieten nicht erforderlich ist, womit der Europäisierung des Rechts Rechnung getragen wird (BT-Drs. 16/3655, 65). Zugleich lässt sich der Formulierung entnehmen, dass eine isolierte Registrierung für den Bereich des Europarechts nicht möglich ist und eine Beratungsbefugnis für Rechtsdienstleister eines nichteuropäischen Lands in diesem Bereich nicht besteht. Das heißt: Die Beratungsbefugnis im europäischen Recht ist stets akzessorisch zu einem nationalen Recht, in dem das Europarecht Anwendung findet (BT-Drs. 16/3655, 65; Krenzler/ *D. Schmidt* Rn. 55; Dreyer/Lamm/Müller/*K. Lamm* Rn. 49; Kilian/Sabel/ vom Stein/*Kilian* Rn. 172; aA Grunewald/Römermann/*Suppé* Rn. 72f., wonach für einen Bürger aus einem „Nicht-EU/Nicht-EWR-Staat" eine Registrierung exklusiv oder additiv für supranationale Regelwerke möglich sein soll).

122 Die zuvor beschriebene Akzessorietät gilt gleichermaßen für **andere supranationale Regelungen,** die in der jeweiligen Rechtsordnung, auf welche sich die Registrierung bezieht, anwendbar sind (Kilian/Sabel/vom Stein/*Kilian* Rn. 172; aA Grunewald/Römermann/*Suppé* Rn. 73; wohl von einem gesonderten Sachkundenachweis in diesen Fällen ausgehend Krenzler/*D. Schmidt* Rn. 54 aE). Als weitere supranationale Regelung nennt die Gesetzesbegründung neben dem Recht der EU und des EWR beispielhaft die **„Grundsätze**

Rechtsdienstleistungen aufgrund besonderer Sachkunde **§ 10 RDG**

des Völkerrechts" (BT-Drs. 16/3655, 65). In der Literatur besteht Einigkeit darüber, dass aus dieser Formulierung keine sachliche Begrenzung der Beratungsbefugnis ableitbar ist, da es keine allgemeinverbindlich definierte Kernmaterie des Völkerrechts gibt (Dreyer/Lamm/Müller/*K. Lamm* Rn. 48 Fn. 66; Krenzler/*D. Schmidt* Rn. 54; Kilian/Sabel/vom Stein/*Kilian* Rn. 172).

D. Rechtsdienstleistung in Teilbereichen (Abs. 1 S. 2)

Nach § 10 Abs. 1 S. 2 RDG können mittels Rechtsverordnung des BMJ **123** (jetzt: BMJV) mit Zustimmung des Bundesrats Teilbereiche der sich aus § 10 Abs. 1 S. 1 Nr. 1–3 RDG ergebenden Rechtsdienstleistungsbereiche bestimmt werden, auf welche die Registrierung nach § 10 RDG **beschränkt** werden kann. Von dieser Verordnungsermächtigung wurde mit **§ 1 RDV** Gebrauch gemacht, allerdings nur, soweit **Rechtsdienstleistungen im ausländischen Recht** betroffen sind. Als **Teilbereiche** des ausländischen Rechts wurde der Bereich des gewerblichen Rechtsschutzes und der Bereich des Steuerrechts bestimmt (vgl. im Einzelnen hierzu die Kommentierung zu § 1 RDV).

E. Antragsverfahren, Kosten der Eintragung

§ 10 Abs. 2 RDG stellt klar, dass die Registrierung nur auf **Antrag** vorge- **124** nommen wird, wobei sich die Registrierung am Umfang des Antrags – wenn dieser auf einen Teilbereich iSv § 1 RDV beschränkt ist – orientiert (vgl. BT-Drs. 16/3655, 65f.; Unseld/Degen/*Unseld* Rn. 30). Die Registrierung ist konstitutive Voraussetzung, weshalb eine Berufsausübung vor der Registrierung untersagt ist (siehe hierzu Vor §§ 10ff. RDG Rn. 1); ein Verstoß hiergegen ist gem. § 20 Abs. 1 Nr. 1 RDG bußgeldbewehrt (näher hierzu § 20 RDG Rn. 40ff.).

Die **Kosten der Eintragung** in das Rechtsdienstleistungsregister ergeben **125** sich nunmehr aus der Anlage zu § 4 Abs. 1 JVKostG, die die frühere (inhaltsgleiche) Regelung in der Anlage zu § 2 Abs. 1 JVKostO abgelöst hat (geändert aufgrund des Zweiten Kostenrechtsmodernisierungsgesetzes v. 23.7.2013, BGBl. I S. 2586). Nach Nr. 1110 des Kostenverzeichnisses beträgt die Gebühr 150 Euro für die Registrierung nach dem RDG, wobei mit dieser Gebühr ausdrücklich die Eintragung einer qualifizierten Person im Falle einer Registrierung einer juristischen Person oder einer Gesellschaft ohne Rechtspersönlichkeit abgegolten ist. Sofern die Eintragung der qualifizierten Person nicht nach dem Vorgesagten abgegolten ist, kostet die Eintragung gem. Nr. 1111 des Kostenverzeichnisses pro Person 150 Euro. Die Kosten des Widerrufs belaufen sich nach Nr. 1112 des Kostenverzeichnisses auf 75 Euro.

F. Bedingungen und Auflagen (Abs. 3)

Nach § 10 Abs. 3 RDG kann der Verwaltungsakt der Registrierung von **126** Bedingungen iSv § 36 Abs. 2 Nr. 1 VwVfG abhängig gemacht oder mit Auflagen iSv § 36 Abs. 2 Nr. 4 VwVfG verbunden werden (Grunewald/Römermann/*Suppé* Rn. 80; die Angabe der Vorschriften des VwVfG bezieht sich auf die jeweilige Landesfassung).

127 Nach ganz überwiegender Meinung ist eine Auflage stets selbstständig mit der Anfechtungsklage anfechtbar, was nach der Rspr. auch für die übrigen Nebenbestimmungen iSv § 36 Abs. 2 VwVfG, also auch für die im Anwendungsbereich des RDG möglichen Bedingungen, gilt (zum Streitstand mit Nachweisen aus der Literatur und Rspr. siehe Stelkens/Bonk/Sachs/*Stelkens* § 36 Rn. 54ff.). Von der selbstständigen Anfechtbarkeit von Auflagen nach § 10 Abs. 3 RDG geht auch der Gesetzgeber ausdrücklich aus (BT-Drs. 17/13057, 20).

I. Anordnung einer Bedingung oder Auflage (Abs. 3 S. 1)

128 Wie in § 10 Abs. 3 S. 1 RDG ausdrücklich klargestellt ist, kommt die Anordnung einer Nebenbestimmung nur in Betracht, wenn dies zum **Schutz der Rechtsuchenden oder des Rechtsverkehrs** erforderlich ist. Diese Regelung trägt dem Verhältnismäßigkeitsgrundsatz Rechnung (Krenzler/*D. Schmidt* Rn. 68). Dabei ist zu beachten, dass bereits die Registrierung als solche dem Schutz des Rechtsverkehrs dient. Deshalb bedarf eine Beschränkung des Anspruchs auf Registrierung – bei Vorliegen der Registrierungsvoraussetzungen nach § 12 RDG – einer besonderen Gefahrenlage, der eben mit der Anordnung der Nebenbestimmung Rechnung getragen werden kann (Grunewald/Römermann/*Suppé* Rn. 83; Krenzler/*D. Schmidt* Rn. 68).

129 Eine **Bedingung** iSv § 36 Abs. 2 Nr. 1 VwVfG kann als eine **aufschiebende** oder **auflösende** Bedingung angeordnet werden, womit die Frage der Rechtsdienstleistungsbefugnis von dem Eintritt oder dem Wegfall eines bestimmten zukünftigen Ereignisses abhängig gemacht wird (Krenzler/*D. Schmidt* Rn. 65). Damit berührt die Verknüpfung der Registrierung mit einer Bedingung – nur zu diesem Zeitpunkt kommt die Anordnung einer solchen rechtstechnisch in Betracht – stets unmittelbar die Frage des Entstehens der Rechtsdienstleistungsbefugnis, mithin die Existenz des Rechtsdienstleisters (Grunewald/Römermann/*Suppé* Rn. 80, 86, 87; Krenzler/*D. Schmidt* Rn. 66). Dieser Gesichtspunkt ist bei der Prüfung der Verhältnismäßigkeit vonseiten der Behörde zu beachten und zu erwägen, ob der bezweckte Erfolg auch durch Anordnung einer Auflage – die nicht unmittelbar die Existenz der Rechtsdienstleistungsbefugnis berührt (vgl. zu den Folgen eines Verstoßes gegen eine Auflage unten Rn. 132) – erreicht werden kann, diese also als **milderes Mittel** anzuordnen ist (Krenzler/*D. Schmidt* Rn. 66; Grunewald/Römermann/*Suppé* Rn. 87).

130 Eine **Auflage** kann – im Gegensatz zur früheren Rechtslage (vgl. § 2 Abs. 2 1. AVO RBerG, *Chemnitz/Johngk* Rn. 924) – gem. § 10 Abs. 3 S. 3 RDG jederzeit, also auch nachträglich angeordnet werden (BT-Drs. 17/13057, 20; Krenzler/ *D. Schmidt* Rn. 67; Dreyer/Lamm/Müller/*K. Lamm* Rn. 66). Die Gesetzesbegründung nennt als mögliche Auflagen solche im Bereich der **Büroorganisation** und – insbesondere für den Bereich der Forderungseinziehung – die Verpflichtung zum Nachweis einer **höheren Berufshaftpflichtversicherung** als die in § 12 Abs. 1 Nr. 3 RDG vorgesehene Mindestberufshaftpflichtversicherung (BT-Drs. 16/3655, 66). Diese Nachweisverpflichtung ist grds. auch als Bedingung denkbar (Dreyer/Lamm/Müller/*K. Lamm* Rn. 66). Allerdings ist hier – wie be-

Rechtsdienstleistungen aufgrund besonderer Sachkunde **§ 10 RDG**

reits oben dargelegt (siehe Rn. 129) – dem Verhältnismäßigkeitsgrundsatz in besonderem Maße Beachtung zu schenken, weshalb eine derartige Anordnung lediglich im Einzelfall zum Tragen kommen wird. Als weitere Auflage ist es denkbar, dem Antragsteller die **organisatorische und räumliche Trennung** zwischen einer anwaltlichen Tätigkeit und der Tätigkeit als registriertem Rechtsdienstleister aufzugeben (siehe hierzu oben Rn. 18 ff.). Schließlich ist eine „Soll-Auflage" für Inkassodienstleister der Regelung des § 10 Abs. 1 S. 2 RDG zu entnehmen, welche den Umgang mit Fremdgeld betrifft (siehe hierzu Rn. 135 ff.).

Generell unzulässig ist eine Auflage, wonach – mit dem Ziel, der Gefahr 131 einer Interessenkollision zu beggnen – der **Personenkreis** der Mandanten von vornherein begrenzt wird. Denn wenn eine auf einen bestimmten Personenkreis zugeschnittene Registrierung unzulässig ist, muss dies gleichermaßen für eine Registrierung gelten, die einen bestimmten Personenkreis im Wege einer Auflage ausnimmt (vgl. Schlewing/Henssler/Schipp/Schnitker/ *Henssler* Teil 3 Rn. 64; Krenzler/*D. Schmidt* AnwBl. 1999, 286, 287; *Chemnitz/Johnigk* Rn. 922; *Rennen/Caliebe* § 2 1. AVO Rn. 18). Außerdem kann der Problematik der **Interessenkollision** auf andere Weise begegnet werden: Gem. § 4 RDG dürfen Rechtsdienstleistungen nicht erbracht werden, wenn ein unmittelbarer Einfluss auf die Erfüllung einer anderen Leistungspflicht besteht. Im Falle eines Verstoßes hiergegen kommt der Widerruf der Registrierung – je nach Fallgestaltung entweder nach § 14 Nr. 1 RDG oder bei einem (beharrlichen) Verstoß nach § 14 Nr. 3 RDG – in Betracht (siehe hierzu § 14 RDG Rn. 48 ff., 54 und sogleich Rn. 132).

Ebenso sind Auflagen, die eine Interessenkollision – statt an den Mandanten- 132 kreis anzuknüpfen – unter Bezugnahme auf eine zu unterlassende Tätigkeit ausschließen wollen, nicht angezeigt, nach den Vorstellungen des Gesetzgebers – wie nachfolgend dargestellt – aber zulässig (unproblematisch für zulässig erachtet von Krenzler/*D. Schmidt* Rn. 71; ebenfalls anders Grunewald/Römermann/ *Suppé* Rn. 85, der allgemein bei [nicht beharrlicher] Überschreitung der eingegrenzten Beratungsbefugnis auf einem bestimmten Gebiet die Anordnung einer Nebenbestimmung für denkbar hält). Die Bedenken gegen die Anordnung einer Auflage mit diesem Inhalt ergeben sich daraus, dass diese lediglich den **gesetzlichen Status quo** – wie zB die an einen Rentenberater gerichtete Auflage, die (weitere) Vermittlung von Versicherungsverträgen zu unterlassen (Bsp. entnommen bei Krenzler/*D. Schmidt* Rn. 71) – wiederholt. Eine solch wiederholende Auflage ist nicht nur überflüssig, sondern läuft auch der Rechtsklarheit zuwider. Denn eine solche im Rechtsdienstleistungsregister gem. § 16 Abs. 2 Nr. 1 lit. e RDG einzutragende Auflage ist geeignet, den Rechtsuchenden über den Umfang der Befugnisse zu verunsichern, wenn mancher Rechtsdienstleister einer diesbezüglichen expliziten Einschränkung unterliegt, ein anderer aber nicht. In dem genannten Beispielsfall ist der Rentenberater nämlich ungeachtet einer Auflage nicht zur Versicherungsvermittlung iS einer zweitberuflichen Tätigkeit berechtigt, da es sich hierbei um eine mit der Rentenberatung **unvereinbare zweitberufliche Tätigkeit** handelt, und zwar eine solche, die als grundlegende, die Registrierung mangels persönlicher Eignung iSd § 12 Abs. 1 Nr. 1 RDG ausschließende Interessenkollision zu qualifizieren ist (siehe hierzu oben Rn. 111 f. und § 12 RDG Rn. 31; anders Krenzler/*D. Schmidt* Rn. 71, die auf eine fehlende Erlaubnis nach § 34 e GewO abstellt, damit aber übersieht, dass

Versicherungsberatern die Vermittlung von Versicherungen nicht gestattet ist, hierzu Schlewing/Henssler/Schipp/Schnitker/*Henssler* Teil 3 Rn. 63 Fn. 4) und gem. § 14 Nr. 1 RDG zu einem Widerruf der Registrierung führt. Bis zu den Änderungen im RDG durch das Gesetz gegen unseriöse Geschäftspraktiken v. 1.10.2013 hätte ein höherer Schutz des Rechtsverkehrs/des Rechtsuchenden auch mittels einer entsprechenden Anordnung nicht gewährleistet werden können, da ein Widerruf gestützt auf einen Auflagenverstoß nach § 14 Nr. 3 Hs. 2 RDG erst bei einem „beharrlichen Verstoß" in Betracht kam (vgl. zum Widerruf in diesen Fällen § 14 RDG Rn. 43f.). Aufgrund der Einfügung eines neuen Bußgeldtatbestands in § 20 Abs. 1 Nr. 3 RDG nF kann nunmehr jedoch ein (vorsätzlicher) Verstoß gegen eine Auflage mit einem Bußgeld geahndet werden. Im Zuge der Änderung des Bußgeldtatbestands hat der Gesetzgeber zu anderen Fällen, in denen die Auflage die bloße Wiederholung der gesetzlichen Verpflichtung darstellt (Einhaltung von Dokumentations- und Informationspflichten sowie das Unterlassen konkret bezeichneter unseriöser Geschäftspraktiken, hierzu siehe § 20 RDG Rn. 15), explizit zum Ausdruck gebracht, dass die Anordnung einer Auflage mit diesen Inhalten möglich sein soll (BT-Drs. 17/13057, 20). Eine Auseinandersetzung mit den Konsequenzen einer lediglich den gesetzlichen Status quo wiedergebenden Auflage lässt die Gesetzesbegründung zwar vermissen; dennoch wird man entsprechend dem im Gesetzgebungsverfahren zur Änderung des § 20 RDG deutlich gewordenen gesetzgeberischen Willen künftig einer die Situation einer Interessenkollision aufnehmenden Auflage nicht die Zulässigkeit versagen können.

II. Änderung einer Bedingung oder Auflage (Abs. 3 S. 3)

133 Die Möglichkeit der Änderung einer Auflage ist in § 10 Abs. 3 S. 3 RDG – im Gegensatz zur früheren Rechtslage (vgl. § 2 Abs. 2 1. AVO RBerG, dazu *Chemnitz/Johnigk* Rn. 924) – ausdrücklich vorgesehen. Dabei erfasst der Begriff der Abänderung auch die **vollständige Aufhebung** der Auflage (Grunewald/Römermann/*Suppé* Rn. 90; Krenzler/*D. Schmidt* Rn. 67).

134 Demgegenüber ist die Abänderung und Aufhebung einer (auflösenden oder aufschiebenden) Bedingung, die sich im Antragsverfahren noch nicht erledigt hat, gesetzlich nicht explizit geregelt. Jedoch lässt sich diese Möglichkeit aus dem actus-contrarius-Gedanken herleiten (Grunewald/Römermann/ *Suppé* Rn. 81), zumal die Änderung bzw. Aufhebung aus Gründen der Verhältnismäßigkeit angezeigt ist, wenn es – aufgrund eines veränderten Sachverhalts – nicht mehr notwendig erscheint, die Befugnis zur Rechtsdienstleistung von dem ursprünglich bezeichneten Ereignis abhängig zu machen.

III. Soll-Auflage für Inkassounternehmer (Abs. 3 S. 2)

135 Nach § 10 Abs. 3 S. 2 RDG **soll** im Bereich der Inkassodienstleistungen die Auflage angeordnet werden, fremde Gelder unverzüglich an eine empfangsberechtigte Person weiterzuleiten oder auf ein gesondertes Konto einzuzahlen. In der Gesetzesbegründung heißt es bezüglich dieser Regelung, dass sich für ein Berufsbild, das ua den ständigen Umgang mit fremden Forderungen voraussetzt, die Pflicht zum ordnungsgemäßen Umgang mit Fremdgeld von selbst versteht (BT-Drs. 16/3655, 66). Mit eben dieser Begründung hätte für

Rechtsdienstleistungen aufgrund besonderer Sachkunde § 10 RDG

Inkassounternehmer aber auch – wie dies bei Rechtsanwälten in § 43a Abs. 5 S. 2 BRAO, § 4 BORA vorgesehen ist – eine entsprechende Pflicht formuliert werden können (Krenzler/*D. Schmidt* Rn. 75). Da diese Regelung aber nach dem Willen des Gesetzgebers dahin verstanden werden soll, dass Inkassounternehmern die Auflage **in aller Regel** zu erteilen ist (BT-Drs. 16/3655, 66), und in der Praxis Fallgestaltungen, die ein Absehen von der Erteilung der Auflage ermöglichen, kaum vorstellbar sind (Grunewald/Römermann/*Suppé* Rn. 92; Krenzler/*D. Schmidt* Rn. 76), wird sich in der praktischen Rechtsanwendung die – im **Vergleich zum anwaltlichen Berufsrecht** – liberalere Ausgestaltung der Regelung (dies kritisierend *Römermann* NJW 2008, 1249, 1253 und ihm zustimmend Gaier/Wolf/Göcken/*Siegmund* Rn. 83) nicht auswirken. Nicht zu beanstanden ist – wenn es um einen Vergleich der die Rechtsanwälte betreffenden und der hier in Rede stehenden Regelung geht –, dass eine Sanktion des Inkassounternehmers in Form des Widerrufs der Registrierung nach § 14 Abs. 1 Nr. 3 RDG erst bei einem „beharrlichen Verstoß" gegen die Auflage in Betracht kommt (kritisch insoweit *Römermann* NJW 2006, 3025, 3031). Denn auch bei einem entsprechenden einmaligen Verstoß seitens eines Rechtsanwalts wird dieser kaum mit dem Verlust seiner Zulassung rechnen müssen (allerdings kann auf ein Fehlverhalten von Rechtsanwälten mit anderen Mitteln, namentlich einer Rüge nach § 74 BRAO oder anwaltsgerichtlichen Maßnahmen nach § 114 Abs. 1 Nr. 1–4 BRAO, reagiert werden, die im RDG nicht, auch nicht in vergleichbarer Weise, enthalten sind; zu disziplinarischen Mitteln der Berufsaufsicht unter Geltung des RBerG siehe § 14 RDG Rn. 2).

Die Vorschrift bzw. die anzuordnende Auflage bezieht sich auf **„fremde** **136** **Gelder",** was neben dem **Bargeld** auch das **Buchgeld** umfasst, wobei für die Beurteilung der Fremdheit des Geldes eine **wirtschaftliche Betrachtungsweise** zugrunde zu legen ist (Krenzler/*D. Schmidt* Rn. 78; Dreyer/Lamm/Müller/*K. Lamm* Rn. 69f.). Denn ungeachtet der Frage, ob der Inkassounternehmer fremde Forderungen oder zum Zweck der Einziehung auf fremde Rechnung abgetretene Forderungen einzieht (vgl. hierzu § 2 Abs. 2 RDG), hat der Inkassounternehmer die vereinnahmten Gelder an seinen Auftraggeber weiterzuleiten. Zudem verdient der Auftraggeber in beiden Fällen den gleichen **Schutz vor wirtschaftlichem Schaden,** was durch die Anordnung der Auflage gerade bezweckt wird (Dreyer/Lamm/Müller/*K. Lamm* Rn. 70).

Hinsichtlich der beiden in § 10 Abs. 3 S. 2 RDG genannten Alternativen – **137** der unverzüglichen Weiterleitung des Fremdgeldes einerseits und der Einzahlung auf dem Anderkonto anderseits – ist das Konkurrenzverhältnis, anders als für die vergleichbare Regelung für Rechtsanwälte in § 4 BORA, nicht explizit geregelt. Mit § 4 BORA wurde der unverzüglichen Weiterleitung des Fremdgeldes ausdrücklich die Priorität eingeräumt (Henssler/Prütting/*Henssler* § 4 BORA Rn. 3). Dieses **Vorrangverhältnis** der Auskehrung der vereinnahmten Fremdgelder vor der Einzahlung auf das Anderkonto hat auch für eine nach Maßgabe des § 10 Abs. 3 S. 2 RDG formulierte Auflage zu gelten (Grunewald/Römermann/*Suppé* Rn. 93; wohl auch Krenzler/*D. Schmidt* Rn. 77, wonach die unverzügliche Weiterleitung als vorrangige Alternative behandelt werden „sollte"), was bei deren Anordnung ausdrücklich klargestellt werden sollte. Für ein Vorrangverhältnis der Auszahlung der Fremdgelder spricht bereits die im Wortlaut des § 10 Abs. 3 S. 2 RDG zum Ausdruck kommende Verpflichtung zur „unverzüglichen" Weiterleitung, mithin der Verpflichtung zur Weiterleitung „ohne schuldhaftes Zögern" iSd Legaldefinition des § 121 Abs. 1 S. 1 BGB (zum Begriff „unverzüglich" siehe Dreyer/Lamm/Müller/*K. Lamm* Rn. 74; Krenzler/*D. Schmidt* Rn. 79). Außerdem gebietet ein solches Verständnis der Zweck der Regelung, der darin besteht, die Vermögensinteressen des materiell Berechtigten zu schützen (Grunewald/Römermann/*Suppé* Rn. 93). Der Berechtigte wird ohnehin regelmäßig ein Interesse an einer kurzfristigen Auszahlung der Gelder haben. Zudem wird durch eine zeitnahe Auszahlung die Gefahr einer Pfändung der Beträge, womit der materiell Berechtigte eine Drittwiderspruchsklage nach § 771 ZPO erheben müsste, reduziert (Grunewald/Römermann/*Suppé* Rn. 93).

138 Wann der Inkassounternehmer der Pflicht zur **„unverzüglichen" Weiterleitung** genügt, ist eine Frage des Einzelfalls und unter Berücksichtigung der Größe des Inkassounternehmers und der Größe seines Verwaltungsapparats zu bestimmen (Krenzler/*D. Schmidt* Rn. 79). Eine solche „unverzügliche" Weiterleitung ist jedenfalls dann nicht mehr gewährleistet, wenn das Geld zunächst – ohne ersichtlichen Grund – auf das Anderkonto eingezahlt wird. Ein solcher Grund für eine Einzahlung auf dem Anderkonto besteht aber bspw., wenn zwischen dem Inkassounternehmer und dem Berechtigten für Fälle der ratenweisen Tilgung durch Schuldner eine entsprechende Vereinbarung getroffen wurde (Dreyer/Lamm/Müller/*K. Lamm* Rn. 76, 79).

139 Hinsichtlich der Verpflichtung zur **Einzahlung auf das Anderkonto** ist zu beachten, dass Inkassounternehmer – im Unterschied zu Rechtsanwälten, die Fremdgelder nach § 4 Abs. 2 S. 2 BORA „in der Regel" auf Einzelanderkonten verwalten (hierzu Hartung/*Scharmer* § 4 BORA Rn. 54) – stets zur Führung eines **Sammelanderkontos** berechtigt sind (vgl. Krenzler/*D. Schmidt* Rn. 80; Dreyer/Lamm/Müller/*K. Lamm* Rn. 78). Um den Grundsätzen ordnungsgemäßer Buchführung gerecht zu werden, muss sich bei der Führung eines Sammelanderkontos aus der internen Buchhaltung die eindeutige Zuordnung der jeweiligen Beträge zu dem jeweiligen Berechtigten ergeben (Dreyer/Lamm/Müller/*K. Lamm* Rn. 78). Anders als unter Geltung des RBerG (vgl. § 2 Abs. 1 2. AVO RBerG) ist die Buchführungspflicht in Bezug auf Fremdgelder nicht mehr als Berufspflicht vorgeschrieben; es ist aber möglich, eine entsprechende Auflage zu erteilen (Krenzler/*D. Schmidt* Rn. 69). Eine solche Auflage in Kombination mit der Auflage bezüglich des Führens eines Anderkontos bietet sich an, um bei einem (beharrlichen) Verstoß hiergegen mit dem Widerruf der Zulassung nach § 14 Abs. 1 Nr. 3 RDG reagieren zu können.

140 Zu beachten hat der Inkassounternehmer bei der Einzahlung von Fremdgeldern auf das Anderkonto darüber hinaus, dass er – wenn und soweit er im Wege der **Aufrechnung** zum Einbehalt seiner Vergütung aus den eingezogenen Beträgen berechtigt ist – zwischen diesen Beträgen differenzieren und diese voneinander trennen muss (Dreyer/Lamm/Müller/*K. Lamm* Rn. 73; Krenzler/*D. Schmidt* Rn. 80).

G. Haftung des Rechtsdienstleisters

Eine im Zusammenhang mit einer erbrachten Rechtsdienstleistung stehende Haftung eines nach § 10 Abs. 1 S. 1 RDG registrierten Rechtsdienstleisters richtet sich nach zivilrechtlichen Grundsätzen. So kommt in Fällen, in denen sich die Beratung als fehlerhaft erweist, vornehmlich eine Haftung nach § 280 Abs. 1 BGB in Betracht. Allerdings ist die Frage, welches **Pflichtenprogramm** einem Rechtsdienstleister obliegt bzw. welcher **Sorgfaltsmaßstab** anzulegen ist, in der Rechtsprechung – soweit ersichtlich – nicht entschieden. 141

Bei der Bestimmung des Sorgfaltsmaßstabs ist zunächst zu bedenken, dass die Registrierung nur aufgrund besonderer Sachkunde erfolgt, das heißt, den registrierten Personen „in ihrem Bereich" nur unter dieser Voraussetzung der Zugang zum Rechtsberatungsmarkt – neben den Rechtsanwälten, die nach § 3 Abs. 1 BRAO die berufenen unabhängigen Berater und Vertreter in allen Rechtsangelegenheiten sind – eröffnet wird. Wenn man sich darüber hinaus den in § 1 Abs. 1 S. 2 RDG festgehaltenen Sinn und Zweck des RDG, die Rechtsuchenden, den Rechtsverkehr und die Rechtsordnung vor unqualifizierten Rechtsdienstleistungen zu schützen, vergegenwärtigt, müssen für die registrierten Rechtsdienstleister dieselben Haftungsgrundsätze gelten, wie sie für die Anwaltshaftung entwickelt worden sind (vgl. Palandt/*Grüneberg* § 280 Rn. 75; *Henssler/Deckenbrock* S. 59; Fahrendorf/Mennemeyer/Terbille/*Fahrendorf* Rn. 705 f.; iErg ebenso *Römermann* AnwBl. 2009, 22, 26 und *Römermann/Römermann* ZAP Fach 23 S. 779, 789 f. [primär] bezogen auf die nach § 5 RDG tätig werdenden Rechtsdienstleister; ebenso die Rechtsprechung bezüglich Rechtsbeiständen BGH NJW-RR 2006, 275 Rn. 21; NJW-RR 1987, 869, 870; anders BGH VersR 1971, 866; explizit nur bejahend für Personen, die sich als Sachkundige ausgeben, im Übrigen offenlassend BGH NJW 1981, 1553). Kurz gesagt bedeutet dies, dass ein registrierter Rechtsdienstleister die Pflicht zur umfassenden Belehrung, zur Klärung des Sachverhalts, zur sorgfältigen rechtlichen Prüfung und zur Wahl des sichersten Wegs hat (vgl. Palandt/*Grüneberg* § 280 Rn. 66 ff.; ausführlich zu den anwaltlichen Pflichten als Voraussetzung der Haftung Fahrendorf/Mennemeyer/Terbille/*Fahrendorf* Rn. 396 ff.). 142

Ebenfalls wie bei Rechtsanwälten (vgl. dort § 51 BRAO) werden die sich aus der beruflichen Tätigkeit der registrierten Person ergebenden Schadensersatzansprüche je Versicherungsfall aufgrund der gem. § 12 Abs. 1 S. 1 Nr. 5 RDG abzuschließenden Berufshaftpflichtversicherung mindestens iHv 250 000 Euro gedeckt; die Berufshaftpflichtversicherung muss sich nach § 5 Abs. 1 S. 2 RDV jedoch nur auf Vermögensschäden (auch solche, für die die registrierte Person nach §§ 278, 831 BGB einzustehen hat) beziehen (im Einzelnen hierzu § 5 RDV Rn. 70). 143

Zur Haftung bei unerlaubter Rechtsdienstleistung unter Verstoß gegen § 3 RDG bzw. unter Überschreitung der sich aus § 5 RDG ergebenden Kompetenzen siehe § 3 RDG Rn. 57 f. bzw. § 5 RDG Rn. 161; zur Haftung bei Erbringung unentgeltlicher Rechtsdienstleistung vgl. § 6 RDG Rn. 45 ff. und *Wreesmann/Schmidt-Kessel* NJOZ 2008, 4061 ff. sowie *Horn* JA 2013, 644, 647 ff. (zur unentgeltlichen studentischen Rechtsberatung). 144

§ 11 Besondere Sachkunde, Berufsbezeichnungen

(1) Inkassodienstleistungen erfordern besondere Sachkunde in den für die beantragte Inkassotätigkeit bedeutsamen Gebieten des Rechts, insbesondere des Bürgerlichen Rechts, des Handels-, Wertpapier- und Gesellschaftsrechts, des Zivilprozessrechts einschließlich des Zwangsvollstreckungs- und Insolvenzrechts sowie des Kostenrechts.

(2) Rentenberatung erfordert besondere Sachkunde im Recht der gesetzlichen Renten- und Unfallversicherung und in den übrigen Teilbereichen des § 10 Abs. 1 Satz 1 Nr. 2, für die eine Registrierung beantragt wird, Kenntnisse über Aufbau, Gliederung und Strukturprinzipien der sozialen Sicherung sowie Kenntnisse der gemeinsamen, für alle Sozialleistungsbereiche geltenden Rechtsgrundsätze einschließlich des sozialrechtlichen Verwaltungsverfahrens und des sozialgerichtlichen Verfahrens.

(3) Rechtsdienstleistungen in einem ausländischen Recht erfordern besondere Sachkunde in dem ausländischen Recht oder in den Teilbereichen des ausländischen Rechts, für die eine Registrierung beantragt wird.

(4) Berufsbezeichnungen, die den Begriff „Inkasso" enthalten, sowie die Berufsbezeichnung „Rentenberaterin" oder „Rentenberater" oder diesen zum Verwechseln ähnliche Bezeichnungen dürfen nur von entsprechend registrierten Personen geführt werden.

Inhaltsübersicht

	Rn.
A. Allgemeines	1
B. Besondere Sachkunde (Abs. 1–3)	3
I. Inkassodienstleistungen (Abs. 1)	3
II. Rentenberatung (Abs. 2)	7
III. Rechtsdienstleistungen in einem ausländischen Recht (Abs. 3)	11
C. Schutz der Berufsbezeichnungen (Abs. 4)	13
I. Zweck der Regelung	14
II. Der Tatbestand im Einzelnen	15
1. Berechtigter Personenkreis	15
2. Führen der Bezeichnung	19
3. Verwechslungsgefahr	21
III. Folgen eines Verstoßes	24

A. Allgemeines

1   Die Vorschrift des § 11 RDG hat **zwei verschiedene Regelungsbereiche:** Während sich die Abs. 1–3 auf die Anforderungen an die den registrierten Rechtsdienstleistern abzuverlangende **besondere Sachkunde** beziehen, trifft Abs. 4 eine Regelung zu den **Berufsbezeichnungen** der registrierten Rechtsdienstleister.

2   Die Anforderungen an die besondere Sachkunde der nach § 10 Abs. 1 S. 1 Nr. 1–3 RDG registrierten Rechtsdienstleister werden in § 11 Abs. 1–3 RDG

Besondere Sachkunde, Berufsbezeichnungen **§ 11 RDG**

– unterteilt nach den einzelnen Tätigkeitsgebieten – lediglich in ihren **Grundzügen** definiert (BT-Drs. 16/3655, 66). Diese Regelungen, die in der Literatur auch als „offene Programmsätze" bezeichnet werden (so Unseld/Degen/*Unseld* Rn. 1; Krenzler/*D. Schmidt* Rn. 2ff.; vgl. auch Grunewald/Römermann/*Suppé* Rn. 4), werden konkretisiert durch die auf die Ermächtigungsnorm des § 12 Abs. 5 RDG zurückgehenden Regelungen der §§ 2–4 RDV (vgl. BT-Drs. 16/3655, 66; Grunewald/Römermann/*Suppé* Rn. 1f.), die den Nachweis der theoretischen und praktischen Sachkunde sowie die Anforderungen an einen Sachkundelehrgang regeln (zur Problematik der mangelnden Konkretisierung der in § 11 Abs. 1 und 2 RDG genannten Rechtsgebiete siehe § 4 RDV Rn. 6f.).

B. Besondere Sachkunde (Abs. 1–3)

I. Inkassodienstleistungen (Abs. 1)

§ 11 Abs. 1 RDG enthält eine Aufzählung von Rechtsgebieten, auf welche 3 sich die besondere Sachkunde von Inkassodienstleistern „insbesondere" erstrecken muss, nämlich
– das Bürgerliche Recht,
– das Handels-, Wertpapier- und Gesellschaftsrecht,
– das Zivilprozessrecht einschließlich des Zwangsvollstreckungs- und Insolvenzrechts sowie
– das Kostenrecht.

Bei der Auswahl dieser Rechtsgebiete hat sich der Gesetzgeber ausdrücklich 4 an den im Beschluss des BVerfG vom 20.2.2002 (NJW 2002, 1190ff.) formulierten Leistungsanforderungen, die für die Tätigkeit im Bereich des Forderungsinkassos vorauszusetzen sind, orientiert (BT-Drs. 16/3655, 66). In Bezug auf das in § 11 Abs. 1 RDG aufgeführte **Rechtsgebiet des Bürgerlichen Rechts** ist jedoch festzustellen, dass in der Entscheidung des BVerfG insoweit von „profunde[n] Kenntnisse[n] in den ersten drei Büchern des Bürgerlichen Gesetzbuchs (Allgemeiner Teil, Recht der Schuldverhältnisse, Sachenrecht)" die Rede ist (BVerfG NJW 2002, 1190, 1191). Wenngleich sich der Gesetzgeber für die pauschale Nennung des „Bürgerlichen Rechts" entschieden hat, ist infolge der expliziten Inbezugnahme der Entscheidung des BVerfG in der Gesetzesbegründung nicht davon auszugehen, dass – zumal anderenfalls eine Klarstellung zu erwarten gewesen wäre – hiervon abweichend auch die Kenntnisse aus dem vierten und fünften Buch des BGB (Familien- und Erbrecht) zum Kernbereich der Sachkunde von Inkassodienstleistern erhoben werden sollten (iErg allgM, siehe Grunewald/Römermann/*Suppé* Rn. 3; Krenzler/*D. Schmidt* Rn. 5; Henssler/Prütting/*Weth* Rn. 2; Unseld/Degen/ *Unseld* Rn. 2).

Hinsichtlich der genannten Rechtsgebiete des **Zivilprozessrechts ein-** 5 **schließlich des Zwangsvollstreckungs- und Insolvenzrechts** – wie sie auch bereits in dem zuvor genannten Beschluss des BVerfG (siehe Rn. 4) genannt wurden – ist hervorzuheben, dass die Sachkunde in diesem Bereich mit dem vorliegenden Gesetz insofern an Bedeutung gewonnen hat, als die Befugnisse der Inkassounternehmer zur gerichtlichen Geltendmachung der Forderungen im Vergleich zur früheren Rechtslage deutlich erweitert wurden (dazu näher § 10 RDG Rn. 37 und Anh. § 1 RDG Rn. 8 ff. und 14 ff.).

6 Die Aufzählung der Rechtsgebiete in Abs. 1 hat ausweislich des Gesetzeswortlauts („insbesondere") **keine abschließende Funktion.** Der Verordnungsgeber hat von der ihm hiermit eingeräumten Möglichkeit, den Umfang der Rechtsgebiete zu erweitern, jedoch keinen Gebrauch gemacht (vgl. § 4 Abs. 1 S. 1 RDV; Dreyer/Lamm/Müller/*K. Lamm* Rn. 6).

II. Rentenberatung (Abs. 2)

7 Auch in § 11 Abs. 2 RDG, die Sachkundeanforderungen registrierter Rentenberater betreffend, hat sich der Gesetzgeber von der unter Geltung des RBerG bestehenden Verwaltungspraxis leiten lassen, indem er die von den Präsidenten der Landessozialgerichte im Jahre 1994 entworfenen Richtlinien für die Durchführung von Sachkundeprüfungen bei Anträgen auf Erlaubniserteilung zur Rentenberatung (abgedruckt in RV 1995, 83 f.) zugrunde gelegt hat (BT-Drs. 16/3655, 66).

8 Die Vorschrift des § 11 Abs. 2 RDG differenziert zwischen Sachkundeanforderungen, die jeder Antragsteller bei einer Registrierung als Rentenberater vorweisen muss, und solchen, die sich aus einer Begrenzung der Registrierung auf einen in § 10 Abs. 1 S. 1 Nr. 2 RDG definierten Teilbereich ergeben. Diese Differenzierung hat ihren Ursprung in der Vorstellung des Gesetzgebers, dass den Spezialisierungen im Bereich der Rentenberatung durch Eingrenzung von Teilbereichen, die in § 10 Abs. 1 S. 2 RDG dem Verordnungsgeber überlassen werden sollte, Rechnung getragen werden kann (BT-Drs. 16/3655, 66). Von dieser Ermächtigung hat der Verordnungsgeber indes keinen Gebrauch gemacht (siehe hierzu § 1 RDV Rn. 3).

9 Ist damit nur eine **umfassende Registrierung** als Rentenberater möglich, muss sich die besondere Sachkunde stets auf sämtliche in § 10 Abs. 1 S. 1 Nr. 3 RDG genannten (Teil-) Bereiche der Rentenberatung beziehen, also auf
– die gesetzliche Renten- und Unfallversicherung (zu diesen Begriffen § 10 RDG Rn. 53 f., 54),
– das soziale Entschädigungsrecht (hierzu § 10 RDG Rn. 56) und
– das übrige Sozialversicherungs- und Schwerbehindertenrecht mit Bezug zu einer gesetzlichen Rente sowie der betrieblichen und berufsständischen Versorgung (zu diesen Begriffen § 10 RDG Rn. 57 ff., 69 ff. und 88 ff.).

10 Darüber hinaus sind in § 11 Abs. 2 RDG weitere besondere Sachkundeanforderungen aufgeführt, die sich auf
– Kenntnisse über Aufbau, Gliederung und Strukturprinzipien der sozialen Sicherung und
– Kenntnisse der gemeinsamen, für alle Sozialleistungsbereiche geltenden Rechtsgrundsätze einschließlich des sozialrechtlichen Verwaltungsverfahrens und – vor dem Hintergrund der gerichtlichen Vertretungsbefugnis der Rentenberater in sozialgerichtlichen Verfahren (BT-Drs. 16/3655, 66; Dreyer/Lamm/Müller/*K. Lamm* Rn. 7) – auch des sozialgerichtlichen Verfahrens,
beziehen.

Besondere Sachkunde, Berufsbezeichnungen **§ 11 RDG**

III. Rechtsdienstleistungen in einem ausländischen Recht (Abs. 3)

Grundsätzlich muss eine Person, die Rechtsdienstleistungen in einem 11
ausländischen Recht erbringen möchte, besondere Kenntnisse der gesamten
ausländischen Rechtsordnung vorweisen können, wobei diese denen einer in
diesem Land zur Ausübung umfassender Rechtsdienstleistungen berechtigten
Person entsprechen müssen (BT-Drs. 16/3655, 66; zum Nachweis der besonderen Sachkunde siehe § 2 RDV Rn. 18 ff.; § 3 RDV Rn. 7 f.).

Wird der Antrag auf Registrierung gem. § 10 Abs. 1 S. 2 RDG iVm § 1 12
RDV auf einen **Teilbereich der ausländischen Rechtsordnung,** namentlich auf den Bereich des gewerblichen Rechtsschutzes und/oder den Bereich
des Steuerrechts, begrenzt, so lässt § 11 Abs. 3 RDG den Nachweis der besonderen Sachkunde bezogen auf das gewählte Rechtsgebiet genügen. In diesem
Fall hält der Gesetzgeber vertiefte Kenntnisse des jeweiligen Teilbereichs für
erforderlich, spricht aber auch von erforderlichen „Grundkenntnissen des ausländischen Rechts" (BT-Drs. 16/3655, 66; ebenso Dreyer/Lamm/Müller/*K.
Lamm* Rn. 12; Henssler/Prütting/*Weth* Rn. 5), womit offenbar Grundkenntnisse der gesamten ausländischen Rechtsordnung gemeint sind. Solche Kenntnisse erscheinen nur insofern notwendig, als anderenfalls die Erbringung der
Rechtsdienstleistung in der Praxis nicht sinnvoll möglich ist. Da davon auszugehen ist, dass die Studieninhalte zu dem fraglichen Teilbereich die Praxistauglichkeit gewährleisten, ist ein gesonderter Nachweis zu den Grundkenntnissen
der gesamten ausländischen Rechtsordnung nicht notwendig. Dies entspricht
offenbar auch dem Verständnis des Verordnungsgebers, wenn zum Nachweis
der theoretischen und praktischen Sachkunde gem. §§ 2 Abs. 4, 3 Abs. 2
RDV der Beleg, im ausländischen Staat rechtmäßig zur Ausübung des Patentanwaltberufs, des Steuerberaterberufs oder eines vergleichbaren Berufs niedergelassen zu sein bzw. niedergelassen gewesen zu sein, ausreichend ist (hierzu im
Einzelnen § 2 RDV Rn. 26 ff. und § 3 RDV Rn. 8).

C. Schutz der Berufsbezeichnungen (Abs. 4)

Mit der Vorschrift des § 11 Abs. 4 RDG werden der Begriff „Inkasso" und 13
die Berufsbezeichnung „Rentenberaterin" bzw. „Rentenberater" sowie zum
Verwechseln ähnliche Bezeichnungen geschützt. **Nicht erfasst** wird von diesem Tatbestand die Berufsbezeichnung **„Rechtsbeistand",** der – wie hiermit
zum Verwechseln ähnliche Bezeichnungen – vielmehr nach **§ 6 RDGEG**
Kammerrechtsbeiständen und registrierten Rechtsbeiständen vorbehalten
bleibt. Wenngleich es sich bei der Bezeichnung „Rechtsbeistand" ebenfalls
um eine geschützte Berufsbezeichnung handelt, genießt diese nicht denselben
Schutz wie die Begriffe „Inkasso" und „Rentenberater(in)". Denn – anders als
Verstöße gegen § 11 Abs. 4 RDG – sind Verstöße gegen § 6 RDGEG nicht
gem. § 20 Abs. 1 Nr. 4 RDG nF bußgeldrechtlich sanktioniert (hierzu § 20
RDG Rn. 49 und § 6 RDGEG Rn. 4 ff. [auch zur wettbewerbsrechtlichen
Sanktionierbarkeit]).

I. Zweck der Regelung

14 Der mit der Regelung erzielte Schutz der Berufsbezeichnungen dient primär dem Rechtsuchenden, der hierdurch in die Lage versetzt wird, die Rechtsdienstleistungen besonders qualifizierter Personen von allgemeinen Dienstleistungen nicht registrierter Personen **erkennbar und eindeutig** zu unterscheiden (BT-Drs. 16/3655, 66). Der damit letztlich – von der Gesetzesbegründung unausgesprochen – bezweckte Schutz des Rechtsuchenden vor unqualifizierten Rechtsdienstleistungen wird sich allerdings vollständig nur erreichen lassen, wenn die hier in Rede stehenden registrierten Rechtsdienstleister auch ihre jeweilige Berufsbezeichnung führen, wozu sie indes nicht verpflichtet sind. Eine solche **Verpflichtung** aufzunehmen, erachtete der Gesetzgeber – im Gleichklang mit der für Rechtsanwälte bestehenden Rechtslage – **nicht** für **erforderlich** (BT-Drs. 16/3655, 66; siehe auch Krenzler/*D. Schmidt* Rn. 15, die auf die abweichende Rechtslage unter Geltung des RBerG [Art. 1 § 1 Abs. 1 S. 3 RBerG] und die geltenden Regelungen für Steuerberater [§ 43 Abs. 1 S. 3 StBerG] und Wirtschaftsprüfer [§ 18 Abs. 1 S. 1 WPO] hinweist). Dieser Feststellung, die in der Gesetzesbegründung – bis auf den Hinweis, dass eine solche Verpflichtung die unternehmerische Freiheit im Bereich der Berufsbezeichnungen einschränken würde (BT-Drs. 16/3655, 66) – nicht weiter ausgeführt wird, ist im Ergebnis zuzustimmen. Bedenkt man den von der jeweils gewählten (Berufs-) Bezeichnung ausgehenden **Werbeeffekt** (siehe hierzu auch § 10 RDG Rn. 18 unter dem Gesichtspunkt der Registrierungsfähigkeit von Rechtsanwälten), liegt es auf der Hand, dass (registrierte) Inkassounternehmen und Rentenberater(innen) im Zusammenhang mit ihrer Berufsausübung ohnehin regelmäßig nicht auf die (Berufs-) Bezeichnung verzichten werden.

II. Der Tatbestand im Einzelnen

15 **1. Berechtigter Personenkreis.** Zur Verwendung der geschützten Bezeichnungen sind im **Grundsatz** ausschließlich die entsprechend registrierten Rechtsdienstleister, also Inkassounternehmer und Rentenberater(innen), befugt. Dieser Grundsatz erfährt unter Berücksichtigung von Sinn und Zweck der Regelung – dem Schutz des Rechtsuchenden vor unqualifizierten Rechtsdienstleistern (siehe oben Rn. 14) – **zwei Einschränkungen:**

16 Zum einen hat dieser Aspekt keine Bedeutung, wenn **Rechtsanwälte** die geschützten bzw. verwechslungsfähigen Begriffe verwenden. Bei der Verwendung dieser Begriffe haben Rechtsanwälte allerdings die sich aus § 7 BORA ergebenden Grenzen zu beachten. Danach dürfen sie die Begriffe „Inkasso" und „Rentenberater/in" lediglich zur Beschreibung ihres Tätigkeitsfeldes einsetzen, nicht aber zum Gegenstand ihrer Berufsausübung machen (Krenzler/*D. Schmidt* Rn. 18; Unseld/Degen/*Unseld* Rn. 6; Grunewald/Römermann/*Suppé* Rn. 13; zur Frage der Doppelzulassung als Rechtsanwalt und registrierter Rechtsdienstleister siehe § 10 RDG Rn. 18ff.).

17 Zum anderen sind **Anbieter von Informations- und Fortbildungsveranstaltungen** aus dem Verbotsbereich des § 11 Abs. 4 RDG auszunehmen. Hier scheidet eine Verunsicherung der Verbraucher im Hinblick auf die Differenzierung zwischen qualifizierten registrierten Rechtsdienstleistern und nicht

Besondere Sachkunde, Berufsbezeichnungen **§ 11 RDG**

registrierten Dienstleistern von vornherein aus. Allerdings dürfen Anbieter solcher Veranstaltungen mit der gewählten Bezeichnung nicht den (wahrheitswidrigen) Eindruck erwecken, es handele sich eben doch um eine am Markt als (registrierter) Rechtsdienstleister auftretende Person (Krenzler/*D. Schmidt* Rn. 18; Grunewald/Römermann/*Suppé* Rn. 14f. unter Hinweis auf den Regelungszusammenhang des § 11 Abs. 4 RDG).

Keine Ausnahme ist zuzulassen hinsichtlich **ausländischer Rechts-** 18 **dienstleister,** die **nach § 15 RDG** nur vorübergehend Rechtsdienstleistungen erbringen (Krenzler/*D. Schmidt* Rn. 19). Diese haben die vorübergehende Rechtsdienstleistung gem. § 15 Abs. 4 S. 1 RDG vielmehr unter der in der Sprache des Niederlassungsstaats für die Tätigkeit bestehenden Berufsbezeichnung zu erbringen, wobei – wie in § 15 Abs. 4 S. 2 RDG ausdrücklich klargestellt – eine Verwechslung mit den in § 11 Abs. 4 RDG aufgeführten Berufsbezeichnungen ausgeschlossen sein muss (hierzu im Einzelnen § 15 RDG Rn. 98ff.).

2. Führen der Bezeichnung. Der vom Tatbestand des § 11 Abs. 4 RDG 19 erfasste Begriff des „Führens" der (Berufs-) Bezeichnung kann in Anlehnung an die Vorschrift des § 132a Abs. 1 StGB, die den Missbrauch von Titeln, Berufsbezeichnungen und Abzeichen zum Gegenstand hat und ebenfalls auf das „Führen" derselben abstellt, bestimmt werden (Krenzler/*D. Schmidt* Rn. 16, 18; Dreyer/Lamm/Müller/*K. Lamm* Rn. 16f.).

Im Anwendungsbereich des § 132a Abs. 1 StGB wird als „Führen" eine ge- 20 genüber der Umwelt geäußerte aktive Inanspruchnahme des Titels für sich im sozialen Leben, in einer Weise, durch welche die Interessen der Allgemeinheit berührt werden können, definiert (*Fischer* § 132a Rn. 21 mwN). Dabei ist es nicht erforderlich, dass das Führen der Berufsbezeichnung tatsächlich von einem Dritten zur Kenntnis genommen wird; ausreichend ist vielmehr die bloße Möglichkeit der Wahrnehmung durch Dritte (Krenzler/*D. Schmidt* Rn. 20; MüKoStGB/*Hohmann* § 132a Rn. 29). Daran gemessen ist etwa der Einsatz von Briefbögen oder Visitenkarten unter Verwendung der geschützten Bezeichnungen oder ein entsprechender Eintrag im Telefonbuch oder auf einer Homepage als tatbestandsmäßig zu qualifizieren (Krenzler/*D. Schmidt* Rn. 20; Dreyer/Lamm/Müller/*K. Lamm* Rn. 17). Demgegenüber stellt bspw. die Inanspruchnahme im privaten Bereich bei einer einzigen Gelegenheit aus bloßem Imponiergehabe (*Fischer* § 132a Rn. 21) oder ein reines Dulden der Anrede (Krenzler/*D. Schmidt* Rn. 20; *Fischer* § 132a Rn. 21) kein „Führen" im Sinne der Vorschrift dar.

3. Verwechslungsgefahr. Von § 11 Abs. 4 RDG geschützt sind auch die 21 dem Begriff Inkasso und der Berufsbezeichnung „Rentenberaterin" und „Rentenberater" zum Verwechseln ähnliche Bezeichnungen.

Wie bereits das Tatbestandsmerkmal des Führens der Berufsbezeichnung 22 kann auch das Merkmal der Verwechslungsgefahr in Anlehnung an die im Anwendungsbereich des § 132a Abs. 2 StGB entwickelten Grundsätze bestimmt werden (Krenzler/*D. Schmidt* Rn. 16; Dreyer/Lamm/Müller/*K. Lamm* Rn. 16). Danach liegt eine zum Verwechseln ähnliche Bezeichnung vor, wenn „nach dem Gesamteindruck eines durchschnittlichen, nicht genau prüfenden Beurteilers eine Verwechslungsgefahr möglich ist" (OLG Köln NJW 2000, 1053,

1054; BayObLG NJW 1978, 2348, 2349; Krenzler/*D. Schmidt* Rn. 16; Dreyer/Lamm/Müller/*K. Lamm* Rn. 16; Schönke/Schröder/*Sternberg-Lieben* § 132a Rn. 13). Dabei ist der jeweilige Zusammenhang, in welchem die verwechslungsfähige Bezeichnung geführt wird, maßgeblich, weil der Identifikationsprozess zwischen der geschützten Bezeichnung und einer vergleichbaren Schutzbezeichnung im Bewusstsein des durchschnittlichen Erklärungsempfängers davon abhängig ist, ob nach den jeweiligen Umständen auf eine Berufsbezeichnung oder eine bloße Qualifikation hingewiesen wird (Schönke/Schröder/*Sternberg-Lieben* § 132a Rn. 13). Dementsprechend kann sowohl eine **sprachliche als auch eine sich aus dem Sinngehalt ergebende Ähnlichkeit** die Verwechslungsgefahr begründen; entscheidend ist letztlich stets eine Prüfung des Einzelfalls unter Berücksichtigung der Gesamtumstände (Henssler/Prütting/*Weth* § 20 Rn. 17; Krenzler/*Klees* § 20 Rn. 18; zum RBerG ebenso *Chemnitz/Johnigk* Rn. 798; aA *Rennen/Caliebe* Art. 1 § 8 Rn. 27, die von der Notwendigkeit einer sprachlichen Ähnlichkeit ausgehen).

23 **Beispielhaft** für das Vorliegen einer Verwechslungsgefahr mit dem Begriff „**Inkasso**" kann das Synonym „Forderungseinzug" oder die Umschreibung mit „Beitreibung von Außenständen" genannt werden (Krenzler/*Klees* § 20 Rn. 18). Nichts anderes gilt für die Umschreibung der Bezeichnung „**Rentenberater(in)**" mit „Beratung in Rentensachen" oder im Falle einer Eingrenzung auf eine (vermeintliche) Spezialisierung, wie sie sich aus der Bezeichnung „Altersrentenberater" ergibt (Krenzler/*Klees* § 20 Rn. 18). Auch bei einem Auftreten als „Rentenexperte" muss von einer Verwechslungsgefahr mit der Bezeichnung „Rentenberater" ausgegangen werden (Unseld/Degen/*Unseld* Rn. 7; Grunewald/Römermann/*Suppé* Rn. 15, der ausdrücklich jedoch nur auf eine Irreführung gem. § 5 Abs. 1 Nr. 3 UWG abstellt), zumal die Bezeichnung „Experte" weit über dem Durchschnitt liegende Kenntnisse in dem jeweiligen Fachbereich erwarten lässt (vgl. LG Berlin Urt. v. 25.11.2010 – 52 O 142/10, BeckRS 2011, 06241 im Zusammenhang mit einem wettbewerbsrechtlichen Unterlassungsanspruch bzgl. anwaltlicher Werbung mit „Expertin" und „Experten-Kanzlei Scheidung"; siehe auch BVerfG NJW 2004, 2656 ff. und OLG Nürnberg NJW 2007, 1984 ff. zu der von Rechtsanwälten geführten Bezeichnung „Spezialist").

III. Folgen eines Verstoßes

24 Wer eine geschützte Bezeichnung iSv § 11 Abs. 4 RDG unbefugt führt, begeht zum einen gem. § 20 Abs. 1 Nr. 3 RDG eine **Ordnungswidrigkeit.** Zum anderen begründet die Zuwiderhandlung einen Wettbewerbsverstoß, wobei insoweit der Tatbestand des Wettbewerbsvorteils durch Rechtsbruch nach § 4 Nr. 11 UWG und der Tatbestand der Irreführung nach § 5 Abs. 1 Nr. 3 UWG in Betracht kommen (siehe hierzu Grunewald/Römermann/*Suppé* Rn. 16 f.; *Römermann/Römermann* ZAP Fach 23, S. 779, 789).

§ 11a Darlegungs- und Informationspflichten bei Inkassodienstleistungen

(1) ¹Registrierte Personen, die Inkassodienstleistungen erbringen, müssen, wenn sie eine Forderung gegenüber einer Privatperson geltend machen, mit der ersten Geltendmachung folgende Informationen klar und verständlich übermitteln:
1 den Namen oder die Firma ihrer Auftraggeberin oder ihres Auftraggebers,
2. den Forderungsgrund, bei Verträgen unter konkreter Darlegung des Vertragsgegenstands und des Datums des Vertragsschlusses,
3. wenn Zinsen geltend gemacht werden, eine Zinsberechnung unter Darlegung der zu verzinsenden Forderung, des Zinssatzes und des Zeitraums, für den die Zinsen berechnet werden,
4. wenn ein Zinssatz über dem gesetzlichen Verzugszinssatz geltend gemacht wird, einen gesonderten Hinweis hierauf und die Angabe, aufgrund welcher Umstände der erhöhte Zinssatz gefordert wird,
5. wenn eine Inkassovergütung oder sonstige Inkassokosten geltend gemacht werden, Angaben zu deren Art, Höhe und Entstehungsgrund,
6. wenn mit der Inkassovergütung Umsatzsteuerbeträge geltend gemacht werden, eine Erklärung, dass die Auftraggeberin oder der Auftraggeber diese Beträge nicht als Vorsteuer abziehen kann.

²Auf Anfrage sind der Privatperson folgende Informationen ergänzend mitzuteilen:
1. eine ladungsfähige Anschrift der Auftraggeberin oder des Auftraggebers, wenn nicht dargelegt wird, dass dadurch schutzwürdige Interessen der Auftraggeberin oder des Auftraggebers beeinträchtigt werden,
2. der Name oder die Firma desjenigen, in dessen Person die Forderung entstanden ist,
3. bei Verträgen die wesentlichen Umstände des Vertragsschlusses.

(2) Privatperson im Sinn des Absatzes 1 ist jede natürliche Person, gegen die eine Forderung geltend gemacht wird, die nicht im Zusammenhang mit ihrer gewerblichen oder selbständigen beruflichen Tätigkeit steht.

Inhaltsübersicht

	Rn.
A. Normzweck und Entstehungsgeschichte	1
B. Verpflichtete	10
C. Entstehen der Darlegungs- und Informationspflichten	12
I. Zusammenspiel von Abs. 1 S. 1 und S. 2	12
II. „Originäre" Darlegungs- und Informationspflichten	14
1. Allgemeines	14
2. Die Mindestangaben im Detail (Abs. 1 S. 1)	19
a) Person des Auftraggebers (Nr. 1)	19
b) Forderungsgrund etc. (Nr. 2)	23

	Rn.
c) Zinsen (Nr. 3)	28
d) Zinsen über gesetzlichem Verzugszinssatz (Nr. 4)	32
e) Inkassovergütung/-kosten (Nr. 5)	35
f) Umsatzsteuer (Nr. 6)	38
III. Weitere Darlegungs- und Informationspflichten „auf Anfrage"(Abs. 1 S. 2)	40
1. Allgemeines	40
2. Die Angaben im Detail	41
a) Ladungsfähige Anschrift (Nr. 1)	41
b) Angaben zum ursprünglichen Forderungsinhaber (Nr. 2)	43
c) Wesentliche Umstände des Vertragsschlusses (Nr. 3)	46
IV. Keine gesonderte Informationspflicht	49
1. Besondere Angaben zu Fernabsatzverträgen	49
2. Angaben zur Registrierungsbehörde	51
V. Verhältnis zu § 5a UWG	52
D. Der Begriff der „Privatperson"	53
E. Folgen eines Verstoßes	56
I. Verwirklichung von Bußgeldtatbeständen	56
II. Widerruf der Registrierung/Aufsichtsmaßnahmen	58
III. Zivilrechtliche Folgen	60
IV. Vergütungsrechtliche Fragen	62

A. Normzweck und Entstehungsgeschichte

1 Die Vorschrift wurde durch das Gesetz gegen unseriöse Geschäftspraktiken v. 1.10.2013 (BGBl. I S. 3714) geschaffen und trat mWv **1.11.2014** in Kraft.

2 Das **Gesetzgebungsverfahren** war **problematisch:** Das hatte seinen Grund jedoch weniger in den Änderungen im RDG (vgl. Kommentierungen zu §§ 13a, 14, 15b, 20 RDG und § 4 RDGEG) als darin, dass zugleich politisch kontrovers beurteilte Fragen der Begrenzung der sog. Abmahnindustrie und des sog. „fliegenden Gerichtsstandes" in UWG- und Urhebersachen das Gesetzgebungsverfahren emotional stark aufgeladen haben. Im Kern wurden sehr weitgehende Gesetzesentwürfe der Fraktion Die Linken (Entwurf eines Gesetzes zur Begrenzung der Haftung und der Abmahnkosten bei Urheberrechtsverletzungen, BT-Drs. 17/6483) und der Fraktion Bündnis 90/Die Grünen (Entwurf eines Gesetzes zur Begrenzung der Haftung und der Abmahnkosten bei Urheberrechtsverletzungen, BT-Drs. 17/12620) mehrheitlich abgelehnt. Die endgültige Gesetzesfassung wurde erst im Rechtsausschuss erarbeitet (BT-Drs. 17/14192 iVm 17/14216) und basiert im Kern auf dem Gesetzentwurf der Bundesregierung (BT-Drs. 17/13057 iVm 17/13429). Ein weiterer Gesetzentwurf des Bundesrats (Entwurf eines Gesetzes zur Fortentwicklung des Verbraucherschutzes bei unerlaubter Telefonwerbung, BT-Drs. 17/6482) wurde teilweise eingepflegt.

3 Die Neuregelung in § 11a RDG ist in **engem Zusammenhang mit den weiteren Neuregelungen in §§ 13a, 14, 15b, 20 RDG** zu sehen. Sie soll ein behördliches Vorgehen gegen die **„schwarzen Schafe" der Inkassobranche** erleichtern. Deren Missbrauchshandlungen sollen unterbunden werden, ohne die effektive und seriöse Beitreibung berechtigter Forderungen durch den weit

Darlegungs- u. Informationspflichten bei Inkassodienstleist. **§ 11a RDG**

überwiegenden Teil der über 1 800 in der Bundesrepublik Deutschland registrierten Inkassounternehmen unnötig zu erschweren (BT-Drs. 17/13057, 9). Anlass der Novelle waren die zunehmenden Beschwerden von Bürgern ua gegen unseriöse Inkassopraktiken, die nicht selten im Zusammenhang mit anderen unseriösen oder rechtlich missbilligten Praktiken – wie zB verbotenen Werbeanrufen oder fragwürdigen Abmahnungen – auftauchen (BT-Drs. 17/13057, 9). Ausgangspunkt war auch nicht zuletzt eine Studie des Verbraucherzentrale Bundesverband e. V. betreffend 4 000 Verbraucherbeschwerden (siehe dazu kritisch *Sturm* JurBüro 2012, 566, 570 mwN).

Die Informationspflichten aus § 11a RDG sollen **mehr Transparenz** 4 **beim Forderungseinzug** gewährleisten (BT-Drs. 17/13057, 11). Es soll nach den Vorstellungen des Gesetzgebers sichergestellt werden, dass die von einem Inkassounternehmen mit einer Zahlungsaufforderung konfrontierte Privatperson alle Angaben erhält, die sie benötigt, um die Berechtigung einer gegen sie geltend gemachten Forderung effektiv zu überprüfen und sich ggf. gegen sie zur Wehr zu setzen (etwa durch negative Feststellungsklage oder ein „Aussitzen", welches zur gerichtlichen Klärung auf Betreiben des Inkassounternehmens führen kann). Die unter § 11a Abs. 1 S. 1 Nr. 1–6 und S. 2 RDG neu geregelten Darlegungs- und Informationspflichten für Inkassounternehmen sollen auf der **„Ebene des Berufsrechts"** – das es eigentlich gar nicht gibt (§ 14 RDG Rn. 47 ff.), vom Gesetzgeber hier aber unterstellt wird – Abhilfe bei den vorgenannten Missständen schaffen. Die Pflichten sind zugleich so konkret gefasst, dass bei Zuwiderhandlungen daran **Sanktionen** geknüpft werden können, vgl. § 14 Nr. 3 RDG und § 20 Abs. 2 Nr. 1 und 2 RDG (Rn. 56 ff.). Die Pflichten dürfen **nicht** verwechselt werden mit den (allein) gegenüber dem „Dienstleistungsempfänger" (= Auftraggeber) zu erfüllenden Informationspflichten des Dienstleistungserbringers (= Inkassounternehmers) aus §§ 2f. DL-InfoV; bei § 11a RDG geht es um die **Information Dritter.**

Die Regelung bzw. vor allem ihre anwaltliche „Parallelregelung" in § 43d 5 BRAO wurde schon im Gesetzgebungsverfahren **scharf kritisiert** (vgl. auch Gaier/Wolf/Göcken/*Zuck* § 43d BRAO Rn. 1 ff., 43 ff.): Die BRAK sah darin einen systemwidrigen Eingriff in das Vertrauensverhältnis zwischen Anwalt und Mandant, zumal dem aufgrund der drittschützenden Informationspflicht durch den Anwalt bestens informierten Schuldner aus den anwaltlichen Darlegungen schnell Taktik und ggf. sogar Beweisnöte aufgezeigt würden, so dass sich ein Mahnschreiben schnell als „Eigentor" erweisen könnte. Die Regelung sei zudem überflüssig, weil aus dem Sachlichkeitsgebot des § 43a Abs. 3 BRAO ohnehin das Verbot der Lüge folge (BRAK-Stellungnahme Nr. 5/2013 von Februar 2013, S. 3f. = BRAK-Stellungnahme Nr. 27 von Mai 2012, S. 3f., zu § 43a Abs. 3 BRAO jüngst auch BGH NJW 2013, 2756; siehe zudem Henssler/Prütting/*Kilian* § 43d Rn. 3). *Möller* (BRAK-Magazin 3/2013, 10) meinte gar, dass man dem Mandanten in etlichen Fällen den Rat wird geben müssen, das Inkasso besser auf eigene Faust zu betreiben. Auch angebliche Grundrechtsverletzungen wurden ins Feld geführt, weil die Verschwiegenheitspflicht nicht zur Disposition des Gesetzgebers stünde (*Härting* AnwBl. 2013, 879f.). Ähnliche Gedanken könnte man auch zur Argumentation gegen § 11a RDG fruchtbar machen.

RDG § 11a Teil 3 Rechtsdienstleistungen durch registrierte Personen

6 Durchgreifende **verfassungsrechtliche Bedenken** gegen die reine Berufsausübungsregelung in § 11a RDG bestehen aber letztlich **nicht** (siehe auch Gaier/Wolf/Göcken/*Zuck* § 43d BRAO 43ff. zur Parallelregelung in § 43d BRAO), insbesondere nicht mit Blick auf Art. 12 GG und dem Gesichtspunkt der Verhältnismäßigkeit: Zwar wurde dem Gesetzgeber vorgeworfen, dass die (angebliche) Vielzahl seriöser Inkassounternehmer mit den wenigen „schwarzen Schafen" (unsachgemäß) in einen Topf geworfen würde und so mit unnötigen und unverhältnismäßigen Zusatzpflichten belastet würde (dazu *Sturm* JurBüro 2012, 566, 570f.; siehe auch BITKOM-Positionspapier v. 18.7.2012, S. 1f., abrufbar unter http://www.bitkom.org). Die BRAK meinte zur anwaltlichen Parallelregelung sogar, dass der durch Art. 12 GG verankerte Grundsatz der freien und selbstverantworteten Berufsausübung es verbiete, in das anwaltliche Berufsrecht plötzlich zivilrechtliche Pflichten gegenüber Dritten aufzunehmen und diese zum Gegenstand sanktionsbewehrter Berufspflichten zu machen. So enthalte die BRAO nicht eine einzige andere Vorschrift, die berufsrechtliche Pflichten des Rechtsanwalts zum Schutze ausgerechnet der Gegenpartei statuiere (BRAK-Stellungnahme Nr. 5/2013 von Februar 2013, S. 3 = BRAK-Stellungnahme Nr. 27/2012 von Mai 2012, S. 3). Diese Gedanken ließen sich ebenfalls auf das RDG übertragen.

7 **Richtig wäre das aber nicht:** Zwar ist der Gesetzgeber teilweise von eher seltsamen Vorstellungen ausgegangen, wenn er etwa meinte, dass die Angaben, die nunmehr in den Mahnschreiben enthalten sein müssen, inhaltlich gar nicht über die Inhalte einer seriösen Zahlungsaufforderung oder eines Mahnbescheidsantrags hinausgingen (BT-Drs. 17/13057, 17). Letzteres ist schlichtweg unsinnig, weil ein Mahnbescheid die Forderung nur individualisieren muss und weitere Angaben im automatisierten Mahnverfahren ohnehin nicht aufgenommen werden können (zutreffend BITKOM-Positionspapier v. 18.7.2012, S. 4, abrufbar unter http://www.bitkom.org). Dennoch ergeben sich allein daraus keine grundsätzlichen verfassungsrechtlichen Bedenken: Die Regelungen tangieren lediglich die Berufsausübung und sind nach der Drei-Stufen-Lehre (grundlegend BVerfGE 7, 377, 405ff. = NJW 1958, 1035, 1038) im Interesse des Gemeinwohls zulässig. Auch der Grundsatz der Verhältnismäßigkeit ist gewahrt, denn die Regelungen sind geeignet und erforderlich, um bestimmten unseriösen Geschäftspraktiken effektiv entgegenzuwirken. Sie sind auch zumutbar, denn sie konkretisieren letztlich nur bestehende Verhaltensanforderungen, da sorgfältig und redlich handelnde Inkassodienstleister die vom Schuldner erhobenen Einwendungen ohnehin zu prüfen und in der folgenden Zahlungsaufforderung auf diese einzugehen haben und diese Anforderungen von seriösen Unternehmen schon immer befolgt wurden. Eine materielle Erschwerung seriöser Berufsausübung ist daher mit den vorgeschlagenen Regelungen gar nicht verbunden. Auf der anderen Seite sind die erheblichen Schäden zu berücksichtigen, die Privatpersonen durch unseriöse Unternehmen und ihre Unterstützung durch unseriöse Inkassodienstleister entstehen und die ohne wirkungsvolle gesetzgeberische Maßnahmen nicht verhindert werden können (so BT-Drs. 17/6483, 8 zum ähnlichen Entwurf des Bundesrats, der allerdings noch auf den Fernabsatzbereich beschränkt war). Insbesondere die fehlende gesetzliche Pflicht zur schlüssigen Darlegung des geltend gemachten Anspruchs im Mahnschreiben führte bisher oft dazu, dass unseriöse Inkassounternehmern

Darlegungs- u. Informationspflichten bei Inkassodienstleist. **§ 11a RDG**

mit Informationen zum Auftraggeber, zum Forderungsgrund und zu den weiteren Nebenkosten geizten, um Privatpersonen über ihre Zahlungspflicht zu verunsichern und sie von einer gerichtlichen Klärung abzuhalten (BT-Drs. 17/13057, 17).

Soweit schließlich nicht ohne Grund eingewandt worden ist, dass bei vor 8 der Novelle übertragenen Inkassomandaten die Gesetzesnovelle zu einer schier unmöglichen Datennacherfassung und Problemen bei der Datenbearbeitung im Masseninkasso insbesondere im Telekommunikationsbereich führen würde (BITKOM-Positionspapier v. 18.7.2012, S. 3ff., abrufbar unter http://www.bitkom.org), ist das durch das Nach-Hinten-Schieben des Inkrafttretens auf den 1.11.2014 unproblematisch geworden. Der Gesetzgeber (BT-Drs. 17/14216, 10) hat bewusst eine **Übergangsfrist** von einem Jahr vorgesehen, um Auftraggebern und Inkassounternehmen die erforderlichen EDV-Umstellungen zu ermöglichen. Hierfür ist die gewählte Übergangsfrist von einem Jahr ausreichend. Soweit im Gesetzgebungsverfahren längere Fristen bzw. eine Anwendung der Norm erst auf nach Inkrafttreten abgeschlossene Verträge (BITKOM-Positionspapier v. 18.7.2012, S. 5, abrufbar unter http://www.bitkom.org) gefordert worden sind, dürfte das zu weit gehen. Wenn jahrzehntealte Vertragsverhältnisse betroffen sein sollten, ist es den Unternehmen zumutbar, sich auf die Neuerung einzustellen und etwaige Daten nachzuerheben bzw. zu erfassen. Dass Daten wie der Zeitpunkt des Vertragsschlusses nicht mehr nachvollziehbar sein sollen, erscheint seltsam; in diesen Fällen kann auch die Forderung regelmäßig nicht schlüssig dargelegt und unter Beweis gestellt werden, so dass sie ohnehin nicht beigetrieben werden darf.

Bedenken mit Blick auf **Art. 3 GG** bestehen auch nicht, nachdem die **An-** 9 **wälte** in § 43d BRAO vergleichbaren Informationspflichten unterworfen sind (zur Gleichbehandlung BT-Drs. 17/13057, 28). Dass § 43d BRAO nicht bußgeldbewehrt ist (Rn. 56), dürfte keine andere Sichtweise rechtfertigen, da Anwälten – anders als Rechtsdienstleistern – berufsrechtliche Sanktionen drohen. **Problematisch** könnte es werden, wenn **andere Berufsträger** zulässig Inkassoleistungen erbringen dürften, es hier aber keine entsprechenden Sonderregelungen gäbe. In der Regel fehlt es aber an der Zulässigkeit der Erbringung entsprechender Dienstleistungen (siehe zum StBerG BVerwG NJW 2013, 327 Rn. 20ff.; weiter aber uU BVerfG NJW 2013, 3357 m. krit. Anm. *Kleine-Cosack* AnwBl. 2013, 795; dazu auch FG Düsseldorf DStR 2014, 61). In seltenen Einzelfällen wird man aber ggf. mit einer verfassungskonformen Auslegung der dortigen Berufsrechte helfen können. Die Entwicklung bleibt abzuwarten. Sollte es dort Defizite geben, wird es sich ggf auch um atypische Ausnahmefälle handeln, die der Gesetzgeber nicht zwingend mitregeln musste. Dass es dennoch zumindest **konzeptionell** fragwürdig ist, zivilrechtliche Informationspflichten in den speziellen Berufsrechten mitzuregeln (zu § 43d BRAO zutreffend Henssler/Prütting/*Kilian* § 43d Rn. 4), steht allerdings außer Frage.

B. Verpflichtete

10 § 11a RDG erfasst alle **registrierten Personen,** die **Inkassodienstleistungen erbringen.** Reguliert werden damit neben Inkassounternehmen auch registrierte Inhaber einer Alterlaubnis nach dem Rechtsberatungsgesetz, deren Registrierung die Erbringung von Inkassodienstleistungen umfasst, sowie Personen, die nach § 15 RDG nur zur gelegentlichen und vorübergehenden Erbringung von Inkassodienstleistungen in der Bundesrepublik Deutschland registriert sind (BT-Drs. 17/13057, 17).

11 Ein Erbringen von **Inkassodienstleistungen** ist anhand der Legaldefinition in § 2 Abs. 2 RDG (§ 2 RDG Rn. 67 ff.) zu verstehen. **Nicht** von der Neuregelung erfasst wird folglich die Geltendmachung von Forderungen, die nicht dem Inkassobegriff des § 2 Abs. 2 RDG unterfällt. Dies betrifft insbesondere Fälle des Factoring sowie des Forderungskaufs, bei denen die Person, die die Forderung erwirbt, diese im eigenen Namen einzieht und anders als beim Inkasso auf fremde Rechnung auch das volle Ausfallrisiko für die Forderung übernimmt. Für Unternehmen, die solche Forderungen geltend machen, greifen daher nur die allgemeinen Regelungen über den Inhalt und die Bestimmtheit von Zahlungsaufforderungen und Mahnschreiben (BT-Drs. 17/13057, 17; Gaier/Wolf/Göcken/*Siegmund* Rn. 9). Deren Missachtung kann aber nicht ohne Weiteres über § 14 Nr. 3 RDG sanktioniert werden (§ 14 RDG Rn. 39).

C. Entstehen der Darlegungs- und Informationspflichten

I. Zusammenspiel von Abs. 1 S. 1 und S. 2

12 Die Darlegungs- und Informationspflichten aus Abs. 1 S. 1 gelten unmittelbar (BT-Drs. 17/13057, 17), entstehen also **originär** kraft Gesetzes und sind **Mindestangaben.** Die Darlegungs- und Informationspflichten aus Abs. 1 S. 2 setzen hingegen eine **„Anfrage"** voraus (BT-Drs. 17/13057, 19), bestehen also nicht automatisch.

13 Die originäre Verpflichtung geht über die ursprünglichen Pläne des Bundesrats hinaus, erst denjenigen Verbraucher, der dem Bestand der Forderung widersprochen hat, bei einer folgenden Zahlungsaufforderung umfassend zu unterrichten (BT-Drs. 17/6482, 5). Die originäre Verpflichtung ist im Laufe des Gesetzgebungsverfahrens minimiert worden, so dass sich keine Bedenken im Hinblick auf den Verhältnismäßigkeitsgrundsatz ergeben dürften (Rn. 6f.).

II. „Originäre" Darlegungs- und Informationspflichten

14 **1. Allgemeines.** Die originären Darlegungs- und Informationspflichten des Inkassounternehmers entstehen beim **„ersten Geltendmachen"** der **Forderung** gegenüber einer **Privatperson,** also ohne deren Nachfrage. Der Begriff der Privatperson ist in Abs. 2 legaldefiniert (Rn. 53 ff.).

Die „**erste Geltendmachung**" einer Forderung liegt in der Regel in der 15
ersten Zahlungsaufforderung, mit der dann die vom Gesetz geforderten Informationen zu übermitteln sind (unklar Gaier/Wolf/Göcken/*Zuck* § 43d
BRAO Rn. 14, der teilweise Mahnungen ausklammert).

Wird eine Nebenforderung (etwa Zinsen) erst **nachträglich** geltend ge- 16
macht, müssen die diesbezüglichen Darlegungs- und Informationspflichten
erst bei der ersten Geltendmachung der Nebenforderung beachtet werden
(BT-Drs. 17/13057, 18). Nichts anderes gilt bei sonstigen Nachforderungen
oder Neuberechnungen der Hauptforderung.

Eine bestimmte **Form** ist für die Übermittlung der Informationen **nicht** vor- 17
geschrieben. Die Information muss aber in oder jedenfalls gemeinsam (= zeitgleich) mit der entsprechenden Zahlungsaufforderung übermittelt werden.
Nicht ausreichend ist es, wenn die entsprechenden Informationen lediglich zur
Einsicht ins Internet gestellt und die Privatperson im Mahnschreiben auf diese
Einsichtsmöglichkeit hingewiesen würde (BT-Drs. 17/13057, 18). Auch kann
nicht – wie zT bei AGB – auf Einsichtnahmemöglichkeiten verwiesen werden
(Gaier/Wolf/Göcken/*Zuck* § 43d BRAO Rn. 17).

Die Informationen müssen in klarer und verständlicher Weise erfolgen und 18
für die **durchschnittlichen Adressaten** der Zahlungsaufforderung ohne
Weiteres verständlich sein. Diese müssen dem Schreiben ohne Inanspruchnahme weiterer Hilfe den Grund ihrer Inanspruchnahme und den zugrunde
liegenden Lebenssachverhalt sowie die genaue Höhe und ggf. Berechnung
der gegen sie erhobenen Haupt- und Nebenforderungen entnehmen können
(BT-Drs. 17/13057, 18). Für Ausländer ist keine Übersetzung erforderlich
(Gaier/Wolf/Göcken/*Zuck* § 43d BRAO Rn. 18).

2. Die Mindestangaben im Detail (Abs. 1 S. 1). a) Person des Auf- 19
traggebers (Nr. 1). Die Person des Auftraggebers ist mit ihrem vollen Namen
oder ihrer Firma zu benennen (BT-Drs. 17/13057, 18). Die Firma muss dabei
einen Zusatz enthalten, aus dem die Rechtsform bzw. die Kaufmannseigenschaft des Unternehmens zu ersehen ist (§ 17 HGB).

Ziel dieser Informationspflicht ist in Verbindung mit der Regelung in 20
Abs. 1 S. 2 Nr. 1 und 2, dass die Identität des Auftraggebers durch die Privatperson zweifelsfrei festgestellt werden kann.

Auftraggeber iSv Abs. 1 S. 1 Nr. 1 ist der Vertragspartner des Inkassounter- 21
nehmens (BT-Drs. 17/13057, 18). Typischerweise werden diejenige Person,
die das Inkassounternehmen beauftragt hat, und die Person, der die Forderung
rechtlich zusteht, **identisch** sein, denn ein Inkassounternehmen treibt Forderungen im Regelfall anstelle der berechtigten Person aufgrund einer Inkassovollmacht oder -zession ein.

Denkbar ist jedoch auch, dass der Auftraggeber **nicht** mit dem Forderungs- 22
inhaber **identisch** ist, etwa weil die Forderung im Wege der stillen Zession an
ein Kreditinstitut abgetreten wurde. In einem solchen Fall bleibt der Sicherungszedent nach dem Vertrag weiterhin befugt, die Forderung geltend zu
machen und ggf. auch ein Inkassounternehmen mit der Einziehung zu beauftragen. Hier muss originär dennoch nur der Name des Auftraggebers, nicht
aber auch derjenige des tatsächlichen Forderungsinhabers genannt werden.
Der Gesetzgeber meinte, dass ein rechtlich geschütztes Interesse daran, dass

auch der Name der Person, der die Forderung zusteht, benannt wird, dann nicht bestünde (BT-Drs. 17/13057, 18). Er hat dies mit der Regelung des Abs. 1 S. 2 Nr. 2 aber dann aufgeweicht (Rn. 43 ff.).

23 **b) Forderungsgrund etc. (Nr. 2)** Um der Verunsicherung von Privatpersonen durch die Geltendmachung nicht bestehender Forderungen entgegenzuwirken, verpflichtet Abs. 1 S. 1 Nr. 2 die Inkassodienstleister zur Bezeichnung des **Forderungsgrunds.** Dies hat in erster Linie durch einen Hinweis auf den Vertragstyp (zB „Kauf", „Miete", „Darlehen", „Dienstvertrag") oder auf die gesetzliche Anspruchsgrundlage (zB „unerlaubte Handlung", „ungerechtfertigte Bereicherung") zu erfolgen (BT-Drs. 17/13057, 18).

24 Darüber hinaus verlangt die Vorschrift, bei **Verträgen** – nichts anderes wird für vertragsähnliche Ansprüche etwa aus §§ 280 Abs. 1, 311 BGB gelten – auch den **Vertragsgegenstand** darzulegen. Dafür bedarf es nur summarischer, für die Privatperson aber hinreichend genauer Hinweise, um den hinter dem geltend gemachten Zahlungsanspruch stehenden **Lebenssachverhalt zu identifizieren** (BT-Drs. 17/13057, 18). Darüber hinaus ist das Datum des Vertragsschlusses konkret zu benennen (BT-Drs. 17/13057, 18).

25 Die Sonderbehandlung von Verträgen führt **nicht** dazu, dass man bei **gesetzlichen Ansprüchen** fast gar keine Angaben mehr verlangen kann. Dort bedarf es nach Sinn und Zweck der Regelung vielmehr ebenfalls näherer Angaben, die zumindest Aufschluss über die Herkunft der Forderung geben. Nicht ausreichend wäre es zum Beispiel für die Bestimmung eines Anspruchs aus unerlaubter Handlung, lediglich die Begründung „aus Schadensersatz" anzugeben. Stattdessen müssten konkretisierende Angaben zur Handlung, dem Handlungszeitpunkt oder dem verletzten Rechtsgut erfolgen, damit die in Anspruch genommene Person die Berechtigung der Forderung einschätzen kann (BT-Drs. 17/13057, 18).

26 Werden neben der Hauptforderung auch **Nebenforderungen** geltend gemacht, ist auch für diese – soweit nicht für Zinsansprüche die besonderen Vorschriften aus Abs. 1 S. 1 Nr. 3 und 4 gelten – der jeweilige Forderungsgrund darzulegen (BT-Drs. 17/13057, 18).

27 Weitergehende Informationspflichten („die wesentlichen Umstände des Vertragsschlusses") können sich aus Abs. 1 S. 2 Nr. 3 auf Anfrage ergeben (Rn. 46 ff.). Daher dürfen die Anforderungen an die originären Informationspflichten **insgesamt nicht überspannt** werden. Im Kern werden Inkassounternehmen im Masseninkasso auch weiterhin nicht jeweils den Bestand der Hauptforderung ohne konkreten Anlass umfassend zu prüfen haben (§ 14 RDG Rn. 39), so dass schwerlich ausgefeilte „Schlüssigkeitsprüfungen" zu übermitteln sein können.

28 **c) Zinsen (Nr. 3).** Werden Zinsen geltend gemacht, ist eine **Zinsberechnung** unter Darlegung der zu verzinsenden Forderung, des Zinssatzes und des Zeitraums, für den die Zinsen berechnet werden, beizufügen. Diese Darlegungs- und Informationspflicht soll Privatpersonen helfen, die Zinsberechnung in Bezug auf Haupt- und Nebenforderungen besser nachzuvollziehen. Es sollen keine Zweifel mehr darüber aufkommen, in welcher Höhe und zu welchem Fälligkeitszeitpunkt der geforderte Betrag zu entrichten ist.

Darlegungs- u. Informationspflichten bei Inkassodienstleist. **§ 11a RDG**

Nach Sinn und Zweck der Regelung in Abs. 1 S. 1 Nr. 3 bedarf es stets der 29 Klarstellung, ob sich die Zinsforderung auf die Ursprungsforderung oder eine Nebenforderung (zum Beispiel aus Mahn- und Inkassokosten) oder auf beide Forderungen bezieht (BT-Drs. 17/13057, 18). Ebenso bedarf es der Klarstellung, in welcher Höhe Zinsen für die jeweilige Forderung geltend gemacht werden, da sich die Höhe der Zinssätze für Haupt- und Nebenforderung unterscheiden kann (BT-Drs. 17/13057, 18).

Die Verpflichtung zur Angabe des Zeitraums, für den Zinsen geltend ge- 30 macht werden, soll einer Privatperson die Prüfung erleichtern, ob in dem genannten Zeitraum tatsächlich Verzug vorlag, der als grds. vertragswidriges Verhalten nach § 288 BGB notwendige Voraussetzung für die Geltendmachung von Verzugszinsen ist (BT-Drs. 17/13057, 18).

Nach dem Willen des Gesetzgebers sollen mit der Regelung Personen, die 31 Inkassodienstleistungen erbringen, verpflichtet werden, (zumindest) Zinsforderungen einer **Schlüssigkeitsprüfung** zu unterziehen, bevor sie sie in Rechnung stellen (BT-Drs. 17/13057, 18). Anders als bei Hauptforderungen (Rn. 27) ist die Prüfpflicht sogar originär, entsteht also nicht erst bei einer Rückfrage des vermeintlichen Schuldners (§ 14 RDG Rn. 39).

d) Zinsen über gesetzlichem Verzugszinssatz (Nr. 4). Wird sogar ein 32 Zinssatz über dem gesetzlichen Verzugszinssatz aus § 288 Abs. 1 S. 2 BGB hinaus geltend gemacht, ist ein gesonderter Hinweis hierauf und die Angabe geboten, aufgrund welcher Umstände der erhöhte Zinssatz gefordert wird. Ein solcher Anspruch auf höhere Zinsen kann sich aus einer gesetzlichen Sonderregelung oder einer entsprechenden vertraglichen Vereinbarung (§ 288 Abs. 3 BGB) ergeben. Ein entsprechender Anspruch auf Ersatz des Verzugsschadens kann auch aus § 288 Abs. 4 BGB iVm § 280 Abs. 1, 2, 286 Abs. 1 BGB folgen. Letzterer greift insbesondere beim Verlust von Anlagezinsen oder bei erhöhten Aufwendungen für die Inanspruchnahme eines Bankdarlehens.

Aufgrund seiner Darlegungs- und Informationspflicht muss ein Inkassoun- 33 ternehmer eine Privatperson summarisch über alle wesentlichen Umstände informieren, die die erhöhte Zinsforderung bzw. den angesprochenen Zinsschadensersatzanspruch begründen (BT-Drs. 17/13057, 19).

Das zu Rn. 31 zur **originären Schlüssigkeitsprüfung** Gesagte gilt auch 34 hier entsprechend.

e) Inkassovergütung/-kosten (Nr. 5). Soweit eine Inkassovergütung 35 oder sonstige Inkassokosten geltend gemacht werden, sind diese unter Angabe von Art, Höhe und Entstehungsgrund genau zu bezeichnen. Die Inkassovergütung ist das Entgelt, das der Auftraggeber und das Inkassounternehmen für den Forderungseinzug vereinbart haben (BT-Drs. 17/13057, 19).

Der Begriff der „sonstigen Inkassokosten" ist so zu verstehen wie bei § 4 36 Abs. 5 RDGEG (BT-Drs. 17/13057, 19), vgl. § 4 RDGEG Rn. 36ff. Hierzu zählen also insbesondere die Auslagen, die einem Inkassounternehmen entstanden sind, und die für seine Tätigkeit zu entrichtende Umsatzsteuer (BT-Drs. 17/13057, 22).

Das zu Rn. 31 zur **originären Schlüssigkeitsprüfung** Gesagte gilt wohl 37 auch hier entsprechend.

38 f) Umsatzsteuer (Nr. 6). Werden mit der Inkassovergütung auch Umsatzsteuerbeträge geltend gemacht, ist eine weitere Erklärung erforderlich, dass der Auftraggeber diese Beträge nicht als Vorsteuer abziehen kann. Die Vorschrift dient der **Verhinderung der unberechtigten Weiterberechnung** von Umsatzsteuer. Denn bei einer Berechtigung zum Vorsteuerabzug kann der Auftraggeber die an das Inkassounternehmen gezahlte Vorsteuer selbst in (Vorsteuer-)Abzug bringen, so dass ihm kein materieller Schaden entsteht (BT-Drs. 17/13057, 19). Der gleiche materielle Rechtsgedanke liegt auch § 104 Abs. 2 S. 3 ZPO zugrunde (siehe auch BT-Drs. 12/6962, 111, wo man der Auffassung des BFH BStBl. 1990 II S. 584 folgt).

39 Da die Privatperson von der Vorsteuerabzugsberechtigung des Auftraggebers in der Regel keine Kenntnis haben kann/wird, begründet das Gesetz eine weitere originäre Darlegungspflicht für das Inkassounternehmen. Das Inkassounternehmen wird hierdurch verpflichtet, sich bei der auftraggebenden Person rückzuversichern, ob eine Weiterberechnung von Umsatzsteuer mangels Vorsteuerabzug berechtigt ist (BT-Drs. 17/13057, 19); auch hier besteht also eine **originäre Verpflichtung zur Prüfung** (Rn. 31).

III. Weitere Darlegungs- und Informationspflichten „auf Anfrage" (Abs. 1 S. 2)

40 1. Allgemeines. Neben die originären Pflichten (Rn. 14 ff.) treten weitere „auf Anfrage":

41 2. Die Angaben im Detail. a) Ladungsfähige Anschrift (Nr. 1). Die Angabe der **Anschrift des Auftraggebers** soll gemeinsam mit der Informationspflicht nach Abs. 1 S. 1 Nr. 1 eine sichere Identitätsfeststellung ermöglichen und so der in Anspruch genommenen Person, die sich gegen die Forderung wehren möchte, ein gerichtliches Vorgehen gegen den oder die Auftraggeber erleichtern (BT-Drs. 17/13057, 19). Anfragen eines bevollmächtigten Dritten genügen (Gaier/Wolf/Göcken/*Zuck* § 43d BRAO Rn. 36).

42 Auf die Angabe der Anschrift kann nur verzichtet werden, wenn dargelegt wird, dass der Benennung der Anschrift besondere Schwierigkeiten oder schutzwürdige Geheimhaltungsinteressen entgegenstehen, wozu der Gesetzgeber (BT-Drs. 17/13057, 19) folgende **Beispiele** angeführt hat: Wiederholte Bedrohung oder Stalking durch die Schuldnerin oder den Schuldner, Sperrerklärung zugunsten des Auftraggebers nach § 96 StPO. Die Beispiele zeigen deutlich, dass **regelmäßig kein schutzwürdiges Geheimhaltungsinteresse** bestehen wird.

43 b) Angaben zum ursprünglichen Forderungsinhaber (Nr. 2). Auf Anfrage soll der vermeintliche Schuldner auch über den **ursprünglichen** Gläubiger einer Forderung unterrichtet werden, um die Berechtigung einer geltend gemachten Forderung überprüfen zu können (BT-Drs. 17/14216, 7).

44 Die Regelung geht auf einen Vorschlag des Bundesrats zurück, der eine effektive Verteidigung und das Vorbringen substanziierter Einwendungen gegen eine Forderung nur dann für möglich hielt, wenn auch derjenige benannt werde, in dessen Person der Anspruch entstanden ist, weil die Forderung abgetreten oder kraft Gesetzes übergegangen sein kann und allein die Benennung

Darlegungs- u. Informationspflichten bei Inkassodienstleist. **§ 11a RDG**

des Auftraggebers (Abs. 1 S. 1 Nr. 1) dann nicht genügt (BT-Drs. 17/13429, 1). Schwebte dem Bundesrat eine originäre Informationspflicht vor, hat der Gesetzgeber diese Fälle jedoch Abs. 1 S. 2 unterworfen, weil es genüge, wenn diese zu den Umständen des Vertragsschlusses (Abs. 1 S. 2 Nr. 3) zählende Information auf Nachfrage erteilt werde (BT-Drs. 17/13429, 15; BT-Drs. 17/14216, 7).

Die Regelung ist insofern lückenhaft, als etwa bei Zessionsketten oder sons- 45 tigen Mehrfachrechtsnachfolgen zur Überprüfung der Aktivlegitimation alle Beteiligten der Kette bekannt sein müssten. Solche Angaben sind nach § 11a Abs. 1 S. 2 RDG aber auch auf Anfrage nicht zwingend zu erteilen. Ein seriöses Inkassounternehmen wird natürlich dennoch Auskunft erteilen.

c) Wesentliche Umstände des Vertragsschlusses (Nr. 3). Zu den we- 46 sentlichen Umständen des Vertragsschlusses zählen insbesondere Angaben zur Art und Weise des Vertragsschlusses (zB telefonisch, per Internet oder mündlich an der Haustür; vgl. BT-Drs. 17/13057, 19; BT-Drs. 17/13429, 15f.; siehe unten Rn. 49; aA Gaier/Wolf/Göcken/*Zuck* § 43d BRAO Rn. 38). Die Darlegung der wesentlichen Umstände des Vertragsschlusses soll die Informationspflicht nach Abs. 1 S. 2 Nr. 2 ergänzen und der Privatperson eine Möglichkeit an die Hand geben, zusätzliche Informationen über den geltend gemachten vertraglichen Anspruch zu erhalten, wenn hierfür die konkrete Darlegung des Vertragsgegenstands und des Datums nicht ausreicht (BT-Drs. 17/13057, 19).

Im Gesetzgebungsverfahren sind gewisse Bedenken an der Erfüllbarkeit 47 (und Sinnhaftigkeit) dieser Pflichten laut geworden (BITKOM-Positionspapier v. 18.7.2012, S. 4f., abrufbar unter http://www.bitkom.org), weil insbesondere Telekommunikationsunternehmen nach eigenen kaufmännischen Mahnverfahren regelmäßig Gesamtforderungen zum Inkasso geben, die sich aus einer Mehrzahl von nicht ausgeglichenen Rechnungen, einer Vielzahl von nutzungsunabhängigen Grundentgelten und nutzungsabhängigen Verbindungsentgelten, also einer größeren Anzahl von Einzelforderungen, zusammensetzen. Zudem seine diese Teilforderungen zuvor häufig durch Teilzahlungen, Verrechnungen und Gutschriften teilweise erloschen und es sei gerade bei langjährigen Vertragskunden nicht mehr ohne Weiteres möglich, nachzuvollziehen, wann der Kunde seinen Vertrag über ein Dauerschuldverhältnis abgeschlossen und wo er dies getan hat; die Angaben zum Vertragsschluss seien hier auch weitgehend sinnlos.

Diese Bedenken tragen **nicht:** Zum einen verlangt § 11a RDG – anders als in 48 einem etwaigen Prozess – keine umfassende schlüssige Darlegung der gesamten Forderung unter Beweisantritt, sondern nur eine entsprechende nachvollziehbare Aufschlüsselung des „Forderungsgrundes" (Abs. 1 S. 1 Nr. 1) und (erst) „auf Anfrage" sodann die weiteren Angaben aus Abs. 1 S. 2 Nr. 3. Soweit die Kritiker (BITKOM-Positionspapier v. 18.7.2012, S. 5, abrufbar unter http://www.bitkom.org) auf die Möglichkeiten des Einzelgesprächsnachweises (§ 45e TKG) verwiesen haben, tritt dieser neben die Pflichten aus § 11a RDG und kann die Angaben erleichtern bzw bei konkreter Bezugnahme ersetzen. Allein die Tatsache, dass der Schuldner dann, wenn die Forderung zum Inkassounternehmen geht, bereits mannigfache Möglichkeiten zur Informationsbeschaffung versäumt haben mag, rechtfertigt nicht, den Inkassounternehmer von allen Pflichten freizustellen.

IV. Keine gesonderte Informationspflicht

49 **1. Besondere Angaben zu Fernabsatz.** Wie bei Rn. 46 bereits ausgeführt, sind über Abs. 1 S. 2 Nr. 3 („Umstände des Vertragsschlusses") auf Anfrage auch Angaben zu dessen **Art und Weise** zu machen; es muss also mitgeteilt werden, ob der Vertrag telefonisch, im Internet oder mündlich geschlossen wurde.

50 Deswegen hat der Gesetzgeber auch weitergehende Pläne des Bundesrats verworfen, bei Forderungen aus Fernabsatzverträgen (§ 312b BGB) noch andere Angaben für erforderlich zu halten, etwa die Erklärung, ob der Verbraucher seine Willenserklärung zum Vertragsschluss am Telefon, im elektronischen Geschäftsverkehr, in Textform, schriftlich oder in einer sonstigen, näher zu bezeichnenden Form abgegeben hat bzw. im Falle der Willenserklärung im elektronischen Geschäftsverkehr die Erklärung, ob, wann und in welcher Form der Verbraucher gem. § 312g Abs. 3 BGB aF (seit 13.6.2014: § 312j Abs. 3 BGB idF des Gesetzes zur Umsetzung der Verbraucherrechterichtlinie und zur Änderung des Gesetzes zur Regelung der Wohnungsvermittlung v. 20.9.2013, BGBl. I S. 3642) bestätigt hat, dass er sich zu einer Zahlung verpflichtet etc. Diese Informationspflichten knüpften wiederum an die vom Bundesrat in seinem am 27.5.2011 eingebrachten Gesetzentwurf (BR-Drs. 271/11, 11 ff.; siehe auch BT-Drs. 17/6482) erhobenen Forderungen an. Sie sollten sicherstellen, dass der Schuldner die notwendigen Angaben zu wesentlichen Umständen des Vertragsschlusses erhält, aus denen er Schlüsse zur Berechtigung der geltend gemachten Forderung ziehen kann. Zugleich sollten die Unternehmen mittelbar verpflichtet werden, die formalen Anforderungen an einen wirksamen Vertragsschluss im Fernabsatz vor der Beauftragung eines Inkassodienstleisters zu prüfen (BT-Drs. 17/13429, 1f.). Mit dem oben zu Rn. 48 Gesagten kann man das im Ergebnis für die Fälle der Nachfrage des Schuldners aber eben inhaltsgleich über Abs. 1 S. 2 Nr. 3 erreichen.

51 **2. Angaben zur Registrierungsbehörde.** Soweit der Bundesrat sich dafür ausgesprochen hatte, auch Bezeichnung und Anschrift der **Registrierungsbehörde** in die Pflichtangaben aufzunehmen, um einen Ansprechpartner bei Beschwerden zu haben und so die Aufsicht zu stärken (BT-Drs. 17/13429, 2), wurde dieser Vorschlag im Gesetzgebungsverfahren (leider) nicht aufgegriffen. Begründet wurde das damit, dass die nach § 11a Abs. 1 RDG erforderlichen Angaben dem Privatpersonen nur die Prüfung der Berechtigung der erhobenen Forderungen erleichtern sollen und solche weiteren Angaben dafür nicht erforderlich im Sinne des Verhältnismäßigkeitsgrundsatzes seien (BT-Drs. 17/13429, 16). Formal mag das stimmen, aber die Stärkung der Aufsicht wäre anders durchaus erreicht worden. Der Betroffene kann aber natürlich auf das online verfügbare Rechtsdienstleistungsregister zugreifen.

Darlegungs- u. Informationspflichten bei Inkassodienstleist. **§ 11a RDG**

IV. Verhältnis zu § 5a UWG

Neben den Pflichten aus § 11a RDG treffen den Inkassounternehmer auch 52 die **allgemeinen Pflichten aus § 5a Abs. 2–4 UWG;** Sonderregelungen wie in § 10 BORA fehlen hier. Die Bestimmung des § 5a Abs. 2 UWG begründet aber **keine generelle Informationspflicht,** sondern verpflichtet grds. allein zur Offenlegung solcher Informationen, die für die geschäftliche Entscheidung erhebliches Gewicht haben und deren Angabe unter Berücksichtigung der beiderseitigen Interessen vom Unternehmer erwartet werden kann (BGH NJW 2013, 314 Rn. 36). Da als "wesentlich" iSd § 5a Abs. 2 UWG auch Informationen gelten, „die dem Verbraucher aufgrund gemeinschaftsrechtlicher Verordnungen oder nach Rechtsvorschriften zur Umsetzung gemeinschaftsrechtlicher Richtlinien für kommerzielle Kommunikation einschließlich Werbung und Marketing nicht vorenthalten werden dürfen", kann die **DL-InfoV** (oben Rn. 4) hier zwar mittelbare Bedeutung erlangen. Eine Angabe zur Aufführung von allen Zweigstellen etc. lässt sich daraus aber nicht begründen (BGH NJW 2013, 314 Rn. 31ff. für Anwälte). Ein UWG-Verstoß wäre auch nicht nach § 20 RDG bußgeldbewehrt und kann auch nicht ohne Weiteres über § 14 RDG zum Widerruf führen, sofern nicht ein beharrliches Verhalten Zweifel an Zuverlässigkeit begründet.

D. Der Begriff der „Privatperson"

Eine „Privatperson" ist jede natürliche Person, gegen die eine Forderung 53 geltend gemacht wird, die **nicht im Zusammenhang mit ihrer gewerblichen oder selbstständigen beruflichen Tätigkeit** steht. Die Legaldefinition erstreckt den bisher schutzwürdigen Personenkreis **über den Verbraucherbegriff in § 13 BGB hinaus** auf **alle Personen, gegen die Forderungen aus einem nicht geschäftlichen Kontext** erhoben werden. Damit sollen insbesondere auch Adressaten von Inkassotätigkeiten erfasst werden, die sich auf Schadensersatzforderungen aus Urheberrechtsverletzungen im Internet beziehen (BT-Drs. 17/13057, 19). Praktisch erscheint das zumindest wegen des Wortlauts des § 101 UrhG („gewerbliches Ausmaß") aber schon nicht gesichert.

Ausgenommen bleiben in Anlehnung an § 13 BGB aber Adressaten von In- 54 kassotätigkeiten für Forderungen, die **im Zusammenhang mit der gewerblichen oder selbstständigen beruflichen Tätigkeit** der Schuldnerin oder des Schuldners stehen. Hierdurch sollen inhaltliche Widersprüche zu Regelungen der Richtlinie 2011/7/EU des Europäischen Parlaments und des Rates v. 16.2.2011 zur Bekämpfung von Zahlungsverzug im Geschäftsverkehr (ABl. EU Nr. L 48 v. 23.2.2011 S. 1) vermieden werden (BT-Drs. 17/13057, 19). Die bislang versäumte Umsetzung dieser Richtlinie in Deutschland (dazu *Oelsner* NJW 2013, 2469) macht damit hier wohl keine Probleme.

Die Begrenzung auf „Privatpersonen" ist ausdrücklich gewollt. Es gab Be- 55 strebungen im Bundesrat, die Informationspflichten auch gegenüber Unternehmern einzuführen. Jeder Schuldner sollte die Gelegenheit erhalten, gegen erhobene Forderungen vorzugehen – wobei man gerade auch kleine und mittelständische Unternehmen und Existenzgründer im Auge hatte (BT-Drs. 17/13429, 1). Dem hat der Gesetzgeber eine klare Abfuhr erteilt, weil man nur den Schutz der Privatpersonen als „besonders schutzwürdigen Personenkreis" im Visier hatte (BT-Drs. 17/13429, 15). Dies spricht in **Mischfällen** einer gemischt privat-beruflichen Zweckrichtung für eine restriktive Auslegung der Norm, die daher nur rein „private" Fälle erfasst (Gaier/Wolf/Göcken/*Zuck* § 43 d BRAO Rn. 12).

E. Folgen eines Verstoßes

I. Verwirklichung von Bußgeldtatbeständen

56 Eine Verletzung der Darlegungs- und Informationspflichten aus § 11a RDG kann – anders als bei den Anwälten in § 43d BRAO – zur Verwirklichung von Bußgeldtatbeständen in der zur Verbreiterung des Reaktionsspektrums der Aufsichtsbehörden ebenfalls geschaffenen Neuregelung in § 20 Abs. 2 Nr. 1 und 2 RDG führen (§ 20 RDG Rn. 50ff.). Die entsprechenden Änderungen sind bereits am 9.10.2013 in Kraft getreten, doch ging die Norm wegen des Verweises auf § 11a RDG bis zu dessen Inkrafttreten zum 1.11.2014 ins Leere.

57 Ordnungswidrig ist grds. bereits eine einmalige Verletzung von einzelnen Darlegungs- und Informationspflichten. Aufgrund des Opportunitätsprinzips (§ 47 Abs. 1 OWiG) ist es der Registrierungsbehörde jedoch möglich, von der Ahndung einmaliger Verstöße abzusehen.

II. Widerruf der Registrierung/Aufsichtsmaßnahmen

58 Bei beharrlichen Zuwiderhandlungen kann ein Widerruf nach § 14 Nr. 3 RDG in Betracht kommen (§ 14 RDG Rn. 45). Die Regelung stellt klar, dass der beharrliche Verstoß gegen § 11a RDG einen Regelfall dauerhaft unqualifizierter Rechtsdienstleistung iSd § 14 Nr. 3 RDG darstellt (vgl. auch BT-Drs. 17/6483, 10).

59 Der Widerruf ist regelmäßig nur ultima ratio (§ 14 RDG Rn. 16); andere Aufsichtsmaßnahmen sind vorrangig (siehe auch § 13a RDG). Um die Erfüllung der Informationspflichten sicherzustellen, kann die zuständige Behörde einem Inkassounternehmen gem. §§ 10 Abs. 3, 13a Abs. 2 RDG geeignete Auflagen erteilen (zB Dokumentationspflichten, so auch BT-Drs. 17/6483, 10).

III. Zivilrechtliche Folgen

60 Die Informationspflichten dienen nach den Vorstellungen des Gesetzgebers dem Schutz der Privatpersonen (BT-Drs. 17/13057, 9). Zwar bestehen zwischen Inkassounternehmen und Schuldner regelmäßig keine Vertragsbeziehungen, doch kann dies bei einer echten Zession schon anders sein. Zumindest wird man § 11a Abs. 1 RDG als Schutzgesetz iSd § 823 Abs. 2 BGB ansehen können (so auch *Köhler* NJW 2013, 3473, 3477), so dass der nicht korrekt Informierte uU Schadensersatzansprüche geltend machen kann, wenn er darlegen

und beweisen kann, dass durch Verletzung des § 11a RDG ein Schaden entstanden ist. Große praktische Bedeutung wird das selten haben.

Die Informationspflichten dienen nicht nur dem Schutz der Privatpersonen, sondern nach der Gesetzesbegründung ausdrücklich auch dem Interesse der vielen seriös arbeitenden Inkassodienstleistenden (BT-Drs. 17/13057, 9). Damit können diese über §§ 3, 4 Nr. 11 UWG gegen den unseriösen Mitbewerber vorgehen. **61**

IV. Vergütungsrechtliche Fragen

Siehe zur Vergütung von Inkassounternehmern § 4 RDGEG Rn. 36ff. § 4 Abs. 5 RDGEG deckelt die Erstattungsfähigkeit von Inkassokosten und ist insofern für § 11a Abs. 1 S. 1 Nr. 5 RDG von Belang. **62**

§ 12 Registrierungsvoraussetzungen

(1) **Voraussetzungen für die Registrierung sind**
1. **persönliche Eignung und Zuverlässigkeit; die Zuverlässigkeit fehlt in der Regel,**
   a) **wenn die Person in den letzten drei Jahren vor Antragstellung wegen eines Verbrechens oder eines die Berufsausübung betreffenden Vergehens rechtskräftig verurteilt worden ist,**
   b) **wenn die Vermögensverhältnisse der Person ungeordnet sind,**
   c) **wenn in den letzten drei Jahren vor Antragstellung eine Registrierung nach § 14 oder eine Zulassung zur Rechtsanwaltschaft nach § 14 Abs. 2 Nr. 1 bis 3 und 7 bis 9 der Bundesrechtsanwaltsordnung widerrufen, die Zulassung zur Rechtsanwaltschaft nach § 14 Abs. 1 der Bundesrechtsanwaltsordnung zurückgenommen oder nach § 7 der Bundesrechtsanwaltsordnung versagt worden oder ein Ausschluss aus der Rechtsanwaltschaft erfolgt ist,**
2. **theoretische und praktische Sachkunde in dem Bereich oder den Teilbereichen des § 10 Abs. 1, in denen die Rechtsdienstleistungen erbracht werden sollen,**
3. **eine Berufshaftpflichtversicherung mit einer Mindestversicherungssumme von 250 000 Euro für jeden Versicherungsfall.**

(2) ¹Die Vermögensverhältnisse einer Person sind in der Regel ungeordnet, wenn über ihr Vermögen das Insolvenzverfahren eröffnet worden oder sie in das vom Vollstreckungsgericht zu führende Verzeichnis (§ 26 Abs. 2 der Insolvenzordnung, § 882b der Zivilprozessordnung) eingetragen ist. ²Ungeordnete Vermögensverhältnisse liegen nicht vor, wenn im Fall der Insolvenzeröffnung die Gläubigerversammlung einer Fortführung des Unternehmens auf der Grundlage eines Insolvenzplans zugestimmt und das Gericht den Plan bestätigt hat, oder wenn die Vermögensinteressen der Rechtsuchenden aus anderen Gründen nicht konkret gefährdet sind.

(3) ¹Die theoretische Sachkunde ist gegenüber der zuständigen Behörde durch Zeugnisse nachzuweisen. ²Praktische Sachkunde setzt in

RDG § 12 Teil 3 Rechtsdienstleistungen durch registrierte Personen

der Regel eine mindestens zwei Jahre unter Anleitung erfolgte Berufsausübung oder praktische Berufsausbildung voraus. ³Besitzt die Person eine Berufsqualifikation, die in einem anderen Mitgliedstaat der Europäischen Union oder einem anderen Vertragsstaat des Abkommens über den Europäischen Wirtschaftsraum oder in der Schweiz erforderlich ist, um in dem Gebiet dieses Staates einen in § 10 Absatz 1 genannten oder einen vergleichbaren Beruf auszuüben, oder hat die Person einen solchen Beruf während der vorhergehenden zehn Jahre in Vollzeit zwei Jahre in einem der genannten Staaten ausgeübt, der diesen Beruf nicht reglementiert, so ist die Sachkunde unter Berücksichtigung dieser Berufsqualifikation oder Berufsausübung durch einen mindestens sechsmonatigen Anpassungslehrgang nachzuweisen. ⁴Das Berufsqualifikationsfeststellungsgesetz ist nicht anzuwenden.

(4) ¹Juristische Personen und Gesellschaften ohne Rechtspersönlichkeit müssen mindestens eine natürliche Person benennen, die alle nach Absatz 1 Nr. 1 und 2 erforderlichen Voraussetzungen erfüllt (qualifizierte Person). ²Die qualifizierte Person muss in dem Unternehmen dauerhaft beschäftigt, in allen Angelegenheiten, die Rechtsdienstleistungen des Unternehmens betreffen, weisungsunabhängig und weisungsbefugt sowie zur Vertretung nach außen berechtigt sein. ³Registrierte Einzelpersonen können qualifizierte Personen benennen.

(5) Das Bundesministerium der Justiz wird ermächtigt, durch Rechtsverordnung mit Zustimmung des Bundesrates die Einzelheiten zu den Voraussetzungen der Registrierung nach den §§ 11 und 12 zu regeln, insbesondere die Anforderungen an die Sachkunde und ihren Nachweis einschließlich der Anerkennung und Zertifizierung privater Anbieter von Sachkundelehrgängen, an die Anerkennung ausländischer Berufsqualifikationen und den Anpassungslehrgang sowie, auch abweichend von den Vorschriften des Versicherungsvertragsgesetzes für die Pflichtversicherung, an Inhalt und Ausgestaltung der Berufshaftpflichtversicherung.

Inhaltsübersicht

	Rn.
A. Allgemeines	1
B. Die Registrierungsvoraussetzungen (Abs. 1–4)	5
I. Prüfungsumfang vor dem Hintergrund des Abs. 4 S. 1	5
II. Persönliche Eignung und Zuverlässigkeit (Abs. 1 Nr. 1, Abs. 2)	12
1. Grundlagen	12
2. Persönliche Eignung	14
a) Begriff	14
b) Körperliche oder geistige Einschränkungen	17
c) Nachteiliges persönliches Verhalten	23
d) Generelle Interessenkollision durch Zweitberuf	26
e) Sonderfragen der beruflichen Kooperation	36
f) Besonderheiten bei qualifizierten Personen iSd Abs. 4 S. 1	38

Registrierungsvoraussetzungen **§ 12 RDG**

	Rn.
3. Zuverlässigkeit	39
a) Allgemeines	39
b) Die Regelbeispiele in Abs. 1 Nr. 1lit. a–f, Abs. 2	45
c) Sonstige Fälle von Unzuverlässigkeit	97
III. Besondere Sachkunde (Abs. 1 Nr. 2, Abs. 3)	99
1. Überblick	99
2. Nachweis der theoretischen Sachkunde	101
3. Nachweis der praktischen Sachkunde	104
4. Besonderheiten für Berufsqualifikationen aus EU/EWR-Staaten etc. (Abs. 3 S. 3)	112
IV. Berufshaftpflichtversicherung (Abs. 1 Nr. 3)	119
V. Qualifizierte Personen (Abs. 4)	125
C. Verordnungsermächtigung (Abs. 5)	136

A. Allgemeines

Die Anforderungen an eine Erlaubniserteilung sind im Vergleich zu den früher geltenden §§ 4ff. 1. AVO RBerG im RDG komplett neu geregelt worden. § 12 RDG normiert zentral, welche Anforderungen von Rechtsdienstleistern in persönlicher und sachlicher Hinsicht zu erfüllen sind, um für den betreffenden Teilbereich registriert werden zu können. Rechtsuchende und Rechtsverkehr sollen sich darauf verlassen können, dass Rechtsdienstleistungen nur von Personen erbracht werden, welche diesen Anforderungen gerecht werden (BT-Drs. 16/3655, 66). Diese besondere Bedeutung der in § 12 RDG niedergeschriebenen Berufungszulassungsregelungen spiegelt sich in **§ 14 RDG** wider, wonach der Wegfall der Registrierungsvoraussetzungen zwingend einen **Widerruf der Registrierung** zur Folge hat (§ 14 RDG Rn. 23ff., 28ff., 35).   1

§ 12 RDG ist (iVm den auf Basis des Abs. 5 erlassenen §§ 2–5 RDV) eine **abschließende Regelung.** Die Behörde darf mithin keine weiteren (sachlichen) Anforderungen an die Registrierung stellen (siehe aber §§ 10 Abs. 3, 13a Abs. 2 RDG). Schon aus verfassungsrechtlichen Gründen (Art. 12 GG) besteht aber bei Vorliegen der Voraussetzungen ein **Zulassungsanspruch.** Dass das RDG dazu keine ausdrückliche Regelung wie § 6 Abs. 2 BRAO enthält, ist unschädlich.   2

Aufgegeben worden sind bei Ablösung des RBerG durch das RDG insbesondere die fragwürdige frühere Bedürfnisprüfung (§ 11 1. AVO RBerG), die Regularien für Zweigstellen und auswärtige Sprechtage (§ 1 1. AVO RBerG) sowie die Beschränkungen für juristische Personen (§ 10 1. AVO RBerG). Die Neuregelung ging zumindest ursprünglich mit einem Verzicht auf behördliche Aufsichtsmaßnahmen und berufsrechtliche Sanktionen einher; der Behörde oblag (und obliegt) nach der Ausgangskonstruktion des RDG allein eine **anlassbezogene Kontrolle** mit dem Ziel der Prüfung eines Widerrufs der Registrierung (§ 14 RDG Rn. 2 f.). Die Aufgabe des früheren Systems behördlicher Sachkundeprüfungen ließ zwar den Vorwurf einer nur noch bürokratischen Aufwand verursachenden „Scheinkontrolle" (*Kleine-Cosack* § 13 Rn. 3) verständlich erscheinen. Es obliegt aber jeder Behörde, sowohl die Registrierung als auch die Kontrolle nach § 14 RDG im Hinblick auf die wichtigen Schutzgüter des RDG mit Leben zu füllen. Vorteil der Neuregelung war   3

Dötsch

zumindest, dass die früher dezentral nach unterschiedlichen Maßstäben durchgeführten Überprüfungen der Nachweise nunmehr bundeseinheitlichen Vorschriften unterliegen. Durch die Neuregelung in § 13a RDG sind zudem die Kompetenzen der Behörden erweitert worden (§ 13a RDG Rn. 8ff.).

4 § 12 RDG ist seit Inkrafttreten des RDG mehrfach geändert worden: Zunächst erfolgte mWv 1.1.2013 eine redaktionelle Anpassung des Verweises auf § 915 ZPO in Abs. 2 S. 1 an die Neuregelungen durch das Gesetz zur Reform der Sachaufklärung in der Zwangsvollstreckung v. 29.7.2009 (BGBl. I S. 2258) mit einer Bezugnahme auf § 26 Abs. 2 InsO nF und § 882b ZPO nF. Durch das Gesetz zur Verbesserung der Feststellung und Anerkennung im Ausland erworbener Berufsqualifikationen v. 6.12.2011 (BGBl. I S. 2515) wurde mWv 1.4.2012 die Regelung in Abs. 3 S. 4 angefügt (siehe auch § 15a RDG). MWv 1.8.2013 erfolgten schließlich durch das Zweite Gesetz zur Modernisierung des Kostenrechts v. 23.7.2013 (2. KostRMoG, BGBl. I S. 2586) kleinere Änderungen in Abs. 3 S. 3. Diese ursprünglich aus dem Entwurf eines Gesetzes zur Einführung einer Partnerschaftsgesellschaft mit beschränkter Berufshaftung und zur Änderung des Berufsrechts der Rechtsanwälte, Patentanwälte, Steuerberater und Wirtschaftsprüfer (BT-Drs. 17/10487) stammenden Regelungen dienen allein der Anpassung an das Freizügigkeitsabkommen zwischen der Schweiz und der Europäischen Union v. 21.6.1999 (BGBl. 2001 II S. 810, BGBl. 2002 II S. 1692; vgl. BT-Drs. 17/13537, 19; BT-Drs. 17/10487, 18).

B. Die Registrierungsvoraussetzungen (Abs. 1–4)

I. Prüfungsumfang vor dem Hintergrund des Abs. 4 S. 1

5 Die in § 12 RDG aufgeführten Registrierungsvoraussetzungen (persönliche Eignung, Zuverlässigkeit, besondere Sachkunde und Vorhandensein einer Berufshaftpflichtversicherung) sind kraft Natur der Sache nur bei **natürlichen Personen** umfassend zu prüfen. Bei **juristischen Personen** und **Gesellschaften ohne Rechtspersönlichkeit** kann es vor allem für die persönliche Eignung und Sachkunde nur am Rande auf die **Unternehmen als solche** ankommen (etwa bei strukturellen Interessenkollisionen wegen der übrigen Betätigungsfelder der Gesellschaft; dies verkennend Grunewald/Römermann/*Suppé* Rn. 137); Gleiches gilt für die Zuverlässigkeit (zum ähnlichen Problem bei § 35 GewO Landmann/Rohmer/*Marcks* § 35 Rn. 63ff.). Sie haben jedoch nach Abs. 4 S. 1 (mindestens) eine **qualifizierte Person** zu benennen, die für die Erbringung der Rechtsdienstleistungen im Unternehmen tatsächlich verantwortlich ist und die dann die genannten Voraussetzungen (auch) selbst erfüllen muss (Rn. 125ff.).

6 Die Behörde hat vor diesem Hintergrund zum einen – soweit möglich – die **Registrierungsvoraussetzungen hinsichtlich der juristischen Person bzw. Gesellschaft ohne Rechtspersönlichkeit** zu prüfen. Zum anderen müssen die **Voraussetzungen auch hinsichtlich der benannten qualifizierten Person(en)** vorliegen, bei denen zudem jeweils **zusätzlich die Anforderungen aus Abs. 4 S. 2** erfüllt sein müssen (siehe ähnlich zum Prüfungsumfang beim RBerG VGH München Beschl. v. 24.10.2006 – 9 CS 06.2291,

Registrierungsvoraussetzungen **§ 12 RDG**

BeckRS 2009, 37389; *Rennen/Caliebe* § 3 1. AVO Rn. 9 ff.; siehe auch hier § 14 RDG Rn. 26 f.). Im Rahmen der Zuverlässigkeit der qualifizierten Personen wird man auch deren **Vermögensverhältnisse** im Hinblick auf die Regelbeispiele in Abs. 1 Nr. 1 lit. b berücksichtigen müssen, selbst wenn dies (auch) bereits bei dem Unternehmen als solches zu prüfen ist. Ungeordnete Vermögensverhältnisse (nur) bei den qualifizierten Personen stellen zwar nur eher mittelbar eine Gefährdung der Mandanteninteressen dar; dass die Zuverlässigkeit dennoch auch insofern zu prüfen ist, folgt aber auch aus **§ 13 Abs. 1 S. 5 RDG,** der die Vorlage etwaiger Unterlagen ohne Differenzierung verlangt.

Zusammenfassend sind bei der Registrierung (und spiegelbildlich im Widerrufsverfahren) somit zu prüfen: 7
1. Antrag eines **Einzelunternehmers:**
– persönliche Eignung/Zuverlässigkeit (Abs. 1 Nr. 1, Abs. 2);
– besondere Sachkunde (Abs. 1 Nr. 2, Abs. 3);
– Berufshaftpflichtversicherung (Abs. 1 Nr. 3).
2. Antrag einer **juristischen Person** oder **Gesellschaft ohne Rechts-** 8
persönlichkeit:
a) Prüfung hinsichtlich der juristischen Person oder Gesellschaft ohne Rechtspersönlichkeit:
– persönliche Eignung, letztlich beschränkt auf Frage der strukturellen Interessenkollision (Rn. 26 ff.);
– Zuverlässigkeit soweit möglich, insbesondere Regelbeispiele in Abs. 1 Nr. 1 lit. b und c (Rn. 39 ff.);
– Berufshaftpflichtversicherung (Abs. 1 Nr. 3) (Rn. 119 ff.);
b) Prüfung hinsichtlich der benannten qualifizierten Person(en) iSd Abs. 4:
– persönliche Eignung/Zuverlässigkeit (Abs. 1 Nr. 1, Abs. 2) (Rn. 39 ff.);
– besondere Sachkunde (Abs. 1 Nr. 2, Abs. 3) (Rn. 99 ff.);
– Voraussetzung des Abs. 4 S. 2 (Rn. 125 ff.);
– aber nicht: Berufshaftpflicht, da für das Unternehmen gehandelt wird und dieses versichert sein muss (§ 5 RDV Rn. 40).
3. Antrag eines **Einzelunternehmers mit (freiwilliger) Benennung** 9
qualifizierter Personen nach Abs. 4 S. 3:
– Prüfung hinsichtlich des Einzelunternehmers wie Rn. 7;
– Prüfung hinsichtlich der benannten qualifizierten Person(en) wie Rn. 8 aE.

Zur späteren Benennung qualifizierter Personen siehe § 13 RDG Rn. 88. 10

Wenig geklärt ist die **Zurechnung von Fehlverhalten beschäftigter** 11 **Personen** (siehe auch § 14 RDG Rn. 26). Sind benannte **qualifizierte Personen** unzuverlässig etc., greifen die Erwägungen aus Rn. 8 f. Bei **sonstigen Beschäftigten** ist man geneigt zu fragen, ob eine unzureichende Überwachung vorliegt (Organisationsverschulden?), die bejahendenfalls einen Schluss auf eine Unzuverlässigkeit der qualifizierten Personen und/oder der (damit nicht zwingend identischen) Leitungsorgane der juristischen Person/Gesellschaft ohne Rechtspersönlichkeit tragen kann (obwohl es auf ein **Verschulden** im Rahmen der Prüfung der Zuverlässigkeit eigentlich nicht ankommen soll, Rn. 42). Zumindest vom Ergebnis her muss bei der Prüfung der Zuverlässigkeit das Verhalten aller für das Unternehmen handelnden Personen maßgeblich sein (unklar zum RBerG OVG Münster *Rbeistand* 1994, 103). Gesichert ist dies jedoch **nicht,** zumal im Rahmen des § 35 GewO über die dort im Gesetz ausdrücklich geregelten Fälle des unzuverlässigen Betriebsleiters der Gewerbetreibende als solcher für das Verhalten Dritter gerade **nicht** direkt verantwortlich sein soll (Landmann/Rohmer/*Marcks* § 35 Rn. 69). Zulässig ist eine Untersagung dort nur, wenn der Gewerbetreibende einem **unzuverlässigen Dritten** einen **maßgeblichen bzw. bestimmenden Einfluss auf die Geschäftsführung einräumt oder auch nur nicht willens oder in der Lage ist, einen derartigen Einfluss auszuschalten,** wodurch er sich selbst als unzuverlässig erweist (BVerwGE 9, 222 = GewArch 1962, 154; eingehend Landmann/Rohmer/*Marcks* § 35 Rn. 69ff.). Die Frage wird vorliegend vor allem in Widerrufsfällen (§ 14 RDG) praktisch virulent: Bei dauerhaft mangelhaften (= unqualifizierten) Rechtsdienstleistungen durch Pflichtverletzungen von Angestellten ist im Verhältnis zum Mandanten eine Zurechnung jedoch wegen § 278 BGB unproblematisch; das schlägt bei **§ 14 Nr. 3 RDG** durch und kann so jedenfalls dort einen Widerruf tragen (§ 14 RDG Rn. 40).

II. Persönliche Eignung und Zuverlässigkeit (Abs. 1 Nr. 1, Abs. 2)

12   **1. Grundlagen.** Die ausreichende „persönliche Eignung" und „Zuverlässigkeit" war bereits Voraussetzung für die Erlaubniserteilung nach dem RBerG (Art. 1 § 1 Abs. 2 RBerG, §§ 6–8 1. AVO RBerG). Auf die frühere Rechtsprechung und Literatur kann daher weiter zurückgegriffen werden (Kilian/Sabel/vom Stein/*vom Stein* Rn. 357, 360; Henssler/Prütting/*Weth* Rn. 3). Ferner kann auch die Rechtsprechung und Literatur zum Gewerberecht herangezogen werden, welches die Begriffe ebenfalls verwendet (etwa §§ 33a, 33c, 33d, 34, 34a, 34b, 34c, 34d, 38, 55a, 57, 60, 70a GewO; siehe allg. Krenzler/*K.-M. Schmidt* Rn. 3). Vorsichtige Anleihen sind zudem bei anderen berufsrechtlichen Zulassungsbestimmungen und der dazu existierenden Rspr. und Lit. möglich (zB § 7 BRAO).

13   Eignung und Zuverlässigkeit sind jeweils **bezogen auf die beabsichtigte Rechtsdienstleistung** zu prüfen; die für und gegen den Antragsteller sprechenden Gründe müssen in einer **umfassenden Einzelfallabwägung** gegeneinander abgewogen werden. Schon wegen des **Grundrechts der Berufsfreiheit (Art. 12 GG)** darf eine Registrierung nur versagt werden, wenn objektiv nachvollziehbare Umstände **erhebliche Zweifel** an der Eignung zur ordnungsgemäßen Erbringung von Rechtsdienstleistungen begründen (BT-Drs. 16/3655, 67). Hintergrund ist die Rechtsprechung des **BVerfG** zu Berufszulassungsschranken, die nur zulässig sind, soweit sie dem Schutz eines hochwertigen, besonders wichtigen Gemeinschaftsgutes dienen (etwa BVerfGE 75, 246 = NJW 1988, 545). Solche liegen mit den in § 1 RDG genannten Schutzgütern abstrakt fraglos vor; die Beachtung der grundrechtlichen Schranken ist jedoch Frage des Einzelfalls und dort insbesondere einer Verhältnismäßigkeitsprüfung (Rn. 15, 43f.). Eine Registrierung ist aber geboten, wenn nur leichte Zweifel bestehen oder die Gefahr so fernliegend ist, dass sie ohne Bedenken außer Betracht gelassen werden kann (BVerwG Rbeistand 1996, 67; NJW 1970, 1059; VGH Mannheim Rbeistand 1984, 163).

14   **2. Persönliche Eignung. a) Begriff.** Der Begriff der persönlichen Eignung entzieht sich einer trennscharfen Definition und **überschneidet** sich

Registrierungsvoraussetzungen **§ 12 RDG**

partiell mit demjenigen der **Zuverlässigkeit.** Die persönliche Eignung bezieht sich nur mehr auf die konkrete Person, die Zuverlässigkeit auf den konkret avisierten Tätigkeitsbereich. Die persönliche Eignung ist aus dem Gesamtbild der menschlichen und beruflichen Stellung zu ermitteln (OVG Münster OVGE 24, 203) und umfasst alle prägenden Persönlichkeitsmerkmale, die einzelfallbezogen und konkret bei der avisierten Tätigkeit und ihrem Anforderungsprofil als unabdingbar vorauszusetzen sind; also mit anderen Worten die ganz grds. zu fordernden persönlichen Fähig- und Fertigkeiten – außerhalb der gesondert zu prüfenden Sachkunde (Rn. 98) – und die persönliche Integrität des Antragstellers (Grunewald/Römermann/*Suppé* Rn. 8).

Das unbestimmte Tatbestandsmerkmal der „persönlichen Eignung" ist **im** 15
Lichte des Grundrechts aus Art. 12 GG stets einer umfassenden Einzelfallprüfung und Abwägung zu unterwerfen, in der die verfassungsrechtlich geschützte Berufswahlfreiheit in praktischer Konkordanz mit den Schutzgütern des RDG zum Ausgleich zu bringen ist.

Nicht zuletzt deswegen können kaum Checklisten zur Prüfung des offenen 16
Tatbestandsmerkmals aufgestellt werden. Am ehesten lassen sich im Wege der Negativabgrenzung nachstehende Fallgruppen festlegen, in denen die persönliche Eignung fehlt (so auch Grunewald/Römermann/*Suppé* Rn. 11).

b) Körperliche oder geistige Einschränkungen. Voraussetzung für die 17
persönliche Eignung ist grds. die **unbeschränkte Geschäftsfähigkeit (§§ 104 ff. BGB)**, also auch **Volljährigkeit** (BT-Drs. 16/3655, 69). Eine Bestimmung, die ein Mindestalter fordert (so noch § 4 1. AVO RBerG), wurde bewusst nicht mehr ins Gesetz aufgenommen. Sinn und Zweck der Regelung war es, nur Personen zur Rechtsberatung zuzulassen, die eine gewisse Reife und Lebenserwartung vermuten ließen (OVG Koblenz Rbeistand 1985, 19). Dies wird heute wegen der Anforderungen an die besondere Sachkunde faktisch aber ebenfalls noch erreicht (Gaier/Wolf/Göcken/*Siegmund* Rn. 1).

Die persönliche Eignung fehlt, wenn der Antragsteller infolge **Geistes-** 18
schwäche oder -krankheit nicht (mehr) über die erforderlichen Fähigkeiten verfügt, die von einem Rechtsdienstleister verständigerweise zur ordnungsgemäßen Berufsausübung zu erwarten sind. Das liegt auf der Hand, wenn bereits ein Betreuer bestellt ist (VGH München Rbeistand 1988, 221 zur Vormundschaft); dort wird idR auch die Zuverlässigkeit fehlen. Die Begrifflichkeiten sind ansonsten **berufsbezogen** und **autonom** zu interpretieren und entsprechen weder strikt dem bürgerlich-rechtlichen Begriff der Geistesschwäche noch der verminderten Zurechnungsfähigkeit im strafrechtlichen Sinne gem. §§ 20 f. StGB (siehe ausdrücklich zu § 50 BNotO BGH NJW-RR 2005, 1513). Partielle Ausfälle können die Verweigerung der Registrierung tragen, wenn die Ausfälle gerade für die Berufsausübung bedeutsam sind (BGH EGE XI, 19, 20 zu § 7 Nr. 7 BRAO). Maßgeblich ist, dass vorhandene geistige Mängel zugleich in schwerwiegender Weise auf die Fähigkeit übergreifen, die Belange von Mandanten sachgemäß und mit der gebotenen Sorgfalt wahrzunehmen. Dies kann bei starker nervöser Reizbarkeit und krankhafter Beeinträchtigung der Entschlusskraft gegeben sein (BGH EGE XI, 19, 20 zu § 7 Nr. 7 BRAO), aber nicht jeder querulatorische Hang genügt (BGH BRAK-Mitt. 2008, 75 Rn. 15 zu § 7 Nr. 7 BRAO; BGH DNotZ 1991, 80 zu § 50

BNotO), selbst wenn er wiederum Ausdruck einer krankhaften Persönlichkeitsstörung ist (BGH Beschl. v. 14.2.2000 – AnwZ [B] 17/98, BeckRS 2000, 03489 zu § 7 Nr. 7 BRAO). Ungeeignet ist jedoch ein persönlichkeitsgestörter Antragsteller mit sensitiv paranoider Struktur, welche Krankheitswert hat und mit krankheitsbedingter Unfähigkeit zur Organisation der Arbeit und des Büros und zur angemessenen Reaktion auf Beschwerden und Kritik nebst mangelnder Einsicht in die Krankheit und mangelnder Motivation, den Kernkonflikt behandeln zu lassen (FG Münster Urt. v. 27.8.2003 – 7 K 736/02, BeckRS 2003, 26021490 zu § 46 Abs. 2 Nr. 7 StBerG). Hohes Alter allein genügt hingegen nicht, selbst wenn erste Tendenzen zum „Altersstarrsinn" erkennbar sind (eingehend zu § 7 Nr. 7 BRAO *Hagen* FS Pfeiffer 1988, S. 929 ff.). Letztlich kann hier vorsichtig wohl auch auf die versicherungsrechtliche Frage der Berufsunfähigkeit und die dazu vorliegende Rspr. zurückgegriffen werden, da letztlich gleiche Maßstäbe gelten müssen (dazu für Anwälte BGH NJW 2013, 2121 Rn. 16 ff.).

19   Die Beeinträchtigung muss **dauerhaft** sein, soll sie eine Versagung der Registrierung (oder später über § 14 Nr. 1 RDG einen Widerruf) tragen. Erfolgt die Antragstellung noch während der Erkrankung, muss eine **gesicherte Prognose** einer Genesung mit einer Wiederherstellung der Eignung in überschaubarer Zeit feststehen (Grunewald/Römermann/*Suppé* Rn. 15). Allein der Besuch von Therapiesitzungen etc. genügt dafür nicht (FG Münster Urt. v. 27.8.2003 – 7 K 736/02 StB, BeckRS 2003, 26021490 zu § 46 Abs. 2 Nr. 7 StBerG). Eine dauernde Berufsunfähigkeit liegt nicht ohne Weiteres vor, wenn der Beruf halbtags ausgeübt werden kann (FG München EFG 2000, 1279 zu § 40 StBerG). Anderes kann gelten, wenn nur noch etwa zwei Stunden pro Tag ordnungsgemäß gearbeitet werden kann (FG Münster EFG 1991, 758; Gehre/*Koslowski* § 40 Rn. 16).

20   **Maßgeblicher Zeitpunkt** ist derjenige der Bescheidung über den Antrag. Frühere Erkrankungen, die geheilt sind, haben keine negativen Auswirkungen (mehr) auf die persönliche Eignung. Dabei sollte die Behörde sich genaue Angaben zum Heilungsverlauf und möglichen Rückfallgefahren machen lassen. Sie darf sich nicht nur auf Angaben des Antragstellers stützen, sondern muss sich fachärztliche Unterlagen vorlegen lassen (siehe aber Rn. 21). Bei objektiv verbleibenden Zweifeln ist die Registrierung zu versagen bzw. zu widerrufen (BGH BRAK-Mitt. 1997, 200, 201). In einem laufenden Registrierungs-/Widerrufsverfahren sowie einem etwaigen sich anschließenden gerichtlichen Verfahren gilt der Betroffene unabhängig davon als verfahrensfähig, ob ihm aufgrund der Erkrankung ggf. die Geschäftsfähigkeit ermangelt (BGH DNotZ 2005, 72 zu § 50 BNotO).

21   **Problematisch** ist, dass der Gesetzgeber es versäumt hat, eine § 15 BRAO, § 16a WPO, §§ 40 Abs. 4, 46 Abs. 3 StBerG, § 22 PAO, § 50 Abs. 4 BNotO entsprechende Regelung zur ärztlichen Begutachtung ins RDG aufzunehmen. Verweigert ein Betroffener eine **ärztliche Untersuchung seines Körper- oder Geisteszustands,** wird dies zwar im **Registrierungsverfahren** uU noch recht einfach zur Abweisung seines Antrags führen können (letztlich auf Beweisvereitelung abstellend BFH BFH/NV 2003, 664 zu § 40 StBerG – Verfassungsbeschwerde nicht zur Entscheidung angenommen, BVerfG Beschl. v. 20.5.2003 – 1 BvR 934/03, StE 2003, 374 [LS]; nicht übertragbar BGH

Registrierungsvoraussetzungen **§ 12 RDG**

BGHR BNotO § 50 Abs. 1 Nr. 6 Untersuchung 1, wo Analogien zu den beamtenrechtlichen Vorschriften gezogen werden). Spätestens im **Widerrufsverfahren** ist ein solches Vorgehen aber – gerade angesichts der genannten gesetzlichen Sonderregelungen – schwierig. Das erschwert die Arbeit der Behörden und birgt die große Gefahr in sich, dass der Betroffene bei Verweigerung einer ärztlichen Untersuchung seines Körper- oder Geisteszustands eine Überprüfung praktisch unterlaufen kann (zur Rechtslage vor Schaffung der Regelungen in der BRAO *Vetter* BRAK-Mitt. 1990, 2, 3; *Hagen* FS Pfeiffer, 1988, S. 929, 933). Der „Beibringungsgrundsatz" allein kann behördliche Zwangsuntersuchungen wohl kaum rechtfertigen, § 13a Abs. 4 RDG hilft insofern schon nach dem Wortlaut auch nicht weiter.

Körperliche Behinderungen schließen die persönliche Eignung idR 22 **nicht** aus, wenn sie den Antragsteller nicht dauerhaft daran hindern, den Beruf als Rechtsdienstleister auszuüben (für jahrelange Bettlägerigkeit BGH EGE XII, 23f. zu § 7 Nr. 7 BRAO). Dafür genügt aber selbst eine Erblindung nicht (anders für Notar BGH NJW 1963, 1010) und erst recht nicht amputierte Gliedmaßen oder eine Gehbehinderung. Genügen soll eine vollständige Ertaubung oder ein Verlust des Sprechvermögens (Grunewald/Römermann/ *Suppé* Rn. 17), was in dieser Allgemeinheit eher zweifelhaft ist, wenn mittels Gebärdendolmetschers agiert werden kann (Krenzler/*K.-M. Schmidt* Rn. 9) und/oder etwa im Inkassobereich weitgehend schriftlich kommuniziert werden kann.

c) Nachteiliges persönliches Verhalten. Die persönliche Eignung – in- 23 sofern kaum abgrenzbar zur Zuverlässigkeit (Rn. 97) – kann fehlen, wenn der Antragsteller aufgrund seines früheren Verhaltens **nicht die Gewähr für einen unvoreingenommenen und sachlichen Parteivortrag** bietet. Zwar ist die Stellung des registrierten Rechtsdienstleisters nicht diejenige eines Rechtsanwalts als Organ der Rechtspflege (siehe auch § 14 RDG Rn. 6), doch können angesichts seiner Tätigkeit auch von ihm eine professionelle Distanz und sachliche Umgangsformen schon im Interesse der optimalen Vertretung der Rechtsuchenden erwartet werden. Hat der Antragsteller im Umgang mit Behörden, Gerichten und Gegnern querulatorische Neigungen (ohne Krankheitscharakter, sonst greift Rn. 18) gezeigt und durch maßlose und beleidigende Schreiben und/oder Dienstaufsichtsbeschwerden dokumentiert, dass er nicht in der Lage ist, für ihn oder seine Mandanten nachteilige Entscheidungen sachlich hinzunehmen, kann als Ergebnis der gebotenen Einzelfallabwägung eine Registrierung versagt werden (VGH München BayVBl. 1983, 289; VGH Mannheim Rbeistand 1984, 163 zum RBerG). Dies kann selbst dort in Betracht kommen, wo sich ein solches Verhalten nur bei persönlicher Betroffenheit gezeigt hat, wenn es nicht nur auf wenige Ausnahmesituationen beschränkt und als aus besonderer Prozesslage erklärbare Überreaktion verstanden werden kann (OVG Münster Beschl. v. 5.10.1984 – 4 A 2182/82, unveröff.). Erforderlich sind aber regelmäßige und grobe Entgleisungen, bloß gelegentliches Fehlverhalten genügt nicht.

Sofern teilweise verlangt wird, dass solche querulatorischen Neigungen ob- 24 jektiv die Interessen der jeweiligen Mandanten beeinträchtigen (Grunewald/ Römermann/*Suppé* Rn. 27), ist eine solche (zusätzliche) Einschränkung zwei-

Dötsch 359

felhaft, weil das RDG auch den Rechtsverkehr als solchen schützt. Es dürfte sich jedoch letztlich um eine rein akademische Frage handeln, weil bei derartigem Tun eine Verletzung (auch) von Mandanteninteressen – sei es mittelbar – auf der Hand liegen wird.

25 Die teilweise sehr strenge Rspr. zu anderen Berufsgruppen kann aus den bei § 14 RDG Rn. 6 genannten Gründen **nicht** unbesehen nach hier übertragen werden; die Details sind wenig geklärt. So wird man zwar Bewerber als ungeeignet oder unzuverlässig ansehen können, wenn sie gegen Grundsätze der Menschlichkeit oder Rechtsstaatlichkeit verstoßen haben (BGH AnwBl. 1996, 46: Stasi-Verstrickung); eine (nicht strafbare) Verstrickung als Rechtsbeistand in eine uneidliche Falschaussage eines früheren Mandanten wird aber im Zweifel bei einem Rechtsdienstleister kaum genügen (anders zu § 50 BNotO BGH DNotZ 1996, 200).

26 **d) Generelle Interessenkollision durch Zweitberuf.** Das RDG enthält **keine** ausdrücklichen Berufspflichten von Rechtsdienstleistern (siehe aber § 14 RDG Rn. 47 ff.) und auch **keine expliziten Vorgaben zur Vereinbarkeit der registrierten mit einer zweitberuflich ausgeübten Tätigkeit** (wie etwa §§ 7 Nr. 8, 14 Abs. 2 Nr. 8 BRAO). Dies darf jedoch unstreitig **nicht** als Freibrief verstanden werden: In den Gesetzesmaterialien wird betont, dass über das Kriterium der „persönlichen Eignung" all jene Zweittätigkeiten ausgeschlossen werden sollen, bei denen eine **generelle, also nicht nur auf konkrete Einzelfälle beschränkte Gefahr einer Interessenkollision** besteht (BT-Drs. 16/3655, 67; siehe ferner etwa *Henssler/Deckenbrock* S. 14 ff.; *dies.* DB 2013, 2909, 2910 f.; Schlewing/Henssler/Schipp/Schnitker/*Henssler* Teil 3 Rn. 55 ff.; Krenzler/*K.-M. Schmidt* Rn. 12; Dreyer/Lamm/Müller/*K. Lamm* Rn. 19; Gaier/Wolf/Göcken/*Siegmund* Rn. 7; *Köhler* SGb 2009, 441, 446). Dies knüpft letztlich an die Rechtsprechung zum RBerG an (BVerwG NJW 1970, 1059; VGH Mannheim Justiz 1985, 66), die stets betonte, dass die Begriffe der „Eignung" und „Zuverlässigkeit" persönliche Eigenschaften des Antragstellers betreffen und schon deswegen dort keine generelle Inkompatibilitätsregelung hineingelesen werden konnte. Imkompatibilitätsregelungen lassen sich ohnehin nur sehr schwer in die sog. Drei-Stufen-Theorie zu Art. 12 GG einordnen, da sie objektive wie subjektive Elemente enthalten; an sie sind jedenfalls unter dem Gesichtspunkt der Verhältnismäßigkeit strenge Anforderungen zu stellen (Henssler/Prütting/*Henssler* § 7 Rn. 79 ff. zu § 7 Nr. 8 BRAO).

27 Gesichert ist jedenfalls, dass **allein die Ausübung eines Zweitberufs** nicht von Belang sein kann; die **abstrakte Gefahr einer Interessenkollision** kann schon wegen Art. 12 GG keine Versagung der Registrierung (oder ihren Widerruf) tragen (BT-Drs. 16/3655, 67; siehe zudem BVerwG NJW 1970, 1059 zum RBerG). Dies deckt sich auch mit der allgemeinen Feststellung des BVerfG, dass reine **Anscheinstatbestände** für berufsrechtliche Regelungen verfassungsrechtlich nicht haltbar sind (BVerfGE 76, 196, 206 ff. = NJW 1988, 194, 195 zur Vertretung widerstreitender Interessen in § 46 Abs. 3 RichtlRA); Tätigkeitsverbote können also **nicht** allein an einem „bösen Schein" festgemacht werden (BVerfGE 108, 150, 164 = NJW 2003, 2520, 2522). Nicht ausreichend für die Annahme fehlender persönlicher Eignung sind zudem

Registrierungsvoraussetzungen **§ 12 RDG**

mögliche **Interessenkollisionen im Einzelfall,** da diese unter das **Tätigkeitsverbot in § 4 RDG** (als zulässige Berufsausübungsregelung in einem Einzelfall) zu fassen sind, aber fraglos nicht die Verweigerung der Registrierung oder ihren Widerruf als Eingriff in die Berufswahlfreiheit tragen können.

Mangelnde Eignung kann also nur vorliegen, wenn es zu einer **grundle-** 28 **genden** Interessenkollision kommt, also eine mit der Rechtsdienstleistung **generell unvereinbare weitere Tätigkeit** ausgeübt wird, bei der sich die in nahezu jeder Konstellation gegebene abstrakte Gefahr einer Interessenkollision zu einer konkreten Gefahr verdichtet; also mit anderen Worten die konkrete Gefahr besteht, dass die Pflichten bei der Erfüllung der Rechtsdienstleistung **regelmäßig** verletzt werden (BT-Drs. 16/3655, 67; siehe zum RBerG BVerwG NJW 1970, 1059, VGH Mannheim Justiz 1985, 66).

In **vorsichtiger Anlehnung an die Rechtsprechung zu §§ 7 Nr. 8,** 29 **14 Abs. 2 Nr. 8 BRAO** (BGH NJW 1995, 1031; 2008, 517 Rn. 7) wird man von einer **„Wahrscheinlichkeit der Pflichtenkollision"** sprechen können (siehe ähnlich zur PAO auch BGH Beschl. v. 16.12.1996 – PatAnwZ 1/96, BeckRS 1996, 31176813). Nach § 7 Nr. 8 BRAO ist die Zulassung zur Rechtsanwaltschaft zu versagen, wenn der Bewerber eine Tätigkeit ausübt, die mit dem Beruf des Rechtsanwalts, insbesondere seiner Stellung als unabhängiges Organ der Rechtspflege, unvereinbar ist oder das Vertrauen in seine Unabhängigkeit gefährden kann. Diese Inkompatibilitätsregelung dient der Sicherung der Anwaltstätigkeit als freiem und unabhängigem Beruf sowie dem Schutz der notwendigen Vertrauensgrundlage der Rechtsanwaltschaft (BT-Drs. 12/4993, 24). Zweitberufe, welche die Unabhängigkeit und Objektivität des Anwalts beeinträchtigen oder die seine Integrität in den Augen der Bevölkerung in Frage stellen, wären mit diesen wichtigen Gemeinschaftsinteressen nicht zu vereinbaren (BVerfGE 87, 287, 320f. = NJW 1993, 317, 319; für Steuerberater BVerfG NJW 2013, 3357 Rn. 30 m. krit. Anm. *Kleine-Cosack* AnwBl. 2013, 795; dazu auch FG Düsseldorf DStR 2014, 61), was **insbesondere bei einer erwerbswirtschaftlichen Prägung des Zweitberufs** anzunehmen sein kann (aber nicht muss). Interessenkollisionen liegen vor allem dann nahe, wenn ein kaufmännischer Beruf die Möglichkeit bietet, Informationen zu nutzen, die aus der rechtsberatenden Tätigkeit stammen und eine **klare Trennung der Tätigkeiten, sei es mit Hilfe von Berufsausübungsregelungen, nicht möglich** ist (BVerfGE 87, 287, 329f. = NJW 1993, 317, 321; NJW 2013, 3357 Rn. 26) – was sich vor allem auf die Tätigkeitsverbote aus § 45 BRAO bezieht (BT-Drs. 12/4993, 24). Interessenkollisionen, die das Vertrauen in die Unabhängigkeit gefährden, liegen aber **nicht** schon dann vor, wenn das Wissen aus der einen Tätigkeit für die jeweils andere nur von Vorteil ist (BGH NJW 2008, 517 Rn. 7). Schon aus Gründen der Verhältnismäßigkeit darf nicht vorschnell zu einer Inkompatibilität gelangt werden (BVerfG NJW 2013, 3357 Rn. 25 zu § 57 StBerG).

Versucht man dies **in den hiesigen Kontext** zu übertragen, werden Inte- 30 ressenkollisionen vor allem dann nahe liegen, wenn ein erwerbswirtschaftlich geprägter Zweitberuf ausgeübt wird, dieser die Möglichkeit bietet, Informationen zu nutzen, die aus der Rechtsdienstleistungstätigkeit stammen, und eine Pflichtenkollision deswegen wahrscheinlich ist und die Tätigkeiten auch nicht durch die – insofern an die Stelle des § 45 BRAO tretende (siehe auch

Dötsch 361

§ 14 RDG Rn. 48) – Regelung in **§ 4 RDG** klar abgetrennt werden können. Unklar ist, ob man dabei zu beachten hat, dass Rechtsdienstleister **keine dem Rechtsanwalt vergleichbare und dort statusbildende Stellung eines unabhängigen Organs der Rechtspflege (§ 1 BRAO)** innehaben – was dafür sprechen kann, **nicht** gleichermaßen streng zu verfahren wie im Bereich des § 7 BRAO (so im Ergebnis Grunewald/Römermann/*Suppé* Rn. 38 f., siehe zum Problem allg. auch § 14 RDG Rn. 6) oder auch des § 57 StBerG. Auch die vom BVerfG im vorliegenden Kontext hervorgehobene Vertrauensgrundlage zum Berufsträger und dessen Integrität, die durch Inkompatibilitätsregelungen geschützt werden soll (etwa BVerfG NJW 2013, 3357 Rn. 30), ist beim Rechtsdienstleister nur abgestuft gegeben. Gegen unterschiedliche Maßstäbe spricht aber im hiesigen Bereich die Regelung in **§ 12 Abs. 1 S. 2 lit. c RDG,** wonach die Zuverlässigkeit in der Regel fehlt, wenn in den letzten drei Jahren vor Antragstellung ua eine Zulassung zur Rechtsanwaltschaft nach § 14 Abs. 2 Nr. 1–3 und 7–9 BRAO widerrufen oder die Zulassung zur Rechtsanwaltschaft nach § 7 BRAO versagt worden ist. Darin kommt zum Ausdruck, dass das RDG für die registrierten Personen offenbar von ganz ähnlichen Unvereinbarkeitsgrundsätzen ausgeht, wie die BRAO sie für Rechtsanwälte kennt (siehe aber zu den Problemen des Regelbeispiels im Detail Rn. 89 ff.); richtigerweise ist also die dortige Rspr. und Literatur übertragbar auf den hiesigen Bereich (*Henssler/Deckenbrock* S. 14 ff.; *dies.* DB 2013, 2909, 2910 f.; Uckermann/Fuhrmanns/Ostermayer/Doetsch/ *Eversloh* Kap. 34 Rn. 67 f.; *Römermann* NJW 2011, 884, 887 f.). Da zudem der Rechtsverkehr auch Rechtsdienstleistern schutzwürdiges Vertrauen entgegenbringen dürfte, erscheint eine solche Lesart dann auch mit Blick auf Art. 3, 12 GG unbedenklich.

31 **Idealtypische, strukturelle Interessenkollisionen** sind etwa denkbar in folgenden Fällen:
– Gleichzeitiger Betrieb eines **Inkassounternehmens und einer Finanzierungsvermittlung** (BT-Drs. 16/3655, 67) bzw. gleichzeitige Tätigkeit als **Rentenberater und als Versicherungsvertreter** (BT-Drs. 16/3655, 67). Bei beiden Berufspaaren ist der Berufsträger für seine Tätigkeit auf Kenntnisse aus demselben Bereich angewiesen und die freie Beratung und Entscheidung ist typischerweise gefährdet. Sammelt der Rentenberater Erkenntnisse über die Altersversorgung und stellt er Deckungslücken fest, besteht etwa die Gefahr, dass er sich nicht nur an Mandanteninteressen orientiert, sondern zugleich an seinen wirtschaftlichen Eigeninteressen aus dem Zweitberuf und er dem Mandanten (als Versicherungsvertreter) eine private Rentenversicherung „aufschwatzt", um die als Rentenberater entdeckte Lücke zu schließen. Daran ändert übrigens der Umstand nichts, dass die Beratung über Versicherungsverträge und deren Abschluss aus einer Hand für den Kunden kostengünstiger sein könnte. Denn solche vermeintlichen Kostenvorteile beseitigen nicht den evidenten Interessenkonflikt des Beraters, sondern verdeutlichen ganz im Gegenteil, dass ihm eine unabhängige Beratung per se nicht möglich ist (Schlewing/Henssler/Schipp/ Schnitker/*Henssler* Teil 3 Rn. 58; Uckermann/Fuhrmanns/Ostermayer/ Doetsch/*Eversloh* Kap. 34 Rn. 66; *Vogts* RV 2010, 4, 5; *Uckermann* NZA 2011, 552, 554; aA *von Holst* versicherungsmagazin 1/2011, 54 f.).

Registrierungsvoraussetzungen **§ 12 RDG**

– Gleichen Bedenken unterliegt eine Tätigkeit als **Versicherungsmakler,** zumal diese mit dem des Versicherungsvertreters in § 59 Abs. 1 VVG unter dem Oberbegriff **Versicherungsvermittler** zusammengefasst und in § 34d GewO grds. auch einheitlichen Regeln unterworfen ist (zu § 7 Nr. 8 BRAO BGH NJW-RR 1998, 571; BRAK-Mitt. 2001, 90; NJW 2008, 1318 Rn. 6ff.; NJW-RR 2011, 856 Rn. 6ff.; siehe für gleichzeitige Tätigkeit als Versicherungsberater und Versicherungsmakler zum RBerG auch VG Leipzig Rbeistand 1995, 99; VG Stuttgart Rbeistand 1993, 65; für generelle Inkompatibilität von Tätigkeit als **Rentenberater** und Versicherungsmakler siehe zudem das Schreiben des BMJ an die Landesjustizverwaltungen vom 2.9.2010 – RB1 – 7525/21 II – R3 742/2010; Schlewing/Henssler/ Schipp/Schnitker/*Henssler* Teil 3 Rn. 46, 52ff.; Uckermann/Fuhrmanns/ Ostermayer/Doetsch/*Eversloh* Kap. 34 Rn. 65; *Römermann* NJW 2011, 884, 888; *Uckermann* NZA 2011, 552, 554; enger bei untergeordneten Tätigkeiten zur BRAO jedoch AGH Schleswig NJW-RR 2001, 1357). Ebenso wie der Beruf des Versicherungsvertreters bzw. -maklers wird regelmäßig auch eine **Tätigkeit als Geschäftsführer, angestellter Handlungsbevollmächtigter oder Niederlassungsleiter eines entsprechenden Unternehmens** als mit der rechtsberatenden Tätigkeit unvereinbar anzusehen sein (zu § 7 Nr. 8 BRAO BGH NJW-RR 2000, 437f.; NJW-RR 1998, 571; NJW 1995, 2357). Sogar eine unterstützende Tätigkeit als Betreuer von Versicherungsvertretern oder Konsortialpartnern ist im Zweifel schädlich (BGH NJW 2006, 3717 Rn. 3ff.). Dies kann uU sogar auf sonstige Versicherungsangestellte übertragen werden (AG Stuttgart AnwBl. 1962, 308 zum RBerG).
– Das Vorgenannte wird man – mit ähnlichen Erwägungen – wohl auch für eine Tätigkeit als Anlage-/Bankberater heranziehen können (zu § 7 Nr. 8 BRAO Henssler/Prütting/*Henssler* § 7 Rn. 105).
– Auch eine Tätigkeit als **Personalberater** kann ggf zu Interessenkollisionen führen (BGH NJW-RR 2014, 500 Rn. 6ff. zu § 7 BRAO), doch ist dies **nicht** zwingend und stets vom Einzelfall abhängig (verneinend etwa BGH NJW-RR 2014, 498 Rn. 13ff. zu § 14 BRAO).

Keine strukturelle Interessenkollision besteht indes in folgenden Konstellationen (siehe zudem auch die zahlreichen Beispiele aus der Anwaltschaft bei Henssler/Prütting/*Henssler* § 7 Rn. 106, die hier wohl „erst recht" gelten): 32
– Gleichzeitige Tätigkeit als **Versicherungsberater,** da von diesem nur eine Beratungsleistung erbracht wird und kein zusätzliches finanzielles Interesse am Ausgang der Beratung vorhanden ist (BT-Drs. 16/3655, 67; BT-Drs. 16/ 1935, 21 für Anwaltsberuf; siehe ferner *Köhler* SGb 2009, 441, 446; zum Versicherungsberater und Rentenberater auch *Rennen/Caliebe* 1. AVO § 8 Rn 16 zum RBerG; siehe auch VG Regensburg NJW 2000, 1665 und zum RDG Henssler/*Deckenbrock* S. 15; *dies.* DB 2013, 2909, 2910; Schlewing/ Henssler/Schipp/Schnitker/*Henssler* Teil 3 Rn. 54, 59; Uckermann/Fuhrmanns/Ostermayer/Doetsch/*Eversloh* Kap. 34 Rn. 67); selbst ein Rechtsanwalt darf Tätigkeiten wahrnehmen, die zum Berufsbild eines Versicherungsberaters gehören. Dies war bereits zu Zeiten des RBerG anerkannt, als Versicherungsberater noch Inhaber einer Teilerlaubnis nach Art. 1 § 1 Abs. 2 S. 2 Nr. 2 RBerG waren (BGH NJW 1997, 2824), gilt aber auch heute (BT-

Drs. 16/1935, 21). Ein Rentenberater bedarf sogar der zusätzlichen Erlaubnis nach § 34e Abs. 1 GewO, wenn er regelmäßig nicht nur Beratungsleistungen zum Versorgungsbedarf erbringt, sondern darüber hinaus über Versicherungsprodukte berät (Krenzler/*D. Schmidt* § 10 Rn. 40).
– Betrieb eines Inkassounternehmens und einer **Auskunftei** (BVerwG NJW 1959, 1986 zum RBerG).
– Weiterhin nicht gesichert ist, ob ein **Rechtsanwalt** sich gleichzeitig auch nach dem RDG registrieren lassen kann **("Doppelzulassung").** Das ist rechtlich zwar bedeutungslos, weil er ohnehin umfassend tätig sein kann (§ 3 Abs. 1 BRAO), kann aber vor allem aus Marketinggründen wegen der nach § 11 Abs. 4 RDG geschützten Berufsbezeichnungen durchaus interessant sein. Zum RBerG hat der BGH zwar zunächst die Möglichkeit einer solchen Doppelzulassung abgelehnt (BGH BRAK-Mitt. 1990, 248; siehe auch *Rennen/Caliebe* Art. 1 § 3 Rn. 32), doch war der VGH Kassel einige Jahre großzügiger mit Blick auf eine Inkassoerlaubnis für Anwälte (VGH Kassel NJW 2000, 2370; dazu vertiefend *Hoechstetter* Rbeistand 2000, 3; 1999, 6; siehe zudem VG Leipzig Rbeistand 1995, 97 m. Anm. *Hoechstetter*). Aus Sicht des Anwaltsrechts sollte eine Zulassung nach dem RBerG kein Hindernis für eine Anwaltszulassung sein (BGH NJW-RR 1999, 499; NJW 1997, 2824). Eine Anwaltszulassung sollte mangels gesetzlicher Regelung dann aber auch keinen Widerruf der Rechtsberatungserlaubnis tragen (VG Regensburg NJW 2000, 1665 für Versicherungsberater und Rechtsanwalt). **Heute** bestehen richtigerweise erst recht keine Bedenken mehr an einer zusätzlichen Registrierung von Rechtsanwälten etwa für Rechtsdienstleistungen in einem ausländischen Recht oder als Inkassounternehmer etc. (Dreyer/Lamm/Müller/ *K. Lamm* § 10 Rn. 14; Krenzler/*D. Schmidt* § 10 Rn. 14; Gaier/Wolf/Göcken/*Siegmund* Rn. 6; eingehend *Henssler/Deckenbrock* S. 20ff.; *dies.* DB 2013, 2909, 2911f. und jetzt auch OVG Berlin-Brandenburg Urt. v. 24.10.2013 – OVG 12 B 42.11, BeckRS 2013, 58471). Soweit teilweise zumindest eine **organisatorische oder räumliche Trennung der verschiedenen Tätigkeiten** angemahnt wird (siehe dazu § 10 RDG Rn. 22ff. sowie Dreyer/Lamm/Müller/*K. Lamm* § 10 Rn. 14; Krenzler/*D. Schmidt* § 10 Rn. 14), findet das weder im RDG noch in der BRAO eine Stütze, da die Berufspflichten aus §§ 45f. BRAO im Zweifel ausreichen. Daher sind auch entsprechende Auflagen nach § 10 Abs. 3 RDG untunlich (*Henssler/Deckenbrock* S. 22). Bei der anwaltlichen Werbung ist jedoch § 7 Abs. 1 BORA zu beachten (*Henssler/Deckenbrock* S. 23f.; *dies.* DB 2013, 2909, 2912).
– Nichts anderes kann für eine **Doppelregistrierung sonstiger Berufsträger** gelten (für Steuerberater zum RBerG auch BVerwG NJW 1968, 906);
– Erst recht unschädlich sein muss die gleichzeitige (untergeordnete) Tätigkeit als Bürovorsteher eines Anwalts/Notars und Betreiber eines Inkassounternehmens (*Rennen/Caliebe* § 8 1. AVO Rn. 16; ebenso Dreyer/Lamm/ Müller/*K. Lamm* Rn. 19). Kein Problem ist auch die gleichzeitige Tätigkeit als Verbandsgeschäftsführer und Rechtsdienstleister (*Rennen/Caliebe* § 8 1. AVO Rn. 31 zum RBerG unter Verweis auf BGH AnwBl. 1995, 622).
– **Keine strukturelle Interessenkollision besteht bei (ggf. ehemaligen) Beamten bzw. Angestellten des öffentlichen Dienstes,** die mit Genehmigung des Dienstherren nebenberuflich Rechtsdienstleistungen erbringen;

Registrierungsvoraussetzungen **§ 12 RDG**

die abstrakte Gefahr, dass die Nebentätigkeit dienstliche Interessen beeinträchtigen kann bzw. unlautere Vorteile aus der Tätigkeit gezogen werden, genügt allein nicht, solange keine konkrete Gefahr besteht, dass im Falle etwaiger Interessenkollisionen – etwa bei gleichzeitiger oder früherer dienstlicher Befassung mit dem Fall – nicht gem. § 4 RDG verfahren wird (Dreyer/Lamm/Müller/K. *Lamm* Rn. 19). Die im Anwaltsrecht zu §§ 7 Nr. 8, 14 Abs. 2 Nr. 8 BRAO diskutierten Fälle der Inkompatibilität von Anwaltszulassung und Tätigkeit im öffentlichen Dienst können also **nicht** nach hier übertragen werden (Grunewald/Römermann/*Suppé* Rn. 37). Eine nicht durch Berufsausübungsregelungen (konkret: Inhalt der Nebentätigkeitsgenehmigung) zu beseitigende Gefahr kann nur vorliegen, wenn konkrete Anhaltspunkte dafür bestehen, dass der Beamte/Angestellte die Beratung bei Interessenkollisionen nicht ablehnen wird (siehe auch BVerwG NJW 1970, 1059; VGH München Rbeistand 1982, 15; OVG Münster Rbeistand 1991, 67; VGH Mannheim Justiz 1985, 66 zum RBerG).

– Aktive **Richter** dürfen schon wegen § 41 DRiG keine Rechtsgutachten erstatten und entgeltlich rechtsberatend tätig werden. Für ehemalige Richter gilt das zuvor Gesagte entsprechend. Die Tätigkeit am Ort der früheren Tätigkeit ist abstrakt kein Hindernis für eine Registrierung (*Rennen/Caliebe* § 8 1. AVO Rn. 30; zum ehemaligen Sozialprozessagenten auch VGH München Rbeistand 1988, 221).

Konzernverbundenheit schadet zB bei einem Inkassounternehmen als 33 solches **nicht**. Die abstrakte Gefahr von Interessenkollisionen genügt hier selbst bei einer Personenidentität der Leitungsorgane nicht, wenn nicht **konkrete Anhaltspunkte** dafür bestehen, dass etwa bei der Inkassotätigkeit stets die Pflichten der redlichen Geschäftsführung missachtet werden (*Rennen/Caliebe* § 8 1. AVO Rn. 22). Hier wird die Behörde eher mit Auflagen nach § 13 a Abs. 2, 10 Abs. 3 RDG operieren müssen. Vor **Umgehungsversuchen** muss ansonsten aber gewarnt werden: Die dargelegten Grundsätze zur Interessenkollision können etwa bei juristischen Personen **nicht** über **§ 12 Abs. 4 S. 1 RDG** umgangen werden, in dem etwa innerhalb einer GmbH eine Person mit einem rechtsdienstleistenden Teil betraut wird und andere Unternehmensteile als Versicherungsmakler tätig werden. Hier steht das Merkmal der persönlichen Eignung der Registrierung der GmbH entgegen, mag die qualifizierte Person selbst auch hier rein rechtsdienstleistend tätig sein, denn § 12 Abs. 4 S. 1 RDG soll nicht zur Privilegierung führen und juristischen Personen/Gesellschaften ohne Rechtspersönlichkeit Doppeltätigkeiten ermöglichen, die eine natürliche Person so gerade aus genannten Gründen nicht wahrnehmen könnte (*Henssler/Deckenbrock* S. 32 f.; Uckermann/Fuhrmanns/Ostermayer/Doetsch/*Eversloh* Kap. 34 Rn. 69 f.)

Da jede rechtsdienstleistende Tätigkeit auch **nebenberuflich** ausgeübt wer- 34 den kann, ist die Frage, **wann und zu welcher Tageszeit und in welchem Umfang** die beantragte Tätigkeit ausgeübt werden soll, grds. **nicht** von Relevanz, sofern sich nicht im konkreten Anhaltspunkt daraus Zweifel an der Zuverlässigkeit ableiten lassen (VGH München Rbeistand 1988, 221 zum RBerG).

Liegt eine strukturelle Interessenkollision vor, kann dem richtigerweise auch 35 **nicht durch Auflagen iSd §§ 10 Abs. 3, 13 a Abs. 2 RDG (als milderes Mittel gegenüber einer Versagung der Registrierung bzw. einem Wi-**

derruf) begegnet werden, mit denen etwa der Rechtsdienstleister verpflichtet wird, „bei allen Mandanten als Rentenberater sicherzustellen, dass durch die gleichzeitige Tätigkeit als Versicherungsmakler für denselben Kunden keine Tätigkeiten doppelt vergütet werden und dies nachzuweisen durch Offenlegung der einkalkulierten Abschlussprovision gegenüber dem Kunden; das Verbot einer Vereinbarung einmaliger Abschlussprovision mit dem Versicherer (...), einen detaillierten Nachweis aller Tätigkeiten als Rentenberater und Makler für den Kunden und einen Zwang zum Hinweis jedes Mandanten nach einer durchgeführten Beratung als Rentenberater darauf, dass die Umsetzung des vorgeschlagenen Konzepts auch durch einen beliebigen Versicherungsvermittler erfolgen kann" (so aber AG München Bescheid v. 3.1.2011 – 371 E – M 1690; für Auflage, jede Vermittlung von Versicherungsverträgen zu unterlassen, wenn eine Erlaubnis nach § 34e Abs. 1 GewO fehlt, auch Krenzler/*D. Schmidt* § 10 Rn. 71). Derartige Informationspflichten können – wie auch die bewusste Abkehr vom sog. **„Informationsmodell"** im Gesetzgebungsverfahren zum RDG zeigt (Einleitung Rn. 30; § 1 RDG Rn. 3; § 3 RDG Rn. 2) – den Schutz der in § 1 RDG genannten Rechtsgüter nicht effektiv leisten, sind also nicht gleich „geeignet" im Sinne des Verhältnismäßigkeitsgrundsatzes (eingehend *Henssler/Deckenbrock* S. 17ff.; *dies.* DB 2013, 2909, 2911f.; Schlewing/Henssler/Schipp/Schnitker/*Henssler* Teil 3 Rn. 60ff.; Uckermann/Fuhrmanns/Ostermayer/Doetsch/*Eversloh* Kap. 34 Rn. 79ff.; *Römermann* NJW 2011, 884, 888). Der Gesetzgeber hat bewusst am Modell des Verbots mit Erlaubnisvorbehalt festgehalten. Informations- und Aufklärungspflichten können den Verbraucherschutz schwerlich gewährleisten und auch ihre Einhaltung ist nicht zu überwachen. In den anderen Berufsrechten wird dies daher mit Recht nicht einmal diskutiert und auch selbst die strengen Regelungen in § 45f. BRAO – die im RDG fehlen – genügen dort zweifellos nicht zum Aufweichen der Inkompatibilitätsregelungen in § 7 Nr. 8 BRAO. Im Kern ginge es zudem um eine inhaltliche Beschränkung der Erlaubnistatbestände, die schon zu Zeiten des RBerG als unzulässig angesehen worden ist (*Rennen/Caliebe* § 8 1. AVO Rn. 15) und auch heute mit Fragezeichen versehen wäre.

36 e) Sonderfragen der beruflichen Kooperation. Das Fehlen berufsrechtlicher Regelungen für Rechtsdienstleister (dazu aber § 14 RDG Rn. 47ff.) bringt es mit sich, dass auch Regelungen zur **interprofessionellen Zusammenarbeit nicht** im RDG enthalten sind. Daraus darf nicht der Schluss gezogen werden, dass ein **Zusammenschluss von Rechtsdienstleistern untereinander** (also zB eine Rentenberatersozietät) oder auch **mit Angehörigen anderer Berufe zur gemeinschaftlichen Berufsausübung** völlig frei möglich wäre. Zwar folgt aus der gegenüber etwa dem anwaltlichen Berufsrecht (§ 59a BRAO) geringeren Regelungsdichte, dass registrierten Rechtsdienstleistern **weitergehende** Kooperationsmöglichkeiten offenstehen müssen (*Henssler/Deckenbrock* S. 32; *dies.* DB 2013, 2909, 2913; Schlewing/Henssler/Schipp/Schnitker/*Henssler* Teil 3 Rn. 69) – zumal ohnehin Bedenken an der Verfassungsmäßigkeit der strengen anwaltsrechtlichen Bestimmungen in ihrer derzeitigen Fassung bestehen dürften (BGH NJW 2013, 2674 Rn. 52ff.; eingehend auch *Henssler/Deckenbrock* S. 29ff.; *dies.* DB 2013, 2909, 2912f.). Die bei Rn. 31 dargestellten **generellen Interessenkollisionen** dürfen auch durch Gründung einer Berufsausübungsgemeinschaft nicht unterlaufen werden (vgl. auch Rn. 33 zu Umgehungsversuchen), zumal die Gesellschafter ansonsten an Gewinnen aus unvereinbaren Tätigkeiten partizipieren würden. Rechtsdienstleister, die zwar nicht selbst eine unvereinbare Tätigkeit ausüben, sich aber auf eine Zusammenarbeit mit solchen Berufsgruppen einlassen, sind folglich als **persönlich ungeeignet** isd § 12 Abs. 1 RDG anzusehen. Erhält die Registrierungsbehörde Kenntnis von einem solchen Zusammenschluss, muss sie die Registrierung nachträglich nach § 10 Abs. 3 RDG mit der Auflage verbinden, den Zusammenschluss zu beenden bzw. die Registrierung nach § 14 Nr. 1 RDG widerrufen (*Henssler/Deckenbrock* S. 33; *dies.* DB 2013, 2909, 2913 f.; Schlewing/Henssler/Schipp/Schnitker/*Henssler* Teil 3 Rn. 69 f.). Ein Zusammenschluss mehrerer Rechtsdienstleister wird hingegen nach diesen Kriterien im Zweifel eher unproblematisch sein. Allerdings wird die Sozietät als (ohnehin rechtsfähige) GbR selbst die Registrierung anstreben müssen und die Gesellschafter nur als qualifizierte Personen isd § 12 Abs. 4 RDG benennen. Denn eine Einzelregistrierung führt sonst zu ähnlichen Fragen wie im Anwaltsrecht, wo in Sozietätssachverhalten bis heute die Anerkennung der (Teil-)Rechtsfähigkeit der Sozietät immer noch nicht überall angekommen zu sein scheint und sich überall noch Anlehnungen an die aufgegebene Doppelverpflichtungstheorie bei der GbR finden (dazu *Deckenbrock* AnwBl. 2012, 721, 726; *ders.* AnwBl. 2014, 118 ff.).

Noch schwieriger wird es bei Formen einer **rein organisatorischen Zusammenarbeit**. Eine bloße **Bürogemeinschaft** scheint schon mangels einer dem § 59a Abs. 3 BRAO entsprechenden Regelung dem Rechtsdienstleister kaum generell zu verbieten sein (*Henssler/Deckenbrock* S. 34 f.; *dies.* DB 2013, 2909, 2914). **Sonstige Kooperationen** im Sinne von schuldrechtlichen Absprachen zwischen Rechtsdienstleistern und sonstigen Berufsträgern erscheinen (erst recht) denkbar (*Henssler/Deckenbrock* S. 34 f.; *dies.* DB 2013, 2909, 2914), zumal sie selbst bei Anwälten nicht verboten sind (BGH NJW 2005, 2692; siehe zudem Henssler/Streck/*Deckenbrock* M Rn. 16; *Henssler* AnwBl. 2009, 670, 679; siehe aber für Steuerberater § 56 Abs. 5 StBerG). Allerdings wird man auch hier davon ausgehen dürfen, dass die Eingehung eines Kooperationsverhältnisses mit unvereinbaren Berufen (Rn. 31) nicht zu einer **Umgehung** der strikten Regeln führen darf, die eine gleichzeitige (gemeinsame) Ausübung beider Tätigkeiten verbieten. Insbesondere muss darauf geachtet werden, dass es nicht über eine Teilung des Gewinns oder die Leistung von Provisionen de facto doch zu einer gemeinsamen Berufsausübung kommt. Ist das für Rechtsanwälte zumindest dem Gedanken nach aus § 49b Abs. 3 S. 1 BRAO, § 27 S. 1 BORA abzuleiten, fehlen im RDG zwar erneut klare Regelungen, doch lassen sich auch diese Fälle wohl (gerade noch) über den Begriff der persönlichen Eignung lösen (siehe auch § 34e Abs. 3 S. 1 GewO; wie hier *Henssler/Deckenbrock* S. 35 f.; Schlewing/Henssler/Schipp/Schnitker/*Henssler* Teil 3 Rn. 73).

f) Besonderheiten bei qualifizierten Personen iSd Abs. 4 S. 1. Bei Benennung qualifizierter Personen kann die Behörde bei der Prüfung nach Rn. 8 f. nicht die persönliche Eignung der qualifizierten Person mit der Begründung bejahen, dass diese sich im Unternehmen allein um den rechtsdienstleistenden Teil der Tätigkeit kümmert, die nach Rn. 31 unvereinbare Tätigkeit aber von anderen Mitarbeitern erbracht wird (siehe bereits Rn. 33). In einem solchen Fall ist nämlich schon die Gesellschaft als solche „ungeeignet", weil sie dieselben Interessenkonflikte zu befürchten hat wie eine natürliche Person. Schon der Umstand, dass etwa alle Gesellschafter an den Gewinnen aus der Rechtsdienstleistungstätigkeit einerseits und der damit unvereinbaren Tätigkeit andererseits profitieren würden, zeigt, dass die Art der Organisation kein geeignetes Differenzierungskriterium darstellt.

39 **3. Zuverlässigkeit. a) Allgemeines.** Der Begriff der Zuverlässigkeit ist nicht trennscharf von dem der persönlichen Eignung zu unterscheiden (Rn. 14). Er hat vor allem im Gewerberecht eine eigene Bedeutung; gewerberechtlich ist zuverlässig, wer die Gewähr dafür bietet, dass er sein Gewerbe auch künftig ordnungsgemäß ausüben wird (BVerwG GewArch 1971, 200; eingehend Landmann/Rohmer/*Marcks* § 35 Rn. 29ff.). Daran und an die frühere Rechtsprechung zum RBerG kann im Kern weiter angeknüpft werden: **Unzuverlässig** ist somit, wessen Verhalten mit den Pflichten, die Aufgaben und Stellung den Angehörigen des Berufs auferlegen, derart in Widerspruch steht, dass er als Rechtsbesorger nicht tragbar erscheint. Das rechtsuchende Publikum muss darauf vertrauen können, dass derjenige, der erlaubt Rechtsdienstleistungen erbringt, nach seinen gesamten Lebensumständen zur Wahrung der Interessen der Rechtsuchenden nicht nur fachlich und persönlich geeignet, sondern auch zuverlässig ist, zumal der Rat und die Unterstützung durch Rechtsdienstleister gerade von solchen Rechtsuchenden in Anspruch genommen wird, die wegen ihrer ungünstigen wirtschaftlichen Verhältnisse und ihrer Unerfahrenheit in rechtlichen Angelegenheiten besonders schutzbedürftig sind (BVerwG AnwBl. 1973, 19; OVG Bremen Rbeistand 1983, 101; VG Würzburg Rbeistand 1992, 70; VG München Urt. v. 14.10.2008 – M 16 K 08.1243, BeckRS 2011, 46984).

40 Die Zuverlässigkeit ist **berufsbezogen** zu beurteilen; entscheidend ist mithin, dass der Antragsteller gerade in Bezug auf die **konkret** beabsichtigten Rechtsdienstleistungen zuverlässig ist (BT-Drs. 16/3655, 67; siehe auch *Rennen/Caliebe* § 6 1. AVO Rn. 1).

41 Für die Beurteilung der Zuverlässigkeit und Eignung ist das Ziel des Gesetzes maßgebend, die Bevölkerung vor Schädigungen durch Rechtsdienstleister zu schützen, die ihren beruflichen Aufgaben nicht gewachsen sind oder sonst keine hinreichende Gewähr für eine ordnungsgemäße Berufsausübung bieten (§ 1 RDG Rn. 6f.). Daher können (nur) vorsichtig auch Umstände berücksichtigt werden, die **nicht im Zusammenhang mit der Tätigkeit als Rechtsdienstleister** stehen (also aus einem Zweitberuf oder gar der privaten Sphäre stammen, sofern sie – was jeweils zu prüfen ist (!) – begründete Zweifel an einer ordnungsgemäßen Ausübung der konkreten registrierten Tätigkeit aufkommen lassen (BVerwG Rbeistand 1988, 104; 1986, 44; NJW 1977, 2178; DÖV 1974, 681; OVG Münster Rbeistand 1996, 20; OVG Lüneburg Rbeistand 1994, 30; VGH München Rbeistand 1992, 67; OVG Koblenz Rbeistand 1989, 101; VGH Kassel AnwBl. 1988, 591; OVG Bremen Rbeistand 1983, 101; VGH Mannheim Rbeistand 1984, 163 zum RBerG); auch insofern ist der Begriff der Zuverlässigkeit also berufsbezogen zu prüfen (siehe auch Henssler/Prütting/*Weth* Rn. 6).

Der Begriff der Unzuverlässigkeit ist rein final- und zweckorientiert; eine **42** Feststellung der Unzuverlässigkeit setzt daher weder ein **Verschulden** im Sinne eines moralischen oder ethischen Vorwurfs noch einen **Charaktermangel** voraus (siehe auch Grunewald/Römermann/*Suppé* Rn. 41 und zum Gewerberecht Landmann/Rohmer/*Marcks* § 35 Rn. 30). Die engere Lesart bei § 7 Nr. 5 BRAO, wonach zumindest Verschulden im untechnischen Sinne vorliegen muss (BGH EGE XI, 11), ist dem dortigen engeren Wortlaut geschuldet und nicht nach hier übertragbar. Dies bedeutet aber nicht, dass grobes bzw. fehlendes Verschulden nicht ein gewichtiges Kriterium bei der Einzelfallabwägung (sogleich Rn. 43) sein kann.

Das unbestimmte Tatbestandsmerkmal der „Zuverlässigkeit" ist im Lichte **43** des Grundrechts aus Art. 12 GG und des Verhältnismäßigkeitsgrundsatzes stets einer **umfassenden Einzelfallprüfung** zu unterwerfen. Es sind alle erheblichen Umstände des Einzelfalls wie zB die Schwere des Vorwurfs, der etwaige Zeitablauf, die weitere Führung oder auch das „Nachtatverhalten" in die Abwägung einzustellen. Im Rahmen einer vorzunehmenden **Verhaltensprognose** sind dabei vor allem auch Umstände zu berücksichtigen, die etwaiges Fehlverhalten des Antragstellers in günstigem Licht erscheinen lassen, um ihm die Möglichkeit zu Resozialisierung zu geben (BVerfG NJW 1986, 1802). Insbesondere Zeitablauf und zwischenzeitliches Wohlverhalten ist – selbst bei schweren Verfehlungen – zu berücksichtigen (BGH BRAK-Mitt. 2003, 128, 129; 1999, 144, 146; AnwBl. 2000, 627).

Eine Registrierung darf aus Gründen der Verhältnismäßigkeit nur bei **er- 44 heblichen Zweifeln an der Zuverlässigkeit** versagt werden, nicht schon bei einfachen Bedenken (Dreyer/Lamm/Müller/*K. Lamm* Rn. 23; siehe auch BT-Drs. 16/3655, 67). Denn die Behörde kann über § 10 Abs. 3 S. 3 RDG und § 14 RDG auch im Nachhinein steuernd eingreifen, wenn sich etwaige Bedenken vertiefen sollten. Auch nach Wegfall der behördlichen Aufsicht in § 3 2. AVO RBerG muss daher weiter an die bisherige Rechtsprechung angeknüpft werden, nach der eine Zulassung (heute: Registrierung) zwingend geboten war, wenn nur leichte Zweifel bestanden oder die Gefahr so fernliegend war, dass sie ohne Bedenken außer Betracht gelassen werden konnte (BVerwG Rbeistand 1996, 67; NJW 1970, 1059; VGH Mannheim Rbeistand 1984, 163).

b) Die Regelbeispiele in Abs. 1 Nr. 1 lit. a–f, Abs. 2. aa) Regelungs- 45 technik: Widerlegbare Vermutung der Unzuverlässigkeit. Nach Abs. 1 Nr. 1 lit. a–f fehlt „in der Regel" die Zuverlässigkeit, wenn **einer** der dort genannten Fälle vorliegt; eine Kumulation ist nicht erforderlich. Die Auflistung stellt berufsbezogene bzw. zumindest berufsrelevante Vorgänge in den Vordergrund. Die Auflistung ist schon nach dem Wortlaut **nicht abschließend** gemeint; die Unzuverlässigkeit kann also auch auf andere Gründe gestützt werden, die von ihrer Wertigkeit verständigerweise nur den genannten Fällen entsprechen müssen (eingehend Rn. 97). In **§ 14 Nr. 1 RDG** finden sich zudem noch zwei weitere Regelbeispiele für Widerrufssachverhalte (§ 14 RDG Rn. 23 ff.).

46 Es handelt sich **nicht** um **zwingende** Versagungsgründe, sondern um Regelbeispiele, die eine **widerlegbare tatsächliche Vermutung** der Unzuverlässigkeit begründen (so auch Krenzler/*K.-M. Schmidt* Rn. 19). Ist die Behörde bei der **ohnehin vorzunehmenden Einzelfallprüfung** (Rn. 43) aufgrund der **besonderen Umstände des Einzelfalls** von der Zuverlässigkeit des Antragstellers überzeugt, kann sie also trotz Erfüllung des Regelbeispiels die Registrierung vornehmen. Es handelt sich dann aber um eine **begründungsbedürftige Ausnahme,** wobei die Verwirklichung des Regelbeispiels zur Umkehr der Feststellungslast zulasten des Betroffenen führt (siehe auch Rn. 71). Ist ein Regelbeispiel erfüllt, sollte der Antragsteller daher bereits bei der Registrierung ihm günstige Tatsachen vortragen, die eine entsprechende Bewertung tragen (§ 13 RDG Rn. 53). Für die Praxis bedeutet das Vorgenannte ferner, dass eine Behörde sich in ihrer Argumentation nicht allein auf die Indikation durch das Regelbeispiel stützen darf, sondern zumindest im Ansatz weiterhin eine Einzelfallprüfung erkennen lassen muss. Die Verwirklichung eines Regelbeispiels führt mithin (auch) zu **Begründungserleichterungen im Rahmen des § 39 VwVfG,** nicht zu einer Entbehrlichkeit jeder einzelfallbezogenen Begründung.

47 Dieser somit in jeder Hinsicht offene Tatbestand des § 12 Abs. 1 RDG unterstreicht nochmals das bei Rn. 43 dargelegte Erfordernis einer umfassenden Einzelfallprüfung, bei der Regelbeispiele letztlich nicht mehr sind als eine Orientierungshilfe.

48 **bb) Rechtskräftige Verurteilung (Abs. 1 Nr. 1 lita).** Die Zuverlässigkeit fehlt in der Regel, wenn der antragstellende Einzelunternehmer oder die qualifizierte Person iSd § 12 Abs. 4 RDG in den letzten drei Jahren vor Antragstellung wegen eines **Verbrechens** (§ 12 Abs. 1 StGB) oder eines die **Berufsausübung betreffenden Vergehens** (§ 12 Abs. 2 StGB) rechtskräftig verurteilt worden ist.

49 Die Bedeutung der Berufsfreiheit (Art. 12 GG) zwingt nach dem zu Rn. 41, 43 Gesagten zur Zurückhaltung. Verurteilungen rechtfertigen die Versagung der Registrierung grds. nur, wenn sich aus ihnen eine berufsbezogene Unzuverlässigkeit ableiten lässt. Das Regelbeispiel soll sich nach der Gesetzesbegründung (BT-Drs. 16/3655, 67; zustimmend Gaier/Wolf/Göcken/*Siegmund* Rn. 14) an die Rechtsprechung zur Versagung der Zulassung zum Anwaltsberuf wegen „Unwürdigkeit" gem. § 7 Nr. 5 BRAO anlehnen, soll jedoch als eigenständige Regelung **autonom auszulegen** sein. Zu berücksichtigen sein soll, dass registrierte Personen – anders als Rechtsanwälte – keine Organe der Rechtspflege sind (siehe auch Rn. 30). Damit sollte offenbar verdeutlicht werden, dass die zT sehr strenge Rspr. zu § 7 Nr. 5 BRAO (dazu Henssler/Prütting/*Henssler* § 7 Rn. 50ff.) nicht ungesehen nach hier zu übertragen ist. Rechtspolitisch mag man darüber streiten; jedenfalls sollte umso mehr das Augenmerk auf die Umstände des Einzelfalls gerichtet werden.

50 Bei **Verbrechen** gilt der Schluss auf eine Unzuverlässigkeit aber regelmäßig ohne Einschränkungen (BT-Drs. 16/3655, 67) – wobei jedenfalls theoretisch aber Raum für eine Einzelfallprüfung zur Widerlegung der Vermutung bleiben muss (Rn. 46; unklar Grunewald/Römermann/*Suppé* Rn. 51f.). Praktisch wird das selten bedeutsam werden; selbst eine vorsätzliche Brandstiftung als singuläre Beziehungstat führt zur Annahme der Unzuverlässigkeit (VG Augsburg Urt. v. 26.7.2006 – Au 4 S 06 836, BeckRS 2006, 30676 zum RBerG).

Bei **Vergehen** muss die Straftat aber zwingend die Berufsausübung betref- 51 fen, also **berufsbezogen** sein und somit erhebliche Zweifel an der ordnungsgemäßen Erbringung von Rechtsdienstleistungen aufwerfen (BT-Drs. 16/3655, 67). Dies setzt **nicht** zwingend voraus, dass das Vergehen bei der Berufsausübung als solches begangen worden ist; es genügt, wenn es sich gegen ein Rechtsgut richtet, welches für die Berufsausübung von besonderer Bedeutung ist (BT-Drs. 16/3655, 67; siehe bereits BVerwG DÖV 1974, 681 zum RBerG). Anlehnen kann man sich wegen der gleichen Zwecksetzung an die Rechtslage bei § 6 1. AVO RBerG, der „insbesondere Vergehen gegen Vermögensrechte" herausgestellt hat (so auch Grunewald/Römermann/*Suppé* Rn. 57). Neben Delikten gegen das Vermögen (insbesondere §§ 242 ff., 246, 253, 255, 259, 263, 264, 265, 265a, 265b, 266, 266a, 266b StGB) kann man vor allem auch Straftaten erfassen, die eine Missachtung der geordneten Rechtspflege zum Ausdruck bringen, wie Aussagedelikte (§§ 153 ff. StGB), Parteiverrat (§ 356 StGB), falsche Verdächtigung (§ 164 StGB), Widerstand gegen Vollstreckungsbeamte (§ 113 StGB), Verwahrungsbruch (§ 133 StGB), Urkundenfälschung oder -unterdrückung (§§ 267 ff. StGB), Straftaten in einem früheren Amt (§§ 331 ff. StGB) etc. (so zu § 7 Nr. 5 BRAO, bei Beachtung der Berufsbezogenheit nach hier übertragbar, Henssler/Prütting/*Henssler* § 7 Rn. 51 f. mwN). Die Hervorhebung der Vermögensdelikte besagte nämlich nur, dass ein Mangel an Zuverlässigkeit dort in besonderem Maße erkennbar war. Dies war aber nicht abschließend gemeint (VGH Mannheim NJW 1984, 1052). Auch der Gesetzgeber hat betont, dass Inkassodienstleistungen unvereinbar mit Delikten sind, die den Schutz des Eigentums, des Vermögens oder eben auch des Rechtsverkehrs bezwecken und beispielhaft Aussagedelikte, Diebstahl- und Unterschlagungsdelikte, Erpressung, Geldwäsche und Verschleierung unrechtmäßig erlangter Vermögenswerte, Betrug, Untreue, Urkundenfälschung oder Insolvenzstraftaten genannt (BT-Drs. 16/3655, 67).

Die Straftat kann entsprechend dem schon bei Rn. 41 Gesagten auch einem 52 **Zweitberuf** (BVerwG Buchholz 355 RBerG Nr. 46; VGH München Rbeistand 1992, 67; OVG Lüneburg Rbeistand 1994, 29 m. Anm. *Hoechstetter* zum RBerG) oder der **privaten Sphäre** (BVerwG Rbeistand 1986, 44; OVG Lüneburg Rbeistand 1985, 161 zum RBerG) zuzuordnen sein, wenn sie nur begründete Zweifel an der Zuverlässigkeit **(auch) für die Rechtsdienstleistungstätigkeit** aufwirft. Dies gilt auch für Straftaten aus früheren beruflichen Betätigungen (siehe zu § 50 BNotO BGHR BNotO § 50 Abs. 1 Nr. 2 Unwürdigkeit 1). Bei Rechtsdienstleistungstätigkeiten in einem ausländischen Recht ist es auch nicht geboten, dass bei den begangenen Straftaten gerade das Vertrauen der entsprechenden Landsleute in Anspruch genommen worden ist (VGH München Beschl. v. 16.3.2009 – 21 ZB 08.3429, BeckRS 2009, 43138 zum RBerG).

Der Gesetzgeber hat betont, dass im Hinblick auf Art. 12 GG und der hie- 53 raus folgenden Verhältnismäßigkeitsprüfung selbst solche Delikte nicht pauschal herangezogen werden dürfen, sondern eine **Abwägung im Einzelfall** geboten ist: Ein einfacher Ladendiebstahl rechtfertige nicht zwangsläufig die

RDG § 12   Teil 3 Rechtsdienstleistungen durch registrierte Personen

Versagung der Registrierung; die Schwere der Tat und das Strafmaß seien ebenso zu berücksichtigen wie der Umstand, ob es sich um eine im privaten oder beruflichen Zusammenhang begangene Straftat handelt. Bei einer leichten Straftat soll im Grundsatz die Ablehnung der Registrierung umso eher in Betracht kommen, je enger die Straftat mit der Berufsausübung in Zusammenhang steht (BT-Drs. 16/3655, 67). Dem ist beizupflichten, es geht letztlich um nichts anderes als die bei Rn. 46 genannte, ohnehin gebotene Einzelfallprüfung. Selbst bei einem Handeln ohne Eigennutz und einem redlichen Bemühen um Schadenswiedergutmachung kann bei einem erheblichen Vermögensschaden unter Ausnutzung einer Vertrauensstellung mit Erfüllung des Straftatbestands der Untreue aber im Zweifel von einer Unzuverlässigkeit ausgegangen werden (VG München Urt. v. 14.10.2008 – M 16 K 08.1243, BeckRS 2011, 46984 zum RBerG); erst recht gilt dies bei einem gewerblichen Betrug durch einen Inkassounternehmer (OVG Lüneburg NdsVBl. 2008, 74 zum RBerG).

54   Die Verurteilung muss **rechtskräftig** sein. Die Art der Verurteilung (Strafurteil, Strafbefehl, dazu zur GewO OVG Bremen GewArch 1957/58, 153 und zum RBerG VG München Urt. v. 12.3.2007 – M 16 K 06.3432, BeckRS 2007, 35843) ist ohne Belang.

55   Die Verurteilung muss **in den letzten drei Jahren vor der Antragstellung** liegen. Diese Frist entspricht der Frist, nach der Verurteilungen frühestens nicht mehr in das nach § 13 Abs. 1 Nr. 2 RDG beizubringende Führungszeugnis aufzunehmen sind (§ 34 Abs. 1 Nr. 1 BZRG; siehe auch BT-Drs. 16/3655, 67).

56   Soweit das Führungszeugnis **ältere** Verurteilungen wegen Verbrechen oder Vergehen aufweist oder die Behörde sonst Kenntnis von älteren Verurteilungen erhält, greift das Regelbeispiel nicht ein. Das bedeutet jedoch **nicht,** dass damit Zuverlässigkeit automatisch wieder gegeben wäre und/oder ein Verwertungsverbot für solche Erkenntnisse im Registrierungsverfahren bestünde. Erforderlich sind vielmehr eine **umfassende Einzelfallprüfung** und eine Würdigung des Geschehensablaufs, des Schadens, der Begehungsweise und des Verschuldensgrads etc. Insofern bedarf es einer besonderen Prüfung, ob die Unzuverlässigkeit trotz des Zeitablaufs weiterhin besteht (BT-Drs. 16/3655, 67, bejahend für eine Reihe von älteren Betrugs- und Untreueverurteilungen bei Inkassounternehmer; insofern weiterhin richtig BVerwG Rbeistand 1987, 96 zum RBerG). Besondere Bedeutung wird dabei die Berufsbezogenheit haben, die gerade auch bei älteren Verbrechen eher für eine fortbestehende Unzuverlässigkeit sprechen kann als bei berufsfremden/privaten Straftaten (Grunewald/Römermann/*Suppé* Rn. 54). Angesichts des Wegfalls der Regelvermutung nach Zeitablauf wird man bei älteren Straftaten zudem ein erhebliches Gewicht der fortwirkenden Faktoren verlangen müssen, das die Behörde sorgsam zu begründen hat (§ 39 VwVfG). Zeitablauf und zwischenzeitliches Wohlverhalten werden eher für eine Registrierung sprechen, wobei es **keine feste zeitliche Grenze** gibt, bis wann ältere Verfehlungen einer Registrierung noch entgegenstehen können. Die teilweise sehr strenge Rspr. zur Anwaltszulassung (§ 7 Nr. 5 BRAO, dazu von bis zu 20 Jahren ausgehend BGH BRAK-Mitt. 2013, 197 Rn. 6; Urt. v. 10.10.2011 – AnwZ [Brfg] 10/10, BeckRS 2011, 26158 Rn. 15; BRAK-Mitt. 2000, 305; 2000, 145; 1999, 187; 1998, 234; 1997, 168

§ 12 RDG Registrierungsvoraussetzungen

und vor allem auch BRAK-Mitt. 1993, 170), kann angesichts der zurückhaltenden Festlegung der 3-Jahres-Frist und der Tatsache, dass ein Rechtsdienstleister kein unabhängiges Organ der Rechtspflege ist (Rn. 49), **keinesfalls** unbesehen herangezogen werden. Dies gilt insbesondere auch mit Blick auf den Gedanken der Resozialisierung und dem Grundsatz der Verhältnismäßigkeit (dazu allg. BVerwG Rbeistand 1987, 96; VGH Mannheim NJW 1984, 1052; Rbeistand 1984, 163; VG Würzburg Rbeistand 1992, 70 zum RBerG). Ältere Straftaten eines damals jungen Antragstellers, die erkennbar allein in seiner politischen Gesinnung wurzelten, sind jedenfalls im Zweifel unbeachtlich (EGH Stuttgart Rbeistand 1985, 126 m. Anm. *Hoechstetter;* siehe auch VGH Mannheim NJW 1984, 1052).

Auch gem. § 51 BZRG bereits **getilgte** Vorstrafen können theoretisch in 57 die Entscheidung einfließen, da § 52 Abs. 1 Nr. 4 BZRG das Verwertungsverbot durchbricht, wenn es zu einer erheblichen Allgemeinwohlgefährdung käme, was hier angesichts der hohen Schutzgüter des RDG zu bejahen wäre (zu § 7 Nr. 5 BRAO BGH EGE XII 25, 43; XIII 13, 96; XIV, 63; BRAK-Mitt. 1984, 34).

Ausländische Verurteilungen – von denen die Behörde nur selten 58 Kenntnis erhalten wird (§ 13 RDG Rn. 33) – lassen sich in das Regelbeispiel und die Systematik von Verbrechen/Vergehen nicht einordnen. Auch sie können aber außerhalb der Regelbeispiele zur Begründung einer Unzuverlässigkeit herangezogen werden. Die genannten Kriterien gelten entsprechend.

Strafrechtliche Ermittlungsverfahren, die **nicht zu einer Verurteilung** 59 **geführt** haben, können uU ebenfalls außerhalb des Regelbeispiels die Annahme einer Unzuverlässigkeit tragen. Dass das – anders als in § 6 1. AVO RBerG – nicht mehr ausdrücklich im Gesetz geregelt ist, ist unschädlich. Freisprüche und Einstellungen nach § 170 Abs. 2 StPO werden freilich auszuklammern sein, bei anderen Verfahrensbeendigungen – insbesondere einem Vorgehen nach § 153a StPO – wird man darauf abstellen, ob sachliche oder nur förmliche Gründe (wie zB fehlender Strafantrag) gegeben waren (Grunewald/Römermann/*Suppé* Rn. 65 ff., siehe zum RBerG VGH Kassel AnwBl. 1988, 591; VG Würzburg Rbeistand 1989, 19; VGH München Rbeistand 1989, 53).

Das Regelbeispiel knüpft allein an die **rechtskräftige Verurteilung** als 60 solche an (Rn. 54). Daher ist das **Fehlen einer dem § 35 Abs. 3 GewO** entsprechenden Regelung, die eine **Bindung an bestimmte Elemente des Strafurteils** anordnet, welche wiederum für die dort zu treffende tatsachengestützte Unzuverlässigkeitsprognose von Bedeutung ist (eingehend Landmann/Rohmer/*Marcks* § 35 Rn. 37 ff., 137 ff.), unschädlich (siehe auch zum RBerG VGH München Beschl. v. 16.3.2009 – 21 ZB 08.3429, BeckRS 2009, 43138; VG München Urt. v. 12.3.2007 – M 16 K 06.3432, BeckRS 2007, 35843). Die Rechtslage ist nicht anders als bei § 33c GewO (dazu Landmann/Rohmer/*Marcks* § 33c Rn. 22) oder § 34c Abs. 2 Nr. 1 GewO (dazu Landmann/Rohmer/*Marcks* § 34c Rn. 93), bei denen ebenfalls allein an die rechtskräftige Verurteilung anzuknüpfen ist. Kommt es im Rahmen der Einzelfallabwägung aber auf die in der rechtskräftigen strafrechtlichen Entscheidung enthaltenen tatsächlichen und rechtlichen Feststellungen an, wird man im Verwaltungsverfahren aber auch ohne eine dem § 35 Abs. 3 GewO entsprechende Regelung auf diese zurückgreifen können (so zum RBerG ohne Problembewusstsein VGH München Beschl. v. 16.3.2009 – 21 ZB 08.3429, BeckRS 2009, 43138); dies gilt jedenfalls so lange, wie keine substanziierten Einwendungen erhoben werden oder sonstige Zweifel bestehen, die zu weiteren Ermittlungen nötigen.

61 **cc) Ungeordnete Vermögensverhältnisse (Abs. 1 Nr. 1 lit. b, Abs. 2).**
(1) Überblick. Die Zuverlässigkeit fehlt regelmäßig, wenn die **Vermögensverhältnisse ungeordnet** sind. Dieser unbestimmte Rechtsbegriff wird in Abs. 2 S. 1 durch ein weiteres **Regelbeispiel** näher ausgestaltet (Rn. 69 ff.) und im Wege der **gesetzlichen Fiktion** in Abs. 2 S. 2 mit zwei besonderen **Rückausnahmen** belegt (Rn. 74 ff., 86). Der unbestimmte Rechtsbegriff der ungeordneten Vermögensverhältnisse bedarf der Auslegung, an die wegen Art. 12 GG strenge Anforderungen zu stellen sind (BVerwG NJW 2005, 3795 zu § 20 WPO). Die Versagung der Registrierung oder ein Widerrufsverfahren muss auch aus Gründen der Verhältnismäßigkeit aber **nicht** zurückgestellt werden, nur um dem Betroffenen noch Gelegenheit zur Ordnung seiner Vermögensverhältnisse zu geben (zu § 50 BNotO BGH NJW 2007, 1287 Rn. 11).

62 Die Vorschrift orientiert sich nach der Gesetzesbegründung (BT-Drs. 16/3655, 68) an den vergleichbaren Regelungen der **BRAO** (§§ 7 Nr. 9, 14 Abs. 2 Nr. 7 BRAO) und der **GewO** (§§ 34b Abs. 4 Nr. 2, 34c Abs. 2 Nr. 2, 34d Abs. 2 Nr. 2 GewO), so dass vorsichtig auf die dortige Rechtsprechung und Literatur zurückgegriffen werden kann (eingehend zum Gewerberecht Landmann/Rohmer/*Marcks* § 35 Rn. 45 ff., für Übertragung der Rspr./Lit. auf § 12 RDG ausdrücklich auch VG Göttingen Urt. v. 21.11.2012 – 1 A 45/12, BeckRS 2012, 60433). Der BGH hat jüngst zwar offengelassen, ob § 12 Abs. 2 S. 2 RDG andere Anforderungen an das Vorliegen eines Vermögensverfalls stellt als § 14 Abs. 2 Nr. 7 BRAO (BGH Beschl. v. 4.11.2013 – AnwZ [Brfg] 49/13, BeckRS 2013, 20837 Rn. 8, dabei betonend, dass es auch zulässig wäre, höhere Anforderungen an die Eignung und Zuverlässigkeit von Rechtsanwälten zu stellen), doch ist richtigerweise von einer möglichst einheitlichen Auslegung der Regelungen auszugehen. Schon zum **RBerG** war auch anerkannt, dass in derartigen Fällen die Zuverlässigkeit fehlen/entfallen konnte (BVerwG Rbeistand 1996, 67; 1989, 16; NJW 1977, 2178; OVG Münster Rbeistand 1996, 20; VGH Mannheim NVwZ-RR 1996, 23; OVG Koblenz Rbeistand 1988, 223). Zurückgegriffen werden kann damit jedenfalls vorsichtig auch auf Rspr. und Lit. zu den **weiteren Parallelregelungen** in §§ 14 Nr. 9, 21 Abs. 2 Nr. 8 **PAO;** § 40 Abs. 2 S. 2 Nr. 1, 46 Abs. 2 Nr. 4 **StBerG,** § 16 Abs. 1 Nr. 7, 20 Abs. 2 Nr. 5 **WPO,** § 50 Abs. 1 Nr. 6 **BNotO** (nicht aber auf den deutlich weiter gefassten § 50 Abs. 1 Nr. 8 BNotO, dazu BGH NJW-RR 2011, 642 Rn. 8 ff.; Beschl. v. 26.10.2009 – NotZ 14/08, BeckRS 2009, 29969 Rn. 11 ff.; NJW-RR 2009, 783 Rn. 9 ff.; ZNotP 2006, 269 Rn. 5 ff.; NJW-RR 2001, 1212) und ggf. auch auf Rspr. und Lit. zu § 7 ApoG.

63 Der **Begriff der „ungeordneten Vermögensverhältnisse"** kann somit grds. in Anlehnung an den dort regelmäßig genutzten Begriff des **„Vermögensverfalls"** verstanden werden (so Dreyer/Lamm/Müller/*K. Lamm* Rn. 37; Grunewald/Römermann/*Suppé* Rn. 70). Unter Berufung auf das BVerwG

Registrierungsvoraussetzungen **§ 12 RDG**

(NJW 2005, 3795, 3796 zu § 20 WPO; vgl. auch zum RBerG OVG Lüneburg NdsVBl. 2008, 74: „in ungeordneten wirtschaftlichen Verhältnissen ... oder gar ... in Vermögensverfall geraten") könnte man allerdings in Erwägung ziehen, dass ungeordnete Vermögensverhältnisse bereits vorliegen können, wenn der Grad des Vermögensverfalls noch nicht erreicht ist; dies wird aber allenfalls in Nuancen praktisch relevant.

Vermögensverfall liegt jedenfalls vor, wenn der Betroffene in ungeord- 64 nete, schlechte finanzielle Verhältnisse, die er in absehbarer Zeit nicht ordnen kann, gerät und (kumulativ) außerstande ist, seinen Verpflichtungen nachzukommen; Beweisanzeichen hierfür sind insbesondere die Erwirkung von Schuldtiteln und Vollstreckungsmaßnahmen gegen ihn (zu § 12 RDG VG Göttingen Urt. v. 21.11.2012 – 1 A 45/12, BeckRS 2012, 60433; siehe allg. BGH Beschl. v. 21.3.2011 – AnwZ [B] 97/09, BeckRS 2011, 08341 Rn. 3; Beschl. v. 18.10.2010 – AnwZ [B] 18/10, BeckRS 2010, 30044 Rn. 4; NJW-RR 2000, 1228, 1229; 1999, 712; BRAK-Mitt. 1998, 43; 1995, 29; NJW 1991, 2083; BVerwG NJW 2005, 3795). Mit anderen Worten muss eine finanzielle Situation festgestellt werden, bei der die Höhe der bislang aufgelaufenen und bei einmalig oder wiederkehrend hinzuaddierenden Verbindlichkeiten eine Höhe erreicht, die die Tilgung durch die regelmäßigen Einnahmen nicht gestattet und somit zu einer sich verschärfenden Verschuldung führen muss. Zudem darf kein erhebliches Vermögen vorhanden sein, das zur Tilgung der Verbindlichkeiten verwertet werden kann. Die Situation muss zudem auf Dauer vorliegen, es dürfen also nicht nur vorübergehende kurzfristige Zahlungsstockungen sein. Der Begriff der „Unordnung" ist zudem missverständlich; es geht gerade nicht um fehlende buchhalterische Ordnung, sondern allein um die finanzielle Leistungsfähigkeit.

Ein **Verschulden** ist – wie auch sonst (Rn. 42) – nicht erforderlich 65 (BVerwG NJW 2005, 3795 zur WPO; BVerwG NJW 1977, 2178; OVG Lüneburg NdsVBl. 2008, 74 zum RBerG). Unerheblich ist auch, ob die schlechte wirtschaftliche Lage nicht in unmittelbaren Zusammenhang mit der Berufsausübung steht (für fehlgeschlagene Investition in Ostimmobilie zum StBerG FG Hannover Urt. v. 25.4.2007 – 6 K 520/06, BeckRS 2007, 26025463; siehe aber Rn. 75).

Ungeordnete Vermögensverhältnisse begründen regelmäßig schon allein **66** wegen der objektiven Verhältnisse eine **Gefahr für die Rechtsuchenden.** Es ist sowohl zu befürchten, dass der Rechtsdienstleister überhöhte Gebühren für seine Tätigkeit verlangt, als auch, dass Mandantengelder entweder dem Zugriff der Gläubiger des Rechtsdienstleisters ausgesetzt sind oder gar von diesem selbst veruntreut werden, um eigene Verbindlichkeiten zu tilgen. Schließlich ist zu besorgen, dass der Rechtsdienstleister zur Erzielung möglichst großer Einnahmen Mandate übernimmt, denen er nicht gewachsen ist, und dadurch Schäden für die Rechtsuchenden entstehen. Ob sich diese Gefahr bereits realisiert hat, ob der Betroffene also im Kernbereich seiner Berufsausübung schon einmal gegen solche Pflichten verstoßen hat oder nicht, ist nicht entscheidend, da die Gefahr in solchen Fällen jedenfalls nicht nur fernliegend ist (BVerwG NJW 1977, 2178; Rbeistand 1996, 67; VGH Mannheim NVwZ-RR 1996, 23; OVG Lüneburg NdsVBl. 2008, 74 zum RBerG; siehe auch Rn. 13).

67 Bei juristischen Personen dürfen über dieses Merkmal grds. nicht bereits im Stadium der Registrierung die gesetzlichen Vorschriften über die **Kapitalmindestausstattung** ausgehebelt und sei es faktisch oder gar über § 10 Abs. 3 RDG eine stärkere Kapitalausstattung zur Voraussetzung gemacht werden (VGH Mannheim NJW-RR 1987, 617 zum RBerG; weiter aber wohl *Rennen/Caliebe* § 6 1. AVO Rn. 18f.)

68 Der Vermögensverfall ist erst – was in der praktischen Prüfung oft mit der Rückausnahme in Abs. 2 S. 2 Hs. 2 vermischt wird (dazu Rn. 74ff.) – **beseitigt,** wenn sämtliche titulierten Forderungen erfüllt oder mit den Gläubigern Vereinbarungen getroffen worden sind, die erwarten lassen, dass es zu keinen weiteren Vollstreckungsmaßnahmen mehr kommt (BGH NJW-RR 1997, 1558). Soweit Schulden vorhanden sind, denen keine realisierbaren Vermögenswerte gegenüberstehen, ist von geordneten finanziellen Verhältnissen dabei (nur) auszugehen, wenn der Schuldendienst nach Maßgabe mit den Gläubigern getroffener Vereinbarungen erfolgt und die Verbindlichkeiten zudem nach Art und Höhe in Ansehung der gesamten wirtschaftlichen Verhältnisse in einem überschaubaren Zeitraum getilgt werden können (BVerwG NJW 2005, 3795; BFHE 178, 506, 509; BFH/NV 2004, 1426; FG Hannover Urt. v. 7.3.2013 – 6 K 344/12, BeckRS 2013, 94765 zum StBerG; BGH NJW 2004, 2018, 2019; NJW 2005, 511 zur BRAO). Auch ein Nachweis von Forderungen gegen Dritte genügt nicht, soweit deren Bonität und Werthaltigkeit nicht feststeht (BGH ZVI 2004, 598, 600). Der Umstand, dass Gläubiger derzeit von Vollstreckungsmaßnahmen absehen, also etwa wegen bestimmter Zahlungen des Schuldners (einstweilen) stillhalten, reicht ebenfalls nicht aus, (wieder) von geordneten wirtschaftlichen Verhältnissen zu sprechen. Es steht bei dieser Lage im Belieben des Gläubigers, jederzeit seine weiterhin bestehenden Forderungen durchzusetzen (BVerwG NJW 2005, 3795 zur WPO). Auch ein Vergleich mit den Gläubigern sowie die hierdurch möglicherweise bestehende Aussicht auf künftige Besserung der Vermögensverhältnisse genügt nicht ohne Weiteres für die Annahme geordneter wirtschaftlichen Verhältnisse (FG Hannover DStRE 2009, 829). Dies gilt ähnlich für die Behauptung einer Ratenzahlungsvereinbarung: Eine solche ist rechtlich nur beachtlich, wenn konkrete, verbindliche Ratenzahlungsvereinbarungen mit sämtlichen Gläubigern vorgelegt werden, der Nachweis regelmäßiger Zahlungen aufgrund dieser Vereinbarungen erbracht wird sowie nachvollziehbar dargelegt ist, wie man nach den laufenden Einkünften zur regelmäßigen Ratenzahlung in der Lage ist, dennoch seinen Lebensunterhalt bestreiten kann und dass es zudem zu keinen weiteren Vollstreckungshandlungen gekommen ist (BGH NJW 2005, 1271; BRAK-Mitt. 1995, 29; BGH Beschl. v. 14.8.1995 – PatAnwZ 2/95, BeckRS 1995, 31177047). Der Antragsteller muss insgesamt seine Einkommens- und Vermögensverhältnisse umfassend darlegen. Er muss insbesondere eine Aufstellung aller gegen ihn erhobenen Forderungen vorlegen und nachweisen, welche Forderungen inzwischen erfüllt sind oder in welcher Weise er sie und auch die laufenden Verbindlichkeiten zu erfüllen beabsichtigt (BGH NJW-RR 1999, 712; Beschl. v. 18.10.2010 – AnwZ [B] 18/10, BeckRS 2010, 30044 Rn. 6 zu § 14 BRAO; BGH Beschl. v. 4.2.2013 – AnwZ [Brfg] 62/12, BeckRS 2013, 03413 Rn. 8; Beschl. v. 10.10.2011 – AnwZ [Brfg] 10/10, BeckRS 2011, 26158 Rn. 26, jeweils zu § 7 Nr. 9 BRAO; siehe auch BGH MittdtschPatAnw 2007, 180 zu § 21 PAO).

Registrierungsvoraussetzungen **§ 12 RDG**

(2) Regelbeispiele (Abs. 2 S. 1). (a) Allgemeines. Die Vermögensver- 69
hältnisse einer Person sind nach Abs. 2 S. 1 „in der Regel" ungeordnet, wenn
über ihr Vermögen das Insolvenzverfahren eröffnet worden oder sie in das
vom Insolvenzgericht oder vom Vollstreckungsgericht zu führende Verzeichnis (§ 26 Abs. 2 InsO, § 882b ZPO (= § 915 ZPO aF) eingetragen ist.

Das RDG enthält hier – im Gegensatz zum Gros der berufsrechtlichen Paral- 70
lelvorschriften (neben der BRAO etwa §§ 14 Nr. 9; 21 Abs. 2 Nr. 8 PAO; § 16
Abs. 1 Nr. 7 WPO) – leider **keine ausdrückliche Vermutungsanordnung.**
Daher wird teilweise angenommen, dass im hiesigen Bereich bei Verwirklichung des Regelbeispiels keine Vermutung mit einer Umkehr der Darlegungs-
und Beweislast (genauer: Feststellungslast) eintreten kann, also die Behörde
weiterhin den vollen Nachweis ungeordneter Vermögensverhältnisse erbringen muss (so ausdrücklich Grunewald/Römermann/*Suppé* Rn. 74; zu ähnlichen Fragen bei der WPO beiläufig OVG Berlin WPK-Magazin 2004, Nr. 3,
43). Das dürfte die unklare sprachliche Fassung aber überinterpretieren; richtigerweise ist von einer **(widerleglichen) gesetzlichen Vermutung** auszugehen (ebenso Gaier/Wolf/Göcken/*Siegmund* Rn. 21 und ohne Problembewusstsein VG Göttingen Urt. v. 21.11.2012 – 1 A 45/12, BeckRS 2012,
60433). Wie bei den berufsrechtlichen Parallelvorschriften ist also von einem
echten Regel-Ausnahme-Verhältnis auszugehen, wonach bei einem Vermögensfall regelmäßig ein Widerruf geboten ist (zu § 46 StBerG deutlich etwa
auch FG Dessau Urt. v. 14.6.2012 – 1 K 1652/08, BeckRS 2012, 96437). Dies
bringt Begründungsvereinfachungen für die Behörde mit sich, entbindet sie
aber dennoch nicht von der **gebotenen Einzelfallprüfung** (siehe bereits
Rn. 46). Dabei kann sich herausstellen, dass aufgrund der besonderen Umstände des Einzelfalls ausnahmsweise doch noch geordnete Vermögensverhältnisse vorliegen. Insofern bietet sich ein entsprechender ergänzender Vortrag des
Antragstellers an (§ 13 RDG Rn. 53), zu dessen Lasten verbleibende Zweifel
gehen (Feststellungslast).

Der Vermutungstatbestand entfällt zudem aufgrund der **gesetzlichen Fik-** 71
tion nach Abs. 2 S. 2, wenn im Fall der Insolvenzeröffnung die Gläubigerversammlung einer Fortführung des Unternehmens auf der Grundlage eines
Insolvenzplans zugestimmt und das Gericht den Plan bestätigt hat (Rn. 74),
oder – ganz allgemein – wenn die Vermögensinteressen der Rechtsuchenden
aus anderen Gründen nicht konkret gefährdet sind (Rn. 75 ff.). Auch für diese
ebenfalls im **Einzelfall** zu prüfenden Rückausnahmen trägt der Rechtsdienstleister die **Feststellungslast** (ähnlich Gaier/Wolf/Göcken/*Siegmund* Rn. 21;
aA und wohl entgegen dem Wortlaut von einem positiv zu prüfenden Tatbestandsmerkmal ausgehend *Römermann* NJW 2008, 1249, 1253); er sollte also
dazu im eigenen Interesse ergänzend vortragen.

(b) Eröffnung eines Insolvenzverfahrens. Schädlich für das Regelbei- 72
spiel ist die **Eröffnung** eines Insolvenzverfahrens durch Beschluss nach § 27
InsO; die bloße Anhängigkeit eines Insolvenzantrags genügt trotz der erweiterten Mitteilungspflicht aus § 13 Abs. 1 S. 4 Nr. 3 RDG für die Erfüllung des Regelbeispiels ebenso wenig wie die Bestellung eines vorläufigen Insolvenzverwalters (kann aber ggf. sonstigen Vermögensverfall indizieren). Die notwendigen
Informationen soll die Behörde über Mitteilungen nach § 13 Abs. 1 S. 4 Nr. 3

Dötsch 377

RDG § 12 Teil 3 Rechtsdienstleistungen durch registrierte Personen

RDG erhalten – was natürlich wenig effektiv ist. Für die Behörden empfiehlt sich eine ergänzende Recherche auf https://www.insolvenzbekanntmachungen.de/. **Ausländische** Insolvenzverfahren genügen nach hier vertretener Auffassung (§ 13 RDG Rn. 35), zumindest kann dort regelmäßig von einem sonstigen Fall der Unzuverlässigkeit ausgegangen werden (Rn. 97). Erfasst wird vom Regelbeispiel aber nur die Eröffnung eines Insolvenzverfahrens über das Vermögen des registrierten Rechtsdienstleisters, nicht über dasjenige einer selbstständigen juristischen Person, deren Geschäftsführer er ist (VG Göttingen Urt. v. 21.11.2012 – 1 A 45/12, BeckRS 2012, 60433). Dies kann allenfalls Indizfunktion bei einer Gesamtbetrachtung haben. Bei einem Vermögensfall nicht des registrierten Rechtsdienstleisters, sondern „nur" von dessen qualifizierter Person iSd § 12 Abs. 4 RDG, gilt grds. Rn. 8. Ggf. wird man hier aber eher eine Entkräftung der Vermutung zulassen, weil nicht der eigentliche Rechtsdienstleister in Vermögensfall ist, sondern nur dessen ausführender Arm. Große Unterschiede werden sich aber selten ergeben.

73 Ein Rechtsdienstleister kann sich angesichts der klaren gesetzlichen Regelung auch **nicht** auf die Schutzfunktion des **§ 12 GewO** für laufende Insolvenzverfahren berufen (BFH BFH/NV 2007, 983, 984 zum StBerG; zur Unanwendbarkeit der Norm bei freien Berufen auch BVerwG Buchholz 451.20 § 12 GewO Nr. 1; Tettinger/Wank/Ennuschat/*Ennuschat* § 12 Rn. 3). Die Eröffnung eines Insolvenzverfahrens führt nach dem zu Rn. 70 Gesagten vielmehr grds. zur **Vermutung** ungeordneter Vermögensverhältnisse; eine theoretisch denkbare Widerlegung dieser Vermutung erscheint in der Praxis kaum denkbar (siehe aber Abs. 2 S. 2). Jedenfalls die Bestellung eines Insolvenzverwalters (*Klöker* StBW 2010, 139, 140) oder auch die Freigabe der beruflichen Tätigkeit/Kanzlei durch den Insolvenzverwalter genügt zweifelsfrei nicht (BGH Beschl. v. 31.5.2010 – AnwZ [B] 36/09, BeckRS 2010, 15456 Rn. 6; BFH BFH/NV 2010, 1496 Rn. 6); etwas anderes kann allenfalls bei einer zwischenzeitlichen **Aufhebung des Insolvenzverfahrens** anzunehmen sein, wenn dann nicht Vermögensverfall aus sonstigen Gründen fortbesteht (BGH NJW 2005, 1271; Beschl. v. 31.5.2010 – AnwZ [B] 36/09, BeckRS 2010, 15456 Rn. 8ff.).

74 Die **Regelvermutung aus Abs. 2 S. 1 entfällt** nach der **gesetzlichen Fiktion** in **Abs. 2 S. 2 Hs. 1** aber trotz Eröffnung eines Insolvenzverfahrens, wenn die Gläubigerversammlung einer Fortführung des Unternehmens auf Grundlage eines **Insolvenzplans** zugestimmt und das Gericht diesen Plan bestätigt hat (§§ 217ff., 254ff. InsO). Mit der Regelung soll verhindert werden, dass eine Versagung der Registrierung oder ein Widerruf der Registrierung nach § 14 Nr. 1 RDG eine von Gläubigern und Gericht gewünschte Fortführung des Unternehmens vereitelt und so die mögliche Sanierung der Finanzlage verhindert (BT-Drs. 16/3655, 68). Da zudem dem Rechtsdienstleister die Verwaltungs- und Gestaltungsautonomie über das Vermögen und die dieses berührenden Entscheidungen weitgehend entzogen wird und dem Regime des gerichtlich bestätigten Fortführungsplans unterliegt, besteht wohl auch keine konkrete Vermögensgefährdung für die Rechtsuchenden mehr bzw. sie ist „sehenden Auges" eingegangen (Grunewald/Römermann/*Suppé* Rn. 83), so dass diese Fallgruppe nur ein Unterfall der **allgemeinen Rückausnahme in Abs. 2 S. 2 Hs. 2** sein dürfte (vgl. insofern zum Notar vertiefend BVerfG

Registrierungsvoraussetzungen **§ 12 RDG**

ZVI 2004, 297). Der bloße Auftrag zum Ausarbeiten eines Plans genügt aber noch nicht (siehe auch BGH NJW 2004, 2018 zu § 50 BNotO). Zum Thema **Insolvenz/Insolvenzplan bei Freiberuflern** auch *Klöker* StBW 2010, 139; *Schmittmann* ZInsO 2004, 725; ZInsO 2006, 419; *Graf/Wunsch* ZVI 2005, 105; *Ehlers* NJW 2008, 1480; NWB Fach 30, 1795); das ist vorsichtig nach hier übertragbar.

Ungeordnete Vermögensverhältnisse sind ferner im Wege der **gesetz-** 75 **lichen Fiktion nach Abs. 2 S. 2 Hs. 2** (generell) nicht (mehr) anzunehmen, wenn die Vermögensinteressen der Rechtsuchenden **aus anderen Gründen nicht konkret gefährdet** sind. Die Norm greift die vom BGH (NJW 2005, 511, NJW-RR 2006, 559 Rn. 8 ff.) zu § 14 Abs. 2 Nr. 7 BRAO gegen dessen Wortlaut entwickelte Rechtsprechung auf, wonach ein Vermögensverfall zwar die Gefährdung der Interessen der Rechtsuchenden indiziert, damit aber **kein Automatismus** verbunden sein soll, sondern in (seltenen) Ausnahmefällen eine Gefährdung durchaus im Einzelfall verneint werden kann (dazu und zu Möglichkeiten der Widerlegung/Verhinderung eines Widerrufs vertiefend *Ehlers* NJW 2008, 1480; siehe zur Freiberufler-Insolvenz auch *Klöker* StBW 2010, 139 ff.). Die Rückausnahme soll dabei nach der **Gesetzesbegründung** zum RDG insbesondere den Fall erfassen, dass bei ansonsten ordnungsgemäßer Berufsausübung eine Verschuldung nicht in Zusammenhang mit den beruflich erbrachten Rechtsdienstleistungen steht und keinerlei Schulden gegenüber Kunden und Mandanten vorhanden sind, sondern allein privat veranlasst sind. Die Versagung der Registrierung oder deren Widerruf würde dort eine Ordnung der wirtschaftlichen Verhältnisse ohne konkrete Gefahr für die Rechtsuchenden vereiteln (BT-Drs. 16/3655, 48). Da in allen registrierungsfähigen Teilbereichen die Entgegennahme und Weiterleitung von Fremdgeldern aber zum Tätigkeitsprofil gehören kann, besteht jedoch durchaus eine Vergleichbarkeit zur Gefährdungssituation der Mandantschaft von Anwälten, so dass eher auf die zum Anwaltsrecht ergangenen Entscheidungen zurückgegriffen werden sollte (ebenso Grunewald/Römermann/*Suppé* Rn. 78 und letztlich auch VG Göttingen Urt. v. 21.11.2012 – 1 A 45/12, BeckRS 2012, 60433). Angesichts dessen erscheinen die gesetzgeberischen Erwägungen zu weitgehend (zutreffend Grunewald/Römermann/*Suppé* Rn. 85 f.), da auch **private Verbindlichkeiten** durchaus geeignet sind, eine Vollstreckung in Geschäfts- oder Anderkonten und damit eine Vermögensgefährdung der Mandanten zur Folge zu haben (siehe auch Rn. 65). Nach der anwaltsrechtlichen Rspr. müssen jedenfalls **weitere Umstände** hinzutreten (BGH NJW 2005, 511: vollständige und nachhaltige Aufgabe der selbstständigen Tätigkeit und enge Beschränkungen im **Anstellungsvertrag,** keine Nennung im Briefkopf etc.; siehe dazu BGH Beschl. v. 22.11.2010 – AnwZ [B] 120/09, BeckRS 2010, 30141 Rn. 10 ff.; NJW-RR 2013, 175 Rn. 5 f.; NJW-RR 2013, 1012 Rn. 5; Beschl. v. 4.11.2013 – AnwZ [Brfg] 49/13, BeckRS 2013, 20837 Rn. 6 ff.; zur WPO ähnlich OVG Berlin-Brandenburg WPK-Magazin 2009, Nr. 2, 34; OVG Münster AnwBl. 2005, 72 m. Anm. *Kleine-Cosack* AnwBl. 2005, 73 – weiter aber für freie Mitarbeiter bei Einführungsvertragsrechtlicher Grenzen zu § 46 StBerG FG Hannover DStR 2013, 280; auch hier zu Recht enger FG München Urt. v. 9.10.2013 – 4 K 3537/11, BeckRS 2013, 96692; FG Nürnberg Urt. v. 6.6.2013 – 7 K 1266/12, BeckRS 2013,

96228); nicht ausreichend ist etwa ein „Ummodeln" einer Sozietät ohne Auflösungsabsicht (BGH AnwBl. 2013, 145 Rn. 5) bzw. ein Tätigwerden als freier Mitarbeiter einer Sozietät unter Beibehaltung seiner bisherigen Kanzleiräume etc. (BGH NJW-RR 2013, 175 Rn. 6). Allein das Treten in ein Angestelltenverhältnis genügt ohnehin nicht, zumal nicht sichergestellt ist, dass der Betroffene doch wieder selbstständig tätig wird (BFH BFH/NV 2004, 90; FG Hannover Urt. v. 27.6.2013 – 6 K 47/13, BeckRS 2013, 96280 zu § 46 StBerG). Erst recht reicht eine faktische Selbstbeschränkung auf untergeordnete Tätigkeiten nicht aus (FG Hannover Urt. v. 7.3.2013 – 6 K 344/12, BeckRS 2013, 94765 zu § 46 StBerG). All diese von der Rspr. aufgestellten Kriterien sind allerdings auf registrierte Rechtsdienstleister ohnehin kaum übertragbar; eine angestellte Tätigkeit kommt für diese idR schon nicht in Betracht. Die Rechtslage muss insgesamt als wenig geklärt bezeichnet werden. Richtigerweise wird man jedenfalls auch bei rein privaten Verbindlichkeiten **weitere Sicherungsmaßnahmen** verlangen müssen, soll eine Gefährdung von Vermögensinteressen wirklich ausgeschlossen werden. Zudem muss der Berufsträger auch stets selbst zielgerichtet, ernsthaft und planvoll die erforderlichen Schritte zur Stabilisierung seiner Vermögensverhältnisse unternommen haben (BGH AnwBl. 2013, 145 Rn. 6). Die Abtretung aller verbleibenden Vermögensmassen und Ansprüche an einen Verwandten, der als eine Art Treuhänder/Schuldenberater fungiert, genügt auch wegen der damit verbundenen weiteren Abhängigkeiten fraglich auch nicht (zu § 12 RDG VG Göttingen Urt. v. 21.11.2012 – 1 A 45/12, BeckRS 2012, 60433). Hier können auch Fehler bei der Berufsausübung als weitere schädliche Indizien hinzutreten (VG Göttingen Urt. v. 21.11.2012 – 1 A 45/12, BeckRS 2012, 60433: Verstoß gegen Auflage nach § 10 Abs. 3 RDG zur Trennung von Inkassogeldern).

76 Nach der hierhin übertragbaren Rspr. zu den vergleichbaren Regelungen in § 20 Abs. 4 S. 4 WPO und § 46 Abs. 2 Nr. 4 StBerG obliegt dem Rechtsdienstleister die **Darlegungs- und Feststellungslast** für das Vorliegen des Ausnahmetatbestands; er hat im Einzelnen darzutun und zu belegen, aus welchen Gründen in seinem konkreten Fall unter umfassender Würdigung des Einzelfalls keine Interessengefährdung anzunehmen ist (siehe zum RDG VG Göttingen Urt. v. 21.11.2012 – 1 A 45/12, BeckRS 2012, 60433 sowie etwa BVerwG NJW 2005, 3795 zur WPO; BFH Beschl. v. 21.9.2011 – VII B 121/11, BeckRS 2011, 96883 Rn. 4; BFH/NV 1999, 522; 1995, 736 zum StBerG; BGH Beschl. v. 4.2.2013 – AnwZ [Brfg] 62/12, BeckRS 2013, 03413 Rn. 7 zu § 7 Nr. 9 BRAO und BGH Beschl. v. 18.11.2013 – AnwZ [Brfg] 63/13, BeckRS 2013, 21744 Rn. 4; NJW-RR 2013, 1012 Rn. 6; NJW-RR 2013, 175 Rn. 5; Beschl. v. 2.4.2012 – AnwZ [Brfg] 9/12, BeckRS 2012, 09565 Rn. 4; AnwBl. 2010, 442 Rn. 11; NJW 2005, 511 zu § 14 Abs. 2 Nr. 7 BRAO). Es entspricht der Regel-Ausnahme-Systematik sowie dem Sinn und Zweck der Regelung, dass sich der Ausnahmetatbestand allein auf die **konkrete Gefährdungssituation** der Auftraggeber des betroffenen Rechtsdienstleisters und anderer Personen bezieht. Die Anforderungen an den Entlastungsbeweis dürfen zwar nicht überspannt werden, weil der Ausnahmetatbestand sonst ins Leere ginge – was Art. 12 GG nicht gerecht würde. Dem Rechtsdienstleister kann daher nicht jedwede potenzielle, theoretische Interessengefährdung entgegengehalten werden. Andererseits müssen die Anforderungen,

Registrierungsvoraussetzungen **§ 12 RDG**

die an den Nachweis einer Nichtgefährdung zu stellen sind, dem Schutzzweck der Widerrufsregelung und des § 1 RDG genügen, so dass ein strenger Maßstab angelegt werden darf. Ausgehend davon ist eine Nichtgefährdung (erst) dann anzunehmen, wenn die Interessengefährdung hinreichend sicher ausgeschlossen werden kann, also so fernliegt, dass sie ohne Bedenken außer Betracht gelassen werden kann (Rn. 13, 44). Erforderlich ist daher **substanziierter und glaubhafter Vortrag**, aufgrund dessen mit hinreichender Gewissheit die grds. beim Vermögensverfall zu unterstellende Gefahr ausgeschlossen werden kann, der Berufsträger werde seine Pflichten unter dem Druck seiner desolaten Vermögenslage verletzen. Die Beantwortung der Frage, ob dieser Entlastungsbeweis gelungen ist, erfordert eine zusammenfassende Beurteilung der komplexen Verhältnisse des Einzelfalls, bei der eine Reihe gesetzlich nicht abschließend festgelegter Kriterien zu berücksichtigen ist, die je nach dem Einzelfall in unterschiedlicher Gewichtung für oder gegen die Möglichkeit einer Gefährdung von Auftraggeberinteressen sprechen können (so auch BGH NJW 2005, 511; 2007, 2924 Rn. 12 zu § 14 Abs. 2 Nr. 7 BRAO oder BFH BFH/NV 2009, 614, 615; FG Dessau Urt. v. 14.6.2012 – 1 K 1652/08, BeckRS 2012, 96437 zu § 46 StBerG). In diesem Zusammenhang kann es etwa von Bedeutung sein, aus welchen Gründen der Rechtsdienstleister in ungeordnete wirtschaftliche Vermögensverhältnisse geraten ist, wie er einem nicht von vornherein fernliegenden Vorhalt ungenügender wirtschaftlicher Kompetenz entgegenarbeitet, ob er etwa vorhandenen Mandanten seine Lage offenlegt und vor allem, wie er die dargestellten Gefahren durch konkrete, verbindliche und auf Dauer verlässliche Strategien praktisch vermeidet. Die Gesichtspunkte, die der Annahme von Unzuverlässigkeit entgegengehalten werden, sind im Lichte des Schutzzwecks des Gesetzes insbesondere auch abzuwägen mit dem Art und Ausmaß der wirtschaftlichen Schwierigkeiten. Je größer die finanzielle Schieflage ist, umso gewichtiger müssen auch die geltend gemachten entlastenden Umstände sein (VG Berlin Urt. v. 23.7.2009 – 16 K 31/09, BeckRS 2009, 36717; Urt. v. 15.1.2009 – 16 K 32/09, BeckRS 2009, 36718 zu WPO; für umfassende Einzelfallabwägung auch etwa BFH Beschl. v. 21.9.2011 – VII B 121/11, BeckRS 2011, 96883 Rn. 4 zu § 46 StBerG). Dass nur ein Schuldner existiert, genügt ebenfalls nicht (BGH NJW-RR 1999, 712).

Im Insolvenzbereich kann bei nicht selbstständig tätigen natürlichen Perso- **77** nen (§ 304 InsO) – worunter hier allenfalls qualifizierte Personen iSd § 12 Abs. 4 RDG fallen werden (siehe dazu unbedingt Rn. 6) – ein tragfähiger **Schuldenbereinigungsplan nach §§ 305 ff. InsO** oder **bestätigter Insolvenzplan (§ 248 InsO)** ausreichen (BGH AnwBl. 2012, 553 Rn. 6; dies aber schon unter eine Widerlegung der Vermutung iSd Rn. 70 fassend Dreyer/Lamm/Müller/*K. Lamm* Rn. 50). Auch die **Ankündigung der Restschuldbefreiung durch Beschluss (§ 291 InsO)** kann als Ordnungsfaktor nicht geringer zu schätzen sein als ein Schuldenbereinigungsplan oder eine außergerichtliche Tilgungsvereinbarung (BGH NJW 2005, 1271; Beschl. v. 31.5.2010 – AnwZ [B] 36/09, BeckRS 2010, 15456 Rn. 8; AnwBl. 2012, 553 Rn. 6; NJW-RR 2013, 175 Rn. 4; FG Neustadt a.d. Weinstraße DStR 2009, 876; für Wiederzulassung *Klöker* StBW 2010, 139, 140; enger FG Hannover Urt. v. 27.6.2013 – 6 K 47/13, BeckRS 2013, 96280, weil das nicht bedeute, dass die

Forderungen in absehbarer Zeit getilgt würden). Dies gilt aber nicht, wenn der Betroffene während der sog. Wohlverhaltensphase nicht in der Lage ist, seine Verbindlichkeiten durch an den Treuhänder abgetretene pfändbare Bezüge bzw. entsprechende Zahlungen aus selbstständiger Tätigkeit zu vermindern, sondern öffentliche Sozialleistungen bezieht (BFH BFH/NV 2010, 699 Rn. 8f. zu § 46 StBerG). Soweit das FG Kassel (Urt. v. 7.10.2010 – 13 K 716/09, BeckRS 2011, 94076) schließlich meint, dass es auch unschädlich sei, wenn es sich bei einem Großteil der zur Insolvenztabelle angemeldeten Forderungen um solche aus unerlaubter Handlung handelt, die bei entsprechender gerichtlicher Feststellung auf Antrag der Gläubiger an der Restschuldbefreiung nach § 302 Nr. 1 InsO nicht teilnehmen, weil jedenfalls nach längerem Zeitablauf die theoretische Möglichkeit der Gläubiger, entsprechende Feststellungsklagen zu erheben, keine greifbare Gefahr mehr darstelle, dürfte das zu weit gehen. Denn die deliktische Klage bleibt während der gesamten Dauer der Wohlverhaltensphase möglich (*Wacker* DStR 2011, 787). Allein durch die Eröffnung des Insolvenzverfahrens befindet sich ein Rechtsdienstleister ohnehin nicht wieder in geordneten Verhältnissen, da sonst das gesamte Regelbeispiel leer liefe. Die reine Möglichkeit zur Ordnung der Vermögensverhältnisse genügt nicht, vielmehr muss die Ordnung auch eingetreten sein (BFH BFH/NV 2010, 1496 Rn. 6; 2008, 2064, 2065; FG Hannover Urt. v. 27.6.2013 – 6 K 47/13, BeckRS 2013, 96280; DStR 2013, 280 jeweils zu § 46 StBerG). Künftige Entwicklungen (etwa gute Chancen von Vergleichsgesprächen) wären allenfalls für Wiederzulassungsverfahren von Bedeutung (BGH Beschl. v. 2.4.2012 – AnwZ [Brfg] 9/12, BeckRS 2012, 09565 Rn. 5).

78 Allein der Umstand, dass Zahlungen im Zusammenhang mit der beruflichen Tätigkeit über das Anderkonto des Insolvenzverwalters abgewickelt werden, entkräftet für sich genommen noch nicht die sich aus dem Vermögensverfall ergebende Vermutung der potenziellen Gefährdung der Auftraggeberinteressen (FG Saarbrücken Urt. v. 5.5.2011 – 1 K 1029/08, BeckRS 2011, 97144; siehe zudem FG Berlin-Brandenburg StE 2011, 745 auch zur fehlenden Kontrollmöglichkeit in einer Einzelpraxis).

79 Der Entlastungsbeweis kann zudem auch nicht als erbracht angesehen werden, wenn sich der Rechtsdienstleister wiederholt als unzuverlässig gezeigt hat und seine Bereitschaft hat erkennen lassen, sich über gesetzliche Vorschriften hinwegzusetzen, weil sich daraus schließen lässt, dass er Interessen seiner Mandanten verletzen würde, wenn ihn seine schlechten finanziellen Verhältnisse dazu zwingen (BFH ZSteu 2009, R1026; FG Hannover Urt. v. 27.6.2013 – 6 K 47/13, BeckRS 2013, 96280). Hier können insbesondere zahlungsbedingte Versicherungslücken bei der Berufshaftpflichtversicherung Berücksichtigung finden (FG Berlin-Brandenburg EFG 2007, 1373; FG Düsseldorf Urt. v. 15.1.2003 – 2 K 3915/02 StB, BeckRS 2003, 16761, siehe auch Rn. 88 und § 14 RDG Rn. 28) oder sonstige Nachlässigkeiten in eigenen Angelegenheiten (OVG Münster BB 2001, 1088 zu § 20 WPO) oder ein Behalten fremder Gelder (FG Hannover Urt. v. 27.6.2013 – 6 K 47/13, BeckRS 2013, 96280; BFH BFH/NV 2002, 1498 zu § 46 StBerG) bzw. die Verletzung eigener steuerlicher Erklärungs- und Zahlungspflichten (BFH BFH/NV 2001, 69; FG Hannover Urt. v. 7.3.2013 – 6 K 344/12, BeckRS 2013, 94765; DStR 2013, 280, jeweils zu § 46 StBerG). Diese Punkte fallen dem Betroffenen dann aber nur zusätzlich zur Last; keinesfalls ist umgekehrt bei bisher im Wesentlichen korrekten Verhalten ohne Weiteres ausgeschlossen, dass der Berufsträger aufgrund seiner Schulden, insbesondere wenn diese erheblich sind, Mandanteninteressen nicht mit der erforderlichen Unabhängigkeit und Nachhaltigkeit verfolgen kann, wie wenn er sich um seine eigene Vermögenslage nicht sorgen muss (BFH BFH/NV 2004, 895, 897; FG Hannover Urt. v. 26.1.2012 – 6 K 234/11, BeckRS 2012, 96740 zu § 46 StBerG; anders uU BGH NJW-RR 2013, 175 Rn. 6 im Rahmen der Gesamtbetrachtung).

Auch die Bestätigungen von Mandanten, dass sie ihre Interessen nicht als 80 gefährdet ansehen, reicht allenfalls dann aus, wenn Bestätigungen von sämtlichen Mandanten vorliegen und neue Mandate wegen Offenlegung der finanziellen Verhältnisse nicht mehr zustande kommen können (FG Hannover DStR 2008, 2188). Kein Argument ist auch, dass der Rechtsdienstleister von sich aus die Eröffnung des Insolvenzverfahrens beantragt hat (FG Hannover Urt. v. 27.6.2013 – 6 K 47/13, BeckRS 2013, 96280; EFG 2005, 1730 zu § 46 StBerG; anders zu § 14 BRAO BGH NJW 2007, 2924 Rn. 11; 2005, 511).

(c) Eintragung in Schuldnerverzeichnis. Ungeordnete Vermögensver- 81 hältnisse liegen in der Regel auch vor, wenn die Person in ein vom Insolvenzgericht oder vom Vollstreckungsgericht, ab dem 1.1.2013 nur noch vom zentralen Vollstreckungsgericht zu führendes **Schuldnerverzeichnis** (§ 26 Abs. 2 InsO, § 915 ZPO aF bzw. § 882b ZPO) **eingetragen** ist. Dies korrespondiert mit der Mitteilungspflicht aus § 13 Abs. 1 S. 4 Nr. 3 RDG (§ 13 RDG Rn. 34 ff.).

Nach **§ 26 Abs. 2 S. 1 InsO** sind Schuldner, bei denen der Eröffnungsan- 82 trag mangels Masse abgewiesen worden ist, in das Schuldnerverzeichnis einzutragen. Nach **§ 915 Abs. 1 ZPO aF** führte das Vollstreckungsgericht ein Verzeichnis der Personen, die in einem bei ihm anhängigen Verfahren die eidesstattliche Versicherung nach § 807 ZPO abgegeben haben oder gegen die nach § 901 ZPO Haft angeordnet ist; aufzunehmen sind zudem die Fälle der eidesstattlichen Versicherung nach § 284 AO. MWv 1.1.2013 ist dies in den **§§ 882b ff. ZPO** komplett neu geregelt worden. Das zentrale Vollstreckungsgericht (§ 882h ZPO) nimmt zentral alle Eintragungen vor, die das Insolvenzgericht nach § 26 Abs. 2 InsO, die Vollstreckungsbehörde nach § 284 AO oder der Gerichtsvollzieher nach § 882 ZPO angeordnet hat.

Die Vermutungswirkung entfällt jedenfalls mit der **Löschung** (zu § 7 Nr. 9 83 BRAO BT-Drs. 11/3253, 20); der Nachweis obliegt insofern dem Rechtsdienstleister (BGH NJW 2003, 577).

Die Eintragung im Schuldnerverzeichnis wurde nach § 915a ZPO aF nach 84 Ablauf von drei Jahren seit dem Ende des Jahres gelöscht, in dem die eidesstattliche Versicherung abgegeben, die Haft angeordnet oder die sechsmonatige Haftvollstreckung beendet worden ist; nach § 26 Abs. 2 S. 2 InsO aF betrug die Frist dort fünf Jahre (ab Eröffnungsablehnung mangels Masse). Mit Fristablauf galt die Eintragung über § 915b Abs. 2 ZPO aF – der wegen § 26 Abs. 2 S. 2 InsO aF auch dort galt – im Wege der **Fiktion** als gelöscht. Damit entfiel das Regelbeispiel, mochte die Löschung im Schuldnerverzeichnis tatsächlich auch noch nicht erfolgt sein (Dreyer/Lamm/Müller/*K. Lamm* Rn. 45). **§ 882e**

RDG § 12   Teil 3 Rechtsdienstleistungen durch registrierte Personen

ZPO sieht eine solche Löschungsfiktion heute zwar nicht mehr vor. Hier wird man jedoch mit einer **Widerlegung der Vermutung** operieren können, wenn der Rechtsdienstleister die Löschungsreife nachweist. Ob es auch genügt, wenn das Vorliegen der Löschungsgründe aus § 882e Abs. 3 ZPO nachgewiesen wird, ist fraglich: Grds. führt allein die Tilgung derjenigen Schulden, die zur Eintragung ins Schuldnerverzeichnis geführt haben, nicht ohne Weiteres zur Erschütterung der Vermutungswirkung (BGH NJW 1991, 2083 zur BRAO; aA offenbar VG Berlin Urt. v. 23.7.2009 – 16 K 31.09, BeckRS 2009, 36717 zu 16 WPO).

85   Auch hier tritt – wie beim zuerst genannten Regelbeispiel – eine gesetzliche Vermutung ein (zu § 46 StBerG etwa FG Hannover Urt. v. 26.1.2012 – 6 K 234/11, BeckRS 2012, 96740). Die Vermutungswirkung der Eintragung kann aber – wie gezeigt – **widerlegt** werden (siehe auch Rn. 70), insbesondere bei umfassenden Darlegungen im Hinblick auf das bei Rn. 68 Gesagte. Denkbar sein mag eine solche Widerlegung, wenn ein Haftbefehl erlassen worden ist, weil der Berufsträger zur Abgabe der eidesstattlichen Versicherung nicht erschienen ist und nunmehr die Forderung, auf der der Haftbefehl beruhte, unstreitig getilgt ist und der damalige Antragssteller die Sache deswegen nicht weiter verfolgt (FG Leipzig Urt. v. 19.9.2012 – 2 K 860/12, BeckRS 2013, 95005 – Revision beim BFH unter Az. VII R 14/13 anhängig).

86   Daneben können ungeordnete Vermögensverhältnisse durch die **gesetzliche Fiktion aus Abs. 2 S. 2 Hs. 2 (fehlende Gefährdung)** ausgeschlossen werden (dazu Rn. 75 ff.). Es ist auch hier Sache des betroffenen Rechtsdienstleisters, darzulegen und notfalls zu beweisen, dass ungeachtet seiner Eintragung in das Schuldnerverzeichnis die Interessen der Rechtsuchenden nicht gefährdet sind (FG Stuttgart Urt. v. 12.1.1994 – 13 K 278/92, juris zum StBerG). Dass ein eingetragener Haftbefehl entgegen einem mit der Gläubigerin vereinbarten „Stillhalteabkommen" erwirkt worden sein mag, ist für den Eintritt der Vermutungswirkung ohne Belang (BGH Beschl. v. 7.10.2013 – AnwZ [Brfg] 44/13, BeckRS 2013, 19978 Rn. 5 zu § 14 BRAO).

87   Bei Eintragungen in vergleichbaren **ausländischen** Registern gilt das bei Rn. 72 Gesagte (§ 13 RDG Rn. 36).

88   **(3) Sonstige Fälle.** Der Wortlaut von Abs. 2 S. 1 („in der Regel") zeigt, dass ungeordnete Vermögensverhältnisse auch vorliegen können, wenn keines der beiden Regelbeispiele erfüllt ist (siehe allg. Rn. 64 ff.). Auch bei der nach § 13 Abs. 1 S. 4 Nr. 3 RDG bereits mitteilungspflichtigen bloßen **Anhängigkeit eines Insolvenzverfahren** (insbesondere bei Bestellung eines vorläufigen Insolvenzverwalters) besteht Klärungsbedarf für die Behörde; Gleiches kann ggf. auch bei Problemen mit der Berufshaftpflichtversicherung anzunehmen sein (Rn. 79; § 14 RDG Rn. 28). Indiz für einen sonstigen unbenannten Fall kann sein, wenn hohe Schulden bestehen, deren Bestand verschwiegen wird und nicht ersichtlich ist, wann und wie Besserung eintreten soll (vgl. auch VG Göttingen Urt. v. 21.11.2012 – 1 A 45/12, BeckRS 2012, 60433). Hier sind im Zuge der Gesamtbetrachtung aber auch etwaige entlastende Umstände einzustellen (so auch ohne klare Systematik VG Göttingen Urt. v. 21.11.2012 – 1 A 45/12, BeckRS 2012, 60433). Ein „sonstiger Fall" wird aber in der Regel nicht anzunehmen sein, wenn die Verbindlichkeiten das

Vermögen nicht übersteigen (FG Leipzig Urt. v. 19.9.2012 – 2 K 860/12, BeckRS 2013, 95005 – Revision beim BFH unter Az. VII R 14/13 anhängig).

dd) Widerruf/Rücknahme einer Registrierung/Zulassung (Abs. 1 89 Nr. 1 lit. c). Nach dieser weitgehend (Rn. 95) mit § 13 Abs. 1 S. 4 Nr. 4 RDG korrespondierenden Regelung fehlt die Zuverlässigkeit regelmäßig, wenn in den letzten drei Jahren vor der Antragstellung
– eine bereits erfolgte Registrierung im Rechtsdienstleistungsregister nach § 14 RDG widerrufen worden ist;
– eine Zulassung zur Rechtsanwaltschaft nach § 14 Abs. 2 Nr. 1–3 und 7–9 BRAO widerrufen worden ist (die vom Verweis ausgenommenen Fälle tragen nicht zwingend den Schluss auf eine Unzuverlässigkeit, vgl. BT-Drs. 16/3655, 104, siehe auch Rn. 92ff.);
– eine Zulassung zur Rechtsanwaltschaft nach § 14 Abs. 1 BRAO zurückgenommen worden ist;
– eine Zulassung zur Rechtsanwaltschaft nach § 7 BRAO versagt worden ist;
– ein Ausschluss aus der Rechtsanwaltschaft erfolgt ist (§§ 114 Abs. 1 Nr. 5, 204 Abs. 1 BRAO; das rechtskräftige Urteil über die Ausschließung führt zum Erlöschen der Zulassung, § 13 BRAO);
– oder (heute wegen Zeitablaufs praktisch bedeutungslos) eine Erlaubnis nach dem RBerG widerrufen worden ist (vgl. § 1 Abs. 5 RDGEG und dazu BT-Drs. 16/3655, 68; § 1 RDGEG Rn. 27).

Das Regelbeispiel knüpft allein an die Bekanntgabe entsprechender Ver- 90 waltungsakte an (siehe aber Rn. 94) und begründet erneut nur eine **widerlegliche Vermutung.** Diese wird regelmäßig vor allem durch Vorlage eines späteren **aufhebenden Bescheids** entkräftet werden können. Daneben ist eine Widerlegung stets Frage aller Umstände des Einzelfalls; auch bei Vorliegen des Regelbeispiels kann im Einzelfall durchaus noch die erforderliche Zuverlässigkeit vorliegen.

Die Regelung basiert auf dem Gedanken, dass demjenigen, dem zu Recht 91 die weitere Betätigung als Rechtsanwalt unmöglich gemacht worden ist, regelmäßig auch die erforderliche Zuverlässigkeit zur Erbringung von Rechtsdienstleistungen vermissen lassen wird (BT-Drs. 16/3655, 68). Warum aber für ehemalige **Steuerberater, Notare, Wirtschaftprüfer, Patentanwälte, Versicherungsvermittler oder -berater etc.** nicht Entsprechendes gelten soll, erschließt sich nicht. Hier kann aber uU von einem **sonstigen Fall fehlender Zuverlässigkeit** ausgegangen werden. Bei der Prüfung besteht aber mangels Rechtsgrundlage wohl keine rechtliche Bindung an die aufgrund desselben Sachverhalts getroffenen Entscheidungen anderer Berufsgerichte (BVerwG Buchholz 355 RBerG Nr. 46). Ganz ähnliche Probleme stellen sich, wenn der Betroffene erst gar nicht versucht hat, eine Zulassung nach § 7 BRAO zu beantragen und/oder einem Widerruf nach § 14 RDG einfach durch vorherigen Verzicht auf die Registrierung zuvorgekommen ist; auch hier muss ggf. eine **Unzuverlässigkeit aus sonstigen Gründen** geprüft werden (siehe auch § 14 RDG Rn. 47ff.). Ist ein Grundrecht verwirkt (Art. 18 GG), aufgrund strafrechtlicher Verurteilung die Fähigkeit eingebüßt, öffentliche Ämter zu bekleiden, eine Entfernung/Entlassung aus dem Dienst der Rechtspflege durch Richteranklage (Art. 98 GG) oder im nichtrichterlichen

Bereich aufgrund Disziplinarverfahrens erfolgt etc., wird die freiheitlich-demokratische Grundordnung bekämpft usw., ist regelmäßig Unzuverlässigkeit iSd § 12 RDG zu bejahen; es kann hier im Ergebnis keinen Unterschied machen, ob vorher noch eine Zulassung zur Rechtsanwaltschaft beantragt worden und zu Recht versagt worden ist – dann greift das Regelbeispiel – oder eben nicht (siehe auch BVerwG NJW 1959, 547).

92 Andererseits ist der Verweis auf die BRAO **teilweise zu weit geraten:** Ist der Widerrufsgrund in § 14 Abs. 2 Nr. 5 BRAO (Ernennung des Rechtsanwalts zum Richter oder Beamten) im Gesetzgebungsverfahren ausdrücklich vom Verweis ausgenommen worden, weil keine generelle Inkompatibilität zwischen der Tätigkeit als Rechtsdienstleister und der des Beamten besteht (siehe auch Rn. 32), muss Entsprechendes für **§ 7 Nr. 10 BRAO** gelten (zutreffend Dreyer/Lamm/Müller/*K. Lamm* Rn. 54; ohne Einschränkung offenbar Gaier/Wolf/Göcken/*Siegmund* Rn. 24; Krenzler/*K.-M. Schmidt* Rn. 36). Es handelt sich um ein **ersichtliches Redaktionsversehen,** weil der Verweis auf § 7 BRAO erst am Ende des Gesetzgebungsverfahrens noch eingepflegt worden ist und man die zeitgleiche Korrektur oben offenbar übersehen hat (BT-Drs. 16/3655, 119; BT-Drs. 16/6634, 52).

93 Keinerlei Sinn ergibt auch der Verweis auf **§ 7 Nr. 7 BRAO** bzw **§ 14 Abs. 2 Nr. 3 BRAO,** weil die gesundheitliche Eignung ohnehin im Rahmen des § 12 RDG zu prüfen ist (Rn. 17 ff.). Es liegt auf der Hand, dass bei heute gegebener Eignung die Registrierung auch nicht wegen früherer Erkrankungen zu versagen sein kann. Auch die Fälle des **§ 7 Nr. 8 BRAO** können kaum eine Versagung der Registrierung als Rechtsdienstleister rechtfertigen, wenn die Kollisionslage zwischenzeitlich entfallen ist.

94 Diese Bedenken wird man verallgemeinern: Im Rahmen der gebotenen Einzelfallprüfung (Rn. 90) wird man alle genannten Regelbeispiele stets dahingehend zu überprüfen haben, ob **die für die Versagung etc. maßgeblichen Tatsachen auch im Zeitpunkt der jetzigen Behördenentscheidung weiterhin vorliegen** (*Kleine-Cosack* § 13 Rn. 14; Grunewald/Römermann/*Suppé* Rn. 99 ff.; ähnlich im Gewerberecht Landmann/Rohmer/ *Marcks* § 35 Rn. 26). Alles andere erscheint schon im Hinblick auf die durch Art. 12 GG geschützte Berufsfreiheit unvertretbar. Dies gilt insbesondere auch für die Fälle des § 14 Abs. 2 Nr. 9 BRAO (fehlende Berufshaftpflicht), da auch sonst das Fehlen einer Berufshaftpflicht nur in der Vergangenheit unschädlich sein soll (§ 14 RDG Rn. 30), aber eben auch in allen anderen Fällen.

95 Soweit § 13 Abs. 1 S. 4 Nr. 4 RDG weitgehende Meldepflichten enthält (etwa hinsichtlich **Rücknahme/Widerruf nach §§ 48 f. VwVfG**), erfüllen etwaige Bescheide nicht das Regelbeispiel. Sie können aber Anhaltspunkte für eine Unzuverlässigkeit aus sonstigen Erwägungen heraus ergeben (Rn. 97). Gleiches gilt für **Maßnahmen ausländischer Behörden** gegen einen im Ausland tätigen Rechtsdienstleister wegen Zuverlässigkeitsproblemen (BT-Drs. 16/3655, 72). Rn. 94 gilt hier entsprechend.

96 Das Regelbeispiel knüpft nur an **nicht länger als drei Jahre** zurückliegende Verwaltungsakte an. Ähnlich wie bei Strafverfahren (Rn. 56) ist damit aber kein Automatismus verbunden, dass ältere Sachverhalte nicht verwertet werden können. Es sollte aber zurückhaltend verfahren werden, wegen Rn. 94 kommt es letztlich ohnehin auf die jetzige Tatsachenlage an.

c) **Sonstige Fälle von Unzuverlässigkeit.** Unzuverlässigkeit kann sich 97
über die Regelbeispiele hinaus aber auch **aus sonstigen Umständen** ergeben, insbesondere in folgenden Fällen:
– **Berufsrechtliche Untersagungen/Erlaubniswiderruf etc. außerhalb des Regelbeispiel-Katalogs:** siehe Rn. 91, 95 f.
– **Sonstige Erkenntnisse aus früherer Tätigkeit/Vorleben:** Unzuverlässigkeit kann sich aus früheren Berufen oder sonstigen Tätigkeiten ergeben. Hier ist jedoch vorsichtig zu verfahren, da die Regelung aus § 6 1. AVO RBerG, wonach das „Vorleben, insbesondere Strafverfahren …" umfassend zu berücksichtigen war, nicht ins neue Recht überführt worden ist. Sofern früher das Betreiben eines Bordells oder das Zusammenleben mit einer Prostituierten schon schädlich sein konnte (VGH Kassel AnwBl. 1988, 591), wird man dies nach Inkrafttreten des ProstG und angesichts des allgemeinen Wertewandels nicht mehr halten können (Grunewald/Römermann/*Suppé* Rn. 18 ff.; Landmann/Rohmer/*Marcks* § 35 Rn. 14). Z.T. wird mit gutem Grund eine Anlehnung an die Unterscheidung zwischen beruflichen und außerberuflichen Normverstößen in § 113 Abs. 1 und 2 BRAO vorgeschlagen, so dass eine Berücksichtigung nur noch denkbar ist, wenn der Umstand des „Vorlebens" nach den Umständen des Einzelfalls in besonderem Maße geeignet ist, Achtung und Vertrauen der Rechtsuchenden in einer für die Ausübung der konkreten Rechtsdienstleistungstätigkeit bedeutsamen Weise zu beeinträchtigen (Grunewald/Römermann/*Suppé* Rn. 20 ff.; Krenzler/*K.-M. Schmidt* Rn. 10). Denkbar ist dies bei dauerhaftem und schwerem Alkoholmissbrauch und/oder Drogenkonsum (Grunewald/Römermann/*Suppé* Rn. 22; siehe auch EGH Berlin BRAK-Mitt. 1987, 97), ggf. bei laufenden Unterhaltspflichtverletzungen (BGH bei *Zuck* BRAK-Mitt. 1989, 123 zu § 7 Nr. 5 BRAO), jedenfalls nicht bei internen Familienstreitigkeiten (*Rennen/Caliebe* § 6 1. AVO Rn. 6). Spielsucht wird man hingegen wohl kaum erfassen können, wenn man sie nicht sogar als Krankheit und damit als Unterfall der persönlichen Eignung auffassen möchte (siehe zu § 7 Nr. 7 BRAO Henssler/Prütting/*Henssler* § 7 Rn. 73).
– **Verurteilungen** aus einem Zeitraum vor der Dreijahresfrist aus Abs. 1 Nr. 1 lit. a (Rn 56 f.) bzw. aus dem Ausland (Rn. 58) bzw. Erkenntnisse aus ohne rechtskräftiger Verurteilung abgeschlossenen Strafverfahren (Rn. 59).
– **Ordnungswidrigkeiten:** Wegen ihrer geringeren Gewichtung im Verhältnis zu strafrechtlichen Verpflichtungen wird man die Fristen aus Abs. 1 Nr. 1 lit. a hier erst recht heranziehen. Zudem kann aus der Begehung von Ordnungswidrigkeiten nur in krassen Fällen der Rückschluss erlaubt sein, dass der Antragsteller sich rücksichtslos über die bestehende Rechtsordnung hinwegsetzen wird (uU weiter Grunewald/Römermann/*Suppé* Rn. 49: offenbar schon bei regelmäßigen Verstößen). Etwas anderes wird bei einer **Mehrzahl von Verstößen gegen § 20 RDG** anzunehmen sein; ein Regelfall von Unzuverlässigkeit ist aber auch dies nicht (Gaier/Wolf/Göcken/*Siegmund* § 10 Rn. 93; vgl. zu § 14 Nr. 5 PAO ergänzend BGH Beschl. v. 2.12.1991 – PatAnwZ 1/91, BeckRS 1991, 31176677; siehe auch Rn. 111). In Widerrufssachverhalten muss nicht zwingend Unzuverlässigkeit begründet werden, hier greift § 14 Nr. 3 RDG bei bewusstem Überschreiten der Rechtsdienstleistungserlaubnis ggf. parallel ein.

- **Vorwerfbares Verhalten im Antragsverfahren:** Unzuverlässigkeit kann sich aus einem Verhalten im Antragsverfahren ergeben, wenn es etwa durch falsche Angaben, unzureichende Kooperation oder fragwürdige Eingaben in eigenen Sachen greifbare Anhaltspunkte dafür bietet, dass es dem Antragsteller auch bei der Berufsausübung in den ihm anvertrauten Rechtsangelegenheiten an Verantwortungsbewusstsein, Gewissenhaftigkeit und Engagement mangeln wird (OVG Lüneburg Rbeistand 1986, 45 m. krit. Anm. *Hochstetter;* VG Würzburg Rbeistand 1992, 70; vgl. zu § 7 Nr. 5 BRAO bei einem Verschweigen von Vorstrafen etc. EGH Stuttgart EGE VII, 216; EGH Frankfurt a. M. BRAK-Mitt. 1989, 212; siehe ferner etwa BGH BRAK-Mitt. 1997, 171; 1995, 208, 211; 1994, 179, 180). Dies wird – gibt es auch keine behördliche Aufsicht mehr – wohl auch für etwaiges **späteres Verhalten gegenüber der Behörde** gelten. Solches kann ggf auch einen Widerruf rechtfertigen (BVerwG Buchholz 355 RBMG Nr. 16; OVG Koblenz Rbeistand 1989, 118 zum RBerG; siehe allgemein auch zur persönlichen Eignung bereits Rn. 23). Auch **Verhalten gegenüber Gerichten** kann ggf. Berücksichtigung finden (für wiederholtes prozessordnungswidriges Auftreten BVerwG AnwBl. 1973, 19 zu § 157 ZPO aF) wie etwa der wahrheitswidrige Vortrag, der nicht korrigiert wird (instruktiv OVG Münster Beschl. v. 10.4.2014 – 4B 184/14, BeckRS 2014, 50823).
- Beim **Inkassounternehmen** spricht auch gegen die Seriösität, wenn eine Internetseite betrieben wird, auf der der Eindruck entsteht, dass die mutmaßlichen Schuldner Zugriff auf die persönlichen Daten der Schuldner hätten, also eine Art öffentliches Schuldnerverzeichnis geführt wird (VG Frankfurt a. M. Urt. v. 14.1.2009 – 8 K 892/08, BeckRS 2013, 57114; dem zustimmend VG Berlin Urt. v. 25.8.2011 – 1 k 5.10 BeckRS, 2011, 54856). Zu **unqualifizierten Rechtsdienstleistungen** § 14 RDG Rn. 35 ff.; zum **Verstoß gegen Auflagen** § 14 RDG Rn. 43.
- Unzuverlässigkeit kann sich ergeben aus einem ständigen **Sich-Versprechenlassen übermäßig hoher Gebühren** (*Rennen/Caliebe* § 14 1. AVO Rn. 8 zum RBerG; Dreyer/Lamm/Müller/*K. Lamm* Rn. 24).
- Zum **Wegfall der Voraussetzungen nach § 12 Abs. 4 RDG** siehe § 14 RDG Rn. 56 ff.
- Zu **ausländischen Insolvenzverfahren bzw. Schuldnerverzeichnissen** siehe Rn. 72, 87.
- Sofern im Gewerberecht auch **nicht unerhebliche Steuerschulden** den Schluss auf eine Unzuverlässigkeit tragen (Landmann/Rohmer/*Marcks* § 35 Rn. 49 ff.), dürfte dem neben dem Regelbeispiel der ungeordneten Vermögensverhältnisse keine eigene Berechtigung zukommen. Gleiches gilt für die dort diskutierte Fallgruppe des **beharrlichen Verstoßes gegen sozialversicherungsrechtliche Verpflichtungen** (Landmann/Rohmer/*Marcks* § 35 Rn. 55 ff.).

98 Teil der berufsbezogenen Zuverlässigkeit ist im Gewerberecht die erforderliche **Sachkunde,** da völlige oder nahezu völlige Unfähigkeit einen Zuverlässigkeitsmangel begründen kann (zu dieser Fallgruppe Landmann/Rohmer/ *Marcks* § 35 Rn. 58 ff.). Da die Sachkunde in § 11 f. RDG jedoch gesondert behandelt wird, ist dieses Element aus der Zuverlässigkeitsprüfung herauszulösen (unklar, aber im Ergebnis wohl anders Grunewald/Römermann/*Suppé*

Registrierungsvoraussetzungen **§ 12 RDG**

Rn. 44f.). Dafür spricht entschieden auch, dass § 14 Nr. 3 RDG die „dauerhaft unqualifizierten Rechtsdienstleistungen" mit Blick gerade darauf als gesonderten Widerrufsgrund regelt (§ 14 RDG Rn. 35). Ganz trennscharf ist die Abgrenzung aber auch dort nicht.

III. Besondere Sachkunde (Abs. 1 Nr. 2, Abs. 3)

1. Überblick. Voraussetzung der Registrierung ist zudem die **ausreichende theoretische und praktische Sachkunde** in dem **konkreten** Bereich oder – bei Mehrfachregistrierung – denjenigen Teilbereichen des § 10 Abs. 1 RDG, in denen die Rechtsdienstleistungen erbracht werden sollen. Konkretisiert wird der Begriff für die einzelnen Teilbereiche in § 11 RDG. § 12 Abs. 1 Nr. 2, Abs. 3 RDG regeln dann den im Antragsverfahren gebotenen berufsbezogenen Sachkundenachweis jedenfalls rudimentär, die weiteren Details ergeben sich aus **§§ 2–4 RDV**. 99

Die behördliche Prüfung im Antragsverfahren erfolgt auf Basis der gem. § 13 Abs. 1 S. 4 Nr. 1 RDG einzureichenden zusammenfassenden Darstellung des beruflichen Ausbildungsgangs bzw. der bisherigen Berufsausübung und der gem. § 13 Abs. 1 S. 4 Nr. 1 RDG einzureichenden Unterlagen zum Nachweis der theoretischen und praktischen Sachkunde. Behördliche Sachkundeprüfungen sind nicht mehr zulässig (Rn. 102). 100

2. Nachweis der theoretischen Sachkunde. Die **theoretische Sachkunde** ist nach Abs. 3 S. 1 gegenüber der zuständigen Behörde durch **Zeugnisse** nachzuweisen. Der Begriff des Zeugnisses ist weit auszulegen und umfasst alle in einem förmlich geregelten Berufszugangsverfahren erworbenen Lehr- und Prüfungszeugnisse, die den Abschluss der Ausbildung dokumentieren und den unmittelbaren Berufszugang ermöglichen wie etwa die erste juristische Prüfung oder die Rechtspflegerprüfung, aber auch ausländische Studienabschlüsse und Berufsqualifikationen, gleich ob die zeugniserteilende Stelle staatlich oder privat ist (BT-Drs. 16/3655, 69). Nach dem Willen des Gesetzgebers soll es offenbar genügen, wenn die Anforderungen eines Ausbildungsverlaufs **ohne Abschlussprüfung** absolviert worden sind, aber etwa Leistungszeugnisse aus dem Studium vorgelegt werden können (BT-Drs. 16/3655, 69; ebenso Gaier/Wolf/Göcken/*Siegmund* Rn. 31). § 2 Abs. 1 S. 3, Abs. 3 S. 2 RDV verlangen hingegen **Abschlusszeugnisse,** was aber richtigerweise nicht abschließend gemeint ist (§ 2 RDV Rn. 8ff.; ebenso Grunewald/Römermann/*Suppé* Rn. 115; Krenzler/*D. Schmidt* Rn. 43; unklar Dreyer/Lamm/Müller/*K. Lamm* Rn. 60). Die Anerkennung solcher Leistungsnachweise setzt jedoch voraus, dass diese eine gründliche Ausbildung der zu registrierenden Person in allen konkreten Bereichen, auf die sich die Registrierung erstreckt, erkennen lassen (BR-Drs. 316/08, 11 zur Anerkennung anderer Aus- und Fortbildungszeugnisse als der dort ausdrücklich genannten [Abschluss-]Zeugnisse, ohne jedoch ausdrücklich auf die Frage einzugehen, ob eine bestandene Prüfung erforderlich ist). Dies bedarf einer besonderen Prüfung im Einzelfall und wird wohl nur in Ausnahmefällen anzunehmen sein. 101

Die Anforderungen an den Nachweis der theoretischen Sachkunde für die verschiedenen Teilbereiche regelt **§ 2 RDV;** auf die dortige Kommentierung 102

RDG § 12 Teil 3 Rechtsdienstleistungen durch registrierte Personen

wird Bezug genommen. In den Bereichen Inkassodienstleistungen und Rentenberatung wird der Nachweis regelmäßig (nicht zwingend) durch ein Zeugnis über einen erfolgreich absolvierten **Sachkundelehrgang** nach § 2 Abs. 1 RDV nachgewiesen. Staatliche Sachkundeprüfungen wie noch zu Zeiten des RBerG hat der Gesetzgeber zur Entlastung der Behörden und zur Vereinfachung des Registrierungsverfahrens abgeschafft. Die Behörde prüft hier grds. nur noch, ob ein Zeugnis vorliegt und der Sachkundelehrgang als solches den Anforderungen des § 4 RDV genügt, so dass das Zeugnis überhaupt geeignet ist, den Sachkundenachweis zu erbringen (BT-Drs. 16/3655, 68; ebenso Gaier/Wolf/ Göcken/*Siegmund* Rn. 29). Eigene Sachkundeprüfungen durch die Behörde sind nicht mehr möglich. Mit dem Antragsteller kann allenfalls in Gesprächen erörtert werden, ob die vorgelegten Sachkundenachweise geeignet sind (Gaier/Wolf/Göcken/*Siegmund* Rn. 29). Keinesfalls kann durch die Behörde dabei aber die Sachkunde erneut „abgefragt" werden.

103 Klarzustellen ist, dass – trotz der umfassenden Vertretungsbefugnisse von Rechtsanwälten auch ohne spezielle Sachkundennachweise – allein das erfolgreiche Absolvieren der **juristischen Prüfungen im Inland** noch **kein ausreichender Nachweis** der theoretischen Sachkunde in einem ausländischen Recht sein kann (OVG Berlin-Brandenburg Urt. v. 24.10.2013 – OVG 12 B 42.11, BeckRS 2013, 58471 in Abgrenzung zu § 2 Abs. 1 S. 2 RDV). **Besonderheiten** beim Nachweis gelten in den Fällen des **Abs. 3 S. 3** (dazu Rn. 112 ff.), hier ist wegen § 2 Abs. 2 S. 2 RDV ein gesonderter Nachweis der theoretischen Sachkunde nicht erforderlich, wenn die praktische Qualifikation entsprechend nachgewiesen wird.

104 **3. Nachweis der praktischen Sachkunde.** Nach Abs. 3 S. 2 setzt der Nachweis der **praktischen Sachkunde** „in der Regel" eine **mindestens zwei Jahre unter Anleitung erfolgte Berufsausübung** oder **praktische Berufsausbildung** voraus. Diese Tätigkeit muss kraft Natur der Sache **berufsbezogen**, also zum Nachweis der praktischen Sachkunde gerade in Bezug auf die beabsichtigten Rechtsdienstleistungen geeignet sein (BVerwG DVBl. 1980, 640; VGH München *Rbeistand* 1982, 147; 1983, 27, 138; VGH Mannheim *Rbeistand* 1984, 217 zum RBerG). Die gem. § 13 Abs. 1 S. 4 Nr. 1 RDG einzureichenden Unterlagen zum Nachweis der praktischen Sachkunde sind regelmäßig Arbeitszeugnisse etc. Die Details regelt **§ 3 RDV**, wegen der Einzelheiten wird auf die dortige Kommentierung Bezug genommen.

105 Die **praktische Berufsausübung** erfordert eine **fortlaufende, nachhaltige und einschlägige praktische Beschäftigung mit denjenigen Rechtsgebieten, für die eine Registrierung gewünscht wird.** Nur so kann sichergestellt werden, dass der Antragsteller gelernt hat, seine theoretische Sachkunde auch konkret in der Praxis umzusetzen (BT-Drs. 16/3655, 69; zum RDG VG München Urt. v. 16.7.2013 – M 16 K 13.1505, BeckRS 2013, 56069 und zum RBerG OVG Lüneburg *Rbeistand* 1986, 45; 1986, 100; 1986, 221; VGH Mannheim *Rbeistand* 1986, 48, 50; 1987, 52; VG Augsburg Urt. v. 13.11. 2002 – Au 4 K 01 626, BeckRS 2002, 19316). Erforderlich sind im Rahmen der Mitwirkungslast des Antragstellers auch substanziierte Angaben zu den bearbeiteten Tätigkeiten; keinesfalls kann die Behörde etwa aus einer leitenden Tätigkeit einer mittelgroßen Polizeidienststelle ableiten, welche konkreten Tä-

Registrierungsvoraussetzungen **§ 12 RDG**

tigkeiten/Rechtsgebiete bearbeitet wurden (VG München Urt. v. 16.7.2013 – M 16 K 13.1505, BeckRS 2013, 56069). Nicht in RDG/RDV geregelt und auch in der Gesetzesbegründung nicht angesprochen ist die Frage, ob die praktische Sachkunde auch dann als nachgewiesen gilt, wenn man nur in einem Teilbereich der begehrten Registrierung (etwa Unfallrenten) tätig war. Richtigerweise darf dies nicht gesondert geprüft werden (*Henssler/Deckenbrock* S. 40f.; *dies.* DB 2013, 2909, 2914f.), da es an einer klaren Regelung wie etwa in § 5 FAO zu den abzudeckenden Bereichen fehlt.

Die Berufsausübung muss nach Abs. 3 S. 2 „in der Regel" **(zumindest)** **106** **unter Anleitung** erfolgen, was gewährleistet, dass der Nachweis der Berufserfahrung überhaupt durch Zeugnisse erbracht werden kann (BT-Drs. 16/3655, 69). Es geht nicht um eine arbeitsrechtliche Weisungsbefugnis. Erforderlich ist, dass der Antragsteller bei seiner praktischen Tätigkeit einer gewissen Kontrolle und Aufsicht einer Person unterstand, die ihrerseits auf dem beantragten Gebiet oder in einem vergleichbaren Beruf erfahren ist (zum RBerG VGH Mannheim Rbeistand 1986, 48, 50; 1987, 52, 130; zu Ausnahmefällen OVG Lüneburg Rbeistand 1986, 221). Die anleitende Person muss also ihrerseits **im konkreten Bereich** erfahren sein, was unproblematisch ist, wenn sie insofern im Rechtsdienstleistungsregister eingetragen ist (BT-Drs. 16/3655, 69) oder gar Rechtsanwalt/Notar ist. Aber auch eine entsprechende Tätigkeit bei Behörden oder Unternehmen, insbesondere Banken und Versicherungen oder Verbänden kann ausreichen (BT-Drs. 16/3655, 69; VG München Urt. v. 16.7.2013 – M 16 K 13.1505, BeckRS 2013, 56069). Ein Inkassounternehmer kann jedoch zB nicht im Rentenberatungsbereich ausbilden.

Eine **praktische Berufsausbildung** kann auch genügen, wenn sie die er- **107** forderlichen Kenntnisse im konkreten Bereich vermittelt. Anzunehmen ist dies etwa für den juristischen Vorbereitungsdienst hinsichtlich der Ausübung der Inkassotätigkeit (BT-Drs. 16/3655, 69; VG München Urt. v. 16.7.2013 – M 16 K 13.1505, BeckRS 2013, 56069); siehe aber § 3 Abs. 1 S. 2 RDV (nur) für fertig examinierte Juristen unabhängig von einer Tätigkeit im Inkassobereich.

Die Einhaltung der Zwei-Jahres-Frist wird durch übliche, kurzfristige Un- **108** terbrechungen (Erholungsurlaub, kurzfristige Erkrankungen, Mutterschutzfristen) nicht berührt; schädlich sind jedoch langdauernde Erkrankungen, Elternzeit oder sonstige Unterbrechungen (Haft, unbezahlter Urlaub), wenn der versäumte Erfahrungs- und Wissenserwerb nicht nachgeholt werden kann (Dreyer/Lamm/Müller/*K. Lamm* Rn. 64). Ggf. ist die Frist entsprechend zu verlängern.

Nach dem Wortlaut ist irrelevant, ob eine **Voll- oder Teilzeitbeschäfti-** **109** **gung** ausgeübt wird (aA wohl Dreyer/Lamm/Müller/*K. Lamm* Rn. 64, diff. aber am Ende). Zumindest wird man in Anlehnung an die Erläuterungen der Europäischen Kommission v. 2.8.2007 zur Umsetzung der Richtlinie 2005/36/EG über die Anerkennung von Berufsqualifikationen mit Bemerkungen, MARKT D/3412/2/2006-DE, Art. 13, S. 45, die Berufserfahrung eines auf Teilzeitbasis Arbeitenden ausreichen lassen, wenn sie den erforderlichen zwei Jahren auf Vollzeitbasis entspricht.

Von den in Abs. 3 S. 2 genannten **Regelfällen** kann in **Ausnahmefällen** **110** abgewichen werden. Denkbar ist das vor allem bei einem **ausländischen** Bewerber, dessen **Berufserfahrung im Ausland** zu berücksichtigen ist, aber die inländische Praxis im konkreten Bereich uU **nicht insgesamt ersetzen kann** (so jedenfalls auch BT-Drs. 16/3655, 69 und beiläufig wohl auch BT-Drs. 17/ 13537, 19: „zweijährige Berufspraxis in Deutschland"). Letzteres könnte man freilich dort nach Sinn und Zweck in Zweifel ziehen, wo nur eine **Registrierung in einem ausländischen Recht** angestrebt wird (§ 10 Abs. 1 S. 1 Nr. 3 RDG). Zumindest hier könnte uU auch eine **rein ausländische Berufspraxis** genügen (so wohl auch VG München Urt. v. 16.7.2013 – M 16 K 13.1505, BeckRS 2013, 56069); davon scheint auch § 3 Abs. 2 RDV auszugehen. Aus § 3 Abs. 2 RDV folgt zugleich, dass hier auch auf eine Berufsausübung „unter Anleitung" verzichtet werden kann, soweit dies sachgerecht ist. Die Details sind wenig gesichert (siehe auch § 3 RDV Rn. 7f.). Erst recht gilt das in Abstimmung zu Abs. 3 S. 3 (Rn. 116); es droht hier ein Erwirken einer Registrierung ohne jedes Vertrautsein mit inländischen Rechtsvorschriften, was der Anpassungslehrgang bei EU-Ausländern gerade bezwecken soll.

111 Auf eine langjährige, unter Verstoß gegen das RDG/RBerG erworbene (inländische) praktische Erfahrung kann ein Antragsteller sich aber nicht berufen (VGH Mannheim Rbeistand 1986, 50; 1987, 52); hier wird idR auch die Zuverlässigkeit fehlen (*Rennen/Caliebe* § 8 1. AVO Rn. 60; siehe auch Rn. 97).

112 **4. Besonderheiten für Berufsqualifikationen aus EU/EWR-Staaten etc. (Abs. 3 S. 3).** Besitzt eine Person eine Berufsqualifikation, die in einem anderen Mitgliedstaat der Europäischen Union oder einem anderen Vertragsstaat des Abkommens über den Europäischen Wirtschaftsraum oder in der Schweiz (rechtlich) erforderlich ist, um in dem Gebiet dieses Staates einen in § 10 Abs. 1 RDG genannten oder einen vergleichbaren Beruf auszuüben, oder hat die Person einen solchen Beruf während der vorhergehenden zehn Jahre in Vollzeit zwei Jahre in einem der genannten Staaten ausgeübt, der diesen Beruf nicht reglementiert, so ist (= kein Ermessen) die Sachkunde „unter Berücksichtigung dieser Berufsqualifikation oder Berufsausübung" durch einen mindestens sechsmonatigen **Anpassungslehrgang** nachzuweisen. § 2 Abs. 2 S. 2 RDV verzichtet dann auf einen gesonderten Nachweis der **theoretischen** Sachkunde (Rn. 103); der Nachweis der praktischen Sachkunde erfolgt hier „unter Berücksichtigung" der ausländischen Berufsqualifikation/ -ausübung im Kern wohl primär durch den Anpassungslehrgang (siehe § 3 Abs. 1, 3 RDV); wobei auch hier die Details wenig gesichert sind (siehe auch § 3 RDV Rn. 7f.). Zur **nur vorübergehenden Betätigung** siehe die Kommentierung zu § 15 RDG.

113 Die Vorschrift in Abs. 3 S. 3 dient zunächst der **Umsetzung** von Art. 13f. der Richtlinie 2005/36/EG des europäischen Parlaments und des Rates v. 7.9.2005 über die Anerkennung von Berufsqualifikationen (ABl. EU Nr. L 255 v. 30.9.2005 S. 22). Sichergestellt werden soll, dass Personen, die im europäischen Ausland bereits so oder vergleichbar tätig sein dürfen, sich auch in Deutschland dauerhaft betätigen können, wenn sie nur die erforderliche Sachkunde nachweisen. Angesichts der Tatsache, dass die in § 10 RDG geregelten Tätigkeiten allesamt Rechtsberufe sind, kann die nach **Art. 14 Abs. 2 der Richtlinie** grds. bestehende Wahlmöglichkeit des Antragstellers, dafür eine Eignungsprüfung oder einen Anpassungslehrgang zu wählen, gesetzlich einge-

Registrierungsvoraussetzungen **§ 12 RDG**

schränkt werden. Das ist geschehen, anders als im Bereich des EuRAG (siehe aber § 13 EuRAG) sieht das RDG keine Möglichkeit einer Eignungsprüfung vor, sondern nur einen **Anpassungslehrgang.** Ausländische Antragsteller sollen ebenso wenig einer staatlichen Prüfung bedürfen wie inländische Antragsteller (Gaier/Wolf/Göcken/*Siegmund* Rn. 44). Soweit die **Schweiz** genannt wird, ist dies aufgrund des Freizügigkeitsabkommens zwischen der Schweiz und der Europäischen Union v. 21.6.1999 (BGBl. 2001 II S. 810, BGBl. 2002 II S. 1692) ins Gesetz eingefügt worden (vgl. BT-Drs. 17/13537, 19; BT-Drs. 17/10487, 18). Aufgrund dieses Freizügigkeitsabkommens nimmt die Schweiz am gemeinsamen System der EU zur Anerkennung von Diplomen teil, um Personen aus der Schweiz und den Mitgliedstaaten der EU den wechselseitigen Zugang zum jeweiligen Rechtsmarkt zu ermöglichen. Gem. Anhang III des Freizügigkeitsabkommens ist die Berufsqualifikationsrichtlinie 2005/36/EG des Europäischen Parlaments und des Rates v. 7.9.2005 seit dem 1.11.2011 auch zwischen den Mitgliedstaaten der EU und der Schweiz anzuwenden.

Ob die „Vergleichbarkeit" des Berufs wegen des Verweises auf § 10 RDG so **114** zu verstehen ist, dass es auf eine Vergleichbarkeit mit den dort geregelten **deutschen** Berufsbildern ankommt, ist unklar. Da es ausweislich des Wortlauts der Norm vor allem um die Gleichstellung von ausländischen Anwälten und ihnen im Herkunftsstaat vergleichbaren Personen und nicht – wie im Fall des § 206 BRAO – um eine Mitgliedschaft in der deutschen Rechtsanwaltskammer geht, sind richtigerweise die Befugnisse des ausländischen nichtanwaltlichen Rechtsdienstleisters im Herkunftsstaat – und nicht eine anwaltsähnliche Ausbildung oder Stellung – entscheidend (eingehend § 2 RDV Rn. 19). Es ist jedoch ohnehin kaum zu erwarten, dass diese Frage große Unterschiede machen wird. Auch wenn Abs. 3 S. 3 nach seinem Wortlaut („ist") **zwingend ausgestaltet** ist, wird man eine Person, die zwar grds. die Voraussetzungen erfüllt, aber kaum zu einem Anpassungslehrgang verpflichten können, wenn sie sich nicht auf den – als Erleichterung gedachten – Abs. 3 S. 3 stützen, sondern den Sachkundenachweis auf herkömmlichem Weg erbringen will. Man wird hier von einem **Wahlrecht** ausgehen dürfen (siehe auch § 2 RDV Rn. 17). Bei Inkassotätigkeiten oder Rentenberatern wird sich der Betroffene hingegen gerne auf Abs. 3 S. 3 RDG stützen; etwas anderes kann bei **Tätigkeiten in einem ausländischen Recht** gelten. Hier würde etwa ein in Frankreich langjährig tätiger Spezialist im chinesischen Recht gegenüber einem in Indonesien langjährig tätigen Spezialisten im chinesischen Recht grob benachteiligt, wenn sich etwa beide registrieren lassen wollen, man den Franzosen aber auf den Anpassungslehrgang verweisen müsste und nach dem bei Rn. 110 Gesagten den Indonesier im Gegenzug ganz oder weitgehend ohne jede inländische Berufspraxis registrieren würde.

Der Nachweis der erforderlichen Sachkunde erfolgt in den Fällen des Abs. 3 **115** S. 3 **zweistufig:** Zum einen sind nach **§ 2 Abs. 2 RDV** geeignete Unterlagen vorzulegen, insbesondere das Zeugnis einer ausländischen Behörde. Insofern kommt es dann darauf an, ob es sich um einen in dem ausländischen Staat **reglementierten Beruf** handelt oder nicht, also ob die Aufnahme und Ausübung des Berufs durch Rechts- und Verwaltungsvorschriften an den Besitz bestimmter Berufsqualifikationen gebunden ist (siehe auch § 15 RDG Rn. 34). Ist der Beruf **reglementiert,** ist also in dem ausländischen Staat eine bestimmte Berufsqualifikation erforderlich, um den in § 10 Abs. 1 RDG genannten oder vergleichbaren Beruf auszuüben, sind nach § 2 Abs. 2 RDV regelmäßig die entsprechenden ausländischen Unterlagen über die Qualifikation vorzulegen. Ist der Beruf **nicht reglementiert,** muss eine mindestens vollzeitlich zwei Jahre andauernde praktische Tätigkeit nachgewiesen werden. Zur Fristberechnung Rn. 108 f. Aus dem zunächst in § 12 Abs. 3 S. 3 RDG aF verwandten Begriff „vollzeitlich" wurde zumeist schon bisher abgelesen, dass eine **Vollzeittätigkeit** erfolgt sein muss (Dreyer/Lamm/Müller/*K. Lamm* Rn. 76), gesichert war das jedoch nie (Rn. 109 zur Stellungnahme der Kommission). Die Frage wäre im Zweifel vom EuGH wegen des Richtlinienbezugs (richtlinienkonforme Auslegung!) im Vorabentscheidungsverfahren (Art. 267 AEUV) zu klären gewesen. Der Gesetzgeber hat – ohne Begründung (!) – bei der sprachlichen Neufassung des § 12 Abs. 3 S. 3 RDG zwar den Wortlaut klarer gefasst, als dort nunmehr ausdrücklich „in Vollzeit" steht. Ungeachtet der Frage, was das genau heißt (Ausschluss einer 85%-Stelle von eigentlich welchem Standardstundensatz?) bleiben die europarechtlichen Implikationen bestehen. Auch um Teilzeitkräfte nicht zu diskriminieren, spricht einiges dafür, dass es genügt, wenn diese mit 100% ihrer reduzierten Arbeitskraft über den genannten Zeitraum hinweg tätig gewesen sind.

116 Auf der zweiten Stufe ist dann der Nachweis eines mindestens sechsmonatigen **Anpassungslehrgangs** gefordert, mit dem ausreichende Kenntnisse über die allgemeinen und besonderen rechtlichen Vorschriften der Bundesrepublik Deutschland zur Ausübung des Berufs des Rechtsdienstleisters erworben werden sollen (BT-Drs. 16/3655, 69). Der Anpassungslehrgang ist nach Art. 3 Abs. 1 g der Richtlinie die Ausübung des reglementierten Berufs im **Inland** unter der Verantwortung eines qualifizierten Berufsangehörigen. Die Details sind in **§ 3 Abs. 3 RDV** geregelt, auf die dortige Kommentierung wird Bezug genommen (§ 3 RDV Rn. 9 ff.). **Daneben** scheinen wegen des Wortlauts „zusätzlich" in § 3 Abs. 3 RDV jeweils **auch die „normalen" Sachkundenachweise nach § 3 Abs. 1, 2 RDV** vorzulegen sein – was aber ersichtlich nur ein Redaktionsversehen ist (eingehend § 3 RDV Rn. 16). Denn selbst wenn man wegen des Wortlauts des Abs. 3 S. 3 („unter Berücksichtigung dieser Berufsqualifikation oder Berufsausübung") allein eine mit Zeugnissen belegte Tätigkeit im **Ausland** ausreichen lassen würde (Rn. 110), würde die mit § 12 Abs. 3 S. 3 RDG bezweckte Privilegierung der Personen, die ihre Fähigkeiten im EU-Ausland oder in einem EWR-Staat erworben haben, sonst in das Gegenteil verkehrt.

117 Die **Staatsangehörigkeit** des Antragstellers ist nach dem Wortlaut des Abs. 3 S. 3 ohne Bedeutung, so dass sich auch Staatsangehörige aus Nicht-EU/EWR-Staaten auf die Vorschrift berufen können, wenn sie nur die tatbestandlichen Voraussetzungen im Übrigen erfüllen. Die Privilegierung in Abs. 3 S. 3 ist **verfassungs- wie europarechtlich** unter Diskriminierungsgesichtspunkten im Übrigen unbedenklich (OVG Berlin-Brandenburg Urt. v. 24.10.2013 – OVG 12 B 42.11, BeckRS 2013, 58471).

118 Abs. 3 S. 4 ordnet an, dass das **Berufsqualifikationsfeststellungsgesetz (BQFG)** auf die in § 12 RDG geregelten Verfahren nicht anzuwenden ist (siehe aber § 15 a RDG). Dieses Gesetz regelt allgemein Verfahren und Kriterien zur Feststellung der Gleichwertigkeit im Ausland erworbener Ausbildungsnachweise mit inländischen Ausbildungsnachweisen. Ua auf alle rechtsberatenden Berufe (und damit auch auf registrierte Personen nach § 10 RDG) soll das BQFG aber generell keine Anwendung finden. Denn die im BQFG vorgesehene Gleichwertigkeitsprüfung und prinzipielle Anerkennung ausländischer beruflicher Qualifikationen passt gerade nicht für die juristischen Berufe. Die Lehr- und Lerninhalte im Ausland erworbener juristischer Berufsqualifikationen sind nicht mit den für Inkassodienstleistungen und Rentenberatung geforderten Kenntnissen (§ 11 Abs. 1, 2 RDG) vergleichbar. Juristische Ausbildungen sind immer überwiegend auf das Rechtssystem des Landes ausgerichtet, in welchem die Ausbildung stattfindet. Eine generelle Gleichwertigkeit der Ausbildungen scheidet daher grds. aus, den Erfordernissen der Richtlinie trägt nach den Vorstellungen des Gesetzgebers Abs. 3 S. 3 bereits hinreichend Rechnung (BT-Drs. 17/6260, 40f., 60). Soweit die Gesetzesbegründung sich dabei leider allein auf die Bereiche Inkassodienstleistungen und Rentenberatung bezieht, lassen sich Registrierungen hinsichtlich Rechtsdienstleistungen in einem ausländischen Recht wohl ebenfalls befriedigend (und damit richtlinienkonform) auflösen (Rn. 114).

IV. Berufshaftpflichtversicherung (Abs. 1 Nr. 3)

War unter Geltung des RBerG das Unterhalten einer Berufshaftpflichtversicherung allenfalls als Auflage insbesondere für Inkassounternehmer denkbar, ist sie heute zur zwingenden Registrierungsvoraussetzung geworden. Damit werden die registrierten Rechtsdienstleister Steuerberatern (§ 67 StBerG), Wirtschaftsprüfern (§§ 54, 130 WPO), Rechtsanwälten (§ 51 BRAO; vgl. auch § 7 EuRAG für europäische Rechtsanwälte und § 209 Abs. 1 S. 3 BRAO für Rechtsbeistände), Patentanwälten (§ 45 PAO) und Notaren (§ 19a BNotO) gleichgestellt (vgl. zudem § 1 Abs. 4 ZwVwV für Zwangsverwalter sowie § 34c Abs. 3 S. 1 Nr. 1, 34d Abs. 2 Nr. 3, 34e, 34f Abs. 2 Nr. 3 GewO oder die in den Landesbauordnungen vorgesehene Berufshaftpflicht der Architekten, dazu eingehend *Schmalzl/Krause-Allenstein* Rn. 430ff.). Ohne eine durchsetzbare Verpflichtung der registrierten Dienstleister, eine Haftpflichtversicherung für etwaige Vermögensschäden ihrer Mandanten zu unterhalten, wäre die Vertrauensgrundlage, die die Rechtsdienstleister im Interesse einer funktionierenden Rechtspflege benötigen (BVerfGE 87, 287, 320 = NJW 1993, 317, 319), nicht gewährleistet (in Anlehnung an BGH NJW 1994, 532 zu den damals noch allein greifenden anwaltlichen Standesrichtlinien in § 48 RichtlRA). Die Regelungen dienen dem Schutz des rechtsuchenden Publikums. Dieses soll darauf vertrauen können, dass eventuelle Schadensersatzansprüche gegen die Rechtsdienstleister im Rahmen des Versicherungsschutzes ohne Weiteres durchsetzbar sind (BGH AnwBl. 2006, 356). **119**

Zumindest mittelbar dienen die Regelungen auch dem Schutz der registrierten Rechtsdienstleister vor dem Verlust der wirtschaftlichen Existenz oder bei natürlichen Personen auch des Privatvermögens im Haftungsfall (Henssler/Prütting/*Diller* § 51 Rn. 10f.). Es dürfte sich aber mehr um eine Reflexwirkung handeln. **120**

Nachzuweisen ist zwingend eine Berufshaftpflichtversicherung mit einer **Mindestversicherungssumme** von 250 000 Euro für jeden Versicherungs- **121** fall. Die Behörde kann jedoch Bedingungen oder Auflagen nach § 10 Abs. 3 S. 1 RDG stellen und so auch eine höhere Mindestversicherung als Bedingung für die Registrierung setzen bzw. später durch Auflagen nach § 10 Abs. 3 S. 3 RDG einfordern (BT-Drs. 16/3655, 68). Verlangt werden kann auch das Absichern besonderer Risiken (§ 5 RDV Rn. 85, 88). Die Einzelheiten der Berufshaftpflichtversicherung regelt **§ 5 RDV,** auf die dortige Kommentierung wird Bezug genommen.

122 Fehlender oder unzureichender Versicherungsschutz rechtfertigt nicht nur das Versagen der Registrierung, sondern den Widerruf nach **§ 14 Nr. 2 RDG,** regelmäßig unter Anordnung der sofortigen Vollziehung (§ 14 RDG Rn. 85).

123 Eine **Anfechtbarkeit** des Versicherungsvertrags oder sonstige Obliegenheitsverletzungen sollen der Anerkennung des Vertrags als Registrierungsvoraussetzung nicht entgegenstehen (Feuerich/Weyland/*Böhnlein* § 51 Rn 23), da der Mandant über § 117 VVG ausreichend geschützt wird. Die Behörde sollte hier aber zumindest Auflagen nach § 10 Abs. 3 S. 3 RDG machen und sich die Prüfung eines Widerrufs vorbehalten.

124 Zur Frage, ob eine **vorläufige Deckungszusage** ausreicht, § 13 RDG Rn. 69.

V. Qualifizierte Personen (Abs. 4)

125 Juristische Personen und Gesellschaften ohne Rechtspersönlichkeit benötigen kraft Natur der Sache jemanden, der für sie die Rechtsdienstleistungsbefugnis rein tatsächlich ausübt und dafür auch hinreichend geeignet ist. Nach **Abs. 4 S. 1** müssen sie daher im Registrierungsantrag (§ 13 Abs. 1 S. 4 RDG iVm § 16 Abs. 2 S. 1 Nr. 1 lit. d) **mindestens** eine natürliche Person benennen, die alle nach Abs. 1 Nr. 1 und 2 erforderlichen Voraussetzungen in ihrer Person erfüllt (**qualifizierte Person**). Diese muss also persönlich geeignet und zuverlässig sein und die erforderliche Sachkunde aufweisen (siehe bereits Rn. 5 ff.). Die Regelung ersetzt letztlich die Figur des Ausübungsberechtigten nach §§ 3, 10 Abs. 2 1. AVO RBerG (siehe aber § 14 RDG Rn. 27).

126 Die qualifizierte Person muss nach **Abs. 4 S. 2** in dem Unternehmen zudem **dauerhaft beschäftigt,** in allen Angelegenheiten, die Rechtsdienstleistungen des Unternehmens betreffen, **weisungsunabhängig** und **weisungsbefugt** sowie **zur Vertretung nach außen berechtigt** sein.

127 Die Formulierung „in **allen Angelegenheiten,** die Rechtsdienstleistungen des Unternehmens betreffen" verbietet nur isolierte Befugnisse für konkrete Rechtsdienstleistungsfälle (BT-Drs. 16/3655, 70), verdeutlicht aber zugleich, dass andere (rechtsdienstleistungsfremde) Unternehmensbereiche nicht gemeint sind.

128 **Weisungsunabhängigkeit/Weisungsbefugnis** bedeuten, dass eigenverantwortlich gehandelt, geführt und geleitet werden kann. Die qualifizierte Person muss – schon zur Sicherung der Kontinuität – dafür **dauerhaft** im Unternehmen beschäftigt sein und im Innenverhältnis das Recht haben, allen im Rechtsdienstleistungsbereich tätigen Mitarbeitern Anweisungen zu erteilen und über Einstellungen und Entlassungen zu entscheiden (BT-Drs. 16/3655, 70). Eine bestimmte Position, insbesondere Organstellung im Unternehmen

Registrierungsvoraussetzungen **§ 12 RDG**

oder gar eine Gesellschafterposition ist nicht zwingend erforderlich (BT-Drs. 16/3655, 69f.). Auch (nur) ein **leitender Angestellter** kann qualifizierte Person sein, wenn er aufgrund seiner leitenden Position entsprechend weisungsunabhängig und vertretungsbefugt ist; die dann erforderlichen Voraussetzungen von § 5 Abs. 3 und 4 BetrVG sind dabei freilich genau zu prüfen (*Rennen/Caliebe* § 10 1. AVO Rn. 16; siehe auch § 13 RDG Rn. 49).

Umfassende **Vertretungsmacht** nach außen setzt ein Alleinvertretungs- 129 recht voraus; Gesamtvertretungsrechte zusammen mit anderen Personen genügen nicht (Dreyer/Lamm/Müller/*K. Lamm* Rn. 86). Die Art der Vollmacht (Prokura, Handlungsvollmacht, Innen- oder Außenvollmacht, gesetzliche Vollmacht als Organ) ist ohne Bedeutung (*Rennen/Caliebe* § 8 1. AVO Rn. 17) und für die bei Rn. 128 genannten Fragen ohne Aussagekraft (siehe ergänzend BAG Rbeistand 1995, 64 zu den Anforderungen des § 5 BetrVG beim Prokuristen). Die Vertretungsbefugnis muss **nicht** notwendig alle Bereiche der Geschäftstätigkeit umfassen (Uckermann/Fuhrmanns/Ostermayer/Doetsch/*Eversloh* Kap. 34 Rn. 69), aber umfassend und in allen Angelegenheiten den Bereich, für den die Registrierung erstrebt ist (*Kleine-Cosack* § 12 Rn. 46); eine Vertretungsbefugnis (nur) im Einzelfall genügt nicht (BT-Drs. 16/3655, 70; *Henssler/Deckenbrock* S. 47; Uckermann/Fuhrmanns/Ostermayer/Doetsch/*Eversloh* Kap. 34 Rn. 69).

Werden von mehreren Organen (etwa GmbH-Geschäftsführern) nicht alle 130 als qualifizierte Personen benannt, drohen uU Kollisionen mit den gesellschaftsvertraglichen Grundlagen. Den Anforderungen des Abs. 4 muss dann ggf. auch durch Anpassung des Gesellschaftsvertrags Rechnung getragen werden, um etwa die Weisungsbefugnis und alleinige Entscheidungskompetenz in Rechtsdienstleistungsfragen sicherzustellen (*Rennen/Caliebe* § 10 1. AVO Rn. 13).

Die Benennung der qualifizierten Person hat **nicht zur Folge,** dass nur 131 diese Rechtsdienstleistungen erbringen darf (wie hier *Henssler/Deckenbrock* S. 47; aA Grunewald/Römermann/*Suppé* § 13 Rn. 18). Denn dann ergäbe das Merkmal der Weisungsbefugnis letztlich keinen Sinn. Ihre Benennung dient allein dazu, jemanden im Unternehmen zu haben, der Verantwortung für die erbrachten Rechtsdienstleistungen übernimmt (BT-Drs. 16/3655, 70); eine Delegation an weisungsgebundene Untergebene steht dem nicht grds. entgegen. Daher dürfen auch die einfachen Beschäftigten des registrierten Unternehmens im Namen des Unternehmens rechtsdienstleistend tätig werden (BT-Drs. 16/3655, 51), der Erlaubnisinhaber muss nur weisungsbefugt sein, Leitungsbefugnisse tatsächlich ausüben und zu bestimmten festgelegten Zeiten erreichbar sein (vgl. zu ähnlichen Fragen im alten Recht *Rennen/Caliebe* § 1 1. AVO Rn. 11f.; § 3 1. AVO Rn. 8, § 8 1. AVO Rn. 18ff.; Art. 1 § 6 RBerG war dort richtigerweise neben § 3 2. AVO RBerG anwendbar). Dies lässt sich auch aus § 14 Nr. 4 RDG ableiten, wonach eine Fortführung eines Unternehmens für eine Übergangszeit sogar ganz ohne qualifizierte Person möglich ist (§ 14 Rn. 43). Die Anforderung an die Aufsicht durch die qualifizierte Person müssen aber über das etwa im Rahmen des § 6 Abs. 2 S. 2 RDG geltende hinausgehen: Die qualifizierte Person muss für alle erbrachten Rechtsdienstleistungen selbst die Verantwortung übernehmen, was nicht bedeutet, dass sie alle rechtlichen Einzelfragen des Auftrags selbst bearbeiten muss. So kann bei standardisierten Beratungen auch ausreichen, wenn es Vorgaben und Richtlinien gibt, die die qualifizierte Person aufgestellt hat. Die qualifizierte Person muss aber für alle wesentlichen Beratungsergebnisse nach außen hin einstehen, was wiederum voraussetzt, dass sie Kenntnis von den jeweiligen Angelegenheiten und den Ergebnissen erhält; organisatorisch sollte man die Verantwortungsübernahme durch Gegenzeichnungen lösen (so auch *Henssler/Deckenbrock* S. 48). Bei größeren Einheiten ist damit zwangsläufig auch mehr als eine qualifizierte Person erforderlich (*Henssler/Deckenbrock* S. 48).

132 Nach Abs. 4 S. 3 können auch registrierte **Einzelpersonen** eine oder mehrere qualifizierte Personen benennen, die die Rechtsdienstleistungsbefugnis wahrnehmen und die Einzelperson – etwa bei längerer Abwesenheit/Krankheit – vertreten.

133 Auch nach der Registrierung können qualifizierte Personen abberufen, ausgewechselt oder zusätzlich ernannt werden im Rahmen von **Änderungsmitteilungen nach § 13 Abs. 3 RDG** (§ 13 RDG Rn. 88).

134 Zu den Anforderungen an den Registrierungsantrag § 13 RDG Rn. 48 f. Zum Widerruf wegen „Ausscheidens" der einzigen/letzten qualifizierten Person § 14 Nr. 4 RDG (§ 14 RDG Rn. 56 ff.).

135 Spezielle Fragen stellen sich, wenn **ein und dieselbe Person für mehrere Unternehmen als qualifizierte Person** benannt werden soll. Hier tritt bei dem Zweitantrag für die Behörde die Problematik auf, ob die Person (noch) geeignet ist und die Abforderungen des Abs. 4 ausfüllen kann, während die mit der Erstregistrierung befasste Behörde den Wegfall dieser Voraussetzungen prüfen will. Wie bereits zu Zeiten des RBerG (dazu *Rennen/Caliebe* § 8 1. AVO Rn. 18 ff.) ist allein die Tatsache, dass eine weitere Benennung erfolgt, in Anlehnung an das bei Rn. 26 f. zum „Zweitberuf" Gesagte kein generelles Hindernis, sondern allenfalls bei genereller Interessenkollision. Letztlich ist allein zu prüfen, ob – unter Einsatz moderner Kommunikationsmittel und der bei Rn. 131 erörterten Frage der Delegation – noch tatsächlich die Voraussetzungen des Abs. 4 in beiden Unternehmen als gewahrt angesehen werden können. Dabei kann dann auch eine Rolle spielen, ob die Person in einem oder beiden Unternehmen die einzige qualifizierte Person ist oder andere Personen bereitstehen (*Rennen/Caliebe* § 8 1. AVO Rn. 24). Eine mehrstündige Anwesenheit an 2–3 Tagen der Woche soll grds. aber selbst bei alleiniger Verantwortlichkeit genügen können, wenn nach der Art der Tätigkeit (etwa beim Inkasso) eine weitgehende Delegation vorwiegend automatischer Tätigkeiten erfolgen kann.

C. Verordnungsermächtigung (Abs. 5)

136 In Abs. 5 wird das BMJ (jetzt: BMJV) ermächtigt, durch Rechtsverordnung mit Zustimmung des Bundesrats die Einzelheiten der Voraussetzungen der Registrierung zu regeln. Genannt werden insbesondere die Anforderungen an die Sachkunde und ihren Nachweis einschließlich der Anerkennung und Zertifizierung privater Anbieter von Sachkundelehrgängen, an die Anerkennung ausländischer Berufsqualifikationen und den Anpassungslehrgang sowie, auch abweichend von den Vorschriften des VVG für die Pflichtversicherung, an Inhalt und Ausgestaltung der Berufshaftpflichtversicherung. Von dieser Ermächtigung wurde mit den §§ 2–5 RDV Gebrauch gemacht, auf die dortigen Kommentierungen wird Bezug genommen. Mit der Verordnungsermächtigung sollen die Details in ständiger Abstimmung mit der Verwaltung und der Praxis flexibel angepasst werden können (BR-Drs. 316/08, 7).

§ 13 Registrierungsverfahren

(1) ¹Der Antrag auf Registrierung ist an die für den Ort der inländischen Hauptniederlassung zuständige Behörde zu richten. ²Hat eine Person im Inland keine Niederlassung, so kann sie den Antrag an jede nach § 19 für die Durchführung dieses Gesetzes zuständige Behörde richten. ³Das Registrierungsverfahren kann auch über eine einheitliche Stelle nach den Vorschriften des Verwaltungsverfahrensgesetzes abgewickelt werden. ⁴Mit dem Antrag, der alle nach § 16 Abs. 2 Nr. 1 Buchstabe a bis d in das Rechtsdienstleistungsregister einzutragenden Angaben enthalten muss, sind zur Prüfung der Voraussetzungen nach § 12 Abs. 1 Nr. 1 und 2 sowie Abs. 4 beizubringen:
1. eine zusammenfassende Darstellung des beruflichen Ausbildungsgangs und der bisherigen Berufsausübung,
2. ein Führungszeugnis nach § 30 Abs. 5 des Bundeszentralregistergesetzes,
3. eine Erklärung, ob ein Insolvenzverfahren anhängig oder in den letzten drei Jahren vor Antragstellung eine Eintragung in ein Schuldnerverzeichnis (26 Abs. 2 der Insolvenzordnung; § 882b der Zivilprozessordnung) erfolgt ist,
4. eine Erklärung, ob in den letzten drei Jahren vor Antragstellung eine Registrierung oder eine Zulassung zur Rechtsanwaltschaft versagt, zurückgenommen oder widerrufen wurde oder ein Ausschluss aus der Rechtsanwaltschaft erfolgt ist, und, wenn dies der Fall ist, eine Kopie des Bescheids,
5. Unterlagen zum Nachweis der theoretischen und praktischen Sachkunde.

⁵In den Fällen des § 12 Abs. 4 müssen die in Satz 3 genannten Unterlagen sowie Unterlagen zum Nachweis der in § 12 Abs. 4 Satz 2 genannten Voraussetzungen für jede qualifizierte Person gesondert beigebracht werden.

(2) ¹Über den Antrag ist innerhalb einer Frist von drei Monaten zu entscheiden; § 42a Absatz 2 Satz 2 bis 4 des Verwaltungsverfahrensgesetzes gilt entsprechend. ²Wenn die Registrierungsvoraussetzungen nach § 12 Absatz 1 Nummer 1 und 2 sowie Absatz 4 vorliegen, fordert die zuständige Behörde den Antragsteller vor Ablauf der Frist nach Satz 1 auf, den Nachweis über die Berufshaftpflichtversicherung sowie über die Erfüllung von Bedingungen (§ 10 Absatz 3 Satz 1) zu erbringen. ³Sobald diese Nachweise erbracht sind, nimmt sie die Registrierung vor und veranlasst ihre öffentliche Bekanntmachung im Rechtsdienstleistungsregister.

(3) ¹Registrierte Personen oder ihre Rechtsnachfolger müssen alle Änderungen, die sich auf die Registrierung oder den Inhalt des Rechtsdienstleistungsregisters auswirken, der zuständigen Behörde unverzüglich in Textform mitteilen. ²Diese veranlasst die notwendigen Registrierungen und ihre öffentliche Bekanntmachung im Rechtsdienstleistungsregister. ³Wirkt sich eine Verlegung der Hauptniederlassung auf die Zuständigkeit nach Absatz 1 Satz 1 aus, so gibt die Behörde den Vorgang an die Behörde ab, die für den Ort der neuen Hauptniederlassung zuständig ist. ⁴Diese unterrichtet die registrierte Person über die erfolgte Übernahme, registriert die Änderung und veranlasst ihre öffentliche Bekanntmachung im Rechtsdienstleistungsregister.

(4) ¹Das Bundesministerium der Justiz wird ermächtigt, durch Rechtsverordnung mit Zustimmung des Bundesrates die Einzelheiten des Registrierungsverfahrens zu regeln. ²Dabei sind insbesondere Aufbewahrungs- und Löschungsfristen vorzusehen.

Inhaltsübersicht

	Rn.
A. Allgemeines	1
I. Normzweck	1
II. Gesetzgebungsgeschichte	3
B. Das Registrierungsverfahren (Abs. 1 und 2)	5
I. Antragsteller	5
II. Zuständige Behörde	6
III. Inhalt des Registrierungsantrags	10
1. Angaben zu Art und Umfang der Registrierung	10
2. Erforderliche Angaben nach § 16 Abs. 2 S. 1 Nr. 1 lit. a–d	11
a) Namen, Firma und gesetzliche Vertreter	12
b) Registergericht und Registernummer bei Eintragung im Handels-, Partnerschafts-, Genossenschafts- oder Vereinsregister	14
c) Geburtsjahr	16
d) Geschäftsanschrift einschließlich der Anschriften aller Zweigstellen	17
e) Angaben zu qualifizierten Personen iSd § 12 Abs. 4 RDG	24
3. Erforderliche Erklärungen und Unterlagen zur Prüfung der Voraussetzungen nach § 12 Abs. 1 Nr. 1, 2 und 4 RDG	26
a) Darstellung des beruflichen Ausbildungsgangs und der bisherigen Berufsausübung (Abs. 1 S. 4 Nr. 1)	26
b) Führungszeugnis nach § 30 Abs. 5 BZRG (Abs. 1 S. 4 Nr. 2)	28
c) Erklärung zu Insolvenzverfahren oder Eintragungen in ein Schuldnerverzeichnis (Abs. 1 S. 4 Nr. 3)	34
d) Erklärung zu Versagung/Rücknahme/Widerruf einer Zulassung zur bzw. zum Ausschluss aus der Rechtsanwaltschaft (Abs. 1 S. 4 Nr. 4)	38
e) Unterlagen zum Nachweis der theoretischen und praktischen Sachkunde (Abs. 1 S. 4 Nr. 5)	47
4. Erforderliche Angaben bei Benennung qualifizierter Personen iSd § 12 Abs. 4 RDG	48

Registrierungsverfahren § 13 **RDG**

Rn.
- 5. Sonstige Anforderungen an den Registrierungsantrag
  (§ 6 RDV) 50
- 6. Sonstige (freiwillige) Erklärungen und Nachweise 53
- IV. Das Verfahren 54
  - 1. Allgemeine Verfahrensgrundsätze 54
    - a) Bearbeitungsfrist (Abs. 2 S. 1) 54
    - b) Untersuchungsgrundsatz und Beteiligungsrechte 58
  - 2. 1. Stufe: Prüfung der Registrierungsvoraussetzungen nach
    § 12 Abs. 1 Nr. 1 und 2 sowie Abs. 4 65
  - 3. 2. Stufe: Nachweis über die Berufshaftpflichtversicherung
    sowie etwaige Bedingungen (Abs. 2 S. 2) 67
    - a) Nachweis über die Berufshaftpflichtversicherung;
      vorläufige Deckungszusage 68
    - b) Nachweis sonstiger Bedingungen iSd § 10 Abs. 3 S. 1 70
  - 4. 3. Stufe: Registrierung und Veranlassung der Bekannt-
    machung (Abs. 2 S. 3) 71
  - 5. Rechtsschutz bei Verweigerung der Registrierung 73
  - V. Kosten des Registrierungsverfahrens 78
- C. Meldeobliegenheiten (Abs. 3) 83
- D. Verordnungsermächtigung (Abs. 4) 89

A. Allgemeines

I. Normzweck

Eine Registrierung nach § 10 RDG erfolgt nur auf **Antrag**. § 13 RDG re- 1
gelt die Anforderungen an den **Inhalt des Antrags** und das **Antragsverfahren** und stellt dabei weitgehend ein Abbild der in § 12 RDG (und den ergänzenden Regelungen in der RDV) enthaltenen Registrierungsvoraussetzungen dar, deren Vorliegen im Registrierungsverfahren von der zuständigen Behörde geprüft werden soll. In der Praxis empfiehlt sich die Verwendung der Antragsvordrucke, die unter http://www.rechtsdienstleistungsregister.de abgerufen werden können; zwingend vorgeschrieben ist deren Verwendung nicht.

Daneben werden in Abs. 3 **Meldeobliegenheiten** geregelt, um spätere 2
Änderungen im Rechtsdienstleistungsregister bekannt machen zu können (Rn. 83ff.). Abs. 4 erhält schließlich eine **Verordnungsermächtigung** für flankierende Verfahrensregelungen, von der der Verordnungsgeber mit § 6 RDV Gebrauch gemacht hat.

II. Gesetzgebungsgeschichte

§ 13 RDG ist seit Inkrafttreten mehrfach geändert worden (siehe bereits 3
Einleitung Rn. 98ff., 104). Durch Art. 9 Abs. 2 des Gesetzes zur Modernisierung von Verfahren im anwaltlichen und notariellen Berufsrecht, zur Errichtung einer Schlichtungsstelle der Rechtsanwaltschaft sowie zur Änderung sonstiger Vorschriften v. 30. 7. 2009 (BGBl. I S. 2449, 2472) wurde in Klarstellung zu § 19 RDG mWv 28. 12. 2009 in Abs. 1 der nunmehrige S. 3 eingefügt. MWv 28. 12. 2010 wurde durch Art. 2 des Gesetzes zur Umsetzung der Dienstleistungsrichtlinie in der Justiz und zur Änderung weiterer Vorschriften

v. 22.12.2010 (BGBl. I S. 2248, ber. 2011 S. 223) Abs. 2 S. 1 neu gefasst und der Verweis auf § 42a VwVfG in S. 2 eingefügt. Beide Änderungen dienen der Umsetzung der Richtlinie 2006/123/EG des Europäischen Parlamentes und des Rates v. 12.12.2006 über Dienstleistungen im Binnenmarkt (ABl. EU Nr. L 376 v. 27.12.2006 S. 36; siehe auch BT-Drs. 17/3356, 1, 13), die aber eigentlich nur grenzüberschreitende Sachverhalte erfasst.

4 MWv 1.1.2013 erfolgte eine redaktionelle Anpassung des Verweises auf § 915 ZPO in Abs. 1 S. 4 Nr. 3 an die Neuregelungen durch das Gesetz zur Reform der Sachaufklärung in der Zwangsvollstreckung v. 29.7.2009 (BGBl. I S. 2258) mit einer Bezugnahme auf § 882b ZPO n. F. Das Schriftformerfordernis in Abs. 3 S. 1 wurde schließlich durch das Gesetz zur Förderung der elektronischen Verwaltung sowie zur Änderung weiterer Vorschriften v. 25.7.2013 (BGBl. I S. 2749, 2757) mWv 1.8.2013 geändert.

B. Das Registrierungsverfahren (Abs. 1 und 2)

I. Antragsteller

5 Einen Registrierungsantrag können sowohl natürliche als auch juristische Personen sowie Gesellschaften ohne Rechtspersönlichkeit stellen (§ 10 RDG Rn. 8ff.). Juristische Personen und Gesellschaften ohne Rechtspersönlichkeit müssen sich kraft Natur der Sache bei der Antragstellung von ihren gesetzlichen Vertretern vertreten lassen bzw. – was auch natürlichen Personen offensteht – auf gewillkürte Vertreter (etwa einen Rechtsanwalt) zurückgreifen. Mangels Sonderregelung greifen die landesrechtlichen Parallelbestimmungen zu § 14 VwVfG.

II. Zuständige Behörde

6 Der Antrag ist nach Abs. 1 S. 1 an die für den Ort der inländischen Hauptniederlassung (zu Zweigstellen unten Rn. 20ff.) zuständige Behörde zu richten. Dies sind nach § 19 Abs. 1 RDG die **Landesjustizverwaltungen,** die jedoch regelmäßig von der **Delegationsmöglichkeit** nach § 19 Abs. 2 RDG Gebrauch gemacht haben (Übersicht bei http://www.rechtsdienstleistungsregister.de/Zustaendigkeitsliste.pdf; siehe auch § 19 RDG Rn. 9). Die Regelung in Abs. 1 S. 1 ist insofern lex specialis zu § 3 VwVfG.

7 In Gründungsfällen oder dann, wenn ein ausländischer Antragsteller eine inländische Niederlassung gründen will, kann der Antrag sogleich an die für den Ort der **künftigen** Hauptniederlassung zuständige Behörde gerichtet werden (BT-Drs. 16/3655, 70). Ein solches Vorgehen ist auch sinnvoll, wenn ein Wechsel einer Hauptniederlassung des bestehenden Unternehmens mit der erstmaligen Aufnahme von Rechtsdienstleistungen angestrebt wird, weil es sonst direkt zu einem Zuständigkeitswechsel käme (Rn. 85).

8 Ist keine Niederlassung im Inland vorhanden und soll auch keine gegründet werden – was einer Registrierung nicht entgegensteht –, kann der Antrag an **jede** nach § 19 RDG zuständige Behörde gerichtet werden. Es besteht insofern ein Wahlrecht (so wohl auch Gaier/Wolf/Göcken/*Siegmund* Rn. 8).

Registrierungsverfahren **§ 13 RDG**

Das Registrierungsverfahren kann zudem über eine **einheitliche Stelle** 9
nach den Vorschriften der §§ 71 a ff. VwVfG abgewickelt werden.

III. Inhalt des Registrierungsantrags

1. Angaben zu Art und Umfang der Registrierung. Der Registrie- 10
rungsantrag muss nach § 6 Abs. 1 S. 2 RDV **Art und Umfang der beantragten Registrierung** benennen, also die Bereiche bzw. Teilbereiche iSd § 10 RDG, § 1 RDV (§ 6 RDV Rn. 9). Im Bereich der Rechtsdienstleistungen in einem ausländischen Recht ist das konkrete ausländische Recht anzugeben, auf das sich die Registrierung beziehen soll (§ 6 Abs. 2 RDV). Erlaubnisinhaber nach dem RBerG, die nach § 1 Abs. 3 S. 2 RDGEG vorgehen, haben ebenfalls den Umfang der Registrierung in dem Antrag genau zu bezeichnen (§ 6 Abs. 3 RDV).

2. Erforderliche Angaben nach § 16 Abs. 2 S. 1 Nr. 1 lit. a–d. Der An- 11
trag muss nach Abs. 1 S. 4 **alle nach § 16 Abs. 2 S. 1 Nr. 1 lit. a–d RDG in das Rechtsdienstleistungsregister einzutragenden Angaben** enthalten.

a) Namen, Firma und gesetzliche Vertreter. Bei den Angaben zu ge- 12
setzlichen Vertretern bedarf es keiner Angaben zu etwaigen Gesamt- oder Einzelvertretungsregelungen, da diese nicht im Rechtsdienstleistungsregister veröffentlicht werden (Dreyer/Lamm/Müller/*Lamm* Rn. 9). Bekannt gemacht und damit auch im Antrag anzugeben ist indes ein etwaiger Ausschluss einzelner Personengesellschafter von der Vertretung iSd § 125 Abs. 1 HGB.

Ist eine Gesellschaft oder juristische Person gesetzlicher Vertreter (etwa bei 13
der GmbH & Co. KG), müssen nach Sinn und Zweck der Norm nicht nur Angaben zu deren Firma, sondern auch zum zuständigen Registergericht und der Registernummer gemacht werden (nur von Empfehlung sprechend Dreyer/Lamm/Müller/*Lamm* Rn. 8).

b) Registergericht und Registernummer bei Eintragung im Han- 14
dels-, Partnerschafts-, Genossenschafts- oder Vereinsregister. Die in der Überschrift genannten Angaben sollen dem Rechtsuchenden ermöglichen, in dem betreffenden Register ergänzende Informationen (etwa zu den Vertretungsverhältnissen) beiziehen zu können, die nicht Gegenstand der öffentlichen Bekanntmachung im Rechtsdienstleistungsregister sind (BT-Drs. 16/8916, 15).

Die Angabepflicht besteht auch nur, soweit eine **Eintragungspflicht** in 15
eines der genannten Register besteht und eine **Eintragung tatsächlich erfolgt** ist. Aus der Vorschrift wird man – entgegen der sich auch hier auf den zwischenzeitlich aufgehobenen § 37 Abs. 4 Nr. 5 AktG aF stützenden hM (Dreyer/Lamm/Müller/*Lamm* Rn. 10) – ableiten müssen, dass eine Registrierung nach dem RDG im Gründungsstadium erst **nach Eintragung im Handelsregister** oÄ erfolgen kann. Sieht man das anders, wird man zumindest Abs. 3 für einschlägig halten, so dass die Angaben im Rechtsdienstleistungsregister nachgepflegt werden können und müssen; die Behörde wird also ggf. ergänzende Auflagen nach § 10 Abs. 3 RDG machen müssen.

RDG § 13 Teil 3 Rechtsdienstleistungen durch registrierte Personen

16 **c) Geburtsjahr.** Sofern bei natürlichen Personen zunächst noch das Geburtsjahr anzugeben war, um Verwechslungsgefahren auszuschließen (BT-Drs. 16/3655, 75), ist dies wegen Bedenken hinsichtlich des Grundrechts auf informationelle Selbstbestimmung später gestrichen worden, zumal wegen der geringen Anzahl registrierter Rechtsdienstleister eine Verwechslungsgefahr ohnehin zu vernachlässigen ist (so BT-Drs. 17/3356, 15).

17 **d) Geschäftsanschrift einschließlich der Anschriften aller Zweigstellen.** Die Angaben zum Geschäftssitz – gemeint ist eine **zustellungsfähige Anschrift** für die Hauptniederlassung (BT-Drs. 16/3655, 75) bzw. den Sitz (§ 13 Abs. 1 HGB) – ermöglichen der Behörde die Prüfung der eigenen Zuständigkeit und bieten die Grundlage für etwaige Zustellungen im laufenden Verfahren.

18 Anzugeben sind im Antrag zwingend nicht nur die Anschrift, sondern auch **Telefonnummer und E-Mail-Adresse.** Deren Bekanntmachung im Register ist allerdings von einer Einwilligung abhängig (Rn. 52).

19 **Besondere Anforderungen an den Geschäftssitz** stellt das RDG – wie das alte Recht (BVerwG AnwBl. 1975, 60) – nicht; der Antragsteller kann daher auch seine Privatanschrift angeben.

20 Angeführt werden müssen zudem die vollständigen Anschriften aller **Zweigstellen,** die die registrierte Person im In- und Ausland unterhält. So wird die Feststellung ermöglicht, ob Rechtsdienstleistungen von der Zweigstelle aus mit der erforderlichen Registrierung erbracht werden können.

21 Der **Begriff** der „Zweigstelle" ist im RDG nicht legaldefiniert und wird auch sonst uneinheitlich verwendet. Nach Sinn und Zweck der Norm ist von einer **weiten** Begrifflichkeit auszugehen, so dass – anders als früher (dazu *Rennen/Caliebe* § 1 1. AVO Rn. 9f.) – alle rechtlich unselbstständigen, nachgeordneten Organisationseinheiten des Antragstellers erfasst werden (Dreyer/Lamm/Müller/*Lamm* Rn. 17). Das in § 1 Abs. 1 S. 2 der 1. AVO RBerG enthaltene grundsätzliche Verbot der Einrichtung von Zweigstellen ist (zu Recht) aufgegeben. Aus dem nur von der Hauptniederlassung sprechenden Abs. 1 sowie aus § 16 Abs. 1 Nr. 1 lit. c RDG folgt vielmehr, dass die Einrichtung von einer oder mehrerer Zweigstellen heute grds. frei möglich ist. Dies ist vor dem Hintergrund der Abschaffung des § 28 BRAO aF auch nur folgerichtig (dazu auch BGHZ 187, 31 = NJW 2010, 3787; BGH NJW 2013, 314; *Deckenbrock* NJW 2010, 3750; *ders.* AnwBl. 2013, 8).

22 Anforderungen an die **persönliche und sachliche Ausstattung der Zweigstellen** stellt das Gesetz nicht. Insbesondere muss der registrierte Rechtsdienstleister **nicht** für jedes Büro eine eigene qualifizierte Person iSd § 12 Abs. 4 RDG benennen. Das wäre zwar problematisch, wenn nur diese selbst Rechtsdienstleistungen erbringen könnte und sonstige Beschäftigte auf reine Hilfsarbeiten beschränkt wären, doch ist dem nicht so (§ 12 RDG Rn. 131). Die Einhaltung der Anforderungen an qualifizierte Personen gem. § 12 Abs. 4 S. 2 RDG (§ 12 RDG Rn. 125 ff.) ist aber gefährdet, wenn eine Zweigstelle ein „Eigenleben" entwickelt und die dortigen Mitarbeiter sich nicht – was sinnvoll ist – auf bloße Hilfstätigkeiten (Mahnwesen, Terminsvergabe etc.) beschränken (vgl. allg. zur Problematik auch § 12 RDG Rn. 135; § 14 RDG Rn. 46).

Registrierungsverfahren **§ 13 RDG**

Nach dem Wortlaut müssen alle Zweigstellen angegeben und ins Register 23 eingetragen werden, also auch solche, welche gar nicht mit der Erbringung von Rechtsdienstleistungen, sondern mit anderen Unternehmenszwecken in Verbindung stehen. Die Handhabung durch die Behörden ist uneinheitlich; das unter http://www.rechtsdienstleistungsregister.de abrufbare Formular verhält sich dazu nicht. Im Antrag sollte aber klargestellt werden, welche Zweigstellen einen Bezug zur registrierungspflichtigen Tätigkeit aufweisen und welche nicht (Dreyer/Lamm/Müller/*Lamm* Rn. 17). Richtig erscheint ohnehin eine umfassende Eintragung ohne ergänzende Angaben, zumal auch über eigentlich nicht mit Rechtsdienstleistungen befasste Zweigstellen praktisch auch Kontakt zum Rechtsdienstleister aufgenommen werden kann.

e) Angaben zu qualifizierten Personen iSd § 12 Abs. 4 RDG. Juristi- 24 sche Personen und Gesellschaften ohne Rechtspersönlichkeit müssen, Einzelpersonen können gem. § 12 Abs. 4 RDG qualifizierte Personen benennen. Im Antrag müssen Angaben zu deren Vor- und Zuname gemacht werden. Die Privatanschriften müssen nicht mitgeteilt werden und werden auch nicht bekannt gegeben (BT-Drs. 16/3655, 75).

Zu den beizufügenden Unterlagen Rn. 48f. Zur späteren Benennung qua- 25 lifizierter Personen Rn. 86.

3. Erforderliche Erklärungen und Unterlagen zur Prüfung der Vor- 26 **aussetzungen nach § 12 Abs. 1 Nr. 1, 2 und 4 RDG. a) Darstellung des beruflichen Ausbildungsgangs und der bisherigen Berufsausübung (Abs. 1 S. 4 Nr. 1).** Der Antragsteller muss – sofern er natürliche Person ist (auch) für sich selbst, sonst für jede benannte qualifizierte Person – den beruflichen Ausbildungsgang und den Gang der beruflichen Entwicklung **schwerpunktmäßig** und **berufsbezogen** für den beantragten Rechtsdienstleistungsumfang darstellen. Detaillierte Angaben zur schulischen Ausbildung sind nicht erforderlich (BT-Drs. 16/3655, 70). Die in § 8 1. AVO RBerG noch enthaltene Verpflichtung zur möglichst vollständigen Darlegung des Werdegangs einschließlich des persönlichen Hintergrunds ist damit deutlich abgeschwächt, weil es allein noch um die berufsspezifische Prüfung der Eignung und Zuverlässigkeit geht, für die anderweitige berufliche Tätigkeiten ebenso wenig von Belang sind wie die Details der schulischen Ausbildung oder des persönlichen/familiären Hintergrunds.

Die Angaben ermöglichen der Behörde im Zusammenspiel mit den Unter- 27 lagen nach Abs. 1 S. 4 Nr. 5 die Prüfung der theoretischen und praktischen Sachkunde iSd § 13 Abs. 1 Nr. 2, Abs. 3 RDG.

b) Führungszeugnis nach § 30 Abs. 5 BZRG (Abs. 1 S. 4 Nr. 2). Der 28 Antragsteller muss – sofern er natürliche Person ist (auch) für sich selbst, sonst für jede benannte qualifizierte Person – ein Führungszeugnis nach § 30 Abs. 5 BZRG beibringen. Hintergrund ist die Prüfung der **Zuverlässigkeit** vor dem Hintergrund des Regelbeispiels in § 12 Abs. 1 Nr. 1 lit. a RDG.

Gemeint ist ein **Führungszeugnis zur Vorlage bei einer Behörde,** wel- 29 ches nach § 30 Abs. 5 S. 1 BZRG unmittelbar an die Registrierungsbehörde übersandt wird. Im Registrierungsantrag sollte nur erklärt werden, dass ein entsprechendes Zeugnis beantragt ist; die unter http://www.rechtsdienstleistungsregister.de vorgehaltenen Vordrucke sehen das auch so vor.

30 Nach § 30 Abs. 5 S. 3 ff. BZRG kann ein Antragsteller verlangen, dass das Führungszeugnis, wenn es Eintragungen enthält, zunächst an ein von ihm benanntes Amtsgericht zur Einsichtnahme übersandt wird, um dann ggf. der Weiterleitung an die Behörde zu widersprechen. Dies würde aber die Registrierung vereiteln.

31 Das Führungszeugnis muss vom Betroffenen oder der qualifizierten Person bei der zuständigen Meldebehörde (§ 30 Abs. 2 S. 1 BZRG) oder – wenn die Person im Ausland wohnt – beim Bundesamt der Justiz (§ 30 Abs. 3 S. 1, § 1 Abs. 1 BZRG) beantragt werden. Der Antragsteller kann wegen § 30 Abs. 2 S. 3 BZRG den Antrag nicht in Vertretung für die von ihm benannten qualifizierten Personen stellen.

32 **Umfassende Auskunftsrechte** iSd § 41 BZRG für die Behörde hat der Gesetzgeber **nicht** vorgesehen, weil er die Angaben aus dem Führungszeugnis grds. für ausreichend erachtet hat (BT-Drs. 16/3655, 70). Da die 3-Jahres-Frist aus § 12 Abs. 1 RDG aber nicht die Berücksichtigung älterer Straftaten verbietet (§ 12 RDG Rn. 56), ist das nicht uneingeschränkt überzeugend.

33 **Ausländische Verurteilungen** sind nach der gesetzlichen Regelung nicht offenbarungspflichtig, unter Nr. 1 wird man sie auch nicht immer fassen können. Hier ist die Behörde auf anderweitige Erkenntnisquellen angewiesen, die ihr regelmäßig fehlen werden (§ 12 RDG Rn. 58).

34 **c) Erklärung zu Insolvenzverfahren oder Eintragungen in ein Schuldnerverzeichnis (Abs. 1 S. 4 Nr. 3).** Zur Prüfung der für die Registrierung erforderlichen Zuverlässigkeit und dem Regelbeispiel aus § 12 Abs. 1 Nr. 1 lit. b, Abs. 2 RDG ist eine Erklärung des Antragstellers beizubringen, ob ein **Insolvenzverfahren** anhängig (also nicht zwingend auch eröffnet) oder in den letzten drei Jahren vor Antragstellung eine **Eintragung in ein Schuldnerverzeichnis** (§ 26 Abs. 2 InsO; § 882b ZPO [= § 915 ZPO aF]) erfolgt ist. Die Erklärung muss sich auf den Antragsteller selbst – gleich ob juristische oder natürliche Person bzw. Gesellschaft ohne Rechtspersönlichkeit – und alle etwa benannten qualifizierten Personen iSd § 12 Abs. 4 RDG beziehen (§ 12 RDG Rn. 6).

35 Auch wenn insbesondere § 12 Abs. 2 RDG erkennbar nur auf Insolvenzverfahren nach der InsO abstellt, sind nach Sinn und Zweck der Norm auch dem deutschen Insolvenzverfahren vergleichbare Verfahren – zumindest die nach § 343 InsO anzuerkennenden Verfahren – ebenfalls im Antrag anzugeben, sofern sie im **Ausland** anhängig sind (ebenso wohl Dreyer/Lamm/Müller/*Lamm* Rn. 31; offen zu § 50 Abs. 1 Nr. 6 BNotO BGH NJW-RR 2011, 642, dort über § 50 Abs. 1 Nr. 8 BNotO lösend). Selbst wenn das Regelbeispiel aus § 12 Abs. 2 RDG hier nicht greift, sind solche Angaben ohne Zweifel für die Prüfung der Zuverlässigkeit bedeutsam (§ 12 RDG Rn. 72).

36 Eintragungen in die vom Insolvenz- oder Vollstreckungsgericht geführten Schuldnerverzeichnisse (§ 26 Abs. 2 InsO, § 882b ZPO bzw. § 915 ZPO aF) in den letzten drei Jahren sind ebenfalls mitzuteilen. Dies gilt übrigens **auch bei zwischenzeitlicher Löschung,** jedoch sollte darauf im Antrag hingewiesen werden, um die Vermutung aus § 12 Abs. 2 RDG zu erschüttern (§ 12

RDG Rn. 83). Für etwaige, den deutschen Regelungen vergleichbare **ausländische** Verzeichnisse gilt das bei Rn. 35 Gesagte entsprechend.

Die Behörde kann (und sollte) im Rahmen des § 24 VwVfG die hier ge- 37 machten Angaben überprüfen, etwa durch Recherchen (zB www.insolvenzbekanntmachungen.de) oder über § 18 RDG.

d) Erklärung zu Versagung/Rücknahme/Widerruf einer Zulas- 38 **sung zur bzw. zum Ausschluss aus der Rechtsanwaltschaft (Abs. 1 S. 4 Nr. 4).** Der Antrag hat ferner eine Erklärung dazu zu enthalten, ob in den letzten drei Jahren vor Antragstellung eine Registrierung (nach dem RDG) oder eine Zulassung zur Rechtsanwaltschaft versagt, zurückgenommen oder widerrufen wurde oder ein Ausschluss aus der Rechtsanwaltschaft erfolgt ist. Die Norm soll der Behörde eine Prüfung des Regelbeispiels aus § 12 Abs. 1 Nr. 1 lit. c RDG ermöglichen und korrespondiert daher weitgehend mit dieser Norm, geht aber auch teilweise über den dortigen Katalog hinaus (§ 12 RDG Rn. 92ff.).

Dass überhaupt auch Angaben zu Widerruf und Rücknahme von Regist- 39 rierungen nach dem RDG zu machen sind, hat seinen Grund darin, dass diese nach § 17 RDG nur zur Löschung des Rechtsdienstleisters im Register führen. Mitzuteilen sind: 40
– Versagung der Registrierung, also Ablehnung eines Registrierungsantrags;
– Rücknahme einer erfolgten Registrierung (§ 48 VwVfG, dazu § 14 RDG Rn. 91);
– Widerruf einer erfolgten Registrierung nach § 14 RDG oder nach § 49 VwVfG (dazu § 14 RDG Rn. 90);
– Widerruf einer Erlaubnis nach dem RBerG wegen § 1 Abs. 5 RDGEG (heute bedeutungslos);
– Versagung einer Zulassung zur Rechtsanwaltschaft (§ 7 BRAO);
– Rücknahme der Zulassung zur Rechtsanwaltschaft (§ 14 Abs. 1 BRAO);
– Widerruf der Zulassung zur Rechtsanwaltschaft (§ 14 Abs. 2 und 3 BRAO);
– Ausschluss aus der Rechtsanwaltschaft (§ 114 Abs. 1 Nr. 5 BRAO).

Bejahendenfalls ist eine (nicht zwingend beglaubigte) **Kopie des entspre-** 41 **chenden Bescheids** (=Verwaltungsakts) beizufügen.

Die oben genannten Maßnahmen sind auch dann anzugeben und etwaige 42 Bescheide vorzulegen, wenn sie noch **nicht bestandskräftig und/oder sogar Gegenstand laufender Anfechtungsprozesse** sind (Dreyer/Lamm/ Müller/*Lamm* Rn. 39). Die Behörde muss dann selbst prüfen, ob sich aus den laufenden Verfahren Registrierungshindernisse ergeben (siehe auch allg. § 12 RDG Rn. 94).

Ausnahmen von der Mitteilungspflicht bestehen auch **nicht** unter dem Ge- 43 sichtspunkt **fehlenden Sachzusammenhangs,** wenn die beantragte Registrierung mit der vorherigen Tätigkeit keine Berührungspunkte hat; auch hier obliegt allein der Behörde die Prüfung, ob Registrierungshindernisse bestehen.

Nicht klar geregelt ist, ob eine **natürliche Person** auch Angaben dazu 44 machen muss, dass es zu Rücknahmen etc. bei einer **juristischen Person** gekommen ist, bei der sie zuvor tätig war (bejahend für Alleingesellschafter-Geschäftsführer hinsichtlich eines Widerrufs der Registrierung der GmbH

RDG § 13 Teil 3 Rechtsdienstleistungen durch registrierte Personen

Dreyer/Lamm/Müller/*Lamm* Rn. 37). Dies wäre zwar wünschenswert, ist aber dogmatisch allenfalls für den Fall zu rechtfertigen, dass die Person von der juristischen Person nach § 12 Abs. 4 RDG benannt war (was der GmbH-Geschäftsführer ja nicht zwingend sein muss) und sie deswegen auch selbst von der entsprechenden behördlichen Maßnahme mitbetroffen war. Eine generelle „Durchgriffs-Aufklärungspflicht" wird sich kaum mit rechtlichem Bestand konstruieren lassen.

45 **Vergleichbare ausländische Sachverhalte** wird man auch hier schwerlich unter den Katalog der Norm fassen können; sie wären dann nicht offenbarungspflichtig, sofern man sie nicht – wofür einiges spricht – unter Nr. 1 als Auffangtatbestand fasst.

46 Insbesondere wenn man mit der in § 12 RDG Rn. 94 dargelegten Auffassung verlangt, dass die dem damaligen Bescheid zugrunde liegende **Tatsachenlage** im Entscheidungszeitpunkt weiterhin **fortdauert,** hat die Behörde über den vorgelegten Bescheid hinaus in all diesen Fällen ohnehin weitere Tatsachenermittlungen zu veranlassen. Dem Antragsteller ist anzuraten, zu diesen Fragen schon im Antrag ergänzende Angaben zu machen, um seinen Mitwirkungsobliegenheiten Genüge zu tun.

47 **e) Unterlagen zum Nachweis der theoretischen und praktischen Sachkunde (Abs. 1 S. 4 Nr. 5).** Vorzulegen sind Unterlagen zum Nachweis der theoretischen und praktischen Sachkunde iSd § 12 Abs. 1 Nr. 2, Abs. 3 RDG, §§ 2–4 RDV, also typischerweise Zeugnisse. Die Prüfung ist – ähnlich wie bei Fachanwaltsanträgen bei den Rechtsanwaltskammern – stark formalisiert und beschränkt sich zumeist auf die Kontrolle vorzulegender Unterlagen. Zur Vorlage ausländischer Unterlagen siehe § 6 RDV Rn. 17.

48 **4. Erforderliche Angaben bei Benennung qualifizierter Personen iSd § 12 Abs. 4 RDG.** Werden qualifizierte Personen iSd § 12 Abs. 4 RDG benannt, müssen nach Abs. 1 S. 5 die in Abs. 1 S. 4 genannten Unterlagen sowie Unterlagen zum Nachweis der in § 12 Abs. 4 S. 2 RDG genannten Voraussetzungen (§ 12 RDG Rn. 125 ff.) **für jede qualifizierte Person gesondert** beigebracht werden.

49 Der **Nachweis** der Anforderungen aus § 12 Abs. 4 S. 2 RDG wird regelmäßig durch Vorlage eines **Gesellschafts- oder Anstellungsvertrags als Geschäftsführer** bzw. **Dienstvertrags als leitender Angestellter** erfolgen können (BT-Drs. 16/3655, 71). Ergeben sich daraus allein jedoch noch keine belastbaren Angaben, sind – gerade bei vermeintlich leitenden Angestellten hinsichtlich der Anforderungen aus § 5 Abs. 3, 4 BetrVG – zwingend weitere Nachweise zu erbringen, aus denen sich ergibt, dass die Person in allen Angelegenheiten, die Rechtsdienstleistungen des Unternehmens betreffen, weisungsunabhängig und weisungsbefugt sowie zur Vertretung nach außen berechtigt ist. Der Nachweis einer umfassenden Vertretungsbefugnis allein besagt jedenfalls nichts über die Stellung in der Unternehmensorganisation. Diese muss dann ggf. näher dargetan werden, dh es muss etwa dargelegt werden, wo der Betroffene im Organisationsgefüge steht und welche unternehmerischen Funktionen er wahrnehmen darf und tatsächlich wahrnimmt (*Rennen/Caliebe* § 10 1. AVO Rn. 16). Selbst bei Prokuraerteilung (§§ 48 ff. HGB) ist daher auf jeden Fall die Vorlage eines Anstellungsvertrags geboten, um die

Registrierungsverfahren **§ 13 RDG**

Weisungsunabhängigkeit und -befugnis überprüfen zu können (*Hoechstetter* Rbeistand 1995, 39, 43 zum RBerG).

5. Sonstige Anforderungen an den Registrierungsantrag (§ 6 RDV). 50
Der Antrag ist gem. § 6 Abs. 1 RDV „schriftlich oder elektronisch" zu stellen (§ 6 RDV Rn. 4 ff.); er muss der Behörde entsprechend § 130 BGB zugehen (§ 22 S. 2 VwVfG). Musteranträge und begleitende Erklärungen finden sich unter www.rechtsdienstleistungsregister.de.

Der Antrag ist in deutscher Sprache zu stellen (§ 23 Abs. 1 VwVfG). Wer- 51 den in einer fremden Sprache Anträge gestellt bzw. Unterlagen vorgelegt, soll die Behörde unverzüglich die Vorlage einer Übersetzung verlangen (§ 23 Abs. 2 S. 1 VwVfG). Von Zeugnissen und Nachweisen, die nicht in deutscher Sprache ausgestellt sind, kann nach § 6 Abs. 4 RDV die Vorlage einer (idR einfachen; § 6 RDV Rn. 17) Übersetzung verlangt werden; wird die verlangte Übersetzung nicht unverzüglich vorgelegt, kann die Behörde auf Kosten des Beteiligten ggf. auch selbst eine Übersetzung beschaffen (§ 6 RDV Rn. 17).

Nach § 6 Abs. 1 S. 2 Hs. 2 RDV ist im Antrag ferner anzugeben, ob eine 52 Einwilligung zur Veröffentlichung von Telefonnummer und E-Mail-Adresse erteilt wird (vgl. § 16 Abs. 2 S. 2 RDG). Die Einwilligung bedarf grds. der Schriftform (siehe aber § 6 RDV Rn. 4 ff.); auch bei fehlender Einwilligung sind dennoch im Antrag Telefonnummer und E-Mail-Adresse mitzuteilen (Rn. 18).

6. Sonstige (freiwillige) Erklärungen und Nachweise. Nicht vorge- 53 schrieben, aber zur Meidung einer Ablehnung des Registrierungsantrags im Zuge der **Mitwirkungslast des Antragstellers** geboten, sind uU ergänzende Angaben, vor allem in denjenigen Fällen, in denen mit Einreichung der nach Abs. 1 zwingenden Erklärungen und Unterlagen ein Regelbeispiel iSd § 12 Abs. 1 Nr. 1, Abs. 2 RDG verwirklicht scheint. Hier gilt es durch weitere Angaben der Regelwirkung (Vermutung) zu widerlegen, also etwa in folgenden Fällen:

– Löschung einer nach Rn. 36 weiterhin meldepflichtigen Eintragung in ein Schuldnerverzeichnis (§ 26 Abs. 2 InsO, § 915 ZPO) zur Widerlegung der Vermutungswirkung (§ 12 RDG Rn. 83);
– Beifügung eines Bestätigungsbeschlusses für einen Insolvenzplan: Ein solcher Beschluss beendet ein Insolvenzverfahren nicht per se (es bedarf der Aufhebung, § 258 InsO, so dass die Anzeigepflicht nach Abs. 1 fortbesteht; das Vorhandensein eines bestätigten Plans führt aber im Wege der gesetzlichen Fiktion zum Wegfall ungeordneter Vermögensverhältnisse nach § 12 Abs. 2 S. 2 RDG (§ 12 RDG Rn. 74);
– sonstige Nachweise zur Widerlegung ungeordneter Vermögensverhältnisse iSd § 12 Abs. 1 Nr. 1 lit. b, Abs. 2 RDG (§ 12 RDG Rn. 68, 70);
– sonstige Nachweise zur Widerlegung einer konkreten Gefährdung der Vermögensinteressen der Rechtsuchenden iSd § 12 Abs. 2 S. 2 aE RDG (§ 12 RDG Rn. 75).

IV. Das Verfahren

54 **1. Allgemeine Verfahrensgrundsätze. a) Bearbeitungsfrist (Abs. 2 S. 1).** Mit Zugang des Antrags bei der Behörde beginnt das Verwaltungsverfahren, auf dessen Abschluss der Antragsteller grds. einen **gerichtlich durchsetzbaren Anspruch** hat (§ 75 VwGO, zur Anspruchsgrundlage Rn. 71).

55 Nach Abs. 3 S. 1 ist über den Antrag innerhalb einer **Frist von drei Monaten** zu entscheiden, wobei auf **§ 42a Abs. 2 S. 2–4 VwVfG** verwiesen wird. Danach beginnt die Frist erst mit Eingang der vollständigen Unterlagen. Sie kann einmal angemessen verlängert werden, wenn dies wegen der Schwierigkeit der Angelegenheit gerechtfertigt ist. Die Fristverlängerung ist gesondert zu begründen und rechtzeitig mitzuteilen. Die „Schwierigkeit" kann darin liegen, dass zur Aufklärung oder Ergänzung des Sachverhalts Mitwirkungshandlungen des Antragstellers erforderlich sind (BT-Drs. 17/3356, 13f.).

56 Der Verweis nur auf § 42a Abs. 2 VwVfG ist wörtlich zu verstehen, **nicht** verwiesen wird also auf die **Genehmigungsfiktion** in § 42a Abs. 1 VwVfG, wonach eine beantragte Genehmigung nach Ablauf einer für die Entscheidung festgelegten Frist als erteilt gilt, wenn dies durch Rechtsvorschrift angeordnet und der Antrag hinreichend bestimmt ist. Dies dürfte in Einklang mit den Vorgaben der Richtlinie (Rn. 3) stehen, die zwar eine Genehmigungsfiktion vorsieht, aber Ausnahmen zulässt, wenn dies durch einen zwingenden Grund des Allgemeininteresses, einschließlich des berechtigten Interesses Dritter gerechtfertigt ist, Art. 13 Abs. 4 S. 2 EU-Dienstleistungsrichtlinie. Ein solcher Fall läge aber vor, wenn eine ungeeignete Person nur kraft Fiktion Rechtsdienstleistungen mit uU erheblichen Gefahren für die Schutzgüter des RDG erbringen könnte (BT-Drs. 17/3356, 1, 12, 14). Eine verschleppte Bearbeitung kann aber Amtshaftungsansprüche zur Folge haben. Vgl. vertiefend zum Vorgenannten auch Henssler/Prütting/*Deckenbrock* § 112c Rn. 22ff.).

57 Eine Aussetzung des Verfahrens bis zum Abschluss von Straf- oder Ermittlungsverfahren kommt mangels einer dem § 10 BRAO entsprechenden Regelung nicht in Betracht. Die Behörde muss hier ggf. engmaschig kontrollieren und eine erteilte Registrierung ggf. schnell nach § 14 Nr. 1 RDG widerrufen.

58 **b) Untersuchungsgrundsatz und Beteiligungsrechte.** Die Behörde entscheidet auf Grundlage des RDG und des RDV sowie wegen § 1 Abs. 3 VwVfG der **landesrechtlichen Verwaltungsverfahrensgesetze** sowohl über den Antrag als auch etwaige Nebenbestimmungen (siehe auch § 10 Abs. 3 RDG).

59 Im Verwaltungsverfahren herrscht der **Untersuchungsgrundsatz** (§ 24 VwVfG). Die Erklärungs- und Vorlagepflichten aus § 13 RDG dienen vor diesem Hintergrund nur der Arbeitserleichterung der Behörden (BT-Drs. 16/3655, 70) und sind zudem Ausfluss der Mitwirkungsobliegenheit des Antragstellers bei der Sachverhaltsaufklärung (§ 26 Abs. 2 VwVfG). Deren Nichtbeachtung kann zur Zurückweisung des Antrags führen, wenn der Sachverhaltsaufklärung ohne Mitwirkung nicht möglich ist. Insofern treffen die Behörde Aufklärungs- und Hinweispflichten (§ 25 VwVfG). Den Antragsteller trifft – anders als im Zivilprozess – keine Darlegungs- und Beweislast, jedoch die **materielle Feststellungslast,** dh verbleibende Zweifel an den Voraussetzungen

Registrierungsverfahren **§ 13 RDG**

für das Bestehen des Anspruchs auf Registrierung gehen zu seinen Lasten (Dreyer/Lamm/Müller/*Lamm* Rn. 63). Sofern hier allgemein von einem „Beibringungsgrundsatz" gesprochen wird (Gaier/Wolf/Göcken/*Siegmund* Rn. 9), ist das mindestens ungenau. Angesichts der genannten allgemeinen verwaltungsverfahrensrechtlichen Vorschriften ist aber ohne Belang, dass das RDG keine ausdrückliche Regelung wie noch Art. 1 § 1 Abs. 4 RBerG enthält, die neben der Amtsermittlungspflicht der Behörde auch die Mitwirkungspflicht des Antragstellers und das Problem der Feststellungslast regelte. Die Norm war ohnehin nur klarstellend (*Rennen/Caliebe* Art. 1 § 1 Rn. 86; § 11 1. AVO Rn. 2). Zur Zwangsbegutachtung siehe § 12 RDG Rn. 21.

Im Rahmen des Untersuchungsgrundsatzes sind die Behörden zur **Über-** 60 **prüfung** der gemachten Angaben auf Richtigkeit und Vollständigkeit verpflichtet. Soweit für die Sachverhaltsaufklärung und Entscheidung erforderlich, kann die Behörde nach pflichtgemäßem Ermessen weitere Ermittlungen anstellen. Sie kann insbesondere Auskünfte jeder Art einholen, Beteiligte anhören, Zeugen und Sachverständige vernehmen oder die schriftliche oder elektronische Äußerung von Beteiligten, Sachverständigen und Zeugen einholen, Urkunden und Akten beiziehen oder zur Augenscheinsnahme schreiten (§ 26 Abs. 1 VwVfG). In Betracht kommen vor allem weitere Nachfragen beim Antragsteller bzw. gar die Ladung zum persönlichen Gespräch. Unter den Voraussetzungen des **§ 18 RDG** können etwa Auskünfte aus Schuldnerverzeichnissen, von der Staatsanwaltschaft bzw. bei anderen Registrierungsbehörden eingeholt werden. Die Regelung in § 11 Abs. 3 1. AVO RBerG, nach der bestimmte Maßnahmen wie eine Stellungnahme der Kreispolizeibehörde stets durchzuführen waren, findet sich im neuen Recht nicht mehr.

Sachdienlich sein kann uU auch ein **Einholen von Stellungnahmen bei** 61 **Berufsverbänden** der Rechtsdienstleister (dazu zum RBerG OVG Münster AnwBl. 1979, 484) oder der Anwaltskammer (BVerwG AnwBl. 1974, 226). Mangels Regelung in § 18 RDG wird die Weitergabe persönlicher Daten dabei nur mit Zustimmung des Antragstellers in Betracht kommen (Dreyer/ Lamm/Müller/*Lamm* Rn. 58, siehe zum RBerG auch Ziff. I.1.2. der mittlerweile ersatzlos aufgehobenen AV des JMNW v. 29.5.1995, JMBl. 1995, 147). Konnte eine Weigerung nach Art. 1 § 1 Abs. 4 S. 4, 5 RBerG zur Zurückweisung des Antrags führen, wird dies heute nur unter dem Gesichtspunkt der Beweisvereitelung in Betracht kommen (vgl. allg. zum Problem Stelkens/Bonk/ Sachs/*Kallerhoff* § 24 Rn. 51).

Der Antragsteller ist vor Ablehnung des Antrags – sinnvollerweise unter 62 Mitteilung der Hindernisgründe – **anzuhören (§ 28 VwVfG).** Er kann im Rahmen des § 29 VwVfG Akteneinsicht beantragen. Bei Bedenken ist nach § 25 VwVfG auf fehlerhafte oder fehlende Unterlagen **hinzuweisen** und eine Berichtigung/Ergänzung anzuregen.

Das (ungeschriebene) Verbot, die Ablehnung eines Registrierungsantrags auf 63 im RDG nicht angeführte Gründe zu stützen (§ 12 RDG Rn. 2), betrifft **nur die Ablehnung aus sachlichen (materiellen) Gründen.** Unberührt bleibt die Befugnis der Behörde, einen Antrag jedenfalls dann zurückzuweisen, wenn er so unvollständig ist, dass es ihr nicht die Prüfung ermöglicht, ob einer der gesetzlichen Versagungsgründe eingreift, und wenn der Bewerber die gebotene Ergänzung seiner Angaben trotz entsprechender Aufforderung nicht nachholt

RDG § 13 Teil 3 Rechtsdienstleistungen durch registrierte Personen

oder ausdrücklich verweigert (BGH NJW 1985, 1842 zu § 6 BRAO). Verweigert ein Antragsteller Angaben, kann er – auch wegen seines Rechts auf „informationelle Selbstbestimmung" (BVerfG NJW 1984, 419) – zur Erteilung nicht gezwungen werden; dazu fehlen gesetzliche Handhaben (siehe zu den Grenzen der Mitwirkungspflicht bei einer **Begutachtung** § 12 RDG Rn. 21). Aus der Verweigerung erwächst ihm aber selbst unter Berücksichtigung des Rechts auf freie Zulassung (Art. 12 GG) kein Anspruch auf Registrierung ohne behördliche Prüfung. Schon zum Schutz der in § 1 RDG genannten wichtigen Gemeinschaftsgüter, dem die verfahrensrechtlichen Bestimmungen über die Registrierung dienen, kann einem Antragsteller auch zugemutet werden, einen Nachteil zu tragen als Folge seiner persönlichen Entscheidung für eine teilweise oder völlige Verweigerung der Mitwirkung im Registrierungsverfahren. Die Grenzen sind aber fließend (Stelkens/Bonk/Sachs/*Kallerhoff* § 24 Rn. 51, § 26 Rn. 52f.). Die Ablehnung des Registrierungsantrags darf keinesfalls vorschnell erfolgen, wenn eine Überprüfung auch ohne Mitwirkung des Antragstellers möglich ist (BGH NJW 1985, 1842).

64 Auch **verfahrensrechtliche Gründe** können Berücksichtigung finden: Ähnlich wie bei § 6 BRAO wird die Behörde durch die Rechtskraft einer gerichtlichen Entscheidung, mit der ein Widerrufs- oder Ablehnungsbescheid bestätigt worden ist, am Erlass eines Zweitbescheids gehindert, wenn eine wesentliche Änderung der Sachlage nicht dargelegt ist und – deshalb – die Voraussetzungen für ein Wiederaufgreifen des Verfahrens in entsprechender Anwendung des § 51 VwVfG nicht vorliegen (BGH NJW-RR 2009, 138 Rn. 7).

65 **2. 1. Stufe: Prüfung der Registrierungsvoraussetzungen nach § 12 Abs. 1 Nr. 1 und 2 sowie Abs. 4.** Die Behörde prüft **zunächst** die Vollständigkeit des Antrags und **auf einer ersten Stufe** nur die Registrierungsvoraussetzungen nach § 12 Abs. 1 Nr. 1 und 2 sowie Abs. 4 RDG, also persönliche Eignung, Zuverlässigkeit und Sachkunde des Antragstellers bzw. der benannten qualifizierten Personen sowie die weiteren von letzteren zu erfüllenden Voraussetzungen.

66 Maßgeblicher Zeitpunkt für die Prüfung ist nicht der Tag der Antragstellung, sondern der Zeitpunkt der (letzten) behördlichen Entscheidung (vgl. zu § 7 BRAO AGH Hamm BRAK-Mitt, 2005, 236).

67 **3. 2. Stufe: Nachweis über die Berufshaftpflichtversicherung sowie etwaige Bedingungen (Abs. 2 S. 2).** Fällt die Prüfung positiv aus, fordert die Behörde in einem **zweiten Schritt** den Antragsteller vor Ablauf der Frist nach Abs. 2 S. 1 auf, den Nachweis über die Berufshaftpflichtversicherung sowie über die Erfüllung von etwaigen Bedingungen (§ 10 Abs. 3 S. 1 RDG) zu erbringen. Die positive Feststellung des Vorliegens der Registrierungsvoraussetzungen ist dabei ein reines Behördeninternum; es ergeht keine Mitteilung oder gar ein Bescheid (Grunewald/Römermann/*Suppé* Rn. 43).

68 **a) Nachweis über die Berufshaftpflichtversicherung; vorläufige Deckungszusage.** Der Nachweis über das Bestehen einer Berufshaftpflichtversicherung (dazu Kommentierung zu § 5 RDV) wird regelmäßig durch die nach § 113 Abs. 2 VVG vom Versicherer auszustellende Bescheinigung geführt (§ 5 RDV Rn. 2).

Registrierungsverfahren **§ 13 RDG**

Im Vorfeld des Abschlusses eines Versicherungsvertrags wird in der Praxis 69
aber häufig zunächst nur eine **vorläufige Deckungszusage** gegeben. Darin
liegt ein eigenständiger Versicherungsvertrag, der den besonderen Regelungen
in §§ 49 ff. VVG unterliegt (BGH VersR 2001, 489; 1999, 1274). Die Zusage
vorläufiger Deckung soll den Versicherungsnehmer in der Zeit bis zur Entscheidung über den Abschluss eines endgültigen Versicherungsvertrags absichern, dh
während der Vertragsverhandlungen oder während einer für die Entschließung
des Versicherers über den Hauptvertrag erforderlichen Risikoprüfung. Die Einbeziehungsvoraussetzungen aus § 305 BGB werden nach dem Willen des Gesetzgebers durch § 49 Abs. 2 S. 1 VVG verdrängt (BT-Drs. 16/3945, 74). § 12
Abs. 2 BRAO nennt die Vorlage einer vorläufigen Deckungszusage als **gleichwertige** Voraussetzung neben dem Nachweis des bereits erfolgten Abschlusses
einer Berufshaftpflichtversicherung für den Vollzug der Zulassung zur Anwaltschaft; es handelt sich in der Praxis sogar um den Regelfall (Henssler/Prütting/
Henssler § 12 Rn. 7). Parallele Regelungen finden sich in § 6 a BNotO, § 40
Abs. 3 Nr. 3 StBerG, § 16 Abs. 1 Nr. 3 WPO, § 18 Abs. 2 PAO, jedoch **nicht**
im RDG bzw. in der RDV. Da nicht ersichtlich ist, dass sich der Gesetzgeber
hier bewusst anders entscheiden wollte, dürfte es sich um ein Redaktionsversehen handeln, welches in einer Gesamtanalogie zu den genannten Vorschriften
zu schließen ist. Wie dort wird die Behörde den Rechtsdienstleister aber auffordern, den Abschluss der endgültigen Versicherung binnen einer bestimmten
Frist nachzuweisen (als Auflage iSd § 10 Abs. 3 S. 1 RDG) und erforderlichenfalls nach § 14 Nr. 2 bzw. Nr. 3 ae RDG vorgehen.

b) Nachweis sonstiger Bedingungen iSd § 10 Abs. 3 S. 1. Die Regist- 70
rierung kann, wenn dies zum Schutz der Rechtsuchenden oder des Rechtsverkehrs erforderlich ist, nach § 10 Abs. 3 S. 1 RDG ua von „Bedingungen" abhängig gemacht (§ 10 RDG Rn. 126 ff.). Nach § 13 Abs. 2 S. 2 RDG ist vor der
Registrierung der Nachweis der Erfüllung solcher Bedingungen zu erbringen.
Vor diesem Hintergrund ist **fraglich,** ob es sich um eine **echte Bedingung
iSd § 36 Abs. 2 Nr. 2 VwVfG** handelt (so aber BT-Drs. 16/3655, 66 – versehentlich von Nr. 1 sprechend, ebenso *Köhler* SGb 2009, 441, 448; *Finzel* § 10
Rn. 13; Grunewald/Römermann/*Suppé* § 10 Rn. 80 ff.). Denn der Verwaltungsakt der Registrierung ist nicht mit einer Nebenbestimmung verbunden,
sondern die Erfüllung der „Bedingung" nur zur Voraussetzung für den Erlass
des – dann selbst eigentlich nebenbestimmungsfreien – Verwaltungsakts gemacht worden. Praktische Bedeutung dürfte diese Frage kaum haben. Dies gilt
auch hinsichtlich der bekannten Streitfrage nach der isolierten Anfechtbarkeit
von Nebenbestimmungen, die bei Bedingungen zumeist verneint wird (Überblick bei *Bickenbach/Hufen* JuS 2004, 867 ff., 966 ff.), so dass ohnehin auf eine nebenbestimmungsfreie Registrierung zu klagen ist, was der hiesigen Lesart entspricht.

4. 3. Stufe: Registrierung und Veranlassung der Bekanntmachung 71
(Abs. 2 S. 3). Sobald alle erforderlichen Nachweise erbracht sind, nimmt die
Behörde die Registrierung vor und veranlasst sodann auch die **öffentliche
Bekanntmachung im Rechtsdienstleistungsregister.** Es besteht kein Ermessen; die Norm kann daher als **Anspruchsgrundlage** verstanden werden
(Gaier/Wolf/Göcken/*Siegmund* Rn. 4, 17); ergänzend kann auf **Art. 12 GG**

abgestellt werden, der bei allen Verboten mit Erlaubnisvorbehalt – also auch hier (Einleitung Rn. 30; § 3 RDG Rn. 1) – einen Anspruch auf Erlaubniserteilung vermittelt.

72 Ob die Bekanntmachung **zwingende Zulässigkeitsvoraussetzung** für die Erbringung von Rechtsdienstleistungen nach § 10 Abs. 1 RDG ist, ist unklar, aber nach Sinn und Zweck des Registers (Schutz der Rechtsuchenden) zu bejahen. Ursprünglich wollte der Gesetzgeber die Eintragung im Register ohnehin als alleinige konstitutive Voraussetzung für die Berufsausübung normieren; sie sollte die bisherige Erlaubniserteilung durch Verwaltungsakt, die nur zusätzlich (deklaratorisch) zu veröffentlichen war, komplett ersetzen und den Akt der Publizierung insgesamt aufwerten (BT-Drs. 16/3655, 63). Auf Betreiben der Länder (BT-Drs. 16/3655, 104f.) wurde die im Erstentwurf vorgesehene elektronische Registerführung durch jedes Bundesland aber dann durch das in § 16 RDG geregelte bundeseinheitliche Rechtsdienstleistungsregister als besonderes System einer öffentlichen Bekanntmachung abgelöst (BT-Drs. 16/3655, 119; BT-Drs. 16/6634, 52f.). Nach dem Vorbild der Insolvenzbekanntmachungen und der Bekanntmachungen im Klageregister nach § 2 KapMuG ist die **Registrierung als solche** damit **weiterhin ein herkömmlicher Verwaltungsakt** (§ 35 VwVfG; ausdrücklich BT-Drs. 16/6634, 52; siehe auch *Sturm* JurBüro 2012, 508, 509), der durch Bekanntgabe gegenüber dem Rechtsdienstleister wirksam wird (§ 43 VwVfG). Die **zusätzliche** Eintragung der Registrierung ins Register hat nicht etwa Bekanntgabefunktion iSd § 41 VwVfG und ersetzt auch nicht – wie eine öffentliche Bekanntmachung im Insolvenzregister (§ 9 Abs. 3 InsO) – die Zustellung (Dreyer/Lamm/Müller/*Lamm* Rn. 61; wohl auch Kilian/Sabel/vom Stein/*vom Stein* Rn. 421; aA Grunewald/Römermann/*Suppé* Rn. 46). Sie hat zunächst **nur informativen Charakter** für die Rechtsuchenden. Rechtlich ist die eigentliche Registrierung (Verwaltungsakt der Behörde) also streng von ihrer Veröffentlichung im Rechtsdienstleitungsregister (Internet) zu trennen. Letzteres ist **keine Wirksamkeitsvoraussetzung für den Bestand der Registrierung** (siehe auch Gaier/Wolf/Göcken/*Siegmund* § 10 Rn. 43). Die **Berufsausübung** ist aber wohl dennoch nur nach der Eintragung ins Register zulässig (BT-Drs. 16/3655, 63, 74; Grunewald/Römermann/*Suppé* § 10 Rn. 26; Krenzler/*D. Schmidt* § 10 Rn. 62); bloße „Registrierungsreife" genügt ebenso wenig (Grunewald/Römermann/*Suppé* Rn. 6f.) wie allein die Erteilung der Registrierung. Ist die öffentliche Bekanntmachung bereits erfolgt, der Bescheid dem Antragsteller aber noch nicht bekanntgegeben, spricht aber im Gegenzug einiges dafür, die Berufsausübung ebenfalls bereits als zulässig anzusehen (so Grunewald/Römermann/*Suppé* Rn. 46). Dies ist jedoch nicht gesichert.

73 **5. Rechtsschutz bei Verweigerung der Registrierung.** Die Ablehnung der Registrierung ist ein belastender Verwaltungsakt (kein Justizverwaltungsakt iSd § 23 EGGVG). Nach allgemeinen Regeln ist die verwaltungsgerichtliche **Verpflichtungsklage** eröffnet (§ 42 Abs. 1, Alt. 2 VwGO). Eine auf Aufhebung des Ablehnungsbescheids gerichtete Klage kann entsprechend ausgelegt werden (VG München Urt. v. 16.7.2013 – M 16 K 13.1505, BeckRS 2013, 56069 zum RDG).

Registrierungsverfahren **§ 13 RDG**

Nach § 68 Abs. 2 VwGO ist vor der Klageerhebung ein **Vorverfahren** (Widerspruchsverfahren) durchzuführen, sofern ein solches nicht nach § 68 Abs. 1 S. 2 VwGO entbehrlich ist. Die Länder haben verbreitet Ausnahmen vom Erfordernis eines Vorverfahrens eingeführt; die Regelungen weichen teilweise deutlich voneinander ab (Sammlung bei *Schoch/Schmidt-Aßmann/Pietzner,* VwGO, Anhang, vgl. für NRW etwa § 110 JustG NRW). Bei unnötiger Einleitung eines Vorverfahrens drohen Probleme mit der Bestandskraft (§ 74 VwGO). 74

Zur isolierten Anfechtung von Nebenbestimmungen in den Fällen des § 10 Abs. 3 RDG (Rn. 70 sowie § 10 RDG Rn. 127). 75

Bei Untätigkeit der Behörde greifen zudem die Vorschriften über die sog. **Untätigkeitsklage** in § 75 VwGO. 76

Der Streitwert für eine verwaltungsgerichtliche Klage beträgt zumindest 5 000 Euro (VG München Urt. v. 16.7.2013 – M 16 K 13.1505, BeckRS 2013, 56069: § 52 Abs. 2 GKG). § 194 Abs. 2 BRAO gilt nicht, auch nicht entsprechend. 77

V. Kosten des Registrierungsverfahrens

Nach § 1 Abs. 2 Nr. 3 JVKostG erheben die Justizbehörden der Länder für die Registrierung Kosten (Gebühren/Auslagen) nach dem JVKostG (vgl. zudem auch etwa § 124 Abs. 1 JustG NRW). Nach Nr. 1100 KV zu § 4 Abs. 1 JVKostG betragen die Kosten für eine Registrierung nach dem RDG derzeit 150 Euro. Bei Registrierung einer juristischen Person oder einer Gesellschaft ohne Rechtspersönlichkeit wird mit der Gebühr auch die Eintragung (nur) einer qualifizierten Person in das Rechtsdienstleistungsregister abgegolten. 78

Die mit der Registrierung verfolgte oder auch nachträglich beantragte Eintragung einer qualifizierten Person führt nach Nr. 1101 KV zu weiteren Gebühren iHv 150 Euro je Person, wenn die Eintragung nicht bereits durch die Gebühr Nr. 1100 abgegolten ist. Erfasst sind also die Fälle der freiwilligen Benennung qualifizierter Personen durch Einzelunternehmer (§ 12 Abs. 4 S. 3 RDG) oder die Benennung von mehr als einer Person durch juristische Personen oder Gesellschaften ohne Rechtspersönlichkeit. Die Gebühr erfasst den damit entstehenden weiteren Prüfungsaufwand. 79

Eine weitere Erhöhung der Gebühren hat der Gesetzgeber im Rahmen des 2. KostRMoG bei Überführung in das JVKostG entgegen der Bestrebungen einiger Länder abgelehnt, weil die Gebühren auskömmlich seien (BT-Drs. 17/11471, 345). 80

Bei Zurückweisung des Antrags auf Registrierung oder Eintragung einer qualifizierten Person oder bei einer Rücknahme eines solchen Antrags kann (= Ermessen) nach § 4 Abs. 3 JVKostG eine Gebühr bis zur Hälfte der genannten Gebühren erhoben werden (also maximal 75 Euro). 81

Zu den Gebühren für Widerruf und Rücknahme siehe § 14 RDG Rn. 71. 82

C. Meldeobliegenheiten (Abs. 3)

Abs. 3 begründet eine **Obliegenheit** (keine selbstständig durchsetzbare Verpflichtung, Rn. 86) aller registrierten Personen oder ihrer Rechtsnachfolger, alle Änderungen, die sich auf die Registrierung oder den Inhalt des Rechts- 83

dienstleistungsregisters auswirken, der zuständigen Behörde unverzüglich schriftlich mitzuteilen. Die Mitteilungspflicht soll die Aktualität des Rechtsdienstleistungsregisters gewährleisten und erfasst mithin alle Tatsachen, die für die Registrierung von Bedeutung sind oder Änderungen im Registerinhalt erforderlich machen (BT-Drs. 16/3655, 71), also zB:
– Ausscheiden qualifizierter Personen sowie die Benennung von solchen (sei es erstmals, als Ersatz für ausscheidende oder als zusätzliche, Rn. 88);
– Änderung von personenbezogenen Daten (Namen, Firma, Anschrift);
– Gründung und Schließung von Zweigstellen;
– Wegfall einer registrierten Person durch Tod der natürlichen Person oder Löschung der jur. Person/Gesellschaft ohne Rechtspersönlichkeit aus dem Handelsregister oder der Beendigung in sonstiger Weise (§ 17 RDG);
– Verlegung der Hauptniederlassung (Rn. 85);
– Änderung der Vertretungsverhältnisse.

84 Die Änderungsmitteilungen sind in deutscher Sprache zu verfassen und hatten ursprünglich die Schriftform zu wahren. Seit dem 1.8.2013 kann eine Mitteilung von Änderungen in **Textform** erfolgen. Insoweit gilt § 126b BGB, so dass etwa auch eine elektronisch Anzeige per einfacher E-Mail möglich ist (BT-Drs. 17/11473, 56). Die Erstreckung auf die Textform entspricht auch dem sonstigen Sprachgebrauch des RDG. Alle Angaben sind **unverzüglich** zu machen, also ohne schuldhaftes Zögern (§ 121 BGB).

85 Adressat ist die Behörde, die im Rahmen des Antragsverfahrens zuständig geworden ist (Rn. 6ff.). Wirkt sich eine **Verlegung der Hauptniederlassung** auf die Zuständigkeit nach Abs. 1 S. 1 aus, gilt nichts anderes: Nach Abs. 3 S. 3 gibt die bisher zuständige Behörde auf die Anzeige hin den Vorgang nur an diejenige Behörde ab, die für den Ort der neuen Hauptniederlassung zuständig ist. Diese unterrichtet wiederum die registrierte Person über die erfolgte Übernahme, registriert die Änderung und veranlasst ihre öffentliche Bekanntmachung im Rechtsdienstleistungsregister. Die nunmehr zuständige Behörde übernimmt den ganzen Verwaltungsvorgang, dh allein sie ist zuständig für weitere Maßnahmen (insbesondere einen Widerruf, § 14 RDG Rn. 8) und Adressatin künftiger Änderungsmitteilungen.

86 Die Einhaltung der Meldeobliegenheiten ist **nicht selbstständig durchsetzbar.** Sie führt bei beharrlichen Verstößen aber zum **Widerruf der Registrierung** nach § 14 Nr. 1 aE RDG (§ 14 RDG Rn. 24) oder Maßnahmen nach § 13a RDG. § 20 RDG sieht (leider) auch nach der Novelle durch das Gesetz gegen unseriöse Geschäftspraktiken v. 1.10.2013 (BGBl. I S. 3714) keinen Bußgeldtatbestand für Verstöße gegen die Meldeobliegenheiten vor. Ein Widerruf allein deswegen wird schon aus Gründen der Verhältnismäßigkeit selten denkbar sein. Anderes kann bei beharrlichen Verstößen nach Hinweisen und/oder Missachtung flankierender Auflagen denkbar sein.

87 Änderungsmitteilungen ziehen **grds. keine Kostenfolgen** nach sich mit **Ausnahme** der Benennung anderer qualifizierter Personen wegen des damit einhergehenden Mehraufwands (Rn. 79).

88 Werden **andere qualifizierte Personen** benannt (sei es anstelle der bisher benannten oder zusätzlich), soll die Behörde die Registrierungsvoraussetzungen **nur** für diese, nicht aber (erneut) für das Unternehmen als solches zu prüfen haben, weil die Registrierung nur geändert werde, im Übrigen jedoch

fortbesteht (Dreyer/Lamm/Müller/*Lamm* § 12 Rn. 10; ähnlich zum alten Recht, dort aber wegen der Ausübungsberechtigung konsequent *Rennen/Caliebe* § 3 1. AVO Rn. 13). Im Kern wird man dem zustimmen. Bei Benennung unqualifizierter „qualifizierter Personen" wird aber ggf. Anlass zur Prüfung eines Widerrufs nach § 14 Nr. 1 RDG gegeben sein (§ 14 RDG Rn. 27) oder auch zu Maßnahmen nach § 13a RDG.

D. Verordnungsermächtigung (Abs. 4)

Abs. 4 erhält eine Verordnungsermächtigung für flankierende Regelungen zu den Einzelheiten des Registrierungsverfahrens. Davon wurde überschießend (§ 7 RDV Rn. 2ff.) in §§ 6, 7 RDV Gebrauch gemacht. 89

§ 13a Aufsichtsmaßnahmen

(1) Die zuständige Behörde übt die Aufsicht über die Einhaltung dieses Gesetzes aus.

(2) ¹Die zuständige Behörde trifft gegenüber Personen, die Rechtsdienstleistungen erbringen, Maßnahmen, um die Einhaltung dieses Gesetzes sicherzustellen. ²Sie kann insbesondere Auflagen nach § 10 Absatz 3 Satz 3 anordnen oder ändern.

(3) Die zuständige Behörde kann einer Person, die Rechtsdienstleistungen erbringt, den Betrieb vorübergehend ganz oder teilweise untersagen, wenn begründete Tatsachen die Annahme rechtfertigen, dass
1. eine Voraussetzung für die Registrierung nach § 12 weggefallen ist oder
2. erheblich oder dauerhaft gegen Pflichten verstoßen wird.

(4) ¹Soweit es zur Erfüllung der der zuständigen Behörde als Aufsichtsbehörde übertragenen Aufgaben erforderlich ist, hat die Person, die Rechtsdienstleistungen erbringt, der zuständigen Behörde und den in ihrem Auftrag handelnden Personen das Betreten der Geschäftsräume während der üblichen Betriebszeiten zu gestatten, auf Verlangen die in Betracht kommenden Bücher, Aufzeichnungen, Belege, Schriftstücke und sonstigen Unterlagen in geeigneter Weise zur Einsicht vorzulegen, auch soweit sie elektronisch geführt werden, Auskunft zu erteilen und die erforderliche Unterstützung zu gewähren. ²Der zur Erteilung einer Auskunft Verpflichtete kann die Auskunft verweigern, wenn er sich damit selbst oder einen der in § 383 Absatz 1 Nummer 1 bis 3 der Zivilprozessordnung bezeichneten Angehörigen der Gefahr der Verfolgung wegen einer Straftat oder eines Verfahrens nach dem Gesetz über Ordnungswidrigkeiten aussetzen würde. ³Er ist auf dieses Recht hinzuweisen.

RDG § 13a Teil 3 Rechtsdienstleistungen durch registrierte Personen

Inhaltsübersicht

	Rn.
A. Allgemeines	1
B. Aufsichtsbehörden und ihre Befugnisse (Abs. 1, Abs. 2)	6
I. Aufgabenzuweisung (Abs. 1)	6
II. Befugnisse der Behörde (Abs. 2)	8
III. Konkurrenz zu den allgemeinen Ordnungsbehörden	16
C. Vorübergehende Betriebsuntersagung (Abs. 3)	17
I. Allgemeines	17
II. Tatbestandliche Voraussetzungen	20
1. Allgemeines und Verfahren	20
2. Wegfall der Registrierungsvoraussetzungen (Nr. 1)	23
3. Erhebliche Pflichtverletzungen (Nr. 2)	26
III. Rechtsfolgenseite: Ermessen und Verhältnismäßigkeitsgrundsatz	28
IV. Verhältnis zu §§ 14, 15b RDG	30
V. Folgen der Untersagung	32
D. Duldungs- und Mitwirkungspflichten (Abs. 4)	34
I. Allgemeines	34
II. Die Voraussetzungen im Detail	36
1. Erteilung von Auskünften	39
a) Allgemeines	39
b) Verweigerungsrecht	45
2. Vorlage von Unterlagen etc.	50
3. Gestattung einer sog. Nachschau	52
a) Nachschau nur während der Betriebszeiten	52
b) Durchführung der Nachschau und Verhältnismäßigkeit	56
III. Rechtsfolgen bei Pflichtverletzungen	60

A. Allgemeines

1 Die Vorschrift wurde durch das Gesetz gegen unseriöse Geschäftspraktiken v. 1.10.2013 (BGBl. I S. 3714) mWv 9.10.2013 in das RDG eingeführt und ist allein vor dem Hintergrund zu verstehen, dass der Gesetzgeber das behördliche Handlungsinstrumentarium zum Vorgehen gegen **„unseriöse" Inkassounternehmer** deutlich verstärken wollte (siehe auch § 11a RDG Rn. 1). Die Regelung in § 13a RDG ist erst im Laufe des Gesetzgebungsverfahrens auf Vorschlag des Bundesrats (BT-Drs. 17/13429, 3; siehe auch BT-Drs. 17/13429, 16) neu geschaffen worden und bereits die eher knappe Gesetzesbegründung lässt leider erahnen, dass der Gesetzgeber die Materie an dieser Stelle uU nicht immer vertieft durchdacht hat.

2 Mit der Norm sollen nach den Vorstellungen des Gesetzgebers die **Reaktionsmöglichkeiten der Registrierungsbehörden bei Rechtsverstößen registrierter Personen erweitert** und eine **anlassbezogene Aufsicht** ausdrücklich im Gesetz verankert werden (Begründung Rechtsausschuss BT-Drs. 17/14216, 5). Eine (nur) anlassbezogene Kontrolle war jedoch auch bislang schon im RDG klar angelegt (§ 14 RDG Rn. 2; BT-Drs. 16/3655, 43, 72). Indes hatte der Gesetzgeber sich immerhin zunächst vom breiteren Handlungsspektrum des RBerG bewusst verabschiedet und als Maßnahmen bei Rechtsverstößen registrierter Personen lediglich die Erteilung von Auflagen (§ 10

Aufsichtsmaßnahmen **§ 13a RDG**

Abs. 3 RDG) und den Widerruf der Registrierung (§ 14 RDG) im RDG vorgesehen. Letzterer ist an hohe Voraussetzungen geknüpft und stellt nur die ultima ratio dar (§ 14 RDG Rn. 16). Nunmehr meint der Gesetzgeber, dass es (wieder?) einer wirksameren Aufsicht über Rechtsdienstleister zur Bekämpfung unseriöser Methoden bedürfe. Dazu seien **aufsichtsrechtliche Maßnahmen „auch unterhalb der Schwelle des Widerrufs der Registrierung"** notwendig. Mit § 13a RDG soll eine echte, anlassbezogene Berufsaufsicht mit **verschiedenen Reaktionsmöglichkeiten** der zuständigen Behörde transparent im Gesetz verankert werden (BT-Ds. 17/13429, 3). Die neue ausdrückliche Aufgabenzuweisung in § 13a Abs. 1 RDG sowie die weitere Regelung in § 13a Abs. 2 S. 1 RDG sollen klarstellen, dass die zuständige Behörde bei festgestellten Gesetzesverstößen stets die im Einzelfall erforderlichen Maßnahmen zu treffen hat, um die Einhaltung des Gesetzes sicherzustellen, was wiederum an die Aufgabenzuweisung zur Berufsaufsicht an den Vorstand der Rechtsanwaltskammer in § 73 Abs. 2 Nr. 4 BRAO angelehnt sein soll (Begründung der Beschlussempfehlung des Rechtsausschusses BT-Drs. 17/14216, 5).

Daneben schafft Abs. 3 eine **Rechtsgrundlage für eine vorübergehende** 3
Betriebsuntersagung unter bestimmten Voraussetzungen (Begründung der Beschlussempfehlung des Rechtsausschusses BT-Drs. 17/14216, 5, eingehend unten Rn. 17 ff.). Damit die Aufsicht effektiv wahrgenommen werden kann, sind in Abs. 4 schließlich flankierende prozessuale Eingriffsbefugnisse in Form von Auskunfts-, Betretungs- und Besichtigungsrechten normiert (Rn. 34 ff.).

Schon im Ansatz ist fraglich, ob § 13a RDG wirklich zu einer effektiveren 4
behördlichen Aufsicht führen kann. Ein Einschreiten ist weiterhin allenfalls aufgrund von wiederholten Beschwerden aus dem Kreis der Rechtsuchenden zu erwarten (*Henssler/Deckenbrock* S. 58) – auch wenn man den Begriff der „anlassbezogenen" Aufsicht auch so deuten könnte, dass die Behörde anderweitig das Auge aufhält, um einen „Anlass" zu finden. Erstaunlich ist zudem, dass der Gesetzgeber selbst davon ausgeht, dass es nur „unter 100" bzw. „unter 150" Fälle geben wird, in dem § 13a RDG Anwendung finden kann (BT-Drs. 17/13057, 2).

Auch wenn der Anlass der Novelle – wie gezeigt (Rn. 1) – ein Vorgehen 5
(nur) gegen unseriöse Inkassounternehmer war, ist die Regelung wie auch § 15b RDG (§ 15b RDG Rn. 6) dennoch nach dem klaren Wortlaut auf **alle** Rechtsdienstleister anwendbar, also **nicht** auf den Bereich des § 10 Abs. 1 S. 1 Nr. 1 RDG beschränkt. Dafür spricht auch, dass die Gesetzesbegründung ganz allgemein davon ausgeht, dass es einer wirksamen Aufsicht über (alle) Rechtsdienstleister zur „Bekämpfung unseriöser Methoden" bedarf (BT-Drs. 17/13429, 3).

B. Aufsichtsbehörden und ihre Befugnisse (Abs. 1, Abs. 2)

I. Aufgabenzuweisung (Abs. 1)

Nach Abs. 1 übt die zuständige Behörde (= § 19 RDG) die **Aufsicht** über 6
die Einhaltung des RDG aus. Die Vorschrift stellt richtigerweise (nur) eine

RDG § 13a Teil 3 Rechtsdienstleistungen durch registrierte Personen

(zusätzliche) **allgemeine Aufgabenzuweisung** dar (BT-Drs. 17/13429, 3), die nach der Gesetzesbegründung an die allgemeine Aufgabenzuweisung zur Berufsaufsicht an den Vorstand der Rechtsanwaltskammer in § 73 Abs. 2 Nr. 4 BRAO angelehnt sein soll (siehe bereits Rn. 2). Der Verweis ist letztlich **systemfremd** und passt nicht auf die Aufgabenbeschreibung einer Behörde, geht jedoch in die richtige Richtung: Auch § 73 Abs. 2 Nr. 4 BRAO regelt keine generalklauselartigen Eingriffsmöglichkeiten der Kammer nach außen hin, sondern dafür ist auf die spezielleren Eingriffsnormen wie etwa § 74 BRAO (Rügerecht) abzustellen (vgl. im Detail zu den Befugnissen der Kammer Henssler/Prütting/*Hartung* § 73 Rn. 35ff. und zur fehlenden Befugnis zu Unterlassungsverfügungen BGH NJW 2003, 504). Nichts anderes gilt für die Parallelregelungen in § 76 Abs. 2 Nr. 4 StBerG, § 57 Abs. 2 Nr. 4 WPO oder § 54 PAO. Als zentrale Normen der Funktionsbeschreibung und Aufgabenzuweisung an die Kammern haben diese Vorschriften vielmehr eine doppelte Bedeutung, indem sie den legitimen Wirkungsbereich der Kammern als Körperschaften des öffentlichen Rechts positiv und negativ eingrenzen – was auch verfassungsrechtlich wegen der Wahrnehmung hoheitlicher Aufgaben durch diese geboten ist (vgl. zu § 76 StBerG etwa Kuhls ua/*Kleemann* § 76 Rn. 3, 9). Zudem verpflichten die Normen auch, die übertragenen Aufgaben tatsächlich zu erledigen (etwa in § 73 Abs. 1 S. 1 und 3, Abs. 2 BRAO) und die der Kammer als Körperschaft des öffentlichen Rechts vom Staat zugewiesenen Aufgaben und Befugnisse (§ 73 Abs. 1 S. 2 BRAO) zu erfüllen. Zum anderen wird mit der Umschreibung der Aufgabenbereiche die Anweisung ausgesprochen, alle Tätigkeiten zu unterlassen, die nicht vom Kompetenzkatalog gedeckt sind oder sonst keine gesetzliche Grundlage haben (vgl. etwa Henssler/Prütting/*Hartung* § 73 Rn. 3). Solche Erwägungen passen auf eine behördliche Aufgabenzuweisung – um die es bei § 13a Abs. 1 RDG allein geht – natürlich nicht; die Norm ist daher nur klarstellend (aber auch unschädlich).

7   Für das Verständnis der behördlichen Aufgabenzuweisung kann man sich im Übrigen vorsichtig an **§ 3 2. AVO RBerG** anlehnen, der früher die umfassende Aufsicht des LG/AG-Präsidenten über Erlaubnisinhaber nach dem RBerG regelte. Es geht – wie damals – also darum, die Allgemeinheit und insbesondere die Mandanten der Rechtsdienstleister vor Gefahren durch unzuverlässige und/oder unkundige Berufsausübung zu schützen (zum RBerG etwa BVerwG NJW 1999, 440; OVG Schleswig Rbeistand 1994, 26; OVG Lüneburg Rbeistand 1985, 161; *Rennen/Caliebe* § 3 2. AVO Rn. 11–13). Auch heute stellt sich wie zu Zeiten des RBerG das Problem, dass der Begriff der „Aufsicht" dunkel und die saubere Einordnung – auch mit Blick auf Art. 12 GG – schwierig ist und richtigerweise alle Maßnahmen an diesem Grundrecht zu messen sind (siehe bereits treffend *Rennen/Caliebe* § 3 2. AVO Rn. 10). Vom Aufgabenumfang ist nicht nur die Ordnungsgemäßheit der Geschäfte der Rechtsdienstleister zu überwachen, sondern auch zu prüfen, ob die Rechtsdienstleister wirklich nur im Umfang der Registrierung tätig sind (zum RBerG OVG Münster AnwBl. 1990, 103) und/oder etwaige Zweifel an der persönlichen Eignung/Zuverlässigkeit bzw. Sachkunde bestehen. Kurzum sind im vollen Umfang alle denkbaren Anknüpfungspunkte für ein Vorgehen nach § 14 RDG, der schärfsten Waffe der Berufsaufsicht, zu prüfen und fortlaufend abzuklopfen (vgl. zum RBerG auch *Rennen/Ca-*

Aufsichtsmaßnahmen **§ 13 a RDG**

liebe § 3 2. AVO Rn. 13: Aufsicht erstreckt sich auf alles, was einen Widerruf der Erlaubnis rechtfertigen könnte; ebenso *Chemnitz/Johnigk* Rn. 1216).

II. Befugnisse der Behörde (Abs. 2)

Nach § 13a Abs. 2 S. 1 RDG **trifft** die zuständige Behörde (§ 19 RDG) gegenüber Personen, die Rechtsdienstleistungen erbringen, **Maßnahmen, um die Einhaltung dieses Gesetzes sicherzustellen.** Sie kann dazu nach § 13a Abs. 2 S. 2 RDG insbesondere Auflagen nach § 10 Abs. 3 S. 3 RDG anordnen oder ändern (dazu § 10 RDG Rn. 126ff.). 8

Der Gesetzgeber hat diese Regelung ersichtlich als **generalklauselartige Eingriffsregelung** verstanden, die **aufsichtsrechtliche Maßnahmen auch unterhalb der Schwelle des Widerrufs der Registrierung (§ 14 RDG)** tragen können soll. Um zu verdeutlichen, dass es sich dabei **nicht um eine Ermessensentscheidung** handeln soll, hat er zudem das Einschreiten der Registrierungsbehörde in § 13a Abs. 2 S. 1 RDG abweichend vom ursprünglichen Vorschlag des Bundesrats nicht als „Kann- Bestimmung" formuliert (Begründung der Beschlussempfehlung des Rechtsausschusses BT-Drs. 17/14216, 5). Ermessen besteht damit offenbar nur noch bei der Wahl der Maßnahmen; ein „Verzeihungsermessen" oder die Möglichkeit zum Verzicht auf Aufsichtsmaßnahmen bei kleineren Unregelmäßigkeiten scheint der Behörde – anders als bisher – offenbar nicht zuzustehen. Das erscheint indes schon im Ansatz fraglich und wird sich wohl auch kaum als praktisches Problem stellen, weil die Behörde auftretende Probleme (anlassbezogen) in der Tat stets als Anlass zum Einschreiten nehmen wird, also zumindest ein Fall sog. **intendierten Ermessens** vorliegt. Zudem war es schon zu Zeiten des RBerG so, dass bei einem konkreten Anlass die Aufsicht tätig werden musste und um Ermessen nur bei der Wahl der Aufsichtsmaßnahmen und ihrem Umfang bestand (VGH Mannheim AnwBl. 1979, 488; *Rennen/Caliebe* § 3 2. AVO Rn. 22, 26). 9

Mit Blick darauf, dass man im Bereich des Grundrechts der Berufsfreiheit aus Art. 12 GG operiert, sind generalklauselartige Tatbestände wie der hier vorliegende nicht immer weiterführend. Letztlich wird man sich auch für die Arbeit mit dieser Regelung an **§ 3 2. AVO RBerG** ausrichten: Diese Regelung enthielt zwar keine Bestimmung über die nähere Ausgestaltung der Aufsicht, doch wurden daraus auf der **ersten Ebene** zunächst **präventive (Aufklärungs-)Möglichkeiten** der Behörden zur Anhörung des Betroffenen bzw. zur Einholung von schriftlichen Stellungnahmen ebenso abgeleitet wie solche zur Anforderung von Akten und Buchführungsunterlagen bzw. zu einer Geschäftsprüfung vor Ort (BVerwG NJW 1995, 1768; OVG Schleswig Rbeistand 1994, 26; OVG Koblenz Rbeistand 1989, 118; VG München Rbeistand 1984, 19; *Rennen/Caliebe* § 3 2. AVO Rn. 15f., 18). Diese Maßnahmen regelt heute **§ 13a Abs. 4 RDG** spezieller (Rn. 34ff.), auf § 13a Abs. 2 S. 1 RDG kommt es hier wohl nicht an. 10

Auf der zweiten Ebene sah § 3 2. AVO RBerG an **konkreten Aufsichtsmaßnahmen** die Erteilung einer „Missbilligung" oder „Rüge" bzw. die Androhung des Widerrufs vor (§ 3 2. AVO RBerG). Darüber hinaus sollte bei Feststellung von Mängeln der Berufsausübung aber ansonsten auch über die in § 2 Abs. 1 S. 2 2. AVO RBerG, § 4 Abs. 2 2. AVO RBerG bereits geregelten 11

Dötsch

Fälle der Weisung hinaus vor allem das **allgemeine Recht zu behördlichen Weisungen** an den Rechtsberater bestehen (*Rennen/Caliebe* § 3 2. AVO Rn. 20, 32, 33 ff., 44 ff.; krit. *Hoechstetter* Rbeistand 1996, 5 ff., 40 ff.). Letzteres ist heute jedoch über eine **Auflage iSd § 13a Abs. 2 S. 2, 10 Abs. 3 RDG** in ähnlicher Form sicherzustellen, so dass auch insofern die Generalklausel aus § 13a Abs. 2 S. 1 RDG im Zweifel ohne eigene Bedeutung sein dürfte (zum engen Zusammenspiel von Weisung und Auflage bereits zum alten Recht *Chemnitz/Johnigk* Rn. 921). Der Gesetzgeber hat den Verweis auf § 10 Abs. 3 RDG in § 13a Abs. 2 S. 2 RDG auch ausdrücklich nur als „Klarstellung" verstanden (Begründung der Beschlussempfehlung des Rechtsausschusses BT-Drs. 17/14216, 7; siehe auch Gaier/Wolf/Göcken/*Siegmund* Rn. 6). Auflagen können von der Registrierungsbehörde entweder von Anfang an als Nebenbestimmung der Registrierung oder – auch nach der Registrierung und ohne dass diese mit einem Auflagenvorbehalt versehen war – als selbstständiger Verwaltungsakt erlassen werden. Vollziehbar ist eine solche Auflage, wenn sie nach § 80 Abs. 2 Nr. 4 VwGO für sofort vollziehbar erklärt worden oder die Auflage unanfechtbar geworden ist. Gegenstand einer Auflage nach § 13a Abs. 2 S. 2 iVm § 10 Abs. 3 RDG muss eine Bestimmung sein, die der registrierten Person ein bestimmtes Tun, Dulden oder Unterlassen vorschreibt (§ 36 Abs. 2 Nr. 4 VwVfG) und die zum Schutz der Rechtsuchenden oder des Rechtsverkehrs erforderlich ist wie zB eine Dokumentationspflicht zwecks Nachweises der Durchführung von Schlüssigkeitsprüfungen (siehe aber § 14 RDG Rn. 39) oder auch das Gebot, eine konkret bezeichnete unseriöse Geschäftspraxis zu unterlassen (BT-Drs. 17/13057, 20; für Auflage an Inkassounternehmen § 14 RDG Rn. 39). Eine Auflage kann jedoch keine Weisungsgebundenheit in einer einzelnen Rechtssache zum Gegenstand haben (allg. *Rennen/Caliebe* § 3 2. AVO Rn. 11 aE). Besonders großzügige „technische Umsetzungsfristen" für die Erfüllung von Auflagen bestehen dort regelmäßig nicht (OVG Münster Beschl. v. 10.4.2014 – 4 B 184/14, BeckRS 2014, 50823).

12 Damit verbleiben als denkbare Anwendungsfälle des § 13a Abs. 2 S. 1 RDG nach Abschichtung der **Aufklärungsmaßnahmen** (Rn. 10) und der **Auflage** als Ersatz für die frühere Weisung (Rn. 11) zum einen die am Anfang von Rn. 11 genannten früheren **konkreten Aufsichtsmaßnahmen.** Zum anderen sind aber auch noch **sonstige (ungeschriebene) Aufsichtsmaßnahmen** denkbar: Hier spielt man schnell in einen Bereich, der bisher offenbar den allgemeinen Ordnungsbehörden vorbehalten war. So sollte etwa im Gewerberecht eine **vorläufige Schließungsanordnung** durch die allgemeinen Ordnungsbehörden möglich sein, wenn wegen umfangreicher Tatsachenermittlungen die eigentlich zuständige Fachbehörde noch nicht über einen Widerruf/eine Rücknahme der Erlaubnis entscheiden konnte (OVG Koblenz NVwZ-RR 1999, 244 für vorläufige Gewerbeeinstellung). Hier ist indes an die spezielle Regelung in **§ 13a Abs. 3 RDG** anzuknüpfen (Rn. 17 ff.); auf § 13a Abs. 2 S. 1 RDG kommt es also auch hier nicht an. Ein denkbarer Anwendungsfall könnte aber derjenige einer sog. **Gefährderansprache/Gefährdungsansprache** sein: Vor Inkrafttreten des § 13a RDG waren auf die polizei- und ordnungsrechtliche Generalklauseln gestützte Gefährderansprachen (zu den Ursprüngen dieses Instituts bei Demonstrationen/Sportveranstaltungen *Hebeler* NVwZ 2011, 1364) auch gegenüber **Rechtsdienstleistern** für möglich gehalten worden; sie soll-

Aufsichtsmaßnahmen **§ 13a RDG**

ten nicht durch die Möglichkeit des Widerrufs der Registrierung gem. § 14 RDG ausgeschlossen sein (VGH Kassel Beschl. v. 28.11.2011 – 8 A 199/11.Z, BeckRS 2012, 46297 m. Anm. *Seidl* jurisPR-ITR 19/2012 Anm. 3). So wurde eine kriminalpolizeiliche Gefährderansprache für zulässig erachtet, mit der der Geschäftsführer eines Inkassounternehmens unter Hinweis auf mögliche Ermittlungsmaßnahmen darüber „bösgläubig" gemacht wurde, dass das Einziehen erkennbar unberechtigter Forderungen – etwa aus verbotenen und strafbaren Internet-Glücksspielen – Beihilfe zum Betrug (§§ 263, 27 StGB) darstellen konnte. Solche Fälle ließen sich heute wohl zwanglos unter § 13a Abs. 2 S. 1 RDG fassen (zur Konkurrenz unten Rn. 16). **Bedenken** könnte man allenfalls entwickeln, wenn man die Generalklausel in § 13a Abs. 2 S. 1 RDG der – freilich im Schwerpunkt arbeitsschutzrechtlichen – Regelung in **§ 139b Abs. 1 S. 2 GewO** gegenüberstellt, nach der auch den Gewerbeaufsichtsbehörden die Befugnisse aus der ordnungsrechtlichen Generalklausel zugebilligt werden (zum Streit über die genaue dogmatische Konstruktion Tettinger/Wank/Ennuschat/ *Ennuschat* § 139b Rn. 7; Landmann/Rohmer/*Kahl* § 139b Rn. 19). Selbst hier will man aus § 139b GewO dennoch nicht die Befugnis zu selbstständigen Einzelanordnungen ableiten, sondern allenfalls zu sog. unselbstständigen Verfügungen, die im Gesetz normierte Pflichten wiederholen und damit die Möglichkeit der Durchsetzung im Wege des Verwaltungszwangs ermöglichen, wie die Pflicht zur Schlüsselherausgabe zum Zwecke der Nachschau (dazu Tettinger/ Wank/Ennuschat/*Ennuschat* § 139b Rn. 7; Landmann/Rohmer/*Kahl* § 139b Rn. 22). Dies dürfte jedoch letztlich auf Besonderheiten im Rahmen des § 139b GewO zurückzuführen sein und ist im hiesigen Bereich teilweise durch die Sonderregelung in § 13a Abs. 4 RDG miterledigt (Rn. 34ff.).

Daneben ist aber völlig **unklar**, ob der Gesetzgeber über die Generalklausel **13** in § 13a Abs. 2 S. 1 RDG auch die früheren (repressiven) Aufsichtsmaßnahmen **Missbilligung, Rüge und Androhung des Widerrufs (§ 3 2. AVO RBerG)** hat „wiederbeleben" wollen. Dagegen spricht, dass es sich um **besondere berufsrechtliche Sanktionsmöglichkeiten** gehandelt hat, die definitiv einen Fremdkörper in einem auf ein eigenes Berufsrecht der Rechtsdienstleister bewusst verzichtenden RDG (§ 14 RDG Rn. 2) darstellen würden. Wegen ihres „Sanktionscharakters" sollten Missbilligung, Rüge und wohl auch die Androhung des Widerrufs – wie bei sonstigen berufsrechtlichen Rügen (vgl. schon den Wortlaut etwa von § 74 Abs. 1 BRAO und § 81 Abs. 1 StBerG zur Rüge) – zudem ein **Verschulden** voraussetzen (OVG Berlin Rbeistand 1982, 68; VGH Mannheim JurBüro 1990, 519; diff. zu Recht *Rennen/Caliebe* § 3 2. AVO Rn. 39ff.). Auch dies erscheint systemfremd, da der (weitergehende) Widerruf richtigerweise im Zweifel verschuldensunabhängig ist (§ 14 RDG Rn. 29) und es nicht einleuchtet, dass seine „Vorstufen" rechtlich anders zu behandeln sein sollen. Da die Gesetzesbegründung auch keine eindeutige (erneute) Hinwendung zu den überkommenen Instrumentarien enthält, sollten diese Möglichkeiten nicht unnötig wieder in § 13a Abs. 2 S. 1 RDG „hineinkonstruiert" werden. Dagegen spricht zudem, dass eine berufsinterne Ahndung von Pflichtverletzungen geringeren Gewichts durch eine Rügeerteilung durch die Kammer letztlich Ausdruck der Selbstverwaltung der Berufsträger ist (Kuhls ua/*Busse* § 81 Rn. 1) und eine solche Selbstverwaltung bei Rechtsdienstleistern ebenso fehlt wie besondere berufsrechtliche Ge-

RDG § 13 a Teil 3 Rechtsdienstleistungen durch registrierte Personen

richtsverfahren. Für eine Zurückhaltung streitet ferner, dass man bereits zu Zeiten des RBerG diskutiert hat, ob man nicht ausdrücklich geregelte berufsrechtliche Maßnahmen über die Generalklausel implementieren sollte und sich bereits damals zumeist dagegen entschieden hat (zum Streitstand *Rennen/Caliebe* § 3 2. AVO Rn. 32 f. zu Warnung, Verweis und Geldstrafe). Entscheidend kommt hinzu, dass der Gesetzgeber im Zusammenhang mit der erheblichen Ausweitung der Bußgeldregelung in § 20 RDG ausgeführt hat, dass damit nur das Reaktionsspektrum der Aufsichtsbehörden erweitert werden soll, ohne dass damit von dem Grundsatz abgerückt wird, bei erheblichen Rechtsverstößen zum Nachteil der Rechtsuchenden frühzeitig das Widerrufsverfahren einzuleiten. Eine „Rückkehr zu dem früheren gestuften Sanktionssystem, bei dem einem Widerruf regelmäßig ein Rügeverfahren vorzuschalten war, soll hiermit nicht einhergehen" (so ausdrücklich BT-Drs. 17/13057, 20). Auch dies ist eine klare Absage an eine dahingehende Auslegung des § 13 a Abs. 2 S. 1 RDG.

14   Sieht man das **anders,** kann im Kern auf die frühere Rechtsprechung und Literatur zu § 3 2. AVO RBerG verwiesen werden (Überblick zu den Aufsichtsmaßnahmen bei *Rennen/Caliebe* § 3 2. AVO Rn. 43 ff.): Die Auswahl der einzelnen Aufsichtsmaßnahmen oblag dem pflichtgemäßen Ermessen der Behörde (BVerwG NJW 1984, 1051; VGH Mannheim AnwBl. 1979, 488; Jur-Büro 1990, 519; OVG Berlin Rbeistand 1982, 68; OVG Lüneburg Rbeistand 1985, 161; zum Ermessensausfall VG Bremen Rbeistand 1986, 222). Die genannten Maßnahmen standen– wie im sonstigen Berufsrecht (vgl. § 114 BRAO, § 19 StBerG) – in einem Stufenverhältnis (*Rennen/Caliebe* § 3 2. AVO Rn. 54 f.) und wurden nur durch den Widerruf als ultima ratio ergänzt. Die ausgeworfene Maßnahme musste zudem jeweils im Verhältnis zur Schwere der Verfehlung stehen (*Hoechstetter* Rbeistand 1989, 115). Die Androhung des Widerrufs kam also nur in Betracht, wenn der Verstoß so gravierend war, dass bei einer einzigen Zuwiderhandlung der Widerruf gerechtfertigt gewesen wäre (OVG Lüneburg Rbeistand 1985, 161). Wie im sonstigen Berufsrecht war zudem weitgehend anerkannt, dass es nur bei einer gesetzlichen Regelung wie in § 114 Abs. 2 BRAO, die hier aber fehlte, zulässig gewesen wäre, wegen einer Pflichtverletzung zwei Aufsichtsmaßnahmen nebeneinander auszusprechen (*Rennen/Caliebe* § 3 2. AVO Rn. 55; *Hoechstetter* Rbeistand 1989, 115 ff.). Zum alten Recht war es deswegen zweifelhaft, ob man eine Missbilligung/Rüge mit der Androhung des Widerrufs verbinden durfte, weil man dann eigentlich zwei parallele Sanktionen verhängte (für Auslegung als zulässigen „untechnischen" Hinweis auf Gefahr weiterer Aufsichtsmaßnahmen pragmatisch *Rennen/Caliebe* § 3 2. AVO Rn. 56).

15   Hat man mit der hier in Rn. 13 vertretenen Lesart jedwede Reminiszenzen ans Berufsrecht überwunden, kann man das behördliche Instrumentarium über die Generalklausel in § 13 a Abs. 2 S. 1 RDG aber wohl guten Gewissens um ein anderes Instrumentarium erweitern, nämlich die sog. **Unterlassungsverfügung:** Zu § 74 BRAO wurde früher diskutiert, ob der Vorstand statt einer Rüge etc. einen Verwaltungsakt erlassen kann, in dem er die nach seiner Ansicht bestehende Verpflichtung des Berufsträgers feststellt und diese Feststellung mit der Aufforderung verbindet, sich beruflich entsprechend zu verhalten. Auch wenn so eine berufsrechtliche Frage sogar besser gerichtlich (zustän-

Aufsichtsmaßnahmen **§ 13a RDG**

dig ist nach §§ 112a ff. BRAO in erster Instanz der AGH und in zweiter Instanz der Senat für Anwaltssachen des BGH) geklärt werden könnte als bei Erteilung einer Rüge, bei der das Anwaltsgericht in letzter Instanz entscheidet (§ 74a Abs. 3 S. 4 BRAO), hat der BGH diesen Ansatz dennoch verworfen. Er hat den Erlass solcher sog. Untersagungsverfügungen wegen Fehlens einer Ermächtigungsgrundlage in §§ 73 ff. BRAO für unzulässig erklärt (BGH NJW 2003, 504). Dies wird entsprechend auch für sog. **missbilligende Belehrungen** (vgl. dazu auch BGH NJW 2012, 3039 Rn. 5), mit denen dem Berufsträger in einer Einstellungsmitteilung kundgetan wird, dass man das Verhalten missbillige, aber aus besonderen Gründen von einer förmlichen Rüge etc. Abstand genommen habe, gelten, weil auch insofern Kompetenzprobleme bestehen (Kuhls ua/*Busse* § 81 Rn. 41 ff.). Diese speziell berufsrechtlichen Probleme vor dem Hintergrund der engen gesetzlichen Kompetenzzuweisungen an die Kammern stellen sich jedoch im hiesigen Bereich mit hier vertretener Lesart nicht, so dass man solche Verfügungen über § 13a Abs. 2 S. 1 RDG zulassen könnte. Dafür streitet auch, dass man richtigerweise auch trotz des engeren Katalogs des § 3 2. AVO RBerG zum alten Recht solche Untersagungsverfügungen weitergehend anerkannt hat (BVerwG NJW 1999, 440; *Rennen/Caliebe* § 3 2. AVO Rn. 32 ff.; aA *Hoechstetter* Rbeistand 1996, 5 ff., 40 ff. vor allem mit Blick auf die Weisung). Ob dies nicht sogar den Charme hätte, dass solche Weisungen/Unterlassungsverfügungen selbstständig nach den Vorschriften des **Verwaltungsvollstreckungsgesetzes** zu vollstrecken wären – was wiederum die Aufsicht (wie vom Gesetzgeber gewollt) vereinfachen könnte –, ist unklar; zum alten Recht wurde das (soweit ersichtlich) nicht diskutiert. Dass die Registrierungsbehörden zumindest auch (belehrende?) „Hinweise" geben können sollen, findet sich am Rand sogar in der Gesetzesbegründung (BT-Drs. 17/14216, 5: Untersagung nur, wenn „rechtswidrige Praxis trotz vorheriger Hinweise ... nicht abgestellt wird") und kann auch daher auf § 13a Abs. 2 S. 1 RDG gestützt werden. Oft erfüllt aber auch eine **frühzeitige Anhörung (§ 28 VwVfG) im Rahmen eines Widerrufsverfahrens (§ 14 RDG)** ganz ähnliche Zwecke (§ 14 RDG Rn. 2).

III. Konkurrenz zu den allgemeinen Ordnungsbehörden

Wie in Rn. 12 ausgeführt, waren früher **(subsidiäre) Eilzuständigkeiten der allgemeinen Ordnungsbehörden** anerkannt. Es spricht zwar systematisch einiges dafür, dass § 13a Abs. 2 und 3 RDG diese Auffangzuständigkeiten sperrt. Berücksichtigt man aber, dass § 13a Abs. 2 RDG nur die behördliche Fachaufsicht stärken wollte (Rn. 1 ff.), wäre es wertungswidersprüchlich, effektive anderweitige Handlungsinstrumente wegen der Regelung auszuschließen. Die allgemeinen Behörden können indes nach allgemeinen Grundsätzen nur subsidiär tätig werden. Die Rechtslage ist auch hier als wenig klar zu bezeichnen. 16

C. Vorübergehende Betriebsuntersagung (Abs. 3)

I. Allgemeines

17 § 13a Abs. 3 RDG soll das Sanktionsinstrumentarium der Registrierungsbehörde um die besondere Möglichkeit der vorübergehenden Untersagung des Betriebs erweitern (Begründung der Beschlussempfehlung des Rechtsausschusses BT-Drs. 17/14216, 5).

18 Die Norm ist eine **einzigartige Sonderregelung,** deren Zusammenspiel mit dem Widerruf (§ 14 RDG) eher dunkel ist und die sich in den anderen berufsrechtlichen Gesetzen so im Zusammenhang mit den dortigen Vorschriften über den Widerruf der Zulassung/Erlaubnis nicht wiederfindet. Ganz neu ist der Gedanke indes nicht, weil schon zu Zeiten des **RBerG** darüber nachgedacht worden ist, ob es nicht eine vorläufige Betriebsschließung als „Minus" zum Widerruf der Erlaubnis geben konnte (dazu § 14 RDG Rn. 73f.).

19 Die Vorschrift muss in engem Zusammenhang mit den Sondervorschriften zur Verhängung eines **vorläufigen Berufsverbots in den berufsrechtlichen Verfahren (§ 134 StBerG, § 150 BRAO, § 111 WPO)** gesehen werden. Der Vergleich damit zeigt zugleich, dass die Vorschrift des § 13a Abs. 3 RDG nur **äußerst zurückhaltend** angewandt werden darf: Vorläufige Berufsverbote führen, auch wenn es sich formal nur um vorläufige Maßnahmen handelt, wegen der Zerstörung der Vertrauensbasis zu den Mandanten regelmäßig zum Stillstand des Betriebs (*Gehre/Koslowski* § 134 Rn. 1; *Kuhls/Kuhls* § 134 Rn. 3). Wegen der erheblichen Folgen für die Berufsfreiheit hat das BVerfG zu den vorgenannten Sonderregelungen zu Recht strenge Hürden aufgestellt: Es hat gefordert, dass von einem vorläufigen Berufs- oder Vertretungsverbot nur zur Abwehr konkreter Gefahren für die Allgemeinheit unter Berücksichtigung des Verhältnismäßigkeitsgrundsatzes Gebrauch gemacht wird, weil eine solche Maßnahme die berufliche Existenz vernichten kann (BVerfGE 44, 105 = NJW 1977, 892; BVerfGE 48, 292 = NJW 1978, 1479). Die **verfassungskonforme Auslegung** der Vorschriften gebietet es also, ein vorläufiges Berufs- oder Vertretungsverbot nur auszusprechen, soweit dies zur **Abwehr konkreter Gefahren für wichtige Gemeinschaftsgüter** geboten ist, also etwa die Belange des rechtsuchenden Publikums oder die Funktionsfähigkeit der Rechtspflege konkret gefährdet sind (vgl. auch Henssler/Prütting/*Dittmann* § 150 Rn. 5). Diese Grundsätze sind letztlich wegen Art. 12 Abs. 1 GG auch auf § 13a Abs. 3 RDG zu übertragen.

II. Tatbestandliche Voraussetzungen

20 **1. Allgemeines und Verfahren.** § 13a Abs. 3 RDG gibt der **zuständigen Behörde (§ 19 RDG)** ein Eingriffsrecht gegenüber **Personen,** die **Rechtsdienstleistungen iSd § 2 RDG** erbringen.

21 Der Betrieb **kann (= Ermessen) vorübergehend ganz oder teilweise untersagt** werden, wenn „begründete Tatsachen die Annahme rechtfertigen", dass entweder eine **Voraussetzung für die Registrierung nach § 12 RDG weggefallen** ist (§ 13a Abs. 3 Nr. 1 RDG) oder **erheblich oder dauerhaft gegen Pflichten verstoßen** wird (§ 13a Abs. 3 Nr. 2 RDG).

Die Untersagung ist ein Verwaltungsakt (§ 35 VwVfG, zur Vollstreckung 22
unten Rn. 30) und unterliegt den allgemeinen Regelungen (etwa Anhörungspflicht nach § 28 VwVfG und Begründungspflicht nach § 39 VwVfG).

2. Wegfall der Registrierungsvoraussetzungen (Nr. 1). Eine vorläu- 23
fige Betriebsschließung kommt in Betracht, wenn eine Registrierungsvoraussetzung nach § 12 RDG weggefallen ist (oder sogar mehrere), wobei wegen der Einzelheiten auf die Kommentierung zu § 12 RDG und letztlich auch § 14 Nr. 1 und 2 RDG Bezug genommen werden kann.

Der Wegfall der Registrierungsvoraussetzung (Rn. 23) muss **nicht** positiv 24
festgestellt werden, es genügt, wenn **„begründete Tatsachen die Annahme rechtfertigen."** Die Formulierung lehnt sich zwar augenscheinlich an diejenige des § 14 RDG an, was die Frage nach dem Verhältnis der beiden Vorschriften aufdrängt (Rn. 30 f.). Es dürfte im Rahmen des § 13 a Abs. 3 RDG aber **dennoch etwas anderes gemeint** sein. Denn dort geht es um eine **vorläufige** Eilregelung, die gerade neben die Widerrufsmöglichkeit treten soll – was bei identischen tatbestandlichen Voraussetzungen aber keinen Sinn ergibt, da dann auch gleich nach § 14 Nr. 1 oder 2 RDG widerrufen werden könnte (ggf. unter Anordnung der sofortigen Vollziehung) und über § 15 b RDG eine (endgültige) Schließungsverfügung ausgesprochen werden könnte.

Die Gesetzesbegründung spricht daher davon, dass eine vorübergehende 25
Betriebsschließung angesichts der erheblichen wirtschaftlichen Auswirkungen voraussetzt, dass die Registrierungsvoraussetzungen „**mit hoher Wahrscheinlichkeit und dauerhaft** entfallen sind" (BT-Drs. 17/14216, 5), was den **Prognosecharakter** der nur vorläufigen Regelung deutlich besser zum Ausdruck bringt als der Wortlaut. Die in Rn. 19 genannten Regelungen enthalten das Tatbestandsmerkmal „dringende Gründe" und meinen damit ebenfalls, dass ein hoher Grad von Wahrscheinlichkeit dafür bestehen muss, dass der zur Last gelegte Sachverhalt tatsächlich zutrifft und diese Tatsachen – als wahr unterstellt – dann auch mit sicherer Erwartung die Ausschließung aus dem Beruf rechtfertigen (Kuhls ua/*Kuhls* § 134 Rn. 24 f.). Das wird man hier übernehmen können und prüfen, ob die greifbaren Anhaltspunkte einen Widerruf (§ 14 RDG) tragen könnten. Wegen der verfassungsrechtlichen Bezüge sind aber dabei strengste Anforderungen zu stellen (Rn. 19; zum Verhältnis zu §§ 14, 15 b RDG noch unten Rn. 30 f.).

3. Erhebliche Pflichtverletzungen (Nr. 2). Alternativ genügt es, wenn 26
„begründete Tatsachen die Annahme rechtfertigen", dass „erheblich oder dauerhaft gegen Pflichten verstoßen" wird. Das Merkmal „begründete Tatsachen" ist so auszulegen wie bei Rn. 24 f. gezeigt; es müssen – so die Gesetzesbegründung – „eindeutige Anhaltspunkte" vorliegen (BT-Drs. 17/14216, 5).

Der Begriff der „**Pflichtverletzung**" ist nach dem Zusammenspiel der Vor- 27
schriften letztlich in Anlehnung an § 14 Nr. 3 RDG zu verstehen (§ 14 RDG Rn. 35 ff.). Auch hier stellt sich mithin erneut die Frage nach dem Verhältnis zu §§ 14, 15 b GewO (Rn. 30 f.).

III. Rechtsfolgenseite: Ermessen und Verhältnismäßigkeitsgrundsatz

28 Liegen die tatbestandlichen Voraussetzungen des § 13a Abs. 3 RDG vor, steht der Behörde **Auswahl- und Entschließungsermessen** zu („kann"). Zu beachten ist dabei insbesondere der **Verhältnismäßigkeitsgrundsatz**, der eine vorläufige **Teil**schließung eines Betriebs regelmäßig als milderes Mittel vor einer **Komplett**schließung erscheinen lässt, wenn das Problem so hinreichend bekämpft werden kann (vgl. auch § 15b RDG Rn. 28). Auch die in Rn. 19 genannten **verfassungsrechtlichen Schranken aus Art. 12 GG** sind zu beachten. Ähnlich wie bei § 14 RDG und § 15b RDG stellt sich hier zudem das Problem von **Schon- und Abwicklungsfristen** (§ 14 RDG Rn. 67; § 15b RDG Rn. 27), da hier schwerlich etwas anderes gelten kann. Auch daran wird deutlich, dass die Norm einen engen Anwendungsbereich haben muss.

29 Nach den Vorstellungen des Gesetzgebers sollen Registrierungsbehörden sowohl bei nachhaltigen, also dauerhaften und erheblichen Verstößen, als auch bei weniger erheblichen, dafür aber dauerhaft erfolgenden Pflichtverletzungen eine vorübergehende Betriebsuntersagung aussprechen können (BT-Drs. 17/14216, 5). Eine Untersagung soll bei weniger schweren Verstößen aber regelmäßig nur in Betracht kommen, wenn die rechtswidrige Praxis trotz vorheriger Hinweise (Rn. 15) und Auflagen (Rn. 11; § 10 Abs. 3 RDG) nicht abgestellt wird und somit „beharrlich" erfolgt (BT-Drs. 17/14216, 5). Auch damit zeigt sich erneut die hohe Schwelle der Eingriffsnorm und die Nähe zu § 14 RDG, hier speziell zu § 14 Nr. 3 RDG (zum Verhältnis Rn. 30f.).

IV. Verhältnis zu §§ 14, 15b RDG

30 Der Anwendungsbereich des § 13a Abs. 3 RDG ist wegen der bereits mehrfach angesprochenen Nähe zu § 14 RDG und dem damit wiederum zusammenhängenden § 15b RDG eher unklar (eingehend § 15b RDG Rn. 15f.). Der Gesetzgeber sah den Sinn des § 13a Abs. 3 RDG darin, dass so ein weiteres Tätigwerden der registrierten Person zum Nachteil des Rechtsverkehrs und der Verbraucher nach einem Widerruf schon im laufenden Widerrufsverfahren unterbunden werden kann (BT-Drs. 17/14216, 5; dem folgend Gaier/Wolf/Göcken/*Siegmund* Rn. 6). Dieser Gedanke wäre nur dann vollends überzeugend, wenn der Widerruf nach § 14 RDG erst nach Bestandskraft oder gar erst nach der Löschung der Eintragung im Rechtsdienstleistungsregister gem. § 17 Abs. 1 Nr. 4 RDG rechtlich von Belang wäre und man in der „Schwebezeit" daher in der Tat eine weitere Eingriffsbefugnis benötigen würde, wenn die Behörde den Betrieb stilllegen will. Dies ist indes **nicht** richtig (eingehend § 15b RDG Rn. 15f.): Vielmehr darf der Rechtsdienstleister nach einem wirksamen Widerruf nicht mehr tätig werden und es dürfte über § 15b RDG eine Schließungsverfügung ausgesprochen werden. Ein Widerspruch bzw. die Klage gegen den Widerruf hätte zwar wegen § 80 Abs. 1 VwGO grds. aufschiebende Wirkung. Es kann (in engen Grenzen wegen Art. 12 GG) aber die Anordnung der sofortigen Vollziehung nach § 80 Abs. 2 S. 1 Nr. 4 VwGO ausgesprochen werden – was dem Widerruf (vorläufig) zur Durchsetzung verhel-

Aufsichtsmaßnahmen **§ 13a RDG**

fen und damit erneut zur Anwendbarkeit des § 15b RDG führen würde. Dieses Zusammenspiel von Widerruf der Erlaubnis und einer Anordnung der sofortigen Vollziehung war letztlich so schon zum RBerG anerkannt und gilt heute noch fort (siehe zudem § 14 RDG Rn. 79ff., auch zu anderweitigen berufsrechtlichen Sonderregelungen).

Da auch die Anordnung der sofortigen Vollziehung des Widerrufs faktisch 31 einem vorläufigen Berufsverbot gleichkommt und deswegen an sie strenge Anforderungen zu stellen sind (§ 14 RDG Rn. 83), gilt hier letztlich nichts anderes als im Bereich des § 13a Abs. 3 RDG (Rn. 19). Richtigerweise spricht vieles für eine **parallele Anwendung** des § 13a Abs. 3 RDG einerseits und der Möglichkeiten aus §§ 14, 15b RDG iVm § 80 Abs. 2 S. 1 Nr. 4 VwGO andererseits (§ 15b RDG Rn. 16).

V. Folgen der Untersagung

Eine vorläufige Betriebsuntersagung setzt die Angabe von Fristen/Zeiträu- 32 men voraus, wobei § 13a Abs. 3 RDG bei Fortbestand der Voraussetzungen dann (erst recht) auch eine Verlängerung erlaubt.

Die Schließungsverfügung ist ein Verwaltungsakt iSd § 35 VwVfG 33 (Rn. 22), der selbst als Grundverfügung eine Vollstreckung nach dem Verwaltungsvollstreckungsrecht erlaubt. Insofern kann auf das bei § 15b RDG Rn. 29ff. Gesagte verwiesen werden, das hier entsprechend gilt.

D. Duldungs- und Mitwirkungspflichten (Abs. 4)

I. Allgemeines

Damit die behördliche Aufsicht effektiv wahrgenommen werden kann, hat 34 der Gesetzgeber flankierende Eingriffsbefugnisse in Form von Auskunfts-, Betretungs- und Besichtigungsrechten in Abs. 4 geregelt (BT-Drs. 17/13429, 3; siehe auch Begründung der Beschlussempfehlung des Rechtsausschusses BT-Drs. 17/14216, 7 zu Nr. 3).

Bei der Anwendung der Regelung kann vorsichtig auf vergleichbare Rege- 35 lungen in anderen Gesetzen zurückgegriffen werden, wobei vor allem **§§ 29, 139b Abs. 4 und 6 GewO** in Betracht kommen, aber mit Einschränkungen auch § 56 BRAO, §§ 57d S. 1, 62, 62a, 62b WPO, § 49 PAO, §§ 28, 80 StBerG. Diese Möglichkeiten für die Behörden sind ebenfalls nicht ganz neu; im alten Recht konnten im Rahmen der §§ 2f. 2. AVO RBerG Auskunftsersuchen, Urkundenforderungen, Geschäftsprüfungen etc. erfolgen (dazu bereits oben Rn. 10). Ob im alten Recht auch eine zwangsweise Durchsetzung möglich war, war wegen Art. 13 GG jedoch nicht gesichert (verneinend *Rennen/Caliebe* § 3 2. AVO Rn. 30f.); durch die Neuregelung ist das geklärt (siehe noch Rn. 53).

II. Die Voraussetzungen im Detail

Erfasst werden von der Regelung alle **Personen, die Rechtsdienstleis-** 36 **tungen (= § 2 RDG) erbringen.** Wie im Rahmen des § 29 GewO sind Mit-

Dötsch

RDG § 13 a Teil 3 Rechtsdienstleistungen durch registrierte Personen

arbeiter des Rechtsdienstleisters, auch qualifizierte Mitarbeiter iSd § 12 Abs. 4 RDG, **nicht** persönlich zur Auskunft etc. verpflichtet (zu § 29 GewO Tettinger/Wank/Ennuschat/*Ennuschat* § 29 Rn. 11). Bei juristischen Personen etc. sind jedoch die Vertretungsberechtigten/Organe (zB Geschäftsführer, Vorstand) faktisch auskunftsverpflichtet, da sie für die juristische Person, die sich als solche nicht artikulieren kann, handeln müssen (Landmann/Rohmer/*Marcks* § 29 Rn. 4); sie sind nach allgemeinen Grundsätzen auch von Zwangsmaßnahmen im Wege der Verwaltungsvollstreckung betroffen. Zu den Verpflichteten bei der Gestattung aber noch unten Rn. 52.

37 Die Verpflichteten haben der Aufsichtsbehörde (§ 19 RDG) und den in ihrem Auftrag handelnden Personen zum einen **(passiv) das Betreten der Geschäftsräume während der üblichen Betriebszeiten zu gestatten** und zum anderen **(aktiv) auf Verlangen** die in Betracht kommenden **Bücher, Aufzeichnungen, Belege, Schriftstücke und sonstigen Unterlagen** in geeigneter Weise **zur Einsicht vorzulegen,** auch soweit sie elektronisch geführt werden, bzw. (aktiv) **Auskunft zu erteilen** und/oder die **erforderliche Unterstützung zu gewähren.**

38 „**Auf Verlangen**" bedeutet, dass der Anstoß von der Behörde ausgehen muss, der Rechtsdienstleister also keinesfalls von sich aus Informationen anzubieten hat etc. Dass der erste Satzteil mit dem Gestattungsrecht sprachlich nicht auf ein Verlangen der Behörde abstellt, ist unschädlich, weil das Verlangen dort im Versuch des Betretens liegt.

39 **1. Erteilung von Auskünften. a) Allgemeines.** Erfasst wird die schlichte Auskunftserteilung über § 26 Abs. 2 VwVfG hinaus. Ob die Auskunft schriftlich oder mündlich zu erteilen ist, kann die Behörde – es fehlt auch eine Differenzierung wie in § 29 Abs. 1 GewO – im Rahmen der Erforderlichkeit ebenso bestimmen wie eine etwaige Frist (Tettinger/Wank/Ennuschat/*Ennuschat* § 29 Rn. 20). Die Auskunft ist in deutscher Sprache zu erteilen, § 23 Abs. 1 VwVfG.

40 Mündliche Auskünfte werden im Rahmen einer Nachschau in den Geschäftsräumen des Betroffenen erfolgen (Rn. 52), anlässlich dessen Vorsprache in der Behörde oder fernmündlich. Bei einer schriftlichen Auskunft muss der Betroffene zu den ihm gestellten Fragen schriftlich Stellung nehmen. Ob er auch verpflichtet werden kann, Abschriften, Auszüge und Zusammenstellungen, ggf. auch eine Bilanz mit Gewinn- und Verlustrechnung vorzulegen – wie es zu § 3 2. AVO RBerG anerkannt war (Rn. 10) –, ist unklar. Die Vorlage der gesamten schriftlichen Unterlagen am Sitz der Behörde kann aber wie im Rahmen des § 29 GewO nicht über § 13a Abs. 4 RDG verlangt werden (BayObLG GewArch 1983, 387; Landmann/Rohmer/*Marcks* § 29 Rn. 11). Auch eine Mitnahme der Unterlagen durch die Behörde ist unzulässig (VG Stuttgart GewArch 2012, 33, 34); die Behörde hat lediglich das Recht, im Rahmen der Nachschau vor Ort Einsicht zu nehmen (Rn. 52).

41 Die Auskunftspflicht setzt – wie auch die übrigen Handlungen/Duldungspflichten – ein entsprechendes behördliches Verlangen voraus. Dabei handelt es sich jeweils um einen **selbstständig anfechtbaren Verwaltungsakt iSd § 35 VwVfG** (Tettinger/Wank/Ennuschat/*Ennuschat* § 29 Rn. 12; Landmann/Rohmer/*Marcks* § 29 Rn. 13; Friauf/*Ambs* § 29 Rn. 16; siehe auch VGH München GewArch 1992, 183; aA OLG Karlsruhe GewArch 1989, 191). Dies war

430 Dötsch

bereits für vergleichbare Maßnahmen im Rahmen des § 3 2. AVO RBerG wie eine Aufforderung zu Tätigkeitsberichten oder der Anordnung einer Geschäftsprüfung anerkannt (BVerwG NJW 1984, 1051; VGH München Rbeistand 1984, 69; OVG Lüneburg Rbeistand 1985, 161; VGH Mannheim JurBüro 1990, 519; VG München Rbeistand 1984, 19; VG Schleswig Rbeistand 1988, 125; *Rennen/Caliebe* § 3 2. AVO Rn. 37). Für eine **(konkludente) Duldungsverfügung** bei dem Versuch des Betretens der Geschäftsräume gilt nichts anderes.

Die Auskunftsverpflichtung ist (nur) insofern **materiell-rechtlich beschränkt**, als die Handlung „zur Erfüllung der der zuständigen Behörde als Aufsichtsbehörde übertragenen Aufgaben erforderlich ist." Die Pflichten gehen damit über den reinen Betriebsbezug hinaus auch in den **persönlichen Bereich**, soweit dies – etwa zur Überprüfung der Zuverlässigkeit – Gewerbebezug hat (vgl. auch Tettinger/Wank/Ennuschat/*Ennuschat* § 29 Rn. 15, der sogar Auskünfte über Betriebe Dritter für möglich hält, str.). 42

Die Auskunftsverpflichtungen bestehen nur im Rahmen der **Erforderlichkeit**, was ohne einen sog. Beurteilungsspielraum der vollen gerichtlichen Überprüfung unterliegt (Tettinger/Wank/Ennuschat/*Ennuschat* § 29 Rn. 16). Für die Bestimmung der „Erforderlichkeit" ist grds. an den mit der Vorschrift bezweckten Überwachungszweck anzuknüpfen, so dass grds. **auch ohne konkrete Verdachtsmomente rein routinemäßig** vorgegangen werden dürfte, wobei nur bei einem Hineinreichen in den Privatbereich auf einen hinreichenden (möglichen) Gewerbebezug zu achten ist (allg. zu § 29 GewO Tettinger/Wank/Ennuschat/*Ennuschat* § 29 Rn. 18). Ob man – wie bei § 35 Abs. 3a GewO aF/§ 29 Abs. 1 Nr. 4 GewO (dazu Tettinger/Wank/Ennuschat/*Ennuschat* § 29 Rn. 19) – bei Bedenken an der Zuverlässigkeit aber uU einen bereits bestehenden und in sich schlüssigen **Anfangsverdacht** verlangen muss und Ausforschungen „ins Blaue" hinein unzulässig sind, ist letztlich nicht gesichert. Dafür streitet zumindest die Idee einer nur „anlassbezogenen" Aufsicht durch die Behörde. Richtigerweise wird man sich zumindest bei reinen Routineüberprüfungen, die keine greifbaren Anhaltspunkte für eine Unzuverlässigkeit des Betroffenen voraussetzen (etwa vage Eingaben von Verbrauchern), inhaltlich eher auf pauschale Nachfragen und eine stichprobenmäßige Kontrolle zu beschränken haben. Bei auftretenden Zweifeln kann die Überprüfung aber – weil jetzt ein Anlass besteht – ausgedehnt werden (ähnlich Landmann/Rohmer/*Marcks* § 29 Rn. 8f. und zur Eskalation nach altem Recht bei einer greifbar zutreffenden Beschwerde auch *Rennen/Caliebe* § 3 2. AVO Rn. 30: Aktenanforderung und Geschäftsprüfung). 43

In das Merkmal der Erforderlichkeit wird man auch das oft nur als ungeschriebene Grenze der Verpflichtung aus rechtsstaatlichen Gründen geprüfte (so Tettinger/Wank/Ennuschat/*Ennuschat* § 29 Rn. 21 aE) **Verbot missbräuchlicher Anfragen** hineinlesen können. 44

b) Verweigerungsrecht. Der zur Erteilung einer Auskunft Verpflichtete kann nach § 13a Abs. 4 S. 2 RDG die Auskunft verweigern, wenn er sich damit selbst oder einen der in § 383 Abs. 1 Nr. 1–3 ZPO bezeichneten Angehörigen der Gefahr der Verfolgung wegen einer Straftat oder eines Verfahrens nach dem Gesetz über Ordnungswidrigkeiten aussetzen würde. Vergleichbare 45

Regelungen finden sich in § 29 Abs. 3 GewO (§ 35 Abs. 3a S. 2 GewO aF) oder § 56 Abs. 1 S. 2 und 3 BRAO.

46 Der Adressat ist nach § 13a Abs. 4 S. 3 RDG auf dieses Recht hinzuweisen. Damit ist die etwa bei § 29 GewO diskutierte Frage, ob im Gegenschluss aus § 22 Abs. 1 S. 3 ArbSchG eine Belehrung entbehrlich ist (so Tettinger/Wank/Ennuschat/*Ennuschat* § 29 Rn. 21; aA *Thiel* GewArch 2001, 403, 405), durch das Gesetz geklärt.

47 Der Hinweis darf nicht nur unter Verweis auf die Norm erfolgen, sondern sollte idealerweise am Wortlaut des Gesetzes orientiert sein (zu § 56 BRAO AGH Hamm BRAK-Mitt. 2000, 199). Bei widerholten Auskunftsbegehren ist der Hinweis zu wiederholen (zu § 56 BRAO AGH Koblenz BRAK-Mitt. 2004, 237).

48 Fehlt der Hinweis, ist der Aufforderung nicht Folge zu leisten, selbst wenn der Betroffene seine Rechte kennt (zu § 56 BRAO BGH BRAK-Mitt. 2006, 33; Henssler/Prütting/*Hartung* § 56 Rn. 17). Wird die Auskunft aber hier dennoch erteilt, kommt es nicht zu einem Verwertungsverbot (Henssler/Prütting/*Hartung* § 56 Rn. 17 aE, str.). Dass im Übrigen die Auskunft wahr sein muss, wenn kein Verweigerungsrecht besteht, ist selbstverständlich (aber dennoch str. bei § 56 BRAO, dazu Henssler/Prütting/*Hartung* § 56 Rn. 20 ff.).

49 Das Verweigerungsrecht bezieht sich nach Wortlaut und Sinn und Zweck allein auf die (aktive) Auskunftspflicht, jedenfalls **nicht** aber auf die passive Duldungspflicht bei der Nachschau, auf die der Regelungszweck nicht übertragbar ist (so zu § 29 Abs. 3 GewO auch VGH München GewArch 2006, 34, 36; Tettinger/Wank/Ennuschat/*Ennuschat* § 29 Rn. 21, 31).

50 **2. Vorlage von Unterlagen etc.** Über die reine Erteilung von Auskünften hinaus sind auch „die in Betracht kommenden Bücher, Aufzeichnungen, Belege, Schriftstücke und sonstigen Unterlagen in geeigneter Weise zur Einsicht vorzulegen, auch soweit sie elektronisch geführt werden." Zudem ist sonst die „erforderliche Unterstützung zu gewähren".

51 Es ist unklar, ob sich das **Auskunftsverweigerungsrecht** (Rn. 45) auch auf diese Bestandteile bezieht. Auf aktive Handlungen (Unterstützungshandlungen) wird man das übertragen können, ansonsten dürfte das jedoch zu verneinen sein, denn es geht nur um die passive Duldung etwa der Einsichtnahme in Urkunden. Die Unterlagen dürfen nach dem Zusammenhang mit dem Gestattungsrecht – wie im Rahmen des § 29 GewO – nur vor Ort eingesehen werden; nicht erfasst ist das Recht zur Beschlagnahme. Sofern im alten Recht zu § 3 2. AVO RBerG auch die Möglichkeit gesehen wurde, zur Vorlage konkreter Unterlagen bei der Behörde aufzufordern (*Rennen/Caliebe* § 3 2. AVO Rn. 31), dürfte das heute im Zweifel nicht mehr möglich sein. Man kann diese Möglichkeit dem Betroffenen aber dennoch anbieten, vor allem dann, wenn er die Gestattung der Nachschau verweigert und so weitere Umstände oder Störungen des Betriebsablaufs vermeiden will (vgl. zum alten Recht BVerwG NJW 1995, 1768).

52 **3. Gestattung einer sog. Nachschau. a) Nachschau nur während der Betriebszeiten.** Zu gestatten ist (passiv) das Betreten der Geschäftsräume während der üblichen Betriebszeiten. Die Duldungspflicht trifft hier alle Personen, die im Rahmen ihrer betrieblichen Tätigkeit die tatsächliche Gewalt

Aufsichtsmaßnahmen **§ 13a RDG**

über den Betrieb ausüben (Tettinger/Wank/Ennuschat/*Ennuschat* § 139b Rn. 26); nicht aber **Dritte**, mögen sie auch rein tatsächlich Zugriffsmöglichkeiten haben (vgl. OVG Koblenz GewArch 1983, 160f.).

Verfassungsrechtlich schützt das Grundrecht der Unverletzlichkeit der 53 Wohnung **(Art. 13 GG)** abgeschwächt auch Geschäftsräume (BVerfGE 32, 54, 68 ff. = NJW 1971, 2299 ff.). Die behördliche Nachschau während der üblichen Geschäftszeiten soll nach hM aber dennoch keine Durchsuchung iSd Art. 13 Abs. 2 GG sein und auch kein Eingriff iSd Art. 13 Abs. 7 GG, sondern nur ein Eingriff in Art. 2 Abs. 1 GG (BVerfGE 32, 54, 76f. = NJW 1971, 2299, 2301; GewArch 2007, 2006; aA *Ennuschat* AöR 127 [2002], 252, 261 ff.), der dann hier etwa durch § 13a Abs. 4 RDG als einfache Schrankenregelung gedeckt wäre, wenn und soweit der Grundsatz der Verhältnismäßigkeit eingehalten wird.

§ 13 Abs. 4 RDG sieht – anders als etwa § 29 Abs. 2 GewO – keine differen- 54 zierenden Regelungen für eine **Nachschau außerhalb der Geschäftszeiten** oder – ungeachtet der Zeiten – von **(auch) als Wohnung genutzten Räumen** vor. Ein solches Tun würde auch nach der in Rn. 53 genannten Rspr. einen Eingriff in Art. 13 Abs. 1 GG darstellen, der mithin im Bereich des RDG mangels gesetzlicher Grundlage **nicht** möglich ist. Dass gerade unseriöse Unternehmen zu Hinterhof-Wohnzimmerbüros tendieren mögen, vereitelt eine effektive Nachschau. Dass solche Räume ihren Privatcharakter verlieren (so sehr weitgehend Tettinger/Wank/Ennuschat/*Ennuschat* § 29 Rn. 26), ist zweifelhaft (*Maiwald* GewArch 2007, 208).

Ein weiteres Problem ist, dass der Begriff der üblichen Betriebszeiten bei 55 freiberufsähnlich tätigen Rechtsdienstleistern (etwa Rentenberatern) wenig aussagekräftig und praktisch handhabbar sein dürfte. Auch insofern ist die Norm missglückt.

b) Durchführung der Nachschau und Verhältnismäßigkeit. Zweck 56 der Nachschau ist die Überwachung der Rechtsdienstleister, also die Sicherstellung der Einhaltung der Vorgaben des RDG und die Feststellung der Zuverlässigkeit des Rechtsdienstleisters; allein diesen Zwecken muss und darf die Nachschau dienen (BVerfG GewArch 2007, 231, 232f.). Es darf also nicht etwa um die Verfolgung nicht gewerbebezogener Straftaten gehen (Tettinger/Wank/Ennuschat/*Ennuschat* § 29 Rn. 25).

Der **Zeitpunkt** der Nachschau muss nicht angekündigt sein, sie kann also 57 auch überraschend erfolgen (vgl. KG GewArch 1987, 305, 306). Die **Anwesenheit** des Rechtsdienstleisters ist nicht erforderlich, sofern andere Zeugen – etwa Angestellte – zugegen sind (OLG Düsseldorf GewArch 1982, 388, 389).

Der **Umfang der Gestattungspflicht** erstreckt sich zunächst darauf, das 58 Betreten von Grundstück und Geschäftsräumen passiv zu dulden. Über die bloße passive Duldung hinaus sind dem Betroffenen aber gewisse (behördlicherseits zur Not eigenständig durchsetzbare) Mitwirkungspflichten auferlegt etwa zum Öffnen der Räume und zu allgemeinen Auskünften über die Betriebsräume (Tettinger/Wank/Ennuschat/*Ennuschat* § 29 Rn. 29; siehe auch BVerwG GewArch 1959/1960, 219).

Auch die Nachschau muss **verhältnismäßig** erfolgen. Insbesondere müs- 59 sen übermäßige Störungen im Geschäftsbetrieb oder eine Stigmatisierung des

Inhabers vermieden werden. Eine Nachschau alle 2–3 Jahre ist aber hinzunehmen (zu Geschäftsprüfungen nach dem RBerG BVerwG NJW 1995, 1768; OVG Schleswig Rbeistand 1994, 26, VG Schleswig Rbeistand 1993, 63; *Rennen/Caliebe* § 3 2. AVO Rn. 16); auch hier stellt sich die Frage, ob es einen „Anlasses" bedarf, wofür einiges spricht (Rn. 43).

III. Rechtsfolgen bei Pflichtverletzungen

60 Wird dem als Verwaltungsakt zu qualifizierenden (Rn. 41) Verlangen der Behörde nicht Folge geleistet, kann der Verwaltungsakt (der bei der Gestattungspflicht auf Duldung gerichtet ist) grds. im Wege des **Verwaltungszwangs** durchgesetzt werden. Denn eine dem § 57d S. 2 WPO vergleichbare Regelung fehlt hier.

61 Um den Suspensiveffekt eines Widerspruchs und der Anfechtungsklage zu vermeiden, ist bei Bedarf die sofortige Vollziehung nach § 80 Abs. 2 S. 1 Nr. 4 VwGO anzuordnen und zu begründen (vgl. auch Landmann/Rohmer/*Marcks* § 29 Rn. 13).

62 Ein eigenständiger **Bußgeldtatbestand** wie in § 146 Abs. 2 Nr. 4 GewO fehlt in § 20 RDG leider. Die Behörde kann hier allenfalls Auflagen (§ 13a Abs. 2 S. 2, 10 Abs. 3 RDG) erteilen und dann nach § 20 Abs. 1 Nr. 3 RDG vorgehen.

63 Eine beharrliche Zuwiderhandlung kann zudem den Schluss auf eine Unzuverlässigkeit rechtfertigen und den **Widerruf** der Registrierung tragen (§ 14 Nr. 1 RDG); bei entsprechenden Auflagen greift zudem ggf. auch § 14 Nr. 3 RDG. Ggf. kann auch nach § 13a Abs. 3 RDG vorgegangen werden (Rn. 30 f.).

§ 14 Widerruf der Registrierung

Die zuständige Behörde widerruft die Registrierung unbeschadet des § 49 des Verwaltungsverfahrensgesetzes oder entsprechender landesrechtlicher Vorschriften,
1. **wenn begründete Tatsachen die Annahme rechtfertigen, dass die registrierte Person oder eine qualifizierte Person die erforderliche persönliche Eignung oder Zuverlässigkeit nicht mehr besitzt; dies ist in der Regel der Fall, wenn einer der in § 12 Abs. 1 Nr. 1 genannten Gründe nachträglich eintritt oder die registrierte Person beharrlich Änderungsmitteilungen nach § 13 Abs. 3 Satz 1 unterlässt,**
2. **wenn die registrierte Person keine Berufshaftpflichtversicherung nach § 12 Abs. 1 Nr. 3 mehr unterhält,**
3. **wenn begründete Tatsachen die Annahme dauerhaft unqualifizierter Rechtsdienstleistungen zum Nachteil der Rechtsuchenden oder des Rechtsverkehrs rechtfertigen; dies ist in der Regel der Fall, wenn die registrierte Person in erheblichem Umfang Rechtsdienstleistungen über die eingetragene Befugnis hinaus erbringt oder beharrlich gegen Auflagen oder Darlegungs- und Informationspflichten nach § 11a verstößt,**

Widerruf der Registrierung § 14 RDG

4. wenn eine juristische Person oder eine Gesellschaft ohne Rechtspersönlichkeit, die keine weitere qualifizierte Person benannt hat, bei Ausscheiden der qualifizierten Person nicht innerhalb von sechs Monaten eine qualifizierte Person benennt.

Inhaltsübersicht

	Rn.
A. Allgemeines	1
B. Das Widerrufsverfahren	8
I. Zuständigkeit	8
II. Verfahrensfragen	9
III. Gebundene Entscheidung – Verhältnismäßigkeit	14
IV. Rechtmäßigkeit der ursprünglichen Registrierung als Tatbestandsvoraussetzung?	19
V. Entsprechende Anwendung der Jahresfrist aus § 48 Abs. 4 VwVfG?	20
C. Die Tatbestände im Detail	23
I. Fehlende persönliche Eignung oder Zuverlässigkeit (Nr. 1)	23
II. Fehlende Berufshaftpflichtversicherung (Nr. 2)	28
III. Dauerhaft unqualifizierte Rechtsdienstleistungen (Nr. 3)	35
1. Allgemeines	35
2. Regelbeispiele (Nr. 3 Hs. 2)	41
3. Ungeschriebene Berufspflichten für registrierte Rechtsdienstleister?	47
IV. Ausscheiden der einzigen/letzten qualifizierten Person (Nr. 4)	56
V. Sonstige Fälle?	62
1. Widerruf bei einem Verzicht auf die Registrierung?	62
2. „Untätigkeit" als Widerrufsgrund?	63
D. Widerruf, Rechtsfolgen und Rechtsschutz	64
I. Der Widerruf und seine Rechtsfolgen	64
1. Allgemeines	64
2. Abwicklungsfristen	67
3. Löschung und Gebühren	70
4. Vorläufiges Berufsverbot und § 13a Abs. 3 RDG	73
II. Rechtsschutz	75
1. Aufschiebende Wirkung von Widerspruch und Anfechtungsklage	75
2. Anordnung der sofortigen Vollziehung und Vorgehen nach § 80 Abs. 5 VwGO	79
E. Exkurs: Widerruf nach § 49 VwVfG und Rücknahme nach § 48 VwVfG	90
F. Sonstiges	92

A. Allgemeines

Gem. § 14 RDG **muss** (= **kein Ermessen**, Rn. 14 ff.) die zuständige Behörde die Registrierung widerrufen, wenn während der Berufsausübung des registrierten Rechtsdienstleisters einer der in der Vorschrift genannten Widerrufsgründe festgestellt wird. Die Regelung tritt schon nach ihrem Wortlaut neben die allgemeine verwaltungsverfahrensrechtliche Regelung in § 49 VwVfG, was wegen § 1 Abs. 3 VwVfG regelmäßig als Verweis auf die entspre- 1

RDG § 14 Teil 3 Rechtsdienstleistungen durch registrierte Personen

chenden Parallelregelungen der landesrechtlichen Verfahrensgesetze zu verstehen ist. Für Registrierungen, die von Anfang an rechtswidrig waren, ist zudem auch ein Rückgriff auf die Parallelregelungen zu § 48 VwVfG möglich (eingehend Rn. 19, 91).

2   Kannte das RBerG noch eine – in der Praxis allerdings kaum jemals effektive – **laufende Berufsaufsicht über Erlaubnisinhaber** und sah es Möglichkeiten zur Verhängung von Aufsichtsmaßnahmen (zB Geschäftsprüfungen, § 3 2. AVO RBerG) vor, hat der Gesetzgeber darauf im RDG zumindest zunächst bewusst verzichtet (BT-Drs. 16/3655, 43, 72). Die zuständigen Behörden sollen nur noch **anlassbezogen** tätig werden, wenn ihnen Tatsachen bekannt werden, die einen **Widerruf** der Registrierung erforderlich machen. Während das RBerG den Widerruf nur als ultima ratio vorsah und mildere disziplinarische Mittel der Berufsaufsicht wie die **Rüge** oder einen **Ausspruch der Missbilligung** kannte, die aus Gründen der Verhältnismäßigkeit stets vorrangig in Betracht zu ziehen waren (BVerwG Rpfleger 1967, 47; OVG Lüneburg Rbeistand 1985, 161), waren solche behördlichen Maßnahmen im RDG jedenfalls anfangs bewusst nicht mehr vorgesehen. Sie dürften (und dürfen) daher auch **nicht** über die (ohnehin fragwürdige) Rechtsfigur der „Minusmaßnahme" in § 14 RDG als milderes Mittel zu einem Widerruf der Registrierung hineingelesen werden (Kilian/Sabel/vom Stein/*vom Stein* Rn. 540; Krenzler/ *K.-M. Schmidt* Rn. 3). Die Behörde kann (und sollte) die im Verfahren nach § 14 RDG ohnehin gebotene **Anhörung** (Rn. 11 ff.) aber frühzeitig vornehmen und bewusst als „Schuss vor den Bug" nutzen, auch wenn sie bei ersten Verstößen eigentlich (noch) vom Widerruf absehen möchte. Alternativ sind und waren **nachträgliche Auflagen nach § 10 Abs. 3 RDG** möglich, deren beharrliche Nichteinhaltung ggf. über § 14 Nr. 3 RDG sanktioniert werden kann, wenn sie – was vorrangig zu prüfen ist (Rn. 43) – nicht sogar isoliert vollstreckt werden können. Derartige nachträgliche Auflagen sind jedenfalls heute auch nicht etwa ein unzulässiger Teilwiderruf mit einem Belassen des Registrierung unter Auflagen (so aber noch zum RBerG OVG Lüneburg NdsVBl. 2008, 74), sondern im Rahmen des § 10 Abs. 3 RDG ausdrücklich zulässig und als eigenständiger Verwaltungsakt iSd § 35 VwVfG anzusehen, während eine bei der Registrierung gemachte Auflage eine Nebenbestimmung iSd § 36 VwVfG ist (BT-Drs. 17/13057, 20). Es war (und ist) aber stets zu fragen, ob tatsächlich eine geeignete Auflage in Betracht kommt, doch muss die Behörde auf diesem Weg nicht etwa eine praktisch kaum zu leistende behördliche Daueraufsicht einrichten (insofern weiterhin richtig OVG Lüneburg NdsVBl. 2008, 74), die das RDG gerade abschaffen wollte. In einigen Fällen werden ggf. auch **Bußgeldtatbestände nach § 20 RDG** erfüllt sein.

3   Das Gesetz gegen unseriöse Geschäftspraktiken v. 1.10.2013 (BGBl. I S. 3714) hat indes etwas Bewegung in das zu Rn. 2 Gesagte gebracht: Die Generalklausel in § 13a Abs. 2 RDG und die Möglichkeit zur vorläufigen Betriebsschließung nach § 13a Abs. 3 RDG stehen nicht nur in einem eher unklaren Verhältnis zu den Möglichkeiten des Widerrufs der Registrierung nach § 14 RDG (eingehend § 13a RDG Rn. 30 f.; § 15b RDG Rn. 15 f.). Denn es ist obendrein nicht gesichert, wie weit die berufsaufsichtsrechtlichen Maßnahmen aus § 13a Abs. 2 RDG gehen, mit denen der Gesetzgeber aufsichtsrechtliche Maßnahmen „auch unterhalb der Schwelle des Widerrufs der Registrie-

Widerruf der Registrierung **§ 14 RDG**

rung" möglich machen wollte (§ 13a RDG Rn. 2). Richtigerweise darf aber auch darüber weiterhin kein (ungeschriebenes) Berufsrecht über die Hintertür wieder neu eingeführt werden (§ 13a RDG Rn. 13); es bleibt mithin auch weiterhin weitgehend bei dem zu Rn. 2 Gesagten. Statt Widerruf und Auflage werden aber ggf. auch eine Unterlassungsverfügung/Weisung oder ein Hinweis an den Rechtsdienstleister als ebenfalls gegenüber einem Widerruf milderes Mittel denkbar sein (§ 13a RDG Rn. 15). Diese treten dann neben die weiterhin eröffnete Möglichkeit einer frühzeitigen Anhörung iSd § 28 VwVfG.

Die Novelle geht zudem mit einer erheblichen Ausweitung der Bußgeld- 4 tatbestände in § 20 RDG einher. Das Reaktionsspektrum der Aufsichtsbehörden wird dadurch erweitert, ohne dass damit von dem Grundsatz abgerückt werden soll, bei erheblichen Rechtsverstößen zum Nachteil der Rechtsuchenden frühzeitig das Widerrufsverfahren einzuleiten. Eine Rückkehr zu dem früheren gestuften Sanktionssystem, bei dem einem Widerruf regelmäßig ein Rügeverfahren vorzuschalten war, soll hiermit nicht einhergehen (BT-Drs. 17/13057, 20, dazu auch § 13a RDG Rn. 13). In § 14 Nr. 3 RDG wurde ferner mWv 1.11.2014 (vgl. Art. 10 des Gesetzes gegen unseriöse Geschäftspraktiken v. 1.10.2013, BGBl. I S. 3714) ein Verweis auf den neuen § 11a RDG eingefügt.

Bei der Arbeit mit der Norm erscheint ein vorsichtiger Rückgriff auf 5 Rechtsprechung und Literatur zur **Vorgängerregelung** in **§ 14 1. AVO RBerG** denkbar, doch müssen die zahlreichen Änderungen im Gesetz berücksichtigt werden. Soweit die Vorgängerregelung an den **„Eintritt"** von Tatsachen angeknüpft hat, die die Versagung der Erlaubnis trugen, also auf das tatsächliche Entstehen solcher Umstände abstellte (statt aller *Chemnitz/Johnigk* Rn. 1086f.), sprechen § 14 Nr. 1 und 3 RDG (nur) davon, dass „begründete Tatsachen" die „Annahme rechtfertigen" müssen. Dies dürfte indes nur ungenau formuliert sein und inhaltlich keinen Unterschied machen. Auch hier müssen die Tatsachen nachweislich vorliegen; das unterscheidet § 14 RDG von der identischen Formulierung in § 13a Abs. 3 RDG (§ 13a RDG Rn. 24f.).

In anderen berufsrechtlichen Gesetzen finden sich zahlreiche **Parallel-** 6 **bestimmungen** (§ 14 BRAO; § 46 StBerG; § 21 PAO; § 20 WPO; § 50 BNotO). Hier können und sollten im Einzelfall ebenfalls enge Anleihen genommen werden, doch sind die jeweiligen Besonderheiten im Auge zu behalten. Schon wegen der höchst unterschiedlichen gesetzlichen Ausgestaltung der Berufe ist eine identische Regelung und Handhabung der Widerrufsregelungen auch mit Blick auf Art. 3 GG bei Rechtsdienstleistern **nicht** zwingend geboten (so zum RBerG BVerwG Rbeistand 1989, 16; OVG Münster Rbeistand 1996, 20). Das mag bei den drei wirtschaftsnahen Beratungsberufen der Rechtsanwälte, Steuerberater und Wirtschaftsprüfer anders sein (so BVerfGE 98, 49, 62 = NJW 1998, 2269, 2271; BGH NJW 2013, 2674 Rn. 83ff.; enger uU EGMR NJW 2007, 3049, 3050). Dies heißt aber nicht, dass es bei Rechtsdienstleistern immer Unterschiede geben muss; in manchen Fällen ist eine Angleichung sinnvoll und ausdrücklich gewollt (siehe etwa § 12 RDG Rn. 25). Auch der Gesetzgeber geht nicht selten von einer Annäherung aus (vgl. etwa § 11a RDG und § 43d BRAO), mag er sie teilweise auch bewusst aufgeben (vgl. etwa § 4 Abs. 3 RDGEG).

Dötsch

7 Im Kern bestehen keine Bedenken an der **Verfassungsmäßigkeit** solcher Widerrufsregelungen (Rn. 15, vgl. ferner zu § 46 Abs. 2 Nr. 4 StBerG etwa nur FG Leipzig Urt. v. 24.8.2011 – 2 K 717/11, StbG 2012, 180 m. Anm. *Pestke;* kritisch aber vor allem mit Blick auf § 50 BNotO *Beck* ZVI 2013, 81).

B. Das Widerrufsverfahren

I. Zuständigkeit

8 Zuständig für einen Widerruf ist die nach **§ 13 RDG** zuständige Behörde (BT-Drs. 16/3655, 43, 72). Bei Verlegung der Hauptniederlassung wird mit der Abgabe nach § 13 Abs. 3 S. 3 und 4 RDG die neue Behörde zuständig (§ 13 RDG Rn. 85). § 3 Abs. 2 VwVfG ist als lex generalis nicht anzuwenden (§ 13 RDG Rn. 6). Schon wegen § 46 VwVfG werden Tricksereien mit einer Verlegung des Hauptsitzes aber im Widerrufsverfahren kaum helfen.

II. Verfahrensfragen

9 Wie schon im Registrierungsverfahren (§ 13 RDG Rn. 54 ff.) gelten mangels Sonderregelungen die allgemeinen verwaltungsverfahrensrechtlichen Regelungen der VwVfGe der Länder. Der Widerruf der Registrierung ist – als actus contrarius zur Registrierung – ein **Verwaltungsakt** (§ 35 VwVfG).

10 Es gilt somit auch hier der **Untersuchungsgrundsatz** (§ 13 RDG Rn. 58 ff.), die Behörde wird also von Amts wegen tätig und ermittelt, sobald ihr Umstände bekannt werden, aus denen sich ein Anlass zum Widerruf ergeben kann (etwa durch Hinweis anderer Behörden oder durch Anzeigen bzw. Eingaben von Geschädigten). Auch entlastende Umstände sind zu ermitteln (VG Köln Beschl. v. 7.2.2014 – 1 L 1262/13, BeckRS 2014, 47081). Siehe zur **Begutachtung des Geistes- und Gesundheitszustands** § 12 RDG Rn. 21 und zur Datenerhebung § 18 RDG Rn. 3 ff. Die in § 15 Abs. 1 1. AVO RBerG noch zwingend vorgesehene Einschaltung der Kreispolizeibehörde ist entfallen.

11 Schon wegen der landesrechtlichen Parallelregelungen zu § 28 VwVfG ist vor einem Widerruf grds. eine **Anhörung** des betroffenen Rechtsdienstleisters geboten (VG Köln Beschl. v. 7.2.2014 – 1 L 1262/13, BeckRS 2014, 47081); daneben greift der Begründungszwang aus den Parallelbestimmungen zu § 39 VwVfG. Die die Frage der Anhörung klarstellende Regelung in § 15 Abs. 1 1. AVO RBerG ist (zu Recht) gestrichen worden. Soweit im alten Recht wegen der besonderen Bedeutung der Angelegenheit regelmäßig eine **mündliche** Anhörung verlangt worden ist (*Rennen/Caliebe* § 15 1. AVO Rn. 6), dürfte das so pauschal zu weit gehen und steht richtigerweise im behördlichen Ermessen (so ausdrücklich auch VG Berlin Urt. v. 25.8.2011 – 1 K 5.10, BeckRS 2011, 54856). Es kann dennoch häufig sinnvoll sein, so zu verfahren, zumal ein (Rechts-)Gespräch einen deutlichen „Befriedungseffekt" haben kann. Eine persönliche Anhörung ist jedenfalls dann notwendig, wenn für die Behörde erkennbar ist, dass eine schriftliche Äußerung vom Beteiligten nach seinen persönlichen Umständen objektiv nicht möglich oder unzumutbar ist (Stelkens/Bonk/Sachs/*Bonk/Kallerhoff* § 28 Rn. 46). Bei einer Anhörung nur

Widerruf der Registrierung **§ 14 RDG**

durch formloses Schreiben ist zudem eine Bestätigung des Zugangs einzuholen, wenn auf das Schreiben keine Stellungnahme eingeht (BVerwG Buchholz 310 § 130a VwGO Nr. 72; BSG NVwZ 2001, 237).

Die Anhörung soll dem Betroffenen (auch) die **Möglichkeit** geben, das beanstandete Verhalten dauerhaft abzustellen und so den Grund für den Widerruf zu beseitigen (BT-Drs. 16/3655, 72). Sie hat insofern **Warn- und Steuerungsfunktion** (Rn. 3). Zudem hat sie große Bedeutung im Hinblick auf die zahlreichen Vermutungsregelungen in § 12 RDG, bei denen dem Betroffenen die Möglichkeit gegeben werden muss, den **Gegenbeweis** zu führen. Erst wenn die Behörde dann zu der Überzeugung gelangt, dass ein Entlastungsbeweis nicht geführt werden kann oder soll, ist zu widerrufen. 12

Dennoch ist die Anhörung nicht zu verwechseln mit einer förmlichen **Androhung (wie etwa in § 13 VwVG, § 890 Abs. 2 ZPO).** Eine solche ist für einen Widerruf nach § 14 RDG nicht erforderlich. Sie war nur nach § 3 2. AVO RBerG ein **eigenständiges** Instrument der laufenden behördlichen Aufsicht über Erlaubnisinhaber als milderes Mittel zum Widerruf (Rn. 3). Sofern sie auch heute noch als Handlungsoption diskutiert wird (Dreyer/Lamm/ Müller/*Lamm* Rn. 12), geht sie richtigerweise in der ohnehin gebotenen Anhörung zum beabsichtigen Widerruf nach § 28 VwVfG auf, den sie insofern nur untechnisch „androht" (Rn. 3). § 13a Abs. 2 RDG ändert daran nichts, weil die Norm nicht dazu missbraucht werden sollte, die früheren berufsrechtlichen Aufsichtsmaßnahmen wieder aufleben zu lassen (zum Problem § 13a RDG Rn. 13). 13

III. Gebundene Entscheidung – Verhältnismäßigkeit

Sind die tatbestandlichen Voraussetzungen des § 14 RDG erfüllt, besteht – anders als bei § 49 VwVfG (Rn. 90) – **kein Ermessen** der Behörde. Es handelt sich um eine **gebundene Entscheidung.** Die Norm dient dem Schutz des Rechtsverkehrs und der Rechtsuchenden, die – gerade auch wegen des weitgehenden Verzichts auf eine laufende Aufsicht (Rn. 2f.) – darauf vertrauen können, dass registrierte Personen auch nach Eintragung in das Rechtsdienstleistungsregister (weiterhin) zur Erbringung von Rechtsdienstleistungen persönlich geeignet und zuverlässig sind und alle weiteren Registrierungsvoraussetzungen erfüllen (BT-Drs. 16/3655, 72). Die Widerrufstatbestände in § 14 RDG korrespondieren insofern eng mit § 12 RDG (siehe auch Rn. 33). 14

Es darf nicht verkannt werden, dass es sich bei einem Widerruf um einen **schweren Eingriff in Art. 12 GG (Berufswahlfreiheit)** handelt. Nach der Rechtsprechung des BVerfG ist ein solcher Eingriff nur zum Schutz wichtiger Gemeinschaftsgüter unter Beachtung des Grundsatzes der Verhältnismäßigkeit zulässig. Geboten ist mithin eine besonders sorgfältige, einzelfallbezogene Prüfung, ob die Annahme gerechtfertigt ist, dass der Schutz des Rechtsverkehrs, der Rechtsuchenden oder der Rechtsordnung durch eine weitere Erbringung der Rechtsdienstleistungen durch die betroffene Person **objektiv gefährdet** und ein Widerruf **nicht unverhältnismäßig** ist, also keine weniger belastenden Mittel zur Verfügung stehen (zum RBerG BVerfG *Rbeistand* 1989, 174; BVerwG DÖV 1970, 825; JR 1971, 123; NJW 1977, 2178; *Rbeistand* 1987, 96; 1996, 67; zu § 14 RDG jetzt VG Göttingen Urt. v. 21.11.2012 – 1 A 45/ 15

12, BeckRS 2012, 60433). Eine Gefährdung ist dabei immer schon zu bejahen, wenn sie **nicht so fern liegt, dass sie ohne Bedenken außer Betracht gelassen werden kann** (zum RBerG BVerwG Rbeistand 1996, 67; NJW 1977, 2178; VGH Mannheim Rbeistand 1995, 54; siehe etwa auch § 12 RDG Rn. 64).

16 Auch **§ 13a Abs. 2 und 3 RDG** sind vom Gesetzgeber bewusst vor dem Hintergrund geschaffen worden, dass der Widerruf nur die **ultima ratio** darstellen kann (BT-Drs. 17/14216, 6; siehe auch § 13a RDG Rn. 2). Als **milderes Mittel** kommt nicht nur die in § 13a Abs. 2 S. 2 RDG nochmals klarstellend (§ 13a RDG Rn. 11) genannte Auflage iSd § 10 Abs. 3 RDG in Betracht, sondern auch etwaige andere Aufsichtsmaßnahmen nach § 13a Abs. 2 RDG wie ggf. Hinweise der Behörde etc. (§ 13a RDG Rn. 15). Auch eine als „Warnschuss" gedachte Anhörung (§ 28 VwVfG) kommt in Betracht (Rn. 3). Wenn insbesondere aufgrund des Verhaltens auf eine Anhörung hin erwartet werden kann, dass die Person die gerügten Mängel angesichts des drohenden Widerrufs abstellen kann und wird, ist der Zweck des Widerrufs erreicht und ein solcher unverhältnismäßig (geworden). Über Verhältnismäßigkeitserwägungen kann die Behörde aber nicht zu einer dauerhaften Einzelkontrolle des Unternehmers gezwungen werden, ob es tatsächlich zu Fehlverhalten/Vermögensgefährdungen kommt (VG Göttingen Urt. v. 21.11.2012 – 1 A 45/12, BeckRS 2012, 60433), denn das ginge zu weit. Weitere Auflagen sind nicht als milderes Mittel anzusehen, wenn zu erwarten ist, dass es zu erneuten Umgehungsversuchen kommen wird (VG Köln Beschl. v. 7.2.2014 – 1 L 1262/13, BeckRS 2014, 47081).

17 Soweit wegen der zahlreichen Generalklauseln in §§ 12, 14 RDG von einem **„Beurteilungsspielraum"** der Behörde bei der Einzelfallprüfung gesprochen wird (Grunewald/Römermann/*Suppé* Rn. 3), ist das zumindest missverständlich. Angesichts der besonderen grundrechtlichen Relevanz muss eine **vollumfängliche gerichtliche Überprüfbarkeit** gegeben sein (zum RBerG etwa OVG Münster OVGE 4, 109; 24, 203; VG Köln Rbeistand 1984, 219).

18 Der **EGMR** prüft in Fällen des Widerrufs einer Berufszulassung aufgrund des Verlusts an Mandanten und Einkünften auch einen Eingriff in das **Eigentumsrecht**. Nach den dortigen Prüfungsmaßstäben muss daher ein Allgemeininteresse verfolgt werden und die Verhältnismäßigkeit gewahrt sein (EGMR AnwBl. 2000, 747; NJW 2007, 3049, 3050 zur Anwaltszulassung). Insofern ergeben sich im Ergebnis keine Unterschiede zu Rn. 15.

IV. Rechtmäßigkeit der ursprünglichen Registrierung als Tatbestandsvoraussetzung?

19 Aus dem Wortlaut von § 14 Nr. 1 und 2 RDG („mehr"), den beiden ersichtlich auf Geschehnisse nach der Registrierung bezogenen Regelungen in Nr. 3 und 4 und der allgemeinen Terminologie aus §§ 48f. VwVfG lässt sich ableiten, dass § 14 RDG nur den Widerruf **zunächst rechtmäßiger Registrierungen** im Auge haben dürfte (so ausdrücklich Dreyer/Lamm/Müller/*Lamm* Rn. 7; wohl auch Gaier/Wolf/Göcken/*Siegmund* Rn. 2, 6; Grunewald/Römermann/*Suppé* Rn. 2). Bei einer von Anfang an rechtswidrigen

Widerruf der Registrierung **§ 14 RDG**

Registrierung wäre somit auf die allgemeinen Regelungen (§ 48 VwVfG) zurückzugreifen (Rn. 91). Nimmt man das ernst, scheidet ein Widerruf gem. § 14 RDG aber aus, wenn die Behörde die Registrierung in der irrigen Annahme der Vorlage eines Sachkundenachweises oder wegen unzutreffender sonstiger Angaben vornimmt und ihr dies später auffällt. Vom Ergebnis her ist das unbefriedigend: Denn wenn jedenfalls jetzt die Voraussetzungen des § 14 RDG vorliegen, unter denen selbst eine zunächst rechtmäßige Registrierung widerrufen werden dürfte, müsste eigentlich **erst Recht** der Widerruf einer schon von Anfang an unrechtmäßigen (rechtswidrigen) Registrierung möglich sein. Dies war in der **Vorgängerregelung in § 14 1. AVO RBerG** auch anerkannt. Diese vermischte schon nach ihrem Wortlaut die Rücknahme eines rechtswidrigen Verwaltungsakts, bei dem die Behörde nur später Kenntnis der wahren Tatsachen erhielt, mit dem Widerruf eines rechtmäßigen Verwaltungsakts durch spätere Tatsachenänderungen. Daher war es dort irrelevant, ob die Gründe für den Widerruf bereits im Zeitpunkt der Erlaubnis vorlagen, der Behörde aber etwa wegen Falschangaben nicht bekannt waren (VGH München Rbeistand 1986, 7) oder sie erst später eintraten; es war ferner gleichgültig, ob der Antragsteller die Gründe kannte/kennen musste, sie also schuldhaft verschwiegen hatte oder nicht (*Rennen/Caliebe* § 14 1. AVO Rn. 7). Aber im systematischen Vergleich zu § 14 Abs. 1 und Abs. 2 BRAO (zu deren Verhältnis Henssler/Prütting/*Henssler* § 14 Rn. 5 und 7 f.) und angesichts der Tatsache, dass der Gesetzgeber eine Sonderregelung wie in § 14 Abs. 1 BRAO gerade nicht mehr hat ins RDG aufnehmen wollen (BT-Drs. 16/3655, 72), bleibt heute nur noch der Weg über § 48 VwVfG (Rn. 91).

V. Entsprechende Anwendung der Jahresfrist aus § 48 Abs. 4 VwVfG?

Nach § 48 Abs. 4 S. 2 VwVfG, § 49 Abs. 2 S. 2 VwVfG können Rücknahme und Widerruf grds. nur **innerhalb eines Jahres seit Kenntnisnahme der entscheidungserheblichen Tatsachen** durch die Behörde erfolgen. Die Regelung hat keinen Verfassungsrang und ist daher **nicht** ohne Weiteres auf andere Fälle entsprechend anwendbar (so zu § 46 StBerG BFHE 177, 180 = DStR 1995, 958; anders ohne Problembewusstsein – aber im konkreten Fall die Einhaltung der Frist bejahend – BFH BFH/NV 2002, 1499; zum RDG unklar Grunewald/Römermann/*Suppé* Rn. 11, anders wohl Rn. 7). 20

Sieht man das anders, wird man zumindest bei der erforderlichen Tatsachenkenntnis iSd § 48 Abs. 4 VwVfG zurückhaltend verfahren, zumal wegen der zahlreichen Vermutungsregelungen in § 12 RDG in vielen Fällen der Gegenbeweis zu prüfen ist. Erst wenn der für den Widerruf Zuständige zu der Überzeugung gelangt, dass ein Gegenbeweis nicht erfolgreich geführt worden ist, kann die Frist zu laufen beginnen (BFH BFH/NV 2002, 1499; FG Hannover DStR 2008, 61 zu § 46 Abs. 2 Nr. 4 StBerG). 21

Langes Zuwarten kann jedoch die **Verhältnismäßigkeit** des Widerrufs (Rn. 15) in Frage stellen. Berücksichtigung finden kann dabei das verfassungsrechtliche Gebot des Vertrauensschutzes oder das Institut der Verwirkung, insbesondere wenn neben einem langen Zeitablauf der Grund für den Widerruf (etwa bei einer fehlerhaften rechtlichen Würdigung) primär in der Sphäre der 22

Behörde wurzelt und der Begünstigte auf das Ergebnis vertrauen durfte (Grunewald/Römermann/*Suppé* Rn. 11f.).

C. Die Tatbestände im Detail

I. Fehlende persönliche Eignung oder Zuverlässigkeit (Nr. 1)

23 Der Wegfall der persönlichen Eignung oder Zuverlässigkeit isd § 12 Abs. 1 Nr. 1 RDG führt zum Widerruf. Wegen der Details wird auf die Kommentierung zu § 12 RDG Bezug genommen. Zum Begriff der „begründeten Tatsachen" siehe bereits oben Rn. 5.

24 Nr. 1 Hs. 2 normiert ergänzend zu den in § 12 RDG bereits enthaltenen Regelbeispielen **zwei weitere Regelbeispiele** für den Wegfall der Zuverlässigkeit, nämlich – als praktisch wichtigsten Fall – den **nachträglichen Eintritt der in § 12 Abs. 1 Nr. 1 RDG genannten Gründe** (dazu § 12 RDG Rn. 12ff.) sowie das **beharrliche Unterlassen von Änderungsmitteilungen** isd § 13 Abs. 3 S. 1 RDG (dazu allg. § 13 RDG Rn. 83ff.). Entsprechend dem zu § 12 RDG Rn. 46 Gesagten begründen die Regelfälle **nur eine widerlegbare Vermutung** der Unzuverlässigkeit. Die Behörde kann und muss trotz Vorliegens eines Regelfalls vom Widerruf absehen, wenn **besondere Umstände** vorliegen, die Zweifel am Fortbestand der Zuverlässigkeit aushebeln. Sofern darin eine fragwürdige Aufweichung der zT rigorosen Rechtsprechung zu § 7 BRAO gesehen wird (*Römermann* DB 2005, 931, 935), geht das fehl. Richtigerweise war und ist auch dort stets eine **Einzelfallprüfung** geboten.

25 Das **Unterlassen von Änderungsmitteilungen** wird aber nur in **Ausnahmefällen** den Widerruf rechtfertigen, wenn etwa die registrierte Person ständig ihren Sitz verlegt, ohne dies anzuzeigen (BT-Drs. 16/3655, 72). Der Verstoß muss **„beharrlich"** erfolgen, erheblich sein, Nachteile für die Rechtsuchenden und den Rechtsverkehr haben und ein Widerruf muss auch verhältnismäßig erscheinen. Der Begriff der „Beharrlichkeit" (der in der Parallelregelung in § 15 Abs. 5 RDG nicht angeführt ist, weil es dort keine Änderungsmitteilungen/ Auflagen gibt) kann in Anlehnung an die strafrechtliche (§§ 56f, 67d, 70b, 184e, 238 StGB) und gewerberechtliche (§ 148 Nr. 1 GewO) Terminologie verstanden werden: Er bezeichnet eine in der Tatbegehung zum Ausdruck gekommene besondere Hartnäckigkeit und damit gesteigerte Gleichgültigkeit des Täters gegenüber dem gesetzlichen Verbot, die zugleich die Gefahr weiterer Begehung indiziert (zu § 148 GewO BGH GewArch 1992, 179; zu § 56f StGB OLG Düsseldorf VRS 91, 115). Damit ist regelmäßig ein wiederholtes und über einen längeren Zeitraum andauerndes Zuwiderhandeln Voraussetzung für die Beharrlichkeit. Dies allein genügt indes nicht, hinzutreten muss auf subjektiver Seite, dass sich daraus eine erhöhte (vorsätzliche) Missachtung staatlicher Anforderungen ergibt. Ob eine fruchtlose behördliche Mahnung weitere Voraussetzung ist, ist unklar (Dreyer/Lamm/Müller/*Lamm* Rn. 21); in der Praxis werden sich dadurch jedenfalls Nachweisprobleme hinsichtlich des subjektiven Tatbestands umgehen lassen. Zudem wirft das Missachten eines klaren behördlichen Hinweises (§ 13a RDG Rn. 15) auch noch so ein schlechtes Licht

Widerruf der Registrierung **§ 14 RDG**

auf den Rechtsdienstleister. Liegen zwischen einzelnen Verstößen größere Zeiträume, kann es aber an der Beharrlichkeit fehlen (OLG Köln GA 1984, 333).
Besonderheiten ergeben sich beim Wegfall der persönlichen Eignung 26 oder der Zuverlässigkeit benannter **qualifizierter Personen iSd § 12 Abs. 4 RDG:**
Bei juristischen Personen und Gesellschaften ohne Rechtspersönlichkeit ist zu unterscheiden:
– Ist **nur eine** qualifizierte Person benannt und wird diese ungeeignet/unzuverlässig, kann ein Widerruf der Registrierung für das Unternehmen dadurch verhindert werden, dass die Person ihre Stellung aufgibt (etwa das Unternehmen verlässt oder ihren Aufgabenbereich so verändert, dass sie keine Rechtsdienstleistungen mehr erbringt) und in der Frist des § 14 Nr. 4 RDG eine neue qualifizierte Person benannt wird.
– Sind **mehrere Personen** benannt, von denen nur eine ungeeignet/unzuverlässig wird, ist ein Widerruf der Registrierung ebenfalls nicht geboten, wenn (nur) diese Person ihre Stellung aufgibt (§ 13 Abs. 3 S. 2 RDG), weil die anderen Personen weiterhin agieren können. Nur dann, wenn die ungeeignete/unzuverlässige Person weiter unverändert tätig wird, ist ein Widerruf der Registrierung insgesamt erforderlich, ungeachtet der Tatsache, dass daneben andere (geeignete) qualifizierte Personen tätig sind (BT-Drs. 16/3655, 72; Gaier/Wolf/Göcken/*Siegmund* Rn. 14).
Bei **registrierten Einzelpersonen** gilt Ähnliches: Verlässt die – hier ohnehin nur freiwillig benannte (§ 12 Abs. 4 S. 3 RDG) – qualifizierte Person den Betrieb oder wird ihr Aufgabenbereich entsprechend verändert, besteht keine Gefahr mehr, weil der registrierte Rechtsdienstleister selbst weiterhin Rechtsdienstleistungen erbringen kann. Ein Widerrufsgrund besteht nur, wenn die Person unverändert weiter tätig bleibt.
In allen vorgenannten Fällen kann jedoch das gehäufte Auftreten ungeeigne- 27 ter qualifizierter Personen – wie auch ein gehäuftes Auftreten sonstiger unzuverlässiger Mitarbeiter – **Rückschlüsse auf die Zuverlässigkeit des Unternehmens insgesamt** aufwerfen (siehe allg. zum **Problem der Zurechnung des Verhaltens Dritter** § 12 RDG Rn. 11). Dessen Registrierung ist dann uU auch zu widerrufen, wenn einzelne Personen (isoliert betrachtet) zuverlässig erscheinen. Sofern im alten Recht zur sog. Ausübungsberechtigung verlangt worden ist, dass das Fehlverhalten anderer Personen von den (personenverschiedenen) Leitungsorganen des Unternehmens gebilligt oder zumindest grob fahrlässig verkannt worden sein muss, um aus Gründen der Verhältnismäßigkeit einen Widerruf der Erlaubnis des Unternehmens tragen zu können statt eines (isolierten) Widerrufs nur der Ausübungsberechtigung der konkreten Person (*Rennen/Caliebe* § 14 1. AVO Rn. 24, 33), ist das heute so nicht mehr haltbar. Der schlichten Benennung nach § 12 Abs. 4 RDG kommt **nicht** eine derart selbstständige Bedeutung zu wie der Ausübungsberechtigung in § 3 1. AVO RBerG. Es kann mithin über § 14 RDG auch keinen (ungeschriebenen) „Widerruf der Benennung" als milderes Mittel geben.

II. Fehlende Berufshaftpflichtversicherung (Nr. 2)

28 Nach § 12 Abs. 1 Nr. 3 RDG, § 5 RDV ist das **Unterhalten einer Berufshaftpflichtversicherung** Voraussetzung für die Registrierung. Die Versicherung ist aber auch **während der gesamten Dauer der Registrierung** weiter zu unterhalten (§ 5 RDV Rn. 41). Erhält die Behörde durch die Versicherung (§ 5 Abs. 6 RDV, § 19 Abs. 1 RDG, § 117 Abs. 2 VVG) oder auf sonstige Weise Kenntnis davon, dass die registrierte Person keine Berufshaftpflichtversicherung mehr hat, ist die Registrierung nach § 14 Nr. 2 RDG zu widerrufen. Den Rechtsdienstleister trifft insofern eine Nachweispflicht (zu § 20 WPO OVG Berlin-Brandenburg Urt. v. 23.2.2012 – OVG 12 B 26.10, BeckRS 2012, 49152), die sich im Prozess als **Feststellungslast** auswirkt. Die Regelung bringt zum Ausdruck, dass derjenige, der seine Angelegenheiten einem registrierten Rechtsdienstleister anvertraut, sicher sein darf, bei etwaigen Beratungsfehlern voll entschädigt zu werden. Insofern kann weitgehend auch auf Rechtsprechung und Literatur den **Parallelvorschriften** etwa in § 14 Abs. 2 Nr. 9 BRAO, § 46 Abs. 2 Nr. 3 StBerG, § 20 Abs. 2 Nr. 4 WPO (zur Anwendung auf eine Anscheins-Mischsozietät bei § 44b Abs. 4 WPO OVG Berlin-Brandenburg Urt. v. 23.2.2012 – OVG 12 B 26.10, BeckRS 2012, 49152) oder § 50 Abs. 1 Nr. 10 BNotO zurückgegriffen werden.

29 Auf ein **Vertretenmüssen** kommt es für den Widerruf – wie bei der Unzuverlässigkeit (§ 12 RDG Rn. 42) – **nicht** an (BGH AnwBl. 2006, 356; AGH Naumburg Beschl. v. 23.1.2004 – 1 AGH 20/03, IBRRS 48674 zu § 51 BRAO). Das kann misslich sein, wenn wegen mehrfach verursachter Haftungsfälle kein Versicherer mehr gefunden werden kann; ist aber zum Schutz der in § 1 RDG genannten Rechtsgüter hinzunehmen.

30 Die Pflichten aus §§ 12 Abs. 1 Nr. 3, 14 Nr. 2 RDG, § 5 RDV werden auch verletzt, wenn **nur zeitweilig kein Versicherungsschutz** besteht. Durch einen Widerruf kann aber hier ohnehin allenfalls künftig drohenden Vermögensschäden begegnet werden. Trotz Bestehens einer Versicherungslücke kommt daher nach der auch hier heranzuziehenden Rechtsprechung zu § 51 BRAO ein Widerruf nicht (mehr) in Betracht, wenn **jedenfalls für die Zukunft** wieder voller Versicherungsschutz besteht und ggf. die entstandene Lücke durch eine sog. Rückwärtsversicherung (weitgehend) abgedeckt werden kann (BGH NJW 2001, 3131 = MDR 2001, 1137 m. Anm. *Kilian;* kritisch *Braun* BRAK-Mitt. 2002, 150, 151; *Späth* Information StW 2001, 663; zustimmend *Henssler* EWiR 2001, 913; primär auch auf freiwillige Rückversicherung abstellend LG Frankfurt a. M. DStRE 2008, 1368; ebenso *Gehre/Koslowski* § 46 Rn. 8; Kuhls u.a/*Willerscheid* § 46 Rn. 17). Dies muss erst recht gelten, wenn die Versicherungslücke durch Kulanz des Versicherers geschlossen wird (LG Düsseldorf Urt. v. 29.1.1993 – 45 StL 20/92, BeckRS 2014, 02908 zu § 67 StBerG). Solange zwischen Rechtsdienstleister und Versicherung aber Streit über die Neubegründung einer Versicherung besteht, kann widerrufen werden (AGH Naumburg Beschl. v. 23.1.2004 – 1 AGH 20/03, IBRRS 48674). Diese weiche Linie ist im Ergebnis auch deswegen überzeugend, weil **§ 20 Abs. 2 Nr. 4 WPO** („... die vorgeschriebene Berufshaftpflichtversicherung innerhalb der letzten fünf Jahre wiederholt mit nennenswerter Dauer nicht aufrechterhalten hat und diese Unterlassung auch

Widerruf der Registrierung **§ 14 RDG**

zukünftig zu besorgen ist ...") den Fall ausdrücklich gesondert regelt (siehe dazu VG Weimar Urt. v. 7.2.1997 – 6 K 1114/96.WE, BeckRS 2014, 45649) und in § 14 RDG, § 51 BRAO eine derartige Regelung fehlt. Zu § 46 Abs. 2 Nr. 3 StBerG wird teilweise jedoch auch strenger verfahren (FG München EFG 2011, 377: 20 Tage Versicherungslücke); überzeugend ist das angesichts der auch dort fehlenden Sonderregelung nicht.

Unklar ist, wie sich die in Rn. 30 genannte Lesart auswirkt, wenn der Versicherungsschutz nicht vor der letzten behördlichen Entscheidung wieder erreicht wird (was zu berücksichtigen wäre), sondern erst im gerichtlichen Verfahren. Nach dem unten zu Rn. 77 Gesagten ist der Betroffene dann uU auf eine Wiederregistrierung zu verweisen. **31**

Kommt es zu häufigen Problemen mit dem Versicherungsschutz, kann ggf. im Einzelfall auch **Unzuverlässigkeit (§ 12 Abs. 1 Nr. 1 RDG)** angenommen werden. Es können etwa ungeordnete Vermögensverhältnisse vorliegen, wenn ein Rechtsdienstleister nicht in der Lage ist, pünktlich und ohne Verzug die Prämie für die Berufshaftpflichtversicherung zu zahlen (VG Dessau GI 2000, 32 zu § 20 WPO; FG Kassel Urt. v. 14.9.1999 – 13 K 1354/99, BeckRS 1999, 31052475 zu § 46 StBerG; siehe auch § 12 RDG Rn. 79, 88). **32**

Aus Gründen der Verhältnismäßigkeit darf ein Widerruf nach Nr. 2 zudem erst erfolgen, wenn der Versicherungsschutz **auch im Verhältnis zu etwa geschädigten Dritten** gefährdet ist. Der Tatbestand des Nichtunterhaltens der vorgeschriebenen Berufshaftpflichtversicherung knüpft objektiv lediglich an das Bestehen eines Versicherungsverhältnisses an. Der bloße Zahlungsverzug mit einem Freiwerden des Versicherers nach § 38 Abs. 2 VVG genügt daher wegen der Besonderheiten des Pflichtversicherungsrechts in § 117 Abs. 1 VVG noch nicht, wenn nicht zugleich nach § 38 Abs. 3 VVG gekündigt worden ist. Aufgrund der grundgesetzlich aus Art. 12 GG geschützten Stellung darf der Widerruf als schwerster Eingriff in die Berufsausübungsfreiheit als letztes Mittel nur stattfinden, wenn der Versicherungsschutz auch im Verhältnis zu einem geschädigten Dritten entfallen ist (vgl. auch BGH NJW-RR 2001, 1214; DNotZ 1987, 442 zu § 50 BNotO; siehe auch AGH Jena BRAK-Mitt. 2007, 224; Urt. v. 9.4.2013 – AGH 2/11, BeckRS 2013, 18375 zu § 51 BRAO). Vor einem Widerruf muss aber nicht die Nachhaftungsfrist aus § 117 Abs. 2 VVG abgewartet werden, da das Versicherungsverhältnis nicht mehr besteht und nur unter bestimmten Aspekten fingiert wird (AGH Naumburg Beschl. v. 23.1.2004 – 1 AGH 20/03, IBRRS 48674 zu § 51 BRAO; aA uU Gaier/Wolf/Göcken/*Siegmund* Rn. 18). Bei **dauerhafter Leistungsfreiheit** der Versicherung kann uU ebenfalls ein Widerruf in Betracht kommen. **33**

§ 14 Nr. 2 RDG erfasst nur die Nichteinhaltung des **Mindestversicherungsschutzes**. Hat die Behörde **zusätzliche Auflagen iSd § 10 Abs. 3 RDG zur Versicherung** gemacht (§ 5 RDV Rn. 108), ist ein Widerruf nur über § 14 Nr. 3 RDG möglich. **34**

III. Dauerhaft unqualifizierte Rechtsdienstleistungen (Nr. 3)

1. Allgemeines. Im Einklang mit der Zielsetzung des § 1 Abs. 1 S. 2 RDG ist ein Widerruf nach Nr. 3 geboten, wenn „begründete Tatsachen" (dazu oben Rn. 5) die Annahme „dauerhaft unqualifizierter Rechtsdienstleistungen **35**

zum Nachteil der Rechtsuchenden oder des Rechtsverkehrs" rechtfertigen (siehe ergänzend die Kommentierung zur Parallelbestimmung in § 9 Abs. 1 RDG). Die Regelung ist dabei vor dem Hintergrund zu verstehen, dass in Nr. 1 und 2 ein Widerruf nur wegen Wegfalls der persönlichen Eignung, der Zuverlässigkeit oder des Versicherungsschutzes geregelt ist, nicht aber bei einem Fehlen/Wegfall der erforderlichen besonderen Sachkunde – was die Behörde auch kaum fortlaufend überprüfen könnte (Gaier/Wolf/Göcken/ *Siegmund* Rn. 19). Fehlende Sachkunde ist aber ein wichtiger, wahrscheinlich der wichtigste Aspekt, der zu „dauerhaft unqualifizierten Rechtsdienstleistungen" führen wird. Dies folgt nicht zuletzt aus dem Gedanken, dass § 14 RDG das Vertrauen auf die dauerhafte Erfüllung der Registrierungsvoraussetzungen aus § 12 RDG schützen soll (Rn. 14), so dass vor allem Sachkundefragen von Nr. 3 abgedeckt werden können (siehe auch § 12 RDG Rn. 98). Ganz trennscharf erfolgen kann eine Abgrenzung zur Unzuverlässigkeit dabei nicht (Rn. 37, 42); schädlich ist das jedoch nicht.

36 Ein Widerruf nach Nr. 3 bedarf schon wegen **Art. 12 GG** der besonders vertieften Abwägung und Prüfung aller Umstände des Einzelfalls (VG Berlin Urt. v. 25.8.2011 – 1 K 5.10, BeckRS 2011, 54856; *Kleine-Cosack* Rn. 8). Der **Grundsatz der Verhältnismäßigkeit** (Rn. 15f.) ist gerade hier zu beachten, als mildere Mittel werden nicht selten formlose Hinweise durch die Behörde (§ 13a Abs. 2 S. 1 RDG) oder förmliche Auflagen nach §§ 13a Abs. 2 S. 2, 10 Abs. 3 S. 3 RDG in Betracht kommen (BT-Drs. 16/3655, 72; jetzt auch VG Berlin Urt. v. 25.8.2011 – 1 K 5.10, BeckRS 2011, 54856). So kann dem Rechtsdienstleister Gelegenheit gegeben werden, sein beanstandetes Fehlverhalten dauerhaft abzustellen, um den Grund für den Widerruf zu beseitigen (VG Berlin Urt. v. 25.8.2011 – 1 K 5.10, BeckRS 2011, 54856). Dies geht aber nicht soweit, dass ein Widerruf unter Absehen von einer begleitenden Anordnung der sofortigen Vollziehung nach § 80 Abs. 2 S. 1 Nr. 4 VwGO für ein „Verhältnismäßigkeitsdefizit" spricht (so aber VG Berlin Urt. v. 25.8.2011 – 1 K 5.10, BeckRS 2011, 54856). Denn dies geht aus den zu Rn. 83 genannten Gründen zu weit.

37 „**Dauerhaft unqualifizierte Rechtsdienstleistungen**" meint erhebliche Verstöße, die erkennen lassen, dass die Person oder das Unternehmen ungeeignet zur Erbringung von Rechtsdienstleistungen ist. **Einmalige** oder auch **mehrere, jedoch auf jeweils verschiedener Ursache beruhende fehlerhafte Rechtsdienstleistungen** werden **regelmäßig** den Widerruf noch **nicht** rechtfertigen, zumal dafür – wie bei Rechtsanwälten – die Berufshaftpflichtversicherung einzustehen haben wird (BT-Drs. 16/3655, 63, 72; VG Berlin Urt. v. 25.8.2011 – 1 K 5.10, BeckRS 2011, 54856; siehe auch Dreyer/ Lamm/Müller/*Lamm* Rn. 36). Sofern die Norm insofern als unnötige Toleranz gegenüber Quacksalbern kritisiert wird (*Römermann* DB 2005, 931, 935), ist das nicht unberechtigt, trifft aber vor allem die Parallelbestimmung in § 9 Abs. 1 RDG. Im vorliegenden Bereich wird die Situation durch das Vorhandensein einer Pflichtversicherung zumindest deutlich abgefedert; bei einer deutlich schärferen Auslegung bestünden auch verfassungsrechtliche Bedenken (eingehend Gaier/Wolf/Göcken/*Siegmund* Rn. 25), zumal der Wortlaut „dauerhaft" mit einer anderen Lesart kaum zu vereinbaren wäre. Allenfalls bleibt – wie bei § 14 Abs. 3 1. AVO RBerG (dazu *Rennen/Caliebe* § 14

1. AVO Rn. 17) – die Möglichkeit, auch bei nur einmaligen, aber ganz besonders gravierenden Verstößen **Unzuverlässigkeit** isd § 12 Abs. 1 Nr. 1 RDG anzunehmen.

Die „dauerhaft unqualifizierten Rechtsdienstleistungen" müssen im Einklang 38
mit § 1 Abs. 1 RDG zum **Nachteil der Rechtsuchenden oder – was genügt** (VG Berlin Urt. v. 25.8.2011 – 1 K 5.10, BeckRS 2011, 54856; Gaier/Wolf/ Göcken/*Siegmund* Rn. 21) – **auch nur des Rechtsverkehrs** erfolgt sein. Letzteres meint insbesondere unseriöse oder gar rechtswidrige Geschäftspraktiken beim Forderungseinzug durch **Inkassounternehmen** (BT-Drs. 16/3655, 72; VG Berlin Urt. v. 25.8.2011 – 1 K 5.10, BeckRS 2011, 54856), kann aber – insofern kann parallel auch Ungeeignetheit/Unzuverlässigkeit vorliegen – sonstiges Fehlverhalten wie in den in § 12 RDG Rn. 23 genannten Beispielen erfassen.

Speziell bei **Inkassounternehmen** wurden die Hürden teilweise sehr bzw. 39
zu hoch angesetzt, da etwa ein Inkassounternehmen im Masseninkasso als nicht ohne Weiteres verpflichtet angesehen wurde, den Bestand der angemahnten Forderungen zu prüfen (VG Berlin Urt. v. 25.8.2011 – 1 K 5.10, BeckRS 2011, 54856; ebenso Gaier/Wolf/Göcken/*Siegmund* Rn. 21). Das Problem entschärft sich durch die Neuregelung in § 11a RDG nicht maßgeblich (§ 11a RDG Rn. 27, 31, 34, 37). Zwar klang während des Gesetzgebungsverfahrens zu den neuen Regelungen an, dass Auflagen (§ 10 Abs. 3 RDG) zum Nachweis der Durchführung von „Schlüssigkeitsprüfungen" möglich sein sollen (BT-Drs. 17/13057, 20; zu einer solchen Auflage auch VG Köln Beschl. v. 7.2.2014 – 1 L 1262/13, BeckRS 2014, 47081 [bestätigt vom OVG Münster Beschl. v. 10.4.2014 – 4B 184/14, BeckRS 2014, 50823] im Hinblick auf das Erwecken des Anscheins der Rechtmäßigkeit wegen einer Berufung auf gerichtliche Entscheidungen unter Außerachtlassung der Rspr. des BGH), doch trägt dies allein keine andere Sichtweise als bisher. Richtigerweise darf ein Inkassounternehmen für einen Mandanten bei der Einziehung einer Forderung nur dann nicht (mehr) tätig werden, wenn diese Forderung ganz oder teilweise rechtsunwirksam oder auf sittenwidrige Weise zustande gekommen ist. Dementsprechend ist zumindest dann eine Überprüfung durch das Inkassounternehmen erforderlich, wenn **konkrete Anhaltspunkte** dafür vorliegen, dass sich ein Kunde der Dienste des Inkassounternehmens in betrügerischer Absicht bedient. Ein solches Verhalten kann nämlich richtigerweise schon aufgrund der **Zuverlässigkeitsanforderungen** verlangt werden, die im gewerberechtlichen Sinne an ein Inkassounternehmen gerichtet werden müssten (VGH Kassel Beschl. v. 28.11.2011 – 8 A 199/11.Z, BeckRS 2012, 46297 m. Anm. *Seidl* jurisPR-ITR 19/2012 Anm. 3 – auch unter Hinweis auf die Satzung des BDIU). Eine Reaktionspflicht entsteht also beim Inkasso evident unhaltbarer Forderungen, etwa bei Leistungen aus „Abofallen" an Minderjährige (VG Berlin Urt. v. 25.8.2011 – 1 K 5.10, BeckRS 2011, 54856) und erst recht beim Abmahnen von Forderungen, deren Nichtbestand positiv bekannt ist (VG Berlin Urt. v. 25.8.2011 – 1 K 5.10, BeckRS 2011, 54856) – wo auch strafrechtlich relevantes Verhalten vorliegen dürfte (instruktiv BGH NJW 2014, 401 m. Anm. *Tsambikakis* zur Nötigung durch ein im konkreten Fall anwaltliches Mahnschreiben, was übertragbar sein dürfte auf registrierte Rechtsdienstleister, mögen diese auch kein Organ der Rechtspflege [dazu § 12 RDG Rn. 30] sein), welches wiederum zur Un-

zuverlässigkeit des Rechtsdienstleisters führen wird. Es überzeugt dann auch nicht, auf das Verhältnis der vorsätzlich falsch abgemahnten Forderungen zum Gesamtgeschäftsaufkommen abzustellen (so aber VG Berlin Urt. v. 25.8.2011 – 1 K 5.10, BeckRS 2011, 54856, wo es obendrein um einen rechtlich eindeutigen Fall mit einer gegen den Kunden des Inkassounternehmens ergangenen einstweiligen Anordnung ging!). Schließlich muss ein Inkassounternehmen bei substanziiert erhobenen Einwendungen gegen die Forderungen auch in nähere Prüfungen eintreten; das ignorante Hinwegsetzen darüber ist ebenfalls unseriös (VG Berlin Urt. v. 25.8.2011 – 1 K 5.10, BeckRS 2011, 54856; vgl. zudem auch § 12 RDG Rn. 97 zu einem anderen Fall eines unseriösen Inkassounternehmens). Das Vorgenannte lässt sich schließlich auch darauf stützen, dass der Gesetzgeber die vom Bundesrat vorgeschlagenen besondere Berufspflichten in § 11b Abs. 2 RDG-E (BT-Drs. 17/13429, 2f. – Wortlaut: „Inkassodienstleister dürfen gegenüber dem Schuldner nicht tätig werden, wenn die einzuziehende Forderung erkennbar ganz oder teilweise nicht besteht.") nicht normiert hat, weil sie sich bereits aus allgemeinen Grundsätzen genauso ergebe (BT-Drs. 17/13429, 16). Dem ist nichts hinzuzufügen.

40 Der Terminus **„unqualifiziert"** wird teilweise (Grunewald/Römermann/*Suppé* Rn. 31 ff.) in Anknüpfung an das gewerberechtliche Schrifttum **besonders eng ausgelegt:** Reine (zivilrechtliche) Beratungsschlechtleistungen und/oder Verstöße gegen wettbewerbsrechtliche Verpflichtungen seien nicht erfasst, sofern nicht gleichzeitig Straf- oder Ordnungswidrigkeitentatbestände erfüllt seien. Öffentliche Belange seien in solchen Fällen nicht berührt; die Beteiligten könnten ihre Interessen im Zivilrechtsweg durchsetzen. „Unqualifiziert" meine daher nur einen Verstoß gegen die Anforderungen an Eignung und Zuverlässigkeit unterhalb des Zulassungswiderrufs aus Nr. 1 allein wegen eines Verstoßes gegen berufsrechtlich geschuldete Obliegenheiten. Es handele sich um eine Art „Auffangtatbestand" für Pflichtverletzungen, die für sich genommen keine strafrechtliche Verurteilung und bei singulärer Betrachtung auch keinen Widerruf tragen, aber in einer Gesamtschau doch – bei gerade hier gebotener sorgfältiger Einzelfallabwägung – zum Widerruf führen sollten. Das erscheint im Hinblick auf den gegenüber der GewO weiteren Schutzzweck des § 1 Abs. 1 RDG deutlich zu eng und wird obendrein selbst im Gewerberecht nicht strikt durchgehalten (vgl. nur die zitierte Stelle bei Landmann/Rohmer/*Marcks* § 35 Rn. 62 mwN). Zudem würde eine derart künstliche Beschränkung auch dem bei Rn. 31 genannten Normzweck nicht gerecht. § 14 Nr. 3 RDG kann somit bei einer Häufung von Schlechtleistungen, aber auch bei einer Verletzung (ungeschriebener) Berufspflichten Bedeutung erlangen (Rn. 47 ff.). Zur Zurechnung des Verhaltens von **Erfüllungsgehilfen** (wie bspw. von versehentlich Beweismaterial vernichtendem Büropersonal) über § 278 BGB § 12 RDG Rn. 11.

41 **2. Regelbeispiele (Nr. 3 Hs. 2).** Nr. 3 Hs. 2 nennt seit dem 1.11.2014 drei (kraft Natur der Sache nicht abschließende, vgl. VG Berlin Urt. v. 25.8.2011 – 1 K 5.10, BeckRS 2011, 54856) **Regelbeispiele,** bei deren Vorliegen die Annahme dauerhaft unqualifizierter Rechtsdienstleistungen zum Nachteil der Rechtsuchenden oder des Rechtsverkehrs **(widerleglich) vermutet** wird:

– Erbringen von Rechtsdienstleistungen in erheblichem Umfang über die eingetragene Befugnis hinaus (Rn. 42),
– beharrlicher Verstoß gegen Auflagen iSd § 10 Abs. 3 RDG (Rn. 43f.),
– seit 1.11.2014: beharrlicher Verstoß gegen Darlegungs- und Informationspflichten nach § 11a RDG (Rn. 45f.).

Das Erbringen von Rechtsdienstleistungen über die eingetragene Befugnis hinaus muss **„in erheblichem Umfang"** erfolgen, was ein ebenso erhebliches als auch wiederholtes Erbringen beinhalten soll. Das einmalige Beraten in einem anderen als dem registrierten ausländischen Recht genügt jedenfalls nicht (BT-Drs. 16/3655, 72). Bei Vorliegen der sonstigen Voraussetzungen können bei einem Verstoß aber uU schon beim ersten Mal Bußgelder nach § 20 RDG verhängt werden (Gaier/Wolf/Göcken/*Siegmund* Rn. 25). In den erfassten Fällen wird zudem regelmäßig auch Unzuverlässigkeit vorliegen (§ 12 RDG Rn. 97). 42

Auch der **Verstoß gegen Auflagen** muss – enger als nach § 14 Abs. 3 1. AVO RBerG, wo bereits ein einmaliger Verstoß genügen konnte – **„beharrlich"** erfolgen (zum Begriff Rn. 25). Doch auch bei einmaligen, jedoch besonders gravierenden Verstößen kann uU der Schluss auf eine (sonstige) Unzuverlässigkeit gezogen und nach § 14 Nr. 1 RDG verfahren werden (zum RBerG ähnlich *Rennen/Caliebe* § 14 1. AVO Rn. 17; siehe zudem zu § 49 VwVfG noch Rn. 90). Für die Erfüllung des Regelbeispiels muss eine echte Auflage iSd §§ 13a Abs. 2 S. 2, 10 Abs. 3 S. 3 RDG (iVm § 36 Abs. 2 Nr. 4 VwVfG) vorliegen, ein schlichtes behördliches „Abmahnschreiben" oder ein Hinweis genügt allein nicht (VG Berlin Urt. v. 25.8.2011 – 1 K 5.10, BeckRS 2011, 54856). Aus dem **Verhältnismäßigkeitsgrundsatz** folgt zudem, dass der Verstoß auch hier die Interessen der Rechtsuchenden oder des Rechtsverkehrs beeinträchtigen muss (BT-Drs. 16/3655, 73). Denkbar ist dies etwa bei Auflagen zur Erweiterung des Versicherungsschutzes (Rn. 34). Der Grundsatz der Verhältnismäßigkeit lässt zudem einen Widerruf nur dort erforderlich erscheinen, wo der **Versuch der Durchsetzung der Auflage im Wege der Verwaltungsvollstreckung** wenig aussichtsreich erscheint oder gar erfolglos geblieben ist. Speziell beim Versicherungsschutz kann wegen der hohen Gefahren aber auch ein sofortiger Widerruf zulässig sein (siehe auch Rn. 85). **Problem** können **Umgehungsversuche** sein, wenn etwa der Inkassounternehmer nach einer Auflage, die ihm bestimmte Geschäftspraktiken verbietet, diese wieder auf den Auftraggeber „zurückverlagert" und dann an die „verbotenen Früchte" anknüpft. Ob man hier mit § 14 Nr. 3 RDG weiterkommt, ist nicht selten eine Frage der Formulierung der Auflage. Richtigerweise sollte man bei auf Unterlassung gerichteten Auflagen die Kerntheorie zum sachlichen Umfang des Unterlassungsanspruchs, die vor allem aus dem Wettbewerbsrecht stammt, auch hier fruchtbar machen und alle im Kern gleichartigen Verletzungshandlungen erfassen (etwa BGH GRUR 1989, 445, 446 – Professorenbezeichnung in der Ärztewerbung II; GRUR 2009, 772 Rn. 29 – Augsburger Puppenkiste zum Kennzeichenrecht; vgl. zu § 14 RDG auch VG Köln Beschl. v. 7.2.2014 – 1 L 1262/13, BeckRS 2014, 47081). Kommt man damit nicht weiter, werden solche beharrlichen Tricksereien schnell zur Annahme der **Unzuverlässigkeit** führen, so dass nach § 14 Nr. 1 RDG vorgegangen werden kann (so im Ergebnis auch VG Köln Beschl. v. 7.2.2014 – 1 L 1262/13, BeckRS 2014, 47081). 43

44 Die Neuregelung in **§ 20 Abs. 1 Nr. 3 RDG,** die die Verhängung einer Geldbuße im Fall des Verstoßes gegen vollziehbare Auflagen nach § 10 Abs. 3 RDG erlaubt, erweitert das Sanktionsinstrumentarium der Registrierungsbehörden zum Schutz des Rechtsverkehrs vor unseriösen Geschäftspraktiken aller in § 10 RDG benannten Personen, also nicht nur unseriöser Inkassounternehmer (BT-Drs. 17/13057, 20). Dies soll nach dem bei Rn. 4 Gesagten aber nicht zu einer unnötigen Beschneidung der behördlichen Kompetenzen führen. Nichtsdestotrotz wird ein Widerruf nach § 14 Nr. 3 RDG schon aus Gründen der Verhältnismäßigkeit regelmäßig nur in Betracht kommen, wo die Androhung und Verhängung von Bußgeldern keine Auswirkungen auf das beanstandete Verhalten erwarten lässt, sofern ein Zuwarten im konkreten Fall vertretbar ist.

45 Seit dem 1.11.2014 wird auch ein **Verstoß gegen Darlegungs- und Informationspflichten nach § 11a RDG** erfasst, der schon sprachlich ebenfalls beharrlich sein muss (BT-Drs. 17/13057, 19; vgl. auch BT-Drs. 17/6482, 8, 10). Grund für diese Neuregelung war, dass von der Möglichkeit des Widerrufs einer Inkassoregistrierung nach § 14 Nr. 3 RDG aufgrund dauerhaft unqualifizierter Rechtsdienstleistungen trotz steigender Verbraucherbeschwerden über unseriöse Inkassotätigkeiten selten Gebrauch gemacht worden ist. Als Hauptgrund dafür sah der Gesetzgeber, dass die Voraussetzungen des § 14 Nr. 3 RDG nicht so **schnell und zweifelsfrei feststellbar** sind wie etwa die von § 14 Nr. 2 RDG (Widerruf bei fehlender Berufshaftpflichtversicherung) und § 14 Nr. 4 RDG (Ausscheiden der qualifizierten Person ohne fristgerechte Benennung einer neuen Person). Mit der Neuregelung wurde eine Widerrufsmöglichkeit auch bei der leicht feststellbaren (beharrlichen) Verletzung der neuen Pflichten aus § 11a RDG geschaffen (BT-Drs. 17/13057, 19f.).

46 Aufgrund der hohen Eingriffsintensität des Widerrufs und des Erfordernisses der „Beharrlichkeit" soll die Behörde bei einer erstmaligen Verletzung der Pflichten aus § 11a RDG auch hier regelmäßig zur Geldbuße nach § 20 Abs. 2 Nr. 1 und 2 RDG oder zum Mittel einer Auflage nach §§ 13a Abs. 2 S. 2, 10 Abs. 3 RDG greifen müssen, bevor sie die Registrierung widerruft (BT-Drs. 17/13057, 20, vgl. aber Rn. 4).

47 **3. Ungeschriebene Berufspflichten für registrierte Rechtsdienstleister?** Der Gesetzgeber hat (leider) bewusst (dazu Kilian/Sabel/vom Stein/ *Kilian* Rn. 354) darauf **verzichtet,** die Teilerlaubnisinhaber **besonderen Berufspflichten** zu unterwerfen, wie sie das frühere Recht zB in §§ 1 f. 2. AVO RBerG jedenfalls noch rudimentär vorsah, wenn dort zB dem Erlaubnisinhaber eine Tätigkeit verboten war, die er zuvor für einen anderen Beteiligten im entgegengesetzten Sinne ausgeübt hat (siehe § 43a Abs. 4 BRAO). Diese rudimentären Regelungen haben den BGH sogar zu der Aussage verleitet, dass die den Rechtsbeistand bindenden Grundsätze den Berufspflichten einen Rechtsanwalts entsprächen (BGHZ 34, 64, 67f. = NJW 1961, 313; von einer Deckung im Wesentlichen ausgehend auch BGH NJW-RR 1999, 499, 500). Regelungen zum Recht der Außendarstellung und zum Berufsgeheimnis fehlen heute ebenfalls. Insofern hat sich das Auseinanderdriften sogar noch weiter verfestigt durch das Gesetz zur Optimierung der Geldwäscheprävention v. 22.12.2011 (BGBl. I S. 2959): Während früher registrierte Rechtsdienstleister

Widerruf der Registrierung **§ 14 RDG**

und Kammerrechtsbeistände in einem Atemzug mit Anwälten genannt worden sind (§ 2 Abs. 1 Nr. 7 GwG aF), differenziert das Gesetz nunmehr zwischen rechtsberatenden Berufen mit Verschwiegenheitsregelungen einerseits (§ 2 Abs. 1 Nr. 7 GwG und den in § 2 Abs. 1 Nr. 7 lit. a GwG gesondert genannten registrierten Personen iSd § 10 RDG. Diese werden zwar ebenfalls den Regelungen zur Verhinderung der Geldwäsche unterworfen (zu den Neuerungen *Burmeister/Uwer* AnwBl. 2012, 395 ff. aus Anwaltssicht). Der Gesetzgeber hat die Differenzierung aber auch mit der berufsrechtlichen Verschwiegenheitspflicht begründet, die Ausdruck und Voraussetzung für die Unabhängigkeit der vom Vertrauensverhältnis mit der Mandantschaft geprägten beruflichen Tätigkeit der Berufsgruppe sei (BT-Drs. 17/6804, 26) – was die Rechtsdienstleister abgrenzt.

Nur **rudimentär** wird dieses Fehlen eines Berufsrechts durch die auch auf **48** registrierte Rechtsdienstleister anwendbare Regelung in **§ 4 RDG** aufgefangen, die – über die eigentlich dort ins Auge gefassten Fragen der Erbringung von Rechtsberatung durch Rechtsschutzversicherungen hinaus (BT-Drs. 16/3655, 51) – ein weit gefasstes Verbot des Tätigwerdens in Fällen von **Interessenkollisionen** enthält. Die Norm schafft nicht nur analog zu § 43a Abs. 4 BRAO ein Verbot der Vertretung widerstreitender Interessen als Rechtsdienstleister (*Henssler/Deckenbrock* S. 55; *dies.* DB 2013, 2909, 2916 f.; Krenzler/*Teubel* § 2 Rn. 13 ff.; § 4 RDG Rn. 16 f.) – wofür aber ein konkreter vorliegender Interessenkonflikt zu verlangen ist (zu § 43a BRAO etwa BAGE 111, 371, 375 = NJW 2005, 921, 922; BGH NJW 2012, 3039 Rn. 14; *Henssler/Deckenbrock* NJW 2012, 3265, 3268 f.). § 4 RDG erfasst darüber hinaus im Sinne der Regelung des § 45 Abs. 1 BRAO auch alle sonstigen Fälle eines Tätigwerdens im widerstreitenden Interesse, auch wenn die unvereinbare Tätigkeit nicht in der Funktion als Rechtsdienstleister, sondern in sonstiger Tätigkeit erfolgt (*Henssler/Deckenbrock* S. 55 f.). Dem Rechtsdienstleister ist eine Tätigkeit zudem uU über § 4 RDG – ggf. sogar enger als im anwaltlichen Berufsrecht (dazu *Deckenbrock* Strafrechtlicher Parteiverrat und berufsrechtliches Verbot der Vertretung widerstreitender Interessen, 2009, Rn. 116, 264 mwN) – auch verwehrt, wenn nicht die Interessen mehrerer Auftraggeber miteinander kollidieren, sondern der Rechtsdienstleister selbst Eigeninteressen verfolgt, die mit denen des Auftraggebers nicht zu vereinbaren sind (*Henssler/Deckenbrock* S. 56; aA Kilian/Sabel/vom Stein/*Kilian/vom Stein* Rn. 459 f.; siehe auch § 4 RDG Rn. 18). Die Details sind indes wenig gesichert.

Wertungsmäßig ist der Verzicht des Gesetzgebers auf ein Berufsrecht der re- **49** gistrierten Rechtsdienstleister kaum überzeugend, zumal diese in ihren Tätigkeiten einem Anwalt nicht nachstehen, sondern im Rahmen des Registrierungsumfangs gerade (außergerichtlich) **gleichwertig** tätig werden können. § 10 RDG stellt die registrierten Rechtsdienstleister in dem jeweiligen Ausschnitt der Rechtsdienstleistung dem Rechtsanwalt vollumfänglich gleich; die Rechtsdienstleister sind dort nicht etwa Rechtsdienstleister minderer Qualität, sondern stehen hinsichtlich ihrer Befugnis – wenn auch nur in einem bestimmten Segment des Rechtsberatungsmarkts – mit dem Rechtsanwalt auf einer Stufe (siehe auch § 4 Abs. 1 RDGEG; anders jetzt für das Gebührenrecht § 4 Abs. 5 RDGEG). Ohne berufsrechtliche Beschränkungen werden registrierte Rechtsdienstleister in diesen Bereichen gegenüber einem Rechtsanwalt mit seinen umfassenden berufsrechtlichen Bindungen uU ohne sachlichen Grund bevorzugt (Art. 3 Abs. 1 GG). Andererseits wird die – durch das RDG im Kern nicht angetastete – weitgehende Monopolstellung der Rechtsanwälte gerade mit deren besonderen anwaltlichen Pflichtenprogramm gerechtfertigt (BVerfG NJW 2002, 3531, 3532; *Henssler/Deckenbrock* DB 2008, 41, 45). Vor allem das Paradebeispiel des Rentenberaters dürfte aber auch zeigen, dass es sich nach richtiger Lesart dabei ebenfalls eher um eine freiberufliche, nicht nur gewerbliche Tätigkeit handelt (BVerwG NJW 1968, 906, 907; siehe auch § 15b RDG Rn. 2) und zudem sogar dort „höhere Dienste" iSd § 627 BGB vorliegen (MüKoBGB/*Henssler* § 627 Rn. 22). Es erscheint jedenfalls bedenklich, die weitgehende Monopolstellung der Rechtsanwälte bei der Rechtsberatung primär mit dem besonderen anwaltlichen Pflichtenprogramm zu rechtfertigen, dann aber bei einer zulässigen Beratung in einem Teilbereich des Rechts plötzlich jedwede Beschränkung in Wegfall geraten zu lassen (vgl. *Henssler/Deckenbrock* S. 54; *dies.* DB 2013, 2909, 2916 und zu den ähnlichen Fragen bei § 5 RDG auch *Deckenbrock* Strafrechtlicher Parteiverrat und berufsrechtliches Verbot der Vertretung widerstreitender Interessen, 2009, Rn. 102f.; *Kilian* DB 2007, 1061; *Henssler* AnwBl. 2007, 553, 557f.). Der Gesetzgeber verhält sich hier auch durchaus ambivalent: So ist etwa anlässlich der Schaffung des § 11a RDG eine parallele Regelung für Rechtsanwälte in § 43d BRAO gerade auch mit der gebotenen Gleichbehandlung von Rechtsdienstleistern und Anwälten begründet worden (BT-Drs. 17/13057, 23f.).

50 Der Konflikt erscheint letztlich kaum lösbar. Neben den rudimentären Schutz aus § 4 RDG tritt jedoch noch der Begriff der persönlichen Eignung iSd § 12 RDG, in den teilweise auch Anforderungen hineingelesen werden können, die dem Postulat der Unabhängigkeit der Rechtsanwälte vergleichbar sind (so auch *Henssler/Deckenbrock* S. 54; *dies.* DB 2013, 2909, 2916). Zumindest **im fraglichen Bereich der Interessenkollisionen** existiert auch noch ein **„strafrechtlicher Mindestschutz" für vorsätzliche Verstöße:** Denn registrierte Rechtsdienstleister unterfallen nach streitiger, aber richtiger Lesart dem Begriff des „anderen Rechtsbeistands" im strafrechtlichen **Parteiverrat nach § 356 StGB** (dazu *Deckenbrock* Strafrechtlicher Parteiverrat und berufsrechtliches Verbot der Vertretung widerstreitender Interessen, 2009, Rn. 57ff. mwN zum Streitstand). Ist diese Strafnorm im Anwaltsrecht neben den dortigen berufsrechtlichen Regelungen in § 43a BRAO ein überholtes Relikt (*Henssler/ Deckenbrock* MDR 2003, 1085, 1090) und vollumfänglich in § 43a BRAO mitenthalten (*Deckenbrock* Strafrechtlicher Parteiverrat und berufsrechtliches Verbot der Vertretung widerstreitender Interessen, 2009, Rn. 283f.), hat sie für registrierte Rechtsdienstleister jedenfalls so lange Bedeutung, wie nicht de lege ferenda doch noch tragfähige berufsrechtliche Regelungen geschaffen werden (*Deckenbrock* Strafrechtlicher Parteiverrat und berufsrechtliches Verbot der Vertretung widerstreitender Interessen, 2009, Rn. 413 Fn. 854).

51 Die anderen zum Kernbestand anwaltlicher Pflichten, den sog. core values (dazu *Henssler* NJW 2001, 1521), zählenden Institute, nämlich die **Unabhängigkeit** sowie die **Verschwiegenheit** werden hier hingegen auch strafrechtlich nicht abgedeckt: Insbesondere die Geheimhaltungspflicht als weitere Kardinalpflicht ist bei den registrierten Rechtsdienstleistern nicht nur berufsrechtlich ungeregelt, sondern strafrechtlich nicht sanktioniert: **§ 203 Abs. 1 Nr. 3,**

§ 14 RDG

Abs. 3 S. 1 StGB – und damit auch der richtigerweise gerade bei der Frage nach einer „Verwertung" vertraulicher Informationen ohne gleichzeitige „Offenbarung" bedeutsame § 204 StGB (zum Streitstand *Deckenbrock* Strafrechtlicher Parteiverrat und berufsrechtliches Verbot der Vertretung widerstreitender Interessen, 2009, Rn. 141 ff.; siehe auch § 10 BS WP/vBP, § 9 Abs. 4 BOStB) – erfasst nämlich nur Kammerrechtsbeistände (§ 209 BRAO), nicht auch sonstige Rechtsbeistände (BT-Drs. 13/4184, 41; Schönke/Schröder/*Lenckner*/*Eisele* § 203 Rn. 37, 62a).

Konsequent ist das nicht, vor allem, wenn man bedenkt, dass § 203 StGB **52** nach richtiger Lesart zwar in erster Linie das Individualinteresse an der Geheimhaltung bestimmter Tatsachen schützt, aber auch das allgemeine Vertrauen in die Verschwiegenheit der Angehörigen bestimmter Berufe, ohne die im rechtsberatenden Bereich eine geordnete Rechtspflege kaum möglich wäre (str., aber hM, vgl. im Detail Schönke/Schröder/*Lenckner*/*Eisele* § 203 Rn. 3; *Henssler* NJW 1994, 1817). Der Normzweck nähert sich damit dem – richtig verstandenen, aber umstrittenen – Normzweck des § 356 StGB an (*Deckenbrock* Strafrechtlicher Parteiverrat und berufsrechtliches Verbot der Vertretung widerstreitender Interessen, 2009, Rn. 56). Diese Norm schützt ebenfalls nicht nur Individualinteressen, sondern auch das Vertrauen der Öffentlichkeit in die Zuverlässigkeit und Vertrauenswürdigkeit der Rechtsanwälte und anderer Rechtsbeistände, und bezweckt damit die Sicherung der Funktionsfähigkeit der Rechtspflege (*Deckenbrock* Strafrechtlicher Parteiverrat und berufsrechtliches Verbot der Vertretung widerstreitender Interessen, 2009, Rn. 37 ff.). Dass auf eine berufsrechtliche Regelung der Verschwiegenheitspflicht – wie bereits zu Zeiten des RBerG – im RDG weiter verzichtet worden ist, ist vor diesem Hintergrund sogar **verfassungsrechtlich nicht unbedenklich** und zwar im Hinblick auf Art. 3 GG, aber vor allem auch auf die **grundrechtlichen Schutzpflichten des Staates** (BVerfGE 88, 203, 257 f. = NJW 1993, 1751, 1754 f.), denen der Gesetzgeber mit der Kodifikation von Normen, die einem wirksamen Mandantenschutz und der damit verbundenen Sicherung des Vertrauensverhältnisses zwischen Rechtsdienstleister und Mandant unabdingbar sind, Rechnung tragen würde (vgl. zur gleichen Frage im anwaltlichen Berufsrecht *Deckenbrock* Strafrechtlicher Parteiverrat und berufsrechtliches Verbot der Vertretung widerstreitender Interessen, 2009, Rn. 47).

Vor diesem Hintergrund spricht alles dafür, jedenfalls die Kardinalpflichten **53** („core values") aus dem anwaltlichen Berufsrecht **zumindest als schuldrechtliche Nebenpflichten (§ 241 Abs. 2 BGB) des Vertragsverhältnisses zwischen Rechtsdienstleister und Mandant** anzusehen (siehe auch *Henssler*/*Deckenbrock* S. 56 f.; *dies.* DB 2008, 41, 45; *dies.* DB 2013, 2909, 2917; ähnlich für die Fälle des § 6 RDG *Wreesmann*/*Schmidt-Kassel* NJOZ 2008, 4061, 4066 f.; zum vergleichbaren Problem bei § 5 RDG auch *Kilian* BB 2007, 1061, 1067 f.; *Henssler* AnwBl. 2007, 553, 557 f.; zur vertragsrechtlichen Ableitung einer dem § 204 StGB entsprechenden anwaltlichen Nebenpflicht auch ohne entsprechende berufsrechtliche Regelung *Deckenbrock* Strafrechtlicher Parteiverrat und berufsrechtliches Verbot der Vertretung widerstreitender Interessen, 2009, Rn. 275; siehe zudem BT-Drs. 16/7077, 31, wo eine Bindung von Steuerberatern an das Verbot widerstreitender Interessen auch ohne berufsrechtliche Regelungen als „selbstverständlich" bezeichnet wird, ohne dies näher zu begründen).

54 Damit wird die (fragwürdige) Grundentscheidung des Gesetzgebers, kein „Berufsrecht" der Rechtsdienstleister einzuführen, auch **nicht** konterkariert, weil es gerade **nicht** um ein sanktionierbares Berufsrecht als besondere öffentlich-rechtliche Pflichtenbindung geht, sondern zunächst nur um die Bestimmung der ordnungsgemäßen Vertragserfüllung (zutreffend *Henssler/Deckenbrock* S. 56f.; *dies.* DB 2013, 2909, 2917). Allerdings wird der staatlichen Schutzpflicht (Rn. 52) insofern Genüge getan, als mit Blick auf Rn. 40 jedenfalls bei einem dauerhaften Zuwiderhandeln neben den zivilrechtlichen Folgen (Schadensersatz, Kündigung etc.) ein **Widerruf der Registrierung nach § 14 Nr. 3 RDG** bzw. – bei krassen einmaligen Verstößen – ggf. sogar die Annahme der Unzuverlässigkeit und ein Widerruf nach § 14 Nr. 1 RDG möglich wird. Gründe der Verhältnismäßigkeit werden zwar nicht selten zu vorrangigen Hinweisen/Auflagen etc. nötigen. Ein Widerruf ist aber zumindest denkbar und das Damoklesschwert des Widerrufs schafft so den nötigen Anreiz, die core values im Rechtsdienstleistungsbereich zu beachten.

55 Dem Vorgenannten steht schließlich nicht entgegen, dass der Gesetzgeber gerade nochmals die Schaffung (rudimentärer) besonderer Berufspflichten ausdrücklich abgelehnt hat: Der Bundesrat (BT-Drs. 17/13429, 2f.) hatte mit § 11b RDG-E (dazu bereits Rn. 39) einen Katalog besonderer berufsrechtlicher Pflichten vorgesehen wie eine Pflicht zur Gewissenhaftigkeit und Sachlichkeit etc. und wollte auch ein weiteres Regelbeispiel in § 14 Nr. 3 RDG dazu verankern. Dem trat man mit der Erwägung entgegen, dass die vorgeschlagenen Pflichten den bereits nach geltenden zivilrechtlichen Anforderungen bestehenden Pflichten der Inkassodienstleister entsprechen (BT-Drs. 17/13429, 16). Das deckt sich letztlich mit dem bei Rn. 54 Gesagten und stärkt die hiesige Linie.

IV. Ausscheiden der einzigen/letzten qualifizierten Person (Nr. 4)

56 Juristische Personen oder Gesellschaften ohne Rechtspersönlichkeit erbringen Rechtsdienstleistungen unter Einschaltung der nach § 12 Abs. 4 RDG benannten qualifizierten Personen. Scheidet die einzige qualifizierte Person aus oder – was dem gleich zu stellen ist – scheiden alle benannten qualifizierten Personen aus, ist nach Nr. 4 die Registrierung zu widerrufen, wenn die juristische Person oder Gesellschaft ohne Rechtspersönlichkeit nicht innerhalb von sechs Monaten nach dem Ausscheiden (mindestens) eine neue qualifizierte Person benennt (vgl. zum RBerG bereits OVG Münster *Rbeistand* 1994, 103).

57 Hintergrund der Regelung ist, dass die persönlichen Registrierungsvoraussetzungen nur für die benannten qualifizierten Personen geprüft sind und das Unternehmen mit der Person grds. die persönliche und fachliche Kompetenz zur Erbringung von Rechtsdienstleistungen verliert (BT-Drs. 16/3655, 73). Aus Verhältnismäßigkeitsgründen wollte der Gesetzgeber den Unternehmen jedoch bei einem plötzlichen Ausscheiden Zeit für die Suche nach einem geeigneten Nachfolger verschaffen und hat deswegen eine sechsmonatige Übergangsfrist vorgesehen (BT-Drs. 16/3655, 73). In diesem Zeitraum stellt das Er-

Widerruf der Registrierung § 14 RDG

bringen weiterer Rechtsdienstleistungen durch das Unternehmen wegen der fortbestehenden Registrierung folgerichtig keinen Verstoß gegen das RDG dar (Gaier/Wolf/Göcken/*Siegmund* Rn. 28).

Die Regelung ist **missglückt.** Vor allem wenn man bedenkt, dass der Re- 58 gistrierungsverlust nach Ablauf von sechs Monaten nicht automatisch eintritt, sondern erneut von der behördlichen Entscheidung und dem Verfahrensfortgang abhängt, ist das pauschale Zurückstellen der Schutzinteressen der Rechtsuchenden hinter den Bestandsinteressen des Unternehmens mehr als fragwürdig (*Römermann* DB 2005, 931, 936). Mit der gleichen Logik müsste nach einem Ausscheiden eines Einzelanwalts dessen Sekretariat und den Auszubildenden oder gar der Reinemachefrau für eine Übergangszeit die Kanzleiabwicklung gestattet sein (pointiert *Römermann* NJW 2006, 3025, 3031; 2008, 1249, 1253; ebenso *Henssler/Deckenbrock* S. 49). Das ist in § 55 BRAO mit gutem Grund anders geregelt.

Nach den Vorstellungen des Gesetzgebers kann die Behörde zumindest 59 flankierend nach **§§ 13 a Abs. 2 S. 2, 10 Abs. 3 S. 3 RDG** vorgehen und sich darlegen lassen, welche qualitätssichernden Maßnahmen eingeleitet wurden und ggf. die Auflage erteilen, vorübergehend eine zur Erbringung der Rechtsdienstleistungen geeignete Person einzustellen (BT-Drs. 16/3655, 73). Bisher nicht diskutiert wird aber, ob in diesen Fällen nicht auch ein **Widerruf über § 14 Nr. 2 RDG** greifbar wird: Der Wegfall der qualifizierten Person im Unternehmen dürfte eine **Gefahrerhöhung iSd §§ 23 ff. VVG** darstellen, die zur **(hier dann generellen) Leistungsfreiheit des Versicherers und/oder einer Kündigung des Versicherungsvertrags** führen kann. Die Behörde ist daher gehalten, sich umgehend den fortbestehenden Versicherungsschutz nachweisen zu lassen – was den Unternehmen uU kaum möglich sein wird, wenn sie nicht zumindest vorübergehend – in Abstimmung mit dem Versicherer – eine zur Erbringung der Rechtsdienstleistungen geeignete Person einstellen.

Schuldrechtlich ist das Unternehmen ohnehin zur ordnungsgemäßen Er- 60 bringung der Rechtsdienstleistungen gegenüber seinen Kunden verpflichtet. Es sollte sich daher schon im Eigeninteresse der Mithilfe etwa eines Anwalts bedienen, wenn das vorhandene Personal das Tagesgeschäft nicht sachgemäß erbringen kann (BT-Drs. 16/3655, 73).

Nr. 4 spricht nur vom „Ausscheiden"; nicht geregelt ist damit leider, wie zu 61 verfahren ist, wenn (nur) die **Anforderungen aus § 12 Abs. 4 S. 2 RDG später wegfallen,** etwa die Weisungsfreiheit der benannten Person in Wegfall gerät. Die bei Rn. 14 und 35 angestellten Erwägungen zum Verhältnis von § 12 RDG und § 14 RDG sprechen dafür, die Fälle gleich zu behandeln, doch ist eine Analogie zu belastenden Regelungen mit dem Gesetzesvorbehalt schwerlich in Einklang zu bringen. In der Regel wird ein solcher Sachverhalt aber zumindest für eine Unzuverlässigkeit der juristischen Person/Gesellschaft ohne Rechtspersönlichkeit sprechen (§ 12 RDG Rn. 11), so dass ggf. nach § 14 Nr. 1 RDG verfahren werden kann.

Dötsch

V. Sonstige Fälle?

62 **1. Widerruf bei einem Verzicht auf die Registrierung?** Nach § 17 Abs. 1 Nr. 1 RDG führt ein Verzicht auf die Registrierung zu deren Erlöschen, so dass die im Register bekannt gemachten Daten ebenfalls zu löschen sind. Ein (klarstellender) Widerruf durch die Behörde ist daher – anders als beim Verzicht auf eine Erlaubnis nach dem RBerG (VGH Mannheim Rbeistand 1983, 180, 182) – nicht erforderlich (Dreyer/Lamm/Müller/*Lamm* Rn. 2; Krenzler/*K.-M. Schmidt* Rn. 7, wohl auch BT-Drs. 15/3655, 76; aA wegen § 43 Abs. 2 VwVfG Grunewald/Römermann/*Suppé* Rn. 48 f.; Unseld/Degen/*Unseld* Rn. 21). Dass damit eine Möglichkeit geschaffen ist, durch Verzicht auf die Registrierung dem Widerruf und einer bestandskräftigen Feststellung eines Fehlverhaltens zuvorzukommen, hat der Gesetzgeber bewusst hingenommen (§ 12 RDG Rn. 91).

63 **2. „Untätigkeit" als Widerrufsgrund?** Soweit gem. § 14 Abs. 2 1. AVO RBerG ein Widerruf möglich war, wenn die Tätigkeit ein Jahr nicht ausgeübt worden war, ist diese verfassungsrechtlich bedenkliche Regelung aufgegeben worden. Gleiches gilt für die Erlöschensregelung in § 13 1. AVO RBerG bei Untätigkeit von drei Monaten ab Erteilung (vgl. auch § 1 RDGEG, wo eine Erlaubnis trotz mehrjährigen Ruhens sogar unter erleichterten Umständen erteilt werden kann; siehe dazu § 1 RDGEG Rn. 23). Werden infolge der Untätigkeit aber nur noch unqualifizierte Rechtsdienstleistungen erbracht, kann nach § 14 Nr. 3 RDG vorgegangen werden (Gaier/Wolf/Göcken/*Siegmund* Rn. 3).

D. Widerruf, Rechtsfolgen und Rechtsschutz

I. Der Widerruf und seine Rechtsfolgen

64 **1. Allgemeines.** Mit Bekanntgabe des Widerrufs wird die Widerrufsverfügung wirksam (§ 43 VwVfG), einer besonderen Vollziehungshandlung bedarf es bei diesem reinen Gestaltungsakt nicht (OVG Münster Rbeistand 1996, 20; VGH Mannheim Rbeistand 1995, 32 zum RBerG). Bestimmt die Behörde keinen anderen Zeitpunkt, wird die Registrierung unwirksam (vgl. § 49 Abs. 4 VwVfG). Der Widerruf ist – was man bei der Gewerbeuntersagung gem. § 35 GewO diskutieren mag (zum Streitstand Landmann/Rohmer/*Marcks* § 35 Rn. 20 ff.) – auch nicht etwa ein Dauerverwaltungsakt, sondern er beseitigt zunächst nur die Registrierung.

65 Rechtsfolge des Widerrufs ist, dass der Betroffene keine Rechtsdienstleistungen nach § 10 RDG mehr erbringen darf (Dreyer/Lamm/Müller/*Lamm* Rn. 43, zu Unrecht auch auf die Löschung nach § 17 Abs. 1 Nr. 4 RDG abstellend Kilian/Sabel/vom Stein/*vom Stein* Rn. 557; siehe zum RBerG Rennen/Caliebe § 15 1. AVO Rn. 21; eingehend zum Problem auch § 15b RDG Rn. 12 ff.). Der Widerruf lässt aber die Befugnis unberührt, zuvor entstandene Honoraransprüche gegen die Mandanten geltend zu machen, da insofern eigene Forderungen verfolgt werden (*Rennen/Caliebe* § 15 1. AVO Rn. 37). In laufenden gerichtlichen Verfahren sollte der registrierte Rechtsdienstleister –

Widerruf der Registrierung **§ 14 RDG**

soweit der Widerruf auch für seine dortige Tätigkeit von Bedeutung ist – das Gericht zur Vermeidung von etwaigen Kostenfolgen in Kenntnis setzen (BVerfG NJW 2009, 1582 Rn. 15).

Da der Widerruf die Registrierung in Wegfall geraten lässt, ist richtigerweise **66** heute auch **§ 15 b RDG** anwendbar (§ 15 b RDG Rn. 12 ff.). Über diese Regelung kann eine Schließungsverfügung als Verwaltungsakt iSd § 35 VwVfG ergehen (§ 15 b RDG Rn. 29 ff.), der dann wiederum nach den Vorschriften über die Verwaltungsvollstreckung vollstreckt werden kann (§ 15 b RDG Rn. 32 f.). Diese Regelungen treten heute neben die Möglichkeiten einer Sanktionierung eines weiteren Tätigwerdens des Rechtsdienstleisters auch nach einem Widerruf über die Bußgeldtatbestände in § 20 Abs. 1 Nr. 2 RDG.

2. Abwicklungsfristen. Auch wenn – warum auch immer – die Rege- **67** lung in § 15 Abs. 2 1. AVO RBerG nicht mehr im Gesetz enthalten ist, folgt schon aus dem Grundsatz der Verhältnismäßigkeit, dass die Behörde beim Widerruf auch eine **Abwicklungsfrist** bestimmen kann (zum vergleichbaren Problem bei § 15 b RDG auch § 15 b RDG Rn. 27). Das Anstellen entsprechender Erwägungen war im alten Recht zwingend und ihr Fehlen führte – selbst bei ansonsten nicht zu beanstandendem Widerruf – zur Aufhebung des Bescheids (BVerwG NVwZ 1986, 553; VGH Mannheim NVwZ-RR 1995, 476 – dort auch zur Entscheidung erst durch die Widerspruchsbehörde; OVG Münster Rbeistand 1994, 103; VG Meiningen ThürVBl. 1993, 163; VGH München Rbeistand 1989, 53; VG Würzburg Rbeistand 1989, 19). Durch Bestimmung einer solchen Frist sollte dem Erlaubnisinhaber die Gelegenheit gegeben werden, seine Mandate abzuwickeln und den Mandanten Zeit eingeräumt werden, sich bei nicht vollständiger Abwicklung um eine anderweitige Betreuung zu kümmern. Ein Absehen von einer entsprechenden Fristsetzung kam nur bei schwerwiegenden Verstößen in Betracht (VGH München Rbeistand 1986, 7; *Rennen/Caliebe* § 15 1. AVO Rn. 30), wobei eine Frist von sechs Monaten aber selbst bei einem umfangreichen Betrieb idR als ausreichend angesehen wurde (OVG Münster Rbeistand 1994, 103). Diese Grundsätze genießen auch ohne Übernahme der früheren gesetzlichen Regelungen weiterhin voll Geltung (so ohne Problembewusstsein Krenzler/*K.-M. Schmidt* Rn. 42). Da § 10 RDG die Möglichkeiten der Teilerlaubnisse abschließend regelt, kann dies zwar rechtsdogmatisch nicht als nachträgliche Inhaltsbestimmung der Registrierung verstanden werden (so aber noch zum alten Recht *Rennen/Caliebe* § 15 1. AVO Rn. 36); es geht um eine inhaltliche Beschränkung des Widerrufs aus Gründen der Verhältnismäßigkeit als Minus zu einem vollständigen und sofortigen Widerruf. Die Möglichkeit des Setzens entsprechender Fristen erscheint auch umso dringlicher, als die früher (auch) für den Fall des Widerrufs denkbare Einsetzung eines **Abwicklers** nach Art. 1 § 1 a RBerG ebenfalls nicht mehr ins RDG übernommen worden ist. Diese primär aus datenschutzrechtlichen Gründen geschaffene Regelung (BT-Drs. 13/4184, 40) war vor allem dort von Bedeutung, wo auf eine Abwicklungsfrist verzichtet und/oder sogar eine Anordnung der sofortigen Vollziehung ausgesprochen worden war (*Rennen/Caliebe* Art. 1 § 1 a Rn. 3).

Abwicklungsfristen beschränken die Rechtsdienstleistungsbefugnis bis **68** zum Fristablauf auf die Abwicklung der **laufenden** Mandate; die Übernahme neuer Mandate ist unzulässig (also enger als bei § 55 Abs. 2 BRAO). Details sind der behördlichen Ausgestaltung überlassen. Ist absehbar, dass Mandate in der Frist nicht zu Ende geführt werden können, muss der Rechtsdienstleister den Auftraggeber darauf hinweisen, damit dieser sich um anderweitige Vertretung kümmern kann (VG Würzburg Rbeistand 1989, 19). Wird die beschränkte Ausübungsbefugnis überschritten (etwa durch Annahme neuer Mandate), handelt der Rechtsdienstleister ordnungswidrig nach § 20 Abs. 1 Nr. 1 RDG (zum RBerG *Rennen/Caliebe* § 15 1. AVO Rn. 32).

69 Widerruf/Anfechtungsklage haben auch hinsichtlich der Abwicklungsfristen grds. aufschiebende Wirkung (Rn. 75ff.). Jedenfalls unter Angabe von Zeiträumen gesetzte (also nicht datumsmäßig bestimmte) Abwicklungsfristen beginnen daher im Zweifel erst mit der Bestandskraft des Erlaubniswiderrufs zu laufen (*Rennen/Caliebe* § 15 1. AVO Rn. 33). Idealerweise wird dies in der Fristsetzung entsprechend formuliert. Bei Anordnung der sofortigen Vollziehung des Widerrufs beginnt die Abwicklungsfrist mit der Zustellung (VGH München Rbeistand 1989, 5; VG Würzburg Rbeistand 1989, 19), bei späterer Anordnung der sofortigen Vollziehung mit deren Wirksamwerden.

70 **3. Löschung und Gebühren.** Zur **Löschung** der Registrierung siehe § 17 Abs. 1 Nr. 4 RDG. Der Widerruf als solcher wird – selbst nach seiner Bestandskraft – aus Datenschutzgründen nicht eingetragen (BT-Drs. 16/3655, 71). Zur Anordnung der sofortigen Vollziehung Rn. 79ff.

71 Die **Gebühr** für Widerruf oder Rücknahme der Registrierung beträgt nach Nr. 1112 KV zu § 4 Abs. 1 JVKostG 75 EUR. Soweit die Anwendbarkeit des JVKostG in § 1 Abs. 2 S. 1 Nr. 3 JVKostG nur für die „Registrierung nach dem Rechtsdienstleistungsgesetz" angeordnet ist, gilt das auch für Rücknahme/Widerruf als actus contrarius (vgl. zudem etwa auch § 124 Abs. 1 JustG NRW).

72 Eine Erhöhung der Gebühren hat der Gesetzgeber im Rahmen des 2. KostRMoG bei Überführung in das JVKostG entgegen Bestrebungen der Länder abgelehnt, weil sie auskömmlich seien (BT-Drs. 17/11471, 345).

73 **4. Vorläufiges Berufsverbot und § 13a Abs. 3 RDG.** Zu § 15 1. AVO RBerG wurde diskutiert, ob sich aus der Befugnis zum Widerruf als „Minus" eine Ermächtigung zum Ausspruch (nur) eines vorläufigen Berufsverbots ableiten ließ. Das war schon aus Gründen des Gesetzesvorbehalts immer zweifelhaft (*Rennen/Caliebe* § 15 1. AVO Rn. 15ff.). Da der Gesetzgeber das vorläufige Berufsverbot im RDG nicht gesondert geregelt hatte, war diese Konstruktion erst recht abzulehnen. Die Behörde musste daher schnell und entschieden handeln und ggf. über § 80 Abs. 2 Nr. 4 VwGO vorgehen (dazu Rn. 79ff.).

74 Heute enthält § 13a Abs. 3 RDG aber eine explizite Regelung. Die Norm steht in einem schwierigen Spannungsverhältnis zu §§ 14, 15b RDG, auf die Ausführungen bei § 13a RDG Rn. 30f., § 15b RDG Rn. 12ff. wird zur Vermeidung von Wiederholungen Bezug genommen.

Widerruf der Registrierung § 14 RDG

II. Rechtsschutz

1. Aufschiebende Wirkung von Widerspruch und Anfechtungs- 75
klage. Solange ein Widerruf der Registrierung nicht bestandskräftig ist, kann der Betroffene mit Widerspruch (sofern ein Vorverfahren erforderlich ist, § 68 VwGO) oder Anfechtungsklage (§ 42 Abs. 1 VwGO) dagegen vorgehen. Der landesrechtliche Verzicht auf ein Widerspruchsverfahren ist dabei verfassungsrechtlich nicht zu beanstanden (BGH NJW-RR 2014, 317 Rn. 4 zu § 14 BRAO und § 110 JustG NRW).

Widerspruch und Anfechtungsklage haben grds. **aufschiebende Wirkung** 76 **(§ 80 Abs. 1 VwGO),** so dass der Betroffene bis zur rechtskräftigen Entscheidung weiterhin Rechtsdienstleistungen erbringen kann (zum RBerG *Rennen/ Caliebe* § 15 1. AVO Rn. 21).

Für die Beurteilung der Rechtmäßigkeit des Widerrufs ist allein auf den 77 **Zeitpunkt des Abschlusses des behördlichen Widerrufsverfahrens,** also auf den Erlass des Widerspruchsbescheids oder – wenn das nach neuem Recht grds. vorgeschriebene Vorverfahren entbehrlich ist – auf den Ausspruch der ursprünglichen Widerrufsverfügung abzustellen (so ausdrücklich zum RDG VG Göttingen Urt. v. 21.11.2012 – 1 A 45/12, BeckRS 2012, 60433; VG Berlin Urt. v. 25.8.2011 – 1 K 5.10, BeckRS 2011, 54856; siehe zudem zum RBerG BVerwG Rbeistand 1996, 67; NJW 1977, 2178; VG Würzburg Rbeistand 1992, 70; VG München Urt. v. 14.10.2008 – M 16 K 08.1243, BeckRS 2011, 46984; OVG Lüneburg NdsVBl. 2008, 74). Der bei Anfechtungsklagen maßgebliche Beurteilungszeitraum bestimmt sich nämlich nach dem zugrunde liegenden materiellen Recht (stRspr., BVerwG NJW 2010, 2901). Für verwaltungsbehördliche Rücknahme- oder Widerrufsverfügungen in berufs- oder gewerberechtlichen Zulassungsverfahren gibt das materielle Recht aber regelmäßig den Zeitpunkt des Abschlusses des Verwaltungsverfahrens als maßgebliche Beurteilungsgrundlage für die gerichtliche Überprüfung vor. Dies folgt vor allem daraus, dass das materielle Recht in den genannten Fällen ein – wenn auch nicht stets ausdrücklich geregeltes – eigenständiges Wiederzulassungsverfahren kennt, in dem alle nachträglichen Umstände Berücksichtigung finden. Im **Anwaltsrecht** sind davon früher allerdings Ausnahmen gemacht worden, wenn nach Erlass einer Widerrufsverfügung der sie tragende Grund weggefallen war und „zweifelsfrei" der Betroffene wieder zuzulassen wäre; hier sollte die Änderung bereits im laufenden Verfahren Berücksichtigung finden können (etwa BGH NJW 2007, 2924 Rn. 8; offen BVerwG NJW 2005, 3795 zur WPO; enger insofern OVG Münster NWVBl. 2003, 435; OVG Berlin WPK-Magazin 2004, Nr. 3, 43). Diese Rechtsprechung ist jedoch mittlerweile (zu Recht) **aufgegeben** worden (BGHZ 190, 187 Rn. 9 ff. = NJW 2011, 3234; BGH Beschl. v. 6.2.2012 – AnwZ [Brfg] 42/11, BeckRS 2012, 05867 Rn. 6; AnwBl. 2012, 553 Rn. 3; Beschl. v. 2.4.2012 – AnwZ [Brfg] 9/12, BeckRS 2012, 09565 Rn. 5; NJW-RR 2013, 175 Rn. 4; NJW-RR 2013, 912 Rn. 4; Beschl. v. 14.11.2013 – AnwZ [Brfg] 65/13, BeckRS 2013, 21216 Rn. 5 und zur verfassungsrechtlichen Unbedenklichkeit dieser Rspr. BGH Beschl. v. 5.11.2013 – AnwZ [Brfg] 36/13, BeckRS 2013, 20764 Rn. 7). Die beruflichen Nachteile, die einem Rechtsdienstleister durch Verweis auf ein erneutes Registrierungsverfahren entstehen, sind vergleichsweise gering. Richtigerweise besteht ein Anspruch auf sofortige Registrierung. § 12 Abs. 1 Nr. 1 lit. c RDG steht dem bei zutreffender Auslegung ebenfalls nicht entgegen (§ 12 RDG Rn. 94). Die Situation stellt sich mithin anders dar als bei der Amtsenthebung eines Notars (§ 50 Abs. 1 Nr. 6 BNotO), wo wegen der gravierenden Folgen für den Betroffenen auch weiterhin anders zu verfahren ist (dazu allg. BVerfG NJW 2005, 3057, 3058; siehe auch BGH NJW 2007, 1289 Rn. 8ff.; OLG Schleswig MDR 2007, 116; auch bei § 46 StBerG offenbar ohne Problembewusstsein weiterhin anders BFH DStR 2010, 135; FG München EFG 2011, 377 m. Anm. *Bozza-Bodden;* FG Hannover DStR 2011, 1100; Urt. v. 26.1.2012 – 6 K 234/11, BeckRS 2012, 96740; Urt. v. 27.6.2013 – 6 K 47/13, BeckRS 2013, 96280; Urt. v. 7.3.2013 – 6 K 344/12, BeckRS 2013, 94765; DStR 2013, 280; das ist nicht nach hier übertragbar und sachlich auch nicht überzeugend).

78 Eine andere Frage ist, ob die Gerichte trotz Rn. 77 nicht dennoch auch nach dem entscheidungserheblichen Zeitpunkt eingetretene Umstände berücksichtigen können, wenn und soweit daraus (nachteilige) Rückschlüsse auf die ursprüngliche Prognose über das künftige Verhalten bei der Bewertung der Zuverlässigkeit gezogen werden können; damit also die damals ausgesprochene nachteilige **Prognose „unterfüttert"** werden kann (zum RBerG OVG Lüneburg NdsVBl. 2008, 74; zu § 35 GewO OVG Lüneburg GewArch 1983, 188; 1986, 196; NVwZ 1995, 185; VGH Kassel GewArch 1983, 189; krit. VG Stuttgart GewArch 2000, 25). Konsequent erscheint das nicht ohne Weiteres (eingehend Landmann/Rohmer/*Marcks* § 35 Rn. 22); richtigerweise wäre eher ein erneuter Widerruf (auch) wegen der weiteren Umstände auszusprechen. Die Rspr. geht darüber aber offenbar hinweg.

79 **2. Anordnung der sofortigen Vollziehung und Vorgehen nach § 80 Abs. 5 VwGO.** Die Behörde kann nach **§ 80 Abs. 2 S. 1 Nr. 4 VwGO** die Anordnung der sofortigen Vollziehung aussprechen, wenn die sofortige Vollziehung im öffentlichen Interesse oder im überwiegenden Interesse eines Beteiligten liegt. Damit entfällt die aufschiebende Wirkung von Widerspruch/ Anfechtungsklage, der Betroffene wird auf ein **gerichtliches Vorgehen** nach **§ 80 Abs. 5 VwGO** verwiesen. Ohne eine entsprechende Anordnung fehlt das Rechtsschutzbedürfnis für einen solchen Eilantrag, da dann durch Klageerhebung/Widerspruch die aufschiebende Wirkung eintritt (zu § 46 StBerG FG Kassel Beschl. v. 26.3.2012 – 13 V 61/12, BeckRS 2012, 95348).

80 Erfolgt eine entsprechende Anordnung nach § 80 Abs. 2 S. 1 Nr. 4 VwGO, darf der Rechtsdienstleister nach einem Widerruf **nicht** mehr weiter tätig werden, er handelt sonst sogar ordnungswidrig nach § 20 Abs. 1 Nr. 1 RDG (Krenzler/*K.-M. Schmidt* Rn. 46; siehe auch § 20 RDG Rn. 39). Nach dem klaren Wortlaut des § 17 Abs. 1 Nr. 4 RDG kann allerdings eine (sei es einstweilige) **Löschung** im Register **nicht** erfolgen; richtigerweise ändert dies aber nichts am Tätigkeitsverbot. Dass es im RDG insofern keine dem § 14 Abs. 4 BRAO, § 21 Abs. 4 PAO bzw. §§ 20 Abs. 7, 39 Abs. 2 WPO bzw. § 164a Abs. 2 StBerG vergleichbare Regelung gibt, welche die Folgen der Anordnung der sofortigen Vollziehung bei einem Widerruf im Detail regelt (dazu etwa Henssler/Prütting/*Henssler* § 14 Rn. 73ff.; Kuhls ua/*Busse* § 164a Rn. 6ff.), ist letztlich unschädlich. Auch schon zum RBerG war – ebenfalls

Widerruf der Registrierung **§ 14 RDG**

ohne entsprechende Regelungen dort – anerkannt, dass der Erlaubniswiderruf ähnlich zu behandeln war.

Im Anwaltsrecht hat man im Übrigen kein Problem damit, dass in den Fäl- 81 len der Anordnung der sofortigen Vollziehung des Widerrufs keine Löschung im Rechtsanwaltsverzeichnis erfolgt, da der Rechtsverkehr über § 155 Abs. 5 BRAO ausreichend geschützt sein soll (BGH Beschl. v. 21.10.1993 – AnwZ [B] 27/93, BeckRS 1993, 08323; Henssler/Prütting/*Henssler* § 14 Rn. 74; Henssler/Prütting/*Deckenbrock* § 112c Rn. 111). Auch dass man im Rahmen des § 39 Abs. 2 WPO eine (vorläufige) Löschung im Berufsregister eindeutig vorgesehen hat und § 47 Abs. 1 Nr. 1 DVStB die Löschung schon bei einem „vollziehbaren" Widerruf vorsieht, rechtfertigt angesichts der ohnehin wenig konsistenten berufsrechtlichen Lösungen keine andere Sicht im hiesigen Bereich. Dies gilt umso mehr, als die Löschung in den Registern auch in den vorgenannten Bereichen nur deklaratorische Bedeutung haben soll (*Gehre/Koslowski* § 46 Rn. 14). Nichts anderes war auch insofern im Bereich des § 17 1. AVO RBerG anerkannt (*Rennen/Caliebe* § 17 1. AVO Rn. 3; *Chemnitz/Johnigk* Rn. 1151); hier bestand ebenfalls Übereinstimmung, dass die Anordnung der sofortigen Vollziehung eines Erlaubniswiderrufs möglich ist (statt aller *Chemnitz/Johnigk* Rn. 1113).

Die Anordnung des Sofortvollzugs kann gleichzeitig mit der Grundverfü- 82 gung oder (selten sinnvoll) isoliert ergehen und bedarf der besonderen schriftlichen Begründung (§ 80 Abs. 3 VwGO).

Die Anordnung der sofortigen Vollziehung des Widerrufs ist verfassungs- 83 rechtlich nicht als bloße Einschränkung der Berufsausübung, sondern als Eingriff in die Freiheit der Berufswahl zu beurteilen, die einem **vorläufigen Berufsverbot gleichkommt** und daher nur unter **strengen Voraussetzungen** zum Schutz wichtiger Gemeinschaftsgüter und unter strikter Beachtung des Verhältnismäßigkeitsgrundsatzes statthaft ist (vgl. zum Anwaltsrecht auch Henssler/Prütting/*Deckenbrock* § 112c Rn. 108ff. und zum RBerG BVerfG Rbeistand 1989, 174). Es bedarf darüber hinaus der Feststellung, dass die Maßnahme als **Präventivmaßnahme** zur Abwendung **konkreter Gefahren für wichtige Gemeinschaftsgüter** notwendig ist bzw. dass ein **besonderes öffentliches Interesse** am Sofortvollzug besteht. Ist der Sofortvollzug angeordnet, besteht für Behörden und Verwaltungsgerichte ferner die Pflicht, das Hauptsacheverfahren mit möglicher Beschleunigung zu betreiben und abzuschließen; kommen sie dieser Pflicht nicht nach, kann auch eine zunächst gerechtfertigte Anordnung der sofortigen Vollziehung verfassungswidrig werden (so zum RBerG BVerfG Rbeistand 1989, 174; NJW 1977, 892, siehe zudem BGH BRAK-Mitt. 1998, 235, 236; die strengere Rspr. zur BNotO ist den dortigen Besonderheiten geschuldet und nicht übertragbar, siehe zum BGHR BNotO § 111 Abs. 4 S. 2 Anordnung, einstweilige 3). Grundfalsch ist es daher auch, aus einem Absehen von einer begleitenden Anordnung der sofortigen Vollziehung nach § 80 Abs. 2 S. 1 Nr. 4 VwGO sogleich auf ein „Verhältnismäßigkeitsdefizit" beim Widerruf selbst zu schließen (so aber VG Berlin Urt. v. 25.8.2011 – 1 K 5.10, BeckRS 2011, 54856; dazu bereits Rn. 36).

Nach dem Vorgenannten muss also insbesondere im konkreten Einzelfall 84 ein **besonderes „Vollzugsinteresse"** über das bloße „Erlassinteresse" hinaus festgestellt werden können; über die Rechtmäßigkeit der Widerrufsverfügung

RDG § 14 Teil 3 Rechtsdienstleistungen durch registrierte Personen

hinaus müssen also vom dogmatischen Ausgangspunkt her besondere Umstände hinzukommen. Dennoch wird der Frage der (Un-)Rechtmäßigkeit des Widerrufs in der Praxis maßgebliche Bedeutung beigemessen (VG Köln Beschl. v. 7.2.2014 – 1 L 1262/13, BeckRS 2014, 47081)

85 **Unproblematisch** ist – auch ohne eine ausdrückliche Regelung entsprechend § 14 Abs. 4 S. 2 BRAO – die Anordnung der sofortigen Vollziehung **regelmäßig nur in den Fällen des § 14 Nr. 2 RDG:** Das Fehlen einer **Berufshaftpflichtversicherung** stellt eine akute Gefahr für die Mandanten dar, unwiederbringliche Vermögensschäden zu erleiden, so dass das öffentliche Interesse hier – nicht nur bei Inkassounternehmen, sondern zumindest bei allen Tätigkeiten mit potenziellem Fremdgeldbezug – die Anordnung der sofortigen Vollziehung trägt (Gaier/Wolf/Göcken/*Siegmund* Rn. 30; Grunewald/Römermann/*Suppé* Rn. 28 f.; zu §§ 16 aF, 51 BRAO AGH München BRAK-Mitt 1996, 167, zu § 46 StBerG FG Hannover DStRE 2007, 933 und zu § 34d Abs. 2 Nr. 3 GewO auch Landmann/Rohmer/*Schönleiter* § 34d Rn. 79a; VG München Beschl. v. 23.3.2009 – M 16 S 09.76, BeckRS 2009, 48423 m. Anm. *Moraht*, jurisPR-VersR 2/2010 Anm. 6).

86 In allen anderen Fällen bedarf es hingegen der **genauen Einzelfallprüfung** – selbst bei einer Abweisung der gegen den Widerruf gerichteten Klage vor endgültiger Bestandskraft (BGH NJW-RR 2003, 1642, 1643; anders uU zu § 14 RDG aber beiläufig VG Berlin Urt. v. 25.8.2011 – 1 K 5.10, BeckRS 2011, 54856). Insbesondere **Vermögensverfall** als solcher rechtfertigt noch **nicht** automatisch die Anordnung der sofortigen Vollziehung (siehe etwa BGH NJW-RR 2002, 1718; MittdtschPatAnw 2005, 187; AGH Celle BRAK-Mitt 2007, 31, 32 f.; weiter uU zum RBerG VGH Mannheim NVwZ-RR 1996, 23).

87 Es müssen **weitere Umstände** hinzutreten, etwa fehlende Vorsorge zur Sicherung noch eingehender Mandantengelder (BGH BGHReport 2002, 132; BGH Beschl. v. 17.7.2006 – AnwZ [B] 8/06, BeckRS 2006, 09877 Rn. 6; BGH Beschl. v. 18.10.2006 – AnwZ [B] 29/06, BeckRS 2006, 14376 Rn. 10; BGH NJW 2011, 457 Rn. 13; EGH Celle BRAK-Mitt. 1983, 89; EGH München BRAK-Mitt. 1983, 192; AGH Celle BRAK-Mitt. 2007, 31, 32), berufsbezogene Strafanzeigen/Verurteilungen (BGH NJW-RR 2003, 1642, 1643; BRAK-Mitt. 2002, 36, 37 sowie zum RBerG VGH München Beschl. v. 24.10.2006 – 9 CS 06.2291, BeckRS 2009, 37389; VG Augsburg Beschl. v. 26.7.2006 – Au 4 S 06 836, BeckRS 2006, 30676), Annahme von Geldern am Insolvenzverwalter vorbei (BGH ZInsO 2003, 992), Behauptung zweifelhafter Verrechnungsabreden (zum RBerG VGH Mannheim NVwZ-RR 1996, 23; siehe auch OVG Münster Rbeistand 1994, 103).

88 Bei Unzuverlässigkeit aufgrund **wiederholter Verurteilung wegen Vermögensdelikten** (etwa Veruntreuung von Mandantengeldern) ist im Zweifel eine Anordnung der sofortigen Vollziehung zulässig (BGH Beschl. v. 18.10.2006 – AnwZ [B] 29/06, BeckRS 2006, 14376 Rn. 10). Kriterium dürfte ansonsten eine besondere Schwere der Pflichtverletzung sein (BGH BRAK-Mitt. 1994, 176: tiefe Verstrickung in Stasi-Machenschaften; siehe auch EGH München BRAK-Mitt. 1983, 192).

89 Bei gerichtlichen Verfahren nach § 80 Abs. 5 VwGO bitten Verwaltungsgerichte Behörden bisweilen um Abgabe von Erklärungen, für eine bestimmte

Zeit von einem „Vollzug" der faktisch angegriffenen Verwaltungsakte abzusehen und so etwas mehr Zeit für die gerichtliche Entscheidung zu lassen. Dieses Institut mag ggf. in Besetzungsverfahren praktikabel und sinnvoll sein, ist im Bereich des Widerrufs einer Registrierung (§ 14 RDG) aber völlig fehl am Platz – zumal es dort auch keinen „Vollzug" im engeren Sinne gibt, sondern allenfalls erst im Rahmen des § 15b RDG. Würde die Behörde hier bereitwillig einlenken, würde sie sich nur in Widerspruch zu ihrer eigenen Anordnung nach § 80 Abs. 2 S. 1 Nr. 4 VwGO setzen, mit der sie die besondere Eilbedürftigkeit begründet hat. Der „Vollstreckungsverzicht" würde dem uU höchst unseriösen Rechtsdienstleister sein Treiben unbehelligt weiter ermöglichen. Letztlich ist der Fall vergleichbar mit der einstweiligen Einstellung bei auf Unterlassung gerichteten einstweiligen Verfügungen, die ebenfalls nur selten in Betracht kommt, weil man sonst das sanktionierte Verhalten weiterhin dulden würde (allg. BGH NJW-RR 1997, 1155 und etwa OLG Düsseldorf Beschl. v. 12.11.2008 – I-2 U 62/08, BeckRS 2011, 16058). Für ein solches Vorgehen des Gerichts besteht im Rahmen des Verfahrens nach § 80 Abs. 5 VwGO auch kein Anlass, zumal die Behörde bei drohenden irreparablen Schäden auch Zwischenentscheidungen treffen könnte (dazu Schoch/Schneider/Bier/*Schoch* § 80 Rn. 357ff.). Bei **Beschwerden** gegen ein Vorgehen nach § 80 Abs. 5 VwGO ablehnende Entscheidungen ist zu berücksichtigen, dass wegen § 149 Abs. 1 VwGO einer Beschwerde gegen erstinstanzliche Eilentscheidungen nur in Ausnahmefällen aufschiebende Wirkung zukommt und deswegen eine Anordnung nur in Betracht kommt, wenn sich die erstinstanzliche Entscheidung mit überwiegender Wahrscheinlichkeit als fehlerhaft erweist oder unter Berücksichtigung aller für und gegen die Aussetzung sprechenden Umstände zu erkennen ist, dass die Vollziehung den Unterlegenen unzumutbar belastet; letzteres wird bei geringen Erfolgsaussichten und drohenden weiteren Gefahren für den Rechtsverkehr in der Regel ausscheiden (so zu § 14 RDG eingehend und instruktiv OVG Münster Beschl. v. 4.3.2014 – 4 B 184/14, BeckRS 2014, 49306).

E. Exkurs: Widerruf nach § 49 VwVfG und Rücknahme nach § 48 VwVfG

§ 14 RDG gilt schon nach seinem Wortlaut unbeschadet des **§ 49 VwVfG** 90 (bzw. landesrechtlicher Parallelvorschriften), so dass auf jeden Fall ein **Widerruf einer rechtmäßigen Registrierung** auch nach diesem Instrument möglich ist (BT-Drs. 16/3655, 73). Das zu § 14 1. AVO RBerG noch unklare Verhältnis der Spezialregelung in allgemeinen Verwaltungsverfahrensrecht (*Rennen/Caliebe* § 14 1. AVO Rn. 5, 7) ist damit heute geklärt. Bedeutung gewinnen kann die – anders als § 14 RDG – **ermessensgebundene** Vorschrift vor allem bei einem Verstoß gegen Auflagen iSd § 10 Abs. 3 RDG, § 36 Abs. 2 Nr. 4 VwVfG: Während § 14 Nr. 3 RDG eine gebundene Entscheidung (erst) bei einem „beharrlichen" Verstoß vorsieht (Rn. 43), kann über § 49 Abs. 2 Nr. 2 VwVfG uU schon im Vorfeld reagiert werden (Gaier/Wolf/Göcken/ *Siegmund* Rn. 4, 9). Insofern haben die allgemeinen Vorschriften Ergänzungsfunktion zu § 14 RDG (Grunewald/Römermann/*Suppé* Rn. 5). Soweit daraus abgeleitet wird, dass § 14 RDG als „impulsgebende Bestimmung" auch maßgeblich für die Handhabung der allgemeinen Vorschriften werden müsse und dort etwa zur Ermessensreduzierung auf Null führe (Grunewald/Römermann/*Suppé* Rn. 7 ff.), geht das aber zu weit.

91 Auch die landesrechtlichen Parallelvorschriften zu **§ 48 VwVfG** sind – wird die Norm im Gesetz auch nicht genannt – anwendbar (Rn. 19; siehe ferner BT-Drs. 16/3655, 72; Grunewald/Römermann/*Suppé* Rn. 6; Kilian/Sabel/vom Stein/*vom Stein* Rn. 541; Krenzler/*K.-M. Schmidt* Rn. 2; offen Gaier/Wolf/Göcken/*Siegmund* Rn. 5 f.). Das kann insbesondere von Bedeutung werden, wenn die Registrierung durch arglistige Täuschung erwirkt wird (instruktiv zu der § 48 VwVfG vorgehenden Sonderregelung in § 50 Abs. 1 Nr. 2 BNotO etwa BGH NJW-RR 1994, 753).

F. Sonstiges

92 Ein drohender Widerruf in Deutschland aus Verbraucherschutzgründen darf nicht dadurch umgangen werden, dass grenzüberschreitende Rechtsdienstleistungen angeboten werden (OLG Köln Urt. v. 5.10.2012 – 6 U 56/12, BeckRS 2013, 09545; FG Köln Urt. v. 20.10.2011 – 11 K 647/07, BeckRS 2012, 96126 zu § 3a StBerG, aber auf § 15 RDG übertragbar).

§ 15 Vorübergehende Rechtsdienstleistungen

(1) ¹**Natürliche und juristische Personen sowie Gesellschaften ohne Rechtspersönlichkeit, die in einem anderen Mitgliedstaat der Europäischen Union, in einem anderen Vertragsstaat des Abkommens über den Europäischen Wirtschaftsraum oder in der Schweiz zur Ausübung eines in § 10 Abs. 1 genannten oder eines vergleichbaren Berufs rechtmäßig niedergelassen sind, dürfen diesen Beruf auf dem Gebiet der Bundesrepublik Deutschland mit denselben Befugnissen wie eine nach § 10 Abs. 1 registrierte Person vorübergehend und gelegentlich ausüben (vorübergehende Rechtsdienstleistungen).** ²**Wenn weder der Beruf noch die Ausbildung zu diesem Beruf im Staat der Niederlassung reglementiert sind, gilt dies nur, wenn die Person oder Gesellschaft den Beruf dort während der vorhergehenden zehn Jahre mindestens zwei Jahre ausgeübt hat.** ³**Ob Rechtsdienstleistungen vorübergehend und gelegentlich erbracht werden, ist insbesondere anhand ihrer Dauer, Häufigkeit, regelmäßigen Wiederkehr und Kontinuität zu beurteilen.**

(2) ¹**Vorübergehende Rechtsdienstleistungen sind nur zulässig, wenn die Person oder Gesellschaft vor der ersten Erbringung von Dienstleistungen im Inland der nach § 13 Abs. 1 Satz 2 zuständigen Behörde in Textform eine Meldung mit dem Inhalt nach Satz 2 erstattet.** ²**Die Meldung muss neben den nach § 16 Abs. 2 Nr. 1 Buchstabe a bis c im Rechtsdienstleistungsregister öffentlich bekanntzumachenden Angaben enthalten:**

1. eine Bescheinigung darüber, dass die Person oder Gesellschaft in einem Mitgliedstaat der Europäischen Union, in einem anderen Vertragsstaat des Abkommens über den Europäischen Wirtschaftsraum oder in der Schweiz rechtmäßig zur Ausübung eines der in § 10 Abs. 1 genannten Berufe oder eines vergleichbaren Berufs niedergelassen ist und dass ihr die Ausübung dieser Tätigkeit zum Zeitpunkt der Vorlage der Bescheinigung nicht, auch nicht vorübergehend, untersagt ist,
2. einen Nachweis darüber, dass die Person oder Gesellschaft den Beruf im Staat der Niederlassung während der vorhergehenden zehn Jahre mindestens zwei Jahre rechtmäßig ausgeübt hat, wenn der Beruf dort nicht reglementiert ist,
3. eine Information über das Bestehen oder Nichtbestehen und den Umfang einer Berufshaftpflichtversicherung oder eines anderen individuellen oder kollektiven Schutzes in Bezug auf die Berufshaftpflicht,
4. die Angabe der Berufsbezeichnung, unter der die Tätigkeit im Inland zu erbringen ist.

³§ 13 Abs. 3 Satz 1 gilt entsprechend. ⁴Die Meldung ist jährlich zu wiederholen, wenn die Person oder Gesellschaft nach Ablauf eines Jahres erneut vorübergehende Rechtsdienstleistungen im Inland erbringen will. ⁵In diesem Fall ist die Information nach Satz 2 Nr. 3 erneut vorzulegen.

(3) ¹Sobald die Meldung nach Absatz 2 vollständig vorliegt, nimmt die zuständige Behörde eine vorübergehende Registrierung oder ihre Verlängerung um ein Jahr vor und veranlasst die öffentliche Bekanntmachung im Rechtsdienstleistungsregister. ²Das Verfahren ist kostenfrei.

(4) ¹Vorübergehende Rechtsdienstleistungen sind unter der in der Sprache des Niederlassungsstaats für die Tätigkeit bestehenden Berufsbezeichnung zu erbringen. ²Eine Verwechslung mit den in § 11 Abs. 4 aufgeführten Berufsbezeichnungen muss ausgeschlossen sein.

(5) ¹Die zuständige Behörde kann einer vorübergehend registrierten Person oder Gesellschaft die weitere Erbringung von Rechtsdienstleistungen untersagen, wenn begründete Tatsachen die Annahme dauerhaft unqualifizierter Rechtsdienstleistungen zum Nachteil der Rechtsuchenden oder des Rechtsverkehrs rechtfertigen. ²Das ist in der Regel der Fall, wenn die Person oder Gesellschaft im Staat der Niederlassung nicht mehr rechtmäßig niedergelassen ist oder ihr die Ausübung der Tätigkeit dort untersagt wird, wenn sie nicht über die für die Ausübung der Berufstätigkeit im Inland erforderlichen deutschen Sprachkenntnisse verfügt oder wenn sie beharrlich entgegen Absatz 4 eine unrichtige Berufsbezeichnung führt.

RDG § 15 Teil 3 Rechtsdienstleistungen durch registrierte Personen

Inhaltsübersicht

	Rn.
A. Allgemeines	1
I. Normzweck	1
II. Hintergrund: Berufsanerkennungsrichtlinie	7
III. Anwendungsbereich	13
1. Sachlicher Anwendungsbereich	13
2. Internationaler Anwendungsbereich	19
IV. Inländergleichstellung und gerichtliche Tätigkeit	21
V. Gesetzgebungshistorie	23
B. Einzelerläuterung zu Abs. 1	25
I. Personenkreis	25
II. Vorübergehende Rechtsdienstleistungen iSd § 10 RDG	30
1. Rechtsdienstleistungen iSd § 10 RDG	30
2. Reglementierte und nicht reglementierte Berufe	34
3. Vorübergehender und gelegentlicher Charakter	38
4. Auf dem Gebiet der Bundesrepublik Deutschland	47
C. Die Details der Meldung (Abs. 2)	52
I. Allgemeines	52
II. Formalia	55
III. Notwendiger Inhalt der Erstmeldung (Abs. 2 S. 2)	59
1. Abschließender Katalog	59
2. Angaben nach § 16 Abs. 2 S. 1 Nr. 1 lit. a–c (Abs. 2 S. 2 Hs. 1)	62
3. Bescheinigung über die Berufsausübung (Nr. 1 und 2)	65
4. Informationen über eine Haftpflichtversicherung (Nr. 3)	72
5. Angabe der Berufsbezeichnung (Nr. 4)	75
6. Verzicht auf weitere Angaben	77
IV. Veränderungsmitteilungen (Abs. 2 S. 3)	79
V. Wiederholungsmeldung (Abs. 2 S. 4)	82
VI. Folgen eines Verstoßes gegen die Meldepflicht; Verhältnis zu §§ 13a und 15b RDG	86
D. Die Registrierung (Abs. 3)	90
E. Die Berufsbezeichnung (Abs. 4)	94
I. Führen der Berufsbezeichnung	94
II. Verwechslungsgefahr (Abs. 4 S. 2)	98
III. Folgen eines Verstoßes	101
F. Die Untersagung (Abs. 5)	103
I. Grundlagen	103
II. Unqualifizierte Rechtsdienstleistungen	109
III. Die Untersagungsverfügung	112
1. Inhalt	112
2. Verfahrensfragen	116
3. Folgen der Untersagung	120
IV. Rechtsschutz gegen die Untersagung	123
V. Löschung im Rechtsdienstleistungsregister	126
VI. Die Regelbeispiele des Abs. 5 S. 2	128
1. Allgemeines	128
2. Fehlende Befugnis im Niederlassungsstaat	130
3. Fehlende Sprachkenntnisse	133
4. Führen einer unzulässigen Berufsbezeichnung	137

Vorübergehende Rechtsdienstleistungen **§ 15 RDG**

A. Allgemeines

I. Normzweck

Der Gesetzgeber hat im RDG leider nicht nur die Fragen der internationa- 1
len Anwendbarkeit offengelassen (§ 1 RDG Rn. 34 ff.), sondern auch kein in sich geschlossenes und abschließendes System für die Behandlung grenzüberschreitender Rechtsdienstleistungen geschaffen. § 15 RDG enthält letztlich ausschnittartig (nur) eine besondere **Erlaubnisnorm iSd § 3 RDG für (nichtanwaltliche) europäische Rechtsdienstleister, die vorübergehend und gelegentlich** im Inland **in einem der in § 10 RDG geregelten Bereiche** tätig werden.

§ 15 RDG bringt für die in ihm genannten Bereiche Klarheit in der unter 2
der Geltung des **RBerG** stark umstrittenen Frage der Zulässigkeit vorübergehender Rechtsberatungstätigkeiten (dazu § 1 RDG Rn. 32 f.). Die Norm gestattet natürlichen und juristischen Personen sowie Gesellschaften ohne Rechtspersönlichkeit, die in einem anderen Mitgliedstaat der EU, in einem anderen Vertragsstaat des Abkommens über den EWR oder in der Schweiz zur Ausübung eines in § 10 Abs. 1 RDG genannten oder eines vergleichbaren Berufs rechtmäßig niedergelassen sind, diesen Beruf (auch) auf dem Gebiet der Bundesrepublik Deutschland mit denselben Befugnissen wie eine nach § 10 Abs. 1 RDG registrierte Person vorübergehend und gelegentlich auszuüben, sofern vor Erbringung der ersten Dienstleistung eine Meldung in Textform mit den in § 15 Abs. 2 RDG festgelegten Informationen an die Registrierungsbehörde erstattet wird. Systematisch ist § 15 RDG eine Ausnahme zu der selbst bei nur vorübergehenden Tätigkeiten sonst im Grundsatz bereits greifenden Registrierungspflicht aus § 10 RDG (Krenzler/D. Schmidt Rn. 1).

§ 15 RDG dient der **Umsetzung von Art. 5 ff. der Richtlinie 2005/36/** 3
EG des Europäischen Parlaments und des Rates v. 7.9.2005 über die Anerkennung von Berufsqualifikationen (ABl. EU Nr. L 255 v. 30.9.2005 S. 22 – **Berufsqualifikationsrichtlinie bzw. Berufsanerkennungsrichtlinie**) im Bereich nur vorübergehender Rechtsdienstleistungen von Personen aus dem europäischen Ausland. Diese Richtlinie konkretisiert die Dienstleistungsfreiheit aus Art. 57 S. 3 AEUV, wonach der Leistende zwecks Erbringung seiner Leistungen seine Tätigkeit **vorübergehend** auch in dem Mitgliedstaat ausüben kann, in dem die Leistung erbracht wird, und zwar unter den Voraussetzungen, welche dieser Mitgliedstaat für seine eigenen Angehörigen vorschreibt (sog. Bestimmungslandprinzip, Rn. 11). Weitere Informationen zur Richtlinie und deren Umsetzung finden sich unter http://www.portal21.de. Die weitreichenden Änderungen an der Berufsanerkennungsrichtlinie durch die **1. Änderungsrichtlinie 2013/55/EU v. 20.11.2013** (ABl. EU Nr. L 354 v. 28.12.2013 S. 132), die ua auch für vorübergehende Tätigkeiten in Art. 4 lit. c und d einen Europäischen Berufsausweis vorsieht und sog. IMI-Dateien zur Übergabe der wichtigsten Informationen einführt, sind (auch) in § 15 RDG noch nicht umgesetzt (dazu Rn. 37).

Die Regelungen der Berufsanerkennungsrichtlinie gelten entsprechend für 4
die **Vertragsstaaten des EWR** (Beschluss des Gemeinsamen EWR-Aus-

schusses Nr. 142/2007 v. 26.10.2007 zur Änderung des Anhangs VII [Gegenseitige Anerkennung beruflicher Qualifikationen] und des Protokolls 37 zum EWR-Abkommen, ABl. EU Nr. L 100 v. 10.4.2008 S. 70). Hinsichtlich der **Schweiz** ergibt sich dies aus dem Freizügigkeitsabkommen zwischen der Schweiz und der EU v. 21.6.1999 (BGBl. 2001 II S. 810, BGBl. 2002 II S. 1692).

5 Ebenfalls der Umsetzung der Berufsanerkennungsrichtlinie dienende nationale Parallelbestimmungen finden sich in **§ 13a GewO** und in anderen gewerberechtlichen Regelungen (etwa § 34 Abs. 2 Nr. 4 GewO iVm § 5f BewachV; § 34d Abs. 8 S. 1 Nr. 4 GewO etc.) sowie vor allem in **§ 3a StBerG.** Für die Auslegung des § 15 RDG kann vorsichtig auf die dazu vorliegende Rechtsprechung und Literatur zurückgegriffen werden (so umgekehrt zu § 3a StBerG auch Kuhls ua/*Riddermann* § 3a Rn. 12).

6 § 15 RDG ist nur in **Zusammenschau mit § 10 RDG** vollends verständlich: Zum einen handelt es sich bei den in § 10 RDG enumerativ angesprochenen Berufsbildern um reglementierte Berufe iSv Art. 3 Abs. 1 lit. a der Berufsanerkennungsrichtlinie (so auch Gaier/Wolf/Göcken/*Wolf* Rn. 1). Die Personen, die einen dieser in § 10 RDG geregelten Berufe (oder einen vergleichbaren Beruf) ausüben wollen, können sich natürlich auch **dauerhaft** in Deutschland als registrierte Personen **niederlassen.** Das setzt **auch** unter dem Regime der Berufsanerkennungsrichtlinie und vor dem Hintergrund der in Art. 49 AEUV garantierten **Niederlassungsfreiheit** im Grundsatz voraus, dass sie ihre berufliche Qualifikation nachgewiesen haben. Entsprechend der Vorgaben der Berufsanerkennungsrichtlinie sehen die § 12 Abs. 3 RDG, §§ 2ff. RDV dafür aber besondere Instrumentarien und Privilegierungen vor, wegen deren Einzelheiten auf die jeweilige Kommentierung verwiesen wird. Solche Personen unterliegen bei ihrer Berufsausübung ohne Weiteres denselben Rechten und Pflichten wie die inländischen registrierten Personen (BT-Drs. 16/3655, 43). In **§ 15 RDG** geht es demgegenüber – wie in Art. 57 S. 3 AEUV in Abgrenzung zur Niederlassungsfreiheit – um die **nur vorübergehende Tätigkeit** im Bereich des § 10 RDG, soweit eben die Schwelle zur Begründung einer inländischen Niederlassung noch nicht überschritten wird. **§ 15 RDG** erfasst damit nur ein **enges Ausschnittsproblem** des komplexen und stark vom europäischen Recht geprägten Systems grenzüberschreitender Rechtsdienstleistungen (vgl. auch Rn. 14ff., 38ff.).

II. Hintergrund: Berufsanerkennungsrichtlinie

7 Nach **Art. 5 Abs. 1** der Berufsanerkennungsrichtlinie genießen Staatsangehörige aus einem anderen Mitgliedstaat der EU, die in ihrem Heimatstaat zur Ausübung eines reglementierten Berufs rechtmäßig niedergelassen sind, grds. auch in Deutschland die volle Dienstleistungsfreiheit. Das gilt auch für den Fall, dass die Tätigkeit im Heimatstaat nicht reglementiert ist, soweit die Person ihre Tätigkeit dort mindestens ein Jahr ausgeübt hat.

8 Die Berufsanerkennungsrichtlinie gestattet in **Art. 7** jedoch, die Aufnahme einer vorübergehenden Tätigkeit von einer vorherigen schriftlichen Meldung des ausländischen Dienstleisters abhängig zu machen – was sonst problematisch wäre (dazu EuGH EuZW 2013, 234 Rn. 38ff. – *Limosa;* EFTA-Gerichtshof

Vorübergehende Rechtsdienstleistungen **§ 15 RDG**

NJW 2014, 987 Rn. 39ff.). Außerdem kann gem. Art. 6 lit. a der Berufsanerkennungsrichtlinie eine automatische vorübergehende Eintragung in ein Berufsregister vorgesehen werden, um die Anwendung der in ihrem Hoheitsgebiet geltenden Disziplinarbestimmungen zu erleichtern.

Von beiden Möglichkeiten hat der deutsche Gesetzgeber mit **§ 15 Abs. 2 9 und 3 RDG** Gebrauch gemacht. Er wollte vor allem im Bereich der Inkassodienstleistungen die für den inländischen Rechtsverkehr nötige Transparenz und Sicherheit über die Befugnis zur Erbringung der Rechtsdienstleistungen schaffen (BT-Drs. 16/3655, 73). Die von § 15 RDG erfassten Personen und Gesellschaften dürfen nach der Meldung vorübergehende Rechtsdienstleistungen in Deutschland erbringen, wenn sie in ihrem Herkunftsstaat zur Ausübung einer von § 10 RDG erfassten Tätigkeit berechtigt sind. Sie werden zudem vorübergehend in das Rechtsdienstleistungsregister eingetragen. Bei der Arbeit mit § 15 RDG darf der gerade dargestellte Richtlinienhintergrund nie aus den Augen verloren werden: Bei Zweifelsfragen (etwa im Rahmen einer gebotenen richtlinienkonformen Auslegung) wird nach allgemeinen Grundsätzen ein **Vorabentscheidungsverfahren** (Art. 267 AEUV) erforderlich werden, insbesondere im Rahmen eines etwaigen Bußgeldverfahrens nach § 20 RDG.

Mit der besonderen **Untersagungsregelung in § 15 Abs. 5 RDG** (dazu 10 Rn. 103ff.) soll die nach Art. 5 Abs. 3 der Berufsanerkennungsrichtlinie ebenfalls zulässige Ahndung schwerwiegender beruflicher Fehler gewährleistet werden, um den Schutz der Rechtsuchenden und des Rechtsverkehrs vor unqualifizierten Rechtsdienstleistungen durch vorübergehend tätige ausländische Dienstleister zu gewährleisten (BT-Drs. 16/3655, 73). Die Norm steht in einem wenig klaren Konkurrenzverhältnis zu § 15a RDG.

Für die Erbringung **vorübergehender** Rechtsdienstleistungen gilt weitge- 11 hend das sog. **Bestimmungslandprinzip** und nicht das sog. **Herkunftslandprinzip.** Letzteres ist nur für den Marktzugang und nur insofern von Belang, als eine ausländische Berufsqualifikation – sofern anerkannt und bekannt – bei in § 10 RDG genannten Berufen ohne Weiteres zu akzeptieren ist (Grunewald/Römermann/*Franz* Rn. 2; Gaier/Wolf/Göcken/*Wolf* Rn. 1b). Im Übrigen, insbesondere beim Begriff der „Vergleichbarkeit" der Berufe, gilt das Bestimmungslandprinzip. Dies gilt fast durchgängig auch für die weitere Berufsausübung, wie Art. 5 Abs. 3 der Berufsanerkennungsrichtlinie belegt (vgl. *Kluth/Rieger* EuZW 2005, 486, 489; *Lemor* EuZW 2007, 135, 136f.; Landmann/Rohmer/*Pielow* Einl EU Rn. 84; *Waschkau* EU-Dienstleistungsrichtlinie und Berufsanerkennungsrichtlinie, 2008, 91ff.). Auch der Erwägungsgrund 8 der Berufsanerkennungsrichtlinie stellt klar, dass für einen Dienstleister die „Disziplinarvorschriften" des Aufnahmemitgliedstaats gelten, die unmittelbar und konkret mit den Berufsqualifikationen verbunden sind, ebenso wie die eigentliche Definition des Berufs, der Umfang der zu einem Beruf gehörenden oder diesem vorbehaltenen Tätigkeiten, das Führen von Titeln und schwerwiegende berufliche Fehler in unmittelbarem und spezifischem Zusammenhang mit dem Schutz und der Sicherheit der Verbraucher; auch daran wird deutlich, dass im Übrigen das Bestimmungslandprinzip Geltung beansprucht.

Etwaige Beschränkungen müssen jedoch gerechtfertigt sein: Der freie 12 Dienstleistungsverkehr darf nur durch Regelungen beschränkt werden, die durch zwingende Gründe des Allgemeininteresses gerechtfertigt sind und die für alle im Hoheitsgebiet des Bestimmungsstaats tätigen Personen oder Unternehmen gelten, und zwar nur insoweit, als dem Allgemeininteresse nicht bereits durch die Rechtsvorschriften Rechnung getragen ist, denen der Leistungserbringer in dem Staat unterliegt, in dem er ansässig ist. Diese Anforderungen müssen insbesondere sachlich geboten sein, um die Einhaltung der Berufsregelungen und den Schutz der Empfänger von Dienstleistungen zu gewährleisten, und dürfen nicht über das hinausgehen, was zum Erreichen dieser Ziele erforderlich ist (EuGH Slg. 1991 I-4221 Rn. 12 ff. = NJW 1991, 2693 Rn. 12 ff. – *Säger/Dennemeyer*).

III. Anwendungsbereich

13 **1. Sachlicher Anwendungsbereich.** Schon nach dem Wortlaut des § 15 RDG gilt die Dienstleistungsfreiheit ausschließlich für Tätigkeiten, die unter die Aufzählung in § 10 RDG fallen. Die Gewährleistung der Dienstleistungsfreiheit **beschränkt** sich also auf die in § 10 RDG genannten Tätigkeiten. Die Norm bringt **keine generelle Öffnung des Rechtsdienstleistungsmarkts für europäische Dienstleister** und andere, über § 10 RDG hinausgehende allgemeine Rechtsdienstleistungen iSd § 2 RDG mit sich (vgl. auch Grunewald/Römermann/*Franz* Rn. 1; Krenzler/*D. Schmidt* Rn. 2; *Finzel* Rn. 1; *Kilian* AnwBl. 2008, 394; Unseld/Degen/*Degen* Rn. 9 f.; *Sabel* AnwBl. 2007, 816, 821). Vorübergehende Rechtsdienstleistungen dürfen also nur von solchen ausländischen Rechtsdienstleistern erbracht werden, die in einem der in § 10 RDG genannten Berufe oder einem vergleichbaren Beruf tätig sind. Alles andere wäre eine Besserstellung ausländischer Anbieter gegenüber inländischen Rechtsdienstleistern, die von der Berufsanerkennungsrichtlinie nicht verlangt wird. Die – sei es nur vorübergehende – Erbringung von Rechtsdienstleistungen im Inland durch Berufsgruppen **außerhalb des Katalogs des § 10 RDG** oder eines hiermit vergleichbaren Berufs ist grds. der Anwaltschaft vorbehalten. **Ausnahmen** wird man nur – wie auch sonst – für eine erlaubnisfreie Tätigkeit im Bereich des **§ 5 RDG** bzw. **§ 6 RDG** machen (so auch Kilian/Sabel/vom Stein/*Kilian* Rn. 340; zu § 5 RDG auch Gaier/Wolf/Göcken/*Wolf* Rn. 22 und BT-Drs. 16/3655, 28; vgl. auch § 20 RDG Rn. 61). Insgesamt hat § 15 RDG somit praktisch nur einen geringen Anwendungsbereich (*Kleine-Cosack* Rn. 1). Der Gesetzgeber hatte vor allem Inkassounternehmen im Blick. Die Dienstleistungsfreiheit betrifft aber alle in § 10 RDG geregelten Tätigkeiten (BT-Drs. 16/3655, 73).

14 **Nicht** von § 15 RDG erfasst werden Rechtsdienstleistungsbefugnisse, die sich aus (Spezial-)Gesetzen ergeben. Daher ist § 15 RDG im Einklang mit Erwägungsgrund 42 der Berufsanerkennungsrichtlinie nicht anwendbar bei Fragen einer **grenzüberschreitenden Anwaltstätigkeit** (Henssler/Prütting/*Weth* Rn. 1; *Kleine-Cosack* Rn. 1; Unseld/Degen/*Degen* Rn. 5; Krenzler/ *D. Schmidt* Rn. 9; Gaier/Wolf/Göcken/*Wolf* Rn. 22; *Kilian* RIW 2008, 373; siehe dazu auch § 1 RDG Rn. 47 ff.). Das Recht der vorübergehenden grenzüberschreitenden Anwaltstätigkeit aus Mitgliedstaaten der EU und des EWR ist in §§ 25 ff. EuRAG, das Niederlassungsrecht ausländischer Rechtsanwälte in §§ 2 ff. EuRAG und § 206 BRAO ausdrücklich (abschließend) geregelt.

Vorübergehende Rechtsdienstleistungen **§ 15 RDG**

Europarechtlich ist die gesonderte Regelung konsequent, weil die in Erwägungsgrund 42 der Berufsanerkennungsrichtlinie genannten spezielleren Richtlinien vorgehen. Die Bestimmungen des EuRAG sind Erlaubnistatbestände iSd § 3 RDG (*Kilian* RIW 2008, 373; *ders.* AnwBl. 2008, 394); Rechtsdienstleistungen in diesem Bereich dürfen von Angehörigen anderer Mitgliedstaaten – soweit es sich nicht nur um nach § 5 RDG zulässige Nebenleistungen handelt – richtigerweise nur nach den Bestimmungen des EuRAG erbracht werden (BT-Drs. 16/3655, 28; Dreyer/Lamm/Müller/*K. Lamm* Rn. 4; Gaier/Wolf/Göcken/*Wolf* Rn. 22).

Folgerichtig lässt sich auch das **ungelöste Problem einer vorübergehen-** 15 **den Tätigkeit ausländischer Rechtsanwälte** aus Nicht-EU/EWR-Staaten, die nicht unter §§ 25 ff. EuRAG fallen, keinesfalls (lückenfüllend) über § 15 RDG lösen. Es wird auch häufig an der Vergleichbarkeit mit den in § 10 RDG geregelten Berufsbildern fehlen. Im Zusammenspiel zwischen § 3 RDG und § 15 RDG ist zumindest heute jedoch die zum alten Recht vom Gesetzgeber (beiläufig BT-Drs. 8/3181, 12) und der hM (*Chemnitz/Johnigk* Rn. 261; *Rennen/Caliebe* Art. 1 § 1 Rn. 5; *Friedlaender* AnwBl. 1954, 1, 4; *Rabe* NJW 1987, 2185, 2186; *Schulz* AnwBl. 1981, 41, 43) angenommene (ungeschriebene) Zulässigkeit nur vorübergehender anwaltlicher Vertretung in Deutschland unhaltbar geworden (eingehend *Kilian* RIW 2008, 373; siehe auch Kilian/Sabel/vom Stein/*Kilian* Rn. 339; *Ehrens* EuZW 1994, 460, 461). Anwälte aus Nicht-EU/EWR-Staaten können jedoch ggf. über § 10 Abs. 1 Nr. 3 RDG zum Zwecke der dauernden Niederlassung eine Registrierung bezogen auf „ihr" Recht erwirken (so zu RBerG *Chemnitz/Johnigk* Rn. 263, 264; Kilian/Sabel/vom Stein/*Kilian* Rn. 350). In solchen Fällen könnte man zwar dann auch über eine Anwendbarkeit des § 15 RDG nachdenken bei nur vorübergehender Tätigkeit. Die hM versteht die Regelungen der EuRAG aber als abschließend (so wohl auch für nur vorübergehende Tätigkeiten Krenzler/*D. Schmidt* Rn. 8).

Zwar ist nach § 1 RDV **ausländisches Steuerrecht** ein Teilbereich der 16 Rechtsdienstleistungen in einem ausländischen Recht iSd § 10 Abs. 1 S. 1 Nr. 3 RDG (hierzu § 1 RDV Rn. 4, 8f.). Doch ist die Regelung des **§ 3a StBerG** für die Hilfeleistung in Steuersachen eine gegenüber § 15 RDG vorrangige Spezialregelung. § 3a StBerG erlaubt – ebenfalls in Umsetzung der Berufsanerkennungsrichtlinie (Rn. 3) – Personen, die in einem Mitgliedstaat der EU oder in einem EWR-Vertragsstaat oder der Schweiz beruflich niedergelassen sind und dort befugt geschäftsmäßig Hilfe in Steuersachen nach dem Recht des Niederlassungsstaats leisten, vorübergehende und gelegentliche geschäftsmäßigen Hilfeleistung in Steuersachen auf dem Gebiet der Bundesrepublik Deutschland. Geht man davon aus, dass unter den Begriff „Personen" in § 3a StBerG sowohl natürliche Personen als auch Vereinigungen zu fassen sind (so Kuhls ua/*Riddermann* § 3a Rn. 5), sind die Anwendungsbereiche von § 15 RDG und § 3a StBerG im Hinblick auf das ausländische Steuerrecht weitgehend identisch. § 3a StBerG verdrängt § 15 RDG dann vollständig (Gaier/ Wolf/Göcken/*Wolf* Rn. 22; aA Dreyer/Lamm/Müller/*K. Lamm* Rn. 8, § 1 RDV Rn. 18; Krenzler/*D. Schmidt* Rn. 10, die von einem verbleibenden Anwendungsbereich ausgehen, soweit Rechtsdienstleistungen nicht unter § 3a StBerG fallen).

RDG § 15 Teil 3 Rechtsdienstleistungen durch registrierte Personen

17 Für den nach § 10 Abs. 1 S. 2 RDG iVm § 1 RDV zulässigen Teilbereich des **ausländischen gewerblichen Rechtsschutzes** fehlen Spezialregelungen. §§ 154a f. PAO verwirklichen nur die Niederlassungsfreiheit für europäische Patentanwälte, so dass für vorübergehende Rechtsdienstleistungen § 15 RDG als Auffangtatbestand eingreifen dürfte. Daher stellt sich die Frage einer unmittelbaren Anwendung der Berufsanerkennungsrichtlinie nach Ablauf ihrer Umsetzungsfrist nicht (so auch Dreyer/Lamm/Müller/*K. Lamm* Rn. 9 f.; Krenzler/*D. Schmidt* Rn. 11).

18 § 15 RDG ist lex specialis gegenüber **§ 13 a GewO,** zumal im Rechtsdienstleistungsbereich ohnehin oft keine gewerbliche Tätigkeit vorliegen wird (§ 15 b RDG Rn. 2).

19 **2. Internationaler Anwendungsbereich.** Unter Geltung des RBerG war die Zulässigkeit (nur) vorübergehender Rechtsdienstleistungen durch nichtanwaltliche Anbieter auf dem Gebiet der Bundesrepublik umstritten (§ 1 RDG Rn. 32 f.). Mit § 15 RDG ist geklärt, dass auch die nur vorübergehende inländische Tätigkeit eines ausländischen Dienstleisters dem Anwendungsbereich des RDG unterfällt (§ 1 RDG Rn. 35 ff.).

20 Das Problem verschiebt sich bei grenzüberschreitenden Korrespondenztätigkeiten (dazu allg. § 1 RDG Rn. 39 ff.) heute auf die Frage, ob und wann eine Tätigkeit „auf dem Gebiet der Bundesrepublik Deutschland" vorliegt (dazu Rn. 47 ff.).

IV. Inländergleichstellung und gerichtliche Tätigkeit

21 § 15 RDG regelt in Übereinstimmung mit Art. 5 Abs. 1 der Berufsanerkennungsrichtlinie die Voraussetzungen, unter denen die nur vorübergehende Erbringung von Rechtsdienstleistungen im Inland zulässig ist. Die Befugnisse derjenigen Personen, die danach vorübergehend Rechtsdienstleistungen erbringen dürfen, entsprechen denjenigen der registrierten Personen iSd § 10 RDG (BT-Drs. 16/3655, 73). Das deckt sich mit den Vorgaben der Berufsanerkennungsrichtlinie (Bestimmungslandprinzip, Rn. 11).

22 Soweit dies nach der Gesetzesbegründung „insbesondere die Befugnis, in behördlichen oder **gerichtlichen Verfahren** aufzutreten, soweit dies den registrierten Personen erlaubt ist" betreffen soll (BT-Drs. 16/3655, 73; ebenso *Kleine-Cosack* Rn. 4; *Finzel* Rn. 1; Grunewald/Römermann/*Franz* Rn. 12; Gaier/Wolf/Göcken/*Wolf* Rn. 19 f.; Dreyer/Lamm/Müller/*K. Lamm* Rn. 35; Kilian/Sabel/vom Stein/*Kilian* Rn. 331), ist das wegen der grundsätzlichen Beschränkung des RDG auf **außergerichtliche** Rechtsdienstleistungen (§ 1 RDG Rn. 15 ff.) systematisch fragwürdig. In richtlinienkonformer Auslegung des § 15 RDG bzw. der verfahrensrechtlichen Regelungen wird man jedoch dabei bleiben müssen (so im Ergebnis auch Krenzler/*D. Schmidt* Rn. 43). Somit können sich ausländische Inkassounternehmer etwa auf § 79 Abs. 2 Nr. 4 ZPO, §§ 174 Abs. 3 S. 3, 305 Abs. 4 S. 2 InsO und ausländische Rentenberater auf § 73 Abs. 2 S. 2 Nr. 3 SGG berufen.

Vorübergehende Rechtsdienstleistungen **§ 15 RDG**

V. Gesetzgebungshistorie

§ 15 RDG wurde seit Inkrafttreten des RDG **zwiefach geändert** (siehe bereits Einleitung Rn. 103, 105f.). MWv 1.8.2013 wurde durch das 2. KostRMoG v. 23.7.2013 (BGBl. I S. 2586) in Abs. 1 S. 2 und Abs. 2 S. 2 Nr. 1 die Schweiz in den Kreis der von § 15 RDG erfassten Niederlassungsmitgliedstaaten aufgenommen. Dies diente der Anpassung an das Freizügigkeitsabkommen zwischen der Schweiz und der Europäischen Union v. 21.6.1999 (BGBl. 2001 II S. 810, BGBl. 2002 II S. 1692; vgl. BT-Drs. 17/13537, 19). 23

MWv 9.10.2013 wurde in § 15 Abs. 2 S. 2 RDG durch das Gesetz gegen unseriöse Geschäftspraktiken v. 1.10.2013 (BGBl. I S. 3714) die Meldepflicht erweitert. Dies muss in Zusammenhang mit den flankierenden neuen Bußgeldtatbeständen in § 20 Abs. 2 Nr. 3 und 4 RDG gelesen werden, welche künftig alle Handlungspflichten erfassen, so dass nicht nur gänzlich fehlende, sondern auch unrichtige, unvollständige oder nicht rechtzeitige Meldungen geahndet werden können (BT-Drs. 17/13057, 20f., vgl. auch § 20 RDG Rn. 55ff.). Der Gesetzgeber sah eine Regelungslücke und wollte vor allem die behördlichen Instrumentarien gegenüber ausländischen, im Inland nur vorübergehend tätigen Inkassounternehmen stärken, die zwar die Voraussetzungen des § 15 Abs. 1 RDG erfüllen, aber gegen ihre Meldepflicht nach § 15 Abs. 2 S. 1 RDG verstoßen. Diese gesetzgeberische Motivation führt indes nicht zu einer Beschränkung des Anwendungsbereichs der Norm nur auf Inkassounternehmen, weil ein Sanktionsbedürfnis bei Verletzung der Meldepflicht prinzipiell für alle in §§ 15 Abs. 1, 10 Abs. 1 RDG genannten Personen besteht (BT-Drs. 17/13057, 20f.). 24

B. Einzelerläuterung zu Abs. 1

I. Personenkreis

§ 15 Abs. 1 RDG erfasst natürliche Personen sowie juristische Personen bzw. Gesellschaften ohne Rechtspersönlichkeit (§ 10 RDG Rn. 8ff.), die in einem der genannten Herkunftsstaaten zur Ausübung einer der in § 10 RDG geregelten Tätigkeiten rechtmäßig niedergelassen sind. Da § 15 Abs. 1 S. 1 RDG umfassend auf § 10 Abs. 1 RDG verweist, werden auch die Teilbereiche gem. § 10 Abs. 1 S. 2 RDG iVm § 1 RDV erfasst, sofern keine vorrangigen Spezialregelungen eingreifen (Rn. 14ff.). 25

Die Erlaubnisnorm in § 15 RDG knüpft nicht an die Staatsangehörigkeit, sondern allein an die **Niederlassung in einem EU- oder EWR-Mitgliedstaat bzw. in der Schweiz** an. Auf diese Weise werden natürliche und juristische Personen sowie Gesellschaften ohne Rechtspersönlichkeit gleichen Maßstäben unterworfen. Zudem werden auch **Staatsangehörige eines Drittlandes,** die in einem der genannten Staaten niedergelassen sind, erfasst (statt aller Gaier/Wolf/Göcken/*Wolf* Rn. 5). 26

Das Gesetz geht damit (bewusst) **zwiefach** über eine Umsetzung der auf Staatsangehörige anderer Mitgliedstaaten (= natürliche Personen) beschränkten **Berufsanerkennungsrichtlinie** hinaus. Eine Einschränkung auf natürli- 27 che Personen stünde im Widerspruch zu den übrigen Vorschriften des RDG zu registrierten Personen und ließe im Bereich der Inkassounternehmen im Unklaren, welche Rechtsvorschriften für ausländische juristische Personen gelten sollen, die Inkassodienstleistungen erbringen (BT-Drs. 16/3655, 73). Auch besteht kein zwingender sachlicher Grund (Art. 3 Abs. 1 GG), **Staatsangehörige von Drittstaaten,** die in einem Mitgliedstaat der EU rechtmäßig zur Ausübung eines Berufs niedergelassen sind, anders zu behandeln als Staatsangehörige des gleichen Mitgliedstaats (BT-Drs. 16/3655, 73). Diese Erweiterung des Personenkreises ist europarechtlich unbedenklich, da der Kreis der Marktzugangsberechtigten im Vergleich zur Berufsanerkennungsrichtlinie nur erweitert wird (so zu § 3a StBerG und § 15 RDG zutreffend Kuhls ua/ *Riddermann* § 3a Rn. 5). Der klare Wortlaut vermeidet auch unnötige Auslegungsprobleme wie etwa § 3a StBerG, wo der Begriff der „Personen" weit ausgelegt werden muss (dazu Kuhls ua/*Riddermann* § 3a Rn. 5).

28 Folgerichtig greift § 15 RDG **auch für deutsche Staatsangehörige,** die in einem der genannten Herkunftsstaaten rechtmäßig niedergelassen sind und nur vorübergehend in Deutschland tätig werden möchten (Krenzler/ *D. Schmidt* Rn. 13). Die Berufsanerkennungsrichtlinie stellt einschränkungslos auf „Dienstleister" ab und nicht auf eine Unionsbürgerschaft (Art. 20 AEUV) oÄ und sieht keine Möglichkeit vor, eigene Staatsangehörige, die in einem anderen Mitgliedstaat niedergelassen sind, von der Dienstleistungsfreiheit auszuschließen (zu der Parallelvorschrift des § 3a StBerG Kuhls ua/*Riddermann* § 3a Rn. 6; *Gehre/Koslowski* § 3a Rn. 3). Fraglich ist nur, was gilt, wenn ein deutscher Staatsangehöriger über eine Niederlassung im Ausland die §§ 10ff. RDG zu **umgehen** sucht. Insofern ist zu § 3a StBerG entschieden, dass die Berufung auf die Dienstleistungsfreiheit rechtsmissbräuchlich ist, wenn ein deutscher Staatsangehöriger allein deshalb die Form der grenzüberschreitenden Rechtsdienstleistung wählt, um sich den Voraussetzungen des StBerG zu entziehen. Auf der Hand liegt das für Fälle, in denen nach dem Widerruf einer Bestellung als Steuerberater eine Niederlassung im EU-Ausland begründet wird, um von dort aus weiter in Deutschland tätig zu werden (vgl. BFH Beschl. v. 21.8.2008 – VIII B 70/08, BeckRS 2008, 25014010; BFH/NV 2009, 1601; FG Köln EFG 2011, 168; FG Hannover DStRE 2010, 1141; FG Leipzig Urt. v. 12.12.2002 – 6 K 1337/02, BeckRS 2002, 26020584; OLG Köln Urt. v. 5.10.2012 – 6 U 56/12, BeckRS 2013, 09545; LG Köln Urt. v. 21.2.2012 – 33 O 118/11, BeckRS 2013, 09546; DStRE 2004, 731 und Kuhls ua/*Riddermann* § 3a Rn. 6f.). Auch zu **§ 13a GewO** wird diskutiert, dass über eine klare Abgrenzung der Niederlassung von einer nur vorübergehenden Tätigkeit solche Missbrauchsgefahren eingedämmt werden müssen (Friauf/*Schulze-Werner* § 13a Rn. 11; *ders.* GewArch 2009, 391, 394). Diese Linie ist auf den Bereich des § 15 RDG übertragbar; praktische Anwendungsfälle sind vor allem im Bereich unseriöser Inkassodienstleister vorstellbar.

29 Wird der Herkunftsstaat nicht in § 15 RDG genannt, dürfen nach dem zu Rn. 13 und 19 Gesagten keine auch nur vorübergehenden Rechtsdienstleistungen erbracht werden (§ 1 RDG Rn. 36; vgl. auch Kilian/Sabel/vom Stein/ *Kilian* Rn. 335).

II. Vorübergehende Rechtsdienstleistungen iSd § 10 RDG

1. Rechtsdienstleistungen iSd § 10 RDG. § 15 RDG erlaubt eine Tä- 30
tigkeit in einem der in § 10 RDG genannten Berufe oder in einem „**vergleichbaren**" **Beruf.** Im Licht von Art. 4 Abs. 2 der Berufsanerkennungsrichtlinie ist der Beruf, der im Aufnahmemitgliedstaat ausgeübt werden soll, „derselbe" wie derjenige, für den der Rechtsdienstleister in seinem Herkunftsmitgliedstaat qualifiziert ist, „wenn die Tätigkeiten, die er umfasst, vergleichbar sind." Vollständige Identität ist nicht erforderlich, es genügt eine überwiegende Ähnlichkeit der wesentlichen Tätigkeiten (Krenzler/*D. Schmidt* Rn. 14; Dreyer/Lamm/Müller/*K. Lamm* Rn. 27).

Nach dem in Rn. 11 zum Bestimmungslandprinzip Gesagten sind die **in-** 31
ländischen Berufsbilder der Rechtsdienstleistungsberufe aus § 10 Abs. 1 RDG bzw. des Patentanwalts und Steuerberaters maßgeblich (Dreyer/Lamm/ Müller/*K. Lamm* Rn. 27). Unterschiede in der Organisation oder im Inhalt der im Heimatmitgliedstaat erworbenen Ausbildung im Verhältnis zur Ausbildung im Aufnahmestaat können aber nicht ausreichen, um eine Ablehnung der Anerkennung der betreffenden beruflichen Qualifikation zu rechtfertigen (so zur Vorgängerrichtlinie 89/48/EWG des Rates v. 21.12.1988 über eine allgemeine Regelung zur Anerkennung der Hochschuldiplome, die eine mindestens dreijährige Ausbildung abschließen, etwa EuGH Slg. 2006, I-801 Rn. 19 = NJW 2006, 1333 – *Colegio de Ingenieros de Caminos, Canales y Puertos/Administración del Estado*).

§ 10 RDG ermöglicht registrierten Personen auch die Rechtsberatung in 32
einem konkreten ausländischen Recht. Dass ein ausländischer Rechtsdienstleister aus deutscher Sicht stets in einem ausländischen Recht tätig ist, ist für sich genommen im Rahmen des § 15 RDG bei der Prüfung der Vergleichbarkeit kein Hinderungsgrund. Die Qualifikation zu unterschiedlichen nationalen Rechten kann für sich genommen nicht zum Wegfall der Vergleichbarkeit führen (Grunewald/Römermann/*Franz* Rn. 3; Krenzler/*D. Schmidt* Rn. 14). Nach hM muss der Gegenstand der in Deutschland ausgeübten Rechtsdienstleistung sich aber auf das – aus deutscher Sicht – ausländische oder europäische Recht beziehen, so dass bspw. eine französische behördliche Erlaubnis zur Tätigkeit im deutschen Recht nicht dazu führen soll, dass in Deutschland im deutschen Recht beraten werden kann (Gaier/Wolf/Göcken/*Wolf* Rn. 9). Eine niederländische Inkassoerlaubnis für eine Tätigkeit im niederländischen Recht soll (nur) eine Inkassotätigkeit in Deutschland im deutschen Recht erlauben, nicht aber (grenzüberschreitend) im niederländischen Recht (Dreyer/ Lamm/Müller/*K. Lamm* Rn. 35). Ein vergleichbares Berufsbild soll zudem nur dann gegeben sein, wenn im Herkunftsstaat über ein auch aus dessen Sicht ausländisches Recht beraten werden darf, welches wiederum nicht das Deutsche sein darf (Gaier/Wolf/Göcken/*Wolf* Rn. 9). Die Positionen erscheinen arg restriktiv und sind im Zweifel vom EuGH zu klären.

Ein im Ausland reglementiertes Berufsbild wird zudem oft nicht demjeni- 33
gen entsprechen, welches der deutschen Regelung in § 10 Abs. 1 RDG zugrunde liegt. Bei der „Vergleichbarkeit" wird man differenzieren: Bleibt eine im Ausland erlaubte Rechtsdienstleistung hinter den in § 10 Abs. 1 RDG geregelten Berufsbildern zurück, wird auch im Inland nur eine entsprechende be-

schränkte Erlaubnis bestehen (Gaier/Wolf/Göcken/*Wolf* Rn. 8). Erlaubt das ausländische Berufsbild einen größeren Tätigkeitsumfang als das deutsche Berufsbild, ist das im Ansatz zwar unschädlich. Es darf aber nicht zur Auflösung des hiesigen Berufsbildes führen. Da das RDG keinen allgemeinen Rechtsdienstleistungsberuf unterhalb der Anwaltschaft einführen will, kann man als von § 15 RDG nur diejenigen Tätigkeiten des ausländischen Berufs erfasst ansehen, die selbst wiederum unter § 10 RDG fallen. Gehen Tätigkeiten des ausländischen Berufs über die Tätigkeitsbereiche der in § 10 RDG erfassten Berufe hinaus, sind die „überschießenden" Felder nicht mehr von § 15 RDG erfasst. Denn auch die Berufsanerkennungsrichtlinie verlangt nach dem in Rn. 11 zum Bestimmungslandprinzip Gesagten eine Anerkennung nur, soweit der Beruf im Inland nach § 10 RDG ausgeübt werden kann, nicht darüber hinaus (Grunewald/Römermann/*Franz* Rn. 3; Krenzler/*D. Schmidt* Rn. 44; Gaier/Wolf/Göcken/*Wolf* Rn. 7; Dreyer/Lamm/Müller/*K. Lamm* Rn. 27). Solche Tätigkeiten wären über § 3 RDG also nur zulässig, wenn sie im RDG, einem anderen Gesetz (einschließlich nach Art. 59 Abs. 2 GG umgesetzter völkerrechtlicher Abkommen) erlaubt wären – woran es regelmäßig fehlt.

34 **2. Reglementierte und nicht reglementierte Berufe.** § 15 Abs. 1 S. 1 und 2 RDG greifen die in der Berufsanerkennungsrichtlinie angelegte Unterscheidung von **reglementierten** und **nicht reglementierten Berufen** auf. Nach Art. 5 Abs. 1 lit. a der Berufsanerkennungsrichtlinie genießen Staatsangehörige, die zur Ausübung eines Berufs rechtmäßig in einem Mitgliedstaat niedergelassen sind, grds. die volle Dienstleistungsfreiheit (Art. 56 AEUV). Sind entweder Beruf oder Ausbildung reglementiert – was sich nach dem Recht des Herkunftsstaats richtet (Krenzler/*D. Schmidt* Rn. 16, siehe auch Rn. 11) –, darf die Tätigkeit im Inland sogleich nach der (vollständigen) Meldung aufgenommen werden.

35 Ein **reglementierter Beruf** ist nach den Begriffsbestimmungen in Art. 3 Abs. 1 lit. a der Berufsanerkennungsrichtlinie eine berufliche Tätigkeit oder eine Gruppe beruflicher Tätigkeiten, bei der die Aufnahme oder Ausübung oder eine der Arten der Ausübung direkt oder indirekt durch Rechts- und Verwaltungsvorschriften an den Besitz bestimmter Berufsqualifikationen gebunden ist; eine Art der Ausübung ist insbesondere die Führung einer Berufsbezeichnung, die durch Rechts- oder Verwaltungsvorschriften auf Personen beschränkt ist, die über eine bestimmte Berufsqualifikation verfügen. Einem reglementierten Beruf gleichgestellt ist nach Art. 3 Abs. 2 ein Beruf, der von Mitgliedern von Verbänden oder Organisationen iSd Anhangs I der Richtlinie ausgeübt wird.

36 Eine **reglementierte Ausbildung** ist nach Art. 3 Abs. 1 lit. e der Berufsanerkennungsrichtlinie eine Ausbildung, die speziell auf die Ausübung eines bestimmten Berufs ausgerichtet ist und aus einem abgeschlossenen Ausbildungsgang oder mehreren abgeschlossenen Ausbildungsgängen besteht, der ggf. durch eine Berufsausbildung, durch ein Berufspraktikum oder durch Berufspraxis ergänzt wird. Der Aufbau und das Niveau der Berufsausbildung, des Berufspraktikums oder der Berufspraxis müssen in den Rechts- und Verwaltungsvorschriften des jeweiligen Mitgliedstaats festgelegt sein oder von einer zu diesem Zweck bestimmten Behörde kontrolliert oder genehmigt werden.

Ist zwar nicht der Beruf, aber die Ausbildung reglementiert, ist im Einklang 37
mit der Richtlinie eine vorhergehende Berufsausübung **nicht** erforderlich
(*Kleine-Cosack* Rn. 3). Sind aber weder Beruf noch Ausbildung im Staat der
Niederlassung reglementiert, ist nach **§ 15 Abs. 1 S. 2 RDG** derzeit noch erforderlich, dass die Person oder Gesellschaft den Beruf im Staat der Niederlassung während der vorhergehenden zehn Jahre mindestens zwei Jahre ausgeübt hat. Eine Tätigkeit in einem anderen als dem Niederlassungsstaat genügt nicht (Grunewald/Römermann/*Franz* Rn. 6; Krenzler/*D. Schmidt* Rn. 19; Gaier/Wolf/Göcken/*Wolf* Rn. 11). Dieser im Gesetz genannte Zeitraum einer Ausübung von mindestens zwei Jahren während der vorhergehenden zehn Jahre basiert noch auf der Ausgangsfassung des Art. 5 Abs. 1 lit. b der Berufsqualifikationsrichtlinie. In der seit dem **17.1.2014** geltenden Fassung (Rn. 3) heißt es hingegen: „für den Fall, dass sich der Dienstleister in einen anderen Mitgliedstaat begibt, wenn er diesen Beruf in einem oder mehreren Mitgliedstaaten mindestens **ein Jahr** während der vorhergehenden zehn Jahre ausgeübt hat, sofern der Beruf im Niederlassungsmitgliedstaat nicht reglementiert ist. Die Bedingung, dass der Dienstleister den Beruf ein Jahr ausgeübt haben muss, gilt nicht, wenn der Beruf oder die Ausbildung zu diesem Beruf reglementiert ist." Die Änderungsrichtlinie sieht nach ihrem Art. 3 Abs. 1 eine Umsetzungsfrist bis zum **18.1.2016** vor.

3. Vorübergehender und gelegentlicher Charakter. Entsprechend 38
dem Wortlaut der Berufsanerkennungsrichtlinie und der Unterscheidung zwischen Niederlassungs- und Dienstleistungsfreiheit im AEUV sind mit § 15
RDG (nur) **vorübergehende und gelegentliche Dienstleistungen** im Inland von der Dienstleistungsfreiheit erfasst und erlaubt. Der europäische
Rechtsdienstleister will **grenzüberschreitende** Dienstleistungen in Deutschland erbringen, ohne dort über eine Niederlassung zu verfügen. Will sich eine
Person zur **dauerhaften** oder jedenfalls nicht nur gelegentlichen Erbringung
von Rechtsdienstleistungen im Inland niederlassen, gelten für sie die allgemeinen Vorschriften zur Registrierung (Rn. 6).

Der Begriff der vorübergehenden und gelegentlichen Ausübung ist richtli- 39
nienkonform unter Berücksichtigung der Rechtsprechung des EuGH auszulegen (BT-Drs. 16/3655, 73). Sofern § 15 Abs. 1 S. 3 RDG mit der Abgrenzung
„insbesondere" auf „Dauer, Häufigkeit, regelmäßige Wiederkehr und Kontinuität" abstellt, basiert das auf Art. 5 Abs. 2 S. 2 der Berufsanerkennungsrichtlinie und der sog. *Gebhard*-Rechtsprechung des EuGH (EuGH Slg. 1995,
I-4165 Rn. 25 = NJW 1996, 579 – *Gebhard;* siehe ferner EuGH Slg. 1996
I-6511 Rn. 19ff. = EuZW 1997, 53 – *Reisebüro Broede/Sandker;* EuGH Slg.
2003, I-1659 Rn. 22 = EuZW 2003, 344; EuGH Slg. 2010, I-8069 Rn. 59 =
NVwZ 2010, 1409 – Sportwetten, zur richtlinienkonformen Auslegung des
§ 3a StBerG in diesem Kontext etwa nur VG Köln Urt. v. 14.8.2013 – 24 K
3817/10, BeckRS 2014, 47738). Der Bereich der Dienstleistungsfreiheit wird
verlassen, wenn der Gemeinschaftsangehörige **in stabiler und kontinuierlicher Weise am Wirtschaftsleben eines anderen Mitgliedstaats als seines Herkunftsstaats teilnimmt und daraus Nutzen zieht.**

Ob im Einzelfall eine Dienstleistung nur vorübergehenden Charakter hat, 40
erfordert eine **umfassende Würdigung der tatsächlichen Verhältnisse**

im Einzelfall (Dreyer/Lamm/Müller/*K. Lamm* Rn. 39; Grunewald/Römermann/*Franz* Rn. 11; zu § 3a StBerG auch BFH Beschl. v. 26.9.2007 – IX B 31/07, BeckRS 2007, 25012951). Die in § 15 Abs. 1 S. 3 RDG genannten Kriterien sind dabei nicht abschließend zu verstehen (Dreyer/Lamm/Müller/ *K. Lamm* Rn. 39), bedeutsam sein können insbesondere auch die Häufigkeit, die regelmäßige Wiederkehr oder die Kontinuität (Kuhls ua/*Riddermann* § 3a Rn. 20). Im Ausgangspunkt erfordert eine vorübergehende Tätigkeit eine zeitlich beschränkte Leistung, die auf jeden Fall auch ohne dauerhafte Niederlassung im Inland erbracht werden muss (so zu § 3a StBerG BFH DStRE 2003, 635; *Gehre/Koslowski* § 3a Rn. 5).

41 Die Bestimmung einer nur vorübergehenden Leistung **allein nach zeitlichen Grenzen** ist im Zusammenspiel mit dem „gelegentlich" **nicht möglich** (*Henssler* EuZW 2003, 229, 232). Klare Grenzen für Zeiträume, innerhalb derer noch von einer vorübergehenden Tätigkeit ausgegangen werden kann, fehlen (Krenzler/*D. Schmidt* Rn. 23). Der Vorschlag für die Berufsanerkennungsrichtlinie der Europäischen Kommission v. 7.3.2002 (KOM [2002] 119) sah zwar vor, zur Abgrenzung von Dienst- und Niederlassungsfreiheit eine vorübergehende Tätigkeit mit einer Höchstfrist von 16 Wochen pro Jahr zu definieren. Auf berechtigte Kritik (etwa *Henssler* EuZW 2003, 229, 232; *Mann* EuZW 2004, 615, 619) wurde dies aber nicht umgesetzt und allein auf die aus der *Gebhard*-Rspr. des EuGH bekannten Kriterien abgestellt. Eine vorübergehende Tätigkeit kann dann aber auch bei einer Tätigkeit über mehrere Monate im Inland durchaus noch angenommen werden, etwa beim Einzug von 6 Forderungen über 4 Monate (EuGH Slg. 1996 I-6511 Rn. 19 ff. = EuZW 1997, 53 – *Reisebüro Broede/Sandker;* generell für „mehrmonatige Tätigkeit" auch Grunewald/Römermann/*Franz* Rn. 11; siehe auch Dreyer/ Lamm/Müller/*K. Lamm* Rn. 42 mit dem Beispiel der Begleitung eines langwierigen Verfahrens). Insofern darf nicht vergessen werden, dass § 15 Abs. 2 S. 4 RDG mit der Wiederholungsmeldung ein Tätigwerden über Zeiträume von 12 Monaten sogar ausdrücklich regelt (zur Indizwirkung Rn. 83). So kann die Vertretung des Patentanwalts vor einem nationalen Patentamt, die namentlich in der Einreichung und Überwachung von Patentanmeldungen sowie in deren Schutz besteht, zwar eine Reihe von Tätigkeiten erfassen, die sich über längere Zeit erstrecken, doch soll diese Tätigkeit noch nicht zwangsläufig eine stabile und kontinuierliche Teilnahme am Wirtschaftsleben des Aufnahmemitgliedstaats mit sich bringen (EuGH Slg. 2003, I-1659 Rn. 25 = EuZW 2003, 344). Generell können also Dienstleistungen noch von § 15 RDG erfasst werden, deren Erbringung sich über einen längeren Zeitraum bis hin zu mehreren Jahren erstreckt, zB wenn es sich um Dienstleistungen handelt, die im Rahmen eines Großbauprojekts erbracht werden. Auch Leistungen, die ein in einem Mitgliedstaat ansässiger Wirtschaftsteilnehmer mehr oder weniger häufig oder regelmäßig, auch über einen längeren Zeitraum, für Personen erbringt, die in einem oder mehreren anderen Mitgliedstaaten niedergelassen sind, können noch Dienstleistungen iSd Vertrags sein, etwa die entgeltliche Beratung oder Auskunftserteilung (EuGH Slg. 2003, I-1484 Rn. 30 = NJW 2004, 435 – *Bruno Schnitzer*). Der AEUV enthält insofern keine Vorschrift, die eine abstrakte Bestimmung der Dauer oder Häufigkeit ermöglicht, ab der die Erbringung einer Dienstleistung oder einer bestimmten Art von Dienstleistung in einem anderen Mitgliedstaat nicht mehr als eine Dienstleistung iSd Vertrags angesehen werden kann (EuGH Slg. 2003, I-1484 Rn. 31 = NJW 2004, 435 – *Bruno Schnitzer*).

Nicht mehr nur vorübergehend und gelegentlich ist jedoch die Beratung **42** verschiedener Rechtsuchender an verschiedenen Orten und ihre Vertretung vor verschiedenen Behörden etc., dh eine kontinuierliche und in stabiler Weise erfolgende Dauerbetreuung (*Mankowski* MDR 2001, 1310, 1311). Zu § 3a StBerG ist geklärt, dass dann, wenn Steuererklärungen und Bilanzen für inländische Mandanten im Ausland erarbeitet werden, gleichwohl aber fortwährend wesentliche Teile der Beratungsleistungen im Inland durch Mandantentreffen oder die Wahrnehmung von Behörden- oder Gerichtsterminen erfolgen, keine nur vorübergehende Leistung vorliegt, weil man sich von den ausländischen Niederlassungen aus ständig an (potenzielle) Leistungsempfänger im Inland wendet und über zahlreiche Mandanten kontinuierlich und in verfestigter Weise am Wirtschaftsleben im Inland teilnimmt (BFH Beschl. v. 9.7.2007 – I B 70/07, BeckRS 2007, 25012353; Beschl. v. 13.11.2008 – X B 82/08, BeckRS 2008, 25014345; Beschl. v. 13.11.2008 – X B 105/08, BeckRS 2008, 25014408; Beschl. v. 21.8.2008 – VIII B 70/08, BeckRS 2008, 25014010; VG Köln Urt. v. 14.8.2013 – 24 K 3817/10, BeckRS 2014, 47738; OLG Dresden DStRE 2000, 328, 330).

Soweit der Rechtsdienstleister **Infrastruktur im Inland** unterhält (Kanzlei **43** etc.), führt dies allein nicht zur Annahme einer nicht mehr nur vorübergehenden Tätigkeit, soweit die Infrastruktur nur zur Leistungserbringung erforderlich ist (EuGH Slg. 1995, I-4165 Rn. 27 = NJW 1996, 579 Rn. 27– *Gebhard*; EuGH Slg. 2003, I-1484 Rn. 28 = NJW 2004, 435 – *Bruno Schnitzer*). Das Vorhandensein von Räumlichkeiten im Inland stellt zwar ein **Indiz** für eine nicht nur vorübergehende Tätigkeit dar (weitergehend *Mankowski* MDR 2001, 1310, 1311: „sicheres Signal"; *ders.* ZErB 2007, 406, 408; siehe auch § 1 RDG Rn. 38 und zu § 3a StBerG VG Köln Urt. v. 14.8.2013 – 24 K 3817/10, BeckRS 2014, 47738). Es rechtfertigt ohne weitere Umstände aber nicht den Schluss auf ein dauerhaftes Engagement. Es kommt auf die Umstände des Einzelfalls an und dort insbesondere auf die Anwesenheitszeiten des Rechtsdienstleisters. Bei nur sporadischer Nutzung der Infrastruktur wird von einer nur vorübergehenden Tätigkeit ausgegangen werden können (*Henssler* AnwBl. 1996, 353, 355; *Krenzler/D. Schmidt* Rn. 27; *Henssler/Prütting/Weth* Rn. 9). Auch die kurzzeitige Einstellung von Personal wird nicht generell schädlich sein (*Henssler* AnwBl. 1996, 353, 355; *Krenzler/D. Schmidt* Rn. 27).

Im Gegenzug setzt eine mehr als nur vorübergehende Tätigkeit aber nicht **44** voraus, dass es in Deutschland zwingend äußerlich als solche erkennbare und für potenzielle Mandanten zugängliche Kanzleiräume etc. geben muss. Das Fehlen jedweder Infrastruktur in Deutschland wird nur ein Indiz für eine vorübergehende Tätigkeit sein, kann durch gewichtige gegenläufige Umstände aber widerlegt werden (zu § 3a StBerG BFH Beschl. v. 13.11.2008 – X B 82/08, BeckRS 2008, 25014345; Beschl. v. 13.11.2008 – X B 105/08, BeckRS 2008, 25014408; Beschl. v. 12.11.2008 – X B 8/08, BeckRS 2008, 25014344; VG Köln Urt. v. 14.8.2013 – 24 K 3817/10, BeckRS 2014, 47738). Allein die Tatsache, dass ein in einem Mitgliedstaat niedergelassener Wirtschaftsteilnehmer gleiche oder ähnliche Dienstleistungen mehr oder weniger häufig oder regelmäßig in einem anderen Mitgliedstaat erbringt, genügt jedoch nicht, wenn er dort nicht auch über eine Infrastruktur verfügt, die es ihm erlauben würde, in diesem Mitgliedstaat in stabiler und kontinuierlicher Weise einer Erwerbstätigkeit nachzugehen, und von der aus er sich ua an die Angehörigen dieses Mitgliedstaats wendet (EuGH Slg. 2003, I-1484 Rn. 32 = NJW 2004, 435 – *Bruno Schnitzer*). Liegt aber entsprechende Infrastruktur vor, schützt das Vorhalten von Infrastruktur **auch** im Herkunftsstaat nicht davor, dass von einer Niederlassung in Deutschland auszugehen ist (Kuhls ua/*Riddermann* § 3a Rn. 10). Maßgeblich ist nach dem oben Gesagten, ob der Dienstleister in stabiler und kontinuierlicher Weise am deutschen Wirtschaftsleben teilnimmt und daraus Nutzen zieht, indem er sich vom hiesigen Berufsdomizil aus an Inlandskunden wendet (Dreyer/Lamm/Müller/*K. Lamm* Rn. 37 f.).

45 Überschreitet ein ausländischer Rechtsdienstleister die Grenze des Vorübergehenden/Gelegentlichen, verlässt er den Bereich der Dienstleistungsfreiheit und damit auch den Anwendungsbereich des § 15 RDG und muss sich wie ein inländischer Rechtsdienstleister nach § 10 RDG registrieren lassen. Die zahlreichen Unwägbarkeiten gepaart, dass schon wegen der Folgen eines Verstoßes (Bußgeldsanktion nach § 20 RDG und Nichtigkeitsfolge nach § 3 RDG iVm § 134 BGB) ein Rechtsdienstleister im Zweifel gut daran tun wird, sich um eine Registrierung zu bemühen (so zu Recht Krenzler/*D. Schmidt* Rn. 24; Dreyer/Lamm/Müller/*K. Lamm* Rn. 43 ff.).

46 Erschwert wird die Rechtsanwendung dadurch, dass auch **Umgehungsgesichtspunkte** in die Abgrenzung zwischen Niederlassungs- und Dienstleistungsfreiheit hineingetragen werden: So soll nicht mehr von einer nur vorübergehenden Leistung und damit vom Vorhandensein einer Dienstleistung bzw. – anders formuliert – von der Fiktion einer Niederlassung auszugehen sein, wenn ein Dienstleister seine Tätigkeit ganz oder vorwiegend auf das Inland ausrichtet und sich Berufsregelungen entzieht, die auf ihn Anwendung fänden, wenn er im Gebiet dieses Staats ansässig wäre (so Krenzler/*D. Schmidt* Rn. 29; Dreyer/Lamm/Müller/*K. Lamm* Rn. 41 und abstrakt auch EuGH NJW 1975, 1095 f. – *van Binsbergen;* EuGH Slg. 1979, 399 Rn. 24 ff. = NJW 1979, 1761 f. – *Knoors;* OLG Dresden DStRE 2000, 328). Hier verschwimmen oft die Grenzen zum nächsten Tatbestandsmerkmal, weil es sich nicht selten auch um grenzüberschreitende Korrespondenzdienstleistungen handeln wird.

47 **4. Auf dem Gebiet der Bundesrepublik Deutschland.** Schon aufgrund des Territorialitätsprinzips erfasst § 15 Abs. 1 S. 1 RDG grds. nur Tätigkeiten im Inland (Krenzler/*D. Schmidt* Rn. 30; *Kilian* AnwBl. 2008, 394). Gesichert ist es auch, dass eine **grenzüberschreitende** Tätigkeit vorliegen muss, woran es fehlt, wenn sowohl der Dienstleister als auch der Dienstleistungsempfänger im Inland ansässig sind (siehe zu § 3a StBerG Kuhls ua/*Riddermann* § 3a Rn. 10). Hier muss der Dienstleister den Anforderungen der §§ 10 ff. RDG Genüge tun und kann sich nicht mehr auf § 15 RDG berufen.

48 Die Frage, wann eine **Inlandstätigkeit** vorliegt, ist ansonsten nicht einfach zu beantworten: Art. 5 Abs. 2 der Berufsanerkennungsrichtlinie spricht nur davon, dass sich der Dienstleister (und nicht nur die Dienstleistung) ins Ausland „begibt", meint also den **physischen Grenzübertritt des Dienstleisters.**

Diese Fälle sind unproblematisch auch von § 15 RDG erfasst (Grunewald/Römermann/*Franz* Rn. 7, 10; Krenzler/*D. Schmidt* Rn. 31; Gaier/Wolf/Göcken/*Wolf* Rn. 12; vgl. auch Kuhls ua/*Riddermann* § 3a Rn. 9) und hier ist das RDG auch ohne Weiteres international anwendbar. Entgegen zum RBerG verbreitet vertretener Lesart hängt die internationale Anwendbarkeit gerade auch nicht vom Vorliegen einer Niederlassung im Inland ab, weil § 15 RDG sonst keinen Sinn ergeben würde. Zudem könnten sich andernfalls unqualifizierte Rechtsbesorger durch bloße Verlegung ihrer Niederlassung in das Ausland den Anforderungen des RDG entziehen, um von dort aus rechtsberatende Tätigkeiten in Deutschland vorzunehmen und zwar nicht nur in grenznahen Gebieten, sondern auch unter Nutzung der modernen Kommunikationsmittel im gesamten Geltungsbereich des RDG (BGH NJW 2014, 847 Rn. 13 f.; § 1 RDG Rn. 37).

Die Berufsanerkennungsrichtlinie gilt indes nicht unmittelbar. Der **Wortlaut des § 15 RDG** ist **weiter** gefasst. Das Tatbestandsmerkmal „auf dem Gebiet der Bundesrepublik Deutschland" setzt sprachlich gerade nicht zwingend voraus, dass der Dienstleister (körperlich) ins Inland reist. Es reicht, wenn die **Tätigkeit** im Inland erbracht wird, also dort der „Erfolg" der Dienstleistung eintreten soll. Zur Parallelregelung in § 3a StBerG ist anerkannt, dass der räumliche Anwendungsbereich der Norm bereits eröffnet ist, wenn (nur) die Dienstleistung über die Grenze hinweg erbracht wird (FG Hannover DStRE 2010, 1141; Kuhls ua/*Riddermann* § 3a Rn. 12). Begründet wird dies mit Sinn und Zweck des StBerG und insbesondere dem Schutz gesetzesunkundiger Steuerpflichtiger vor der Falschberatung durch ungeeignete Berater. Insofern könne es keinen Unterschied machen, ob die Hilfeleistung in Steuersachen durch einen Dienstleister körperlich im Inland erbracht wird oder vom Niederlassungsstaat aus grenzüberschreitend; in beiden Fällen bedürfe es bei einem **Inlandsbezug** des Schutzes vor unqualifizierter Beratung. Das wird man richtigerweise auch auf § 15 RDG übertragen können und es deckt sich auch mit den Überlegungen zur internationalen Anwendbarkeit des RDG bei grenzüberschreitender Tätigkeit (dazu § 1 RDG Rn. 32 ff., auch zu Besonderheiten bei der Erbringung von Rechtsdienstleistungen allein unter Einsatz von Telemedien). Diese Lesart ist indes nicht unumstritten, teilweise werden vor dem Hintergrund von Art. 5 Abs. 2 der Berufsanerkennungsrichtlinie Fälle des fehlenden körperlichen Grenzübertritts aus § 15 RDG ausgeklammert (Grunewald/Römermann/*Franz* Rn. 7, 10). Diese Stimmen verneinen regelmäßig aber auch die internationale Anwendbarkeit des RDG auf vorübergehende grenzüberschreitende Korrespondenztätigkeiten, so dass es schon deswegen keiner über § 15 RDG herbeizuführenden Erlaubnisregelung bedarf – was aber nicht überzeugt (§ 1 RDG Rn. 39 ff.).

Zur Frage, wann bei „grenzüberschreitenden" Sachverhalten ohne körperlichen Grenzübertritt des Rechtsdienstleisters ein **ausreichender Inlandsbezug** vorliegt, kann auf das zu § 1 RDG Rn. 39 ff. Gesagte Bezug genommen werden. Die Problematik wird vor allem im Bereich von Inkassounternehmen relevant, die vom Ausland aus tätig werden und über keine eigene inländische Niederlassung verfügen. Ausgangspunkt wird die Feststellung des BGH sein, dass nur „mittelbare Auswirkungen" einer im Ausland stattfindenden Beratung auch im Inland allein noch nicht für die Anwendbarkeit des RDG genügen. So soll es nicht ausreichend sein, wenn sich ein Inländer im Ausland durch einen ausländischen Rechtsdienstleister über einen Inlandssachverhalt beraten lässt und dann im Inland entsprechend dem erteilten Rat tätig wird (BGH NJW 2007, 596 Rn. 19 zum RBerG; § 1 RDG Rn. 39). Dies kann aber anders sein, wenn **alle maßgebenden Anknüpfungspunkte nach Deutschland weisen** (BGH NJW 2014, 847 Rn. 14 und vertiefend § 1 RDG Rn. 39 ff.). § 15 RDG ist hingegen sicher nicht betroffen, wenn im Ausland eine Beratung eines Deutschen stattfindet und sich dies im Inland nicht auswirkt (Krenzler/ *D. Schmidt* Rn. 31).

51 Auch an dieser Stelle werden regelmäßig **Umgehungsgesichtspunkte** eine Rolle spielen: Werden deutsche Mandanten im deutschen Recht mit innerdeutschen Auswirkungen (etwa inländische Einkünfte im Steuerrecht) dauerhaft beraten, ggf. noch von einem im Ausland ansässigen Deutschen, fehlt regelmäßig der Auslandsbezug (FG Leipzig Urt. v. 12.12.2002 – 6 K 1337/02, BeckRS 2002, 26020584; Kuhls ua/*Riddermann* § 3a Rn. 11). In solchen Fällen liegt zumeist aber schon keine nur vorübergehende Tätigkeit mehr vor (Rn. 42).

C. Die Details der Meldung (Abs. 2)

I. Allgemeines

52 § 15 Abs. 2 RDG verpflichtet ausländische Dienstleister in Übereinstimmung mit Art. 7 der Berufsqualifikationsrichtlinie, **vor erstmaliger Aufnahme** ihrer vorübergehenden Tätigkeit im Inland der zuständigen Behörde eine Meldung zu machen. Die vollständige Meldung ist alleinige Voraussetzung für die Aufnahme der Tätigkeit im Inland (BT-Drs. 16/3655, 73). Die Meldung ist eine einseitige empfangsbedürftige Willenserklärung. Maßgeblich für Zugang und Wirksamwerden ist nicht, wann bei üblichem Verlauf mit der Kenntnisnahme zu rechnen ist, sondern allein, ob und wann sie tatsächlich in die Verfügungsgewalt der Behörde gelangt ist (vgl. Friauf/*Schulze-Werner* § 13 a Rn. 13).

53 Zuständig für die Meldung gem. §§ 15 Abs. 1 S. 2, 13 Abs. 1 S. 2 RDG ist **jede** nach § 19 RDG zuständige Behörde (Grunewald/Römermann/*Franz* Rn. 13; Krenzler/*D. Schmidt* Rn. 45; Gaier/Wolf/Göcken/*Wolf* Rn. 1, 3, 37; Dreyer/Lamm/Müller/*K. Lamm* Rn. 52). Örtlich sollte man auf die Behörde abstellen, in deren Bezirk man tätig werden will. Soweit dies über §§ 1 Abs. 1, 3 Abs. 1 Nr. 2 VwVfG begründet wird (Friauf/*Schulze-Werner* § 13 a Rn. 20), ist das schon deswegen unzutreffend, weil die Regelung nur die dauerhafte Berufsausübung regelt.

54 Wegen der Vorrangregelung in Art. 3 Abs. 1 S. 2 lit. d der Dienstleistungsrichtlinie (2006/123/EG) dürfte unschädlich sein, dass der im dortigen Art. 6 geforderte **einheitliche Ansprechpartner** (vgl. §§ 71 a ff. VwVfG) im hiesigen Bereich nicht verwirklicht ist, sondern nur bei der Registrierung nach § 13 Abs. 1 S. 3 RDG. Zu § 13 a GewO und § 3a StBerG wird ein solcher indes offenbar gefordert (Kuhls ua/*Riddermann* § 3a Rn. 21; Friauf/*Schulze-Werner* § 13 a Rn. 21), so dass der Gesetzgeber hier vorsichtshalber nachbessern sollte.

II. Formalia

Art. 7 Abs. 1 S. 1 der Berufsanerkennungsrichtlinie verlangt einerseits, dass 55 „schriftlich" Meldung gemacht wird. Andererseits wird in Art. 7 Abs. 1 S. 3 – wobei nicht klar ist, ob damit nur die Wiederholungsmeldung gemeint sein soll – angefügt, dass der Dienstleister „die Meldung in beliebiger Form vornehmen" kann. Der Gesetzgeber hat in § 15 RDG die in **§ 126 b BGB** legaldefinierte **Textform** (also nicht die Schriftform iSd § 126 BGB) für die Meldung festgelegt. Er ging davon aus, dabei im Einklang mit den europarechtlichen Vorgaben zu handeln (BT-Drs. 16/3655, 73). Die Regelung ist immerhin glücklicher als die an die „Schriftform" anknüpfenden Bestimmungen in § 3a StBerG und § 13a GewO, die auf jeden Fall richtlinienkonform zu erweitern sind (Kuhls ua/*Riddermann* § 3a Rn. 22; Friauf/*Schulze-Werner* § 13a Rn. 16). „In beliebiger Form" würde aber auch eine nur mündliche Meldung erlauben, die nur um die erforderlichen Unterlagen zu ergänzen wäre. Richtigerweise dürfte – wenn ein solcher Fall einmal praktisch wird – eine richtlinienkonforme Auslegung/Rechtsfortbildung geboten sein, die angesichts des klaren Umsetzungswillens des Gesetzgebers nicht am Wortlaut scheitern dürfte (dazu BGHZ 192, 148 Rn. 30 ff. = NJW 2012, 1073).

Da die Textform auch die Verkörperung in einer E-Mail oder sonstigen 56 elektronischen Form erfasst (Palandt/*Grüneberg* § 126 b Rn. 3), ist unschädlich, dass anders als im Bereich des § 13 RDG mit der Neufassung in § 6 Abs. 1 S. 1 RDV (§ 6 RDV Rn. 8) nicht ausdrücklich auch die elektronische Meldung zugelassen worden ist.

Eine Unterschrift unter die Meldung ist nicht erforderlich, aber hilfreich. 57 Der Name des Meldenden sollte genannt sein, doch genügt eine Angabe im Briefkopf oder einer mechanisch hergestellten Unterschrift (Dreyer/Lamm/Müller/*K. Lamm* Rn. 54 f.).

Die Meldung hat in deutscher Sprache zu erfolgen (§ 23 VwVfG, so auch 58 Dreyer/Lamm/Müller/*K. Lamm* Rn. 57; Friauf/*Schulze-Werner* § 13a Rn. 16; Landmann/Rohmer/*Schönleiter* § 13a Rn. 6). Ein Formular findet sich unter www.rechtsdienstleistungsregister.de.

III. Notwendiger Inhalt der Erstmeldung (Abs. 2 S. 2)

1. Abschließender Katalog. § 15 Abs. 2 S. 2 RDG enthält einen **ab-** 59 **schließenden Katalog** der für eine Meldung erforderlichen Angaben. Auch wenn nicht ausdrücklich genannt, sind aber anerkanntermaßen Angaben zur Art der zu erbringenden Rechtsdienstleistung erforderlich, also die Angabe, ob die Erbringung von Inkassodienstleistungen, Rentenberatung, Rechtsberatung in einem ausländischen Recht bzw. in einem Teilbereich angestrebt wird (Krenzler/*D. Schmidt* Rn. 51; Dreyer/Lamm/Müller/*K. Lamm* Rn. 59 ff.). Das folgt aus der Natur der Sache, weil die Meldung andernfalls keinen Sinn ergäbe.

Die mit der Meldung vorzulegenden Nachweise entstammen dem Katalog 60 aus Art. 7 der Berufsanerkennungsrichtlinie (BT-Drs. 16/3655, 74), dessen Möglichkeiten der Gesetzgeber bewusst nicht ausgeschöpft hat (Rn. 78). Erst nachträglich ist durch Art. 1 Nr. 5 des Gesetzes gegen unseriöse Geschäftspraktiken v. 1.10.2013 (BGBl. I S. 3714) in § 15 Abs. 2 S. 1 RDG das Wort „Meldung" durch die Wörter „eine Meldung mit dem Inhalt nach Satz 2" ersetzt worden. Dadurch wird nicht nur die Meldepflicht als solche, sondern auch der gesamte Inhalt der Meldepflicht in § 15 Abs. 2 S. 2 RDG von der **Bußgeldvorschrift des § 20 Abs. 2 Nr. 3 RDG** erfasst (Rn. 24). Dies bedeutet, dass auch unrichtige, unvollständige oder nicht rechtzeitige Meldungen iSd § 15 Abs. 2 S. 2 RDG nunmehr bußgeldrechtlich geahndet werden können (BT-Drs. 17/13057, 20; siehe auch § 20 RDG Rn. 55 ff.).

61 **Weitere Angaben** können von der Behörde nicht verlangt werden (Krenzler/*D. Schmidt* Rn. 48). Allenfalls in einem Untersagungsverfahren (§ 15 Abs. 5 RDG) werden ggf. zur Meidung eines behördlichen Einschreitens regelmäßig vom Rechtsdienstleister weitere Unterlagen vorgelegt werden.

62 **2. Angaben nach § 16 Abs. 2 S. 1 Nr. 1 lit. a–c (Abs. 2 S. 2 Hs. 1).** § 16 Abs. 2 RDG wurde durch das Gesetz zur Neuregelung des Verbots der Vereinbarung von Erfolgshonoraren v. 12.6.2008 (BGBl. I S. 1000) geändert. Der Verweis in § 15 Abs. 2 RDG wurde leider nicht angepasst, obwohl in § 16 Abs. 2 RDG ein weiterer Satz eingefügt worden ist. Richtigerweise ist der Verweis auf die Norm daher so zu lesen, dass er sich auf § 16 Abs. 2 **S. 1** Nr. 1 lit. a–c RDG bezieht (so auch Dreyer/Lamm/Müller/*K. Lamm* Rn. 62 Fn. 95).

63 Die Meldung muss alle nach § 16 Abs. 2 S. 1 Nr. 1 lit. a–c RDG im Rechtsdienstleistungsregister öffentlich bekanntzumachenden Angaben enthalten. Bei natürlichen Personen sind der Vor- und Nachname, bei juristischen Personen und Gesellschaften ohne Rechtspersönlichkeit der Name und die Firma, die gesetzlichen Vertreter sowie das Gründungsjahr anzugeben. Erforderlich ist ferner die vollständige Geschäftsanschrift unter Einschluss der Anschrift aller Zweigstellen. Wegen der Einzelheiten kann auf die Kommentierung zu § 16 RDG Bezug genommen werden.

64 Der Verweis auf § 16 Abs. 2 S. 1 Nr. 1 lit. c RDG würde auch Angaben zu dem Registergericht und der Registernummer, unter der das Unternehmen im Handels-, Partnerschafts-, Genossenschafts- oder Vereinsregister eingetragen ist, umfassen. Das dürfte auf einem (weiteren) Redaktionsversehen beruhen, da auch diese Regelung in § 16 RDG erst nachträglich durch das Gesetz zur Neuregelung des Verbots der Vereinbarung von Erfolgshonoraren v. 12.6.2008 (BGBl. I S. 1000) eingefügt wurde, um eine bessere Unterrichtung des Rechtsverkehrs sicherzustellen (BT-Drs. 16/8916, 15). An § 15 RDG wurde dabei ersichtlich nicht gedacht. Da europäische Rechtsdienstleister über keine Eintragung in einem der in § 16 Abs. 2 S. 1 Nr. 1 lit. c RDG genannten Register verfügen, ist diese Regelung hier nicht anzuwenden (Krenzler/*D. Schmidt* Rn. 50; Dreyer/Lamm/Müller/*K. Lamm* Rn. 63). Die Regelung kann auch nicht (etwa im Wege der Analogie) so verstanden werden, dass entsprechende Angaben zu ausländischen Registern etc. zu machen sind. Das hätte ausdrücklich geregelt werden müssen und stünde auch nicht im Einklang mit Art. 7 der Berufsanerkennungsrichtlinie (vgl. zudem auch Art. 9a der Berufsanerkennungsrichtlinie zu denkbaren Informationspflichten und § 1 Abs. 3 DL-InfoV, der die dortigen Informationspflichten bei nur vorübergehender Tätigkeit des Dienstleisters aussetzt).

65 **3. Bescheinigung über die Berufsausübung (Nr. 1 und 2).** Vorzulegen ist gem. § 15 Abs. 2 S. 2 Nr. 1 RDG eine Bescheinigung darüber, dass der Mel-

Vorübergehende Rechtsdienstleistungen **§ 15 RDG**

dende in einem der genannten Herkunftsstaaten **rechtmäßig** zur Ausübung eines der in § 10 Abs. 1 RDG genannten Berufe oder eines vergleichbaren Berufs **niedergelassen** ist und dass ihm die Ausübung dieser Tätigkeit zum Zeitpunkt der Vorlage der Bescheinigung **nicht, auch nicht vorübergehend, untersagt** ist. Ob eine Niederlassung im Ausland vorliegt, beurteilt sich entsprechend § 15 Abs. 1 S. 3 RDG in Abgrenzung zur nur vorübergehenden Tätigkeit (Rn. 38 ff.). Nach dem Wortlaut „niedergelassen hat", muss die Niederlassung **vor** der Meldung bereits gegeben sein. Eine Heilung soll nicht möglich sein und eine erneute Meldepflicht hervorrufen (Friauf/*Schulze-Werner* § 13a Rn. 9).

Die Regelung greift nur im Falle einer **Reglementierung** des Berufs im 66 Herkunftsstaat (Rn. 34 ff.). Ein gesonderter Nachweis der Berufsqualifikation ist nicht erforderlich. Wegen des erforderlichen Nachweises einer fehlenden Untersagung muss der Nachweis zudem zeitnah erstellt sein (Gaier/Wolf/Göcken/*Wolf* Rn. 42; Dreyer/Lamm/Müller/*K. Lamm* Rn. 67).

Bei der Bescheinigung, deren Vorlage nach Art. 7 Abs. 2 lit. b der Berufs- 67 anerkennungsrichtlinie verlangt werden darf, muss es sich um eine Bestätigung einer im Niederlassungsstaat zuständigen Stelle handeln (BT-Drs. 16/3655, 74). Bei Zweifeln soll die Registrierungsbehörde die in der Bescheinigung genannte Stelle um **Amtshilfe** ersuchen (BT-Drs. 16/3655, 74, vgl. auch Art. 8 der Berufsqualifikationsrichtlinie). Sonderregelungen über eine behördliche Zusammenarbeit, wie sie etwa § 3a Abs. 7 StBerG enthält, sieht § 15 RDG nicht vor. Soweit auf § 18 Abs. 2 RDG verwiesen wird (Grunewald/Römermann/*Franz* Rn. 15), ist das nicht ganz befriedigend, weil dort nur die Fälle der Untersagung und nicht die der vorübergehenden Registrierung genannt sind (so auch Krenzler/*D. Schmidt* Rn. 55). In der GewO hat man mit § 11b GewO ebenfalls eine ausführlichere gesetzliche Grundlage (dazu *Schulze-Werner* GewArch 2009, 391).

Ist der Beruf im Ausland **nicht reglementiert,** verlangt § 15 Abs. 2 S. 2 68 Nr. 2 RDG einen Nachweis darüber, dass der Meldende den Beruf im Staat der Niederlassung während der vorhergehenden zehn Jahre mindestens zwei Jahre rechtmäßig ausgeübt hat (zum Umsetzungsbedarf Rn. 37).

Auch dieser Nachweis soll „regelmäßig" von derjenigen Stelle ausgestellt 69 sein, die die Bescheinigung nach Nr. 1 ausstellt (BT-Drs. 16/3655, 74). Art. 7 Abs. 2 lit. d der Berufsanerkennungsrichtlinie erlaubt jedoch einen „Nachweis in beliebiger Form", was im Wege der richtlinienkonformen Auslegung zu berücksichtigen sein wird. Wie bei § 3a StBerG wird man daher etwa auch Bescheinigungen von Berufsverbänden, Bescheinigungen von Arbeitgebern zusammen mit einem Sozialversicherungsnachweis und der Steuerkarte oÄ ausreichen lassen (Kuhls us/*Riddermann* § 3a Rn. 16).

Nach dem Wortlaut der Norm ist der Nachweis auch erforderlich, wenn 70 zwar der **Beruf** selbst nicht reglementiert ist, aber die dazugehörige **Ausbildung.** Die in § 15 Abs. 1 S. 1 RDG im Einklang mit der Richtlinie getroffene Unterscheidung wurde hier nicht mehr folgerichtig umgesetzt und der Gesetzgeber hatte auch nur den Fall der Reglementierung der Tätigkeit im Auge (BT-Drs. 16/3655, 74). Da von einem Redaktionsversehen auszugehen ist, ist eine richtlinienkonforme Reduktion der Regelung geboten, so dass ein Tätigkeitsnachweis auch bei einer bloßen Reglementierung der Ausbildung nicht verlangt werden kann (so im Ergebnis auch Krenzler/*D. Schmidt* Rn. 53; Gaier/Wolf/Göcken/*Wolf* Rn. 43; Dreyer/Lamm/Müller/*K. Lamm* Rn. 68).

71 Wie bei § 12 Abs. 3 RDG unbefriedigend geregelt ist die Behandlung von Teilzeitbeschäftigungen. In Anlehnung an Art. 13 Abs. 2 der Berufsanerkennungsrichtlinie („ein Jahr lang in Vollzeit oder während einer entsprechenden Gesamtdauer in Teilzeit"), der jedoch eine andere Frage regelt, spricht viel dafür, darauf abzustellen, ob die Teilzeitbeschäftigung rechnerisch einer zweijährigen vollzeitlichen Tätigkeit entspricht (Krenzler/*D. Schmidt* Rn. 54; für § 13a GewO auch Landmann/Rohmer/*Schönleiter* § 13a Rn. 15 unter Verweis auf die dortige Gesetzesbegründung), so dass bei einer 0,5-Stelle vier Jahre Tätigwerden erforderlich wären. Gesichert ist das aber keinesfalls und wäre im Zweifel vom EuGH zu klären.

72 **4. Informationen über eine Haftpflichtversicherung (Nr. 3).** Vorzulegen ist (nur) eine Information über das Bestehen oder Nichtbestehen und den Umfang einer Berufshaftpflichtversicherung oder eines anderen individuellen oder kollektiven Schutzes in Bezug auf die Berufshaftpflicht. Dies dient der Information und dem Schutz der Rechtsuchenden (BT-Drs. 16/3655, 74) und kann als Nachweis gem. Art. 7 Abs. 1 S. 1 der Berufsanerkennungsrichtlinie verlangt werden.

73 Die Sinnhaftigkeit (und damit letztlich auch die Geeignetheit bzw. Erforderlichkeit iSd Verhältnismäßigkeitsgrundsatzes) kann man in Frage stellen, weil der ausländische Rechtsdienstleister nicht unbedingt einer Versicherungspflicht in seinem Herkunftsstaat unterliegt, etwaige Angaben dazu auch nicht im Rechtsdienstleistungsregister mitveröffentlicht werden und keinerlei Auskunftsanspruch der Mandanten gegen die Behörde (etwa analog § 5 Abs. 6 S. 2 RDV) begründbar ist (kritisch daher auch Krenzler/*D. Schmidt* Rn. 56; Gaier/Wolf/Göcken/*Wolf* Rn. 45f.; Dreyer/Lamm/Müller/*K. Lamm* Rn. 70f.). Der Gesetzgeber hat auch die in Art. 9 lit. f der Berufsanerkennungsrichtlinie vorgesehene Möglichkeit zur Verpflichtung zu Informationen betreffend „Einzelheiten zu einem Versicherungsschutz oder einer anderen Art des individuellen oder kollektiven Schutzes in Bezug auf die Berufshaftpflicht" nicht umgesetzt (vgl. auch § 1 Abs. 3 DL-InfoV).

74 Eine **Versicherungspflicht** sieht § 15 RDG – anders als etwa § 3a Abs. 1 S. 3 StBerG – nicht vor. Der europäische Rechtsdienstleister ist nach deutschem Recht nicht zum Unterhalten einer Berufshaftpflichtversicherung verpflichtet. Anderes kann sich natürlich aus dem Recht seines Herkunftsstaats ergeben – wobei dann die Versicherungsbedingungen nicht selten eine Tätigkeit im Ausland unversichert lassen (vgl. § 5 RDV Rn. 93 ff.). Ob die Auferlegung einer Versicherungspflicht europarechtlich zulässig gewesen wäre, ist auch unklar (zu § 3a StBerG BFHE 234, 474 Rn. 31 = DStR 2012, 480 m. Anm. *Ring;* Kuhls ua/*Riddermann* § 3a Rn. 23). Bedenklich stimmt aber, dass der EuGH (zum alten Recht) entschieden hat, dass die bloße Information über das Bestehen einer Berufshaftpflichtversicherung den Verbraucher ohnehin nicht ausreichend zu schützen vermag (EuGH EuZW 2009, 493 Rn. 37).

75 **5. Angabe der Berufsbezeichnung (Nr. 4).** Nach Art. 7 Abs. 3 der Berufsanerkennungsrichtlinie ist die vorübergehende Dienstleistung im Inland unter der Berufsbezeichnung des Heimatstaats zu erbringen, ohne dass eine

Vorübergehende Rechtsdienstleistungen **§ 15 RDG**

Verwechslung mit inländischen Berufsbezeichnungen möglich ist. Diese Pflicht setzt § 15 Abs. 4 RDG in das deutsche Recht um (Rn. 94 ff.). Die in § 15 Abs. 2 S. 2 Nr. 4 RDG geregelte Mitteilungspflicht ist nur eine notwendige Folge, damit die Einhaltung des § 15 Abs. 4 RDG überprüfbar ist (BT-Drs. 16/3655, 74).

Die Angabe wird zudem im Rechtsdienstleistungsregister eingetragen (§ 16 76 Abs. 2 Nr. 1 lit. e RDG).

6. Verzicht auf weitere Angaben. Auf den nach Art. 7 Abs. 2 lit. a der 77 Berufsanerkennungsrichtlinie denkbaren Nachweis über die Staatsangehörigkeit des Dienstleisters konnte angesichts des weiteren Anwendungsbereichs des § 15 RDG (Rn. 25 ff.) verzichtet werden.

Den in Art. 7 Abs. 2 lit. c der Richtlinie genannten Nachweis der Berufsqua- 78 lifikation hielt der Gesetzgeber ebenfalls für entbehrlich, weil die Prüfung der erforderlichen Berufsqualifikation regelmäßig bereits im Niederlassungsstaat erfolgt ist und Voraussetzung für eine rechtmäßige Niederlassung ist (BT-Drs. 16/3655, 74). In den Fällen, in denen eine Berufsqualifikation im Niederlassungsstaat nicht erforderlich ist, gilt ohnehin § 15 Abs. 2 S. 2 Nr. 2 RDG. Mit dieser Entscheidung erübrigen sich hier auch die in § 13 a GewO geregelten Detailfragen rund um Prüfungsfristen (dazu allg. Friauf/*Schulze-Werner* § 13 a Rn. 14, 17, 22 ff.; Landmann/Rohmer/*Schönleiter* § 13 a Rn. 7 ff.).

IV. Veränderungsmitteilungen (Abs. 2 S. 3)

Durch die Verweisung in § 15 Abs. 2 S. 3 RDG auf § 13 Abs. 3 S. 1 RDG 79 wird klargestellt, dass die Pflicht zur **Mitteilung wesentlicher Veränderungen,** die sich auf den Inhalt des Rechtsdienstleistungsregisters auswirken, entsprechend auch für die ausländischen Dienstleister im Anwendungsbereich des § 15 RDG besteht (BT-Drs. 16/3655, 73 f.). Die Meldung hat unverzüglich, also ohne schuldhaftes Zögern (§ 121 BGB) zu erfolgen.

Auch hier wird die Textform iSd § 126 b BGB verlangt (Krenzler/*D. Schmidt* 80 Rn. 58; Grunewald/Römermann/*Franz* Rn. 13; Dreyer/Lamm/Müller/ *K. Lamm* Rn. 79), die in dem in Bezug genommenen § 13 Abs. 3 S. 1 RDG auch genannt wird. Es gilt aber das oben zu Rn. 55 ff. Gesagte entsprechend.

Die Meldepflicht gilt auch für wesentliche Angaben über Mitarbeiter, in 81 deren Person die Anforderungen erfüllt sein müssen (Friauf/*Schulze-Werner* § 13 a Rn. 39).

V. Wiederholungsmeldung (Abs. 2 S. 4)

Die vorläufige Registrierung erfolgt jeweils nur für ein Jahr. Die Meldung 82 ist daher jährlich zu wiederholen, wenn die Person oder Gesellschaft nach Ablauf eines Jahres erneut vorübergehende Rechtsdienstleistungen im Inland erbringen will. In diesem Fall ist (nur) die Information nach § 15 Abs. 2 S. 2 Nr. 3 RDG über die Versicherungen erneut vorzulegen. Die nach dem RegE noch erforderliche erneute Vorlage des Nachweises der rechtmäßigen Berufsausübung im Herkunftsstaat hat der Gesetzgeber wegen Zweifeln an der Richtlinienkonformität und dem Verwaltungsaufwand fallengelassen (BT-Drs. 16/ 6634, 52). Änderungen im Hinblick auf die Berufsausübung im Herkunftsstaat unterfallen jedoch der Pflicht zur Mitteilung nach § 15 Abs. 2 S. 3 RDG iVm § 13 Abs. 3 S. 1 RDG (so auch Krenzler/*D. Schmidt* Rn. 60).

83 Bei Wiederholungsmeldungen wird schnell fraglich werden, ob wirklich noch eine „vorübergehende und gelegentliche" Berufsausübung angenommen werden kann oder nicht eine Registrierung nach § 10 RDG erforderlich ist (so auch Krenzler/*D.Schmidt* Rn. 59 und BeckOK GewO/*Pielow* § 13a Rn. 12; Friauf/*Schulze-Werner* § 13a Rn. 40). Maßgeblich wird insbesondere sein, wie häufig und gezielt Inlandstätigkeiten erbracht werden.

84 Die Form der Wiederholungsmeldung muss ungeachtet des Wortlauts des § 13 Abs. 3 S. 1 RDG den gleichen Voraussetzungen unterliegen wie die in Rn. 55 ff. behandelte Erstmeldung (so auch Gaier/Wolf/Göcken/*Wolf* Rn. 35; Dreyer/Lamm/Müller/*K. Lamm* Rn. 77).

85 Teilweise wird angenommen, dass auch nach Ablauf der Jahresfrist bis zur Löschung im Register vorübergehende Dienstleistungen weiter erbracht werden dürfen (so Dreyer/Lamm/Müller/*K. Lamm* Rn. 20, 78). Da die Eintragung aber keine konstitutive Bedeutung hat (Rn. 90), kann auch die Löschung als actus contrarius kaum maßgeblich sein. Maßgeblich ist die ab Meldung laufende 12-Monatsfrist (so wohl auch Kilian/Sabel/vom Stein/*Kilian* Rn. 330).

VI. Folgen eines Verstoßes gegen die Meldepflicht; Verhältnis zu §§ 13a und 15b RDG

86 Nach **§ 20 Abs. 2 Nr. 3 und 4 RDG** handelt ordnungswidrig, wer vorsätzlich oder fahrlässig entgegen § 15 Abs. 2 S. 1 RDG – also ohne oder ohne korrekte Meldung – eine vorübergehende Rechtsdienstleistung erbringt oder entgegen § 15 Abs. 2 S. 4 RDG eine dort genannte Meldung nicht, nicht richtig, nicht vollständig oder nicht rechtzeitig wiederholt.

87 Dem Rechtsdienstleister drohen zudem mangels Eingreifen der Erlaubnisnorm aus § 15 RDG die üblichen zivil- und wettbewerbsrechtlichen Folgen eines Verstoßes gegen das RDG (dazu § 3 RDG Rn. 33 ff.).

88 Als „**Minusmaßnahme**" wird bei § 13a GewO diskutiert, ob die Behörde einem Leistungserbringer per Verwaltungsakt aufgeben kann, seinen Meldepflichten nachzukommen und die Befolgung der Meldepflichten im Wege des Verwaltungszwangs durchgesetzt werden kann (so Friauf/*Schulze-Werner* § 13a Rn. 18). Theoretisch ließe sich dies zwar über **§ 13a Abs. 2 RDG** konstruieren, wenn man diese Norm überhaupt im Bereich des § 15 RDG Anwendung finden lässt. Das ist fraglich: Der Gesetzgeber wollte mit der Neuregelung nur die Reaktionsmöglichkeiten gegenüber registrierten Rechtsdienstleistern erweitern (§ 13a RDG Rn. 2) und zumindest § 13a Abs. 3 RDG ist – wie der Verweis auf § 12 RDG zeigt – schon begrifflich auf registrierte Rechtsdienstleister beschränkt. Dass § 15 Abs. 5 RDG dort ohnehin auch lex specialis wäre, tritt nur hinzu. Die Konstruktion derartiger „Minusmaßnahmen" erscheint insgesamt wenig hilfreich, zumal der Bußgeldtatbestand regelmäßig ohnehin verwirklicht sein wird.

89 Nach **§ 15b RDG** kann die Behörde dann, wenn Rechtsdienstleistungen **ohne vorübergehende Registrierung** erbracht werden, die Fortsetzung des Betriebs verhindern. Die Norm erfasst alle Fälle, in denen eine Meldung nach § 15 RDG erforderlich gewesen wäre, aber entweder gar nicht oder nur

Vorübergehende Rechtsdienstleistungen **§ 15 RDG**

unvollständig erfolgt ist, was sowohl für die Erst- als auch Wiederholungsmeldung gelten muss. Wenn die Meldung (nur) zu spät erfolgt ist, ist ein Tätigwerden ab dann regelmäßig (ex nunc) erlaubt, so dass kein Raum für eine in die Zukunft gerichtete Schließungsverfügung ist. Wegen der weiteren Details kann auf die Kommentierung zu § 15b RDG Bezug genommen werden. Ungeklärt ist allerdings das Verhältnis der Norm zur Untersagung nach § 15 Abs. 5 RDG (dazu unten Rn. 106).

D. Die Registrierung (Abs. 3)

Art. 6 lit. a der Berufsanerkennungsrichtlinie erlaubt eine automatische vor- 90
übergehende Eintragung in ein Berufsregister, was der deutsche Gesetzgeber aus Transparenzgründen übernommen hat. Die Eintragung in das Rechtsdienstleistungsregister wirkt – anders als die Registrierung in den Fällen des § 10 RDG (§ 13 RDG Rn. 72) – **nicht konstitutiv** (BT-Drs. 16/3655, 74). Die Aufnahme der Tätigkeit kann daher – wie auch von der Richtlinie gefordert, wonach durch die Eintragung „die Erbringung der Dienstleistungen in keiner Weise verzögert oder erschwert" werden darf – bereits sogleich mit der vollständigen Meldung erfolgen (BT-Drs. 16/3655, 74). Insbesondere muss die Registrierung nicht abgewartet werden (Krenzler/*D. Schmidt* Rn. 63).

§ 15 Abs. 3 S. 2 RDG regelt die Kostenfreiheit des Registrierungsverfahrens 91
für die ausländischen Dienstleister und setzt damit ebenfalls die zwingende Vorgabe aus Art. 6 lit. a der Berufsanerkennungsrichtlinie um (BT-Drs. 16/3655, 74).

Die Registrierung erfolgt nur für die Dauer eines Jahres. Bei einer Wieder- 92
holungsmeldung nach § 15 Abs. 2 S. 4 RDG werden Registrierung und Bekanntmachung (kostenfrei) um ein Jahr verlängert. Unterbleibt eine Wiederholungsmeldung, wird die Bekanntmachung gem. § 17 Abs. 1 Nr. 6 RDG im Rechtsdienstleistungsregister kraft Gesetzes automatisch gelöscht. Auch dies ist kostenfrei. Kostenfrei sind auch etwaige Änderungen infolge von Veränderungsmitteilungen nach § 15 Abs. 2 S. 3 RDG (Krenzler/*D. Schmidt* Rn. 65).

Die Erteilung einer **Eingangsbestätigung** durch die Registrierungsbe- 93
hörde ist – anders als in § 13a Abs. 2 S. 2 GewO – nicht vorgesehen. Dass eine Behörde bei unvollständigen Meldungen regelmäßig den Rechtsdienstleister anschreiben wird, verhindert auch nicht, dass dieser in der Zwischenzeit uU im guten Glauben an die Ordnungsgemäßheit seiner Meldung tätig wird und Gefahr läuft, gegen das Gesetz zu verstoßen (so auch Krenzler/*D. Schmidt* Rn. 64). Wenn die Behörde nach Prüfung der Meldung Unvollständigkeiten feststellt, wird sie den Rechtsdienstleister (ggf. unter Fristsetzung) zur vollständigen Meldung auffordern und nach deren Eingang vorübergehend registrieren. Die Tätigkeit ist erst dann erlaubt.

E. Die Berufsbezeichnung (Abs. 4)

I. Führen der Berufsbezeichnung

94 Anders als bei registrierten Rechtsdienstleistern nach § 10 RDG verpflichtet § 15 Abs. 4 S. 1 RDG die europäischen Rechtsdienstleister zur Führung der **Berufsbezeichnung in der Sprache des Niederlassungsstaats** (siehe auch § 11 RDG Rn. 18). Die Regelung soll Verwechslungsgefahren mit inländischen Rechtsdienstleistern vermeiden helfen (*Krenzler/D. Schmidt* Rn. 66). Sie entspricht Art. 7 Abs. 3 der Berufsanerkennungsrichtlinie („Die Berufsbezeichnung wird in der Amtssprache oder einer der Amtssprachen des Niederlassungsmitgliedstaats geführt, und zwar so, dass keine Verwechslung mit der Berufsbezeichnung des Aufnahmemitgliedstaats möglich ist.") und begründet für den ausländischen Dienstleister eine entsprechende Verpflichtung.

95 Nicht geregelt ist der Fall, dass im Niederlassungsstaat gar keine Berufsbezeichnung existiert. Art. 7 Abs. 3 S. 2 der Berufsanerkennungsrichtlinie sieht vor, dass in solchen Fällen der Ausbildungsnachweis in der Amtssprache des Niederlassungsstaats anzugeben ist, was man ins nationale Recht übertragen können wird (so auch Krenzler/D. *Schmidt* Rn. 66; Grunewald/Römermann/*Franz* Rn. 17; Henssler/Prütting/*Weth* Rn. 19).

96 Unter **„Führen"** einer Berufsbezeichnung versteht man die aktive nach außen gerichtete Inanspruchnahme für sich im sozialen Leben, was also nicht zwingend nur den beruflichen Verkehr betrifft (Krenzler/D. *Schmidt* Rn. 68). Eine rechtliche Verpflichtung nach § 15 Abs. 4 S. 1 RDG besteht aber nur bei Erbringung vorübergehender Rechtsdienstleistungen. Insofern ist sie also auf Briefbögen, in E-Mails, in Adressverzeichnissen, auf Firmenschildern etc. zu verwenden. Eine Benutzung (auch) im privaten Bereich ist freigestellt.

97 Die Berufsbezeichnung ist in der Amtssprache des Niederlassungsstaats zu führen, so dass es nicht genügt, wenn der deutschen Berufsbezeichnung nur der Niederlassungsstaat nachgestellt wird (OLG Frankfurt a. M. DStRE 2000, 327; Krenzler/D. *Schmidt* Rn. 67) oder gar eine deutsche Übersetzung erfolgt (zu § 3a StBerG Kuhls ua/*Riddermann* § 3a Rn. 26). Gibt es im Niederlassungsstaat mehrere Amtssprachen, genügt in Anlehnung an Art. 7 Abs. 3 S. 2 der Berufsanerkennungsrichtlinie aber die Angabe in einer der Amtssprachen.

II. Verwechslungsgefahr (Abs. 4 S. 2)

98 Gem. § 15 Abs. 4 S. 2 RDG muss eine Verwechslung mit den in § 11 Abs. 4 RDG aufgeführten Berufsbezeichnungen ausgeschlossen sein. Diese Einschränkung dient dem Schutz der Rechtsuchenden vor einer Verwechslung mit inländischen qualifizierten Personen (BT-Drs. 16/3655, 74).

99 Der Begriff der Verwechslungsgefahr lässt sich in Anlehnung an § 132a StGB bestimmen (so Krenzler/D. *Schmidt* Rn. 69) und wohl auch in Anlehnung an § 5 Abs. 2 UWG. Sie besteht, wenn nach dem Gesamteindruck eines durchschnittlichen, nicht genau prüfenden Betrachters eine Verwechslung möglich ist (vgl. OLG Köln NJW 2000, 1053; BayObLG NStZ-RR 2000, 236).

Vorübergehende Rechtsdienstleistungen **§ 15 RDG**

In Fällen gleichlautender oder sehr ähnlicher Berufsbezeichnungen – insbesondere bei einem deutschsprachigen Niederlassungsstaat (etwa bei „Inkassoinstituten" nach österreichischem Recht) – kann ein erklärender (Klammer-)Zusatz, also etwa der Niederlassungsstaat und ggf. eine Berufsorganisation, angegeben werden, um die Verwechslungsgefahr zu beseitigen (Grunewald/Römermann/*Franz* Rn. 18; Krenzler/*D. Schmidt* Rn. 70; Gaier/Wolf/Göcken/*Wolf* Rn. 21; vgl. auch § 3a Abs. 5 S. 2 StBerG und Kuhls ua/*Riddermann* § 3a Rn. 27). Es wäre auch zulässig, der ausländischen Berufsbezeichnung zusätzlich eine Übersetzung beizufügen, wobei dies mit der Angabe des Herkunftsstaats verknüpft werden sollte wie zB „Inkassounternehmen, Frankreich" oder "niederländischer Rentenberater" (Grunewald/Römermann/*Franz* Rn. 18; Henssler/Prütting/*Weth* Rn. 19; Dreyer/Lamm/Müller/*K. Lamm* Rn. 47). 100

III. Folgen eines Verstoßes

Wird beharrlich entgegen § 15 Abs. 4 RDG eine Berufsbezeichnung geführt, ist über § 15 Abs. 5 RDG eine Untersagung möglich (Rn. 103 ff.). Ein flankierender Bußgeldtatbestand findet sich in § 20 RDG nicht. 101

Es drohen aber **wettbewerbsrechtliche** Implikationen – was bisher nicht zu § 15 RDG diskutiert wird. Der Verstoß wird eine unlautere geschäftliche Handlung nach §§ 3, 4 Nr. 11 UWG darstellen und regelmäßig auch eine Irreführung nach § 5 Abs. 1 Nr. 3 UWG sein. 102

F. Die Untersagung (Abs. 5)

I. Grundlagen

§ 15 Abs. 5 RDG sieht im Einklang mit Art. 5 Abs. 3 der Berufsanerkennungsrichtlinie als eine der (dort leider unnötig verklausuliert) genannten „Disziplinarbestimmungen" eine besondere **Untersagungsmöglichkeit** für den Fall unqualifizierter Rechtsdienstleistungen zum Nachteil der Rechtsuchenden oder des Rechtsverkehrs vor (siehe bereits Rn. 10). Die Regelung ist ein Korrelat zur grundsätzlichen Dienstleistungsfreiheit im Bereich des § 15 Abs. 1 RDG. Sie betrifft nur den Fall der **grds. erlaubten, aber unqualifizierten Tätigkeit iSd § 15 Abs. 1 RDG** und erstreckt sich also **nicht** auf unerlaubte Rechtsdienstleistungen allgemein (vgl. auch § 9 RDG Rn. 4). 103

Die Untersagungsmöglichkeit aus § 15 Abs. 5 RDG entspricht faktisch dem **Widerruf** im Bereich der registrierten Personen (§ 14 RDG), ist aber – wie im Bereich des § 9 RDG – rechtsdogmatisch nur als Untersagung ausgestaltet. Dies folgt daraus, dass die vorläufige Registrierung – anders als die Registrierung bei § 13 RDG (§ 13 RDG Rn. 72) – **nicht konstitutiv** ist (Rn. 90; BT-Drs. 16/3655, 74). Während eine Behörde im Bereich der registrierten Rechtsdienstleister eine Registrierung erst gem. § 14 RDG widerrufen und erst dann über § 15b RDG die Schließung herbeiführen kann, ist im Bereich der nur deklaratorischen vorläufigen Registrierung eine direkte Untersagung das Mittel der Wahl. Der Unzuverlässige Gewerbetreibende darf sich nach der ordnungsgemäßen Meldung zunächst betätigen, bis die weitere Tätigkeit dann 104 durch Untersagung von der Behörde unterbunden wird. Die Sachlage ist letztlich vergleichbar mit dem Zusammenspiel von § 15 Abs. 2 GewO und § 35 GewO.

105 Neben der engen Anlehnung an **§ 9 RDG** – auf dessen Kommentierung vollumfänglich Bezug genommen wird – kann zur Arbeit mit der Norm vor allem auch auf die Parallelbestimmung in **§ 3a Abs. 6 StBerG** zurückgegriffen werden (ebenso zu § 3a StBerG Kuhls ua/*Riddermann* § 3a Rn. 30). Vorsichtig anwendbar sind auch Rspr. und Lit. zu sonstigen Untersagungsregelungen wie insbesondere **§ 35 GewO**.

106 Unklar ist das Verhältnis zu **§ 15b RDG:** Über die Norm kann die Behörde die Fortsetzung eines Betriebs verhindern, aus dem ohne vorübergehende Registrierung iSd § 15 Abs. 1 RDG Rechtsdienstleistungen erbracht werden. Wie in Rn. 89 gezeigt, werden damit aber (nur) die Fälle erfasst, in denen keine oder eine nur unvollständige Meldung vorliegt. § 15 Abs. 5 RDG erfasst hingegen die Fälle, in denen zwar an sich erlaubt nach § 15 Abs. 1 RDG vorübergehende Dienstleistungen erbracht werden, aber eben so unqualifiziert, dass die Behörde sich zum Einschreiten gezwungen sieht. Die Untersagung nach § 15 Abs. 5 RDG als vollstreckbare Grundverfügung (dazu Rn. 122) tritt hier an die Stelle der sonst über § 15b RDG auszusprechenden Schließungsverfügung. Ist bereits zweifelhaft, ob eine Meldung ordnungsgemäß war, der Dienstleister aber ohnehin höchst unzuverlässig ist, spricht nichts dagegen, dass die Behörde sich parallel auf beide Instrumente stützt.

107 Anders als in § 9 RDG ist für die Untersagungsverfügung **keine Höchstdauer** in § 15 Abs. 5 RDG geregelt. Das ist misslich und man könnte überlegen, ob die Untersagung sich daher nur auf das jeweils laufende „Meldejahr" bezieht, zumal mit der bestandskräftigen Untersagung die ohnehin nur einjährige Eintragung gelöscht wird (§ 17 Abs. 1 Nr. 6 RDG). Gewollt ist das jedoch kaum und würde dem Rechtsdienstleister die erneute Meldung nicht aus der Hand schlagen (zumindest nach Ablauf der Jahresfrist). Dem Schutzzweck des § 15 Abs. 5 RDG dient das daher nicht. Der Fall liegt auch anders als im Bereich des § 35 Abs. 1 GewO, der ebenfalls keine Fristen kennt und bei dem nach hM eine zeitlich befristete Untersagung sogar ausscheidet (Friauf/*Heß* § 35 Rn. 455ff.; *Marcks* GewArch 1974, 79ff.). Dies hat seinen Grund jedoch darin, dass dort **§ 35 Abs. 6 GewO** die Wiedergestattung ausdrücklich regelt (BT-Drs. 7/111, 5). Eine solche Regelung fehlt indes in § 15 RDG, so dass es keine Anleihen bei § 35 GewO geben kann, da allein die Neuregelung in § 35 Abs. 6 GewO zu einer besonderen Behandlung der gewerberechtlichen Untersagungsverfügung zwingt (vgl. etwa Friauf/*Heß* § 35 Rn. 505f.). Richtigerweise wird man die Untersagungsverfügung nach § 15 Abs. 5 RDG daher als **Dauerverwaltungsakt** verstehen müssen, wie es der hM zu § 35 Abs. 1 GewO vor Neufassung des § 35 Abs. 6 GewO entsprach (zum Streitstand Landmann/Rohmer/*Marcks* § 35 Rn. 20ff.; Friauf/*Heß* § 35 Rn. 497ff.). Das von der Behörde einmal durch Untersagung ausgesprochene Verbot wird dem Rechtsdienstleister gegenüber ständig neu aktualisiert. Solange die Untersagung wirksam ist, wird dem Betroffenen die Tätigkeit verboten. Zwingende Folge davon ist, dass die Regelung des Rechtsverhältnisses zwischen Staat und Dienstleister während der ganzen Dauer der Wirksamkeit des Verwaltungsakts dem geltenden Recht entsprechen muss. Folglich sind – anders als beim Widerruf (§ 14 RDG Rn. 77 ff.) – bei der Prüfung der Rechtmäßigkeit eines solchen Verwaltungsakts im verwaltungsgerichtlichen Verfahren nach den allgemeinen Grundsätzen zur Behandlung von Verwaltungsakten mit Dauerwirkung **nachträgliche Änderungen der Sach- und Rechtslage** zu berücksichtigen, wobei auf die letzte mündliche Verhandlung der letzten Tatsacheninstanz abzustellen ist. Die Verwaltungsbehörde ist damit gezwungen, ihren Untersagungsbescheid bis zu dessen Bestandskraft ständig unter Kontrolle zu halten und auf Änderungen der Sach- und/oder Rechtslage flexibel – zB durch Widerruf der Untersagungsverfügung oder Erklärung der Hauptsache für erledigt – zu reagieren. Nach Bestandskraft der Untersagungsverfügung wäre schon wegen der Bedeutung der Berufsfreiheit (Art. 12 GG) und der Berufsanerkennungsrichtlinie dann über § 49 Abs. 1 VwVfG vorzugehen und die Untersagungsverfügung aufzuheben. Dabei kann eine Ermessensreduzierung auf Null vorliegen, wenn die zur Untersagung führenden Bedenken nachhaltig ausgeräumt sind. Soweit im Bereich des § 35 Abs. 1 GewO umstritten ist, ob ein Widerruf dort überhaupt denkbar ist (zum Streitstand Friauf/*Heß* § 35 Rn. 519f.), liegt auch dies wieder nur an der Sonderregelung in § 35 Abs. 6 GewO und steht der aufgezeigten Lösung nicht im Weg.

Schon aus Gründen der **Verhältnismäßigkeit** wird man eine Untersagung aber regelmäßig nur **befristet** aussprechen, wobei man sich dann an den Höchstfristen aus § 9 RDG orientieren mag. 108

II. Unqualifizierte Rechtsdienstleistungen

Der Untersagungsgrund der **dauerhaft unqualifizierten Erbringung von Rechtsdienstleistungen** entspricht inhaltlich **§ 14 Nr. 3 RDG** (Grunewald/Römermann/*Franz* Rn. 20; Krenzler/*D. Schmidt* Rn. 75), so dass auf die dortige Kommentierung Bezug genommen werden kann (§ 14 RDG Rn. 35 ff.). Da es sich um eine Einschränkung der Dienstleistungsfreiheit handelt, die den Grundsätzen der *Gebhard*-Rspr. des EuGH genügen muss (EuGH Slg. 1995, I-4165 Rn. 25 = NJW 1996, 579 – *Gebhard*), müssen im Wege einer Prognoseentscheidung **begründete Tatsachen** die **Annahme dauerhaft unqualifizierter Rechtsdienstleistungen** zum Nachteil des Rechtsuchenden oder des Rechtsverkehrs **auch für die Zukunft befürchten lassen.** Das Merkmal der „Dauerhaftigkeit" steht natürlich in einem gewissen Widerspruch zur nur „vorübergehenden" Tätigkeit iSd § 15 Abs. 1 RDG, was aber hinzunehmen ist. Ebenso wie bei § 9 Abs. 1 RDG kann man auch diese Regelung als unnötige Toleranz gegenüber Quacksalbern kritisieren (zum Problem § 14 RDG Rn. 37). 109

Einmalige oder auch mehrere, jedoch auf jeweils verschiedener Ursache beruhende, fehlerhafte Rechtsdienstleistungen werden regelmäßig noch nicht genügen (vgl. auch Krenzler/*D. Schmidt* Rn. 76). Es müssen vielmehr schwerwiegende berufliche Fehler festzustellen sein, die in speziellem Zusammenhang mit dem Schutz der Sicherheit der Verbraucher stehen (Art. 5 Abs. 3 der Berufsanerkennungsrichtlinie). Im Einzelfall wird jedoch auch eine Vielzahl weniger schwerer Fehler genügen können, wenn sich diese so verdichten, dass daraus der Schluss auf eine dauerhaft unqualifizierte Rechtsdienstleistung gezogen werden kann (Grunewald/Römermann/*Franz* Rn. 20; Krenzler/*D. Schmidt* Rn. 77). 110

111 Ein Fehler im Einzelfall kann nur dann ausreichen, wenn er symptomatisch war und allein daraus schon der erhärtete Schluss gezogen werden kann, er werde sich in Zukunft wiederholen (Gaier/Wolf/Göcken/*Wolf* Rn. 26). Für die Prognoseentscheidung können sowohl unqualifizierte Rechtsdienstleistungen im Inland wie auch im Herkunftsstaat herangezogen werden (Henssler/Prütting/*Weth* Rn. 21). Wichtig ist nur, dass über § 15 Abs. 5 RDG die Gleichwertigkeit der reglementierten Berufe nicht unterlaufen werden darf, so dass eine Untersagung nicht auf Argumente gestützt werden kann, die **abstrakt** in der ausländischen Ausbildung/Qualifikation/Berufsausübung gesehen werden (zutreffend Gaier/Wolf/Göcken/*Wolf* Rn. 24); angeknüpft werden kann allein an die **konkrete** Tätigkeit und Person des Rechtsdienstleisters.

III. Die Untersagungsverfügung

112 **1. Inhalt.** Auch wenn § 15 Abs. 5 RDG im Gegensatz zu § 35 Abs. 1 GewO („ganz oder teilweise zu untersagen") nicht zwischen Voll- und Teiluntersagung differenziert, wird man wie bei § 15b RDG (§ 15b RDG Rn. 28) auch hier uU entsprechend vorgehen dürfen bzw. aus Gründen der Verhältnismäßigkeit sogar müssen. Wie bei § 35 GewO ist von einer Teiluntersagung aber abzusehen, wenn damit zu rechnen ist, dass der Rechtsdienstleister sich um die angeordnete Beschränkung nicht kümmert und/oder die Gefährdung der Schutzgüter sich so nicht beheben lässt (eingehend zur Teiluntersagung etwa *Friauf*/Heß § 35 Rn. 433ff. mit Tenorierungsbeispielen).

113 Die Untersagung steht nach dem Wortlaut („kann") im **Ermessen** der Behörde (so auch Dreyer/Lamm/Müller/*K. Lamm* Rn. 86). Da das Gesetz an einen Nachteil des Rechtsuchenden oder des Rechtsverkehrs anknüpft, kann bei der Ermessensausübung auf beide Aspekte abgestellt werden (vgl. auch § 9 RDG Rn. 9). Eine Untersagung würde daher in Betracht kommen, wenn die Belange des Rechtsuchenden (= Mandanten) gefährdet werden. Ausreichend wäre aber auch, wenn (nur) die Belange des Rechtsverkehrs gefährdet sind (Krenzler/*D. Schmidt* Rn. 79). Teilweise wird „kann" jedoch nur im rein kompetenzrechtlichen Sinne verstanden und ebenso wie im Bereich des Widerrufs nach § 14 RDG oder auch des § 35 GewO bei Vorliegen der tatbestandlichen Voraussetzungen von einer **zwingenden** Untersagung ausgegangen (so Gaier/Wolf/Göcken/*Wolf* Rn. 27). Der Streit dürfte weitgehend akademisch sein, weil bei Vorliegen der (engen) Voraussetzungen regelmäßig ohnehin eine Untersagung geboten sein wird.

114 Ob – wie im Bereich des Widerrufs (§ 14 RDG Rn. 67) – aus Gründen der Verhältnismäßigkeit **Abwicklungsfristen** zu setzen sind (so Dreyer/Lamm/Müller/*K. Lamm* Rn. 89), ist fraglich. Bei einer nur vorübergehenden Tätigkeit erscheint dies nur in Ausnahmefällen geboten. Liegen zudem die ohnehin schon engen Voraussetzungen des § 15 Abs. 5 RDG vor, ist ein konsequentes Einschreiten erforderlich.

115 Da die Untersagung ein scharfes Mittel (= ultima ratio) ist, lassen sich theoretisch **„Minusmaßnahmen"** diskutieren wie etwa eine behördliche Androhung der Untersagung mit einer Frist zur Mängelbehebung (vgl. § 9 RDG Rn. 10). Ob hier auf § 13a RDG abgestellt werden kann, ist fraglich. Im Gegensatz zum anwaltlichen Berufsrecht kennt § 15 Abs. 5 RDG gerade kein tief gestaffeltes Sanktionsrecht (Gaier/Wolf/Göcken/*Wolf* Rn. 27); diese Wertentscheidung darf nicht unterlaufen werden (zum Problem § 13a RDG Rn. 13). Davon zu unterscheiden ist die Frage, ob der Rechtsdienstleister im Verfahren die Gelegenheit bekommt, sein Verhalten derart zu korrigieren, dass der Untersagungsgrund entfällt (Gaier/Wolf/Göcken/*Wolf* Rn. 28 unter Verweis auf BT-Drs. 16/3655, 72) bzw. der Tatbestand der Beharrlichkeit eine behördliche „Abmahnung"/Warnung sogar erfordert. Insofern kann bei einer im Rahmen der Ermessensausübung erforderlichen Verhältnismäßigkeitsprüfung auch etwa feststellbar sein, dass das Ziel der Maßnahme durch eine weniger belastende Maßnahme erreicht werden kann wie zB eine Aufforderung zum Führen einer richtigen Berufsbezeichnung (so Dreyer/Lamm/Müller/*K. Lamm* Rn. 86). Dies wird aber oft mit der ohnehin vor einer Untersagung erforderlichen Anhörung (§ 28 VwVfG) einhergehen, deren Ergebnis dann auch sein kann, derzeit noch nicht zu untersagen.

2. Verfahrensfragen. Zuständig für die Untersagung soll die Behörde 116 sein, an die die Meldung zuvor gerichtet war (Krenzler/*D. Schmidt* Rn. 72; Dreyer/Lamm/Müller/*K. Lamm* Rn. 81). Richtigerweise wird jede nach § 19 RDG zuständige Behörde tätig werden können.

Es gelten im Übrigen die **VwVfGe** der Länder. Da die Untersagung ein be- 117 lastender Verwaltungsakt (§ 35 VwVfG) ist, ist insbesondere eine Anhörung nach § 28 VwVfG geboten (Dreyer/Lamm/Müller/*K. Lamm* Rn. 87).

Es gilt zudem der **Untersuchungsgrundsatz** (§ 24 VwVfG). Erfährt die 118 zuständige Behörde von begründeten Tatsachen, die auf die dauerhaft unqualifizierte Erbringung von Rechtsdienstleistungen schließen lässt, muss sie diese von Amts wegen ermitteln. Die Behörde muss aber nicht ohne Anhaltspunkt sämtliche gemeldeten Rechtsdienstleister überprüfen (vgl. – auch zur Kritik – aber § 9 RDG Rn. 12).

Die Untersagung wird mit der **Bekanntgabe** wirksam (§ 43 VwVfG). Auf 119 die Unanfechtbarkeit oder die sofortige Vollziehbarkeit der Untersagungsverfügung ist nicht abzustellen (vgl. etwa auch Landmann/Rohmer/*Marcks* § 35 Rn. 110). Denn soweit nichts anderes bestimmt ist, wirkt ein beschwerender Verwaltungsakt mit seinem (rechtswirksamen) Erlass. Die Rechtsbehelfe der VwGO gewähren dem Betroffenen zwar aufschiebende Wirkung, doch tritt diese erst – allerdings rückwirkend zum Zeitpunkt des Erlasses des Verwaltungsakts – ein, wenn tatsächlich ein Rechtsbehelf eingelegt wird. Wird kein Rechtsbehelf eingelegt, so ist auch in der Zeit zwischen Erlass und Unanfechtbarwerden des Verwaltungsakts, also innerhalb der Rechtsmittelfrist, die Betätigung unzulässig.

3. Folgen der Untersagung. Mit der Untersagung entfällt die Befugnis 120 zur Erbringung auch nur vorübergehender Rechtsdienstleistungen. Die weitere Tätigkeit hat – wie bei § 9 RDG (dazu etwa Krenzler/*K.-M. Schmidt* § 9 Rn. 2; *Sabel* AnwBl. 2007, 816, 820) – die üblichen **zivil- und wettbewerbsrechtlichen Folgen.**

Wird einer bestandskräftigen oder für sofort vollziehbar erklärten Untersa- 121 gungsverfügung zuwidergehandelt, begeht der Rechtsdienstleister zudem eine **Ordnungswidrigkeit** nach § 20 Abs. 1 Nr. 1 RDG (vgl. auch Krenzler/ *D. Schmidt* Rn. 74).

122 Auch wenn dies bisher – soweit ersichtlich – weder hier noch bei § 9 RDG diskutiert wird, wird man zudem **verwaltungsvollstreckungsrechtliche Zwangsmaßnahmen** für zulässig halten, die an eine vollstreckbare (= bestandskräftige oder für vorläufig vollstreckbar erklärte) Grundverfügung (Unterlassung) anknüpfen und die weitere Tätigkeit mit Zwangsmitteln unterbinden. Insofern kann vorsichtig auf Rspr. und Lit. zu § 35 GewO Bezug genommen werden, bei dem zumindest seit Streichung des § 35 Abs. 5 GewO aF anerkannt ist, dass die Gewerbeuntersagung nach § 35 Abs. 1 GewO eine ausreichende Rechtsgrundlage für Vollstreckungsmaßnahmen nach den Verwaltungsvollstreckungsgesetzen der Länder ist (Landmann/Rohmer/*Marcks* § 35 Rn. 171 f.; Friauf/*Heß* § 35 Rn. 642 ff.). Denkbar sind neben der Schließung von Betriebs- und Geschäftsräumen auch die Wegnahme von Arbeitsgeräten oder Zwangsbeugegelder (vertiefend zu den Möglichkeiten *App* GewArch 1999, 55). Letztere treten neben etwaige Bußgeldtatbestände. Die nach den Verwaltungsvollstreckungsgesetzen erforderliche **Androhung** der Zwangsmittel kann regelmäßig mit der Untersagungsverfügung ausgesprochen werden. Soweit aus § 12 GewO folgt, dass im Insolvenzfall auch aus bestandskräftigen oder vollziehbaren Untersagungsverfügungen nicht vollstreckt werden darf (OVG Münster NVwZ-RR 2011, 553; Friauf/*Heß* § 35 Rn. 652), kann dies im hiesigen Bereich nicht gelten.

IV. Rechtsschutz gegen die Untersagung

123 Die auf Grundlage von § 15 Abs. 5 RDG ergehende Untersagungsverfügung ist – ähnlich wie der Widerruf bei § 14 RDG – ein **Verwaltungsakt,** so dass gegen diese gem. § 42 Abs. 1 Alt. 1 VwGO die **Anfechtungsklage** statthaft ist. Sieht das Landesrecht ein Widerspruchsverfahren vor (vgl. aber etwa § 110 JustG NRW) und wurde die Verfügung von einer nachgeordneten Behörde erlassen, muss der Adressat zunächst das Widerspruchsverfahren gem. § 68 ff. VwGO durchführen.

124 Ein etwaiger Widerspruch bzw. zumindest die Anfechtungsklage haben **aufschiebende Wirkung** (§ 80 Abs. 1 S. 1 VwGO). Um die aufschiebende Wirkung auszuschließen, kann die sofortige Vollziehung des Verwaltungsakts nach § 80 Abs. 2 Nr. 4 VwGO angeordnet werden, wenn sie im öffentlichen Interesse oder im überwiegenden Interesse eines Beteiligten geboten ist. In den Fällen des § 15 Abs. 5 RDG wird das nicht selten der Fall sein.

125 Liegt eine Anordnung der sofortigen Vollziehung vor, muss nach § 80 Abs. 5 VwGO vorgegangen werden.

V. Löschung im Rechtsdienstleistungsregister

126 Während die bestandskräftige Untersagung nach § 9 RDG über § 16 Abs. 2 S. 1 Nr. 2 RDG im Register veröffentlicht wird, erfolgt bei der Untersagung nach § 15 Abs. 5 RDG folgerichtig gem. § 17 Abs. 1 Nr. 6 RDG die Löschung der vorübergehenden Registrierung mit Bestandskraft der Untersagung. Wie bei § 9 RDG (§ 9 RDG Rn. 14) genügt für die Löschung nicht, wenn die Untersagung für sofort vollziehbar erklärt worden ist.

127 Die Löschung ist – wie die Eintragung – **nicht konstitutiv** für die Wirksamkeit der Untersagung (vgl. auch § 9 RDG Rn. 14). Diese wird mit der Bekanntgabe wirksam (Rn. 119).

VI. Die Regelbeispiele des Abs. 5 S. 2

1. Allgemeines. § 15 Abs. 5 S. 2 RDG nennt Regelbeispiele, in denen die 128
Annahme dauerhaft unqualifizierter Rechtsdienstleistungen zu vermuten ist.
Der Rechtsdienstleister kann durch entsprechende Nachweise diese Vermutung jedoch entkräften (Krenzler/*D. Schmidt* Rn. 80; streitig bei § 9 RDG,
vgl. dazu § 9 RDG Rn. 8).

Der Regelbeispielskatalog ist nicht abschließend („insbesondere"), so dass 129
die Annahme dauerhaft unqualifizierter Rechtsdienstleistungen auf anderem
Wege begründet werden kann. Gerade im Inkassobereich sind solche Fälle
denkbar wie etwa der Zugriff auf treuhänderisch eingezogene Gelder, ein Vermögensverfall oder die Anwendung gesetzeswidriger Praktiken (Gaier/Wolf/
Göcken/*Wolf* Rn. 25; Dreyer/Lamm/Müller/*K. Lamm* Rn. 83, 85).

2. Fehlende Befugnis im Niederlassungsstaat. Vom Vorliegen eines 130
Untersagungsgrundes ist nach § 15 Abs. 5 S. 2 RDG bei ausländischen Dienstleistern regelmäßig (= Regelbeispiel) auszugehen, wenn sie in ihrem Heimatland nicht mehr befugt sind, Rechtsdienstleistungen zu erbringen, weil sie
dort entweder nicht mehr rechtmäßig zur Erbringung dieser Rechtsdienstleistungen niedergelassen sind oder ihnen die Befugnis von den zuständigen
Stellen – auch nur vorübergehend (BT-Drs. 16/3655, 74) – untersagt wurde.
Damit soll die Anerkennung und Bedeutung der im Ausland erworbenen Berufsqualifikation und Niederlassung weiter betont werden (Henssler/Prütting/
Weth Rn. 22; Grunewald/Römermann/*Franz* Rn. 21; Krenzler/*D. Schmidt*
Rn. 81).

Trotz der Ausgestaltung als Regelbeispiel sind nur wenige Anwendungsfälle 131
denkbar, in denen eine Untersagung in solchen Fällen nicht geboten sein
könnte. Selbst bei einer nur kurzfristigen Illegalität im Herkunftsland wird
eine Untersagung im Zweifel schon gerechtfertigt sein. Begründet wird dies
damit, dass nach Wiederaufleben der Berufsausübungsbefugnis im Herkunftsstaat kostenfrei eine erneute Registrierung möglich sein soll (Grunewald/Römermann/*Franz* Rn. 21; Krenzler/*D. Schmidt* Rn. 82). Dies ist jedoch von der
Frage der **Dauerwirkung der Untersagung** abhängig (Rn. 107), ggf. ist zuvor ein Widerruf nach der landesrechtlichen Parallelregelung zu § 49 Abs. 1
VwVfG erforderlich.

Nicht gesondert geregelt ist der Fall, dass sich ein ehemals im Inland regis- 132
trierter Rechtsdienstleister nach bestandskräftigem oder für vorläufig vollziehbar erklärtem Widerruf gem. § 14 RDG durch Verlegung seiner Niederlassung und Erbringung grenzüberschreitender Dienstleistungen das RDG
umgehen will. Wird es hier schon oft an einer nur vorübergehenden Tätigkeit
fehlen (Rn. 38 ff.), wird man zumindest über eine (ggf. zusätzliche) Untersagung dagegen vorgehen können (so auch Krenzler/*D. Schmidt* Rn. 83).

3. Fehlende Sprachkenntnisse. Ein weiteres Regelbeispiel greift, wenn 133
eine Person die zur Erbringung der fraglichen Rechtsdienstleistung erforderlichen deutschen Sprachkenntnisse nicht besitzt. Dies steht nach den Vorstellungen des Gesetzgebers (BT-Drs. 16/3655, 74) in Übereinstimmung mit
Art. 53 der Berufsanerkennungsrichtlinie. Der Grad der Sprachkenntnisse ist
aber stets anhand der im Einzelfall erbrachten Dienstleistungen festzulegen

(Grunewald/Römermann/*Franz* Rn. 23; Krenzler/*D. Schmidt* Rn. 84; zu § 3 a Abs. 6 StBerG *Gehre/Koslowski* § 3 a Rn. 10).

134 Sprachliche Anforderungen, die gewährleisten sollen, dass sich der Dienstleister mit seinem Auftraggeber und sonstigen Dritten sowie mit den Verwaltungsbehörden und den Berufsorganisationen des Staats angemessen verständigen kann, dürfen nicht über das zur Erreichung dieses Ziels Erforderliche hinausgehen (EuGH Slg. 2000, I-5123 Rn. 60 = NVwZ 2001, 903 – *Salomone Haim;* siehe auch EuGH Slg. 2006, I-8673 Rn. 41 = NJW 2006, 3701 [LS] sowie EuGH Slg. 2006, I-8613 Rn. 71 ff. = NJW 2006, 3697 – *Graham J. Wilson*). Maßgeblich sein muss, ob im konkreten Einzelfall unter Abwägung aller Gesamtumstände unter Berücksichtigung der Interessen des Rechtsuchenden und/oder des Rechtsverkehrs eine Untersagung zweckmäßig, erforderlich und verhältnismäßig ist (Grunewald/Römermann/*Franz* Rn. 22; Krenzler/ *D. Schmidt* Rn. 85). So kann es etwa gerade auch im Interesse der Mandanten, deren Muttersprache nicht die Amtssprache ist, liegen, dass es Rechtsdienstleister gibt, die sich mit ihnen auch in ihrer eigenen Sprache verständigen können (EuGH Slg. 2000, I-5123 Rn. 60 = NVwZ 2001, 903 – *Salomone Haim*). Auch werden Rechtsdienstleistungen, die das Recht eines anderen Mitgliedstaats zum Gegenstand haben, oft weniger hohe Anforderungen an die deutschen Sprachkenntnisse stellen (EuGH Slg. 2006, I-8673 Rn. 45 = NJW 2006, 3701 [LS]; EuGH Slg. 2006, I-8613 Rn. 75 = NJW 2006, 3697– *Graham J. Wilson*). Ob aber generell eine Anlehnung (nur) an die Rspr. des BVerwG zur Einbürgerung (etwa BVerwG NJW 2006, 1079) sachgerecht ist (so vorsichtig Krenzler/*D. Schmidt* Rn. 87), ist fraglich, weil das Gesetz einen Mindestschutz gewährleisten will.

135 Sofern die Vertretung vor deutschen Behörden oder Gerichten zum Leistungsumfang gehört, ist der Grad der erforderlichen Sprachkenntnisse aber enger an § 23 VwVfG, § 184 GVG zu messen (Krenzler/*D. Schmidt* Rn. 87; kritisch *Beul* DStR 2006, 1429, 1435 zu § 3 a StBerG). Regelmäßig werden dann auch Kenntnisse der Schriftsprache erforderlich sein. Eine Untersagung wegen unzureichender Sprachkenntnisse kann der Dienstleister aber ggf. durch Zusammenarbeit mit einem im Inland niedergelassenen Rechtsdienstleister vermeiden (Krenzler/*D. Schmidt* Rn. 88; allgemein EuGH Slg. 2006, I-8673 Rn. 43 = NJW 2006, 3701 [LS]).

136 Eine Sprachprüfung erfolgt nicht automatisch, sondern nur bei Anlass, etwa auf Beschwerden hin. Der Dienstleister kann Sprachnachweise in beliebiger Form nachweisen wie durch Vorlage von Ausbildungsnachweisen oder eines Prüfungsnachweises einer anerkannten Ausbildungseinrichtung (Grunewald/ Römermann/*Franz* Rn. 23).

137 4. Führen einer unzulässigen Berufsbezeichnung. Zuletzt stellt die beharrliche Verletzung der in § 15 Abs. 4 RDG geregelten Pflicht zur Führung einer ordnungsgemäßen Berufsbezeichnung aufgrund der damit einhergehenden Irreführung der Rechtsuchenden einen Regelfall der Untersagung dar (BT-Drs. 16/3655, 74).

138 Der Begriff der Beharrlichkeit ist wie im Rahmen des § 14 RDG zu verstehen (§ 14 RDG Rn. 46) und setzt daher einen beständigen und hartnäckigen Verstoß voraus (Krenzler/*D. Schmidt* Rn. 89). Zumindest aus Gründen der Verhältnismäßigkeit ist die Behörde gehalten, durch Information darauf hinzuwirken, dass die Berufsbezeichnung ordnungsgemäß geführt wird; eine Untersagung ist ultima ratio (Grunewald/Römermann/*Franz* Rn. 24, Krenzler/*D. Schmidt* Rn. 89). Richtigerweise wird wohl ohnehin nur nach einer entsprechenden Aufforderung eine „Beharrlichkeit" feststellbar sein (so auch Gaier/Wolf/Göcken/*Wolf* Rn. 29, 33; Dreyer/Lamm/Müller/*K. Lamm* Rn. 84).

§ 15a Statistik

¹Über Verfahren nach § 12 Absatz 3 Satz 3 und § 15 wird eine Bundesstatistik durchgeführt. ²§ 17 des Berufsqualifikationsfeststellungsgesetzes ist anzuwenden.

A. Allgemeines

Die Regelung wurde durch das **Gesetz zur Verbesserung der Feststellung und Anerkennung im Ausland erworbener Berufsqualifikationen** v. 6.12.2011 (BGBl. I S. 2515) mWv 1.4.2012 eingeführt. Soweit im Zuge des Gesetzgebungsverfahrens zum Gesetz gegen unseriöse Geschäftspraktiken v. 1.10.2013 (BGBl. I S. 3714) der Bundestag in seiner letzten Sitzung der Legislaturperiode einen neuen „§ 15a RDG" in der Fassung der Beschlussempfehlung des Rechtsausschusses (BT-Drs. 17/14192 iVm 17/14216) verabschiedet hat, ist dieser offensichtliche Fehler im weiteren Gesetzgebungsverfahren korrigiert und diese Neuregelung dann als § 15b RDG ins Gesetz eingefügt worden (BR-Drs. 638/13); § 15a RDG bleibt mithin unverändert. 1

In § 12 Abs. 3 S. 3 RDG werden für den Fall der Niederlassung und in § 15 RDG für den Fall der nur vorübergehenden Dienstleistung Berufsqualifikationen aus den anderen Mitgliedstaaten der Europäischen Union und den Vertragsstaaten des Abkommens über den Europäischen Wirtschaftsraum anerkannt. Diese Regelungen basieren auf der **Richtlinie 2005/36/EG** des europäischen Parlaments und des Rates v. 7.9.2005 über die **Anerkennung von Berufsqualifikationen** (ABl. EU Nr. L 255 v. 30.9.2005 S. 22). 2

Die Richtlinie enthält **Statistikpflichten** gegenüber der Kommission, die bisher im Wege der Verwaltungszusammenarbeit erfüllt wurden. Diese Daten sind erforderlich, um die Verfahren zu optimieren und Qualifizierungs- und Unterstützungsangebote auszubauen. Die entsprechenden Meldungen werden durch § 15a RDG in die nach § 17 BQFG zentral zu führende **Bundesstatistik** einbezogen (BT-Drs. 17/6260, 60). 3

Das **BQFG** regelt ebenfalls ua vor dem Hintergrund der oben aufgeführten Richtlinie Verfahren und Kriterien zur Feststellung der Gleichwertigkeit im Ausland erworbener Ausbildungsnachweise mit inländischen Ausbildungsnachweisen. Zwar findet das BQFG im Rahmen des RDG keine Anwendung (§ 12 Abs. 3 S. 4 RDG; siehe dazu § 12 RDG Rn. 118). Die in § 17 Abs. 1 BQFG geregelte zentrale Bundesstatistik ist aber dennoch sowohl für alle Verfahren zur Feststellung der Gleichwertigkeit nach dem BQFG als auch nach al- 4 len anderen berufsrechtlichen Gesetzen und Verordnungen einschlägig, was § 15a S. 2 RDG klarstellt.

B. Anwendung des § 17 BQFG

5 Die für die Verfahren zuständigen Stellen der Länder (§ 19 RDG) haben in Verwaltungsverfahren nach § 12 Abs. 3 S. 3 RDG und § 15 RDG Daten gem. § 17 Abs. 5 BQFG elektronisch an die statistischen Ämter der Länder zu übermitteln; nach § 17 Abs. 4 BQFG besteht insofern eine Auskunftspflicht der Behörden.

6 Gem. § 17 Abs. 2 BQFG erfasst die Statistik grds. jährlich für das vorausgegangene Kalenderjahr eine Reihe von dort aufgelisteten Erhebungsmerkmalen nebst Hilfsmerkmalen (zu Details auch BT-Drs. 17/6260, 53f., 85, 112). § 17 Abs. 2 Nr. 1 BQFG wurde mWv 1.8.2013 durch Art. 23 des Gesetzes zur Förderung der elektronischen Verwaltung sowie zur Änderung weiterer Vorschriften v. 25.7.2013 (BGBl. I S. 2749, 2758) marginal geändert. In § 17 Abs. 6 BQFG findet sich eine Verordnungsermächtigung für weitergehende Details und auch etwaige Veränderungen der Meldepflichten.

§ 15b Betrieb ohne Registrierung

Werden Rechtsdienstleistungen ohne erforderliche Registrierung oder vorübergehende Registrierung erbracht, so kann die zuständige Behörde die Fortsetzung des Betriebs verhindern.

Inhaltsübersicht

	Rn.
A. Normzweck	1
B. Anwendungsbereich	5
C. Tatbestandsvoraussetzungen	7
I. Allgemeines	7
II. Anwendung bei Widerruf/Rücknahme der Registrierung erst nach Bestandskraft bzw. Löschung?	12
III. Mischbetriebe	17
D. Maßnahmen zur Verhinderung der Fortsetzung des Betriebs	18
I. Allgemeines	18
II. Besonderheiten bei der Ermessensausübung	21
III. Dogmatische Einordnung der Schließungsverfügung	29
1. Verwaltungsakt	29
2. Aber: Keine direkte Grundlage für Verwaltungsvollstreckung	32
IV. Verfahrensfragen	34
V. Sonderproblem: Widerruf und gleichzeitige Schließungsverfügung?	36
E. Rechtsschutz gegen die Schließungsverfügung	39
F. Verhältnis zu anderen Regelungen	44
G. Sonstiges	46

Betrieb ohne Registrierung § 15 b RDG

A. Normzweck

Die Vorschrift wurde durch das Gesetz gegen unseriöse Geschäftspraktiken 1
v. 1.10.2013 (BGBl. I S. 3714) mWv 9.10.2013 in das RDG eingefügt (zur zunächst erfolgten Fehlbenennung als § 15a RDG siehe § 15a RDG Rn. 1). Sie ist vor dem Hintergrund zu verstehen, dass der Gesetzgeber deutlich schärfer gegen „unseriöse" Inkassounternehmer vorgehen wollte (siehe auch § 11a RDG Rn. 1). Die ersten Gesetzesentwürfe sahen dazu (nur) vor, dass in § 10 RDV eine besondere Pflicht der Registrierungsbehörden zur unverzüglichen Information der für eine Gewerbeschließung gem. § 15 Abs. 2 S. 1 GewO zuständigen **Gewerbeaufsichtsbehörden** aufgenommen werden sollte, um ohne Registrierung tätig werdende bzw. nach einem Widerruf der Registrierung weiterhin tätig werdende Inkassodienstleister behördlich stilllegen lassen zu können (BT-Drs. 17/13057, 21). Der Bundesrat wies jedoch darauf hin, dass nach **§ 6 Abs. 1 GewO** die Gewerbeordnung auf „Rechtsbeistände" keine Anwendung finde und umstritten sei, ob Inkassounternehmen darunter zu fassen seien (BT-Drs. 17/13429, 4). Dass nach Aufhebung einer Registrierung als Inkassodienstleister oder bei Erbringung dieser Dienstleistung ohne die erforderliche Registrierung die für die Schließung eines Gewerbes nach § 15 Abs. 2 S. 1 GewO zuständige Gewerbeaufsichtsbehörde effektiv die weitere Überwachung leisten, dh insbesondere die Verhinderung der weiteren Tätigkeit erreichen könne, sei daher eher problematisch. Der Bundesrat meinte, es sei eine für den Verwaltungsvollzug verständliche und stringente Zuständigkeitsregelung betreffend Inkassodienstleister und deren Überwachung zu schaffen.

Dieser Einwand erstaunte zwar insofern etwas, als sich das Problem eigent- 2
lich zumindest seit Schaffung des RDG hätte bereits stellen müssen und zuvor – soweit ersichtlich – nicht weiter thematisiert worden war. Dennoch sind die Zweifel durchaus **berechtigt:** Der Begriff des **„Rechtsbeistands" in § 6 GewO** wird teilweise so weit ausgelegt, dass damit alle Personen erfasst werden, die im Anwendungsbereich des RDG tätig werden (so wohl Friauf/*Repkewitz* § 6 Rn. 47; *Henssler/Deckenbrock* S. 26 f.; unklar Landmann/Rohmer/*Marcks* § 6 Rn. 29; enger aber Tettinger/Wank/Ennuschat/*Ennuschat* § 6 Rn. 22: nur Kammerrechtsbeistände und registrierte Rechtsbeistände). Deshalb half es uU nicht weiter, dass man Rechtsdienstleister im Anwendungsbereich des § 10 Abs. 1 S. 1 Nr. 1 RDG recht verbreitet als Gewerbetreibende iSd GewO und nicht als Freiberufler einordnete (zum Streitstand Landmann/Rohmer/*Marcks* § 6 Rn. 29; Tettinger/Wank/Ennuschat/*Ennuschat* § 6 Rn. 22; Friauf/*Repkewitz* § 6 Rn. 47; *Henssler/Deckenbrock* S. 27; vgl. auch BVerwGE 144, 211 Rn. 21 = NJW 2013, 327; NJW 1968, 906, 907; BFHE 184, 456, 459 ff. = DStR 1998, 416 ff. sowie *Rennen/Caliebe* Art. 1 § 1 Rn. 9). Andere hielten die GewO zudem auch schon deswegen für unanwendbar, weil das RDG als Spezialgesetz vorrangig sei (BeckOK GewO/*Sydow* § 6 Rn. 32; Friauf/*Repkewitz* § 6 Rn. 48a; Tettinger/Wank/Ennuschat/*Ennuschat* § 6 Rn. 22; *Henssler/Deckenbrock* S. 7). Angesichts dieses eher verworrenen Streitstands konnte man sich auch schwerlich nur darauf verlassen, dass § 15 Abs. 2 GewO als allgemeiner gewerberechtlicher Grundsatz nach hM nicht nur anwendbar sein soll, wenn

Dötsch

die GewO selbst eine Zulassungspflicht vorsieht, sondern auch in Fällen, in denen die Ausübung eines Gewerbes in einem gewerberechtlichen Nebengesetz von einer Zulassung abhängig gemacht wird und in dieser Spezialvorschrift eine dem § 15 Abs. 2 S. 1 GewO entsprechende Vorschrift fehlt (so zum GastG BVerwG GewArch 1990, 255; zum FahrlG VGH Mannheim GewArch 2004, 34 und allg. Landmann/Rohmer/*Marcks* § 15 Rn. 10). Von daher mag man durchaus Handlungsbedarf gehabt haben. Offenbar hatte man sich zuvor – auch zu Zeiten des RBerG – nur darauf verlassen, dass eine Sanktionierung durch Bußgelder (Art. 1 § 8 Abs. 1 Nr. 1 RBerG), zivilrechtliche- und prozessuale Folgen und ggf. wettbewerbsrechtliche Unterlassungsansprüche genügen mag und Verwaltungszwang daneben nicht erforderlich sei – was ggf. zu blauäugig war.

3 Der Gesetzgeber hat die Problematik im Gesetzgebungsverfahren aufgegriffen und in **bewusster Anlehnung an § 15 Abs. 2 GewO** eine eigene Regelung geschaffen, die der zuständigen (**Fach-)Behörde iSd § 19 RDG** die Befugnis überträgt, die Fortsetzung eines Betriebs zu verhindern, wenn eine Person Rechtsdienstleistungen ohne der erforderliche Registrierung erbringt (BT-Drs. 17/13429, 16 sowie Begründung zur Beschlussempfehlung des Rechtsausschusses BT-Drs. 17/14216, 7/8).

4 Für die Arbeit mit der neuen Vorschrift kann nach der Gesetzgebungsgeschichte grds. vorsichtig auf die zahlreich vorliegende Rechtsprechung und Literatur zu § 15 Abs. 2 S. 1 GewO zurückgegriffen werden. Dies gilt im Kern auch für ähnliche gesetzliche Sonderregelungen wie zB in § 60d GewO, § 16 Abs. 3 S. 1 HandwO, § 19 HeimG, § 37 Abs. 1 KWG, §§ 7, 28 Abs. 3 StBerG usw.

B. Anwendungsbereich

5 § 15b RDG greift in allen Fällen, in denen **Rechtsdienstleistungen ohne erforderliche Registrierung oder ohne erforderliche vorübergehende Registrierung** erbracht werden. In Fällen, in denen also zulässigerweise Rechtsdienstleistungen ohne Registrierung erbracht werden (etwa in den Fällen des § 5 RDG), findet die Regelung keine Anwendung; die Registrierungs**bedürftigkeit** ist also Tatbestandsvoraussetzung.

6 Auch wenn der Gesetzgeber die Regelung allein und ausschließlich mit Blick auf Inkassounternehmen eingeführt hat (Rn. 1), erfasst die Vorschrift nach ihrem Wortlaut richtigerweise **alle in § 10 RDG genannten Rechtsdienstleister** und ist gerade **nicht** nur auf ohne Registrierung tätige Inkassounternehmer beschränkt (zu typischen Widerrufsfällen bei Inkassounternehmern aber § 14 RDG Rn. 39). Die eingangs dargestellten Probleme rund um § 6 GewO (Rn. 2) sind für die Zukunft dann hier weitgehend obsolet, da eine in sich geschlossene neue gesetzliche Grundlage geschaffen worden ist.

C. Tatbestandsvoraussetzungen

I. Allgemeines

§ 15b RDG bietet eine gesetzliche Handhabe, die Fortsetzung eines Betriebs zu verhindern (zu den in Betracht kommenden Maßnahmen Rn. 18), wenn **Rechtsdienstleistungen ohne erforderliche Registrierung (§ 10 RDG) oder vorübergehende Registrierung (§ 15 RDG) erbracht** werden und somit eine abstrakte Gefahr für die Allgemeinheit besteht. Zur Frage, was eine „erforderliche ... vorübergehende Registrierung" meint und wie § 15b RDG zur Untersagung nach **§ 15 Abs. 5 RDG** steht, eingehend § 15 RDG Rn. 103ff. 7

Der Begriff der **Rechtsdienstleistungen** ist § 2 RDG entnommen. Wann eine Registrierung oder vorübergehende Registrierung **„erforderlich"** ist, also Registrierungsbedürftigkeit besteht, lässt sich anhand der § 10 RDG bzw. § 15 RDG beantworten. 8

Der Begriff der **„Fortsetzung des Betriebs"** ist nach der **Genese der gesetzlichen Regelung** grds. so zu verstehen wie in **§ 15 Abs. 2 S. 1 GewO**. Die sprachliche Änderung des § 15 Abs. 2 S. 1 GewO durch das Gesetz zur Änderung des Titels III der Gewerbeordnung und anderer gewerberechtlicher Vorschriften v. 25.7.1984 (BGBl. I S. 1008) sollte nach der dazu vorliegenden Gesetzesbegründung (BT- Drs. 10/1125, 16) die schon früher herrschende Auslegung der Vorschrift bestätigen. Die Norm greift nicht nur, wenn ein Gewerbe ohne Zulassung begonnen worden ist (was der frühere Wortlaut „Betrieb" nahelegte), sondern auch dann, wenn ein Betrieb trotz Widerrufs oder Rücknahme der Zulassung fortgesetzt worden ist, der Widerruf oder eine Rücknahme mit einer Verfügung nach § 15 Abs. 2 S. 1 GewO verbunden worden ist oder ein ursprünglich zulassungsfreies Gewerbe nach rückwirkender Einführung einer Zulassungspflicht ohne Zulassung weiter betrieben wird. § 15 Abs. 2 S. 1 GewO ist ferner anwendbar, wenn ein Gewerbe trotz Erlöschens der Erlaubnis gem. § 49 GewO begonnen wird oder eine Zulassung nach § 44 VwVfG nichtig ist bzw. eine bedingte/befristete Erlaubnis in Wegfall gerät (vgl. zu den Details Tettinger/Wank/Ennuschat/*Ennuschat* § 15 Rn. 19; Landmann/Rohmer/*Marcks* § 15 Rn. 12). § 15 Abs. 2 S. 1 GewO greift auch ein, wenn allein ein Strohmann über die Erlaubnis verfügt, nicht aber der tatsächliche Betreiber (*Odenthal* GewArch 2001, 448f.). Erfasst werden schließlich auch Fälle, in denen eine Erlaubnis zwar besteht, die konkrete Gewerbeausübung aber nicht oder nicht in dieser Form deckt, insbesondere nach einer Änderung des Betriebs (BVerwG NVwZ-RR 1989, 14; VGH Kassel Beschl. v. 12.7.2011 – 6 B 333/11, BeckRS 2014, 45237). Wichtig ist zudem, dass Leistungen bereits erbracht und nicht nur angekündigt wurden (Gaier/Wolf/Göcken/*Wolf* Rn. 4). 9

Übertragen auf den hiesigen Bereich erfasst § 15b RDG damit **nach hier vertretener Ansicht** diejenigen **Fälle,** in denen: 10
– Rechtsdienstleistungen angeboten werden, ohne dass eine nach dem RDG erforderliche Registrierung (§ 10 RDG) oder vorübergehende Registrierung (§ 15 RDG; dazu § 15 RDG Rn. 38ff.) vorliegt;

– Rechtsdienstleistungen weiterhin angeboten werden, obwohl
  – die erforderliche Registrierung nach § 14 RDG widerrufen ist;
  – die erforderliche Registrierung zurückgenommen/widerrufen ist (§§ 48f. VwVfG, dazu § 14 RDG Rn. 90f.);
  – die erforderliche Registrierung nichtig ist (§ 44 VwVfG) oder eine bedingte/befristete Registrierung – sofern eine solche überhaupt denkbar ist – erloschen ist;
– ursprünglich nicht registrierungspflichtige Rechtsdienstleistungen weiter angeboten werden, obwohl zwischenzeitlich (rückwirkend) eine Registrierungspflicht eingeführt worden ist.

11 Bei einem **Widerruf** oder einer **Rücknahme** der Registrierung ist Vorgenanntes allerdings – auch im **Zusammenspiel mit §§ 13a, 17 Abs. 1 Nr. 4 RDG – ungesichert,** was im nachstehenden Kapitel im **Detail** zu erörtern ist:

II. Anwendung bei Widerruf/Rücknahme der Registrierung erst nach Bestandskraft bzw. Löschung?

12 Da nach **§ 17 Abs. 1 Nr. 4 RDG** bei Personen, deren Registrierung zurückgenommen oder widerrufen worden ist, die Löschung im Rechtsdienstleistungsregister erst mit der **Bestandskraft der Entscheidung** über Widerruf bzw. Rücknahme erfolgt, stellt sich die Frage, ob allein ein Widerruf bzw. eine Rücknahme der Registrierung als solches wirklich schon dazu führt, dass vom Betroffenen fortan keine Rechtsdienstleistungen mehr erbracht werden dürfen. Bei einem Widerruf oder einer Rücknahme der Registrierung wäre für das Vorliegen der Tatbestandsvoraussetzungen des § 15b RDG bejahendenfalls auch nicht die Rechtmäßigkeit des Widerrufs bzw. der Rücknahme maßgeblich, sondern zunächst nur ihre nach § 43 VwVfG zu beurteilende Wirksamkeit (siehe ergänzend zur Anordnung der sofortigen Vollziehung eines Widerrufs auch § 14 RDG Rn. 79ff.).

13 **Richtigerweise** kommt es auf die Voraussetzungen der Löschung in § 17 Abs. 1 Nr. 4 RDG hier **nicht** an (str., vgl. eingehend dazu auch noch § 14 RDG Rn. 80ff.). Denn diese hat richtigerweise **keine konstitutive Wirkung** (so auch § 17 RDG Rn. 3). Die Unsicherheiten und die Fassung des § 17 Abs. 1 Nr. 4 RDG resultieren letztlich nur daraus, dass man der Registrierung im Rahmen der §§ 13, 16 RDG ursprünglich sogar die Wirkung der Bekanntmachung des Verwaltungsakts (§ 41 VwVfG) zugesprochen hat, die die ursprüngliche Form einer Erlaubniserteilung durch Verwaltungsakt komplett ersetzen sollte. Die Löschung wäre dann als actus contrarius spiegelbildlich ausgestaltet gewesen. Davon ist man im Gesetzgebungsverfahren bewusst abgerückt: die **Registrierung** ist weiterhin nur ein **herkömmlicher Verwaltungsakt** (§ 35 VwVfG; ausdrücklich BT-Drs. 16/6634, 52), der durch Bekanntgabe gegenüber dem Rechtsdienstleister wirksam wird (§ 43 VwVfG). Die (zusätzliche) Eintragung der Registrierung ins Register hat nicht Bekanntgabefunktion iSd § 41 VwVfG und ersetzt auch nicht – wie eine öffentliche Bekanntmachung im Insolvenzregister (§ 9 Abs. 3 InsO) – die Zustellung. Sie hat **nur informativen Charakter für die Rechtsuchenden,** so dass die eigentliche Registrierung (Verwaltungsakt der Behörde) streng von ihrer Veröffentlichung im Rechts-

Betrieb ohne Registrierung **§ 15 b RDG**

dienstleistungsregister (Internet) zu trennen ist (eingehend zum Problem § 13 RDG Rn. 72; siehe auch Vor §§ 10ff. RDG Rn. 1; § 16 RDG Rn. 7 und zu § 31 BRAO [Rechtsanwaltsregister] etwa Prütting/Henssler/*Prütting* § 31 BRAO Rn. 13). Für den Widerruf kann schwerlich anderes gelten.

Bei **Erteilung** der beantragten Registrierung spricht freilich dennoch nach 14 der ratio legis der Registervorschriften des RDG alles dafür, dass die Berufsausübung als solches dennoch erst nach Eintragung ins Register zulässig ist (so auch BT- Drs. 16/3655, 147; § 13 RDG Rn. 72); bloße „Registrierungsreife" genügt also ebenso wenig wie die Erteilung der Registrierung. Das kann jedoch **nicht** auf die Fälle der Rücknahme/des Widerrufs der Registrierung übertragen werden. Hier kann nach Sinn und Zweck der gesetzlichen Regelungen keinesfalls bis zum Zeitpunkt des § 17 Abs. 1 Nr. 4 RDG auch trotz eines Widerrufs der Registrierung noch zulässig weiter agiert werden. Wäre dem so, würden sich bei Anwendung des § 15 b RDG schnell erhebliche Probleme auftun, weil dann nämlich auch eine Schließungsverfügung erst denkbar wäre, wenn die Löschung nach § 17 Abs. 1 Nr. 4 RDG erfolgt ist und dennoch weiter agiert wird. Da nach dem klaren Wortlaut des § 17 Abs. 1 Nr. 4 RDG allein die Bestandskraft des Widerrufs/der Rücknahme für die Löschung maßgeblich ist, könnte die Behörde auch selbst durch Anordnung der sofortigen Vollziehung des Widerrufs/der Rücknahme keine Beschleunigung mehr erreichen (auch im Bereich des § 14 Abs. 4 BRAO führt die Vollziehungsanordnung übrigens nicht zur Löschung im Rechtsanwaltsverzeichnis, vgl. BGH Beschl. v. 21.10.1993 – AnwZ [B] 27/93, BeckRS 1993, 08323; Henssler/ Prütting/*Henssler* § 14 Rn. 74; Henssler/Prütting/*Deckenbrock* § 112c Rn. 111; vgl. aber auch die anderweitigen Regelungen in § 39 Abs. 2 WPO, § 47 Abs. 1 Nr. 1 DVStB und erneut eingehend § 14 RDG Rn. 80ff.). Das wäre **ersichtlich nicht gewollt und sachwidrig**.

Der **Gesetzgeber** ging uU aber zuletzt dennoch von Ähnlichem aus: Nach 15 **§ 13 a Abs. 3 RDG** kann die zuständige Behörde einer Person, die Rechtsdienstleistungen erbringt, den Betrieb vorübergehend ganz oder teilweise untersagen, wenn begründete Tatsachen die Annahme rechtfertigen, dass eine Voraussetzung für die Registrierung nach § 12 RDG weggefallen ist oder erheblich oder dauerhaft gegen Pflichten verstoßen wird. Der Gesetzgeber meinte, dass es bei dieser Norm darum ginge, „ein weiteres Tätigwerden der registrierten Person zum Nachteil des Rechtsverkehrs und der Verbraucher **schon im laufenden Widerrufsverfahren** zu unterbinden" (BT-Drs. 17/ 14216, 7). Der eher vagen Passage (in einer nicht weniger vagen Gesetzesbegründung, dazu § 13 a RDG Rn. 13, 30) könnte die Erwägung zugrunde liegen, dass im laufenden Widerspruchsverfahren gerade noch **kein** Tätigkeitsverbot besteht und über § 13 a Abs. 3 RDG geschaffen werden müsste. Eine reguläre Schließungsverfügung nach § 15 b RDG wäre dann erst nach Abschluss eines Widerrufsverfahrens bzw. Bestandskraft der Aufhebungsverfügung möglich bzw. folgerichtig wohl sogar erst nach der Löschung im Rechtsdienstleistungsregister (§ 17 Abs. 1 Nr. 4 RDG). Eine solche Lesart widerspräche indes allen zu § 15 Abs. 2 S. 1 GewO anerkannten Grundsätzen, der bisherigen Handhabung zu § 14 RDG und zum Erlaubniswiderruf nach dem RBerG und wäre auch **wertungsmäßig grundfalsch**. Denn § 13 a RDG sollte insgesamt nur die Effektivität der Behörden nach dem Willen des

RDG § 15 b Teil 3 Rechtsdienstleistungen durch registrierte Personen

Gesetzgebers gerade stärken. Daher kann man schwerlich daraus Beschränkungen im Bereich des § 15b RDG ableiten bzw. über die Systematik der RDG-Regelungen hinaus der Eintragung im Register plötzlich doch konstitutive Wirkung beimessen.

16 Dass **§ 13a RDG damit uU einen guten Teil seines Anwendungsbereichs verliert** (§ 13a RDG Rn. 30), ist hinzunehmen. Die Norm ist ohnehin nur Ausfluss des eher blinden Aktionismus des Gesetzgebers anlässlich des Gesetzes gegen unseriöse Geschäftspraktiken v. 1.10.2013 (BGBl. I S. 3714). Sie hat einen eigenständigen Anwendungsbereich vor allem noch dort, wo zunächst ohne Anordnung der sofortigen Vollziehung eine Registrierung widerrufen wird und mit aufschiebender Wirkung (§ 80 Abs. 1 VwGO) versehene Rechtsmittel dagegen erhoben werden. Hier hat die Behörde, wenn sie den Betrieb während des laufenden Verfahrens noch stilllegen möchte, dann entweder die Möglichkeit, nachträglich eine Anordnung der sofortigen Vollziehung (§ 80 Abs. 2 S. 1 Nr. 4 VwGO) zu treffen, so die Registrierung (einstweilen) zu beseitigen und dann nach § 15b RDG vorzugehen (ggf. wiederum unter Anordnung der sofortigen Vollziehung). Alternativ kann sie aber auch den Weg über § 13a RDG einschlagen, der uU einfacher scheint. Man kann wie im Bereich des § 164a Abs. 2 S. 2 StBerG, der bei Anordnung der sofortigen Vollziehung des Widerrufs einer Bestellung als Steuerberater oder der Anerkennung als Lohnsteuerhilfeverein die zusätzliche („daneben") Untersagung der Hilfeleistung in Steuersachen ermöglicht (zu dieser praktisch wenig sachgerecht einsetzbaren Regelung etwa Kuhls ua/*Busse* § 164a Rn. 19ff.), ggf. auch eine **parallele Anwendung der Vorschriften** zulassen. Die **Rechtslage ist wenig geklärt.** Insgesamt werden diese Fälle auch eher selten sein: Da die Anordnung der sofortigen Vollziehung eines Widerrufs (§ 14 RDG) faktisch einem vorläufigen Berufsverbot gleichkommt, sind daran ohnehin strenge Anforderungen zu stellen (§ 14 RDG Rn. 83). Nichts anderes kann im Bereich des § 13a Abs. 3 RDG gelten (§ 13a RDG Rn. 19), so dass die Problematik nur selten praktisch virulent werden wird. Dies geschieht dann aber ausgerechnet in den besonders kritischen Fällen, in denen effektives Verwaltungshandeln geboten ist – was ebenfalls für eine **parallele Anwendung der beiden Vorschriften** sprechen mag.

III. Mischbetriebe

17 Probleme können **Mischbetriebe** aufwerfen, die registrierungspflichtige/erlaubnispflichtige Tätigkeiten nach verschiedenen Rechtsmaterien mit unterschiedlichen behördlichen Eingriffsmöglichkeiten ausüben, also etwa ein Versicherungsvermittler (§ 34d GewO) und Rentenberater (§ 10 Abs. 1 S. 1 Nr. 2 RDG, zur Unzulässigkeit einer solchen beruflichen Zusammenarbeit § 12 RDG Rn. 31). Hier müssen Eingriffe grds. auf den der jeweiligen Rechtsmaterie unterworfenen Betriebsteil **beschränkt** bleiben; § 15b RDG kann schwerlich die Schließung eines Betriebsteils rechtfertigen, für den eine Erlaubnis einer anderen Behörde vorliegt oder der erlaubnisfrei ist (zu ähnlichen Fragen bei § 15 Abs. 2 GewO Landmann/Rohmer/*Marcks* § 15 Rn. 10; BeckOK GewO/*Sydow* § 15 Rn. 33ff.; siehe zudem auch die entsprechende Regelungen in § 118 BRAO, § 110 StBerG, § 83a WPO und § 110 BNotO).

Soweit dies teilweise auf den Verhältnismäßigkeitsgrundsatz gestützt wird (Friauf/*Heß* § 15 Rn. 41), überzeugt dies freilich nicht, weil richtigerweise schon nach dem Wortlaut (nur) an den konkreten Rechtsdienstleistungsbetrieb angeknüpft wird, für den die erforderliche Registrierung fehlt. Nur dieser kann mithin auch untersagt werden. Sofern dies wiederum als „Nebenfolge" auch den anderen Betriebsteil in Mitleidenschaft zieht, ist das nicht schlechterdings hinzunehmen (so aber Landmann/Rohmer/*Marcks* § 15 Rn. 10), sondern im Rahmen der Ermessensausübung – auch bei der Auswahl der Zwangsmittel – zu berücksichtigen (überzeugend BeckOK GewO/*Sydow* § 15 Rn. 34.1). Nicht untersagt werden können einzelne Rechtsdienstleistungen ohne abgrenzbaren Betriebsteil (Gaier/Wolf/Göcken/*Wolf* Rn. 7).

D. Maßnahmen zur Verhinderung der Fortsetzung des Betriebs

I. Allgemeines

Wird ein Betrieb ohne erforderliche Registrierung betrieben, bedarf es für behördliche Zwangsmaßnahmen nach allgemeinen verwaltungsvollstreckungsrechtlichen Grundsätzen eines **Titels,** den die Schließungsverfügung nach § 15b RDG bieten kann (wohl auch Gaier/Wolf/Göcken/*Wolf* Rn. 9). Aber auch der Widerruf einer Registrierung ist – wie im Gewerberecht – ein rechtsgestaltender Verwaltungsakt, der als solches nicht mit Zwangsmitteln vollstreckt werden kann. Bei unberechtigter Weiterführung des Betriebs bedarf es mithin auch in diesen Fällen zur Anwendung von behördlichen Zwangsmitteln einer Betriebsuntersagung (Schließungsverfügung), die dann ebenfalls in § 15b RDG ihre gesetzliche Grundlage findet (vgl. zu § 15 Abs. 2 GewO OVG Koblenz NVwZ-RR 1997, 223; BeckOK GewO/*Sydow* § 15 Rn. 25; Kuhla/Hüttenbrink/*Kuhla* Verwaltungsprozess, 3. Aufl. 2002, K Rn. 202). **18**

Wie bei § 15 Abs. 2 S. 2 GewO (Landmann/Rohmer/*Marcks* § 15 Rn. 14) handelt es sich bei der Schließungsverfügung um eine sog. **gekoppelte Rechts- und Ermessensentscheidung: Rechtsfrage** ist, ob Rechtsdienstleistungen ohne erforderliche Registrierung oder vorübergehende Registrierung erbracht werden (Rn. 7ff.). Ist diese Frage zu bejahen, hat die Behörde auf der zweiten Stufe **Entschließungs- und Auswahlermessen,** bei dessen Ausübung sie vor allem auch Grundrechte (Art. 12 GG) und den Grundsatz der Verhältnismäßigkeit zu beachten hat. Im Zweifel ist dann eine Schließung geboten (sog. **intendiertes Ermessen;** siehe aber sogleich Rn. 21ff.). **19**

Generelle Bedenken an der **Verfassungsmäßigkeit der Regelung oder ihrer Vereinbarkeit mit dem Europarecht** bestehen nicht (für § 15 Abs. 2 GewO BVerwG GewArch 1996, 411). **20**

II. Besonderheiten bei der Ermessensausübung

Bei der **Ermessensausübung** dürfte vor allem zu berücksichtigen sein, ob nur eine sog. **formelle Illegalität** vorliegt, also Rechtsdienstleistungen nur ohne erforderliche Registrierung oder vorübergehende Registrierung er- **21** bracht werden, eine Registrierung aber ohne Weiteres erreicht werden könnte. Es liegt nahe, solche Fälle anders zu behandeln als diejenigen, in denen auch aus **materiellen Gründen** – etwa wegen Unzuverlässigkeit des Rechtsdienstleisters – eine Registrierung per se ausscheidet. Richtigerweise ist – was oft nicht geschieht (zutreffend zur GewO BeckOK GewO/*Sydow* § 15 Rn. 35 ff.) – bei der formellen Illegalität zusätzlich noch der **Verfahrensstand** eines eventuellen Registrierungsverfahrens von Belang, in dem die Voraussetzungen für die Registrierung und damit die materielle Rechtmäßigkeit uU mit unterschiedlicher Sicherheit beurteilt bzw. prognostiziert werden können. Richtigerweise ergeben sich die Ermessensbindungen für Maßnahmen nach § 15 b RDG auch aus einer Kombination der Determinanten Verfahrensstand und Erfolgsaussichten des Registrierungsverfahrens.

22 Richtig ist zwar, dass eine Registrierung von Amts wegen (also ohne Registrierungsantrag) ausscheidet, weil es sich um einen sog. mitwirkungsbedürftigen Verwaltungsakt handelt (allg. § 13 RDG Rn. 54 ff.). Dennoch dürfte es wie bei § 15 Abs. 2 S. 1 GewO im Fall der **nur formalen Rechtswidrigkeit** grds. ermessensfehlerhaft sein, wenn die Behörde **bei einem fehlenden Zulassungsantrag** sofort zur Schließung des Betriebs schreiten würde (OVG Lüneburg GewArch 1977, 18; eingehend Landmann/Rohmer/*Marcks* § 15 Rn. 15). Sie hat zumindest bei einem wegen **Unkenntnis der Registrierungsbedürftigkeit** nicht gestellten Antrag durch Belehrung des Betroffenen darauf hinzuwirken, dass ein entsprechender Antrag gestellt wird und muss ggf. sogar zuerst zu Bußgeldern greifen – wobei letzteres teilweise anders gesehen wird (etwa VGH Mannheim GewArch 1993, 203, 204; VG Neustadt GewArch 2007, 496, 498). Erst wenn auf die (einmalige) Aufforderung nicht zeitnah reagiert wird (aber: keine selbstständige Erzwingung des Antrags, OVG Münster GewArch 1964, 154), ist nach § 15 a RDG vorzugehen. Im Rahmen des § 15 Abs. 2 S. 1 GewO gibt es jedoch – was nicht verschwiegen werden soll – auch deutlich strengere Stimmen, die grds. immer bereits allein eine formelle Illegalität ausreichen lassen, weil sonst das Erfordernis der Einholung einer Erlaubnis vor einer Betriebsaufnahme faktisch leerläuft (kritisch etwa Tettinger/Wank/Ennuschat/*Ennuschat* § 15 Rn. 22 ff., der aber im Ergebnis dennoch regelmäßig eine behördliche Aufforderung für geboten hält; siehe auch VGH Mannheim NVwZ-RR 2004, 101). Wird – etwa bei Betriebsänderungen oder in Grenzfällen – irrtümlich keine Registrierung beantragt, obwohl sie erforderlich ist, bieten die gesetzlichen Regelungen über die Registrierungspflicht aber uU eine ausreichende gesetzliche Grundlage für einen **feststellenden Verwaltungsakt** des Inhalts, dass eine konkrete Tätigkeit registrierungsbedürftig ist (so zur GewO etwa BVerwG NVwZ 1991, 267). Wegen der erheblichen Konsequenzen für den Gewerbetreibenden und vor allem dessen Betriebsangehörigen sollte man aber nicht überstreng verfahren, wenn die erforderliche Registrierung beantragt ist oder alsbald beantragt wird und zudem eine ausreichende Wahrscheinlichkeit besteht, dass die Voraussetzungen dafür vorliegen bzw. einem Antrag mit Sicherheit stattgegeben werden müsste, man also um einen reinen „Formalismus" streitet. Für die Annahme einer solchen Rückausnahme hat jedoch als solches ein **strenger Maßstab** zu gelten: Denn die Frage, ob die Registrierung erteilt werden muss, ist im Registrierungsverfahren zu klären; steht nicht eindeutig fest, dass

Betrieb ohne Registrierung **§ 15 b RDG**

ein Anspruch besteht, verbleibt es bei dem Grundsatz, dass ein formell illegaler Betrieb zu schließen ist (zu § 15 Abs. 2 GewO VGH Kassel NVwZ-RR 1997, 222; VG Freiburg Beschl. v. 2.9.2009 – 4 K 1455/09, BeckRS 2009, 38760).

Anderes kann und muss gelten, wenn der Rechtsdienstleister die Registrierungsbedürftigkeit **bestreitet** und er deshalb auch nach behördlichen Hinweisen keinen Antrag stellen will: Zumindest wenn der Betrieb nicht offenkundig registrierungsfähig ist, darf die Behörde den Betrieb nach § 15b RDG untersagen; richtigerweise aber selbst bei einer offenkundigen Registrierungsmöglichkeit. Wenn ein Betreiber auf seiner Rechtsauffassung der Weigerung beharrt, muss die Behörde keine Ermessenserwägungen darüber anstellen, ob von einer Schließung vorübergehend Abstand genommen werden soll, bis die Meinungsverschiedenheiten (ggf. gerichtlich) geklärt sind. Vielmehr darf sie eine Betriebsschließung verfügen und vollstrecken und es bleibt dem Betroffenen überlassen, hiergegen Rechtsmittel einzulegen und so eine gerichtliche Klärung herbeizuführen (BVerwG NVwZ 2005, 961, 963). 23

Während eines **laufenden Registrierungsverfahrens** bestehen letztlich dieselben Ermessensbindungen wie bei einem irrig fehlenden Antrag, so dass auf die ausreichende Wahrscheinlichkeit der Registrierung abzustellen ist. Ist eine Registrierung ordnungsgemäß beantragt, wird der Antrag nicht beschieden oder erkennbar zu Unrecht abgelehnt, kann dies zudem ebenfalls gegen ein behördliches Einschreiten sprechen (zur GewO VGH München GewArch 1986, 65, 66). Das bedeutet jedoch nicht, dass ein Vorgehen nach § 15b RDG im laufenden Antragsverfahren generell „gesperrt" ist (so aber zu § 15 Abs. 2 GewO BeckOK GewO/*Sydow* § 15 Rn. 38). Wenn im Registrierungsverfahren zeitaufwändige Prüfungen vorzunehmen sind, kann das uU zulasten desjenigen gehen, der bereits tätig wird, ohne sich vorher um seine Registrierung zu kümmern. 24

Nach Abschluss eines Registrierungsverfahrens liegt eine behördliche Entscheidung vor. Grundlage der Ermessensausübung nach § 15b RDG ist keine Prognose mehr, sondern die behördliche Entscheidung in einem abgeschlossenen Verwaltungsverfahren. Ist die Registrierung versagt worden, kann die Behörde die Betriebsfortführung im Rahmen der allgemeinen Ermessensbindungen nach § 15b RDG unterbinden. Es ist richtigerweise auch weder nötig, die Bestandskraft der Versagungsentscheidung abzuwarten, noch erforderlich, sie im Fall des Widerspruchs und der Verpflichtungsklage (Versagungsgegenklage) für sofort vollziehbar zu erklären. Denn ungeachtet des Versuchs, eine Zulassung nunmehr mit Rechtsmitteln zu erstreiten, fehlt es an einer wirksamen Registrierung, so dass die Tatbestandsvoraussetzungen des § 15b RDG ohne weiteres gegeben sind. Ist demgegenüber die Registrierung tatsächlich erfolgt, fehlt es an den Tatbestandsvoraussetzungen des § 15b RDG, und zwar auch dann, wenn die Registrierung rechtswidrig (aber eben nicht nichtig, § 44 VwVfG) ist. 25

Bei **(auch) materiellen Verstößen** wird man **strenger** verfahren als bei rein formellen Verstößen: Regelmäßig ist hier ein Eingreifen gerechtfertigt (zu § 15 Abs. 2 S. 1 GewO VGH Mannheim NVwZ 1987, 338). Aber auch hier soll im Bereich des § 15 Abs. 2 S. 1 GewO die Behörde im Rahmen des Auswahlermessens mit der Betriebseinstellung häufig abzuwarten haben, weil nicht selten zweifelhaft sei, ob wirklich ein genehmigungspflichtiger Gewer- 26 bebetrieb vorliege und zudem mit Rücksicht auf die schwerwiegenden Folgen und die Entschädigungspflicht, die sich aus einer unzulässigen Betriebseinstellung ergeben kann, häufig erst nach Durchführung eines Bußgeld- oder verwaltungsgerichtlichen Verfahrens Maßnahmen nach § 15 Abs. 2 S. 1 GewO anzuordnen seien. Die Behörde soll mit der effektiven Betriebseinstellung uU so lange zu warten haben, bis eingeleitete ernstliche Verkaufsverhandlungen für den Betrieb zum Abschluss geführt sind, wenn auf diese Weise Arbeitsplätze erhalten werden können, und sie soll im Übrigen uU noch die Durchführung gewisser Abwicklungsgeschäfte zu gestatten haben, wenn ansonsten unverhältnismäßig hohe Verluste entstünden (OVG Lüneburg GewArch 1976, 124, 126; VG Köln GewArch 1978, 60, 61; VG Oldenburg GewArch 1978, 226, 227; eingehend Landmann/Rohmer/*Marcks* § 15 Rn. 16; Tettinger/Wank/Ennuschat/*Ennuschat* § 15 Rn. 21). Richtig daran ist sicherlich, dass stets eine **Einzelfallprüfung** stattzufinden hat, aber hier darf **keine falsche Milde** an den Tag gelegt werden. Gerade in Fällen einer Unzuverlässigkeit des Rechtsdienstleisters ist regelmäßig kein Aufschub geboten (vgl. für eine Gaststätte VGH München GewArch 1987, 231; für eine nicht genehmigungsfähige Spielhalle OVG Berlin GewArch 2003, 118). Auch die Abschreckungswirkung für andere illegal tätige Betriebe kann ein Argument sein (BeckOK GewO/*Sydow* § 15 Rn. 46).

27 Soweit im Bereich des § 15 Abs. 2 GewO teilweise von grds. einmonatigen **Abwicklungsfristen** bei Schließungsverfügungen ausgegangen wird (Friauf/ *Heß* § 15 Rn. 30), sind solche pauschalen Vorgaben eher fraglich und zugunsten einer umfassenden Einzelfallbetrachtung aufzugeben (BeckOK GewO/ *Sydow* § 15 Rn. 43 f.). Da auch beim Widerruf schon Abwicklungsfristen zugebilligt werden können (§ 14 RDG Rn. 67), wird man hier nicht allzu großherzig verfahren.

28 Im Bereich des § 15 Abs. 2 S. 1 GewO wird auch die Möglichkeit der **Teilschließung** von Betrieben als milderes Mittel erörtert (allg. Tettinger/Wank/ Ennuschat/*Ennuschat* § 15 Rn. 28). Denkbar erscheint dies bei Mischtätigkeiten, folgt aber nicht aus dem Verhältnismäßigkeitsgrundsatz (Rn. 173).

III. Dogmatische Einordnung der Schließungsverfügung

29 **1. Verwaltungsakt.** Die Anordnung einer Untersagung nach § 15 a RDG stellt einen **Verwaltungsakt (§ 35 VwVfG)** dar und ist nicht – was früher zu § 15 Abs. 2 S. 1 GewO vertreten wurde – (nur) eine Maßnahme der Verwaltungsvollstreckung (BVerwG NVwZ 1983, 288; VGH Kassel GewArch 1994, 116; Landmann/Rohmer/*Marcks* § 15 Rn. 17).

30 Es handelt sich um einen sog. **Verwaltungsakt mit Dauerwirkung** (Gaier/Wolf/Göcken/*Wolf* Rn. 9). Das von der Behörde einmal ausgesprochene Verbot aktualisiert sich dem Rechtsdienstleister gegenüber ständig neu, weswegen die Rechtmäßigkeit der Entscheidung daher auch nicht nur nach der Sach- und Rechtslage im Zeitpunkt der letzten behördlichen Entscheidung, sondern nach derjenigen im **Zeitpunkt der letzten mündlichen Verhandlung** vor dem Berufungsgericht zu beurteilen ist (BVerwG NVwZ 2005, 961; Urt. v. 2. 2. 1982 – 1 C 20/78, BeckRS 1982, 31262541; VGH München GewArch 2002, 296; Landmann/Rohmer/*Marcks* § 15 Rn. 17). Das unter-

Betrieb ohne Registrierung **§ 15 b RDG**

scheidet § 15b RDG vom Widerruf der Registrierung, der nur mit Gestaltungswirkung die Registrierung in Wegfall bringt. Das Verbot, dann noch Rechtsdienstleistungen zu erbringen, hat seine Grundlage allein im RDG und nicht im Verwaltungsakt nach § 14 RDG.

Mit der Einordnung als Verwaltungsakt gelten dann auch die dazu existie- 31 renden allgemeinen Regelungen der VwVfGe der Länder.

2. Aber: Keine direkte Grundlage für Verwaltungsvollstreckung. 32 § 15a RDG kann wegen seiner Anlehnung an § 15 Abs. 2 S. 1 GewO genau wie diese Regelung (VG Gießen GewArch 2000, 153; BeckOK GewO/*Sydow* § 15 Rn. 16 ff., 25; *Friauf/Heß* § 15 Rn. 33; Landmann/Rohmer/*Marcks* § 15 Rn. 18; *Odenthal* GewArch 2001, 448, 450; aA *Fliegauf* GewArch 1964, 121; *Kröger* GewArch 1965, 73) nur als Rechtsgrundlage für die Schließungsverfügung als solche verstanden werden, **nicht** aber auch für Vollstreckungsmaßnahmen, mit denen man die Beachtung der Registrierungspflicht zwangsweise unmittelbar durchsetzen will.

Soweit dies erforderlich ist, bedarf es vielmehr eines **gesonderten Vollstre-** 33 **ckungsverfahrens** auf Grundlage der landesrechtlichen Vollstreckungsbestimmungen für Verwaltungsakte, die zu einer Unterlassung verpflichten. Hierzu muss zunächst nach **§ 15 b RDG** eine **zu vollstreckende Verfügung** erlassen werden, die bestandskräftig ist oder deren sofortige Vollziehbarkeit von der Erlass- oder der Widerspruchsbehörde nach § 80 Abs. 2 S. 1 Nr. 4 VwGO angeordnet wird. Diese Einordnung des § 15b RDG als Ermächtigungsgrundlage (nur) für den Erlass einer Schließungsverfügung zwingt zu einer klaren Trennung zwischen dem regelnden Verwaltungsakt auf Grundlage von § 15b RDG einerseits und der nachfolgenden Verwaltungsvollstreckung auf Grundlage der landesrechtlichen Vollstreckungsbestimmungen andererseits. Sie ist nach dem heutigen Stand des Verwaltungsvollstreckungsrechts allein überzeugend und ermöglicht eine richtige Zuordnung von Problemen und Rechtmäßigkeitsfragen in die einzelnen Stufen. Die vollziehbare Schließungsverfügung ist also Voraussetzung dafür, dass der konkrete Betrieb mit den allgemeinen Mitteln des landesrechtlichen Verwaltungsvollstreckungsrechts unterbunden werden kann, also mit Zwangsgeld, Zwangshaft, Ersatzvornahme bzw. unmittelbarem Zwang (vertiefend zur Erzwingung von Maßnahmen der Gewerbebehörden und anderen betriebsbezogenen Anordnungen etwa *App* GewArch 1999, 55 ff., zur Androhung in diesen Fällen instruktiv OVG Berlin-Brandenburg GewArch 2002, 28).

IV. Verfahrensfragen

Die zuständige Stelle wird von den Ländern bestimmt (§ 19 RDG). Soweit 34 die Landesjustizverwaltungen als für die Schließung nach § 15b RDG zuständige Behörden andere Stellen bestimmen wollen als die Registrierungsbehörden, können die Länder Mitteilungspflichten iSv § 10 RDV des ersten Entwurfs (Rn. 1) regeln (Begründung der Beschlussempfehlung des Rechtsausschusses BT-Drs. 17/14216, 8). So kann die Information der zuständigen Behörde sichergestellt werden.

Die zuständige Behörde (vgl. § 19 RDG) kann die Fortsetzung des Betriebs 35 verhindern. Die Untersagungsverfügung muss klar und bestimmt sein; das in die Zukunft reichende Verbot muss präzisiert werden (zu § 7 StBerG FG Hamburg EFG 1979, 571).

V. Sonderproblem: Widerruf und gleichzeitige Schließungsverfügung?

36 Wie gezeigt (Rn. 7 ff.) ist § 15 b RDG Ermächtigungsgrundlage für Maßnahmen gegen einen Betrieb, der Rechtsdienstleistungen nach einem Widerruf der Registrierung weiterhin erbringt. Wie ebenfalls ausgeführt kann nicht der Widerruf als Verwaltungsakt vollstreckt werden, sondern es ist der Erlass einer Schließungsverfügung nach § 15 b RDG geboten, die dann selbst wiederum auf Basis der landesrechtlichen Vollstreckungsbestimmungen vollstreckt werden kann (Rn. 32 ff.). Die „Beseitigung" der Registrierung durch Widerruf ist selbst **nicht vollstreckungsbedürftig und -fähig,** weil sie nicht unmittelbar selbst zu einem Unterlassen verpflichtet, sondern lediglich die tatbestandliche Voraussetzung für die gesetzliche Unterlassenspflicht (wieder) herstellt, indem sie als actus contrarius zur Registrierung deren Rechtswirkungen aus der Welt schafft. Beachtet der Adressat einer Aufhebungsentscheidung seine gesetzlichen Pflichten, ist der Erlass einer Schließungsverfügung nach § 15 b RDG entbehrlich. Nach Entfallen einer erforderlichen Registrierung ist der Handelnde unmittelbar gesetzlich verpflichtet, den Betrieb nicht fortzuführen. Die Behörde kann deshalb regelmäßig auf den Erlass einer Schließungsverfügung verzichten und das weitere Verhalten des Betroffenen abwarten. Ignoriert dieser die Aufhebungsverfügung, besteht aber kein Unterschied zu Fällen, in denen er bereits von Anfang an ohne erforderliche Registrierung tätig wurde. Hier bedarf es einer vollziehbaren Schließungsverfügung, bevor Vollstreckungsmaßnahmen eingeleitet werden können.

37 In bestimmten Fällen wird die Frage auftreten, ob neben der Aufhebungsverfügung (Widerruf nach § 14 RDG) gleichzeitig bereits eine Schließungsverfügung **gemeinsam** verfügt werden darf. Diese Frage wird zu § 15 Abs. 2 S. 1 GewO diskutiert und vereinzelt verneint, weil man dem Betroffenen damit unterstelle, er werde sich an die Aufhebung nicht halten und ihn so unnötig stigmatisiere (VG Sigmaringen NZA-RR 2005, 380, 381). Das überzeugt indes richtigerweise selbst bei § 15 Abs. 2 S. 1 GewO nicht (hM, vgl. VGH Mannheim GewArch 1987, 34, 35; VG Gießen GewArch 2000, 153, 154; BeckOK GewO/*Sydow* § 15 Rn. 27 f.). Denn wenn eine Behörde nach § 80 Abs. 2 S. 1 Nr. 4 VwGO den Sofortvollzug der Aufhebungsentscheidung anordnet und zugleich eine (folgerichtig ebenfalls für sofort vollziehbar erklärte) Schließungsverfügung nach § 15 b RDG erlassen würde, würde sie das berechtigte Interesse verfolgen, dass der Adressat in der Schwebelage, in der er Rechtsmittel geltend macht, seinen Betrieb faktisch nicht fortführen könnte. Die Wirkung der Sofortvollzugsanordnung würde unterlaufen, wenn die Behörde nicht zugleich die Möglichkeit hätte, die Voraussetzungen für eventuell notwendige Vollstreckungsmaßnahmen zu schaffen. Jedweder Zeitgewinn durch die Sofortvollzugsanordnung der Aufhebungsentscheidung würde zunichte gemacht, wenn in solchen Fällen vor Erlass der Schließungsverfügung das weitere Verhalten des Gewerbetreibenden abgewartet werden müsste. Regelmäßig wird sogar ein Fall sog. **intendierten Ermessens** vorliegen (VGH

Kassel GewArch 1996, 291), so dass der Begründungsaufwand für die Behörde abgemildert wird.

Im hiesigen Bereich kann wohl sogar ein **Erst-Recht-Schluss aus § 13a** 38 **Abs. 3 RDG** erfolgen, der mit einer vorläufigen Betriebsuntersagung sogar noch weitergehende Maßnahmen erlaubt (§ 13a RDG Rn. 17 ff.), so dass argumentum a maiore ad minus auch eine gemeinsame Verfügung von Widerruf und Schließungsverfügung denkbar sein muss (in den Grenzen des § 80 Abs. 2 S. 1 Nr. 4 VwGO, vgl. aber auch bereits oben Rn. 12 ff.).

E. Rechtsschutz gegen die Schließungsverfügung

Gegen eine auf § 15b RDG gestützte Schließungsverfügung kann inner- 39 halb der Monatsfrist des § 70 VwGO Widerspruch und nach Abschluss des Widerspruchsverfahrens binnen der Monatsfrist aus § 74 VwGO Anfechtungsklage erhoben werden.

Die Rechtsbehelfe haben aufschiebende Wirkung (§ 80 Abs. 1 VwGO, vgl. 40 auch VGH Kassel GewArch 1994, 116), ohne dass hier der Streit um die genauen Folgen derselben vertieft werden kann (dazu eingehend Schoch/ Schneider/Bier/*Schoch* § 80 Rn. 88 ff.).

Ohne Bedeutung für § 15b RDG bleiben **landesrechtliche Vorschriften** 41 **iSd § 80 Abs. 2 S. 2 VwGO,** nach denen Widerspruch und Anfechtungsklage keine aufschiebende Wirkung entfalten, soweit sie sich gegen Maßnahmen in der Verwaltungsvollstreckung richten (etwa § 112 JustG NRW). Denn bei der Schließungsverfügung geht es gerade nicht um eine Zwangsvollstreckungsmaßnahme (Rn. 32). Die Erlass- oder Widerspruchsbehörde kann aber nach **§ 80 Abs. 2 S. 1 Nr. 4 VwGO** die sofortige Vollziehbarkeit anordnen.

Ist – was häufig geschieht und regelmäßig sachgerecht ist – der sofortige Voll- 42 zug der Schließungsverfügung angeordnet worden, muss ein Antrag auf Wiederherstellung der aufschiebenden Wirkung nach § 80 Abs. 5 S. 1 VwGO gestellt werden, um drohende Vollstreckungsmaßnahmen zu verhindern. Dafür gelten die allgemeinen Grundsätze. Der Antrag kann bspw. damit begründet werden, dass es an einem überwiegenden öffentlichen Interesse an der sofortigen Vollziehung fehlt, weil die Schließungsverfügung rechtswidrig ist, oder dass die Behörde das Bestehen des Sofortvollzugsinteresses nur formelhaft begründet hat (vgl. § 80 Abs. 3 S. 1 VwGO, zur streitigen Frage der Heilbarkeit des Begründungsmangels etwa VG Neustadt GewArch 2008, 121 mwN).

Der Streitwert einer Klage gegen die Schließungsverfügung ist am erziel- 43 ten/erwarteten Jahresgewinn auszurichten, vgl. zu § 15 Abs. 2 GewO BVerwG GewArch 1993, 325; OVG Münster NVwZ-RR 1997, 196).

F. Verhältnis zu anderen Regelungen

Zum Verhältnis zu § 13a RDG siehe oben Rn. 12 ff. sowie § 13a RDG 44 Rn. 30. Zum Verhältnis zwischen den Sonderregelungen im RDG zur polizeilichen Generalklausel siehe § 13a RDG Rn. 16. Zu § 15 Abs. 5 RDG siehe § 15 RDG Rn. 103 ff.

45 Hält man mit dem oben zu Rn. 2 Ausgeführten die GewO für unanwendbar, stellen sich auch keinerlei Konkurrenzfragen zu **§ 35 GewO**. Sieht man das hingegen anders, tritt § 15b RDG letztlich an die Stelle des § 15 Abs. 2 GewO, so dass der Streitstand zum Verhältnis dieser Norm zu § 35 GewO (dazu etwa Tettinger/Wank/Ennuschat/*Ennuschat* § 35 Rn. 251 ff.) entsprechend gelten würde. Bei einer registerpflichtigen Tätigkeit, die ohne Registrierung ausgeübt wird, würde mangels aufhebbarer Registrierung wohl auch § 35 GewO anwendbar sein (vgl. zu § 15 Abs. 2 GewO BVerwG GewArch 1982, 299, 301). Hebt die Fachbehörde eine erfolgte Registrierung jedoch – sei es wegen Unfähigkeit – nicht auf, kann hier keinesfalls die Gewerbebehörde über § 35 GewO tätig werden (OVG Hamburg GewArch 2005, 257; *Schönleiter/Stenger/Zerbe* GewArch 2008, 242 f.).

G. Sonstiges

46 Ein **Rechtsanspruch Dritter** (zB von Konkurrenten oder Verbraucherschutzverbänden) **auf Einschreiten** gem. § 15a RDG besteht unter Zugrundelegung der hM zu § 15 Abs. 2 GewO **nicht** und lässt sich nach hM auch nicht aus dem Gesichtspunkt des formal subjektiv-öffentlichen Rechts auf fehlerfreie Ermessensausübung ableiten, weil auch dieses im Kern drittschützende Qualitäten der Norm verlangt (zu § 15 Abs. 2 S. 1 GewO Landmann/Rohmer/*Marcks* § 15 Rn. 19; Tettinger/Wank/Ennuschat/*Ennuschat* § 15 Rn. 29 ff.; Friauf/*Heß* § 15 Rn. 44). Mit gutem Grund wird im Bereich des § 15 Abs. 2 GewO teilweise aber dort, wo im Rahmen der Zuverlässigkeitsprüfung drittschützende Aspekte zu berücksichtigen sind, ein Anspruch auf ermessensfehlerfreie Bescheidung bejaht (VGH Kassel GewArch 1992, 344; BeckOK GewO/*Sydow* § 15 Rn. 47 ff. mit Blick auf den nachbarschützenden § 4 Abs. 1 S. 1 Nr. 3 GastG). Das wird man uU auch auf § 15b RDG übertragen können.

47 Soweit zu § 15 Abs. 2 S. 1 GewO Fälle diskutiert werden, in denen die Erlaubnis auch zB im Interesse bereits zugelassener Gewerbetreibender vorgeschrieben ist und in denen die gewerberechtliche Zulassungspflicht dann nicht nur als **Schutzgesetz iSd § 823 Abs. 2 BGB** eingeordnet wird (BGHZ 26, 42, 43 f. = NJW 1958, 177, 178 zu den Zulassungsbestimmungen des Personenbeförderungsgesetzes als Schutzgesetz zugunsten der Bundesbahn; enger insofern VGH Mannheim VBlBW 1992, 436), sondern auch als Grundlage eines Klagerechts auf ermessensgemäße Entscheidung herangezogen wird, ist das auf den Bereich des RDG nicht übertragbar.

Teil 4 Rechtsdienstleistungsregister

§ 16 Inhalt des Rechtsdienstleistungsregisters

(1) ¹**Das Rechtsdienstleistungsregister dient der Information der Rechtsuchenden, der Personen, die Rechtsdienstleistungen anbieten, des Rechtsverkehrs und öffentlicher Stellen.** ²**Die Einsicht in das Rechtsdienstleistungsregister steht jedem unentgeltlich zu.**

(2) ¹Im Rechtsdienstleistungsregister werden unter Angabe der nach § 9 Abs. 1 oder § 13 Abs. 1 zuständigen Behörde und des Datums der jeweiligen Registrierung nur öffentlich bekanntgemacht:
1. die Registrierung von Personen, denen Rechtsdienstleistungen in einem oder mehreren der in § 10 Abs. 1 genannten Bereiche oder Teilbereiche erlaubt sind, unter Angabe
   a) ihres Familiennamens und Vornamens, ihres Namens oder ihrer Firma einschließlich ihrer gesetzlichen Vertreter sowie des Registergerichts und der Registernummer, unter der sie in das Handels-, Partnerschafts-, Genossenschafts- oder Vereinsregister eingetragen sind,
   b) ihres Gründungsjahres,
   c) ihrer Geschäftsanschrift einschließlich der Anschriften aller Zweigstellen,
   d) der für sie nach § 12 Abs. 4 benannten qualifizierten Personen unter Angabe des Familiennamens und Vornamens,
   e) des Inhalts und Umfangs der Rechtsdienstleistungsbefugnis einschließlich erteilter Auflagen sowie der Angabe, ob es sich um eine vorübergehende Registrierung nach § 15 handelt und unter welcher Berufsbezeichnung die Rechtsdienstleistungen nach § 15 Abs. 4 im Inland zu erbringen sind,
2. die Registrierung von Personen oder Vereinigungen, denen die Erbringung von Rechtsdienstleistungen nach § 9 Abs. 1 bestandskräftig untersagt worden ist, unter Angabe
   a) ihres Familiennamens und Vornamens, ihres Namens oder ihrer Firma einschließlich ihrer gesetzlichen Vertreter sowie des Registergerichts und der Registernummer, unter der sie in das Handels-, Partnerschafts-, Genossenschafts- oder Vereinsregister eingetragen sind,
   b) ihres Gründungsjahres,
   c) ihrer Anschrift,
   d) der Dauer der Untersagung.

²Bei öffentlichen Bekanntmachungen nach Nummer 1 werden mit der Geschäftsanschrift auch die Telefonnummer und die E-Mail-Adresse der registrierten Person veröffentlicht, wenn sie in die Veröffentlichung dieser Daten schriftlich eingewilligt hat.

(3) ¹Die öffentliche Bekanntmachung erfolgt durch eine zentrale und länderübergreifende Veröffentlichung im Internet unter der Adresse www.rechtsdienstleistungsregister.de. ²Die nach § 9 Abs. 1 oder § 13 Abs. 1 zuständige Behörde trägt die datenschutzrechtliche Verantwortung für die von ihr im Rechtsdienstleistungsregister veröffentlichten Daten, insbesondere für die Rechtmäßigkeit ihrer Erhebung, die Zulässigkeit ihrer Veröffentlichung und ihre Richtigkeit. ³Das Bundesministerium der Justiz wird ermächtigt, durch Rechtsverordnung mit Zustimmung des Bundesrates die Einzelheiten der öffentlichen Bekanntmachung im Internet zu regeln.

A. Allgemeines

1   Durch die Bestimmung des § 16 RDG wird der Zweck und der Inhalt des Rechtsdienstleistungsregisters geregelt. Ergänzende Regelungen enthält § 8 Abs. 1 RDV, wobei der Gesetzgeber insoweit von der Verordnungsermächtigung des § 16 Abs. 3 S. 3 RDG Gebrauch gemacht hat. Nennenswerte rechtliche Fragen wirft die Vorschrift nicht auf (so auch *Kleine-Cosack* Rn. 1).

B. Zweck des Registers

I. Transparenz

2   Das Rechtsdienstleistungsregister soll nach der Regelung des § 16 Abs. 1 RDG den **Markt** der Rechtsdienstleistungen **transparent** machen (Begr. RegE BT-Drs. 16/3655, 74). Dem Rechtsuchenden wird ermöglicht, seinen Vertragspartner zu überprüfen. Das Register soll aber **keinen werbenden Charakter** haben (Begr. RegE BT-Drs. 16/3655, 75). Daher enthält es grds. auch keine Hinweise auf eine Spezialisierung. Allerdings kann der Rechtsuchende aus einer Registrierung für Teilbereiche der in § 10 Abs. 1 Nr. 1–3 RDG genannten Rechtsbereiche auf eine konkrete Qualifikation schließen. Für den Rechtsdienstleister wie auch für öffentliche Stellen sowie den Rechtsverkehr ist durch das Register eine bessere Kontrolle des Marktes möglich (zu den Ansprüchen der Marktteilnehmer im Falle einer unerlaubten Erbringung von Rechtsdienstleistungen vgl. § 3 RDG Rn. 64 ff.).

3   Einsicht in das unter **www.rechtsdienstleistungsregister.de** abrufbare Register kann jedermann nehmen. Die Darlegung eines berechtigten Interesses ist nicht erforderlich. Die Einsicht ist unentgeltlich (§ 16 Abs. 1 S. 2 RDG).

II. Einschränkungen der Transparenz

4   Die Markttransparenz wird nur eingeschränkt hergestellt, da der Inhalt des Registers auf die registrierten Personen iSv § 10 RDG, auf vorübergehende Registrierungen europäischer Rechtsdienstleister nach § 15 Abs. 3 RDG, auf Registrierungen von Rechtsbeiständen und sonstigen Erlaubnisinhabern nach dem RBerG (§ 1 Abs. 3 RDGEG) sowie auf Untersagungen iSv § 9 RDG beschränkt ist (vgl. auch die Kritik von *Henssler* AnwBl. 2007, 553). Das Register enthält keine Informationen, welche Personen aus anderen Gründen berechtigt sind, Rechtsdienstleistungen zu erbringen. Ein in diesem Sinne vollständiges Register ist auch gar nicht möglich, da die Zulässigkeit der Erbringung von Rechtsdienstleistungen in vielen Fällen (vgl. etwa § 5 RDG) von den Umständen des Einzelfalls abhängt.

5   Einen weiteren Überblick über die Personen, die zur Erbringung von Rechtsdienstleistungen berechtigt sind, enthält das **Rechtsanwaltsverzeichnis** nach § 31 BRAO, in dem alle zugelassenen Rechtsanwälte sowie die nach dem EuRAG registrierten europäischen Rechtsanwälte erfasst sind. Dieses Register ist unter der Adresse www.rechtsanwaltsregister.org abrufbar.

C. Inhalt des Registers

I. Allgemeines

Im Rechtsdienstleistungsregister werden folgende Registrierungen öffentlich bekanntgemacht: **6**
- Personen, die aufgrund besonderer Sachkunde die Rechtsdienstleistungen in den in § 10 Abs. 1 Nr. 1–3 RDG genannten Bereichen erbringen dürfen;
- nichtanwaltliche europäische Rechtsdienstleister, die vorübergehend zur Erbringung von Rechtsdienstleistungen berechtigt sind (§ 15 Abs. 3 RDG);
- Rechtsbeistände und sonstige Erlaubnisinhaber nach dem RBerG (§ 1 Abs. 3 RDGEG);
- Personen, denen die Erbringung von Rechtsdienstleistungen nach § 9 RDG untersagt worden ist.

Die Bekanntmachung hat **keine konstitutive Wirkung.** Vielmehr ist der Verwaltungsakt der Registrierung bereits dann wirksam, wenn er dem Empfänger bekannt gemacht wurde. Insoweit ist zwischen dem Antragsverfahren (§ 13 Abs. 1 und 2 S. 1 RDG), der Registrierung (§ 13 Abs. 2 S. 2 RDG) und der Bekanntmachung (§ 16 RDG) zu unterscheiden. Nach erfolgter Registrierung wird die Bekanntmachung ohne eine weitere inhaltliche Prüfung vorgenommen. Im Falle der Erlaubnisinhaber nach dem RBerG (§ 1 Abs. 3 RDGEG) soll aber der Inhalt der Eintragung in das Rechtsdienstleistungsregister zugleich auch den Umfang der Erlaubnis bestimmen (SG Dresden NZS 2013, 437). **7**

Die Eintragungstatbestände wie auch die in das Register aufzunehmenden personenbezogenen Daten sind in § 16 Abs. 2 RDG abschließend geregelt. Dabei unterscheidet die Bestimmung zwischen den Daten von Personen, denen aufgrund der Registrierung die Erbringung von Rechtsdienstleistungen erlaubt ist (§ 16 Abs. 2 S. 1 Nr. 1 RDG) und Personen, denen die Erbringung von Rechtsdienstleistungen untersagt ist (§ 16 Abs. 2 S. 1 Nr. 2 RDG). Stets bekanntzumachen ist das Registrierungsdatum und die zuständige Behörde, um dem Verkehr weitere Nachfragen zu ermöglichen. **8**

Änderungen der persönlichen Daten sind nach Mitteilung an die zuständige Behörde bekannt zu geben (§ 13 Abs. 3 RDG). **9**

II. Die registrierten Erlaubnisse

Nach § 16 Abs. 2 S. 1 Nr. 1 RDG sind bei Personen, denen die Erbringung von Rechtsdienstleistungen erlaubt ist, die folgenden Daten anzugeben: **10**
a) **Familienname und Vorname,** Name oder Firma einschließlich der gesetzlichen Vertreter sowie das Registergericht und die Registernummer, unter der sie in das Handels-, Partnerschafts-, Genossenschafts- oder Vereinsregister eingetragen ist
b) **Gründungsjahr**
   Die Pflicht zur Angabe des Geburtsjahres bei natürlichen Personen ist entfallen (vgl. Einleitung Rn. 100).

c) **Geschäftsanschrift** einschließlich der Anschriften aller Zweigstellen
Nach § 16 Abs. 2 S. 2 RDG ist im Falle der schriftlichen Einwilligung der registrierten Person auch deren Telefonnummer und E-Mail-Adresse bekannt zu machen, nicht aber die Internetadresse.
d) die für sie nach § 12 Abs. 4 RDG benannten **qualifizierten Personen** unter Angabe des Familiennamens und Vornamens
Die Bestimmung gilt nicht für vorübergehende Registrierungen europäischer Rechtsdienstleister (§ 15 Abs. 2 S. 2 RDG).
e) **Inhalt und Umfang der Rechtsdienstleistungsbefugnis** einschließlich erteilter Auflagen sowie die Angabe, ob es sich um eine vorübergehende Registrierung nach § 15 RDG handelt und unter welcher Berufsbezeichnung die Rechtsdienstleistungen nach § 15 Abs. 4 RDG im Inland zu erbringen sind.

11 Soweit die Person nur für Teilbereiche der in § 10 Abs. 1 Nr. 1–3 RDG aufgeführten Rechtsbereiche registriert ist, ist der genaue Wortlaut dieses Teilbereichs bekannt zu geben. Bei den Erlaubnisinhabern nach dem RBerG ist die genaue Bezeichnung der Erlaubnis, die auch außerhalb der in § 10 Abs. 1 Nr. 1–3 RDG genannten Bereiche liegen kann, anzugeben (§ 1 RDGEG Rn. 8 ff.).

III. Untersagungen

12 Die Eintragung von Personen, denen die Erbringung von Rechtsdienstleistungen untersagt worden ist, erfolgt erst nach der Bestandskraft der Untersagungsverfügung. Im Einzelnen sind nach § 16 Abs. 2 S. 1 Nr. 2 RDG folgende Daten anzugeben:
a) Familienname und Vorname, Name oder Firma einschließlich der gesetzlichen Vertreter sowie das Registergericht und die Registernummer, unter der sie in das Handels-, Partnerschafts-, Genossenschafts- oder Vereinsregister eingetragen ist
b) Gründungsjahr
c) Anschrift
d) Dauer der Untersagung

D. Verfahren

13 Die öffentliche Bekanntmachung erfolgt durch eine zentrale und länderübergreifende Veröffentlichung im Internet unter der Adresse **www.rechtsdiensteistungsregister.de** (§ 16 Abs. 3 S. 1 RDG).

14 Zuständig ist eine gemeinsame, von den Ländern eingerichtete Zentrale, die durch das Justizministerium von NRW verwaltet wird. Die datenschutzrechtliche Verantwortung liegt aber bei der Behörde, die die Registrierung veranlasst hat (§ 16 Abs. 3 S. 2 RDG). Grund hierfür ist, dass die das Register führende Stelle weder die Rechtmäßigkeit der Erhebung personenbezogener Daten noch deren Richtigkeit prüft (Begr. RegE BT-Drs. 16/3655, 76). Im Falle einer **fehlerhafte Eintragung** steht der betroffenen Person ein **Berichtigungsanspruch** nach den § 20 Abs. 1 BDSG entsprechenden Landesgesetzen gegen die für die Prüfung der materiellen Registrierungsvoraussetzungen

Löschung von Veröffentlichungen   **§ 17 RDG**

zuständigen Behörde zu (Krenzler/*Klees* Rn. 66). Zudem kann im Falle einer unterbliebenen oder fehlerhaften Eintragung ein Schadensersatzanspruch nach § 839 BGB gegeben sein (Dreyer/Lamm/Müller/*Lamm* Rn. 35).

§ 17 Löschung von Veröffentlichungen

(1) **Die im Rechtsdienstleistungsregister öffentlich bekanntgemachten Daten sind zu löschen**
1. **bei registrierten Personen mit dem Verzicht auf die Registrierung,**
2. **bei natürlichen Personen mit ihrem Tod,**
3. **bei juristischen Personen und Gesellschaften ohne Rechtspersönlichkeit mit ihrer Beendigung,**
4. **bei Personen, deren Registrierung zurückgenommen oder widerrufen worden ist, mit der Bestandskraft der Entscheidung,**
5. **bei Personen oder Vereinigungen, denen die Erbringung von Rechtsdienstleistungen nach § 9 Abs. 1 untersagt ist, nach Ablauf der Dauer der Untersagung,**
6. **bei Personen oder Gesellschaften nach § 15 mit Ablauf eines Jahres nach der vorübergehenden Registrierung oder ihrer letzten Verlängerung, im Fall der Untersagung nach § 15 Abs. 5 mit Bestandskraft der Untersagung.**

(2) **Das Bundesministerium der Justiz wird ermächtigt, durch Rechtsverordnung mit Zustimmung des Bundesrates die Einzelheiten des Löschungsverfahrens zu regeln.**

A. Allgemeines

Durch die Bestimmung des § 17 RDG werden die Tatbestände geregelt, bei 1 deren Vorliegen die Daten aus dem Rechtsdienstleistungsregister zu löschen sind. Ergänzende Regelungen enthält § 9 Abs. 1 RDV, wobei der Gesetzgeber insoweit von der Verordnungsermächtigung des § 17 Abs. 2 RDG Gebrauch gemacht hat. Nennenswerte rechtliche Fragen wirft die Vorschrift nicht auf.

Die Vorschrift hat den Zweck, dass die bekanntgemachten persönlichen 2 Daten nur so lange gespeichert werden und im Internet abgerufen werden können, wie es zur Information des Rechtsverkehrs erforderlich ist (Henssler/Prütting/*Weth* Rn. 1; Grunewald/Römermann/*Franz* Rn. 1). Die Regelung der Löschung erfasst nur das Register, nicht auch die bei der Registrierungsbehörde gespeicherten Daten. Insoweit greift die Bestimmung des § 18 RDG.

Die Löschung hat, wie auch die Bekanntmachung, keine konstitutive Wir- 3 kung. Sie erfolgt nach Wegfall der Registrierung auf Veranlassung der für die Registrierung zuständigen Behörde (§ 13 Abs. 3 S. 2 RDG).

B. Löschungstatbestände

I. Verzicht auf die Registrierung (Nr. 1)

4 Der Verzicht kann als actus contrarius zum Antrag jederzeit erklärt werden. Der Zugang der Erklärung bei der für die Registrierung zuständigen Behörde hat zur Folge, dass der Verwaltungsakt der Registrierung unwirksam wird, ohne dass es eines Widerrufs bedarf (Krenzler/*Klees* Rn. 9; Dreyer/Lamm Müller/*Lamm* Rn. 8).

5 Der Verzicht kann auch während eines anhängigen Widerrufsverfahrens erklärt werden. Eine Entscheidung über den Widerruf erfolgt dann nicht mehr. Dies hat zur Folge, dass ein zum Widerruf führendes Fehlverhalten nicht bestandskräftig festgestellt wird und damit bei einem neuen Registrierungsverfahren nicht ohne weiteres zur Zurückweisung des Antrags führen kann. Der Gesetzgeber hat diese Folge bewusst in Kauf genommen (Begr. RegE BT-Drs. 16/3655, 76).

II. Tod einer natürlichen Person (Nr. 2)

6 Die Daten sind bei natürlichen Personen mit ihrem Tod zu löschen.

III. Beendigung der Existenz einer juristischen Person oder Gesellschaft ohne Rechtspersönlichkeit (Nr. 3)

7 Die Beendigung der juristischen Person oder Gesellschaft richtet sich nach den für die jeweilige Gesellschaftsform geltenden Bestimmungen. Keine Beendigung tritt im Falle der Umwandlung in eine andere Rechtsform ein (§ 190 UmwG).

IV. Rücknahme oder Widerruf der Registrierung (Nr. 4)

8 Die Löschung erfolgt erst, wenn der Verwaltungsakt bestandskräftig ist. Ggf. werden die Daten vollständig gelöscht. Das Register enthält keine Informationen über das Widerrufsverfahren. Es erfolgt auch kein Hinweis, wenn seitens der Behörde der Sofortvollzug der Rücknahme- oder Widerrufsverfügung angeordnet wurde (so auch Krenzler/*Klees* Rn. 16).

V. Ablauf der Untersagung (Nr. 5)

9 Die Untersagung nach § 9 RDG ist auf maximal 5 Jahre befristet. Nach Ablauf der Frist sind die Daten zu löschen. Das Register enthält dann keine Information mehr, dass eine bestandskräftige Untersagung ausgesprochen worden war. Unabhängig vom Ablauf der Frist erfolgt eine Löschung in den Fällen der Beendigung der Existenz.

VI. Löschung im Falle vorübergehender Registrierungen (Nr. 6)

10 Der Tatbestand ersetzt im Falle der Untersagung nach § 15 Abs. 5 RDG die Nr. 4. Dagegen finden die Nr. 1–3 ergänzende Anwendung.

Teil 5 Datenübermittlung und Zuständigkeiten, Bußgeldvorschriften

§ 18 Umgang mit personenbezogenen Daten

(1) ¹Die zuständigen Behörden dürfen einander und anderen für die Durchführung dieses Gesetzes zuständigen Behörden Daten über Registrierungen nach § 9 Abs. 2, § 10 Abs. 1 und § 15 Abs. 3 übermitteln, soweit die Kenntnis der Daten zur Durchführung dieses Gesetzes erforderlich ist. ²Sie dürfen die nach § 16 Abs. 2 öffentlich bekanntzumachenden Daten längstens für die Dauer von drei Jahren nach Löschung der Veröffentlichung zentral und länderübergreifend in einer Datenbank speichern und aus dieser im automatisierten Verfahren abrufen; § 16 Abs. 3 Satz 2 gilt entsprechend. ³Gerichte und Behörden dürfen der zuständigen Behörde personenbezogene Daten, deren Kenntnis für die Registrierung, den Widerruf der Registrierung oder für eine Untersagung nach § 9 Abs. 1 oder § 15 Abs. 5 erforderlich ist, übermitteln, soweit dadurch schutzwürdige Interessen der Person nicht beeinträchtigt werden oder das öffentliche Interesse das Geheimhaltungsinteresse der Person überwiegt.

(2) ¹Die zuständige Behörde darf zum Zweck der Prüfung einer Untersagung nach § 15 Abs. 5 von der zuständigen Behörde des Staates der Niederlassung Informationen über die Rechtmäßigkeit der Niederlassung und über das Vorliegen berufsbezogener disziplinarischer oder strafrechtlicher Sanktionen anfordern und ihr zum Zweck der Prüfung weiterer Maßnahmen die Entscheidung über eine Untersagung nach § 15 Abs. 5 mitteilen. ²Sie leistet Amtshilfe, wenn die zuständige Behörde eines anderen Mitgliedstaates der Europäischen Union eines anderen Vertragsstaates des Abkommens über den Europäischen Wirtschaftsraum oder der Schweiz darum unter Berufung auf die Richtlinie 2005/36/EG des Europäischen Parlaments und des Rates vom 7. September 2005 über die Anerkennung von Berufsqualifikationen (ABl. EU Nr. L 255 S. 22) ersucht, und darf zu diesem Zweck personenbezogene Daten, deren Kenntnis für eine berufsbezogene disziplinarische oder strafrechtliche Maßnahme oder ein Beschwerdeverfahren erforderlich ist, von Gerichten und Behörden anfordern und an die zuständige Behörde des anderen Mitgliedstaates übermitteln.

(3) ¹Das Bundesministerium der Justiz wird ermächtigt, die Einzelheiten des Umgangs mit personenbezogenen Daten, insbesondere der Veröffentlichung in dem Rechtsdienstleistungsregister, der Einsichtnahme in das Register, der Datenübermittlung einschließlich des automatisierten Datenabrufs und der Amtshilfe, durch Rechtsverordnung mit Zustimmung des Bundesrates zu regeln. ²Dabei ist sicherzustellen, dass die Veröffentlichungen auch während der Datenübermittlung unversehrt, vollständig und aktuell bleiben und jederzeit ihrem Ursprung nach zugeordnet werden können.

RDG § 18 Teil 5 Datenübermittlung und Zuständigkeiten

Inhaltsübersicht

	Rn.
A. Allgemeines und Anwendungsbereich	1
B. Übermittlung personenbezogener Daten (Abs. 1)	3
I. Datenaustausch zwischen den nach dem RDG zuständigen Behörden (Abs. 1 S. 1)	4
II. Datenaustausch durch andere öffentliche Stellen (Abs. 1 S. 3)	7
III. Speicherung von Daten nach Löschung der Veröffentlichung (Abs. 1 S. 2)	10
C. Mitteilungs- und Kooperationspflichten (Abs. 2)	15
I. Anfrage durch deutsche Behörden (Abs. 2 S. 1)	18
II. Anfrage durch ausländische zuständige Stellen (Abs. 2 S. 2)	20
D. Ermächtigungsnorm (Abs. 3)	23

A. Allgemeines und Anwendungsbereich

1 In § 18 RDG werden die Voraussetzungen genannt, unter denen eine Übermittlung personenbezogener Daten zwischen verschiedenen Institutionen ohne Einwilligung des Betroffenen – namentlich registrierter Personen und Personen, die von einem Untersagungsverfahren betroffen sind – in Betracht kommt. Diese **bereichsspezifische Datenschutzregelung,** die in ihrem Anwendungsbereich an die Stelle der Datenschutzgesetze tritt (Dreyer/Lamm/Müller/*K. Lamm* Rn. 1; Grunewald/Römermann/*Franz* Rn. 1; Kilian/Sabel/vom Stein/*vom Stein* Rn. 448), ist Ausfluss des verfassungsrechtlichen **Rechts auf informationelle Selbstbestimmung** der Betroffenen (BT-Drs. 16/3655, 76).

2 Der zentrale Begriff der Regelung des § 18 RDG, nämlich der Begriff der **personenbezogenen Daten,** ist hier nicht näher bestimmt, sondern ergibt sich aus der allgemeinen datenschutzrechtlichen Bestimmung des § 3 Abs. 1 BDSG (vgl. Unseld/Degen/*Degen* Rn. 1). Danach sind personenbezogene Daten Einzelangaben über persönliche oder sachliche Verhältnisse einer bestimmten oder bestimmbaren natürlichen Person (zu Einzelheiten des Begriffs siehe Gola/Schomerus/*Gola/Schomerus* § 3 Rn. 2 ff.). Aufgrund der ausdrücklichen Formulierung in der Begriffsbestimmung des § 3 Abs. 1 BDSG ist auch der Anwendungsbereich des § 18 RDG auf **natürliche Personen** beschränkt. Beachtung verdient dieser Gesichtspunkt, weil von dem in § 18 Abs. 1 und 2 RDG angesprochenen Datentransfer im Zusammenhang mit Registrierungs- und Untersagungsverfahren regelmäßig auch **juristische Personen** und **Gesellschaften ohne Rechtspersönlichkeit** betroffen sein können. Bedenkt man weiterhin, dass sich gem. Art. 19 Abs. 3 GG auch inländische juristische Personen – worunter iSd Norm zumindest inländische (teil-) rechtsfähige Vereinigungen zu subsumieren sind (Jarass/Pieroth/*Jarass* Art. 19 Rn. 20; Maunz/Dürig/*Remmert* Art. 19 Abs. 3 Rn. 37 ff.) – auf das von § 18 RDG tangierte **Recht auf informationelle Selbstbestimmung** berufen können (vgl. BVerfGE 128, 1, 43 = NVwZ 2011, 94, 100; BVerfGE 118, 168, 203 = NJW 2007, 2464, 2471; OVG Lüneburg NJW 2009, 2697 f.; Maunz/Dürig/*Di Fabio* Art. 2 Rn. 224 f.; eingehend *Wilms/Roth* JuS 2004, 577 ff.; aA *Kloepfer* II § 56 Rn. 56), scheint die Einschränkung des Schutzbereichs des § 18 RDG auf na-

Umgang mit personenbezogenen Daten **§ 18 RDG**

türliche Personen zweifelhaft. Allerdings hat sich der Gesetzgeber des BDSG explizit gegen eine Einbeziehung von juristischen Personen und Personenmehrheiten entschieden (BT-Drs. 7/1027, 19; Simitis/*Dammann* § 3 Rn. 17; das Hessische Datenschutzgesetz – mit gleichlautender Begriffsbestimmung in seinem § 2 Abs. 1 – auf juristische Personen anwendbar [soweit ein grundrechtlich verbürgtes Recht auf informationelle Selbstbestimmung nach Art. 14 GG gegeben ist] VG Wiesbaden BB 2009, 741, 742 m. abl. Anm. *Härting*). Daher kann weder davon ausgegangen werden, dass diese Problematik bei § 18 RDG vom Gesetzgeber übersehen wurde, noch dass er – trotz der Verwendung des Begriffs „personenbezogene Daten" – den persönlichen Anwendungsbereich des § 18 RDG in einem weiteren Sinne als bei § 3 Abs. 1 BDSG verstanden haben wollte (anders Unseld/Degen/*Degen* Rn. 1, der die Anwendbarkeit auf juristische Personen und nichtrechtsfähige Vereinigungen kraft Sachzusammenhangs und in verfassungskonformer Auslegung bejaht). Allerdings müssen – selbst wenn juristische Personen und Personenmehrheiten nicht von dem Schutzbereich des § 18 RDG erfasst werden – die Vorgaben des § 18 RDG eingehalten werden, wenn und soweit die Daten **zugleich Angaben über eine natürliche Person** betreffen (Dreyer/Lamm/Müller/*K. Lamm* Rn. 8; zum BDSG siehe Simitis/*Dammann* § 3 Rn. 19; Gola/Schomerus/*Gola/Schomerus* § 3 Rn. 11a).

B. Übermittlung personenbezogener Daten (Abs. 1)

Die Regelung des § 18 Abs. 1 RDG enthält zwei Tatbestände der Über- 3 mittlung personenbezogener Daten, nämlich die Übermittlung zwischen den verschiedenen für die Durchführung des Gesetzes zuständigen Stellen **(S. 1)** sowie die Datenübermittlung durch Gerichte und andere Behörden **(S. 3)**. Ferner regelt die Vorschrift in **S. 2** die Voraussetzungen der länderübergreifenden Speicherung von Daten über den Zeitpunkt der Löschung der Veröffentlichung (§ 17 RDG) hinaus sowie den Abruf solcher Daten im automatisierten Verfahren.

I. Datenaustausch zwischen den nach dem RDG zuständigen Behörden (Abs. 1 S. 1)

Im **RegE** war noch von dem Datenaustausch zwischen den „registerfüh- 4 renden Stellen nach § 16 Abs. 3 S. 1 RDG" und „anderen für die Durchführung dieses Gesetzes zuständigen Behörden" die Rede. Hintergrund für diese ursprüngliche Fassung war die im RegE in § 16 Abs. 3 S. 1 Hs. 1 RDG-E noch vorgesehene Einrichtung eines in jedem Land zentral und elektronisch geführten Registers, wobei allerdings die in § 16 Abs. 3 S. 1 Hs. 2 RDG-E eingeräumte Möglichkeit der Einrichtung eines zentralen und länderübergreifenden Rechtsdienstleistungsregisters vom Gesetzgeber präferiert wurde (vgl. BT-Drs. 16/3655, 76). Mit der schließlich verabschiedeten Fassung des RDG wurde sowohl von der landesweiten als auch von der bundesweiten elektronischen Registerführung Abstand genommen: Nach § 16 Abs. 3 S. 1 RDG wurde zwar ein zentrales und länderübergreifendes Register eingeführt; dieses dient indes lediglich der Bekanntmachung der Registrierung im Internet,

Rillig 523

RDG § 18 Teil 5 Datenübermittlung und Zuständigkeiten

während die zuständige Behörde iSd § 19 RDG (vgl. hierzu § 19 RDG Rn. 1 ff.) im Wege eines herkömmlichen Verwaltungsakts über die Registrierung entscheidet (BT-Drs. 16/6634, 52 f.; zu der str. Frage, ob die Bekanntmachung Wirksamkeitsvoraussetzung ist, siehe Vor §§ 10 ff. RDG Rn. 1). Mit der Änderung dieser Systematik stellt sich die Aufnahme der **„zuständigen Behörden"** in § 18 Abs. 1 S. 1 RDG, also der nach **§ 19 Abs. 1 RDG** für die Entscheidung über die Registrierung, den Widerruf der Registrierung und die Untersagung zuständigen Stelle, als selbstverständliche **Folgeänderung** dar (vgl. BT-Drs. 16/6634, 53).

5 Ein Datenaustausch zwischen den nach § 19 Abs. 1 RDG zuständigen Behörden ist **sinnvoll** und auch **notwendig**. Der Datenaustausch dient der Aktualität des bei den jeweils zuständigen Stellen vorhandenen Datenbestands. Damit können nicht zuletzt mehrfache, möglicherweise auch konträre Entscheidungen über Registrierungsanträge verhindert werden, die sich anderenfalls erst bei der Übermittlung an die zentrale Veröffentlichungsstelle offenbaren würden (vgl. BT-Drs. 16/3655, 76, wo [aufgrund der ursprünglich vorgesehenen Regelung] auf die Verhinderung von Doppeleintragungen abgestellt wird). Die Übertragung der Daten an die zentrale Veröffentlichungsstelle wird unter datenschutzrechtlichen Gesichtspunkten mit der weiteren in § 18 Abs. 1 S. 1 RDG enthaltenen Formulierung **„... und anderen für die Durchführung dieses Gesetzes zuständigen Behörden ..."** gewährleistet (vgl. Dreyer/Lamm/Müller/*K. Lamm* Rn. 10).

6 **Sachlicher Bezugspunkt** waren im RegE in § 18 Abs. 1 S. 1 RDG-E noch die „im Register gespeicherte[n] Daten". Dies erfuhr – wiederum als Folgeänderung zu der unter Rn. 4 dargestellten Änderung der Systematik (vgl. BT-Drs. 16/6634, 53) – insoweit eine Änderung, als sich der zulässige Datenaustausch entsprechend dem Verantwortungsbereich der „zuständigen Behörde" nunmehr nur auf die Daten über Registrierungen nach § 9 Abs. 2, § 10 Abs. 1 und § 15 Abs. 3 RDG bezieht. Dabei darf die Datenübermittlung entsprechend dem Gesetzeswortlaut nur erfolgen, wenn die Kenntnis der Daten zur Durchführung dieses Gesetzes – insbesondere zur ordnungsgemäßen Registerführung und zur Entscheidung über Registrierungsanträge sowie eines Widerrufs oder einer Untersagung der Rechtsdienstleistungsbefugnis – **erforderlich** ist (BT-Drs. 16/3655, 76; Dreyer/Lamm/Müller/*K. Lamm* Rn. 10). Dieser Frage nach der Erforderlichkeit hat die datenübermittelnde Stelle – diese trägt für „ihre Daten" die datenschutzrechtliche Verantwortung (vgl. § 3 Abs. 7, Abs. 8 BDSG, siehe hierzu Simitis/*Dammann* § 3 Rn. 224 ff., 229 ff.) – nachzugehen (Krenzler/*Klees* Rn. 11 [bei der Bezugnahme auf die Voraussetzungen nach Abs. 1 S. 2 im dortigen Kontext dürfte es sich um ein Versehen handeln]); sie kann nur im Einzelfall beantwortet werden. Zu beachten ist, dass im Falle der Übersendung einer gesamten Akte die Erforderlichkeit im Hinblick auf alle zu übermittelnden Einzeldaten bejaht werden muss (Grunewald/Römermann/*Franz* Rn. 3).

II. Datenaustausch durch andere öffentliche Stellen (Abs. 1 S. 3)

7 Mit der Regelung in § 18 Abs. 1 S. 3 RDG wird es **Gerichten und Behörden** ermöglicht, personenbezogene Daten an die für die Durchführung

des Gesetzes zuständigen Behörden zu übermitteln. Voraussetzung der Datenübermittlung ist – wie bereits im Anwendungsbereich des Abs. 1 S. 1 (siehe hierzu Rn. 6) – die **Erforderlichkeit** der Kenntnis der zu übermittelnden Daten seitens der zuständigen Behörde für die Registrierung, den Widerruf der Registrierung oder für eine Untersagung nach § 9 Abs. 1 RDG oder § 15 Abs. 5 RDG. Darüber hinaus ist hier zu prüfen, ob von der Datenübermittlung **schutzwürdige Interessen** der Person – insbesondere die Privatsphäre sowie die berufliche und wirtschaftliche Handlungsfreiheit – betroffen sind und, wenn ja, eine vorzunehmende Interessenabwägung ergibt, dass das öffentliche Interesse das Geheimhaltungsinteresse des Betroffenen überwiegt (Grunewald/Römermann/*Franz* Rn. 5; Dreyer/Lamm/Müller/*K. Lamm* Rn. 13).

Ungeachtet der sich aus § 18 Abs. 1 S. 3 RDG ergebenden Voraussetzungen für die Zulässigkeit der Datenübermittlung hat diese zu unterbleiben, wenn **besondere gesetzliche Bestimmungen** entgegenstehen. Dies ist etwa in Bezug auf Steuerdaten der Fall, die gem. § 30 Abs. 4 Nr. 2 AO nur übermittelt werden dürfen, wenn es im Gesetz ausdrücklich zugelassen ist; iRd § 18 RDG fehlt es allerdings an einer entsprechenden Regelung (Grunewald/Römermann/*Franz* Rn. 6). Auch hinsichtlich Sozialdaten ist eine Übermittlung ausgeschlossen, weil diese gem. § 67d Abs. 1 SGB X nur nach Maßgabe des SGB X erfolgen darf (Grunewald/Römermann/*Franz* Rn. 6). 8

Vonseiten der **Staatsanwaltschaft** und der **Gerichte** sind bei der Datenübermittlung die sich aus den Verwaltungsvorschriften – Nr. 23 der Anordnung zur Mitteilung in Strafsachen (MiStra) und Nr. XXIII der Anordnung zur Mitteilung in Zivilsachen (MiZi) – ergebenden Regelungen in Bezug auf Angehörige rechtsberatender Berufe im Zusammenhang mit Straf- und Zivilgerichtsverfahren zu beachten (Grunewald/Römermann/*Franz* Rn. 7). Bis heute wurde die Anordnung zur Mitteilung in Strafsachen (MiStra) jedoch nicht an die durch das RDG geänderte Rechtslage angepasst, weshalb die bisherige Regelung sinngemäß anzuwenden ist (Grunewald/Römermann/*Franz* Rn. 7). 9

III. Speicherung von Daten nach Löschung der Veröffentlichung (Abs. 1 S. 2)

Die Vorschrift des § 18 Abs. 1 S. 2 RDG war nicht Bestandteil des RDG in seiner ursprünglich verabschiedeten Fassung, wurde aber mit dem Gesetz zur Neuregelung des Verbots der Vereinbarung von Erfolgshonoraren v. 12.6.2008 (BGBl. I S. 1000) noch rechtzeitig zum Inkrafttreten des RDG am 1.7.2008 in das Gesetz eingefügt (dazu Einleitung Rn. 97). Ermöglicht wird hiermit die zentrale Speicherung der nach § 16 Abs. 2 RDG öffentlich bekannt gemachten Daten sowie deren Abruf im automatisierten Verfahren durch die zuständigen Behörden iSv § 19 RDG auch **nach der Löschung der Veröffentlichung** (BT-Drs. 16/8916, 15). Flankiert wird diese Regelung durch die zugleich erfolgte Ergänzung der Verordnungsermächtigung in § 18 Abs. 3 RDG um den Passus „einschließlich des automatisierten Datenabrufs". Damit sollte klargestellt werden, dass in der RDV auch Regelungen zum automatisierten Datenabruf nach § 18 Abs. 1 S. 2 RDG getroffen werden können (BT-Drs. 16/8916, 15; Gaier/Wolf/Göcken/*Siegmund* Rn. 1; zur Verordnungsermächtigung siehe Rn. 23f.). 10

RDG § 18 Teil 5 Datenübermittlung und Zuständigkeiten

11 **Zweck** der (elektronischen) Zugriffsmöglichkeit auf die vormals öffentlich bekannt gemachten Daten durch die zuständigen Registrierungsbehörden ist es, ihnen – im Hinblick auf eine neue Registrierung oder eine neue Untersagung – diese Erkenntnisquelle über frühere Registrierungs-, Widerrufs- oder Untersagungsverfahren weiterhin zur Verfügung zu stellen, um sodann ggf. auf die entsprechenden Akteninhalte zurückgreifen zu können (BT-Drs. 16/8916, 15).

12 **Zeitlich** ist die Speicherung der Daten nach Löschung sowie deren Abruf im automatisierten Verfahren aus Gründen der Verhältnismäßigkeit auf drei Jahre begrenzt (BT-Drs. 16/8916, 15).

13 Die **datenschutzrechtliche Verantwortung für die gespeicherten Daten** liegt gem. § 16 Abs. 3 S. 2 iVm § 18 Abs. 1 S. 2 Hs. 2 RDG bei den Registrierungsbehörden (Dreyer/Lamm/Müller/K. *Lamm* Rn. 12). Der **Abruf** dieser Daten wird in § 9 Abs. 2 RDV – der auf § 18 Abs. 3 RDG gestützten Verordnungsnorm – näher geregelt. Nach § 9 Abs. 2 RDV ist – im Falle der Speicherung von Daten in einer zentralen Datenbank nach § 18 Abs. 1 S. 2 RDG – durch technische und organisatorische Maßnahmen sicherzustellen, dass ein Datenabruf insoweit nur durch die hierzu befugten Behörden erfolgt. Dabei darf der elektronische Datenabruf – wie sich bereits aus § 18 Abs. 1 S. 1 RDG ergibt – nur zweckgebunden vorgenommen werden (BT-Drs. 16/8916, 15).

14 Einzelheiten zu dem Abrufverfahren und der Verantwortlichkeit für die Zulässigkeit des einzelnen Abrufs ergeben sich aus den Regelungen des § 10 Abs. 2 und Abs. 4 BDSG, auf welche § 9 Abs. 2 S. 2 RDV verweist.

C. Mitteilungs- und Kooperationspflichten (Abs. 2)

15 Geregelt werden in Abs. 2 **zwei** verschiedene **Konstellationen von Mitteilungs- und Kooperationspflichten,** nämlich zum einen die Situation im Falle einer Anfrage seitens einer deutschen Behörde im Ausland (S. 1) und zum anderen der Fall des Ersuchens durch eine ausländische Behörde (S. 2).

16 Beide Regelungen des § 18 Abs. 2 RDG dienen der Umsetzung der sich aus der **Berufsqualifikationsrichtlinie** (Richtlinie 2005/35/EG des Europäischen Parlaments und des Rates v. 7.9.2005, ABl. EU Nr. L 255 v. 30.9.2005 S. 22) ergebenden Mitteilungs- und Kooperationspflichten (BT-Drs. 16/3655, 77), womit – wenn dies auch im Wortlaut des **§ 18 Abs. 2 S. 1 RDG** keinen Niederschlag gefunden hat – eine Begrenzung des Anwendungsbereichs intendiert war. In der Gesetzesbegründung wurde nämlich explizit auf die sich aus der Berufsqualifikationsrichtlinie ergebenden Mitteilungs- und Kooperationspflichten **im Verhältnis zu Stellen aus dem europäischen Ausland** abgestellt (BT-Drs. 16/3655, 77). In der Regelung des **§ 18 Abs. 2 S. 2 RDG aF** hatte diese gesetzgeberische Intention insofern Niederschlag gefunden, als dort lediglich von einer Anfrage eines „anderen Mitgliedstaates der Europäischen Union" die Rede war. Da die Berufsqualifikationsrichtlinie mit Beschluss des Gemeinsamen EWR-Ausschusses v. 26.10.2007 zur Änderung des Anhangs VII (Gegenseitige Anerkennung beruflicher Qualifikationen und des Protokolls 37 zum EWR-Abkommen, ABl. EU Nr. L 100 v. 10.4.2008 S. 70) aner-

kannt wurde, bestand in der Literatur jedoch von Beginn an Einigkeit dahin, dass sich der Anwendungsbereich des § 18 Abs. 2 RDG auch auf den Datenaustausch mit anderen **Vertragsstaaten des Abkommens über den Europäischen Wirtschaftsraum** erstreckt (Dreyer/Lamm/Müller/*K. Lamm* Rn. 14; vgl. auch Grunewald/Römermann/*Franz* Rn. 8; Henssler/Prütting/*Weth* Rn. 10). Aufgrund des Zweiten Gesetzes zur Modernisierung des Kostenrechts (BGBl. I S. 2586) mWv 1.8.2013 sind nunmehr die „anderen Vertragsstaaten über den Europäischen Wirtschaftsraum" in der Regelung des § 18 Abs. 2 S. 2 RDG nF explizit genannt. Darüber hinaus wurde zugleich die **Schweiz** in der Vorschrift des § 18 Abs. 2 S. 2 RDG nF berücksichtigt. Diese Änderung wiederum – sowie die entsprechende Änderung in §§ 10, 12 und 15 RDG – trägt dem Bestehen des Freizügigkeitsabkommens v. 21.6.1999 zwischen der Schweizerischen Eidgenossenschaft und der Europäischen Gemeinschaft und ihren Mitgliedstaaten, aufgrund welchem die Schweiz am gemeinsamen System der EU zur Anerkennung von Diplomen teilnimmt, Rechnung (BT-Drs. 17/13537, 19 iVm BT-Drs. 17/10487, 18). Wenn auch lediglich in § 18 Abs. 2 S. 2 RDG nF der Anwendungsbereich der Regelung (ausdrücklich) erweitert wurde, gilt diese Erstreckung insgesamt für § 18 Abs. 2 RDG. Anhaltspunkte für eine Differenzierung zwischen S. 1 und S. 2 der Vorschrift lassen sich der Gesetzesbegründung nicht entnehmen. Diese wären vielmehr vor dem Hintergrund, dass die Regelung – wie eingangs erwähnt – der Umsetzung der sich aus der Berufsqualifikationsrichtlinie ergebenden Mitteilungs- und Kooperationspflichten dient, verfehlt.

Die Berufsqualifikationsrichtlinie wurde mit der **Richtlinie 2013/55/EU v. 20.11.2013** (ABl. EU Nr. L 354 v. 28.12.2013 S. 132) geändert. Diese mWv 17.1.2014 in Kraft getretene Richtlinie sieht weitreichende Änderungen vor. Betroffen sind ua auch die den Datenaustausch betreffenden Regelungen der Art. 8 und 56 der Berufsqualifikationsrichtlinie. Wie der Gesetzgeber diese europarechtlichen Vorgaben umsetzen wird, bleibt abzuwarten. Die sich aus Art. 3 Abs. 1 der Richtlinie ergebende Umsetzungsfrist endet am 18.1.2016. 17

I. Anfrage durch deutsche Behörden (Abs. 2 S. 1)

§ 18 Abs. 2 S. 1 RDG knüpft an das **Untersagungsverfahren** nach § 15 Abs. 5 RDG an. Zur Prüfung der Untersagung nach § 15 Abs. 5 RDG – und nur zu diesem Zwecke (Grunewald/Römermann/*Franz* Rn. 9) – dürfen vonseiten der deutschen Behörde von der zuständigen Behörde des Staates der Niederlassung des Betroffenen Informationen über die Rechtmäßigkeit der Niederlassung und über das Vorliegen berufsbezogener disziplinarischer oder strafrechtlicher Sanktionen angefordert werden (zur Untersagung aufgrund der begründeten Annahme dauerhaft unqualifizierter Rechtsdienstleistung § 15 RDG Rn. 103 ff.). 18

Außerdem erlaubt § 18 Abs. 2 S. 1 RDG der deutschen Behörde, der zuständigen Behörde des Niederlassungsstaates den Ausgang des Untersagungsverfahrens zum Zwecke der Prüfung weiterer Maßnahmen mitzuteilen. 19

II. Anfrage durch ausländische zuständige Stellen (Abs. 2 S. 2)

20 Mit § 18 Abs. 2 S. 2 RDG werden die Anforderungen an die Übermittlung personenbezogener Daten von registrierten Personen an eine anfragende ausländische zuständige Stelle aufgestellt. Die Notwendigkeit einer solchen Regelung ergibt sich aus **Art. 56 der Berufsqualifikationsrichtlinie,** nach dem die zuständigen Behörden der Aufnahme- und Herkunftsmitgliedstaaten eng zusammenarbeiten und sich Amtshilfe leisten, um die Anwendung der Richtlinie zu erleichtern (BT-Drs. 16/3655, 77).

21 Voraussetzung für die Übermittlung personenbezogener Daten ist ausweislich des Wortlauts des § 18 Abs. 2 S. 2 RDG jedenfalls ein Amtshilfeersuchen der zuständigen ausländischen Behörde, die das Ersuchen unter Berufung auf die Berufsqualifikationsrichtlinie stellen muss. Des Weiteren ist dem Wortlaut der Vorschrift zu entnehmen, dass die Kenntnis der Daten für eine berufsbezogene disziplinarische oder strafrechtliche Maßnahme oder ein Beschwerdeverfahren erforderlich sein muss. Die Prüfung der **Erforderlichkeit** obliegt – wie auch im Anwendungsbereich des Abs. 1 (siehe Rn. 6) – der ersuchten Behörde, womit ggf. auch die Kenntnis des entsprechenden ausländischen Berufs-, Disziplinar- oder Strafrechts notwendig ist (Krenzler/*Klees* Rn. 14). Wenn und soweit die in § 18 Abs. 2 S. 2 RDG genannten Maßnahmen (Disziplinar-, Straf- oder Beschwerdeverfahren), hinsichtlich der sich aus dem Ersuchen ergebenden Person in Betracht kommen, ist es irrelevant, ob diese Person im Inland registriert, aber im Ausland tätig ist, oder der Betroffene im Ausland niedergelassen ist (BT-Drs. 16/3655, 77; Krenzler/*Klees* Rn. 15; Grunewald/Römermann/*Franz* Rn. 10).

22 Soweit die deutsche Behörde zur Übermittlung berechtigt ist, darf sie in diesem Umfang Auskünfte von Gerichten oder anderen Behörden einholen (siehe § 18 Abs. 2 S. 2 RDG aE; BT-Drs. 16/3655, 77).

D. Ermächtigungsnorm (Abs. 3)

23 Die Regelung des § 18 Abs. 3 S. 1 RDG ermächtigt das BMJ (jetzt: BMJV) gem. Art. 80 GG – mit Zustimmung des Bundesrats – in einer Rechtsverordnung die Einzelheiten des Umgangs mit personenbezogenen Daten, insbesondere der Veröffentlichung in dem Rechtsdienstleistungsregister, der Einsichtnahme in das Register, der Datenübermittlung einschließlich des automatisierten Datenabrufs und der Amtshilfe zu regeln.

24 Von dieser Ermächtigung hat der Verordnungsgeber zum einen mit **§ 8 Abs. 1 RDV** Gebrauch gemacht, indem dort zur Ausgestaltung der öffentlichen Bekanntmachung das Rechtsdienstleistungsregister in zwei getrennte Bereiche unterteilt und mit dem Aufstellen von Suchkriterien die Einsichtnahme in das Register ausgestaltet wurde. Zum anderen wurden die sich aus § 18 Abs. 3 S. 2 RDG ergebenden Vorgaben betreffend den Datentransfer umgesetzt, und zwar mit der Norm des **§ 8 Abs. 2 RDV** (BR-Drs. 316/08, 17). **§ 9 Abs. 2 RDV** bezieht sich schließlich – wie bereits ausgeführt (siehe oben Rn. 14) – auf den automatisierten Datenabruf im Falle des § 18 Abs. 1 S. 2 RDG (insgesamt hierzu Dreyer/Lamm/Müller/*K. Lamm* Rn. 19, die als Verordnungsnormen nur § 8 Abs. 2 und § 9 Abs. 2 RDV erwähnt, während Grunewald/Römermann/*Franz* Rn. 11 und Henssler/Prütting/*Weth* Rn. 13 lediglich von § 9 Abs. 2 RDV sprechen und Gaier/Wolf/Göcken/*Siegmund* Rn. 12ff. nur § 8 Abs. 1 und 2 RDV nennt).

§ 19 Zuständigkeit und Übertragung von Befugnissen

(1) Zuständig für die Durchführung dieses Gesetzes sind die Landesjustizverwaltungen, die zugleich zuständige Stelle im Sinn des § 117 Abs. 2 des Gesetzes über den Versicherungsvertrag sind.

(2) ¹Die Landesregierungen werden ermächtigt, die Aufgaben und Befugnisse, die den Landesjustizverwaltungen nach diesem Gesetz zustehen, durch Rechtsverordnungen auf diesen nachgeordnete Behörden zu übertragen. ²Die Landesregierungen können diese Ermächtigung durch Rechtsverordnung auf die Landesjustizverwaltungen übertragen.

A. Sachliche Zuständigkeit und Delegationsbefugnis

Mit § 19 Abs. 1 RDG wurde in das Gesetz eine **zentrale Zuständigkeitsregelung** eingeführt (BT-Drs. 16/3655, 77), mit welcher die sachliche Zuständigkeit zur Durchführung des RDG im Grundsatz der Landesjustizverwaltung eines jeden Bundeslands übertragen wird. Als Grund für diese Zuständigkeitsbestimmung sieht der Gesetzgeber die Nähe der rechtsdienstleistenden Tätigkeit zu den Rechtsberufen im eigentlichen Sinne (BT-Drs. 16/3655, 77). 1

Aus § 19 Abs. 2 S. 1 RDG ergibt sich die **Delegationsbefugnis** der Landesregierung zur Übertragung der Aufgaben und Befugnisse auf die den jeweiligen Landesjustizverwaltungen nachgeordneten Behörden. Die Landesregierungen können die Bestimmung der nachgeordneten Behörde aber auch der Landesjustizverwaltung überlassen, indem sie nach § 19 Abs. 2 S. 2 RDG auf sie die Ermächtigung zur Übertragung der Aufgaben und Befugnisse gem. § 19 Abs. 2 S. 2 RDG übertragen. In beiden Fällen hat die Zuständigkeitsübertragung mittels **Rechtsverordnung** zu erfolgen. 2

Von der Delegationsbefugnis des **§ 19 Abs. 2 S. 1 RDG,** also der Bestimmung einer der Landesjustizverwaltung nachgeordneten Behörde **unmittelbar durch die Landesregierung** wurde in Hamburg, Nordrhein-Westfalen (hier aber verbunden mit der Weiterübertragung der Befugnis zur Änderung der Zuständigkeitsbestimmung, § 2 der Verordnung zur Bestimmung der Zuständigkeiten nach § 19 Abs. 2 S. 1 des Gesetzes über außergerichtliche Rechtsdienstleistungen [Rechtsdienstleistungsgesetz – RDG] und zur Ermächtigung des Justizministeriums nach § 19 Abs. 2 S. 2 RDG), Rheinland-Pfalz, im Saarland und in Schleswig-Holstein Gebrauch gemacht. In den anderen Bundesländern haben die Landesregierungen die Befugnis nach **§ 19 Abs. 2 S. 2 RDG** an die jeweilige Landesjustizverwaltung übertragen, die ihre **Subdelegationsbefugnis** sämtlich ausgeübt haben. Zu den einzelnen zuständigen Behörden und der jeweiligen gesetzlichen Grundlage siehe unten Rn. 9. 3

RDG § 19 Teil 5 Datenübermittlung und Zuständigkeiten

4 Die **örtliche Zuständigkeit** wird nicht in § 19 RDG geregelt; diese ergibt sich für das Registrierungsverfahren aus § 13 Abs. 1 S. 1 und S. 2 RDG (siehe hierzu § 13 RDG Rn. 6), für die Registrierung vorübergehender Rechtsdienstleistung aus § 15 Abs. 2 S. 1 iVm § 13 Abs. 1 S. 2 RDG (§ 15 RDG Rn. 53) und für das Untersagungsverfahren aus § 9 Abs. 1 S. 1 RDG.

B. Zuständigkeit nach § 117 Abs. 2 VVG

5 Nach § 19 Abs. 1 RDG ist die Landesjustizverwaltung zugleich zuständige Stelle iSd § 117 Abs. 2 VVG. Die in § 117 Abs. 2 VVG geregelte Befreiungsmöglichkeiten des Versicherers von seiner Leistungspflicht ist vorliegend im Kontext mit der sich für registrierte Rechtsdienstleister aus § 12 Abs. 1 Nr. 3 RDG ergebenden Pflicht zum Abschluss einer **Berufshaftpflichtversicherung** (siehe dazu § 12 RDG Rn. 119 ff.) zu sehen. Aufgrund dieser gesetzlich normierten Pflicht zum Abschluss der Berufshaftpflichtversicherung ist diese als **Pflichtversicherung** iSv § 113 Abs. 1 VVG zu qualifizieren, auf welche nicht zuletzt die Regelung des § 117 VVG Anwendung findet.

6 Für Pflichtversicherungsverhältnisse bestimmt § 117 Abs. 1 VVG eine Einstandspflicht des Versicherers gegenüber einem Dritten für den Fall, dass der Versicherer im Verhältnis zum Versicherungsnehmer ganz oder teilweise von der Leistungspflicht frei ist (vgl. zu den von der Vorschrift erfassten Fällen der Leistungsfreiheit Prölss/Martin/*Knappmann* § 117 Rn. 6). Von dieser dem Geschädigten gegenüber bestehenden Leistungspflicht wird der Versicherer nur nach Maßgabe des § 117 Abs. 2 S. 1 VVG frei: So besteht nach § 117 Abs. 2 S. 4 VVG keine Leistungspflicht der Versicherung, wenn der „zuständigen Stelle" vor dem Eintritt des Schadensereignisses die Bestätigung über das Vorliegen einer neuen Berufshaftpflichtversicherung zugegangen ist. Im Übrigen wird die **Nachhaftung** der Versicherung auf einen Monat begrenzt, wenn gem. § 117 Abs. 2 S. 1 VVG seitens der Versicherung der Umstand, der das Nichtbestehen oder die Beendigung des Versicherungsverhältnisses zur Folge hat, gegenüber der „zuständigen Stelle" angezeigt worden ist (Prölss/Martin/*Knappmann* § 117 Rn. 2, 8 ff.); gem. § 117 Abs. 2 S. 3 VVG beginnt die Monatsfrist nicht vor Beendigung des Versicherungsverhältnisses zu laufen.

7 Die in § 117 Abs. 2 VVG genannte „zuständige Stelle" ist nicht im VVG angegeben, sondern ist dem Regelungszusammenhang des jeweiligen Gesetzes zu entnehmen (Prölss/Martin/*Knappmann* § 117 Rn. 2). Ist eine „zuständige Stelle" indes nicht bestimmt, so kann die Befreiung der Leistungspflicht gem. § 117 Abs. 2 S. 5 VVG nicht eintreten. Dementsprechend war die mit § 19 Abs. 1 RDG erfolgte ausdrückliche Bestimmung einer „zuständigen Stelle" iSd § 117 Abs. 2 VVG notwendig, um den Versicherern in den hier in Rede stehenden Fällen eine Befreiungsmöglichkeit von ihrer Leistungspflicht zu eröffnen (vgl. BT-Drs. 16/3655, 77 zu § 158 c Abs. 2 VVG aF).

8 Allgemein wird davon ausgegangen, dass auch die Bestimmung der „zuständigen Stelle" nach Maßgabe von § 19 Abs. 2 RDG delegiert werden kann (vgl. Dreyer/Lamm/Müller/*K. Lamm* Rn. 6; Grunewald/Römermann/*Franz* Rn. 4). Auch von dieser Delegationsbefugnis wurde in den einzelnen Bundes-

Zuständigkeit und Übertragung von Befugnissen   § 19 RDG

ländern überwiegend Gebrauch gemacht, wenn man davon ausgeht, dass für die Bestimmung der „zuständigen Stelle" – entsprechend dem Wortlaut des § 19 Abs. 2 S. 1 RDG – eine Formulierung in der Rechtsverordnung ausreichend ist, wonach die sich aus dem RDG ergebenden „Aufgaben und Befugnisse" übertragen werden. Dieser Weg wurde etwa in Baden-Württemberg (§ 30a ZuVoJu) und Niedersachsen (§ 32 ZustVO-Justiz) gewählt, während bspw. in Bayern (§ 1 RDGZustVO) die Präsidenten der Amts- und Landgerichte und in Hessen (§ 25 Abs. 1 JuZuV) die Präsidentin/der Präsident des Oberlandesgerichts ausdrücklich (auch) als zuständige Stelle iSv § 117 Abs. 2 VVG bezeichnet wurden. Lediglich der für Sachsen geltenden Rechtsverordnung lässt sich eine Delegation nicht entnehmen. In § 29a SächsJOrgVO sind die im Einzelnen übertragenen Aufgaben und Befugnisse explizit benannt, ohne jedoch die Zuständigkeit nach § 117 Abs. 2 VVG zu erwähnen, weshalb es bei der sich aus § 19 Abs. 1 RDG ergebenden Zuständigkeit der Landesjustizverwaltung, also des Sächsischen Staatsministeriums, bleibt.

C. Übersicht über die zur Durchführung des Gesetzes zuständigen Behörden und zuständigen Stellen nach § 117 Abs. 2 VVG

Der nachfolgenden Übersicht sind die zur Durchführung des Gesetzes zuständigen Behörden und die zuständige Stelle iSv § 117 Abs. 2 VVG nebst der jeweiligen Rechtgrundlage zu entnehmen. **9**

	Rechtsgrundlage	Zuständige Behörde nach § 19 RDG und zuständige Stelle iSv § 117 Abs. 2 VVG
Baden-Württemberg	§ 2 Nr. 24 lit. a der Verordnung der Landesregierung zur Übertragung von Ermächtigungen im Bereich der Rechtspflege (Subdelegationsverordnung Justiz – SuVoJu) v. 7.9.1998 iVm § 30a der Verordnung des Justizministeriums über Zuständigkeiten in der Justiz (Zuständigkeitsverordnung – ZuVOJu) v. 20.11.1998	Präsidenten der Land- und Amtsgerichte
Bayern	§ 3 Nr. 28 der Verordnung über die Zuständigkeit zum Erlass von Rechtsverordnungen (Delegationsverordnung – DelV) v. 15.6.2004 iVm § 1 der Verordnung zur Übertragung von Aufgaben und Befugnissen nach dem Rechtsdienstleistungsgesetz (Rechtsdienstleistungszuständigkeitsverordnung – RDGZustVO) v. 18.6.2008	Präsidenten der Land- und Amtsgerichte

	Rechtsgrundlage	Zuständige Behörde nach § 19 RDG und zuständige Stelle iSv § 117 Abs. 2 VVG
Berlin	§ 1 der Verordnung zur Übertragung der Ermächtigung nach § 19 Abs. 2 des Rechtsdienstleistungsgesetzes v. 20.5.2008 iVm § 1 der Verordnung zur Übertragung der Zuständigkeiten nach § 19 des Rechtsdienstleistungsgesetzes v. 13.6.2008	Präsidentin oder Präsident des Kammergerichts **abweichend** hiervon ist die Präsidentin oder der Präsident des Landessozialgerichts Berlin-Brandenburg zuständige Behörde für die Registrierung nach § 10 Abs. 1 S. 1 Nr. 2 iVm § 13 RDG und für deren Widerruf
Brandenburg	§ 1 Nr. 59 der Verordnung zur Übertragung von Zuständigkeiten zum Erlass von Rechtsverordnungen auf das für Justiz zuständige Mitglied der Landesregierung (Justiz-Zuständigkeitsübertragungsverordnung – JuZÜV) v. 28.11.2006 iVm § 1 der Verordnung zur Regelung von Zuständigkeiten nach § 19 des Rechtsdienstleistungsgesetzes v. 5.6.2008	Präsident des Brandenburgischen Oberlandesgerichts **abweichend** hiervon ist zuständige Behörde und zuständige Stelle der Präsident des Landessozialgerichts Berlin-Brandenburg für Registrierungen nach §§ 10 Abs. 1 Nr. 2, Abs. 2 und 3, 13 Abs. 1–3, den Nachweis der Sachkunde nach § 12 Abs. 3 RDG, den Widerruf nach § 14 RDG, die Anzeige nach § 15 Abs. 2 RDG, die Registrierung und Untersagung nach § 15 Abs. 2 und Abs. 3 sowie die Löschung nach § 17 RDG in dem in § 10 Abs. 1 Nr. 2 RDG genannten Bereich
Bremen	§ 1 Nr. 14 der Verordnung zur Übertragung von Ermächtigungen aus dem Bereich der Rechtspflege v. 5.12.2006 iVm § 1 der Verordnung zur Übertragung von Aufgaben und Befugnissen nach dem Rechtsdienstleistungsgesetz v. 20.6.2008	Präsidentin des Landgerichts Bremen
Hamburg	I Abs. 1 der Anordnung zur Durchführung des Rechtsdienstleistungsgesetzes v. 8.7.2008	Präsidentin oder Präsident des Amtsgerichts Hamburg
Hessen	§ 6 der Verordnung zur Übertragung von Ermächtigungen im Bereich der Rechtspflege v. 5.5.2006 iVm § 25 Abs. 1 Justizzuständigkeitsverordnung v. 3.6.2013 (JuZuV)	Präsidentin oder Präsident des Oberlandesgerichts
Mecklenburg-Vorpommern	§ 1 Nr. 30 der Landesverordnung zur Übertragung von Ermächtigungen zum Erlass von Rechtsverordnungen im Bereich der	Präsident des Oberlandesgerichts Rostock

Zuständigkeit und Übertragung von Befugnissen **§ 19 RDG**

	Rechtsgrundlage	Zuständige Behörde nach § 19 RDG und zuständige Stelle iSv § 117 Abs. 2 VVG
	Justiz (Ermächtigungsübertragungslandesverordnung – ErmÜLVOJu M-V) v. 11.10.2006 iVm Art. 1 der Verordnung zur Übertragung von Aufgaben und Befugnissen nach dem Rechtsdienstleistungsgesetz v. 16.7.2008	
Niedersachsen	§ 1 der Verordnung zur Übertragung von Ermächtigungen auf den Gebieten der Rechtspflege und der Justizverwaltung (Subdelegationsverordnung-Justiz) v. 6.7.2007 iVm § 32 der Verordnung zur Regelung von Zuständigkeiten in der Gerichtsbarkeit und der Justizverwaltung (ZustVO-Justiz) v. 18.12.2009	Präsidentinnen oder Präsidenten der Landgericht bzw. der Amtsgerichte
Nordrhein-Westfalen	§ 1 der Verordnung zur Bestimmung der Zuständigkeiten nach § 19 Abs. 2 Satz 1 des Gesetzes über außergerichtliche Rechtsdienstleistungen (Rechtsdienstleistungsgesetz – RDG) und zur Ermächtigung des Justizministeriums nach § 19 Abs. 2 Satz 2 RDG v. 20.5.2008	Präsidentinnen und Präsidenten der Oberlandesgerichte
Rheinland-Pfalz	§ 1 der Landesverordnung über Zuständigkeiten nach dem Rechtsdienstleistungsgesetz v. 28.5.2008	Präsidentin oder Präsident des Landgerichts Mainz
Saarland	§ 1 der Verordnung zur Übertragung von Aufgaben und Befugnissen der Landesjustizverwaltung nach dem Rechtsdienstleistungsgesetz v. 24.6.2008	Präsident oder Präsidentin des Landgerichts in Saarbrücken
Sachsen	§ 1 Nr. 51 der Verordnung der Sächsischen Staatsregierung über die Übertragung von Zuständigkeiten im Bereich der Rechtspflege auf das Sächsische Staatsministerium der Justiz und für Europa v. 7.11.2007 (Zuständigkeitsübertragungsverordnung Justiz – ZustÜVOJu) iVm § 29a der Verordnung des Sächsischen Staatsministeriums der Justiz über die Organisation der Justiz	– für den Landgerichtsbezirk, dem sie angehören, die Präsidenten der Amtsgerichte Chemnitz (auch für LG-Bezirk Dessau), Dresden (auch für LG-Bezirk Görlitz) und Leipzig für Untersagungen nach § 9 Abs. 1 und 2 RDG, für Registrierungen nach §§ 10 Abs. 1 S. 1 Nr. 1 und Nr. 3, Abs. 2 und 3, 13 RDG, für den Widerruf in den vor-

Rillig

	Rechtsgrundlage	Zuständige Behörde nach § 19 RDG und zuständige Stelle iSv § 117 Abs. 2 VVG
	(Sächsische Justizorganisationsverordnung – SächsJOrgVO) v. 14.12.2007	genannten Bereichen nach § 14 RDG und für Registrierungen nach § 15 Abs. 3 und 5 RDG – der Präsident des Sächsischen Landessozialgerichts im Bereich der Rentenberatung für Untersagungen nach § 9 Abs. 1 und 2 RDG, für Registrierungen nach §§ 10 Abs. 1 S. 1 Nr. 2, Abs. 2 und 3, 13 RDG, für den Widerruf in diesem Bereich nach § 14 RDG und für Registrierungen nach § 15 Abs. 3 und 5 RDG – die Zuständigkeit der zuständigen Stelle iSv § 117 Abs. 2 VVG wird nicht delegiert, siehe hierzu Rn. 8
Sachsen-Anhalt	§ 1 Nr. 14 der Verordnung zur Übertragung von Verordnungsermächtigungen im Bereich der Justiz v. 28.3.2008 iVm § 1 der Verordnung zur Übertragung von Aufgaben und Befugnissen nach dem Rechtsdienstleistungsgesetz v. 19.5.2008	Präsident des Landgerichts Halle
Schleswig-Holstein	§ 1 der Landesverordnung zur Übertragung der Aufgaben und Befugnisse nach dem Rechtsdienstleistungsgesetz sowie zur Änderung der Justizermächtigungsübertragungsverordnung v. 13.5.2008	Präsidentin oder Präsident des Schleswig-Holsteinischen Oberlandesgerichts
Thüringen	§ 1 S. 1 Nr. 62 der Thüringer Verordnung zur Übertragung von Ermächtigungen zum Erlass von Rechtsverordnungen im Bereich der Rechtspflege (Thüringer Ermächtigungsübertragungsverordnung Justiz – ThürErmÜVJ) v. 25.10.2004 iVm § 1 der Thüringer Rechtsdienstleistungszuständigkeitsverordnung (ThürRDZVO) v. 2.7.2008	Präsident des Landgerichts Erfurt

Bußgeldvorschriften **§ 20 RDG**

Eine Auflistung der im jeweiligen Bundesland zuständigen Gerichte unter 10
Angabe der Anschrift und etwaiger Webseiten findet sich auf der gem. § 16
Abs. 3 RDG eingerichteten Webseite www.rechtsdienstleistungsregister.de
unter dem Stichpunkt „Liste der zuständigen Registrierungsbehörden".

§ 20 Bußgeldvorschriften

(1) **Ordnungswidrig handelt, wer**
1. **einer vollziehbaren Anordnung nach § 9 Abs. 1 Satz 1 oder § 15 Abs. 5 Satz 1 zuwiderhandelt,**
2. **ohne Registrierung nach § 10 Absatz 1 Satz 1 eine dort genannte Rechtsdienstleistung erbringt,**
3. **einer vollziehbaren Auflage nach § 10 Absatz 3 Satz 1 zuwiderhandelt oder**
4. **entgegen § 11 Absatz 4 eine dort genannte Berufsbezeichnung oder Bezeichnung führt.**

(2) **Ordnungswidrig handelt, wer vorsätzlich oder fahrlässig**
1. **entgegen § 11a Absatz 1 Satz 1 eine dort genannte Information nicht, nicht richtig, nicht vollständig oder nicht rechtzeitig übermittelt,**
2. **entgegen § 11a Absatz 1 Satz 2 eine Mitteilung nicht, nicht richtig, nicht vollständig oder nicht rechtzeitig macht,**
3. **entgegen § 15 Absatz 2 Satz 1 eine vorübergehende Rechtsdienstleistung erbringt oder**
4. **entgegen § 15 Absatz 2 Satz 4 eine dort genannte Mitteilung nicht, nicht richtig, nicht vollständig oder nicht rechtzeitig wiederholt.**

(3) **Die Ordnungswidrigkeit kann mit einer Geldbuße bis zu fünfzigtausend Euro geahndet werden.**

Inhaltsübersicht

	Rn.
A. Entstehungsgeschichte und Kritik	1
I. Entstehungsgeschichte	4
II. Kritik	18
1. Der Tatbestand des § 263 Abs. 1 StGB	19
2. Konkurrenzverhältnis zu § 263 StGB	22
3. Auswirkungen der Spezialität des § 263 Abs. 1 StGB	28
4. Fazit	33
B. Die Verwirklichung der Ordnungswidrigkeitentatbestände	35
I. Die einzelnen Ordnungswidrigkeitentatbestände (§ 20 Abs. 1 und Abs. 2 RDG nF)	36
1. Der objektive Tatbestand des § 20 Abs. 1 Nr. 1 RDG nF	36
2. Der objektive Tatbestand des § 20 Abs. 1 Nr. 2 RDG nF	40
a) Erforderlichkeit der Registrierung	41
b) Tätigwerden ohne (erforderliche) Registrierung	43
3. Der objektive Tatbestand des § 20 Abs. 1 Nr. 3 RDG nF	46
4. Der objektive Tatbestand des § 20 Abs. 1 Nr. 4 RDG nF	49
5. Der objektive Tatbestand des § 20 Abs. 2 Nr. 1 und Nr. 2 RDG nF	50

	Rn.
6. Der objektive Tatbestand des § 20 Abs. 2 Nr. 3 und Nr. 4 RDG nF	55
7. Unbeachtlichkeit der Qualifikation des Betroffenen	58
8. Der subjektive Tatbestand	59
a) Vorsatz – Tatbestands- und Verbotsirrtum	60
b) Fahrlässigkeit	66
II. Beteiligte	68
III. Kein Versuch	71
IV. Konkurrenzen	72
C. Rechtsfolgenausspruch (§ 20 Abs. 3 RDG nF)	76
D. Verfolgung der Ordnungswidrigkeit	82
I. Verjährung	82
II. Einstellung des Verfahrens	83
III. Zuständige Behörde	84

A. Entstehungsgeschichte und Kritik

1 Nachdem zunächst im **RegE des Gesetzes zur Neuregelung des Rechtsberatungsrechts** die Aufnahme eines Bußgeldtatbestands nicht als notwendig angesehen worden war, wurde im weiteren Verlauf des Gesetzgebungsverfahrens die Reichweite des Tatbestands diskutiert (hierzu Rn. 4ff.). Im Zuge dieses Gesetzgebungsverfahrens wurde § 20 RDG schließlich wie folgt gefasst:

(1) Ordnungswidrig handelt, wer
1. ohne die nach § 10 Abs. 1 erforderliche Registrierung eine dort genannte Rechtsdienstleistung erbringt,
2. einer vollziehbaren Anordnung nach § 9 Abs. 1 oder § 15 Abs. 5 zuwiderhandelt oder
3. entgegen § 11 Abs. 4 eine dort genannte Berufsbezeichnung oder Bezeichnung führt.
(2) Die Ordnungswidrigkeit kann mit einer Geldbuße bis zu fünftausend Euro geahndet werden.

2 Zwischenzeitlich hat sich der Gesetzgeber für eine Ausdehnung des Tatbestands entschieden. Die heute geltende Fassung der Regelung ist mWv 9.10.2013 aufgrund des **Gesetzes gegen unseriöse Geschäftspraktiken** v. 1.10.2013 (BGBl. I S. 3714) in Kraft getreten.

3 Bei alledem wurde dem Konkurrenzverhältnis zum Straftatbestand des Betrugs gem. § 263 StGB keine bzw. nur unzureichend Beachtung geschenkt, was hier Anlass für eine kritische Betrachtung gibt (hierzu Rn. 18ff.).

I. Entstehungsgeschichte

4 Im **RegE des Gesetzes zur Neuregelung des Rechtsberatungsrechts** wurde – in Abkehr von Art. 1 § 8 RBerG – die Aufnahme eines Bußgeldtatbestands in das RDG zunächst nicht mehr für erforderlich erachtet (BT-Drs. 16/3655, 43f.). Der notwendige Verbraucherschutz sollte nach der anfänglich von der Bundesregierung vertretenen Ansicht durch die zivil- und wettbewerbsrechtlichen Vorschriften ausreichend gewahrt werden. Sie wies insoweit auf die Nichtigkeit des zugrunde liegenden Vertrags gem. § 134 BGB im Falle eines Verstoßes gegen das RDG hin und führte die Möglichkeit wettbewerbs-

Bußgeldvorschriften **§ 20 RDG**

rechtlicher Klagen von Rechtsanwälten, Rechtsanwaltskammern und konkurrierenden Inkassounternehmen sowie Klagen nach dem UKlaG an (BT-Drs. 16/3655, 43f.; zur Nichtigkeitsfolge nach § 134 BGB siehe § 3 RDG Rn. 33 sowie BGH NJW 2014, 847 Rn. 31; BGH NZV 2013, 31 Rn. 15; BGHZ 192, 270 Rn. 6 = NJW 2012, 1005; zu den wettbewerbsrechtlichen Bestimmungen § 3 RDG Rn. 59ff. sowie Kilian/Sabel/vom Stein/*vom Stein* Rn. 575). Als weiteres Argument für die Entbehrlichkeit eines Bußgeldtatbestands nannte die Gesetzesbegründung die Möglichkeit der Durchsetzung der Untersagungsbefugnis mit Mitteln des Verwaltungszwangs (BT-Drs. 16/3655, 43). Dass neben diesem privat- und verwaltungsrechtlichen Instrumentarium auf eine bußgeldrechtliche Sanktionierung von Verstößen gegen das RDG verzichtet werden könne, wurde außerdem mit der kaum vorhandenen praktischen Relevanz des Ordnungswidrigkeitentatbestands im Anwendungsbereich des RBerG begründet. Dies wiederum leitete die Bundesregierung aus der geringen Anzahl von Gerichtsentscheidungen ab, was als minimaler Ertrag bei gleichzeitiger erheblicher Belastung der Staatsanwaltschaften gewertet und auf die in der Praxis bestehenden Beweisprobleme zurückgeführt wurde (BT-Drs. 16/3655, 43f.). Letztlich deutete die Gesetzesbegründung das Problem der Bestimmtheit eines Bußgeldtatbestands, der die Erbringung von Rechtsdienstleistungen unter Überschreitung der Grenzen des § 5 RDG sanktioniert, an, welches in der weiteren Diskussion zur Ausgestaltung des Bußgeldtatbestands noch eine Rolle spielen sollte (siehe hierzu Rn. 7).

Der **Bundesrat** sprach sich in seiner Stellungnahme zum Regierungsentwurf für eine Übernahme der in Art. 1 § 8 RBerG vorgesehenen Ordnungswidrigkeitentatbestände aus (BT-Drs. 16/3655, 105f.; hiergegen *Kleine-Cosack* DB 2006, 2797, 2804: bisheriger „Gesetzesvollzug durch die Bundesländer war inkompetent und ineffektiv"). Er sah es im Interesse eines effektiven Verbraucherschutzes und einer geordneten Rechtspflege nicht als hinnehmbar an, die Regulierung von Verstößen gegen die Kernpflichten des RDG ausschließlich dem ungewissen und nicht stets zu erwartenden wettbewerbsrechtlichen Vorgehen von Anwälten und Anwaltskammern zu überlassen. Vielmehr erachtete er es als unerlässlich, effiziente und präventiv wirksame Ahndungsmöglichkeiten für die Landesjustizverwaltungen aufzunehmen (BT-Drs. 16/3655, 106). Das im ursprünglichen RegE ins Feld geführte Argument der Bedeutungslosigkeit der Ordnungswidrigkeitentatbestände wurde als nicht tragfähig erachtet, da das Fehlen einschlägiger Gerichtsentscheidungen auch damit zusammenhängen könnte, dass die Bußgeldbescheide von den Betroffenen akzeptiert worden seien oder die Bußgeldandrohung präventive Wirkung entfaltet habe (BT-Drs. 16/3655, 106). 5

Auf diese Kritik wurde der Bußgeldtatbestand des § 20 RDG entsprechend den **Beschlüssen des Rechtsausschusses** des Bundestags in das Gesetz eingefügt (vgl. BT-Drs. 16/6643, 16f., 53; dies kritisierend *Kleine-Cosack* Rn. 1). Dabei bleibt der Gesetz gewordene Bußgeldtatbestand allerdings insoweit hinter dem **Vorschlag des Bundesrats** zurück, als nicht – auch nach der heute geltenden Fassung – **jede unbefugte Erbringung entgeltlicher Rechtsdienstleistungen** sanktioniert wird (siehe zum Vorschlag des Bundesrats BT-Drs. 16/3655, 105). Die in § 20 Abs. 1 Nr. 1 RDG aF bzw. in § 20 Abs. 1 Nr. 2 RDG nF erfolgte Anknüpfung an die Erbringung von Rechtsdienstleistungen 6 unter Verstoß gegen die Registrierungspflicht nach § 10 Abs. 1 RDG nimmt nämlich – neben Zuwiderhandlungen im Zusammenhang mit unentgeltlicher Rechtsdienstleistung (§ 6 RDG) – Verstöße gegen die Nebendienstleistungsregelung des § 5 Abs. 1 RDG, Verstöße durch Berufs- und Interessenvereinigungen und Genossenschaften nach § 7 RDG bzw. seitens öffentlicher und öffentlich anerkannter Stellen nach § 8 RDG aus (Grunewald/Römermann/*Franz* Rn. 1; Henssler/Prütting/*Weth* Rn. 13). Ebenfalls nicht erfasst werden von § 20 RDG Verstöße gegen sich aus anderen Gesetzen ergebende Befugnisnormen zur Erbringung von Rechtsdienstleistungen (vgl. BT-Drs. 16/3655, 119). Eine solche Beschränkung des Tatbestands ist – zieht man die **vormals geltende Regelung des Art. 1 § 8 Abs. 1 Nr. 1 RBerG** vergleichsweise heran – entgegen anderslautenden Stimmen in der Literatur (Unseld/Degen/*Unseld* Rn. 2; Krenzler/*Klees* Rn. 3; *Henssler* AnwBl. 2007, 553, 557) nicht neu. Denn in Art. 1 § 8 Abs. 1 Nr. 1 RBerG wurde – was in der Begründung der Beschlussempfehlung des Rechtsausschusses des Bundestags betont wurde (BT-Drs. 16/6634, 53) – ebenfalls an die fehlende „erforderliche Erlaubnis" angeknüpft, womit nach zutreffender Ansicht die Erlaubnis iSd Art. 1 § 1 RBerG gemeint und der Tatbestand bei Entbehrlichkeit einer Erlaubnis, wie etwa im Falle der Annexkompetenz nach Art. 1 § 5 RBerG, nicht erfüllt war (vgl. Henssler/Prütting/*Weth* 2. Aufl., Art. 1 § 8 RBerG Rn. 12ff.; siehe auch *Chemnitz*/*Johnigk* Rn. 768 [ausdrücklich nur hinsichtlich der fehlenden Tatbestandsmäßigkeit bei Handeln durch Rechtsanwälte]; aA noch Altenhoff/Busch/*Chemnitz* 10. Aufl., Rn. 767f., die in der „erforderlichen Erlaubnis" einen Rechtfertigungsgrund sehen). Ungeachtet dieses Vergleichs mit der Vorgängerregelung ist jedenfalls zu sehen, dass einer Regelung, die jede unbefugt erbrachte entgeltliche Rechtsdienstleistung als Tatbestandsmerkmal enthielte, jegliche konkrete Anknüpfung an eine bestimmte sachlich-rechtliche Vorschrift fehlen würde; sie verstieße damit gegen den im Ordnungswidrigkeitenrecht geltenden **Bestimmtheitsgrundsatz** (Gegenäußerung der Bundesregierung BT-Drs. 16/3655, 119; Begründung der Beschlussempfehlung des Rechtsausschusses BT-Drs. 16/6634, 53; aA *Henssler* AnwBl. 2007, 553, 557).

7 Ebenfalls mit Blick auf den Bestimmtheitsgrundsatz ist die Entscheidung des Gesetzgebers, die Überschreitung der Grenzen zulässiger Nebenleistung nach **§ 5 Abs. 1 RDG** nicht in den Tatbestand des § 20 Abs. 1 Nr. 1 RDG aufzunehmen, nicht zu beanstanden. Denn die Vorschrift des § 5 Abs. 1 RDG ist – aus verfassungs- und europarechtlichen Gründen – als flexibler, offener Erlaubnistatbestand gefasst, weshalb ein an diese Regelung anknüpfender Bußgeldtatbestand dem Bestimmtheitsgebot keinesfalls gerecht werden würde (Begründung der Beschlussempfehlung des Rechtsausschusses, BT-Drs. 16/6634, 53 [auch zur mangelnden Praxistauglichkeit einer solchen Regelung] sowie bereits die Gegenäußerung der Bundesregierung zum Beschluss des Bundesrats BT-Drs. 16/3655, 119; siehe auch Grunewald/Römermann/*Franz* Rn. 1; Kilian/Sabel/vom Stein/*vom Stein* Rn. 565; *Sabel* AnwBl. 2007, 816, 819; aA *Henssler* AnwBl. 2007, 553, 557). Zwar führt dies zu dem paradoxen Ergebnis, dass sich ein **allgemein Rechtsdienstleistung erbringender Nichtanwalt,** der sich also nicht nur auf einen in § 10 Abs. 1 S. 1 Nr. 1–3 RDG vorgesehenen Bereich beschränkt, nicht dem Vorwurf einer Ordnungswidrigkeit ausgesetzt sieht (vgl. *Henssler* AnwBl. 2007, 553, 557; kritisch vor

Bußgeldvorschriften **§ 20 RDG**

diesem Hintergrund auch Krenzler/*Klees* Rn. 3). Dies muss jedoch mit Rücksicht auf den Bestimmtheitsgrundsatz hingenommen werden. Denn jede weitergehende, auch den „allgemeinen Rechtsdienstleister" erfassende Tatbestandsfassung würde eine Abgrenzung zu der Erbringung von Rechtsdienstleistung als Nebenleistung iSv § 5 Abs. 1 RDG notwendig machen, womit sich die aufgezeigten Probleme hinsichtlich des Bestimmtheitsgebots wiederum stellen würden. Auch wenn dieser Widerspruch in der Systematik des Bußgeldtatbestands nicht aufzulösen ist, sind die praktischen Folgen nicht so gravierend, wie sie auf den ersten Blick scheinen, richtet man den Blick auf die strafrechtlichen Konsequenzen des Handelns von unbefugt handelnden Rechtsdienstleistern (hierzu unter Rn. 19 ff.).

§ 20 RDG wurde mit dem **Gesetz gegen unseriöse Geschäftspraktiken** 8 v. 1. 10. 2013 neu gefasst. Die neue Fassung sieht neben einer Reihe redaktioneller Änderungen eine Erweiterung der Bußgeldtatbestände vor. Zu den **redaktionellen Änderungen** in Abs. 1 (vgl. BT-Drs. 17/13057, 20) zählen die Veränderung der Reihenfolge der Tatbestände, die jeweilige Einfügung von „Satz 1" nach §§ 9 Abs. 1 und 15 Abs. 5 in § 20 Abs. 1 Nr. 1 RDG nF bzw. nach § 10 Abs. 1 in § 20 Abs. 1 Nr. 2 RDG nF, die Streichung des Worts „erforderliche" (vor dem Begriff „Registrierung") in § 20 Abs. 1 Nr. 2 RDG nF und die sprachliche Umstellung von der Abkürzung „Abs." (nun anders als in den „alten" Vorschriften des RDG) auf die Langfassung „Absatz". **Inhaltlich** wurde der Bußgeldtatbestand in **Abs. 1** um den Fall eines Verstoßes gegen eine vollziehbare Auflage iSv § 10 Abs. 3 S. 1 RDG **erweitert** und in **Abs. 2** sind nunmehr Sanktionen bei (vorsätzlichen und fahrlässigen) Verstößen gegen die Regelungen des § 11 a Abs. 1 S. 1 und S. 2 RDG sowie bei Zuwiderhandlungen gegen § 15 Abs. 2 S. 1 und S. 4 RDG vorgesehen. Ferner wurde in **Abs. 3** die Höhe des maximal zulässigen Bußgelds deutlich angehoben.

Als **Grund für die inhaltlichen Änderungen in § 20 RDG nF** nennt die 9 Gesetzesbegründung eingangs die **Erweiterung der Sanktionsmöglichkeiten der Aufsichtsbehörden gegen unseriöse Inkassounternehmer** im In- und Ausland im Vorfeld des Widerrufs der Registrierung (BT-Drs. 17/13057, 11). Nicht nur an dieser Stelle wird deutlich, dass der Gesetzgeber mit der Änderung des Bußgeldtatbestands insbesondere Inkassounternehmer treffen wollte (dies galt bereits zu § 20 Abs. 1 Nr. 1 RDG aF, vgl. Begründung der Beschlussempfehlung des Rechtsausschusses BT-Drs. 16/6634, 53). Vielmehr wurde bezüglich § 20 Abs. 1 Nr. 3 RDG nF die Sanktionsmöglichkeit gegen Inkassounternehmer betont (vgl. BT-Drs. 17/13057, 20) und im Zusammenhang mit § 20 Abs. 2 Nr. 3 RDG nF wurden Verbraucherbeschwerden gegen unseriöse Inkassounternehmer aus dem Ausland angeführt (BT-Drs. 17/13057, 19 f.); von den Tatbeständen des § 20 Abs. 2 Nr. 1 und Nr. 2 RDG sind nur die Inkassounternehmer betroffen, wobei es hier um die Einhaltung der für sie neu geregelten Berufspflichten in § 11 a RDG geht, was ebenfalls als Ziel des Gesetzes formuliert wurde (BT-Drs. 17/13057, 20: die hier getroffene Aussage „Einhaltung der Berufspflichten registrierter Personen" ist insofern missverständlich, als im Übrigen von § 20 RDG keine Berufspflichtverstöße erfasst werden, zu den Berufspflichten siehe Vor §§ 10 ff. RDG Rn. 3 ff.). Nicht zuletzt offenbart sich die Zielrichtung der Änderungen in dem Anlass des Gesetzes gegen unseriöse Geschäftspraktiken, welches nämlich auf Beschwerden

RDG § 20 Teil 5 Datenübermittlung und Zuständigkeiten

über unseriöse Geschäftspraktiken in den Bereichen Inkassowesen, Telefonwerbung und Abmahnwesen zurückzuführen ist (BT-Drs. 17/13057, 9).

10 Allerdings werden von den tatbestandlichen Erweiterungen in §§ 20 Abs. 1 Nr. 3, Abs. 2 Nr. 3 und 4 RDG nF auch die anderen nach §§ 10, 15 RDG tätig werdenden Rechtsdienstleister erfasst; dies hat auch der Gesetzgeber gesehen und insoweit ausdrücklich ein Sanktionsbedürfnis bejaht (BT-Drs. 17/13057, 20).

11 Die Erweiterungen der Bußgeldtatbestände und des Bußgeldrahmens wurden von der **Verbraucherzentrale Bundesverband e. V.** und dem **Bundesverband Deutscher Inkasso-Unternehmen e. V.**, von deren Seite im Laufe des Gesetzgebungsverfahrens eine sachverständige Stellungnahme abgegeben wurde [zur Liste der Sachverständigen siehe http://webarchiv.bundestag.de/cgi/show.php?fileToLoad=2930&id=1223 unter öffentliche Anhörungen/Archiv der öffentlichen Anhörungen/Mittwoch, 15. Mai 2013, 17.15 Uhr/Stellungnahmen der Sachverständigen], allerdings verbunden mit der Forderung, die Aufsichtssituation zu verändern [zur Neuregelung der Aufsichtsmaßnahmen siehe § 13a RDG Rn. 1 ff.], **begrüßt** (Stellungnahme seitens der **Verbraucherzentrale Bundesverband e. V.** v. 8. 5. 2013, S. 7 f., abrufbar unter http://webarchiv.bundestag.de/cgi/show.php?fileToLoad=2930&id=1223 unter öffentliche Anhörungen/Archiv der öffentlichen Anhörungen/Mittwoch, 15. Mai 2013, 17.15 Uhr/Stellungnahmen der Sachverständigen/Stellungnahme Lina Ehrig; Stellungnahme des **Bundesverbands Deutscher Inkasso-Unternehmen** e. V. v. 1. 3. 2013, S. 17, www.bdiu.de/inkasso deutschland/gesetzgebung/neuerbereich/index.html, zu dem mit dem RegE insoweit identischen, aber nie „offiziell" vonseiten des Ministeriums veröffentlichten RefE, auf welchen in der Stellungnahme von *Pedd* v. 8. 5. 2013, abrufbar unter http://webarchiv.bundestag.de/cgi/show.php?fileToLoad=2930&id=1223 unter öffentliche Anhörungen/Archiv der öffentlichen Anhörungen/Mittwoch, 15. Mai 2013, 17.15 Uhr/Stellungnahmen der Sachverständigen/Stellungnahme Kirsten Pedd, Bezug genommen wird; **aA** *Kleine-Cosack*, Rechtspolitische und verfassungsrechtliche Bedenken gegen inkassorelevante Regelungen im Entwurf des Gesetzes gegen unseriöse Geschäftspraktiken, abrufbar unter http://www.bdiu.de/_downloads/526.pdf, S. 46 ff., insbesondere vor dem Hintergrund der Regelung des § 11a RDG und dem Fehlen einer effektiven Inkassoaufsicht; zur Verfassungsmäßigkeit des § 11a RDG nF siehe § 11a RDG Rn. 6 ff. und zu den möglichen Aufsichtsmaßnahmen nach § 13a RDG siehe § 13a RDG Rn. 8 ff.).

12 Diesem Votum ist im Grundsatz beizupflichten. **Bedenken** sind aber teilweise in Bezug auf die Ausgestaltung der Änderungen bzw. mit Blick auf die der Gesetzesbegründung zugrunde liegenden Vorstellungen zu erheben:

13 So drängt sich geradezu die Frage auf – die Gesetzesbegründung bleibt aber eine Erklärung schuldig –, weshalb die in § 20 Abs. 1 RDG nF geregelten Verstöße nur bei vorsätzlichem Handeln, die in § 20 Abs. 2 RDG nF normierten Fälle hingegen auch bei fahrlässigem Handeln sanktionsbewehrt sind. Jedenfalls eine **Differenzierung** zwischen der in **§ 20 Abs. 1 Nr. 2 RDG nF** zugrunde liegenden Konstellation (Tätigwerden unter Verstoß gegen § 10 Abs. 1 RDG) und den in **§ 20 Abs. 2 Nr. 3 und Nr. 4 RDG nF** geregelten Fällen (Erbringen einer vorübergehenden Rechtsdienstleistung nach § 15

Bußgeldvorschriften **§ 20 RDG**

Abs. 1 RDG ohne die erforderliche Mitteilung) erscheint angesichts der Vergleichbarkeit des zu ahndenden Fehlverhaltens nicht nachvollziehbar. Zugleich kann der Gesetzesbegründung zu § 20 Abs. 2 Nr. 3 und Nr. 4 RDG nF nur eingeschränkt zugestimmt werden, wenn dort bezüglich dieser Fälle von einer bisher bestehenden Regelungslücke ausgegangen wird (BT-Drs. 17/13057, 20). Denn den genannten Tatbeständen kommt, wie unter Rn. 19 ff. dargelegt, hinsichtlich der vorsätzlichen Begehungsweise aufgrund des Konkurrenzverhältnisses zu § 263 StGB kaum ein eigenständiger Anwendungsbereich zu. In diesen Fallkonstellationen ist bereits bisher (oftmals) der Tatbestand des Betrugs nach § 263 StGB verwirklicht, so dass von § 20 Abs. 2 Nr. 3 und Nr. 4 RDG nF hauptsächlich die „nur" fahrlässig handelnden Rechtsdienstleister betroffen sind. Gegen die Einführung dieses (Fahrlässigkeits-) Tatbestands als Reaktion auf vermehrte Verbraucherbeschwerden gegen unseriöse Inkassounternehmen, die im europäischen Ausland niedergelassen und in Deutschland nur vorübergehend tätig sind (BT-Drs. 17/13057, 21), ist mit Blick auf die Zielrichtung des Gesetzes (siehe Rn. 9 f.) indes nichts einzuwenden. Ob dieses Ziel bezogen auf im europäischen Ausland niedergelassene Rechtsdienstleister erreicht werden kann (zur Anwendbarkeit des RDG auf im Ausland niedergelassene Rechtsdienstleister siehe § 1 RDG Rn. 34 ff.; § 10 RDG Rn. 16; § 15 RDG Rn. 48), ist jedoch davon abhängig, dass das Bußgeld in dem jeweiligen Niederlassungsstaat vollstreckt werden kann. Dies wiederum ist nur dann der Fall, wenn die Tat nach dem Recht des ersuchenden und des ersuchten Mitgliedstaats sanktionierbar ist (BT-Drs. 17/13057, 21).

Zu begrüßen ist, dass nunmehr mit **§ 20 Abs. 1 Nr. 3 RDG nF** eine (vor- 14 sätzliche) Zuwiderhandlung gegen eine Auflage nach § 10 Abs. 3 RDG sanktionsbewehrt ist. Damit kann bereits bei der ersten Zuwiderhandlung reagiert werden, während nach der früheren Fassung für die Registrierungsbehörde ein Einschreiten erst bei einem „beharrlichen Verstoß", und zwar in Form des Widerrufs der Registrierung (siehe hierzu § 14 RDG Rn. 43), in Betracht kam. Allerdings erscheinen die zu dieser Regelung in der Gesetzesbegründung geäußerten Vorstellungen, was **Gegenstand einer Auflage nach § 10 Abs. 3 RDG** sein kann, als **problematisch.**

Beispielhaft genannt werden in der Gesetzesbegründung unter anderem die 15 Darlegungs- und Informationspflichten gem. § 11a RDG nF sowie das Gebot, eine konkret bezeichnete unseriöse Geschäftspraxis zu unterlassen (BT-Drs. 17/13057, 20; zu dem weiter genannten Beispiel der Durchführung von Schlüssigkeitsprüfungen als Auflage siehe § 10 RDG Rn. 35). In beiden Fällen kann eine entsprechend formulierte Auflage nach § 10 Abs. 3 RDG stets nur den **gesetzlichen Status quo** wiederholen, da sich die Verpflichtung zur Einhaltung der Dokumentations- und Informationspflichten bereits aus § 11a RDG ergibt und sich eine „unseriöse Geschäftspraxis" per se verbietet (zu der Auflage, eine unvereinbare zweitberufliche Tätigkeit zu unterlassen, siehe § 10 RDG Rn. 132). Die nach dem gesetzgeberischen Willen eröffnete Möglichkeit, eine Auflage anzuordnen, die eine rechtliche Verpflichtung (nochmals) feststellt, läuft der Rechtsklarheit und Rechtssicherheit zuwider. Denn eine solche nach § 16 Abs. 2 Nr. 1 lit. e RDG im Rechtsdienstleistungsregister bekanntzumachende Auflage ist geeignet, den Rechtsuchenden über den Umfang der Befugnisse von Rechtsdienstleistern einer Branche zu verunsichern,

RDG § 20 Teil 5 Datenübermittlung und Zuständigkeiten

wenn sich im Register für manchen Rechtsdienstleister ein Ge- oder Verbot ausdrücklich entnehmen lässt, für andere hingegen nicht. Schließlich ist zu sehen, dass eine sich auf die Darlegungs- und Informationspflichten beziehende Auflage nach der gesetzgeberischen Vorstellung die Reaktion auf ein (erstes) Fehlverhalten sein soll (vgl. BT-Drs. 17/13057, 20). Damit ist die Auflage mit einer **Rüge** vergleichbar, ein Instrumentarium gegen das sich der Gesetzgeber aber explizit ausgesprochen hat (BT-Drs. 17/13057, 20).

16 Hinsichtlich der in **§ 20 Abs. 2 Nr. 1 und 2 RDG nF** geregelten Tatbestände, welche Verstöße gegen § 11a Abs. 1 S. 1 und S. 2 RDG nF unter Sanktion stellen, ist schließlich anzumerken, dass das Inkrafttreten mWv 9.10.2013 inkonsequent ist. Die Vorschrift des § 11a RDG nF trat nämlich erst zum 1.11.2014 in Kraft (siehe hierzu § 11a RDG Rn. 8), weshalb die Regelungen des § 20 Abs. 2 Nr. 1 und 2 RDG nF bis zu diesem Zeitpunkt keinen Anwendungsbereich hatten.

17 Von einer im RegE noch vorgesehenen Änderung der **Zuständigkeitsregelung, § 20 Abs. 4 RDG-E,** wurde aufgrund eines Einwands des **Bundesrats** abgesehen. Nach § 20 Abs. 4 RDG-E sollte Verwaltungsbehörde iSd § 36 Abs. 1 Nr. 1 OWiG die nach § 19 Abs. 1 oder 2 RDG zuständige Behörde sein. Damit wäre die Registrierungsbehörde zugleich die für das Bußgeldverfahren sachlich zuständige Verfolgungsbehörde gewesen. In RegE wurde diese Zuständigkeitskonzentration mit der größeren Sachnähe der Registrierungsbehörden und der Erweiterung deren Sanktionssystems bei gleichzeitiger Entlastung der Staatsanwaltschaften begründet (BT-Drs. 17/13057, 21). Zu Recht wies der **Bundesrat** (BT-Drs. 17/13429, 3) darauf hin, dass dies bei den Betroffenen der Bußgeldentscheidung ohne Not den Eindruck eines rechtsstaatlichen Defizits hervorgerufen hätte. Denn – je nach Ausgestaltung der Zuständigkeitsregelung in den einzelnen Bundesländern – hätte dies zur Folge gehabt, dass in den Ländern, in denen die Zuständigkeit für die Registrierung beim Präsidenten eines AG liegt, dasselbe AG über einen Einspruch gegen einen Bußgeldbescheid bzw. dasselbe OLG über eine Rechtsbeschwerde gegen eine Bußgeldentscheidung zu einem Bußgeldbescheid des Präsidenten eines OLG hätte entscheiden müssen (BT-Drs. 17/13429, 3).

II. Kritik

18 **Sinn und Zweck des Bußgeldtatbestands** ist in weiten Teilen vor dem Hintergrund der Strafbarkeit des unbefugt handelnden Rechtsdienstleisters gem. § 263 StGB in Frage zu stellen. Dem Konkurrenzverhältnis zu § 263 StGB wurde bereits unter Geltung des RBerG kaum Beachtung geschenkt (soweit ersichtlich finden sich allein bei *Chemnitz/Johnigk* Rn. 788f. Erläuterungen hierzu), in der Praxis war es scheinbar nie von Relevanz und auch im Gesetzgebungsverfahren fand es keine bzw. nur unzureichend Berücksichtigung.

19 **1. Der Tatbestand des § 263 Abs. 1 StGB.** Der Tatbestand des Betrugs gem. § 263 Abs. 1 StGB ist in einer Vielzahl von Fällen unbefugten Handelns von Rechtsdienstleistern erfüllt. So liegen die Voraussetzungen etwa vor, wenn der Rechtsdienstleister über seine Registrierung – auch konkludent, indem er bspw. als Rentenberater auftritt – täuscht und der Mandant irrtumsbedingt

Bußgeldvorschriften **§ 20 RDG**

den Rechtsdienstleistungsvertrag abschließt und das vereinbarte Honorar leistet.

Nicht verkannt wird das **Problem des Vermögensschadens,** das sich vor 20 dem Hintergrund der Nichtigkeit des Rechtsdienstleistungsvertrags gem. § 134 BGB (hierzu oben Rn. 4) stellt. Auch wenn der Mandant infolge der Nichtigkeit des Vertrags nicht zur Zahlung verpflichtet war, gibt er sein „gutes Geld" irrtumsbedingt hin. Aus diesem Grund ist in der Rechtsprechung anerkannt, dass auch derjenige an seinem Vermögen geschädigt wird, der eine Geldleistung im Rahmen eines verbotenen oder sittenwidrigen Geschäfts erbringt, ohne die vereinbarte Gegenleistung zu erhalten (vgl. BGH NJW 2002, 2117 mwN [Betäubungsmittelgeschäft]; siehe auch Kindhäuser/Neumann/Paeffgen/*Kindhäuser* § 263 Rn. 345; aA MüKoStGB/*Hefendehl* § 263 Rn. 469, 475 [bei vollständiger Nichtigkeit des Vertrags]; Schönke/Schröder/*Perron* § 263 Rn. 93; SK-StGB/*Hoyer* § 263 Rn. 227). Von diesem Grundsatz ausgehend stellt sich freilich die weitere Frage, ob der nicht registrierte Rechtsdienstleister bzw. der unter Missachtung einer Meldung nach § 15 Abs. 2 S. 1 und S. 4 RDG in Deutschland vorübergehend tätige Rechtsdienstleister, der tatsächlich – auch in guter Qualität – berät, die „vereinbarte Gegenleistung" erbringt. Insoweit bietet es sich an, auf die zum sog. Anstellungsbetrug entwickelten Grundsätze zurückzugreifen. Hinsichtlich der Anstellung in der Privatwirtschaft stellt die hM idR auf den Wert der tatsächlich erbrachten Arbeitsleistung ab, wenn mit der Beschäftigung keine besondere Vertrauensposition verbunden ist; demgegenüber schließt die erbrachte Leistung bei einer besonderen Vertrauensposition und einer mit Rücksicht hierauf festgesetzten höheren Bezahlung die Annahme eines Vermögensschadens nicht aus (näher hierzu Kindhäuser/Neumann/Paeffgen/*Kindhäuser* § 263 Rn. 325f. mwN; die Entscheidung BGH NStZ 2003, 313, 315 [m. Anm. *Beckemper/Wegner*] zur Abrechnung eines angeblichen Kassenarztes steht der Anwendbarkeit dieser Grundsätze nach hiesiger Auffassung nicht entgegen, da in dem Urteil ausdrücklich auf eine im Sozialversicherungsrecht geltende formale Betrachtungsweise abgestellt wird). Unter Berücksichtigung der Bedeutung der Rechtsdienstleistung ist einem solchen Vertragsverhältnis die besondere Vertrauensstellung immanent. Da in diesem Bereich ein Vertragsverhältnis ohne dieses besondere Vertrauensverhältnis nicht denkbar ist, spielt dieses denklogisch bei der Bemessung des Honorars stets eine Rolle, weshalb es auf das im Einzelfall tatsächlich vereinbarte Honorar nicht ankommen kann, mithin ein Vermögensschaden ungeachtet der Höhe des Honorars und der Qualität der Rechtsdienstleistung zu bejahen ist (iErg *Chemnitz/Johnigk* Rn. 789; siehe zur Berücksichtigung der Qualität der Rechtsdienstleistung beim Bußgeldtatbestand Rn. 58 und 80).

Für die Tatbestandsverwirklichung ist schließlich in **subjektiver Hinsicht** 21 Vorsatz in Form von dolus eventualis ausreichend (zur Irrtumsproblematik siehe die vergleichbare Situation bei Verwirklichung des Bußgeldtatbestands Rn. 60ff.). Die ebenfalls notwendige Bereicherungsabsicht wird regelmäßig vorliegen, wenn der Rechtsdienstleister gegen Entgelt tätig wird (iErg die Strafbarkeit nach § 263 StGB bejahend *Chemnitz/Johnigk* Rn. 788f. zu Art. 1 § 8 RBerG; auch Gaier/Wolf/Göcken/*Siegmund* Rn. 29 geht von der Möglichkeit der Verwirklichung des Tatbestands des Eingehungsbetrugs aus). Handelt der Rechtsdienstleister demgegenüber – trotz Untersagung nach § 9

RDG § 20 Teil 5 Datenübermittlung und Zuständigkeiten

Abs. 1 RDG – gem. § 6 Abs. 1 RDG **unentgeltlich**, scheidet der Betrugstatbestand bereits mangels **Vermögensverfügung** aus.

22 **2. Konkurrenzverhältnis zu § 263 StGB.** Die Feststellung der Strafbarkeit nach § 263 Abs. 1 StGB hat zur Folge, dass bei gleichzeitiger Erfüllung der Voraussetzungen eines Bußgeldtatbestands nach § 20 Abs. 1 oder Abs. 2 gem. **§ 21 Abs. 1 OWiG** nur das Strafgesetz angewendet wird (vgl. zu Art. 1 § 8 RBerG *Rennen/Caliebe* Art. 1 § 8 Rn. 16 [zum Verhältnis von § 132a Abs. 1 Nr. 2 StGB zu Art. 1 § 8 Nr. 1 RBerG]; anders *Chemnitz/Johnigk* Rn. 788f. zu Art. 1 § 8 RBerG und Gaier/Wolf/Göcken/*Siegmund* Rn. 29, die von einem idealkonkurrierenden Verhältnis der Normen ausgehen).

23 Allerdings kann von dem in § 21 Abs. 1 OWiG angeordneten Spezialitätsgrundsatz abgewichen werden. Abgesehen von den Fällen, in denen der Bußgeldvorschrift durch ausdrückliche gesetzliche Bestimmung der Vorrang eingeräumt wird (zB § 209 Abs. 1 S. 2 SGB VII im Verhältnis zu § 266a Abs. 2 StGB und § 50e Abs. 2 EStG im Verhältnis zu Steuerstraftaten nach §§ 369–376 AO, vgl. Göhler/*Gürtler* § 21 Rn. 7a), ist eine Spezialität der Bußgeldvorschrift ausnahmsweise anzunehmen, wenn der Grundtatbestand und der Schutzzweck beider Gesetze übereinstimmen, der Bußgeldtatbestand aber besondere Umstände mildernder Art enthält (BVerfG WM 2006, 1929; BayObLG NStZ 1990, 440, 441; NStZ 2005, 172 Rn. 5; Göhler/*Gürtler* § 21 Rn. 7). Von einer Identität der Tatbestände kann hier nicht die Rede sein. Keines der nach § 263 Abs. 1 StGB erforderlichen Tatbestandsmerkmale (Täuschung, Irrtum, Vermögensverfügung und Vermögensschaden) ist Voraussetzung für die Erfüllung eines in § 20 Abs. 1 und 2 RDG enthaltenen Ordnungswidrigkeitentatbestands (vgl. BayObLG NStZ 2005, 172 Rn. 7 zum Verhältnis von § 58 Abs. 1 Nr. 1 BAföG zu § 263 Abs. 1 StGB; aA [bezüglich § 58 Abs. 1 Nr. 1 BAföG] KK-OWiG/*Bohnert* § 21 Rn. 7).

24 Aber auch wenn es an der für die Spezialität der Ordnungswidrigkeit vorausgesetzten Identität von Bußgeld- und Straftatbestand fehlt, kann es zu einer Verdrängung der Strafvorschrift kommen. Der insoweit in der Literatur teilweise vertretenen Auffassung, dass eine Umkehrung des Regel-Ausnahmeverhältnisses im Wege der Auslegung unter der Maxime, dass der Gesetzgeber keine sinnlosen Gesetze erlässt, und unter Berücksichtigung des Grundsatzes des Vorrangs der lex posterior erreicht werden kann (KK-OWiG/*Bohnert* § 21 Rn. 9), ist das BVerfG entgegen getreten. Zur Begründung hat das BVerfG ausgeführt, dass das Ordnungswidrigkeitenrecht aus Sicht des Gesetzgebers üblicherweise dazu diene, letzte Lücken im Gefüge rechtsgutsichernder Normen zu schließen, um so Missbräuchen auf einem Rechtsgebiet umfassend entgegenzuwirken. Dieser Intention würde nach Auffassung des BVerfG zuwidergehandelt, wollte man den Vorrang einer Bußgeldbestimmung gegenüber einer Strafvorschrift immer und selbst dort annehmen, wo – entgegen der Annahme des Gesetzgebers – wegen bereits bestehender Strafbarkeit gar keine Lücke im Rechtsgüterschutz vorgelegen habe. Damit eine im Regelungsgehalt einer Strafvorschrift aufgehende Bußgeldnorm das Strafgesetz verdrängt, fordert das BVerfG daher eine ausdrückliche Äußerung eines entsprechenden gesetzgeberischen Willens (BVerfG WM 2006, 1929, 1930; ebenso Göhler/*Gürtler* § 21 Rn. 7).

Die **Gesetzesbegründung zum Gesetz zur Neuregelung des Rechts-** 25
beratungsrechts lässt den Schluss zu, dass sich der Gesetzgeber bei der Neufassung des RDG einer Konkurrenzproblematik zu § 263 StGB nicht bewusst war. Zwar wurde der Bußgeldtatbestand zu Beginn des Gesetzgebungsverfahrens noch für entbehrlich gehalten. Jedoch wurde die Entbehrlichkeit nicht etwa mit Blick auf den Straftatbestand des § 263 Abs. 1 StGB begründet, sondern auf das zur Verfügung stehende privat- und verwaltungsrechtliche Instrumentarium sowie die aus der Beweissituation resultierende geringe praktische Relevanz des Bußgeldtatbestands hingewiesen (siehe hierzu Rn. 4).

Da der Bußgeldtatbestand letztlich jedoch eingeführt wurde, bliebe zu über- 26
legen, ob sich den **Gesetzesmaterialien zum RBerG** eine – auf die heutige Rechtslage übertragbare – Willensbekundung des Gesetzgebers zum Konkurrenzverhältnis von Art. 1 § 8 RBerG zu § 263 StGB findet. Insoweit ist zunächst zu sehen, dass Art. 1 § 8 RBerG ursprünglich als Strafrechtsnorm konzipiert war, weshalb eine tateinheitliche Verwirklichung von § 263 StGB und Art. 1 § 8 RBerG in Betracht kam (siehe hierzu *Altenhoff/Busch* Art. 1 § 8 Rn. 138). Die mit dem Einführungsgesetz zum Gesetz über Ordnungswidrigkeiten v. 24.5.1968 (BGBl. I S. 503 ff.) erfolgte Umwandlung des Art. 1 § 8 RBerG zu einer Ordnungswidrigkeitenregelung wurde seitens des Rechtsausschusses unter Hinweis auf die Gleichbehandlung mit der Umwandlung von leichteren Vergehenstatbeständen des Steuerstrafrechts sowie der Umwandlung des Tatbestands der unbefugten Steuerberatung in Ordnungswidrigkeitentatbestände begründet (siehe hierzu Schriftlicher Bericht des Rechtsausschusses zu BT-Drs. V/2600 und V/2601, 26). Das Konkurrenzverhältnis zu § 263 StGB vor dem Hintergrund des § 17 OWiG aF (heute § 21 Abs. 1 OWiG) wurde bereits damals nicht angesprochen, weshalb zu vermuten ist, dass sich der Gesetzgeber auch zu diesem Zeitpunkt der Problematik nicht bewusst war.

Erstmals – aber lediglich ansatzweise – Erwähnung findet eine in diesem 27
Kontext mögliche Verwirklichung des Betrugstatbestands im Zuge des Gesetzgebungsverfahrens zu dem **Gesetz gegen unseriöse Geschäftspraktiken**. Im **RegE** (BT-Drs. 17/13057, 21) heißt es im Zusammenhang mit der ursprünglich avisierten Änderung der Zuständigkeitsregelung (siehe oben Rn. 17): „Sind Anhaltspunkte dafür vorhanden, dass die Ordnungswidrigkeit auch eine Straftat ist (etwa in Betrugsfällen), ist die Sache weiterhin an die Staatsanwaltschaft abzugeben (§ 41 Absatz 1 OWiG)". Auch lediglich unter dem Gesichtspunkt der Zuständigkeitsregelung hat sich der **Bundesrat** (BT-Drs. 17/13429, 3) hiermit befasst und ausgeführt, „dass es in gravierenden Fällen, in denen Anhaltspunkte dafür vorliegen, dass die Ordnungswidrigkeit auch einen Straftatbestand erfüllt, ebenfalls bei der Zuständigkeit der Staatsanwaltschaften verbleiben muss". Abgesehen davon, dass diese Äußerungen die eigentliche Problematik, nämlich das oftmals gegebene Konkurrenzverhältnis zwischen § 263 StGB und § 20 RDG, nicht erfassen, steht gemessen an den Vorgaben des BVerfG (Rn. 24) jedenfalls die Erwägung einer Verfolgung von Betrugsfällen durch die Staatsanwaltschaft der Annahme eines Vorrangverhältnisses zugunsten des § 20 RDG entgegen.

3. Auswirkungen der Spezialität des § 263 Abs. 1 StGB. Das sich aus 28
§ 21 Abs. 1 OWiG ergebende Vorrangverhältnis des § 263 StGB hat eine **er-**

heblliche Einschränkung des Anwendungsbereichs des § 20 Abs. 1 RDG zur Folge.

29 Zum Tragen kommt der Ordnungswidrigkeitentatbestand mangels Irrtums iSv § 263 Abs. 1 StGB, wenn der Mandant des Rechtsdienstleisters von der fehlenden Registrierung oder der fehlenden Mitteilung nach § 15 Abs. 2 S. 1 und S. 4 RDG bzw. einer existierenden Untersagungsverfügung Kenntnis hat. Ferner greift § 20 RDG in den Konstellationen ein, in denen der Rechtsdienstleister „nur" eine von § 11 Abs. 4 RDG geschützte Bezeichnung führt. Außerdem ist eine Zuwiderhandlung in den Fällen des § 20 Abs. 2 Nr. 3 und Nr. 4 RDG als Ordnungswidrigkeit zu ahnden, wenn der Rechtsdienstleister insoweit nicht vorsätzlich, sondern fahrlässig gehandelt hat.

30 Der Ordnungswidrigkeitentatbestand ist zur Sanktionierung auch in den Fällen allein maßgeblich, in denen der Rechtsdienstleister gegen eine nach § 10 Abs. 3 S. 1 RDG angeordnete Auflage (§ 20 Abs. 1 Nr. 3 RDG nF) oder gegen Darlegungs- und Informationspflichten iSv § 11a RDG (§ 20 Abs. 2 Nr. 1 und 2 RDG nF) verstößt.

31 Auf der anderen Seite werden von § 263 Abs. 1 StGB Konstellationen erfasst, die nicht in den Anwendungsbereich des § 20 Abs. 1 RDG fallen. So ist in Bezug auf die **allgemein Rechtsdienstleistung anbietenden Nichtanwälte** und die die Grenzen des **§ 5 Abs. 1 RDG** verletzenden Dienstleister bei unbefugter Erbringung von Rechtsdienstleistungen der objektive Tatbestand des § 263 Abs. 1 StGB verwirklicht. Das Problem der Bestimmtheit – weshalb eine tatbestandliche Erfassung dieser Fälle im Bußgeldtatbestand ausschied (siehe oben Rn. 4) – stellt sich hier nicht; die Bestimmtheit des Tatbestandsmerkmals der Täuschung des § 263 Abs. 1 StGB steht außer Frage, woran sich auch nichts ändert, wenn für die Erfüllung dieses Merkmals die Täuschung des Dienstleisters über seine Berechtigung zum Handeln erforderlich ist. Darüber hinaus kommt die Erfüllung des Straftatbestands auch dann in Betracht, wenn die Rechtsdienstleistung unter **Überschreitung der sich aus §§ 7 und 8 RDG ergebenden Grenzen** erbracht wird. Allerdings dürften die im Gesetzgebungsverfahren zu § 20 Abs. 1 RDG hinsichtlich der subjektiven Tatbestandsseite unter dem Gesichtspunkt der Beweisschwierigkeiten erhobenen Bedenken eine Rolle spielen, wenn nämlich der Rechtsdienstleister einwendet, nicht von der Überschreitung der Grenzen der genannten Bestimmungen ausgegangen zu sein (vgl. BT-Drs. 16/6634, 53 zu § 5 Abs. 1 RDG).

32 Der Vollständigkeit halber sei hier angemerkt, dass in den Fällen des unentgeltlichen Tätigwerdens weder der Tatbestand des Betrugs nach § 263 StGB erfüllt sein kann noch eine Ahndung als Ordnungswidrigkeit in Betracht kommt. Die Tatbestandsvoraussetzungen des Betrugs sind in Ermangelung einer Vermögensverfügung nicht erfüllt und von § 20 RDG nF sind – wie bereits ausgeführt (siehe oben Rn. 6) – Zuwiderhandlungen gegen die die unentgeltliche Rechtsdienstleistung regelnde Norm des § 6 RDG nicht erfasst.

33 4. Fazit. Die Vorschrift des **§ 20 Abs. 1 RDG aF** hatte aufgrund des Konkurrenzverhältnisses zu § 263 StGB lediglich einen kleinen eigenständigen Anwendungsbereich. Dieser wurde aufgrund der tatbestandlichen Erweiterungen in **§ 20 Abs. 1 und 2 RDG nF** mit dem Gesetz gegen unseriöse Geschäftspraktiken zwar ausgedehnt, ist jedoch durch die vorrangige Anwendung der

Bußgeldvorschriften **§ 20 RDG**

Strafrechtsnorm in seinem Anwendungsbereich weiterhin eingeschränkt. Die sich vor diesem Hintergrund aufdrängende Frage nach der Notwendigkeit des Bußgeldtatbestands kann gleichwohl bejaht werden. Denn auch in den verbleibenden Konstellationen, die von § 20 Abs. 1 und 2 RDG nF erfasst werden, ist es – selbst wenn der Rechtsuchende nicht über die Befugnis des Rechtsdienstleisters getäuscht wird – mit Blick auf den Schutzzweck des RDG, nämlich den Schutz der Rechtsuchenden, des Rechtsverkehrs und der Rechtsordnung vor unqualifizierten Rechtsdienstleistungen (vgl. § 1 Abs. 1 S. 2 RDG; dazu § 1 RDG Rn. 2 ff.) angezeigt, den Verfehlungen mit der Bußgeldandrohung zu begegnen und hiermit nicht zuletzt eine präventive Wirkung zu erzielen (vgl. zum Zweck des § 20 RDG Gaier/Wolf/Göcken/*Siegmund* Rn. 17). Allerdings wäre aus Gründen der **Rechtsklarheit** eine tatbestandliche Begrenzung des § 20 Abs. 1 RDG – in Abgrenzung zu den von § 263 Abs. 1 StGB erfassten Konstellationen – wünschenswert gewesen.

Schließlich sei darauf hingewiesen, dass sich die hier aufgezeigte Problematik ebenso bei dem ohne Erlaubnis tätig werdenden **Versicherungsberater** stellt, und zwar dort hinsichtlich des Konkurrenzverhältnisses zwischen der Bußgeldvorschrift des § 144 Abs. 1 Nr. 1 lit. k GewO (vormals Art. 1 § 8 Abs. 1 Nr. 1 RBerG) und dem Betrugstatbestand nach § 263 Abs. 1 StGB (siehe zum Beruf des Versicherungsberaters § 2 RDGEG Rn. 1 ff.). 34

B. Die Verwirklichung der Ordnungswidrigkeitentatbestände

Die objektiven Bußgeldtatbestände ergeben sich aus § 20 Abs. 1 und Abs. 2 RDG nF, während die Fragen betreffend den subjektiven Tatbestand, der Beteiligung, des Versuchs sowie der Konkurrenzen (siehe hierzu auch bereits oben Rn. 22 ff.) unter Rückgriff auf das OWiG zu beantworten sind. 35

I. Die einzelnen Ordnungswidrigkeitentatbestände (§ 20 Abs. 1 und Abs. 2 RDG nF)

1. Der objektive Tatbestand des § 20 Abs. 1 Nr. 1 RDG nF. Nach § 20 Abs. 1 Nr. 1 RDG nF (früher inhaltsgleich: § 20 Abs. 1 Nr. 2 RDG aF) handelt ordnungswidrig, wer einer vollziehbaren Anordnung nach § 9 Abs. 1 S. 1 RDG oder § 15 Abs. 5 S. 1 RDG zuwiderhandelt. Erfasst von dem Tatbestand werden also Zuwiderhandlungen gegen **Untersagungsverfügungen** nach § 9 Abs. 1 RDG, die sich an die in §§ 6, 7 Abs. 1 und 8 Abs. 1 Nr. 4 und 5 RDG genannten Personen und Vereinigungen richten, sowie Verstöße gegen eine Untersagungsverfügung von einer vormals nach Maßgabe von § 15 Abs. 1 RDG vorübergehend tätig werdenden Person oder Gesellschaft (zur Frage der **Täterschaft** einer natürlichen Person, wenn Adressat der Untersagungsverfügung eine Vereinigung oder Gesellschaft ist, siehe Rn. 68). 36

Das Tatbestandsmerkmal der **Vollziehbarkeit** der Untersagungsverfügung, die als Verwaltungsakt zu qualifizieren ist, ist anhand verwaltungsrechtlicher Maßstäbe zu beurteilen und daran gemessen zu bejahen, wenn die Untersagungsverfügung gegenüber dem Adressaten bekannt gegeben wurde und nicht gem. § 44 VwVfG nichtig ist (vgl. §§ 43 Abs. 1 S. 1, Abs. 3 VwVfG [des jewei- 37

Rillig 547

ligen Bundeslandes]; Dreyer/Lamm/Müller/*K. Lamm/E. Dreyer* Rn. 15). Die Vollziehbarkeit wird jedoch – sofern nicht gem. § 80 Abs. 2 Nr. 4 VwGO die sofortige Vollziehung angeordnet wurde – gem. § 80 Abs. 1 S. 1 VwGO gehemmt, wenn der Betroffene gegen die Untersagungsverfügung Widerspruch einlegt (Dreyer/Lamm/Müller/*K. Lamm/E. Dreyer* Rn. 16; Henssler/Prütting/*Weth* Rn. 11) bzw. – bei Entbehrlichkeit eines Widerspruchverfahrens – Anfechtungsklage erhebt (zu den Rechtsschutzmöglichkeiten gegen eine Untersagungsverfügung, insbesondere der Erforderlichkeit des Vorverfahrens nach §§ 68 ff. VwGO, siehe näher § 9 RDG Rn. 13; § 15 RDG Rn. 123). Konsequenz der eingetretenen **Hemmung** ist, dass der Betroffene die Untersagungsverfügung bis zur Bestandskraft bzw. bis zum Ende der aufschiebenden Wirkung (§ 80b VwGO) nicht befolgen muss (vgl. Schoch/Schneider/Bier/*Schoch* § 80 Rn. 110, 121; *Rennen/Caliebe* Art. 1 § 8 Rn. 23).

38 In den Fällen, in denen der **Widerspruch** nach § 80 Abs. 1 S. 1 VwGO **aufschiebende Wirkung** entfaltet, stellt sich allerdings die Frage, ob eine Zuwiderhandlung gegen eine Anordnung in dem Stadium, in welchem die Einlegung eines Widerspruchs noch nicht erfolgt, aber noch möglich ist, als Ordnungswidrigkeit geahndet werden kann. Während dieses **Schwebezustands** allein auf die Wirksamkeit des Verwaltungsakts abzustellen, greift zu kurz (so aber zum RBerG *Rennen/Caliebe* Art. 1 § 8 Rn. 23 und aus der verwaltungsrechtlichen Literatur Schoch/Schneider/Bier/*Schoch* § 80 Rn. 123 mwN). Denn der Adressat könnte in diesem Fall die ihm gesetzlich eingeräumte Überlegungsfrist, ob er den Verwaltungsakt akzeptieren oder anfechten möchte, faktisch nicht nutzen, was als unzulässige Verkürzung des effektiven Rechtsschutzes zu qualifizieren wäre (Henssler/Prütting/*Weth* Rn. 11; Dreyer/Lamm/Müller/*K. Lamm/E. Dreyer* Rn. 17; *Wüterich* NStZ 1987, 106, 107; vgl. auch BGH NJW 1969, 2023, 2025 [Verkehrsschild]; OLG Hamm NJW 1980, 1476 [§ 58 BAFöG]; *Odenthal* NStZ 1991, 418, 419f.). Dies zugrunde gelegt kann eine Zuwiderhandlung gegen eine Untersagungsverfügung letztlich also nur als Ordnungswidrigkeit geahndet werden, wenn diese nach § 80 Abs. 2 Nr. 4 VwGO für sofort vollziehbar erklärt wurde oder Bestandskraft eingetreten ist (Krenzler/*Klees* Rn. 13; anders Grunewald/Römermann/*Franz* Rn. 6 und Kilian/Sabel/vom Stein/*vom Stein* Rn. 568, die entgegen dem Wortlaut nur auf die Bestandskraft der Verfügung abstellen).

39 Wurde eine (lediglich) rechtswidrige Untersagungsverfügung nach § 80 Abs. 2 Nr. 4 VwGO für **sofort vollziehbar** erklärt, so entfaltet ein Widerspruch des Adressaten keine aufschiebende Wirkung. Praktisch ist die Untersagungsverfügung so zu behandeln, als sei sie bereits unanfechtbar geworden (Schoch/Schneider/Bier/*Schoch* § 80 Rn. 265), weshalb der Betroffene keine registrierungspflichtige Rechtsdienstleistung mehr erbringen darf. Einwände des Betroffenen, die die Frage der materiellen Rechtmäßigkeit der Untersagungsverfügung berühren, bleiben im Bußgeldverfahren außer Betracht. Dieser Gesichtspunkt ist – anders hinsichtlich der Nichtigkeit iSd § 44 VwVfG – im Bußgeldverfahren nicht zu überprüfen (Krenzler/*Klees* Rn. 13). Ebenfalls ohne Relevanz ist aus bußgeldrechtlicher Sicht mit der hM, ob die Untersagungsverfügung zu einem späteren Zeitpunkt **aufgehoben** wurde (Henssler/Prütting/*Weth* Rn. 12; zum RBerG *Rennen/Caliebe* Art. 1 § 8 Rn. 23; *Odenthal* NStZ 1991, 418, 420). Denn für die Beurteilung des Vorliegens einer

Ordnungswidrigkeit kann allein der Tatzeitpunkt maßgeblich sein (BGH NJW 1969, 2023, 2025; aA *Wüterich* NStZ 1987, 106, 108).

2. Der objektive Tatbestand des § 20 Abs. 1 Nr. 2 RDG nF. Die Bedeutung des Tatbestands des § 20 Abs. 1 Nr. 2 RDG nF, wonach ordnungswidrig handelt, wer eine Rechtsdienstleistung ohne Registrierung nach § 10 Abs. 1 RDG erbringt, sah der Gesetzgeber vornehmlich in der Bekämpfung des unseriösen Inkassowesens zum Schutz der Rechtsuchenden (vgl. Begründung der Beschlussempfehlung des Rechtsausschusses BT-Drs. 16/6634, 53 und siehe auch Henssler/Prütting/*Weth* Rn. 13). Erfasst werden aber nicht nur Inkassodienstleistungen iSv § 10 Abs. 1 Nr. 1 iVm § 2 Abs. 2 RDG, die unter **Verstoß gegen die Registrierungspflicht** ausgeübt werden, sondern – wie sich dem Verweis auf den gesamten Tatbestand des § 10 Abs. 1 RDG entnehmen lässt – auch die ohne Registrierung erbrachte Rechtsdienstleistung nach § 2 Abs. 1 RDG, die sich auf den Bereich der Rentenberatung (§ 10 Abs. 1 Nr. 2 RDG) oder den Bereich eines ausländischen Rechts (§ 10 Abs. 1 Nr. 3 RDG) bezieht (vgl. BT-Drs. 16/6634, 53). 40

a) Erforderlichkeit der Registrierung. Die Vorschrift des § 20 Abs. 1 Nr. 1 RDG aF knüpfte in ihrem Wortlaut an ein Handeln „ohne die nach § 10 Abs. 1 erforderliche Registrierung" an, während es nunmehr in § 20 Abs. 1 Nr. 2 RDG nF lediglich „ohne Registrierung nach § 10 Absatz 1 Satz 1 RDG" heißt. Eine inhaltliche Änderung war mit dieser Änderung nicht bezweckt (vgl. BT-Drs. 17/13057, 20, wonach bezogen auf die bisherigen Bußgeldtatbeständen von redaktionellen Änderungen gesprochen wird) und auch der Sache nach liegt es weiterhin auf der Hand, dass für die Tatbestandsmäßigkeit der Handlung zunächst entscheidend ist, ob den Betroffenen für die von ihm vorgenommenen Dienstleistungen überhaupt eine Registrierungspflicht trifft. 41

Zu bejahen ist die Registrierungspflicht stets im Falle der Erbringung von Inkassodienstleistungen iSv § 2 Abs. 2 S. 1 RDG; im Übrigen besteht für die Erbringung der Dienstleistungen nur eine Registrierungspflicht, wenn sie als Rechtsdienstleistung iSv **§ 2 Abs. 1 RDG** zu qualifizieren und nicht als Nebendienstleistung nach **§ 5 RDG** zulässig ist oder die Rechtsdienstleistung nach Maßgabe der **§§ 6–8 RDG** erbracht wurde (Henssler/Prütting/*Weth* Rn. 13; vgl. auch Dreyer/Lamm/Müller/*K. Lamm/E. Dreyer* Rn. 11; hierzu auch § 10 RDG Rn. 28). 42

b) Tätigwerden ohne (erforderliche) Registrierung. Ohne die nach § 10 Abs. 1 RDG erforderliche **Registrierung** in einem der dort genannten Bereiche ist die Rechtsdienstleistung nicht nur erbracht, wenn die betreffende Person zu keinem Zeitpunkt registriert war, sondern auch dann, wenn die Tätigkeit die Grenze einer vorhandenen Registrierung überschreitet, ohne als Nebenleistung iSv § 5 Abs. 1 RDG gewertet werden zu können (Grunewald/*Franz* Rn. 5; Henssler/Prütting/*Weth* Rn. 14; vgl. auch Unseld/Degen/*Unseld* Rn. 3), oder die Registrierung durch Widerruf, Rücknahme oder Verzicht entfallen ist (Henssler/Prütting/*Weth* Rn. 14; Dreyer/Lamm/Müller/*K. Lamm/E. Dreyer* Rn. 11; Kilian/Sabel/vom Stein/*vom Stein* Rn. 566). Entscheidend ist, dass im Zeitpunkt der Erbringung der Rechtsdienstleistung eine entsprechende Registrierung nicht vorlag, weshalb für die Beurteilung der Ord- 43 nungswidrigkeit auch irrelevant ist, ob die Registrierung zu Unrecht versagt wurde (Henssler/Prütting/*Weth* Rn. 14) bzw. der Widerruf oder die Rücknahme zu Unrecht erfolgte. Im Falle des **Widerrufs oder der Rücknahme** gilt es jedoch zu beachten, dass die Ahndung einer Zuwiderhandlung als Ordnungswidrigkeit entweder die Unanfechtbarkeit des Bescheids oder – wie im Falle einer Untersagungsverfügung (siehe Rn. 37 ff.) – die sofortige Vollziehbarkeit der Verfügung voraussetzt (vgl. Dreyer/Lamm/Müller/*K. Lamm* /*E. Dreyer* Rn. 11).

44 Für die Tatbestandsmäßigkeit des Handelns ist nicht entscheidend, ob im Zeitpunkt des Tätigwerdens des Betroffenen die **Bekanntmachung** der Registrierung gem. § 16 RDG im Rechtsdienstleistungsregister bereits erfolgt war, sofern nur der – hiervon zu unterscheidende – Akt der Registrierung vorgenommen wurde (Grunewald/Römermann/*Franz* Rn. 3; Krenzler/*Klees* Rn. 7; anders Unseld/Degen/*Unseld* Rn. 3 und Henssler/Prütting/*Weth* Rn. 15, die allerdings die Veröffentlichung im Register nicht von der Registrierung, sondern von dem Antrag auf Registrierung abgrenzen). Dass die unterlassene Veröffentlichung der Registrierung nach § 16 RDG im Anwendungsbereich des § 20 Abs. 1 Nr. 2 RDG nF nicht von Bedeutung sein kann, ergibt sich bereits aus dem **Wortlaut** dieser Regelung, der auf ein Handeln ohne Registrierung nach § 10 Abs. 1 RDG abstellt und die Bekanntmachung derselben im Rechtsdienstleistungsregister gem. § 16 RDG nicht erwähnt. Außerdem ist die Bekanntmachung der Registrierung nach zutreffender Ansicht **keine Wirksamkeitsvoraussetzung** für die Befugnis zur Erbringung der Rechtsdienstleistung (str., siehe hierzu Vor §§ 10ff. RDG Rn. 1).

45 Ebenso wenig wie die Veröffentlichung der Registrierung Wirksamkeitsvoraussetzung ist, hat die Löschung der veröffentlichten Eintragung konstitutive Wirkung (Krenzler/*Klees* § 17 Rn. 5 und § 17 RDG Rn. 3). Dementsprechend kommt es im Falle eines (bestandskräftigen) **Widerrufs oder einer Rücknahme** für die Verfolgung als Ordnungswidrigkeit nicht darauf an, ob die Löschung der Veröffentlichung aus dem Rechtsdienstleistungsregister gem. § 17 Abs. 1 Nr. 4 RDG im Zeitpunkt der Erbringung der Rechtsdienstleistung tatsächlich bereits erfolgt war.

46 **3. Der objektive Tatbestand des § 20 Abs. 1 Nr. 3 RDG nF.** Aufgrund der neu eingefügten Regelung des § 20 Abs. 1 Nr. 3 RDG nF können nunmehr Verstöße gegen vollziehbare Auflagen nach § 10 Abs. 3 S. 1 RDG geahndet werden. Für die Tatbestandsmäßigkeit eines Verstoßes ist es irrelevant, ob es sich um eine Auflage handelt, die die zuständige Behörde bereits **im Zeitpunkt der Registrierung** angeordnet oder erst **nachträglich** als selbstständigen Verwaltungsakt erlassen hat (BT-Drs. 17/13057, 20; zum Zeitpunkt der Anordnung einer Auflage siehe § 10 RDG Rn. 130). Voraussetzung ist jedoch in beiden Fällen die **Vollziehbarkeit der Auflage.** Die Frage der Vollziehbarkeit der stets selbstständig anfechtbaren Auflage (BT-Drs. 17/13057, 20), ist – wie bei der Untersagungsverfügung nach §§ 9 Abs. 1, 15 Abs. 5 RDG – unter Rückgriff auf verwaltungsrechtliche Regeln zu lösen (siehe hierzu oben Rn. 37 ff.).

47 Der **Gegenstand einer Auflage** bestimmt sich ausweislich des Wortlauts des § 10 Abs. 3 S. 1 RDG danach, ob eine Auflage zum Schutz des Rechtsuchenden oder des Rechtsverkehrs erforderlich ist (siehe hierzu § 10 RDG

Rn. 128). Vor diesem Hintergrund begegnen Auflagen bspw. aus dem Bereich der Büroorganisation oder zur Höhe einer abzuschließenden Berufshaftpflichtversicherung keinen Bedenken (hierzu § 10 RDG Rn. 130). Nichts anderes gilt für die in § 10 Abs. 3 S. 2 RDG für den Bereich der Inkassodienstleistung statuierte Soll-Auflage zur unverzüglichen Weiterleitung von Fremdgeldern bzw. der Einzahlung auf einem Anderkonto (hierzu § 10 RDG Rn. 135 ff.). Insofern ist zwar zu sehen, dass in § 20 Abs. 1 Nr. 3 RDG nF ausdrücklich nur § 10 Abs. 3 **S. 1** RDG in Bezug genommen und § 10 Abs. 3 **S. 2** RDG nicht erwähnt wird. Da mit § 10 Abs. 3 S. 2 RDG allerdings „lediglich" die Möglichkeit der Anordnung einer Auflage iSv § 10 Abs. 3 S. 1 RDG inhaltlich präzisiert wird, sind auch Verstöße gegen eine die Handhabung von Fremdgeldern betreffende Auflage bußgeldrechtlich zu ahnden.

Als **problematisch** – nach dem Willen des Gesetzgebers indes **nicht unzulässig** – erweisen sich hingegen die sich aus der Begründung zu dem Gesetz gegen unseriöse Geschäftspraktiken ergebenden Vorstellungen des Gesetzgebers, wonach auch Vorgaben zur Darlegungs- und Informationspflicht, eine Dokumentationspflicht zwecks Nachweises der Durchführung von Schlüssigkeitsprüfungen oder das Gebot, eine konkret bezeichnete unseriöse Geschäftspraxis zu unterlassen, im Rahmen einer Auflage in Betracht kommen können (hierzu siehe oben Rn. 15 und § 10 RDG Rn. 35, 132). 48

4. Der objektive Tatbestand des § 20 Abs. 1 Nr. 4 RDG nF. Nach § 20 49
Abs. 1 Nr. 4 RDG nF handelt ordnungswidrig, wer entgegen § 11 Abs. 4 RDG eine dort genannte Berufsbezeichnung oder Bezeichnung führt. Damit wird das Verwenden der Begriffe „Inkasso", „Rentenberaterin" und „Rentenberater" bzw. zum Verwechseln ähnlicher Bezeichnungen ohne entsprechende Registrierung von dem Ordnungswidrigkeitentatbestand erfasst (siehe zum Führen einer von § 11 Abs. 4 RDG geschützten Bezeichnung sowie zur Verwechslungsgefahr mit solchen Bezeichnungen § 11 RDG Rn. 19 ff.). Mit dieser abschließenden Aufzählung hat sich der Gesetzgeber gegen die vormals in Art. 1 § 8 Abs. 1 Nr. 3 RBerG vorgesehene Sanktionsbewehrung des unbefugten Führens der Bezeichnung „Rechtsbeistand" entschieden. Dies ist insofern nicht nachvollziehbar, als diese Bezeichnung und ihr zum Verwechseln ähnliche Bezeichnungen nach wie vor in § 6 RDGEG geschützt werden (vgl. *Römermann* AnwBl. 2009, 22, 24, der angesichts des Ziels des Rechtsausschusses, insbesondere den Inkassobereich vor unseriösen Anbietern zu schützen [hierzu oben Rn. 9], davon ausgeht, dass es auf die übrigen Berufsbezeichnungen nicht im gleichen Maße angekommen sei; siehe auch § 11 RDG Rn. 13 und § 6 RDGEG Rn. 4 ff.).

5. Der objektive Tatbestand des § 20 Abs. 2 Nr. 1 und Nr. 2 RDG nF. 50
Die mit dem Gesetz gegen unseriöse Geschäftspraktiken (siehe Rn. 8) eingefügten Tatbestände des § 20 Abs. 2 Nr. 1 und Nr. 2 RDG nF knüpfen an die ebenfalls neu statuierte – allerdings erst mWv 1. 11. 2014 in Kraft getretene (hierzu oben Rn. 16) – **Darlegungs- und Informationspflicht bei Inkassodienstleistungen in § 11a Abs. 1 S. 1 und S. 2 RDG nF** an. Der Anwendungsbereich der § 20 Abs. 2 Nr. 1 und Nr. 2 RDG nF ist damit nur eröffnet, wenn der Betroffene den Normbefehl des § 11a RDG nF einzuhalten hat, er mithin registrierte Person ist, die eine Inkassodienstleistung iSd Legaldefinition

des § 2 Abs. 2 RDG erbringt (siehe hierzu § 11a RDG Rn. 10f.) und es sich bei dem Schuldner um eine Privatperson iSd § 11a Abs. 2 RDG nF handelt (hierzu § 11a RDG Rn. 53ff.).

51 Der Unterschied zwischen der Regelung des § 20 Abs. 2 **Nr. 1** RDG nF und § 20 Abs. 2 **Nr. 2** RDG nF besteht allein darin, dass § 20 Abs. 2 Nr. 1 RDG nF auf Verstöße bei der Erteilung der **Mindestabgaben iSv § 11a Abs. 1 S. 1 RDG nF** und § 20 Abs. 2 Nr. 2 RDG nF auf Fehler bei der Übermittlung der seitens des Schuldners nach **§ 11a Abs. 1 S. 2 RDG nF angefragten Informationen** (zum Inhalt der Darlegungs- und Informationspflichten siehe § 11a RDG Rn. 12ff.) abstellt, während die Handlungsmodalitäten wortgleich geregelt sind. So knüpfen beide Fälle daran an, dass die Information/Mitteilung **nicht, nicht richtig, nicht vollständig** oder **nicht rechtzeitig** übermittelt wird.

52 Diese Tatbestandsvarianten sind aus sich heraus verständlich, was auch der Grund sein dürfte, weshalb die Gesetzesbegründung auf eine Erläuterung der Begriffe verzichtet hat. So liegt die Tatbestandsmäßigkeit auf der Hand, wenn der Inkassodienstleister das erste Zahlungsaufforderungsschreiben ohne jegliche Angaben nach § 11a Abs. 1 S. 1 RDG versendet oder eben nur partiell, bspw. lediglich zum Auftraggeber, Angaben macht. Als ebenfalls **unproblematische** „unvollständige Übermittlung" iSv § 20 Abs. 2 Nr. 1 RDG nF wird der Fall einzustufen sein, in dem nur rudimentäre Informationen zum Anspruchsgrund, zB mittels der Bezeichnung „aus Schadensersatz", gegeben werden (vgl. BT-Drs. 17/13057, 18; § 11a RDG Rn. 25).

53 **Schwieriger** erscheint demgegenüber etwa die Konstellation, in welcher der Inkassodienstleister den Forderungsgrund (§ 11a Abs. 1 Nr. 2 RDG nF) falsch bezeichnet, weil er den Vertragstyp rechtlich unzutreffend – etwa als Kauf- statt als Werkvertrag – einordnet (zur Angabe des Vertragstypus siehe BT-Drs. 17/13057, 18; § 11a RDG Rn. 23). Auch wenn sich hierbei um eine fehlerhafte Angabe handelt, wird diese nicht das Tatbestandsmerkmal der **„nicht richtigen"** Information iSv § 20 Abs. 2 Nr. 1 RDG nF erfüllen, wenn der Inkassodienstleister im Übrigen das Datum des Vertragsschlusses aufführt sowie die zur Erfüllung der Verpflichtung des § 11a Abs. 1 Nr. 2 RDG erforderlichen Angaben macht, die für die Privatperson notwendig sind, um den hinter dem geltend gemachten Anspruch stehenden Lebenssachverhalt zu identifizieren (zur Notwendigkeit auch dieser Angaben BT-Drs. 17/13057, 18; § 11a RDG Rn. 24). Wenn der Inkassounternehmer zu diesem Punkt korrekte Angaben macht, ist dem gesetzgeberischen Anliegen, Privatpersonen eine zuverlässige Überprüfung der erhobenen Ansprüche zu ermöglichen (vgl. BT-Drs. 17/13057, 17), nämlich Genüge getan und eine bußgeldrechtliche Ahndung nicht angezeigt.

54 Eine nähere Betrachtung verdient schließlich das Tatbestandsmerkmal der **„nicht rechtzeitigen"** Übermittlung. Im Anwendungsbereich des § 20 Abs. 2 Nr. 1 RDG nF dürften diese Fälle praktisch nicht vorkommen, da der Inkassounternehmer die Angaben des § 11a Abs. 1 S. 1 RDG nF bereits bei der ersten Geltendmachung der Forderung mitteilen muss, weshalb das Fehlen der entsprechenden Angaben als „nicht übermittelt" iSv § 20 Abs. 2 Nr. 1 RDG nF gilt, es mithin auf die Rechtzeitigkeit der Mitteilung nicht mehr ankommt. Als problematisch erscheinen Konstellationen, in denen die in Anspruch genommenen Privatpersonen weitere Angaben iSv § 11a Abs. 1 S. 2 RDG nF verlangen und hierzu ihrerseits eine Frist zur Erfüllung dieser Informationspflichten setzen. Damit drängt sich die Frage auf, ob eine von einer Privatperson gesetzte Frist überhaupt maßgeblich sein kann für die Frage einer bußgeldrechtlichen Ahndung, ggf., ob die Frist zu kurz bemessen ist und ob eine zu kurz bemessene Frist eine angemessene Frist in Gang setzt. Berücksichtigt man auch in diesen Fällen die Intention des Gesetzgebers, Privatpersonen eine Überprüfung der erhobenen Ansprüche zu ermöglichen (siehe bereits Rn. 53), so kann es für den Schuldner nicht entscheidend sein, dass er die von ihm begehrten Informationen schnellstmöglich erhält, sondern er nach Erhalt derselben genügend Zeit hat, die Richtigkeit des Anspruchs zu prüfen. Dies zugrunde gelegt ist also nur maßgeblich, wie viel Zeit dem Schuldner bis zu der (regelmäßig) gesetzten Zahlungsfrist verbleibt. Welche Frist hierfür angemessen ist, wird – insbesondere abhängig von der Komplexität der geltend gemachten Forderung nebst Nebenforderung – im Einzelfall zu entscheiden sein. Für die Praxis der Inkassounternehmer ist daher zu empfehlen, bei einer Anfrage des Schuldners iSv § 11a Abs. 1 S. 2 RDG nF die Zahlungsfrist abhängig von dem Zeitpunkt der Übermittlung der angeforderten weiteren Daten zu überprüfen und ggf. die Frist zu verlängern.

6. Der objektive Tatbestand des § 20 Abs. 2 Nr. 3 und Nr. 4 RDG nF. 55
Die Regelungen des § 20 Abs. 2 Nr. 3 und Nr. 4 RDG nF betreffen die **vorübergehende Rechtsdienstleistung iSv § 15 RDG**. Während § 20 Abs. 2 Nr. 3 RDG nF mit der Bezugnahme auf die Verpflichtung des § 15 Abs. 2 S. 1 RDG die Fälle erfasst, in denen der ausländische Rechtsdienstleister in Deutschland **erstmals** Rechtsdienstleistung erbringt, bezieht sich § 20 Abs. 2 Nr. 4 RDG nF auf die Konstellation, dass der ausländische Rechtsdienstleister beabsichtigt, in Deutschland nach Ablauf eines Jahres **erneut** vorübergehend tätig zu werden.

Ein tatbestandsmäßiges Handeln iSv § 20 Abs. 2 Nr. 3 RDG nF iVm 56
§ 15 Abs. 2 S. 1 RDG setzt entsprechend dem Wortlaut der Regelungen das Erbringen einer Rechtsdienstleistung durch einen ausländischen Rechtsdienstleister in Deutschland, und zwar ohne vorherige Meldung gegenüber der zuständigen Behörde, voraus. Da eine ordnungsgemäße Meldung gem. § 15 Abs. 2 S. 1 RDG nur unter den in § 15 Abs. 2 S. 2 RDG genannten Voraussetzungen vorliegt (hierzu näher § 15 RDG Rn. 52), hat der Betroffene seiner Meldepflicht nach § 15 Abs. 2 S. 1 RDG nicht genügt, wenn die Angaben falsch oder lückenhaft sind. Da die **vollständige Meldung** Voraussetzung für die Aufnahme der Tätigkeit im Inland ist (BT-Drs. 16/3655, 73; Krenzler/D. Schmidt § 15 Rn. 45), liegt ein Verstoß gegen § 15 Abs. 2 S. 1 RDG auch dann vor, sofern der Betroffene vor der Vervollständigung bzw. Berichtigung etwaiger Fehler eine Rechtsdienstleistung erbringt. Dementsprechend erscheint es nur logisch, in diesen Fällen ebenfalls das Vorliegen einer Ordnungswidrigkeit iSv § 20 Abs. 2 Nr. 3 RDG nF zu bejahen. Dies ist indes mit Blick auf § 20 Abs. 2 Nr. 4 RDG nF kritisch zu hinterfragen, wenn dort – bezogen auf den vergleichbaren Fall der Pflicht zur jährlichen Wiederholung der Meldung gem. **§ 15 Abs. 2 S. 4 RDG** – ausdrücklich auf eine nicht, nicht richtig, nicht vollständig oder nicht rechtzeitig erfolgte Meldung abgestellt wird. Angesichts der

Aufzählung dieser möglichen Fehlerquellen bei einer Meldung iSv § 15 Abs. 2 RDG lediglich in § 20 Abs. 2 Nr. 4 RDG nF drängt sich die Frage auf, ob solche für den Anwendungsbereich des § 20 Abs. 2 Nr. 3 RDG nF – im Umkehrschluss – irrelevant sein sollen, mithin der Tatbestand ausscheidet, gleich wie fehlerhaft die Meldung sein mag. Sinnvoll wäre eine solche Differenzierung zwischen diesen beiden Tatbeständen nicht; zudem ergeben sich aus der Gesetzesbegründung keine Anhaltspunkte, dass sich der Gesetzgeber bewusst für dieses Ergebnis entschieden hat. Da – wie gezeigt – das Tätigwerden trotz Fehlerhaftigkeit der Erstmeldung iSv § 15 Abs. 2 S. 1 RDG auch im Falle des § 20 Abs. 2 Nr. 3 RDG nF vom Wortlaut dieser Norm erfasst ist, ist davon auszugehen, dass der Gesetzgeber in § 20 Abs. 2 Nr. 4 RDG nF eine lediglich klarstellende (aber überflüssige) Formulierung gewählt hat.

57 Von § 20 Abs. 2 Nr. 3 und Nr. 4 RDG nF nicht erfasst werden Verstöße gegen **§ 15 Abs. 2 S. 3 RDG** iVm § 13 Abs. 3 S. 1 RDG. Nach § 15 Abs. 2 S. 3 RDG iVm § 13 Abs. 3 S. 1 RDG muss der vorübergehend in Deutschland tätig werdende ausländische Rechtsdienstleister oder sein Rechtsnachfolger alle Änderungen, die sich auf die Registrierung oder den Inhalt des Rechtsdienstleistungsregisters auswirken, der zuständigen Behörde unverzüglich schriftlich mitteilen. Im Vergleich zum Regelungsgehalt von § 15 Abs. 2 S. 1 und S. 4 RDG erscheint es zwar naheliegend, auch die Verletzung der Pflicht, Veränderungen mitzuteilen, zu sanktionieren. Jedoch ist es insofern konsequent, diese Pflicht nicht auch in den Tatbestand des § 20 Abs. 2 RDG nF aufzunehmen, als auch registrierte Rechtsdienstleister der Verpflichtung nach § 13 Abs. 3 S. 1 RDG unterliegen und ein Verstoß durch diese hiergegen ebenfalls nicht sanktionsbewehrt ist.

58 **7. Unbeachtlichkeit der Qualifikation des Betroffenen.** In den zuvor erörterten Fällen ist – mit Ausnahme in den Konstellationen der § 20 Abs. 2 Nr. 1 und Nr. 2 RDG nF – der Einwand des Betroffenen, eine für die erbrachte Rechtsdienstleistung notwendige Ausbildung durchlaufen bzw. eine qualitativ hochwertige Rechtsdienstleistung erbracht zu haben, denkbar. Dies ist für die Tatbestandsverwirklichung – nichts anderes gilt im Anwendungsbereich des § 263 Abs. 1 StGB (siehe oben Rn. 20) – ohne Belang. Jedoch wird dieser Aspekt im Rahmen der Bemessung der Bußgeldhöhe Berücksichtigung zu finden haben (hierzu Rn. 80).

59 **8. Der subjektive Tatbestand.** Hinsichtlich des subjektiven Tatbestands ist zwischen § 20 Abs. 1 RDG und § 20 Abs. 2 RDG nF zu differenzieren (siehe hierzu auch oben Rn. 13). Während § 20 Abs. 1 RDG keine ausdrückliche Anordnung der Ahndungsmöglichkeit auch einer fahrlässigen Verwirklichung des Tatbestands vorsieht und damit gem. § 10 OWiG die Verfolgung als Ordnungswidrigkeit nur bei vorsätzlichem Handeln des Betroffenen in Betracht kommt, sind die in § 20 Abs. 2 RDG nF normierten Tatbestände sowohl bei vorsätzlicher als auch fahrlässiger Begehungsweise zu ahnden.

60 **a) Vorsatz – Tatbestands- und Verbotsirrtum.** Zur Erfüllung eines Tatbestands mit Vorsatz ist es ausreichend, wenn der Betroffene in der Vorsatzform des **dolus eventualis** handelt (vgl. Henssler/Prütting/*Weth* Rn. 5; Kilian/Sabel/*vom Stein* Rn. 273). Die Problematik, einen Vorsatz in der Praxis nachweisen zu können, war bereits im Rahmen des Gesetzgebungsverfahrens erörtert worden (vgl. oben Rn. 4) und stellt sich insbesondere in den Fällen, in denen der Betroffene sich auf das Vorliegen eines Irrtums beruft. Dabei gilt es zwischen einem **Tatbestandsirrtum** gem. § 11 Abs. 1 S. 1 OWiG, der den Vorsatz entfallen lässt, und dem **Verbotsirrtum** gem. § 11 Abs. 2 OWiG, der im Falle der Vermeidbarkeit unbeachtlich ist, zu unterscheiden. Die teilweise schwierige Abgrenzung zwischen den verschiedenen Irrtümern kann nur einzelfallbezogen vorgenommen werden (Dreyer/Lamm/Müller/K. Lamm/ E. Dreyer Rn. 31).

Exemplarisch für den Fall eines **Tatbestandsirrtums** im Anwendungsbereich des **§ 20 Abs. 1 Nr. 2 RDG nF** bzw. zu **§ 20 Abs. 2 Nr. 3/Nr. 4 RDG nF** ist der Einwand des Betroffenen, davon ausgegangen zu sein, auf eine Registrierung nach § 10 Abs. 1 S. 1 Nr. 1 RDG bzw. eine Meldung nach § 15 Abs. 2 S. 1 oder S. 4 RDG verzichten und die Rechtsdienstleistung etwa als Nebendienstleistung nach § 5 Abs. 1 RDG erbringen zu können, zu nennen (vgl. Dreyer/Lamm/Müller/K. Lamm/E. Dreyer Rn. 29 zu § 20 Abs. 1 Nr. 1 RDG aF). Bei der Beurteilung dieses Irrtums über die Notwendigkeit der Registrierung ist nach den diesbezüglich in ständiger Rechtsprechung (vgl. Fischer § 16 Rn. 16 mN) zugrunde gelegten Abgrenzungskriterien entscheidend, dass das in § 3 RDG enthaltene Verbot als ein präventives Verbot mit Erlaubnisvorbehalt (Einleitung Rn. 30; § 1 RDG Rn. 3; § 3 RDG Rn. 1; Henssler/ Prütting/Weth Einl RDG Rn. 42) ausgestaltet ist. In diesen Fällen ist – in Abgrenzung zu repressiven Verboten mit Befreiungsvorbehalt – ein vorsatzausschließender Tatbestandsirrtum anzunehmen (vgl. OLG Celle NJW 2004, 3790 f. zu Art. 1 § 8 RBerG; Gaier/Wolf/Göcken/Siegmund Rn. 26 f.; siehe auch BT-Drs. 16/6634, 53 und Sabel AnwBl. 2007, 816, 819 im Zusammenhang mit der Irrtumsproblematik bei dem nicht von § 20 Abs. 1 RDG erfassten Verstoß gegen die Grenzen des § 5 Abs. 1 RDG; ohne nähere Begründung anders OLG Nürnberg NJW-RR 2014, 852, 853 f. zu § 20 Abs. 1 Nr. 2 RDG nF und BayObLG wistra 1991, 191 f. zu Art. 1 § 8 RBerG). 61

Als weiteres Beispiel eines **Tatbestandsirrtums** lässt sich für die Tatbestandsvariante des **§ 20 Abs. 1 Nr. 1 RDG nF** der Fall nennen, in dem die Untersagungsverfügung an eine Vereinigung oder Gesellschaft gerichtet ist und der Handelnde von dieser im Zeitpunkt der Erbringung der Rechtsdienstleistung keine Kenntnis hat (Beispiel entnommen bei Dreyer/Lamm/Müller/K. Lamm/E. Dreyer Rn. 29; ebenso Krenzler/Klees Rn. 15; zur Frage der Täterschaft in diesem Fall siehe Rn. 68). 62

Als problematisch erweist sich die Einordnung eines Irrtums in Bezug auf die **Vollziehbarkeit** der in **§ 20 Abs. 1 Nr. 1 RDG nF** genannten **Untersagungsverfügungen** bzw. der **Auflage iSv § 10 Abs. 3 RDG** in **§ 20 Abs. 1 Nr. 3 RDG nF**. Nach überwiegender Meinung in der Literatur werden Irrtümer hinsichtlich der Unanfechtbarkeit bzw. der sofortigen Vollziehbarkeit einer Anordnung als Tatbestandsirrtum eingestuft (Krenzler/Klees Rn. 13 und KK-OWiG/Rengier § 11 Rn. 18; Lemke/Mosbacher/Lemke § 11 Rn. 8). In der Rechtsprechung wird die Problematik nicht einheitlich behandelt. So wurde etwa die fehlerhafte Vorstellung hinsichtlich der Geltung eines Verkehrsschilds (OLG Koblenz NJW 1995, 2302 f.) wie auch die fehlerhafte Vorstellung, die Entziehung der Fahrerlaubnis sei wegen eines eingelegten Rechtsbehelfs nicht 63 wirksam geworden (OLG Düsseldorf VerkMitt. 1976, 26; ebenso Rüth/Berr/ Berz/*Berz* § 21 StVG Rn. 33; offengelassen von BayObLG NStZ-RR 2000, 122 f. für den Fall der Verkennung der Rechtswirkung aller bekannten Tatsachen), als Verbotsirrtum eingestuft. Demgegenüber wurde der Irrtum über die Wirksamkeit eines Berufsverbots nach Einlegung einer Beschwerde als vorsatzausschließender Tatbestandsirrtum qualifiziert (BGH NStZ 1989, 475 m. abl. Anm. *Dölp*). Berücksichtigt man, dass es sich bei dem Merkmal der „Vollziehbarkeit" um ein sog. normatives Tatbestandsmerkmal handelt und der Betroffene nur vorsätzlich handelt, wenn er dieses Merkmal in seiner sozialen Sinnbedeutung aufgrund einer Parallelwertung in der Laiensphäre erkennt, muss ein auf einer fehlerhaften, dem Merkmal innewohnenden rechtlichen Wertung beruhender Irrtum zu einem **vorsatzausschließenden Tatbestandsirrtum** führen (zur Irrtumsproblematik bei normativen Tatbestandsmerkmalen *Fischer* § 16 Rn. 14 f.; unter Rn. 16 – ausgehend von der Differenzierung zwischen präventiven und repressiven Verboten [hierzu siehe Rn. 61] – zu der zuvor zitierten Entscheidung des BayObLG davon ausgehend, dass ein Verbotsirrtum vorliegen dürfte, wenn der Irrtum auf der Verkennung der Rechtswirkung der bekannten Tatsachen beruht). Dasselbe gilt, wenn sich der Irrtum auf die **Vollziehbarkeit einer Rücknahme oder eines Widerrufs** bezieht und damit eine Ordnungswidrigkeit nach **§ 20 Abs. 1 Nr. 2 RDG nF** mangels Registrierung im Raum steht. Denn dem Merkmal „ohne Registrierung nach § 10 Abs. 1 Satz 1" ist die Prüfung der Vollziehbarkeit der Rücknahme/des Widerrufs immanent (vgl. BayObLG NStZ-RR 2000, 122, wonach dem Begriff „Fahrverbot" dessen Rechtskraft innewohnt). Darauf, dass im Bußgeldtatbestand ausdrücklich von unanfechtbaren/vollziehbaren Auflagen oder Anordnungen die Rede ist, kommt es nicht an (KK-OWiG/*Rengier* § 11 Rn. 18).

64 Beispielhaft für das Vorliegen eines **Verbotsirrtums** im Anwendungsbereich des § 20 Abs. 1 Nr. 4 RDG nF zu nennen ist die Situation, in der der Betroffene eine verwechslungsfähige Bezeichnung iSv § 11 Abs. 4 RDG führt und insoweit behauptet, diese Bezeichnung nicht als verwechslungsfähig eingestuft zu haben (Krenzler/*Klees* Rn. 19; vgl. auch KK-OWiG/*Rengier* § 11 Rn. 16 mit Beispielen zu Subsumtionsirrtümern). Gleiches gilt für den Fall, dass der Betroffene meint, sich aufgrund seiner Kenntnisse als „Rentenberater" bezeichnen zu dürfen (Krenzler/Klees Rn. 19). In diesen beiden Fällen geht es nach dem Vorgesagten (Rn. 63) nicht um eine Fehlvorstellung bezüglich der Bedeutung eines Tatbestandsmerkmals, sondern um eine falsche Würdigung des Sachverhalts, also um eine fehlerhafte Subsumtion. Fehlt dem Betroffenen damit gem. § 17 S. 1 StGB die Einsicht, Unrecht zu tun, so handelt er bei Vermeidbarkeit des Subsumtionsirrtums ohne Schuld. Vermeidbar ist dieser Irrtum, wenn der Betroffene ihn bei Anwendung der Sorgfalt, die nach der Sachlage objektiv erforderlich war und die er nach seinen persönlichen Verhältnissen erbringen konnte, hätte erkennen können (OLG Koblenz NJW 1995, 2302, 2303; Dreyer/Lamm/Müller/*K. Lamm/E. Dreyer* Rn. 30; Göhler/*Gürtler* § 11 Rn. 23). Vor der Aufnahme einer beruflichen Tätigkeit ist zu erwarten, dass der Betroffene die rechtlichen Voraussetzungen hierfür klärt und ggf. Rechtsrat einholt, weshalb regelmäßig ein vermeidbarer Verbotsirrtum vorliegen wird (iErg Krenzler/*Klees* Rn. 19).

Als **Verbotsirrtum** wäre bspw. ferner eine fehlerhafte Vorstellung eines In- 65
kassounternehmers den Zeitpunkt des Inkrafttretens der Regelung des § 11a
RDG nF betreffend zu werten. Dabei wäre der Einwand des Betroffenen,
von einer (noch) späteren Geltung der Darlegungs- und Informationspflichten
ausgegangen zu sein (zum Zeitpunkt des Inkrafttretens siehe oben Rn. 16), für
eine Ahndung nach **§ 20 Abs. 2 Nr. 1 bzw. Nr. 2 RDG nF** typischerweise
unbeachtlich, da von einem Berufsträger zu erwarten ist, dass er sich über die
ihn treffenden Berufspflichten informiert hält. Als **Tatbestandsirrtum** in diesem Bereich ist hingegen denkbar, dass der Inkassounternehmer geltend
macht, auf die Beifügung der nach § 11a Abs. 1 S. 1 RDG erforderlichen Angaben verzichtet zu haben, weil er – fälschlich – davon ausgegangen sei, es habe
sich bei dem Schreiben bereits um die zweite Zahlungsaufforderung gehandelt
und die Angaben bereits zuvor gemacht zu haben. Hier fehlt es – die Glaubhaftigkeit der Einlassung vorausgesetzt – an dem Vorsatz hinsichtlich des (deskriptiven) Tatbestandsmerkmals „mit der ersten Geltendmachung", weshalb
eine Ahndung wegen eines vorsätzlichen Verstoßes ausscheidet. Allerdings
wird dann die Verwirklichung des Fahrlässigkeitstatbestands zu prüfen sein
(hierzu sogleich unter Rn. 66 ff.).

b) Fahrlässigkeit. Nach hM handelt fahrlässig, wer die Sorgfalt außer 66
Acht lässt, zu der er nach den Umständen und seinen persönlichen Kenntnissen
und Fähigkeiten verpflichtet und imstande ist, und deshalb die Möglichkeit
der Tatbestandsverwirklichung nicht erkennt, aber erkennen kann (unbewusste Fahrlässigkeit) oder die Tatbestandsverwirklichung zwar für möglich
hält, aber darauf vertraut, dass sie nicht eintreten werde (bewusste Fahrlässigkeit; KK-OWiG/*Rengier* § 10 Rn. 15; *Fischer* § 15 Rn. 12a f. und Göhler/
Gürtler § 10 Rn. 6). Dabei ist der Grad der Fahrlässigkeit, also ob es sich um
einen Fall der **unbewussten** oder der **bewussten Fahrlässigkeit** oder der
Leichtfertigkeit handelt, für die Tatbestandsverwirklichung irrelevant, spielt
jedoch im Rahmen der Bestimmung der Bußgeldhöhe eine Rolle (KK-
OWiG/*Rengier* § 10 Rn. 15; Göhler/*Gürtler* § 10 Rn. 19 f.; zur Bestimmung
der Bußgeldhöhe siehe auch unten Rn. 76 ff.).

Eine fahrlässige Verwirklichung ist im Anwendungsbereich des § 20 Abs. 2 67
Nr. 1 oder Nr. 2 RDG nF etwa in dem unter Rn. 65 aE bereits genannten Fall
denkbar. Als weiterer Beispielsfall im Anwendungsbereich des § 20 Abs. 2
Nr. 1 RDG nF zu nennen ist die Konstellation, in der der Betroffene eine **fehlerhafte Zinsberechnung iSv § 11a Abs. 1 Nr. 3 RDG nF** vorlegt und insofern (lediglich) einen Eingabefehler in das verwendete Rechenprogramm
behauptet. Eine Ahndung wegen einer Vorsatztat scheidet – die Glaubhaftigkeit der Einlassung vorausgesetzt – aus. Jedoch ist von einem Inkassounternehmer objektiv wie subjektiv eine fehlerfreie Eingabe bzw. eine Kontrolle der relevanten Daten zu erwarten, bevor er dem Schuldner die Berechnung vorlegt,
weshalb von einer fahrlässigen Verwirklichung des § 20 Abs. 2 Nr. 1 RDG nF
auszugehen ist.

II. Beteiligte

Ausgangspunkt für die Bestimmung des Kreises der Beteiligten einer Ord- 68
nungswidrigkeit ist der in § 14 Abs. 1 S. 1 OWiG normierte **einheitliche Tä-**

terbegriff, welcher – anders als im Strafrecht – nicht zwischen den verschiedenen Beteiligungsformen Täterschaft, Mittäterschaft, mittelbare Täterschaft, Anstifter und Gehilfe differenziert (Göhler/*Gürtler* § 14 Rn. 1; Henssler/Prütting/*Weth* Rn. 6). In § 14 Abs. 1 S. 2 OWiG wird zudem klargestellt, dass bei Beteiligung von mehreren Personen der Ordnungswidrigkeitentatbestand von allen verwirklicht wird, wenn nur bei einem der Beteiligten das **besondere persönliche Merkmal** iSv § 9 Abs. 1 OWiG vorliegt. Als ein solches persönliches Merkmal ist im Anwendungsbereich des RDG etwa die fehlende Registrierung nach § 10 RDG anzusehen (Dreyer/Lamm/Müller/*K. Lamm/ E. Dreyer* Rn. 24). Gleiches gilt für das Vorliegen einer Untersagungsverfügung nach § 9 Abs. 1 RDG, weshalb auch ein von einer Vereinigung Beauftragter, der einer gegen die Vereinigung gerichteten Untersagungsverfügung zuwiderhandelt, unter den Voraussetzungen des § 9 Abs. 1 bzw. § 9 Abs. 2 OWiG bei entsprechender Kenntnis selbst ordnungswidrig handelt (Krenzler/*Klees* Rn. 15; zum RBerG *Rennen/Caliebe* Art. 1 § 8 Rn. 20; zur fehlenden Registrierung OLG Nürnberg NJW-RR 2014, 852, 853). Aufgrund der Regelung des § 14 Abs. 1 S. 2 OWiG kann auch ein Rechtsanwalt – obwohl er nach § 3 BRAO selbst uneingeschränkt Rechtsdienstleistungen erbringen darf – Täter nach § 20 RDG sein, wenn er nämlich bspw. einer nicht registrierten Person – in Kenntnis sowohl der fehlenden Registrierung als auch der gleichwohl bestehenden Absicht, Rechtsdienstleistung zu erbringen – Büroräume, Einrichtung und Büropersonal überlässt (Dreyer/Lamm/Müller/*K. Lamm/E. Dreyer* Rn. 24; Krenzler/*Klees* Rn. 20; zum RBerG BayObLG NStZ 1983, 512f.).

69 Der die Rechtsdienstleistung in Anspruch Nehmende scheidet stets als Täter des Bußgeldtatbestands aus. Dies gilt auch dann, wenn der **Beratene** als Anstifter oder Gehilfe auftritt, mithin nach § 14 Abs. 1 OWiG als (Einheits-) Täter zu qualifizieren ist. Denn der Beratene ist nicht Adressat der mit § 20 Abs. 1 RDG bußgeldbewehrten Verbote; vielmehr dient das RDG gerade seinem Schutz (BVerfG Beschl. v. 22.3.2011 – 2 BvR 983/09, BeckRS 2011, 49813 Rn. 13; Grunewald/Römermann/*Franz* Rn. 12; Dreyer/Lamm/Müller/*K. Lamm/E. Dreyer* Rn. 25; *Kleine-Cosack* Rn. 6 Fn. 8; aA AG Celle ZVI 2005, 550f.).

70 Wenngleich nur natürliche Personen ordnungswidrig handeln können, so kann unter den Voraussetzungen des § 30 OWiG ein Bußgeld gegen eine **juristische Person** oder eine **Gesellschaft ohne Rechtspersönlichkeit** verhängt werden (BT-Drs. 17/13057, 20; Dreyer/Lamm/Müller/*K. Lamm/ E. Dreyer* Rn. 5, 6; siehe hierzu auch Rn. 76). Ferner kann den Inhaber eines Betriebs oder eines Unternehmens nach Maßgabe der subsidiären Vorschrift des § 130 OWiG, namentlich bei Verletzung von Aufsichtspflichten, die bußgeldrechtliche Verantwortung für eine seitens eines Angestellten begangene Ordnungswidrigkeit nach § 20 RDG treffen (siehe hierzu mit Beispiel Dreyer/Lamm/Müller/*K. Lamm/E. Dreyer* Rn. 7).

III. Kein Versuch

71 Nach § 13 Abs. 2 OWiG kann der Versuch nur geahndet werden, wenn das Gesetz dies ausdrücklich bestimmt. Eine solche Anordnung wurde im RDG nicht getroffen, womit etwa das bloße Anbieten einer Rechtsdienstleistung trotz Fehlens einer Registrierung oder trotz vollziehbarer Untersagungsverfü-

Bußgeldvorschriften **§ 20 RDG**

gung sanktionslos bleibt (Krenzler/*Klees* Rn. 5 [auch zur wettbewerbsrechtlichen Bedeutung]; Henssler/Prütting/*Weth* Rn. 8, 13).

IV. Konkurrenzen

Das Konkurrenzverhältnis verschiedener Rechtsverletzungen zueinander ist nach Maßgabe der §§ 19, 20 OWiG zu bestimmen. 72

Nach **§ 19 OWiG** liegt **Tateinheit (Idealkonkurrenz)** vor, wenn dieselbe Handlung mehrere Gesetze, nach denen sie als Ordnungswidrigkeit geahndet werden kann (sog. ungleichartige Tateinheit), oder dieselbe Handlung ein solches Gesetz mehrmals verletzt (sog. gleichartige Tateinheit, vgl. KK-OWiG/*Bohnert* § 19 Rn. 17). Daran gemessen liegt eine (ungleichartige) tateinheitliche Begehung vor, wenn sich eine nicht registrierte Person bei Erbringung einer Rechtsdienstleistung als Rentenberater bezeichnet, mithin gegen § 20 Abs. 1 Nr. 2 und Nr. 4 RDG nF verstößt (vgl. zu Art. 1 § 8 RBerG *Rennen/Caliebe* Art. 1 § 8 Rn. 15). Ebenso ist der Fall zu behandeln, in dem ein nicht registrierter Inkassodienstleister (künftig) gegen die Regelung des § 11a Abs. 1 RDG nF verstößt und damit die Tatbestände des § 20 Abs. 1 Nr. 2 RDG nF und § 20 Abs. 2 Nr. 1 RDG nF verwirklicht. Demgegenüber liegt eine mehrfache Verletzung desselben Tatbestands (gleichartige Idealkonkurrenz) vor, wenn der Betroffene – in entsprechend gelagerten Fällen – gleichzeitig zwei Personen denselben Rechtsrat erteilt (vgl. zu Art. 1 § 8 RBerG *Rennen/Caliebe* Art. 1 § 8 Rn. 15). Ein Beispiel für eine tateinheitliche Verwirklichung des § 20 Abs. 1 Nr. 3 RDG, und zwar in Form eines Dauerdelikts (hierzu bzw. allgemein zur rechtlichen Handlungseinheit KK-OWiG/*Bohnert* § 19 Rn. 27 ff.), stellt das unbefugte Führen einer von § 11 Abs. 4 RDG geschützten Bezeichnung dar, wenn der Betroffene eine entsprechende Eintragung im Telefonbuch vornehmen lässt. 73

In den Fällen der tateinheitlichen Verwirklichung ist mit Blick auf die **Subsidiaritätsregelung des § 21 OWiG** stets zu prüfen, ob die Handlung zugleich die Voraussetzungen eines Straftatbestands (vgl. KK-OWiG/*Bohnert* § 21 Rn. 1 f.), insbesondere des **Betrugs gem. § 263 StGB**, erfüllt. Ist der Betrugstatbestand verwirklicht, tritt der Bußgeldtatbestand gem. § 21 OWiG hinter der Strafandrohung zurück (eingehend hierzu Rn. 22 ff.). 74

Tatmehrheit iSv § 20 OWiG liegt vor, wenn mehrere Handlungen mehrere Bußgeldvorschriften erfüllen und diese keine Handlungseinheit nach § 19 OWiG bilden (KK-OWiG/*Bohnert* § 20 Rn. 1). Als Rechtsfolge der Tatmehrheit bestimmt § 20 OWiG – anders als im Strafrecht – die gesonderte Festsetzung jeder verwirkten Geldbuße (Kumulationsprinzip; KK-OWiG/*Bohnert* § 20 Rn. 2). 75

C. Rechtsfolgenausspruch (§ 20 Abs. 3 RDG nF)

Ursprünglich war in § 20 Abs. 2 RDG aF ein maximaler Bußgeldbetrag von 5 000 Euro vorgesehen. Diese **Obergrenze** wurde mit dem **Gesetz gegen unseriöse Geschäftspraktiken** v. 1.10.2013 mWv 9.10.2013 gem. § 20 Abs. 3 RDG nF auf **50 000 Euro** erhöht. Begründet wurde diese enorme Ausweitung des Bußgeldrahmens damit, dass Geldbußen nicht nur gegen na- 76 türliche Personen, sondern gem. § 30 OWiG auch gegen juristische Personen und Personenvereinigungen verhängt werden können, wenn ihnen das ordnungswidrige Handeln einer ihrer Leitungspersonen als betriebsbezogene Pflichtverletzung zugerechnet werden kann (BT-Drs. 17/13057, 20). Dabei hatte der Gesetzgeber größere Inkassounternehmen vor Augen, die im Mengeninkasso tätig sind und ganz erhebliche Gewinne erzielen; um auch hier eine Verhaltensänderung der in dem Unternehmen verantwortlichen Personen erreichen zu können, sollten Geldbußen dem Regelungszweck der § 30 OWiG entsprechend durch höhere Höchstmaße spürbar gemacht werden (BT-Drs. 17/13057, 21; Gaier/Wolf/Göcken/*Siegmund* Rn. 28).

77 Diese Obergrenze des § 20 Abs. 3 RDG nF gilt jedoch nach **§ 17 Abs. 2 OWiG nur** für die Fälle des **vorsätzlichen Handelns**. Gem. § 17 Abs. 2 OWiG kann fahrlässiges Handeln im Höchstmaß nur mit der Hälfte des angedrohten Höchstbetrags der Geldbuße geahndet werden, wenn – wie dies hier zutrifft – das Gesetz im Höchstmaß nicht zwischen vorsätzlicher und fahrlässiger Begehungsweise unterscheidet. Dementsprechend beträgt die Obergrenze im Falle eines **Fahrlässigkeitsdelikts 25 000 Euro**.

78 Die **Untergrenze** des Bußgelds beträgt gem. § 17 Abs. 1 OWiG 5 Euro. Aus dem damit (grds.) gegebenen Bußgeldrahmen von 5 Euro bis 50 000 Euro bei einer Vorsatztat bzw. von 5 Euro bis 25 000 Euro bei fahrlässigem Handeln ist im Einzelfall unter Berücksichtigung der sich aus § 17 Abs. 3 OWiG ergebenden Kriterien ein angemessenes Bußgeld festzusetzen.

79 Nach **§ 17 Abs. 3 OWiG** ist bei der Bemessung der Bußgeldhöhe auf die Bedeutung der Tat sowie den Vorwurf, den der Täter trifft, und (außer bei geringfügigen Ordnungswidrigkeiten) auf die wirtschaftlichen Verhältnisse des Betroffenen abzustellen. Dabei ist insbesondere auch die Strafzumessungsregel des **§ 17 Abs. 4 S. 1 OWiG** zu berücksichtigen, wonach die Geldbuße den durch den Täter gezogenen wirtschaftlichen Vorteil aus der Ordnungswidrigkeit übersteigen soll (im Einzelnen hierzu siehe Göhler/*Gürtler* § 17 Rn. 37 ff.). Nach Maßgabe von **§ 17 Abs. 4 S. 2 OWiG** ist sogar eine Überschreitung der (jeweiligen) Obergrenze des Bußgeldrahmens möglich.

80 **Praktische Probleme** wird der Aspekt der **Bedeutung der Tat** bereiten, macht dieser doch – mit Ausnahme der Fälle des § 20 Abs. 2 Nr. 1 und Nr. 2 RDG nF – die Berücksichtigung der **Qualität** der erbrachten Rechtsdienstleistung notwendig. Die **Bedeutung der Tat** hängt nämlich von dem Grad der Gefährdung oder Beeinträchtigung der geschützten Rechtsgüter oder Interessen sowie dem Ausmaß der Gefährdung oder Beeinträchtigung ab (Göhler/*Gürtler* § 17 Rn. 16; vgl. auch KK-OWiG/*Mitsch* § 17 Rn. 39, 40, 43). Daran gemessen ist – ausgehend von dem sich aus § 1 Abs. 1 S. 2 RDG ergebenden Schutzzweck des RDG, namentlich dem Schutz vor unqualifizierter Rechtsberatung – zu prüfen, ob im Einzelfall tatsächlich von einer unqualifizierten Rechtsberatung auszugehen ist. Darüber hinaus ist die Bedeutung der Tat und der Vorwurf, der den Täter trifft, im Fall eines Verstoßes gegen § 20 Abs. 1 Nr. 1 und 3 RDG geringer, wenn der Betroffene die Registrierung bzw. die Berechtigung zum Führen der geschützten Berufsbezeichnung ohne Weiteres hätte erreichen können (vgl. OLG Hamm GewArch 1993, 245, 246; Göhler/*Gürtler* § 17 Rn. 16). Bei der Bedeutung der Tat sind aber auch die präventiven Gesichtspunkte zu berücksichtigen, womit etwa die Art der Aus-

führung (Göhler/*Gürtler* § 17 Rn. 16), bspw. der Umfang von Werbemaßnahmen, eine Rolle spielen kann (ausführlich zu den Zumessungskriterien siehe KK-OWiG/*Mitsch* § 17 Rn. 38 ff., Rn. 51 ff.).

Unter dem Gesichtspunkt des **Vorwurfs, den der Täter trifft,** ist etwa zu berücksichtigen, ob der Betroffene wiederholt mit Verstößen gegen das RDG in Erscheinung getreten ist (vgl. Göhler/*Gürtler* § 17 Rn. 18). Bei Fahrlässigkeitsdelikten wirkt sich bspw. bußgelderhöhend aus, wenn dem Betroffenen leichtfertiges Handeln vorzuwerfen ist (Göhler/*Gürtler* § 17 Rn. 18; KK-OWiG/*Mitsch* § 17 Rn. 60: Geldbuße im oberen Bereich des für fahrlässige Verstöße vorgesehenen Bußgeldrahmens). Demgegenüber darf die Tatsache eines vorsätzlichen Handelns in Abgrenzung zu fahrlässigem Handeln sich nicht bußgelderhöhend – oder umgekehrt bußgeldmindernd – auswirken, weil diese Frage bereits über die Bestimmung des Bußgeldrahmens entschieden (Göhler/*Gürtler* § 17 Rn. 17; KK-OWiG/*Mitsch* § 17 Rn. 60). 81

D. Verfolgung der Ordnungswidrigkeit

I. Verjährung

Die Verfolgung der Ordnungswidrigkeit ist mit Eintritt der Verjährung nach zwei Jahren (vgl. § 31 Abs. 2 Nr. 2 OWiG) ausgeschlossen, wobei die Verjährungsfrist gem. § 31 Abs. 3 OWiG mit Beendigung der Tat, also mit vollständiger Erbringung der Rechtsdienstleistung (Henssler/Prütting/*Weth* Rn. 21), beginnt. Die Vollstreckung der rechtskräftig festgesetzten Geldbuße verjährt gem. § 34 Abs. 2 OWiG bei einer Geldbuße von mehr als 1 000 Euro nach fünf Jahren und bei einer Geldbuße bis zu 1 000 Euro in drei Jahren. 82

II. Einstellung des Verfahrens

Im Ordnungswidrigkeitenrecht liegt die Verfolgung einer Ordnungswidrigkeit gem. § 47 Abs. 1 S. 1 OWiG im pflichtgemäßen Ermessen der zuständigen Behörde. Aufgrund dieses **Opportunitätsprinzips** kann die Behörde gerade bei einmaligen Verstößen gegen die Darlegungs- und Informationspflichten nach § 11a RDG nF – worauf in der Gesetzesbegründung (BT-Drs. 17/13057, 20) ausdrücklich hingewiesen wird – von einer Ahndung des Pflichtverstoßes absehen. 83

III. Zuständige Behörde

Die Verfolgung der Ordnungswidrigkeiten obliegt – nachdem von der im Gesetz gegen unseriöse Geschäftspraktiken zunächst vorgesehenen Änderung der Zuständigkeitsregelung Abstand genommen wurde (hierzu oben Rn. 17) – (weiterhin) gem. § 36 Abs. 1 Nr. 2 lit. a OWiG grds. der fachlich zuständigen obersten Landesbehörde. Die Landesregierung kann jedoch gem. § 36 Abs. 2 OWiG die Zuständigkeit durch Rechtsverordnung auf eine andere Behörde oder sonstige Stelle übertragen. Hiervon haben die einzelnen Bundesländer wie folgt Gebrauch gemacht: 84

Baden-Württemberg	§ 8 Nr. 1 der Verordnung der Landesregierung über Zuständigkeiten nach dem Gesetz über Ordnungswidrigkeiten (OwiZuVO) v. 2.2.1990	Staatsanwaltschaften
Bayern	§ 7 Nr. 2 der Verordnung über Zuständigkeiten im Ordnungswidrigkeitenrecht (ZuVOWiG) v. 21.10.1997	Staatsanwaltschaften bei den Landgerichten
Berlin	§ 1 Nr. 11 der Verordnung über sachliche Zuständigkeiten für die Verfolgung und Ahndung von Ordnungswidrigkeiten (ZustVO-OWiG) v. 29.2.2000	Staatsanwaltschaft Berlin
Brandenburg	§ 1 Nr. 1 der Verordnung über die sachliche Zuständigkeit der Staatsanwaltschaften für die Verfolgung und Ahndung von Ordnungswidrigkeiten nach dem Rechtsdienstleistungs- und dem Geldwäschegesetz v. 25.8.2008	Staatsanwaltschaften
Bremen	§ 1 der Verordnung über die Zuständigkeit für die Verfolgung und Ahndung von Ordnungswidrigkeiten nach dem Rechtsdienstleistungsgesetz v. 10.6.2008	Leitender Oberstaatsanwalt bei dem Landgericht
Hamburg	I Abs. 2 der Anordnung zur Durchführung des Rechtsdienstleistungsgesetzes v. 8.7.2008	Leitende Oberstaatsanwältin oder der Leitende Oberstaatsanwalt der Staatsanwaltschaft Hamburg
Hessen	§ 25 Abs. 2 der Justizzuständigkeitsverordnung (JuZuV) v. 3.6.2013	Generalstaatsanwaltschaft Frankfurt a. M.
Mecklenburg-Vorpommern	§ 1 Nr. 1 der Verordnung über die sachliche Zuständigkeit für die Verfolgung und Ahndung von Ordnungswidrigkeiten im Bereich der Justiz (Ordnungswidrigkeitenzuständigkeitsverordnung Justiz – OwiZustVoJu M-V) v. 29.7.2008	Leitende Oberstaatsanwälte bei den Staatsanwaltschaften Neubrandenburg, Rostock, Schwerin und Stralsund
Niedersachsen	§ 2 Nr. 5 der Verordnung über sachliche Zuständigkeiten für die Verfolgung und Ahndung von Ordnungswidrigkeiten (ZustVO-OWi) v. 4.5.2010	Staatsanwaltschaften

Bußgeldvorschriften § 20 RDG

Nordrhein-Westfalen	§ 1 Abs. 1 der Verordnung über die Zuständigkeit für die Verfolgung und Ahndung von Ordnungswidrigkeiten auf dem Gebiet der Rechtsdienstleistung v. 17.6.2008	Leitende Oberstaatsanwältinnen und Leitende Oberstaatsanwälte am Sitz der Landgerichte
Rheinland-Pfalz	§ 3 der Landesverordnung über Zuständigkeiten nach dem Rechtsdienstleistungsgesetz v. 28.5.2008	Staatsanwaltschaft bei dem Landgericht Mainz
Saarland	§ 61 Gesetz zur Ausführung bundesrechtlicher Justizgesetze (AGJusG) v. 5.2.1997 iVm § 10 der Verordnung über die Zuständigkeit in Straf- und Bußgeldverfahren v. 19.5.2006 – allerdings noch anknüpfend an Art. 1 § 8 RBerG	Staatsanwaltschaft bei dem Landgericht
Sachsen	§ 10 Nr. 2 der Verordnung der Sächsischen Staatsregierung über Zuständigkeiten nach dem Gesetz über Ordnungswidrigkeiten (Ordnungswidrigkeiten-Zuständigkeitsverordnung – OwiZuVO) v. 16.7.2008	Staatsanwaltschaften
Sachsen-Anhalt	§ 3 Nr. 2 der Verordnung über sachliche Zuständigkeiten für die Verfolgung und Ahndung von Ordnungswidrigkeiten (ZustVO OWi) v. 2.3.2010	Staatsanwaltschaften
Schleswig-Holstein	§ 1 der Landesverordnung zur Bestimmung der zuständigen Behörden für die Verfolgung und Ahndung von Ordnungswidrigkeiten (Ordnungswidrigkeiten-Zuständigkeitsverordnung – OWiZustVO) v. 22.1.1988 iVm Nr. 1.3.1.1 des Zuständigkeitsverzeichnisses	Leitende Oberstaatsanwältin/ Leitender Oberstaatsanwalt
Thüringen	§ 1 der Thüringer Verordnung über die Zuständigkeit für die Verfolgung und Ahndung von Ordnungswidrigkeiten nach § 20 des Rechtsdienstleistungsgesetzes v. 15.7.2008	Staatsanwaltschaften

Verordnung zum Rechtsdienstleistungsgesetz (Rechtsdienstleistungsverordnung – RDV)

Vom 19. Juni 2008
(BGBl. I S. 1069)
zuletzt geändert durch Art. 15 Gesetz zur Förderung der elektronischen Verwaltung sowie zur Änderung weiterer Vorschriften vom 25.7.2013 (BGBl. I S. 2749)

§ 1 Bestimmungen von Teilbereichen

Das Recht des gewerblichen Rechtsschutzes und das Steuerrecht sind Teilbereiche der Rechtsdienstleistungen in einem ausländischen Recht nach § 10 Abs. 1 Satz 1 Nr. 3 des Rechtsdienstleistungsgesetzes.

A. Allgemeines

Unter **Geltung des RBerG** konnte eine Erlaubnis gem. § 2 Abs. 1 1. AVO RBerG frei auf Teilbereiche, etwa auf eine Inkassoerlaubnis für ärztliche Honorarforderungen (Grunewald/Römermann/*Franz* Rn. 1; zum RBerG *Rennen/Caliebe* § 2 1. AVO Rn. 9), beschränkt werden. Dieser Möglichkeit zur freien Wahl eines Teilgebiets steht nun die Regelung des **§ 10 Abs. 1 S. 2, Abs. 2 RDG** entgegen (zur abweichenden Regelung für **Alterlaubnisinhaber** siehe § 1 RDGEG Rn. 6). Nach § 10 Abs. 1 S. 2 RDG können durch Rechtsverordnung Teilbereiche der in § 10 Abs. 1 S. 1 RDG genannten Rechtsgebiete – Inkassodienstleistungen, Rentenberatung und Rechtsdienstleistungen in einem ausländischen Recht – bestimmt werden. Aus § 10 Abs. 2 RDG folgt ergänzend, dass der Antrag auf einen oder mehrere der nach § 10 Abs. 1 S. 2 RDG bestimmten Teilbereiche – und damit ausschließlich auf diese Teilbereiche – beschränkt werden kann. 1

Der Gesetzgeber sah den **Vorteil** der mit § 10 Abs. 1 S. 2 RDG erfolgten Beschränkung auf konkret bestimmte Teilbereiche darin, dass eine für die Rechtsuchenden unüberschaubare Aufgliederung der drei Registrierungsbereiche in unzählige Teilbereiche vermieden wird (BT-Drs. 16/3655, 65). Außerdem wurde auf die Möglichkeit eines der Beschränkung angepassten Sachkundenachweises hingewiesen (BT-Drs. 16/3655, 65), was in den Bestimmungen zum Nachweis der theoretischen und praktischen Sachkunde in §§ 2 Abs. 4, 3 Abs. 2 RDV auch umgesetzt wurde (siehe hierzu näher § 2 RDV Rn. 26 ff. und § 3 RDV Rn. 8). 2

Von der Verordnungsermächtigung des § 10 Abs. 1 S. 2 RDG wurde mit § 1 RDV (nur) in Bezug auf das in § 10 Abs. 1 S. 1 Nr. 3 RDG genannte Gebiet der **Rechtsdienstleistungen in einem ausländischen Recht** Gebrauch gemacht. Für die **Rechtsgebiete Inkasso und Rentenberatung** hat der Verordnungsgeber hingegen explizit von der Bestimmung von Teilbereichen abgesehen. Während in der Gesetzesbegründung zu § 10 Abs. 1 S. 2 RDG 3 davon die Rede ist, dass Spezialisierungen im Bereich der Rentenberatung durch die Verordnung Rechnung getragen werden könne (BT-Drs. 16/3655, 65), heißt es in der Verordnungsbegründung (BR-Drs. 316/08, 9), dass es – da die Bereiche Inkasso und Rentenberatung ohnehin nur einen eng umgrenzten Bereich des Rechts umfassen – nicht sachgerecht sei, schon vor dem Berufszugang eine weitere Verengung des Tätigkeitsumfangs und damit der Berufsqualifikation vorzusehen. Es sei sinnvoll, dass gerade auch Rentenberater in dem gesamten sich aus § 10 Abs. 1 S. 1 Nr. 2 RDG ergebenden Rechtsbereich sachkundig seien, was eine spätere Spezialisierung – etwa auf den Bereich der Alters- und Unfallrente – nicht ausschließe (BR-Drs. 316/08, 9; die Einführung eines Teilbereichs „Rentenberater für die betriebliche Altersversorgung" für überfällig erachtet Meissner/*von Holst* Gruppe 7, S. 169, 172; ebenso für eine Einführung dieses Teilbereichs sind *Henssler/Deckenbrock* S. 44, 46; *dies.* DB 2013, 2909, 2915).

B. Teilbereiche

4   Der Bestimmung des in § 1 RDV genannten Rechts des gewerblichen Rechtsschutzes und des Steuerrechts als Teilbereich der Rechtsdienstleistungen in einem ausländischen Recht nach § 10 Abs. 1 S. 1 Nr. 3 RDG lag die Überlegung zugrunde, dass für diese Bereiche auch in Deutschland **Spezialberufe** – der Beruf des **Patentanwalts** einerseits und der Beruf des **Steuerberaters** andererseits – bestehen, die keine umfassende rechtliche Qualifikation voraussetzen (BR-Drs. 316/08, 9; Krenzler/*K.-M. Schmidt* Rn. 4, 5). Dementsprechend wurde keine Notwendigkeit gesehen, ausländischen Spezialisten umfassende Kenntnisse im Recht des Heimatlands abzuverlangen, sondern eine Begrenzung auf diese Teilgebiete als sinnvoll und wirtschaftlich geboten erachtet (BR-Drs. 316/08, 9; allerdings bedeutet dies nicht, dass nur Berufsangehörige mit im Ausland erworbenen Kenntnissen die Registrierung erlangen können, vgl. § 2 RDV Rn. 28, 22 ff.).

5   Weder von der Gesetzesbegründung noch der Verordnungsbegründung wurde zu der Frage Stellung bezogen, ob bei einer vorhandenen Registrierung für den gesamten Bereich des ausländischen Rechts zusätzlich eine Registrierung für einen Teilbereich des ausländischen Rechts in Betracht kommt (offen *Henssler/Deckenbrock* S. 46 Fn. 133). Gegen die Möglichkeit einer solchen **Doppelregistrierung** spricht zum einen der **Wortlaut** der Regelung des § 10 Abs. 2 RDG, wonach der Registrierungsantrag nämlich auf „einen oder mehrere dieser Teilbereiche beschränkt werden" kann. Zum anderen stellt die Bestimmung von Teilbereichen letztlich eine Erleichterung des Nachweises der Qualifikationen der Berufsangehörigen aus diesem Bereich dar; einer solchen Erleichterung bedarf ein Rechtsdienstleister, der ohnehin die umfassende Kenntnis nachweisen kann, nicht. **Sinn und Zweck** von § 10 Abs. 1 S. 2 RDG iVm § 1 RDV gebieten eine Doppelregistrierung daher nicht. Allerdings bleibt es dem Rechtsdienstleister unbenommen, auf seine Spezialisierung werbend hinzuweisen (siehe hierzu Vor §§ 10 ff. RDG Rn. 9).

Bestimmungen von Teilbereichen **§ 1 RDV**

I. Gewerblicher Rechtsschutz

Den Bereich des ausländischen Patentanwaltrechts hatte bereits der Gesetzgeber zu § 10 Abs. 1 S. 2 RDG vor Augen. Denn erst mit der ebenfalls im Gesetz zur Regelung des Rechtsberatungsrechts v. 12.12.2007 (BGBl. I S. 2840) vorgesehenen Streichung des § 186 PAO aF, wonach das Tätigwerden auf dem Gebiet des gewerblichen Rechtsschutzes aufgrund einer Erlaubnis nach Art. 1 § 1 RBerG ausdrücklich untersagt war, war der Weg zur Bestimmung dieses Teilbereichs im Wege einer Rechtsverordnung frei (BT-Drs. 16/3655, 65; § 186 PAO aF trat allerdings bereits mWv 18.12.2007 außer Kraft). 6

Der Verordnungsgeber hat sich – wie bereits unter Rn. 4 dargelegt – mit Blick auf die auch im deutschen Recht bestehende Spezialisierung der Patentanwälte für die Bestimmung des gewerblichen Rechtsschutzes als Teilbereich entschieden, zumal auch für die Beratung im ausländischen Patentrecht ein erheblicher Bedarf gesehen wurde, der durch ausländische Patentspezialisten (etwa US-amerikanische patent attorneys) gedeckt werden kann (BR-Drs. 316/08, 9; zu den für Berufsangehörige anderer EU- oder EWR-Staaten bestehenden weiteren Möglichkeiten des Tätigwerdens nach Maßgabe von §§ 154a, 154b PAO bzw. nach Zulassung zur Patentanwaltschaft nach § 5 Abs. 1 PAO iVm dem Gesetz über die Eignungsprüfung für die Zulassung zur Patentanwaltschaft [PAZEignPrG] siehe Dreyer/Lamm/Müller/*K. Lamm/C.-P. Lamm* Rn. 7 ff.). 7

II. Steuerrecht

Die Regelung des § 1 RDV ist bezüglich des Steuerrechts im Zusammenhang mit § 12 StBerG zu sehen (vgl. BR-Drs. 316/08, 10; Dreyer/Lamm/Müller/*K. Lamm/C.-P. Lamm* Rn. 16 f.). Gem. **§ 12 S. 1 StBerG** sind Personen und Vereinigungen iSd § 3 Nr. 1–3 StBerG in Angelegenheiten, die das Abgabenrecht fremder Staaten betreffen, zur geschäftsmäßigen Hilfe in Steuersachen befugt. Diese sich hieraus ergebenden Befugnisse in Bezug auf das ausländische Steuerrecht stellen keine sog. Vorbehaltsaufgabe der inländischen Berufsangehörigen iSd §§ 3, 5 StBerG dar (*Gehre/Koslowski* § 12 Rn. 2); vielmehr bleiben nach **§ 12 S. 2 StBerG** die entsprechenden Befugnisse Dritter aufgrund anderer Rechtsvorschriften – wie etwa § 10 Abs. 1 S. 2 RDG iVm § 1 RDV – unberührt. Allerdings folgt hieraus auch, dass sich das Dritten nach § 12 S. 2 StBerG eingeräumte Recht lediglich auf die geschäftsmäßige Hilfeleistung betreffend das **Abgabenrecht fremder Staaten** – und nicht auf eine sog. Vorbehaltsaufgabe – beziehen kann. Folglich sind im Falle einer **Registrierung nach § 10 Abs. 1 S. 2 RDG iVm § 1 RDV** nur solche Rechtsdienstleistungen zulässig, die nicht in den Anwendungsbereich des § 1 StBerG fallen (Dreyer/Lamm/Müller/*K. Lamm/C.-P. Lamm* Rn. 16 f. [unter zusätzlicher Nennung von § 2 StBerG, dem jedoch keine inhaltliche Begrenzung, sondern eine Bestimmung des persönlichen Anwendungsbereichs zu entnehmen ist]; dieses Verständnis liegt wohl auch der Verordnungsbegründung, BR-Drs. 316/08, 10, zugrunde, wenn dort darauf abgestellt wird, dass der Bereich der Steuerberatung in einem ausländischen Recht erfasst ist, „soweit diese nicht aufgrund der Spezialregelung des § 12 StBerG zulässigerweise durch Angehö- 8 rige der steuerberatenden Berufe erfolgt"; zu den weiteren Möglichkeiten für Berufsangehörige eines anderen EU- oder EWR-Staates zum Tätigwerden und zum Umfang der Befugnisse nach dem StBerG siehe Dreyer/Lamm/Müller/*K. Lamm/C.-P. Lamm* Rn. 19ff.).

9 **Nicht zulässig** ist nach dem zuvor Gesagten im Anwendungsbereich des § 10 Abs. 1 S. 2 RDG iVm § 1 RDV etwa die sich auf Zölle und Verbrauchsteuern, soweit sie durch das Recht der EU geregelt sind, beziehende geschäftsmäßige Hilfeleistung, da diese von § 1 Abs. 1 Nr. 1 StBerG erfasst wird (Dreyer/Lamm/Müller/*K. Lamm/C.-P. Lamm* Rn. 17). Die Beratung über eine Steuersache zu einem ausländischen Umsatzsteuerrecht ist dagegen keine Vorbehaltsaufgabe (Grunewald/Römermann/*Franz* Rn. 4).

§ 2 Nachweis der theoretischen Sachkunde

(1) ¹**In den Bereichen Inkassodienstleistungen und Rentenberatung wird die nach § 12 Abs. 3 Satz 1 des Rechtsdienstleistungsgesetzes erforderliche theoretische Sachkunde in der Regel durch ein Zeugnis über einen erfolgreich abgeschlossenen Sachkundelehrgang im Sinn des § 4 nachgewiesen.** ²**Zum Nachweis der theoretischen Sachkunde genügt auch das Zeugnis über die erste Prüfung nach § 5 d Abs. 2 des Deutschen Richtergesetzes.** ³**Die zuständige Behörde kann als Nachweis der theoretischen Sachkunde auch andere Zeugnisse anerkennen, insbesondere das Abschlusszeugnis einer deutschen Hochschule oder Fachhochschule über einen mindestens dreijährigen Hochschul- oder Fachhochschulstudiengang mit überwiegend rechtlichen Studieninhalten, wenn der Studiengang die nach § 11 Abs. 1 oder 2 des Rechtsdienstleistungsgesetzes erforderlichen Rechtskenntnisse vermittelt.**

(2) ¹**In den Fällen des § 12 Abs. 3 Satz 3 des Rechtsdienstleistungsgesetzes ist durch geeignete Unterlagen, insbesondere das Zeugnis einer ausländischen Behörde, nachzuweisen, dass die Voraussetzungen des § 12 Abs. 3 Satz 3 des Rechtsdienstleistungsgesetzes vorliegen.** ²**Daneben ist ein gesonderter Nachweis der theoretischen Sachkunde nicht erforderlich.**

(3) ¹**Im Bereich der Rechtsdienstleistungen in einem ausländischen Recht wird die theoretische Sachkunde in der Regel durch das Zeugnis einer ausländischen Behörde darüber nachgewiesen, dass die zu registrierende Person in dem ausländischen Land rechtmäßig zur Ausübung des Rechtsanwaltsberufs oder eines vergleichbaren rechtsberatenden Berufs niedergelassen ist oder war.** ²**Zum Nachweis der theoretischen Sachkunde genügt auch das Abschlusszeugnis einer ausländischen Hochschule über den erfolgreichen Abschluss eines Studiengangs, der nach Umfang und Inhalten den in Absatz 1 Satz 3 genannten Studiengängen entspricht.**

(4) **Ist der Antrag in den Fällen des Absatzes 3 auf einen Teilbereich beschränkt, so genügt zum Nachweis der theoretischen Sachkunde das Zeugnis einer ausländischen Behörde darüber, dass die zu registrierende Person in dem ausländischen Staat rechtmäßig zur Aus-**

übung des Patentanwaltberufs, des Steuerberaterberufs oder eines vergleichbaren Berufs niedergelassen ist oder war.

(5) **Der Nachweis der Sachkunde in einem ausländischen Recht erstreckt sich nur auf das Recht, auf das sich die vorgelegten Zeugnisse beziehen.**

Inhaltsübersicht

	Rn.
A. Allgemeines	1
B. Inkassodienstleistungen und Rentenberatung (Abs. 1)	4
C. Rechtsdienstleister aus einem EU- oder EWR-Staat oder der Schweiz (Abs. 2)	11
D. Rechtsdienstleistungen in einem ausländischen Recht (Abs. 3–5)	16
I. Anwendungsbereich	16
II. Nachweis bei Antrag auf umfassende Beratung im ausländischen Recht (Abs. 3)	18
1. Regelfall (Abs. 3 S. 1)	18
2. Weitere Nachweismöglichkeiten (Abs. 3 S. 2)	21
III. Nachweis bei Beschränkung auf Teilbereiche des ausländischen Rechts (Abs. 4)	26
IV. Reichweite des vorgelegten Zeugnisses (Abs. 5)	29
E. Übersicht über die Möglichkeiten, den Nachweis der theoretischen und praktischen Sachkunde zu erbringen	31

A. Allgemeines

Die registrierten Rechtsdienstleister müssen in dem Fachbereich, in welchem sie eine Registrierung anstreben, über besondere Sachkunde iSv § 11 Abs. 1–3 RDG verfügen. Deren Nachweis hat sich gem. § 12 Abs. 3 RDG sowohl auf die **theoretische** als auch die **praktische Sachkunde** zu erstrecken (siehe hierzu auch § 12 RDG Rn. 99 ff.). Hinsichtlich des Nachweises der **theoretischen Sachkunde** ist in **§ 12 Abs. 3 S. 1 RDG** lediglich bestimmt, dass dieser durch Vorlage von Zeugnissen zu führen ist. Die Einzelheiten werden – aufgrund der in § 12 Abs. 5 RDG vorgesehenen Ermächtigung – durch die Vorschrift des § 2 RDV näher bestimmt (BR-Drs. 316/08, 10). Dabei bezieht sich **Abs. 1** auf den Nachweis der theoretischen Sachkunde im Bereich Inkassodienstleistungen und Rentenberatung. **Abs. 2** regelt die Einzelheiten, wenn die Sachkunde in einem EU- oder EWR-Staat oder der Schweiz erlangt wurde und die **Abs. 3–5** betreffen die Nachweismöglichkeiten für die Fälle, in denen die Registrierung für Rechtsdienstleistungen in einem ausländischen Recht angestrebt wird. 1

Mit der bereits durch § 12 Abs. 3 S. 1 RDG begrenzten **Nachweismöglichkeit** der theoretischen Sachkunde **durch Vorlage von Zeugnissen** (zum Begriff des Zeugnisses siehe BT-Drs. 16/3655, 69; § 12 RDG Rn. 101) wird die Durchführung einer – unter dem RBerG noch möglichen – Sachkundeprüfung durch die zuständige Behörde ausgeschlossen (BT-Dr. 16/3655, 68; BR-Drs. 316/08, 10; Krenzler/K.-M. Schmidt Rn. 1). Ungeachtet dessen bleibt es der zuständigen Behörde aufgrund des geltenden **Amtsermittlungsgrundsatzes** (§ 24 VwVfG) unbenommen, mit dem Antragsteller ein Gespräch zu 2 führen, sofern – aber auch nur soweit – Unstimmigkeiten oder Zweifel bezüglich der Eignung des vorgelegten Sachkundenachweises bestehen (vgl. BR-Drs. 316/08, 10; Grunewald/Römermann/*Franz* Rn. 1; Dreyer/Lamm/Müller/ *K. Lamm* Rn. 2).

3 Ist der Nachweis der theoretischen Sachkunde mit Zeugnissen zu führen, die nicht in deutscher Sprache ausgestellt sind, kann die zuständige Behörde gem. § 6 Abs. 4 RDV die Vorlage einer **Übersetzung** verlangen (zu den Einzelheiten siehe § 6 RDV Rn. 15ff).

B. Inkassodienstleistungen und Rentenberatung (Abs. 1)

4 Für den Bereich der Inkassodienstleistungen und der Rentenberatung werden in § 2 Abs. 1 RDV einheitliche Anforderungen an den Nachweis der theoretischen Sachkunde gestellt.

5 In **S. 1** ist – wie sich bereits aus dem Wortlaut der Vorschrift ergibt und wie es der Vorstellung des Gesetzgebers entsprach (BT-Drs. 16/3655, 69) – als **Regelfall** des Nachweises der theoretischen Sachkunde die Vorlage eines Zeugnisses über einen erfolgreich absolvierten **Sachkundelehrgang iSv § 4 RDV** vorgesehen (BR-Drs. 316/08, 10). Da die Sachkundelehrgänge durch private Anbieter, Berufsverbände oder andere Institutionen durchgeführt werden und der Verordnungsgeber auf ein Zertifizierungsverfahren der Lehrgangsanbieter verzichtet hat, kann und muss die zuständige Behörde im Einzelfall prüfen, ob das vorgelegte Zeugnis – auch hinsichtlich der Lehrinhalte und der Art sowie des Umfangs des Lehrgangs – den sich aus § 4 RDV ergebenden Anforderungen entspricht (BR-Drs. 316/08, 10; Henssler/Prütting/*Weth* § 12 RDG Rn. 27; Krenzler/*K.-M. Schmidt* § 12 RDG Rn. 45; siehe auch § 4 RDV Rn. 3). Die zuständige Behörde hat dabei nicht nur die Möglichkeit, mit dem Antragsteller bei Zweifeln über die Geeignetheit des Nachweises ein Gespräch zu führen (Rn. 2) oder in die vorzulegenden Aufsichtsarbeiten Einsicht zu nehmen (hierzu § 4 RDV Rn. 26), sondern darf auch Stellungnahmen und Expertisen dritter Stellen einholen (BR-Drs. 316/08, 10). Es begegnet allerdings Bedenken, für eine solche Stellungnahme – wie in der Verordnungsbegründung vorgeschlagen (BR-Drs. 316/08, 10) – die jeweiligen Berufsverbände als Ansprechpartner auszuwählen, wenn der Berufsverband selbst als Lehrgangsanbieter am Markt auftritt und damit das durch einen Konkurrenten ausgestellte Zeugnis (einschließlich des Lehrganginhalts) beurteilen soll.

6 Nach **S. 2** ist der **Besuch und Abschluss eines Sachkundelehrgangs entbehrlich** für Personen, die ein Zeugnis über die erste juristische Prüfung gem. § 5d Abs. 2 DRiG vorlegen können. Grund für diese Regelung ist, dass geprüfte Rechtskandidaten eine umfassende Ausbildung in allen Bereichen des Rechts zu durchlaufen haben (BR-Drs. 316/08, 10; Dreyer/Lamm/Müller/*K. Lamm* Rn. 11). Das **Fehlen von Spezialkenntnissen** für den jeweiligen Bereich, die in der universitären Ausbildung nicht vermittelt werden, sieht der Verordnungsgeber ausdrücklich als unschädlich an (BR-Drs. 316/08, 10). Allerdings geht der hiermit verbundene Hinweis, dass die erforderlichen Spezialkenntnisse im Rahmen der **praktischen Sachkunde nach § 3 RDV** nachgewiesen werden müssen (BR-Drs. 316/08, 10), fehl. Denn nach § 3 RDV ist ein

Nachweis von Spezialkenntnissen im Bereich Inkasso bzw. Rentenberatung gerade nicht zwingend Voraussetzung, bestimmt § 3 Abs. 1 S. 2 RDV – ohne Differenzierung nach Ausbildungsinhalten im Referendariat – doch, dass über die besondere Sachkunde verfügt, wer die **Befähigung zum Richteramt nach dem DRiG** besitzt (zur Anwendbarkeit von § 3 Abs. 1 S. 2 RDV auf Rechtsdienstleister in einem ausländischen Recht siehe unten Rn. 22 ff.). Wenngleich die Verordnungsbegründung zum Nachweis der theoretischen Sachkunde etwas anderes erwarten lässt und die Vorstellung von der Registrierung einer Person, die über keinerlei Spezialkenntnisse verfügt, befremdlich wirkt, ist die Anerkennung der beiden juristischen Prüfungen als Sachkundenachweis nicht zu beanstanden. Denn die Befähigung zum Richteramt nach dem DRiG berechtigt – ohne weitere Nachweise – auch zur Zulassung zur Rechtsanwaltschaft und damit gem. § 3 Abs. 1 BRAO zur Beratung und Vertretung in allen, mithin auch den hier in Rede stehenden Rechtsangelegenheiten (BR-Drs. 316/08, 12; Grunewald/Römermann/*Franz* § 3 RDV Rn. 3; *Finzel* § 3 RDV Rn. 2; vgl. auch Unseld/Degen/*Unseld* § 12 RDG Rn. 40; zu der Frage der Registrierungsfähigkeit von Rechtsanwälten siehe § 10 RDG Rn. 18 ff.).

Trotz der Folgerichtigkeit der Argumentation sollte freilich nicht übersehen werden, dass die Situation des **Marktauftritts** eines registrierten Rechtsdienstleisters, bspw. eines Rentenberaters, mit der eines diesen Rechtsbereich (auch) anbietenden Rechtsanwalts nicht vergleichbar ist (siehe hierzu Henssler/Deckenbrock S. 23 f.). So darf nämlich ein „Volljurist", der sich als Rentenberater registrieren lässt, tatsächlich ungeachtet des Vorhandenseins von Spezialkenntnissen mit dieser Bezeichnung am Markt auftreten. Demgegenüber unterliegt ein Rechtsanwalt den Beschränkungen des § 43 b BRAO iVm § 7 BORA, der also bei Angabe von qualifizierenden Zusätzen entsprechende Kenntnisse in diesem Bereich nachweisen muss; andernfalls darf er die „Rentenberatung" lediglich als „Interessenschwerpunkt" angeben (Hartung/*v. Lewinski* § 7 BORA Rn. 15). Diese Unstimmigkeit im Vergleich zum **anwaltlichen Berufsrecht** ist nicht auflösbar, hat ihren Grund aber nicht allein in den Verordnungsbestimmungen. Vielmehr zieht sich diese insofern durch das gesamte RDG, als der Gesetzgeber auf die umfassende Einführung von Berufspflichten, unter anderem eben auch von werberechtlichen Bestimmungen, für Rechtsdienstleister nach dem RDG verzichtet hat (siehe hierzu Vor §§ 10 ff. RDG Rn. 3 ff.). In diesem Kontext ist der Blick bei dem Auftreten als registrierter Rentenberater ohne entsprechende Spezialkenntnisse schließlich auf den **Verbraucherschutz** zu richten, erweckt die Bezeichnung als „Rentenberater" beim Rechtsverkehr doch den Eindruck, dass es sich bei dieser Person um einen „Spezialisten" handelt, stellt sich also als „zulässige Irreführung" iSv § 5 UWG dar (siehe zu den Grenzen der Werbung unter dem Gesichtspunkt des UWG Vor §§ 10 ff. RDG Rn. 9). Dennoch können neben Bedenken hinsichtlich des Verbraucherschutzes in der Praxis vernachlässigt werden. Dass ein „Volljurist" die berufliche Tätigkeit in einem ihm fremden Rechtsgebiet wie bspw. der Rentenberatung aufnimmt und hierauf mittels einer Registrierung im Rechtsdienstleistungsregister sogar beschränkt, dürfte nämlich ein lediglich theoretisches Gedankenspiel bleiben. Kritischer wäre dieser Gesichtspunkt allerdings dann zu bewerten, wenn die Möglichkeit der Registrierung von Rechtsanwälten als registrierte Rechtsdienstleister einschränkungslos als zulässig erachtet würde, da dann von einer Beschränkung auf ein

Rechtsgebiet nicht die Rede sein kann und ein Rechtsanwalt, der die Voraussetzungen des § 7 BORA (noch) nicht erfüllt, aus werbetaktischen Erwägungen ein Interesse an der geschützten Bezeichnung „Rentenberater" haben könnte. Diese Form der „Doppelzulassung" ist nach der hier vertretenen Auffassung indes nicht möglich; vielmehr ist für eine zusätzliche Registrierung eines Rechtsanwalts als Rechtsdienstleister eine organisatorische und räumliche Trennung der beiden Tätigkeiten erforderlich (siehe zu der streitigen Frage der Registrierungsfähigkeit von Rechtsanwälten § 10 RDG Rn. 18 ff.).

8 Wie sich aus **S. 3** ergibt, steht es im **pflichtgemäßen Ermessen** der zuständigen Behörde, auch andere Zeugnisse als das Zeugnis der ersten juristischen Prüfung als Nachweis anzuerkennen (BR-Drs. 316/08, 10). Das Gesetz nennt als solches Zeugnis **„insbesondere"** – weshalb der Nennung keine abschließende Bedeutung zukommt (Krenzler/K.-M. *Schmidt* Rn. 6) – das Abschlusszeugnis einer deutschen Hochschule oder Fachhochschule über einen mindestens dreijährigen Hochschul- oder Fachhochschulstudiengang mit überwiegend rechtlichen Studieninhalten. Dabei müssen im Rahmen des Studiums – je nachdem für welchen Bereich die Registrierung beantragt wird – die sich aus § 11 Abs. 1 RDG oder § 11 Abs. 2 RDG ergebenden Inhalte vermittelt werden, was der Antragsteller durch Vorlage der Lehrpläne nachweisen kann (BR-Drs. 316/08, 10; Grunewald/Römermann/*Franz* Rn. 3; Krenzler/K.-M. *Schmidt* Rn. 4).

9 Für den **Bereich der Inkassodienstleistungen** sind diese Voraussetzungen bei allen Studiengängen erfüllt, die mit einem Schwerpunkt auf das Zivil- und Wirtschaftsrecht ausgerichtet sind; außerdem ist das Studium an einer Fachhochschule für Rechtspflege zu den in § 2 Abs. 1 RDV genannten Studiengängen zu zählen (BR-Drs. 316/08, 10; Grunewald/Römermann/*Franz* Rn. 4; Krenzler/K.-M. *Schmidt* Rn. 5). Im **Bereich der Rentenberatung** ist ein spezifisch sozial- oder sozialversicherungsrechtlich orientiertes Studium vorauszusetzen; in der Verordnungsbegründung werden beispielhaft der sozialversicherungsrechtliche Studiengang an der Fachhochschule des Bundes für öffentliche Verwaltung sowie die vergleichbaren Studiengänge weiterer Fachhochschulen genannt (BR-Drs. 316/08, 11; ebenso Grunewald/Römermann/*Franz* Rn. 4; Krenzler/K.-M. *Schmidt* Rn. 6).

10 Die Gesetzesbegründung zu § 12 RDG geht davon aus, dass Antragsteller die theoretische Sachkunde auch belegen können, indem sie nachweisen, die Anforderungen eines Ausbildungsverlaufs **ohne** eine **Abschlussprüfung** absolviert zu haben, wobei als Beispiel Leistungsnachweise aus dem Jurastudium genannt werden (BT-Drs. 16/3655, 69; ebenso Grunewald/Römermann/*Suppé* § 12 RDG Rn. 115; Krenzler/K.-M. *Schmidt* § 12 RDG Rn. 43). Diese vom Gesetzgeber aufgezeigte Option wurde nicht ausdrücklich in den Wortlaut des § 2 Abs. 1 S. 3 RDV aufgenommen. Da aber die Nennung der Alternativmöglichkeiten zum Nachweis der theoretischen Sachkunde in § 2 Abs. 1 S. 3 RDV – wie zuvor gesehen – keinen abschließenden Charakter hat, ist diese Art des Leistungsnachweises nicht von vornherein ausgeschlossen (ebenso § 12 RDG Rn. 101; unklar Dreyer/Lamm/Müller/K. *Lamm* § 12 RDG Rn. 60). Die Anerkennung solcher Leistungsnachweise setzt jedoch voraus, dass diese eine gründliche Ausbildung der zu registrierenden Person in allen Bereichen, auf die sich die Registrierung erstreckt, erkennen lässt (BR-Drs. 316/08, 11

zur Anerkennung anderer Aus- und Fortbildungszeugnisse als der dort ausdrücklich genannten (Abschluss-)Zeugnisse, ohne jedoch ausdrücklich auf die Frage einzugehen, ob eine bestandene Prüfung erforderlich ist). Dies bedarf einer besonderen Prüfung im Einzelfall und wird wohl nur in Ausnahmefällen anzunehmen sein.

C. Rechtsdienstleister aus einem EU- oder EWR-Staat oder der Schweiz (Abs. 2)

In § 2 Abs. 2 RDV sind die Anforderungen an den Sachkundenachweis für 11 die in **§ 12 Abs. 3 S. 3 RDG** genannte Konstellation – der Fall, in dem ein Rechtsdienstleister aus einem anderen Mitgliedstaat der EU, einem anderen EWR-Vertragsstaat oder der Schweiz (siehe zur Erweiterung des § 12 Abs. 3 S. 3 RDG auf Rechtsdienstleister aus der Schweiz mwV 1.8.2013 § 12 RDG Rn. 4) einen Antrag auf Registrierung für einen in § 10 Abs. 1 RDG genannten Rechtsdienstleistungsbereich stellt – geregelt.

In Bezug auf den **sachlichen Anwendungsbereich** des § 2 Abs. 2 RDV ist 12 angesichts des in der Regelung des § 12 Abs. 3 S. 3 RDG enthaltenen Verweises auf die gesamte Regelung des § 10 Abs. 1 RDG festzuhalten, dass die hier bestimmten Anforderungen an den Sachkundenachweis für alle drei genannten Rechtsgebiete, also für die Inkassodienstleistungen, die Rentenberatung und die Rechtsdienstleistungen in einem ausländischen Recht, gelten. Hinsichtlich der Registrierung für **Rechtsdienstleistungen in einem ausländischen Recht** ist dieser Befund indes nicht unproblematisch. Hier besteht eine Konkurrenz zu den Bestimmungen des § 2 Abs. 3–5 RDV (vgl. hierzu näher Rn. 16f.).

Der **persönliche Anwendungsbereich** des § 2 Abs. 2 RDV iVm § 12 13 Abs. 3 S. 3 RDG ist begrenzt auf Antragsteller, die ihre Kenntnisse in einem anderen Mitgliedstaat der EU bzw. einem EWR-Staat oder der Schweiz erlangt haben. Auf die Staatsangehörigkeit des Antragstellers kommt es nicht an (Dreyer/Lamm/Müller/*K. Lamm* § 12 RDG Rn. 71). Bezüglich der erworbenen Kenntnisse wird in § 12 Abs. 3 S. 3 RDG zwischen zwei Fällen differenziert:
1. Hat der Antragsteller die Kenntnisse in einem Mitgliedstaat erworben, in dem der in § 10 Abs. 1 RDG genannte oder mit diesem vergleichbare Beruf reglementiert ist, ist entscheidend, ob der Antragsteller über die Berufsqualifikation verfügt, um diesen Beruf dort auszuüben.
2. Ist der Beruf in dem Mitgliedstaat nicht reglementiert, kommt es darauf an, ob der Antragsteller diesen Beruf während der vorhergehenden zehn Jahre in dem betreffenden Herkunftsstaat zwei Jahre in Vollzeit ausgeübt hat.

Erfüllt der Antragsteller die genannten Voraussetzungen, ist nach § 12 Abs. 3 S. 3 RDG die Sachkunde unter Berücksichtigung dieser Berufsqualifikation oder Berufsausübung durch einen mindestens sechsmonatigen **Anpassungslehrgang** nachzuweisen (vgl. hierzu auch § 12 RDG Rn. 112; zum Anpassungslehrgang § 3 RDV Rn. 10 ff.).

Das Vorliegen dieser sich aus § 12 Abs. 3 S. 3 RDG ergebenden Voraus- 14 setzungen ist nach **§ 2 Abs. 2 S. 1 RDV** durch geeignete Unterlagen, insbesondere das Zeugnis einer ausländischen Behörde, nachzuweisen. Der **Begriff der ausländischen Behörde** in diesem Sinne ist – da § 2 Abs. 2 RDV der Umsetzung des § 12 Abs. 3 S. 3 RDG dient, mit welchem wiederum die Vorgaben der Art. 13 und Art. 14 der Berufsqualifikationsrichtlinie umgesetzt werden (BT-Drs. 16/3655, 69) – nach Maßgabe von Art. 13 Abs. 1 a) der Berufsqualifikationsrichtlinie (Richtlinie 2005/36/EG des Europäischen Parlaments und des Rates v. 7. 9. 2005 über die Anerkennung von Berufsqualifikationsrichtlinien, ABl. EU Nr. L 255 v. 30. 9. 2005 S. 22; die sich durch die **Richtlinie 2013/ 55/EU v. 20. 11. 2013** [ABl. EU Nr. L 354 v. 28. 12. 2013 S. 132] ergebenden Änderungen an der Berufsqualifikationsrichtlinie, die auch die Art. 13 und 14 betreffen [allerdings keine Auswirkungen auf die hier fragliche Begriffsbestimmung haben wird], müssen nach Art. 3 Abs. 1 der Richtlinie bis zum 18. 1. 2016 im Inland umgesetzt werden) zu bestimmen (vgl. Dreyer/Lamm/ Müller/*K. Lamm* Rn. 18). Danach sind als Zeugnisse einer ausländischen Behörde solche anzuerkennen, die in dem Mitgliedstaat von einer entsprechend dessen Rechts- und Verwaltungsvorschriften benannten zuständigen Behörde ausgestellt wurden. Da sich ausweislich des Wortlauts des § 2 Abs. 2 S. 1 RDV die Nachweismöglichkeit nicht in der Vorlage von Zeugnissen ausländischer Behörden erschöpft („insbesondere"), kommen auch **andere Nachweise,** bspw. das Zeugnis eines Arbeitgebers zur Bestätigung der zweijährigen Berufsausübung, in Betracht (Dreyer/Lamm/Müller/*K. Lamm* Rn. 19).

15 Ist der Nachweis gem. § 2 Abs. 2 S. 1 RDV erbracht, ist nach der ausdrücklichen Bestimmung des **§ 2 Abs. 2 S. 2 RDV** ein gesonderter Nachweis der theoretischen Sachkunde nicht erforderlich.

D. Rechtsdienstleistungen in einem ausländischen Recht (Abs. 3–5)

I. Anwendungsbereich

16 Die Abs. 3–5 beziehen sich auf Rechtsdienstleistungen in einem ausländischen Recht, wobei nicht danach differenziert wird, ob es sich um ein ausländisches Recht eines EU- bzw. eines EWR-Staates bzw. der Schweiz oder ein außerhalb dieser Staaten liegendes Recht handelt. Damit besteht ein **Konkurrenzverhältnis** zur Regelung des § 2 Abs. 2 RDV. Denn § 2 Abs. 2 RDV enthält aufgrund des Verweises auf die Vorschrift des § 12 Abs. 3 S. 3 RDG eine Privilegierung für Antragsteller, die ihre Qualifikation in einem EU- oder EWR-Staat oder in der Schweiz erlangt haben. Da § 12 Abs. 3 S. 3 RDG wiederum insgesamt auf die Vorschrift des § 10 Abs. 1 RDG verweist, gilt die Sonderregelung des § 2 Abs. 2 RDV in den dort genannten Fällen auch bei der Antragstellung für Rechtsdienstleistungen in einem ausländischen Recht. Ob für Rechtsdienstleister bezogen auf ein Recht eines EU- oder EWR-Staates oder der Schweiz nun die Regelung des § 2 Abs. 2 RDV oder die Regelung des § 2 Abs. 3 RDV gilt, ist aufgrund der unterschiedlichen Anforderungen an den Nachweis der theoretischen und der praktischen Sachkunde von erheblicher Bedeutung. In Bezug auf die theoretische Sachkunde ergibt sich insofern ein Unterschied, als nach § 2 Abs. 2 RDV iVm § 12 Abs. 3 S. 3 RDG das Vorliegen

Nachweis der theoretischen Sachkunde **§ 2 RDV**

der entsprechenden Berufsqualifikation entscheidend ist, während nach § 2 Abs. 3 RDV auf die (vorhandene oder aufgegebene) rechtmäßige Niederlassung als Rechtsanwalt oder als Berufsträger eines vergleichbaren Berufs abgestellt wird. Von größerer Relevanz ist die Problematik hinsichtlich des Nachweises der praktischen Sachkunde, da § 12 Abs. 3 S. 3 RDG (iVm § 3 Abs. 3 RDV) nämlich die Notwendigkeit eines Anpassungslehrgangs von mindestens sechs Monaten bestimmt, während nach § 2 Abs. 3 RDV bzw. § 3 Abs. 2 RDV der Nachweis ausreichend ist, dass der Antragsteller im Zeitpunkt der Antragstellung rechtmäßig zur Ausübung des Rechtsanwaltsberufs oder eines vergleichbaren rechtsberatenden Berufs niedergelassen ist oder war.

Ausgehend von **Sinn und Zweck** des in § 12 Abs. 3 S. 3 RDG iVm § 3 **17** Abs. 3 RDV vorgesehenen **Anpassungslehrgangs,** welcher gewährleisten soll, dass die Antragsteller nicht nur mit den Vorschriften ihres Heimatlands zur Ausübung des Berufs, sondern auch mit den allgemeinen und besonderen rechtlichen Vorschriften, die im Inland gelten, ausreichend vertraut sind (BT-Drs. 16/3655, 69; siehe auch § 3 RDV Rn. 13), scheint es naheliegend, den Anwendungsbereich dieser Regelungen (stets) auf Rechtsdienstleister für ausländisches Recht eines EU- oder EWR-Staates oder der Schweiz zu erstrecken (so Krenzler/K.-M. *Schmidt* § 3 RDV Rn. 10ff.). Diese Sichtweise lässt jedoch außer Betracht, dass die Vorschriften der §§ 2 Abs. 2, 3 Abs. 3 RDV der **Umsetzung der Berufsqualifikationsrichtlinie** (Richtlinie 2005/36/EG des Europäischen Parlaments und des Rates v. 7.9.2005 über die Anerkennung von Berufsqualifikationen, ABl. EU Nr. L 255 v. 30.9.2005 S. 22; zur **Änderungsrichtlinie 2013/55/EU v. 20.11.2013** siehe oben Rn. 14) dienen (vgl. BR-Drs. 316/08, 11, 12). Da diese Richtlinie zu einem einheitlicheren, transparenten und flexibleren System der Anerkennung von beruflichen Qualifikationen beitragen möchte (ABl. EU Nr. L 255 v. 30.9.2005 S. 22, Erwägungsgrund [3]), ist es sachgerecht, Rechtsdienstleistern eines ausländischen Rechts eines EU- oder EWR-Staates oder der Schweiz eine **Wahlmöglichkeit** zwischen den beiden Nachweismöglichkeiten – § 2 Abs. 3 iVm § 3 Abs. 2 RDV einerseits und § 2 Abs. 2 iVm § 3 Abs. 3 RDV andererseits – einzuräumen. Der Gedanke der Richtlinie, die darauf abzielt, die Anerkennung der ausländischen Qualifikation zu erleichtern, würde in das Gegenteil verkehrt, wenn dieser Personenkreis nicht wie Antragsteller aus dem außereuropäischen Ausland den Nachweis erbringen könnte, als Rechtsanwalt oder in einem vergleichbaren Beruf niedergelassen gewesen zu sein, sondern (zusätzlich) einen Anpassungslehrgang absolvieren müsste (siehe auch § 12 RDG Rn. 114; anders wohl BR-Drs. 316/08, 12, wo [zunächst] davon ausgegangen wird, dass neben Inkassodienstleistern und Rentenberatern auch die übrigen in § 12 Abs. 3 S. 3 RDG genannten Personen, die einen unregulierten Beruf ausüben, einen Anpassungslehrgang absolvieren müssen, während danach nur noch auf die Bereiche Inkasso und Rentenberatung abgestellt wird; bei Dreyer/Lamm/Müller/K. *Lamm* § 3 RDV Rn. 17 bleibt unklar, ob die Voraussetzungen von § 3 Abs. 2 und 3 RDV kumulativ vorliegen müssen; demgegenüber geht *Finzel* § 3 RDV Rn. 4 nur von einer Anwendbarkeit des § 3 Abs. 3 RDV auf Inkassodienstleister und Rentenberater aus).

II. Nachweis bei Antrag auf umfassende Beratung im ausländischen Recht (Abs. 3)

18 **1. Regelfall (Abs. 3 S. 1).** Der Regelfall des Nachweises der theoretischen Sachkunde für den Bereich der Rechtsdienstleistungen in einem ausländischen Recht ist in § 2 Abs. 3 S. 1 RDV normiert. Danach wird die theoretische Sachkunde durch Vorlage eines Zeugnisses einer ausländischen Behörde, aus welchem sich ergibt, dass die zu registrierende Person in dem dortigen Land rechtmäßig zur Ausübung des **Rechtsanwaltsberufs** oder eines **vergleichbaren rechtsberatenden Berufs niedergelassen** ist oder war, nachgewiesen.

19 Der hier verwendete **Begriff der „ausländischen Behörde"** findet sich bereits in § 2 Abs. 2 S. 1 RDV und ist wie dort zu bestimmen (siehe Rn. 14). Ob der Antragsteller zur **Ausübung des Rechtsanwaltsberufs** berechtigt ist, ist – wie sich dem Wortlaut der Regelung entnehmen lässt – allein nach den Regeln des Herkunftsstaates zu beurteilen. Nichts anderes gilt hinsichtlich der Frage, ob der Betroffene einen mit dem Rechtsanwaltsberuf **vergleichbaren rechtsberatenden Beruf** ausübt. Da es ausweislich des Wortlauts der Norm um die Gleichstellung von ausländischen Anwälten und ihnen im Herkunftsstaat vergleichbaren Personen und nicht – wie im Fall des § 206 BRAO – um eine Mitgliedschaft in der deutschen Rechtsanwaltskammer geht, sind die Befugnisse des ausländischen nichtanwaltlichen Rechtsdienstleisters im Herkunftsstaat – und nicht eine anwaltsähnliche Ausbildung oder Stellung – entscheidend (Grunewald/Römermann/*Franz* Rn. 7; § 12 RDG Rn. 114 vgl. auch Dreyer/Lamm/Müller/*K. Lamm* Rn. 22; Krenzler/*K.-M. Schmidt* Rn. 17; diese Betrachtungsweise liegt auch der Gesetzesbegründung [BT-Drs. 16/3655, 66] zugrunde, wenn es heißt, dass „Rechtsdienstleistungen in einem ausländischen Recht besondere Kenntnisse der gesamten ausländischen Rechtsordnung [erfordern], die denen einer in diesem Land zur Ausübung umfassender Rechtsdienstleistungen berechtigten Person entsprechen"; aA Dreyer/Lamm/Müller/*K. Lamm*/*C.-P. Lamm* § 1 RDV Rn. 6, 23 zu § 2 Abs. 4 RDV; die Vergleichbarkeit mit dem Rechtsanwaltsberuf ablehnend bei Leitung einer mittelgroßen Polizeidienststelle in Österreich VG München Urt. v. 16.7.2013 – M 16 K 13.1505, BeckRS 2013, 56069).

20 Die **Niederlassung** im Herkunftsstaat als Rechtsanwalt bzw. als vergleichbarer Rechtsdienstleister muss im Zeitpunkt der Antragstellung auf Registrierung nicht mehr bestehen. Jedoch muss, bis zur Aufgabe der Niederlassung, eine rechtmäßige Niederlassung bestanden haben, weshalb ein (vorübergehendes) Berufsausübungsverbot der Registrierung nach § 10 RDG auch in Deutschland entgegensteht (Dreyer/Lamm/Müller/*K. Lamm* Rn. 23).

21 **2. Weitere Nachweismöglichkeiten (Abs. 3 S. 2).** Angesichts des in § 2 Abs. 3 S. 2 RDV enthaltenen Verweises auf § 2 Abs. 1 S. 3 RDV genügt ein **Abschlusszeugnis einer ausländischen Hochschule** über den Abschluss eines mindestens drei Jahre dauernden Studiengangs mit überwiegend rechtlichen Studieninhalten. Der sich auf das ausländische Recht beziehende Studieninhalt muss sich – da es nicht, zumindest nicht zwingend, um die Beratung im Bereich Inkasso oder Rentenberatung geht – nicht auf diese Bereiche beziehen; die sich aus dem Verweis (ebenfalls) ergebende Bezugnahme auf die

Nachweis der theoretischen Sachkunde　　　　　　　**§ 2 RDV**

Vorschrift des § 11 Abs. 1 bzw. Abs. 2 RDG geht damit ins Leere (Grunewald/ Römermann/*Franz* Rn. 9).

Im Unterschied zu den Bereichen Inkasso und Rentenberatung ist in § 2 **22** Abs. 3 RDV für Rechtsdienstleister eines ausländischen Rechts nicht vorgesehen, den **theoretischen Sachkundenachweis** durch Vorlage des Zeugnisses über die juristische Prüfung nach § 5d Abs. 2 DRiG zu erbringen. Demgegenüber ergibt sich hinsichtlich des Nachweises der **praktischen Sachkunde** für diese Rechtsdienstleister bei wortlautgetreuer Anwendung des § 3 Abs. 2 iVm § 3 Abs. 1 S. 2 RDV die Möglichkeit, diesen Nachweis (nur) unter Vorlage des Zeugnisses über die zweite juristische Prüfung zu führen. Zwar verweist die Regelung des § 3 Abs. 2 RDV nicht ausdrücklich auf § 3 Abs. 1 RDV. Jedoch hat die Regelung des § 3 Abs. 2 RDV in Anbetracht der gewählten Formulierung „… genügt zum Nachweis …" ergänzenden Charakter zu § 3 Abs. 1 RDV, nach dessen S. 2 über die praktische Sachkunde verfügt, wer die Befähigung zum Richteramt besitzt (ebenfalls [stillschweigend] von einer Anwendbarkeit von § 12 Abs. 3 S. 2 RDG iVm § 3 Abs. 1 S. 2 RDV neben § 3 Abs. 2 RDV ausgehend VG München Urt. v. 16.7.2013 – M 16 K 13.1505, BeckRS 2013, 56069; wohl auch Dreyer/Lamm/Müller/*K. Lamm* § 3 RDV Rn. 10, die explizit aber lediglich auf die zusätzliche Anwendbarkeit von § 3 Abs. 1 S. 1 RDV abstellt).

Damit drängt sich nicht nur die Frage auf, ob eine solche Differenzierung der **23** Nachweismöglichkeiten sinnvoll ist, sondern auch, ob Rechtsdienstleister für ein ausländisches Recht den Nachweis der theoretischen und/oder der praktischen Sachkunde unter Vorlage des Zeugnisses über die **Befähigung zum Richteramt nach dem DRiG** erbringen können. Letzteres erscheint befremdlich, bedenkt man, dass das deutsche Studium und das anschließende Referendariat nicht auf die Ausbildung in einem ausländischen Recht ausgerichtet sind. Dieser Gesichtspunkt kann jedoch nicht entscheidend sein. Auch im Bereich der Inkassodienstleistungen, insbesondere aber im Bereich der Rentenberatung, findet im Verlauf des Studiums und des Referendariats regelmäßig keine Vermittlung von Spezialkenntnissen statt, was der Verordnungsgeber indes ausdrücklich als unschädlich erachtet (vgl. oben Rn. 6). Bedenkt man die – dort zutreffende – Argumentation, dass die Befähigung zum Richteramt ohne weiteren Sachkundenachweis zur Zulassung zur Rechtsanwaltschaft und damit gem. § 3 Abs. 1 BRAO zur Beratung und Vertretung in allen Rechtsangelegenheiten berechtigt, muss der Nachweis dieser Befähigung gleichermaßen für die Registrierung in einem ausländischen Recht gelten. Denn die sich nach § 3 Abs. 1 BRAO auf alle Rechtsangelegenheiten erstreckende Beratungs- und Vertretungsbefugnis umfasst auch (jedes) ausländische Recht (explizit zum ausländischen Abgabenrecht Bonner Handbuch der Steuerberatung/*Späth* § 12 StBerG Rn. B 179.2). Dies erkennt auch der Verordnungsgeber (BR-Drs. 316/08, 12) an, wenn er – im Zusammenhang mit § 3 Abs. 1 RDV – ausführt, dass Rechtsanwälte „Rechtsdienstleistungen in allen Bereichen des Rechts, also auch in den Bereichen des § 10 RDG, erbringen" können, mithin vom Verordnungsgeber nicht zwischen § 10 Abs. 1 S. 1 Nr. 1–3 RDG differenziert wird.

Gerade aber aufgrund dieser Auseinandersetzung mit der Problematik und **24** der dennoch unterschiedlichen Behandlung der Rechtsbereiche in § 2 RDV – Inkassodienstleistung und Rentenberatung in § 2 Abs. 1 RDV einerseits und den Rechtsdienstleistern im ausländischen Recht in § 2 Abs. 3 RDV andererseits – muss davon ausgegangen werden, dass der Verordnungsgeber sich trotz der erkannten Vergleichbarkeit bewusst für die Statuierung verschiedener Voraussetzungen an die theoretische Sachkunde entschieden hat (vgl. auch OVG Berlin-Brandenburg Urt. v. 24.10.2013 – OVG 12 B 42.11, BeckRS 2013, 58471, wobei die dortigen Ausführungen nicht auf der Prämisse einer Vergleichbarkeit von Rechtsdienstleistern im ausländischen Recht mit Inkassodienstleistern und Rentenberatern beruhen). Damit liegt keine planwidrige Regelungslücke vor, die mittels analoger Anwendung des § 2 Abs. 1 S. 2 RDV geschlossen werden könnte (zu den Voraussetzungen einer Analogie siehe nur BGHZ 170, 187 Rn. 32 = NJW 2007, 992). Allerdings ist trotz eines anzuerkennenden weiten Ermessensspielraums des Verordnungsgebers eine unterschiedliche Behandlung dieser Rechtsdienstleister nicht gerechtfertigt. Der Verordnungsgeber lässt in der Begründung keine Gründe für eine differenzierte Behandlung erkennen; vielmehr macht er insgesamt zum Ausgangspunkt der Überlegung, dass ein weiterer Qualifikationsnachweis nicht verlangt werden soll, weil auch ein „Volljurist" nach Zulassung als Rechtsanwalt in allen Bereichen des Rechts tätig werden kann (siehe zuvor Rn. 23; BR-Drs. 316/08, 12). Diese sachlich nicht gerechtfertigte Ungleichbehandlung gibt dem Rechtsdienstleister für ausländisches Recht bei Nachweis der **Befähigung zum Richteramt** gem. **Art. 3 Abs. 1 GG einen Anspruch auf Zulassung** (anders OVG Berlin-Brandenburg Urt. v. 24.10.2013 – OVG 12 B 42.11, BeckRS 2013, 58471, wobei hier aber ausdrücklich nur Eintragungen in anderen Zuständigkeitsbereichen und Antragsteller aus anderen Mitgliedstaaten der EU, der EWR-Staaten oder der Schweiz als Vergleichsgruppen herangezogen wurden).

25 Anders verhält es sich, wenn der Rechtsdienstleister im Bereich eines ausländischen Rechts nicht über die Befähigung zum Richteramt verfügt, sondern „nur" die **erste Prüfung nach § 5d Abs. 2 DRiG** bestanden hat. Als unproblematisch stellt sich die Situation dar, in welcher der Rechtsdienstleister im Bereich eines ausländischen Rechts die praktische Sachkunde nach Maßgabe von § 3 Abs. 2 RDV nachweist, da damit zugleich die sich aus § 2 Abs. 3 RDV ergebenden Anforderungen an den Nachweis der theoretischen Sachkunde erfüllt werden. Demgegenüber wird er die theoretische und praktische Sachkunde nicht unter Berufung auf § 2 Abs. 1 S. 2 RDV iVm § 3 Abs. 1 S. 1 RDV – Beleg der ersten juristischen Staatsprüfung und Vorlage von Arbeitszeugnissen – nachweisen können. Zwar ist grds. auch von der Anwendbarkeit des § 3 Abs. 1 S. 1 RDV auszugehen (siehe hierzu Rn. 22). Allerdings begegnet die Entscheidung des Verordnungsgebers, die Anforderungen an den Sachkundenachweis unterschiedlich auszugestalten, nicht grundlegenden Bedenken, weshalb die Systematik des § 2 RDV nicht grds. beanstandet werden kann. Da darüber hinaus allein das erste Examen nicht zum Tätigwerden in allen Rechtsbereichen berechtigt, entfällt das zentrale Argument, das die Vergleichbarkeit aller Rechtsdienstleister zueinander begründet hat, weshalb eine Anwendung des § 2 Abs. 1 S. 2 RDV aus Gründen der Gleichbehandlung nach Art. 3 Abs. 1 GG in diesen Konstellationen nicht geboten ist.

III. Nachweis bei Beschränkung auf Teilbereiche des ausländischen Rechts (Abs. 4)

Die Vorschrift des § 2 Abs. 4 RDV trägt der Bestimmung in § 1 RDV, mit 26 welcher für den Bereich des ausländischen Rechts die Möglichkeit der Beschränkung der Registrierung auf Teilbereiche, nämlich auf den Bereich des gewerblichen Rechtsschutzes und/oder das Gebiet des Steuerrechts, geschaffen wurde, Rechnung (BR-Drs. 316/08, 11). Dementsprechend bezieht sich der nach Abs. 4 durch Vorlage eines Zeugnisses einer ausländischen Behörde (hierzu oben Rn. 14, 19) zu erbringende Nachweis auf die rechtmäßige Ausübung und Niederlassung (siehe hierzu oben Rn. 20) des **Patentanwaltberufs**, des **Steuerberaterberufs** oder eines **vergleichbaren Berufs** in dem ausländischen Staat.

Die Frage der Berechtigung zur Ausübung des Patentanwaltberufs bzw. des 27 Steuerberaterberufs ist wie die Vergleichbarkeit eines anderen ausgeübten Berufs in den Fällen des Abs. 3 aus der **Sicht des Herkunftslandes** zu beurteilen (siehe hierzu oben Rn. 19). Bestehen Zweifel an der Vergleichbarkeit, kann die zuständige Behörde Stellungnahmen der Patenanwaltskammer bzw. der Steuerberaterkammer einholen (BR-Drs. 316/08, 11).

Wie unter Rn. 22 ff. dargestellt, ist der Sachkundenachweis eines Antrag- 28 stellers, der die **Befähigung zum Richteramt** besitzt, auch für Rechtsdienstleistungen im Bereich des ausländischen Rechts geführt. Dies gilt erst recht in Fällen, in denen der Antragsteller die Registrierung für einen Teilbereich des ausländischen Rechts anstrebt.

IV. Reichweite des vorgelegten Zeugnisses (Abs. 5)

§ 2 Abs. 5 RDV normiert lediglich klarstellend, dass die in den Fällen des 29 § 2 Abs. 3 und 4 RDV vorgelegten Zeugnisse nur als Sachkundenachweis für das in diesen Zeugnissen und im Registrierungsantrag nach § 6 Abs. 2 RDV konkret benannte ausländische Recht dienen. Sie stellen keinen Befähigungsnachweis zur Beratung in allen ausländischen Rechtsordnungen dar (BR-Drs. 316/08, 11 f.; Dreyer/Lamm/Müller/K. *Lamm* Rn. 31).

Wird die Registrierung unter Berufung auf die **Befähigung zum Rich-** 30 **teramt** nach dem DRiG gem. §§ 2 Abs. 1 S. 2, 3 Abs. 1 S. 2 RDV iVm Art. 3 Abs. 1 GG beantragt, so erlangt § 2 Abs. 5 RDV keine Bedeutung. Entscheidend ist damit allein, welches ausländische Recht der Antragsteller gem. § 6 Abs. 2 RDV bei der Antragstellung bezeichnet.

E. Übersicht über die Möglichkeiten, den Nachweis der theoretischen und praktischen Sachkunde zu erbringen

Die Übersicht zu den verschiedenen Möglichkeiten, den Nachweis der 31 theoretischen und praktischen Sachkunde zu erbringen findet sich bei § 3 RDV Rn. 17.

§ 3 Nachweis der praktischen Sachkunde

(1) ¹Die nach § 12 Abs. 3 Satz 2 des Rechtsdienstleistungsgesetzes erforderliche praktische Sachkunde wird in der Regel durch Arbeitszeugnisse und sonstige Zeugnisse über die bisherige praktische Tätigkeit der zu registrierenden Person in dem Bereich des Rechts nachgewiesen, für den eine Registrierung beantragt wird. ²Über die erforderliche praktische Sachkunde verfügt auch, wer die Befähigung zum Richteramt nach dem Deutschen Richtergesetz besitzt.

(2) ¹Im Bereich der Rechtsdienstleistungen in einem ausländischen Recht genügt zum Nachweis der praktischen Sachkunde auch das Zeugnis einer ausländischen Behörde darüber, dass die zu registrierende Person in dem ausländischen Land rechtmäßig zur Ausübung des Rechtsanwaltsberufs oder eines vergleichbaren rechtsberatenden Berufs, in den Fällen des § 2 Abs. 4 zur Ausübung des Patentanwaltberufs, des Steuerberaterberufs oder eines vergleichbaren Berufs, niedergelassen ist oder war. ²§ 2 Abs. 5 gilt entsprechend.

(3) In den Fällen des § 12 Abs. 3 Satz 3 des Rechtsdienstleistungsgesetzes ist zusätzlich das von einer registrierten Person oder einem Mitglied einer Rechtsanwaltskammer ausgestellte Zeugnis darüber vorzulegen, dass die zu registrierende Person in dem Bereich, für den sie die Registrierung beantragt, mindestens sechs Monate unter der Verantwortung der registrierenden oder einer für sie tätigen qualifizierten Person oder eines Mitglieds einer Rechtsanwaltskammer im Inland tätig gewesen ist.

A. Allgemeines

1 Die registrierten Rechtsdienstleister müssen in dem Fachbereich, in welchem sie eine Registrierung anstreben, über besondere Sachkunde iSv § 11 Abs. 1–3 RDG verfügen, deren Nachweis sich gem. § 12 Abs. 3 RDG sowohl auf die **theoretische** als auch die **praktische Sachkunde** zu erstrecken hat (siehe hierzu auch § 12 RDG Rn. 99 ff.). Die grundsätzlichen inhaltlichen Anforderungen an die **praktische Sachkunde** werden in **§ 12 Abs. 3 S. 2, 3 RDG** formuliert, während die Einzelheiten und die Nachweismöglichkeiten der Sachkunde – aufgrund der in § 12 Abs. 5 RDG vorgesehenen Ermächtigung – durch die Vorschrift des § 3 RDV näher bestimmt werden (Dreyer/Lamm/Müller/*K. Lamm* Rn. 1). Dabei wird der in **Abs. 1** geregelte Grundsatz durch die in **Abs. 2** normierte Sonderregelung für Rechtsdienstleistungen in einem ausländischen Recht ergänzt. **Abs. 3** bezieht sich auf Rechtsdienstleister, die ihre Qualifikationen in einem EU- oder EWR-Staat oder der Schweiz erworben haben.

2 In sämtlichen Fällen des § 3 RDV erfolgt der Nachweis durch Vorlage von Zeugnissen. Ist das Zeugnis nicht in deutscher Sprache ausgestellt, kann die zuständige Behörde gem. § 6 Abs. 4 RDV die Vorlage einer **Übersetzung** verlangen (zu den Einzelheiten siehe § 6 RDV Rn. 15 ff.).

B. Grundsatz (Abs. 1)

§ 3 Abs. 1 RDV normiert unter Bezugnahme auf die sich aus § 12 Abs. 3 S. 2 RDG ergebenden Anforderungen den **für sämtliche Rechtsdienstleistungsbereiche** des § 10 Abs. 1 RDG geltenden Grundsatz des Nachweises der praktischen Sachkunde (siehe bzgl. der Rechtsdienstleistungen in einem ausländischen Recht auch § 2 RDV Rn. 22 ff.).

§ 12 Abs. 3 S. 2 RDG bestimmt, dass praktische Sachkunde in der Regel eine mindestens zwei Jahre unter Anleitung erfolgte Berufsausübung oder praktische Berufsausbildung voraussetzt (hierzu im Einzelnen § 12 RDG Rn. 104 ff.). Die Erfüllung dieser Anforderungen ist nach **§ 3 Abs. 1 S. 1 RDV** im **Regelfall** durch Vorlage eines Arbeitszeugnisses oder sonstiger Zeugnisse zu belegen. Die Regelung stellt dabei ausdrücklich klar, dass sich der Praxisnachweis auf den Rechtsbereich beziehen muss, für welchen die Registrierung beantragt wird.

Wie auch bei dem ausdrücklich genannten **Arbeitszeugnis** muss es sich bei den „**sonstigen Zeugnissen**" um solche handeln, die Art und Umfang der ausgeübten Tätigkeit erkennen lassen. Insoweit kann es sich etwa um Ausbildungszeugnisse, beamtenrechtliche Beurteilungen und auch um sonstige qualifizierte Bescheinigungen, aus denen sich Art und Umfang der Tätigkeit ergeben, handeln (BR-Drs. 316/08, 12).

Nach **§ 3 Abs. 1 S. 2 RDV** müssen Personen, die über die Befähigung zum Richteramt nach dem DRiG verfügen, keinen weiteren Nachweis über ihre praktische Sachkunde führen. Denn diese Personen haben bereits den zweijährigen Vorbereitungsdienst absolviert. Zudem könnten sie – ohne einen weiteren Sachkundenachweis erbringen zu müssen – die Zulassung zur Rechtsanwaltschaft beantragen, weshalb es nicht gerechtfertigt wäre, ihnen im Anwendungsbereich des RDG weitergehende Qualifikationen abzuverlangen (BR-Drs. 316/08, 12; hierzu auch § 2 RDV Rn. 6).

C. Rechtsdienstleistungen in einem ausländischen Recht (Abs. 2)

Rechtsdienstleister in einem ausländischen Recht können ihre Registrierung bei Nachweis der Befähigung zum Richteramt erreichen (hierzu § 2 RDV Rn. 22 ff.), aufgrund der Anwendbarkeit des § 3 Abs. 1 S. 1 RDV (siehe hierzu ebenfalls § 2 RDV Rn. 22) ferner bei zweijähriger Berufstätigkeit iS dieser Regelung, was insbesondere von Interesse ist, wenn der Rechtsdienstleister „lediglich" das Zeugnis einer ausländischen Hochschule gem. § 2 Abs. 3 S. 2 RDV vorlegen kann. Sofern die Rechtsdienstleistung im ausländischen Recht das Recht eines EU- oder EWR-Staates oder der Schweiz betrifft, kann – muss aber nicht – der Praxisnachweis (zusätzlich) in Form eines Anpassungslehrgangs erbracht werden, wenn der Rechtsdienstleister bereits nach § 2 Abs. 2 RDV die theoretische Sachkunde belegt hat (hierzu ausführlich § 2 RDV Rn. 16 f.).

Schließlich kann der Sachkundenachweis von Rechtsdienstleistern eines ausländischen Rechts entsprechend der **Sonderregelung** des § 3 Abs. 2 RDV geführt werden. Diese Regelung normiert dieselben Voraussetzungen wie zum Nachweis der theoretischen Sachkunde in § 2 Abs. 3 S. 1, Abs. 4 RDV, weshalb auf die dortigen Ausführungen (vgl. § 2 RDV Rn. 18 ff., 26 ff.) sowie die Erläuterung zu § 2 Abs. 5 RDV, der nach § 3 Abs. 2 S. 2 RDV entsprechend anwendbar ist (§ 2 RDV Rn. 29 f.), verwiesen wird.

D. Rechtsdienstleister aus einem EU- oder EWR-Staat oder der Schweiz (Abs. 3)

9   Die Regelung des § 3 Abs. 3 RDV stellt eine **Sonderregelung** für die in § 12 Abs. 3 S. 3 RDG bezeichneten Fälle, also für die Fälle, in denen Antragsteller ihre Qualifikation in einem EU- oder EWR-Staat oder der Schweiz erworben haben, dar (zur Anwendbarkeit auf Rechtsdienstleister in einem **ausländischen Recht** siehe § 2 RDV Rn. 16 f.). Dabei kann – trotz der auf eine zwingende Rechtsfolge hinweisenden Formulierung in § 12 Abs. 3 S. 3 RDG („ist") – allerdings nicht davon ausgegangen werden, dass diese Rechtsdienstleister nur auf diesem Weg die praktische Sachkunde erbringen können. Denn diese Regelung ist als **Privilegierung** der dort genannten Rechtsdienstleister angelegt, weshalb ihnen nicht verwehrt werden kann, den herkömmlichen Weg des Nachweises gem. § 12 Abs. 3 S. 2 RDG iVm § 3 Abs. 1 S. 1 RDV zu wählen (siehe § 12 RDG Rn. 114; liegen die Voraussetzungen des § 3 Abs. 1 S. 2 RDV vor, ist der Sachkundenachweis nach § 2 Abs. 1 S. 2 RDV iVm § 3 Abs. 1 S. 2 RDV ohnehin losgelöst von im Ausland erworbenen Qualifikationen erbracht).

I. Anpassungslehrgang

10 Der Gesetzgeber hat sich mit der Regelung des § 12 Abs. 3 S. 3 RDG gegen das Erfordernis einer Eignungsprüfung entschieden und die Durchführung eines Anpassungslehrgangs als Nachweis der praktischen Sachkunde als ausreichend erachtet (BT-Drs. 16/3655, 69; siehe hierzu auch § 12 RDG Rn. 113).

11 Nach der Vorstellung des Gesetzgebers sollte der Anpassungslehrgang, der nach Art. 3 Abs. 1 lit. g der Berufsqualifikationsrichtlinie die Ausübung des Berufs im Inland unter Verantwortung eines qualifizierten Berufsangehörigen voraussetzt, mit einer Zusatzausbildung nach dem Vorbild der Sachkundelehrgänge für inländische Antragsteller einhergehen (BT-Drs. 16/3655, 69). Dies zugrunde gelegt, wäre es möglich gewesen, von den ausländischen Antragstellern – wie in § 4 RDV für inländische Antragsteller vorgesehen – den Besuch eines Lehrgangs mit einer Mindeststundenzahl (vgl. § 4 Abs. 1 RDV) und den Nachweis einer bestandenen schriftlichen Aufsichtsarbeit (vgl. § 4 Abs. 3 RDV) zu verlangen. Einem Widerspruch zu dem ebenfalls erklärten Willen des Gesetzgebers (BT-Drs. 16/3655, 69), (auch) für ausländische Antragsteller auf eine staatliche Prüfung zu verzichten, hätte sich der Verordnungsgeber damit nicht ausgesetzt gesehen. Denn der Sachkundelehrgang nach § 4 RDV ist nicht als staatliches Prüfungsverfahren konzipiert, sondern ein Lehrgang, der von privaten Anbietern durchgeführt wird (hierzu § 4 RDV Rn. 2).

Nachweis der praktischen Sachkunde **§ 3 RDV**

Der Verordnungsgeber hat die vorbezeichnete Anregung des Gesetzgebers nicht aufgenommen, sondern den Anpassungslehrgang als reine **Berufstätigkeit unter Anleitung** ausgestaltet (vgl. Dreyer/Lamm/Müller/*K. Lamm* Rn. 14; Krenzler/*K.-M. Schmidt* Rn. 8). Die **Mindestdauer** des Anpassungslehrgangs beträgt nach § 3 Abs. 3 RDV, entsprechend der sich bereits aus § 12 Abs. 3 S. 3 RDV ergebenden Anforderung, **sechs Monate**. Der Lehrgang endet ohne eine abschließende Prüfung (vgl. BR-Drs. 316/08, 13). 12

Außer der Voraussetzung, dass die zu registrierende Person während der Lehrgangszeit die Tätigkeit in dem Beruf auszuüben hat, für welchen die Registrierung beantragt wird, werden die an den Anpassungslehrgang zu stellenden **inhaltlichen Anforderungen** in § 3 Abs. 3 RDV nicht definiert. Diese lassen sich jedoch aus **Sinn und Zweck** des Anpassungslehrgangs – dieser soll gewährleisten, dass die Antragsteller nicht nur mit den Vorschriften ihres Heimatlandes zur Ausübung des Berufs, sondern auch mit den allgemeinen und besonderen rechtlichen inländischen Vorschriften ausreichend vertraut sind (BT-Drs. 16/3655, 69) – herleiten. Dementsprechend müssen während der Lehrgangszeit neben den aus deutscher Sicht geltenden speziellen Rechtskenntnissen für die Beratung im Bereich Inkasso und Rentenberatung berufsrechtliche, vertragsrechtliche und haftungsrechtliche Kenntnisse vermittelt werden (Dreyer/Lamm/Müller/*K. Lamm* Rn. 15; Krenzler/*K.-M. Schmidt* Rn. 9). 13

Da der Anpassungslehrgang auf die Vermittlung der in der Bundesrepublik Deutschland geltenden Vorschriften abzielt (vgl. Rn. 13), ist nach § 3 Abs. 3 RDV eine **Tätigkeit im Inland** erforderlich. Wenn der Verordnungsgeber diesbezüglich die Bearbeitung grenzüberschreitender Fälle als ausreichend erachtet (BR-Drs. 316/08, 12f. zum Bereich Inkasso), so begegnet dies gemessen an dem unter Rn. 13 Gesagten Bedenken, sofern von der zu registrierenden Person, die eine Registrierung im Bereich Inkasso oder Rentenberatung anstrebt, ausschließlich Fälle mit Auslandsbezug bearbeitet werden. Die Vermittlung der in Deutschland geltenden Rechtsvorschriften in diesen Rechtsbereichen dürfte dann nicht gewährleistet sein. 14

Die zu registrierende Person hat den Anpassungslehrgang nach § 3 Abs. 3 RDV unter der **Verantwortung** einer nach dem RDG registrierten oder einer für sie tätigen qualifizierten Person oder des Mitglieds einer Rechtsanwaltskammer (Rechtsanwälte oder Kammerrechtsbeistände) zu absolvieren. Sofern die Anleitung unter einer nach dem RDG registrierten oder einer für sie tätigen qualifizierten Person (§ 12 Abs. 4 RDG) erfolgt, muss diese Person für den Bereich registriert sein, für welchen der Antragsteller die Registrierung anstrebt (Krenzler/*K.-M. Schmidt* Rn. 14). Auch Antragsteller, die eine Registrierung im **Bereich des ausländischen Rechts** beantragen (sofern hier überhaupt ein Anpassungslehrgang erforderlich ist, vgl. oben Rn. 9 und § 2 RDV Rn. 16f.), können zwischen den in § 3 Abs. 3 RDV genannten Berufsangehörigen einen Ausbilder auswählen. Eine Auslegung der Regelung, die in diesem Fall lediglich ein Mitglied einer Rechtsanwaltskammer als Ausbilder zulässt, ist mit dem klaren Gesetzeswortlaut unvereinbar (Krenzler/*K.-M. Schmidt* Rn. 15f.; aA Dreyer/Lamm/Müller/*K. Lamm* Rn. 17). Andererseits ist in Fällen, in denen eine Registrierung lediglich für einen **Teilbereich des ausländischen Rechts,** also entweder für den Bereich des gewerblichen Rechtsschutzes oder des Steuerrechts (vgl. § 1 RDV), beantragt wird, die 15

Durchführung des Anpassungslehrgangs unter der Verantwortung eines Patentanwalts oder eines Steuerberaters aufgrund der eindeutigen Formulierung in § 3 Abs. 3 RDV ausgeschlossen (Dreyer/Lamm/Müller/*K. Lamm* Rn. 18; anders Krenzler/*K.-M. Schmidt* Rn. 16). Diese Beschränkung ist nicht sachgerecht. Im Gegenteil wäre in dieser Konstellation zu erwarten gewesen, dass die sich im Rahmen des Anpassungslehrgangs stellenden Aufgaben, nämlich die Vermittlung inländischer Rechtskenntnisse (siehe zu Sinn und Zweck des Anpassungslehrgangs Rn. 13), gerade durch Patentanwälte bzw. Steuerberater übernommen werden.

II. Kein weiterer Nachweis praktischer Sachkunde erforderlich

16 Neben dem Anpassungslehrgang muss der in § 3 Abs. 3 RDV angesprochene Personenkreis keinen weiteren Nachweis über die praktische Sachkunde erbringen (Grunewald/Römermann/*Franz* Rn. 5; Dreyer/Lamm/Müller/*K. Lamm* Rn. 13; § 12 RDG Rn. 116). Zwar wird das Gegenteil durch die in § 3 Abs. 3 RDV gewählte Formulierung des **„zusätzlichen"** Nachweises in Form des Anpassungslehrgangs nahegelegt und auch der Verordnungsgeber scheint von diesem Erfordernis auszugehen, wenn es in der Verordnungsbegründung heißt, dass „dieser Personenkreis für die Registrierung in den Bereichen Inkasso oder Rentenberatung neben Nachweisen über die praktische Sachkunde auch ein Zeugnis über einen Anpassungslehrgang beibringen muss" (BR-Drs. 316/08, 12). Ungeachtet der Tatsache, dass unklar bleibt, weshalb der Verordnungsgeber in der zuvor zitierten Passage nicht auch Rechtsdienstleister für ein ausländisches Recht nennt (siehe hierzu auch § 2 RDV Rn. 16f.), überzeugt eine solche Auslegung der Regelung im Kontext mit der Vorschrift des § 12 Abs. 3 S. 3 RDG nicht. Die Gesetzesbegründung zu § 12 Abs. 3 S. 3 RDG stellt nämlich allein auf den Nachweis eines absolvierten Anpassungslehrgangs „zusätzlich" zu dem Nachweis der Befugnisse der Antragsteller in deren Heimatstaat ab (BT-Drs. 16/3655, 69), was nach Maßgabe von § 2 Abs. 2 RDV als theoretische Sachkunde nachgewiesen werden muss. Außerdem würde die mit § 12 Abs. 3 S. 3 RDG bezweckte Privilegierung der Personen, die ihre Fähigkeiten im EU-Ausland oder in einem EWR-Staat oder der Schweiz erworben haben (vgl. hierzu § 12 RDG Rn. 114 und § 2 RDV Rn. 17), in das Gegenteil verkehrt, müssten sie – anders als andere Personen mit ausländischen Qualifikationen – noch den Nachweis der praktischen Sachkunde nach § 3 Abs. 1 RDV erbringen, im Regelfall also eine zweijährige Berufsausübung belegen. Deutlich wird diese Intention des Gesetzgebers auch im Zusammenhang mit der zum 1.8.2013 in Kraft getretenen Änderung des § 12 Abs. 3 S. 3 RDG, mit welcher der Kreis der Privilegierten auf Rechtsdienstleister aus der Schweiz ausgedehnt wurde. Hierzu heißt es in der Gesetzesbegründung (BT-Drs. 17/10487, 18) nämlich ausdrücklich, dass für Personen, die die Qualifikationen in der Schweiz erworben haben, die Registrierung dadurch erleichtert wird, dass sie „keine zweijährige Berufspraxis in Deutschland, sondern lediglich einen mindestens sechsmonatigen Anpassungslehrgang nachweisen müssen."

E. Übersicht über die Möglichkeiten, den Nachweis der theoretischen und praktischen Sachkunde zu erbringen

	theoretische Sachkunde	praktische Sachkunde
Inkassodienstleistungen und Rentenberatung bei inländischen Qualifikationen	nach § 2 Abs. 1 RDV: – Sachkundelehrgang nach § 4 RDV – erste juristische Prüfung nach § 5d Abs. 2 DRiG – andere Zeugnisse iSv § 2 Abs. 1 S. 3 RDV siehe hierzu § 2 RDV Rn. 4 ff.	nach § 3 Abs. 1 RDV: – zweijährige Berufspraxis unter Anleitung – Befähigung zum Richteramt siehe hierzu § 3 RDV Rn. 3 ff.
Inkassodienstleistung und Rentenberatung wenn die Qualifikationen in einem EU- oder EWR-Staat oder der Schweiz erworben wurden	nach § 2 Abs. 2 RDV iVm § 12 Abs. 3 S. 3 RDG: – Nachweis der Berufsqualifikation zur Ausübung des Berufes im Heimatland (reglementierter Beruf) oder – Ausübung des (nicht reglementierten Berufs) für zwei Jahre in Vollzeit während der letzten zehn Jahre siehe hierzu § 2 RDV Rn. 11 ff.	nach § 3 Abs. 1 S. 1 RDV: – zweijährige Berufspraxis unter Anleitung – wenn der Nachweis nach § 3 Abs. 1 S. 2 RDV erbracht wird (Befähigung zum Richteramt), ist der Sachkundenachweis ungeachtet der ausländischen Qualifikation erbracht nach § 3 Abs. 3 RDV: – Anpassungslehrgang siehe hierzu § 3 RDV Rn. 9 ff.
Rechtsdienstleistungen in einem ausländischen Recht	nach § 3 Abs. 1 S. 2 RDV iVm Art. 3 Abs. 1 GG: – Nachweis der Befähigung zum Richteramt siehe hierzu § 2 RDV Rn. 22 ff. nach § 2 Abs. 3, Abs. 4 RDV: – Niederlassung als Rechtsanwalt, Patentanwalt, Steuerberater oder als Berufsträger eines vergleichbaren Berufs – Zeugnis einer ausländischen Hochschule iSv § 2 Abs. 3 S. 1 RDV siehe hierzu: § 2 RDV Rn. 18 ff., 26 f.	nach § 3 Abs. 1 S. 2 RDV iVm Art. 3 Abs. 1 GG: – Nachweis der Befähigung zum Richteramt siehe hierzu § 2 RDV Rn. 22 ff. nach § 3 Abs. 2 RDV: – Niederlassung als Rechtsanwalt, Patentanwalt, Steuerberater oder als Berufsträger eines vergleichbaren Berufs nach § 3 Abs. 1 S. 1 RDV: – zweijährige Berufspraxis unter Anleitung siehe hierzu § 3 RDV Rn. 7 f.

	theoretische Sachkunde	praktische Sachkunde
Rechtsdienstleistungen in einem ausländischen Recht eines EU- oder EWR-Staates oder der Schweiz	wie zuvor, oder Nachweis nach Maßgabe von § 2 Abs. 2 RDV hierzu § 2 RDV Rn. 16f.	wenn die theoretische Sachkunde gem. § 2 Abs. 2 RDV nachgewiesen wird, Anpassungslehrgang nach § 3 Abs. 3 RDV hierzu § 2 RDV Rn. 16f.

§ 4 Sachkundelehrgang

(1) ¹Der Sachkundelehrgang muss geeignet sein, alle nach § 11 Abs. 1 oder 2 des Rechtsdienstleistungsgesetzes für die jeweilige Registrierung erforderlichen Kenntnisse zu vermitteln. ²Die Gesamtdauer des Lehrgangs muss im Bereich Inkassodienstleistungen mindestens 120 Zeitstunden und im Bereich Rentenberatung mindestens 150 Zeitstunden betragen. ³Erlaubnisinhaber nach dem Rechtsberatungsgesetz, deren Registrierung nach § 1 Abs. 3 des Einführungsgesetzes zum Rechtsdienstleistungsgesetz vom Umfang ihrer bisherigen Erlaubnis zu beschränken ist, können zum Nachweis ihrer theoretischen Sachkunde in den nicht von der Erlaubnis erfassten Teilbereichen einen abgekürzten Sachkundelehrgang absolvieren, dessen Gesamtdauer 50 Stunden nicht unterschreiten darf.

(2) ¹Die Anbieter von Sachkundelehrgängen müssen gewährleisten, dass nur qualifizierte Lehrkräfte eingesetzt werden. ²Qualifiziert sind insbesondere Richterinnen und Richter aus der mit dem jeweiligen Bereich vorrangig befassten Gerichtsbarkeit, Mitglieder einer Rechtsanwaltskammer, Hochschullehrerinnen und Hochschullehrer sowie registrierte und qualifizierte Personen mit mindestens fünfjähriger Berufserfahrung in dem jeweiligen Bereich.

(3) ¹Die Lehrgangsteilnehmerinnen und -teilnehmer müssen mindestens eine schriftliche Aufsichtsarbeit ablegen und darin ihre Kenntnisse aus verschiedenen Bereichen des Lehrgangs nachweisen. ²Die Gesamtdauer der erfolgreich abgelegten schriftlichen Aufsichtsarbeit darf fünf Zeitstunden nicht unterschreiten.

(4) ¹Die Lehrgangsteilnehmerinnen und -teilnehmer müssen eine abschließende mündliche Prüfung erfolgreich ablegen. ²Die mündliche Prüfung besteht aus einem Fachgespräch, das sich auf verschiedene Bereiche des Lehrgangs erstrecken muss und im Bereich Rentenberatung auch eine fallbezogene Präsentation beinhalten soll. ³Die Prüfungskommission soll mit mindestens einer Richterin oder einem Richter aus der mit dem jeweiligen Bereich vorrangig befassten Gerichtsbarkeit und mindestens einer registrierten oder qualifizierten Person mit mindestens fünfjähriger Berufserfahrung in dem jeweiligen Bereich besetzt sein.

(5) ¹Das Zeugnis über den erfolgreich abgelegten Sachkundelehrgang muss enthalten:

Sachkundelehrgang **§ 4 RDV**

1. die Bestätigung, dass die Teilnehmerin oder der Teilnehmer an einem Lehrgang, der den Anforderungen der Absätze 1 und 2 entspricht, erfolgreich teilgenommen hat,
2. Zeitraum und Ort des Lehrgangs sowie die Namen und Berufsbezeichnungen aller Lehrkräfte,
3. Anzahl, jeweilige Dauer und Ergebnis aller abgelegten schriftlichen Aufsichtsarbeiten,
4. Zeit, Ort und Ergebnis der abschließenden mündlichen Prüfung sowie die Namen und Berufsbezeichnungen der Mitglieder der Prüfungskommissionen.

²Die schriftlichen Aufsichtsarbeiten und ihre Bewertungen sowie eine detaillierte Beschreibung von Inhalten und Ablauf des Lehrgangs sind dem Zeugnis beizufügen.

Inhaltsübersicht

	Rn.
A. Allgemeines	1
B. Lehrgang (Abs. 1 und 2)	5
I. Inhalt des Lehrgangs (Abs. 1 S. 1)	6
II. Umfang des Lehrgangs (Abs. 1 S. 2 und 3)	8
III. Lehrkräfte (Abs. 2)	11
C. Prüfung (Abs. 3 und 4)	13
I. Art, Inhalt und Umfang der schriftlichen Prüfung	14
II. Inhalt der mündlichen Prüfung und Zusammensetzung der Prüfungskommission	19
D. Zeugnis (Abs. 5)	25

A. Allgemeines

Basierend auf § 12 Abs. 5 RDG als Rechtsgrundlage normiert § 4 RDV die Einzelheiten des in § 2 Abs. 1 RDV – als Regelfall des Nachweises der **theoretischen Sachkunde** für den Bereich der Inkassodienstleistung und der Rentenberatung – vorgesehenen Sachkundelehrgangs. 1

Bereits aus § 12 Abs. 5 RDG ergibt sich, dass die Durchführung der Sachkundelehrgänge **privaten Anbietern** obliegt. Hierbei kann es sich – so der Gesetzgeber (BT-Drs. 16/3655, 68) – um die Berufsverbände der Inkassounternehmen und der Rentenberater oder andere Institute oder Verbände, etwa um den Bundesverband der Rechtsbeistände, handeln. Des Weiteren enthält § 12 Abs. 5 RDG die Ermächtigung, Regelungen zur Anerkennung und Zertifizierung der privaten Lehrgangsanbieter zu schaffen. Dies sollte nach der Vorstellung des Gesetzgebers der Vereinheitlichung und Vereinfachung der seitens der zuständigen Behörden vorzunehmenden Prüfung, ob das jeweils vorgelegte Zeugnis als Sachkundenachweis anzuerkennen ist, dienen (BT-Drs. 16/3655, 68f.). Von dieser Ermächtigung, ein **Zertifizierungsverfahren** einzuführen, hat der Verordnungsgeber allerdings keinen Gebrauch gemacht, sondern hierauf **verzichtet,** um zusätzlichen Bürokratieaufwand zu vermeiden (BR-Drs. 316/08, 7). 2

Römermann sieht in dem Verzicht auf ein Zertifizierungsverfahren insoweit eine Missbrauchsgefahr, als Mitbewerber durch die Berufsverbände vom Be- 3 rufszugang abgehalten werden könnten (*Römermann* NJW 2006, 3025, 3030). Zu Recht wendet *Siegmund* (Gaier/Wolf/Göcken/*Siegmund* § 12 RDG Rn. 28) hiergegen ein, dass die Verbände ein wirtschaftliches Interesse daran haben, Sachkundelehrgänge mit „positivem" Abschluss anzubieten. Auch das Gegenteil – ein zu niedriges bzw. dem Markt angepasstes Prüfungsniveau – kann mit den sich aus § 4 RDV ergebenden Anforderungen vermieden werden (Gaier/Wolf/Göcken/*Siegmund* § 12 RDG Rn. 28). Für die **Qualitätskontrolle** sind die in § 4 RDV vorgesehenen Anforderungen ausreichend, aber auch erforderlich. Insbesondere aus der dem Zeugnis nach § 4 Abs. 5 S. 2 RDV beizufügenden Lehrgangsbeschreibung sowie den nach § 4 Abs. 5 S. 1 Nr. 2 RDV anzugebenden Namen und Berufsbezeichnungen der Lehrgangskräfte kann die Seriosität des Anbieters zuverlässig geprüft werden (BR-Drs. 316/08, 14). Allerdings muss die mangels Zertifizierungsverfahren im Einzelfall erforderliche Prüfung, ob das vorgelegte Zeugnis – auch hinsichtlich der Lehrinhalte und der Art sowie des Umfangs des Lehrgangs – den sich aus § 4 RDV ergebenden Anforderungen entspricht (BR-Drs. 316/08, 10; Henssler/Prütting/*Weth* § 12 RDG Rn. 27; Krenzler/*K.-M. Schmidt* § 12 RDG Rn. 45; zu den Möglichkeiten der Behörde bei **Zweifeln an der Geeignetheit** des Nachweises siehe Rn. 26), auch tatsächlich durchgeführt werden. Von einer Vereinheitlichung und Vereinfachung des Prüfungsverfahrens durch die zuständige Behörde, wie es der Gesetzgeber in der Verordnungsermächtigung des § 12 Abs. 5 RDG vor Augen hatte (siehe Rn. 2), kann daher nicht die Rede sein. Eine Vereinfachung kann – wie es sich andeutungsweise in der Verordnungsbegründung findet (BR-Drs. 316/08, 14) – auch nicht dadurch erreicht werden, dass eine Qualitätskontrolle auf die Lehrgangsanbieter beschränkt wird, die der Behörde (noch) nicht bekannt sind. Wenngleich sich bei bekannten Lehrgangsanbietern der Umfang der Prüfung reduziert, kann diese nicht vollständig entfallen, da eine solche Praxis anderenfalls auf eine „faktische Anerkennung" hinausliefe, mit welcher nicht gewährleistet wäre, dass der Qualitätsstandard erhalten bleibt.

4 Bei der **Auslegung** von § 4 RDV wird man sich an den Regelungen der §§ 6 Abs. 1 und 2 FAO iVm § 4 FAO, die den Nachweis bzw. Erwerb der besonderen theoretischen Kenntnisse für einen Fachanwaltslehrgang zum Gegenstand haben, orientieren können. In der Verordnungsbegründung (BR-Drs. 316/08, 14) ist ausdrücklich festgestellt, dass sich die Regelung an die Ausgestaltung der Fachanwaltslehrgänge anlehnt. Der Verweis allein auf § 6 Abs. 1 FAO dürfte allerdings auf ein redaktionelles Versehen zurückzuführen sein, werden hier nur die Art des Nachweises in Form von Zeugnissen, Bescheinigungen oder anderen geeigneten Unterlagen normiert (siehe auch Dreyer/Lamm/Müller/*K. Lamm* Rn. 13, die ohne Weiteres [allein] auf die Konzeption in Anlehnung an § 4 Abs. 1 FAO abstellt).

B. Lehrgang (Abs. 1 und 2)

5 In § 4 Abs. 1 und 2 RDV werden der Inhalt und Umfang des Lehrgangs sowie die Anforderungen an die Lehrgangskräfte geregelt.

I. Inhalt des Lehrgangs (Abs. 1 S. 1)

Hinsichtlich des Inhalts des Sachkundelehrgangs bestimmt § 4 Abs. 1 S. 1 **6** RDV lediglich, dass der Lehrgang geeignet sein muss, alle nach § 11 Abs. 1 und 2 RDG für die jeweilige Registrierung erforderlichen Kenntnisse zu vermitteln. Auf eine weitergehende **Spezifizierung** der dort festgelegten Lehrinhalte **verzichtete der Verordnungsgeber** ausdrücklich und überlässt die Aufschlüsselung der Lehrinhalte den jeweiligen Anbietern von Sachkundelehrgängen (BR-Drs. 316/08, 7, 13). Die diesbezügliche Begründung des Verordnungsgebers überzeugt nicht. Die Erklärung, § 11 RDG enthalte bereits eine detaillierte Aufzählung der fachlichen Anforderungen, steht im Widerspruch zu der zugleich getroffenen Feststellung, dass die „detaillierte Aufschlüsselung von Lehrinhalten" durch die jeweiligen Anbieter von Sachkundelehrgängen erfolgen könne (BR-Drs. 316/08, 7), belegt diese Formulierung doch, dass der Verordnungsgeber durchaus von der Notwendigkeit einer weiteren Konkretisierung ausgeht.

Zutreffend ist jedenfalls die zuletzt genannte Feststellung des Verordnungs- **7** gebers, wonach eine **weitere Differenzierung** der in § 11 Abs. 1 und 2 RDG aufgeführten maßgeblichen Bereiche erforderlich ist, da die Rechtsgebiete hier lediglich im Sinne von „Oberthemen" (Krenzler/*D. Schmidt* § 11 RDG Rn. 3) benannt werden. Die gewählte Konzeption des Verordnungsgebers, die den Lehrgangsanbietern die Konkretisierung überlässt, läuft der seitens des Gesetzgebers bezweckten Förderung des einheitlichen Berufsbilds der Inkassodienstleister und Rentenberater zuwider (vgl. Krenzler/*D. Schmidt* § 11 RDG Rn. 3). Außerdem bedeutet dies eine zusätzliche Erschwernis für die zuständige Behörde im Rahmen der Prüfung, ob das vorgelegte Zeugnis nebst Lehrgangsbeschreibung den Anforderungen genügt. Wenn der Verordnungsgeber von der Notwendigkeit einer Aufschlüsselung der Lehrinhalte durch die jeweiligen Lehrgangsanbieter ausgeht und in der Verordnungsbegründung von einer „detaillierten Lehrgangsbeschreibung" (BR-Drs. 316/08, 14) die Rede ist, wird sich die Aufschlüsselung auch aus der nach § 4 Abs. 5 S. 2 RDV vorzulegenden Lehrgangsbeschreibung ergeben müssen, da diese anderenfalls wenig Aussagekraft hätte. Dementsprechend prüfungsintensiv stellt sich eine solche Lehrgangsbescheinigung für die Behörde dar, zumal die Prüfung – mangels Zertifizierung der Anbieter – in jedem Einzelfall erfolgen muss (hierzu Rn. 3).

II. Umfang des Lehrgangs (Abs. 1 S. 2 und 3)

In § 4 Abs. 1 S. 2 RDV werden die **Mindestanforderungen** an den Um- **8** fang des Lehrgangs näher bestimmt. Danach sind für den Bereich der Inkassodienstleistungen mindestens 120 Zeitstunden und für den Bereich der Rentenberatung mindestens 150 Zeitstunden vorgesehen. Diesen knappen zeitlichen Umfang begründet der Verordnungsgeber mit den regelmäßig vorhandenen **erheblichen Vorkenntnissen der Interessenten** infolge einer vorausgegangenen praktischen Berufstätigkeit (BR-Drs. 316/08, 13; *Henssler/ Deckenbrock* S. 41; *dies.* DB 2013, 2909, 2915 meinen in Bezug auf Rentenberater, dass zur Sicherung des Qualitätsstandards eine Verschärfung des theoretischen und praktischen Sachkundenachweises zu erwägen sei). Das bedeutet auf der anderen Seite aber auch, dass der Verordnungsgeber ein Niveau der Lehrgänge voraussetzt, das erhebliche Vorkenntnisse der Lehrgangsteilnehmer unumgänglich macht, mithin Lehrgänge, die lediglich auf die Vermittlung von „Grundwissen" in dem jeweiligen Bereich ausgerichtet sind, den Anforderungen des § 4 RDV nicht genügen werden.

9   Mit der Vorschrift des **§ 4 Abs. 1 S. 3 RDV** wird den Erlaubnisinhabern nach dem RBerG, deren Registrierung nach § 1 Abs. 3 RDGEG auf den Umfang ihrer bisherigen Erlaubnis zu beschränken ist (dazu § 1 RDGEG Rn. 7), ein **abgekürzter Lehrgang** – bezogen auf die bisher von der Erlaubnis nicht erfassten Teilbereiche – ermöglicht. Die Regelung dient dazu, diesen Erlaubnisinhabern eine Registrierung im jeweiligen Gesamtbereich ohne Einschränkungen zu ermöglichen und damit das vom Gesetzgeber intendierte einheitliche Berufsbild der Inkassodienstleister und Rentenberater zu fördern (BR-Drs. 316/08, 13). Die auf mindestens 50 Zeitstunden verkürzte Lehrgangsdauer vermeidet unverhältnismäßige Qualifikationsanforderungen bei Personen mit Berufserfahrung im Registrierungsbereich (Grunewald/Römermann/*Franz* Rn. 3).

10   Die Mindestdauer von 150, 120 bzw. 50 Zeitstunden ist **exklusive** der – schriftlichen wie mündlichen – **Prüfungszeit** zu verstehen (vgl. Dreyer/Lamm/Müller/*K. Lamm* Rn. 13, die zur Begründung auf die Gewährleistung eines einheitlichen Ausbildungsstandards abstellt). Dies wird in § 4 Abs. 1 RDV nicht explizit bestimmt, und auch in der Verordnungsbegründung findet sich hierzu keine Erläuterung. Jedoch lässt gerade das Schweigen der Verordnungsbegründung zu diesem Punkt den Schluss zu, die Prüfungszeit nicht zur Erfüllung des Mindestumfangs heranzuziehen. Denn in § 4 Abs. 1 S. 1 FAO, die für die Regelung des § 4 RDV Vorbild war (Rn. 4), ist die Prüfungszeit – aufgrund ausdrücklicher gesetzlicher Anordnung – ebenfalls nicht in die Gesamtdauer des Lehrgangs einzubeziehen. Hätte der Verordnungsgeber in diesem Punkt eine zu § 4 Abs. 1 S. 1 FAO abweichende Regelung treffen wollen, wäre zumindest eine Erwähnung in der Verordnungsbegründung zu erwarten gewesen, weshalb von einer versehentlichen Nichtbeachtung der klarstellenden Formulierung im Gesetzestext des § 4 Abs. 1 RDV auszugehen ist.

III. Lehrkräfte (Abs. 2)

11   In § 4 Abs. 2 RDV wird – zur Qualitätssicherung der Sachkundelehrgänge – bestimmt, dass nur qualifizierte Lehrkräfte eingesetzt werden dürfen. Die in dieser Regelung enthaltene Aufzählung der in Betracht kommenden Berufsgruppen ist nicht abschließend; auch müssen nicht Lehrkräfte aus allen genannten Bereichen eingesetzt werden (BR-Drs. 316/08, 13).

12   Hinsichtlich der Berufsgruppe der **Richter** sowie der **registrierten** (§ 10 Abs. 1 RDG) oder **qualifizierten Personen** (§ 12 Abs. 4 RDG) stellt § 4 Abs. 2 S. 2 RDV ausdrücklich klar, dass diese Berufsangehörigen in dem jeweiligen Bereich tätig sein müssen. So sind für Lehrgänge betreffend Inkassodienstleistungen Zivilrichter und im Bereich Rentenberatung Richter aus der Sozialgerichtsbarkeit einzusetzen (BR-Drs. 316/08, 13), während bezüglich der registrierten und qualifizierten Personen ausdrücklich die Voraussetzung einer fünfjährigen Berufserfahrung in dem jeweiligen Bereich normiert ist.

Demgegenüber definiert § 4 Abs. 2 S. 2 RDV für Lehrkräfte, die **Mitglieder einer Rechtsanwaltskammer** oder **Hochschullehrer** sind, keinerlei weitere Anforderungen, weshalb allein deren Status entscheidend ist (unklar Dreyer/Lamm/Müller/*K. Lamm* Rn. 15, die [auch] hinsichtlich Hochschullehrer auf die Qualifikation in dem betreffenden Rechtsdienstleistungsbereich abstellt).

C. Prüfung (Abs. 3 und 4)

Die Prüfung besteht aus einer in § 4 Abs. 3 RDV näher geregelten schriftlichen Leistungskontrolle und einer in § 4 Abs. 4 RDV vorgesehenen mündlichen Prüfung. 13

I. Art, Inhalt und Umfang der schriftlichen Prüfung

Die Art der schriftlichen Prüfung wird in § 4 Abs. 3 RDV beschränkt auf 14 **Aufsichtsarbeiten**, was eine Gruppen-/Teamarbeit ausschließt, da anderenfalls der Nachweis der individuellen Leistung nicht jeden Prüflings nicht möglich wäre (Krenzler/*K.-M. Schmidt* Rn. 13; Dreyer/Lamm/Müller/*K. Lamm* Rn. 20; zu einem Beispiel aus einer Aufsichtsarbeit für Rentenberater siehe RV 2013, 136 f. mit Lösung RV 2013, 153 f.).

Die **Anzahl der Aufsichtsarbeiten** wird durch § 4 Abs. 3 RDV nicht be- 15 schränkt. Es steht dem jeweiligen Lehrgangsanbieter frei, eine abschließende Aufsichtsarbeit oder mehrere zeitlich gestaffelte Klausuren anzubieten (BR-Drs. 316/08, 13). **In inhaltlicher Hinsicht** ergibt sich aus § 4 Abs. 3 S. 1 RDV, dass mit der schriftlichen Leistungskontrolle verschiedene Themenbereiche des Lehrgangs abgedeckt werden müssen, während **in zeitlicher Hinsicht** in § 4 Abs. 3 S. 2 RDV eine Gesamtdauer der Klausur bzw. Klausuren von mindestens fünf Stunden normiert ist (BR-Drs. 316/08, 13 f.).

Wird eine Klausur oder werden mehrere Klausuren **wiederholt** – was un- 16 beschränkt möglich ist –, ist zu beachten, dass die Gesamtdauer der letztlich bestandenen Klausuren die zeitliche Vorgabe von mindestens fünf Stunden erreichen muss und diese Klausuren auch verschiedene Themenbereiche zum Gegenstand haben müssen (Grunewald/Römermann/*Franz* Rn. 5 f.; Dreyer/Lamm/Müller/*K. Lamm* Rn. 19).

Eine **Benotung** oder eine Notenskala sieht die RDV nicht vor, weshalb es 17 ausreichend ist, wenn der Leistungsbewertung zu entnehmen ist, ob die Klausur erfolgreich – so die Wortwahl in Abs. 3 S. 2 – abgeschlossen wurde, also der Prüfervermerk auf „bestanden" bzw. „nicht bestanden" lautet (Dreyer/Lamm/Müller/*K. Lamm* Rn. 21; Krenzler/*K.-M. Schmidt* Rn. 14).

Diese Vorschrift gilt auch für diejenigen Lehrgangsteilnehmer, die nach § 4 18 Abs. 1 S. 3 RDV als **bisherige Erlaubnisinhaber nach dem RBerG** nur einen zeitlich verkürzten Lehrgang besuchen müssen (siehe Rn. 9), weshalb auch sie eine oder mehrere Klausuren mit einer Gesamtdauer von mindestens fünf Stunden erfolgreich abschließen müssen (Dreyer/Lamm/Müller/*K. Lamm* Rn. 22). Dabei werden allerdings ausschließlich die im Ergänzungslehrgang vermittelten theoretischen Kenntnisse geprüft (Dreyer/Lamm/Müller/*K. Lamm* Rn. 22), da die Vorschrift des § 4 Abs. 3 S. 1 RDV lediglich auf die „aus verschiedenen Bereichen des Lehrgangs" erworbenen Kenntnisse abstellt.

II. Inhalt der mündlichen Prüfung und Zusammensetzung der Prüfungskommission

19 Nach § 4 Abs. 4 S. 1 RDV haben sich die Teilnehmer abschließend, also nach erfolgreich absolvierter schriftlicher Prüfung, einer **mündlichen Prüfung** zu unterziehen, die nach § 4 Abs. 4 S. 2 RDV in Form eines **Fachgesprächs** stattfindet und im Bereich der Rentenberatung durch eine **fallbezogene Präsentation** ergänzt wird.

20 Das **Fachgespräch** muss sich – wie bei der schriftlichen Prüfung – ausweislich des eindeutigen Wortlauts des § 4 Abs. 4 S. 2 RDV auf **verschiedene Bereiche** des Lehrgangs erstrecken. In den Fällen des verkürzten Lehrgangs für bisherige Erlaubnisinhaber nach dem RBerG dürfen nur die Themen des Ergänzungslehrgangs Gegenstand der mündlichen Prüfung sein (siehe Rn. 18 zur schriftlichen Prüfung und Dreyer/Lamm/Müller/*K. Lamm* Rn. 25).

21 Eine **fallbezogene Präsentation** sieht § 4 Abs. 4 S. 2 RDV nur für den **Bereich der Rentenberatung** vor. Hierunter versteht der Verordnungsgeber einen Kurzvortrag zu einem praktischen Sachverhalt, der der Kontrolle dient, ob der Teilnehmer in der Lage ist, die erlernten Kenntnisse auf einen einfachen Praxisfall anzuwenden (BR-Drs. 316/08, 14). Für den **Bereich des Inkassos** erachtete der Verordnungsgeber die Durchführung einer Präsentation hingegen unter Hinweis auf die andersartigen Sachverhaltskonstellationen ausdrücklich als nicht sinnvoll; hier biete das Fachgespräch ausreichende Möglichkeiten, anhand kurzer Praxisfälle die Kenntnisse des Kandidaten aus sämtlichen Bereichen des Lehrgangs zu überprüfen und ein abschließendes Urteil dazu zu finden, ob die Lehrgangsziele erreicht wurden (BR-Drs. 316/08, 14).

22 Zur **Dauer** der mündlichen Prüfung oder der Präsentation macht § 4 Abs. 4 RDV keine Vorgaben. Wenngleich der jeweilige Lehrgangsanbieter damit in zeitlicher Hinsicht frei ist, muss die Prüfungsdauer jedoch mit Blick auf Sinn und Zweck der mündlichen Prüfung – die theoretischen Kenntnisse zu überprüfen und zu bewerten, ob die Lehrgangsziele erreicht wurden – gewählt werden (Dreyer/Lamm/Müller/*K. Lamm* Rn. 23, 26).

23 In § 4 Abs. 4 S. 3 RDV werden die Mindestanforderungen an die Besetzung der Prüfungskommission im Rahmen einer **Soll-Vorschrift** geregelt. Danach ist die Prüfungskommission grds. mit mindestens einem Richter aus der mit dem jeweiligen Bereich vorrangig befassten Gerichtsbarkeit und mindestens einer registrierten oder qualifizierten Person mit mindestens fünfjähriger Berufserfahrung in dem jeweiligen Bereich zu besetzen. Von diesen Vorgaben an die Zusammensetzung der Prüfungskommission darf – auch diese Vorschrift dient der Qualitätssicherung und soll die Seriosität der Anbieter gewährleisten – nur im **Ausnahmefall** abgewichen werden (BR-Drs. 316/08, 14). Allerdings kann bei den von der Verordnungsbegründung gezeichneten Grenzen des Ausnahmefalls kaum noch von einem solchen die Rede sein. In der Verordnungsbegründung werden als Beispiele, in welchen ein Verzicht auf die in § 4 Abs. 3 S. 3 RDV bestimmte Besetzung der Prüfungskommission in Betracht kommt, die kurzfristige Verhinderung des vorgesehenen Prüfers und

ein Wechsel zugunsten eines anderen evident sachkundigen Prüfers genannt (BR-Drs. 316/08, 14). Dieser Formulierung ist nicht nur zu entnehmen, dass – **im Verhinderungsfall** – eine reduzierte Besetzung der Prüfungskommission möglich ist, sondern ein Austausch eines in § 4 Abs. 3 S. 3 RDV ausdrücklich genannten Berufsangehörigen jederzeit gestattet ist, solange nur ein anderer **„evident sachkundiger Prüfer"** eingesetzt wird. Hinsichtlich der sich damit aufdrängenden Frage, wer „evident sachkundiger Prüfer" ist, legt sich die Verordnungsbegründung nicht fest, sondern nennt beispielhaft „Hochschullehrer". Dieses Beispiel lässt den Schluss zu, dass der Verordnungsgeber Personen vor Augen hatte, die bereits aufgrund ihres beruflichen Status Lehrkräfte (siehe hierzu oben Rn. 12) – und damit auch Prüfer – sein können, die also weder Berufserfahrung, noch die Tätigkeit in einem speziellen Bereich nachweisen müssen. Neben den genannten „Hochschullehrern" wären damit auch „Mitglieder einer Rechtsanwaltskammer" als „evident sachkundiger Prüfer" anzuerkennen.

Die Vorschrift des § 4 Abs. 4 S. 3 RDV schließt eine **Personenidentität** 24 zwischen Prüfern und Lehrkräften nicht aus, eine solche kann damit die Qualität und die Seriosität des Lehrgangsanbieters nicht in Frage stellen. Im Gegenteil scheint der Verordnungsgeber davon auszugehen, dass sich eine solche Identität anbietet (aA Dreyer/Lamm/Müller/*K. Lamm* Rn. 17), wenn er im Hinblick auf die sich aus § 4 Abs. 4 S. 3 RDV ergebende Zusammensetzung der Prüfungskommission betont, dass es nahe liegt, diesen Personenkreis – einen Richter aus der mit dem jeweiligen Bereich vorrangig befassten Gerichtsbarkeit und mindestens eine registrierte oder qualifizierte Person mit mindestens fünfjähriger Berufserfahrung in dem jeweiligen Bereich – bereits bei der Auswahl der Lehrkräfte zu berücksichtigen (BR-Drs. 316/08, 13).

D. Zeugnis (Abs. 5)

In § 4 Abs. 5 S. 1 RDV sind die Angaben, welche das Zeugnis zu enthalten 25 hat, explizit aufgeführt. Die danach in dem Zeugnis zu treffenden umfangreichen Angaben sind nach § 4 Abs. 5 S. 2 RDV durch Beifügung der schriftlichen Aufsichtsarbeiten und einer detaillierten Lehrgangsbeschreibung zu ergänzen.

Die nach § 4 Abs. 5 S. 1 und S. 2 RDV erforderlichen umfangreichen Anga- 26 ben versetzen die Behörde in die Lage, allein anhand dieser Unterlagen sowohl die Seriosität des Lehrgangsanbieters als auch das Vorliegen der theoretischen Sachkunde bei dem Lehrgangsteilnehmer zu prüfen (BR-Drs. 316/08, 14; siehe auch Rn. 3). Ergeben sich **Zweifel an der Geeignetheit des vorgelegten Sachkundenachweises**, hat die Behörde die Möglichkeit, mit dem Antragsteller ein Gespräch zu führen sowie Stellungnahmen und Expertisen von dritter Seite einzuholen (siehe näher hierzu § 2 RDV Rn. 2, 5). Außerdem kann die Behörde in die schriftlichen Arbeiten Einsicht nehmen, was auch der Grund für die in § 4 Abs. 5 S. 2 RDV angeordnete Pflicht zur Vorlage der Aufsichtsarbeiten ist (BR-Drs. 316/08, 14). Dabei ist es nicht Aufgabe der Behörde, eine eigenständige inhaltliche Überprüfung der Bewertung der Klausur vorzunehmen (Grunewald/Römermann/*Franz* Rn. 10; vgl. zu § 6 FAO

Henssler/Prütting/*Offermann-Burckart* § 6 FAO Rn. 23; Hartung/*Scharmer* § 6 FAO Rn. 33). Da es bei der Einsichtnahme in die Klausuren allerdings um die Überprüfung der Geeignetheit des Sachkundenachweises geht, muss es der Behörde gestattet sein, die Angemessenheit der Klausuren hinsichtlich des Schwierigkeitsgrads, des Prüfungsumfangs und der Bearbeitungszeit zu überprüfen (im Anwendungsbereich der FAO offengelassen BGH BRAK-Mitt. 2003, 25, 26; Hartung/*Scharmer* § 6 FAO Rn. 33; unklar Henssler/Prütting/ *Offermann-Burckart* § 6 FAO Rn. 23, die einerseits die Überprüfung der Angemessenheit der Klausur verneint, eine Überprüfung des Verhältnisses zwischen Umfang/Schwierigkeitsgrad einerseits und der Bearbeitungszeit andererseits bejaht).

27 Die **Pflicht zur Vorlage der Aufsichtsarbeiten** bezieht sich nach § 4 Abs. 5 S. 2 RDV auf „die" schriftlichen Aufsichtsarbeiten, womit sich die Frage stellt, ob damit alle oder lediglich die erfolgreich absolvierten Klausuren vorzulegen sind. Berücksichtigt man, dass Teilnehmer die Klausuren bis zum Erreichen der sich aus § 4 Abs. 3 RDV ergebenden Anforderungen beliebig oft wiederholen können, das Nichtbestehen einer oder mehrerer Klausuren die Beurteilung der Sachkunde also nicht beeinflussen kann, ist es ausreichend, die bestandenen Arbeiten vorzulegen (vgl. Dreyer/Lamm/Müller/*K. Lamm* Rn. 30 und Krenzler/*K.-M. Schmidt* Rn. 20 pauschal auf den Sinn der Vorschrift abstellend; zu § 6 FAO iErg Henssler/Prütting/*Offermann-Burckart* § 6 FAO Rn. 25). Aus denselben Erwägungen genügt es, sich bei der nach § 4 Abs. 5 S. 1 Nr. 3 RDV erforderlichen Erklärung zur Anzahl, jeweiligen Dauer und Ergebnis „aller" abgelegten schriftlichen Aufsichtsarbeiten auf die erfolgreichen Klausuren zu beschränken (vgl. Krenzler/*K.-M. Schmidt* Rn. 20).

§ 5 Berufshaftpflichtversicherung

(1) ¹**Die nach § 12 Abs. 1 Nr. 3 des Rechtsdienstleistungsgesetzes von der registrierten Person zu unterhaltende Berufshaftpflichtversicherung muss bei einem im Inland zum Geschäftsbetrieb befugten Versicherungsunternehmen zu den nach Maßgabe des Versicherungsaufsichtsgesetzes eingereichten Allgemeinen Versicherungsbedingungen genommen werden.** ²**Der Versicherungsvertrag muss Deckung für die sich aus der beruflichen Tätigkeit der registrierten Person ergebenden Haftpflichtgefahren für Vermögensschäden gewähren und sich auch auf solche Vermögensschäden erstrecken, für die die registrierte Person nach § 278 oder § 831 des Bürgerlichen Gesetzbuchs einzustehen hat.**

(2) **Der Versicherungsvertrag hat Versicherungsschutz für jede einzelne Pflichtverletzung zu gewähren, die gesetzliche Haftpflichtansprüche privatrechtlichen Inhalts gegen die registrierte Person zur Folge haben könnte; dabei kann vereinbart werden, dass sämtliche Pflichtverletzungen bei Erledigung eines einheitlichen Auftrags, mögen diese auf dem Verhalten der registrierten Person oder einer von ihr herangezogenen Hilfsperson beruhen, als ein Versicherungsfall gelten.**

(3) Von der Versicherung kann die Haftung ausgeschlossen werden:
1. für Ersatzansprüche aus wissentlicher Pflichtverletzung,
2. für Ersatzansprüche aus Tätigkeiten über Kanzleien oder Büros, die in anderen Staaten eingerichtet sind oder unterhalten werden,
3. für Ersatzansprüche aus Tätigkeiten im Zusammenhang mit der Beratung und Beschäftigung mit einem außereuropäischen Recht, soweit sich nicht die Registrierung nach § 10 Abs. 1 Satz 1 Nr. 3 des Rechtsdienstleistungsgesetzes auf dieses Recht erstreckt,
4. für Ersatzansprüche aus Tätigkeiten vor außereuropäischen Gerichten,
5. für Ersatzansprüche wegen Veruntreuung durch Personal oder Angehörige der registrierten Person.

(4) Die Leistungen des Versicherers für alle innerhalb eines Versicherungsjahres verursachten Schäden können auf den vierfachen Betrag der gesetzlichen Mindestversicherungssumme begrenzt werden.

(5) ¹Die Vereinbarung eines Selbstbehalts bis zu 1 Prozent der Mindestversicherungssumme ist zulässig. ²Ein Selbstbehalt des Versicherungsnehmers kann dem Dritten nicht entgegengehalten und gegenüber einer mitversicherten Person nicht geltend gemacht werden.

(6) ¹Im Versicherungsvertrag ist der Versicherer zu verpflichten, der nach § 19 des Rechtsdienstleistungsgesetzes zuständigen Behörde die Beendigung oder Kündigung des Versicherungsvertrags sowie jede Änderung des Versicherungsvertrags, die den vorgeschriebenen Versicherungsschutz beeinträchtigt, unverzüglich mitzuteilen. ²Die nach § 19 des Rechtsdienstleistungsgesetzes zuständige Behörde erteilt Dritten zur Geltendmachung von Schadensersatzansprüchen auf Antrag Auskunft über den Namen und die Adresse der Berufshaftpflichtversicherung der registrierten Person sowie die Versicherungsnummer, soweit das Auskunftsinteresse das schutzwürdige Interesse der registrierten Person an der Nichterteilung dieser Auskunft überwiegt.

Inhaltsübersicht

	Rn.
A. Allgemeines	1
I. Die gesetzlichen Grundlagen	1
II. Überblick über das Pflichtversicherungsrecht	6
1. Konzeption der Berufshaftpflichtversicherung	6
2. Rechtliche und vertragliche Grundlagen der Pflichtversicherung	7
3. Freistellungs- und Abwehrpflicht des Versicherers	11
4. Verfolgung von Ersatzansprüchen	12
5. Zustandekommen des Versicherungsvertrags	18
6. Versicherungsvertragliche Obliegenheiten	21
7. Verstoßprinzip und Spätschadenschutz in der Vermögensschadenhaftpflicht	27
8. Dauer des Versicherungsvertrags	30
9. Besonderheiten im „kranken" Versicherungsverhältnis	33
10. Anzeigeobliegenheiten des Geschädigten	35

	Rn.
B. Versicherungspflichtige Personen, Versicherer und Anforderungen an die Vertragsgestaltung	36
I. Versicherungspflichtige Personen	36
II. Dauer der Versicherungspflicht	41
III. Geeignete Versicherer	46
IV. Anforderungen an den Inhalt des Versicherungsvertrags	47
1. Versicherung zu den eingereichten AVB	47
a) Die nach Maßgabe des VAG eingereichten AVB	47
b) Regelungskonzept der AVB (Risikoabgrenzungen)	51
c) AGB-Kontrolle von AVB einerseits sowie Grenzen der gesetzlichen Versicherungspflicht andererseits	52
2. Umfang der Pflichtversicherung (Abs. 1, Abs. 2)	57
a) „… sich aus der beruflichen Tätigkeit der registrierten Person ergebende Haftpflichtgefahren …"	57
b) Deckung von „Haftpflichtgefahren"; „Versicherungsschutz für jede einzelne Pflichtverletzung …, die gesetzliche Haftpflichtansprüche privatrechtlichen Inhalts gegen die registrierte Person zur Folge haben könnte"	63
c) Deckung für „Vermögensschäden"	67
d) Erstreckung auf Haftung für Erfüllungs- und Verrichtungsgehilfen (§§ 278, 831 BGB)	70
3. Zulässige Risikoausschlüsse (Abs. 3)	72
a) Abschließende Regelung, Auslegung und AGB-Kontrolle	72
b) „Wissentliche Pflichtverletzung" (Abs. 3 Nr. 1)	76
c) Risikoausschlüsse mit Auslandsbezug (Abs. 3 Nr. 2–4)	83
d) Veruntreuung durch Personal oder Angehörige (Abs. 3 Nr. 5)	97
4. Mögliche Begrenzung durch eine Serienschadensklausel (Abs. 2 Hs. 2)	100
a) Allgemeines	100
b) „Einheitlicher Auftrag" und AGB-Kontrolle	102
c) Zusammenfassung bei „einheitlichem Schaden"	105
5. Beschränkungen des Versicherungsumfangs und Höchstbetrag (Abs. 2, 4)	107
6. Selbstbehalt (Abs. 5)	115
C. Anzeigepflichten und Auskunftsansprüche (Abs. 6)	120
I. Anzeigepflichten des Versicherers (Abs. 6 S. 1)	120
II. Auskunftsansprüche Dritter (Abs. 6 S. 2)	125
1. Normzweck und Verhältnis zur DL-InfoV	125
2. Voraussetzungen des Auskunftsanspruchs	127
a) Antrag und Auskunft zur Geltendmachung von Ersatzansprüchen	127
b) Geheimhaltungsinteressen als Schranke	130
3. Verfahrensfragen und Rechtsschutzmöglichkeiten	135

A. Allgemeines

I. Die gesetzlichen Grundlagen

1 § 12 Abs. 1 Nr. 3 RDG macht das **Vorliegen einer Berufshaftpflichtversicherung** mit einer Mindestversicherungssumme von 250 000 Euro für jeden

Versicherungsfall zur **Registrierungsvoraussetzung** (zum Normzweck § 12 RDG Rn. 119 f.). Aus dem Zusammenspiel von § 12 Abs. 1 Nr. 3 RDG, § 14 Nr. 2 RDG und § 5 RDV ergibt sich zudem, dass die Versicherung während der gesamten Dauer der Registrierung zu „unterhalten", also **aufrecht zu erhalten** ist (Rn. 41).

Der Nachweis der Berufshaftpflichtversicherung ist nicht mit dem Regist- 2 rierungsantrag zu erbringen, sondern erst auf Verlangen nach § 13 Abs. 2 S. 1 RDG (§ 13 RDG Rn. 67 ff.). Gem. **§ 113 Abs. 2 VVG** muss der Versicherer bescheinigen, dass eine den § 12 Abs. 1 Nr. 3 RDG, § 5 RDV entsprechende Berufshaftpflichtversicherung abgeschlossen wurde. Diese **Bescheinigung** dient im Registrierungsverfahren als Nachweis.

§ 5 RDV wurde unter Berufung auf die **Verordnungsermächtigung aus** 3 **§ 12 Abs. 5 RDG** erlassen und gestaltet in bewusster (BR-Drs. 316/08, 14) Anlehnung an **§ 51 BRAO**, der die Berufshaftpflicht der Rechtsanwälte regelt, die Einzelheiten der Versicherungspflicht aus. Angesichts dessen kann im Grundsatz ohne Weiteres auf die zu § 51 BRAO reichhaltig vorliegende Rspr. und Lit. zurückgegriffen werden. Dies gilt mit Einschränkungen auch für die **Parallelvorschriften** zur Berufshaftpflicht in **§ 19a BNotO, § 45 PAO, §§ 51 ff. DVStB und in der WPBHV** (http://www.wpk.de/pdf/WPBHV.pdf) sowie für die Regelung für die Rechtsanwaltsgesellschaft in § 59j BRAO und die durch das Gesetz zur Einführung einer Partnerschaftsgesellschaft mit beschränkter Haftung v. 15.7.2013 (BGBl. I S. 2386) zum 1.8.2013 neu eingeführten Regelungen in § 51a BRAO nF, § 45a PatO nF (dazu allg. *Kilian* AnwBl. 2013, 14; *Gladys* DStR 2012, 2249). Allerdings sind alle diese Regelungen im Detail oft abweichend gefasst und es bleibt zumeist unklar, ob es sich nur um sprachlich abweichende Formulierungen oder inhaltlich abweichende Regelungen handeln soll. Die Ministerialbürokratie bzw. die Berufskammern sehen für eine **stringente und einheitliche Normfassung** offenbar keinen Bedarf. Soweit die Verordnungsermächtigung in § 12 Abs. 5 RDG Regelungen „auch abweichend von den Vorschriften des Versicherungsvertragsgesetzes für die Pflichtversicherung" zulassen wollte, hat der Verordnungsgeber davon (mit gutem Grund wegen der Normenhierarchie) keinen Gebrauch gemacht.

Erschwert wird die Handhabung durch weitere Faktoren: Zum einen ver- 4 langen die Regelungen allesamt, dass eine Versicherung „zu den nach Maßgabe des Versicherungsaufsichtsgesetzes eingereichten Allgemeinen Versicherungsbedingungen" genommen wird. Auch wenn die Eckpunkte der Pflichtversicherung im **Gesetz** geregelt werden, wird die weitere Ausgestaltung damit (ausgerechnet!) der **Versicherungswirtschaft** überlassen. Historisch mag das aus Zeiten der versicherungsaufsichtsrechtlichen Kontrolle von AVB uU noch plausibel erscheinen, nach der Deregulierung des VAG drohen Fehlentwicklungen, denen ggf. durch eine stringente Inhaltskontrolle der AVB (§§ 307 ff. BGB) oÄ entgegengewirkt werden muss. Gerade im vorliegenden Bereich sind die AVB aber zudem regelmäßig **unklare und intransparente Klauselwerke** (Rn. 49).

Diese enge Verknüpfung mit den AVB führt zudem bisher dazu, dass **versi-** 5 **cherungsvertragliche (Auslegungs-)Fragen rund um die AVB** im Vordergrund stehen und auf die **Bestimmung der gesetzlich normierten**

Grenzen des Versicherungsschutzes (gerade bei den Risikoausschlüssen) „durchschlagen". Richtigerweise ist dogmatisch strikt zu trennen zwischen der Frage, für welche Tätigkeiten **berufsrechtlich** in welchem Umfang eine gesetzliche Versicherungspflicht bestehen muss, und derjenigen, welche Risiken im konkreten **Versicherungsvertrag** nach den AVB abgedeckt sind. Diese Punkte werden oft parallel laufen, müssen es aber auch unter dem Regime des § 114 Abs. 2 VVG nicht (Rn. 52 ff.).

II. Überblick über das Pflichtversicherungsrecht

6 1. **Konzeption der Berufshaftpflichtversicherung.** Bei der Berufshaftpflichtversicherung handelt sich um eine **Pflichtversicherung iSd §§ 113 ff. VVG,** die sich nach § 5 Abs. 1 RDV auf Vermögensschäden aus der beruflichen Tätigkeit des Rechtsdienstleisters erstrecken muss. Aus § 115 VVG, der § 158c Abs. 6 VVG aF aufgegriffen hat, folgt, dass es **grds. keinen Direktanspruch des Geschädigten gegen die Versicherung** gibt. Daher ist der Geschädigte darauf angewiesen, seinen Haftungsanspruch zunächst gegen den registrierten Rechtsdienstleister zu verfolgen und titulieren zu lassen und dann – sofern die Versicherung nicht freiwillig reguliert – den Anspruch des Rechtsdienstleisters gegen seine Versicherung auf Schuldbefreiung pfänden und sich überweisen zu lassen (§§ 829 ff. ZPO; Rn. 13).

7 2. **Rechtliche und vertragliche Grundlagen der Pflichtversicherung.** Der Berufsversicherungsvertrag unterliegt als **privatrechtlicher Vertrag** den Vorschriften des **BGB AT,** soweit das **VVG** und **RDG** bzw. **RDV** keine Sonderregelungen enthalten. Aus dem VVG gelten neben den Vorschriften für alle Versicherungszweige (Teil 1, Kapitel 1, §§ 1–99 VVG) die Allgemeinen Vorschriften über die Haftpflichtversicherung (Teil 2, Kapitel 1, Abschnitt 1, §§ 100–112 VVG) und die besonderen Vorschriften über die **Pflichtversicherung** (Teil 2. Kapitel 1, Abschnitt 2, §§ 113–124 VVG; lesenswert zur Haftpflichtversicherung im Überblick *Armbrüster* r + s 2010, 441).

8 Nach § 113 Abs. 3 VVG sind die Vorschriften der §§ 113 ff. VVG auch insoweit anzuwenden, als der konkrete Versicherungsvertrag eine über die gesetzlichen Mindestanforderungen hinausgehende Deckung gewährt, also eine **freiwillige** Mehrversicherung vorliegt. Dies wird teilweise einschränkend ausgelegt (*Diller* § 3 Rn. 146, A 4 Rn. 53) und kann jedenfalls dadurch ausgehebelt werden, dass getrennte Versicherungsverträge geschlossen werden (Prölss/Martin/*Knappmann* § 113 Rn. 10).

9 Einbezogen in die Versicherungsverträge werden idR die **Allgemeinen Versicherungsbedingungen (AVB)** sowie **Besondere Bedingungen und Risikobeschreibungen (BBR).** Es handelt sich um allgemeine Geschäftsbedingungen (§§ 305 ff. BGB), die durch vorrangige Individualabreden (§ 305b BGB) zwar frei verhandelbar sind, in der Regel aber unverändert zum Vertragsinhalt gemacht werden. Die wirksame Einbeziehung richtet sich seit der Streichung von § 5a VVG aF nach den §§ 305, 310 BGB.

10 Nach allgemeinen versicherungsrechtlichen Grundsätzen (BGH NJW 2011, 3718 Rn. 12; VersR 2003, 581, 584; 2003, 454, 455) ist für die **Auslegung von AVB/BBR** die Verständnismöglichkeit des durchschnittlichen Versicherungsnehmers in dem betreffenden Versicherungszweig (hier also: des

registrierten Rechtsdienstleisters) ohne versicherungsrechtliche Spezialkenntnisse maßgeblich, welcher die AVB aufmerksam liest und verständig – unter Abwägung der Interessen der beteiligten Kreise und unter Berücksichtigung des erkennbaren Sinnzusammenhangs – würdigt. Die Entstehungsgeschichte der AVB spielt bei ihrer Auslegung jedenfalls zulasten des Versicherungsnehmers keine Rolle, weil diese dem Versicherungsnehmer in der Regel nicht bekannt ist (BGH VersR 2002, 1503, 1504; 2000, 1090, 1091; 1992, 349, 350; str.). Bei Verwendung juristischer Terminologie ist aber grds. deren allgemeine Bedeutung maßgeblich (BGH VersR 2000, 709). **Zweifel** bei der Auslegung gehen nach **§ 305 c Abs. 2 BGB** zulasten des Versicherers, vor allem im Bereich von Ausschlussklauseln (Rn. 52 ff.; siehe auch jetzt BGH NJW 2011, 3718 Rn. 15 ff.).

3. Freistellungs- und Abwehrpflicht des Versicherers. Nach haft- 11
pflichtversicherungsrechtlichen Grundsätzen ist der Versicherer verpflichtet, den Versicherungsnehmer im Rahmen des vereinbarten Versicherungsschutzes von berechtigten Ansprüchen aus einer schuldhaften Pflichtverletzung bei Ausübung seiner beruflichen Tätigkeit freizustellen (**Freistellungspflicht;** dazu Prölss/Martin/*Lücke* § 100 Rn. 2 ff.; Gräfe/Brügge/*Brügge* A Rn. 92 ff. und § 106 VVG) sowie unbegründete Ansprüche im Rahmen seiner **Abwehrpflicht** abzuwehren (dazu Prölss/Martin/*Lücke* § 100 Rn. 9 ff. und § 100 VVG). Zur Erfüllung dieser in AVB näher ausgestalteten Pflichten gehört die **Prüfung der Rechtslage,** bei der der Versicherer von dem ihm vom Versicherungsnehmer vorgetragenen Sachverhalt auszugehen hat. Berechtigt sind Schadensersatzverpflichtungen, wenn der Versicherungsnehmer aufgrund Gesetzes, rechtskräftigen Urteils oder eines im Einvernehmen mit dem Versicherer abgegebenen Anerkenntnisses oder abgeschlossenen Vergleichs zur Entschädigung verpflichtet und der Versicherer hieran gebunden ist. Insofern hat der Versicherer dem Versicherungsnehmer auch Rechtsschutz zu bieten (**Rechtsschutzpflicht,** dazu allg. Gräfe/Brügge/*Brügge* A Rn. 55 ff. zur Kostentragung und der Bedeutung der Versicherungssumme in diesem Kontext *Chab* AnwBl. 2011, 217). Die AVB verschaffen dem Versicherer im Gegenzug idR **Regulierungsvollmacht,** die das Recht umfasst, einen Prozessbevollmächtigten auszuwählen und zu bestellen. Die Abwehr unberechtigter Ansprüche (Rechtsschutzverpflichtung) ist dabei eine **Hauptleistungspflicht** des Haftpflichtversicherers; sie umfasst nach den AHB die Führung des Haftpflichtprozesses auf seine Kosten einschließlich der Auswahl und Beauftragung eines Anwalts. Der Versicherer hat dem Versicherungsnehmer rechtzeitig und unmissverständlich zu erklären, ob er den bedingungsgemäß geschuldeten Rechtsschutz gewährt (grundlegend BGHZ 171, 56 Rn. 12 ff. = NJW 2007, 2258; BGH NJW 2007, 2262 Rn. 11 ff.; NJW 2011, 377 Rn. 12 ff.). Ein Versicherer, der – was möglich ist – die Abwehr des Anspruchs in die Hand des Versicherungsnehmers legen will, muss darüber aufklären, dass die Rechtsschutzgewährung nach dem Vertrag seine Sache ist, er den Prozess zu führen und den Anwalt auszuwählen, zu beauftragen und zu bezahlen hat. Nach Übernahme der Prozessführung durch den Versicherungsnehmer gilt für die Verletzung von Sorgfaltspflichten das allgemeine Schadensersatzrecht und nicht das Recht der Obliegenheiten (BGHZ 171, 56 = NJW 2007, 2258 Rn. 18; 2007, 2262 Rn. 13). Die Rechtsschutz-

pflicht bezieht sich auf die Abwehr der Haftungsansprüche und wird **regelmäßig** in **Passivprozessen** gegen den Berufsträger bedeutsam. Nicht selten verkannt wird aber, dass die Abwehrverpflichtung in Fällen, in denen der Geschädigte Schadensersatzansprüche zur Aufrechnung gegen berechtigte Forderungen des Versicherten stellt oder Widerklage erhebt, dazu führen kann, dass der Haftpflichtversicherer die Kosten des **Aktivprozesses** (ggf. anteilig) zu tragen hat (*Littbarski* AHB, 2001, § 3 Rn. 75; Prölss/Martin/*Lücke* § 101 Rn. 7; *Diller* § 3 Rn. 21; Henssler/Prütting/*Diller* § 51 Rn. 191; siehe allg. auch für Prozessaufrechnung OGH VersR 1976, 1199; VersR 1981, 1064). Dies muss gerade bei einer (nicht streitwerterhöhenden!) sog. Primäraufrechnung mit Schadensersatzansprüchen gegen unstreitige Ansprüche des Versicherten gelten, da in einem solchen Aktivprozess allein der Ersatzanspruch zum Thema wird; erst recht, wenn diese vorprozessual bereits nach § 388 BGB erklärt worden ist (OLG Hamm VersR 1978, 80; LG Berlin VersR 1987, 578; AG Berlin-Charlottenburg VersR 1969, 315); der Versicherer muss dann, wenn er den vom Dritten geltend gemachten (aufgerechneten) Anspruch für „völlig unbegründet" die Prozessführung im Aktivprozess übernehmen und dabei auch die Kosten des Honorarprozesses tragen (*Schmalzl/Krause-Allenstein* Rn. 71; *Littbarski* AHB, 2001, § 3 Rn. 75; *Späte* AHB, 1993, § 3 Rn. 29; aA *Wussow* Informationen zum Versicherungs- und Haftpflichtrecht 1983, 183; 1984, 31, wonach der Versicherungsnehmer Zahlung des aufgerechneten Betrags vom Versicherer verlangen kann und die Wirksamkeit der Aufrechnung ggf. im Deckungsprozess zu klären ist). Eingehend zum Vorgenannten *Dötsch* AnwBl. 2013, 25.

12   **4. Verfolgung von Ersatzansprüchen.** Möchte ein Dritter Ersatzansprüche wegen fehlerhafter Rechtsdienstleistungen geltend machen, kann er **regelmäßig nicht direkt gegen den Versicherer** vorgehen. Das Haftpflichtversicherungsverhältnis ist ein **Dreiecksverhältnis,** welches sich aus dem zwischen Geschädigtem und Versicherungsnehmer bestehenden Haftungsverhältnis und dem zwischen Versicherungsnehmer und Versicherer bestehenden Versicherungsverhältnis zusammensetzt. Damit gibt es zwischen dem Geschädigten und dem Versicherer grds. kein Rechtsverhältnis, aus dem sich Ansprüche gegen den Versicherer ableiten lassen. Dementsprechend ist im Streitfall die Haftung im **Haftungsprozess** zwischen Geschädigtem und Versicherungsnehmer zu klären, während die Einstandspflicht des Versicherers im **Deckungsprozess** zwischen Versicherungsnehmer und Versicherer streitgegenständlich ist. In Letzterem besteht aber **Bindungswirkung** hinsichtlich der im Haftpflichtprozess rechtskräftig festgestellten Haftung (allg. Fahrendorf/Mennemeyer/Terbille/*Mennemeyer* Rn. 2499 ff.; *Krämer* r+s 2001, 177; Gräfe/Brügge/*Brügge* A Rn. 106 ff. und grundlegend BGH NJW 2011, 610 Rn. 10 ff.; NJW 2006, 289 Rn. 20; NJW-RR 2004, 676).

13   Somit kann der **Geschädigte** grds. nur Ansprüche gegen den Rechtsdienstleister geltend machen und nach deren Titulierung den Anspruch des Rechtsdienstleisters gegen die Versicherung auf Freistellung von der Ersatzverpflichtung **pfänden** und sich **überweisen** lassen (§§ 829 ff. ZPO). Durch die Pfändung wandelt sich dieser Anspruch in einen Zahlungsanspruch um (BGHZ 7, 244, 246 = NJW 1952, 1333). Der Versicherer muss die Pfändung nicht abwarten, sondern kann vorher regulieren.

Berufshaftpflichtversicherung §5 RDV

Der **Versicherungsnehmer** hat im Falle einer Ablehnung durch den Versicherer die Möglichkeit, Feststellungsklage (§ 256 ZPO) zu erheben (BGH VersR 1984, 252; eingehend Veith/Gräfe/*Gräfe* § 15 Rn. 1 ff.), sofern nicht die Haftpflichtforderung im einem Vorprozess des Geschädigten gegen den Versicherungsnehmers bereits bindend festgestellt worden ist und deswegen auf Befreiung geklagt werden kann und muss (BGHZ 79, 76, 78 = NJW 1981, 870). Hinsichtlich des Sachverhalts ist in diesen Fällen der vom Geschädigten (nicht Versicherungsnehmer) vorgetragene Sachverhalt zugrunde zu legen (BGH VersR 2001, 90). 14

Der **Geschädigte** hat allerdings in den (engen) Grenzen des § 115 Abs. 1 S. 1 Nr. 2 und 3 VVG ausnahmsweise (auch) einen **Direktanspruch gegen den Berufshaftpflichtversicherer,** wenn entweder über das Vermögen des Versicherungsnehmers das Insolvenzverfahren eröffnet oder der Eröffnungsantrag mangels Masse abgewiesen oder ein vorläufiger Insolvenzverwalter bestellt worden ist oder aber der Aufenthalt des Versicherungsnehmers unbekannt ist (§ 185 Nr. 1 ZPO; der Rechtsdienstleister sollte hier unter öffentlicher Zustellung mitverklagt werden, um Diskussionen darüber zu vermeiden). Auch im Insolvenzfall kann die Klage weiter gegen den Versicherungsnehmer gerichtet werden (Absonderungsrecht nach § 110 VVG). 15

Der Direktanspruch ist ein **Schadenersatzanspruch überwiegend deliktsrechtlicher Natur** (Prölss/Martin/*Knappmann* § 115 Rn. 11). Der Versicherer wird Gesamtschuldner (§ 115 Abs. 1 S. 3 VVG) neben dem Versicherungsnehmer, aber nur im Rahmen des versicherten Risikos und im Rahmen der vereinbarten Deckungspflicht (Prölss/Martin/*Knappmann* § 115 Rn. 18). Zu Obliegenheiten des Dritten Rn. 35. 16

Denkbar ist wegen der Beschränkung einer Vereinbarung von Abtretungsverboten in § 108 Abs. 2 VVG bei fehlender individualvertraglicher Abrede eine **Abtretung** von Freistellungsansprüchen durch den Versicherungsnehmer an den Geschädigten. Dadurch kommt es zu einem **gewillkürten Direktanspruch,** ohne dass das Trennungsprinzip dem entgegensteht (*Langheid* VersR 2009, 1043, 1044; aA *Schramm/Wolf* r+s 2009, 358). 17

5. Zustandekommen des Versicherungsvertrags. Mangels besonderer Regelungen gelten für das **Zustandekommen des Versicherungsvertrags** abgesehen von den Regelungen im BGB AT die allgemeinen VVG-Regelungen. Nach § 7 Abs. 1 VVG hat der Versicherer dem Versicherungsnehmer – ungeachtet ob dieser Verbraucher iSd § 14 BGB oder Unternehmer iSd § 13 BGB ist – rechtzeitig vor Abgabe von dessen Vertragserklärung die Vertragsbestimmungen einschließlich der AVB und der auf Basis des § 7 Abs. 2 VVG erlassenen VVG-InfoV zu entnehmenden weiteren Informationen in Textform mitzuteilen. Damit ist man vom sog. „Policenmodell" abgegangen, bei dem der Versicherer die Informationen regelmäßig erst mit Annahme des Antrags des Versicherungsnehmers übermittelte; dem Versicherungsnehmer soll eine bessere Information ermöglicht werden. Neben diesem sog. „Antragsmodell" sind andere Gestaltungen denkbar wie das sog. Invitatio-Modell, nach dem der Versicherungsnehmer den Versicherer um ein Angebot (nebst Informationsmaterial) bittet und dieses Angebot dann annimmt (Prölss/Martin/ *Prölss* § 7 Rn. 7 ff.). Da das Versicherungsverhältnis rein privatrechtlich ist, exis- 18

19 § 6 VVG regelt **flankierende Beratungs- und Dokumentationspflichten** des Versicherers, auf die nach § 6 Abs. 3 VVG verzichtet werden kann. Weitergehende Beratungspflichten können sich im vorliegenden Kontext ergeben, wenn der um Haftpflicht nachsuchende Rechtsdienstleister die Risiken erkennbar falsch einschätzt oder den Umfang des Versicherungsschutzes verkennt (OLG Hamm NJW-RR 2001, 239; Gräfe/Brügge/*Gräfe* C Rn. 55; siehe auch *Franz* VersR 2008, 298, 299). Dies kann bedeutsam werden, wenn der Versicherungsnehmer den Umfang der Risikoausschlüsse für ein Auslandsbüro verkennt (*Diller* Einl. Rn. 78, § 4 Rn. 19f.). Eine Aufklärungspflicht des Versicherers über Risikoausschlüsse besteht grds. nicht (BGH VersR 1963, 768).

tiert auch keinerlei Kontrahierungszwang (Henssler/Prütting/*Diller* § 51 Rn. 12).

20 § 8f. VVG regeln ein einheitliches, auch für Unternehmer geltendes, **Widerrufsrecht**.

21 **6. Versicherungsvertragliche Obliegenheiten.** In den wegen § 32 S. 1 VVG nicht disponiblen Regelungen in §§ 19–28 Abs. 4 und § 31 Abs. 1 S. 1 VVG werden dem Versicherungsnehmer **Obliegenheiten im Stadium des Vertragsschlusses, während der Laufzeit** und vor allem **nach Eintritt des Versicherungsfalls** auferlegt (Überblick bei Veith/Gräfe/*Veith* § 1 Rn. 132ff.). § 32 S. 2 VVG lässt die Vereinbarung der Schrift- oder Textform für die Erfüllung von Anzeigeobliegenheiten zu.

22 Daneben normiert § 104 VVG **Anzeigepflichten** des Versicherungsnehmers, auch hier beschränkt § 112 VVG abweichende Vereinbarungen. Durch möglichst frühzeitige Anzeige des Versicherungsfalls soll der Versicherer in die Lage versetzt werden, sachgemäße Entscheidungen über die weitere Sachbehandlung zu treffen.

23 **Bis zur Abgabe der Vertragserklärung** sind nach **§ 19 Abs. 1 VVG** alle dem Versicherungsnehmer bekannten Gefahrumstände anzuzeigen, nach denen der Versicherer gefragt hat und die für die Willensbildung erheblich sind (vgl. auch § 20 VVG für die Zurechnung von Vertretern). Verletzt der Versicherungsnehmer die Rechte, stehen dem Versicherer die Rechte aus §§ 19 Abs. 2–6, 21 VVG zu.

24 **Nach Abgabe** der Vertragserklärungen darf der Versicherungsnehmer ohne Einwilligung des Versicherers keine **Gefahrerhöhungen** vornehmen oder dulden (§ 23 Abs. 1 VVG), sofern diese nicht unerheblich oder konkludent als mitversichert anzusehen ist (§ 27 VVG). Eine Gefahrerhöhung stellt zB die Einstellung eines Mitarbeiters dar. Die Verletzungsfolgen regeln die §§ 24ff. VVG.

25 **Nach Eintritt des Versicherungsfalls** besteht eine Anzeigepflicht in Textform binnen einer Woche ab Kenntnis des Versicherungsnehmers. Nach § 31 VVG ist dem Versicherer Auskunft zu erteilen und ggf. sind auf Verlangen Belege vorzulegen (Fahrendorf/Mennemeyer/Terbille/*Mennemeyer* Rn. 2437ff.). Nach § 82 Abs. 1 VVG hat der Versicherungsnehmer bei Eintritt des Versicherungsfalls zudem nach Möglichkeit für die Abwendung und Minderung des Schadens zu sorgen, was in den AVB näher ausgestaltet wird. § 83 VVG, der nach § 87 VVG nicht zum Nachteil des Versicherungsnehmers disponibel ist, regelt einen entsprechenden Aufwendungsersatzanspruch des Versicherungsnehmers.

Die **Rechtsfolgen** einer Verletzung von Obliegenheiten ist in § 28 VVG 26 zentral geregelt. Die vorsätzliche Verletzung führt nach § 28 Abs. 2 S. 1 VVG zur Leistungsfreiheit, bei grober Fahrlässigkeit kommt es nach § 28 Abs. 2 S. 2 VVG zur Quotelung. Beides gilt nach § 28 Abs. 3 VVG nicht, soweit die Verletzung der Obliegenheit weder für den Eintritt oder die Feststellung des Versicherungsfalls noch für die Feststellung oder den Umfang der Leistungspflicht des Versicherers ursächlich ist – sofern der Versicherungsnehmer nicht arglistig gehandelt hat. Bei der Verletzung von Auskunfts- oder Aufklärungsobliegenheiten muss es nach § 28 Abs. 4 VVG zudem vorher eine Belehrung in Textform gegeben haben.

7. Verstoßprinzip und Spätschadensschutz in der Vermögensscha- 27 **denhaftpflicht.** Im VVG ist der Begriff des **Versicherungsfalls** nicht normiert, da angesichts der Vielfalt der in den einzelnen Versicherungszweigen versicherbaren Risiken zwischen erster Ursache und Geltendmachung des Schadens jeweils unterschiedliche Ereignisse als Anknüpfungspunkt denkbar sind (BT-Drs. 16/3945, 85). Nach § 100 VVG ist bei der Haftpflichtversicherung der Versicherer verpflichtet, den Versicherungsnehmer von begründeten Ansprüchen freizustellen, die von einem Dritten aufgrund der Verantwortlichkeit des Versicherungsnehmers für eine während der Versicherungszeit eintretende „Tatsache" geltend gemacht werden. § 5 RDV verlangt, dass Versicherungsschutz **„für jede einzelne Pflichtverletzung"** zu gewähren ist, die gesetzliche Haftpflichtansprüche privatrechtlichen Inhalts gegen die registrierte Person zur Folge haben könnte. Damit wird der die Freihaltungspflicht des Versicherers begründende Tatbestand an den **frühestmöglichen Zeitpunkt** angeknüpft, nämlich **die den Kausalverlauf initiierende „Pflichtverletzung"** des Rechtsdienstleisters, also den Verstoß gegen seine Pflichten.

Dieses sog. **Verstoßprinzip** (Veith/Gräfe/*Brügge* § 15 Rn. 74 ff.; *Diller* § 2 28 Rn. 6 ff.) ist abzugrenzen von dem nur an den Schadenseintritt während der Versicherungszeit gekoppelten Schadensereignisprinzip der allgemeinen Haftpflichtversicherung (§ 1 AHB) und dem aus dem anglo-amerikanischen Recht bekannten Anspruchserhebungsmodell, bei dem es allein darauf ankommt, dass Ansprüche während der Versicherungszeit erhoben werden (claims-made-Prinzip). Vorteil des Verstoßprinzips ist aus Sicht des Versicherungsnehmers, dass Versicherungsschutz stets zu den zur Zeit der Pflichtverletzung geltenden Konditionen gewährt wird, unabhängig davon, ob der Versicherungsvertrag bei Eintritt und/oder Geltendmachung des Schadens noch und in gleichem Umfang besteht oder nicht. Der damit gewährleistete **Spätschadensschutz** ist ein Kernelement der Berufshaftpflichtversicherung, weil er der Eigenart der Vermögensschäden besonders gut Rechnung trägt, die häufig erst mit großem zeitlichen Abstand nach der Verursachung eintreten oder offenbar werden; der Versicherungsfall ist also unabhängig von dem Zeitpunkt des Schadenseintritts und/oder der Anspruchserhebung. Es werden alle Verstöße gedeckt, die während der Versicherungszeit begangen werden, so dass etwa auch nach einer Berufsaufgabe oder gar für die Erben eines verstorbenen Rechtsdienstleisters noch Versicherungsschutz besteht. Nüchtern betrachtet hätte auch das Claims-made-

Prinzip durchaus Vorteile sowohl für Versicherer als auch Versicherungsnehmer (eingehend Henssler/Prütting/*Diller* § 51 Rn. 35), doch handelt es sich dabei um eine eher akademische Frage, weil das Gesetz im Bereich der Pflichtversicherung nur Versicherungen nach dem Verstoßprinzip erlaubt (Rn. 63).

29 Der Versicherungsschutz wird damit **kongruent** zur Berufsausübungszeit. Es handelt sich um eine reine **Vorwärtsversicherung**, bei der jegliche Deckung fehlt für Verstöße aus der Zeit vor Abschluss des Versicherungsvertrags (anders als etwa bei dem claims-made-Prinzip). Den Versicherer trifft ein erhebliches Spätschadensrisiko aufgrund der grundsätzlichen Nachhaftung, die auch nicht ausgehebelt werden darf (Gräfe/Brügge/*Brügge* B Rn. 10 ff.). Freiwillig ist uU aber auch eine **Rückwärtsversicherung** möglich, die die AVB aber idR nur für unbekannte Ansprüche erlauben. Siehe ergänzend zu der bei einem Vertrags-/Versichererwechsel oft wichtigen Frage nach der Feststellung des Verstoßzeitpunkts Gräfe/Brügge/*Brügge* B Rn. 35 ff.

30 **8. Dauer des Versicherungsvertrags.** Zur Laufzeit des Vertrags § 11 VVG. Das Ende des Versicherungsvertrags ist angesichts des Verstoßprinzips (Rn. 28) **nicht** deckungsgleich mit dem Haftungszeitraum des Versicherers; maßgeblich ist nur, dass der Verstoß als solches während des Verlaufs des Versicherungsvertrags erfolgt ist. Ist dies der Fall, ist der Versicherer auch noch nach formalem Versicherungsvertragsende einstandspflichtig (Spätschadensschutz).

31 Ein **Rücktritt** kommt nach den allgemeinen Vorschriften des BGB in Betracht, ferner bei Obliegenheitsverletzungen (Rn. 21 ff.) und Nichtzahlung der Prämie (§ 37 VVG). Die BGB-**Anfechtungsregeln** gelten ebenfalls; daneben kann eine außerordentliche **Kündigung aus wichtigem Grund** erfolgen (§ 314 BGB).

32 Der Beginn des Versicherungsschutzes (als materielle Vertragsdauer = Haftungszeitraum des Versicherers) ist nach den AVB – vorbehaltlich einer anderen Vereinbarung – regelmäßig mit der Zahlung der Erstprämie verknüpft, vgl. im Detail § 37 VVG.

33 **9. Besonderheiten im „kranken" Versicherungsverhältnis.** Im sog. „kranken" **Versicherungsverhältnis,** in dem der Versicherer von der Verpflichtung zur Leistung dem Versicherungsnehmer gegenüber ganz oder teilweise frei wird (etwa wegen Obliegenheitsverletzung, Prämiennichtzahlung etc.), bleibt nach § 117 Abs. 1 VVG gleichwohl seine Verpflichtung in Ansehung des **Dritten** in den Grenzen des § 117 Abs. 2–6 VVG und der besonderen Regelungen der §§ 118 ff. VVG bestehen. § 117 VVG **fingiert** Leistungspflichten des Versicherers, die aber auch hier nur in den Grenzen des § 115 Abs. 1 VVG zu einem Direktanspruch führen. In anderen Fällen muss gegen den Versicherungsnehmer vorgegangen und der (fingierte) Freistellungsanspruch aus § 117 VVG gepfändet werden (BGH NJW-RR 2003, 1572).

34 Der fingierte Anspruch kann nicht weitergehen als bei einem bestehenden Versicherungsverhältnis, so dass Risikoausschlüsse gelten und nicht versicherte Risiken auch hier nicht mitversichert sind (§ 117 Abs. 3 VVG). Dies gilt nach hM auch für Fälle „wissentlicher Pflichtverletzung" (Rn. 76 ff.), wenngleich sich dieser Verstoß ausschließlich in der Sphäre des Versicherungsnehmers abspielt (krit. *Diller* § 3 Rn. 141).

10. Anzeigeobliegenheiten des Geschädigten. § 119 VVG normiert 35
Obliegenheiten des Geschädigten, der ua die gerichtliche Geltendmachung
des Anspruchs dem Versicherer gegenüber **anzuzeigen** hat. Bei Nichtbeachtung riskiert er Nachteile aus § 120 VVG. Solange beim Dritten schuldlos keine
Kenntnis über das Bestehen der Haftpflichtversicherung und/oder den Versicherer besteht, kann aber eine Haftungsbeschränkung des Versicherers nicht
eintreten (BT-Drs. 16/3945, 90; VG Hamburg BRAK-Mitt. 2011, 97). Die
Verletzung der Obliegenheit hat zudem keine Folgen, wenn der Versicherer
auf andere Weise rechtzeitig Kenntnis erlangt (BGH NJW-RR 2003, 1572).

B. Versicherungspflichtige Personen, Versicherer und Anforderungen an die Vertragsgestaltung

I. Versicherungspflichtige Personen

Die Versicherungspflicht trifft die **registrierten Personen iSd § 10 RDG,** 36
also Inkassodienstleister, Rentenberater und Rechtsdienstleister in einem ausländischen Recht; letztere auch bei Registrierung nur in einem Teilbereich
nach § 1 RDV. Ist eine Person in **mehr als einem Bereich** des § 10 Abs. 1
RDG registriert, muss für jeden Bereich eine Berufshaftpflichtversicherung
unterhalten werden (Dreyer/Lamm/Müller/*Lamm* Rn. 6), die aber nicht
zwingend **gesondert** abgeschlossen sein muss.

Versicherungspflichtig sind über § 1 Abs. 4 S. 1 RDGEG zudem **Alter-** 37
laubnisinhaber, die sich nach neuem Recht registrieren lassen (§ 1 RDGEG
Rn. 22).

Nicht versicherungspflichtig sind: 38
– Personen oder Gesellschaften, die nur **vorübergehend** Rechtsdienstleistungen in Deutschland anbieten; diese haben nur die in § 15 Abs. 2 S. 2
  Nr. 3 RDG geregelte Informationspflicht über das Nichtbestehen oder das
  Bestehen und den Umfang einer etwaigen Versicherung oder eines vergleichbaren Schutzes (§ 15 RDG Rn. 74);
– **andere (nicht registrierte) Rechtsdienstleister,** die im Rahmen des
  RDG tätig werden (§§ 5 ff. RDG).

Wegen der bestehenden Haftungsrisiken wird in solchen Fällen aber der 39
Abschluss einer (freiwilligen) Versicherung oft sinnvoll sein.

Versicherungsnehmer muss die **registrierte Person** sein, also die natürliche 40
oder juristische Person oder die Gesellschaft ohne Rechtspersönlichkeit. Die
Probleme des Zusammenspiels von § 51 BRAO und § 59e BRAO (Versicherung jedes einzelnen Rechtsanwalts und zusätzlich der Anwaltsgesellschaft?)
stellen sich daher hier ebenso wenig wie die weiteren Fragen der Schadensabwicklung bei Sozietäten (Stichwort Durchschnittsleistung, § 12 AVB-RSW,
dazu auch *Diller* AnwBl. 2014, 2, 3). Auch die qualifizierte Person (§ 12 Abs. 4
RDG) bedarf keiner eigenen Versicherung (anders als ein angestellter Anwalt),
sondern ihre Pflichtverletzungen müssen über die Versicherung der registrierten Person mitversichert sein. Das RDG ist insoweit moderner als etwa § 51
BRAO, der insofern noch in der personengesellschaftsrechtlichen Steinzeit
verhaftet scheint (dazu auch Henssler/Prütting/*Diller* § 51 Rn. 25).

II. Dauer der Versicherungspflicht

41 § 12 Abs. 1 Nr. 3 RDG macht nach dem Wortlaut den Abschluss einer Berufshaftpflichtversicherung und den Bestand eines Versicherungsverhältnisses nur zur Registrierungsvoraussetzung. Aus dem Wortlaut des § 5 Abs. 1 („unterhalten") und aus § 14 Nr. 2 RDG ergibt sich aber, dass – wie beim insofern klarer gefassten Vorbild in § 51 Abs. 1 S. 1 BRAO – die Versicherung auch **während der gesamten Dauer der Registrierung aufrechtzuerhalten** ist. Selbst kurzzeitige Unterbrechungen sind nicht zulässig. Dies trägt dem Umstand Rechnung, dass dem Mandanten uU Vermögensschäden in großer Höhe bei fehlerhaften Rechtsdienstleistungen drohen. Hat das strikte Verknüpfen der Versicherungspflicht mit der Zulassung in § 51 BRAO auch den Hintergrund, dass ein Anwalt nach §§ 48ff. BRAO jederzeit verpflichtet sein kann, ein Mandat anzunehmen (*Dahns* NJW-Spezial 2006, 381; *Braun* BRAK-Mitt. 2002, 150), passt diese Erwägung im vorliegenden Bereich zwar nicht, doch ist das Gesetz eindeutig.

42 Die Verletzung der Versicherungspflicht führt uU zum Widerruf der Registrierung (§ 14 RDG Rn. 28ff.), im Gegensatz zu den anderen Berufsgruppen fehlen sonstige disziplinarische Maßnahmen wohl weiter (§ 13a RDG Rn. 11ff.; § 14 RDG Rn. 2f.). Oft wird aber aus Gründen der Verhältnismäßigkeit ein sofortiger Widerruf nicht unproblematisch sein (§ 14 RDG Rn. 33), ggf. kann auch nach § 13a RDG vorgegangen werden.

43 Die Versicherungspflicht knüpft **allein an die Registrierung** an, so dass unerheblich ist, ob und in welchem Umfang überhaupt auch tatsächlich Rechtsdienstleistungen erbracht werden (BGH AnwBl. 2006, 356; AGH Stuttgart BRAK-Mitt. 2009, 85 zu § 51 BRAO). Auch geringes Einkommen befreit ebenso wenig von der Versicherungspflicht (BGH NJW-RR 1997, 696; AnwBl. 2006, 356 zu § 51 BRAO) wie ein Sitz nur im Ausland (BGH BRAK-Mitt. 2010, 213 Rn. 8 zu § 51 BRAO).

44 Ähnlich wie bei § 51 BRAO (Feuerich/Weyland/*Böhnlein* § 51 Rn. 7) besteht die Versicherungspflicht bis zum endgültigen Verlust der Registrierung und der Löschung nach § 17 RDG fort, also selbst bei einem Widerruf unter Anordnung der sofortigen Vollziehung nach § 80 Abs. 2 Nr. 4 VwGO (Dreyer/Lamm/Müller/*Lamm* Rn. 11).

45 **Keine Versicherungspflicht** besteht mehr für die Zeit nach der Löschung. Bei einer Verletzung nachvertraglicher Pflichten (zB Verschwiegenheit) entstehen dann zwar Haftungslücken, doch ist dies hinzunehmen bzw. durch freiwillige Mehrversicherung abzufedern (Fahrendorf/Mennemeyer/Terbille/*Mennemeyer* Rn. 2253ff.).

III. Geeignete Versicherer

46 Die Versicherung muss „**bei einem im Inland zum Geschäftsbetrieb befugten Versicherungsunternehmen** ... genommen werden". Das kann sowohl ein inländisches oder ein Versicherungsunternehmen mit Sitz im Ausland sein (§§ 105ff. VAG). Letzteres kann seinen Sitz in einem Mitgliedstaat der Europäischen Gemeinschaft oder in einem anderen Vertragsstaat des EWR-Abkommens haben (§§ 110aff. VAG) oder auch in einem anderen

Staatswesen (§§ 105 ff. VAG). Die „Befugnis" richtet sich nach dem VAG, nach dessen § 5 Abs. 1 VAG grds. Versicherungsunternehmen zum Geschäftsbetrieb einer Erlaubnis der Aufsichtsbehörde (BaFin) bedürfen. Relevant wird dies vor allem für inländische Unternehmen und für solche mit Sitz außerhalb der EU, da entsprechend der nationalen Regelungen (§ 6 Abs. 1 S. 2 VAG) die Erlaubnis in den Mitgliedstaaten jeweils für das Gebiet aller Mitgliedstaaten der Europäischen Gemeinschaft und aller anderen Vertragsstaaten des EWR-Abkommens erteilt wird und sich diese Unternehmen daher regelmäßig (siehe aber § 110d VAG) schon auf die Erlaubniserteilung im Heimatstaat berufen können. Versicherungen von nicht „befugten" Unternehmen genügen **nicht** zur Erfüllung der Registrierungsvoraussetzung in § 12 Abs. 1 Nr. 3 RDG; eine Datenbank, die die befugten Unternehmen auflistet, findet sich unter http://ww2.bafin.de/database/InstInfo/.

IV. Anforderungen an den Inhalt des Versicherungsvertrags

1. Versicherung zu den eingereichten AVB. a) Die nach Maßgabe des VAG eingereichten AVB. Die Versicherung muss „zu den nach Maßgabe des Versicherungsaufsichtsgesetzes eingereichten Allgemeinen Versicherungsbedingungen" (AVB) genommen werden. Die AVB müssen mit dem Antrag auf Erlaubnis zum Geschäftsbetrieb nach § 5 Abs. 5 Nr. 1 VAG (bzw. § 13d Nr. 7 VVG für spätere Änderungen) von Unternehmen mit Sitz im Inland und nach § 106b Abs. 1 Nr. 1 VAG auch von Unternehmen mit Sitz außerhalb EG/EWR-Raum eingereicht werden. Für Unternehmen aus dem EG/EWR-Raum ist nach § 110a Abs. 2 VAG der Betrieb von Pflichtversicherungen ebenfalls erst zulässig, wenn das Unternehmen der Bundesanstalt die AVB eingereicht hat. 47

Die AVB sind damit zwar **nicht** mehr Bestandteil des Geschäftsplans der Versicherung und müssen daher **nicht** genehmigt werden. Sie unterliegen aber weiterhin der **Prüfung im Rahmen der Rechts- und Fachaufsicht nach § 81 VVG** (etwa auf Vereinbarkeit mit VVG, BGB etc.) und müssen insbesondere den allgemeinen Anforderungen des § 10 VAG genügen. Die BaFin prüft idR lediglich allgemein, ob die Bedingungen den Vorschriften über die Pflichtversicherung entsprechen, eine detaillierte Prüfung etwaiger unangemessener Benachteiligungen und der Anforderungen an inhaltliche Klarheit und Verständlichkeit (§§ 305 ff. BGB) erfolgt nicht immer in wünschenswertem Umfang (zu den Hintergründen und dem Streit um den Prüfungsumfang auch MüKoVVG/*Reiff* AVB Rn. 116 ff.). 48

Die AVB ähneln sich auch nach der Deregulierung regelmäßig stark. Im Bereich der Rechtsanwälte, Steuerberater, Wirtschaftsprüfer und Notare sind die früheren Einzelregelungen (AVB-R, AVB-N, AVB-S und AVB-W) zunehmend zusammengefasst worden (AVB-RSW) und werden durch Besondere Bedingungen für die einzelnen Berufsgruppen ergänzt. Die AVB-RSW sind bei den meisten Versicherern ein **ausgesprochen benutzerunfreundliches, schlecht aufgebautes und verwirrend formuliertes Vertragsdickicht,** gerade im Bereich der für den Versicherungsnehmer besonders ärgerlichen Deckungsausschlüsse, die teilweise nur klarstellende Funktion oder Warnfunktion haben, teilweise aber auch konstitutiv sind (zutreffend *Diller* Einl. 41 ff., § 4 49

Rn. 5 ff.; Henssler/Prütting/*Diller* § 51 Rn. 64 ff.). **Dieser Befund setzt sich im vorliegenden Bereich leider fort:** Der Markt für Versicherungen nach § 12 Abs. 1 Nr. 3 RDG ist für die meisten der für die anderen Berufsgruppen tätigen Berufshaftpflichtversicherer augenscheinlich nicht sonderlich interessant; es fehlen entsprechende Angebote. Beispielhafte AVB und Risikobeschreibung für registrierte Rechtsdienstleister (RE-BEIST-N) finden sich aber etwa bei der R+V Versicherung unter https://online.ruv.de/uportal/content/portal/makler/plus/produkte/komposit/haftpflicht/Vermoegensschaden/rechtsdienstleister.jsp. Danach sind die sonst in Besonderen Bedingungen geregelten Details (Risikoausschlüsse, Selbstbehalt) im fraglichen Bereich aber offenbar nicht einheitlich geregelt und einer Aufnahme in den Versicherungsschein vorbehalten.

50   Die Allgemeinen Haftpflichtversicherungs-Bedingungen **(AHB)** gelten im Bereich der Vermögensschadenhaftpflicht nicht automatisch subsidiär (*Diller* Einl. 4, 63). Nicht selten sind die dortigen AVB aber sinngemäß identisch, so dass dann auch vorsichtig auf die umfangreiche Rspr. und Lit. zu den AHB zurückgegriffen werden kann.

51   **b) Regelungskonzept der AVB (Risikoabgrenzungen).** Vom Ansatz her wird in AVB und Risikobeschreibungen zunächst zugunsten des Versicherungsnehmers das versicherte Risiko festgelegt (sog. **primäre Risikoabgrenzung**). Andererseits werden zugunsten des Versicherers dann bestimmte Risiken vom Versicherungsschutz wieder ausgeschlossen, ggf. von Gegenausnahmen durchbrochen (sog. **sekundäre Risikobegrenzung**). Angesichts der unklaren Fassung der AVB (Rn. 49) lässt sich die Unterscheidung aber oft nur mit Mühe nachvollziehen. Das ist angesichts des sogleich zu cc) Auszuführenden misslich.

52   **c) AGB-Kontrolle von AVB einerseits sowie Grenzen der gesetzlichen Versicherungspflicht andererseits.** AVB und sonstige vorformulierte Versicherungsvertragsbestandteile unterliegen in vollem Umfang der **AGB-Kontrolle.** Da es im hiesigen Bereich um die Verwendung von AGB im unternehmerischen Verkehr geht, ist zwar die Einbeziehung der AVB (§ 305 Abs. 2 BGB) erleichtert und die besonderen Klauselverbote (§§ 308, 309 BGB) gelten nicht, doch bleibt es jedenfalls beim **Verbot überraschender Klauseln** (§ 305c Abs. 1 BGB), bei der **Zweifelsregelung** des § 305c Abs. 2 BGB und dem **Verbot unangemessener Benachteiligung** bzw. dem **Gebot der Klarheit und Verständlichkeit** aus § 307 Abs. 1 S. 2 BGB.

53   Der Inhaltskontrolle entzogen ist allerdings die **Festlegung der vertraglichen Hauptpflichten als solches** (Prämie und versichertes Risiko), also die eigentliche „Leistungsbeschreibung", hier greift allenfalls **§ 307 Abs. 3 S. 2 BGB.** Eine Inhaltskontrolle ist nur bei Modifikationen wie Prämienanpassungsklauseln etc. eröffnet (*Präve* Versicherungsbedingungen und AGB-Gesetz, 1998). Relevant ist die Inhaltskontrolle aber vor allem im Bereich der **Risikoausschlüsse** (Rn. 73).

54   AGB-Fragen – die nicht selten in einer unglücklichen AVB-Formulierung wurzeln – sind dogmatisch zu trennen von der Frage, welche **Mindestanforderungen** das **Gesetz** in § 12 Abs. 1 Nr. 3 RDG und § 5 RDV an die Versiche-

Berufshaftpflichtversicherung **§ 5 RDV**

rung stellt. Die Registrierung ist gefährdet, wenn der Versicherungsvertrag diesen Anforderungen nicht genügt. Insofern entsprach es bisher hM, dass die Wirksamkeit des Versicherungsvertrags davon jedoch grds. unberührt blieb, da die öffentlich-rechtlichen Berufspflichten für den Versicherer ohne Bedeutung seien (so für § 51 BRAO Henssler/Prütting/*Stobbe* 3. Aufl., § 51 Rn. 26f.; str, siehe allg. *Armbrüster/Dallwig* VersR 2009, 150). Nach **§ 114 Abs. 2 S. 1 VVG** kann der Versicherungsvertrag jedoch Inhalt und Umfang der Pflichtversicherung nur näher bestimmen, „soweit dadurch die Erreichung des jeweiligen Zwecks der Pflichtversicherung nicht gefährdet wird und durch Rechtsvorschrift nicht ausdrücklich etwas anderes bestimmt ist." Diese Regelung ist zumindest eine Konkretisierung der Prüfungsgrundsätze des § 307 Abs. 2 Nr. 2 BGB und legt fest, dass auch die Interessen am Versicherungsvertrag nicht beteiligter Dritter bei der Klauselkontrolle berücksichtigt werden können. Nur wenn und soweit die gesetzlichen Vorschriften der Berufshaftpflicht keine oder keine abschließenden Bestimmungen über Deckungsbegrenzungen (Obliegenheiten, Risikoausschlüsse) enthalten, können vertraglich, dh meist in AVB, Einschränkungen oder Selbstbehalte vereinbart werden. Ausschlüsse und Beschränkungen, die den gesetzlichen Anforderungen **nicht** entsprechen, sind aber **unwirksam** (*Armbrüster/Dallwig* VersR 2009, 150). **Streitig** ist allein, ob – wie auch sonst im AGB-Recht (keine geltungserhaltende Reduktion!) – entsprechende Regelungen **ersatzlos** entfallen (so Prölss/Martin/*Knappmann* § 114 Rn. 2 und wohl auch BT-Drs. 16/3945, 132) oder im Wege ergänzender Vertragsauslegung genau auf das gesetzlich zulässige Maß **reduziert** werden (*Armbrüster/Dallwig* VersR 2009, 150). § 114 Abs. 2 S. 1 VVG hat dabei vor allem Bedeutung, soweit die gesetzlichen Regelungen der Berufshaftpflicht **nähere gesetzliche Vorgaben** enthalten. Soweit solche fehlen und die Normen somit nur auf eine Versicherung nach „Maßgabe" der eingereichten AVB verweisen, können Auswüchse allgemein über die „Zweckgefährdung" bekämpft werden. Die weitere Entwicklung bleibt hier abzuwarten.

Jeder Rechtsdienstleister ist für die Einhaltung seiner Pflichten aus § 12 Abs. 1 Nr. 3 RDG, § 5 RDV **selbst verantwortlich** und kann sich daher gegenüber der Behörde nicht auf ein Verschulden des Versicherers (§ 114 Abs. 2 S. 1 VVG) berufen. Berücksichtigen kann man dies allenfalls bei der **Ermessensausübung** in einem etwaigen Widerrufsverfahren (ähnlich zum anwaltlichen Diziplinarrecht Henssler/Prütting/*Stobbe* 3. Aufl., § 51 Rn. 28). 55

Offen ist, ob sich Ansprüche gegen den Versicherer aus § 823 Abs. 2 BGB begründen lassen: Zwar soll etwa § 51 BRAO ein Schutzgesetz sein (Henssler/Prütting/*Stobbe* 3. Aufl., § 51 Rn. 112), was auch für § 5 RDV gelten würde, doch sollen darüber nur Ansprüche gegen den Berufsträger als solchen und nicht gegen die Versicherung ableitbar sein. Ob § 114 Abs. 2 VVG dies ändert, ist zweifelhaft, in der Regel wird der Dritte ausreichend geschützt, wenn man nach Rn. 54 verfährt. 56

2. Umfang der Pflichtversicherung (Abs. 1, Abs. 2). a) „... sich aus der beruflichen Tätigkeit der registrierten Person ergebende Haftpflichtgefahren ...". Der Versicherungsschutz muss Haftpflichtgefahren abdecken, die sich aus der beruflichen Tätigkeit der registrierten Person ergeben. „**Berufliche Tätigkeit**" meint den von der registrierten Tätigkeit erfassten 57

Bereich. Abzugrenzen sind Tätigkeiten, die nicht in dieser Rolle erbracht werden. Erbringt ein registrierter Rentenberater etwa Inkassoleistungen, müssen daraus resultierende Haftpflichtgefahren nicht mehr abgedeckt werden (und werden es nach den gängigen AVB auch nicht). Erst recht gilt dies für „private" Tätigkeiten wie reine Freundschaftsdienste etc.

58 Die **Abgrenzung** wird schnell schwierig. Die Probleme sind aus dem Bereich einer Risikoabgrenzung bei Rechtsanwälten, Notaren, Steuerberatern etc. bekannt – obwohl dort gesetzliche Vorschriften das Berufsbild deutlich genauer bestimmen als im vorliegenden Bereich. Die Probleme werden aus den bei Rn. 4 f. dargelegten Gründen ungenau unter **versicherungsrechtlichen Gesichtspunkten** bei der Auslegung der AVB diskutiert (Veith/Gräfe/*Brügge* § 15 Rn. 147 ff.; *Diller* § 1 Rn. 19 ff.; Zugehör/G. Fischer/Vill/D. Fischer/Rinkler/Chab/*Chab* Rn. 2114 ff. und umfassend Gräfe/Brügge/*Brügge* B Rn. 148–379 zu den einzelnen Berufsgruppen). Dogmatisch vorrangig ist aber zu klären, welchen Mindestversicherungsschutz das **Gesetz** vom Berufsträger verlangt, bevor man sich mit der Frage befasst, ob dessen (konkrete) Versicherung mit ihren AVB dem Rechnung trägt (ähnlich für § 51 BRAO Feuerich/Weyland/*Böhnlein* § 51 Rn. 13). Konsequent wäre eine rein versicherungsvertragliche Herangehensweise lediglich, wenn man die in Rn. 47 ff. dargestellte „Maßgabe" der AVB so versteht, dass es stets allein auf die dortige Risikoabgrenzung ankommen soll. Dann würden jedoch nur die AVB die Grenzen der Mindestversicherung bestimmen – was kaum überzeugt. Richtigerweise muss der gebotene Umfang der Mindestversicherung zunächst in Auslegung der gesetzlichen Regelungen zur Berufshaftpflicht ermittelt werden und die Versicherungsverträge/AVB müssen dem schon wegen § 114 Abs. 2 VVG auf zweiter Stufe Rechnung tragen (Rn. 54).

59 Versichert werden müssen nach Sinn und Zweck der Norm (nur) Haftungsrisiken aus der **berufstypischen** Tätigkeit des registrierten Rechtsdienstleisters, also der Tätigkeiten, die seinem – ggf. der Veränderung unterliegenden – **Berufsbild** entsprechen. So hat der Gesetzgeber bei Normierung des § 51 BRAO die Versicherungspflicht auf die berufstypischen und ureigenen anwaltlichen Tätigkeit beschränken wollen (BT-Drs. 12/7656, 12; Veith/Gräfe/*Gräfe* § 15 Rn. 153, 170); nichts anderes gilt im vorliegenden Bereich. Rein kaufmännische Risiken oder unternehmerische Tätigkeiten sind in der Regel nicht berufstypisch für die registrierten Rechtsdienstleister und mithin **nicht** versicherungspflichtig.

60 Freilich wird der Verkehr regelmäßig von einer umfassenden Pflichtversicherung ausgehen und feinsinnige Differenzierungen zwischen gerade noch versicherter berufstypischer Rechtsdienstleistung einerseits und nicht mehr versicherter sonstiger wirtschaftlicher Betätigung andererseits nicht nachvollziehen. Ein Auftraggeber wird einen registrierten Rechtsdienstleister in dieser Eigenschaft beauftragen; etwas anderes gilt nur, wenn die Rechtsdienstleistung als solche **völlig in den Hintergrund** tritt und damit **unwesentlich** erscheint bzw. der Auftraggeber **im Kern eine rein wirtschaftliche oder kaufmännische Vertretung** erwartet, die auch ganz oder überwiegend von anderen Berufsgruppen wahrgenommen werden könnte (ähnlich *Diller* § 1 Rn. 28). Im Zweifel wird ein Rechtsdienstleister – wie ein Anwalt (dazu Henssler/Prütting/*Diller* § 51 Rn. 74) – aber in dieser Eigenschaft mandatiert werden. Hier

werden sich vor allem beim Rentenberater Abgrenzungsprobleme ergeben in Richtung der reinen Anlageberatung; man wird darauf abstellen, ob spezifisch rentenberatende (rechtsdienstleistende) Tätigkeiten erbracht werden oder es im Kern nur um rein wirtschaftliche Bewertungen ging (ähnlich BGH NJW 1998, 3486; 1999, 3040; Veith/Gräfe/*Brügge* § 15 Rn. 160; *Jungk* AnwBl. 2004, 117, 118; zur Abgrenzung auch Henssler/Prütting/*Diller* § 51 Rn. 71–94).

Die Versicherungspflicht hat sich auf etwaige noch zum eigentlichen Berufs- **61** oder Tätigkeitsbild des registrierten Rechtsdienstleisters gehörende „**Neben-Rechtsdienstleistungen**" (§ 5 RDG) zu erstrecken, da auch solche noch „**berufstypisch**" sind. Zwar wird im Schrifttum – erneut rein versicherungsvertragsrechtlich – ausgeführt, dass solche Tätigkeiten **nicht automatisch vom Versicherungsschutz** umfasst würden (Dreyer/Lamm/Müller/*Lamm* Rn. 15), doch sind dies reine AVB-Fragen, die nichts über die **grundsätzliche gesetzliche Versicherungspflicht (auch) in diesem Bereich** besagen. Es ist übrigens auch nicht etwa so, dass § 5 RDG bei registrierten Rechtsdienstleistern keine Anwendung finden kann, weil die §§ 10 ff. RDG insofern leges speciales sind (vgl. zu vergleichbaren Problemen im Bereich der §§ 34d, 34e GewO *Römermann* NJW 2011, 884, 885 einerseits und *Schwintowski* VersR 2009, 1333, 1335 f. andererseits; siehe ferner BT-Drs. 16/1935, 18 und hier auch Schlewing/Henssler/Schipp/Schnitker/*Henssler* Teil 3 Rn. 41 ff. mwN), da etwa auch im Bereich der Steuerberater § 5 RDG neben § 3 StBerG anwendbar ist und im hiesigen Bereich dann kaum etwas anderes gelten kann (hierzu § 5 RDG Rn. 91 ff.).

Ist der Umfang der **gesetzlichen** Versicherungspflicht geklärt, sind natür- **62** lich auf der zweiten Stufe auch **versicherungsvertragliche Fragen** zu klären: Die **AVB** knüpfen meist (zutreffend) an die berufliche Tätigkeit an, womit für den Umfang des Versicherungsschutzes die Erläuterung der Tätigkeit im Versicherungsschein und dem Versicherungsantrag als primäre Risikoabgrenzung bedeutsam wird. Die versicherte Tätigkeit orientiert sich am **Berufsbild** des Versicherungsnehmers, so dass grds. die oben favorisierte weite Auslegung hier ohne Weiteres abgebildet werden kann. Die recht allgemeine Formulierung der AVB mit ihrer weiten Risikoübernahme auf der ersten Stufe hat zugleich zur Folge, dass keine fortlaufende Anpassung der Versicherungsverträge geboten ist, wenn sich Berufsbilder und Berufsgesetze verändern und ergänzt werden. Der Versicherungsnehmer wird auch auf eine klare Betriebs- und Risikobeschreibung drängen. An Bedeutung gewinnen jedoch **Risikoausschlüsse** auf zweiter Ebene, doch enthalten die AVB oft aus Klarstellungsgründen auch deklaratorische Ausschlussregelungen für Bereiche, die bei sachgerechtem Verständnis des Berufsbilds ohnehin nicht versichert wären (Gräfe/Brügge/*Gräfe* E Rn. 1 ff. und auch B Rn. 148 ff.). Derartige „Ausschlüsse" gehören dann noch zum Bereich der primären Risikoabgrenzung und unterliegen damit nur der begrenzten AGB-Kontrolle (Rn. 53; Gräfe/Brügge/*Gräfe* E Rn. 10 ff.).

b) Deckung von „Haftpflichtgefahren"; „Versicherungsschutz für 63 jede einzelne Pflichtverletzung ..., die gesetzliche Haftpflichtansprüche privatrechtlichen Inhalts gegen die registrierte Person zur Folge haben könnte". aa) Anknüpfung an „jede einzelne Pflichtverletzung" (Verstoßprinzip). Mit dieser Formulierung wird an das Verstoßprinzip angeknüpft (Rn. 28). Daher sind etwaige andere Deckungskonzepte kritisch darauf zu prüfen, ob sie einen gleichwertigen Versicherungsschutz gewähren, was weder für das in der allgemeinen Haftpflichtversicherung geltende Schadens- oder Folgeereignisprinzip zu bejahen wäre noch für eine Versicherung auf claims-made-Basis. Letztere weisen gerade beim Spätschadensschutz Defizite auf und genügen daher nicht den Anforderungen des § 5 RDV (zu § 51 BRAO *Kouba* BRAK-Mitt. 2002, 165; *Grams* AnwBl. 2003, 299; Gräfe/Brügge/*Brügge* A Rn. 15, B Rn. 5 ff.) – jedenfalls wenn nicht zugleich eine uneingeschränkte Nachdeckung vereinbart wird (mit dieser zutreffenden Einschränkung *Diller* Einl. Rn. 27, 109 ff.).

64 Keine Bedenken bestehen, soweit eine über die von der Pflichtversicherung erfassten Risiken **hinausgehende** freiwillige sog. Excedentendeckung auf Claims-made-Basis abgeschlossen wird (Henssler/Prütting/*Diller* § 51 Rn. 41 ff.). Excedentenversicherungen sind gesonderte Versicherungen, die zur Grundversicherung hinzutreten und für eine bestimmte Anzahl von „Ausreißerschäden" eine höhere Deckung zur Verfügung stellen.

65 bb) „**Gesetzliche Haftpflichtansprüche privatrechtlichen Inhalts**". Der Begriff der „gesetzlichen Haftpflichtansprüche privatrechtlichen Inhalts" ist im Gesetz nicht geregelt; maßgeblich ist, dass die Ansprüche **gesetzlich begründet** sind und nicht nach Grund oder Höhe vom **Willen** der Vertragsschließenden oder eines Dritten abhängen; dann ist gleichgültig, ob sie vertraglicher, quasivertraglicher, deliktischer oder deliktsähnlicher Natur sind (BGH VersR 1971, 144; eingehend Gräfe/Brügge/*Brügge* B Rn. 70 ff.). Dies erfasst jedenfalls Ersatzansprüche wegen schuldhafter Verletzung des Auftragsverhältnisses zwischen Mandant und Rechtsdienstleister, die sich idR aus § 280 Abs. 1 BGB ergeben (eingehend Veith/Gräfe/*Brügge* § 15 Rn. 30 ff.). Nicht erfasst sein müssen aufopferungsähnliche verschuldensunabhängige Ansprüche oder – ohnehin im Verhältnis von Rechtsdienstleister und Mandant kaum denkbare – öffentlich-rechtliche Ansprüche (siehe aber OLG Köln NJW-RR 2003, 66 für Gerichtskosten). **Erfüllungsansprüche** (etwa auf Vertretung, Aktenherausgabe, Herausgabe von Treugut etc.) werden damit nicht von der Versicherungspflicht umfasst (BGHZ 43, 88, 90 = NJW 1965, 755, 756; BGH NJW 1964, 1025; eingehend zur oft schwierigen Abgrenzung Gräfe/Brügge/*Brügge* B Rn. 92 ff.); umstritten ist allein die Behandlung von Ersatzerfüllungsansprüchen (jedenfalls versicherungsvertraglichen Deckungsschutz verneinend Veith/Gräfe/*Brügge* § 15 Rn. 446 ff.). Da es sich um Ansprüche „gegen" den registrierten Rechtsdienstleister handeln muss, müssen **Eigenschäden** nicht abgedeckt sein. Erst recht nicht erfasst sein müssen freiwillig übernommene Haftungsrisiken wie Garantien (Henssler/Prütting/*Diller* § 51 Rn. 100 ff.).

66 Die **AVB** tragen dem regelmäßig Rechnung und gehen zT sogar über den Mindestschutz hinaus.

67 c) **Deckung für „Vermögensschäden"**. Abgedeckt werden muss zudem nur die Haftung für „**Vermögensschäden**". Der Begriff ist im BGB und im VVG nicht definiert, wegen des Verweises auf die AVB ist auf die übliche versicherungsrechtliche Terminologie abzustellen (§ 1 AHB). Gemeint sind also nur Schäden, die weder Personen- noch Sachschäden sind noch sich aus solchen herleiten (sog. mittelbare Schäden, dazu *Brieske* AnwBl. 1995, 225,

228 mit Beispielen). Personenschäden sind dabei Schadensereignisse, die den Tod, die Verletzung des Körpers oder eine Gesundheitsbeeinträchtigung eines Menschen verursachen. Sachschäden sind Schadensereignisse, die die Beschädigung, das Verderben, die Vernichtung oder das Abhandenkommen von Sachen zur Folge haben. Dies setzt eine Einwirkung auf die Sache voraus, die zu einer Beeinträchtigung der Substanz, des Werts oder des bestimmungsgemäßen Gebrauchs der Sache führt (BGH VersR 1976, 629). Darunter wird uU auch der Verlust von Beweismitteln beim Rechtsdienstleister führen, mögen diese später auch zu Vermögensschäden (Prozessverlust) führen (str., Zugehör/G. Fischer/Vill/D. Fischer/Rinkler/Chab/*Chab* Rn. 2124).

Die **AVB** gehen oft darüber hinaus und erstrecken den Versicherungsschutz **68** auf bestimmte, typische Sachschäden (§ 15 AVB-RSW, dazu Gräfe/Brügge/*Brügge* B Rn. 141 ff.). Wichtig können solche Zusatzvereinbarungen werden für Schäden aus Verlust von Beweismitteln, Urkunden oder aus einem Einsatz von IT-Technologie, wobei solche Risiken teilweise (auch) über **Betriebshaftpflichtversicherungen** zu erfassen sind.

Mit der Anknüpfung an eine reinen Vermögensschäden hat der Verord- **69** nungsgeber – wie bei § 51 BRAO (zur Kritik Henssler/Prütting/*Stobbe* 3. Aufl., § 51 Rn. 137, 143 f.) – sich nicht nur an die versicherungsrechtliche Terminologie angelehnt, sondern das versicherungswirtschaftliche Konzept der Vermögensschadenhaftpflicht mit all seinen **Defiziten** gesetzlich festgeschrieben, obwohl eine umfassendere Versicherung für alle mit der Berufstätigkeit zusammenhängenden Schäden sinnvoller gewesen wäre und so nur Versicherungslücken provoziert werden. Der (freiwillige) Abschluss einer **Bürohaftpflichtversicherung** ist sinnvoll. Diese deckt die Haftpflicht des Rechtsdienstleisters und seiner Mitarbeiter aus der Ausübung beruflicher Tätigkeit für den Fall ab, dass sie wegen eines Personen- oder Sachschadens von einem Dritten in Anspruch genommen werden. Die gängigen Bedingungen erstrecken sich regelmäßig auch auf die gesetzliche Haftpflicht als Eigentümer bzw. Mieter der Büroräume (Verkehrssicherungspflichten). Versicherungstechnisch handelt es sich bei der Bürohaftpflichtversicherung um einen getrennten und eigenständigen Vertrag. Sinn ergeben kann auch eine **Valorenversicherung** für Geld, Wertsachen etc. Aber selbst dann bleiben Lücken, etwa bei psychischen Folgen von anwaltlichen Pflichtverletzungen und sonstigen Nichtvermögensschäden, die wohl auch von einer Bürohaftpflicht nicht abgedeckt werden (*Druckenbrodt* VersR 2010, 601; siehe aber *Chab* AnwBl. 2005, 497, 498; Zugehör/G. Fischer/Vill/D. Fischer/Rinkler/Chab/*Chab* Rn. 2163). Im Nachgang an BGH NJW 2009, 3025 Rn. 14 ff. werden immaterielle Entschädigungsansprüche wegen Beratungsfehlern jedoch selten sein.

d) Erstreckung auf Haftung für Erfüllungs- und Verrichtungsge- 70 hilfen (§§ 278, 831 BGB). Der Versicherungsschutz muss sich vorbehaltlich der Ausführungen in Rn. 97 ff. auch auf von Erfüllungs- und Verrichtungsgehilfen (§§ 278, 831 BGB) der registrierten Person verursachte Vermögensschäden erstrecken. Erfasst werden vor allem die beruflichen Pflichtverletzungen qualifizierter Personen iSd § 12 Abs. 4 RDG und sonstiger Arbeitnehmer einer registrierten natürlichen Person oder eines registrierten Unternehmens. Es handelt sich bei der Mitversicherung um eine Versicherung für fremde Rechnung (im Detail dazu Zugehör/G. Fischer/Vill/D. Fischer/Rinkler/Chab/ Chab Rn. 2103 ff.).

71 Eine gesonderte Erfassung der Fälle des Organverschuldens (§ 31 BGB) ist nicht erforderlich, da das Verhalten von Organen dem Verband ohnehin als eigenes zugerechnet wird (Palandt/*Ellenberger* § 31 Rn. 1) und so bereits zu dessen originärer Haftung führt.

72 **3. Zulässige Risikoausschlüsse (Abs. 3). a) Abschließende Regelung, Auslegung und AGB-Kontrolle.** Abs. 3 regelt **abschließend,** welche Risikoausschlüsse im Versicherungsvertrag **für den Bereich der Mindestversicherung** aufgenommen werden dürfen, ohne die **Registrierung** zu gefährden. Die Vereinbarung weitergehender Ausschlüsse ist in diesem Bereich unzulässig; anderes gilt im Bereich (freiwilliger) Mehrversicherung (Henssler/Prütting/*Diller* § 51 Rn. 145).

73 **Versicherungsvertraglich** sind Risikobegrenzungsklauseln grds. **eng auszulegen,** nämlich nicht weiter, als es ihr Sinn unter Beachtung ihres Zwecks und der gewählten Ausdrucksweise erfordert (BGH VersR 2003, 1122). Hinsichtlich der **AGB-Inhaltskontrolle** (Rn. 52 ff.) hält die hM offenbar Klauseln, die die gesetzlichen Regelungen nur (identisch) aufgreifen, mangels Abweichung vom Gesetz iSd § 307 Abs. 3 BGB stets für wirksam (*Niebling* AnwBl. 1996, 20 zu § 51 BRAO). Eine derart generelle „Freizeichnung" begegnet strukturellen Bedenken (zutreffend *Diller* Einl. Rn. 98; Henssler/Prütting/*Diller* § 51 Rn. 67): Die Vorschriften über die Berufshaftpflicht schreiben derartige Ausschlüsse nicht (zwingend) vor, sondern lassen sie nur **abstrakt** zu. Zudem handelt es sich oft um Ausschlüsse des zentralen Leistungsversprechens des Versicherungsvertrags, so dass eine Inhaltskontrolle denkbar scheint. Allerdings ist die Vermögensschadenhaftpflicht ohnehin ein so löchriges Instrument, dass man allein damit selten zu einer Unwirksamkeit gelangen wird. Eher denkbar ist dies unter dem Gesichtspunkt der **Transparenz iSd § 307 Abs. 1 BGB** oder der **Zweifelsregelung in § 305c Abs. 2 BGB,** wenn die AVB die gesetzlichen Regelungen nur als Anregung nehmen und in eine sprachliche Fassung umschreiben. Kaum eingreifen wird angesichts der gesetzlichen Vorgaben jedenfalls das **Überraschungsverbot iSd § 305c Abs. 1 BGB** (*Diller* A 2.1 Rn. 18, Einl. Rn. 29).

74 Die **Darlegungs- und Beweislast** für die Voraussetzungen der Ausschlusstatbestände liegt beim Versicherer (BGH VersR 1957, 212).

75 Dogmatisch handelt es sich um reine Risikoausschlüsse und **nicht** um sog. **„verhüllte Obliegenheiten",** bei denen die zusätzlichen (oft subjektiven) Voraussetzungen vorliegen müssen, die bei Obliegenheitsverletzungen nach dem VVG zur Leistungsfreiheit führen (Fahrendorf/Mennemeyer/Terbille/ *Mennemeyer* Rn. 2329 f.). Das gilt sogar für den Ausschluss bei „wissentlicher Pflichtverletzung", die einen subjektiven Risikoausschluss darstellt (hM, BGH VersR 1987, 174; Zugehör/G. Fischer/Vill/D. Fischer/Rinkler/Chab/*Chab* Rn. 2132, 2157; eingehend auch *Schmalzl/Krause-Allenstein* Rn. 591 mwN).

76 **b) „Wissentliche Pflichtverletzung" (Abs. 3 Nr. 1).** § 5 Abs. 3 RDV erlaubt einen Risikoausschluss bei „wissentlicher Pflichtverletzung"; die Norm lehnt sich (auch) hier an die überkommene versicherungsvertragliche Terminologie an: **§ 81 VVG** bringt den für das gesamte private Versicherungs-

recht geltenden Grundsatz zum Ausdruck, dass der Versicherer bei einem vorsätzlichen Herbeiführen des Versicherungsfalls frei wird. **§ 103 VVG** knüpft als Sonderregelung für die Haftpflichtversicherungen daran an; der Versicherer wird von seiner Leistungspflicht frei, wenn der Versicherungsnehmer vorsätzlich den Eintritt der Tatsache, für die er dem Dritten verantwortlich ist, herbeigeführt hat. Die Regelungen sind teildisponibel; die AVB füllen den Spielraum – wobei ein entsprechender Risikoausschluss weder überraschend ist noch eine unangemessene Benachteiligung iSd **§ 307 BGB** darstellt (BGH VersR 1991, 176; 2001, 1103, 1104) – regelmäßig dahingehend aus, dass eine „wissentliche Pflichtverletzung" zur Leistungsfreiheit führt. Zusätzliche Voraussetzung ist nur, dass der Schaden auch **kausal** auf die Pflichtverletzung zurückgeht und vom **Schutzzweck der verletzten Norm/Pflicht** erfasst wird (Henssler/Prütting/*Diller* § 51 Rn. 160ff.).

Eine „wissentliche Pflichtverletzung" setzt dabei nur voraus, dass die registrierte Person nicht nur die verletzte Pflicht **positiv gekannt** hat (dolus directus 2. Grades), sondern sie auch im konkreten Moment gesehen hat (BGH NJW-RR 1991, 145; 2001, 1311; OLG Köln NJW-RR 2002, 1646). Bedingter Vorsatz genügt für die Wissentlichkeit daher – anders als bei § 103 VVG – nicht (BGH NJW 2006, 289 Rn. 26; vgl. auch die Begründung des Gesetzes zur Einführung einer Partnerschaftsgesellschaft mit beschränkter Berufshaftung und zur Änderung des Berufsrechts der Rechtsanwälte, Patentanwälte, Steuerberater und Wirtschaftsprüfer BT-Drs. 17/13944, 21; aA zu § 19a BNotO ohne Begründung Eylmann/Vaasen/*Vaasen* § 19a Rn. 14) und erst recht nicht grobe Fahrlässigkeit (sehr weitgehend OLG Hamm r + s 1996, 16). Angesichts dessen ist es nicht richtig, Vorsatz bereits zu bejahen, wenn man „die Augen vor sich aufdrängenden Bedenken verschlossen hat" (zutreffend *Diller* § 4 Rn. 49). Organisationsmängel genügen ebenfalls nicht (OLG Stuttgart OLGR 1999, 139); selbst eine wissentlich suboptimale Büroorganisation und die dadurch geschaffene Gefahrenlage führen nicht zur Leistungsfreiheit (*Diller* § 4 Rn. 56; Henssler/Prütting/*Diller* § 51 Rn. 156; siehe auch OLG Hamm VersR 1987, 802, 803f.). Auch bei Versäumnissen wegen Arbeitsüberlastung genügt nicht schon die Kenntnis von der Überlastung für eine „wissentliche Pflichtverletzung", sondern es muss das Bewusstsein von der Verfristung im konkreten Fall hinzutreten (OLG Köln r+s 2001, 58; OLG Karlsruhe NJW-RR 2010, 1043, 1044; weiter für Steuerberater OLG Düsseldorf VersR 1981, 621, 769; 1990, 441 und vor allem auch LG Düsseldorf VersR 1980, 82 sowie *Dobmaier* AnwBl. 2003, 446, 447).

Ein **Rechtsirrtum** lässt die „Wissentlichkeit" entfallen, also etwa der Fall, dass der Versicherte mangels eigener Kenntnis und Erfahrung einen Anwalt oder eine andere registrierte Person fragt und darauf vertraut (BGH VersR 1986, 647; siehe auch *Diller* § 4 Rn. 55 ff.).

Vorsatz (auch) bezüglich des Schadenseintritts ist hingegen – anders als bei § 103 VVG – nicht erforderlich; erforderlich ist allein, dass der Schaden adäquat kausal auf einer wissentlichen Pflichtverletzung beruht (BGH NJW 2006, 289 Rn. 26; OLG Köln NJW-RR 2002, 1646; OLG Hamm VersR 1996, 1006, 1008). Der Rechtsdienstleister muss den Eintritt eines Schadens also weder in Kauf genommen noch überhaupt erkannt haben. Der Risikoausschluss tritt hingegen ein, wenn der Verstoß als solcher „wissentlich" erfolgt ist, der pflichtwidrig Handelnde aber davon ausgegangen ist, es könne kein Schaden eintreten (BGH VersR 1959, 691) oder er gar angenommen hat, sogar zum Wohle des Mandanten zu handeln (OLG Hamm OLGR 2000, 9; *Diller* AnwBl. 2014, 2, 5).

80 **Typischer Fall** der „wissentlichen Pflichtverletzung" ist das bewusste Abweichen von einer **Weisung des Mandanten.** Hier ist es an der registrierten Person, sich beim Mandanten zu vergewissern, ob er trotz Gegenvorstellung an seiner Weisung festhalten möchte (BGH VersR 1991, 176, 178). Keine wissentliche Pflichtverletzung liegt hingegen vor, wenn zwar objektiv gegen eine Weisung verstoßen wird, aber im festen Glauben an ein Einverständnis (OGH VersR 1975, 171; aA OLG Düsseldorf VersR 1990, 411). Eine solche Weisung ist aber abzugrenzen von bloßen Warnungen/Mahnungen wegen Untätigkeit, da auch einen Rechtsdienstleister keine Pflicht zur unverzüglichen Bearbeitung trifft (für den Anwalt BGH VersR 2001, 1103; *Dobmaier* AnwBl. 2003, 446). Bei riskanter Arbeitsweise – etwa in einem rechtlich unklaren Bereich – wird zumeist keine wissentliche Pflichtverletzung vorliegen (Henssler/Prütting/*Diller* § 51 Rn. 155; siehe ferner etwa BGH VersR 1986, 647, 648; OLG Frankfurt a. M. NVersZ 2001, 42). Anderes kann gelten, wenn nicht auf erkannte Risiken hingewiesen wird (ähnlich zum Architekten OLG Saarbrücken NJW-RR 1998, 93; *Schmalzl/Krause-Allenstein* Rn. 592).

81 Die **Darlegungs- und Beweislast** trägt nach dem bei Rn. 74 Gesagten der Versicherer (BGH VersR 1991, 176; 2001, 1103, 1105); auch für den Ausschluss eines behaupteten Rechtsirrtums (BGH VersR 1986, 647). Die Kenntnis von allgemeinen berufsbezogenen Pflichten kann zwar unterstellt werden, so dass der Rechtsdienstleister danach darlegen muss, aus welchen besonderen Gründen er die Pflicht nicht gekannt hat, doch greift richtigerweise kein Anscheinsbeweis (Details str., vgl. Fahrendorf/Mennemeyer/Terbille/*Mennemeyer* Rn. 2322; weiter uU *Diller* § 4 Rn. 64ff.; Henssler/Prütting/*Diller* § 51 Rn. 163). Die Rspr. verlangt aber vom Versicherungsnehmer im Rahmen der sog. sekundären Darlegungslast, dass er bei Verletzung von Elementarwissen/ „Kardinalspflichten" zumindest plausibel macht und näher darlegt, aus welchen Gründen es dennoch zum Verstoß gekommen ist (siehe insbesondere OLG Köln VersR 2012, 560). Dies führt praktisch fast zur Beweislastumkehr.

82 **De lege lata** wünschenswert wäre uU eine Vertrauensschadensversicherung, die auch Fälle wissentlichen Abweichens von Gesetz, Vorschrift oder Anweisung absichern würde. Eine solche ist nur bei Notaren gesetzlich vorgesehen und um einen Vertrauensschadensfonds ergänzt (§ 67 Abs. 3 Nr. 3 BNotO); bei Rechtsanwälten sind entsprechende Vorschläge bisher auch noch nicht umgesetzt worden (siehe dazu etwa *Braun* BRAK-Mitt. 2002, 150, 152f.).

83 **c) Risikoausschlüsse mit Auslandsbezug (Abs. 3 Nr. 2–4). aa) Normzweck.** Die Ausschlussmöglichkeiten in Nr. 2–4 sollen davor schützen, die für unzählige Berufsträger greifende Mindestversicherung durch Abdeckung allzu „exotischer" Risiken zu überfrachten und so die wenigen in solchen Bereichen tätigen Berufsträger über die große Masse der Versicherten querzusubventionieren (siehe zu § 51 BRAO BT-Drs. 12/4993, 31; *Müller* AnwBl. 2006, 278). Die in allen genannten gesetzlichen Vorschriften über die

Pflichtversicherungen ähnlich, im Detail aber durchaus unterschiedlich geregelten Ausschlusstatbestände sind insgesamt eher wenig durchdacht.

Die Tatbestände in Nr. 2–4 knüpfen allesamt an die Tätigkeit des Rechts- 84 dienstleisters an und sind also unabhängig davon, vor welchem Gericht der Versicherungsnehmer in Anspruch genommen wird. In den AVB-RSW finden sich Regelungen, die bei einer **Inanspruchnahme des Versicherungsnehmers vor außereuropäischen Gerichten** – wegen welcher Tätigkeit auch immer – eine Begrenzung auf die gesetzliche Mindestversicherung vorsehen. Solche Einschränkungen wären im Hinblick auf § 5 RDV unbedenklich, sind aber uU AGB-rechtlich problematisch (*Diller* A 4.1 Rn. 58).

bb) Tätigkeiten über Kanzlei oder Büro im Ausland (Abs. 3 Nr. 2). 85 Grds. ist der Versicherungsschutz nicht örtlich beschränkt. Für Ersatzansprüche aus Tätigkeiten über Kanzleien oder Büros, die in anderen Staaten eingerichtet sind oder unterhalten werden, kann aber ein Risikoausschluss vereinbart werden. Dieser Ausschlusstatbestand beruht bei § 51 Abs. 3 BRAO auf der Erwägung, dass eine zwingend weltweite Deckung für alle Anwälte kaum notwendig erscheint, zumal in vielen Staaten ebenfalls eine Versicherungspflicht besteht und der Versicherungsschutz damit vor Ort in Anspruch genommen werden soll (Feuerich/Weyland/*Böhnlein* § 51 Rn. 19; dies auf § 5 RDV übertragend Dreyer/Lamm/Müller/*Lamm* Rn. 23). Argumentiert wird zudem mit dem Territorialitätsprinzip, wonach der deutsche Gesetzgeber keine staatlichen Auflagen für Zweigniederlassungen machen könne (so *Reichert* AnwBl. 2013, 460, 461 – auch zu versicherungsrechtlichen Lösungen für die Zweigniederlassungen; zu den Möglichkeiten auch *Bialowons/Kerst* r+s 2011, 317). Schon bei § 51 BRAO ist aber eher zweifelhaft, ob § 51 Abs. 3 BRAO sich nur auf den „Standardvertrag" bezieht und somit von einer **allgemeinen Pflicht zur Abdeckung aller beruflichen Risiken** aus § 51 Abs. 1 BRAO verdrängt wird, wenn in einem solchen Bereich tatsächlich Tätigkeiten entfaltet werden (so wohl Feuerich/Weyland/*Böhnlein* § 51 Rn. 17). RDG und RDV regeln eine solche allgemeine Berufspflicht aber erst recht **nicht** eindeutig. Im **Gegenschluss aus Abs. 3 Nr. 3** wird man eine weitergehende Versicherungspflicht aus dem Gesetz kaum konstruieren können, selbst wenn umfangreich aus dem Ausland agiert wird. Die Behörde kann (und sollte) hier über **Bedingungen/Auflagen nach § 10 Abs. 3 RDG** feinsteuern.

Ein Problem ist die **Unbestimmtheit** des Risikoausschlusses in Nr. 2, so- 86 wohl für die Bestimmung der Grenzen der gesetzlichen Versicherungspflicht als auch versicherungsvertraglich im Hinblick auf eine AGB-Kontrolle entsprechender AVB-Regelungen bzw. § 305b Abs. 2 BGB: Im Dunkeln liegt etwa schon der Unterschied zwischen „**Kanzlei**" und „**Büro**" und „**eingerichtet**" oder „**unterhalten**". Vorausgesetzt wird jedenfalls keine Mindestgröße oder ein Mindestpersonal, sondern offenbar nur das nicht nur vorübergehende Vorhalten von Räumlichkeiten (*Diller* A 2.1 Rn. 20), so dass insbesondere das einmalige Anmieten zu einer Besprechung nicht ausreicht (*Reichert* AnwBl. 2013, 460). Ob eine bloße „Briefkastenfirma" genügt, ist fraglich; vertraglich greift § 305b Abs. 2 BGB. Die Parallelregelung in § 53 DVStB spricht von „Niederlassungen, Zweigniederlassungen oder weiteren Beratungsstellen", was im Ergebnis keinen Unterschied machen soll. Eine Tätigkeit aus einem Hotelzimmer, dem Büro eines befreundeten Anwalts, auf Reisen im Ausland oder gar beim Mandanten fallen jedenfalls nicht unter die Norm (*Diller* A 2.1 Rn. 23; Gräfe/Brügge/*Brügge* B Rn. 224; *Borgmann* AnwBl. 2005, 733).

87 Die Ersatzansprüche müssen aus **„Tätigkeiten über"** die vorgenannten Räumlichkeiten resultieren, was als Anknüpfungspunkt fragwürdig ist, weil es danach weder darauf ankommt, ob der Rechtsdienstleister Beratungstätigkeit im In- oder Ausland erbringt, im deutschen oder ausländischen Recht berät oder er einen in- oder ausländischen Mandanten hat; angeknüpft wird vielmehr allein an den Standort der Räumlichkeiten (*Diller* A 2.1. Rn. 21 ff.; *Müller* AnwBl. 2006, 278, 279). Es genügt für den Ausschluss daher nicht, dass der Rechtsdienstleister überhaupt ein Büro im Ausland hat; die Verletzung muss bei einer Tätigkeit entstanden sein, die von den Räumlichkeiten aus durchgeführt worden ist („über"). Ein Mandat setzt sich aber nicht selten aus einer Vielzahl von Einzelakten zusammen. Nach dem ohnehin fragwürdigen Sinn und Zweck der Norm und dem Grundsatz der einschränkenden Auslegung (Rn. 73) wird man den Risikoausschluss daher **versicherungsvertraglich** nicht schon eingreifen lassen, wenn über den ausländischen Standort nur untergeordnete Teile (eine von vielen Besprechungen, Zugehör/G. Fischer/Vill/ D. Fischer/Rinkler/Chab/*Chab* Rn. 2135) oder gar belanglose Nebentätigkeiten erfolgen (wie zB Postweiterleitung). Eine Tätigkeit „über" ausländische Standorte setzt voraus, dass das „Kerngeschäft" im konkreten Mandat fernorts abgewickelt wird, es dort seinen Schwerpunkt hat (*Diller* A 2.1. Rn. 22). Insgesamt ist der Ausschluss fraglich und führt letztlich eher zu Zufallsergebnissen (siehe auch Henssler/Prütting/*Diller* § 51 Rn. 168).

88 **cc) Tätigkeiten im außereuropäischen Recht (Abs. 3 Nr. 3).** Ein Risikoausschluss ist möglich für Ersatzansprüche aus Tätigkeiten im Zusammenhang mit der Beratung und Beschäftigung mit einem außereuropäischen Recht (vgl. dazu auch *Bräuer* AnwBl. 2011, 688). Dies gilt allerdings dann nicht, wenn sich die Registrierung nach § 10 Abs. 1 S. 1 Nr. 3 RDG bzw. eine Teilregistrierung nach § 1 RDV gerade auf dieses Recht erstreckt. Sonst liefe der Sinn und Zweck der Pflichtversicherung hier ins Leere **(teleologische Reduktion).** Systematisch handelt es sich um eine Klarstellung zur Parallelregelung in § 51 Abs. 3 Nr. 3 BRAO. Beziehen sich die möglichen Risikoausschlüsse dort nach verbreiteter Ansicht nur auf die „Standardversicherung" und will man bei Tätigkeiten im außereuropäischen Recht dann über den Grundtatbestand in § 51 Abs. 1 BRAO eine allgemeine (weitergehende) Versicherungspflicht begründen (Feuerich/Weyland/*Böhnlein* § 51 Rn. 17, 20; *Müller* AnwBl. 2006, 278, 279), ist das **nicht** übertragbar: Im vorliegenden Bereich fehlt eine derartige umfassende gesetzliche Regelung, so dass man den Zusatz in Abs. 3 Nr. 3 als konstitutiv verstehen muss und im Gegenzug gerade keine umfassende (ungeschriebene) allgemeine Versicherungspflicht konstruieren kann (Rn. 85).

89 **(1) „Außereuropäisches Recht".** Die Beschränkung auf „außereuropäisches Recht" impliziert, dass für die Anwendung **„(inner-)europäischen Rechts"** Deckungsschutz bestehen muss. Der Gesetzgeber ging bei Schaffung des § 51 Abs. 3 BRAO zu Recht (aA Feuerich/Weyland/*Böhnlein* § 51 Rn. 20)

davon aus, dass die Anwendung „europäischen Rechts" heute zur Tätigkeit eines deutschen Rechtsanwalts gehöre; nichts anderes kann dann für die registrierten Rechtsdienstleister gelten. „(Inner-)europäisches Recht" meint – jedenfalls ausgehend von dem versicherungsvertraglichen Ansatz und der dort gebotenen engen Auslegung von Ausschlussklauseln – alle **nationalen Rechte aller europäischen Staaten (gleich ob EU-Mitglied oder nicht)** sowie das **gesamte Gemeinschaftsrecht** (vgl. auch *Reichert* AnwBl. 2013, 460, 461). Ausgehend vom Grundsatz einschränkender Auslegung (Rn. 73) werden jedenfalls **versicherungsvertraglich** zudem die Rechtsordnungen der ehemaligen europäischen Kolonialmächte noch unter „europäisches Recht" fallen, soweit sie in den **überseeischen Kolonien** gelten (*Diller* A 2.1 Rn. 26). **Weltweit geltende Regelungen** (etwa CISG) sind (auch) (inner-)europäisch und ebenfalls nicht von einem entsprechenden Ausschlusstatbestand erfasst (Henssler/Prütting/*Diller* § 51 Rn. 173). Der Europabegriff beschränkt sich also nicht auf die EU, sondern ist **geographisch/historisch** zu verstehen (also auch etwa unter Einschluss von Zypern, vgl. allg. auch etwa *Diller* AnwBl. 2014, 2, 6). Der Ausschluss darf damit nicht Rechtsordnungen betreffen, die „auch" in einem so weit verstandenen Europa liegen, so dass die Rechtsordnungen der Türkei (ohne Trennung auf der Bosporusbrücke!) und Russland sowie der im geografischen Europa bis zum Ural liegenden ehemaligen GUS-Staaten erfasst werden (*Diller* A 2.1 Rn. 26; siehe auch *Riederer von Paar* AnwBl. 1991, 498; *Louven* VersR 1997, 1050; Gräfe/Brügge/*Brügge* B Rn. 227); ebenso die Schweiz (dazu und zum Vorgenannten auch *Reichert* AnwBl. 2013, 460, 463).

Die **Parallelregelungen** sind (ärgerlicherweise) teilweise anders gefasst: § 53a DVStB spricht von „außereuropäischen Staaten mit Ausnahme der Türkei" und legt damit nahe, dass die Türkei kein europäischer Staat sein soll; im Übrigen findet sich dort wenigstens eine Staatenliste. § 4 WPBHV stellt – deutlich klarer – auf EU/EWG-Mitgliedstaaten ab. Für die Auslegung des § 5 RDV dürfte es bei dem oben Gesagten bleiben; ein Türkei-Ausschluss für die Tätigkeit eines Rentenberaters wäre damit etwa unzulässig. 90

(2) **„Beratung und Beschäftigung"**. Der Risikoausschluss erfasst nur die „Beratung" und „Beschäftigung mit" einem außereuropäischen Recht und lehnt sich damit erneut an § 51 Abs. 3 BRAO an. Da § 19a BNotO einen Ausschluss für „Ersatzansprüche aus der Tätigkeit im Zusammenhang mit der Beratung über außereuropäisches Recht, es sei denn, dass die Amtspflichtverletzung darin besteht, dass die Möglichkeit der Anwendbarkeit dieses Rechts nicht erkannt wurde" erlaubt und auch § 4 Abs. 2 WPBHV bzw. § 53a Abs. 1 Nr. 4 DVStB von der „Verletzung oder Nichtbeachtung" sprechen, ist eine **enge** Auslegung geboten: Der Risikoausschluss bezieht sich **nicht auf jede Nichtbeachtung oder Verletzung außereuropäischen Rechts**, sondern nur auf ein **aktives bewusstes Tun**. Der Rechtsdienstleister muss also erkennen, dass der Fall außereuropäisches Recht berührt und er den Mandanten berät; nicht ausreichend ist, wenn „nur" die Anwendbarkeit und Bedeutung außereuropäischen Rechts übersehen wird bzw. ggf. sogar nach Prüfung des Kollisionsrechts eine Anwendbarkeit außereuropäischen Rechts verneint wird (so für Rechtsanwälte *Diller* A 2.1 Rn. 28f.; Henssler/Prütting/*Diller* § 51 Rn. 174ff.; *Borgmann* AnwBl. 2005, 732, 733). Gleiches soll sogar gelten, wenn nur die Einholung 91

von Rechtsrat im außereuropäischen Recht koordiniert und auf Vollständigkeit geprüft wird (*Borgmann* AnwBl. 2005, 736; *Diller* A 2.1 Rn. 30; zweifelhaft).

92 **(3) Kausalität?** Nach zT vertretener Lesart soll für die Annahme eines Ausschlusses eine **Kausalität** zwischen der Beschäftigung mit dem außereuropäischen Recht und dem Schadenseintritt zu prüfen sein; der Ausschluss greife versicherungsvertraglich nicht, wenn bei einem überwiegend aus der Bearbeitung außereuropäischer Rechtsfragen bestehenden Mandat ein Verstoß bei der untergeordneten Prüfung deutsch-rechtlicher Aspekte geschieht (unklar *Diller* A 2.1 Rn. 31; Zugehör/G. Fischer/Vill/D. Fischer/Rinkler/Chab/*Chab* Rn. 2135). Der Ansatz ist eher fraglich und nur rein versicherungsvertraglich wegen des Gebots der engen Auslegung haltbar (Rn. 73). Eigentlich muss es ausreichen, wenn ein Allerweltsverstoß in Zusammenhang mit dem das außereuropäische Recht betreffenden Mandat erfolgt (Henssler/Prütting/*Stobbe* 3. Aufl., § 51 Rn. 134). Das Problem kann zudem auch bei einer **Mehrzahl von Fehlern** virulent werden: Macht etwa ein Inkassodienstleister in einem grenzüberschreitenden Fall mit außereuropäischem Bezug Fehler im deutschen und im außereuropäischen Recht, besteht Deckung für den „deutschen" Fehler fraglos bei zwei getrennten Schäden. Kann aber der Fehler im Umgang mit dem außereuropäischen Recht nicht hinweggedacht werden, ohne dass der (einheitliche) Schaden entfällt, müsste der Ausschluss wohl insgesamt eingreifen (so LG Köln VersR 1989, 355 m. Anm. *Ebel*; *Diller* § 4 Rn. 17 f.).

93 **dd) Tätigkeiten vor außereuropäischen Gerichten (Abs. 3 Nr. 4).** Ein Risikoausschluss kann erfolgen für Ersatzansprüche aus Tätigkeiten vor außereuropäischen Gerichten. „Gericht" meint alle **staatlichen Gerichte** (also keine Schiedsgerichte, Henssler/Prütting/*Diller* § 51 Rn. 178); welches Recht dort materiell-rechtlich relevant ist und welche Prozessordnung gilt, ist irrelevant (Dreyer/Lamm/Müller/*Lamm* Rn. 25); der Ausschluss ist also selbst bei Anwendung deutschen Rechts möglich (*Diller* A 2.1 Rn. 34).

94 „**Außereuropäisch**" soll auch hier (Rn. 89) rein geographisch zu verstehen sein, so dass es bei türkischen und russischen Gerichten auf die genaue Lage ankommen soll und Gerichte in überseeischen Gebieten europäischer Staaten immer unter den Ausschlusstatbestand fallen (*Diller* A 2.1 Rn. 36; Henssler/Prütting/*Diller* § 51 Rn. 179; Zugehör/G. Fischer/Vill/D. Fischer/Rinkler/Chab/*Chab* Rn. 2135; wohl auch *Reichert* AnwBl. 2013, 460, 463). Richtigerweise sind aber Nr. 3 und 4 **identisch auszulegen.**

95 Der Ausschluss greift nur für die eigentliche **forensische** Tätigkeit. Hat ein Mandat auch nicht-forensische Bestandteile, kommen allenfalls Ausschlüsse nach Nr. 2 und 3 in Betracht, sonst besteht eine Versicherungspflicht.

96 Impliziert die Registrierung nach § 10 Abs. 1 S. 1 Nr. 3 RDG bzw. Teilregistrierung nach § 1 RDV auch eine Tätigkeit vor ausländischen Gerichten, müsste eigentlich auch hier die bei Rn. 88 genannte Problematik virulent werden. Eine entsprechende Regelung fehlt hier jedoch; die Behörde kann und sollte nach **§ 10 Abs. 3 RDG** vorgehen. Inländische gerichtliche Tätigkeiten sind derartigen Erlaubnisträgern nach den jeweiligen Prozessordnungen ohnehin nicht möglich, sie werden in den Verfahrensgesetzen nicht als mögliche Bevollmächtigte genannt (Kilian/Sabel/vom Stein/*Kilian* Rn. 174).

Berufshaftpflichtversicherung § 5 RDV

d) Veruntreuung durch Personal oder Angehörige (Abs. 3 Nr. 5). 97
Der Risikoausschluss ist teilweise deklaratorisch, weil die Nichtherausgabe
von Treugut schon ein nicht versicherter/versicherbarer Erfüllungsschaden
sein kann (Henssler/Prütting/*Diller* § 51 Rn. 182) bzw. bei eigenen Untreuehandlungen auch regelmäßig eine wissentliche Pflichtverletzung vorliegt.
Praktisch bedeutsam ist die Regelung nur für Personal und Angestellte. Sie
korrespondiert mit der Versicherungspflicht für Vermögensschäden aus der
Tätigkeit von Erfüllungs- und Verrichtungsgehilfen aus Abs. 1 S. 2 (Rn. 70),
soll aber auf eine Risikobegrenzung für die Versicherer hinwirken (BGH
NJW 2011, 3718 Rn. 22). Ersatzansprüche wegen einer Veruntreuung durch
das Personal (also insbesondere gem. § 12 Abs. 4 RDG qualifizierte Personen,
aber auch sonstige Arbeitnehmer), und/oder Angehörige können aber von der
Versicherung ausgeschlossen werden. Eine solche Regelung soll auch die Gefahr kollusiven Zusammenwirkens und die in Veruntreuungsfällen oft schwierigen Ermittlungsprobleme minimieren (Henssler/Prütting/*Stobbe* 3. Aufl.,
§ 51 Rn. 136).

„Veruntreuung" ist untechnisch zu verstehen und meint **alle strafrechtlichen Untreuetatbestände,** also die Untreue (§ 266 StGB) ebenso wie die 98
veruntreuende Unterschlagung (§ 246 StGB; siehe auch Gräfe/Brügge/*Gräfe*
E Rn. 66 ff.; Henssler/Prütting/*Diller* § 51 Rn. 183). Der Begriff der **„Angehörigen"** wird regelmäßig in AVB näher ausgestaltet (*Diller* A Rn. 45); maßgeblicher Zeitpunkt ist der der Veruntreuungshandlung (*Diller* A Rn. 46).

Der Rechtsdienstleister kann sich bei Veruntreuungen durch sein Personal 99
uU einer Haftung über §§ 278, 831 BGB auch entziehen, wenn die Handlung
nur „bei Gelegenheit" erfolgt ist. Dann stellt sich die Frage, ob **eigenes Organisationsverschulden** in solchen Fällen (auch) unter den Risikoausschluss
fallen kann. Richtigerweise greift der Ausschluss hier nicht (Arndt/Lerch/
Sandkühler/*Sandkühler* § 19a Rn. 54; *Diller* A Rn. 44; Henssler/Prütting/*Diller* § 51 Rn. 184); nicht selten fehlt jedoch ohnehin der Vermögensschaden
und es liegt ein – nicht versicherter – Sachschaden vor.

4. Mögliche Begrenzung durch eine Serienschadensklausel (Abs. 2 100
Hs. 2). a) Allgemeines. Im Versicherungsvertrag darf nach Abs. 2 Hs. 2
vereinbart werden, dass sämtliche Pflichtverletzungen bei Erledigung eines
„einheitlichen Auftrags", mögen diese auf dem Verhalten der registrierten
Person oder einer von ihr herangezogenen Hilfsperson beruhen, als ein Versicherungsfall gelten sollen (sog. **Serienschadensklausel,** dazu vertiefend
Nowak-Over Auslegung und rechtliche Zulässigkeit von Serienschadensklauseln
in der Haftpflicht- und Vermögensschaden-Haftpflichtversicherung, 1991;
Henssler/Prütting/*Diller* § 51 Rn. 129 ff.; Gräfe/Brügge/*Gräfe* D Rn. 406 ff.).

Eine solche Abrede hat zur Folge, dass bei mehreren Pflichtverletzungen im 101
Rahmen eines einheitlichen Auftrags die **Mindestversicherungssumme
nur einmal** zur Verfügung steht. Die Leistungspflicht des Versicherers wird inhaltlich beschränkt (zur damit gebotenen engen Auslegung oben Rn. 73 und
Henssler/Prütting/*Diller* § 51 Rn. 132) – was diesen gerade bei hohen Schadenssummen begünstigt. Bei kleinen Schadenssummen kann eine Serienschadensklausel im Gegenzug auch für den Versicherungsnehmer von Vorteil sein,
weil ein etwaiger Selbstbehalt nur einmal anfällt.

Dötsch

102 **b) „Einheitlicher Auftrag" und AGB-Kontrolle.** Der Begriff des „einheitlichen Auftrags" ist **unklar.** Im Kern kann zwar auf die Abgrenzung von „Mandat", „Auftrag" und „gebührenrechtlicher Angelegenheit" (§§ 15 ff. RVG) zurückgegriffen werden, wobei der Begriff der gebührenrechtlichen Angelegenheit enger sein kann als der des Auftrags – weil ein solcher mehrere gebührenrechtliche Angelegenheiten umfassen kann – und ein Mandat schließlich selbst wieder verschiedene Aufträge beinhalten kann. „Einheitlicher Auftrag" ist dabei im Sinne von „Auftrag" zu verstehen; maßgeblich sind mithin die vertraglichen Abreden der Parteien (*Diller* § 3 Rn. 95; Henssler/Prütting/*Diller* § 51 Rn. 137 ff.) und eine Analyse des genauen Mandatsinhalts (Gräfe/Brügge/*Gräfe* D Rn. 431). In Zweifelsfällen kann der für die Gebührenberechnung maßgebliche Auftragsgegenstand als Abgrenzungskriterium mit herangezogen werden (Henssler/Prütting/*Stobbe* 3. Aufl., § 51 Rn. 69; Fahrendorf/Mennemeyer/Terbille/*Mennemeyer* Rn. 2376); allein zwingend ist das aber nicht (Gräfe/Brügge/*Gräfe* D Rn. 434). Bei Aufträgen in zeitlichen Abständen wird zwar uU ein einheitliches Mandat vorliegen, aber gebührenrechtlich und auch vorliegend wären dann mehrere getrennte Aufträge anzunehmen. Getrennte Aufträge können auch bei zeitgleicher Mandatierung vorliegen, wenn und soweit eine gegenständliche Verschiedenheit besteht.

103 Serienschadensklauseln sind nach dem zu Rn. 73 Gesagten eng auszulegen und unterliegen der **AGB-Kontrolle.** Nach hM bestehen keine AGB-rechtlichen Bedenken, solange der Wortlaut des § 5 RDV nachgezeichnet wird und die Klausel damit nicht unklarer ist als die gesetzliche Vorgabe (*Diller* § 3 Rn. 80; Henssler/Prütting/*Prütting* § 51 Rn. 132 zu § 51 BRAO). Teilweise wird aber in Anlehnung an die Rspr. zu älteren Klauselgestaltungen offenbar zusätzlich ein gewisser zeitlicher Zusammenhang zur Voraussetzung erhoben (unklar Prölss/Martin/*Lücke* § 3 AVB-P Rn. 8). Ingesamt wird im Schrifttum eher unreflektiert auf die Rspr. zu älteren AVB zurückgegriffen (etwa *Diller* § 3 Rn. 96; Henssler/Prütting/*Stobbe* 3. Aufl., § 51 Rn. 69), die zT ein „mehrfaches, auf gleicher oder gleichartiger Fehlerquelle beruhendes Tun oder Unterlassen" als einheitlichen Verstoß werteten, „wenn die betreffenden Angelegenheiten miteinander in rechtlichem oder wirtschaftlichem Zusammenhang stehen" oÄ. Hier hat die Rspr. etwa bei fortlaufender Beratung mit einem gleich bleibenden „Grundirrtum" mehrere getrennte Versicherungsfälle angenommen (zu § 3 AVB aF BGH NJW-RR 1991, 412 m. krit. Anm. *Späth* VersR 1991, 876; BGH NJW 2003, 3705; eingehend *Gräfe* NJW 2003, 3673; *Jungk* AnwBl. 2009, 221; siehe auch OLG Saarbrücken VersR 1991, 457). § 5 Abs. 2 RDV setzt insofern **engere Grenzen.** Eine Serienschadensklausel, die mehrere verschiedene Schäden erfasst, die auf gleichartigen Verstößen beruhen, wäre danach etwa **nicht** zulässig. Soweit die 6.3 AHB 2008 noch andere Serienschadensklauseln enthalten (Prölss/Martin/*Lücke* 6 AHB 2008 Rn. 9 ff.; zur Rechtslage bei Architekten *Schmalzl/Krause-Allenstein* Rn. 492 ff.), gilt nichts anderes.

104 In der **Abwicklung** gilt Folgendes: Haben sich zwischen den einzelnen Verstößen die Bedingungen geändert und/oder die Versicherungssumme erhöht, ist nach dem Günstigkeitsprinzip für den Serienschaden auf den **umfassendsten Versicherungsschutz** abzustellen (*Diller* § 3 Rn. 93). Unklar ist, ob Schäden bei einer Mehrzahl von Personen aus einem einheitlichen Auftrag zusammengefasst werden oder die Serienschadensregelung nur Mehrfachschäden einer Person erfassen soll (zum Problem Gräfe/Brügge/*Gräfe* D Rn. 439f.). Richtigerweise wird man bei einer **Mehrheit von Geschädigten** regelmäßig auch von einer Mehrzahl der Versicherungsfälle auszugehen haben (LG Köln VersR 1989, 355, 356 m. Anm. *Ebel*); anderes gilt bei einem einheitlichen Mandat durch eine Personenmehrheit (*Diller* § 3 Rn. 82; siehe auch Henssler/Prütting/*Diller* § 51 Rn. 140; Gräfe/Brügge/*Gräfe* D Rn. 433).

c) Zusammenfassung bei „einheitlichem Schaden". Die AVB sehen 105 zudem regelmäßig vor, dass bei einem aus mehreren Verstößen stammenden **„einheitlichen Schaden"** ebenfalls nur eine einmalige Leistung erfolgen soll. Auch wenn § 5 Abs. 2 RDV eine solche Ausnahme nicht ausdrücklich regelt, ist das wegen der Einheitlichkeit des Schadens unbedenklich (für § 51 BRAO auch Henssler/Prütting/*Stobbe* 3. Aufl., § 51 Rn. 67 f.); eine solche Regelung stellt nur klar, was nicht anders sein kann (zutreffend Veith/Gräfe/ *Gräfe* § 15 Rn. 490).

Maßgeblich ist nur, dass die Verstöße zu einem gemeinsamen, nicht aufteilba- 106 ren Ergebnis führen. Die Zusammenfassung scheidet aus, wenn jeder Einzelverstoß zu einem sachlich und zeitlich abgrenzbaren Schaden führt, mag auch die Summe der Fehler schließlich ein einheitliches Endergebnis herbeiführen (etwa zur Insolvenz, Prölss/Martin/*Lücke* § 3 AVB-P Rn. 5). Dies gilt auch, wenn mehrere verschiedene Schäden auf die gleiche Pflichtverletzung zurückzuführen sind (außer bei einheitlichem Auftrag), vgl. *Diller* § 3 Rn. 83; unklar Dreyer/ Lamm/Müller/*Lamm* Rn. 20; Feuerich/Weyland/*Böhnlein* § 51 Rn. 15.

5. Beschränkungen des Versicherungsumfangs und Höchstbetrag 107 **(Abs. 2, 4).** Gem. § 12 Abs. 1 Nr. 3 RDG ist eine Berufshaftpflichtversicherung mit einer **Mindestversicherungssumme von 250 000 Euro für jeden Versicherungsfall** abzuschließen (vgl. auch § 114 Abs. 1 VVG). Die Vereinbarung einer höheren Versicherungssumme ist natürlich zulässig.

Die Behörde kann höhere Versicherungssummen über § 10 Abs. 3 S. 1 108 RDG bei der Registrierung oder wegen § 10 Abs. 3 S. 3 RDG ggf. auch später zur **Auflage** machen. Ohne eine derartige Auflage lässt sich ähnlich dem bei Rn. 85 Gesagten eine (ungeschriebene) höhere Versicherungspflicht auch nicht begründen, wenn der registrierte Rechtsdienstleister bei seiner konkreten Tätigkeit regelmäßig höheren Risiken unterliegt. Zwar wird im Bereich des § 51 BRAO teilweise eine entsprechende Verpflichtung der Rechtsanwälte konstruiert (*Braun* BRAK-Mitt. 2002, 150, 151; Zugehör/G. Fischer/Vill/D. Fischer/Rinkler/Chab/*Chab* Rn. 2164; Gräfe/Brügge/*Brügge* A Rn. 262), doch ist dies schon da fraglich (Henssler/Prütting/*Stobbe* 3. Aufl., § 51 Rn. 40) und erst recht nicht auf die noch vageren rechtlichen Grundlagen hier übertragbar. Dies gilt umso mehr, weil es teilweise im Berufsrecht ausdrückliche Regelungen dazu gibt (§ 17 Abs. 2 BS WP/vBP). Dafür streiten zudem auch die Gesetzgebungsmaterialien zum Gesetz zur Einführung einer Partnerschaftsgesellschaft mit beschränkter Berufshaftung und zur Änderung des Berufsrechts der Rechtsanwälte, Patentanwälte, Steuerberater und Wirtschaftsprüfer. Der Gesetzgeber hat dort eine Pflicht zum Abschluss einer „angemessenen" Versicherung auch über Mindestversicherungssummen hinaus gerade nur bei § 67 StBerG, nicht aber bei § 51 BRAO anerkannt (BT-Drs.

17/10487, 11; siehe auch BT-Drs. 17/13944, 22; zur **freiwilligen** Mehrversicherung instruktiv *Kilian* AnwBl. 2013, 110).

109 Die mit dem Versicherer zu vereinbarende und im Versicherungsschein auszuweisende Versicherungssumme stellt, abgesehen vom Kostenpunkt und etwaigen Zinsen (§ 101 Abs. 2 S. 2 VVG; siehe auch *Diller* § 3 Rn. 70ff.), die **Höchstgrenze** der vom Versicherer für den einzelnen Versicherungsfall zu gewährenden Deckung dar.

110 Abs. 4 erlaubt es zudem, die Leistungen des Versicherers für alle innerhalb eines Versicherungsjahres verursachten Schäden auf den **vierfachen Betrag der gesetzlichen Mindestversicherungssumme,** also 1 Mio. Euro, zu begrenzen (vgl. auch § 114 Abs. 1 VVG, Jahreshöchstleistung). Ohne eine solche Abrede wäre jeder Versicherungsfall für sich genommen zu betrachten und jeweils bis zur Deckungssumme zu regulieren, auch wenn diese bei einer Addition überschritten würde. Die Sinnhaftigkeit der Regelung ist schwer zu sehen; es erscheint willkürlich, dass etwa für die ersten vier Schadensfälle im Jahr 250 000 Euro vorhanden sind, dann aber nichts mehr (Henssler/Prütting/ *Diller* § 51 Rn. 208).

111 Die Vereinbarung einer **Jahreshöchstleistung** führt zu einer Beschränkung der Leistungspflicht des Versicherers auf das festgesetzte Limit für alle innerhalb eines Jahres (Versicherungsperiode von Datum zu Datum, *Bräuer* AnwBl. 2006, 663) verursachten „**Schäden".** Dieses Andocken an die „innerhalb eines Versicherungsjahres verursachten Schäden" ist – was bisher (soweit ersichtlich) nicht diskutiert wird – kaum in Einklang zu bringen mit dem sonst geltenden Verstoßprinzip (Rn. 28) und führt zu Zufälligkeiten, wenn man wirklich auf das Eintreten der „Schäden" abstellen würde. Die AVB-RSW bzw. die dortigen BBR knüpfen an den „Versicherungsfall" an und meinen damit wohl den „Verstoß" an sich, also ohne Rücksicht, ob mögliche Folgen erkennbar sind oder nicht und ein Schadenseintritt erkennbar ist oder nicht. Die Maximierung greift daher, wenn mehrere Verstöße in einem Versicherungsjahr erfolgt sind, die Schäden aber in verschiedenen Jahren erkannt und reguliert werden (*Diller* A 1 Rn. 4). § 5 Abs. 4 RDV kann nach Sinn und Zweck kaum anders ausgelegt werden. Da die unter eine Maximierung fallenden Versicherungsfälle regelmäßig erst im Laufe der Zeit entdeckt bzw. reguliert werden, gibt es kein System einer gleichmäßigen Verteilung, so dass grds. das „Windhundprinzip" gilt, sofern nicht § 109 VVG mit seinem besonderen Verteilungsverfahren, flankiert durch § 118 VVG, eingreift (*Diller* A 1 Rn. 9f.; Henssler/Prütting/*Prütting* § 51 Rn. 214).

112 Wird die Jahreshöchstsumme erreicht, beginnt die Leistungspflicht erst wieder für das darauf folgende Versicherungsjahr; nicht verbrauchte Versicherungssummen werden nicht in die Folgejahre übertragen. Die Jahreshöchstsumme bezieht sich allein auf die Leistung der Entschädigung, also die Haftpflichtsumme. Der Versicherer bleibt weiter zur Bearbeitung der Versicherungsfälle und insbesondere zur Abwehr unberechtigter Forderungen verpflichtet.

113 Serienschäden und Jahreshöchstleistung sind getrennt zu prüfen; zunächst ist der Serienschaden festzustellen, die zusammengefassten Schäden zählen dann hinsichtlich der Maximierung nur einmal (*Diller* A 1 Rn. 3.).

114 Die Jahreshöchstsumme bezieht sich ersichtlich allein auf die Pflichtversicherung und darf daher nicht durch Risiken aus (freiwilligen) Mitversicherungen aufgezehrt werden können (aA für die AVB-RSW aber wohl *Diller* A 1 Rn. 7).

6. Selbstbehalt (Abs. 5). Die Vereinbarung eines Selbstbehalts diente 115 früher erzieherischen Zwecken (Kaiserliches Aufsichtsamt VerKAP 1906, 60 ff.; lesenswert zur anfangs hart kritisierten Berufshaftpflicht der Anwälte als „systematische Züchtung von Fahrlässigkeit, Leichtsinn und Schlimmerem" *Suchsland* JW 1899, 619), heute eher der wirtschaftlichen Erwägungen, die Versicherer nicht mit Bagatellforderungen zu belasten und so ein erhebliches Entlastungspotenzial und auch Rückversicherungsmöglichkeiten zu erschließen.

Entgegen dem alten VVG, welches in §§ 158b ff. VVG aF den Selbstbehalt 116 nicht regelte und es mithin sogar ermöglichte, den Selbstbehalt von der Entschädigungsleistung abzuziehen, trifft § 114 Abs. 2 S. 2 VVG nunmehr eine klare Regelung, aus der sich ergibt, dass ein Selbstbehalt des Versicherungsnehmers dem geschädigten Dritten nicht entgegengehalten und gegenüber einer mitversicherten Person nicht geltend gemacht werden kann (siehe auch BT-Drs. 16/3945, 88). Die Deckungssumme darf mithin nicht gekürzt werden; die Vereinbarung eines Selbstbehalts wirkt nur im Innenverhältnis zwischen Versicherer und Versicherungsnehmer und führt zu einem Zahlungsanspruch, was wirtschaftlich überzeugt, weil der Selbstbehalt Teil der Versicherungsprämie ist.

Die Vereinbarung eines Selbstbehalts bis zu 1 Prozent der Mindestversiche- 117 rungssumme ist zulässig, also im Regelfall 2 500 Euro. Wird freiwillig oder wegen entsprechender Auflagen eine höhere Mindestversicherungssumme vereinbart, kann natürlich auch ein höherer Selbstbehalt vereinbart werden. Dabei muss nur sichergestellt werden, dass bis zu einem Betrag von 250 000 Euro der Selbstbehalt 2 500 Euro nicht übersteigen kann (Dreyer/Lamm/Müller/*Lamm* Rn. 29). Hinsichtlich der Ausgestaltung des Selbstbehalts besteht Ausgestaltungsfreiheit, solange er bis zur Mindestdeckungssumme von 250 000 Euro auf 2 500 Euro begrenzt bleibt.

Die AVB sahen teilweise neben einem Selbstbehalt eine Anrechnung in der 118 Angelegenheit verdienter Gebühren vor (sog. Gebühreneinwurf). Eine solche Regelung ist nach teilweise vertretener Lesart im verkappter Selbstbehalt und mithin nur zulässig, wenn die Grenze von 2 500 Euro insgesamt nicht überschritten wird (*Chab* AnwBl. 2011, 922, 923; *ders.* AnwBl. 2011, 217, 218). Richtigerweise handelt es sich um einen deklaratorischen Ausschluss rein bereicherungsrechtlicher Rückforderungsansprüche, die ohnehin nicht im Anwendungsbereich liegen (*Diller* § 1 Rn. 67 ff.; *Dötsch* AnwBl. 2013, 25.).

In Abs. 5 S. 2 ist – anders als in § 51 Abs. 5 BRAO – die Regelung in § 114 119 Abs. 2 S. 2 VVG zur Vermeidung von Auslegungsschwierigkeiten klarstellend aufgenommen worden (BR-Drs. 316/08, 14 f.), so dass sich die dort früher diskutierten Fragen (Henssler/Prütting/*Stobbe* 3. Aufl., § 51 Rn. 42 f.) hier nicht stellen.

C. Anzeigepflichten und Auskunftsansprüche (Abs. 6)

I. Anzeigepflichten des Versicherers (Abs. 6 S. 1)

120 Nach Abs. 6 muss der Versicherungsvertrag den Versicherer verpflichten, der nach § 19 RDG zuständigen Behörde eine Beendigung oder Kündigung des Versicherungsvertrags sowie jede Änderung des Versicherungsvertrags, die den vorgeschriebenen Versicherungsschutz beeinträchtigt, unverzüglich, also **ohne schuldhaftes Zögern (§ 121 BGB)**, mitzuteilen. Die Regelung entspricht § 51 Abs. 6 BRAO. Es soll gewährleistet werden, dass die zuständigen Behörden auch nach der Registrierung des Rechtsdienstleisters von einer ordnungsgemäßen Tätigkeit des Rechtsdienstleisters ausgehen können und bei einem Wegfall des Versicherungsschutzes nach § 14 Nr. 2 RDG die Registrierung zum Schutze der Rechtsuchenden widerrufen können.

121 Bei einer entsprechenden Anzeige wird die Versicherung unter den Voraussetzungen des **§ 117 VVG** nach Ablauf einer **einmonatigen Nachhaftungsfrist** von der Leistungspflicht gegenüber Dritten frei.

122 Die Mitteilungspflicht resultiert aus dem **Vertrag** und besteht daher nur gegenüber dem Rechtsdienstleister als Versicherungsnehmer; der zuständigen Behörde erwächst kein eigener Anspruch, auch nicht über § 328 BGB. Schuldhafte Verletzungen der Anzeigepflicht durch den Versicherer können daher allenfalls Ansprüche des Rechtsdienstleisters begründen (Dreyer/Lamm/Müller/*Lamm* Rn. 35); denkbar ist dies natürlich weniger bei einer Verschleppung einer Anzeige als bei falschen Angaben und einem dadurch erfolgenden Einschreiten der Behörde, das uU erhebliche wirtschaftliche Folgen haben kann. Im Verhältnis zur Behörde und etwaigen Geschädigten handelt es sich bei der Verpflichtung aber zumindest um eine Obliegenheit ua wegen der faktischen Anordnung einer Fortgeltung des Versicherungsschutzes in § 117 Abs. 2 VVG.

123 Der Versicherer darf aus Gründen des Vertrauensschutzes **ansonsten keinerlei Angaben** gegenüber der zuständigen Behörde zu den Daten des Versicherungsnehmers und des Versicherungsvertrags machen. Etwas anderes wird man bei Nachfragen zu etwaigen Unklarheiten bei Bescheinigungen nach § 113 Abs. 2 VVG und den hier geregelten Mitteilungen annehmen; deren Beantwortung ist als Annextätigkeit auch ohne Zustimmung des Versicherungsnehmers zulässig (Henssler/Prütting/*Stobbe* 3. Aufl., § 51 Rn. 73, 99). Keinesfalls sind aber die Gründe der Beendigung oder Kündigung sowie das Verhalten des Versicherungsnehmers im Falle von Obliegenheitsverletzungen mitzuteilen.

124 Die inhaltliche Richtigkeit und Vollständigkeit der Mitteilungen soll die zuständige Behörde nach allg. Ansicht nicht überprüfen (Henssler/Prütting/*Stobbe* 3. Aufl., § 51 Rn. 76). Richtigerweise ist es zwar Sinn und Zweck des § 5 Abs. 6 RDV, die Behörde von einer Detailprüfung freizustellen. Nichtsdestotrotz kann und muss die Behörde bei Zweifeln am Vorliegen eines Mindestversicherungsschutzes bei der Versicherung nachfragen (Rn. 123) bzw. den Rechtsdienstleister anhalten, weitere Bescheinigungen vorzulegen. Denn ohnehin muss die Behörde prüfen, ob die Bescheinigung überhaupt von einem befugten Versicherer ausgestellt worden ist (so auch Henssler/Prütting/*Stobbe*

3. Aufl., § 51 Rn. 76), also erforderlichenfalls bei der BaFin recherchieren (Rn. 46).

II. Auskunftsansprüche Dritter (Abs. 6 S. 2)

1. Normzweck und Verhältnis zur DL-InfoV. Eine geordnete Rechts- 125
verfolgung setzt nach dem bei Rn. 12ff. Gesagten voraus, dass dem Geschädigten die Berufshaftpflichtversicherung bekannt ist; ferner bestehen Obliegenheiten aus § 119 VVG (Rn. 35). Abs. 6 S. 2 gibt der nach § 19 RDG zuständigen Behörde das Recht und die Pflicht zur Auskunftserteilung. Sinn der Vorschrift ist es, die Schutzfunktion der Versicherungspflicht nicht ins Leere laufen zu lassen (siehe zur Parallelregelung in § 67 S. 3 StBerG idF des 8. StBerÄndG v. 8.4.2008 etwa BT-Drs. 16/7250, 28; vgl. zudem auch § 51 Abs. 6 BRAO). Die Auskunftserteilung durch die Behörde stellt einen **Eingriff in das Recht auf informationelle Selbstbestimmung** (Art. 2 GG iVm Art. 1 Abs. 1 GG) dar; § 5 Abs. 6 S. 2 RDV ist insofern eine Schrankenregelung. Im Gegensatz zu der als bloße Ermessensvorschrift ausgestalteten Norm in § 54 Abs. 2 WPO regelt § 5 Abs. 6 RDV eine **gebundene Entscheidung**, so dass bei Vorliegen der Tatbestandsvoraussetzungen zwingend Auskunft zu erteilen ist.

Praktisch bedeutsam wird der Auskunftsanspruch vor allem, wenn der Ge- 126
schädigte die Angaben nicht vom Rechtsdienstleister selbst erhalten kann. Insofern bestanden nach bisher hM keine Auskunftsansprüche (etwa als Nebenpflichten aus dem Mandatsverhältnis oder § 242 BGB), wobei vor allem damit argumentiert wurde, dass regelmäßig ohnehin kein Direktanspruch gegen den Versicherer bestünde und die Auskunft somit nichts nütze (so für Rechtsanwalt LG Tübingen AnwBl. 1995, 371; siehe auch *Braun* BRAK-Mitt. 2002, 150, 153f.; teilweise weiter zum StBerG *Mutschler* DStR 2009, 1665 Fn. 11). Für andere Berufsgruppen bestanden – hier fehlende – gesetzliche Regelungen wie zB für Architekten in § 19 Abs. 5 S. 2 DVO BauKaG NRW (dazu OVG Münster Urt. v. 19.6.2013 – 6s A 1520/12.S, BeckRS 2013, 53709). Hier hat jedoch auch im hiesigen Bereich die am 17.5.2010 in Kraft getretene **Dienstleistungs-Informationspflichten-Verordnung (DL-InfoV)** gravierende Änderungen mit sich gebracht: Die wenig konsistente Regelung (dazu *Ernst* CR 2010, 481; *Glückert* GewArch 2010, 195; *Wüstenberg* BRAK-Mitt. 2014, 64) dient auf Grundlage der Verordnungsermächtigung in § 6c GewO der Umsetzung der EU-Dienstleistungsrichtlinie 2006/123/EG v. 12.12.2006 (ABl. EU Nr. L 376 v. 27.12.2006 S. 36). Systematisch nicht dem Berufsrecht, sondern allein der GewO zuzurechnen (zum Konflikt aus Anwaltssicht *Schons* AnwBl. 2010, 419), gilt die DL-InfoV nach § 1 umfassend für alle Dienstleistungserbringer – also auch Rechtsdienstleister – und gibt diesen nach § 2 Abs. 1 Nr. 11 DL-InfoV ua auf, Angaben zu einer bestehenden Berufshaftpflicht, insbesondere zum Namen und der Anschrift des Versicherers und zum räumlichen Geltungsbereich zu machen (näher *Bräuer* AnwBl. 2010, 523; siehe zudem das Merkblatt für Anwälte bei www.brak.de/w/files/02_fuer_anwaelte/dl_infov.pdf). Keine Verpflichtung besteht zur Angabe der Versicherungsnummer (anders § 5 Abs. 6 RDV) und zur Höhe der abgeschlossenen Versicherung (str., siehe auch *Lohbeck* K&R 2010, 463, 465). Diese Neuregelung führt aber **nicht** dazu, dass dadurch die Auskunftspflicht aus § 5 Abs. 6

RDV obsolet wird: Diese wird gerade bei unseriösen Rechtsdienstleistern weiterhin von Bedeutung bleiben, zumal es dem Geschädigten wenig nutzen würde, wenn Bußgelder wegen Verstoßes gegen die DL-InfoV verhängt werden, sein Anspruch aber von Verjährung bedroht ist und ohne Auskunft nicht durchgesetzt werden kann. Vorteil ist aber, dass die DL-InfoV bei richtiger Lesart – ungewollt (?) – die Arbeit mit § 5 Abs. 6 RDV erleichtern kann (Rn. 134). Die Pflichten aus der DL-InfoV treten neben etwaigen Informationspflichten aus dem TMG. Sie sind als verbraucherschützende Regelungen von wettbewerbsrechtlicher Relevanz und können Ansprüche aus dem UWG tragen (*Wüstenberg* BRAK-Mitt. 2014, 64).

127 **2. Voraussetzungen des Auskunftsanspruchs. a) Antrag und Auskunft zur Geltendmachung von Ersatzansprüchen.** Notwendig ist zunächst ein **Antrag** an die gem. § 19 RDG zuständige Behörde. Auskünfte dürfen nur „**zur Geltendmachung von Schadensersatzansprüchen**" erteilt werden. Das Auskunftsinteresse des Geschädigten muss schließlich das **schutzwürdige Interesse** der registrierten Person an der Nichterteilung der Auskunft überwiegen. In der hier zum Vorbild genommenen Regelung in § 51 Abs. 6 BRAO sollte eine Auskunftserteilung in den ersten Entwürfen noch an das „Vorliegen eines berechtigten Interesses" geknüpft werden (BT-Drs. 16/513, 6, 16, 17). Dies hat man später durch die Verknüpfung mit dem Ziel der Geltendmachung von Schadensersatzansprüchen klarer umschrieben und dem Betroffenen nur noch auf zweiter Stufe eine besondere Einwendung an die Hand gegeben (BT-Drs. 16/513, 24; siehe auch VG Stuttgart BRAK-Mitt. 2008, 236). Dies gilt nicht hier.

128 Das Auskunftsbegehren muss auf der **ersten Stufe** also zur **Geltendmachung von Schadensersatzansprüchen** gestellt sein. Eine Prüfung zur **Begründetheit** eines solchen Anspruchs obliegt der Behörde nicht. Nach VG Stuttgart BRAK-Mitt. 2008, 236 (zu § 51 BRAO) soll eine Auskunft ausscheiden, wenn nicht nachvollziehbar dargelegt wird, dass ein Schaden erlitten worden ist und man einen Ersatzanspruch gegen den Rechtsdienstleister geltend machen kann – wobei ein „möglicher" Anspruch genügen soll (ebenso Gaier/Wolf/Göcken/*Siegmund* § 12 RDG Rn. 59 sowie *Mutschler* DStR 2009, 1665, 1666 zu § 67 S. 3 StBerG). Dies dürfte zu weit gehen; richtigerweise sind derartige Fragen der Erfolgsaussichten allenfalls im Rahmen des „Geheimhaltungsinteresses" inzident zu prüfen.

129 Ähnliches gilt, soweit angenommen wird, dass die Behörde auch das **Vorliegen eines Mandatsverhältnisses** prüfen müsse (so *Huff* BRAK-Mitt. 2011, 56). Denn auch dies wird oft unklar und umstritten sein und kann von der Behörde nicht umfassend untersucht werden, sondern allenfalls bei der Prüfung des Geheimhaltungsinteresses eine Rolle spielen (siehe auch *Dahns* NJW-Spezial 2011, 382).

130 **b) Geheimhaltungsinteressen als Schranke.** Das Geheimhaltungsinteresse des Rechtsdienstleisters bildet eine tatbestandliche **Schranke** einer Datenübermittlung. Die Datenübermittlung ist nach den Motiven des Gesetzgebers aber erforderlich, wenn der Dritte einen rechtskräftigen Titel oder ein Anerkenntnis des Rechtsdienstleisters vorlegt, der Rechtsdienstleister unberechtigt die Auskunft verweigert, sein Aufenthaltsort nicht zu ermitteln ist, dem Dritten die Anzeige nach § 119 VVG obliegt oder ein Vermögensverfall des Rechtsdienstleisters (§ 14 Nr. 1 RDG iVm § 12 Abs. 1 Nr. 1 lit. b, Abs. 2 RDG unmittelbar bevorsteht (vgl. BT-Drs. 16/513, 24 zu § 51 BRAO; siehe auch BT-Drs. 16/7250, 28 zu § 67 StBerG). Es ist aber zu differenzieren:

Ein schutzwürdiges Geheimhaltungsinteresse des Rechtsdienstleisters wird **131 generell** ausscheiden, wenn über § 115 VVG ein **Direktanspruch** des Geschädigten gegen den Versicherer besteht (Rn. 15), da sonst dessen Durchsetzung vereitelt würde (so auch zu § 67 S. 3 StBerG *Mutschler* DStR 2009, 1665, 1666). Teilweise wurde der Auskunftsanspruch allein auf diese (seltenen) Fälle des Direktanspruchs beschränkt, da nur dann eine Auskunft zur Rechtsverfolgung wirklich erforderlich sei und man sich ansonsten an den Rechtsdienstleister halten könne. Entgegen den Erwägungen des Gesetzgebers sei die nach § 120 VVG weitgehend sanktionslose Verletzung der Anzeigeobliegenheit des Geschädigten aus § 119 VVG – die ohnehin erst nach Kenntnis von den Versicherungsdetails greifen kann (Rn. 35) – ohne Bedeutung (VG Hamburg BRAK-Mitt. 2011, 97; 2010, 277; anders nur bei konkreten Anhaltspunkten, wonach die Versicherung den Schaden auch direkt regulieren würde; dem folgend Feuerich/Weyland/*Böhnlein* § 51 Rn. 41; ähnlich auch VG Arnsberg Beschl. v. 14.6.2010 – 7 K 2124/09, unveröff., zit. nach *Huff* BRAK-Mitt. 2011, 56; siehe zu § 34 d GewO auch Landmann/Rohmer/*Schönleiter* § 34 d Rn. 83 a). Das ist aber **fraglos zu eng** und wird weder dem Wortlaut noch dem Willen des Gesetzgebers gerecht (so BGH NJW 2013, 234 Rn. 7 ff. m. krit. Anm. *Weber* DStR 2013, 432; zuvor bereits *Dahns* NJW-Spezial 2011, 382; *Huff* BRAK-Mitt. 2011, 56; siehe zu § 19 a BNotO auch BGHZ 200, 319 Rn. 16 = NJW 2014, 1671). Richtigerweise genügt die Möglichkeit eines Ersatzanspruchs.

Ist ein Direktanspruch **nicht** gegeben, hat der Mandant aber schon einen **132 rechtskräftigen Titel** oder ein **Anerkenntnis** des Rechtsdienstleisters erwirkt und verweigert dieser die Zahlung, wird daher ebenfalls **regelmäßig** ein Auskunftsanspruch bestehen, damit der Mandant sich den Freistellungsanspruch gegen die Versicherung pfänden und zur Einziehung überweisen lassen kann. Sofern teilweise vertreten worden ist, dass der Markt der Vermögensschadenhaftpflichtversicherer überschaubar sei und somit ein Pfändungs- und Überweisungsbeschluss gegen alle auf dem Markt vertretenen Versicherer erlassen werden könne (*Braun* BRAK-Mitt. 2002, 150, 153), überzeugt das sicher nicht. Schranke des Auskunftsanspruchs ist allein ein „überwiegendes schutzwürdiges Interesse an der Nichterteilung der Auskunft", an der es in solchen Fällen idR fehlt (so auch zu § 67 S. 3 StBerG *Mutschler* DStR 2009, 1665, 1666).

In **anderen Fällen** scheidet ein schutzwürdiges Geheimhaltungsinteresse **133** aus, wenn die Auskunft vom Rechtsdienstleister **„unberechtigt"** verweigert wird. Hier wird man das oben bei Rn. 128 Gesagte berücksichtigen können: Ein Geheimhaltungsinteresse wird zwar **nicht** bereits vorliegen, wenn nur offen ist, ob dem Mandanten tatsächlich ein Schadensersatzanspruch zusteht. Nach VG Stuttgart BRAK-Mitt. 2008, 236 muss im Rahmen einer Gesamtbetrachtung aber Berücksichtigung finden, dass ein Ersatzanspruch offen ist und der zahlungsfähige Rechtsdienstleister zusagt, bei weiterer Klärung entweder einen Schaden selbst zu begleichen oder den Versicherer zu benennen und ihm somit „verunglimpfende Direktansprüche" zuzumuten sind (ähnlich

Mutschler DStR 2009, 1665, 1666 zu § 67 S. 3 StBerG). Dies erscheint vernünftig, weil es Versicherer gibt, die schon allein bei vielen Schadensmeldungen wegen des Verwaltungsmehraufwands kündigen, selbst wenn kein Schadensersatzanspruch bestanden hat (VG Hamburg BRAK-Mitt. 2011, 97; 2010, 277). Zu weit ausgelegt werden darf diese Ausnahmeregelung aber dennoch nicht, denn wunderliche Schreiben erhalten Versicherer auch in anderen Versicherungszweigen (zutreffend *Huff* BRAK-Mitt. 2011, 56). Soweit es für ein schutzwürdiges Interesse an der Nichterteilung der Auskunft genügen soll, dass der Rechtsdienstleister bei seiner Anzeige gegenüber dem Versicherer schlüssige Bedenken gegen Grund oder Höhe des Anspruchs erhoben hat (so wohl Henssler/Prütting/*Stobbe* 3. Aufl., § 51 Rn. 103), geht dies allein auch zu weit (ebenso *Huff* BRAK-Mitt. 2011, 56, 57). Für ein Geheimhaltungsinteresse können allenfalls querulatorische Neigungen des Auskunftsbegehrenden sprechen, die sich meist auch im Schriftverkehr gegenüber der Behörde erkennen lassen (insofern richtig VG Hamburg BRAK-Mitt. 2011, 97; offen BGH NJW 2013, 234 Rn. 13).

134 Bei der Bewertung muss schließlich vor allem auch berücksichtigt werden, dass nach den Gesetzesmaterialien ein Auskunftsanspruch **immer nur erst nach erfolgreichem Abschluss eines Regressprozesses** zu bejahen sein sollte. Heute wird man nach Inkrafttreten der **DL-InfoV** mit ihren weiten voraussetzungslosen Mitteilungspflichten zumindest für alle nach dem 17.5.2010 begonnenen Mandate (Rn. 126) aber erst recht eine zurückhaltende Anwendung des „Geheimhaltungsinteresses" befürworten (so ausdrücklich auch BGH NJW 2013, 234 Rn. 12 sogar für Altmandate aus der Zeit vor Inkrafttreten der DL-InfoV). Ist der Anwalt dem Mandanten gegenüber uneingeschränkt mitteilungspflichtig, spricht einiges dafür, dass er auch im Verhältnis zur Behörde kein schutzwürdiges Geheimhaltungsinteresse mehr geltend machen darf und diese mithin heute ohne Weiteres Auskunft zu erteilen hat. Dies gilt jedenfalls in den Fällen, in denen eine Mandatierung unstreitig erfolgt ist und in denen somit auch die DL-InfoV greift.

135 **3. Verfahrensfragen und Rechtsschutzmöglichkeiten.** Verweigert der Rechtsdienstleister die Auskunft, muss die Behörde ihn vorher anhören, um ein ggf. überwiegendes schutzwürdiges Interesse ausschließen zu können (vgl. BT-Drs. 16/513, 24 zu § 51 BRAO).

136 Jedenfalls die Ablehnung der Auskunft stellt nach hM ein **Verwaltungsakt iSd § 35 VwVfG** dar, so dass der Verwaltungsrechtsweg (§ 40 VwGO) eröffnet wäre (VG Hamburg BRAK-Mitt. 2011, 97; 2010, 277; AGH Stuttgart NJW 2008, 1967; *Huff* BRAK-Mitt. 2011, 56, 57 zu § 51 BRAO; BeckOK BORA/*Römermann* § 51 Rn. 27; offen BGH NJW 2013, 234 Rn. 6). Richtigerweise muss man an dieser Stelle die allgemeine verwaltungsprozessuale Streitfrage klären, ob und wann bei einer Klage auf Erteilung einer Auskunft eine Verpflichtungsklage iSd § 42 Abs. 1 VwGO oder „nur" eine allgemeine Leistungsklage die statthafte Klageart ist und ob bzw. wie in diesem Zusammenhang eine Ablehnung durch einen förmlichen Bescheid (sog. formaler Verwaltungsakt, der schon aus Gründen der Rechtssicherheit mit der Anfechtungsklage angegriffen werden können muss) oder eine Eröffnung von (hier fehlenden) Ermessensspielräumen eine Rolle spielt (so zutreffend auch VG

Stuttgart BRAK-Mitt. 2008, 236 zu § 51 Abs. 6 BRAO). Die Entscheidung ist insbesondere von Bedeutung für die Frage, welche Klagefristen gelten und ob zuvor ein Vorverfahren nach § 68 VwGO bei der zuständigen Behörde durchzuführen ist (siehe aber § 110 JustG NRW und andere landesrechtliche Ausnahmen).

Eine erfolgte Auskunftserteilung ist dem Rechtsdienstleister gegenüber mitzuteilen, der dagegen uU Rechtsschutz suchen mag (Feststellungsklage als Fortsetzungsfeststellungsklage bei Erledigung vor Klageerhebung, wenn man Auskunft als Verwaltungsakt ansieht; sonst „normale" Feststellungsklage; aA wohl *Huff* BRAK-Mitt. 2011, 56, 57, der von einer Anfechtungsklage auszugehen scheint; wie hier wegen der Erledigungssituation aber Henssler/Prütting/*Deckenbrock* § 112c Rn. 14). 137

§ 6 Registrierungsverfahren

(1) **¹Anträge nach § 13 Abs. 1 des Rechtsdienstleistungsgesetzes sind schriftlich oder elektronisch zu stellen. ²Dabei ist anzugeben, für welchen Bereich oder Teilbereich die Registrierung erfolgen soll, und ob die Einwilligung zur Veröffentlichung von Telefonnummer und E-Mail-Adresse erteilt wird.**

(2) **Im Bereich der Rechtsdienstleistungen in einem ausländischen Recht ist das ausländische Recht anzugeben, auf das sich die Registrierung beziehen soll.**

(3) **Erlaubnisinhaber nach dem Rechtsberatungsgesetz, die eine Registrierung als registrierte Erlaubnisinhaber nach § 1 Abs. 3 Satz 2 des Einführungsgesetzes zum Rechtsdienstleistungsgesetz beantragen, haben den Umfang dieser Registrierung in dem Antrag genau zu bezeichnen.**

(4) **Von Zeugnissen und Nachweisen, die nicht in deutscher Sprache ausgestellt sind, kann die Vorlage einer Übersetzung verlangt werden.**

A. Allgemeines

Die Norm basiert auf der Verordnungsermächtigung aus § 13 Abs. 4 RDG und enthält Konkretisierungen für die Durchführung des Registrierungsverfahrens. Soweit keine Sonderregelungen getroffen wurden, gelten zudem die **allgemeinen Vorschriften über das (Justiz-)Verwaltungsverfahren** (§ 1 Abs. 3 VwVfG; BR-Drs. 316/08, 15). 1

Die Regelung wurde durch das Gesetz zur Förderung der elektronischen Verwaltung sowie zur Änderung weiterer Vorschriften v. 25.7.2013 (BGBl. I S. 2749, 2757) mWv 1.8.2013 geändert, um – anders als früher – Anträge auf Registrierung nach § 13 Abs. 1 RDG auch auf **elektronischem Wege** (also zB per E-Mail) zu ermöglichen. Es handelt sich dabei um eine Verfahrenserleichterung für den Antragsteller, die zudem dem Anliegen der EU-Dienstleistungsrichtlinie entspricht (BT-Drs. 17/11473, 56). 2

B. Die Regelungen im Detail

I. Pflichtangaben für Registrierungsanträge (Abs. 1)

3 **1. Kein Formzwang.** § 6 RDV sah **ursprünglich** in Abs. 1 S. 1 nur eine **schriftliche** Antragstellung vor; seit dem 1.8.2013 ist auch ein Antrag in **elektronischer Form** möglich. Mit dem Schriftformerfordernis hat der Verordnungsgeber nur die in Verwaltungsverfahren sonst alternativ eröffnete Möglichkeit der Antragserhebung zur Niederschrift der Behörde (§ 64 VwVfG) ausschließen wollen. Das Schriftformerfordernis empfand er zudem als sachgerecht, weil ohnehin eine Vielzahl von Unterlagen vorzulegen sei (BR-Drs. 316/08, 15).

4 Die **Anforderungen an die Schriftform** ergeben sich nach allgemeinen Grundsätzen aus § 126 BGB, so dass auf die dortigen Kommentierungen verwiesen werden kann. Der Antrag muss daher von dem Aussteller insbesondere eigenhändig durch Namensunterschrift oder mittels notariell beglaubigten Handzeichens unterzeichnet werden.

5 Ein Antrag per **Fax** genügt – anders als im Zivilprozess – damit für sich genommen bei § 126 BGB nicht (BGHZ 121, 224, 229 = NJW 1993, 1126; NJW 1997, 3169). Das verwaltungsrechtliche Schrifttum sieht dies teilweise anders (etwa Stelkens/Bonk/Sachs/*Schmitz* § 22 Rn. 32), wofür Praktikabilitätserwägungen sprechen. Wegen der im RDG-Antragsverfahren vorzulegenden Unterlagen, deren Vorlage ohnehin im Original verlangt werden kann, ist ein solches Vorgehen aber ohnehin nicht zu empfehlen.

6 Unterzeichner ist bei natürlichen Personen der Antragsteller selbst, bei juristischen Personen oder Gesellschaften ohne Rechtspersönlichkeit deren Vertreter. Jedenfalls bei juristischen Personen wird man dabei schon wegen der handelsregisterrechtlichen Eintragungen nicht zwingend eine Zeichnung mit Vertreterzusatz fordern müssen (BGH NJW 2005, 2225); bei der GbR kann man das anders sehen (BGH NJW 2003, 3053). Sicherheitshalber sollte daher jeweils mit einem klarstellenden Zusatz gezeichnet werden.

7 Bei **mehrseitigen Anträgen** ist zur Wahrung der Schriftform keine physische Verbindung erforderlich; es genügt, wenn die Zusammengehörigkeit etwa durch Paginierung oder Sachzusammenhang etc. hinreichend erkennbar ist (BGHZ 136, 357 = NJW 1998, 58).

8 Sonderregelungen über die **elektronische Antragstellung** hielt der Verordnungsgeber (BR-Drs. 316/08, 15) ursprünglich für nicht erforderlich, da die allgemeinen Vorschriften der (Landes-)Verwaltungsverfahrensgesetze eingreifen würden, wonach eine solche Antragstellung möglich war, wenn die Behörde einen entsprechenden Zugang eröffnet (§ 3a VwVfG; ebenso Grunewald/Römermann/*Franz* Rn. 2; Dreyer/Lamm/Müller/*Lamm* Rn. 6; *Köhler* SGb 2009, 441, 448). Im Schrifttum wurde dies nicht immer zur Kenntnis genommen: Dort wurde ausgehend von § 126 BGB ausgeführt, dass mangels abweichender gesetzlicher Regelung über § 126 Abs. 3 BGB iVm § 2 SigG eine elektronische Signatur den Formerfordernissen genüge (Krenzler/*Schmidt* Rn 2). Doch auch dann war die Eröffnung eines entsprechenden Zugangs durch die Behörde Voraussetzung, wenn man bei § 126a BGB, der dies nach

seinem Wortlaut allerdings nicht verlangt, mit der hM das Einverständnis der Gegenseite zur Voraussetzung erhebt (zum Streitstand Palandt/*Ellenberger* § 126a Rn. 6). Seit dem 1.8.2013 ist auf Betreiben der Länder aber ausdrücklich die Möglichkeit eröffnet, dass Anträge auf Registrierung nach § 13 Abs. 1 RDG **elektronisch (also zB per E-Mail)** gestellt werden können. Dies ist als Verfahrenserleichterung für den Antragsteller gedacht, die auch dem Anliegen der EU-Dienstleistungsrichtlinie entspricht (BT-Drs. 17/11473, 56). Angesichts der eindeutigen Regelungen kommt es auf die zwischenzeitlich mehrfach ergänzten Regelungen in § 3a VwVfG nicht an; die Antragstellung kann mithin hier stets auch per formloser E-Mail erfolgen.

2. Pflichtangaben für alle Anträge. Im Antrag ist anzugeben, für welchen **konkreten Bereich oder Teilbereich** die Registrierung erfolgen soll. Daher ist mindestens einer der Bereiche des § 10 Abs. 1 S. 1 Nr. 1–3 RDG anzugeben; bei einer begehrten Teilregistrierung greift § 1 RDV, so dass auch insofern Angaben erforderlich sind. Mehrfachnennungen sind möglich. 9

Anzugeben ist wegen § 16 Abs. 2 S. 2 RDG zudem, ob eine **Einwilligung** zur Veröffentlichung von Telefonnummer und E-Mail-Adresse erteilt wird. Die Einwilligung kann auch teilweise erteilt werden, etwa beschränkt auf die E-Mail-Adresse. Die Regelung basiert auf dem grundsätzlichen Schriftformerfordernis für Einwilligungen in § 4a Abs. 1 S. 3 BDSG. Da nach dem BDSG die Schriftform nur erforderlich ist, „soweit nicht wegen besonderer Umstände eine andere Form angemessen ist", wird man bei der nunmehr zulässigen elektronischen Antragstellung auch hier keine Schriftform mehr verlangen können. 10

Nicht erfasst werden die Fälle des **§ 15 RDG;** dort ist nur eine Meldung in Textform erforderlich (§ 15 RDG Rn. 55f.). 11

II. Besondere Angaben für Rechtsdienstleistungen in einem ausländischen Recht (Abs. 2)

Über die bei Rn. 9ff. genannten Pflichtangaben hinaus muss bei einem Antrag auf Registrierung als Rechtsdienstleister in einem ausländischen Recht die ausländische Rechtsordnung **konkret** benannt werden, ggf. in Kombination mit einer etwa begehrten Teilregistrierung nach § 1 RDV (zB als „Rechtsdienstleistungen im griechischen Steuerrecht"). 12

III. Besondere Angaben für Alterlaubnisinhaber (Abs. 3)

Für Alterlaubnisinhaber (zu denen die seltenen Fälle des § 7 RDGEG gehören) gilt das bei Rn. 9ff. Gesagte entsprechend. Diese müssen zudem gem. § 1 Abs. 1 S. 2 RDGEG mit ihrem Registrierungsantrag ihre Erlaubnisurkunde vorlegen. Soweit die Registrierung nicht auf einen der in § 10 RDG genannten Bereiche beschränkt wird, müssen Alterlaubnisinhaber bei Registrierungsanträgen nach § 1 Abs. 3 S. 2 RDGEG den **Umfang** der Bereiche, für den sie ihre Registrierung ersuchen, im Antrag genau bezeichnen (§ 1 RDGEG Rn. 6ff.). Damit wollte der Verordnungsgeber Auslegungsschwierigkeiten vermeiden, die bei einer reinen Bezugnahme auf die oft eher nichtssagenden oder 13 uneinheitlich abgefassten Registrierungen nach altem Recht sonst entstehen könnten (BR-Drs. 316/08, 15, vgl. auch § 3 RDGEG Rn. 35).

14 Weicht der vom Erlaubnisinhaber dabei angegebene Erlaubnisumfang von der eigenen (gebotenen!) Auslegung der zuständigen Behörde ab, muss im Vorfeld – ggf. nach Einholung einer Stellungnahme eines der Berufsverbände der Erlaubnisinhaber nach dem RBerG wie etwa dem Bundesverband Deutscher Rechtsbeistände/Rechtsdienstleister e.V. – eine Klärung herbeigeführt werden (BR-Drs. 316/08, 15).

IV. Fremdsprachige Dokumente (Abs. 4)

15 Abs. 4 gibt der Behörde das Recht, Übersetzungen ihr vorgelegter fremdsprachiger Dokumente zu verlangen. Die Kosten trägt der Antragsteller (Dreyer/Lamm/Müller/*Lamm* Rn. 16).

16 Bei eigenen Fremdsprachenkenntnissen kann (und sollte im Rahmen ordnungsgemäßer Ermessensausübung) die Behörde auf eine Übersetzung verzichten.

17 Die Norm lässt – durchaus antragstellerfreundlich – das Beibringen einfacher, nicht amtlich beglaubigter Übersetzungen zu (BR-Drs. 316/08, 16; vgl. auch § 13b GewO). Dies darf aber **nicht abschließend** verstanden werden: Der Verordnungsgeber hat zwar darauf verwiesen, dass Art. 5 Abs. 3 der Richtlinie 2006/123/EG des europäischen Parlaments und des Rates v. 12.12.2006 über die Dienstleistungen im Binnenmarkt (ABl. EU Nr. L 376 v. 27.12.2006 S. 36) die Anforderung beglaubigter Übersetzungen nur gestattet, wenn zwingende Gründe des Allgemeininteresses dies erfordern, und deswegen ausgeführt, dass nur die Vorlage einfacher Übersetzungen verlangt werden können soll (BR-Drs. 316/08, 16). Dies wird auch im Schrifttum verbreitet aufgegriffen und unterstellt, derart zwingende Gründe des Allgemeininteresses bestünden hier nicht (Grunewald/Römermann/*Franz* Rn. 6). Zwingend erscheint dies nicht, zumal die Verhinderung unseriöser Rechtsdienstleistungen durchaus einen solchen Grund darstellen wird: Entsprechend den landesrechtlichen Parallelvorschriften zu § 23 Abs. 2 VwVfG kann die Behörde daher in begründeten Fällen (etwa bei begründeten Zweifeln an der Richtigkeit der Übersetzung) die **Vorlage einer beglaubigten oder von einem öffentlich bestellten oder beeidigten Dolmetscher oder Übersetzer angefertigten Übersetzung** verlangen. Europarechtliche Komplikationen sind nicht ersichtlich (Stelkens/Bonk/Sachs/*Schmitz* § 23 Rn. 74ff.; siehe ferner Tettinger/Wank/Ennuschat/*Ennuschat* § 13b Rn. 9–13; BeckOK GewO/*Pielow* § 13b Rn. 7), jedenfalls dann, wenn man das Tatbestandsmerkmal „begründete Fälle" hier richtlinienkonform eng auslegt (so wohl im Ergebnis auch *Finzel* Rn. 4). In Anlehnung an die Regelung in § 13b GewO wird man dann, wenn im Herkunftsstaat entsprechende Unterlagen nicht ausgestellt werden, den Ersatz durch eine Versicherung an Eides statt oder nach dem Recht des Herkunftsstaats vergleichbare Handlungen zulassen können, wenn es um Fragen der Zuverlässigkeit oder der Vermögensverhältnisse geht. Berücksichtigt man, dass die genannte Bestimmung der Umsetzung von Art. 10 Abs. 3 der Dienstleistungsrichtlinie (2006/123/EG) dient und unnötige Doppelprüfungen vermeiden soll (BT-Drs. 16/12784, 16; eingehend *Schönleitner* GewArch 2009, 384 ff.;

Schulze-Werner GewArch 2009, 391 ff.), dürfte das auch auf den hiesigen Bereich im Wege der richtlinienkonformen Auslegung übertragbar sein.

Wird eine verlangte Übersetzung nicht unverzüglich vorgelegt, kann die Behörde auf Kosten des Antragstellers nach § 23 Abs. 2 S. 3 VwVfG selbst eine Übersetzung beschaffen. Die Behörde hat dabei Ermessen: Sie kann eine Übersetzung beschaffen, braucht es aber nicht; allerdings hat die Behörde den Verhältnismäßigkeitsgrundsatz und die Grundrechte zu beachten, so dass das Ermessen sich auf eine Verpflichtung zur Verschaffung der Übersetzung reduzieren kann. 18

§ 7 Aufbewahrungsfristen

(1) Die nach § 13 des Rechtsdienstleistungsgesetzes für die Registrierung zuständigen Behörden haben Akten und elektronische Akten über registrierte Personen für einen Zeitraum von zehn Jahren nach der Löschung der im Rechtsdienstleistungsregister öffentlich bekannt gemachten Daten gemäß § 17 Abs. 1 Nr. 1 bis 4 sowie 6 des Rechtsdienstleistungsgesetzes aufzubewahren.

(2) Akten und elektronische Akten über Personen oder Vereinigungen, denen die Erbringung von Rechtsdienstleistungen untersagt worden ist, sind für einen Zeitraum von fünf Jahren nach Ablauf der Dauer der Untersagung aufzubewahren.

(3) Akten und elektronische Akten, in denen eine beantragte Registrierung bestandskräftig abgelehnt worden oder eine Untersagung nicht erfolgt ist, sind für einen Zeitraum von fünf Jahren nach der Beendigung des Verfahrens aufzubewahren.

A. Allgemeines

Die Norm regelt aufbauend auf die Verordnungsermächtigung in § 13 Abs. 4 RDG (siehe aber Rn. 2 ff.) **Aufbewahrungs- und Löschungsfristen für die Aktenführung im Registrierungs- und Untersagungsverfahren.** Der Verordnungsgeber hat sich an den in den Aktenordnungen geregelten Aufbewahrungsfristen für Akten von Erlaubnisinhabern nach dem RBerG orientiert (BR-Drs. 316/08, 8, 16), ansonsten aber leider wenig Problembewusstsein gezeigt. 1

B. Reichweite der Verordnungsermächtigung

Der Verordnungsgeber ging davon aus, dass auch die in Abs. 2 geregelte Aufbewahrungsfrist im **Untersagungsverfahren gem. § 9 RDG** auf die Verordnungsermächtigung aus § 13 Abs. 4 RDG gestützt werden kann (BR-Drs. 316/08, 16). Dies wird teilweise mit der Erwägung angegriffen, dass § 13 Abs. 4 RDG sich nach Wortlaut und systematischem Zusammenhang **allein auf das Registrierungsverfahren nach § 13 Abs. 1 RDG** bezieht, das **Untersagungsverfahren** aber gar kein derartiges Verfahren sei. Daher fehle für 2 die Regelungen in Abs. 2 und Abs. 3 Hs. 1 Fall 2 bereits die Verordnungsermächtigung. Erst recht gelte dies für die in Abs. 1 genannten Fälle einer Löschung gem. § 17 Abs. 1 Nr. 6 RDG, die sich nur auf die ebenfalls nicht von § 13 RDG erfassten Fälle des **§ 15 RDG** beziehe. Ggf. handele es sich bei der Nennung von § 17 Abs. 1 Nr. 6 RDG sogar um ein Redaktionsversehen (Dreyer/Lamm/Müller/*Lamm* Rn. 9ff.). Andere differenzieren und sehen eine Verknüpfung zu § 13 Abs. 1 Nr. 4 RDG: Der Verordnungsgeber habe der Behörde die Möglichkeit geben wollen, Angaben zu einer früheren Versagung einer Registrierung anhand der eigenen Akten zu überprüfen. Daher könne die Untersagung durchaus noch als Teilaspekt des Registrierungsverfahrens verstanden werden, weswegen § 13 Abs. 4 RDG dort als Verordnungsermächtigung tauge. Dies sei nur insofern nicht der Fall, soweit das Untersagungsverfahren nach § 9 RDG in den Fällen der §§ 6, 7 Abs. 1, 8 Abs. 1 Nr. 4 und 5 RDG durchgeführt worden sei (Krenzler/*Schmidt* Rn. 2).

3 Richtigerweise ist die **Nennung von § 17 Abs. 1 Nr. 6 RDG** in Abs. 1 **kein Redaktionsversehen**, da die Fälle vorübergehender Rechtsdienstleistungen in § 15 RDG durchaus als besondere (vorübergehende) „Registrierung" behandelt werden. Daher spricht wenig dagegen, § 13 Abs. 4 RDG mit einem weit verstandenen Begriff des „Registrierungsverfahrens" auch dort als taugliche Verordnungsermächtigung zu verstehen. Dem steht nicht entgegen, dass Erkenntnisse aus früheren Verfahren praktisch eher in den Fällen des § 15 Abs. 5 RDG Verwendung finden werden als bei späteren Registrierungsanträgen solcher Personen nach § 13 RDG. Allgemeine datenschutzrechtliche Bedenken könnten sich daher auch daraus ergeben, dass das Speichern erfolgloser oder zurückgezogener Anträge und deren Berücksichtigung bei späteren Anträgen idR als nicht erforderlich angesehen wird, soweit die Bearbeitung des neuen Antrags auch ohne Kenntnis des Vorlaufs möglich ist (Simitis/*Dammann* § 14 Rn. 36). Im vorliegenden Kontext kann dies wegen der erforderlichen Prüfung der Eignung und der gebotenen Kontrolle der gemachten Angaben aber uU noch hingenommen werden (§ 14 Abs. 2 Nr. 4 und 6 BDSG bzw. die landesrechtlichen Parallelregelungen).

4 **Überzeugend** sind hingegen die Bedenken an der Tragfähigkeit der Verordnungsermächtigung hinsichtlich der Regelungen in **Abs. 2 und Abs. 3 Hs. 1 Fall 2.** Dem **Untersagungsverfahren** fehlt in der Tat jedweder Bezug zu einem (sei es weit verstandenen) Begriff des „Registrierungsverfahrens" iSd § 13 Abs. 4 RDG. Der Verordnungsgeber hat allein damit argumentiert, dass bei einem erneuten Untersagungsverfahren innerhalb von fünf Jahren es geboten sein kann, auf die alten Unterlagen und die dortigen Erkenntnisse zurückzugreifen (BR-Drs. 316/08 S. 16), und damit selbst deutlich gemacht, dass das eine gar nichts mit dem anderen zu tun hat. Die differenzierende Lesart von *Schmidt* geht hier ebenfalls fehl, zumal § 13 Abs. 1 S. 4 Nr. 4 RDG sich bei genauer Lektüre gar nicht auf die Fälle des Untersagungsverfahrens nach § 9 RDG bezieht (und auch § 12 Abs. 1 Nr. 1 lit. c RDG nicht). § 18 Abs. 3 RDG hilft auch nicht weiter.

5 Die **Rechtsfolgen** der fehlenden Verordnungsermächtigung werden bisher leider nicht weiter diskutiert: Anwendbar sein dürften lückenfüllend das **BDSG bzw. die Landesdatenschutzgesetze** (zu deren Verhältnis im Detail Simitis/*Dammann* § 1 Rn. 120ff.), die als subsidiäre Vorschriften ein Speichern und Nutzen von Daten erlauben, soweit es zur Aufgabenerfüllung „erforderlich" ist. Bei Akten ist dabei datenschutzrechtlich grds. die gesamte Akte einheitlich zu behandeln (Simitis/*Dammann* § 14 Rn. 26). Ähnlich wie die **Aktenordnungen** als innerdienstliche Regelungen ohne Rechtsnormqualität eine pauschalierende Ausgestaltung der genannten Vorgaben aus den Datenschutzgesetzen sind, die nicht konstitutiv die „Erforderlichkeit" im dortigen Sinne begründen, sondern ihr nur – sei es pauschalierend und verallgemeinernd – zu entsprechen haben (Simitis/*Dammann* § 14 Rn. 28), wird man auch den auf Basis der Aktenordnungen geschaffenen § 7 RDV als insofern noch zulässige **Konkretisierung** dieser Regelungen ansehen, so dass es im Kern durchaus weiterhin bei der 5-Jahres-Frist verbleiben kann. Die Fristen stellen aber zugleich nach dem Grundsatz der Eigenbindung der Verwaltung verbindliche Höchstgrenzen dar, nach deren Ablauf ein Speichern und Nutzen der in den Akten verkörperten Erkenntnisse nicht mehr zulässig sein dürfte.

C. Die Löschungsfristen im Detail

I. Registrierungsverfahren nach § 13 RDG (Abs. 1; Abs. 3 Hs. 1 Fall 1)

Papierakten bzw. elektronische Akten über registrierte Personen sind über einen Zeitraum von **10 Jahren** nach **Löschung** der Daten im Register gem. § 17 Abs. 1 Nr. 1–4 sowie 6 RDG aufzubewahren. **6**

Diese Frist verkürzt sich nach Abs. 3 Hs. 1 Fall 1 auf **5 Jahre,** wenn eine beantragte Registrierung bestandskräftig abgelehnt worden ist. Hintergrund ist, dass bei einem erneuten Antrag auf die alten Unterlagen zurückgegriffen werden können soll (BR-Drs. 316/08, 16). Die 5-Jahres-Frist beginnt mit Verfahrensbeendigung, also mit der letzten sachlichen Verfügung (BR-Drs. 316/08, 16). **7**

II. Untersagungsverfahren nach § 9 RDG (Abs. 2; Abs. 3 Hs. 1 Fall 2)

Bei Untersagungsverfahren ist in Abs. 2 vorbehaltlich des bei Rn. 5 Gesagten ebenfalls eine **5-jährige Aufbewahrungsfrist** angeordnet. Die Frist beginnt bei erfolgter Untersagung mit dem Zeitpunkt, an dem die Untersagungsfrist abläuft (BR-Drs. 316/08, 16). **8**

Die 5-Jahres-Frist gilt auch, wenn bei einem Rechtsdienstleister zwar ein Untersagungsverfahren eingeleitet worden ist, aber eine Untersagung **nicht** erfolgt ist. Darunter fällt – wenngleich der Wortlaut eher unklar ist – auch die fehlende „bestandskräftige" Untersagung als Abschluss eines Untersagungsverfahrens (so auch BR-Drs. 316/08, 16). Die Frist beginnt erst mit der Verfahrensbeendigung, also mit der letzten sachlichen Verfügung (BR-Drs. 316/08, 16). **9**

D. Akteneinsicht und Auskunftsansprüche

10 Mangels spezialgesetzlicher Regelung greifen für Auskunfts- und Akteneinsichtsrechte des Betroffenen die allgemeinen Regelungen aus § 29 VwVfG bzw. den Datenschutzgesetzen.

§ 8 Öffentliche Bekanntmachungen im Rechtsdienstleistungsregister

(1) ¹Für öffentliche Bekanntmachungen nach § 16 Abs. 2 Nr. 1 des Rechtsdienstleistungsgesetzes und solche nach § 16 Abs. 2 Nr. 2 des Rechtsdienstleistungsgesetzes sind innerhalb des Rechtsdienstleistungsregisters zwei getrennte Bereiche vorzusehen. ²Eine Suche nach den eingestellten Daten darf nur anhand eines oder mehrerer der folgenden Suchkriterien erfolgen:
1. Bundesland,
2. zuständige Behörde,
3. behördliches Aktenzeichen,
4. Datum der Veröffentlichung,
5. Registrierungsbereich in den Fällen des § 16 Abs. 2 Nr. 1 des Rechtsdienstleistungsgesetzes,
6. Familienname, Vorname, Firma oder Name
   a) der registrierten Person, ihrer gesetzlichen Vertreter oder einer qualifizierten Person in den Fällen des § 16 Abs. 2 Nr. 1 des Rechtsdienstleistungsgesetzes,
   b) der Person oder Vereinigung, der die Erbringung von Rechtsdienstleistungen untersagt ist, oder ihrer gesetzlichen Vertreter in den Fällen des § 16 Abs. 2 Nr. 2 des Rechtsdienstleistungsgesetzes oder
7. Anschrift.

³Die Angaben nach Satz 2 können unvollständig sein, sofern sie Unterscheidungskraft besitzen.

(2) ¹Die öffentlich bekanntzumachenden Daten werden von der nach § 9 Abs. 1 oder § 13 Abs. 1 des Rechtsdienstleistungsgesetzes für die Untersagung oder für das Registrierungsverfahren zuständigen Behörde unverzüglich nach der Registrierung im Wege der Datenfernübertragung an die zentrale Veröffentlichungsstelle weitergegeben. ²Durch technische und organisatorische Maßnahmen ist sicherzustellen, dass die Daten dabei und während der Veröffentlichung unversehrt, vollständig und aktuell bleiben sowie jederzeit ihrem Ursprung nach zugeordnet werden können.

A. Allgemeines

Die aufgrund der Ermächtigung des § 16 Abs. 3 S. 3 RDG erfolgte Regelung von § 8 Abs. 1 RDV enthält **Einzelheiten** zum **Inhalt des Rechtsdienstleistungsregisters**. Abs. 2 enthält **Regelungen zur Datenübertragung** und zu Sicherungsmaßnahmen. Ermächtigungsgrundlage ist insoweit § 18 Abs. 3 S. 1 RDG. Die Bestimmungen dienen einem verbesserten Datenschutz. Rechtsprobleme stellen sich nicht.

1

B. Inhalt des Registers (Abs. 1)

Nach S. 1 ist die Veröffentlichung der registrierten Erlaubnisse (§ 16 Abs. 2 S. 1 Nr. 1 RDG) von der Veröffentlichung der Untersagungen (§ 16 Abs. 2 S. 2 Nr. 2 RDG) zu trennen, um eine Vermischung der Bereiche zu verhindern. Untersagungen dürfen nur mitgeteilt werden, wenn sich die Abfrage auf diesen Bereich bezieht (BR-Drs. 316/08, 16).

2

In S. 2 werden die Kriterien für die Suche im Register abschließend festgelegt, die einzeln oder in Kombination verwendet werden können. Es muss aber zumindest ein Kriterium eingegeben werden. Daher ist es nicht möglich, sämtliche Eintragungen auf einmal abzurufen. Nach S. 3 sind bei der Eingabe grds. auch unvollständige Angaben möglich.

3

C. Datenübertragung (Abs. 2)

Die Bestimmung formuliert Anforderungen an die zuständigen Behörden an die Übertragung und Sicherung der Daten. Damit wird den Vorgaben des § 18 Abs. 3 S. 2 RDG Rechnung getragen.

4

§ 9 Löschung von Veröffentlichungen

(1) **Die zuständige Behörde hat die Löschung der nach § 16 Abs. 2 des Rechtsdienstleistungsgesetzes öffentlich bekanntgemachten Daten aus dem Rechtsdienstleistungsregister unverzüglich nach Bekanntwerden des Löschungstatbestands zu veranlassen.**

(2) ¹Soweit Daten in einer zentralen Datenbank nach § 18 Abs. 1 Satz 2 des Rechtsdienstleistungsgesetzes gespeichert sind, ist durch technische und organisatorische Maßnahmen sicherzustellen, dass ein Datenabruf insoweit nur durch die hierzu befugten Behörden erfolgt. ²§ 10 Abs. 2 und 4 des Bundesdatenschutzgesetzes findet Anwendung.

A. Allgemeines

Die aufgrund der Ermächtigung des § 17 Abs. 2 RDG erfolgte Regelung von § 9 Abs. 1 RDV umfasst **Einzelheiten** zur **Löschung** von Eintragungen

1

aus dem **Rechtsdienstleistungsregiste**r. Abs. 2 enthält Regelungen zum **automatisierten Datenabruf** zwischen den Behörden. Ermächtigungsgrundlage ist insoweit § 18 Abs. 3 S. 1 RDG. Die Bestimmungen sollen einem verbesserten Datenschutz dienen. Rechtsprobleme stellen sich nicht.

B. Pflicht zur unverzüglichen Löschung (Abs. 1)

2   Abs. 1 regelt die Pflicht der für die Registrierung nach § 13 RDG bzw. die Untersagung nach § 9 RDG zuständigen Behörde, die Löschung unverzüglich nach dem Bekanntwerden der in § 17 Abs. 1 RDG geregelten Löschungstatbestände zu veranlassen.

C. Automatischer Datenabruf (Abs. 2)

3   Abs. 2 trägt dem Umstand Rechnung, dass nach § 18 Abs. 1 S. 2 RDG die aus dem Register gelöschten Daten bis zu drei Jahre nach der Löschung gespeichert und im automatisierten Verfahren abgerufen werden dürfen (vgl. im Einzelnen § 18 RDG Rn. 10ff.). Durch die Regelung wird sichergestellt, dass der Datenabruf nur durch die hierzu befugte Behörde erfolgt. S. 2 verweist auf § 10 Abs. 2 und 4 BDSG, worin Einzelheiten der Kontrolle der Zulässigkeit des Abrufverfahrens sowie zur Verantwortlichkeit der Beteiligten geregelt sind.

§ 10   Inkrafttreten
Diese Verordnung tritt am 1. Juli 2008 in Kraft.

Einführung zum Rechtsdienstleistungsgesetz (RDGEG)

Vom 12. Dezember 2007
(BGBl. I S. 2840)
zuletzt geändert durch Art. 8 Gesetz zur Förderung des elektronischen Rechtsverkehrs mit den Gerichten vom 10.10.2013 (BGBl. I S. 3786)

§ 1 Erlaubnisinhaber nach dem Rechtsberatungsgesetz

(1) [1]Behördliche Erlaubnisse zur Besorgung fremder Rechtsangelegenheiten von Erlaubnisinhabern, die nicht Mitglied einer Rechtsanwaltskammer sind, erlöschen sechs Monate nach Inkrafttreten dieses Gesetzes. [2]Erlaubnisinhaber können unter Vorlage ihrer Erlaubnisurkunde die Registrierung nach § 13 des Rechtsdienstleistungsgesetzes beantragen. [3]Wird der Antrag innerhalb von sechs Monaten nach Inkrafttreten dieses Gesetzes gestellt, bleibt die Erlaubnis abweichend von Satz 1 bis zur Entscheidung über den Antrag gültig.

(2) [1]Behördliche Erlaubnisse zur Besorgung fremder Rechtsangelegenheiten von Erlaubnisinhabern, die nach § 209 der Bundesrechtsanwaltsordnung in eine Rechtsanwaltskammer aufgenommen sind (Kammerrechtsbeistände), erlöschen mit ihrem Ausscheiden aus der Rechtsanwaltskammer. [2]Kammerrechtsbeistände, deren Aufnahme in die Rechtsanwaltskammer nach § 209 Abs. 2 der Bundesrechtsanwaltsordnung auf eigenen Antrag widerrufen wird, können die Registrierung nach § 13 des Rechtsdienstleistungsgesetzes beantragen. [3]Wird der Antrag innerhalb von drei Monaten nach dem Widerruf gestellt, bleibt die Erlaubnis abweichend von Satz 1 bis zur Entscheidung über den Antrag gültig.

(3) [1]Inhaber einer Erlaubnis nach Artikel 1 § 1 Abs. 1 Satz 2 Nr. 1, 5 oder Nr. 6 des Rechtsberatungsgesetzes werden unter Angabe des Umfangs ihrer Erlaubnis als registrierte Personen nach § 10 Abs. 1 Satz 1 Nr. 1, 2 oder Nr. 3 des Rechtsdienstleistungsgesetzes registriert. [2]Erlaubnisinhaber, deren Erlaubnis sich auf andere Bereiche erstreckt oder deren Befugnisse über die in § 10 Abs. 1 des Rechtsdienstleistungsgesetzes geregelten Befugnisse hinausgehen, werden gesondert oder zusätzlich zu ihrer Registrierung nach Satz 1 als Rechtsbeistände oder Erlaubnisinhaber registriert (registrierte Erlaubnisinhaber). [3]Sie dürfen unter ihrer bisher geführten Berufsbezeichnung Rechtsdienstleistungen in allen Bereichen des Rechts erbringen, auf die sich ihre bisherige Erlaubnis erstreckt. [4]Rechtsdienstleistungen auf den Gebieten des Steuerrechts und des gewerblichen Rechtsschutzes dürfen sie nur erbringen, soweit die bisherige Erlaubnis diese Gebiete ausdrücklich umfasst.

RDGEG § 1 Einführung zum Rechtsdienstleistungsgesetz

(4) ¹Abweichend von § 13 des Rechtsdienstleistungsgesetzes prüft die zuständige Behörde vor der Registrierung nur, ob eine ausreichende Berufshaftpflichtversicherung nach § 12 Abs. 1 Nr. 3 des Rechtsdienstleistungsgesetzes besteht. ²Als qualifizierte Personen werden die zur Zeit der Antragstellung in der Erlaubnisurkunde bezeichneten Ausübungsberechtigten registriert. ³Kosten werden für die Registrierung und ihre öffentliche Bekanntmachung nicht erhoben. ⁴Die spätere Benennung qualifizierter Personen ist nur für registrierte Personen nach § 10 Abs. 1 des Rechtsdienstleistungsgesetzes und nicht für registrierte Erlaubnisinhaber möglich.

(5) Der Widerruf einer Erlaubnis nach dem Rechtsberatungsgesetz steht dem Widerruf der Registrierung nach § 12 Abs. 1 Nr. 1 Buchstabe c und § 13 Abs. 1 Satz 3 Nr. 4 des Rechtsdienstleistungsgesetzes gleich.

Inhaltsübersicht

	Rn.
A. Allgemeines	1
B. Erlöschen/Weitergeltung der Alterlaubnisse	2
I. Nicht verkammerte Erlaubnisinhaber	2
1. Grundsätze (Abs. 1)	2
2. Umfang der Erlaubnis (Abs. 3)	6
II. Kammerrechtsbeistände (Abs. 2)	14
C. Registrierungsverfahren (Abs. 4 und 5)	20
I. Kostenfreiheit	20
II. Eingeschränkter Prüfungsumfang	21
III. Früherer Widerruf der Erlaubnis nach dem RBerG als Registrierungshindernis	27

A. Allgemeines

1   Die Vorschrift trifft **Übergangsregelungen für bestehende Erlaubnisse nach dem RBerG,** die auf Grundlage der jeweils geltenden Gesetzesfassungen erteilt wurden. Alle Erlaubnisinhaber sollten die Möglichkeit erhalten, ihre Rechtsdienstleistungen dauerhaft weiter zu erbringen. Eine Einschränkung des Umfangs ihrer Rechtsdienstleistungsbefugnis, insbesondere eine Beschränkung auf die in § 10 Abs. 1 RDG geregelten Tätigkeiten, ist nicht vorgesehen, wohl aber eine **Pflicht zur Unterhaltung einer Haftpflichtversicherung.** Die Norm unterscheidet zwischen Erlaubnisinhabern, die nicht Mitglied einer Rechtsanwaltskammer sind (Abs. 1 und 3), und sog. Kammerrechtsbeiständen (Abs. 2). Nur solche Erlaubnisinhaber, die nicht Mitglied einer Rechtsanwaltskammer sind, wurden in das Regelungssystem des RDG überführt. Sie werden den nach § 10 RDG registrierten Personen gleichgestellt; zugleich wird durch die Registrierung eine Markttransparenz hergestellt, die nach Ansicht des Gesetzgebers für die Justizverwaltung und den Rechtsverkehr, aber auch für die Rechtsbeistände selbst erhebliche Vorteile bietet (BT-Drs. 16/3655, 77).

B. Erlöschen/Weitergeltung der Alterlaubnisse

I. Nicht verkammerte Erlaubnisinhaber

1. Grundsätze (Abs. 1). Erlaubnisinhaber, die keiner Rechtsanwalts- 2
kammer angehören (zu den Besonderheiten bei Kammerrechtsbeiständen
Rn. 14ff.), mussten, um ihre Rechtsdienstleistungsbefugnis zu erhalten, nach
§ 1 Abs. 1 S. 1 und 3 RDGEG **bis zum 31.12.2008** einen Antrag auf Registrierung im Rechtsdienstleistungsregister stellen. Sollten sie eine rechtzeitige
Antragstellung versäumt haben, ist ihre **Erlaubnis** nach § 1 Abs. 1 S. 1
RDGEG **erloschen.**

Der eingetretene Rechtsverlust ist allerdings begrenzt, da ihnen auch **heute** 3
noch die erleichterte **Möglichkeit einer Registrierung** offensteht. Alterlaubnisinhaber können ihre zum 31.12.2008 erloschene Rechtsberatungsbefugnis im vereinfachten Registrierungsverfahren nach Abs. 4 (Rn. 21ff.) im
ursprünglichen Umfang wiedererlangen. Mit ihrer Registrierung sind sie jedoch nicht mehr zur Erbringung von Rechtsdienstleistungen – und auch nicht
zum Führen der Berufsbezeichnung „Rechtsbeistand" im Rechtsverkehr (vgl.
§ 4 2. AVO RBerG und § 6 RDGEG; siehe dazu auch Rn. 10) – befugt.

Der Gesetzgeber hat von einem unwiderruflichen Erlöschen der Erlaubnis 4
nach Ablauf einer Ausschlussfrist abgesehen, weil die nun getroffene Regelung
weniger stark in die Berufsfreiheit der Erlaubnisinhaber eingreift. Zudem minimierte diese Art der Überführung den Verwaltungsaufwand, da auf eine aufwändige Umstellung aller Alterlaubnisse von Amts wegen ebenso verzichtet
werden konnte wie auf eine förmliche Aufforderung der Erlaubnisinhaber,
die im Fall einer Ausschlussfrist wohl unverzichtbar gewesen wäre. Zugleich
gewährleistet das automatische Erlöschen der Alterlaubnis, dass seit Ablauf der
halbjährigen Übergangsfrist nur noch Personen mit einer ausreichenden Haftpflichtversicherung hauptberuflich Rechtsdienstleistungen erbringen dürfen
und dass die Mehrheit der Erlaubnisinhaber im eigenen Interesse an einer lückenlosen Fortsetzung ihrer Berufstätigkeit unverzüglich ihre Überführung in
das neue Regelungssystem eingeleitet hat (BT-Drs. 16/3655, 78).

Von Abs. 1 erfasst sind die Inhaber einer **Teilerlaubnis nach dem RBerG,** 5
also die Inhaber einer Erlaubnis als Rentenberater (Art. 1 § 1 Abs. 1 S. 2 Nr. 1
RBerG), als Frachtprüfer für die Prüfung von Frachtrechnungen und die Verfolgung der sich hierbei ergebenden Frachterstattungsansprüche (Art. 1 § 1
Abs. 1 S. 2 Nr. 3 RBerG), als vereidigter Versteigerer (Art. 1 § 1 Abs. 1 S. 2
Nr. 4 RBerG), als Inkassounternehmer (Inkassobüros) für die außergerichtliche
Einziehung von Forderungen (Art. 1 § 1 Abs. 1 S. 2 Nr. 5 RBerG), als Rechtskundige in einem ausländischen Recht für die Rechtsbesorgung auf dem Gebiet dieses Rechts (Art. 1 § 1 Abs. 1 S. 2 Nr. 6 RBerG) sowie die nicht verkammerten Rechtsbeistände, die nach dem bis 1980 geltenden Recht (zu den mit
dem Fünften Änderungsgesetz zur Änderung der Bundesgebührenordnung für
Rechtsanwälte v. 18.8.1980, BGBl. I S. 1503ff. verbundenen Änderungen
siehe Einleitung Rn. 7f.) eine Vollerlaubnis erlangt haben. Als Alterlaubnisinhaber gelten auch Personen, die ihren Antrag auf Erteilung einer Erlaubnis
noch vor dem Inkrafttreten des RDG am 1.7.2008 (nach Art. 1 § 1 Abs. 1 S. 1

RBerG aF) gestellt, die Erlaubnis aber erst nach dem 1.7.2008 erhalten haben. Denn über ihre Anträge war gem. § 7 RDGEG noch nach altem Recht zu entscheiden. Auch sie mussten sich, wenn sie den Fortbestand ihrer gerade erst erlangten Erlaubnis sicherstellen wollten, innerhalb der Sechs-Monatsfrist registrieren lassen. Nicht von § 1 Abs. 1 RDGEG erfasst sind **Versicherungsberater** (Art. 1 § 1 Abs. 1 S. 2 Nr. 2 RBerG), für die in § 2 RDGEG eine Sonderregelung vorgesehen ist. Sie können abweichend von § 1 Abs. 1 S. 2 RDGEG nur eine Erlaubnis als Versicherungsberater nach § 34e Abs. 1 GewO (dazu § 2 RDGEG Rn. 1 ff.; § 3 RDG Rn. 22; § 5 RDG Rn. 128 f.) beantragen.

6 2. **Umfang der Erlaubnis (Abs. 3).** § 1 Abs. 3 S. 1 RDGEG regelt die Rechtsstellung derjenigen Personen, die eine Erlaubnis nach dem RBerG als **Rentenberater** (Art. 1 § 1 Abs. 1 S. 2 Nr. 1 RBerG), **Inkassounternehmer** (Art. 1 § 1 Abs. 1 S. 2 Nr. 5 RBerG) oder **Berater in einem ausländischen Recht** (Art. 1 § 1 Abs. 1 S. 2 Nr. 6 RBerG) besaßen. Diese sind grds. auf ihren Antrag hin als registrierte Person nach § 10 Abs. 1 Nr. 1–3 RDG und nicht als „registrierte Erlaubnisinhaber" in das Rechtsdienstleistungsregister einzutragen. Die Registrierung nach § 10 Abs. 1 Nr. 1–3 RDG erfolgt auch dann, wenn der Umfang der Alterlaubnis hinter dem Umfang der Rechtsdienstleistungsbefugnis nach § 10 RDG zurückbleibt. Mit der Registrierung sind allerdings stets der genaue Umfang der Rechtsdienstleistungsbefugnis aus der vorzulegenden Erlaubnisurkunde und damit etwaige **Einschränkungen** zu vermerken. Dadurch wird dem Umstand Rechnung getragen, dass die Erlaubnisse nach dem RBerG häufig beschränkt waren und etwa das Inkasso oder die Rentenberatung nur in einem Teilbereich (Bsp.: Inkassoerlaubnis für ärztliche Honorarforderungen; Rentenberater für private und betriebliche Altersvorsorge) ermöglichten. Da – wie § 1 Abs. 3 S. 3 RDGEG klarstellt – die Rechtsdienstleistungsbefugnis nur in diesem Umfang fortbesteht, ist die Registrierung der sich aus der Erlaubnisurkunde ergebenden Besonderheiten unerlässlich (BT-Drs. 16/6634, 53). Gleichzeitig ist davon abgesehen worden, die Alterlaubnisinhaber, deren Rechtsdienstleistungsbefugnis nur einen Teilbereich der in § 10 RDG genannten Bereiche abdeckt, „nur" als registrierte Erlaubnisinhaber zuzulassen, wie das im RegE noch vorgesehen war. Diese Änderung ermöglichte eine einfachere Registrierung der Alterlaubnisinhaber und hielt die Belastung der Gerichte bei der Überführung der Alterlaubnisse so gering wie möglich (BT-Drs. 16/6634, 53). Zugleich dient sie einer größeren Transparenz, weil etwa alle Personen, die im Bereich Rentenberatungen Rechtsdienstleistungsbefugnisse haben, auch unter dem Stichwort „Rentenberatung" bei der Suche im Rechtsdienstleistungsregister gefunden werden können. Ins Register aufgenommen werden müssen allein inhaltliche Beschränkungen gegenüber den vom geltenden Recht vermittelten Befugnissen. War etwa nach dem zum früheren Recht erteilten Erlaubnis als Inkassounternehmer die gerichtliche Vertretungsbefugnis explizit ausgeschlossen, muss diese Einschränkung nicht ins Rechtsdienstleistungsregister übernommen werden, weil auch die Registrierung nach § 10 Abs. 1 S. 1 Nr. 1 RDG nicht zur gerichtlichen Vertretung berechtigt.

7 Allerdings können Alterlaubnisinhaber, deren Rechtsdienstleistungsbefugnisse nur einen **Teilbereich** der in § 10 RDG genannten Erlaubnisse abdeckt,

nach § 4 Abs. 1 S. 3 RDV zum Nachweis ihrer theoretischen Sachkunde in den nicht von der Alterlaubnis erfassten Teilbereichen einen abgekürzten Sachkundelehrgang absolvieren, dessen Gesamtdauer 50 Zeitstunden nicht unterschreiten darf (Einzelheiten bei § 4 RDV Rn. 9). Die Regelung bezweckt, diesen Erlaubnisinhabern eine Registrierung im jeweiligen Gesamtbereich ohne Einschränkungen zu ermöglichen und damit das vom Gesetzgeber erstrebte einheitliche Berufsbild der Inkassodienstleister und Rentenberater zu fördern (BR-Drs. 316/08, 13). Folge dieses Regelungskonzepts ist aber auch, dass ein Erlaubnisinhaber, der etwa eine auf die bAV („Rentenberater für die betriebliche Altersversorgung") beschränkte Erlaubnis erworben hatte, diese beschränkte Erlaubnis weiterhin verwenden darf, obwohl eine entsprechende Teilerlaubnis nach geltendem Recht (§ 1 RDV Rn. 3) nicht mehr möglich ist. Der Gesetzgeber sieht diesen registrierten Erlaubnisinhaber zwar als im Vergleich zum Rentenberater geringer qualifiziert an. Für den spezialisierten Erlaubnisinhaber wird aber die Verwendung der Altbezeichnung häufig werbewirksamer sein, da sie eine Spezialisierung im wirtschaftlich attraktivsten Teilbereich der Rentenberatung zum Ausdruck bringt (*Henssler/Deckenbrock* S. 50).

Nur wenn sich aus der Erlaubnisurkunde ergibt, dass ein Inkassounternehmer oder Rentenberater Rechtsdienstleistungsbefugnisse besitzt, die über die Befugnisse nach § 10 RDG hinausgehen (**„überschießende Befugnisse"**), können die Alterlaubnisinhaber zusätzlich zu ihrer Registrierung nach S. 1 eine Registrierung nach S. 2 beantragen. Sie müssen nach § 6 Abs. 3 RDV den Umfang dieser Registrierung in dem Antrag genau bezeichnen. So ist ein **Rentenberater** mit einer Vollerlaubnis nach dem RBerG zusätzlich zu seiner Registrierung als Rentenberater im Rechtsdienstleistungsregister als „registrierter Erlaubnisinhaber" zu registrieren, wenn eine Auslegung seiner Rechtsberatungserlaubnis ergibt, dass er vor Inkrafttreten des RDG auch in Verfahren des Kranken-, Pflegeversicherungs- und Schwerbehindertenrechts (zu den durch das RDG erfolgten Änderungen vgl. § 10 RDG Rn. 58 f. sowie § 3 RDGEG Rn. 33) im Einzelfall zur Vertretung berechtigt war (OLG Naumburg RV 2012, 120, 122; VG Mainz RV 2011, 67, 71 ff.; VG Frankfurt a. M. RV 2012, 95, 97 f.; VG Würzburg RV 2012, 219, 220 ff.; LSG Stuttgart Urt. v. 20. 6. 2013 – L 6 SB 1692/12, BeckRS 2013, 71651; LSG Stuttgart Urt. v. 7. 8. 2013 – L 3 SB 3340/12, BeckRS 2014, 67374; *Lorenzen* RV 2012, 89 f.; *ders.* RV 2012, 105 ff.; siehe aber LSG Stuttgart Beschl. v. 26. 6. 2012 – L 8 SB 537/11, BeckRS 2012, 70946; LSG Stuttgart Beschl. v. 29. 11. 2012 – L 8 SB 2721/12, BeckRS 2012, 76399). Der Umfang der Erlaubnis muss im Rechtsdienstleistungsregister selbst bezeichnet werden, eine Bezugnahme auf die Erlaubnisurkunde reicht nicht aus (SG Dresden NZS 2013, 437, 438).

§ 1 Abs. 3 S. 2 RDGEG stellt außerdem sicher, dass auch diejenigen Erlaubnisse fortgelten, die inhaltlich von den in § 10 RDG geregelten Bereichen abweichen. Die Regelung erfasst daher auch die Erlaubnisse der Teilrechtsbeistände in einem von § 10 RDG nicht erfassten Bereich, der nicht verkammerten Vollrechtsbeistände sowie der **Frachtprüfer** (Art. 1 § 1 Abs. 1 S. 2 Nr. 5 RBerG) und **vereidigten Versteigerer** (Art. 1 § 1 Abs. 1 S. 2 Nr. 5 RBerG), für die § 10 RDG keine Registrierungsmöglichkeit vorsieht; für Versicherungsberater (Art. 1 § 1 Abs. 1 S. 2 Nr. 2 RBerG) ist dagegen die Sonderregelung des § 2 RDGEG zu beachten (Rn. 5). So muss sich etwa ein Inkassounternehmer, der nach dem RBerG eine Inkassoerlaubnis mit zusätzlicher Erlaubnis zur außergerichtlichen und gerichtlichen Beratung und Vertretung in Verkehrsunfallangelegenheiten hatte, nicht nur gem. § 10 Abs. 1 S. 1 Nr. 1 RDG, sondern zusätzlich auch als registrierter Erlaubnisinhaber registrieren lassen (vgl. BT-Drs. 16/6634, 53).

10 Der Umfang der Rechtsdienstleistungsbefugnis wird gem. § 16 Abs. 2 Nr. 1 lit. e RDG in das Rechtsdienstleistungsregister eingetragen. § 1 Abs. 3 S. 3 RDGEG gewährleistet **Bestandsschutz** in der Form, dass die Alterlaubnisinhaber auch nach der Registrierung grds. unter ihrer bisher geführten **Berufsbezeichnung** Rechtsdienstleistungen in allen Bereichen des Rechts erbringen dürfen, auf die sich ihre bisherige Erlaubnis erstreckt. So dürfen etwa Einzelpersonen, denen die unbeschränkte Erlaubnis nach Art. 1 § 1 RBerG erteilt worden war, auch weiterhin die Berufsbezeichnung „Rechtsbeistand" führen (vgl. § 4 Abs. 1 2. AVO RBerG).

11 Eine Besonderheit besteht für die Rechtsgebiete des **Steuerrechts** und des **gewerblichen Rechtsschutzes.** § 1 Abs. 3 S. 4 RDGEG stellt insoweit klar, dass die Befugnis zur Erbringung von Rechtsdienstleistungen auf diesen beiden Rechtsgebieten auch bei Vorliegen einer inhaltlich unbegrenzten Erlaubnis nur dann besteht, wenn diese Gebiete – was bei Alterlaubnissen aus der Zeit vor Inkrafttreten des StBerG bzw. der PAO nicht auszuschließen ist – von der Alterlaubnis ausdrücklich erfasst sind (BT-Drs. 16/3655, 78).

12 In der Praxis hat sich die Registrierung früherer **gerichtlicher Vertretungsbefugnisse** als besonders problematisch erwiesen. Auch wenn das RDG nur für den Bereich außergerichtlicher Rechtsdienstleistung gilt (§ 1 RDG Rn. 15 ff.), bleiben früher erlangte gerichtliche Vertretungsbefugnisse nach § 1 Abs. 3 S. 2 iVm § 3 Abs. 2 RDGEG erhalten (§ 3 RDGEG Rn. 24 ff.; vgl. dazu auch BVerfG NJW 2011, 3285 Rn. 18 ff.); auch ihr Umfang ist zu registrieren und im Rechtsdienstleistungsregister bekanntzumachen (§ 3 Abs. 2 S. 2 RDGEG). Nicht abschließend geklärt ist bislang etwa, ob früher erteilte Vertretungsbefugnisse von Rentenberatern vor bestimmten **Sozialgerichten** zu registrieren sind oder eine solche zusätzliche Registrierung entbehrlich ist, weil Rentenberater heute nach § 73 Abs. 2 S. 2 Nr. 3 SGG ohnehin im Umfang ihrer Befugnisse – also bei konkretem Rentenbezug – jedenfalls vor allen Sozial- und Landessozialgerichten auftreten können (Einzelheiten und Nachweise bei § 3 RDGEG Rn. 33 ff. sowie bei *Vogts* RV 2008, 184 ff.; *ders.* RV 2009, 145 ff.; *Lorenzen* RV 2012, 89, 90 f.).

13 Soweit die Registrierungsbehörde abweichend vom Antrag des Alterlaubnisinhabers den Inhalt und Umfang der Registrierung beschränkt, steht dem Antragsteller hiergegen der **Verwaltungsrechtsweg** offen (Kilian/Sabel/vom Stein/*Sabel* Rn. 599; siehe dazu auch § 13 RDG Rn. 73 ff.). Das VG muss auch bemüht werden, wenn ein Rentenberater, der im Besitz einer Erlaubnis nach Art. 1 § 1 Abs. 1 S. 2 Nr. 1 RBerG war, erfolglos zusätzlich zu seiner Registrierung als Rentenberater nach § 10 Abs. 1 S. 1 Nr. 2 RDG die Registrierung als „registrierter Erlaubnisinhaber" beantragt hat. Selbst wenn die zusätzliche Registrierung bereits einmal bestandskräftig versagt worden ist, kann im Hinblick auf die aktuelle Rspr. der Verwaltungsgerichte (Rn. 8) ver-

sucht werden, die Aufhebung dieses Bescheids gem. § 48 VwVfG zu erreichen, so dass die Möglichkeit einer erneuten Antragstellung nach § 1 Abs. 3 S. 2 RDGEG besteht (vgl. dazu OLG Naumburg RV 2012, 120, 121; *Lorenzen* RV 2012, 105, 107).

II. Kammerrechtsbeistände (Abs. 2)

Besonderheiten bestehen für sog. Kammerrechtsbeistände, also für natürliche Personen, die im Besitz einer uneingeschränkt oder unter Ausnahme lediglich des Sozial- oder Sozialversicherungsrechts erteilten Erlaubnis zur geschäftsmäßigen Rechtsbesorgung sind und auf ihren Antrag hin in die für den Ort ihrer Niederlassung zuständige Rechtsanwaltskammer aufgenommen worden sind (§ 209 Abs. 1 S. 1 BRAO). Da solche **Vollerlaubnisse** bereits seit der Reform des RBerG im Jahr 1980 nicht mehr erteilt werden (Einleitung Rn. 8; zur Verfassungsmäßigkeit der Abschaffung der Vollerlaubnisse siehe BVerfGE 75, 246, 264ff. = NJW 1988, 545, 546ff.), wird der Beruf des Kammerrechtsbeistands mittel- bis langfristig aussterben (vgl. auch Henssler/Prütting/*Hartung* § 209 Rn. 2; Feuerich/Weyland/*Feuerich* § 209 Rn. 8ff.). Zum 1.1.2014 verzeichnete die Statistik der BRAK 276 Kammerrechtsbeistände (BRAK-Mitt. 2014, 143). 14

Solange die Alterlaubnisinhaber Mitglied der Rechtsanwaltskammer sind, bedürfen sie anders als die übrigen Alterlaubnisinhaber nach § 1 Abs. 2 RDGEG abweichend von Abs. 1 zum Erhalt ihrer Rechtsdienstleistungsbefugnis keiner Registrierung im Rechtsdienstleistungsregister. Der Gesetzgeber hat es zu Recht für ausreichend erachtet, dass Kammerrechtsbeistände der – strengeren – **Kammeraufsicht** unterliegen, und von ihrer Überführung in das System des RDG abgesehen (BT-Drs. 16/3655, 78). Zudem sind Kammerrechtsbeistände gem. § 209 Abs. 1 S. 3 BRAO iVm § 51 BRAO schon seit jeher zum Abschluss einer Berufshaftpflichtversicherung verpflichtet (Feuerich/Weyland/*Feuerich* § 209 Rn. 38; Gaier/Wolf/Göcken/*Johnigk* § 209 BRAO Rn. 10; aA *Rennen/Caliebe* Anh. 2 Rn. 11). Sie stehen – wie ihre umfassende außergerichtliche Rechtsdienstleistungsbefugnis und die weitreichenden prozessualen Vertretungsrechte nach § 3 Abs. 1 RDGEG (dazu § 3 RDGEG Rn. 4ff.) zeigen – Rechtsanwälten näher als den registrierten Rechtsdienstleistern. 15

Der Gesetzgeber hat für die **Aufhebung** und das **Erlöschen der Erlaubnisse** von Kammerrechtsbeiständen in § 209 Abs. 1 S. 3 BRAO eine eigenständige Regelung getroffen. Danach erlischt mit dem Ausscheiden aus der Rechtsanwaltskammer automatisch und sofort auch die nach dem RBerG erteilte behördliche Erlaubnis zur Besorgung fremder Rechtsangelegenheiten. Etwas anderes gilt nur in dem durch § 209 Abs. 2 BRAO besonders geregelten Fall, dass ein Kammerrechtsbeistand seine **Kammermitgliedschaft (freiwillig) aufgeben,** die nach dem RBerG erteilte Erlaubnis aber behalten will. Für eine solche Entscheidung kann es Gründe geben, denen früher § 209 Abs. 2 S. 2 BRAO aF („Der Widerruf [auf Antrag des Kammerrechtsbeistands] läßt die Erlaubnis zur geschäftsmäßigen Rechtsbesorgung unberührt.") Rechnung trug. Inzwischen sieht § 1 Abs. 2 S. 2 RDGEG vor, dass in den Fällen des § 209 Abs. 2 BRAO ein Antrag auf Registrierung im Rechtsdienstleistungsregister 16

RDGEG § 1   Einführung zum Rechtsdienstleistungsgesetz

gestellt werden kann. Wegen § 1 Abs. 4 S. 1 RDGEG erfolgt die Registrierung ohne weitere Eignungsprüfung (dazu Rn. 21).

17   Wird der Antrag auf Registrierung **innerhalb von drei Monaten** nach dem (selbst veranlassten) Widerruf gestellt, bleibt nach § 1 Abs. 2 S. 3 RDGEG die Erlaubnis abweichend von S. 1 bis zur Entscheidung über den Antrag gültig. Diese Regelung verwundert, ist doch nach § 1 Abs. 2 S. 1 RDGEG – anders als nach Abs. 1 S. 1 für die übrigen Alterlaubnisinhaber – die Alterlaubnis mit dem Ausscheiden aus der Rechtsanwaltskammer ipso iure – ohne jegliche Auslauffrist – erloschen (Rn. 16; aA Kilian/Sabel/vom Stein/*Sabel* Rn. 581, nach dem die Alterlaubnis erst nach Ablauf von drei Monaten erlischt). Es erscheint fragwürdig, mit der Antragsstellung den Fortbestand der Erlaubnis rückwirkend zu fingieren (so Gaier/Wolf/Göcken/*Piekenbrock* Rn. 6). Richtigerweise dürfte die Erlaubnis, wenn die Registrierung innerhalb von drei Monaten nach dem Ausscheiden aus der Rechtsanwaltskammer beantragt wird, mit dem Zeitpunkt des Antrags wiederbelebt werden. Bei einem Antrag außerhalb der Drei-Monatsfrist entsteht die Rechtsdienstleistungsbefugnis erst im Zeitpunkt der öffentlichen Bekanntmachung der Registrierung neu (§ 13 RDG Rn. 72).

18   In allen **übrigen Fällen des Ausscheidens aus der Rechtsanwaltskammer** (Rücknahme oder Widerruf der Aufnahme des Kammerrechtsbeistands in die Rechtsanwaltskammer nach § 209 Abs. 1 S. 3 BRAO iVm §§ 14ff. BRAO) ist – wie sich aus einem Umkehrschluss zu § 1 Abs. 3 S. 2 RDGEG ergibt – eine Möglichkeit, sich gem. § 1 Abs. 1, Abs. 3 RDGEG als „registrierter Erlaubnisinhaber" registrieren zu lassen, nicht vorgesehen. Zwar sollen – trotz des Verweises in § 209 Abs. 1 Nr. 3 BRAO auf die §§ 14 ff. BRAO – Fälle denkbar sein, in denen die Kammerzugehörigkeit isoliert zurückgenommen oder widerrufen wird, ohne dass zugleich Gründe für Widerruf oder Rücknahme der Rechtsberatungserlaubnis vorliegen. In diesen Fällen steht dem Rechtsbeistand aber, wenn er seine Rechtsdienstleistungsbefugnis erhalten will, die Möglichkeit offen, vor Rücknahme oder Widerruf der Kammerzugehörigkeit den Antrag nach § 209 Abs. 2 BRAO zu stellen (BT-Drs. 16/3655, 78). Allerdings hat die Behörde auch nach Umschreibung der Registrierung die Möglichkeit des Widerrufs nach § 14 RDG (Krenzler/*Offermann-Burckart* Rn. 55; siehe auch Rn. 23).

19   Einem Rechtsbeistand steht auch nach seinem unfreiwilligen Ausscheiden aus der Rechtsanwaltskammer grds. die Möglichkeit der Registrierung nach § 10 RDG offen. Insoweit ist allerdings zu beachten, dass nach § 12 Abs. 1 Nr. 1 lit. c RDG die für die Registrierung erforderliche Zuverlässigkeit fehlt, wenn in den letzten drei Jahren vor Antragstellung eine Registrierung nach § 14 RDG oder eine Zulassung zur Rechtsanwaltschaft nach § 14 Abs. 2 Nr. 1–3 und 7–9 BRAO widerrufen, die Zulassung zur Rechtsanwaltschaft nach § 14 Abs. 1 BRAO zurückgenommen oder nach § 7 BRAO versagt worden oder ein Ausschluss aus der Rechtsanwaltschaft erfolgt ist. Da § 209 Abs. 1 S. 3 BRAO für die Rücknahme oder den Widerruf der Aufnahme des Kammerrechtsbeistands in die Rechtsanwaltskammer auf die §§ 14ff. BRAO verweist, muss auch im Rahmen von § 12 RDG von einer Gleichstellung beider Tatbestände ausgegangen werden. Weil § 12 RDG Registrierungshindernisse nicht abschließend aufzählt („in der Regel"), steht der hier vertretenen Auffassung der Gesetzesvorbehalt nicht entgegen (vgl. § 12 RDG Rn. 91, 97).

C. Registrierungsverfahren (Abs. 4 und 5)

I. Kostenfreiheit

§ 1 Abs. 4 RDGEG regelt das Verfahren der Registrierung der Alterlaubnisinhaber im Rechtsdienstleistungsregister. Gemäß der in S. 3 angeordneten Kostenfreiheit können für das Registrierungsverfahren und die Eintragung in das Rechtsdienstleistungsregister aus Anlass der Überführung der Alterlaubnisinhaber in das neue Regelungssystem keine Kosten erhoben werden. Die Alterlaubnisinhaber, in deren Rechte die Neuregelung eingreift, sollen durch die Registrierung nicht mit Verwaltungskosten belastet werden, nur weil statt der möglichen Registrierung aller Erlaubnisinhaber von Amts wegen das für die Gerichtsverwaltung weniger aufwändige Antragsverfahren gewählt wurde (BT-Drs. 16/3655, 79). 20

II. Eingeschränkter Prüfungsumfang

Aus § 1 Abs. 4 S. 1 RDGEG folgt im Umkehrschluss, dass für die Aufnahme von Alterlaubnisinhabern in das Rechtsdienstleistungsregister grds. die Vorschriften des RDG Anwendung finden (zu der Besonderheit des § 7 RDGEG Rn. 5). Für das Registrierungsverfahren gilt daher § 13 RDG mit der Folge, dass der Antrag auf Registrierung nicht bei dem früher für den Erlaubnisinhaber zuständigen Amts- oder Landgerichtspräsidenten (§ 11 Abs. 1 1. AVO RBerG), sondern bei der **nach dem RDG örtlich zuständigen Behörde** (§ 19 RDG iVm den landesrechtlichen Rechtsverordnungen; Einzelheiten bei § 19 RDG Rn. 1 ff., 9) zu stellen ist (BT-Drs. 16/3655, 78 f.). Alterlaubnisinhaber müssen allerdings nach § 1 Abs. 4 S. 1 RDGEG **keinen gesonderten Nachweis ihrer Eignung, Zuverlässigkeit und Sachkunde** mehr erbringen, soweit sie die Tätigkeit inhaltlich unverändert fortführen wollen. Wer bislang Rentenberater war, kann sich nicht unter Hinweis auf § 1 Abs. 4 S. 1 RDGEG ohne Sachkundeprüfung etwa als Inkassounternehmer registrieren lassen (vgl. Krenzler/*Offermann-Burckart* Rn. 68). Wer nach § 1 Abs. 3 RDGEG nur eine auf einen Teilbereich beschränkte Erlaubnis erlangen würde (Rn. 6), aber eine Ausweitung der Erlaubnis beabsichtigt, muss insoweit ein normales Registrierungsverfahren durchlaufen, für das Kosten anfallen (Kilian/Sabel/vom Stein/*Sabel* Rn. 599; siehe allg. zu den Kosten des Registrierungsverfahrens § 13 RDG Rn. 78 ff.). Allerdings kann der Alterlaubnisinhaber nach § 4 Abs. 1 S. 3 RDV zum Nachweis seiner theoretischen Sachkunde in den nicht von der Alterlaubnis erfassten Teilbereichen einen abgekürzten Sachkundelehrgang absolvieren, dessen Gesamtdauer 50 Zeitstunden nicht unterschreiten darf (Rn. 7). 21

Registrierungsvoraussetzung ist für die Alterlaubnisinhaber nach § 1 Abs. 4 S. 1 RDGEG der Nachweis einer **Berufshaftpflichtversicherung** (§§ 12 Abs. 1 Nr. 3, 13 Abs. 2 RDG; § 5 RDV), der nach dem RBerG grds. nicht vorgeschrieben war und nur ausnahmsweise im Wege der Auflage verlangt werden konnte (dazu *Rennen/Caliebe* § 2 1. AVO Rn. 21; § 11 1. AVO Rn. 16). Der Gesetzgeber hat sich zum Schutz der Rechtsuchenden und aus Gründen 22 der Gleichbehandlung (Art. 3 GG) dazu entschieden, nicht nur die neu registrierten Rechtsdienstleister nach § 10 RDG, sondern auch alle Alterlaubnisinhaber der Versicherungspflicht zu unterwerfen. Da zahlreiche Rechtsbeistände über umfassende Rechtsdienstleistungsbefugnisse verfügten, die über die in § 10 RDG geregelten Bereiche hinausgehen, sei bei ihnen ein ausreichender Versicherungsschutz der Auftraggeber sogar umso dringender geboten (BT-Drs. 16/3655, 79).

23 Die Norm hat wegen Zeitablaufs **weitgehend ihre praktische Bedeutung verloren,** weil alle Alterlaubnisinhaber nur dann übergangslos rechtsdienstleistend tätig werden durften, wenn sie bis zum 31.12.2008 einen Antrag auf Registrierung gestellt hatten. Relevant ist die Vorschrift daher nur für solche Alterlaubnisinhaber, die ihre Erlaubnis zunächst haben auslaufen lassen, sie aber – was möglich ist, weil § 1 Abs. 1 RDGEG keine Ausschlussfrist darstellt (Rn. 3 f.) – nun „wiederbeleben" möchten. Sie können sich nach § 1 Abs. 4 RDGEG unter erleichterten Voraussetzungen registrieren lassen, obwohl sie uU jahrelang „aus dem Geschäft" waren (Krenzler/*Offermann-Burckart* Rn. 37; Kilian/Sabel/vom Stein/*Sabel* Rn. 594). Der Gesetzgeber hat diese Großzügigkeit damit begründet, dass bei einer abweichenden Lösung eine förmliche Aufforderung an die Alterlaubnisinhaber, sich innerhalb der halbjährigen Übergangsfrist zu registrieren, wohl unverzichtbar gewesen wäre (Rn. 4; BT-Drs. 16/3655, 78). Folge dieser Regelung ist, dass die Behörde bei der (Neu-)Registrierung früherer Erlaubnisinhaber die persönliche Eignung und Zuverlässigkeit (§ 12 Abs. 1 Nr. 1 RDG) sowie die theoretische und praktische Sachkunde (§ 12 Abs. 1 Nr. 2 RDG) nicht prüft. Dies bedeutet indes nicht, dass sie nicht anlassbezogen tätig werden darf und – wenn sie anderweitig von einem Registrierungshindernis Kenntnis erlangt – die Registrierung in den Fällen, in denen sie nach § 14 RDG widerrufen werden könnte (§ 14 RDG Rn. 23 ff.), nicht auch von vornherein ablehnen darf. Soweit erforderlich, kann die Behörde die Registrierung auch an Bedingungen knüpfen oder Auflagen anordnen; insoweit gelten die allgemeinen Vorschriften (BT-Drs. 16/3655, 79). Generell gilt auch für die registrierten Personen, dass die zuständige Behörde gem. § 13a Abs. 1 RDG die Aufsicht über die Einhaltung der aus dem RDG folgenden Vorgaben ausübt (§ 14 RDG Rn. 2 ff.).

24 Inhalt und Umfang der Registereintragung, aber auch die datenschutzrechtlichen Erfordernisse richten sich nach § 16 RDG. § 1 Abs. 4 S. 2 RDGEG stellt ergänzend klar, dass anstelle der **qualifizierten Personen** nach § 12 Abs. 4 RDG die in der Erlaubnisurkunde benannten Ausübungsberechtigten einzutragen sind (BT-Drs. 16/3655, 79). Gem. § 3 1. AVO RBerG ermächtigte die Erlaubnis bei juristischen Personen sowie bei OHGs und ähnlichen Vereinigungen nur zur Berufsausübung durch die in der Erlaubnis namentlich bezeichneten Personen. Nach § 10 Abs. 2 1. AVO RBerG war bei juristischen Personen und Personenvereinigungen bereits in dem Gesuch auf Erlaubniserteilung anzugeben, welche gesetzlichen Vertreter oder leitenden Angestellten die Rechtsbesorgung tatsächlich ausüben sollten.

25 § 1 Abs. 4 S. 4 RDGEG schränkt die Möglichkeit der Alterlaubnisinhaber ein, nach der Registrierung weitere qualifizierte Personen zu benennen, um beim Ausscheiden der einzigen qualifizierten Person den Widerruf der Registrierung zu verhindern. Die Regelung bewirkt, dass Alterlaubnisse juristischer

Personen, die in ihrem Inhalt über die in § 10 RDG genannten Bereiche des Rechts hinausgehen, nicht mehr unbegrenzt gültig sind. Deshalb sollen diese Erlaubnisse nur so lange noch Bestand haben, bis die letzte im Zeitpunkt des Antrags auf Registrierung benannte natürliche Person weggefallen, also entweder verstorben oder für die Gesellschaft nicht mehr tätig ist. Ein Austausch von ausübungsberechtigten Personen, wie er in juristischen Personen oder Gesellschaften ohne Rechtspersönlichkeit unter Geltung des RBerG möglich war und so zur Perpetuierung der einmal erteilten Erlaubnis geführt hat (siehe dazu einerseits VG Köln Rbeistand 2000, 34; *Rennen/Caliebe* 1. AVO § 3 Rn. 14f.; *Hoechstetter* Rbeistand 1995, 39ff., 71ff. und andererseits VG Leipzig Rbeistand 1998, 51, 53ff.), ist folglich seit dem Inkrafttreten des RDG nur noch in dem durch § 10 Abs. 1 RDG iVm § 12 Abs. 4 RDG vorgegebenen Umfang möglich (BT-Drs. 16/3655, 79). Damit ist sichergestellt, dass die bis 1980 erteilten Vollerlaubnisse zur Besorgung fremder Rechtsangelegenheiten langfristig auslaufen und auch bei **juristischen Personen** nicht ewig fortgelten (Krenzler/*Offermann-Burckart* Rn. 4, 79f.). Es ist freilich damit zu rechnen, dass diese Regelung von Inhabern von Alterlaubnissen – etwa Wirtschaftsprüfungsgesellschaften – einer verfassungsrechtlichen Überprüfung unterzogen werden wird.

Der Wegfall der qualifizierten Person berechtigt die zuständige Behörde – **26** nach Ablauf von sechs Monaten – zum Widerruf gem. § 14 Nr. 4 RDG (§ 14 RDG Rn. 56ff.). Zwar kann der primäre Zweck des § 14 Nr. 4 RDG, den betroffenen Unternehmen bei einem plötzlichen Ausscheiden der qualifizierten Person einen Übergangszeitraum für die Suche nach einem geeigneten Nachfolger einzuräumen (BT-Drs. 16/3655, 73), im hier zu beurteilenden Fall mangels Fortsetzungsfähigkeit des Unternehmens überhaupt nicht erreicht werden. Ohne eine von § 14 Nr. 4 RDG abweichende Regelung in § 1 RDGEG kann jedoch schon aufgrund des Gesetzesvorbehalts nicht davon ausgegangen werden, dass die (überschießende) Erlaubnis automatisch erlischt. Zudem hat der Gesetzgeber mit der Regelung des § 14 Nr. 4 RDG zum Ausdruck gebracht, dass der Schutz der Rechtsuchenden nicht stets den Unternehmensinteressen vorgeht.

III. Früherer Widerruf der Erlaubnis nach dem RBerG als Registrierungshindernis

Nach § 12 Abs. 1 Nr. 1 lit. c RDG fehlt einem Antragsteller die für die Registrierung erforderliche Zuverlässigkeit, wenn in den letzten drei Jahren vor Antragstellung (1) eine Registrierung nach § 14 RDG oder eine Zulassung zur Rechtsanwaltschaft nach § 14 Abs. 2 Nr. 1–3 und 7–9 BRAO **widerrufen**, (2) die Zulassung zur Rechtsanwaltschaft nach § 14 Abs. 1 BRAO **zurückgenommen** oder nach § 7 BRAO **versagt** worden oder (3) ein **Ausschluss** aus der Rechtsanwaltschaft erfolgt ist (dazu § 12 RDG Rn. 89ff.). Damit die Behörde dieses Registrierungshindernis prüfen kann, muss einem Registrierungsantrag gem. § 13 Abs. 1 S. 3 Nr. 4 RDG eine Erklärung beigefügt werden, ob in den letzten drei Jahren vor Antragstellung eines dieser Hindernisse vorlag. Ist dies der Fall, muss zudem eine Kopie des Bescheids vorgelegt werden (§ 13 RDG Rn. 38ff.). Ergänzend stellt § 1 Abs. 5 RDGEG klar, dass der Widerruf einer Erlaubnis nach dem RBerG (vgl. § 14 1. AVO RBerG) dem Widerruf der Registrierung nach § 12 Abs. 1 Nr. 1 lit. c RDG und § 13 Abs. 1 S. 3 Nr. 4 RDG gleichsteht. Personen, deren Erlaubnis nach dem RBerG in dem in § 12 RDG genannten Zeitraum widerrufen worden ist, durften eine Registrierung nach dem RDG nicht beantragen (BT-Drs. 16/3655, 79). Inzwischen ist die Norm aufgrund Zeitablaufs praktisch bedeutungslos.

§ 2 Versicherungsberater

Abweichend von § 1 Abs. 1 Satz 2 können Personen mit einer Erlaubnis zur Besorgung fremder Rechtsangelegenheiten auf dem Gebiet der Versicherungsberatung (Artikel 1 § 1 Abs. 1 Satz 2 Nr. 2 des Rechtsberatungsgesetzes) nur eine Erlaubnis als Versicherungsberater nach § 34e Abs. 1 der Gewerbeordnung beantragen.

Inhaltsübersicht

	Rn.
A. Hintergrund und Zweck der Regelung	1
I. Entwicklung der gesetzlichen Regelung des Berufs des Versicherungsberaters	2
II. Bedeutung und Konsequenzen der Regelung des § 2 RDGEG	6
B. Der Beruf des Versicherungsberaters	9
I. Berufsrechtliche Legaldefinition und die Unabhängigkeit der Versicherungsberater	10
II. Die Tätigkeitsbereiche von Versicherungsberatern	12
1. Beratung	13
2. Außergerichtliche Vertretung	15
3. Keine gerichtliche Vertretungsbefugnis	16
4. Kein Alleinstellungsanspruch	17
III. Erlaubnispflicht, Erlaubnisvoraussetzungen und Berufsausübungsregelungen	19

A. Hintergrund und Zweck der Regelung

1   Die Vorschrift des § 2 RDGEG nimmt Versicherungsberater, denen eine Erlaubnis nach Art. 1 § 1 Abs. 1 S. 2 Nr. 2 RBerG erteilt worden war, vom Anwendungsbereich der in § 1 Abs. 1 S. 2 RDGEG vorgesehenen Übergangsregelung (dazu § 1 RDGEG Rn. 2 ff.) aus.

I. Entwicklung der gesetzlichen Regelung des Berufs des Versicherungsberaters

2   **Unter Geltung des RBerG** war der Beruf des Versicherungsberaters zuletzt in Art. 1 § 1 Abs. 1 S. 2 Nr. 2 RBerG geregelt. Danach konnte Versicherungsberatern die Erlaubnis für die Beratung und außergerichtliche Vertretung gegenüber Versicherern a) bei der Vereinbarung, Änderung oder Prüfung von Versicherungsverträgen und b) bei der Wahrnehmung von Ansprüchen aus

dem Versicherungsvertrag im Versicherungsfall erteilt werden. Das war nicht immer so: Als der Gesetzgeber im **Jahre 1980** die Vollerlaubnis zur Rechtsberatung abschaffte und auf bestimmte Rechtsgebiete beschränkte (vgl. Einleitung Rn. 7f.), wurde der Bereich der Versicherungsberatung nicht in den Katalog des damals neu gefassten Art. 1 § 1 RBerG aufgenommen. Entgegen der bis zu diesem Zeitpunkt allgemein vertretenen Ansicht, nach der die Versicherungsberatung der Erlaubnispflicht nach Art. 1 § 1 RBerG unterlag, zählte die Versicherungsberatung damit nicht mehr zu den zulässigen Teilerlaubnisformen (*Ring* WM 2007, 281, 282). Das BVerfG erklärte diese Regelung insoweit aufgrund einer Verfassungsbeschwerde mit Beschluss vom 5.5.1987 als mit Art. 12 Abs. 1 GG und Art. 3 Abs. 1 GG unvereinbar (BVerfGE 75, 284ff. = NJW 1988, 543ff.). Das BVerfG stellte hierzu ua fest, dass es sich bei dem Beruf des Versicherungsberaters um einen traditionsreichen Beruf mit einer geringen Anzahl von Spezialisten mit besonderer Sachkunde handele, deren Tätigkeit nicht anwaltsähnlich sei und die nicht einfach durch Rechtsanwälte ersetzt werden könne (BVerfGE 75, 284, 300 = NJW 1988, 543, 545; siehe auch Kilian/Sabel/vom Stein/*Kilian* Rn. 176). Im Anschluss an diese Entscheidung fand der Beruf des Versicherungsberaters – in der einleitend beschriebenen Form – mit dem Gesetz zur Änderung des Berufsrechts der Rechtsanwälte und Patentanwälte v. 13.12.1989 (BGBl. I S. 2135) Eingang in das RBerG (Krenzler/*Offermann-Burckart* Rn. 2; *Ring* WM 2007, 281, 282).

Heute, im **Anwendungsbereich des RDG,** ist der Beruf des Versicherungsberaters nicht mehr als registrierungsfähiger Beruf in § 10 Abs. 1 RDG vorgesehen, was allerdings nicht die Schließung dieses Berufszweiges zur Folge hatte. Vielmehr war es erklärtes Ziel des Gesetzgebers, den Beruf des Versicherungsberaters – mit Blick auf dessen ausdrückliche Anerkennung durch das BVerfG – aufrecht zu erhalten. Er ist nun nach der am 22.5.2007 in Kraft getretenen Neuregelung des Versicherungsvermittlerrechts (BGBl. I 2006 S. 3232) als eigenständiger Beruf in **§ 34 e GewO** verankert (BT-Drs. 16/3655, 41). Damit steht der Beruf des Versicherungsberaters im Regelungszusammenhang mit den Berufen des Versicherungsmaklers und des Versicherungsvertreters (vgl. § 34d GewO). Der Gesetzgeber bezweckte mit dieser Neusystematisierung eine einheitliche und im Zusammenhang stehende Regelung eines speziellen Bereichs; so sei eine transparente Gestaltung der graduellen Abstufungen der beim Abschluss von Versicherungsverträgen beteiligten Berufe aus Sicht der Versicherungsnehmer gewährleistet (BT-Drs. 16/3655, 41). Die Schaffung eines einheitlichen Normenkomplexes rechtfertigte der Gesetzgeber zudem mit der Vermeidung eines erheblichen Regelungs- und Verwaltungsaufwands. Hintergrund dieser Feststellung ist, dass im Zeitpunkt des Gesetzgebungsverfahrens zur Neuregelung des Rechtsberatungsrechts die Umsetzung der Vermittlerrichtlinie (Richtlinie 2002/92/EG des Europäischen Parlaments und des Rates v. 9.12.2002 über Versicherungsvermittlung, ABl. EG Nr. L 9 v. 15.1.2003 S. 3) anstand und (auch) ein wesentlicher Teil der Versicherungsberatung in den Anwendungsbereich dieser Richtlinie fällt, weshalb – im Falle einer separaten Regelung des Bereichs der Versicherungsberatung im RDG – eine gesonderte Umsetzung der europarechtlichen Vorgaben notwendig gewesen wäre (BT-Drs. 16/3655, 41). Schließlich hielt der Gesetzgeber die zusammenhängende Regelung auch unter dem Blickwinkel der Rechtsdienstleis-

RDGEG § 2 Einführung zum Rechtsdienstleistungsgesetz

tungsbefugnisse der angesprochenen Berufe für angezeigt, da Versicherungsberater insoweit nicht mehr über einen Alleinstellungsanspruch verfügen, sondern auch Versicherungsvermittler, insbesondere Versicherungsmakler (vgl. § 34d Abs. 1 S. 4 GewO), gewisse Rechtsdienstleistungsbefugnisse für sich in Anspruch nehmen können (BT-Drs. 16/3655, 41).

4 Die Regelung des Berufs des Versicherungsberaters in der mit § 34e GewO verabschiedeten Form ist in der Literatur teilweise auf **Kritik** gestoßen (*Ring* WM 2007, 281, 289, der die Einbindung in das VVG als elegantere Lösung bezeichnet; befürwortend demgegenüber *Schönleiter* GewArch 2007, 265, 271). In der Praxis zeigte sich die kritische Einstellung bezüglich der Neuregelung des Versicherungsvermittlerrechts in einer von mehreren Versicherungsberatern gegen die Vorschrift des § 34e GewO – sowie gegen die §§ 34d, 156 GewO, §§ 42b, 42c, 42j VVG – noch vor dem Inkrafttreten dieser Regelungen angestrengten **Verfassungsbeschwerde,** die indes vom BVerfG nicht zur Entscheidung angenommen wurde (BVerfG NJW 2007, 2537f.). Soweit mit der Verfassungsbeschwerde der aus der Neuregelung resultierende Verzicht auf ein wesentliches berufsprägendes Merkmal, nämlich die Zulassung nach dem RBerG/RDG, angegriffen wurde, führte das BVerfG aus, dass mit der Erlaubnispflichtigkeit nach der GewO die berufliche Außendarstellung und das berufliche Tätigkeitsfeld von Versicherungsberatern nicht verändert werde (BVerfG NJW 2007, 2537).

5 Mit Blick auf die Einbindung des Berufs des Versicherungsberaters in die GewO und den im Rahmen der zuvor erwähnten Verfassungsbeschwerde erhobenen Einwand, dass das Selbstverständnis als freier Beruf infolge der Neuregelung aufgegeben würde (vgl. BVerfG NJW 2007, 2537), drängt sich die Frage nach der rechtlichen Einordnung dieses Berufs auf. Zu konstatieren ist, dass die rechtliche Stellung eines Berufs – wie der Gesetzgeber ausdrücklich betonte, ohne aber in der Sache explizit Stellung zu beziehen (BT-Drs. 16/3655, 41) – nicht davon abhängt, in welchem Gesetz er geregelt ist. Allerdings scheint der Gesetzgeber Versicherungsberater als **Gewerbetreibende im Sinne der GewO** zu qualifizieren, wenn er in § 34e Abs. 1 S. 1 GewO und in § 59 Abs. 4 VVG den Terminus „gewerbsmäßig" wählt. Diese Bezeichnung kann indes nicht über die Bestimmung des Status entscheiden. Maßgeblich für die Einordnung als Freiberufler oder Gewerbetreibender ist vielmehr die Legaldefinition des § 1 Abs. 2 S. 1 PartGG, die eine Typusbeschreibung der freien Berufe anhand von vier Kriterien vornimmt (Das Deutsche Bundesrecht PartGG/Seibert/Kilian/*Kilian* § 1 Rn. 8 mit Darstellung der einzelnen Kriterien). Jedenfalls das sich hieraus ergebende Kriterium der „besonderen beruflichen Qualifikation" können Versicherungsberater nicht für sich in Anspruch nehmen. Denn von einer besonderen beruflichen Qualifikation kann nicht die Rede sein, wenn sich der (Mindest-) Sachkundenachweis auf eine vor der Industrie- und Handelskammer abzulegende Sachkundeprüfung mit dem sich aus § 1 VersVermV ergebenden Inhalt beschränkt (Landmann/Rohmer/*Schönleiter* § 34e Rn. 17, der daneben auf die Einbindung in die GewO und die Wortwahl abstellt), die Erbringung des Sachkundenachweises vom Versicherungsberater sogar nach Maßgabe von § 34e Abs. 2 iVm § 34d Abs. 2 Nr. 4 Hs. 2 GewO an andere Personen delegiert werden kann (iErg ebenso *Henssler* PartGG § 1 Rn. 135 [bezogen auf den Versicherungsberater unter Geltung des

RBerG]; *Schönleiter* GewArch 2007, 265, 271 [mangels obligatorischer akademischer Bildung]; *Lensing* ZfV 2009, 16, 19; siehe auch BeckOK GewO/*Ramos* § 34e Rn. 6 und Tettinger/Wank/Ennuschat/*Ennuschat* § 34 Rn. 6, die allein auf den Standort der Regelung in der GewO abstellen; zu § 18 Abs. 1 Nr. 1 EStG BFH DStR 1998, 416 ff.; aA *Ring* WM 2007, 281, 289).

II. Bedeutung und Konsequenzen der Regelung des § 2 RDGEG

Die Vorschrift des § 2 RDGEG komplettiert die gesetzliche Konzeption, **6** eine zusammenhängende Regelung der Berufe der Versicherungsberater und Versicherungsvermittler zu erreichen, indem auch Alterlaubnisinhaber von einer Registrierungsmöglichkeit im Rechtsdienstleistungsregister ausgeschlossen werden. Denn ohne eine von der Übergangsregelung des § 1 Abs. 1 RDGEG abweichende Bestimmung wäre es Alterlaubnisinhabern möglich gewesen, nach § 1 Abs. 3 S. 2 RDGEG eine Registrierung als „registrierter Erlaubnisinhaber" zu erreichen (§ 1 RDGEG Rn. 9; Gaier/Wolf/Göcken/*Piekenbrock* Rn. 2; aA LG Hamburg VersR 2013, 1324, 1325, das Versicherungsberater als registrierte Erlaubnisinhaber iSd § 4 Abs. 1 RDGEG ansieht).

Versicherungsberater mussten, um ihren Status quo zu erhalten, nach dem **7** Inkrafttreten der Vorschrift des § 2 RDGEG die neue Erlaubnis nach § 34e Abs. 1 S. 1 GewO bei der zuständigen Industrie- und Handelskammer beantragen (vgl. BT-Drs. 16/3655, 79). Nach der **Übergangsregelung** des § 156 Abs. 3 S. 1 GewO musste die Erlaubnis zugleich mit der Registrierung nach § 34d Abs. 7 GewO, woraus sich die Pflicht zur Registrierung in dem **Vermittlerregister** nach **§ 11a GewO** ergibt, beantragt werden. Erfolgte die Antragstellung unter Vorlage der bisherigen Erlaubnisurkunde, musste sich der Antragsteller gem. § 156 Abs. 3 S. 3 GewO keiner Prüfung der Sachkunde, der Zuverlässigkeit und der Vermögensverhältnisse nach § 34d Abs. 2 Nr. 1, 2 und 4 GewO unterziehen; geprüft wurde lediglich das Bestehen der Berufshaftpflichtversicherung (BeckOK GewO/*Ramos* § 34e Rn. 24), die mit § 34e Abs. 2 iVm § 34d Abs. 2 Nr. 3 GewO neu eingeführt wurde.

Nach § 156 Abs. 3 S. 3 GewO erlosch die nach dem RBerG erteilte Erlaubnis **8** mit der bestandskräftigen Entscheidung über den Erlaubnisantrag; bis zu diesem Zeitpunkt galt die Rechtsberatungserlaubnis nach § 156 Abs. 3 S. 4 GewO als Erlaubnis nach § 34e Abs. 1 GewO fort. Hatten Versicherungsberater auch **sechs Monate** nach dem Inkrafttreten des RDGEG noch keine Erlaubnis nach § 34e Abs. 1 S. 1 GewO beantragt, so erlosch ihre Rechtsberatungserlaubnis aufgrund der Regelung des § 1 Abs. 1 S. 1 RDGEG, der insoweit Auffang- und Ausschlusscharakter zukommt (BT-Drs. 16/3655, 79; Gaier/Wolf/Göcken/*Piekenbrock* Rn. 3).

B. Der Beruf des Versicherungsberaters

Wenngleich der Beruf des Versicherungsberaters heute in der GewO gere- **9** gelt ist und sich die Bedeutung der hier zu kommentierenden Vorschrift des § 2 RDGEG darin erschöpft, dass (auch) Alterlaubnisinhaber keine Registrierung in dem Rechtsdienstleistungsregister erreichen können, soll doch dieser

Berufszweig aufgrund der den Berufsangehörigen zustehenden Rechtsdienstleistungsbefugnisse gleichwohl – in der gebotenen Kürze – beleuchtet werden.

I. Berufsrechtliche Legaldefinition und die Unabhängigkeit der Versicherungsberater

10 Nach der **berufsrechtlichen Legaldefinition** des § 34e Abs. 1 S. 1 GewO ist Versicherungsberater, wer gewerbsmäßig Dritte über Versicherungen berät, ohne von einem Versicherungsunternehmen einen wirtschaftlichen Vorteil zu erhalten oder von ihm in anderer Weise abhängig zu sein (*Reiff* VersR 2007, 717, 729 auch zu der inhaltlich identischen vertragsrechtlichen Legaldefinition in § 42a Abs. 4 VVG-E, die § 59 Abs. 4 VVG entspricht). Die hierin zum Ausdruck kommende **Unabhängigkeit** von der Versicherungswirtschaft, die sich insbesondere in dem in § 34e Abs. 3 S. 1 GewO geregelten Provisionsannahmeverbot (Rn. 25) niederschlägt, ist kennzeichnend für das Berufsbild des Versicherungsberaters (BT-Drs. 16/1935, 21; *Ring* WM 2007, 281, 288) und unterscheidet ihn gerade von Versicherungsvermittlern iSv § 34d Abs. 1 S. 1 GewO (BT-Drs. 16/1935, 21), also von Versicherungsvertretern und Versicherungsmaklern.

11 Die in der Gesetzesbegründung betonte Konsequenz der Unabhängigkeit besteht darin, dass der Beruf des Versicherungsberaters – anders als die Berufe des Versicherungsvertreters und des Versicherungsmaklers (hierzu siehe Henssler/Prütting/*Henssler* § 7 Rn. 104a, 105) – weiterhin als ein mit dem Rechtsanwaltsberuf **vereinbarer Beruf** angesehen werden kann (BT-Drs. 16/3655, 41). Hintergrund dieser Feststellung ist die sich aus dem anwaltlichen Berufsrecht stellende Frage, ob ein Rechtsanwalt gemessen an §§ 7 Nr. 8, 14 Abs. 2 Nr. 8 BRAO zur Ausübung eines bestimmten Berufs als Zweitberuf berechtigt ist. Die Frage der Berechtigung und der Voraussetzungen, einen Zweitberuf ausüben zu dürfen, war und ist im Einzelnen umstritten. Der in der Gesetzesbegründung betonten Vereinbarkeit des Rechtsanwaltsberufs mit dem Beruf des Versicherungsberaters ist im Grundsatz beizupflichten, jedoch ist – nicht anders als im Falle der Doppelzulassung eines Rechtsanwalts als registrierter Rechtsdienstleister iSv § 10 Abs. 1 S. 1 Nr. 1–3 RDG – eine organisatorisch und räumlich getrennte Berufsausübung erforderlich (näher siehe § 10 RDG Rn. 18ff.).

II. Die Tätigkeitsbereiche von Versicherungsberatern

12 Die Erlaubnis als Versicherungsberater beinhaltet nach **§ 34e Abs. 3 S. 1 GewO** die Befugnis, Dritte bei der Vereinbarung, Änderung oder Prüfung von Versicherungsverträgen oder bei der Wahrnehmung von Ansprüchen aus dem Versicherungsvertrag im Versicherungsfall rechtlich zu beraten und gegenüber dem Versicherungsunternehmen außergerichtlich zu vertreten.

13 **1. Beratung.** Mit dem sich aus § 34e Abs. 3 S. 1 GewO ergebenden Tätigkeitsbereich, der rechtlichen Beratung bei der Vereinbarung, Änderung oder Prüfung von Versicherungsverträgen, ist das primäre Betätigungsfeld von Versicherungsberatern umschrieben. Die Tätigkeit von Versicherungsberatern ist nicht auf den Abschluss von Versicherungsverträgen, wie dies zum Kerngeschäft von Versicherungsvermittlern zählt, ausgerichtet. Sie zeichnet sich vielmehr durch die – **unabhängige – Beratung des Auftraggebers in Bezug auf dessen Versicherungsbedarf** sowie die sich möglicherweise anschließende Umstrukturierung des vorhandenen Versicherungspakets und – im Falle eines langfristigen Dienstverhältnisses – durch die regelmäßige Prüfung des Versicherungsbestands und die Anpassung an die tatsächlichen, rechtlichen und wirtschaftlichen Entwicklungen aus (Kilian/Sabel/vom Stein/*Kilian* Rn. 180).

Die in § 34e Abs. 3 S. 1 GewO genannte Befugnis zur rechtlichen Beratung 14 bei der Wahrnehmung von Ansprüchen aus dem Versicherungsvertrag bei Eintritt des Versicherungsfalls gegenüber dem Versicherungsunternehmen umgrenzt ein weiteres Aufgabengebiet der Versicherungsberater.

2. Außergerichtliche Vertretung. In Bezug auf die **Berechtigung zur** 15 **außergerichtlichen Vertretung** legt die sprachliche Fassung der Regelung – „... im Versicherungsfall rechtlich zu beraten und gegenüber dem Versicherungsunternehmen außergerichtlich zu vertreten" – nahe, dass sich diese Befugnis allein auf die Situation des Eintritts des Schadensfalls bezieht. Allerdings ergeben sich aus der Gesetzesbegründung keine Anhaltspunkte für eine seitens des Gesetzgebers im Vergleich zu der Vorgängerregelung des Art. 1 § 1 Abs. 1 S. 2 Nr. 2 RBerG bezweckte inhaltliche Änderung des erlaubten Tätigkeitsfelds. Damals war die Befugnis zur außergerichtlichen Vertretung gegenüber dem Versicherungsunternehmen auch im Falle der Vereinbarung, Änderung oder Prüfung von Versicherungsverträgen bereits nach deren Wortlaut nicht zweifelhaft (eingehend zum Wortlaut des Art. 1 § 1 Abs. 1 S. 2 Nr. 2 RBerG siehe *Harstorff* VersR 2008, 47, 48). Vielmehr war es – wie bereits ausgeführt (Rn. 3) – das erklärte Ziel des Gesetzgebers, den Beruf des Versicherungsberaters zu erhalten, wobei – was im gegenteiligen Fall zu erwarten gewesen wäre – nicht von einer inhaltlichen Neuausrichtung des Berufsbilds, auch nicht in Teilen, die Rede war (vgl. BT-Drs. 16/1935, 21; BT-Drs. 16/3655, 41). Dementsprechend ist die in § 34e Abs. 1 S. 3 GewO genannte Befugnis zur außergerichtlichen Vertretung in einem umfassenden Sinne zu verstehen, die sich auch auf das hier zuerst genannte Betätigungsfeld der Versicherungsberater erstreckt (Kilian/Sabel/vom Stein/*Kilian* Rn. 186; *Harstorff* VersR 2008, 47, 48). Beschränkt ist das Tätigwerden im Rahmen der außergerichtlichen Vertretung jedoch – und insoweit lässt der Wortlaut der Vorschrift keinen Raum für eine Auslegung – auf die Vertretung des Versicherungsnehmers **gegenüber dem Versicherungsunternehmen** (in diesem Sinne bereits zu Art. 1 § 1 Abs. 1 S. 2 Nr. 2 RBerG Henssler/Prütting/*Weth* 2. Aufl., Art. 1 § 1 RBerG Rn. 85; *Chemnitz/Johnigk* Rn. 254). Der Versicherungsberater darf also weder seine Mandanten gegenüber anspruchstellenden Dritten vertreten noch Schadensersatzansprüche gegen den Versicherer des Dritten geltend machen, er darf also nicht umfassend in einem Versicherungsfall tätig werden (§ 5 RDG Rn. 129; Kilian/Sabel/vom Stein/*Kilian* Rn. 187; *Ring* WM 2007, 281, 287). Ein Tätigwerden in diesem Umfang ist auch nicht als Nebenleistung gem. § 5 Abs. 1 RDG zulässig, da es nicht zum Berufsbild des Versicherungsberaters zählt (Kilian/Sabel/vom Stein/*Kilian* Rn. 187; anders OLG Köln GRUR-RR 2014, 292 für den Fall eines **Versicherungsmaklers,** der im Interesse eines Versicherers schadensregulierend tätig wird; siehe hierzu § 5 RDG Rn. 125 f.).

16 **3. Keine gerichtliche Vertretungsbefugnis.** Eine **Befugnis zur gerichtlichen Vertretung** ist Versicherungsberatern weder in § 34e Abs. 1 S. 3 GewO eingeräumt, noch finden sich – anders als dies nach der Neuregelung des Rechtsberatungsrechts für Inkassounternehmer und Rentenberater der Fall ist (siehe § 10 RDG Rn. 37ff. und Rn. 99ff.) – entsprechende Regelungen in den Verfahrensordnungen (Kilian/Sabel/vom Stein/*Kilian* Rn. 188).

17 **4. Kein Alleinstellungsanspruch.** Für die rechtliche Beratung im Zusammenhang mit Versicherungsverträgen können Versicherungsberater keinen Alleinstellungsanspruch mehr in Anspruch nehmen (BT-Drs. 16/3655, 41). Wie Versicherungsberater sind nämlich **Versicherungsmakler** nach der Neuregelung des § 34d Abs. 1 S. 4 GewO – gegen gesondertes Entgelt – ebenfalls zur rechtlichen Beratung bei der Vereinbarung, Änderung oder Prüfung von Versicherungsverträgen berechtigt. Eine ausdrückliche Einschränkung enthält dieser Tatbestand insoweit, als der Beratene nicht Verbraucher sein darf, wobei sich die Befugnis jedoch wiederum auf die Beschäftigten des beratenen Unternehmens erstreckt (zur sog. Honorarberatung ausführlich *Rutloff* GewArch 2009, 59ff.; *Lensing* ZfV 2009, 16ff.). Darüber hinaus können Dienstleistungen, wenn und soweit sie als Rechtsdienstleistung iSv § 2 Abs. 1 RDG zu qualifizieren sind, sowohl von **Versicherungsmaklern** als auch von **Versicherungsvertretern** in dem Umfang erbracht werden, wie die Rechtsdienstleistung gem. § 5 Abs. 1 RDG als Nebenleistung zu werten ist (*Schwintowski* VersR 2009, 1333, 1335f.; zu Versicherungsmaklern *Lensing* ZfV 2009, 16, 20ff.; aA Grunewald/Römermann/*Hirtz* § 5 RDG Rn. 190).

18 Zu der Frage der Beratungsbefugnis von Versicherungsberatern und Versicherungsvermittlern im Zusammenhang mit der **betrieblichen Altersversorgung** vgl. § 10 RDG Rn. 72ff.

III. Erlaubnispflicht, Erlaubnisvoraussetzungen und Berufsausübungsregelungen

19 Die Erlaubnispflicht für den Beruf des Versicherungsberaters folgt aus § 34e Abs. 1 S. 1 GewO, wobei die Erlaubnis durch die zuständige Industrie- und Handelskammer zu erteilen ist. Sie entfällt mit Blick auf die **Dienstleistungs- und Niederlassungsfreiheit** für Versicherungsberater aus einem Mitgliedstaat der Europäischen Union oder einem anderen Vertragsstaat des Abkommens über den Europäischen Wirtschaftsraum nach Maßgabe von § 34e Abs. 2 GewO iVm **§ 34d Abs. 5 und Abs. 11 GewO** (zu diesen Regelungen und zur Rechtslage für Berufsangehörige aus der Schweiz siehe Landmann/Rohmer/*Schönleiter* § 34d Rn. 132ff., Rn 150ff.; kritisch zur entsprechenden Anwendbarkeit des § 34d Abs. 5 GewO auf Versicherungsberater *Reiff* VersR 2007, 717, 729f.).

20 Die Voraussetzungen für die **Erteilung einer Erlaubnis** als Versicherungsberater sind, wie sich aus dem Verweis in § 34e Abs. 2 GewO auf **§ 34d Abs. 2 GewO** ergibt, mit denen einer Erlaubnis für Versicherungsvermittler identisch. Danach müssen Versicherungsberater zuverlässig sein (Abs. 2 Nr. 1), über geordnete Vermögensverhältnisse verfügen (Abs. 2 Nr. 2), eine Berufshaftpflichtversicherung nachweisen (Abs. 2 Nr. 3; zum Umfang der Versicherung siehe § 9 VersVermV, welcher aufgrund der in § 34d Abs. 8 Nr. 8 GewO vorgesehenen Verordnungsermächtigung erlassen wurde) und einen Sachkundenachweis erbringen (Abs. 2 Nr. 4). Im Hinblick auf die Anforderungen an die Sachkunde, die in § 1 Abs. 2 und 3 VersVermV (erlassen aufgrund der Verordnungsermächtigung in § 34d Abs. 8 Nr. 2 GewO) näher konkretisiert werden, hebt der Gesetzgeber den Charakter dieser gesetzlichen Anforderungen als „absoluten Mindeststandard" hervor (BT-Drs. 16/1935, 21). Dabei geht er davon aus, dass unabhängige Versicherungsberater in aller Regel über berufliche Qualifikationen verfügen werden, die weit über dem gesetzlichen Mindeststandard liegen, und sie nur aufgrund nachgewiesener hoher Qualifikationen am Markt werden bestehen und sich gegen die Konkurrenz werden durchsetzen können. Die Kodifikation von abweichenden gesetzlichen Anforderungen an die Berufsqualifikation von Versicherungsberatern sei – im Vergleich zu den Versicherungsvermittlern – nicht erforderlich. Insoweit verweist die Gesetzesbegründung zum einen auf die unter Geltung des RBerG (ebenfalls) fehlenden gesetzlichen Vorgaben; zum anderen wird darauf abgestellt, dass die Regelung eines Mindeststandards dem Erwerb höherer Qualifikationen nur zur Selbstbindung des Berufs nicht entgegenstehe (BT-Drs. 16/1935, 21; kritisch hierzu *Reiff* VersR 2007, 717, 729f.).

Wie sich aus **§ 34e Abs. 1 S. 2 GewO** ergibt, kann die Erlaubnis **inhaltlich beschränkt** und mit **Auflagen** verbunden werden, soweit dies zum Schutz der Allgemeinheit oder der Versicherungsnehmer erforderlich ist; auch die nachträgliche Anordnung von Auflagen ist möglich. 21

Aus der in § 34e Abs. 2 GewO angeordneten entsprechenden Anwendbarkeit von **§ 34d Abs. 6 GewO** ergibt sich für Versicherungsberater die Pflicht, direkt bei der Vermittlung **mitwirkende Personen** nur zu beschäftigen, wenn sie die berufliche Qualifikation der Mitwirkenden sichergestellt und deren Zuverlässigkeit überprüft haben. 22

Nach § 34e Abs. 2 GewO iVm **§ 34d Abs. 7 GewO** haben sich Versicherungsberater unverzüglich nach Aufnahme ihrer Tätigkeit in das **Vermittlerregister nach § 11a GewO** eintragen zu lassen und wesentliche Änderungen der im Register gespeicherten Angaben der Registerbehörde unverzüglich mitzuteilen. Von dem weiteren Regelungsinhalt des § 34d Abs. 7 GewO sind Versicherungsberater, auf die die in § 80 Abs. 3 VAG beschriebene Situation nicht zutreffen kann, nicht betroffen. 23

Aus der entsprechenden Anwendbarkeit des **§ 34d Abs. 8 GewO** sowie der aufgrund dieser Vorschrift erlassenen Rechtsverordnung, namentlich aus § 34d Abs. 8 S. 1 Nr. 1 lit. a GewO iVm § 11 VersVermV, ergibt sich eine **Auskunftspflicht** gegenüber dem Versicherungsnehmer, soweit es den Status des Versicherungsberaters betrifft; erfasst von dieser Regelung werden Auskünfte, die der Versicherungsberater nur einmal, nämlich zu Beginn einer Kundenbeziehung, zu erfüllen hat, während die weiteren Informations-, Mitteilungs- und Beratungspflichten im VVG geregelt sind (vgl. hierzu *Reiff* VersR 2007, 717, 722, der diese Aufspaltung kritisiert). Die Pflicht, vor der Entgegennahme oder Verwendung von Vermögenswerten von Versicherungsnehmern eine ausreichende **Sicherheit** zu leisten oder eine zu diesem Zweck geeignete **Versicherung** abzuschließen, folgt aus § 34d Abs. 8 S. 1 Nr. 2 GewO iVm § 12 VersVermV. 24

25 Als letzte für das Berufsbild charakteristische Berufsausübungsregelung ist das sich aus § 34e Abs. 3 S. 1 GewO ergebende **Provisionsannahmeverbot** zu nennen (hierzu bereits Rn. 10), dessen Einhaltung – auf der Grundlage der in § 34e Abs. 3 S. 2 GewO vorgesehenen Verordnungsermächtigung – mit der sich aus § 14 Abs. 3 VersVermV ergebenden Aufzeichnungspflicht sowie der in § 15 Abs. 2 VersVermV statuierten Pflicht, sich auf Anordnung überprüfen zu lassen, abgesichert wird (BeckOK GewO/*Ramos* § 34e Rn 26f.).

§ 3 Gerichtliche Vertretung*

(1) **Kammerrechtsbeistände stehen in den nachfolgenden Vorschriften einem Rechtsanwalt gleich:**
1. § 79 Abs. 2 Satz 1, § 88 Abs. 2, § 121 Abs. 2, § 133 Abs. 2, §§ 135, 157, 169 Abs. 2, §§ 174, 195, 317 Abs. 4 Satz 2, § 397 Abs. 2 und § 811 Nr. 7 der Zivilprozessordnung,
2. § 10 Abs. 2 Satz 1 und § 11 Satz 3 des Gesetzes über das Verfahren in Familiensachen und in den Angelegenheiten der freiwilligen Gerichtsbarkeit,
3. § 11 Abs. 2 Satz 1 des Arbeitsgerichtsgesetzes,
4. § 73 Abs. 2 Satz 1 und Absatz 6 Satz 5 des Sozialgerichtsgesetzes, wenn nicht die Erlaubnis das Sozial- und Sozialversicherungsrecht ausschließt,
5. § 67 Abs. 2 Satz 1 und Abs. 6 Satz 4 der Verwaltungsgerichtsordnung,
6. § 62 Abs. 2 Satz 1 und Abs. 6 Satz 4 der Finanzgerichtsordnung, wenn die Erlaubnis die geschäftsmäßige Hilfeleistung in Steuersachen umfasst.

(2) ¹Registrierte Erlaubnisinhaber stehen im Sinn von § 79 Abs. 2 Satz 1 der Zivilprozessordnung, § 10 Abs. 2 Satz 1 des Gesetzes über das Verfahren in Familiensachen und in den Angelegenheiten der freiwilligen Gerichtsbarkeit, § 11 Abs. 2 Satz 1 des Arbeitsgerichtsgesetzes, § 73 Abs. 2 Satz 1 des Sozialgerichtsgesetzes, § 67 Abs. 2 Satz 1 der Verwaltungsgerichtsordnung und § 62 Abs. 2 Satz 1 der Finanzgerichtsordnung einem Rechtsanwalt gleich, soweit ihnen die gerichtliche Vertretung oder das Auftreten in der Verhandlung
1. nach dem Umfang ihrer bisherigen Erlaubnis,
2. als Prozessagent durch Anordnung der Justizverwaltung nach § 157 Abs. 3 der Zivilprozessordnung in der bis zum 30. Juni 2008 geltenden Fassung,
3. durch eine für die Erteilung der Erlaubnis zum mündlichen Verhandeln vor den Sozialgerichten zuständige Stelle,
4. nach § 67 der Verwaltungsgerichtsordnung in der bis zum 30. Juni 2008 geltenden Fassung oder
5. nach § 13 des Gesetzes über die Angelegenheiten der freiwilligen Gerichtsbarkeit in der bis zum 30. Juni 2008 geltenden Fassung

---

* Stand der noch bis zum 1.1.2018 gültigen Fassung, vgl. Rn. 2.

gestattet war. ²In den Fällen der Nummern 1 bis 3 ist der Umfang der Befugnis zu registrieren und im Rechtsdienstleistungsregister bekanntzumachen.

(3) ¹Das Gericht weist registrierte Erlaubnisinhaber, soweit sie nicht nach Maßgabe des Absatzes 2 zur gerichtlichen Vertretung oder zum Auftreten in der Verhandlung befugt sind, durch unanfechtbaren Beschluss zurück. ²Prozesshandlungen eines nicht vertretungsbefugten Bevollmächtigten und Zustellungen oder Mitteilungen an diesen Bevollmächtigten sind bis zu seiner Zurückweisung wirksam. ³Das Gericht kann registrierten Erlaubnisinhabern durch unanfechtbaren Beschluss die weitere Vertretung oder das weitere Auftreten in der Verhandlung untersagen, wenn sie nicht in der Lage sind, das Sach- und Streitverhältnis sachgerecht darzustellen. ⁴§ 335 Abs. 1 Nr. 5 der Zivilprozessordnung gilt entsprechend.

Hinweis: § 3 Abs. 1 RDGEG wird zum 1.1.2018 (vgl. Rn. 2) wie folgt geändert:

(1) Kammerrechtsbeistände stehen in den nachfolgenden Vorschriften einem Rechtsanwalt gleich:
1. *§ 79 Abs. 2 Satz 1, § 88 Abs. 2, § 121 Abs. 2, § 130a Absatz 4 Nummer 2, §§ 130d, 133 Abs. 2, §§ 135, 157, 169 Abs. 2, §§ 174, 195, 317 Abs. 4 Satz 2, § 397 Abs. 2 und § 811 Nr. 7 der Zivilprozessordnung,*
2. *§ 10 Abs. 2 Satz 1, § 11 Satz 3, § 14 Absatz 2 Satz 2 und § 14b des Gesetzes über das Verfahren in Familiensachen und in den Angelegenheiten der freiwilligen Gerichtsbarkeit,*
3. *§ 11 Abs. 2 Satz 1, § 46c Absatz 4 Nummer 2, § 46g des Arbeitsgerichtsgesetzes,*
4. *§ 65a Absatz 4 Nummer 2, §§ 65d und 73 Absatz 2 Satz 1 und Absatz 6 Satz 5 des Sozialgerichtsgesetzes, wenn nicht die Erlaubnis das Sozial- und Sozialversicherungsrecht ausschließt,*
5. *§ 55a Absatz 4 Nummer 2, §§ 55d, 67 Absatz 2 Satz 1 und Abs. 6 Satz 4 der Verwaltungsgerichtsordnung,*
6. *§ 52a Absatz 4 Nummer 2, §§ 52d, 62 Absatz 2 Satz 1 und Abs. 6 Satz 4 der Finanzgerichtsordnung, wenn die Erlaubnis die geschäftsmäßige Hilfeleistung in Steuersachen umfasst.*

Inhaltsübersicht

	Rn.
A. Allgemeines	1
B. Die Regelungen im Detail	4
I. Kammerrechtsbeistände (Abs. 1)	4
1. Überblick	4
2. Zivilgerichtliche Verfahren (Abs. 1 Nr. 1)	9
3. Verfahren in Familiensachen und in der freiwilligen Gerichtsbarkeit (Abs. 1 Nr. 2)	14
4. Arbeitsgerichtliche Verfahren (Abs. 1 Nr. 3)	15
5. Sozialgerichtsverfahren (Abs. 1 Nr. 4)	16
6. Verwaltungsgerichtsverfahren (Abs. 1 Nr. 5)	18
7. Finanzgerichtsverfahren (Abs. 1 Nr. 6)	20

	Rn.
8. Sonstige Verfahren	21
II. Andere Alterlaubnisinhaber (Abs. 2)	24
1. Überblick und Voraussetzung der Registrierung	24
2. Umfang der gerichtlichen Vertretungsbefugnis	29
3. Registrierung und Bekanntmachung	31
III. Zurückweisung von registrierten Erlaubnisinhabern (Abs. 3)	38
1. Normzweck	38
2. Zurückweisung mangels Befugnis	39
3. Untersagung wegen Unfähigkeit	43
a) Voraussetzungen	43
b) Verfahren	45
c) Rechtsfolge	47
4. Sonderregelung für Säumnis im Termin (Abs. 3 S. 4)	48

A. Allgemeines

1   Die Norm, die nach ihrem Erlass durch das Gesetz zur Reform des Verfahrens in Familiensachen und in den Angelegenheiten der freiwilligen Gerichtsbarkeit v. 17.12.2008 (BGBl. I S. 2586) an die dortigen Änderungen angepasst worden ist, ist eine **Übergangsregelung** (nur) für die **gerichtliche** Vertretungsbefugnis der früheren Alterlaubnisinhaber. Deren **Status quo** sollte damit in vollem Umfang gewahrt, aber **nicht erweitert** werden (BT-Drs. 16/6634, 53; BVerfG NJW 2011, 3285 Rn. 15). Die Regelung gewährt zwar **keinen Bestandsschutz im eigentlichen Sinne,** weil die Rechtsberatungserlaubnis nach Inkrafttreten des RDG gerade nicht dauerhaft gültig blieb, aber zumindest einen **eingeschränkten Bestandsschutz,** weil auf Antrag eine entsprechende Registrierung ohne Einschränkung des Umfangs der früheren Befugnis ermöglicht wurde (VG Würzburg RV 2012, 219, 220) – mit dem einzigen zusätzlichen Erfordernis der Pflicht zur Unterhaltung einer Haftpflichtversicherung (BT-Drs. 16/3655, 77). Die Vorschrift unterscheidet – wie § 1 RDGEG – zwischen **Kammerrechtsbeiständen** (Abs. 1) und **Alterlaubnisinhabern,** die nicht Mitglied der Rechtsanwaltskammer sind (Abs. 2 und 3).

2   Die hier abgedruckte und noch gültige Regelung wird durch Art. 8 des Gesetzes zur Förderung des elektronischen Rechtsverkehrs v. 10.10.2013 (BGBl. I S. 3786, 3795) mWv **1.1.2018** erneut angepasst. Im Hinblick auf die in den verschiedenen Prozessordnungen durch das vorgenannte Gesetz neu geregelte elektronische Kommunikation zwischen Rechtsanwälten und dem Gericht ist auch § 3 Abs. 1 RDGEG um zahlreiche Verweisungen zu ergänzen. Damit wird insbesondere sichergestellt, dass Kammerrechtsbeistände in gleicher Weise wie Rechtsanwälte auf elektronischem Wege mit dem jeweiligen Gericht kommunizieren können und müssen (BT-Drs. 17/12634, 39).

3   Das RBerG war **auch auf das gerichtliche Verfahren** anwendbar und normierte damit de facto ein Verbot der geschäftsmäßigen Prozessvertretung durch Nicht-Rechtsanwälte. Der Gesetzgeber hat den Anwendungsbereich des RDG hingegen **bewusst auf die außergerichtliche Rechtsdienstleistung beschränkt** und die Regelung der Befugnisse zur gerichtlichen Vertretung auf die jeweiligen Verfahrensordnungen ausgelagert, die dann im Zuge der Reform ebenfalls umfassend angepasst wurden (dazu § 1 RDG Rn. 15 ff.).

Hintergrund war, dass die Erweiterungen der Rechtsdienstleistungsbefugnisse im außergerichtlichen Bereich durch das RDG nicht automatisch auf die Verfahrensordnungen durchschlagen sollten (BT-Drs. 16/3655, 33). Dies machte aber eine weitere eigenständige Regelung für die **gerichtlichen** Befugnisse der Alterlaubnisinhaber, deren Status quo erhalten werden sollte, erforderlich, die in § 3 RDGEG getroffen wurde. Die Norm stellt insofern einen **systematischen Fremdkörper** in dem eigentlich auf die außergerichtliche Dienstleistung bezogenen Normgefüge von RDG/RDGEG dar. Eine gesonderte Regelung in den einzelnen Verfahrensordnungen oder gar in einem eigenen Artikel des Rahmengesetzes wäre aber ungleich aufwändiger gewesen und hätte zudem den inhaltlichen Zusammenhang zu § 1 RDGEG zerrissen, der eine Übergangsregelung für die **außergerichtlichen** Befugnisse der Alterlaubnisinhaber trifft. Zur Frage der prozessualen **Kostenerstattung** siehe § 4 Abs. 3 RDGEG.

B. Die Regelungen im Detail

I. Kammerrechtsbeistände (Abs. 1)

1. Überblick. Abs. 1 bezieht sich auf die auch in § 1 Abs. 2 RDGEG genannten und dort legaldefinierten **Kammerrechtsbeistände iSd § 209 BRAO**. Abs. 1 **Nr. 1** tritt insofern an die Stelle von § 25 EGZPO aF, der die Kammerrechtsbeistände im Zivilprozess bereits früher partiell den Rechtsanwälten gleichgestellt hat. Die Regelung wurde mit nur redaktionellen Änderungen übernommen, um sicherzustellen, dass die Vertretung in bisherigem Umfang weiterhin gestattet bleibt. 4

In Abs. 1 Nr. 2–6 wird diese Gleichstellung in Prozessen, in denen sich die Parteien/Beteiligten selbst vertreten können, auf die Verfahrensordnungen anderer Gerichtsbarkeiten übertragen. 5

Die Fälle der **notwendigen Vertretung** sind in allen Verfahrensordnungen **nicht** von der Gleichstellung umfasst (allg. Dreyer/Lamm/Müller/*Müller* Rn. 18; für § 67 Abs. 4 S. 1 VwGO OVG Münster NJW 2009, 386, für § 73 Abs. 4 SGG BSG NJW 2010, 1166 Rn. 5; für ArbGG Rn. 15). 6

Da die in Abs. 1 Nr. 2–6 genannten Verfahrensordnungen regelmäßig **ergänzend** auf die ZPO verweisen (§ 95 FamFG, §§ 56, 166, 173 VwGO, §§ 53, 142, 155 FGO; § 73a SGG), gelten die in Abs. 1 Nr. 1 zur Zustellung, Beiordnung etc. angeordneten Gleichstellungen mit Rechtsanwälten aber auch dort entsprechend. 7

Die Bedeutung der Übergangsregelung ist insgesamt **gering,** da der Beruf des Kammerrechtsbeistands wegen seiner Abschaffung im Jahr 1980 nur noch eine Übergangserscheinung ist und mit dem Tod des letzten Kammerrechtsbeistands in absehbarer Zeit verschwinden wird (Henssler/Prütting/*Hartung* § 209 Rn. 2; § 1 RDGEG Rn. 14). 8

2. Zivilgerichtliche Verfahren (Abs. 1 Nr. 1). Die Norm verleiht Kammerrechtsbeiständen in Anlehnung an § 25 EGZPO aF für einzelne explizit geregelte Bereiche die gleichen Befugnisse wie einem Rechtsanwalt. Bedeutsam ist vor allem **§ 79 Abs. 2 S. 1 ZPO,** über den das Vertretungsrecht der 9

RDGEG § 3   Einführung zum Rechtsdienstleistungsgesetz

Kammerbeistände, die in § 157 ZPO aF den Rechtsanwälten gleichgestellt waren und damit im sog. **Parteiprozess** iSd § 79 ZPO aF nicht als ungeeignet zurückgewiesen werden konnten, weiterhin bestehen bleibt. Nach wie vor scheidet – was verfassungsrechtlich nicht zu beanstanden ist (BGH NJW 2003, 3765) – eine Vertretung in Fällen **notwendiger Vertretung (§ 78 ZPO)** aus (Anwaltsprozess, siehe auch Rn. 6).

10   Der Verweis auf § 79 Abs. 2 S. 1 ZPO ist im Zusammenspiel mit dem für **Inkassounternehmen** wichtigen **§ 79 Abs. 1 S. 2 ZPO** unklar. Da § 3 Abs. 1 Nr. 1 RDGEG darauf nicht ausdrücklich verweist, ließe sich vertreten, dass Inkassounternehmen auch in amtsgerichtlichen Verfahren nunmehr zwingend einen Rechtsanwalt beauftragen müssen (so wohl auch BT-Drs. 16/3655, 86 zu § 79 ZPO) und sich nicht (mehr) von einem Kammerrechtsbeistand vertreten lassen dürfen – was nach § 157 ZPO aF, § 25 EGZPO aF möglich war. Eine solche Auslegung wäre aber verfassungsrechtlich bedenklich (Gaier/Wolf/Göcken/*Piekenbrock* Rn. 4); richtigerweise ist „Rechtsanwalt" iSd § 79 Abs. 1 S. 2 ZPO ein solcher iSd § 79 Abs. 2 S. 1 ZPO, so dass auch Kammerrechtsbeistände darunter zu fassen sind.

11   Weitere Gleichstellungen zwischen Kammerrechtsbeistand und Rechtsanwalt erfolgen hinsichtlich folgender **ZPO-Bestimmungen:**
– **§ 88 Abs. 2 ZPO:** keine Prüfung der Vollmacht von Amts wegen;
– **§ 121 Abs. 2 ZPO:** Möglichkeit zur Beiordnung im Wege der PKH;
– **§ 133 Abs. 2 ZPO:** Zustellung von Anwalt zu Anwalt;
– **§ 135 ZPO:** einfachere Urkundenübermittlung;
– **§ 157 ZPO:** der Verweis ist sinnfrei, weil die Norm nur noch die Untervertretung durch Stationsreferendare regelt und die Justizausbildungsgesetze eine Zuweisung von Referendaren an Kammerrechtsbeistände nicht vorsehen (Gaier/Wolf/Göcken/*Piekenbrock* Rn. 5);
– **§ 169 Abs. 2 ZPO:** Beglaubigung von Schriftstücken;
– **§ 174 ZPO:** Zustellung gegen Empfangsbekenntnis;
– **§ 195 ZPO:** Zustellung von Anwalt zu Anwalt;
– „§ 317 Abs. 4 S. 2 ZPO" meint **§ 317 Abs. 6 S. 2 ZPO,** da die Änderung durch Art. 1 Nr. 25 des Gesetzes über die Verwendung elektronischer Kommunikationsformen in der Justiz v. 22.3.2005 (BGBl. I S. 837) hier weiterhin nicht eingearbeitet worden ist: Beglaubigung von Klageschriften;
– **§ 397 Abs. 2 ZPO:** Fragerecht bei Zeugen (und über § 402 ZPO auch bei Sachverständigen);
– „§ 811 Nr. 7 ZPO" meint **§ 811 Abs. 1 Nr. 7 ZPO;** der Fehler fand sich bereits in § 25 EGZPO: Pfändungsverbote.

12   Gestrichen wurde der schon in § 25 EGZPO aF irrtümliche Verweis auf § 178 Abs. 1 Nr. 2 ZPO, da die Norm – anders als ihre Vorgängerregelung in § 183 Abs. 2 ZPO aF – gar keine anwaltsspezifische Regelung mehr enthält, sondern ganz allgemein die Ersatzzustellung in Geschäftsräumen regelt, die ohnehin bereits unmittelbar für Kammerrechtsbeistände greift (BT-Drs. 16/6634, 53).

13   In ihren Verfahren können Kammerrechtsbeistände – wie ein Rechtsanwalt – **Akteneinsicht** in ihren Geschäftsräumen verlangen (BVerfG NJW 1998, 3188; siehe auch BVerfG NJW 2002, 2307 zur Bedeutung des § 209 BRAO in diesem Kontext).

3. Verfahren in Familiensachen und in der freiwilligen Gerichtsbar- 14
keit (Abs. 1 Nr. 2). Durch den Verweis wird eine Gleichstellung hinsichtlich
der unbeschränkten Vertretungsbefugnis von Rechtsanwälten in § 10 Abs. 2
S. 1 FamFG und der beschränkten Kontrolle von Vollmachten in § 11 S. 3
FamFG erreicht.

4. Arbeitsgerichtliche Verfahren (Abs. 1 Nr. 3). Auch im Arbeitsge- 15
richtsverfahren werden Kammerrechtsbeistände bei § 11 Abs. 2 S. 1 ArbGG
den Anwälten gleichgestellt, so dass nunmehr dort eine uneingeschränkte Vertretung möglich ist (so auch ausdrücklich BT-Drs. 16/3655, 79). Dies stellt
eine Erweiterung dar, da das BAG zu § 11 Abs. 3 S. 1 ArbGG aF jedweder Prozessvertretung durch Kammerrechtsbeiständen kritisch gegenüber stand
(BAGE 58, 132, 133 ff. = NZA 1989, 151 f.; diff. die hM, die die gerichtliche
Vertretung jedenfalls außerhalb der mündlichen Verhandlung zuließ; siehe
auch *Rennen/Caliebe* Anh. 2 Rn. 31, vgl. auch BAGE 84, 204, 205 ff. = NJW
1997, 1325 f.). Angesichts der Tatsache, dass § 3 RDGEG als reine Übergangsregelung eigentlich nur den Status quo bewahren sollte (BT-Drs. 16/3655, 79,
92 f.), ist dies zwar etwas verwunderlich, wegen des klaren Wortlauts aber hinzunehmen und auch so vom Gesetzgeber gewollt. Im arbeitsgerichtlichen Verfahren erfolgt aber ebenfalls **keine generelle Gleichstellung mit Rechtsanwälten,** sondern nur im sog. Parteiprozess (Rn. 6). Eine Vertretung vor dem
LAG ist auch nach Sinn und Zweck der Norm weiterhin nicht gestattet (LAG
Stuttgart Urt. v. 18. 11. 2013 – 1 Sa 12/13, BeckRS 2014, 65239).

5. Sozialgerichtsverfahren (Abs. 1 Nr. 4). In Sozialgerichtsverfahren ist 16
– wie schon früher – eine Befugnis zur gerichtlichen Vertretung zu bejahen
durch die Gleichstellung in § 73 Abs. 2 S. 1 und Abs. 6 S. 4 SGG, wenn nicht
die Erlaubnis das Sozial- und Sozialversicherungsrecht ausschließt. Verkammerte Rechtsbeistände, bei denen ein solcher Ausschluss gegeben ist, bleiben
auch weiterhin von der Prozessführung ausgeschlossen, dürfen also weder
schriftsätzlich vortragen noch mündlich verhandeln.

Die Gleichstellung gilt – wie im alten Recht – **nicht** für den Anwaltszwang 17
aus § 73 Abs. 4 SGG (BSG NJW 2010, 1166 Rn. 5).

6. Verwaltungsgerichtsverfahren (Abs. 1 Nr. 5). Entsprechend der frü- 18
heren Rechtslage ist im verwaltungsgerichtlichen Verfahren durch die Gleichstellung in § 67 Abs. 2 S. 1 und Abs. 6 S. 4 VwGO eine Vertretungsbefugnis in
vollem Umfang gesichert.

Dies erfasst auch hier nicht die Fälle der notwendigen Vertretung vor dem 19
OVG (OVG Münster NJW 2009, 386).

7. Finanzgerichtsverfahren (Abs. 1 Nr. 6). Kammerrechtsbeistände 20
haben im Finanzgerichtsverfahren nur Vertretungsbefugnis, wenn die Erlaubnis die geschäftsmäßige Hilfeleistung in Steuersachen umfasst. Das war nur
nach § 107a RAO denkbar und dürfte heute keine Bedeutung mehr haben.
Der Gesetzgeber ging sogar davon aus, dass eine solche Vertretungsbefugnis
nie gegeben war (BT-Drs. 16/3655, 79) – im Dunkeln bleibt, warum er dann
eine Übergangsregelung geschaffen hat.

8. Sonstige Verfahren. Strafprozessuale Vorschriften werden nicht 21
in Bezug genommen. Verkammerte Rechtsbeistände können zwar nicht als

Pflichtverteidiger beigeordnet werden (§§ 141, 142 StPO). Sofern keine notwendige Verteidigung vorliegt, können sie aber gem. **§ 138 Abs. 2 StPO** als Wahlverteidiger nach pflichtgemäßem Ermessen zugelassen werden (BGHSt 32, 326, 329 = NJW 1984, 2480; OLG Koblenz NJW 1982, 1955; LG Cottbus Rbeistand 1994, 70). Im Falle notwendiger Verteidigung darf eine Zulassung als Wahlverteidiger nur in Gemeinschaft mit einem Rechtsanwalt oder Hochschullehrer erfolgen. Der Gesetzgeber hat ausgeführt, dass durch den Wegfall des RBerG das Auswahlermessen der Gerichte, nach § 138 Abs. 2 StPO als Verteidiger andere Personen als Rechtsanwälte oder Hochschullehrer zuzulassen, erweitert worden ist und Personen künftig nicht mehr mit der Begründung zurückgewiesen werden können, die Übernahme der geschäftsmäßigen Strafverteidigung verstoße gegen das RDG. Damit werde die Entscheidung über die Zulassung anderer Personen maßgeblich von der Befähigung zur ordnungsgemäßen Ausführung der Verteidigerrechte abhängen, was sachgerecht sei (BT-Drs. 16/3655, 35).

22 Keine besondere Gleichstellung der Kammerrechtsbeistände erfolgt für **patent- und markenrechtliche Verfahren (§ 97 PatentG, § 81 MarkenG)**, in denen es bisher keine ausdrückliche Beschränkung der möglichen Bevollmächtigten gab. War der gewerbliche Rechtsschutz von einer Erlaubnis erfasst, wirkt diese wegen § 1 Abs. 3 S. 4 RDGEG fort, so dass aber auch eine Vertretung weiterhin möglich sein muss (Gaier/Wolf/Göcken/*Piekenbrock* Rn. 7). Einer (analogen) Anwendung des Abs. 2 mit den dortigen Registrierungsmöglichkeiten bedarf es nicht.

23 In **landwirtschaftlichen Verfahren** bedarf es keiner ausdrücklichen Gleichstellung, da über § 9 LwVG iVm § 3 Abs. 1 Nr. 2 RDG ins FamFG verwiesen wird und die Vertretung danach zulässig ist.

II. Andere Alterlaubnisinhaber (Abs. 2)

24 **1. Überblick und Voraussetzung der Registrierung.** Abs. 2 ist eine **Übergangsregelung** für die Befugnis zur gerichtlichen Vertretung für Inhaber einer Teilerlaubnis und solcher Rechtsbeistände mit Vollerlaubnis, die **nicht** nach § 209 BRAO Mitglied einer Rechtsanwaltskammer geworden sind (sonst greift bereits Abs. 1). Auf Grundlage des RBerG konnten Rechtsbeiständen Vertretungsbefugnisse vor einem oder mehreren Gerichten gewährt werden, wobei die Vertretungsbefugnis sich entweder auf das gesamte Verfahren einschließlich der mündlichen Verhandlung erstrecken oder nur auf die schriftlichen Verfahrenshandlungen beschränkt sein konnte (siehe ergänzend *Köhler* SGb 2009, 441, 444). Auch insoweit soll nach dem Willen des Gesetzgebers der **Status quo** für derartige Alterlaubnisinhaber gewahrt (also nicht erweitert) werden (BT-Drs. 16/3655, 79; BVerfG NJW 2011, 3285 Rn. 15). Die Regelung dürfte auch nicht unter § 209 BRAO fallende juristische Personen als Vollrechtsinhaber erfassen, die damit – entgegen dem Willen des Gesetzgebers – als Berufsgruppe auch hier weiter „perpetuiert" werden (zum Problem bereits allgemein *Rennen/Caliebe* § 3 1. AVO Rn 14 ff.).

25 Ihnen steht über **§ 1 Abs. 1 und 3 RDGEG** der Weg offen, sich registrieren zu lassen und zu **„registrierten Erlaubnisinhabern"** zu werden (siehe dazu § 1 RDGEG Rn. 2 ff.). Damit ist allein aber noch nichts zur Befugnis zur Vertretung in **gerichtlichen** Verfahren gesagt, zumal das RDG nur die außer-

Gerichtliche Vertretung **§ 3 RDGEG**

gerichtliche Vertretung betrifft (§ 1 RDG Rn. 15 ff.). Die Registrierung als „registrierter Erlaubnisinhaber" ist aber die **erste Tatbestandsvoraussetzung** (SG Koblenz Beschl. v. 28.12.2009 – S 3 SB 911/08, BeckRS 2010, 65761) und führt in einem zweiten Schritt zur Anwendbarkeit des § 3 Abs. 2 S. 1 RDGEG.

Registrierte Erlaubnisinhaber sind – die Begrifflichkeiten sind ein Meister- **26** stück moderner Gesetzgebung – abzugrenzen von den **„registrierten Personen"** iSd § 1 Abs. 3 RDGEG. Solche sind Alterlaubnisinhaber, deren Befugnis sich nur auf die **außergerichtliche** Rechtsdienstleistung in einem der Bereiche des § 10 RDG erstreckt, so dass für diese auch gar keine Übergangsregelung zur gerichtlichen Vertretungsbefugnis – die sie nie hatten – geboten ist.

§ 3 Abs. 2 S. 1 RDGEG stellt die registrierten Erlaubnisinhaber unter be- **27** stimmten weiteren Voraussetzungen in den dort **abschließend genannten Vorschriften** – in denen jeweils der Grundsatz festgelegt ist, dass die Parteien/Beteiligten sich nur durch einen Rechtsanwalt vertreten lassen können – einem Rechtsanwalt gleich.

Die Gleichstellung betrifft nach dem klaren Wortlaut und Sinnzusammen- **28** hang **allein** die genannten Vorschriften zur Vertretungsbefugnis, nicht weitergehende Rechte. Eine analoge Anwendung auf andere Bereiche scheidet mangels Regelungslücke aus (BGH NJW 2003, 2244 für Beiordnung von Prozessagenten im PKH-Verfahren; LSG Celle Beschl. v. 22.6.2010 – L 2 R 267/10, BeckRS 2010, 72176 für die Beiordnung von Rentenberatern im SGG-Verfahren).

2. Umfang der gerichtlichen Vertretungsbefugnis. Der Umfang der **29** gerichtlichen Vertretungsbefugnis richtet sich allein nach der **Alterlaubnis** („soweit ..."). Damit gelten auch **etwaige sachliche Beschränkungen** durch Teilerlaubnisse aufgrund § 2 der 1. AVO weiter fort. Konnten bis zur Neufassung des Art. 1 § 1 RBerG durch das 5. BRAOÄndG v. 18.6.1980 die Erlaubnisse auf beliebige abgrenzbare Teilgebiete beschränkt werden, kamen danach nur noch die in Art. 1 § 1 Abs. 1 S. 2 RBerG abschließend aufgezählten Teilgebiete in Betracht, innerhalb derer auf Antrag wiederum Teilrechtsgebiete bestimmt werden konnten.

Ansonsten bemisst sich der Umfang der Vertretungsbefugnis über **Abs. 2** **30** **S. 1 Nr. 1–5** wie folgt:
– nach dem **Umfang der bisherigen Erlaubnis (Nr. 1)** durch den zuständigen Gerichtspräsidenten auf Basis der 1. AVO, wenn der Tätigkeitsbereich nicht ausdrücklich auf den außergerichtlichen Bereich beschränkt war. Eine solche Erlaubnis ließ und lässt die gerichtliche Vertretung aber grds. nur außerhalb der mündlichen Verhandlung zu, wenn nicht gleichzeitig auch eine Zulassung zum Prozessagenten (Nr. 2) vorliegt (BT-Drs. 16/3655, 79 f.; BVerfG NJW 2011, 3285 Rn. 23), etwas anderes galt nur in VwGO- und nichtstreitigen FGG-Verfahren. Bei sog. Vollrechtsbeiständen – die es seit 1980 nicht mehr gibt (Rn. 8) – kann jedoch auch die umfassende gerichtliche Vertretung von der Erlaubnis umfasst sein und wäre dann weiterhin in gleichem Umfang zulässig (BVerfG NJW 2011, 3285 Rn. 22);
– nach dem Umfang einer für jeweils ein Gericht erteilten Erlaubnis zum Auftreten in der mündlichen Verhandlung als **Prozessagent** durch Anord-

RDGEG § 3 Einführung zum Rechtsdienstleistungsgesetz

nung der Justizverwaltung nach § 157 Abs. 3 ZPO in der bis zum 30.6.2008 geltenden Fassung **(Nr. 2);**
- nach dem Umfang einer entsprechenden **Erlaubnis zum mündlichen Verhandeln vor den Sozialgerichten** nach § 73 Abs. 6 SGG aF iVm § 157 ZPO **(Nr. 3);** die gesonderte gesetzliche Regelung erfolgte wegen der zT unterschiedlichen Genehmigungsbehörden (Gaier/Wolf/Göcken/ *Piekenbrock* Rn. 9 Fn. 9), ansonsten war auch hier anerkannt, dass ein Rechtsbeistand außerhalb der mündlichen Verhandlung zu Schriftverkehr mit dem Gericht befugt war (BSG SGb 1977, 200 m. krit. Anm. *Farnsteiner;* dazu auch BVerfG NJW 2011, 3285 Rn. 23; siehe zudem noch Rn. 33 ff.);
- nach **§ 67 VwGO** in der bis zum 30.6.2008 geltenden Fassung **(Nr. 4),** was nach dem Willen des Gesetzgebers (BT-Drs. 16/3655, 80) der hM Rechnung trägt, wonach registrierte Erlaubnisinhaber in ihrem Bereich im Verwaltungsprozess ohne Einschränkung mündlich verhandeln konnten (BVerfG NJW 1976, 1349, 1350);
- nach **§ 13 FGG (Nr. 5)** bzw. jetzt § 10 FamFG aus den gleichen Erwägungen heraus.

31   **3. Registrierung und Bekanntmachung.** Der Umfang der Befugnis ist in den Fällen von Nr. 1–3 gem. Abs. 2 S. 2 zu **registrieren** und in das **Rechtsdienstleistungsregister** (mit-)einzutragen. Die Regelung ergänzt § 1 Abs. 3 RDGEG und ermöglicht so vor allem den Gerichten die schnelle und einfache Überprüfung des Erlaubnisumfangs im Rahmen von Verfahren nach Abs. 3.

32   Die Bezugnahme **(nur) auf Nr. 1–3** trägt dem Gedanken Rechnung, dass in verwaltungsgerichtlichen Verfahren und Verfahren der freiwilligen Gerichtsbarkeit (Nr. 4–5) von einer umfassenden Vertretungsbefugnis schon kraft Gesetzes auszugehen ist.

33   Eine eigene Registrierung von Alterlaubnisinhabern, die sich neu als **Rentenberater** nach **§ 10 Abs. 1 S. 1 Nr. 2 RDG** haben registrieren lassen, ist uU **weitgehend entbehrlich** (so Kilian/Sabel/vom Stein/*Sabel* Rn. 591; siehe aber auch plastisch *Vogts* RV 2009, 145 ff.; *ders.,* RV 2012, 205 ff.). Denn vor allem **Rentenberater** können heute nach § 73 Abs. 2 S. 2 Nr. 3 SGG ohnehin im Umfang ihrer Befugnisse – also **zumindest bei konkretem Rentenbezug** – vor allen Sozial- und Landessozialgerichten auftreten (vgl. etwa VG Saarlouis Urt. v. 14.1.2010 – 1 K 756/08, BeckRS 2010, 47000; SG Koblenz Beschl. v. 28.12.2009 – S 3 SB 911/08, BeckRS 2010, 65761 sowie Anh. § 1 RDG Rn. 30). Soweit ein Bezug zur Rente besteht (Annexkompetenz), ist also eine Zulassung als Prozessagent zur mündlichen Verhandlung entbehrlich. Die **gesonderte (ergänzende) Registrierung** solcher Personen hat **aber eigenständige Bedeutung,** wenn der Alterlaubnisinhaber (nur) als Rentenberater registriert war, er aber eine **umfassendere** Vertretungsbefugnis etwa zum Verhandeln vor den Sozialgerichten etc. besaß, wie etwa bei einem Rechtsbeistand für Sozialrecht (Krenzler/*Offermann-Burckart* Rn. 52) oder einem sonstigen Rentenberater mit Vollerlaubnis nach dem RBerG, der – je nach Auffassung – bei einer Auslegung der Erlaubnis über das Rentenrecht und auch **ohne konkreten Rentenbezug** hinaus befugt gewesen ist (so LSG Stuttgart Urt. v. 20.6.2013 – L 6 SB 1692/12, BeckRS 2013, 71651; Urt. v. 7.8.2013 – L 3 SB 3340/12, BeckRS 2014, 67374; VG Mainz Urt. v. 18.2.2011 – 4 K 642/10,

BeckRS 2011, 50796; VG Saarlouis Urt. v. 14.1.2010 – 1 K 756/08, BeckRS 2010, 47000; VG Würzburg RV 2012, 219, 221; VG Frankfurt a. M. RV 2012, 95 m. zust. Anm. *Lorenzen* RV 2012, 89; siehe ferner die Widerspruchsentscheidung OLG Naumburg RV 2012, 120 m. zust. Anm. *Lorenzen* RV 2012, 105; LSG Stuttgart RV 2007, 234 m. zust. Anm. *Lorenzen*; *Henssler/Deckenbrock* S. 50 f., und zum alten Recht *Rennen/Caliebe* Art. 1 § 1 Rn. 128 sowie das umfassende Verständnis des Begriffs des „Rentenberaters" in BT-Drs. 8/4277, 22; siehe hierzu auch § 10 RDG Rn. 58 f.; § 1 RDGEG Rn. 8). Details sind leider **umstritten,** verbreitet wird etwa bei fehlendem konkreten Rentenbezug eine Tätigkeit im Bereich des Schwerbehindertenrechts als nicht von einer solchen Alterlaubnis erfasst angesehen (LSG Stuttgart Beschl. v. 26.6.2012 – L 8 SB 537/11, BeckRS 2012, 70946 – kritisch dazu *Vogts* RV 2012, 205 ff.; Beschl. v. 29.11.2012 – L 8 SB 2721/12, BeckRS 2012, 76399; LSG Halle Beschl. v. 14.5.2008 – L 5 SB 25/03, BeckRS 2011, 66028; für Angelegenheiten der sozialen Pflegeversicherung auch LSG Stuttgart Beschl. v. 12.4.2012 – L 4 P 3405/11, BeckRS 2012, 71476, dazu *Vogts* RV 2012, 227) – was dann auch eine Registrierung nach § 3 RDGEG entbehrlich machen würde. Diese Lesart begegnet aber schon deswegen **Bedenken,** weil dann regelmäßig erst im gerichtlichen Verfahren anhand einer schwer vorhersehbaren Einzelfallspr. geklärt werden müsste, welche prozessualen Handlungen wirksam sind/waren, was zu einer mit dem Schutzzweck des RDG schwer zu vereinbarenden Unsicherheit führen würde.

Nach **Sinn und Zweck des RDG** müssen Alterlaubnisinhaber im Zweifel **34** auch im Falle einer (zusätzlichen) Registrierung nach § 10 RDG weiterhin in gleichem Umfang berechtigt bleiben, in Angelegenheiten des Sozial- und Schwerbehindertenrechts auch **ohne konkreten Rentenbezug** tätig zu werden und entsprechend (auch) als registrierter Erlaubnisinhaber **(ergänzend) registriert** zu werden (Widerspruchsentscheidung OLG Naumburg RV 2012, 120 m. zust. Anm. *Lorenzen* RV 2012, 105; VG Würzburg RV 2012, 219; VG Mainz Urt. v. 18.2.2011 – 4 K 642/10, BeckRS 2011, 50796). Ob allein wegen der vorgenannten Unklarheiten eine beantragte Registrierung mangels Rechtsschutzbedürfnisses versagt werden kann, ist **fraglich:** Jedenfalls darf die Registrierung/Nichtregistrierung **nicht** zu einer Beschneidung der Rechte führen (eingehend *Vogts* RV 2009, 145 ff.). **Richtigerweise** sind weitergehende altrechtliche Erlaubnisse etwa zum mündlichen Verhandeln vor Sozial- oder Arbeitsgerichten einzutragen (VG Würzburg RV 2012, 219, 222); die systemwidrige Auffangfunktion des § 3 RDGEG (Rn. 3) kommt dann erst richtig zum Tragen und ermöglicht den Alterlaubnisinhabern dann auch weiterhin ein **gerichtliches** Tätigwerden im früheren Umfang. Ein Ermessen für die Registrierungsbehörde besteht nicht, da andernfalls die Alterlaubnisinhaber gegenüber dem früheren Zustand rechtsgrundlos beschränkt würden. Bei den in der Anfangsphase von unklaren Registrierungen sollte nach Bestandskraft ggf. über § 48 VwVfG abgeholfen werden (OLG Naumburg RV 2012, 120 m. zust. Anm. *Lorenzen* RV 2012, 105, der für Ermessensreduzierung auf Null streitet). Insgesamt kommt es nicht auf die heutige Rechtslage an, sondern auf die zum Zeitpunkt der Erteilung der Alterlaubnis erkennbaren Umstände (dazu auch Schreiben des BMJ an die Landesjustizverwaltungen v. 6.4.1981 [725/9 – 1 – 65904/80], RV 2009, 145 ff.).

35 Problematisch ist (auch), dass die Registrierungspraxis oft unzureichend ist, weil „Inhalt und Umfang" der Erlaubnis, deren Umfang die Behörden durch Auslegung zu ermitteln haben, nach § 1 RDGEG, § 16 RDG klar einzutragen sind; der Umfang der Alterlaubnis ist idealerweise konkret zu benennen. Nur so wird der Zweck des Rechtsdienstleistungsregisters erreicht, dass der Rechtsuchende in die Lage versetzt wird, selbst zu prüfen, ob die registrierte Person die erforderliche Sachkunde gerade für die in seinem Fall betroffenen Rechtsgebiete hat. Man könnte sogar so weit gehen, dass die detaillierte Bezeichnung wegen der Bedeutung der Eintragung sogar konstitutive Bedeutung hat; eine unklare/unvollständige Wiedergabe der Alterlaubnis kann dann zum (partiellen) Rechtsverlust führen (so explizit SG Dresden NZS 2013, 437). Richtigerweise wird man hier aber eher mit einer weitgehenden Auslegung der Eintragungen weiterhelfen können/müssen. Die Rechtslage ist weiterhin wenig geklärt.

36 Die Registrierung darf **nicht** dazu führen, dass ein Rentenberater, dem ein Auftreten als Rechtsbeistand nach altem Recht untersagt war, über die Registrierung seiner umfassenden gerichtlichen Vertretungsbefugnisse nach dem SGG aus der Alterlaubnis über § 4 Abs. 1 2. AVO RBerG nunmehr als „Prozessagent (Rechtsbeistand)" registriert wird; die Erlaubnis durch die Sozialgerichtsverwaltung aus Nr. 3 ist insofern ein aliud gegenüber dem Verweis auf § 157 ZPO aF in Nr. 2 (VG Würzburg Urt. v. 18.1.2010 – W 7 K 09.765, BeckRS 2010, 36523).

37 Mit einem gesonderten Antrag auf Zulassung zum mündlichen Verhandeln nach 73 SGG aF/§ 157 ZPO aF kann das Erlaubnisverfahren ebenfalls **nicht** umgangen werden. Eine solche Zulassung wäre auch wiederum nur im Rahmen einer grds. bestehenden Erlaubnis zu gewähren (VG Saarlouis Beschl. v. 14.1.2010 – 1 K 756/08, BeckRS 2010, 47000; freilich verkennend, dass das RDG anders als das RBerG die gerichtliche Rechtsdienstleistung als solches gar nicht mehr erfasst).

III. Zurückweisung von registrierten Erlaubnisinhabern (Abs. 3)

38 **1. Normzweck.** Abs. 3 entspricht fast wörtlich den vereinheitlichten entsprechenden Regelungen in den jeweiligen Verfahrensordnungen (§ 79 Abs. 3 ZPO, § 10 Abs. 3 FamFG, § 11 Abs. 3 ArbGG, § 67 Abs. 3 VwGO, § 62 Abs. 3 FGO, § 73 Abs. 3 SGG). Die Norm soll eine geordnete Verfahrensführung und Verhandlung sicherstellen. Hierfür regelt sie zwei verschiedene Tatbestände:

39 **2. Zurückweisung mangels Befugnis.** Über Abs. 3 S. 1 weist das Gericht einen registrierten Erlaubnisinhaber zurück, soweit dieser **nicht nach Abs. 2 zur gerichtlichen Vertretung befugt** ist.

40 Die Zurückweisung muss sich nicht notwendig auf das gesamte gerichtliche Verfahren erstrecken, sondern kann sich auf die Vertretung nur in der Verhandlung beschränken, da die Alterlaubnisse häufig auf die gerichtliche Vertretung außerhalb der Verhandlungen beschränkt waren (BT-Drs. 16/3655, 80). Dann ist eine bloße Teilzurückweisung sogar geboten (BVerfG NJW 2011, 3285 Rn. 17 ff.).

Die Zurückweisung wirkt nur ex nunc, was Abs. 3 S. 2 klarstellt. Auch dies **41** entspricht dem früheren Recht. Die Entscheidung ergeht durch (klarstellenden) **Beschluss,** die Befugnis fehlt eigentlich schon kraft Gesetzes.

Der Beschluss ist – anders als bei § 157 Abs. 1 ZPO aF – **unanfechtbar** **42** (siehe aber bei Rechtspflegern § 11 Abs. 2 RPflG), doch ist zuvor rechtliches Gehör zu gewähren (sonst droht Gehörsrüge). Als außerordentlicher Rechtsbehelf steht die Individual-Verfassungsbeschwerde offen; diese setzt nach dem Grundsatz der Subsidiarität ein ausreichendes Bemühen um eine Registrierung voraus (BVerfG NJW 2011, 3285 Rn. 14).

3. Untersagung wegen Unfähigkeit. a) Voraussetzungen. Nach Abs. 3 **43** S. 3 kann registrierten Erlaubnisinhabern – die nicht unter S. 1 fallen, also grds. befugt (= berechtigt) sind – durch unanfechtbaren Beschluss die weitere Vertretung oder das weitere Auftreten in der Verhandlung untersagt werden, wenn sie nicht in der Lage sind, das Sach- und Streitverhältnis sachgerecht darzustellen. Die Vorschrift entspricht § 157 Abs. 2 ZPO aF und soll den bisherigen Rechtszustand beibehalten (BT-Drs. 16/3655, 80), so dass auf Rspr. und Lit. zum alten Recht zurückgegriffen werden kann.

Der Zurückweisungsbeschluss erfordert aus Gründen rechtlichen Gehörs **44** für die Partei (Art. 103 GG) und der Berufsfreiheit des Erlaubnisinhabers (Art. 12 GG) eine **ernsthafte Störung des Prozessablaufs.** Es genügen also nicht bereits Sprachschwierigkeiten – die mittels Dolmetscher aufgefangen werden können –, Behinderungen (§§ 185 ff. GVG) oder bloße Unbeholfenheit bzw. Penetranz. Ausreichende Gründe können aber Schreien, beharrliches Weiterreden trotz Wortentzugs, sachfremde politische Monologe, Trunkenheit etc. sein (MüKoZPO/*Wagner* 3. Aufl., § 157 Rn. 19).

b) Verfahren. Die Entscheidung über die Untersagung erfolgt – nach Ge- **45** währung rechtlichen Gehörs – durch **Beschluss.** Sein Urteil über die uU mangelnde Fähigkeit zum Vortrag hat das Gericht sich aufgrund seines eigenen unmittelbaren Eindrucks zu bilden nach **pflichtgemäßem Ermessen.** Der unmittelbare Eindruck erfordert nicht zwingend eine mündliche Anhörung in der Sitzungssituation, jedenfalls bei eindeutiger Aktenlage kann wohl auch auf Basis des schriftsätzlichen Vorbringens im Vorfeld vor dem Termin entschieden werden.

Der Beschluss ist **nicht beschwerdefähig,** aber jederzeit aufhebbar durch **46** das Gericht selbst (MüKoZPO/*Wagner* 3. Aufl., § 157 Rn. 20). Der Gesetzgeber hat dies zur Vermeidung von Verzögerungen für angemessen erachtet, zumal grobe Fehlentscheidungen erforderlichenfalls mit Rechtsmitteln gegen die Hauptsache überprüft werden können (BT-Drs. 16/3655, 89). Dies ist nicht unbedenklich, zumal der Ausschluss nach § 157 ZPO aF sich auf die Vertretung in der mündlichen Verhandlung beschränkte, jetzt aber das gesamte Verfahren betroffen ist und somit der Vertretene sich einen ganz anderen Bevollmächtigten suchen muss (siehe auch Anh. § 1 RDG Rn. 8 ff.).

c) Rechtsfolge. Die Untersagung wirkt schon nach dem Wortlaut („wei- **47** tere") nur **ex nunc.**

4. Sonderregelung für Säumnis im Termin (Abs. 3 S. 4). Der Verweis **48** in Abs. 3 S. 4 auf § 335 Abs. 1 Nr. 5 ZPO verhindert den Erlass eines Versäumnisurteils oder eine Entscheidung nach Lage der Akten, wenn die Zurückweisung oder Untersagung der weiteren Vertretung erst in dem Termin erfolgt oder der nicht erschienenen Partei nicht rechtzeitig mitgeteilt worden ist. Die Rechtzeitigkeit richtet sich nach § 217 ZPO, so dass der Untersagungsbeschluss mindestens drei Tage vor dem Termin zugestellt werden muss (BT-Drs. 16/3655, 91).

§ 4 Vergütung der registrierten Personen

(1) ¹Das Rechtsanwaltsvergütungsgesetz gilt für die Vergütung der Rentenberaterinnen und Rentenberater (registrierte Personen nach § 10 Abs. 1 Satz 1 Nr. 2 des Rechtsdienstleistungsgesetzes) sowie der registrierten Erlaubnisinhaber mit Ausnahme der Frachtprüferinnen und Frachtprüfer entsprechend. ²Richtet sich ihre Vergütung nach dem Gegenstandswert, haben sie den Auftraggeber vor Übernahme des Auftrags hierauf hinzuweisen.

(2) ¹Den in Absatz 1 Satz 1 genannten Personen ist es untersagt, geringere Gebühren und Auslagen zu vereinbaren oder zu fordern, als das Rechtsanwaltsvergütungsgesetz vorsieht, soweit dieses nichts anderes bestimmt. ²Die Vereinbarung eines Erfolgshonorars (§ 49b Abs. 2 Satz 1 der Bundesrechtsanwaltsordnung) ist unzulässig, soweit das Rechtsanwaltsvergütungsgesetz nichts anderes bestimmt; Verpflichtungen, die Gerichtskosten, Verwaltungskosten oder Kosten anderer Beteiligter zu tragen, sind unzulässig. ³Im Einzelfall darf besonderen Umständen in der Person des Auftraggebers, insbesondere dessen Bedürftigkeit, Rechnung getragen werden durch Ermäßigung oder Erlass von Gebühren oder Auslagen nach Erledigung des Auftrags.

(3) Für die Erstattung der Vergütung der in Absatz 1 Satz 1 genannten Personen und der Kammerrechtsbeistände in einem gerichtlichen Verfahren gelten die Vorschriften der Verfahrensordnungen über die Erstattung der Vergütung eines Rechtsanwalts entsprechend.

(4) ¹Die Erstattung der Vergütung von Personen, die Inkassodienstleistungen erbringen (registrierte Personen nach § 10 Abs. 1 Satz 1 Nr. 1 des Rechtsdienstleistungsgesetzes), für die Vertretung im Zwangsvollstreckungsverfahren richtet sich nach § 788 der Zivilprozessordnung. ²Ihre Vergütung für die Vertretung im gerichtlichen Mahnverfahren ist bis zu einem Betrag von 25 Euro nach § 91 Abs. 1 der Zivilprozessordnung erstattungsfähig.

(5) ¹Die Inkassokosten von Personen, die Inkassodienstleistungen erbringen (registrierte Personen nach § 10 Absatz 1 Satz 1 Nummer 1 des Rechtsdienstleistungsgesetzes), für außergerichtliche Inkassodienstleistungen, die eine nicht titulierte Forderung betreffen, sind nur bis zur Höhe der einem Rechtsanwalt nach den Vorschriften des Rechtsanwaltsvergütungsgesetzes zustehenden Vergütung erstattungsfähig. ²Das Bundesministerium der Justiz regelt durch Rechts-

verordnung mit Zustimmung des Bundestages und ohne Zustimmung des Bundesrates unter Berücksichtigung des Umfangs der Tätigkeit Höchstsätze für die Gebühren, deren Erstattung der Gläubiger von einer Privatperson (§ 11a Absatz 2 des Rechtsdienstleistungsgesetzes) verlangen kann. ³Dabei können Höchstsätze insbesondere für das erste Mahnschreiben nach Eintritt des Verzugs und für die Vergütung, die bei der Beitreibung von mehr als 100 gleichartigen, innerhalb eines Monats dem Inkassodienstleister übergebenen Forderungen desselben Gläubigers erstattungsfähig ist, festgesetzt werden.

Inhaltsübersicht

	Rn.
A. Allgemeines	1
B. Vergütung	2
I. Verweis auf das RVG	2
1. Persönlicher Anwendungsbereich	3
2. Sachlicher Anwendungsbereich	6
II. Übernahme von Regelungen der BRAO	7
1. Hinweis auf Abrechnung nach dem Gegenstandswert (Abs. 1 S. 2)	8
a) Voraussetzungen	9
b) Hinweis	11
c) Folgen des Verstoßes	13
2. Gebührenunterschreitung (Abs. 2 S. 1 und 3)	15
a) Allgemeines	15
b) Fälle der zulässigen Gebührenunterschreitung	17
c) Folgen des Verstoßes	23
3. Erfolgshonorar (Abs. 2 S. 2)	26
a) Allgemeines	26
b) Zulässigkeit der Vereinbarung (§ 4a RVG)	28
c) Ermäßigung oder Erlass (Abs. 2 S. 3)	30
d) Folgen des Verstoßes	31
C. Kostenerstattung	34
I. Kostenerstattung im gerichtlichen Verfahren (Abs. 3)	34
II. Erstattung der Kosten der Inkassodienstleister (Abs. 4 und 5)	36
1. Zwangsvollstreckungsverfahren	36
2. Mahnverfahren	38
a) Prozessrecht	38
b) Materielles Recht	41
3. Vorgerichtliche Rechtsverfolgung	49
a) Allgemeines	49
b) Vergütung nach RVG als Obergrenze	51
c) Verordnungsermächtigung	52

A. Allgemeines

Die Vorschrift regelt die **Vergütung** von nach dem RDG zur Erbringung 1 von Rechtsdienstleistungen berechtigten Personen, wobei der Anwendungsbereich auf einzelne Erlaubnistatbestände beschränkt ist. In den Abs. 1 und 2 wird für das Vertragsverhältnis zwischen dem Dienstleister und seinem Auftraggeber auf das RVG Bezug genommen. Darüber hinaus erfolgt eine Übernahme von Vergütungsfragen enthaltenen Regelungen der BRAO. Die Abs. 3 und 4 sowie der zum 9.10.2013 durch das Gesetz gegen unseriöse Geschäftspraktiken v. 1.10.2013 (BGBl. I S. 3714; siehe dazu Einleitung Rn. 105, 108) neu angefügte Abs. 5 betreffen die Kostenerstattung durch den Gegner.

B. Vergütung

I. Verweis auf das RVG

2   Die Regelung der Vergütung erfolgt in Abs. 1 S. 1 durch einen Verweis auf das RVG. Dabei handelt es sich um eine **dynamische Verweisung,** so dass die Bestimmungen des RVG in der zum Zeitpunkt des Vertragsschlusses geltenden Fassung anwendbar sind.

3   **1. Persönlicher Anwendungsbereich.** Nach der Regelung gilt das RVG aber **nur für Rentenberater** (§ 10 Abs. 1 S. 1 Nr. 2 RDG), **nicht verkammerte Rechtsbeistände** (§ 1 Abs. 2 RDGEG) sowie **registrierte Erlaubnisinhaber** mit Ausnahme der Frachtprüfer. Für Kammerrechtsbeistände gilt das RVG aufgrund von § 1 Abs. 1 S. 3 RVG unmittelbar.

4   Der Begriff der registrierten Erlaubnisinhaber erfasst nur die in § 1 Abs. 3 RDGEG genannten Personen, denen vor Inkrafttreten des RDG eine Erlaubnis zur Besorgung fremder Rechtsangelegenheiten erteilt wurde und die nunmehr nach § 13 RDG registriert sind. Die zT vertretene Auffassung, dass der Verweis auf das RVG für alle nach § 10 Abs. 1 RDG berechtigten Personen gilt (so insbesondere Krenzler/*T. Winkler* Rn. 10 f.), überzeugt nicht (wie hier auch Dreyer/Lamm/Müller/*T. Müller* Rn. 10). Es kann nicht angenommen werden, dass mit dem Begriff der registrierten Erlaubnisinhaber nicht nur auf den Anwendungsbereich des § 1 Abs. 3 RDGEG, sondern auch auf den Personenkreis des § 10 Abs. 1 RDG verwiesen wurde. Dies folgt schon daraus, dass § 10 Abs. 1 RDG – anders als § 1 Abs. 3 RDGEG – den Begriff der registrierten Personen verwendet. Zudem hätte es der gesonderten Erwähnung der Rentenberater nicht bedurft, wenn ohnehin auf den gesamten Bereich des § 10 Abs. 1 RDG verwiesen worden wäre. Schließlich hat der Gesetzgeber ausdrücklich einen Bedarf für die Regulierung von Inkassodienstleister und für registrierte Berater nach ausländischem Recht verneint (so Begr. RegE BT-Drs. 16/3655, 80 f.). Aus den genannten Gründen ist auch die Auffassung abzulehnen, dass der Verweis auch für Versicherungsberater gilt, die nach § 34 e Abs. 1 S. 3 GewO zur Erbringung bestimmter Rechtsdienstleistungen berechtigt sind (so aber LG Hamburg VersR 2013, 1324, 1325).

5   Nicht geregelt ist die Vergütung für die nach §§ 5–8 RDG zur Erbringung von Rechtsdienstleistungen berechtigten Personen, für Inkassodienstleister (§ 10 Abs. 1 S. 1 Nr. 1 RDG) sowie für registrierte Berater in einem ausländischen Recht (§ 10 Abs. 1 S. 1 Nr. 3 RDG). Daher ist das RVG auf Vertragsverhältnisse zwischen diesen Personen und ihren Auftraggebern nicht anwendbar. Vielmehr ist die Vergütung grds. frei verhandelbar. Bei fehlender Vergütungsvereinbarung gilt § 612 Abs. 2 BGB. Für den Fall, dass eine übliche Vergütung nicht festgestellt werden kann, ist die Höhe der Vergütung durch ergänzende Vertragsauslegung zu ermitteln. Falls auch dieses nicht möglich

Vergütung der registrierten Personen **§ 4 RDGEG**

ist, hat der Dienstleister ein Bestimmungsrecht nach §§ 315f. BGB (BGH NJW-RR 2007, 56 Rn. 10).

2. Sachlicher Anwendungsbereich. Der Verweis auf das RVG umfasst sowohl die außergerichtliche Tätigkeit als auch die gerichtliche Tätigkeit der Dienstleister. Das RVG gilt aber nur im Umfang der Erlaubnis. Es ist nicht anwendbar, wenn über die Erlaubnis hinaus Rechtsdienstleistungen erbracht werden. 6

II. Übernahme von Regelungen der BRAO

Abs. 1 S. 2 sowie Abs. 2 übernehmen Vergütungsfragen betreffende Regelungen der BRAO. Dabei regelt Abs. 1 S. 2 die Pflicht zum Hinweis auf die Abrechnung nach dem Gegenstandswert (vgl. § 49b Abs. 5 BRAO). Abs. 2 enthält ein grundsätzliches Verbot der Gebührenunterschreitung (vgl. § 49b Abs. 1 BRAO) sowie Beschränkungen hinsichtlich der Vereinbarung eines Erfolgshonorars (vgl. § 49b Abs. 2 BRAO). Weitere Bestimmung der BRAO (wie etwa § 49b Abs. 3 BRAO) wurden nicht übernommen. Die Regelungen gelten nur für die Personen, für deren Vergütung nach Abs. 1 S. 1 das RVG anwendbar ist. 7

1. Hinweis auf Abrechnung nach dem Gegenstandswert (Abs. 1 S. 2). Die in Abs. 1 S. 2 geregelte Pflicht zum Hinweis auf die Abrechnung nach dem Gegenstandswert entspricht der Regelung des § 49b Abs. 5 BRAO, so dass die hierzu ergangene Rechtsprechung ohne weiteres übertragbar ist (näher hierzu Henssler/Prütting/*Kilian* § 49b Rn. 235 ff.). 8

a) Voraussetzungen. Die Hinweispflicht besteht immer dann, wenn sich die Höhe der Gebühren nach dem Gegenstandswert richtet. Dies ist – wie sich aus § 2 Abs. 1 RVG ergibt – im Anwendungsbereich des RVG in aller Regel der Fall. 9

Der Annahme einer Hinweispflicht steht nicht entgegen, dass dem potenziellen Auftraggeber dieser Umstand – sei es aufgrund beruflicher Vorkenntnisse oder aufgrund einer längeren Geschäftsbeziehung zum Dienstleister – bekannt ist (OLG Hamm AGS 2009, 428) 10

b) Hinweis. Die Pflicht erfordert nur den **allgemeinen Hinweis,** dass sich die Vergütung nach dem Gegenstandswert richtet. Die voraussichtliche Höhe des Vergütungsanspruchs muss erst auf Nachfrage des Auftraggebers angegeben werden (BGH NJW 2007, 2332 Rn. 9f.). 11

Eine Pflicht, auch ohne Nachfrage die voraussichtliche **Höhe des Vergütungsanspruchs** anzugeben, kann sich aber im Einzelfall aus Treu und Glauben (§ 242 BGB) ergeben. Dies ist dann anzunehmen, wenn der Dienstleister den Umständen des Einzelfalls ein einsprechendes Aufklärungsbedürfnis des Auftraggebers erkennen konnte und musste (BGH AGS 2010, 216; BGH NJW 2007, 2332 Rn. 9 ff.; BGH NJW 1998, 3486, 3487). Hiervon wird man aber nur in wenigen Ausnahmefällen ausgehen können, da ein Auftraggeber kein unentgeltliches Tätigwerden erwarten darf und er sich im Zweifel nach der Höhe der voraussichtlichen Vergütung erkundigen kann. Eine Hinweispflicht kommt aber dann in Betracht, wenn ein besonders 12

Seichter

RDGEG § 4   Einführung zum Rechtsdienstleistungsgesetz

hoher Vergütungsanspruch des Dienstleisters entstehen kann (OLG Hamm AGS 2009, 428).

13   **c) Folgen des Verstoßes.** Ein Verstoß gegen die Hinweispflicht lässt den **Vergütungsanspruch nicht entfallen** (BGH NJW 2007, 2332 Rn. 16). Der Verstoß kann aber zu einem **Schadensersatzanspruch** des Auftraggebers aus §§ 311 Abs. 2, 280 Abs. 1 BGB führen (BGH NJW 2007, 2332 Rn. 17 ff.). Die Annahme eines kausalen Schadens setzt Feststellungen voraus, dass sich die Vermögenslage des Auftraggebers im Falle der – rechtzeitigen – Erteilung des geschuldeten Hinweises günstiger entwickelt hätte. Somit muss der Auftraggeber vortragen und im Bestreitensfalle im Rahmen des § 287 ZPO beweisen, wie er auf die allgemeine Information, dass sich die Vergütung nach dem Gegenstandswert richtet, reagiert und inwieweit sich durch diese Reaktion die Vermögenssituation günstiger entwickelt hätte (BGH NJW 2007, 2332 Rn. 20 f.). Insoweit kommt vor allem in Betracht, dass der Auftraggeber eine günstigere Stundenlohnvereinbarung angestrebt (vgl. OLG Hamm AGS 2009, 428) oder von einer Beauftragung ganz abgesehen hätte. Ein solcher Nachweis ist – auch unter Berücksichtigung des Beweismaßstabes des § 287 ZPO – in der Regel nur schwer zu führen.

14   Der Auftraggeber hat auch die **Beweislast** dafür, dass der Hinweis nicht oder nicht rechtzeitig erteilt wurde. Allerdings muss der Dienstleister konkret darlegen, wie im Einzelnen aufgeklärt worden sein soll. Dem Auftraggeber obliegt dann der Nachweis, dass diese Darstellung nicht zutrifft (BGH NJW 2008, 371 Rn. 12).

15   **2. Gebührenunterschreitung (Abs. 2 S. 1 und 3). a) Allgemeines.** Das in Abs. 2 S. 1 geregelte grundsätzliche **Verbot**, geringere Gebühren und Auslagen zu vereinbaren oder zu fordern, als das RVG vorsieht, entspricht der Regelung des § 49b Abs. 1 BRAO, so dass die hierzu entwickelten Grundsätze ohne weiteres übertragbar sind (näher hierzu Henssler/Prütting/*Kilian* § 49b Rn. 7 ff.). Verfassungsrechtliche Bedenken bestehen nicht (so ausdrücklich zu § 49b Abs. 1 BRAO BGH NJW 2009, 534 Rn. 22 ff.; kritisch hierzu Henssler/Prütting/*Kilian* § 49b Rn. 13).

16   Die Zulässigkeit der Vereinbarung einer **höheren Vergütung** ist in § 3a RVG geregelt. Diese Bestimmung ist aufgrund der allgemeinen Verweisung auf das RVG in Abs. 1 auch auf den dort genannten Personenkreis anwendbar.

17   **b) Fälle der zulässigen Gebührenunterschreitung.** Das Verbot der Gebührenunterschreitung gilt nicht, wenn das RVG die Vereinbarung geringerer Gebühren ausdrücklich vorsieht oder wenn Umstände in der Person des Auftraggebers vorliegen, die eine Ermäßigung oder einen Erlass der Gebühren nach Erledigung des Auftrages rechtfertigen (Abs. 2 S. 3). Das RVG regelt die Fälle der zulässigen Gebührenunterschreitung in § 4 RVG. Zudem kann auch die Vereinbarung eines Erfolgshonorars iSv § 4a RVG geringere Gebühren zur Folge haben (vgl. hierzu unter Rn. 26). Aufgrund dieser Bestimmungen ist das Verbot der Gebührenunterschreitung im Wesentlichen nur für die Vergütung für die **Vertretung in Gerichtsverfahren** von Bedeutung.

18   **aa) Außergerichtliche Angelegenheiten (§ 4 Abs. 1 RVG).** In außergerichtlichen Angelegenheiten ist eine Gebührenunterschreitung grds. zuläs-

sig. Nachdem für die Bereiche **Beratung, Gutachten** und **Mediation** aufgrund von § 34 RVG abgesehen von der Regelung einer Obergrenze bei einer Erstberatung keine gesetzlichen Gebühren mehr bestehen, greift die Bestimmung nur für die **außergerichtliche Vertretung**.

Die Regelung verlangt aber, dass die Vergütung in einem angemessen Ver- 19
hältnis zu Leistung, Verantwortung und Haftungsrisiko steht. Entgegen einer zT vertretenen Auffassung (vgl. etwa Henssler/Prütting/*Kilian* § 49b Rn. 37) gilt dieser Grundsatz nicht im Anwendungsbereich des § 34 RVG (so auch OLG Stuttgart NJW 2007, 924, 927). Dies folgt bereits aus der Systematik des § 4 Abs. 1 RVG, nach dem die in S. 2 geregelte Angemessenheit auf die in S. 1 geregelte Unterschreitung von gesetzlichen Gebühren und nicht insgesamt auf Gebührenvereinbarungen Bezug nimmt.

Wann die **Schwelle zur Unangemessenheit** überschritten ist, ist eine 20
Frage des Einzelfalls und einer abstrakten Klärung kaum zugänglich. In manchen Fällen kann auch eine nicht kostendeckende Vergütung angemessen sein. Die gegenteilige Auffassung (vgl. etwa Henssler/Prütting/*Kilian* § 49b Rn. 36) überzeugt nicht, da bei geringen Streitwerten auch die gesetzlichen Gebühren in vielen Fällen nicht kostendeckend sind. Ein echtes Preisdumping ist aber nicht möglich. Zu Recht wurde daher das Angebot eines Rechtsanwalts, Forderungen bis zu einer Höhe von 150 000 Euro zum Pauschalpreis von 75 Euro einzuziehen, als unzulässig angesehen (OLG Köln NJW 2006, 923, 924).

bb) Gerichtliches Mahnverfahren und Zwangsvollstreckung (§ 4 21
Abs. 2 RVG). Besteht der Auftrag in der Vertretung in einem gerichtlichen Mahnverfahren oder Zwangsvollstreckungsverfahren, so kann der Dienstleister mit seinem Auftraggeber vereinbaren, dass er, wenn der nach § 91 ZPO bzw. § 788 ZPO bestehende Kostenerstattungsanspruch gegen den Gegner nicht beigetrieben werden kann, einen Teil dieses Anspruchs an Erfüllung statt annehmen wird. Dies führt, wenn auch der Dienstleister den Erstattungsanspruch nicht beitreiben kann, im Ergebnis zu einer **Gebührenermäßigung**. Daher muss entsprechend der Regelung des § 4 Abs. 1 RVG der nicht durch Abtretung zu erfüllende Teil der gesetzlichen Vergütung in einem angemessenen Verhältnis zu Leistung, Verantwortung und Haftungsrisiko stehen.

cc) Ermäßigung oder Erlass (Abs. 2 S. 3). Die Regelung, dass im Ein- 22
zelfall **besonderen Umständen** in der Person des Auftraggebers nach Erledigung des Auftrages durch Gebührenermäßigung oder Erlass von Gebühren, Rechnung getragen werden kann, entspricht § 49b Abs. 1 S. 2 BRAO, so dass auch insoweit die hierzu entwickelten Grundsätze übertragen werden können. Umstände in der Person sind eine fehlende finanzielle Leistungsfähigkeit des Auftraggebers sowie eine besondere persönliche Nähebeziehung zwischen den Vertragsparteien (näher hierzu Henssler/Prütting/*Kilian* § 49b Rn. 47ff.).

c) Folgen des Verstoßes. aa) Vertragsrecht. Eine vertragliche Rege- 23
lung, die eine unzulässige Gebührenunterschreitung zum Inhalt hat, ist **nicht** nach § 134 BGB **nichtig** (vgl. BGH NJW 2014, 2653 Rn. 16; anders noch BGH AnwBl. 2012, 97 Rn. 15ff.). Vielmehr ist ungeachtet des Verstoßes nur die vereinbarte Vergütung geschuldet.

24 **bb) Wettbewerbsrecht.** Eine unzulässige Gebührenunterschreitung ist nach §§ 3, 4 Nr. 11 UWG **wettbewerbswidrig** (BGH NJW 2005, 1266, 1267 – Telekanzlei; OLG Hamm MMR 2012, 602; KG Berlin AnwBl. 2010, 445; OLG Köln NJW 2006, 923). Verstöße gegen das UWG haben nach §§ 8 f. UWG Unterlassungs- und Schadensersatzansprüche zur Folge (wegen weiterer Einzelheiten § 3 RDG Rn. 64 ff.).

25 **cc) Berufsrecht.** Im Falle einer hartnäckigen Zuwiderhandlung gegen das Verbot der Gebührenunterschreitung kommt auch ein Widerruf der Registrierung nach § 14 Nr. 1 RDG in Betracht (vgl. im Einzelnen § 14 RDG Rn. 23 ff.).

26 **3. Erfolgshonorar (Abs. 2 S. 2). a) Allgemeines.** Abs. 2 S. 2 regelt ein grundsätzliches **Verbot der Vereinbarung eines Erfolgshonorars** sowie ein Verbot der Übernahme fremder Kosten durch den Rechtsanwalt. Dabei wird die in § 49b Abs. 2 S. 1 BRAO erfolgte gesetzliche Definition des Erfolgshonorars durch Verweis auf diese Regelung übernommen. Ein Erfolgshonorar liegt somit vor, wenn eine Vergütung oder ihre Höhe vom Ausgang der Sache oder vom Erfolg der Tätigkeit abhängig gemacht wird oder wenn der Dienstleister einen Teil des erstrittenen Betrages als Honorar erhält. Auch sonst entspricht die Regelung dem § 49b Abs. 2 S. 1 und 2 BRAO, so dass die hierzu entwickelten Grundsätze ohne weiteres übertragbar sind (näher hierzu Henssler/Prütting/*Kilian* § 49b Rn. 58 ff.). Unerheblich ist insoweit, dass die Regelung des § 49b Abs. 2 S. 3 BRAO nicht auch in § 4 RDGEG enthalten ist. Hieraus ergeben sich keine inhaltlichen Unterschiede, da die Bestimmung, nach der ein Erfolgshonorar nicht vorliegt, wenn lediglich vereinbart wird, dass sich die gesetzlichen Gebühren ohne weitere Bedingungen erhöhen, lediglich einen klarstellenden Charakter hat (Henssler/Prütting/*Kilian* § 49b Rn. 85).

27 Das BVerfG hat das Verbot bei Rechtsanwälten als **verfassungsgemäß** angesehen, soweit eine Ausnahme für den Fall zugelassen ist, dass der Dienstleister mit der Vereinbarung einer erfolgsabhängigen Vergütung besonderen Umständen in der Person des Auftraggebers Rechnung trägt, die diesen sonst davon abhielten, seine Rechte zu verfolgen (BVerfGE 117, 163 = NJW 2007, 979). Diese Grundsätze sind auf den in Abs. 1 S. 1 genannten Personenkreis übertragbar (so auch Dreyer/Lamm/Müller/*T. Müller* Rn. 65). Die vom BVerfG geforderte Ausnahme hat der Gesetzgeber zwischenzeitlich in § 4a RVG (hierzu Rn. 28 f.) geregelt.

28 **b) Zulässigkeit der Vereinbarung (§ 4a RVG).** Die Vereinbarung eines Erfolgshonorars – nicht auch einer Kostenübernahme – ist seit dem 1.7.2008 zulässig, wenn die Voraussetzungen des § 4a RVG vorliegen. Das RVG sieht die Möglichkeit eines Erfolgshonorars nur vor, wenn der **Auftraggeber** aufgrund seiner **wirtschaftlichen Verhältnisse** bei verständiger Betrachtung ohne die Vereinbarung eines Erfolgshonorars von der Rechtsverfolgung absehen würde. Die Vereinbarkeit darf nur für den **Einzelfall** geschlossen werden. Sie muss die in § 4a Abs. 2 und 3 RVG genannten **Pflichtangaben** enthalten und darüber hinaus den in § 3a RVG geregelten **allgemeinen Anforderungen** an Vergütungsvereinbarungen Rechnung tragen. Die Vorschrift hat bislang noch keine große praktische Bedeutung erlangt.

Vergütung der registrierten Personen **§ 4 RDGEG**

Die Regelung ist als Ausnahmebestimmung grds. eng auszulegen. Maßgeblich sind ausschließlich die wirtschaftlichen Verhältnisse, nicht entscheidend ist eine besondere Risikoscheu. Die Vereinbarung eines Erfolgshonorars kommt in aller Regel dann nicht in Betracht, wenn der Auftraggeber die wirtschaftlichen Voraussetzungen für die Bewilligung von Beratungshilfe oder Prozesskostenhilfe erfüllt (LG Berlin AnwBl. 2011, 150). Dies gilt auch dann, wenn Prozesskostenhilfe mangels Erfolgsaussichten verweigert wird. Nachdem in diesem Fall im Zweifel auch ein wirtschaftlich leistungsfähiger Auftraggeber von der weiteren Rechtsverfolgung absehen wird, sind die wirtschaftlichen Verhältnisse nicht ausschlaggebend. Daher kommt die Vereinbarung eines Erfolgshonorars nur in Betracht, wenn ein Rechtsuchender aufgrund seiner Einkommens- und Vermögensverhältnisse keinen Anspruch auf Prozesskosten- oder Beratungshilfe hat, er aber gleichwohl befürchten muss, im Falle des Unterliegens sein Vermögen nahezu vollständig zu verlieren (LG Berlin AnwBl. 2011, 150). 29

c) Ermäßigung oder Erlass (Abs. 2 S. 3). Nach der Systematik bezieht sich auch die Regelung, dass im Einzelfall besonderen Umständen in der Person des Auftraggebers nach Erledigung des Auftrages durch Gebührenermäßigung oder Erlass von Gebühren, Rechnung getragen werden kann, auf das Verbot der Vereinbarung eines Erfolgshonorars. Insoweit liegt ein Unterschied zu der Regelung des § 49b BRAO vor, die sich nur auf das Verbot der Gebührenunterschreitung bezieht. Die Möglichkeit der Ermäßigung oder des Erlasses hat aber für das Verbot eines Erfolgshonorars letztlich keine Bedeutung (dies nicht berücksichtigend Krenzler/*K. Winkler* Rn. 176ff.). 30

d) Folgen des Verstoßes. aa) Vertragsrecht. Eine Vereinbarung eines Erfolgshonorars ist **nicht** nach § 134 BGB **nichtig** (BGH NJW 2014, 2653 Rn. 16; anders noch BGH NJW 2009, 3297 Rn. 14). Vielmehr ist Folge eines Verstoßes, dass die vertraglich vereinbarte Vergütung auf die gesetzliche Vergütung beschränkt ist. Für den Fall, dass die gesetzliche Gebühr höher ist, kann nur die vertraglich vereinbarte Vergütung verlangt werden. 31

bb) Wettbewerbsrecht. Eine unzulässige Vereinbarung eines Erfolgshonorars ist nach §§ 3, 4 Nr. 11 UWG **wettbewerbswidrig** (vgl. OLG Köln NJW-RR 2002, 1000). Das Verbot ist zumindest auch dazu bestimmt, das Marktverhalten im Interesse der Marktteilnehmer zu regeln, nachdem es auch den Auftraggeber vor einer Übervorteilung durch überhöhte Vergütungssätze schützt (vgl. BVerfGE 117, 163 = NJW 2007, 979 Rn. 67). Der Tatbestand des § 4 Nr. 11 UWG ist auf berufsrechtliche Regelungen anwendbar (BGH NJW 2009, 3242 Rn. 21 – Finanz-Sanierung). Verstöße gegen das UWG haben nach §§ 8f. UWG Unterlassungs- und Schadensersatzansprüche zur Folge (wegen weiterer Einzelheiten vgl. § 3 RDG Rn. 64ff.). 32

cc) Berufsrecht. Im Falle einer hartnäckigen Zuwiderhandlung gegen das Verbot der Vereinbarung eines Erfolgshonorars kommt ein Widerruf der Registrierung nach § 14 Nr. 1 RDG in Betracht (vgl. im Einzelnen § 14 RDG Rn. 23ff.). Daneben besteht nach dem durch das Gesetz gegen unseriöse Geschäftspraktiken v. 1.10.2013 (BGBl. I S. 3714) mWv 9.10.2013 neu eingefügten § 13a Abs. 3 RDG die Befugnis der Aufsichtsbehörde, den Betrieb vor- 33 übergehend ganz oder teilweise zu untersagen (vgl. im Einzelnen § 13a RDG Rn. 17 ff.).

C. Kostenerstattung

I. Kostenerstattung im gerichtlichen Verfahren (Abs. 3)

34 Nach Abs. 3 sind für Kammerrechtsbeistände und für die Personen, für deren Vergütung nach Abs. 1 S. 1 das RVG gilt, die Vorschriften über die Kostenerstattung im gerichtlichen Verfahren anwendbar. Dies sind § 91 ZPO, § 80 FamFG, § 12a ArbGG, § 162 VwGO, § 192 SGG und § 139 FGO. Voraussetzung ist, dass die Person im jeweiligen Verfahren vertretungsbefugt ist (Begr. RegE BT-Drs. 16/3655, 80).

35 Die Kosten **anderer Personen** können mit Ausnahme der in Abs. 4 geregelten Inkassodienstleister im Rahmen der Kostenerstattung nicht geltend gemacht werden. Dies schließt aber einen **materiellen-rechtlichen Anspruch** auf Erstattung der Kosten nicht aus (vgl. BGH NJW 2007, 1458 Rn. 7).

II. Erstattung der Kosten der Inkassodienstleister (Abs. 4 und 5)

36 **1. Zwangsvollstreckungsverfahren.** Inkassodienstleister iSv § 10 Abs. 1 S. 1 Nr. 1 RDG sind nach § 79 Abs. 2 S. 2 Nr. 4 ZPO im Zwangsvollstreckungsverfahren vertretungsberechtigt. Dementsprechend bestimmt Abs. 4 S. 1, dass deren Vergütung als Kosten der Zwangsvollstreckung nach § 788 ZPO grds. erstattungsfähig sind (vgl. auch AG Strausberg JurBüro 2012, 443).

37 Die Regelung ist auf die **Kostenerstattung** beschränkt. Ihr kann nicht entnommen werden, dass sich die **Vergütung** der Inkassodienstleister im Zwangsvollstreckungsverfahren nach dem RVG richtet, so dass diese **frei verhandelbar** ist. Allerdings ist der Erstattungsanspruch auf die Höhe einer einem Rechtsanwalt nach dem RVG geschuldeten Vergütung beschränkt (so auch Gaier/Wolf/Göcken/*Johnigk* Rn. 13; Dreyer/Lamm/Müller/*T. Müller* Rn. 99). Dies folgt daraus, dass nach § 788 ZPO nur notwendige Kosten erstattungsfähig sind. Nachdem der Gläubiger jederzeit einen Rechtsanwalt hätte beauftragen können, sind durch die Beauftragung eines Inkassodienstleisters entstandene höhere Kosten nicht notwendig. Im Falle der Beauftragung eines Rechtsanwalts entsteht für die Vertretung in der Zwangsvollstreckung eine 0,3 Verfahrensgebühr (VV Nr. 3309) und für die Teilnahme an einem gerichtlichen Termin oder einem Termin zur Abnahme einer Vermögensauskunft iSv § 807 ZPO eine 0,3 Terminsgebühr (VV Nr. 3310).

38 **2. Mahnverfahren. a) Prozessrecht.** Inkassodienstleister iSv § 10 Abs. 1 S. 1 Nr. 1 RDG sind nach § 79 Abs. 2 S. 2 Nr. 4 ZPO im Mahnverfahren vertretungsberechtigt. Nach Abs. 4 S. 2 ist deren Vergütung aber nur bis zu einem **Betrag von 25 Euro** erstattungsfähig. Die damit verbundene Ungleichbehandlung gegenüber Rechtsanwälten, deren Vergütung iHv 1,0 Verfahrensgebühr (VV Nr. 3305) zzgl. einer 0,5 Verfahrensgebühr im Falle der Beantragung eines Vollstreckungsbescheids (VV Nr. 3308) in voller Höhe erstattungsfähig ist, hat der

Gesetzgeber bewusst in Kauf genommen (vgl. Begr. Beschlussempfehlung des Rechtsausschusses des Bundestages BT-Drs. 16/6634, 54).

Der Betrag von 25 Euro ist nach dem eindeutigen Wortlaut ein Höchstbetrag. Es ist daher nicht möglich, unter Einbeziehung der **Umsatzsteuer** einen höheren Betrag zuzusprechen (so aber AG Donaueschingen NJW-RR 2010, 503; wie hier Gaier/Wolf/Göcken/*Johnigk* Rn. 15; *Finzel* Rn. 4; Dreyer/Lamm/Müller/*T. Müller* Rn. 108; Krenzler/*K. Winkler* Rn. 210). **39**

Die Kosten sind bis zu einem Betrag von 25 Euro auch dann erstattungsfähig, wenn nach Widerspruch gegen den Mahnbescheid ein **Anwalt beauftragt** wird (LG Magdeburg JurBüro 2013, 310; AG Donaueschingen NJW-RR 2010, 503; aA allerdings AG Hamm NJW-RR 2012, 1216; Gaier/Wolf/Göcken/*Johnigk* Rn. 14; wohl auch Dreyer/Lamm/Müller/*T. Müller* Rn. 108). Obwohl im Falle der Beauftragung eines Rechtsanwalts im Mahnverfahren die Gebühr nach VV Nr. 3305 auf das streitige Verfahren angerechnet worden wäre und somit nicht noch weitere Kosten entstanden wären, sind die Kosten des Inkassodienstleisters als erforderlich iSv § 91 ZPO anzusehen. Der Gesetzgeber hat in § 79 Abs. 2 S. 2 Nr. 4 ZPO ausdrücklich die Vertretung durch Inkassodienstleister im Mahnverfahren ermöglicht. Daher kann man dem Gläubiger, der von dieser Möglichkeit Gebrauch macht, nicht darauf verweisen, dass er gleich einen Rechtsanwalt hätte beauftragen können. Eine andere Beurteilung ist aber dann geboten, wenn für den Gläubiger erkennbar war, dass der Schuldner – etwa weil er zuvor inhaltliche Einwände gegen den Anspruch erhoben hat – Widerspruch einlegen wird und er zur weiteren Durchsetzung des Anspruchs einen Anwalt benötigt (LG Magdeburg JurBüro 2013, 310). **40**

b) Materielles Recht. aa) Anspruchsgrundlagen. Neben dem in Abs. 4 S. 2 geregelten prozessrechtlichen Kostenerstattungsanspruch kommt auch ein **materiell-rechtlicher Anspruch** des Gläubigers auf Erstattung der durch die Beauftragung des Inkassodienstleisters entstandenen Kosten in Betracht. Der Anspruch kann sich aus §§ 280 Abs. 1, 286, 823 BGB (vgl. hierzu BGH NJW 2004, 444, 446) ergeben. Ein Anspruch aus §§ 280 Abs. 1, 286 BGB erfasst allerdings nicht die Kosten für die verzugsbegründenden Handlungen wie Rechnungsstellung oder Erstmahnung. **41**

bb) Umfang des Anspruchs. Der materiell-rechtliche Anspruch umfasst nicht nur die außergerichtlichen Kosten, sondern auch die **Kosten des Mahnverfahrens** und zwar auch, soweit diese einen Betrag von 25 Euro überschreiten. Die Bestimmung des Abs. 4 S. 2 enthält insoweit keine Beschränkung (aA allerdings Gaier/Wolf/Göcken/*Johnigk* Rn. 16; wohl auch Dreyer/Lamm/Müller/*T. Müller* Rn. 112; wie hier wohl Krenzler/*K. Winkler* Rn. 210). Dies folgt schon daraus, dass die Regelung eines prozessualen Kostenerstattungsanspruch einen materiell-rechtlichen Anspruch grds. nicht ausschließt (BGH NJW 2007, 1458 Rn. 7). Ein möglicher Wille des Gesetzgebers, durch die Regelung des Abs. 4 S. 2 die Erstattungsfähigkeit insgesamt zu begrenzen (vgl. Begr. Beschlussempfehlung des Rechtsausschusses des Bundestages BT-Drs. 16/6634, 54), kommt im Wortlaut des Gesetzes nicht zum Ausdruck. Vielmehr wird nur auf die Regelung des § 91 ZPO und damit auf die prozessrechtliche Kostenerstattung Bezug genommen. **42**

43 Der Anspruch ist der Höhe nach auf die Kosten beschränkt, die im Falle der Beauftragung eines Rechtsanwalts entstanden wären (ganz hM, vgl. nur Palandt/*Grüneberg* § 286 Rn. 46; MüKoBGB/*Ernst* § 286 Rn. 157). Der Gläubiger ist gehalten, den kostengünstigsten Weg zur Verfolgung seines Rechts zu wählen. Da der Gläubiger auch einen Rechtsanwalt hätte beauftragen können, verstößt er gegen die in § 254 Abs. 2 S. 1 BGB geregelte Schadensminderungspflicht, soweit der Inkassodienstleister eine höhere Vergütung verlangt. Für eine außergerichtliche Tätigkeit des Inkassodienstleisters ist diese Begrenzung in Abs. 5 S. 1 ausdrücklich geregelt.

44 **cc) Anspruch bei späterer Beauftragung eines Rechtsanwalts.** Die Frage, ob die Kosten der Inanspruchnahme eines Inkassodienstleisters auch dann erstattungsfähig sind, wenn der Gläubiger im weiteren Verlauf einen Rechtsanwalt beauftragt, weil der Schuldner den Anspruch inhaltlich bestreitet, ist noch nicht abschließend geklärt (ausführlich zum Meinungsstand BGH NJW 2005, 2991, 2994; MüKoBGB/*Ernst* § 286 Rn. 157; Staudinger/*Löwisch/Feldmann* § 286 Rn. 221 ff.).

45 Der Anspruch kann nicht mit der Begründung verneint werden, dass die Beauftragung des Inkassodienstleisters nicht erforderlich iSv § 249 BGB war. Der Gesetzgeber hat die Tätigkeit des Inkassodienstleisters in § 10 Abs. 1 S. 1 Nr. 1 RDG anerkannt, so dass es dem Gläubiger grds. nicht entgegen gehalten werden kann, wenn er zunächst ein Inkassounternehmen beauftragt. Dies gilt umso mehr, als ein Inkassodienstleister häufig günstiger arbeitet als ein Rechtsanwalt und in diesen Fällen die Beauftragung auch im Interesse des Schuldners liegen kann.

46 Dem Anspruch kann aber ein Verstoß gegen die **Schadensminderungspflicht** (§ 254 Abs. 2 S. 1 BGB) entgegenstehen. Ein solcher Verstoß liegt vor, wenn für den Gläubiger – etwa weil der Schuldner inhaltliche Einwände gegen den Anspruch erhoben hat – erkennbar war, dass er zur Durchsetzung der Forderung einen Rechtsanwalt beauftragen muss. In diesem Fall sind die durch die Beauftragung des Inkassodienstleisters entstandenen Mehrkosten vom Schuldner nicht zu bezahlen (insoweit ganz hM; vgl. nur Palandt/*Grüneberg* § 286 Rn. 46 mwN).

47 Ansonsten wird man einen Verstoß gegen die Schadensminderungspflicht nicht annehmen können (so auch BGH Urt. v. 24.5.1967 – VIII ZR 278/64, BeckRS 2011, 24089; OLG Oldenburg JurBüro 2006, 481; Staudinger/*Löwisch/Feldmann* § 286 Rn. 228 mwN; Dreyer/Lamm/Müller/T. *Müller* Rn. 118; offenlassend BGH NJW 2005, 2991, 2994; aA Palandt/*Grüneberg* § 286 Rn. 46; MüKoBGB/*Ernst* § 286 Rn. 157 jeweils mwN).

48 Die **Beweislast** für die tatsächlichen Voraussetzungen der Annahme eines Verstoßes gegen § 254 Abs. 2 S. 1 BGB trägt nach allgemeinen Grundsätzen der Schuldner.

49 **3. Vorgerichtliche Rechtsverfolgung. a) Allgemeines.** Der durch das Gesetz gegen unseriöse Geschäftspraktiken v. 1.10.2013 (BGBl. I S. 3714) mWv 9.10.2013 angefügte Abs. 5 enthält Regelungen zur **Beschränkung der Höhe** des Erstattungsanspruchs für die vorgerichtliche Tätigkeit von Inkassodienstleistern iSv § 10 Abs. 1 S. 1 Nr. 1 RDG. Die Geltendmachung von titulierten Forderungen wird hiervon nicht erfasst. Die Bestimmung gilt **nicht**

Vergütung der registrierten Personen **§ 4 RDGEG**

für anwaltliche Inkassodienstleistungen. Eine im RegE vorgesehene Regelung einer entsprechenden Anwendung auf Rechtsanwälte (BT-Drs. 17/13057, 6, 23) ist vom Gesetzgeber nicht übernommen worden.

Die Regelung betrifft nicht die Frage, ob im konkreten Fall ein materiell- 50
rechtlicher Anspruch besteht. Dies richtet sich weiterhin nach den allgemeinen Bestimmungen (vgl. auch Rn. 41). Abs. 5 lässt auch die §§ 249 ff. BGB unberührt. Dies gilt auch für § 254 Abs. 2 BGB (Begr. RegE BT-Drs. 17/13507, 26). Daher kann dem Erstattungsanspruch ungeachtet der Regelung des Abs. 5 entgegen gehalten werden, dass die Beauftragung des Inkassodienstleisters gegen die Schadensminderungspflicht verstößt (vgl. hierzu Rn. 44 ff.).

b) Vergütung nach RVG als Obergrenze. Abs. 5 S. 1 begrenzt die Höhe 51
des Erstattungsanspruchs auf die einem Rechtsanwalt nach dem Vorschriften des RVG zustehende Vergütung. Dies entspricht der bisherigen Rechtslage (vgl. Nachweise bei Palandt/*Grüneberg* § 286 Rn. 46; MüKoBGB/*Ernst* § 286 Rn. 157; siehe auch Rn. 43).

c) Verordnungsermächtigung. Darüber enthält Abs. 5 S. 2 eine Er- 52
mächtigung, durch Rechtsverordnung weitere Beschränkungen der Höhe der erstattungsfähigen Kosten zu regeln. Die Verordnung erlässt das BMJ (jetzt: BMJV) mit Zustimmung des Bundestages. Bislang wurde von der Ermächtigung noch kein Gebrauch gemacht. Ziel der Regelung ist es, der Besonderheit der Inkassotätigkeit gegenüber anwaltlicher Tätigkeit Rechnung zu tragen und die Erstattungsfähigkeit von Inkassokosten gegenüber Privatperson angemessen zu begrenzen (Beschlussempfehlung des Rechtsausschusses BT-Drs. 17/14216, 8).

Daher ist der Verordnungsgeber auch nur berechtigt, Erstattungsansprüche 53
gegen Privatpersonen zu beschränken, wobei der Begriff der Privatperson durch § 11a Abs. 2 RDG definiert ist (dazu § 11a RDG Rn. 52 ff.). Die Ermächtigung umfasst mithin Erstattungsansprüche gegen natürliche Personen, wenn die geltend gemachte Forderung nicht im Zusammenhang mit ihrer gewerblichen oder selbstständigen beruflichen Tätigkeit steht.

Sowohl Abs. 5 S. 2 als auch S. 3 enthalten Grundsätze, die der Verordnungs- 54
geber zu beachten hat. Nach S. 2 ist bei der Regelung der Höchstsätze der Umfang der Tätigkeit zu berücksichtigen. Dies wird in Satz 3 weiter konkretisiert, indem Höchstsätze für wenig umfangreiche Tätigkeiten wie das erste Mahnschreiben oder im Falle der Beitreibung von mehr als 100 gleichartigen, innerhalb eines Monats dem Inkassodienstleister übergebenen Forderungen desselben Gläubigers (Mengeninkasso), geregelt werden können.

§ 5 Diplom-Juristen aus dem Beitrittsgebiet

Personen, die in dem in Artikel 3 des Einigungsvertrags genannten Gebiet ein rechtswissenschaftliches Studium als Diplom-Jurist an einer Universität oder wissenschaftlichen Hochschule abgeschlossen haben und nach dem 3. Oktober 1990 zum Richter, Staatsanwalt oder Notar ernannt, im höheren Verwaltungsdienst beschäftigt oder als Rechtsanwalt zugelassen wurden, stehen in den nachfolgenden Vorschriften einer Person mit Befähigung zum Richteramt gleich:
1. § 6 Abs. 2 Satz 1 und § 7 Abs. 2 Satz 1 des Rechtsdienstleistungsgesetzes,
2. § 78 Abs. 4 und § 79 Abs. 2 Satz 2 Nr. 2 der Zivilprozessordnung,
3. § 10 Abs. 2 Satz 2 Nr. 2 des Gesetzes über das Verfahren in Familiensachen und in den Angelegenheiten der freiwilligen Gerichtsbarkeit,
4. § 11 Abs. 2 Satz 2 Nr. 2, Abs. 4 Satz 3 des Arbeitsgerichtsgesetzes,
5. § 73 Abs. 2 Satz 2 Nr. 2, Abs. 4 Satz 3 und 4 des Sozialgerichtsgesetzes,
6. § 67 Abs. 2 Satz 2 Nr. 2, Abs. 4 Satz 4 der Verwaltungsgerichtsordnung,
7. § 62 Abs. 2 Satz 2 Nr. 2, Abs. 4 Satz 4 der Finanzgerichtsordnung,
8. § 97 Abs. 2 Satz 2 Nr. 2 des Patentgesetzes,
9. § 81 Abs. 2 Satz 2 Nr. 2 des Markengesetzes.

A. Allgemeines

1 Das RDG knüpft in den §§ 6ff. die Befugnis zur Erbringung von (außergerichtlichen) Rechtsdienstleistungen ua an die Befähigung zum Richteramt iSd § 5 DRiG. Entsprechendes gilt für Regelungen zur unentgeltlichen Prozessvertretung und zur Vertretung von Behörden, juristische Personen des öffentlichen Rechts oder verschiedenen Organisationen in den einzelnen Verfahrensordnungen (Rn. 11 ff.). § 5 RDGEG **stellt** insoweit **Diplom-Juristen,** die ihre Ausbildung auf dem ehemaligen Gebiet der DDR absolviert haben, **Personen mit der Befähigung zum Richteramt gleich** (BT-Drs. 16/3655, 81). Soweit bereits früher in den jeweiligen Verfahrensordnungen entsprechende Regelungen zur Gleichstellung enthalten waren (Rn. 5), sind diese nun im Zuge der Vereinheitlichung der Verfahrensvorschriften in § 5 RDGEG zusammengefasst worden. Bezweckt war, die Regelungen in den Verfahrensordnungen zu straffen und den Übergangscharakter der Vorschrift zu verdeutlichen (BT-Drs. 16/3655, 81).

2 Bereits bevor das RDGEG am 1.7.2008 in Kraft getreten ist, wurde § 5 RDGEG durch das Gesetz zur Neuregelung des Verbots der Vereinbarung von Erfolgshonoraren v. 12.6.2008 (BGBl I S. 1000, 1002 f.) zum ersten Mal geändert, weil aufgrund eines Redaktionsversehens nicht auf Art. 3, sondern auf Art. 1 § 1 des Einigungsvertrags verwiesen worden war. § 5 Nr. 3 RDGEG wurde durch das Gesetz zur Reform des Verfahrens in Familiensachen und in Angelegenheiten der freiwilligen Gerichtsbarkeit v. 17.12.2008 (BGBl. I S. 2586) mWv 1.9.2009 an die dort neu geschaffenen Regelungen angepasst.

Eine die Zulassung zur **Rechtsanwaltschaft betreffende Parallelrege-** 3
lung findet sich in § 214 BRAO. Nach § 214 Abs. 1 BRAO steht die Befähigung zur anwaltlichen Tätigkeit auch Personen zu, die bis zum 9.9.1996 die fachlichen Voraussetzungen für die Zulassung nach § 4 RAG erfüllt haben (vgl. Rn. 4). Außerdem erfüllen Rechtsanwälte, die auf Grundlage des RAG oder nach § 214 Abs. 1 BRAO zugelassen worden sind, gem. § 214 Abs. 2 BRAO die Voraussetzung der Befähigung zum Richteramt gem. §§ 93 Abs. 1 S. 3, 101 Abs. 1 S. 2 BRAO, sie können also Vorsitzende oder Mitglieder eines AnwG oder AGH sein.

B. Diplom-Jurist aus dem Beitrittsgebiet

I. Ausbildungssystem in der DDR

In der ehemaligen DDR wurde nach einem abgeschlossenen Studium der 4
Rechtswissenschaften der Abschluss „Diplom-Jurist" verliehen. Das Rechtsanwaltsgesetz (RAG) der DDR v. 13.9.1990 (GBl. DDR I S. 1504) sah in § 4 Abs. 1 vor, dass zur Rechtsanwaltschaft zugelassen werden konnte, wer nach dem Hochschulabschluss eine zweijährige juristische Praxis in der Rechtspflege oder einem rechtsberatenden Beruf abgeleistet hatte. Wesentlicher Unterschied zwischen diesem Ausbildungssystem und dem Ausbildungssystem der Bundesrepublik war folglich die zweijährige Berufspraxis anstelle eines Referendariats mit daran anschließender Zweiter juristischer Staatsprüfung. Die Juristenausbildung im Beitrittsgebiet war somit nicht auf die Ausbildung von „Einheitsjuristen" gerichtet, sondern sollte auf einzelne Bereiche **spezialisierte Berufspraktiker** hervorbringen (*Dörig* NJW 1990, 889f.).

Nach der Wiedervereinigung bestand somit Regelungsbedarf mit Blick auf 5
die juristischen Tätigkeiten, die von Diplom-Juristen aus der ehemaligen DDR ausgeübt werden dürfen. In verschiedene Verfahrensordnungen wurden dementsprechend Regelungen aufgenommen, die eine Vertretung auch durch Diplom-Juristen ermöglichte (vgl. § 62a Abs. 1 S. 3 FGO aF, § 67 Abs. 1 S. 3 VwGO aF). Der die Verfahrensordnungen betreffende Regelungsbedarf hatte sich auch zum Zeitpunkt der Reform des RBerG und des Erlasses des RDG noch nicht erledigt (Krenzler/*Winkler* Rn. 2). Aufgrund der Liberalisierung im Bereich der unentgeltlichen Rechtsberatung (dazu Einleitung Rn. 55ff.) wurden sogar zusätzliche Regelungen erforderlich, weil in den neuen Bundesländern auch heute noch Diplom-Juristen häufig in Vereinen, Verbänden und Genossenschaften bei der unentgeltlichen Erbringung von Rechtsdienstleistungen mitwirken (BT-Drs. 16/3655, 81).

II. Erfasste Personen

Die Gleichstellung mit Personen, die die Befähigung zum Richteramt 6
haben, kommt nur solchen Personen zugute, die Diplom-Juristen aus dem Beitrittsgebiet iSd § 5 RDGEG sind. Ausweislich der Regelung müssen hierzu zwei Voraussetzungen kumulativ vorliegen: Erstens muss in dem in Art. 3 des Einigungsvertrags genannten Gebiet (= fünf neue Bundesländer sowie früheres Ost-Berlin) ein rechtswissenschaftliches Studium als Diplom-Jurist an einer

RDGEG § 5 Einführung zum Rechtsdienstleistungsgesetz

Universität oder wissenschaftlichen Hochschule abgeschlossen und zweitens die betreffende Person nach dem Stichtag 3.10.1990 zum Richter, Staatsanwalt oder Notar ernannt, im höheren Verwaltungsdienst beschäftigt oder als Rechtsanwalt zugelassen worden sein. Durch die erste Voraussetzung soll mit Hinblick auf den Zweck des RDG (vgl. § 1 Abs. 1 S. 2 RDG) eine qualifizierte Rechtsberatung sichergestellt werden. Die zweite Voraussetzung ist dadurch bedingt, dass gem. Art. 37 Abs. 1 S. 5 des Einigungsvertrags ua bereits erlangte Berufsbezeichnungen weitergeführt werden dürfen. Eine Übergangsvorschrift war daher nur für solche Personen erforderlich, die vor dem genannten Stichtag keine staatlich anerkannte Berufsbezeichnung erlangt haben (vgl. Krenzler/*Winkler* Rn. 5).

7   Nach dem Wortlaut der Regelung kommt es nicht darauf an, ob das **Studium** bereits vor dem Stichtag abgeschlossen worden ist. Nach § 2 Abs. 2 der Verordnung v. 5.9.1990 über die Ausbildung von Studenten, die vor dem 1.9.1990 an den juristischen Sektionen der Universitäten der Deutschen Demokratischen Republik immatrikuliert worden sind, durften Studenten ihr Studium unter den zum Zeitpunkt der Studienaufnahme geltenden Bedingungen weiterführen und beenden. Entscheidend ist somit die Zulassung, Ernennung oder Beschäftigung nach dem Stichtag des 3.10.1990.

8   Ebenso wenig ist es von Bedeutung, ob die Person noch immer **Richter, Staatsanwalt oder Notar, im höheren Verwaltungsdienst beschäftigt oder als Rechtsanwalt zugelassen** ist. Es kommt vielmehr nur darauf an, dass dies irgendwann nach dem Stichtag einmal der Fall gewesen ist. Zudem ergibt sich aus dem Zusammenspiel zwischen § 5 RDGEG und § 214 BRAO, dass derjenige, der zwar die Voraussetzungen des § 4 RAG bis zum 9.9.1996 erfüllt hat, bislang jedoch noch nie als Rechtsanwalt zugelassen wurde, nicht von der Regelung des § 5 RDGEG erfasst ist. Er hätte allerdings auch heute noch die Möglichkeit, gem. §§ 4 ff. iVm § 214 Abs. 1 BRAO eine Zulassung zur Rechtsanwaltschaft zu erreichen. Die unterschiedliche Ausgestaltung von § 5 RDGEG einerseits und von § 214 Abs. 1 BRAO andererseits erscheint, obwohl praktisch kaum relevant, nicht sachgerecht. Überzeugender wäre es gewesen, auch im Rahmen des § 5 RDGEG nicht an die tatsächliche Zulassung, Ernennung oder Beschäftigung als Voraussetzung für die Gleichstellung anzuknüpfen, sondern parallel zu § 214 BRAO allein an das Vorliegen der Voraussetzungen für eine Ernennung, Zulassung oder Beschäftigung.

9   Zu beachten ist, dass das RAG nach der Wiedervereinigung gem. Anl. I Kap. III Sachgebiet A Abschn. III Nr. 1 des Einigungsvertrags zunächst in Kraft geblieben ist. In Bezug auf die nach diesem Stichtag nach dem RAG zugelassenen Rechtsanwälte kommt es also darauf an, dass diese nicht nach §§ 4 ff. BRAO zugelassen worden sind. Allein diese Rechtsanwälte werden von der Regelung des § 5 RDGEG erfasst. Die nach §§ 4 ff. BRAO zugelassenen Berufsträger sind gem. den von § 5 RDGEG in Bezug genommenen verfahrensrechtlichen Vorschriften bereits aufgrund ihrer Qualifikation als Rechtsanwalt vertretungsbefugt. Für alle anderen in § 5 RDGEG genannten Berufsgruppen scheidet eine Zulassung zur Rechtsanwaltschaft aufgrund der Unterschiedlichkeit des Ausbildungssystems mangels Gleichwertigkeit der Voraussetzungen aus. Eine Berufszulassung kann auch nicht über §§ 4 ff. iVm § 214 Abs. 1 BRAO erreicht werden, da § 214 Abs. 1 BRAO nur auf die Vor-

aussetzungen nach § 4 RAG abstellt. Etwas anderes gilt natürlich dann, wenn im Einzelfall auch die Voraussetzungen des § 4 RAG bis zum 9.9.1996 erfüllt worden sind.

III. Diplomjuristen iSd HRG

Nicht erfasst von der Vorschrift sind solche Personen, die nach dem Ablegen der Ersten juristischen Staatsprüfung von einer Universität gem. § 18 Abs. 1 S. 3 HRG den Abschluss „Diplomjurist" verliehen bekommen haben. Wie aus der Begründung zum RegE hervorgeht, sollte dies durch die Neuregelung des § 5 RDGEG auch sprachlich – durch die Schreibweise mit Bindestrich – klargestellt werden (BT-Drs. 16/3655, 81). Ob dieses Ziel erreicht worden ist, erscheint fraglich, da die Schreibweise in Bezug auf den von den **Hochschulen** verliehenen Titel nicht einheitlich ist und von ihnen sowohl der Titel „Diplomjurist" als auch „Diplom-Jurist" vergeben wird (ausführlich hierzu Krenzler/*Winkler* Rn. 7f.). Gefahren birgt dies jedoch nicht. Aus Sinn und Zweck der Vorschrift sowie bei Zugrundelegung des in der amtlichen Überschrift verwandten Begriffs „Diplom-Jurist aus dem Beitrittsgebiet" und den in der Vorschrift selbst genannten Voraussetzungen ergibt sich eindeutig, dass ein bloßer Hochschulabsolvent nicht allein aufgrund seines Titels mit einem Volljuristen, der die Befähigung zum Richteramt hat, gleichgestellt werden soll (teilweise anders Krenzler/*Winkler* Rn. 9).

10

C. Von der Gleichstellung erfasste Bereiche

I. Allgemeines

Eine Gleichstellung kommt nur im Hinblick auf die in den Ziffern 1–9 genannten Vorschriften in Betracht. Die Vorschrift hat insoweit **abschließenden Charakter** (Krenzler/*Winkler* Rn. 10). Alle von § 5 Nr. 1–9 RDGEG in Bezug genommenen Vorschriften knüpfen einheitlich an den Begriff der „Befähigung zum Richteramt" an. Im Zuge der Reform des Rechts der Rechtsberatung wurden auch die verfahrensrechtlichen Vorschriften in Bezug auf ihre Struktur und Begrifflichkeit vereinheitlicht (BT-Drs. 16/3655, 1, 81; Einzelheiten bei Anh. § 1 RDG Rn. 1 ff.). Obwohl das RDG an sich ausschließlich die außergerichtliche Erbringung von Rechtsdienstleistungen regeln will (vgl. hierzu § 1 RDG Rn. 15 ff.), führt der Verweis auf die verfahrensrechtlichen Regelungen dazu, dass über § 5 RDGEG auch vorgegeben wird, unter welchen Voraussetzungen Diplom-Juristen aus dem Beitrittsgebiet im gerichtlichen Verfahren tätig sein dürfen (Krenzler/*Winkler* Rn. 11).

11

II. Unentgeltliche Rechtsdienstleistungen

Gem. § 5 Nr. 1 RDGEG dürfen Diplom-Juristen aus dem Beitrittsgebiet zunächst außergerichtliche Rechtsdienstleistungen nach Maßgabe der §§ 6, 7 und 8 RDG erbringen (BT-Drs. 16/3655, 81; Dreyer/Lamm/Müller/*Müller* Rn. 3; *Kleine-Cosack* Rn. 1). Wer unentgeltliche Rechtsdienstleistungen außerhalb familiärer, nachbarschaftlicher oder ähnlich enger persönlicher Be-

12

ziehungen anbietet, muss nach § 6 Abs. 2 S. 1 RDG sicherstellen, dass die Dienstleistung durch eine Person, der die entgeltliche Erbringung dieser Rechtsdienstleistung erlaubt ist, durch eine Person mit Befähigung zum Richteramt oder unter Anleitung einer solchen Person erfolgt. Entsprechendes gilt für Berufs- und Interessenvereinigungen sowie Genossenschaften. Sie müssen, soweit ihnen nach § 7 Abs. 1 RDG die Erbringung von Rechtsdienstleistungen gestattet ist, gem. § 7 Abs. 2 S. 1 RDG nicht nur über die zur sachgerechten Erbringung dieser Rechtsdienstleistungen erforderliche personelle, sachliche und finanzielle Ausstattung verfügen, sondern außerdem sicherstellen, dass die Rechtsdienstleistung durch eine der schon in § 6 RDG aufgezählten Personen erfolgt. § 5 Nr. 1 RDGEG nimmt zwar nicht ausdrücklich § 8 RDG in Bezug, jedoch gilt gem. § 8 Abs. 2 RDG die Regelung des § 7 Abs. 2 RDG auch in Bezug auf § 8 Abs. 1 RDG. Durch diesen Verweis sind Diplom-Juristen iSd § 5 RDGEG berechtigt, außergerichtliche Rechtsdienstleistungen gem. § 8 Abs. 1 RDG zu erbringen (so auch Krenzler/*Winkler* Rn. 17). Zu §§ 6, 7 und 8 RDG im Einzelnen vgl. die jeweiligen Kommentierungen.

III. Unentgeltliche Prozessvertretungen

13 Nach § 5 Nr. 2–9 RDGEG dürfen Diplom-Juristen aus dem Beitrittsgebiet aufgrund der Gleichstellung unter gewissen Voraussetzungen auch die gerichtliche Vertretung übernehmen. Insoweit nimmt § 5 RDGEG die betreffenden verfahrensrechtlichen Vertretungsvorschriften in Bezug. Aufgrund der strukturellen Vereinheitlichung (vgl. oben Rn. 11) lassen sich die einzelnen Regelungen zur Gleichstellung kurz und zusammenfassend darstellen: Gem. § 5 RDGEG iVm § 79 Abs. 2 S. 2 Nr. 2 ZPO, § 10 Abs. 2 S. 2 Nr. 2 FamFG, § 11 Abs. 2 S. 2 Nr. 2 ArbGG, § 73 Abs. 2 S. 2 Nr. 2 SGG, § 67 Abs. 2 S. 2 Nr. 2 VwGO, § 62 Abs. 2 S. 2 Nr. 2 FGO, § 97 Abs. 2 S. 2 Nr. 2 PatG und § 81 Abs. 2 S. 2 Nr. 2 MarkenG sind Diplom-Juristen aus dem Beitrittsgebiet wie Personen mit der Befähigung zum Richteramt dann in den jeweiligen Verfahren vertretungsbefugt, wenn ihre Tätigkeit nicht im Zusammenhang mit einer entgeltlichen Tätigkeit steht, also unentgeltlich erfolgt. Dabei ist der Begriff der Unentgeltlichkeit wie bei § 6 RDG autonom und eng auszulegen (BT-Drs. 16/3655, 87). Seine Interpretation hat sich somit an der zu § 6 RDG entwickelten Definition zu orientieren (im Einzelnen hierzu § 6 RDG Rn. 10ff.).

IV. Vertretung von Behörden

14 Soweit Behörden oder juristische Personen des öffentlichen Rechts in dem jeweiligen Verfahren vertretungsbefugt sind, dürfen diese nur durch Personen mit Befähigung zum Richteramt handeln (vgl. § 11 Abs. 4 S. 3 ArbGG, § 73 Abs. 4 S. 4 SGG, § 67 Abs. 4 S. 4 VwGO, § 62 Abs. 4 S. 4 FGO). Durch § 5 RDGEG in Verbindung mit den einzelnen verfahrensrechtlichen Vorschriften sind Diplom-Juristen aus dem Beitrittsgebiet diesen gleichgestellt. Zu den jeweiligen Verfahrensregelungen vgl. die Kommentierung zu Anh. § 1 RDG.

§ 6 Schutz der Berufsbezeichnung

Die Berufsbezeichnung „Rechtsbeistand" oder eine ihr zum Verwechseln ähnliche Bezeichnung darf nur von Kammerrechtsbeiständen und registrierten Rechtsbeiständen geführt werden.

A. Allgemeines

Die Vorschrift ergänzt den in § 11 Abs. 4 RDG geregelten Schutz der Berufsbezeichnungen „Inkasso" und „Rentenberater" zugunsten der entsprechend registrierten Personen, indem die **Berufsbezeichnung** der **registrierten Rechtsbeistände** geschützt wird (vgl. auch Begr. RegE BT-Drs. 16/3655, 81). Die Bezeichnung „Rechtsbeistand" oder eine ihr zum Verwechseln ähnliche Bezeichnung darf nur von Personen benutzt werden, die im Besitz einer uneingeschränkt erteilten Erlaubnis zur geschäftsmäßigen Rechtsbesorgung sind. Nachdem eine solche Erlaubnis seit dem Jahr 1980 nicht mehr erteilt wird (vgl. im Einzelnen Einleitung Rn. 7 f.; § 1 RDGEG Rn. 14), handelt es sich um **auslaufendes Recht**. Kammerrechtsbeistände können die Berufsbezeichnung Rechtsbeistand mit dem Zusatz „Mitglied der Rechtsanwaltskammer" verbinden (§ 209 Abs. 1 S. 2 BRAO).

B. Inhalt des Verbots

Die Regelung hat zur Folge, dass andere Personen als Kammerrechtsbeistände und registrierte Rechtsbeistände die Bezeichnung Rechtsbeistand oder verwechslungsfähig ähnliche Bezeichnungen nicht führen dürfen.

Der Begriff der **verwechslungsfähig ähnlichen Bezeichnung** ist **eng** auszulegen. Nachdem der Beruf des Rechtsbeistandes seit dem Jahr 1980 geschlossen ist und somit naturgemäß immer weniger Rechtsbeistände am Markt tätig sind, liegt die Annahme von **Fehlvorstellungen** des angesprochenen Verkehrs eher fern, da der Rechtsuchende schon mit der Bezeichnung Rechtsbeistand kaum eine Vorstellung verbindet (vgl. auch Rn. 7). So dürfte zwar die Verwendung der Bezeichnung „Beistand in Rechtsangelegenheiten" gegen § 6 RDGEG verstoßen (so auch Krenzler/*T. Winkler* Rn. 2). Dagegen wird man in Fällen, in denen das Wort Beistand nicht verwendet wird, kaum von einem Verstoß ausgehen können (aA wohl Krenzler/*T. Winkler* Rn. 2).

C. Sanktionen

Während die unberechtigte Führung einer der in § 11 Abs. 4 RDG genannten Berufsbezeichnungen nach § 20 Abs. 1 Nr. 3 RDG eine Ordnungswidrigkeit ist, fehlt für § 6 RDGEG eine entsprechende Sanktion. Ein Verstoß kann daher nur **über das UWG** sanktioniert werden. Die **Wettbewerbswidrigkeit** einer Zuwiderhandlung gegen § 6 RDGEG folgt aus §§ 3, 4 Nr. 11 UWG (so auch Dreyer/Lamm/Müller/*T. Müller* Rn. 5; Gaier/Wolf/Göcken/Pieckenbrock Rn. 4).

5   Die Bestimmung des § 6 RDGEG ist eine Marktverhaltensregelung iSv § 4 Nr. 11 UWG. Sie ist zumindest auch dazu bestimmt, das Marktverhalten im Interesse der Marktteilnehmer zu regeln, nachdem das Verbot jedenfalls die zum Führen der Bezeichnung Berechtigten schützt. Der Tatbestand des § 4 Nr. 11 UWG ist auf berufsrechtliche Regelungen anwendbar (BGH NJW 2009, 3242 Rn. 21 – Finanz-Sanierung). Der Anwendung des § 4 Nr. 11 UWG steht auch die Richtlinie 2005/29/EG über unlautere Geschäftspraktiken v. 11.5.2005 (ABl. EU Nr. L 149 v. 11.6.2005 S. 22) nicht entgegen (BGH GRUR 2012, 79 Rn. 11 – Rechtsberatung durch Einzelhandelsverband). Zwar führt die Richtlinie zu einer Harmonisierung derjenigen Vorschriften über unlautere Geschäftspraktiken, die die wirtschaftlichen Interessen der Verbraucher beeinträchtigen. Nach Art. 3 Abs. 8 RL 2005/29/EG bleiben aber alle spezifischen Regelungen für reglementierte Berufe unberührt.

6   Die nach § 3 Abs. 1 UWG für die Annahme der Wettbewerbswidrigkeit erforderliche spürbare Beeinträchtigung der Interessen der Marktteilnehmer ist gegeben, wenn zu Unrecht eine gesetzlich geschützte Berufsbezeichnung verwendet wird.

7   Dagegen dürfte ein Verstoß gegen §§ 3, 5 UWG regelmäßig nicht vorliegen (aA allerdings Dreyer/Lamm/Müller/*T. Müller* Rn. 5; vgl. auch Köhler/Bornkamm/*Bornkamm,* UWG, § 5 Rn. 5.149). Die Annahme einer Irreführung setzt eine **Fehlvorstellung** des angesprochenen Verkehrs voraus. Im konkreten Fall bedeutet dies, dass der Verkehr mit der Bezeichnung „Rechtsbeistand" eine bestimmte Vorstellung verbindet, die der Verwender nicht erfüllt. Hiervon wird man häufig nicht ausgehen können, da immer weniger Rechtsbeistände am Markt tätig sind und somit der Rechtsuchende mit der Bezeichnung Rechtsbeistand kaum eine Vorstellung verbindet. Nachdem sich der Wettbewerbsverstoß bereits aus §§ 3, 4 Nr. 11 UWG ergibt, ist die Frage für die Praxis nicht von Bedeutung.

8   Verstöße gegen das UWG haben Unterlassungs- und Schadensersatzansprüche zur Folge (§§ 8 f. UWG, wegen weiterer Einzelheiten vgl. § 3 RDG Rn. 64 ff.).

§ 7 Übergangsvorschrift für Anträge nach dem Rechtsberatungsgesetz

Über Anträge auf Erteilung einer Erlaubnis nach Artikel 1 § 1 Abs. 1 Satz 1 des Rechtsberatungsgesetzes, die vor dem 1. Juli 2008 gestellt worden sind, ist nach bisherigem Recht zu entscheiden.

1   Die Norm dürfte **keine praktische Bedeutung** mehr haben. Vor dem Inkrafttreten des RDG gestellte Anträge auf Erlaubniserteilung nach dem RBerG waren gem. dieser **Übergangsvorschrift** weiterhin allein nach altem Recht zu entscheiden (zum eher skurrilen Versuch der Verfahrensbeschleunigung im einstweiligen Rechtsschutz in der Übergangszeit VGH München Beschl. v. 27.6.2008 – 21 AE 08.1699, BeckRS 2008, 28119). Die vom Gesetzgeber als Klarstellung bezeichnete Regelung ist eine Abweichung von dem sonst geltenden Grundsatz, dass es stets auf die Sach- und Rechtslage im

Zeitpunkt der behördlichen Entscheidung ankommt. Es handelt sich um eine Facette des auch in §§ 1 und 3 RDGEG zum Ausdruck kommenden Bekenntnisses des Gesetzgebers zum weitgehenden Bestandsschutz im Rechtsdienstleistungssektor (so auch Gaier/Wolf/Göcken/*Piekenbrock* Rn. 1).

Der **weitere Bestand** einer solchen nach altem Recht zu erteilenden Erlaubnis richtet sich dann nach **§ 1 RDGEG,** der nach Sinn und Zweck auch solche Alt-Erlaubnisinhaber (im weiteren Sinne) erfasst (§ 1 RDGEG Rn. 5). 2

Ebenfalls keine praktische Bedeutung mehr haben dürfte die Frage, ob wegen § 7 RDGEG in Altverfahren § 157 ZPO aF weiterhin anzuwenden ist (VG Saarlouis Urt. v. 14.1.2010 – 1 K 756/08, BeckRS 2010, 47000). Über einen Antrag auf Zulassung zum Prozessagent durfte das Registrierungsverfahren ohnehin nicht ausgehebelt werden (§ 3 RDGEG Rn. 36). 3

Sachregister

von Eva Habersack
fette Zahl = Paragraph des davorstehenden Gesetzes, magere Zahl = Randnummer

Ablehnung
- Anhörung vor –, **RDG 13** 62
- der Registrierung bei Straftat, **RDG 12** 53
- des Registrierungsantrags nur aufgrund RDG, **RDG 13** 63

ABS-Transaktionen
- und Inkassodienstleistungen, **RDG 2** 93f.

Abtretung
- Nichtigkeit der –, **RDG 3** 47

Abwehrpflicht
- des Berufshaftpflichtversicherers, **RDV 5** 11

Abwicklungsfristen
- bei Untersagung vorübergehender Rechtsdienstleistungen, **RDG 15** 114
- bei Widerruf der Registrierung, **RDG 14** 67

AG, RDG 7 24

Agrarökonom
- Rechtsdienstleistungsbefugnis, **RDG 5** 133

Allgemeine Geschäftsbedingungen, RDG 2 53
- Haftungsbeschränkung durch – bei karitativer Rechtsdienstleistung, **RDG 6** 57

Allgemeine Versicherungsbedingungen (AVB)
- als Inhalt des Versicherungsvertrags für Registrierte, **RDV 5** 47ff.

Alterlaubnisinhaber
- Angaben im Registrierungsantrag, **RDV 6** 13
- gerichtliche Vertretungsbefugnisse, **RDGEG 3** 24ff.
- Kammerrechtsbeistände, **RDGEG 1** 14ff.
- nicht verkammerte –, **RDGEG 1** 2ff.
- Pflicht zur Haftpflichtversicherung, **RDGEG 1** 1
- Übergangsregelung für gerichtliche Vertretung durch –, **RDGEG 3** 1ff.
- Umfang der Erlaubnis, **RDGEG 1** 6ff.
- Unfähigkeit, **RDGEG 3** 43ff.
- Zurückweisung von – durch Gerichte, **RDGEG 3** 38ff.

Alterlaubnisse gem. RBerG
- auf dem Gebiet der Versicherungsberatung, **RDGEG 2** 1ff.
- Erlöschen bzw. Weitergeltung, **RDGEG 1** 2ff.
- gerichtliche Vertretungsbefugnisse, **RDGEG 1** 12; **3** 24ff.
- Registrierungsverfahren, **RDGEG 1** 20ff.

Amtsermittlungsgrundsatz
- s. Untersuchungsgrundsatz

Amtsgericht
- Rechtsberatung durch –, **RDG 8** 24

Anbieter von Informations- und Fortbildungsveranstaltungen, RDG 11 17

Androhung
- keine – vor Widerruf, **RDG 14** 13

Anfechtungsklage
- gegen Schließungsverfügung, **RDG 15b** 39
- gegen Untersagungsverfügung, **RDG 9** 13; **15** 123
- gegen Widerruf der Registrierung, **RDG 14** 75

Anforderungen
- an Rechtsdienstleistungsqualität, **RDG 6** 36ff.; **7** 59ff.; **8** 53

Anfrage
- zur Datenübermittlung durch ausländische Stellen, **RDG 18** 20
- zur Datenübermittlung durch deutsche Behörde ins Ausland, **RDG 18** 18

Angabe in Registrierungsantrag
- Angaben zu qualifizierten Personen, **RDG 13** 24, 48
- Geburtsjahr, **RDG 13** 16
- Geschäftsanschrift, **RDG 13** 17
- Name, Firma, gesetzliche Vertreter, **RDG 13** 12
- Registergericht und Registernummer, **RDG 13** 14

Angehörige
- Rechtsberatung für – (§ 15 AO), **RDG 6** 28f.

Angestellte
- Ordnungswidrigkeit durch –, **RDG 20** 70

Sachregister

- Rechtsdienstleistungen durch –, **RDG Einleitung** 41
- Tätigkeit für Dienstherrn, **RDG 3** 6
- versicherungspflichtige angestellte Rechtsanwaltsgehilfen, **RDV 5** 40, 98

Anhörung
- vor Ablehnung des Registrierungsantrags, **RDG 13** 62
- vor Widerruf, **RDG 14** 11

Anleitung
- zur qualifizierten Rechtsdienstleistung, **RDG 6** 42; **7** 67

Anordnung
- einer Bedingung oder Auflage, **RDG 10** 128 ff.

Anordnung der sofortigen Vollziehung
- bei Widerruf der Registrierung, **RDG 14** 79

Anpassungslehrgang
- Berufstätigkeit unter Anleitung, **RDV 3** 12
- Sachkunde bei Berufsqualifikation in (Nicht)-EU-Staat, **RDG 12** 112 f., 115
- Sachkundenachweis für Rechtsdienstleister aus EU/EWR-Staat bzw. d. Schweiz, **RDV 3** 9

Anschrift
- ladungsfähige –, **RDG 11a** 40

Anstalt des öffentl. Rechts
- Rechtsberatung durch –, **RDG 8** 19

Antidiskriminierungsverbände
- Rechtsdienstleistungsbefugnis, **RDG 1** 31; **3** 27

„Anti-Strafzettel", RDG 2 44

Antrag
- auf Forderungspfändung, **RDG 10** 41
- auf Registrierung, s. Registrierungsantrag, **RDG 10** 124; **RDV 6** 3 ff.
- auf Registrierung von Teilbereichen, **RDV 1** 4 ff.

Antragsteller
- bei Registrierung, **RDG 13** 5

Anwalts-Hotline, RDG 2 66

Anwaltszwang
- für Inkassounternehmen, **RDG 10** 37, 38
- Verfahren mit Vertretungszwang, **RDG Anh. 1** 19 ff.

Anwendungsbereich RDG, RDG Einleitung 40 ff.
- internationaler Geltungsbereich, **RDG 1** 32 ff.
- sachlich, **RDG 1** 14 ff.
- selbstständige Erbringung von Rechtsdienstleistungen, **RDG 1** 26 ff.

- Tatbestandsvoraussetzungen, **RDG 2** 15 ff.
- zeitlich, **RDG 1** 50

Anzeigepflichten
- des Berufshaftpflichtversicherers, **RDV 5** 120 ff.

Arbeitgeberverbände, RDG 7 28

Arbeitgebervereinigungen
- spezialgesetzl. Prozessvertretungsbefugnisse, **RDG Anh. 1** 28 ff.

Arbeitsförderungsrecht
- und Rentenberatung, **RDG 10** 93

Arbeitskollegen
- Rechtsdienstleistungen für –, **RDG 6** 30

Architekten
- Rechtsdienstleistungskompetenzen, **RDG 5** 45 ff.

Architektenverband, RDG 7 45

Asylverfahren, RDG 2 60

Aufbewahrungsfristen
- über Registrierungsverfahren, **RDV 7** 6 ff.

Aufgabenbereich
- satzungsmäßiger –, bei Mitgliederberatung, **RDG 7** 41

Aufklärungs- und Beratungspflichten
- als Nebenleistungen der Haupttätigkeit, **RDG 5** 36
- vorvertragliche, **RDG 4** 15

Aufklärungsmöglichkeiten
- der Registrierungsbehörde, **RDG 13a** 10

Auflage
- Änderung einer –, **RDG 10** 133 ff.
- Anordnung einer –, **RDG 10** 128
- beharrlicher Verstoß gegen –, **RDG 14** 43
- bei Registrierung, **RDG 10** 126 ff.
- Ordnungswidrigkeit bei Verstoß gegen vollziehbare –, **RDG 20** 46
- Soll- für Inkassounternehmen, **RDG 10** 135
- über Versicherungssumme, **RDV 5** 108

Aufsichtsbehörde
- bei Registrierung, **RDG 13a** 6

Aufsichtsmaßnahmen
- Befugnisse der Behörde, **RDG 13a** 8 ff., 12 ff.
- bei Verstoß gegen Informationspflichten, **RDG 11a** 57
- der Registrierungsbehörde, **RDG 13a** 9
- vorübergehende Betriebsuntersagung, **RDG 13a** 17 ff.

Auftraggeber Inkassodienstleistung
- Informationen über Person des –, **RDG 11a** 19

Sachregister

Aufwendungsersatz
- keine Entgeltlichkeit bei –, **RDG 6** 17

Ausbildung
- Darstellung in Registrierungsantrag, **RDG 13** 26

Auskünfte
- gegenüber Aufsichtsbehörde, **RDG 13a** 39
- Verweigerungsrecht, **RDG 13a** 45

Auskunftei
- Rentenberatung und –, **RDG 12** 32

Auskunftsansprüche
- Dritter gegenüber Behörde über Versicherer, **RDV 5** 125 ff.

ausländisches Recht
- Rechtsdienstleistungsbefugnis, **RDG 10** 118

außereuropäisches Recht
- Risikoausschluss bei Beratung im –, **RDV 5** 88 ff., 93 ff.

außergerichtliche Rechtsberatung
- Abgrenzung, **RDG 1** 15
- Begriff, **RDG 3** 3
- Beschränkung auf –, **RDG Einleitung** 40

Ausspruch der Missbilligung
- kein – als Aufsichtsmaßnahme, **RDG 14** 2

Ausstattung
- bei Mitgliederberatung, **RDG 7** 62, 65 ff.
- Untersagung bei mangelhafter –, **RDG 9** 7 ff.
- von Zweigstellen, **RDG 13** 22

Auswahlermessen
- bei vorübergehender Betriebsuntersagung, **RDG 13a** 28

Baden-Württemberg
- zuständige Behörden gem. RDG, **RDG 19** 9

Banken
- Erledigung fremder Angelegenheiten, **RDG 2** 28
- Grenzen der Rechtsdienstleistungskompetenz, **RDG 5** 54
- Rechtsdienstleistungskompetenzen, **RDG 5** 51 ff.

Baubetreuer
- Rechtsdienstleistungskompetenzen, **RDG 5** 50

Bausachverständige
- Rechtsdienstleistungskompetenzen, **RDG 5** 49

Bayern
- zuständige Behörden gem. RDG, **RDG 19** 9

Beamte
- keine Interessenkollision bei Rechtsdienstleistung, **RDG 12** 32

Beamtenversorgung
- keine Beratungsbefugnis für Rentenberater auf dem Gebiet der –, **RDG 10** 92

Bearbeitungsfrist
- Registrierungsverfahren, **RDG 13** 54

Bedingung
- Änderung einer –, **RDG 10** 133 ff.
- Anordnung einer –, **RDG 10** 128
- bei Registrierung, **RDG 10** 126 ff.
- Nachweis der – im Registrierungsverfahren, **RDG 13** 70

Befähigung zum Richteramt
- als Nachweis bes. Sachkunde s. zweite jurist. Prüfung

Befugnis
- s. Rechtsdienstleistungsbefugnis
- Zurückweisung von Alterlaubnisinhabern mangels –, **RDGEG 3** 39 ff.

Begründung
- der Anordnung des Sofortvollzugs des Widerrufs der Reg., **RDG 14** 82
- der persönlichen Eignung, **RDG 12** 38
- der Untersagung, **RDG 13a** 22
- des Widerrufs, **RDG 14** 11
- Unzuverlässigkeit bei ausl. Verurteilung, **RDG 12** 58
- von Ausnahme von Unzuverlässigkeit, **RDG 12** 46

Behindertenverbände
- spezialgesetzl. Prozessvertretungsbefugnisse, **RDG Anh. 1** 28, 30

Behörde, RDG 8 12
- allgemein sachl. zuständige –, **RDG 19** 1
- Aufgaben- und Zuständigkeitsbereich, **RDG 8** 23
- ausländische –, **RDV 2** 13
- Datenaustausch zwischen –, **RDG 18** 4, 5
- örtlich zuständige –, **RDG 9** 11; **13** 7; **15** 116; **19** 4
- Übersicht über zuständige Behörden gem. RDG u. § 117 VVG, **RDG 19** 9
- Zuständigkeit bei Aufsichtsmaßnahmen, **RDG 13** 6

Beistandschaft
- im Prozess, **RDG Anh. 1** 46 ff.

Bekanntgabe
- der Untersagung, **RDG 15** 119
- des Widerrufs, **RDG 14** 64

Bekanntmachung
- der Registrierung, **RDG 12** 71

Bekanntmachung, öffentlich
- Datenübertragung, **RDV 8** 4

695

Sachregister

- im Rechtsdienstleistungsregister, **RDG 16** 6ff., 13; **RDV 8** 2f.
- Löschung von Veröffentlichungen, **RDV 9** 1ff.

Belehrung, missbilligend
- durch Registrierungsbehörde, **RDG 13a** 15

Beleihung
- von privatrechtl. Unternehmen, **RDG 8** 15

Berlin, **RDG 8** 24
- zuständige Behörden gem. RDG, **RDG 19** 9

Berufs- und Interessenvereinigungen
- Rechtsberatung durch –, **RDG Einleitung** 61 ff.

Berufsanerkennungsrichtlinie, RDG 15 7

Berufsausübung
- Darstellung in Registrierungsantrag, **RDG 13** 26

Berufsausübungsgesellschaften von RAen
- mit anderen Berufen, **RDG Einleitung** 91 f.

Berufsbezeichnungen
- Führen der – in Sprache des Niederlassungsstaats, **RDG 15** 94
- Führen von geschützten –, **RDG 11** 19
- geschützte –, **RDG 11** 13
- im Herkunftsstaat, **RDG 15** 75
- Ordnungswidrigkeit bei Führen von – ohne Reg., **RDG 20** 49ff.
- „Rechtsbeistand", **RDGEG 6** 1ff.
- unzulässige, **RDG 15** 137

Berufshaftpflichtversicherung
- als Auflage, **RDG 10** 130
- als Registrierungsvoraussetzung, **RDG 12** 119
- Anlehnung an § 52 BRAO, **RDV 5** 3
- Anzeigeobliegenheiten des Geschädigten, **RDV 5** 35
- Anzeigepflichten und Auskunftsansprüche, **RDV 5** 120ff.
- Auskunftsansprüche Dritter gegenüber Behörde, **RDV 5** 125ff.
- Dauer der Versicherungspflicht, **RDV 5** 41ff.
- Freistellungs- und Abwehrpflicht des Versicherers, **RDV 5** 11ff.
- für Alterlaubnisinhaber, **RDGEG 1** 22
- für registrierte Personen, **RDG vor 10** 4
- geeignete Versicherer, **RDV 5** 46

- gesetzliche Grundlagen, **RDV 5** 1ff.
- Höchstbetrag, **RDV 5** 107ff.
- Information über Bestehen einer –, **RDG 15** 72
- Inhalt des Versicherungsvertrags, **RDV 5** 47ff.
- Konzeption, **RDV 5** 6ff.
- „krankes" Versicherungsverhältnis, **RDV 5** 33ff.
- Laufzeit, **RDV 5** 30ff.
- Nachweis der – im Registrierungsverfahren, **RDG 13** 67
- Pflicht zum Abschluss einer – für registrierte Pers., **RDV 5** 36
- Pflichtversicherung gem. § 113ff. VVG, **RDV 5** 6
- Risikoausschlüsse, **RDV 5** 72ff.
- Selbstbehalt, **RDV 5** 115ff.
- Serienschadensklauseln, **RDV 5** 100ff.
- Umfang des Versicherungsschutzes, **RDV 5** 57ff.
- und AVB, **RDV 5** 47ff.
- Verfahrensfragen und Rechtsschutz, **RDV 5** 135
- Verfolgung von Ersatzansprüchen, **RDV 5** 12
- Versicherungsfall, **RDV 5** 27ff.
- versicherungspflichtige Personen, **RDV 5** 36
- Versicherungsvertrag, **RDV 5** 18ff.
- Vertragsinhalt, **RDV 5** 47ff.
- Widerruf der Reg. bei fehlender –, **RDG 14** 28ff.
- Zuständigkeit Landesjustizverwaltungen gem. § 117 VVG, **RDG 19** 5ff.

Berufspflichten
- anwaltl. „Kardinalpflichten", **RDG Einleitung** 77
- Darlegungs- und Informationspflichten für Inkassodienstleister, **RDG Einleitung** 78; **11a** 12ff.
- für Registrierte, **RDG Einleitung** 76; **Vor 10** 3ff.; **14** 47ff.

Berufsqualifikationsfeststellungsgesetz, RDG 15a 1ff.

Berufsständische Versorgung
- Rentenberatung über –, **RDG 10** 88ff.

Berufsverbände
- Rechtsdienstleistungsbefugnis, **RDG 7** 28

Beschäftigte der Prozesspartei, eines verb. Unternehmens, einer Behörde
- gerichtliche Vertretungsbefugnis, **RDG Anh. 1** 23

Bescheinigung
- über Berufsausübung im Herkunftsstaat, **RDG 15** 65

696

Sachregister

Beschluss
- unanfechtbarer – über Zurückweisung registrierter Erlaubnisinhaber, **RDGEG 3** 42

besondere Sachkunde
- s. Sachkunde

Bestandskraft
- der Untersagungsverfügung, **RDG 9** 14

Bestatter
- Rechtsdienstleistungsbefugnis, **RDG 5** 131

bestellte Personen
- behördlich, gerichtlich, **RDG 8** 4f.

Bestimmungslandprinzip
- bei vorübergehenden Rechtsdienstleistungen, **RDG 15** 11

Betreuer, RDG 8 6

Betreuungsvereine
- Rechtsdienstleistungsbefugnis, **RDG 1** 31; **3** 29

betriebliche Altersvorsorge, **RDG Anh. 1** 30; **3** 25; **5** 118, 127; **10** 69ff.; **RDGEG 1** 6

Betriebsfortsetzung
- Verhinderung der –, **RDG 15b** 9

Betriebshaftpflichtversicherung, **RDV 5** 68

Betriebsräte
- keine Rechtsdienstleistungsbefugnis, **RDG 7** 25

Betriebsuntersagung
- Auswahlermessen, **RDG 13a** 28
- bei erheblichen Pflichtverletzungen, **RDG 13a** 26
- bei Wegfall der Registrierungsvoraussetzungen, **RDG 13a** 23
- Duldungs- und Mitwirkungspflichten bei –, **RDG 13a** 36
- Folgen der –, **RDG 13a** 32
- Tatbestandsvoraussetzungen, **RDG 13a** 20
- vorübergehend, **RDG 13a** 17ff.

Betrug (§ 263 StGB)
- durch Rechtsdienstleister, **RDG 20** 18
- Verhältnis zu § 20 (Bußgeldvorschrift), **RDG 20** 22

Bewährungshelfer, RDG 8 6

Brandenburg
- zuständige Behörden gem. RDG, **RDG 19** 9

Bremen, RDG 8 24
- zuständige Behörden gem. RDG, **RDG 19** 9

Buchprüfer, vereidigte
- Rechtsdienstleistungsbefugnis, **RDG 1** 30; **5** 95ff.; **6** 22

- spezialgesetzl. Prozessvertretungsbefugnis, **RDG Anh. 1** 28
- Zweittätigkeitsverbote nach WPO, **RDG 4** 9

Bundesqualifikationsfeststellungsgesetz (BQFG)
- Anwendbarkeit gem. §15a, **RDG 15a** 5, 6

Bundesverfassungsgericht, **RDG Einleitung** 9
- Vertretung vor –, **RDG Anh. 1** 54

Bürgerliches Recht
- besondere Sachkunde v. Inkassodienstleistern, **RDG 11** 4

bürgerschaftliches Engagement
- als Regelungsanliegen RDG, **RDG Einleitung** 38

Bürogemeinschaft
- von Rechtsdienstleistern, **RDG 12** 37

Bürohaftpflichtversicherung, **RDV 5** 69

Büroorganisation
- als Auflage, **RDG 10** 130

Bußgeld, RDG 20 1ff.
- bei unzulässiger Rechtsdienstleistung, **RDG Einleitung** 79
- bei Vorsatz, **RDG 20** 60
- Bemessung, **RDG 20** 76ff.
- kein – bei Verstoß gegen § 3, **RDG 3** 68
- Ordnungswidrigkeitentatbestände, **RDG 20** 35ff.
- Tätigkeit vor Registrierung, **RDG 10** 124
- Verstoß gegen § 11a, **RDG 11a** 55
- Verstoß gegen Auflage, **RDG 10** 24, 132
- Verstoß gegen Meldepflicht, **RDG 15** 88, 122

Dachverbände, RDG 7 36

Darlegungs- und Informationspflicht
- auf Anfrage, **RDG 11a** 40
- bei Inkassodienstleistungen, **RDG 11a** 10ff.
- Formerfordernisse, **RDG 11a** 17
- Ordnungswidrigkeit bei Verstoß gegen –, **RDG 20** 50ff.
- Verstoß gegen –, **RDG 14** 45

Datenaustausch
- durch Gerichte u. andere Behörden, **RDG 18** 7
- mit ausländischen Behörden, **RDG 18** 18, 20
- Mitteilungs- und Kooperationspflichten, **RDG 18** 15ff.
- zwischen zuständigen Behörden, **RDG 18** 4, 5

697

Sachregister

Dauerhaftigkeit
- unqualifizierter Rechtsdienstleistungen, **RDG 9** 5

Dauerverwaltungsakt
- Untersagung vorübergehender Rechtsdienstleistungen, **RDG 15** 107

Deckung
- von verschiedenen Schäden, s. auch Berufshaftpflichtversicherung, **RDV 5** 57 ff.

Deckungsprozess
- mit Berufshaftpflichtversicherer, **RDV 5** 12

Deregulierung
- als Regelungsanliegen, **RDG Einleitung** 38

DGB Rechtsschutz GmbH, RDG 7 40

Dienstleistungsfreiheit
- gem. § 15 RDG, **RDG 15** 30 ff.

Dienstleistungs-Informationspflicht-Verordnung, RDV 5 126

Diplom-Juristen aus Beitrittsgebiet
- unentgeltliche Prozessvertretungen, **RDGEG 5** 13
- unentgeltliche Rechtsdienstleistungen, **RDGEG 5** 12
- Vertretung von Behörden, **RDGEG 5** 14
- Zulassung zu Rechtsdienstleistungen, **RDGEG 5** 4 ff.

Diplom-Wirtschaftsjuristen
- keine Registrierung, **RDG 10** 4

Dolmetscher
- bei fremdsprachigem Registrierungsantrag, **RDV 6** 17

Doppelzulassung, RDG 10 110 ff.; **12** 32

Duldungs- und Mitwirkungspflichten
- Auskunftserteilung, **RDG 13a** 39
- bei Aufsichtsmaßnahmen, **RDG 13a** 34 ff.
- Gestattung einer Nachschau, **RDG 13a** 52
- Vorlage von Unterlagen, **RDG 13a** 50

Eignung, persönlich
- Registrierungsvoraussetzung, **RDG 12** 14 ff.
- Widerruf der Reg. bei fehlender –, **RDG 14** 23 ff.

Einigungsstellen, betrieblich, RDG 2 111, 114

Eintragung
- in Rechtsdienstleistungsregister, **RDG 16** 6 ff.

Eintragung in Schuldnerverzeichnis
- Unzuverlässigkeit bei –, **RDG 12** 81

Einzelfall
- Prüfung des –, **RDG 2** 43 ff.

Einzelhandelsverband, RDG 7 46

Einziehungsermächtigung
- Nichtigkeit der –, **RDG 3** 48

Energieberater
- Rechtsdienstleistungskompetenzen, **RDG 5** 56

Engeverhältnis, RDG 6 30

entgeltliche Rechtsdienstleistungen
- Bemessung des Entgelts bei Mitgliederberatung, **RDG 7** 48 ff.
- Kostenerstattung, **RDG 7** 49, 52
- Mitgliedsbeiträge, **RDG 7** 49
- Vergütung, **RDG 8** 55

Entschädigungsrecht
- soziales, **RDG 10** 56

Entstehungsgeschichte RDG
- bis 1945, **RDG Einleitung** 2 ff.
- Einfluss des BVerfG, **RDG Einleitung** 9
- Entwicklungen des RBerG, **RDG Einleitung** 6 ff.
- europarechtliche Vorgaben u. Rechtsvergleich, **RDG Einleitung** 17, 18
- Gesetzgebungsverfahren und Inkrafttreten RDG, **RDG Einleitung** 25 ff.
- Rechtsberatungsmißbrauchsgesetz, **RDG Einleitung** 4

Erbenermittler
- Rechtsdienstleistungskompetenzen, **RDG 5** 57 ff.
- Rechtsdienstleitung durch –, **RDG 2** 64

Erfolgshonorar
- und Wettbewerbsrecht, **RDGEG 4** 32
- Verbot eines –, **RDGEG 4** 26 ff.

erforderliche Erklärungen u. Unterlagen
- bei Registrierungsantrag, **RDG 13** 26 ff.

Erfüllungs- und Verrichtungsgehilfen
- Erstreckung des Versicherungsschutzes auf –, **RDV 5** 70, 97 ff.

Erklärung zu Insolvenzverfahren
- im Registrierungsantrag, **RDG 13** 34

Erklärung zu Versagung/Rücknahme/ Widerruf einer Registrierung (Anwaltszulassung)
- im Registrierungsantrag, **RDG 13** 38

Erlaubnis zur Erbringung von Rechtsdienstleistungen
- (europäische) Rechtsanwälte, **RDG 3** 12, 14
- anerkannte Betreuungsvereine, **RDG 3** 29

Sachregister

- Antidiskriminierungsverbände, **RDG 3** 27
- durch §§ des RDG, **RDG 3** 11
- Krankenversicherer, **RDG 3** 28
- Notare, **RDG 3** 20
- Patentanwälte, **RDG 3** 16
- registrierte Erlaubnisse, **RDG 16** 10 ff.
- Steuerberater, **RDG 3** 17; **5** 91 ff.
- Versicherungsberater und -makler, **RDG 3** 22 ff.; **5** 128 ff.
- Verwalter einer Wohnungseigentümergemeinschaft, **RDG 3** 26; **5** 148 ff.
- Wirtschaftsprüfer und vereidigte Buchprüfer, **RDG 3** 19; **5** 94 ff.

erlaubnisfreie Tätigkeiten
- Sonderfälle, **RDG Einleitung** 46; **2** 96 ff.

Erlaubnisinhaber
- nicht verkammerte –, **RDGEG 1** 2 ff.

Erlaubnisse
- Eintragung ins Register, **RDG 16** 10
- s. auch Alterlaubnisse

Erlaubnistatbestand
- RDG, **RDG 3** 1 ff., 11; **5** 1 ff.; **6** 1; **7** 1; **8** 1
- spezialgesetzlicher –, **RDG 3** 13

Erlaubnisvorbehalt
- des RDG, **RDG Einleitung** 30; **1** 3; **3** 1 f.

Ermessen
- bei Maßnahmen gegen Betriebsfortsetzung, **RDG 15b** 19, 21
- bei Untersagungsverfügung, **RDG 9** 9; **15** 113
- bei vorübergehender Betriebsuntersagung, **RDG 13a** 28
- bei Widerruf, **RDG 14** 14

Ermittlungsverfahren
- keine unentgeltl. Rechtsdienstleistung im –, **RDG 6** 8

Erstmeldung
- notwendiger Inhalt, **RDG 15** 59

Europarecht
- und RDG, **RDG Einleitung** 17

Fachgespräch
- in mündlicher Prüfung nach Sachkundelehrgang, **RDV 4** 20

Fachverbände der Industrie und des Handels
- Rechtsdienstleistungsbefugnis, **RDG 7** 28

Factoring, RDG Einleitung 45
- echtes und unechtes –, **RDG 2** 76, 79

Fahrlässigkeit
- bei Ordnungswidrigkeiten, **RDG 20** 66 ff.

Familienangehörige
- fremde Angelegenheiten, **RDG 2** 31
- gerichtliche Vertretungsbefugnis, **RDG Anh. 1** 23

Familien- und Bekanntenkreis
- keine Untersagung der Rechtsberatung im –, **RDG 9** 15
- Rechtsberatung, **RDG Einleitung** 57

Fax
- kein Registrierungsantrag per –, **RDV 6** 5

Fernabsatzverträge
- Informationspflicht bei –, **RDG 11a** 48

Finanzdienstleistungsunternehmen
- Rechtsdienstleistungsbefugnis, **RDG 5** 69

Firma
- Angabe in Registrierungsantrag, **RDG 13** 12

Fördermittelberatung
- stets erlaubte Nebenleistung, **RDG 5** 155 ff.

Forderungsgrund
- Information über – bei Inkassodienstleistung, **RDG 11a** 23

Forderungsinhaber, ursprünglich
- Informationspflichten über –, **RDG 11a** 43 ff.

Formalia
- der Meldung vorübergehender Rechtsdienstleistungen, **RDG 15** 55

Fortsetzung des Betriebs, RDG 15b 9
- s. auch Verhinderung der –

Frachtprüfer
- Bestandsschutz für Berufsbezeichnung, **RDGEG 1** 10
- Fortgeltung von Alterlaubnissen gem. RBerG, **RDG 10** 3
- Rechtsdienstleistungskompetenzen, **RDG 5** 138 f.
- Registrierungsmöglichkeit nach RDGEG, **RDGEG 1** 9
- Vergütung, **RDGEG 4** 3

Freie Jugendhilfe
- anerkannte Träger der –, **RDG 8** 50

Freie Wohlfahrtsverbände, RDG 8 47

Freistellungspflicht
- des Berufshaftpflichtversicherers, **RDV 5** 11

fremde Angelegenheit, RDG 2 19 ff.
- wirtschaftlich, **RDG 2** 22

Führen einer ausl. Berufsbezeichnung
- in Amtssprache des Niederlassungsstaats, **RDG 15** 94

699

Sachregister

Führen einer geschützten Berufsbezeichnung, RDG 11 19
- Ordnungswidrigkeit, **RDG 20** 49
Führungszeugnis
- im Registrierungsantrag, **RDG 13** 28

GbR
- Rechtsdienstleistungsbefugnis, **RDG 7** 23

Gebühr
- für Widerruf, **RDG 14** 70

Gebührenunterschreitung, RDGEG 4 15 ff.
- außergerichtliche Angelegenheiten, **RDGEG 4** 18
- gerichtliches Mahnverfahren bzw. Zwangsvollstreckung, **RDGEG 4** 21

Geburtsjahr
- Angabe in Registrierungsantrag, **RDG 13** 16

geeignete Personen
- gem. § 305 Abs. 1 S. 1 InsO (Verbraucherins.), **RDG 8** 34

Gefährderansprache
- als Aufsichtsmaßnahme, **RDG 13a** 12

Gefälligkeitsverhältnis
- Abgrenzung zur Rechtsdienstleistung, **RDG 6** 45

Gegenstandswert
- Vergütung nach –, **RDGEG 4** 8

Geistesschwäche oder -krankheit
- keine Registrierung bei –, **RDG 12** 18

Geltendmachung unstreitiger Forderungen
- Anwendbarkeit RDG, **RDG 2** 51

Geltungsbereich RDG
- Besonderheiten bei der Nutzung von Telemedien, **RDG 1** 44
- Besonderheiten für die grenzüberschreitende Tätigkeit von Anwälten, **RDG 1** 47 ff.
- Prinzip der Sachnähe, **RDG 1** 41
- Territorialprinzip, **RDG 1** 34 ff.

Gemeinden und Kreise, RDG 2 20; **8** 24
- Beratungspflicht als Trägern der Sozialhilfe, **RDG 8** 25

gemischte Verträge, RDG 3 35

Genossenschaften und genossenschaftliche Einrichtungen
- Begriff, **RDG 7** 38
- Rechtsdienstleistungen, **RDG 7** 20, 37 ff.

Gericht
- als Adressat einer Handlung, **RDG 1** 15 ff.
- als Behörde, **RDG 8** 12

- Datenaustausch zwischen – u. anderen Behörden, **RDG 18** 7
- Zurückweisung von registrierten Erlaubnisinhabern, **RDGEG 3** 38 ff.

gerichtliche Vertretung, RDG Anh. 1 8 ff.

Gesamtnichtigkeit
- bei gemischten Verträgen, **RDG 3** 35

Geschäftsanschrift
- Angabe in Registrierungsantrag, **RDG 13** 17

Geschenke, RDG 6 12

Gesellschaft ohne Rechtspersönlichkeit
- Beendigung der Existenz einer –, **RDG 17** 4
- Erklärung zu Insolvenzverfahren, **RDG 13** 34
- Kosten des Registrierungsverfahrens, **RDG 13** 38
- Meldeobliegenheiten, **RDG 13** 83
- Prüfung vor Registrierung, **RDG 10** 14, 125
- Verhängung von Bußgeld gegen –, **RDG 20** 70
- Versicherungspflicht gem. RDV, **RDV 5** 40
- Widerruf der Registrierung, **RDG 14** 56
- Zurechnung von Fehlverhalten beschäft. Personen, **RDG 12** 6

Gesetz gegen unseriöse Geschäftspraktiken, RDG Einleitung 78, 105, 108; **4** 69; **10** 18 ff.; **11a** 1; **13a** 86; **14** 3; **15** 24; **15a** 1; **15b** 1; **20** 8

Gesetzesänderungen RDG, RDG Einleitung 97 ff.

gesetzliche Rentenleistungen, RDG 10 52 ff.

gesetzliche Vertreter
- Angabe in Registrierungsantrag, **RDG 13** 12

Gewerbetreibende
- s. Versicherungsberater, **RDGEG 2** 5 ff.

gewerblicher Rechtsschutz
- Alterlaubnisse auf dem Gebiet des –, **RDGEG 1** 11
- Teilregistrierung in ausl. Patentanwaltsrecht, **RDV 1** 6

Gewerkschaften
- Rechtsdienstleistungsbefugnis, **RDG 7** 28, 44
- spezialgesetzl. Prozessvertretungsbefugnisse, **RDG Anh. 1** 28 ff.

Gläubigerschutzvereinigungen
- Mitgliederberatung durch –, **RDG 7** 35

GmbH, RDG 7 24

Sachregister

Grundbuch, **RDG 2** 55
Gutachten, rechtswissenschaftliche
– keine Rechtsdienstleistungen, **RDG 2** 97 ff.

Haftpflichtgefahren
– Erstreckung des Versicherungsschutzes auf –, **RDV 5** 63 ff.

Haftung
– bei fehlerhafter Erbringung von unerlaubter Rechtsdienstleistung, **RDG 3** 57 f.
– des registrierten Rechtsdienstleisters, **RDG 10** 141
– des unentgeltl. Rechtsdienstleisters, **RDG 6** 45 ff.
– s. auch Schadensersatzanspruch

Haftungsbeschränkung
– bei karitativer Rechtsdienstleistung, **RDG 6** 57

Haftungsprozess
– mit Berufshaftpflichtversicherer, **RDV 5** 12

Hamburg, RDG 8 24
– zuständige Behörden gem. RDG, **RDG 19** 9

Handelsregister, RDG 2 55

Haupttätigkeit
– Zusammenhang mit Nebenleistung, **RDG 5** 35 ff.

Haus- und Wohnungsverwaltung
– stets erlaubte Nebenleistung, **RDG 5** 148 ff.

Hessen
– zuständige Behörden gem. RDG, **RDG 19** 9

Hochschullehrer
– Lehrkraft Sachkundelehrgang, **RDV 4** 12
– Rechtsdienstleistungskompetenzen, **RDG 5** 62
– rechtswissenschaftliche Gutachten, **RDG 2** 103
– spezialgesetzl. Prozessvertretungsbefugnisse, **RDG Anh. 1** 28, 30

Höchstbetrag
– in Berufshaftpflichtversicherung, **RDV 5** 107 ff.

Honorareinzugsstelle, RDG 7 45
Hundezüchterverein, RDG 7 44

Industrie- und Handelskammer
– Zuständigkeit bei Erlaubnis zur Versicherungsberatung, **RDGEG 2** 19

Informationspflichten
– von Inkassodienstleistern, **RDG 11a** 14 ff.

Inhalt
– des Registrierungsantrags, **RDG 13** 10 ff.
– notwendiger – der Erstmeldung, **RDG 15** 59

In-House-Factoring
– und Inkassodienstleistungen, **RDG 2** 94

Inkasso
– geschützte Berufsbezeichnung, **RDG 11** 13, 19
– Verwechslungsgefahr bei geschützter Berufsbezeichnung, **RDG 11** 21

Inkassodienstleistungen
– als eigenständiges Geschäft, **RDG 2** 88 ff.
– Angaben auf Anfrage bei Forderungsgeltendmachung, **RDG 11a** 40 ff.
– Antrag auf Forderungspfändung, **RDG 10** 41
– Anwaltszwang, **RDG 10** 37, 38; **Anh. 1** 16 ff.
– außergerichtliche Geltendmachung von Forderungen, **RDG 10** 33
– Begriff, **RDG 2** 50, 67 ff.; **10** 31
– bei Inkassovollmacht oder -ermächtigung, **RDG 2** 71
– bei Inkassozession, **RDG 2** 72
– besondere Sachkunde, **RDG 11** 3; **12** 99
– Darlegungs- und Informationspflichten, **RDG 11a** 10 ff.
– durch Kfz-Sachverständige, **RDG 2** 74
– durch Kfz-Werkstatt, **RDG 2** 74, 91
– durch Mietwagenunternehmen, **RDG 2** 74
– Einziehung von Schadensersatzforderungen, **RDG 5** 111 ff.
– Factoring, **RDG 2** 76, 79
– Forderungseinziehung auf fremde Rechnung, **RDG 2** 71 ff.
– Forderungseinziehung durch bisherigen Gläubiger, **RDG 2** 92 ff.
– Forderungseinziehung im Zusammenhang mit einer anderen Tätigkeit, **RDG 5** 61
– gerichtliche Geltendmachung von Forderungen, **RDG 10** 37 ff.
– Informationspflichten gem. § 5 UWG, **RDG 11a** 5
– keine – bei Ankauf von Kreditportfolios, **RDG 2** 77
– keine – bei Forderungsankauf, **RDG 2** 75 f., 80 f.
– keine bei Tätigkeit von Verrechnungsstellen, **RDG 2** 78
– Kostenerstattung, **RDGEG 4** 36 ff., 49 ff.
– Massen- und Mengeninkasso, **RDG 10** 33 ff.
– Mindestangaben bei Forderungsgeltendmachung, **RDG 11a** 19 ff.

701

Sachregister

- Nachweis der theoretischen Sachkunde, **RDV 2** 4 ff.,9
- Ordnungswidrigkeit bei – ohne Registrierung, **RDG 20** 41, 43
- Ordnungswidrigkeit bei Verstoß gegen Darlegungs- und Informationspflichten, **RDG 20** 50 ff.
- Pflicht zum Abschluss einer Berufshaftpflichtversicherung, **RDV 5** 36
- Regelungszweck, **RDG 2** 67, 68
- Registrierungspflicht, **RDG 10** 30
- Registrierungsvoraussetzungen, **RDG 12** 5 ff.
- Sachkundelehrgang, **RDV 2** 5
- Schlüssigkeitsprüfung bei Zinsforderungen, **RDG 10** 34
- Umfang Sachkundelehrgang, **RDV 4** 8
- Vergütung, **RDGEG 4** 5, 37
- Verpflichtete gem. § 11a, **RDG 11a** 10
- Vertretung im Insolvenzverfahren, **RDG 10** 43 ff.
- Vertretung in Mahnverfahren, **RDG 10** 40
- Zwangsvollstreckungsverfahren, **RDG 10** 41

Inkassokosten
- Informationspflicht über –, **RDG 11a** 35

Inkassounternehmen
- dauerhaft unqualifizierte Rechtsdienstleistungen, **RDG 14** 39
- Erlaubnisinhaber gem. RBerG, **RDGEG 1** 6 ff.
- gerichtliche Vertretung durch Kammerrechtsbeiständen, **RDGEG 3** 10
- geschützte Berufsbezeichnung, **RDG 11** 13 ff.
- keine Verpflichtung zum Tragen der Berufsbezeichnung als –, **RDG 11** 14
- Soll-Auflage bei Registrierung, **RDG 10** 135
- spezialgesetzl. Prozessvertretungsbefugnisse, **RDG Anh. 1** 27

Inkassounternehmen (ausländische)
- vorübergehende Rechtsdienstleistungen, **RDG 15** 22

Inkassounternehmen und Finanzierungsvermittlung
- wegen Interessenkollision keine Registrierung, **RDG 12** 31

Inkassovergütung
- Informationspflicht über –, **RDG 11a** 35

Insolvenzberater
- Rechtsdienstleistungskompetenzen, **RDG 5** 63 ff.

Insolvenzordnung, RDG 8 34

Insolvenzplan
- keine Unzuverlässigkeit bei –, **RDG 12** 77

Insolvenzverfahren
- Schuldenbereinigungsplanverfahren, Vertretung durch Inkassounternehmen, **RDG 10** 44
- Unzuverlässigkeit nach Eröffnung des –, **RDG 12** 69, 72
- Verfahrenshandlungen durch Inkassodienstleister, **RDG 10** 43
- Vertretung im –, **RDG Anh. 1** 52

Insolvenzverwalter, RDG 8 5
- ehrenamtlich, **RDG 8** 35
- vorläufiger, **RDG 8** 6

Interessen
- Verbot der Vertretung widerstreitender –, **RDG 4** 16; **14** 50

Interessenkollision mit Zweitberuf
- Beispiele für –, **RDG 12** 31

Interessenkollisionen, RDG 4 16
- bei reg. Personen, **RDG 14** 50

Interessenvereinigungen
- Rechtsdienstleistungsbefugnis, **RDG 7** 29 ff.

Internetprovider
- Anwendbarkeit RDG, **RDG 2** 51

Jahresabschluss
- Rechtsdienstleistung, **RDG 2** 63

Jahresfrist
- bei Widerruf der Registrierung?, **RDG 14** 20

Jahreshöchstleistung
- Vereinbarung einer – bei Berufshaftpflichtversicherung, **RDV 5** 111 ff.

Jugendämter, RDG 8 29

Jugend- und Familienberatungsstellen, RDG 8 29

juristische Personen
- Löschung bei Existenzbeendigung von –, **RDG 17** 4
- Registrierungsfähigkeit von –, **RDG 10** 9 ff.
- Registrierungsvoraussetzungen, **RDG 12** 125
- spezialgesetzl. Prozessvertretungsbefugnisse, **RDG Anh. 1** 28, 34

juristische Personen des öffentl. Rechts
- Anstalten des öffentl. Rechts, **RDG 8** 10
- Körperschaften, **RDG 8** 17
- Stiftungen, **RDG 8** 20

Justizministerium NRW
- Zuständigkeit Rechtsdienstleistungsregister, **RDG 16** 14

Justizvollzugsanstalten, RDG 8 32

Sachregister

KG, s. OHG
Kammerrechtsbeistände,
RDGEG 1 14 ff.
– Berufsbezeichnung „Rechtsbeistand",
RDGEG 6 1
– gerichtliche Vertretungsbefugnis,
RDGEG 3 4 ff.
– Gleichstellung mit Rechtsanwälten in best. Fällen, **RDGEG 3** 9 ff.
– Kostenerstattung, **RDGEG 4** 34
– Vergütung gem. RVG, **RDGEG 4** 3
Kanzlei
– ausl. Rechtsdienstleister, **RDG 15** 43
– im Ausland, **RDV 5** 85 ff.
karitative Organisationen
– Rechtsdienstleistungen, **RDG 6** 34 ff.
karitative Rechtsdienstleistung
– Beratungspflichten und Sorgfaltsmaßstab, **RDG 6** 55
– Personenkreis, **RDG 6** 37 ff.
– Vertragspflichten, **RDG 6** 51
Kassenärzte, RDG 1 31
Kfz-Anmeldung
– keine Rechtsdienstleistung, **RDG 2** 64
Kfz-Haftpflichtversicherer,
RDG 4 12
– Erledigung fremder Angelegenheiten, **RDG 2** 25
Kfz-Werkstätten
– Rechtsdienstleistungskompetenz, **RDG 5** 105 ff.
Kirchen, RDG 8 33
konkrete Angelegenheit, RDG 2 32
Konkurrenzschutz für RAe,
RDG Einleitung 4; **1** 13
Kooperation
– mit Rechtsdienstleistern, **RDG 12** 36
– RAe und andere Beratungsberufe,
RDG Einleitung 96
körperliche Behinderung
– Registrierung trotz –, **RDG 12** 22
Körperschaften
– Rechtsberatung durch –, **RDG 8** 18
Kosten
– Eintragung der Registrierung,
RDG 10 125
– Registrierungsverfahren, **RDG 13** 78 ff.
Kostenerstattung
– der Inkassodienstleister, **RDGEG 4** 36 ff.
– im gerichtlichen Verfahren,
RDGEG 4 34 ff.
Kostenfreiheit
– bei Registrierung von Alterlaubnisinhabern, **RDGEG 1** 20
Krankenversicherer
– Rechtsdienstleistungsbefugnis,
RDG 1 31; **3** 28

Kreishandwerkerschaften,
RDG 8 31

ladungsfähige Anschrift
– Informationspflicht über – von Inkassodienstleistern, **RDG 11a** 40
Landesjustizverwaltungen
– allg. sachlich u. örtl. zuständige Behörden, **RDG 19** 1, 4
– Zuständigkeit bei Registrierung,
RDG 13 6
– Zuständigkeit bei Widerruf,
RDG 14 8
– Zuständigkeit im Untersagungsverfahren, **RDG 9** 11
– Zuständigkeit nach § 117 VVG,
RDG 19 5 ff.
landwirtschaftliche Berufsvereinigungen
– spezialgesetzl. Prozessvertretungsbefugnisse, **RDG Anh. 1** 28, 30
landwirtschaftliche Buchstellen
– spezialgesetzl. Prozessvertretungsbefugnisse, **RDG Anh. 1** 31
Landwirtschaftssachen
– Vertretung in –, **RDG Anh. 1** 53
Lebensmittelchemiker
– Rechtsdienstleistungsbefugnis,
RDG 5 132
Lebenspartner
– Rechtsberatung für –, **RDG 6** 28
Legal Clinics, RDG 6 62; **8** 30
Leistungsnachweise zum Jurastudium
– als Nachweis der theoretischen Sachkunde, **RDV 2** 10
Leistungspflicht
– weitere –, **RDG 4** 14 ff.
Liquidatoren einer OHG, KG oder GmbH, RDG 8 8
Lohnsteuerhilfevereine
– spezialgesetzl. Prozessvertretungsbefugnisse, **RDG Anh. 1** 31
Löschung
– Aktenaufbewahrung nach –,
RDV 7 6
– Gründe, **RDG 17** 4
– im Rechtsdienstleistungsregister,
RDG 17 4 ff.
– im Rechtsdienstleistungsregister nach Untersagung, **RDG 15** 126
– Speicherung von Daten nach –,
RDG 18 10
– von Veröffentlichungen im Rechtsdienstleistungsregister, **RDV 9** 1 ff.
Löschungsfristen
– Registrierungsverfahren, **RDV 7** 6 f.
– Untersagungsverfahren, **RDV 7** 8 f.

703

Sachregister

Mahnschreiben
- Anwendbarkeit RDG, **RDG 2** 51

Mahnverfahren, gerichtlich
- Rechtsdienstleistungsbefugnis durch Inkassounternehmen, **RDG 10** 40

Makler
- Rechtsdienstleistungsbefugnis, **RDG 5** 71 ff.

Massen- bzw. Mengeninkasso
- Prüfungspflicht des Inkassounternehmens, **RDG 10** 33

Maßnahmen
- zur Verhinderung der Betriebsfortsetzung, **RDG 15b** 18

Mecklenburg-Vorpommern
- zuständige Behörden gem. RDG, **RDG 19** 9

Mediation, RDG Einleitung 47
- keine Rechtsdienstleistung, **RDG 2** 122 ff.
- Rechtsdienstleistungsbefugnis des Mediators, **RDG 5** 78 ff.

Medien
- keine Rechtsdienstleistung durch –, **RDG 2** 133 ff.

Meldepflicht
- bei vorübergehenden Rechtsdienstleistungen ausl. Personen, **RDG 15** 52 ff.
- Formalia der Meldung, **RDG 15** 55
- im Registrierungsverfahren, **RDG 13** 83
- notwendiger Inhalt der Meldung, **RDG 15** 59
- Textform, **RDG 15** 55
- Wiederholungs- und Veränderungsmitteilungen, **RDG 15** 79, 82

Mietervereine, RDG 7 44

Mietwagenkosten, RDG 4 25; **5** 105 ff.

Mindestangaben
- bei Darlegungs- und Informationspflichten, **RDG 11a** 12

Mischbetriebe
- Eingriffe in –, **RDG 15b** 17

Mitarbeiter
- Erledigung von Rechtsdienstleistungen durch –, **RDG 3** 4 ff.
- keine Auskunftspflichten gem. § 13a, **RDG 13a** 36

Mitgliederberatung
- von Berufs- und Interessengemeinschaften, Genossenschaften u. Spitzenverbänden, **RDG 7** 7, 55

Mitteilungs- und Kooperationspflichten
- bei Datenübermittlung vom bzw. ins Ausland, **RDG 18** 18, 20

nachbarschaftliche Beziehungen
- Rechtsberatung in –, **RDG 6** 29

Nachlasspfleger, RDG 8 5

Nachlassverwalter, RDG 8 6

Nachschau
- Gestatten der – der Aufsichtsbehörde, **RDG 13a** 52

Nachteil
- durch fehlerhafte Rechtsberatung, **RDG 9** 9

nachteiliges persönliches Verhalten
- keine Registrierung bei –, **RDG 12** 23

Nachweis
- kein Sachkunde- und Zuverlässigkeitsnachweis für Alterlaubnisinhaber, **RDGEG 1** 21 ff.
- praktische Sachkunde, **RDG 12** 104
- praktische Sachkunde, Rechtsdienstleister EU- oder EWR-Staat/Schweiz, **RDV 3** 9
- Sachkundenachweis bei Beschränkung auf Teilbereiche d. ausl. Rechts, **RDV 2** 26 ff.
- Sachkundenachweis für Rechtsdienstleister in einem ausl. Recht, **RDV 2** 18
- theoretische Sachkunde, **RDG 12** 101, 104
- theoretische Sachkunde, Rechtsdienstleister EU- oder EWR-Staat/Schweiz, **RDV 2** 11 ff.
- theoretische und praktische Sachkunde, Überblick über Nachweismöglichkeiten, **RDV 2, 3** 31, 17
- über Berufshaftpflichtversicherung, **RDV 2** 4 ff.

Näheverhältnis
- Rechtsberatung im –, Begriff, **RDG 6** 25 ff.

Name
- Angabe in Registrierungsantrag, **RDG 13** 12

natürliche Personen
- Registrierungsfähigkeit von –, **RDG 10** 8

Nebenforderungen
- Informationspflichten über – bei Inkassodienstleistungen, **RDG 11a** 26

Nebenleistung, erlaubte
- als Rechtsdienstleistung, **RDG Einleitung** 48 ff.; **5** 27, 29 ff.
- Aufklärungs- und Informationspflichten, **RDG 5** 36
- Begriff, **RDG 5** 29 f.
- Erstreckung des Versicherungsschutzes auf –, **RDV 5** 61
- Fördermittelverwaltung, **RDG 5** 155 ff.
- Haus- und Wohnungsverwaltung, **RDG 5** 148 ff.

Sachregister

- Rechtsdienstleistung als –, Einzelfälle, **RDG 5** 45 ff.
- stets erlaubte –, **RDG 5** 134 ff.
- Testamentsvollstreckung, **RDG 5** 140 ff.

Nichtigkeit
- der Vereinbarung eines Erfolgshonorars, **RDGEG 4** 31
- des Auftrags, **RDG 6** 59
- des Vertrags, **RDG Einleitung** 81; s. auch Nichtigkeit Geschäftsbesorgungsvertrag
- Vollmacht bei unerlaubter Rechtsdienstleistung, **RDG 3** 42 ff.

Nichtigkeit Geschäftsbesorgungsvertrag
- Auswirkung auf Abtretung und Einziehungsermächtigung, **RDG 3** 47, 48
- bei unerlaubter Rechtsdienstleistung, **RDG 3** 33 ff.
- Rückforderung bereits geleisteter Zahlungen, **RDG 3** 55
- Vergütungsanspruch, **RDG 3** 49 ff.

Niederlassung im Ausland
- bei Antrag auf umfassende Beratung in einem ausl. Recht, **RDV 2** 20
- vorübergehende Rechtsdienstleistungen, **RDG 15** 26

Niedersachsen
- zuständige Behörden gem. RDG, **RDG 19** 9

Nordrhein-Westfalen
- zuständige Behörden gem. RDG, **RDG 19** 9

Notare
- Rechtsdienstleistungsbefugnis, **RDG 1** 30; **3** 20
- spezialgesetzl. Prozessvertretungsbefugnisse, **RDG Anh. 1** 33
- Zweittätigkeitsverbote nach BNotO, **RDG 4** 10

öffentliche und öffentlich anerkannte Stellen, RDG Einleitung 65
- Förderung von Verbraucherverbänden durch –, **RDG 8** 40

öffentlich-rechtliche Rechtsfolgen
- bei unzulässiger Rechtsdienstleistung, **RDG 3** 68 ff.

OHG, KG
- keine Interessenvereinigung, **RDG 7** 22
- Rechtsdienstleistungen nach Registrierung, **RDG 10** 10

ordnungsgem. Erbringung
- der Rechtsdienstleistung, **RDG 4** 22

Ordnungswidrigkeit
- bei Rechtsdienstleistung ohne Registrierung, **RDG 20** 40 ff.
- bei unberechtigtem Führen einer geschützten Berufsbezeichnung, **RDG 20** 49
- bei Verstoß gegen Darlegungs- und Informationspflichten von Inkassodienstleistern, **RDG 20** 50 ff.
- bei Verstoß gegen Untersagungsverfügungen, **RDG 20** 36 ff.
- bei Verstoß gegen vollziehbare Auflage, **RDG 20** 46 ff.
- bei vorübergehenden Rechtsdienstleistungen, **RDG 20** 55
- Beteiligte, **RDG 20** 68 ff.
- Einstellung des Verfahrens, **RDG 20** 83
- Fahrlässigkeit, **RDG 20** 66
- gem. § 20 RDG, **RDG 20** 1 ff.
- Konkurrenzen, **RDG 20** 72 f.
- Rechtsfolgen, **RDG 20** 76
- subj. Tatbestand, **RDG 20** 59 ff.
- Tatbestände, **RDG 20** 36 ff.
- Täter, **RDG 20** 68
- unbefugtes Führen einer geschützten Bezeichnung, **RDG 11** 24
- unerlaubte Erbringung von Rechtsdienstleistungen, **RDG 3** 68, 69
- Verjährung von OWis, **RDG 20** 82
- Verstoß gegen Untersagung, **RDG 9** 1
- Vorsatz, **RDG 20** 60
- zuständige Behörden, Übersicht, **RDG 20** 84
- Zuwiderhandlung gegen Untersagungsverfügung, **RDG 14** 121

Ordnungswidrigkeitengesetz (§ 21 Abs. 1)
- Verhältnis zu § 20 RDG u. § 263 StGB, **RDG 20** 23, 28

Organisation
- der ordnungsgem. Rechtsdienstleistung, **RDG 4** 23

Parlamentsabgeordnete, RDG 8 14
Parteicoaching, RDG 1 2; **2** 55
Parteiverrat
- durch reg. Personen, **RDG 14** 50

PartG mit beschränkter Berufshaftung, RDG 10 13
- Berufshaftpflichtversicherung für –, **RDV 5** 3

Patentanwälte
- Rechtsdienstleistungsbefugnis, **RDG 1** 30; **3** 16
- spezialgesetzl. Prozessvertretungsbefugnisse, **RDG Anh. 1** 27, 32
- Teilregistrierung auf dem Gebiet der – in einem ausl. Recht, **RDV 1** 4

Sachregister

- vorübergehende Rechtsdienstleistungen, **RDG 15** 31
- **Personalvertretung, RDG 7** 25
- **personenbezogene Daten**
  - Begriff, **RDG 18** 2
- **persönliche Eignung und Zuverlässigkeit**
  - Begriff, **RDG 12** 14
  - generelle Interessenkollision durch Zweitberuf, **RDG 12** 26
  - körperliche oder geistige Einschränkungen, **RDG 12** 17
  - nachteiliges persönliches Verhalten, **RDG 12** 23
  - Registrierungsvoraussetzung, **RDG 12** 12 ff.
  - Widerruf der Reg. bei fehlender –, **RDG 14** 23 ff.
- **Pfleger für Minderjährige und für bestimmte Volljährige, RDG 8** 6
- **Pflicht**
  - zur Registrierung, **RDG 10** 28 ff.
- **Pflichten und Haftung des Rechtsdienstleisters**
  - Abgrenzung zum Gefälligkeitsverhältnis, **RDG 6** 45
  - Schutzpflichten, **RDG 6** 47
- **Pflichtenkollision**
  - drohend, **RDG 3** 2
- **Pflichtversicherung**
  - Berufshaftpflichtversicherung als –, **RDV 5** 7
- **Postwurfsendung**
  - eines Mietervereins, **RDG 2** 44
- **Präsentation**
  - in mündlicher Prüfung nach Sachkundelehrgang, **RDV 4** 21
- **Präsidenten der (Ober-)Landesgerichte**
  - zuständige Behörden, s. Behörden, **RDG 19** 9
- **privatärztliche Verrechnungsstellen**
  - Rechtsdienstleistungsbefugnis, **RDG 7** 28
- **private Altersvorsorge, RDG 10** 96 ff.
- **private Pflegeversicherungsunternehmen**
  - spezialgesetzl. Prozessvertretungsbefugnisse, **RDG Anh. 1** 30
- **Privatpersonen**
  - Begriff gem. § 11a, **RDG 11a** 53 ff.
  - Darlegungs- und Informationspflichten gegenüber –, **RDG 11a** 53 ff.
- **privatrechtliche Unternehmen**
  - Rechtsdienstleistungsbefugnis durch Beleihung, **RDG 8** 15
- **pro bono-Tätigkeit**
  - von Rechtsanwälten, **RDG 6** 65 ff.

- **Provisionsannahmeverbot**
  - für Versicherungsberater, **RDG 5** 128; **RDGEG 2** 10, 25
- **Prozessfinanzierungsunternehmen, RDG 2** 29
- **Prozessvollmacht**
  - Nachweis und Vorlage, **RDG Anh. 1** 45
- **Prüfung, RDG 2** 43 ff.
  - mündliche –, **RDV 4** 19 ff.
  - Sachkundelehrgang, **RDV 4** 14 ff.
  - schriftliche –, **RDV 4** 14 ff.

- **Qualifikation**
  - juristisch, **RDG 6** 40
  - Unbeachtlichkeit der – des Betroffenen, **RDG 1** 8; **20** 58
- **qualifizierte Person**
  - gem. § 12 RDG, **RDG 12** 125 ff.
  - Vertretungsmacht der –, **RDG 12** 129
  - Weisungsunabhängigkeit der –, **RDG 12** 128
  - Widerruf der Reg. bei fehlender pers. Eignung der –, **RDG 14** 26

- **Ratgebersendung**
  - im Fernsehen, **RDG 2** 44, 133 ff.
- **RDG**
  - Anwendungsbereich, **RDG Einleitung** 40 ff.
  - Entstehungsgeschichte, **RDG Einleitung** 2 ff.
  - Gesetzesänderungen, **RDG Einleitung** 97 ff.
  - Leitgedanken, **RDG Einleitung** 29 ff.
  - Regelungsanliegen, **RDG Einleitung** 34 ff.
- **Recht auf informationelle Selbstbestimmung**
  - Eingriff in –, **RDG 18** 2
- **Recht der EU**
  - ausl. Recht, **RDG 10** 120
- **Recht des EWR**
  - ausl. Recht, **RDG 10** 120
- **Rechtliche Prüfung**
  - Erforderlichkeit, **RDG 2** 33 ff.
  - und Routineangelegenheiten, **RDG 2** 37
  - und wirtschaftliche Tätigkeit, **RDG 2** 38
- **Rechtsanwälte**
  - als Inkassounternehmer, **RDG 10** 20
  - als Rentenberater, **RDG 10** 20
  - Berufsausübungsgesellschaften von – mit and. Berufen, **RDG Einleitung** 91 ff.
  - Doppelzulassung als reg. Rechtsdienstleister, **RDG 10** 23; **12** 32

Sachregister

- Erfüllungsgehilfe eines Nicht-RAs, **RDG Einleitung** 95; **3** 30ff.; **5** 19ff.
- Erfüllungsgehilfen einer karitativen Organisation, **RDG 6** 56
- Erlaubnis karitativer Rechtsdienstleistungen, **RDG 6** 37
- Gleichstellung mit Kammerrechtsbeiständen, **RDGEG 3** 9ff.
- grenzüberschreitende Tätigkeit von –, **RDG 1** 47ff.
- keine Berufsbezeichnung als Rentenberater bzw. Inkassount., **RDG 11** 16
- pro bono-Tätigkeit von –, **RDG 6** 65ff.
- Registrierungsfähigkeit von –, **RDG 10** 17ff.
- Sozietäten mit anderen Berufen, **RDG Einleitung** 91
- Zweittätigkeitsverbote nach BRAO, **RDG 4** 5ff.

Rechtsanwälte (ausländisch)
- vorübergehende Rechtsdienstleistungen, **RDG 15** 15

Rechtsanwälte (europäisch)
- Rechtsdienstleistungsbefugnis, **RDG 1** 30; **3** 13f.

Rechtsanwaltskammer, RDGEG 1 15

Rechtsanwaltsvergütungsgesetz (RVG), RDGEG 4 2ff.

Rechtsbeistand
- Berufsbezeichnung, **RDGEG 6** 1ff.
- gem. § 6 GewO, **RDG 15b** 2
- kein Schutz der Berufsbezeichnung als –, **RDG 11** 13
- Vergütung, **RDGEG 4** 3

Rechtsberatungsgesetz
- s. auch Alterlaubnisse
- Geschichte –, **RDG Einleitung** 6ff.
- Übergangsvorschrift für Anträge nach dem –, **RDGEG 7** 1ff.

Rechtsberatungsmißbrauchsgesetz, RDG Einleitung 4f.

Rechtsberatungsvereine
- Unzulässigkeit, **RDG 7** 8, 43

Rechtsdienstleister aus EU- oder EWR-Staat bzw. Schweiz
- Nachweis der praktischen Sachkunde, **RDV 3** 9ff.
- Nachweis der theoretischen Sachkunde, **RDV 2** 11ff.

Rechtsdienstleistung
- Abgrenzung zu Gefälligkeitsverhältnis, **RDG 6** 45
- als Nebenleistung, **RDG 5** 26ff.
- Aufstellung Jahresabschluss, **RDG 2** 63
- außergerichtlich und gerichtlich, **RDG 1** 15ff.
- Begriff, **RDG Einleitung** 42; **1** 14; **2** 1ff.
- bei Anfertigung von Vertragsentwurf, **RDG 2** 53
- bei Antrag an Grundbuch od. Handelsregister, **RDG 2** 55
- bei Aufsetzen von AGB, **RDG 2** 53
- bei Betreiben von Verwaltungsverfahren gem. SGB X bzw. SGB IV, **RDG 2** 59
- bei Beurteilung der Verkehrsfähigkeit eines Erzeugnisses, **RDG 2** 62
- bei Entwurf von Testament oder Vorsorgevollmacht, **RDG 2** 53
- bei Hilfe bei Rechtsverwirklichung, **RDG 2** 55
- bei Kündigung, **RDG 2** 57
- bei Niederlassung in EU/EWR-Mitgliedstaat bzw. Schweiz, **RDG 15** 26
- bei Parteicoaching, **RDG 2** 55
- bei Schiedsgerichten, **RDG 1** 22
- bei Stellen von Strafanträgen, **RDG 2** 55
- bei Treuhandtätigkeit, **RDG 2** 48
- bei Überwachung von Patentfristen, **RDG 2** 62
- bei Verfassen einer Vereins- oder Stiftungssatzung, **RDG 2** 53
- bei Verhandlungen, **RDG 2** 58
- berufliche Interessenvereinigungen, **RDG 7** 27
- dauerhaft unqualifizierte –, **RDG 14** 35
- Duldungs- und Mitwirkungspflichten des Rechtsdienstleisters, **RDG 13a** 34ff.
- durch Behörden, **RDG 8** 12
- durch Diplom-Juristen aus Beitrittsgebiet, **RDGEG 4** 12ff.
- durch geeignete Personen gem § 305 Abs. 1 Nr. 1 InsO, **RDG 8** 34
- durch Gemeinden und Kreise, **RDG 6** 64; **8** 24
- durch gerichtlich oder behördlich bestellte Personen, **RDG 8** 4ff.
- durch juristische Personen des öffentlichen Rechts, **RDG 8** 17
- durch PartG mit beschränkter Berufshaftung, **RDG 10** 13
- durch Personen aus dem Ausland, **RDG 10** 15ff.
- durch privatrechtliche Unternehmen, **RDG 8** 15
- durch registrierte Personen, **RDG Einleitung** 66; **10** 1ff.
- durch Rentenberater, **RDG 2** 65
- durch Schuldnerberater, **RDG 2** 61
- durch Verbraucherzentralen und Verbraucherverbände, **RDG 8** 38ff.
- durch Vertreter, Organe bzw. Angestellte eines Unternehmens, **RDG 2** 20

707

Sachregister

- durch Wohlfahrtsverbände, **RDG 8** 46 ff.
- Einzelfälle, **RDG 2** 53 ff.
- enge persönliche Beziehungen, **RDG 6** 30
- entgeltlich, **RDG 7** 48
- Familienkreis, **RDG 6** 26
- Familienkreis, unreguliert, **RDG 9** 15
- freigestellte Tätigkeiten, **RDG 2** 96 ff.
- Geheimhaltungsinteresse des Rechtsdienstleisters, **RDV 5** 130 ff.
- Genossenschaften, **RDG 7** 37
- im Asylverfahren, **RDG 2** 60
- im gerichtlichen Verfahren, **RDG Einleitung** 85 ff.; **Anh. 1** 14 ff.
- im Strafverfahren, **RDG 1** 24
- im Verfahren vor Behörden, **RDG 1** 23
- in einem ausländischem Recht, **RDG 10** 118
- in nachbarschaftlichen Beziehungen, **RDG 6** 29
- in Näheverhältnissen, **RDG 6** 25 ff.
- in Teilbereichen, **RDG 10** 123
- karitativ, **RDG 6** 32 ff.
- keine – bei Darstellung und Erörterung von Rechtsfragen in Medien, **RDG 2** 133 ff.
- keine – bei Erledigung von Rechtsangelegenheiten innerhalb verbundener Unternehmen, **RDG 2** 140 ff.
- keine – bei Erörterung von Rechtsfragen zw. Beschäftigten und Interessenvertretern, **RDG 2** 117 ff.
- keine – bei Erstattung wiss. Gutachten, **RDG 2** 97 ff.
- keine – bei Mediation u.a. alternativen Streitbeilegungen, **RDG 2** 122 ff.
- keine – bei Tätigkeit von Einigungs- u. Schlichtungsstellen u. Schiedsrichtern, **RDG 2** 11 ff.
- ohne erforderliche Registrierung, **RDG 15b** 5
- Tatbestandsvoraussetzungen, **RDG 2** 15 ff.
- Unentgeltlichkeit, **RDG 6** 10
- unqualifizierte, **RDG 9** 5
- vorübergehende, **RDG 15** 1 ff.

Rechtsdienstleistungen in einem ausländ. Recht
- besondere Angaben im Antrag auf Registrierung, **RDV 6** 12 ff.
- besondere Sachkunde, **RDG 11** 11
- Bestimmung von Teilbereichen, **RDV 1** 4
- Erlaubnisinhaber gem. RBerG, **RDGEG 1** 6 ff.
- Ordnungswidrigkeit bei – ohne Registrierung, **RDG 20** 41, 43
- Pflicht zum Abschluss einer Berufshaftpflichtversicherung, **RDV 5** 36
- Registrierung in Teilbereichen, **RDG 11** 12
- Registrierungsvoraussetzungen, **RDG 12** 5 ff.
- Sachkundenachweis (prakt.), **RDV 3** 7
- Sachkundenachweis (theor.), **RDV 2** 16 ff.
- Vergütung, **RDGEG 4** 5

Rechtsdienstleistungen im europ. Recht
- vorübergehende Rechtsdienstleistungen, **RDG 15** 8 ff.

Rechtsdienstleistungsgesellschaften
s. Rechtsverfolgungsgesellschaften

Rechtsdienstleistungsregister, **RDG 16** 1
- Bekanntmachung im –, **RDV 8** 2, 3
- Eintragung von Untersagungen, **RDG 16** 12
- Inhalt, **RDG 16** 6 ff.
- registrierte Erlaubnisse, **RDG 16** 10 ff.
- Transparenz durch –, **RDG 16** 2 ff.
- Verfahren und Bekanntmachung, **RDG 16** 13

Rechtsdienstleistungsverordnung, **RDG Einleitung** 73

Rechtsfolgen
- bei Verstoß gegen § 4, **RDG 4** 32
- bei Verstoß gegen § 5, **RDG 5** 162
- bei Verstoß gegen § 6, **RDG 6** 58 ff.
- bei Verstoß gegen § 7 Abs. 2, **RDG 7** 70
- Untersagung vorübergehender Rechtsdienstleistungen, **RDG 15** 120
- unzulässiger Rechtsdienstleistungen, **RDG Einleitung** 79 ff.; **3** 30 ff.
- von Widerruf der Reg., **RDG 14** 64 ff.

Rechtsinformationssysteme
- und Computerprogramme, **RDG 2** 46

Rechtskenntnisse, RDG 5 41 ff.

Rechtsschutz
- bei Widerruf der Reg., **RDG 14** 75 ff.

Rechtsschutzversicherungen, **RDG 2** 26
- Erlaubnis bloßer Auskünfte, **RDG 4** 12
- Erlaubnis von Rationalisierungsabkommen, **RDG 4** 13
- Erlaubnisvoraussetzungen zur Rechtsdienstleistung, **RDG 4** 23
- Interessenkollision bei Vertretung des Versicherungsnehmers, **RDG 4** 30
- Telefon-Hotlines, **RDG 4** 23

Rechtsuchender
- Begriff, **RDG 1** 8 ff.

Sachregister

Rechtsverfolgungsgesellschaft,
RDG 2 85; 7 40
Regelungsanliegen
– RDG, **RDG Einleitung** 34 ff.;
s. a. Schutzzwecke RDG
Register
– s. auch Rechtsdienstleistungs-,
RDG 16 1
Registergericht und -nummer
– Angabe in Registrierungsantrag,
RDG 13 14
registrierte Personen
– Alterlaubnisinhaber und gerichtliche Vertretung, **RDGEG 3** 24 ff.
– berufsrechtl. Regelungen, **RDG vor 10** 4; **14** 47 ff.
– durch Verwaltungsakt, **RDG vor 10** 1
– Gesellschaften (GbR, OHG, KG, PartG), **RDG 10** 10
– Haftung, **RDG 10** 141
– Inkassodienstleistungsbefugnis von, **RDG 10** 30 ff.
– juristische Personen, **RDG 10** 9
– natürliche Personen, **RDG 10** 8
– Personen aus dem Ausland, **RDG 10** 15
– Rechtsdienstleistung in einem ausländischem Recht durch-, **RDG 10** 118 ff.
– Rentenberatung durch-, **RDG 10** 46 ff.; **RDGEG 1** 6 ff.
registrierter Erlaubnisinhaber
– gerichtliche Vertretungsbefugnis von Alterlaubnisinhabern, **RDGEG 3** 25 ff.
– Vergütung, **RDGEG 4** 3
– Zurückweisung von – durch Gerichte, **RDGEG 3** 38 ff.
Registrierung
– Ablehnung der –, **RDG 12** 53 ff.
– Aktenaufbewahrung nach Ablehnung der –, **RDV 7** 7
– als Verwaltungsakt, **RDG 13** 72
– Antrag auf –, **RDG 10** 124
– Auflagen und Bedingungen, **RDG 10** 126 ff.
– Aufsichtsbehörden, **RDG 13a** 6
– Aufsichtsmaßnahmen, **RDG 13a** 8 ff.
– bei vorübergehenden Rechtsdienstleistungen, **RDG 15** 90
– Bekanntmachung der –, **RDG 13** 72
– Berufshaftpflichtversicherung als Voraussetzung für –, **RDV 5** 1
– Betrieb ohne –, **RDG 15b** 5, 6
– europ. Rechtsdienstleister (vorübergehend), **RDG 15** 90
– für Alterlaubnisinhaber, **RDGEG 1** 3
– in Teilbereichen ausl. Rechts, **RDG 10** 123 ff.; **RDV 1** 4
– Kosten der-, **RDG 10** 125
– Löschung, **RDG 17** 4
– nach Registrierungsverfahren, **RDG 12** 71
– Ordnungswidrigkeit bei Handeln ohne –, **RDG 20** 40, 43
– Pflicht zur-, **RDG 10** 27
– Rechtsschutz bei Verweigerung der –, **RDG 13** 73
– Soll-Auflagen für Inkassounternehmen, **RDG 10** 135 ff.
– Verzicht, **RDG 17** 4
– von Alterlaubnisinhabern, **RDGEG 3** 24 ff., 31 ff.
– Voraussetzungen, **RDG 12** 5 ff.
– Widerruf der –, **RDG 11a** 57
– Wiederholung der vorläufigen –, **RDG 15** 82
Registrierung und Bekanntmachung
– der Untersagungsverfügung, **RDG 9** 14
Registrierungsantrag
– Art und Umfang der Registrierung, **RDG 13** 10
– elektronisch, **RDV 6** 8
– erforderliche Angaben bei Benennung qualifizierter Personen, **RDG 13** 48
– erforderliche Angaben gem. § 16 Abs. 2 RDG, **RDG 13** 11
– erforderliche Erklärungen, **RDG 13** 26
– fremdsprachige Dokumente, **RDV 6** 15 ff.
– Inhalt des –, **RDG 13** 10
– Pflichtangaben, **RDV 6** 3 ff.
– Schriftform, **RDV 6** 4
– sonstige (freiwillige) Erklärungen, **RDG 13** 53
– sonstige Anforderungen, **RDG 13** 50
Registrierungsbehörde
– Aufklärungsmöglichkeiten, **RDG 13a** 10
– Auflagen, **RDG 13a** 12
– Befugnisse, **RDG 13a** 8 ff.
– Duldungs- und Mitwirkungspflichten des Rechtsdienstleisters, **RDG 13a** 34
– Informationspflicht über –, **RDG 11a** 50
– s. auch Zuständigkeit
Registrierungsverfahren, RDG 13 5 ff.; **RDV 6** 1 ff.
– Angaben zu Art und Umfang der Registrierung, **RDG 13** 10 ff.
– Antragsangaben bei Benennung qualifizierter Personen, **RDG 13** 48
– Antragsteller, **RDG 13** 5
– Aufbewahrungsfristen für Akten, **RDV 7** 6 ff.
– Auskunftsansprüche und Akteneinsicht, **RDV 7** 10
– Bearbeitungsfrist, **RDG 13** 54

709

Sachregister

- elektronische Antragstellung, **RDV 6** 2, 8
- erforderliche Angaben im Antrag, **RDG 13** 11 ff.
- erforderliche Erklärungen im Antrag, **RDG 13** 26 ff.
- Geltung des VwVfG, **RDV 6** 1
- Inhalt des Antrags, **RDG 13** 10 ff.
- Kosten, **RDG 13** 78
- Löschungsfristen, **RDV 7** 6 f.
- Meldeobliegenheiten, **RDG 13** 83
- Pflichtangaben im Antrag, **RDV 6** 3 ff.
- Prüfungsstufen im Verfahren, **RDG 13** 65 ff.
- Rechtsschutz gegen Verweigerung der Reg., **RDG 13** 73
- Registrierung und Veranlassung der Bekanntmachung, **RDG 13** 71
- Verfahrensgrundsätze, **RDG 13** 54 ff.
- zuständige Behörde, s. Zuständigkeit, **RDG 13** 6

Registrierungsvoraussetzungen, RDG 10 5 ff.; **12** 5 ff.
- Berufshaftpflichtversicherung, **RDG 12** 119 ff.
- besondere Sachkunde, **RDG 12** 99 ff.
- Eignung, **RDG 12** 12 ff.
- Eignung und Interessenkollisionen, **RDG 12** 31 ff.
- für Einzelunternehmer, **RDG 10** 7
- für jurist. Person/Gesellschaft, **RDG 10** 8; **12** 125 ff.
- Prüfung der – im Registrierungsverfahren, **RDG 13** 65 ff.
- Prüfungsumfang, **RDG 12** 5 ff.
- Wegfall der –, **RDG 13a** 23
- Zuverlässigkeit, **RDG 12** 39 ff.

Rentenberater
- außergerichtliche Rechtsdienstleistungsbefugnis nach Registrierung, **RDG 10** 48
- Begriff, **RDG 10** 48
- Beratungshilfe, **RDG 10** 106 ff.
- besondere Sachkunde, **RDG 11** 3 ff., 7 ff.
- Doppelzulassungen, **RDG 10** 110
- Erlaubnisinhaber gem. RBerG, **RDGEG 1** 6 ff.
- Führen der Berufsbezeichnung, **RDG 11** 19
- gerichtliche Tätigkeit, **RDG 10** 99 ff.
- geschützte Berufsbezeichnung, **RDG 11** 13 ff.
- keine Verpflichtung zum Tragen der Berufsbezeichnung als –, **RDG 11** 14
- Pflicht zum Abschluss einer Berufspflichtversicherung, **RDV 5** 36
- Rechtsdienstleistung, **RDG 2** 65
- Rechtsdienstleistungsbefugnis, **RDG 5** 85
- Registrierung bei bes. Sachkunde, **RDG 11** 7
- Registrierungsvoraussetzungen, **RDG 12** 5 ff.
- Schutz der Berufsbezeichnung, **RDG 11** 13 ff.
- spezialgesetzl. Prozessvertretungsbefugnis, **RDG Anh. 1** 30, 33
- Tätigkeitsbereiche, **RDG 10** 50 ff., 91 ff.
- Umfang Sachkundelehrgang, **RDV 4** 8
- Vergütung, **RDG 10** 109; **RDGEG 4** 3
- Vertretungsbefugnis, gerichtlich, **RDG 10** 99 ff.; **RDGEG 1** 12

Rentenberater (ausländische), RDG 15 22

Rentenberater und Anlage- oder Personalberater
- wegen Interessenkollision keine Registrierung, **RDG 12** 31

Rentenberater und Versicherungsvertreter und -makler
- wegen Interessenkollision keine Registrierung, **RDG 12** 31

Rentenberatersozietät, RDG 12 36

Rentenberatung
- Begriff, **RDG 10** 48
- berufsständische Versorgung, **RDG 10** 88
- besondere Sachkunde, **RDG 11** 7
- betriebliche Altersvorsorge, **RDG 10** 69 ff.
- gesetzliche Rentenleistungen, **RDG 10** 52 ff.
- Nachweis der theoretischen Sachkunde, **RDV 2** 4 ff., 7
- Ordnungswidrigkeit bei – ohne Registrierung, **RDG 20** 41, 43
- private Altersvorsorge, **RDG 10** 96 ff.
- registrierungsfähige Tätigkeitsbereiche, **RDG 10** 50 ff.
- Sachkundelehrgang, **RDV 2** 4

Rentenversicherung
- gesetzlich, **RDG 10** 53

Rheinland-Pfalz
- zuständige Behörden gem. RDG, **RDG 19** 9

Richter
- keine entgeltliche Rechtsberatung durch –, **RDG 12** 32
- keine Prozessvertretung, **RDG Anh. 1** 43
- Lehrkraft Sachkundelehrgang, **RDV 4** 12
- zum Verbot außerdienstlicher Rechtsdienstleistungen, **RDG 2** 110, 115

Sachregister

– Zurückweisung nichtanwaltlicher Prozessvertreter durch-, **RDG Anh. 1** 37ff.
Risikoausschlüsse
– bei Berufshaftpflichtversicherung, **RDV 5** 72ff., 83ff.
Rücknahme
– als Löschungsgrund, **RDG 17** 4
– der Registrierung/Zulassung, **RDG 12** 89
Rüge
– keine – als Aufsichtsmaßnahme, **RDG 14** 2

Saarland
– zuständige Behörden gem. RDG, **RDG 19** 9
Sachkunde
– s. auch Nachweis
Sachkunde, besondere
– Anpassungslehrgang bei EU/EWR-Bürgern u. Schweizern, **RDV 2** 13
– bei Inkassodienstleistungen, **RDG 11** 3
– bei Rechtsdienstleistungen in einem ausländ. Recht, **RDG 11** 11
– bei Rentenberatung, **RDG 11** 7
– Berufsqualifikationen aus EU/EWR-Staaten, **RDG 12** 112
– Berufsqualifikationen aus Nicht-EU-Staaten, **RDG 12** 115
– Nachweis der praktischen –, **RDG 12** 99, 104; **RDV 3** 3ff.
– Nachweis der theoretischen –, **RDG 12** 99, 101; **RDV 2** 4
– Registrierung nur bei –, **RDG 1** 3ff.
– Statistik über Verfahren zur Feststellung der –, **RDG 15a** 1ff.
– Überblick über Nachweismöglichkeiten der theoretischen und praktischen –, **RDV 3** 17
– von Rechtsdienstleistern aus EU/EWR-Staat bzw. Schweiz, **RDV 2** 11ff.
Sachkunde, praktische
– Nachweis der –, **RDV 3** 1ff., 17ff.
Sachkunde, theoretische
– Nachweis der –, **RDV 2** 5ff., 31ff.
Sachkundelehrgang, RDV 4 4ff.
– abgekürzter –, **RDV 4** 9; **RDGEG 1** 7, 21
– als Nachweis theor. Sachkunde, **RDV 1** 5
– Inhalt, **RDV 4** 6ff.
– Lehrkräfte, **RDV 4** 11ff.
– Prüfung, mündl., **RDV 4** 19
– Prüfung, schriftl., **RDV 4** 14ff.
– Umfang, **RDV 4** 8ff.
– Zeugnis, **RDV 4** 25

Sachsen
– zuständige Behörden gem. RDG, **RDG 19** 9
Sachsen-Anhalt
– zuständige Behörden gem. RDG, **RDG 19** 9
Sanierungsberater
– Rechtsdienstleistungskompetenzen, **RDG 5** 63ff.
satzungsmäßiger Aufgabenbereich
– s. Aufgabenbereich
Schadensersatzanspruch
– bei Verstoß gegen Informationspflichten, **RDG 11a** 59
– bei Verstoß gegen Zweittätigkeitsverbot, **RDG 4** 34; **5** 161
– Haftung für fehlerhafte Erbringung unerlaubter Rechtsdienstleistungen, **RDG 3** 57f.
– Haftung von nicht registrierten Rechtsdienstleistern, **RDG 6** 45ff.
– s. auch Haftung
Schiedsgerichte, RDG 1 22; **2** 111, 115
Schleswig-Holstein
– zuständige Behörden gem. RDG, **RDG 19** 9
Schlichtungsstellen
– von öff. Stellen und Berufsverbänden, **RDG 2** 111ff.
Schließungsverfügung
– als Titel, **RDG 15b** 18
– Rechtsschutz gegen –, **RDG 15b** 39ff.
– Verwaltungsakt, **RDG 15b** 29
– Widerruf und gleichzeitige – ?, **RDG 15b** 36ff.
Schuldenbereinigungsplan
– keine Unzuverlässigkeit bei –, **RDG 12** 77
Schuldnerberater
– Rechtsdienstleistungskompetenzen, **RDG 5** 63ff.
Schulungs- oder Fortbildungsmaßnahmen
– als Anleitung zur qualifizierten Beratung, **RDG 6** 43
Schutz der Berufsbezeichnung
– von Inkassounternehmen u. Rentenberatern, **RDG 11** 13
Schutzzweck RDG
– als Auslegungskriterium, **RDG 1** 2ff.
– Schutz der Rechtsordnung, **RDG 1** 12ff.
– Schutz des Rechtsuchenden, **RDG 1** 6ff.
– Schutz des Rechtsverkehrs, **RDG 1** 9ff.
selbstständige Erbringung von Rechtsdienstleistungen
– Begriff, **RDG 3** 4

711

Sachregister

- durch Assessoren und Referendare, **RDG 3** 6 ff.
- durch Mahn- oder Rechtsabteilung, **RDG 3** 9
- durch Mitarbeiter, **RDG 3** 6

Selbstbehalt
- in Berufshaftpflichtversicherung, **RDV 5** 115 ff.

Selbsthilfegruppen, RDG Einleitung 59

Seniorenresidenz
- Rechtsberatung durch Träger der –, **RDG 6** 22

Serienschadensklausel
- Schadensbegrenzung bei Berufshaftpflichtvers. durch –, **RDV 5** 100 ff.

SGB, RDG 5 102; **10** 53 ff.
- Verwaltungsverfahren gem. –, **RDG 2** 59

Sicherung der Rechtsdienstleistungsqualität, RDG 6 36

Sicherungszession, RDG 2 24, 73, 94

sofortige Vollziehung
- der Schließungsverfügung, **RDG 15b** 42
- des Widerrufs, **RDG 14** 79

Sonderbeauftragter der Bundesanstalt für Finanzdienstleistungsaufsicht, RDG 8 6

Sozial- und Landessozialgerichte
- Vertretung durch Rentenberater, **RDG 10** 102
- zur Vertretungsbefugnis eines Rentenberaters für einen Arbeitslosen gegenüber der BA für Arbeit, **RDG 5** 85

sozialgerichtl. Verfahren
- Sachkunde des Rentenberaters, **RDG 11** 10

Sozialversicherungs- und Schwerbehindertenrecht
- Beratung durch Rentenberater, **RDG 10** 57 ff.

Sozietät von Rechtsanwälten
- Rechtsdienstleistungsverbot bei Zweittätigkeit, **RDG 4** 20

Sozietät von Rechtsanwälten und Rechtsdienstleistern, RDG 10 25, 116

Speicherung von Daten
- nach Löschung der Veröffentlichung, **RDG 18** 10

Spenden, RDG 6 16

Spieleberater
- Rechtsdienstleistungsbefugnis, **RDG 5** 87 ff.

Spitzenorganisationen, RDG 7 36

Sprachkenntnis, fehlende
- als Untersagungsgrund, **RDG 15** 133

Staatsanwaltschaft
- Datenübermittlung durch –, **RDG 18** 9

Stationsreferendare
- spezialgesetzl. Prozessvertretungsbefugnis, **RDG Anh. 1** 27

Statistik
- über Verfahren zum Sachkundenachweis gem. § 12 Abs. 3 S. 3, **RDG 15a** 1 ff.

Steuerberater und -bevollmächtigte
- keine karitative Steuerberatung, **RDG 6** 38
- Rechtsdienstleistungsbefugnis, **RDG 1** 30; **3** 17; **5** 91 ff.
- spezialgesetzl. Prozessvertretungsbefugnis, **RDG Anh. 1** 28, 29, 31
- Teilregistrierung auf dem Gebiet der – in einem ausl. Recht, **RDV 1** 4
- Zweittätigkeitsverbote nach StBerG, **RDG 4** 8

Steuerberater (ausländische)
- vorübergehende Rechtsdienstleistungen, **RDG 15** 16

Steuerrecht
- Alterlaubnisse auf dem Gebiet des –, **RDGEG 1** 11

Steuerrecht, ausländisches
- Teilregistrierung in –, **RDV 1** 8

Stiftungen, RDG 8 20

Strafantrag bzw. -anzeige, RDG 2 55

Strafgesetzbuch
- Schutz bei Interessenkollisionen reg. Personen, **RDG 14** 50

Strafsachen
- Vertretung in –, **RDG Anh. 1** 51

Strafverfahren, RDG 1 24

Streitgenossen
- gerichtliche Vertretungsbefugnis, **RDG Anh. 1** 23

Studentenschaften, RDG 8 30

studentische Rechtsberatungsstellen, RDG 6 62

supranationales Recht
- als ausländisches Recht, **RDG 10** 120, 122

Tatbestandsirrtum, RDG 20 61

Tätigkeit
- in fremden Angelegenheiten, **RDG 2** 16 ff.

Teilbereich
- Registrierung in – von Rechtsdienstleistungen in einem ausl. Recht, **RDV 1** 6, 8

Teilerlaubnis nach RBerG
- Registrierungsmöglichkeit nach RDGEG, **RDGEG 1** 5

Telefonanbieter
- Anwendbarkeit RDG, **RDG 2** 51

Sachregister

Telefon-Hotlines von Rechtsschutzversicherern
– Rechtsdienstleistungsbefugnis, **RDG 4** 23
Telemedien, RDG 1 44
Testament, RDG 2 53
– Erstellen von – keine Nebenleistung, **RDG 5** 99
Testamentsvollstrecker, RDG Einleitung 54; **8** 7
– Interessenkonflikte bei –, **RDG 4** 13, 26
– stets erlaubte Nebenleistung, **RDG 5** 140 ff.
Textform
– der Meldung vorübergehender Rechtsdienstleistung, **RDG 15** 55
Thüringen
– zuständige Behörden gem. RDG, **RDG 19** 9
Tod
– Löschungsgrund, **RDG 17** 4
Treuhandtätigkeit
– und Anwendbarkeit RDG, **RDG 2** 47 ff.
Trinkgeld
– entgeltliche Tätigkeit, **RDG 6** 14

Übermittlung personenbezogener Daten, RDG 18 4, 7
– s. auch Datenaustausch, **RDG 18** 2
„**überschießende" Befugnisse**
– von Alterlaubnisinhabern, **RDGEG 1** 8
Übersetzung
– von fremdsprachigem Registrierungsantrag, **RDV 6** 17
Übersicht
– über Erbringung von Sachkundenachweis, **RDV 2, 3** 31, 17
– über zuständige Behörden, **RDG 19** 9
Umsatzsteuer
– Informationspflichten von Inkassodienstleistern, **RDG 11a** 38
unbestimmter Personenkreis
– Begriff, **RDG 6** 32 ff.
– Untersagung von Rechtsdienstleistungen, **RDG 9** 2, 5 ff.
Unentgeltlichkeit von Rechtsdienstleistungen
– bei unbestimmtem Personenkreis, **RDG 6** 32 ff.
– bei Zusammenhang mit entgeltlicher Tätigkeit, **RDG 6** 20 ff.
– Definition, **RDG Einleitung** 56; **6** 10 ff.
– Ersatz von Aufwendungen, **RDG 6** 17
– in Näheverhältnissen, **RDG 6** 25
– in Prozessvertretungsvorschriften, **RDG Anh. 1** 24

– Tätigkeit von Organisationen, **RDG 6** 15
– trotz Finanzierung durch Spenden, **RDG 6** 16
Unfallschadensregulierer
– Rechtsdienstleistungsbefugnis, **RDG 5** 105 ff.
Unfallversicherung
– gesetzliche –, **RDG 10** 55
ungeordnete Vermögensverhältnisse
– s. Vermögensverhältnisse
unqualifizierte Rechtsdienstleistungen
– bei vorübergehenden Rechtsdienstleistungen, **RDG 15** 109
– dauerhafte –, Regelbeispiele, **RDG 14** 41 ff.; **15** 128 ff.
Untätigkeitsklage
– im Registrierungsverfahren, **RDG 13** 76
Unterlagen zum Nachweis der Sachkunde
– im Registrierungsantrag, **RDG 13** 47
Unterlassen der Änderungsmitteilung
– Widerruf der Reg. bei –, **RDG 14** 25
Unterlassungsansprüche, RDG Einleitung 83; **3** 64 f.; **4** 35; **5** 159; **6** 60 f.
UnterlassungsklagenG
– Anwendbarkeit bei unerlaubter Rechtsdienstleistung, **RDG 3** 67
Unterlassungsverfügung
– durch Registrierungsbehörde, **RDG 13a** 15
Unternehmen, ausländische
– Rechtsberatung durch –, **RDG Einleitung** 68
Unternehmen, verbundene, RDG 2 140
Unternehmensberater
– Rechtsdienstleistungsbefugnis, **RDG 5** 115 ff.
Untersagung
– Ablauf der – als Löschungsgrund, **RDG 17** 4
– Aktenaufbewahrung, **RDV 7** 8 ff.
– Eintragung in Register, **RDG 16** 12
– von –, **RDG Einleitung** 84; **6** 58
– von Rechtsdienstleistungen von nicht registrierten Personen, **RDG 9** 2 ff.
– Voraussetzungen, **RDG 9** 5 ff.
– vorübergehender Rechtsdienstleistungen, **RDG 15** 103
– wegen Unfähigkeit von reg. Alterlaubnisinhabern, **RDGEG 3** 43 ff.
Untersagungsverfahren
– Aktenaufbewahrung, **RDV 7** 8 ff.
– Amtsermittlungsgrundsatz, **RDG 9** 12

713

Sachregister

- Datenaustausch mit ausl. Behörden, **RDG 18** 18
- Rechtsschutz, **RDG 9** 13
- Zuständigkeit, **RDG 9** 11

Untersagungsverfügung
- bei vorübergehenden Rechtsdienstleistungen, **RDG 15** 112
- Ordnungswidrigkeit bei Verstoß gegen –, **RDG 20** 37
- Rechtsschutz, **RDG 15** 123
- Registrierung und Bekanntmachung, **RDG 9** 14

Untersuchungsgrundsatz
- bei Untersagung, **RDG 9** 12
- bei Widerruf, **RDG 14** 10
- im Registrierungsverfahren, **RDG 13** 58

Unvereinbarkeit
- der Rechtsdienstleistung mit and. Leistungspflicht, **RDG 4** 1 ff.

Unzuverlässigkeit
- bei Eintragung ins Schuldnerverzeichnis, **RDG 12** 81 ff.
- bei fehlender Berufshaftpflichtversicherung, **RDG 14** 32
- bei ungeordneten Vermögensverhältnissen, **RDG 12** 61 ff.
- bei Verurteilung, **RDG 12** 48 ff.
- bei Widerruf/Rücknahme der Registrierung/Zulassung, **RDG 12** 89
- keine Registrierung bei –, **RDG 12** 39
- nach Eröffnung des Insolvenzverfahrens, **RDG 12** 69
- nur bei erheblichen Zweifeln, **RDG 12** 44
- sonstige Fälle, **RDG 12** 88, 97

UWG
- Anwendbarkeit bei Verstoß gegen § 3, **RDG 3** 59 f.
- Schadensersatzanspruch bei unzulässiger Rechtsberatung, **RDG 3** 66
- wettbewerbsrechtl. Unterlassungsanspruch bei unzulässiger Rechtsdienstleistung, **RDG Einleitung** 83; **3** 64; **4** 35; **5** 159; **6** 60 f.

Veränderungsmitteilung
- europ. Rechtsdienstleister, **RDG 15** 79
- Registrierungsverfahren, **RDG 13** 83

Verbände, RDG 8 21

Verbot
- von Erfolgshonorar, **RDGEG 4** 26

Verbot der Vertretung widerstreitender Interessen
- Tatbestandsvoraussetzungen, **RDG 4** 11 ff.

Verbotsgesetz
- RDG, **RDG Einleitung** 30; **1** 3; **3** 1 f.

Verbotsirrtum, RDG 20 60, 64

Verbraucherzentralen und -verbände, **RDG Einleitung** 65; **8** 38, 39
- Inkassotätigkeit von –, **RDG 8** 43
- spezialgesetzl. Prozessvertretungsbefugnis, **RDG Anh. 1** 27
- Umfang des Aufgabenbereichs, **RDG 8** 42
- Untersagung von Rechtsdienstleistungen, **RDG 9** 2, 5 ff.

Verbrechen
- Unzuverlässigkeit bei –, **RDG 12** 50

Verein, RDG 7 21

Vereine von Kreditgeschädigten
- unzulässige Rechtsdienstleistung, **RDG 7** 32

Vereinigung
- Begriff, **RDG 7** 17 ff.
- Rechtsformen, **RDG 7** 20

Vereins- oder Stiftungssatzung, **RDG 2** 53

Vereinsrechtsberatung
- Untersagung von Rechtsdienstleistungen, **RDG 9** 2, 5 ff.

Verfahren
- vor Behörde, **RDG 1** 23
- vor BVerfG, **RDG Anh. 1** 54
- zur Feststellung des Grads der Schwerbehinderung, **RDG 10** 65

Verfassungsmäßigkeit
- Darlegungs- und Informationspflichten, **RDG 11a** 6
- RBerG, **RDG 1** 25
- strenger anwaltlicher Bestimmungen, **RDG 12** 36
- von Betriebsuntersagung, **RDG 15b** 20
- von Widerruf, **RDG 14** 7

Vergehen, berufsbezogen
- Unzuverlässigkeit bei –, **RDG 12** 51

Vergleichbarkeit
- inländ. und ausländ. Berufe, **RDG 15** 30 ff.

Vergütung
- bei unzulässiger Rechtsdienstleistung, **RDG 3** 49 ff.
- Erfolgshonorar, **RDGEG 4** 26 ff.
- Gebührenunterschreitung, **RDGEG 4** 15 ff.
- gem. BRAO, **RDGEG 4** 7 ff.
- Hinweispflicht auf Abrechnung, **RDGEG 4** 8 ff.
- Inkassounternehmen, **RDG 11a** 35, 61; **RDGEG 4** 5
- Kostenerstattung von Inkassounternehmen, **RDGEG 4** 36 ff.
- nach Gegenstandswert, **RDGEG 4** 8 ff.

Sachregister

- Rechtsdienstleistungen in einem ausl. Recht, **RDGEG 4** 5
- registrierte Berater, **RDGEG 4** 5
- Rentenberater, **RDG 10** 109
- von Rechtsdienstleistungen, **RDG 8** 55
- von Rechtsdienstleistungen gem. §§ 5–8 RDG, **RDGEG 4** 5

Vergütungsanspruch, RDG 3 49ff.

Verhältnismäßigkeit
- der Untersagung vorübergehender Rechtsdienstleistungen, **RDG 15** 108

Verhinderung der Betriebsfortsetzung
- erst bei Bestandskraft des Widerrufs der Reg.?, **RDG 15b** 12
- Maßnahmen zur –, **RDG 15b** 18ff.

Verlegung der Hauptniederlassung
- Meldeobliegenheit, **RDG 13** 85

Vermittlerregister, RDGEG 2 23

Vermögensschäden
- Erstreckung des Versicherungsschutzes auf –, **RDV 5** 67

Vermögensverfall
- Unzuverlässigkeit bei –, **RDG 12** 63

Vermögensverhältnisse, ungeordnet
- als Regelbeispiel für Unzuverlässigkeit, **RDG 12** 61ff., 69
- bei Eintragung in Schuldnerverzeichnis, **RDG 12** 81
- nach Eröffnung des Insolvenzverfahrens, **RDG 12** 69, 72
- sonstige Fälle, **RDG 12** 88

Vermutung
- der Unzuverlässigkeit, **RDG 12** 45ff.

Veröffentlichung
- Löschung der –, **RDG 17** 1ff.
- Rechtsdienstleistungsregister, **RDG 16** 3
- Untersagung, **RDG 9** 14

Verpflichtungsklage
- auf Registrierung, **RDG 13** 73

Versicherungsberater
- außergerichtliche Vertretung, **RDGEG 2** 15
- Beratung über betriebliche Altersvorsorge, **RDG 10** 72
- eigenständiger Beruf gem. § 34 GewO, **RDGEG 2** 3, 9ff.
- Erlaubnispflicht und -voraussetzungen, **RDGEG 2** 19ff.
- keine Registrierung gem. RDG, **RDG 10** 3; **RDGEG 1** 3
- Rechtsdienstleistungsbefugnis, **RDG 1** 30; **3** 22ff.; **5** 128f.
- Tätigkeitsbereiche, **RDGEG 2** 12ff.
- Verhältnis zw. Rentenberatung, **RDG 12** 32
- Vertretung widerstreitender Interessen, **RDG 4** 6

- Unabhängigkeit, **RDGEG 2** 10f.

Versicherungsmakler
- außergerichtliche Rechtsberatung, **RDGEG 2** 17
- Beratung über betriebliche Altersvorsorge, **RDG 10** 77
- Erledigung fremder Angelegenheiten, **RDG 2** 27
- Rechtsdienstleistungskompetenzen, **RDG 5** 119ff.
- Unvereinbarkeit mit Rechtsanwaltstätigkeit, **RDG 4** 6, 7

Versicherungsnehmer
- vertragl. Obliegenheiten des –, **RDV 5** 21ff.

Versicherungspflicht
- keine – bei europ. Rechtsdienstleistern, **RDG 15** 74
- registrierte Personen, **RDV 5** 36ff.

Versicherungsvermittler, RDG 10 76
- Rechtsdienstleistungsbefugnis, **RDG 5** 119ff.
- s. Versicherungsmakler u. Versicherungsvertreter

Versicherungsvertrag
- s. Berufshaftpflichtversicherung für Registrierte

Versicherungsvertreter
- Rechtsdienstleistungsbefugnis, **RDG 5** 126f.

Versteigerer, vereidigter
- Bestandsschutz für Berufsbezeichnung, **RDG 1** 10
- Fortgeltung von Alterlaubnissen gem. RBerG, **RDGEG 1** 9
- keine Registrierung, **RDG 10** 3

Verstoß
- fahrlässiger –, **RDG 20** 66
- gegen Ausstattungs- und Qualifikationsanforderungen, **RDG 9** 7
- gegen Informationspflichten, **RDG 11a** 55ff.
- gegen Meldepflicht, **RDG 15** 86
- gegen Verbot des Führens von geschützter Berufsbezeichnung, **RDG 11** 24
- Ordnungswidrigkeit bei – gegen Untersagungsverfügung, **RDG 20** 37
- Ordnungswidrigkeit bei – gegen vollziehbare Auflage, **RDG 20** 46
- Vorsatz bei –, **RDG 20** 60

Verstoß gegen Rechtsdienstleistungsverbot
- öffentlich-rechtliche Folgen, **RDG 3** 68ff.
- Unterlassungsklagen G, **RDG 3** 67
- Verstoß gegen § 3 UWG, **RDG 3** 59ff.

715

Sachregister

Verstoß gegen Zweittätigkeitsverbot
- Rechtsfolgen, **RDG 4** 32 ff.

Verstoßprinzip
- bei Berufshaftpflichtversicherung, **RDV 5** 28, 63 ff.

Verteidigung im Ermittlungsverfahren, karitativ
- Unzulässigkeit, **RDG 6** 8

Vertrag zugunsten Dritter, RDG 2 24

Vertretung
- in Insolvenzsachen, **RDG Anh. 1** 52
- in Landwirtschaftsachen, **RDG Anh. 1** 53
- in Strafsachen, **RDG Anh. 1** 51
- vor BVerfG, **RDG Anh. 1** 54

Vertretungsbefugnis, gerichtlich
- durch Bevollmächtigte, **RDG Anh. 1** 23 ff.
- durch Diplom-Juristen aus Beitrittsgebiet, **RDGEG 4** 13
- verfahrensrechtliche Regelungen, **RDG Anh. 1** 14 ff.

Vertretungszwang
- gerichtlich, **RDG Anh. 1** 19 ff.

Verurteilung
- ausländische, **RDG 12** 58
- Frist, **RDG 12** 55
- Rechtskraft, **RDG 12** 54
- Unzuverlässigkeit bei –, **RDG 12** 48

Verwalter einer Wohnungseigentümergemeinschaft, RDG 8 9
- Rechtsdienstleistungsbefugnis, **RDG 1** 31; **3** 26; **5** 148 ff.

Verwaltungsakt
- Schließungsverfügung, **RDG 15b** 29
- Untersagung, **RDG 9** 13; **13a** 22; **15** 117
- Widerruf der Registrierung, **RDG 14** 9

Verwaltungsgericht
- keine Vertretung durch Rentenberater, **RDG 10** 102

Verwaltungshelfer, RDG 8 22

Verwaltungsverfahren, sozialrechtl.
- Sachkunde des Rentenberaters, **RDG 11** 10

Verwechslungsgefahr
- bei ausl. Berufsbezeichnung, **RDG 15** 98
- bei geschützter Berufsbezeichnung, **RDG 11** 21

Verzicht auf Registrierung
- Löschung, **RDG 17** 4

Verzugszinsen
- Informationspflicht über – bei Inkassodienstleistungen, **RDG 11a** 32

Vollmacht
- Nichtigkeit der –, **RDG 3** 42

Vollrechtsbeistände, nicht verkammert
- Bestandsschutz für Berufsbezeichnung, **RDGEG 1** 10
- Fortgeltung von Alterlaubnissen gem. RBerG, **RDGEG 1** 9

Vollstreckungshandlungen
- Einleitung von –, **RDG 1** 17

Vollstreckungsverfahren
- nach Schließungsverfügung, **RDG 15b** 33

Voraussetzungen
- der Registrierung, **RDG Einleitung** 70 ff.; **12** 5 ff.; **15** 5 ff.

Vormund für Minderjährige, RDG 8 6

Vorsatz
- bei Ordnungswidrigkeit gem. § 20, **RDG 20** 60 ff.

Vorsorgevollmacht, RDG 2 53
- gerichtliche Vertretungsbefugnis, **RDG Anh. 1** 52

vorübergehende Betriebsuntersagung
- s. Betriebsuntersagung

vorübergehende Rechtsdienstleistungen
- Berechtigte, **RDG 15** 25 ff.
- Berufsbezeichnung bei –, **RDG 15** 94 ff.
- in reglementierten Berufen, **RDG 15** 34
- Inlandstätigkeit durch Niedergelassene im Ausland, **RDG 15** 48
- Löschung, **RDG 17** 4
- Meldepflicht bei –, **RDG 15** 52
- nur bei Tätigkeiten gem. § 10 RDG, **RDG 15** 13, 30 ff.
- Ordnungswidrigkeit bei Tätigwerden ohne Meldung, **RDG 20** 55
- Registrierung der –, **RDG 15** 90
- Untersagung von –, **RDG 15** 103 ff.
- Veränderungsmitteilungen, **RDG 15** 79
- vergleichbare Berufe mit § 10, **RDG 15** 30 ff.
- Verstoß gegen Meldepflicht, **RDG 15** 86 ff.
- vorübergehende u. gelegentliche Ausübung, Begriff, **RDG 15** 30, 38 ff.
- Wiederholungsmeldung, **RDG 15** 82

Weisungen von Mandanten
- und Berufshaftpflichtversicherung, **RDV 5** 80

wettbewerbsrechtliche Ansprüche
- bei unzulässigen Rechtsdienstleistungen, **RDG Einleitung** 83; **3** 64 f.; **4** 35; **5** 159; **6** 60 f.

Widerruf
- Abwicklungsfrist bei –, **RDG 14** 67
- als Löschungsgrund, **RDG 17** 8
- als Verwaltungsakt, **RDG 14** 9
- Anhörung vor –, **RDG 14** 11

Sachregister

- Ausscheiden der einzigen/letzten qual. Person, **RDG 14** 56
- bei fehlender Berufshaftpflichtversicherung, **RDG 14** 28
- bei fehlender persönlicher Eignung, **RDG 14** 23 ff.
- bei Untätigkeit?, **RDG 14** 63
- bei Verzicht auf Reg.?, **RDG 14** 62
- dauerhaft unqualifizierte Rechtsdienstleistungen, **RDG 14** 35
- der Erlaubnis nach RBerG, **RDGEG 1** 27
- der Registrierung, **RDG 11a** 57; **14** 1 ff.
- der Registrierung/Zulassung, **RDG 12** 89
- Gebühr und Löschung, **RDG 14** 70
- gem. § 49 VwVfG, **RDG 14** 90
- kein – bei Verzicht auf Reg., **RDG 14** 62
- Rechtsfolgen, **RDG 14** 64 ff.
- Rechtsschutz gegen –, **RDG 14** 75
- Tatbestandsvoraussetzungen, **RDG 14** 23 ff.
- und gleichzeitige Schließungsverfügung, **RDG 15b** 36
- Verfahren, **RDG 14** 8 ff.
- wegen ungeschriebener Berufspflichten?, **RDG 14** 47 ff.
- **Widerrufsverfahren, RDG 14** 8 ff.
- gebundene Entscheidung, **RDG 14** 14
- Jahresfrist im –?, **RDG 14** 20
- Rechtmäßigkeit ursprüngl. Registrierung als Tatbestandsvoraussetzung?, **RDG 14** 19
- Verfahrensfragen, **RDG 14** 9
- Zuständigkeit im –, **RDG 14** 8
- **Widerspruch**
- gegen Widerruf der Reg., **RDG 14** 75
- **Wirtschaftsprüfer**
- Rechtsdienstleistungsbefugnis, **RDG 1** 30; **5** 94; **6** 22
- spezialgesetzl. Prozessvertretungsbefugnis, **RDG Anh. 1** 28
- Zweittätigkeitsverbote nach WPO, **RDG 4** 9
- **Wohlfahrtsverbände**
- freie, **RDG 8** 46, 47
- privatrechtlich organisierte, **RDG 8** 15
- Untersagung von Rechtsdienstleistungen, **RDG 9** 2, 5 ff.
- **Zeugnis**
- Arbeits- als Nachweis der praktischen Sachkunde, **RDV 3** 3 ff.
- einer ausl. Hochschule, **RDV 2** 21
- Nachweis der theoretischen Sachkunde durch –, **RDG 12** 101

- sonstige Zeugnisse als Nachweis der praktischen Sachkunde, **RDV 3** 5
- über erste juristische Prüfung, **RDV 2** 6
- über Hochschulstudium mit rechtl. Studieninhalten, **RDV 2** 8
- über Niederlassung in Ausland als RA, **RDV 2** 18
- über Sachkundelehrgang, **RDV 2** 5; **4** 25 ff.
- **Zinsen**
- Informationspflicht über – bei Inkassodienstleistung, **RDG 11a** 28
- **Zivilprozessrecht**
- besondere Sachkunde v. Inkassodienstleistern, **RDG 11** 5
- **Zulassungsanspruch**
- auf Registrierung, **RDG 12** 2
- **Zurückweisung nichtanwaltlicher Prozessvertreter**
- durch einstweiligen Beschluss, **RDG Anh. 1** 37 ff.
- **Zusammenhang**
- mit entgeltlicher Tätigkeit, **RDG 6** 20
- **Zusammenhang der Rechtsdienstleistung mit satzungsmäßigen Aufgaben**
- bei Pflichtkollision, **RDG 4** 1 ff.
- **Zusammenhang, sachlicher**
- mit Haupttätigkeit, **RDG 5** 35 ff.
- **Zuständigkeit**
- bei Registrierung, **RDG 13** 6
- bei Untersagung, **RDG 9** 11
- bei Widerruf, **RDG 14** 8
- gem. § 117 Abs. 2 VVG, **RDG 19** 5 ff.
- Landesjustizverwaltungen, **RDG 19** 4, 9
- Löschung, **RDG 16** 14
- örtliche –, **RDG 19** 4
- s. „Behörde", **RDG 19** 1, 4
- sachliche –, **RDG 19** 1 ff.
- Übersicht über zuständige Behörden in Bundesländern, **RDG 19** 9
- Verfolgung von OWis, Übersicht, **RDG 20** 84
- **Zuverlässigkeit**
- als Registrierungsvoraussetzung, **RDG 12** 39 ff.
- Regelbeispiele, **RDG 12** 45 ff.
- Widerruf bei fehlender –, **RDG 14** 23 ff.
- **Zwangsmaßnahmen**
- bei Untersagung vorübergehender Rechtsdienstleistung, **RDG 15** 122
- **Zwangsverwalter, RDG 8** 5
- **Zwangsvollstreckung**
- durch Inkassounternehmen, **RDG 10** 41
- **Zwangsvollstreckungs- und Insolvenzrecht**
- besondere Sachkunde v. Inkassodienstleistern, **RDG 11** 5

Sachregister

Zweigstellen
- Angabe in Registrierungsantrag, **RDG 13** 20

Zweitberuf
- Beispiele für Interessenkollision mit –, **RDG 12** 31
- persönliche Eignung bei –, **RDG 12** 26

zweite juristische Prüfung
- als Nachweis der praktischen Sachkunde, **RDV 3** 6
- als Nachweis der theoretischen Sachkunde, **RDV 2** 6
- als Nachweis der theoretischen Sachkunde in ausl. Recht, **RDV 2** 23

Zweittätigkeitsverbot, RDG 7 41 ff.
- bei Tätigkeit durch Sozius eines RA, **RDG 4** 20
- Gefährdung der ordnungsgemäßen Erbringung der Rechtsdienstleistung, **RDG 4** 22 ff.
- keine Einwilligung durch Rechtsuchenden, **RDG 4** 29
- Rechtsdienstleistungsbegriff, **RDG 4** 12
- unmittelbarer Einfluss der zweiten Leistungspflicht, **RDG 4** 19 ff.
- zweite Leistungspflicht, **RDG 4** 14 ff.